TAXNET
세무/회계 전문 재경비즈니스 포털 서비스

개정5판

소송과 불복사례를 중심으로 한 세법의 이해

핵심이슈별 판례세법

前 국세청 세무사 세무사
오병우 · 안수남 · 박정규 공저

조세통람

핵심이슈별

판례세법

개정 5판

세무 · 회계 지식서비스 분야의 선두주자 **조세통람**

국내 재경실무분야를 선도하는 No 1. Knowledge Provider

PREFACE
머리말

세월은 쏜살같다는 말을 실감합니다. 4차 개정판을 낸 게 엊그제 같은데 벌써 2년이 흘렀습니다. 이번 5차 개정판에는 기(旣) 소개되었던 판례평석 사례 중 법이 개정되었거나 중요도가 떨어진 판례 20개를 삭제하고 조세총칙 8개, 양도소득세 5개, 상속세 · 증여세 10개, 소득 · 법인 · 부가가치세 9개, 총 32개의 새로운 판례평석을 추가로 삽입하였으며, 기존 판례평석 사례와 같은 취지로 판결한 최신판례 등 총 138개를 관련판례에 추가하였습니다(새로 추가한 판례평석은 목차에 ★로 표시하였습니다). 누누이 말씀드린 것처럼 이 책의 보강을 위해 여러 다른 다른 판례를 읽어보고 검토해보았지만 이 책에 실린 대법원 판례와 평석에 부합하는 판례가 대부분이어서 새로운 판례를 추가로 삽입하기가 어려웠습니다. 오히려 최근 나온 판례보다는 본서에 실린 대법원의 판례가 더 설득력 있고 불복, 컨설팅, 조사업무에 대응하기 유리한 내용들로 구성되어 있었습니다(일부 독자들은 더 많은 판례를 새로운 요구하기도 하지만 어떤 독자들은 가급적 본서에 실린 판례를 삭제하지 말고 그대로 유지하기를 원합니다).

AI가 이 세상을 크게 변화시키고 그에 따라 우리 회계환경에도 많은 변화가 일어나고 있습니다. 어떤 학자들은 미래에 가장 먼저 AI에 대체될 직업 가운데 회계 분야를 최우선순위에 둡니다. 현재 국세청에서 제공하고 있는 국세법령정보시스템을 보아도 과거와는 달리 접근성, 전문성, 다양성 등 진일보한 시스템을 구축하여 일반인도 사용하기 쉽게 제공되고 있다는 점을 유의해 볼 필요가 있습니다. 종전에는 반드시 세무대리인의 조력을 받아야만 해결할 수 있었던 신고나 세무 처리에 대한 의문도 조금만 컴퓨터에 관심 있다면(지금 세대를 구성하는 대부분의 납세자들) 스스로 해결할 수 있게 되었습니다. 점점 세무대리인에게 금원을 제공하고 세무정보를 제공받거나 세무처리의 도움을 받을 필요성에 의문을 제기하는 사람들이 많아지고 있습니다. 적어도 신고나 장부기장에 대해서는 세무대리인이 필요하지 않은 세상이 가까운 미래에 올지도 모릅니다. 단순한 장부기장이나 세무신고는 더 이상 세무대리인에게는 레드오션(red ocean)일 수밖에 없습니다.

PREFACE

개정 5판

이제는 조사와 컨설팅, 불복업무에 집중할 때입니다. 선제적으로 컨설팅을 제공하고, 과세관청의 조사에 대한 대응, 그리고 세무조사에 대한 결과에 불복하는 업무가 그나마 남게 되는 세무행정의 블루오션(blue ocean)입니다. 그렇다면 세무대리인도 단순한 기장대리 뿐 아니라 세법을 이해하고 과세관청의 과세에 대한 잘못을 지적할 수 있는 실력을 갖추어야만 살아남게 될 겁니다.

사람들은 자신에게 익숙하게 여기던 것들에 대한 일종의 기대감이 있습니다. 편안함이 있습니다. 그래서 급격하면서도 지나친 변화에 대해서는 신선함이나 호기심보다는 불편감과 불안감을 느끼게 됩니다. 그러면 그 불편과 불안을 해소하려고 뭘 하게 될까요? 당연히 두 가지 중 하나를 선택할 겁니다. 그 불편감을 애써 인내하거나, 아니면 그 불편해 하는 대상을 버리게 됩니다. 단순한 기장과 신고 대리만으로도 살아갈 수 있었던 세무 환경이 크게 변화하고 있는데 여기에 여러분은 어떻게 대응하기를 원하십니까?

바뀐 환경은 기존의 것을 잃을 수 있는 위기 상황일 수도 있지만 반면에 새롭게 주어진 절호의 기회일 수도 있습니다. 하지만 아무것도 하지 않으면 그 기회는 바로 떠나버릴 겁니다. 세무대리인도 공부하여야 합니다. 세무공무원도 세법에 대한 진지한 검토가 필요한 시기입니다. 그러한 욕구를 가지신 세무대리인과 세무공무원이라면 판례평석을 다루고 있는 이 책이 그 욕구를 해소시킬 수 있는 중요한 도구가 될 수 있을 것입니다.

본서에 있는 판례의 대부분은 국가가 패소한 사건이므로 세무공무원은 이러한 판례를 시금석으로 삼아 과세처분 시 고려한다면 납세자의 신뢰를 회복하고 불복이나 소송에 들어가는 노력과 시간을 줄일 수 있을 것이라 생각합니다.

본서는 저자의 의견보다는 세법에 나름대로 올바른 판단력을 가지고 있는 변호사, 세무사, 국세청 관계자, 재판관의 의견을 옮겨놓았습니다. 과세처분에 대한 편협되고 주관적인 의견을 배제하고 나름대로 객관적이고 합리적인 논리를 따르려고 노력하였습니다.

이미 출간하였던 4차 개정판으로 세무사, 공인회계사를 상대로 강의를 하면서 수강생들로부터 받은 많은 질문, 문제점, 개정된 세법 내용 등을 참작하여 최근 판례를 분석하고 그 결과를 이 책에 반영하였습니다.

이번 5차 개정된 본서도 저를 응원하는 소수의 독자들로부터 많은 도움을 받았습니다. 오타 및 착오로 기술된 부분을 지적하여 주셨습니다(지적받은 범위 내에서 모두 수정하였습니다). 아무쪼록 졸저이지만 이 책을 통해 누군가는 조금이라도 도움을 받고 과세관청의 부당하거나 위법한 처분에 대해 대항할 수 있는 지침서가 되었으면 하는 간절한 마음을 전해봅니다. 한편 세무공무원들도 이 책을 통해서 위법 부당한 처분이 아닌 올바른 처분을 함으로써 세무 업무에 종사하는 세무대리인은 물론이고 납세자로부터도 새롭게 인식 받을 수 있는 세무공무원으로 거듭나기를 간절히 바랍니다.

지금까지 이 책이 나올 수 있도록 꾸준히 격려와 도움을 베풀어 주신 다솔 세무법인의 대표인 안수남 세무사님에게 깊은 감사를 드립니다.

변함없이 원고 오탈자 수정 및 교정 작업에 열심히 참여하여 준 저의 인생의 동반자인 아내 김순호 여사와 딸 오가영에게 고마움을 전합니다.

독자 여러분의 건승을 항상 기원합니다.

2025. 5.

저자 대표 오병우

PREFACE

개정 4판

벌써 3차 개정판을 낸 지 2년이 흘렀습니다. 이번 4차 개정판에는 기(旣) 소개되었던 판례평석사례 중 법이 개정되었거나 중요요도가 떨어진 판례 21개를 삭제하고 조세총칙 14개, 양도소득세 8개, 상속·증여세 1개, 소득·법인·부가가치세 11개, 총 34개의 새로운 판례평석을 추가로 삽입하였으며, 기존 판례평석사례와 같은 취지로 판결한 최신판례 등 총 161개를 관련판례에 추가하였습니다. 기존판례나 새로 생성되는 판례들을 검토하면서 가진 의문이 있었습니다. 대법원 판례에 반(反)하는 과세처분은 취소되는 것이 당연합니다. 그런데도 왜 과세관청은 판례와 다른 과세처분을 하는 것일까요? 새로운 판례들을 검토해보면 기존 판례의 태도를 그대로 유지하는 판례가 대부분입니다. 그중 일부는 기존 판례와 해석을 달리하는 경우가 있기는 하지만 그 범위는 매우 협소합니다.

대법원 판례에 따른 과세처분이 이루어진다면 불복이나 행정소송이 감소할 터인데도 갈수록 불복 또는 행정소송 건수가 증가하는 이유는 무엇인지 궁금하였습니다.

사견을 전제로 생각해 보면,

첫째, 국세청의 예규나 통칙 중 상당부분은 여전히 판례의 입장과 다른 견해를 그대로 유지하고 있다는 것입니다. 예를 들어 소득세법상 컨설팅 비용에 대해서 국세청은 열거된 비용만을 필요경비로 인정한다는 원칙적인 입장을 고수하고 있습니다. 실지거래가액에 의하여 양도차익을 산정함에 있어 비상장주식의 양도가액을 결정하기 위한 주식평가비용(주식실사비용), 법률 및 재정자문비용 및 최대주주 지위를 고수하기 위한 제반비용은 소득세법 제97조 제1항 제4호 및 같은 법 시행령 제163조 제5항의 규정에 의한 양도비 등에 포함되지 않는다는 것입니다(상담4팀-1590, 2004. 10. 8.). 조세심판원은 실제로 매도와 관련하여 필수적으로 소요되는 컨설팅 비용에 대해서는 대체적으로 필요경비로 인정하고 있는 것으로 보여 국세청보다는 보다 유연한 판단을 하는 것으로 보입니다(조심 2016서1293, 2016. 8. 16. 등). 그러나 매매대금의 23.5%에 달하는 컨설팅비용은 사회통념에 비하여 과다하다는 이유로 필요경비로 인정하지 않고(조심2016구2899, 2016. 10. 24.), 주식매매대금의 5% 정도에 해당하는 컨설팅 수수료에 대해서만 필요경비로 인정한다는 입장입니다(물론 법에 필요경비의 범위를 5%로 제한하는 규정은 없습니다). 대법원은 국세청이나 조세심판원과는 다르게 양도소득의 필요경비 공제에 있어서 이를 부인하는 별도의 규정이 없는 이상 실제로 양도와 관련하여 비용이 지출되었음을 납세의무자가 입증한다면 비용으로 공제해야 한다는 입장입니다. 대법원은 자문비 등이 양도와 관련하여 부득이하게 지출되었고, 그 금액이 과다하다고 하더라도 비록 소득세법상 열거되지 않은 비용이지만 원칙적으로 필요경비로 인정하여야 한다고 합니다(대법원 2015. 03. 12. 선고 2014두14198 판결 등). 살펴본 바와 같이 대법원 판결과 일치시키는 세법에 대한 해석보다는 과세관청이나 조세심판원의 독자적인 판단이 존재하는 한 여전히 소송건수는 증가할 수밖에 없을 것으로 보입니다.

둘째, 과세관청의 과세실무를 담당하는 국세청 직원들 중 확증편향에 치우친 구성원들이 있다는 것입니다. 확증편향이 무서운 이유는 자기만의 답이 확고하게 형성된 상태에서 눈과 귀가 닫힌다는 점입니다. 객관적인 시각을 잃어버린 눈은 아무리 진실의 증거를 들이밀어도 믿기를 거부합니다. 자신만의 잣대로 세법을 해석하고 그에 따른 과세처분만을 고집하는 것은 지양(止揚)해야 할 태도라고 할 것입니다. 자신의 판단도 어떤 경우에는 오류이거나 잘못될 수도 있다는 생각을 가지고 상대편의 주장에 귀 기울여 주는 합리적인 사고방식을 갖추지 못하는 한 과세품질을 저해하는 과세처분은 존재할 수밖에 없습니다.

셋째, 일부이지만 국세청 직원들의 판례에 대한 인식 부족을 들 수 있습니다. 저도 국세청에 근무할 때 판례보다는 국세청의 예규 · 통칙을 우선시했었고, 판례는 어쩐지 가까이하기에는 부담스럽고 내가 모르는 다른 해석이 존재하는 것 같아 그대로 받아들이기 어려웠던 기억이 있습니다. 이 책에 실려 있는 260여 개의 판례(대부분이 국가패소 판결 사건입니다)와 그 평석 내용만이라도 검토하는 노력을 기울인다면 지금보다는 훨씬 정당한 과세처분이 이루어질 것입니다.

이 책에 있는 판례의 대부분은 과세관청이 패소한 사건이므로 이러한 판례를 시금석으로 삼아 과세처분 시 고려한다면 납세자의 신뢰를 회복하고 불복이나 소송에 들어가는 노력과 시간을 줄일 수 있을 것이라 생각합니다.

한편, 세무대리인은 이 책을 통하여 과세관청의 부당한 처분의 과세논리를 무력화 시킬 수 있는 기회를 제공받을 수 있을 것입니다.

어떤 의도로 이 책을 보든지 시간을 내서 이 책을 처음부터 끝까지 숙독하기를 권합니다. 노력을 기울인 만큼 그만한 보답을 받을 것이라고 믿습니다. 이 책은 저자가 누누이 강조하는 것처럼 저자의 의견보다는 세법에 나름대로 올바른 판단력을 가지고 있는 변호사, 세무사, 국세청

PREFACE

관계자, 재판관의 의견을 옮겨놓았습니다(가급적 저자의 의견은 포함하지 않았습니다). 과세처분에 대한 편협하고 주관적인 의견을 배제하고 나름대로 객관적이고 합리적인 논리를 따르려고 노력하였습니다.

저자는 독자들이 이 책을 통하여 판결이 이루어진 논리를 이해하고 법원 판결의 흐름을 읽는 능력이 향상되기를 바랍니다.

3차 개정판 출간 이후 2년간 이 책의 내용을 보강하기 위하여 여러 판례를 찾아서 읽어 보고 검토해 보았지만 이 책에 실린 대법원 판례와 평석에 부합하는 판례가 대부분이고 판결내용과 다른 취지의 판결문을 발견하기 힘들었습니다. 결국 동일한 쟁점, 동일한 취지의 판결이 대부분이어서 추가할 만한 판례가 그렇게 많지 않았다는 점도 밝혀둡니다. 매회 개정 때마다 나름대로 최선을 다했다는 점에 대해서는 스스로 위안을 삼고 있습니다.

3차 개정판으로 세무사, 공인회계사를 상대로 강의를 하면서 수강생들로부터 받은 많은 질문 등을 참작하여 최근 판례를 분석하고 그 결과를 이 책에 반영하였습니다.

이번 4차 개정된 책자를 통해 많은 독자들이 세법에 대한 이해와 조세사건에 대한 합리적인 판단능력을 갖게 되기를 간절히 바랍니다.

이번에도 오탈자 수정 및 교정 작업에 열심히 참여하여 준 저의 인생의 동반자인 아내 김순호 여사에게 고마움을 전하고, 독자 여러분의 건강을 항상 기원합니다.

2023년 5월

저 자

어느 독자로부터 전화를 받았습니다. 개정판을 보니 새로운 판례를 정리한 것이 아니고 초판의 내용을 보완하는 것으로 기대에 못 미친다는 것입니다.

그러나 본 서는 새로운 판례를 소개하는 책들과는 본질적으로 편집의도가 다르다는 점을 분명히 하고 싶습니다. 이번 3차 개정판에는 기(旣) 소개되었던 판례평석사례 중 법이 개정되었거나 중요도가 떨어진 판례 8개를 삭제하고 조세총칙 13개, 양도소득세 13개, 상속·증여세 4개, 소득·법인·부가가치세 12개 총 38개의 새로운 판례평석을 추가로 삽입하였으며, 기존 판례평석사례와 같은 취지로 판결한 최신판례 등 총 92개를 관련 판례에 추가하였습니다.

기존 판례는 앞으로 양산되는 무수한 판례의 시금석이 됩니다. 최근 판결문을 자세히 보면(종전의 판례도 마찬가지이지만) 어떤 경우는 1990년도나 2000년 초에 이루어진 판례가 인용되는 것을 자주 볼 수 있습니다. 이는 기존의 판례가 최근에 이루어진 판결에 어떻게 활용되고 있는지를 잘 보여주는 단적인 사례라 할 것입니다. 저자는 독자들이 이 책을 통하여 판결이 이루어진 논리를 이해하고 법원의 판결흐름을 읽는 능력이 향상되기를 바라는 마음을 가지고 이 책을 저술하였습니다.

지금 독자가 당면하고 있는 세법상 논쟁에 대한 판결의 결과를 미리 짐작해 볼 수 있고, 자신의 주장을 전개해 나가는 논리를 개발하고자 하는 의도로 이 책을 보고 있다면 저자의 의도에 맞는 유용한 이 책의 활용방법이라 할 것입니다.

물론 어떤 판례집은 새로운 판례를 소개하고자 하는 의도로 편집될 수 있고, 그러한 책은 그 의도에 따라 어느 독자를 만족시킬 수 있을 것으로 봅니다.

그러나 이 책은 거듭 강조하지만 새로운 판례를 소개하는 의도(물론 일정부분 그러한 의도로 편집되기도 합니다)보다는 판례에 스며있는 논리를 이해하고, 조세사건을 바라보는 혜안(慧眼)을 배양하는 데 중점을 두고 있습니다.

한편 관련 판례는 유사 조세사건에서 이루어진 판례를 모아놓았고, 최근 판례도 상당부분 보완하였으므로(관련 판례는 최근 판례 92개를 새로 삽입하였습니다) 이를 잘 활용한다면 해당사건 판례평석과 아울러 쟁점이 되고 있는 사건들의 주장근거, 논리개발에 많은 도움이 될 것으로 생각합니다.

PREFACE

매회 개정 때마다 나름대로 최선을 다했다는 점에 대해서는 스스로 위안을 삼고 있습니다. 그동안 이 책으로 세무사를 상대로 강의를 하면서 수강생들로부터 받은 많은 질문 등을 참작하여 최근 판례를 분석하고 그 결과를 이 책에 반영하였습니다.

바쁜 일상 속에서 이 책만 보면 본인이 관심을 갖는 사건에 대한 대법원의 판결내용을 검토하므로써 그 사건을 이해하고 대법원의 판단을 조심스럽게 예측해 볼 수 있습니다(심도 있게 검토하고자 한다면 관련 판례를 검색하여 볼 수도 있습니다).

대법원의 판결이 이루어지면 그에 따른 세법개정이 이루어지는 것을 종종 볼 수 있습니다. 예를 들어 2018. 12. 31. 소득세법 개정으로 1세대의 범위 안에 배우자가 법률상 이혼을 하였으나 생계를 같이 하는 등 사실상 이혼한 것으로 보기 어려운 관계에 있는 사람도 포함할 수 있도록 하였습니다(소득세법 제88조 제6항). 대법원 2016두35083판결에서 양도소득세를 회피할 목적으로 이혼을 하고 양도 후 재결합하는 경우에도 1세대를 구성하는 배우자는 법률상의 배우자로 한정한다는 대법원의 판결에 따른 세법개정으로 보입니다. 대법원은 부부가 별거하는 경우에도 1세대를 구성한다거나 주택의 양도당시 배우자가 있다면 부부관계가 실질적으로 파탄에 이른 경우에도 거주자와 1세대를 구성한다고 일관되게 판시하고 있습니다.

앞 사례와 같이 여전히 세법상 논란이 되거나 다툼이 되는 규정은 상존할 수 밖에 없고 결국 소송이라는 궁극적 과정을 통해 그 다툼이 종결되거나 해소될 것으로 보이므로 이러한 판례평석은 우리가 조세법이라는 한계 속에서 반드시 누군가 한번쯤은 짚고 넘어가야 할 작업이라고 생각합니다.

아무쪼록 이번 3차 개정된 책자를 통해 많은 독자들이 세법에 대한 이해와 조세사건에 대한 합리적인 판단능력을 배양하는 기회가 되었으면 합니다.

이번에도 옆에서 격려해주고 찾기 힘든 자료를 정리하여 준 인생의 동반자인 아내 김순호 여사에게 고마움을 표하며 독자 여러분의 건승을 항상 기도합니다.

2021년 5월

저 자

개정 2판

저자는 국세청 재직기간 중 20년이 넘는 기간 동안 소송 및 불복 업무를 담당하며 직접 경험하고 연구한 자료를 세무공무원에게 강의해왔습니다. 초판은 10여 년간 강의했던 자료를 엮어서 낸 책입니다.

초판 출판 후 이 책으로 세무사를 대상으로 강의를 하면서 자세히 살펴보니 좀 더 문장을 가다듬고 기 변경된 판례를 정리할 필요를 절실하게 느끼게 되었습니다. 다행히 초판 출판 후 채 1년이 지나지 않아 준비한 책이 모두 완판되었다는 출판사의 연락을 받고 개정판을 쓰게 되었습니다. 좋은 기회에 책을 보완하고 이후 추가된 판례들을 다룰 수 있게 되어 매우 기쁩니다.

먼저 독자들의 뜨거운 관심에 감사드리며, 세법에 대해 많은 연구를 하고자하는 독자들을 위해 조금 더 다양한 사례를 담은 좋은 책으로 보답하겠습니다. 더구나 세무사 2차 시험을 준비하는 어느 독자로부터 이 책으로 세무사 2차 논문시험을 준비하고 있다는 말을 듣고 누군가에게 도움을 주는 책을 집필하였다는 자부심도 있었지만 한 편으로는 좀 더 알차고 도움이 되는 책을 만들어야겠다는 생각을 했습니다. 지난 초판에서 미흡했던 부분을 이번 개정판에서 더 보완하고 쉽게 서술하고자 이른 시간에 일어나 책상 앞에 앉아 고민하고, 정리하였으며 틈틈이 시간을 내서 검토했습니다.

세무법인의 세무팀 본부장으로서 근무하며 느낀 점은 오랜 경험을 한 세무사들마저도 과세처분의 적법여부를 판단하는데 어려움을 겪고 있다는 것입니다. 본서는 과세처분의 적법여부를 판단하는 기준을 제시하는 것과 아울러 실무적으로 많이 경험하는 사례들에 대해 면밀히 검토한 부분과 개정된 세법, 최신 판례 중 중요한 해석사례 등을 추가적으로 반영하여 독자들의 이해에 도움이 되도록 서술하였습니다.

최근에 의미 있는 여러 판결이 있었습니다. 중복조사가 이루어지면 1차세무조사에 기한 과세자료만으로 과세하더라도 위법하다는 새로운 판례가 형성되었고, 토지의 조성 등을 위한 자본적 지출은 당해 토지의 소유자가 아닌 임차사업자가 비용을 지출한 경우 매입세액공제 대상이라는 판결, 신탁재산의 공급에 따른 납세의무자는 신탁계약의 위탁자나 수익자라는 입장에서 수탁자가 납세의무자라는 판례변경이 이루어졌습니다.

개정판에서는 변경된 판례나 최근 판례 중 의미 있는 판결 하나 하나를 각각의 독립된 토픽으로 사실관계, 관련법령, 대상판결, 평석, 관련판례 순으로 정리하여 독자들이 일목요연하게 확인할 수 있도록 하였고, 특히

PREFACE

머리말

조세총칙, 상속세 및 증여세법, 법인세법은 물론이고 초판에 다소 미비하였던 부가가치세에 대한 판례를 크게 보강하였습니다.

이 책이 여러 독자들에게 많은 도움이 되기를 진심으로 바랍니다.

이 책을 출간하는 데에는 ㈜영화조세통람사의 김현영 상무를 비롯한 편집진들의 헌신적인 도움이 있었습니다. 그동안의 노고에 대하여 이 자리를 빌어 감사인사를 드리고 싶습니다. 마지막으로 항상 아낌없는 격려와 자료정리에 도움을 준 아내 김순호 여사의 건강을 기원합니다.

2018년 8월

저 자

초판

천차만별적인 모든 경제행위를 조세법에 담을 수 없다는 것은 누구나 수긍하는 조세법의 한계라고 할 것입니다.

그래서 하나의 법 조문에 대해서 서로 다른 해석이 상존하고 법을 해석 · 집행하는 세무공무원들에게 내려지는 훈령 · 예규 · 지시 등과 수많은 유권해석이 양산되는 것만 보아도 조세법은 조세행정을 집행하는 세무공무원뿐만이 아니라 납세자들의 세무업무를 대행하는 세무대리인에게도 쉽사리 접근을 허용하지 않는 어려운 학문이라는 생각을 갖게 만드는 것이 당면한 현실이기도 합니다.

저자가 세무공무원을 시작하게 된 1980년대 초에는 언감생심 납세자가 세무서장을 상대로 불복이나 소송을 제기하는 것은 상상하기 힘들었습니다. 그러다가 1990년대 후반에 들어서 납세의식이 향상되고 세무사, 회계사, 변호사 등 납세의무자의 권리와 이익을 대변하는 이른바 세무대리인이 활성화되면서 과세관청의 처분에 문제를 제기하고 위법 · 부당함을 주장하는 사례가 늘어나게 되었습니다. 2000년도에는 과세관청과 납세자 간의 의견이 상반되고 그에 따른 충돌과 분쟁이 폭발적으로 증가하고, 2003년 말 완전포괄주의 도입과 함께 전에는 생각하지도 못할 여러 새로운 과세기법이 동원되고 실제로 과세로 연결되는 상황은 실무를 담당하는 세무공무원은 물론이고 세무대리인에게도 당황스러울 수밖에 없었습니다.

소송은 이러한 과세관청과 납세자 사이의 다툼에 대한 최종판단을 하는 국가사법작용의 일환입니다. 선행 대법원의 판결은 분쟁당사자뿐 아니라 판단을 내리는 법원의 재판관들 모두에게 대단히 중요한 기준점이 된다고 생각합니다. 대법원의 판결이 항상 옳은 결과를 가져온다는 말에는 쉽게 동의하기가 어렵습니다. 그럼에도 불구하고 재판관들의 충분한 심리와 고민 끝에 내린 판결이라면 분쟁당사자 모두가 그 판결에 승복하는 것이 보편적 사고방식에 부합하는 것이라고 봅니다.

저자는 국세청 재직기간 중 20여 년 이상을 서울지방국세청 송무국과 납세자보호담당관실에서 근무하면서 다양한 소송 및 불복사례를 접할 수 있었고, 국세청 교육원에서 10년 이상 송무 및 불복과정과 기타 전문교육과정에 참여하여 강의를 할 수 있는 기회를 갖게 되었습니다. 그러면서 유명 법무법인의 유능한 변호사들과 서울지방국세청 송무국에서 근무하는 법리에 밝은 직원들이 쓴 평석들을 보게 되었습니다. 아쉬웠던 점은 그러한 평석들은 한결같이 내용이 방대하고 쟁점과는 관련 없는 사안까지 다룬 것들이 많아서 읽기도 힘들었을 뿐 아니라 기본적인

PREFACE

업무를 하면서 모든 평석집들을 읽는다는 것이 생각보다 쉽지 않았습니다. 그러나 평석집이야말로 대법원 판결을 이해하는 데 대단히 중요하고 훌륭한 지침서라는 데에는 아무도 이견이 없을 것으로 보입니다.

지난 2016년도에 국세청 교육원에서 원래 PDF파일로 되어있던 강의록을 한글파일로 변환하지 않고 그대로 발간한 적이 있는데 조잡한 글씨체나 내용에도 불구하고 좋은 반응을 얻었으며, 이후 강의내용을 책으로 출판했으면 좋겠다는 수강생들의 요청이 많았습니다. 그래서 이 책은 당초 소송업무나 불복업무를 수행하는 국세청 직원들의 참고용으로 집필하다가 이왕 하는 김에 보다 도움이 될 수 있도록 관련 판례 및 예규 등을 추가로 보완하는 작업을 하게 되었습니다.

이 책의 특징은 하나의 사례에 대하여 사실관계, 쟁점, 관련법령, 대상판결, 평석, 관련판례 순으로 정리하여 과세처분의 적정성을 판단할 수 있는 최소한의 지침을 주고자 한 것입니다.

이 책의 상당부분은 법리에 밝은 변호사 및 서울청 송무과 직원들의 평석을 요약한 것임을 밝힙니다.

이 책에서 발견되는 오류나 착오는 모두 저자의 부족함에 기인하므로 충고를 해주시면 겸허히 받아들이고 그러한 지적과 새로운 판례 등을 보완하여 좀 더 독자들에게 도움이 되는 책을 다시 집필할 수 있게 되길 희망합니다.

이 책은 세무법인 다솔에 근무하는 이인재 본부장을 비롯한 여러 근무세무사들의 도움에 힘입은 바 큽니다. 그 고마움은 두고두고 마음에 새기면서 갚으려고 합니다.

끝으로 항상 부족한 저자에게 자신감을 불어넣어주고 힘들 때마다 격려와 아낌없는 도움을 준 아내 김순호 여사에게 고마움을 전하고 싶습니다.

2017년 11월

저 자

제1장 총 칙

제1절 국세부과제척기간 및 특례제척기간 / 44

제2장 양도소득세

제7절 완전포괄주의 / 920

제4장 법인세

제 4 절 손 금 / 1091

제5장 종합소득세

제1절 과세대상과 납세의무자 / 1150

제2절 귀속시기 / 1192

제6장 부가가치세

제 1 장

총 칙

제1절 국세부과제척기간 및 특례제척기간

1-1 개 요

1. 의 의

제척기간이 만료되면 과세권자로서는 새로운 결정이나 증액 경정결정은 물론 **감액 경정결정 등 어떠한 처분도 할 수 없다**(대법원 2002. 9. 24. 선고 2000두6657 판결 등).

비판 견해

후발적 경정청구를 폭넓게 인정함으로써 사실상 폐기된 것이나 진배없고, 법령의 글귀로 보나 이론으로 보나 어디에도 그런 원칙은 없으며, 글귀로 보자면 제척기간은 국세부과의 제척기간으로 조세 납부의무의 소멸에 관한 개념일 뿐이고, 「행정법」의 일반이론으로 돌아가자면 **제소기간 등을 지나쳐 불가쟁력이 생긴 행정행위도 직권취소할 수 있다.**

* 이창희, 세법강의(박영사, 2015), 147쪽

2. 제척기간의 유형

(1) 상속세·증여세(국세기본법 §26의 2 ① 4호)

① 원칙 : 이를 부과할 수 있는 날로부터 10년간

② 위 '①' 외의 경우는 15년간

- 사기 그 밖의 부정한 행위로 상속·증여세 포탈, 환급·공제받은 경우
- 무신고, 거짓신고, 누락신고의 경우

(2) 그 밖의 국세

① 원칙 : 해당 국세를 부과할 수 있는 날로부터 5년간

② 무신고의 경우 : 7년간

③ 사기 기타 부정한 행위의 경우 : 10년간

3. 제척기간 경과의 효과

문서번호	내 용
대법원 1999. 6. 22. 선고 99두3140 판결	제척기간을 경과하여 한 **과세처분은 무효이다.**
대법원 1995. 5. 23. 선고 94누15189 판결	제척기간 경과 후에 증액경정처분이 있는 경우에는 당초처분이 제척기간 경과 전에 있었다면 그 증액경정처분 전부가 무효가 되는 것이 아니고 **증액된 부분에 한하여서만 무효가 된다.**
대법원 1989. 12. 12. 선고 89누2035 판결	제척기간은 소멸시효와 달리 중단이나 정지가 있을 수 없고, 납세의무자가 이를 원용하지 않더라도 당연히 권리소멸의 효과가 발생하므로 **법원은 제척기간의 만료 여부를 직권으로 조사하여야 한다.**

4. 특례제척기간

(1) 의 의

결정 또는 판결이 **확정된 날부터 1년 이내 필요한 처분**을 할 수 있다(국세기본법 §26 ②).

판결의 의미

그 판결에 따라 경정결정 기타 필요한 처분을 행하지 않으면 안 되는 판결, 즉 **조세부과처분이나 경정거부처분에 대한 취소판결** 등을 의미하고, 원고청구 기각판결이나 소 각하 판결은 여기에 해당하지 아니한다(대법원 2005. 2. 25. 선고 2004두11459 판결).

(2) 문제의 제기

"경정결정 기타 필요한 처분"에 대한 상반된 견해는 다음과 같다.

① 견해의 대립

감액 경정에 국한(최명근 교수)	증액 결정도 가능(이창희 교수)
납세자의 이익을 위한 감액 결정만 가능 (편면적 적용설)	과세관청에게 유리한 결정도 가능 (양면적 적용설)

⇨ 대법원 1996. 5. 10. 선고 93누4885 판결(**양면적 적용설 지지**)

② 헌법재판소 및 대법원의 판단

헌법재판소 결정	대법원 판례
헌법재판소 2002. 12. 18. 선고 2002헌바27 전원재판부 결정 **(양면적 적용설 수용)**	• 2000두6237 판결(종합소득세 부과처분 취소) • 2001두9059 판결(상속세 등 부과처분 취소) **(헌법재판소 결정에 따른 양면적 적용설을 수용한 대법원 판결 2건)**

⇨ 결정 또는 판결의 취지에 따른 것인 한 납세자에게 유리한 경정결정만이 허용되는 것이 아니다 (대법원 1996. 5. 10. 선고 93누4885 판결 등).

5. 관련 판례

문서번호	내 용
대법원 2002. 9. 24. 선고 2000두6657 판결	과세관청은 항고소송 등 불복절차가 계속 중인 동안에도 납세자의 불복 내용의 전부 또는 일부를 받아들여 당초의 과세처분을 **감액경정하거나 취소하는 것은 가능하다.**
대법원 2004. 1. 27. 선고 2002두11011 판결	판결이나 결정이 확정된 후에는 결정 또는 판결에 따른 경정결정이나 그에 부수되는 처분만을 할 수 있고, 소정의 기간 내라도 그 판결 등에 따르지 아니하는 새로운 결정이나 증액결정은 할 수 없다. • 익금의 산입시기가 잘못되었다는 이유로 종전처분 취소결정을 한 경우 과세관청이 이미 부과제척기간이 경과한 다른 사업연도의 익금에 산입하여 재처분하는 것은 아니다. • 「국세기본법」 개정에 따라 **과세기간을 달리하는 경우에도** 특례제척기간(결정·판결일로부터 1년 이내 필요한 처분)을 **적용할 수 있는 법적인 근거(국세기본법 §26의 2 ② 1호의 2)는 마련되었다.** ➜ 판례 미형성
대법원 2015. 9. 10. 선고 2013다205433판결	과세관청이 부과처분을 취소하면 그 부과처분으로 인한 법률효과는 일단 소멸하고, 그 후 다시 동일한 과세대상에 대하여 부과처분을 하여도 이미 소멸한 법률효과가 다시 회복되는 것은 아니며 새로운 부과처분에 근거한 법률효과가 생길 뿐이다. 따라서 새로운 부과처분이 부과제척기간의 만료일까지 적법하게 고지되지 않은 경우 그 부과처분은 당연 무효이다(대법원 1996. 9. 24. 선고 96다204판결 참조).

1-2 세목이 다른 경우 특례부과제척기간 적용 여부

● 대상판결 : 대법원 2003두1752 (2004. 6. 10.) ➜ 국패

핵심 요지

증여세 부과처분에 대한 조세심판원의 결정은 증여세를 변경하는 효력을 가질 뿐 이 사건 양도소득세에 대하여까지 효력을 미칠 수 없다.

1. 사실관계

(1) 1993. 11. 10. 원고는 아버지로부터 이 사건 부동산을 수증받았다.
(2) 1993. 11. 13. 원고의 父가 사망하였다.
(3) 1994. 5. 원고는 증여세 신고 시 이 사건 부동산 관련 채무 443백만 원을 포함하여 신고하였다.
(4) 1997. 2. 11. 피고는 원고에게 증여세 과세가액에서 위 채무액을 공제하여 증여세를 과세하였다.
(5) 1999. 4. 8. 상속인들의 상속재산 점유비율에 따라 원고를 포함한 상속인들에게 각각 양도소득세를 부과처분하였다.
(6) 2002. 2. 18.
 ① 피고는 이 사건 부동산이 담보하고 있던 금융기관에 대한 채무 15억 원을 망인(父)의 채무로 보아 상속세과세가액에서 공제하여 상속세액을 산출하였다.
 ② 원고는 위 채무 15억 원도 본인이 상환하기로 한 채무이므로 증여세 과세가액에서 공제하여야 한다는 취지의 증여세 부과처분취소 청구를 하였다.
 ③ 조세심판원은 원고의 청구를 받아들여 "위 15억 원은 수증자인 원고의 채무이므로 상속세 과세가액이 아닌 증여세 과세가액에서 공제하여야 한다."고 결정하였다.
 ④ 납세지관할세무서장은 원고에게 부과된 증여세에 대하여 감액 결정하였고
 ⑤ 원고 포함 상속인들은 각자의 상속분에 비례하여 자신들에게 부과된 양도소득세 부과처분 취소소송을 제기하였다.
(7) 2002. 4. 19. 처분청은 당초 부담분인 443백만 원에 추가된 부담부증여분 15억 원을 포함하여 증여자인 망인이 납부한 1993년도 귀속 양도소득세 630백만 원을 산출한

다음 원고를 포함한 상속인들에게 이를 각각 증액하여 부과처분하였다.

2. 쟁 점

증여세부과처분에 대한 조세심판원의 결정에 따라 양도소득세에 대해서도 특례제척기간을 적용할 수 있는지 여부

3. 대상판결

이 사건 부동산 양도일(부담부 증여일)은 1993. 11. 10.이어서 이에 대한 양도소득세 확정신고기한은 1994. 5. 31.이고 부과제척기간은 그 때부터 5년이 되는 1999. 5. 31.이므로 피고가 양도소득세 증액처분을 한 2002. 4. 19. 당시에 이미 부과제척기간이 도과하였음은 역수상(歷數上) 명백하여 증액처분이 위 「국세기본법」 소정의 재처분에 해당하여 특별제척기간이 적용되지 아니하는 한 무효 … 피고가 재처분의 근거로 들고 있는 위 조세심판원의 결정은 원고 갑이 제기한 증여세 부과처분에 대한 것으로 이 사건 양도소득세에 대하여까지 효력을 미칠 수 없는 것이어서 이 사건 증액처분은 위 심판결정에 따른 적법한 재처분이라 할 수 없다.

4. 평 석

특례제척기간은 … 그 문언상 과세권자로서는 당해 판결 등에 따른 경정결정이나 그 부수되는 처분만을 할 수 있을 뿐, 당해 판결 등에 따르지 아니하는 새로운 결정이나 증액결정까지 할 수 있는 것은 아니라 할 것이고 … 그 판결 등이 취소하거나 변경하고 있는 **과세처분의 효력이 미치는 납세의무자에 대해서만 경정처분할 수 있고** 제3자에 대하여 위 규정을 적용할 수 없다.

5. 관련 판례

문서번호	내 용
대법원 1991. 9. 24. 선고 96누68 판결	해당 과세처분의 효력이 미치는 **납세의무자가 아닌 제3자에 대하여까지 위 「국세기본법」의 특례제척기간을 적용할 수 없다.**

1-3 제3자에 대한 특례제척기간 적용 여부

● 대상판결 : 대법원 2005두1688 (2006. 2. 9.) ➜ 국패

핵심 요지

「국세기본법시행령」 제12조의 2 각호가 규정한 허위신고 또는 신고누락한 경우에 해당하지 않으면 상속세의 부과제척기간이 연장된다고 할 수 없고, 나아가 부과제척기간이 연장되는 부분도 당해 허위신고 또는 신고누락한 부분에 한정된다.

1. 사실관계

(1) 상속인 A에 대한 상속세 부과처분 취소판결이 확정되었다.

(2) 피고는 A에 대한 상속세 부담 부분을 A를 제외한 B 등 다른 상속인들에게 배분하는 부과처분을 하였고,

(3) 원고(B 등 상속인들)는 각자 부담하여야 할 상속세액(종전 처분)에 비하여 증가된 증액 경정처분이 국세부과제척기간을 도과하여 위법하다고 소송을 제기하였다.

2. 쟁 점

(1) 원고들의 신고가 신고누락에 해당하는지 여부(피고주장 : 10년 적용)

국세부과제척기간	종전규정	현행규정
상속·증여세	5년간 무신고·허위신고·신고누락 : 10년	10년간 포탈·무신고·거짓신고·신고누락 15년

(2) A의 상속세 부과처분 취소판결에 따라 관련 상속인들인 원고(B 등)에 대해서도 특례제척기간이 적용되어야 하는지 여부

3. 대상판결

(1) 위 '2. 쟁점 (1)'에 대하여

부과제척기간의 연장사유가 되는 허위신고 또는 신고누락의 유형을 구체적으로 4가지 경우로 열거하고 있는바, 위 각 규정의 취지와 문언에 비추어 보면, **「국세기본법시행령」 제12조의 2 각 호가 규정한 유형에 해당하지 않으면 상속세 부과제척기간이 연장될 수 없다**(엄격해석 원칙 적용).

(2) 위 '2. 쟁점 (2)'에 대하여

납세의무가 승계되는 등 특별한 사정이 없는 한 당해 판결을 받은 자로서 그 판결 등을 취소하거나 변경하고 있는 **과세처분의 효력이 미치는 납세의무자에 대해서만 그 판결 등에 따른 경정처분을 할 수 있을 뿐이고, 제3자에 대하여서까지 재처분을 할 수 있는 것은 아니다.**

4. 평 석

(1) 물적 범위

그 문언상 과세권자로서는 당해 판결 등에 따른 경정결정이나 그에 부수되는 처분만을 할 수 있을 뿐, 판결 등이 확정된 날로부터 1년 내라 하여 당해 판결 등에 따르지 아니하는 새로운 결정이나 증액 경정결정까지도 할 수 있는 것은 아니라 할 것이다.

(2) 인적 범위

제3자에 대하여서까지 재처분할 수 있는 것이 아니다(대법원 1996. 9. 24. 선고 96누68 판결; 대법원 2004. 6. 10. 선고 2003두1752 판결).

5. 관련 판례

문서번호	내 용
대법원 2015. 9. 1. 선고 2013다205433 판결	**제2차 납세의무자에 대한 부과처분을 주된 납세의무자에 대한 납세고지 절차의 하자 등을 이유로 취소하는 판결이 확정되었다고 하더라도, 주된 납세의무자에 대한 부과제척기간에 관하여는 구 지방세법 제30조의4 제2항에 따른 특례가 적용될 수 없다 할 것이다.**
대법원 2004. 6. 10. 선고 2003두 1752 판결	**해당 판결 등을 받은 자로서 그 판결 등이 취소하거나 변경하고 있는 과세처분의 효력이 미치는 납세의무자에 대하여서만 위 규정을 적용하여 그 판결 등에 따른 경정처분 등을 할 수 있을 뿐, 납세의무가 승계되는 등의 특별한 사정이 없는 한 그 취소나 변경의 대상이 된 과세처분의 효력이 미치지 아니하는** 제3자에 대하여서까지 위 규정을 적용할 수 있는 것은 아니다.
대법원 1994. 8. 26. 선고 94다3667 판결 ; 대법원 1996. 5. 10. 선고 93누4885 판결	**과세권자로서는 당해 판결 등에 따른 경정결정이나 그에 부수되는 처분만을 할 수 있을 뿐,** 판결 등이 확정된 날로부터 1년 내라 하여 당해 판결 등에 따르지 아니하는 새로운 결정이나 증액경정 결정까지도 할 수 있는 것은 아니라 할 것이다.
대법원 1996. 9. 24. 선고 96누68 판결	**그 취소나 변경 대상이 되고 있는 과세처분의 효력이 미치지 아니하는** 제3자에 대하여서까지 위 규정(특례규정)을 적용할 수 있는 것은 아니다.

1-4 가공매출과 가공매입이 동일한 경우 부과제척기간

● 대상판결 : 대법원 2007두16974 (2009. 12. 24.) ➜ 국패

핵심 요지

가공매출금액과 가공매입금액이 동일하여 세금계산서합계표 관련 가산세만 부과한 경우 비록 부정한 행위에 해당되지만 국세포탈세액이 존재하지 않으므로 가산세의 국세부과제척기간은 10년으로 볼 수 없다.

1. 사실관계

(1) A세무서장의 세무조사

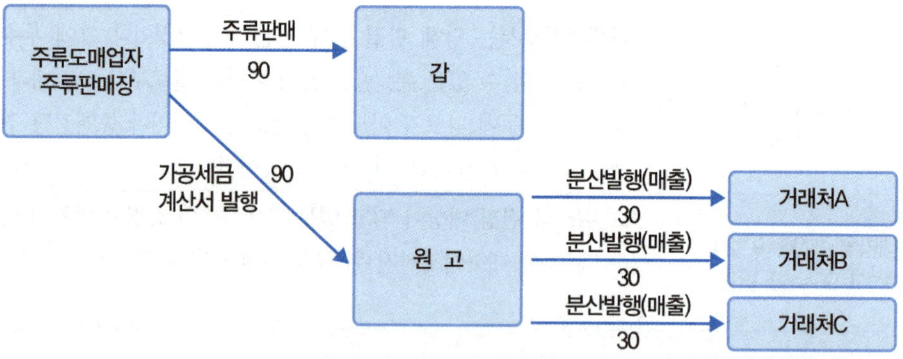

(2) 과세기간 : 1997년 제1기~1999년 제1기

(3) 원고 및 피고

원 고	피 고
주류도매업자들로부터 가공매입세금계산서를 수취하고 위 금액에 상응하는 가공매출세금계산서를 거래처에 분산발행	2004. 1. 8. 매출처 및 매입처별 세금계산서합계표의 기재사항이 사실과 다르다는 이유로 매출처 및 매입처별 세금계산서합계표 불성실가산세 부과처분

(4) 이 사건의 경우 원고가 수취한 가공매입세금계산서의 공급가액과 발행한 가공매출세금계산서의 공급가액이 동일하여 **원고가 면탈한 부가가치세 본세는 존재하지 않아**, 매출처 및 매입처별 세금계산서합계표 불성실가산세를 부과하였다.

2. 쟁 점

가산세의 부과제척기간을 5년이라고 보아야 할 것인지, 아니면 사기 기타 부정한 행위로써 국세를 포탈한 경우로 보아 10년의 부과제척기간이 적용된다고 보아야 할 것인지 여부

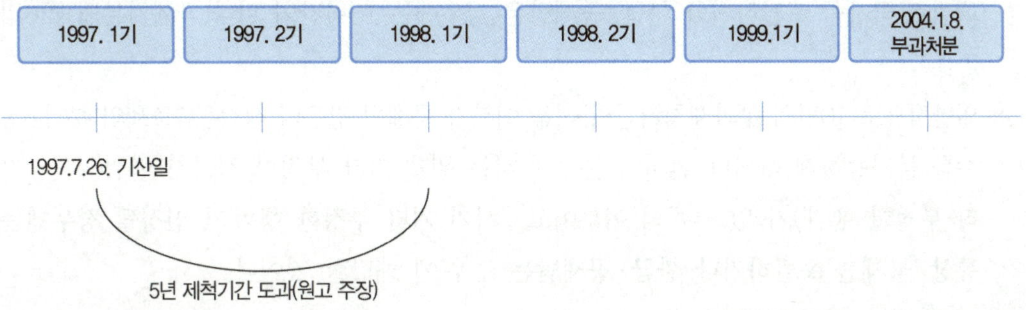

3. 대상판결

「국세기본법」 제26조의 2 제1항 제1호의 규정형식, 입법취지 및 엄격해석의 원칙상 법정신고기한 내에 과세표준신고서를 제출한 납세자가 사기 기타 부정한 행위를 하였다고 하더라도 그로 인하여 **국세를 포탈하거나 환급·공제받지 아니하는 경우에는 원칙으로 돌아가 그 부과제척기간은 5년이 되고**, 이는 당해 납세자가 다른 납세자의 조세포탈 등에 가담하였더라도 자신의 포탈세액 등이 없는 이상 달리 볼 것은 아니다.

신고납세방식의 국세에 있어서 당해 국세의 포탈이나 부정 환급·공제가 있었는지 여부는 **가산세를 제외한 본 세액을 기준으로 판단**하여야 하며, 재화나 용역을 공급하는 사업자가 가공의 매출세금계산서와 함께 가공의 매입세금계산서를 기초로 부가가치세의 과세표준과 납부세액 또는 환급세액을 신고한 경우에는 그 가공의 매출세금계산서상 공급가액에 대하여는 부가가치세의 과세대상인 재화나 용역의 공급이 없는 부분으로서 이에 대한 추상적인 납세의무가 성립하였다고 볼 수 없으므로, **비록 공제되는 매입세액이 가공이라고**

하더라도 이러한 경우에는 가공의 매출세액을 초과하는 부분에 한하여 그 가공거래와 관련된 부가가치세의 포탈이나 부정 환급·공제가 있었다고 보아야 한다.

4. 평 석

(1) 부과제척기간은 원칙적으로 당해 국세를 부과할 수 있는 날로부터 5년간이고, 예외적으로 납세의무자가 법정신고기한 내에 과세표준신고서를 제출하지 아니한 경우에는 당해 국세를 부과할 수 있는 날부터 7년간이 되며, 납세의무자가 사기 기타 부정한 행위로 국세를 포탈하거나 환급·공제받은 경우에는 10년간이 된다(국세기본법 §26의 2 ①).

(2) 일반적으로 10년의 부과제척기간의 적용 여부가 문제될 경우의 쟁점은 "조세의 부과·징수를 불가능하게 하거나 현저히 곤란케 하는 위계 기타 부정한 적극적 행위('사기 기타 부정한 행위')가 있느냐"의 여부이고, **'사기 기타 부정한 행위'가 인정될 경우에는 통상 '국세를 포탈하거나 환급·공제받는 경우'**에 해당할 것이다.

(3) 이 사건 대법원 판결 요지

① 「국세기본법」 제26조의 2 제1항 제1호의 규정형식, 입법취지 및 엄격해석의 원칙상 법정신고기한 내에 과세표준신고서를 제출한 납세자가 사기나 기타 부정한 행위를 하였다고 하더라도 그로 인하여 국세를 포탈하거나 환급·공제받지 아니하는 경우에는 원칙으로 돌아가 그 부과제척기간은 5년이 된다."는 원칙을 설시하였다.

② 여기서 말하는 '국세를 포탈하거나 환급·공제받는 경우'의 기준은 **당해 납세자를 기준으로 하는 것이지 다른 납세자의 조세포탈이나 부정 환급·공제를 기준으로 하는 것이 아님**을 명백히 하였다.

③ 신고납세방식의 국세에 있어서 당해 국세의 포탈이나 부정 환급·공제가 있었는지 여부는 가산세를 제외한 본 세액을 기준으로 판단한다.

④ 사업자가 가공의 매출세금계산서와 함께 가공의 매입세금계산서를 기초로 부가가치세의 과세표준과 납부세액 또는 환급세액을 신고한 경우에는 비록 공제되는 매입세액이 가공이라고 하더라도 이러한 경우에는 **가공의 매출세액을 초과하는 부분에 한하여 그 가공거래와 관련된 부가가치세의 포탈이나 부정 환급·공제가 있었다고 보아야** 한다.

(4) 유사사건 판례(2009구합12488)에서는 위 대법원 판결과 상치되는 결론(10년의 제척기간 적용)을 도출하였으나 항소가 받아들여지지 않은 사건으로 판결(국승)의 의미가 퇴색된 것으로 보인다.

5. 관련 판례

문서번호	내 용
서울행정법원 2009. 9. 10. 선고 2009구합12488 판결 : 국승	비록 원고가 거의 동일한 금액의 가공매출·매입세금계산서를 수수하여 포탈한 세액은 없다고 할지라도, 원고는 이 사건 매입세금계산서를 수취하여 정당하게 수수한 매입세금계산서와 합산하여 이를 신고함으로써 가공매입세금계산서상 매입세액 합계액 상당을 환급받는 결과가 되었고, 원고가 가공매출세금계산서를 교부한 거래업체에서도 이를 매입세액에 포함하여 신고함으로써 매입세액 상당을 부당하게 환급받도록 한 이상, 이는 실물거래 없이 매입세금계산서를 수수하여 매입세액을 공제받는 것이 되어 「국세기본법」 제26조의 2 제1항 제1호의 '사기 기타 부정한 행위로써 국세를 환급·공제받는 경우'에 해당하여 10년의 부과제척기간이 적용된다.

1-5 대리인의 사기 등의 행위를 이유로 본인에게 10년의 부과 제척기간을 적용할 수 있는지 여부

● 대상판결 : 대법원 2010두1385 (2016. 9. 10.) ➜ 파기환송(일부)

핵심 요지

원고의 대리인에 대한 동액 상당의 손해배상채권도 회수불능이 되어 그 소득이 실현될 가능성이 전혀 없게 된 것이 객관적으로 명백하게 되었으므로, 이러한 경우에는 위 양도대금 차액이 원고의 과세소득으로 실현되었다고 할 수 없다.

1. 사실관계

(1) 원고(A회사 대표이사)는 A회사 재정팀장인 甲에게 본인 소유 B회사 주식의 매도를 지시하였다(수량만 정하고 매도가격, 매도상대방, 매도시점 등 일체의 권한을 위임).

(2) 甲은 이 사건 주식을 172억 원에 매도한 후, 140억 원에 매도한 것으로 허위계약서 작성 및 양도소득세를 신고·납부(양도가액 140억 원)하였고, 그 후 甲은 양도차액 32억 원을 가지고 해외로 도피하였다.

(3) 피고는 이 사건 주식의 실지양도가액은 172억 원임을 확인하여 원고에게 가산세 포함 1999년 귀속 양도소득세 7억 원, 증권거래세 17백만 원을 경정·고지하였다.

2. 쟁 점

(1) 이 사건 주식 양도가액 172억 원 중 32억 원(172억－140억)은 甲이 임의로 횡령 내지 사용한 것이고 원고에게 그 소득이 귀속된 사실이 없으므로 원고를 납세의무자로 전제한 부과처분은 위법한지 여부

(2) 가사, 甲의 횡령금액도 법률상 원고의 소득금액으로 본다고 하더라도 원고가 사기 기타 부정한 행위로써 국세를 포탈한 경우에 해당한다고 볼 수 없으므로 10년의 부과제척기간을 적용하는 것은 위법하다는 원고 주장의 당부

3. 사건의 경과

(1) 1심판결(의정부지방법원 2009. 1. 20. 선고 2008구합1127 판결) : 국패

甲이 위 양도차액을 횡령하였을 개연성이 있다거나 원고가 甲과 공모하여 이중매매계약서를 작성하였다는 점을 인정하기 어려우므로, **그 양도차익이 원고에게 귀속되었다고 보기 어렵고, 원고가 위계 기타 부정한 적극적인 행위를 하였다고 인정할 증거가 없다.**

(2) 원심판결(서울고등법원 2009. 12. 16. 선고 2009누5451 판결) : 국승

① 원고로부터 포괄적 대리권을 수여받은 甲이 매수인으로부터 172억 원을 수령한 이상 동 금액은 **전액 원고의 소득으로 귀속된다.**

② 납세의무자의 납세신고행위는 사인의 공법행위로서 「민법」상 대리의 법리가 적용될 수 있으므로 납세의무자의 의사표시 효력에 영향을 미치는 사항은 대리인을 표준으로 판단하여야 하는데, **원고의 대리인인 甲은 허위매매계약서를 작성하고 납세신고가 진실에 반한다는 사실을 잘 알고 있었으므로 이는 사기 기타 부정한 행위에 해당하여 10년의 부과제척기간이 적용된다.**

(3) 대상판결

① '부정한 행위'에는 납세의무자 본인의 부정한 행위뿐 아니라, 납세의무자가 스스로 관련 업무의 처리를 위탁함으로써 그 행위영역 확장의 이익을 얻게 되는 납세의무자의 대리인이나 이행보조자 등의 부정한 행위도 다른 특별한 사정이 없는 한 포함된다.

② 소유자로부터 매매계약을 체결할 대리권을 수여받은 대리인은 특별한 다른 사정이 없는 한 그 매매계약에서 정한 바에 따라 중도금이나 잔금 등을 수령할 권한도 있다(대법원 1994. 2. 8. 선고 93다39379 판결 등 참조).

따라서 본인이 대리인에게 자산의 양도와 그 대금의 수령권한을 부여하고 **대리인이 상대방으로부터 양도대금을 지급받았다면 대금수령의 법률적 효과는 본인에게 귀속되며 본인도 그 대금에 대한 지배·관리를 하면서 담세력을 보유하게 되므로 본인의 양도소득은 실현되었다고 볼 것**이지만, 만약 대리인이 위임의 취지에 반하여 자산을 저가에 양도한 것처럼 본인을 속여 양도대금의 일부를 횡령하고 나아가 본인의 대리인에 대한 횡령금액 상당의 **손해배상채권이 대리인의 자산상황 및 지급능력에 비추어 회수불능이 되어 장래 그 소득이 실현될 가능성이 전혀 없게 된 것이 객관적으로 명백한 때에는 그 소득을 과세소득으로 하여 본인에게 양도소득세를 부과할 수 없다.**

4. 평 석

(1) 피고의 주장을 요약하면 다음과 같다.

① 원고는 甲을 대리인으로 하여 이 사건 주식을 양도하고 신고한 이상 그 대리행위의 효과는 원고에게 귀속되고 원고는 단지 甲에게 구상권을 행사할 수 있는 것으로 이 사건 부과처분은 정당하다.

② 甲이 허위계약서를 제출하여 양도소득세를 신고한 행위는 '사기 기타 부정한 행위'로서 위 대리행위의 하자 또한 본인(원고)에게 귀속되므로 원고에게 10년의 제척기간이 적용된다.

(2) 대법원은 **대상판결에서 납세자의 대리인이 사기 기타 부정한 행위를 한 경우에 납세자(본인)에 대하여도 10년의 부과제척기간이 적용된다**는 입장을 표명한다. 즉 납세의무자의 부정한 행위뿐 아니라 납세의무자의 대리인이나 이행보조자 등의 부정한 행위도 포함된다는 것이다(다만, 원심판결과 같이 대리인 기준으로 볼 것은 아님).

(3) 원고의 대리인이 양도대금을 수령한 사실이 존재하는 이상 원고대리인의 대금수령으로 본인인 원고에 대하여도 소득이 실현되었다고 볼 수 있는지에 대한 판단은 아래와 같다.

① **소득의 원인이 되는 채권이 발생한 때라 하더라도 그 과세대상이 되는 채권이 채무자의 도산 등으로 회수불능이 되어 소득이 실현될 가능성이 전혀 없게 된 것이 객관적으로 명백한 때에는 경제적 이득을 대상으로 하는 소득세의 과세는 그 전제를 잃게 되고, 이러한 경우에는 그 소득을 과세대상으로 하여 소득세를 부과할 수 없다**(대법원 2014. 1. 29. 선고 2013두18810 판결 등)는 법리를 그대로 적용하여 국가패소 판결하였다.

② 원심의 판결과 같이 원고의 소득이 실현되었다는 점에 대해서는 수긍하지만 그 소득이 회수불능이 되면 소득세를 과세할 수 없다는 것이다.

(4) 한편, 위와 같은 대법원의 판단에 의문을 표시하는 반대의견도 존재한다.

① 위 양도대금채권은 별개의 채권이고, 위 손해배상채권은 「소득세법」 제94조 제1항에서 정한 양도소득세의 과세대상이 아니므로 그 회수가능성은 양도소득세를 부과하는 데 있어서 고려할 대상이 아니라는 것이다.

② 대리인이 양도대금을 수령함으로써 양도소득은 실현되었으므로 원고에게는 양도소득세가 부과되어야 한다. 다만, 원고는 대리인 甲을 상대로 불법행위로 인한 손해배상을 청구할 수 있을 뿐이다.

③ **대리인이 대금수령 후 비용명목으로 횡령한 경우, 또는 대금수령 후 대리인의 子가 도난·소비한 경우에도 과세할 수 없는 것인지** 의문이라는 것이다.

1-6 조세포탈 목적에 따른 부정한 적극적 행위의 입증 없이 명의신탁 사실만을 들어 부과제척기간을 10년으로 적용한 것은 위법함

● 대상판결 : 대법원 2017두69991 (2018. 3. 29.) ➜ 국패

핵심 요지

단순한 명의신탁이 있었다는 점만을 들어 원고가 이처럼 오랜 기간에 걸쳐 누진세율의 회피 등과 같은 조세포탈의 목적을 일관되게 가지고 명의신탁 하였다고 단정하기는 어렵다.

1. 사실관계

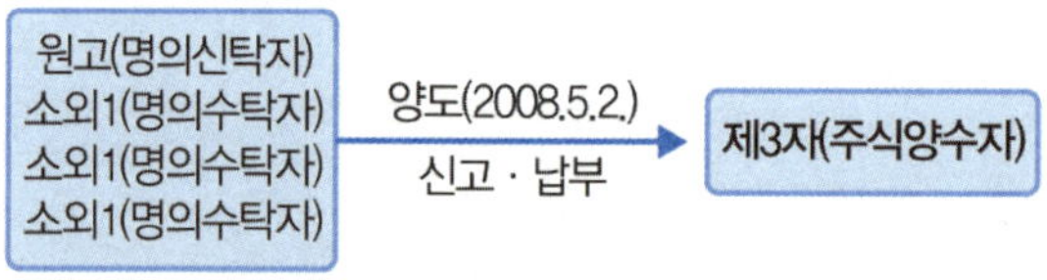

(1) 원고(명의신탁자, 대표이사)는 비상장법인의 이 사건 주식 중 일부를 1981년 내지 1994년 경 소외 1,2,3에게 명의신탁 하였다.

(2) 2008. 5. 2. 원고는 자신이 보유하고 있던 주식과 명의신탁 한 주식을 모두 제3자에게 양도하였고, 같은 해 8. 29. 경 자신을 포함한 각 주식 명의자들의 명의로 양도소득세를 신고·납부하였다.

(3) 피고는 원고의 이 사건 회사에 대한 주식변동조사를 하였고, 그 결과 아래와 같이 원고에게 종합소득세 및 양도소득세를 부과처분 하였다.

- 2015. 3. 9. 2004년 귀속 종합소득세 부과처분(처분사유 : 명의신탁 된 주식에 대하여 지급된 2004년 배당금이 실질적으로 원고에게 귀속되었음)
- 2015. 3. 11. 2005년 귀속 종합소득세 부과처분(처분사유 : 명의신탁 된 주식에 대하여 지급된 2005년 배당금이 실질적으로 원고에게 귀속되었음)
- 2015. 3. 17. 2008년 귀속 양도소득세 부과처분(처분사유 : 양도한 주식가액을 과소신고 함)

  (※부과제척기간 5년을 적용하면 이 사건 부과처분은 제척기간 도과로 위법한 처분이 되고, 10년을 적용하면 부과제척기간 내 처분으로 정당한 과세처분이 됨)

2. 쟁 점

과세관청이 명의신탁 된 주식과 관련하여 한 부과처분의 국세부과제척기간을 10년으로 본 처분의 당부

3. 대상판결

… 위와 같은 사실관계와 더불어 기록에 의하여 알 수 있는 다음과 같은 사정들을 앞에서 본 법리에 비추어 살펴보면, **원고의 주식 명의신탁 행위와 이에 뒤따르는 부수행위를 조세포탈의 목적에서 비롯된 부정한 적극적 행위로 볼 수 없다.**

(1) 원고가 주식 중 일부를 1981년경부터 1994년경까지 명의신탁 하여 이를 유지하기는 하였지만, 명의신탁 당사자들의 구체적 소득 규모에 따른 종합소득세 세율 적용의 차이, 이 사건 주식회사의 재무 상태와 실제 이루어진 배당내역, 비상장주식 양도소득에 대한 누진세율 적용 여부 등의 사정과 그러한 사정의 변동 및 그에 대한 예견 가능성을 비롯하여 조세포탈의 목적을 추단케 하는 사정에 관한 피고의 충분한 증명이 없는 이 사건에서, 단순히 명의신탁이 있었다는 점만을 들어 원고가 이처럼 오랜 기간에 걸쳐 **누진세율의 회피 등과 같은 조세포탈의 목적을 일관되게 가지고 명의신탁 하였다고 단정하기는 어렵다.**

(2) 명의신탁 된 주식에 대한 배당금에 관하여 명의수탁자들의 소득세가 징수·납부되었지만, 이는 기존 명의신탁관계가 해소되지 않은 상황에서 이 사건 주식회사가 배당금을 지급하면서 그 명의자인 명의수탁자들로부터 그에 대한 소득세를 일률적으로 원천징수한 결과에 따른 것일 뿐으로서, 거기에 명의신탁 당사자들의 적극적인 행위가 개입되었다고 볼 만한 사정도 없다.

(3) 원고는 마찬가지로 기존 명의신탁 관계가 해소되지 않은 상태에서 명의수탁자들 명의로 된 주식을 일반적인 주식 양도방법으로 처분하였을 뿐이고, **그에 관한 양도소득세를 모두 신고하였다.** 나아가 명의신탁으로 인해 결과적으로 양도소득 기본공제에 다소 차이가 생겼지만, **명의신탁으로 인해 양도소득세의 세율이 달라졌다는 등의 사정도 보이지 않는** 이상, 이러한 **사소한 세액의 차이만을 내세워 조세포탈의 목적에 따른 부정한 적극적 행위가 있다고 볼 수 없다.**

따라서 위 **각 종합소득세와 양도소득세의 부과제척기간은 구 국세기본법 제26조의2 제1항 제3호에 따라 5년으로 봄이 타당**한데, 각 종합소득세 부과처분과 양도소득세 부과처분은 모두 당해 국세를 부과할 수 있는 날로부터 5년의 기간이 경과한 후에야 이루어진 것이 역수상 명백하므로, 위 각 처분은 부과제척기간이 이미 경과한 후에 이루어진 것으로서 위법하다.

4. 평 석

(1) 이 사건의 쟁점은 명의신탁 된 주식과 관련하여 이루어진 부과처분(종합소득세, 양도소득세 등)을 '사기 기타 부정한 행위'로 보아 10년의 장기부과제척기간을 적용한 처분의 당부를 가리는 데 있다.

(2) 원심은 원고가 명의수탁자들 명의로 주식을 취득하고 양도한 행위는 국세기본법제 26조의2 제1항 제1호가 정한 '사기 기타 부정한 행위'에 해당한다는 전제에서 이 사건 종합소득세 및 양도소득세 부과처분은 모두 10년의 장기 부과제척기간을 적용하여야 한다고 판단하였다(원심의 판단에 따르면 피고의 모든 부과처분은 10년의 부과제척기간을 적용하는 경우 부과제척기간 내에 있다).

(3) 대법원은 다수의 판결에서 **납세자가 사기 기타 부정한 행위를 하였다고 하더라도 그로 인하여 국세를 포탈하거나 환급·공제받지 아니하는 경우에는 원칙으로 돌아가 그 부과제척기간은 5년이 된다**는 판단을 하고 있었다(대법원 2009. 12. 24. 선고 2007두16974 판결 등). '사기 기타 부정한 행위'가 조세법에 미치는 영향은 ①조세범처벌법 제9조 제1항에 의한 **조세포탈범의 구성요건**에 해당하고, ② 국세기본법 제26조의2 제1항에 의한 **10년간의 장기부과제척기간이 적용**되며, ③ 국세기본법 제47조의2 제1항의 규정에 의하여 **부당무신고가산세(40%)를 적용**받게 된다.

(4) 판례의 태도를 정리하면, 이 사건 대법원 판결에서 설시하는 바와 같이 **다른 행위를 수반함이 없이 단순히 세법상 신고를 하지 아니하거나 허위의 신고를 함에 그치는 것은 '사기 기타 부정한 행위'에 해당하지 않는다**는 것이다. 즉 명위위장 사실만으로 국세기본법 제26조의2 제1항 제1호에서 정한 '사기 기타 부정한 행위'에 해당한다고 볼 수 없다(대법원 2017. 4. 13. 선고 2015두44158판결 참조).

(5) 그럼에도 원심은 이 사건 주식의 명의를 타인명의로 신탁한 행위(명의신탁)만으로도 사기 기타 부정한 행위에 해당한다고 보았고, 대법원은 이러한 원심의 판단은 국세기본법이 정한 '사기 기타 부정한 행위'에 관한 법리를 오해한 위법이 있다고 판시하였다. 대법원은 **조세포탈이 이루어지지 않았다면**(이 사건의 경우 명의신탁 된 주식의 양도와 관련하여 신고·납부가 이루어졌고, 신탁자나 수탁자의 양도소득세 세율에도 명의신탁이 영향을 미치지 않았다) **허위신고라 하더라도 섣불리 '사기 기타 부정한 행위'로 볼 수 없다는 것이다.**

5. 관련 판례

문서번호	내 용
대법원 2013. 12. 12. 선고 2013두7667 판결	국세기본법 제26조의2 제1항 제1호가 정한 '사기 기타 부정한 행위'라고 함은 조세의 부과와 징수를 불가능하게 하거나 현저히 곤란하게 하는 위계 기타 부정한 적극적인 행위를 말하고, **다른 행위를 수반함이 없이 단순히 세법상의 신고를 하지 아니하거나 허위의 신고를 함에 그치는 것은 여기에 해당하지 않는다.**
대법원 2017. 4. 13. 선고 2015두44158 판결	납세자가 명의를 위장하여 소득을 얻더라도, 명의위장이 조세포탈의 목적에서 비롯되고 나아가 여기에 허위계약서의 작성과 대금의 허위지급, 과세관청에 대한 허위의 조세신고, 허위의 등기·등록, 허위의 회계장부 작성·비치 등과 같은 적극적인 행위까지 부가되는 등의 특별한 사정이 없는 한, **명의위장 사실만으로 국세기본법 제26조의2 제1항 제1호에서 정한 '사기 기타 부정한 행위'에 해당한다고 볼 수 없다.**
대법원 2018. 06. 15. 선고 2018두36011 심리불속행 판결(부산고법 2017누20668)	명의를 위장하여 소득을 얻더라도 그것이 조세포탈과 관련이 없는 행위인 때에는 명의위장 사실만으로 구 국세기본법 제26조의2 제1항 제1호 소정의 '사기 그 밖의 부정한 행위'에 해당한다고 할 수 없다. **그러나 그것이 누진세율 회피, 수입의 분산 감면특례의 적용, 세금납부를 하지 아니할 무자력자의 명의사용 등과 같이 명의위장이 조세회피의 목적에서 비롯되고 나아가 여기에 허위 매매계약서의 작성과 대금의 허위지급, 허위의 양도소득세신고, 허위의 등기·등록,**

문서번호	내 용
대법원 2018. 06. 15. 선고 2018두36011 심리불속행 판결(부산고법 2017누20668)	허위의 회계장부 작성·비치 등과 같은 적극적인 행위까지 부가된다면 이는 조세의 부과와 징수를 불가능하게 하거나 현저히 곤란하게 하는 '사기 기타 부정한 행위'에 해당한다.

1-7 조세법상 '사기나 그 밖의 부정한 행위'에 해당하는지 여부를 가림에 있어서도 형사처벌 법규의 구성요건에 준하여 엄격하게 해석하여야 함

● 대상판결 : 대법원 2019두37653 (2019. 7. 15.) ➜ 국패

핵심 요지

이 사건 사업체들의 명의자들이 모두 원고의 사용인인 점 등에 비추어 원고와 이 사건 사업체들의 특수관계를 은닉 하려는 행위가 없었으며, 이 사건 업체들이 이 사건 거래에 관한 **부가가치세를 모두 납부한 점** 등에 비추어 이 사건 거래에 사기 가타 부정한 행위가 있었다고 할 수 없음

1. 사실관계

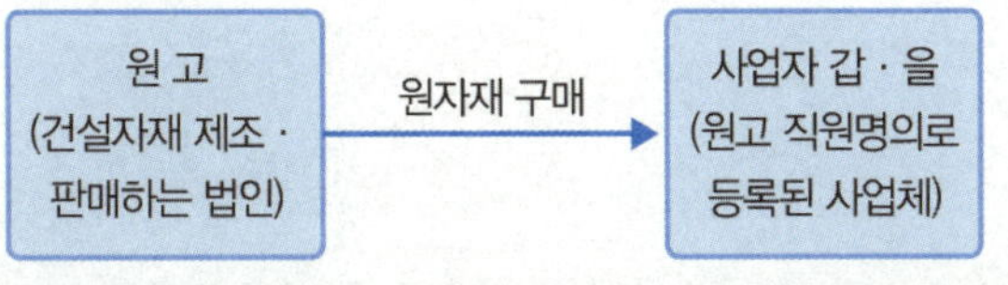

(1) 원고는 신축이음관을 제조하여 건설현장에 판매하는 법인이다.

(2) 원고는 2007년 제2기부터 2012년 제1기까지 사업자 갑, 을로부터 원자재 등을 구매하였다.

(3) 조사청(관할지방국세청장)은 원고에 대한 세무조사결과 갑과 을(이 사건 사업체들)이 실제로는 원고의 부서중 하나에 불과하여 독립된 사업의 실체가 없는 위장사업체이므로 이 사건 매입거래는 가공거래에 해당한다고 보아 원고관할 세무서장에게 과세자료를 통보하였고, 원고가 사실과 다른 세금계산서를 수취하여 부가가치세를 탈루하였다는 이유로 검찰에 고발조치 하였으며, 이 사건 사업체들의 소득금액은 원고의 대표이사에게 귀속되었다고 보고 부과제척기간 10년을 적용하여 5,903백만 원의 소득금액변동 통지처분을 하였다.

(4) 피고(원고관할세무서장)는 구 국세기본법 제26조의2 제1항 제1호에 따라 부과제척기간 10년을 적용하여 2015. 9. 8. 원고에 대하여 2007사업연도부터 2012사업연도 법인세 합계 1,814백만 원을 증액경정하면서 매 사업연도마다 이 사건 사업체들의 사업

자가 신고·납부한 종합소득세 상당액을 기 납부세액으로 공제하고 남은 금액인 합계 685백만 원을 부과고지 하였고, 2007년 제2기부터 2012년 제1기 부가가치세 합계 4,406백만 원을 증액 경정하여 부과 고지하였다.

(5) 검찰에 고발된 원고와 원고의 대표이사에 대하여 서울고등법원에서는 "이 사건 사업체들은 실제로 설립되어 운영되던 독립된 경제주체였으며 이들이 실제로 존재하지 않는 명목상의 업체라고 볼 수는 없다."라는 이유로 특정범죄가중처벌 등에 관한 법률위반(조세)의 점, **특정범죄가중처벌 등에 관한법률위반(허위세금계산서교부 등)의 점에 대하여는 각 무죄를 선고**받았고, 검사가 상고하였으나 상고기각 되어 위 판결이 확정되었다(원고가 이 사건사업체들을 통하여 원자재를 시가보다 고가 매입하여 법인세를 탈루한 부분에 대해서는 특정경제가중처벌 등에 관한 법률위반죄를 적용 유죄로 확정되었다).

2. 쟁 점

원고가 명의를 빌려 설립·운영한 명의위장업체와의 거래를 가공거래로 보아 국세부과제척기간 10년을 적용하여 과세한 처분의 당부

3. 대상판결(심리불속행기각, 인천지법2016구합52846판결)

(1) 가공거래 여부

이 사건 사업체들이 실제로 설립되어 운영되던 독립된 경제주체였으며 이들이 실제로 존재하지 않는 명목상의 업체라고 볼 수 없을 뿐만 아니라, 이 사건 사업체들이 독립된 경제주체로서 존재하는 이상 개별 거래행위의 효력은 원고가 아닌 이 사건 사업체들에 귀속되는 것이 원칙이므로 **이 사건 매입거래가 가공거래라고 볼 수 없다.** 따라서 **이 사건 매입거래는 사기나 그 밖의 부정한 행위에 해당하지 아니하여 10년의 부과제척기간이 적용되지 아니한다.**

① 원고의 임직원들은 이 사건 사업체들이 입찰절차에서 별도의 주체로서 원고와 함께 복수입찰을 하거나 원고의 대리점으로 제품을 판매하는 등의 목적으로 설립된 업체라고 진술하였다.

② 이 사건 사업체들의 소재지는 원고와 장소적으로 분리되어 있고 실제로 위 사업장 소재지에 별도의 사무실을 임차하였으며, 소속직원들은 위 사무실에서 근무하였다.

③ 이 사건 사업체들은 자재를 공급받으면서 공급업체에 발주서나 견적의뢰서를 보내거나 공급업체로부터 세금계산서를 발급받으면서 그 명의를 이 사건 사업체들로 하였고, 원고의 명의로 거래를 한 사실은 없다.

④ 이 사건 업체들은 별도의 사업용 금융계좌를 만들어 이를 통하여 원고로부터 매매대금을 지급받았고, 공급업체에 대한 매입비용 등 각종 비용을 지출하였다.

(2) 부당행위계산 부인 등

납세자가 세금계산서상의 공급자와 실제 공급자가 다르게 기재된 '사실과 다른 세금계산서'를 교부받아 매입세액의 공제 또는 환급을 받은 경우 그러한 행위가 구 국세기본법 제26조의2 제1항 제1호가 규정한 '사기나 그 밖의 부정한 행위로써 국세를 포탈하거나 환급공제받은 경우'에 해당하여 10년의 부과제척기간이 적용되기 위하여는, 납세자에게 사실과 다른 세금계산서에 의하여 매입세액의 공제 또는 환급을 받는 다는 인식 외에, 사실과 다른 세금계산서를 발급한 자가 그 세금계산서상의 매출세액을 제외하고 부가가치세의 과세표준 및 납부세액을 신고·납부하거나 또는 그 세금계산서상의 매출세액 전부를 신고·납부한 후 경정청구를 하여 이를 환급받는 등의 방법으로 그 **세금계산서상의 부가가치세 납부의무를 면탈함으로써 납세자가 그 매입세액의 공제를 받는 것이 결과적으로 국가의 조세수입 감소를 가져오게 될 것이라는 점에 대한 인식이 있어야** 한다(대법원 2015. 2. 26. 선고 2014두42001 판결 등 참조).

… **이 사건 사업체들이 이 사건 세금계산서에 대한 매출세액을 모두 신고·납부한 사실**을 인정할 수 있는바, 원고는 이 사건 사업체들이 그 세금계산서상의 부가가치세 납부의무를 면탈할 것이라는 점에 대한 인식이 없었다.

… 피고가 주장하는 다음과 같은 사정, 원고의 직원들이 이 사건 사업체들의 사업체로 있는 기간 동안 원고로부터 형식상 퇴사한 것으로 처리되었다거나 또는 급여가 지급되지 아

니하였다거나, 또는 **이 사건 사업체들의 사업자 명의를 차용함으로서 종합소득세 누진세율의 부담을 피할 수 있었다는 등의 사정만으로는 사기나 그 밖의 부정한 행위에 해당하여 부과제척기간이 10년이 된다고 볼 수 없다.**

… 원고의 대표이사가 위와 같이 은닉된 원고의 소득이 사외 유출되어 그 귀속자가 밝혀지지 아니함에 따라 자신이 원고의 대표자로서 인정상여처분을 받을 것까지 모두 예상하여 그로 인해 부과될 소득세를 포탈하기 위하여 위와 같은 거래를 행한 것으로 보기는 어려우므로, 그 인정상여처분으로 인한 소득세에 관한 사기나 그 밖의 부정한 행위에 해당한다고 볼 수 없고, 따라서 **그 부과제척기간은 5년**이다.

4. 평 석

(1) 이 사건의 쟁점은 원고의 직원들 명의로 등록된 사업체와의 거래로 인하여 이루어진 부과처분(부가가치세, 종합소득세 등)을 '사기 기타 부정한 행위'로 보아 10년의 장기 부과제척기간을 적용한 처분의 당부를 가리는 데 있다.

(2) 피고는 원고가 원고의 직원명의로 등록된 이 사건 업체들과의 거래는 모두 가공거래이고 그에 따라 사실과 다른 세금계산서를 수수한 경우에 해당하므로 국세기본법 제26조의2 제1항 제1호가 정한 '사기 기타 부정한 행위'에 해당한다는 전제하에 이 사건 종합소득세 및 법인세 부과처분은 모두 10년의 장기 부과제척기간을 적용하여야 한다는 입장이다.

(3) 대법원은 다수의 판결에서 **납세자가 사기 기타 부정한 행위를 하였다고 하더라도 그로 인하여 국세를 포탈하거나 환급·공제받지 아니하는 경우에는 원칙으로 돌아가 그 부과제척기간은 5년이 된다**는 판단을 하고 있었다(대법원 2009. 12. 24. 선고 2007두16974 판결 등). '사기 기타 부정한 행위'가 조세법에 미치는 영향은 ① 조세범처벌법 제9조 제1항에 의한 **조세포탈범의 구성요건**에 해당하고, ② 국세기본법 제26조의2 제1항에 의한 **10년간의 장기부과제척기간이 적용**되며, ③ 국세기본법 제47조의2 제1항의 규정에 의하여 **부당무신고가산세(40%)를 적용**받게 된다.

(4) 판례의 태도를 정리하면, 이 사건 대법원 판결에서 설시하는 바와 같이 **다른 행위를 수반함이 없이 단순히 세법상 신고를 하지 아니하거나 허위의 신고를 함에 그치는 것**

은 '사기 기타 부정한 행위'에 해당하지 않는다는 것이다. 즉 명의위장 사실만으로 국세기본법 제26조의2 제1항 제1호에서 정한 '사기 기타 부정한 행위'에 해당한다고 볼 수 없다(대법원 2017. 4. 13. 선고 2015두44158 판결 참조).

(5) 이 사건과 관련하여 피고와 검찰은 원고와 원고의 대표이사를 특정범죄가중처벌등에 관한 법률위반(조세)과 특정범죄가중처벌위반(허위세금계산서교부 등)으로 고발하였으나, 서울고등법원에서는 모두 그 점에 대하여는 무죄를 선고하였고, 원고가 이 사건 사업체들로부터 부당하게 고가로 원자재를 매입한 부분에 대해서만 특정경제가중처벌 등에 관한 법률위반(배임)으로 유죄로 확정하였다(이 사건은 검사가 상소하였으나 상고가 기각되어 위 판결이 확정되었다).

(6) 직원명의로 등록된 사업체를 직접 운영하면서 부가가치세를 신고·납부한 경우 원고와 직원명의로 등록된 사업체(명의위장사업체)간 수수한 세금계산서는 사실과 다른 세금계산서가 아니라는 대법원의 판결이 있었다(대법원 2019. 8. 30. 선고 2016두62726 판결).

즉, 원고가 직원들 명의로 사업체를 운영하면서 **자신의 계산과 책임하에** 이루어진 세금계산서의 수수에 대하여는 매입세액 공제대상이고, 다만 명의위장등록가산세 부과처분은 정당하다는 것이다. 이 사건의 경우에도 원고와 직원명의로 등록된 이 사건 사업체들과의 세금계산서 수수에 대하여 피고는 가공세금계산서로 보았으므로 부가가치세 매입세액을 불공제 하였을 것으로 보인다. 그러나 위 대법원 2016두62726판결에 따르면 이 사건에서도 매입세액 공제가 가능하다는 주장을 할 수 있었을 것이다. 판결내용만으로는 그 점이 명확하지 않지만 종전의 입장과 달리 명의위장 사업체(원고의 계산과 책임하에 있는)와의 세금계산서 수수에 대하여는 매입세액공제가 가능하다는 대법원의 판단을 주목할 필요가 있다. 한편 조세심판원에서도 타인명의로 교부받은 세금계산서상 매입세액은 매출세액에서 공제함이 타당하다고 조세심판원 합동회의에서 결정하였다(조심2016저1026, 2016. 9. 30. 합동회의).

5. 관련 판례

문서번호	내 용
대법원 2014. 5. 16. 선고 2011두29168 판결	조세범처벌법 제3조 제1항, 특정범죄 가중처벌 등에 관한 법률 제8조 제1항, 제2항 등에서는 사기나 그 밖의 부정한 행위로써 조세를 포탈하거나 조세를 환급·공제 받은 경우 포탈세액 등의 다과에 따라 2년 이하의 징역 또는 포탈세액 등의 2배 이하에 상당하는 벌금부터 최고 무기 또는 5년 이상의 징역과 포탈세액 등의 2배 이상 5배 이하에 상당하는 벌금에 처하도록 규정하고 있어 **'사기나 그 밖의 부정한 행위'는 형사 처벌의 구성요건으로 되어있으므로, 어떠한 행위가 조세법상 '사기나 그 밖의 부정한 행위'에 해당하는 여부를 가림에 있어서도 형사처벌 법규의 구성요건에 준하여 엄격하게 해석**하여야 할 것이다.
대법원 2013. 12. 12. 선고 2013두 7667 판결	세무조정금액 등 세무회계와 기업회계의 차이로 생긴 금액은 특별한 사정이 없는 한 구 국세기본법 제26조의2 제1항 제1호 소정의 사기나 그 밖의 부정한 행위로 얻은 소득금액으로 볼 수 없으나, 법인세법상 부당행위계산에 해당하는 거래임을 은폐하여 세무조정금액이 발생하지 않게 하기 위하여 부당행위계산의 대상이 되지 않는 자의 명의로 거래를 하고 나아가 그 사실이 발각되지 않도록 허위 매매계약서의 작성과 대금의 허위지급 등과 같이 적극적으로 서류를 조작하고 장부상 허위기재를 하는 경우에는 그것이 세무회계와 기업회계의 차이로 생긴 금액이라 하더라도 이는 사기나 그 밖의 부정한 행위로써 국세를 포탈한 경우에 해당하여 그에 관한 법인세의 부과제척기간은 10년이 된다.
대법원 2018. 06. 15. 선고 2018두36011 심리불속행 판결(부산고법 2017누20668)	명의를 위장하여 소득을 얻더라도 그것이 조세포탈과 관련이 없는 행위인 때에는 명의위장 사실만으로 구 국세기본법 제26조의 2 제1항 제1호 소정의 '사기 그 밖의 부정한 행위'에 해당한다고 할 수 없다. **그러나 그것이 누진세율 회피, 수입의 분산 감면특례의 적용, 세금납부를 하지 아니할 무자력자의 명의사용 등과 같이 명의위장이 조세회피의 목적에서 비롯되고 나아가 여기에 허위 매매계약서의 작성과 대금의 허위지급, 허위의 양도소득세신고, 허위의 등기·등록, 허위의 회계장부 작성·비치 등과 같은 적극적인 행위까지 부가된다면 이는 조세의 부과와 징수를 불가능하게 하거나 현저히 곤란하게 하는 '사기 기타 부정한 행위'에 해당**한다.

문서번호	내 용
대법원 2010. 4. 29. 선고 2007두11382 판결	소득금액변동통지서를 받은 법인의 원천징수의무가 성립하려면 그 성립시기인 위 소득금액변동통지서를 받은 때에 소득금액을 지급받은 것으로 보아야 할 원천납세의무자의 소득세 납세의무가 성립되어 있어야 하며, **원천납세의무자의 소득세 납세의무가 그 소득세에 대한 부과제척기간의 도과 등으로 이미 소멸하였다면 법인의 원천징수의무도 성립할 수 없으므로, 그 후에 이루어진 소득금액변동통지는 위법**하다.

1-8 세목과 과세기간을 달리한다면 특례부과제척기간을 적용할 수 없음

● 대상판결 : 대법원 2018두56695 (2019. 1. 17.) ➔ 국패

핵심 요지

선행 판결에 의하여 취소된 부과처분의 세목과 과세기간이 후행 처분과 다르다면 특례부과제척기간을 적용할 수 없음

1. 사실관계

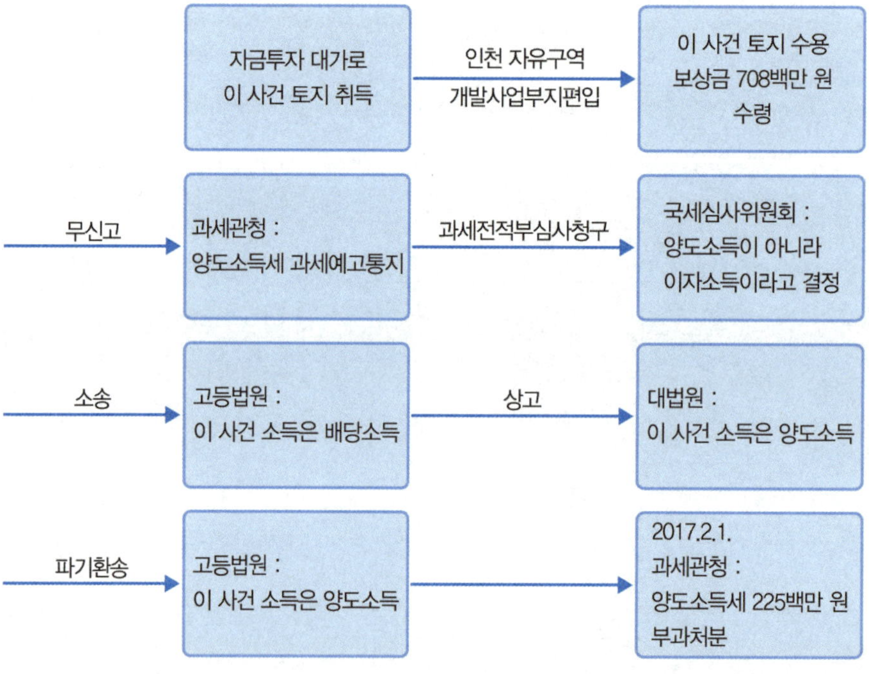

(1) 원고는 법원경매를 통해 재산을 증식해오던 소외 갑에게 1억 6,000만 원을 투자하였고, 위 투자금의 변제에 갈음하여 인천시 소재 과수원(이 사건 토지) 일부를 취득하게 되었다.

(2) 그 후 이 사건 토지는 인천경제자유구역 개발사업 부지에 편입되어 수용되었고, 원고

는 이 사건 토지에 대한 수용의 대가로 708 백만 원을 수령하였다.

(3) 피고는 원고가 이 사건 토지 수용과 관련하여 법정신고 기한까지 과세표준 신고서를 제출하지 아니하자, 2009. 10. 15. 원고에게 이 사건 수용보상금에 대하여 2007년 귀속 양도소득세 225백만 원의 과세예고통지를 하였고 원고는 피고의 과세예고통지 처분에 대하여 과세전적부심사를 청구하였다.

(4) 원고의 과세전적부심사청구를 심의한 국세심사위원회는 2009. 11. 26. 이 사건 수용보상금을 양도소득이 아닌 이자소득으로 보아야 한다면서 위 양도소득세 과세예고통지를 취소하라는 과세전적부심사 결정을 하였고, 피고는 2011. 8. 1. 원고에게 이 사건 수용보상금을 비영업대금의 이익(이자소득)으로 보아 2009년 귀속 종합소득세 225백만 원을 경정·고지하였다.

(5) 원고는 이 사건 처분에 불복하여 행정소송을 제기하였고, 피고는 소송 진행중에 이 사건 소득은 이자소득이 아닌 배당소득에 해당한다고 처분사유를 변경하여 다투었는데(원심은 배당소득으로 보았다), 대법원은 이 사건 소득이 배당소득이 아니라고 파기환송 하였고 이 사건은 환송법원(고등법원)에서 대법원의 판결(이 사건 소득은 양도소득 임) 그대로 확정되었다.

(6) 피고는 2017. 2. 1. 위 서울고등법원(환송법원) 판결의 이유에 설시된 취지에 따라 원고에게 이 사건 수용보상금을 다시 양도소득으로 보아 2007년 귀속 양도소득세 225백만 원(가산세 포함)의 부과처분을 하였다(해당 사건 판결일로부터 1년 이내 처분이 이루어짐).

2. 쟁 점

가. 과세전적부심사결정이 법적구속력이 있는지 여부

나. 과세전적부심사결정이 공적인 견해를 표시한 것인지 여부(신의성실원칙 위반)

다. 피고의 이 사건 처분은 종합소득세와 양도소득세 사이에 귀속연도, 세목 등 과세단위가 전혀 달라 국세부과제척기간 특례규정이 적용되지 않는다는 원고 주장의 당부

3. 대상판결(인천지방법원 2018. 1. 23. 선고 2017구단50918 판결)

(1) 과세전적부심사 결정 관련 주장에 대한 판단

과세전적부심사 청구에 대한 결정은 과세관청에 대하여 사실상의 구속력을 가짐은 별론으로 하더라도, 이는 과세처분 이전 단계에서 납세자로 하여금 세액결정전에 미리 통보받은 과세내용에 대하여 이의를 청구하도록 하여 위법한 과세처분을 사전에 방지하고자 하는 제도로서 **과세처분 이전 단계에서의 과세관청의 행위이므로 법적 구속력이 있는 것이 아니다.**

(2) 신뢰보호 내지 신의성실의 원칙 관련 주장에 대한 판단

이 사건에 관하여 보건대, **과세전적부심사 결정**을 더 이상 양도소득세를 부과하지 않을 것이라는 피고의 공적 견해의 표명으로 볼 수 있다거나 원고가 이를 신뢰함에 있어 귀책사유가 없다 하더라도, 신뢰보호원칙을 적용하기 위해서는 원고가 피고의 공적견해를 신뢰하고 그에 터 잡아 사후에 번복하는 것이 곤란한 '어떠한 행위'를 한 경우라야 하고 여기서 '어떠한 행위'라 함은 대표적으로 과세요건이 창출되는 법률행위나 사실행위 등을 말한다 할 것인바, 원고가 이 사건 종합소득세에 대하여 법적인 대응을 한 것만으로는 **원고가 피고의 공적 견해에 터 잡아 어떠한 행위'를 한 경우에 해당한다고 할 수는 없으므로, 이와 다른 전제에 선 원고의 이 부분 주장도 이유 없다.**

(3) 국세부과제척기간 특례 관련 주장에 대한 판단

특례제척기간 규정이 신설된 당초의 입법 취지는 국세에 관한 부과처분이 있은 후에 그 처분에 대한 행정심판 또는 행정소송 등의 쟁송절차가 장기간 경과되고 그 결정 또는 판결이 부과제척기간이 지난 후에 확정된 경우에 과세관청이 쟁송절차에서 유리한 결과를 이끌어 낸 납세자에 대하여 그 결정이나 판결에 따른 처분조차도 할 수 없게 되는 불합리한 사태가 발생하는 것을 방지하려는 데에 있었던 점, 조세법규의 해석은 특별한 사정이 없는 한 법문대로 해석하고 그 중에서도 예외규정 내지 특례규정은 더욱 엄격한 해석이 요구되는 점, **확정된 결정이나 판결의 기판력이 미치는 범위는 그 쟁송대상이 되었던 과세단위에 제한될 뿐**이고 이를 넘어서 별개의 과세단위에 관련된 판단이 이루어졌다고 하더라도 이러한 판단에 기판력이 있다고 할 수 없으며, 따라서 그러한 판단을 경정결정이나 그 밖에 필요한 처분을 할 수 있는 근거가 되는 위 규정상의 '해당 결정·판결'에 해당한다고 할 수 없는 점 등을 종합해 보면, 원칙적으로 확정된 결정 또는 판결에서 다투어진 과세처분과 **과세단위를 달리하는 새로운 과세처분에 대해서까지 위 규정에 따른 특례제척기간의 적용을 허용할 수는 없는** 것이다(대법원 2012. 10. 11. 선고 2012두6636 판결 참조).

이 사건에 관하여 보건대, 선행 판결에 의하여 취소된 이 사건 종합소득세 부과처분은 이 사건 수용보상금을 배당소득으로 법률적 평가를 한 것인데 반하여 이 사건 처분은 이를 양도소득으로 보아 과세한 것이므로 그 기초적 사실관계가 동일하다고 볼 여지가 없지는 않으나, 한편 **이 사건 종합소득세와 이 사건 양도소득세는 서로 귀속연도와 원천이 달라 과세단위를 달리하는** 점 등 제반 사정에 비추어 보면, 이 사건 처분에 대하여는 이 사건 종합소득세에 대한 선행판결의 확정에 따른 특례제척기간의 적용이 허용되지 않는다고 봄이 상당하다.

따라서, 이 사건 처분은 2015. 5. 31. 이미 부과제척기간이 도과된 이후에 이루어진 것으로서 무효라 할 것이므로, 원고의 주위적 주장은 이유 있다.

4. 평 석

(1) **과세전적부심청구에 대한 결정**은 위법한 과세처분을 사전에 방지하고자 하는 제도로 과세처분 이전의 단계에서의 과세관청의 행위이므로 **법적구속이 없다**(대법원 2010. 5. 13. 선고 2010두2555 판결 참조)는 것이 대법원의 일관된 입장이다. 따라서 납세자의 입장에서 보면, 어떤 경우에는 전략적으로 과세예고통지에 대한 과세전적부심사청구 보다는 과세가 이루어진 이후 불복을 하는 것이 유리한 경우도 있을 수 있다(이의·심사·심판청구의 결정에 대해서는 확정력, 불가쟁력, 불가변력이 있음을 주장할 수 있을 것이다).

(2) 대법원은 "과세처분에 관한 불복절차과정에서 그 **불복사유가 옳다고 인정**하고 이에 따라 필요한 처분을 하였을 경우에는 불복제도와 이에 따른 시정방법을 인정하고 있는 법 취지에 비추어 **동일사항**에 관하여 특별한 사유 없이 이를 번복하고 다시 **종전의 처분을 되풀이 할 수는 없다.** 따라서 과세관청이 과세처분에 대한 이의신청절차에서

납세자의 이의신청 사유가 옳다고 인정하여 과세처분을 직권으로 취소하였음에도, **특별한 사유 없이 이를 번복하고 종전 처분을 되풀이 하여서 한 과세처분은 위법하다.**" (대법원 2014. 7. 24. 선고 2011두14227 판결; 대법원 2010. 6. 24. 선고 2007두18161 판결 참조)고 판시하고 있는데 과세전적부심결정은 이 판례가 적시하고 있는 불복절차과정에 포함되지 않는다는 점에 유의하여야 한다.

(3) 이 사건에서와 같이 **과세전적부심결정은 그 결정과 다른 부과처분이 가능하다는 점**에서 부과처분에 대한 불복을 준비하는 납세자로서는 과세전적부심을 택할 것인지 아니면 이의신청 또는 심사·심판청구를 할 것인지 신중한 법리검토가 있어야 할 것으로 보인다.

(4) 부언한다면, 과세전적부심사결정은 **법적구속력이 없을 뿐 아니라** 그러한 결정을 과세관청의 **공적인 견해표시로 보아 신의성실의 원칙을 주장할 수도 없는 것**이다.

(5) 이 사건의 경우는 주위적 청구인 이사건 양도소득세 부과처분이「국세기본법」제26조2의 국세부과제척기간의 특례가 적용될 수 있는지 여부가 주된 관심이 된 사건이다. 특례제척기간이 적용될 수 있다면, 과세관청으로서는 판결이후 1년 이내 처분을 한 것이므로 이사건 과세처분은 정당성을 유지할 수 있게 될 것이다.

(6) 처분청이 이 사건 부과처분과 관련하여 과세자문신청을 한 결과, 국세청장은 서울고등법원의 판결에 따라 종합소득세 부과를 취소한 후에 양도소득세를 과세하는 것은「국세기본법」제26조의2 제2항에서 규정하고 있는 '경정결정이나 그 밖에 필요한 처분'에 해당하므로 판결이 확정된 날로부터 1년 이내에 양도소득세를 부과할 수 있는 것으로 회신하였다.

(7) 이 사건 전심단계인 심판청구에서도 조세심판원장은 처분청의 과세가 정당하다는 입장이었다. 우선「국세기본법」제26조의2 제2항에 의하여 허용되는 처분의 범위는 법률조항의 문언상 "경정결정이나 그 밖에 필요한 처분"이라고만 되어 있을 뿐 그 처분에 다른 조건이나 제한적 문구가 기재되어 있지 않은 점에 비추어 특례제척기간의 적용이 납세의무자에게 유리한 경우에만 가능하다거나 판결이나 결정의 주문만을 기준으로 이루어져야 한다고 볼 만한 근거가 전혀 없을 뿐 아니라 다른 관련법규에 비추어 보더라도 그러한 제한을 둘 근거가 없다는 이론의 토대위에, 세목 등을 달리하더라도 납세자의 법적 안정성을 보호할 필요성이 적고 공평과세 또는 조세정의 요청이 강한

경우에는 당초 처분과 동일한 사실관계를 기초로 하여 판결에 따라 처분할 수 있도록 특례부과제척기간을 적용함이 타당하다는 것이다(조심 2014서3925, 2016.5.31. 합동회의, 같은 뜻임).

(8) 그러나 대법원은 일관되게 확정된 결정 또는 판결에서 다투어진 과세처분과 **과세단위를 달리하는 새로운 과세처분에 대해서까지 위 규정에 따른 특례제척기간의 적용을 허용할 수는 없는 것**이라는 확고한 입장이다(대법원 2012. 10. 11. 선고 2012두6636 판결 등 참조).

(9) 종합소득세와 양도소득세는 서로 귀속연도와 원천이 달라 과세단위를 달리하는 점 등 제반 사정에 비추어 보면, 이 사건 처분에 대하여는 이 사건 종합소득세에 대한 선행판결의 확정에 따른 특례제척기간의 적용이 허용되지 않는다고 봄이 상당하다는 것이다.

(10) "**특례제척기간 규정이 신설된 당초의 입법 취지**는 국세에 관한 부과처분이 있은 후에 그 처분에 대한 행정심판 또는 행정소송 등의 쟁송절차가 장기간 경과되고 **그 결정 또는 판결이 부과제척기간이 지난 후에 확정된 경우에 과세관청이 쟁송절차에서 유리한 결과를 이끌어 낸 납세자에 대하여 그 결정이나 판결에 따른 처분조차도 할 수 없게 되는 불합리한 사태가 발생하는 것을 방지**하려는 데에 있었던 점, 조세법규의 해석은 특별한 사정이 없는 한 법문대로 해석하고 그 중에서도 예외규정 내지 특례규정은 더욱 엄격한 해석이 요구되는 점, **확정된 결정이나 판결의 기판력이 미치는 범위는 그 쟁송대상이 되었던 과세단위에 제한될 뿐**이고 이를 넘어서 별개의 과세단위에 관련된 판단이 이루어졌다고 하더라도 이러한 판단에 기판력이 있다고 할 수 없으며, 따라서 그러한 판단을 경정결정이나 그 밖에 필요한 처분을 할 수 있는 근거가 되는 위 규정상의 '해당 결정·판결'에 해당한다고 할 수 없는 점 등을 종합해 보면, 원칙적으로 **확정된 결정 또는 판결에서 다투어진 과세처분과 과세단위를 달리하는 새로운 과세처분에 대해서까지 위 규정에 따른 특례제척기간의 적용을 허용할 수는 없는 것**이다"라는 대법원의 판단은 수긍할 수 있고 타당한 결론으로 보여진다 (대법원 2012. 10. 11. 선고 2012두6636 판결 참조).

5. 관련 판례

문서번호	내 용
대법원 2012. 10. 11. 선고 2012두6636 판결	원칙적으로 **확정된 결정 또는 판결에서 다투어진 과세처분과 과세단위를 달리하는 새로운 과세처분에 대해서까지 위 규정에 따른 특례제척기간의 적용을 허용할 수는 없는 것**이다.
대법원 2006. 4. 27. 선고 2005두17058 판결	기간과세 방식에서 과세기간이 달라지면 과세단위가 다르게 되고 **과세단위가 달라지면 과세의 기초사실이 달라지므로 당초 처분의 동일성이 유지된다고 할 수 없다.**
대법원 2012. 10. 11. 선고 2012두6636 판결	확정된 결정이나 판결의 기판력이 미치는 범위는 그 쟁송대상이 되었던 과세단위에 제한될 뿐이고, 이를 넘어서 **별개의 과세단위에 관련된 판단이 이루어졌다고 하더라도 이러한 판단에 기판력이 있다고 할 수 없다.**
서울고등법원 2016. 12. 16. 선고 2016누55225 판결	특례부과제척기간 규정이 신설된 당초의 입법 취지는 국세에 관한 부과처분이 있은 후에 그 처분에 대한 행정심판 또는 행정소송 등의 쟁송절차가 장기간 경과되고 그 결정 또는 판결이 부과제척기간이 지난 후에 확정된 경우에 과세관청이 쟁송절차에서 유리한 결과를 이끌어낸 납세자에 대하여 그 결정이나 판결에 따른 처분조차도 할 수 없게 되는 불합리한 사태가 발생하는 것을 방지하려는 데에 있었던 점, 확정된 결정이나 판결의 기판력이 미치는 범위는 그 쟁송대상이 되었던 과세단위에 제한될 뿐이고 이를 넘어서 별개의 과세단위에 관련된 판단이 이루어졌다고 하더라도 이러한 판단에 기판력이 있다고 할 수 없는 점 등을 종합해 보면, **원칙적으로 확정된 결정 또는 판결에서 다투어진 과세처분과 과세단위나 과세기간을 달리하는 새로운 과세처분에 대해서까지 특례부과제척기간을 허용할 수 없다.**
서울고등법원 2020. 4. 22. 선고 2019누58874 판결(대법원 2020. 8. 27.선고 2020두38447 판결, 심리불속행 기각)	① **종합소득세 등 기간과세 되는 동일 세목 안에서 소득 귀속시기 판단에 따라 과세기간이 달라지는 경우,** ② 동일한 조세에 관하여 명의신탁자와 명의수탁자 중 누구에게 과세할 것인지가 문제되는 경우, ③ 동일한 양도행위로 인한 소득이 종합 소득인지, 양도소득인지가 문제되는 경우, ④ 동일한 양도행위가 가장행위에 해당하는지에 따라 납세의무자 및 세목이 달라지는 경우 문제가 되는데, 대법원은 ①의 경우에도 관련 선행 확정판결이 구 국세기본법 제26조의

문서번호	내 용
	2 제2항 제1호에서 규정하는 '판결'에 해당하지 않는다는 취지로 판결을 선고한 바 있는데(대법원 2012. 10. 11. 선고 2012두6636 판결), 위 대법원 판결 선고 후인 2016. 12. 20. 법률 제14382호 개정된 국세기본법에 "제1호의 결정이나 판결이 확정됨에 따라 그 결정 또는 판결의 대상이 된 과세표준 또는 세액과 연동된 다른 과세기간의 과세표준 또는 세액의 조정이 필요한 경우: 제1호의 결정 또는 판결이 확정된 날부터 1년"이라는 내용의 **제26조의2 제2항 제1의2호가 신설되고 나서야 비로소 ①의 경우에 특례제척기간의 규정이 적용되게 되었다.**

1-9 과세단위, 과세기간을 달리하는 새로운 처분에 대해서까지는 특례제척기간의 적용을 허용할 수 없음

● 대상판결 : 대법원 2017두30757 (2020. 8. 20.) ➜ 국패

핵심 요지

이전처분은 부동산 양도거래를 과세대상거래로 하고 세목도 법인세, 주된 납세의무자가 법인, 제2차 납세의무자가 원고인 반면, 이 사건 처분은 주식양도거래가 과세대상거래이고 세목이 양도소득세와 증권거래세, 납세의무자가 원고로서 과세단위 및 주된 납세의무자를 달리하여 한 이 사건 처분은 선행판결의 확정에 따른 특례제척기간의 적용이 허용되지 않는다고 봄이 상당함

1. 사실관계

①번 거래

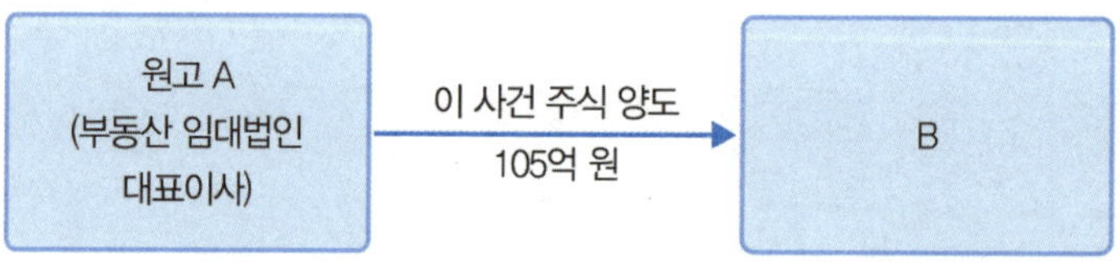

②번 거래

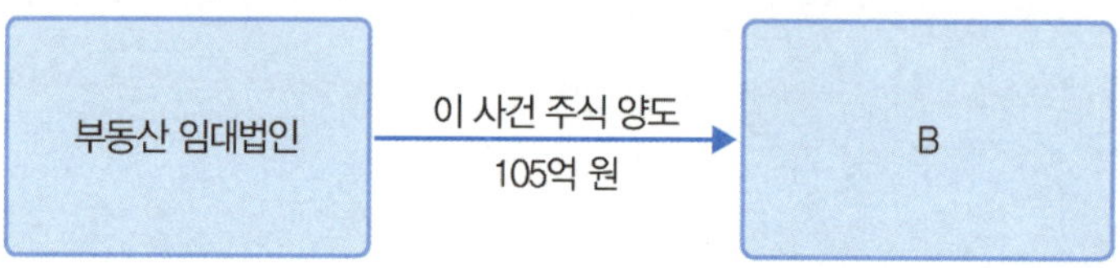

(1) 이 사건법인의 대표이사이자 동 법인주식 25,188주(지분율 100%)를 보유하고 있던 원고는 2006. 8. 1. 소외인에게 이 사건 주식을 105억 원에 양도하고 주식을 소외인에게 이전하였다.

(2) 원고는 이 사건 주식양도에 따른 증권거래세 52백만 원과 양도소득세 2,216 백만 원을 신고·납부하였다(①번 거래).

(3) 거래재구성에 따른 과세관청의 과세처분과 이에 관한 종전 소송의 경과

① 피고는 이 사건법인의 유일한 자산인 서울 중구 (주소 생략) 외 3필지 토지 164.6

㎡와 그 지상 3층 건물(이하 이 사건 부동산이라 한다)이 이 사건 주식의 잔금지급일인 2006. 8. 1. 소외인에게 이전되었다는 사정 등에 기초하여 이 사건 주식양도계약은 가장행위에 불과하고, 이 사건법인이 소외인에게 이 사건 부동산을 105억 원에 양도한 것으로 보고, 위 양도가액 105억 원을 법인의 2006 사업연도 익금에 산입하여 2010. 9. 1. 법인에 2006 사업연도 법인세 4,005 백만 원을 결정·고지하였다(②번 거래).

② 피고는 위 105억 원을 이 사건법인의 대표이사였던 원고에 대한 2006년 귀속 상여로 소득처분과 함께 2010. 9. 7. 이 사건법인에게 소득금액변동통지(법인용)를 하고, 2010. 11. 16. 원고에게 소득금액변동통지(소득자통지용)를 하였다.

③ 원고는 2010. 11. 10. 피고에게 위 소득금액변동통지에 따른 종합소득세 3,493백만 원을 수정신고하면서 기 납부한 양도소득세 2,216백만 원과 증권거래세 52백만 원을 제외한 나머지 1,225백만 원을 납부하였다.

④ 한편, 피고는 이 사건법인이 종전 법인세를 납부하지 아니하자 구 국세기본법(2006. 12. 30. 법률 제8139호로 개정되기 전의 것, 이하 같다) 제39조 제1항 제2호에 따라 원고를 이 사건법인이 체납한 종전 법인세에 대한 제2차 납세의무자로 지정하고 2010. 11. 9. 원고에게 종전 법인세 4,005백만 원을 납부하라는 통지를 하였다(이하 위 납부통지를 종전 부과처분이라 한다).

⑤ 원고는 2011. 9. 9. 피고를 상대로 서울행정법원 2011구합30120호로 종전 부과처분의 취소 등을 구하는 소송을 제기하였는데, 위 법원은 2012. 6. 29. 이 사건 주식양도계약이 가장행위 혹은 조세회피행위에 해당한다고 볼 수 없으므로 이 사건법인이 소외인에게 이 사건 부동산을 105억 원에 매도한 것으로 볼 수 없다는 이유로 종전 부과처분을 취소하는 내용의 판결을 선고하였고, 위 판결은 2015. 3. 26. 대법원의 상고기각으로 확정되었다(이하 선행 확정판결이라 한다).

(4) 과세관청의 환급결정 및 원고에 대한 이 사건 부과처분 경위

① 피고는 2015. 4. 15. 원고에게 선행 확정판결에 따라 원고에 대한 소득금액변동통지 및 제2차 납세의무자 지정을 각 취소하였고, 피고는 2015. 6. 9. 원고에게 종합소득세 3,493백만 원을 환급하는 결정을 하였다.

② 피고는 원고에게 이 사건 주식양도와 관련하여, 2015. 5. 6. 양도소득세 2,216백만 원을, 2015. 7. 3. 증권거래세 52백만 원을 각 결정·고지하였다(이하 이를 통틀어 이 사건 처분이라 한다).

2. 쟁 점

선행 확정판결의 대상인 종전 부과처분과 과세대상과 세목을 달리하여 새로운 부과처분을 한 경우 새로운 부과처분에 대하여 구 국세기본법 제26조의2 제2항 제1호에 따른 특례제척기간이 적용되는지 여부

3. 원, 피고의 주장

(1) 원고의 주장

국세기본법 제26조의2 제2항 제1호는 "행정소송법에 따른 소송에 대한 판결이 있는 경우 판결이 확정된 날부터 1년이 지나기 전까지 해당 판결에 따라 경정결정이나 그 밖에 필요한 처분을 할 수 있다"고 규정하고 있으나, 이 사건의 경우 피고가 위 조항에 따라 연장된 부과제척기간 내에 할 수 있는 과세처분은 원고가 세무서장을 상대로 제기한 선행소송의 판결에서 다루어진 법인세나 종합소득세에 한정된다고 해석하여야 하므로, 피고는 양도소득세 및 증권거래세를 내용으로 하는 이 사건 처분을 할 수 없다. 결국 이 사건 처분은 부과제척기간이 도과하였으므로 위법하다.

(2) 피고의 주장

① 원고가 소외인에게 이 사건 주식을 양도하여 105억 원 상당의 경제적 이익을 얻었음에도 납세의무를 면하는 것은 실질과세의 원칙에 반한다.

② 원심판결과 같이 동일한 사실관계하에서 법적 평가만을 달리한 이 사건 처분에 대하여 선행 확정판결에 따른 특례제척기간이 적용되지 않는다고 본다면, 과세관청으로서는 분쟁이 예상되는 경우 중복하여 과세할 수밖에 없고, 이는 납세의무자의 재산권을 침해하고 조세행정상의 비효율을 초래하게 된다.

4. 대상판결

구 국세기본법 제26조의2는 제1항에서 국세의 부과제척기간을 원칙적으로 5년으로 정하면서, 제2항에서 "국세에 관한 이의신청·심사청구·심판청구, 감사원법에 의한 심사청구 또는 행정소송법에 의한 소송에 대한 결정 또는 판결이 있는 경우에는 제1항의 규정에 불구하고 그 결정 또는 판결이 확정된 날부터 1년이 경과하기 전까지는 당해 결정·판결에 따라 경정결정 기타 필요한 처분을 할 수 있다."라고 규정하고 있다.

부과제척기간에 관한 특별규정인 구 국세기본법 제26조의2 제2항에 규정된 특례제척기간은, 같은 조 제1항 소정의 과세제척기간이 일단 만료하면 과세권자는 새로운 결정이나 증액경정결정은 물론 감액경정결정 등 어떠한 처분도 할 수 없게 되는 결과, 과세처분에 대한 행정심판청구 또는 행정소송 등의 쟁송절차가 장기간 지연되어 그 결정 또는 판결이 과세제척기간이 지난 후에 행하여지는 경우 그 결정이나 판결에 따른 처분조차도 할 수 없게 되는 불합리한 사례가 발생하는 것을 방지하기 위하여 마련된 것임에 비추어 볼 때, 그 문언상 과세권자로서는 해당 판결 또는 결정에 따른 경정결정이나 그에 부수하는 처분만을 할 수 있을 뿐, **판결 또는 결정이 확정된 날로부터 1년 내라 하여 그 판결이나 결정에 따르지 아니하는 새로운 결정이나 증액경정결정까지도 할 수 있는 것은 아니다**(대법원 1994. 8. 26. 선고 94다3667 판결, 대법원 2005. 2. 25. 선고 2004두11459 판결 등 참조).

5. 평 석

(1) 이 사건 종전처분은 필자가 실제로 소송수행자(피고)로서 직접 참여한 재판이었다. 과세관청은 실질과세원칙을 들어 이 사건법인이 이 사건 부동산을 양도한 것으로 하여 법인세 등을 과세(거래를 재구성하였다)하였으나 대법원은 피고의 주장을 배척하였다(대법원 2015. 3. 26. 선고 2013두9267 판결).

(2) 그 후 피고는 대법원의 판결에 따라 법인세 등을 취소하고 원고에게 양도소득세와 증권거래세를 부과처분 하였는데, 원고는 이 사건 후속처분의 경우 국세부과제척간이 경과한 사건으로 본 건의 경우 국세기본법상 특례제척기간을 적용할 수 없다는 것이다.

(3) 이 사건의 쟁점은 이 사건 후속 처분이 특례제척기간이 적용되는지 여부인데, 구체적

으로는 **선행 소송에서의 부과처분**이 법인의 부동산 양도소득에 대한 **'법인세'**인 반면, **이 사건 처분**은 개인 주식양도소득에 대한 **양도소득세 및 증권거래세**인 경우에 대한 판단이다.

(4) 대법원은 국세기본법 제26조의2 제2항의 '판결 등의 특례제척기간의 적용범위'와 관련하여 확고한 입장을 견지해오고 있다.

(5) 인적(人的)적용범위와 관련하여 "당해 판결 등을 받은 자로서 그 판결들이 **취소하거나 변경하고 있는 과세처분의 효력이 미치는 납세의무자에 대해서만 그 판결 등에 따른 경정처분을 할 수 있을 뿐** 그 취소나 변경의 대상이 된 과세처분의 효력이 미치지 아니하는 **제3자에 대해서까지 재처분을 할 수 있는 것은 아니다**"는 것이다(대법원 2006. 2. 9. 선고 2005두1688 판결 등).

(6) 물적(物的)적용 범위와 관련하여 대법원은 "과세권자로서는 해당 판결 또는 결정에 따른 경정결정이나 그에 부수하는 처분만을 할 수 있을 뿐, 판결 또는 결정이 확정된 날로부터 1년 내라 하여 그 판결이나 결정에 따르지 아니하는 새로운 결정이나 증액경정 결정까지도 할 수 있는 것은 아니다"라고 판단하고 있다(대법원 2005. 2. 25. 선고 2004두11459 판결 등 참조).

(7) 이 사건에서는 선행과세처분과 후행 과세처분이 과세대상과 세목이 달라져 물적 적용범위가 문제가 되었는데, **대법원은 명시적으로 과세대상과 세목이 달라지는 경우 특례제척기간이 적용되지 않는다**고 판단하였다.

(8) 결과적으로 원고가 본 건 양도에 대해 일정한 경제적 이익을 향유하고 있음에도 납세의무를 면하는 것(법인세는 취소하고 양도소득세는 과세할 수 없게 된 경우임)은 실질과세원칙에 반하는 측면이 있음을 부인할 수 없다. 그러나 대상판결은 국세부과권의 부과제척기간은 납세의무자의 법적안정성을 보호한다는 점에서 제척기간제도에 따른 부득이한 결과로서 실질과세원칙에 반한다고 할 수 없다고 판시하였다.

(9) 과세관청은 대상판결에 동일한 사실관계에서 법적평가만 달리하는 경우에도 특례제척기간을 적용하지 않는다면 과세관청으로서는 분쟁이 예상되는 경우 중복하여 과세할 수 밖에 없고, 이는 납세의무자의 재산권을 침해하고 조세행정상의 비효율을 초래하게 된다는 주장을 하였는데, **"세목 등을 달리하더라도** 납세자의 법적 안정성을 보호할 필요성이 적고 공평과세 또는 조세정의 요청이 강한 경우에는 **당초 처분과 동일한 사**

실관계를 기초로 하여 판결에 따라 처분할 수 있도록 **특례부과제척기간을 적용함이 타당**하다"는 조세심판원 합동회의 결정에 따른 주장과 동일한 것으로 보인다(조심 2014서3925, 2016.5.31. 합동회의, 같은 뜻임).

(10) 그러나 대법원은 대상판결에서 "이 사건 처분이 법적 평가만을 달리한 처분이라고 볼 수 없을 뿐 아니라, 과세관청으로서는 올바른 법적 평가에 따라 세법을 적용하여 조세행정상의 효율을 추구하는 것이 그와 동시에 납세의무자의 재산권을 보호해야 할 의무를 다하는 것"이라고 판시하였다.

6. 관련 판례

문서번호	내 용
대법원 2006. 6. 9. 서고 2006두71 판결	구 국세기본법 제26조의2에서 규정하고 있는 국세부과권의 제척기간 내에 조세의 부과처분이 없으면 과세관청은 더 이상 국세의 확정을 위한 부과처분을 할 수 없게 되고 그 반사적 효과로서 납세자로서는 조세채무를 납부할 의무를 면하게 되나, 이는 **제척기간제도에 따른 부득이한 결과로서 그런 결과가 실질과세의 원칙에 반한다고는 할 수 없다.**
대법원 2012. 10. 11. 선고 2012두6636판결	원칙적으로 확정된 결정 또는 판결에서 다투어진 과세처분과 과세단위나 과세기간을 달리하는 새로운 과세처분에 대해서까지 위 규정에 따른 특례제척기간의 적용을 허용할 수는 없는 것이다.
대법원 1996. 9. 24. 선고 96누68 판결	납세의무가 승계되는 등의 특별한 사정이 없는 한, 당해 판결 등을 받은 자로서 그 판결 등이 취소하거나 변경하고 있는 과세처분의 효력이 미치는 납세의무자에 대하여서만 그 판결 등에 따른 경정처분 등을 할 수 있을 뿐 그 취소나 변경 대상이 되고 있는 **과세처분의 효력이 미치지 아니하는 제3자에 대하여서까지 위 규정을 적용할 수 있는 것은 아니다.**
조심 2015 서 3925, 2016. 5. 31. 합동회의	문언상 "필요한 처분"을 할 수 있다고 규정할 뿐, 결정 등의 주문에 따른 처분만 가능하다고 볼 근거가 없고, 당초처분의 기초사실판단에 따른 처분, 즉 결정의 취지에 따른 처분도 할 수 있다고 봄이 상당하다 하겠고, **세목 등을 달리하더라도 납세자의 법적안정성을 보호할 필요성 보다 공평과세 또는 조세정의의 요청이 강한 경우에는**

문서번호	내 용
	당초처분과 동일한 사실관계에 기초한 결정 등에 따라 필요한 처분할 수 있도록 특례제척기간을 적용함이 타당하다. (※ 대법원은 조세심판원 합동회의 결정에도 불구하고 "세목 또는 납세의무자가 다른 경우"는 **국세특례제척기간을 적용할 수 없다**는 입장임)
대법원 2005. 2. 25. 선고 2004두 11459 판결	특례제척기간을 적용한 과세는, 당초처분의 하자나 흠결을 치유하여 실질상 동일한 내용의 처분을 다시 할 수 있는 정도를 의미할 뿐이어서, 증액될 세액은 취소될 세액을 한도로 가능하다.

1-10 동일 과세기간에 있는 별건 양도목적물에 대한 신고를 누락하였더라도 이미 예정신고를 마친 이 사건 토지의 양도에 대하여는 과세표준신고서를 제출한 것으로 보아야 함

● 대상판결 : 대법원 2020두51518 (2020. 9. 25.) ➜ 국패

핵심 요지

원고가 이 사건 토지의 양도소득과 동일한 과세연도에 귀속되는 별건 토지의 양도소득에 대하여 예정신고를 하지 않아 이에 대한 확정 신고를 할 의무를 진다고 하더라도, 그러한 확정 신고 의무가 이미 예정신고를 마친 이 사건 토지의 양도소득에 대한 것이라고 볼 수는 없다. 결국 원고가 이 사건 토지의 양도소득에 관하여 과세표준신고서를 제출하지 않았다고 할 수는 없으므로, 그 양도소득세의 부과제척기간은 7년이 아니라 5년으로 보아야 한다.

1. 사실관계

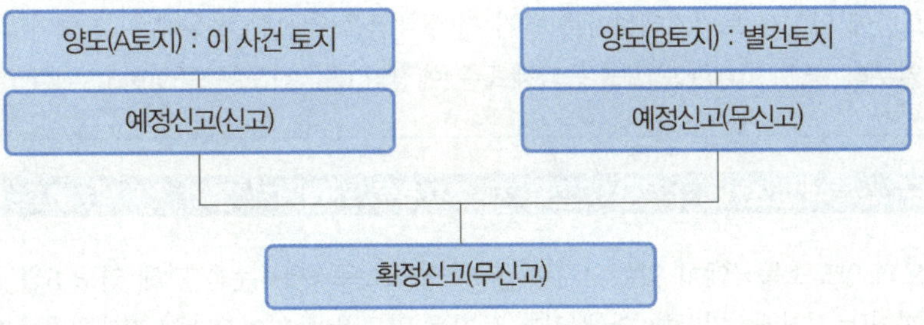

(1) 원고는 2005. 7. 19. A도시개발 주식회사에게 토지거래허가구역 내에 있는 이 사건 토지를 매도하였다.

(2) 원고는 2005. 9. 20. 양도가액을 기준시가로 산정하여 이 사건 토지의 양도에 따른 양도소득세를 예정신고 · 납부하였다.

(3) 원고는 2006. 2. 28. A도시개발로부터 이 사건 토지의 매매잔대금을 모두 지급받았다.

(4) 이 사건 토지는 2009. 1. 30. 토지거래허가구역 지정이 해제되었다.

(5) 피고는 이 사건 토지의 양도시기가 매매잔대금이 모두 지급된 2006. 2. 28.이라는 전제하에 실지거래가액에 따른 양도가액을 기초로 세액을 계산하여, 2017. 3. 2. 원고에게 2006년 귀속 양도소득세를 부과하였다.

2. 쟁 점

동일 과세기간에 있는 별건 양도목적물에 대한 신고누락에 대하여 국세부과제척기간 7년을 적용한 것이 타당한지 여부

3. 관련 법령

구 국세기본법(2010. 1. 1. 법률 제9911호로 개정되기 전의 것) 제26조의2 제1항

원칙적으로 국세의 부과제척기간을 5년으로 규정하면서(제3호), '납세자가 법정신고기한까지 과세표준신고서를 제출하지 아니한 경우'에는 그 부과제척기간을 당해 국세를 부과할 수 있는 날부터 7년으로 연장하고 있다(제2호).

구 소득세법(2009. 12. 31. 법률 제9897호로 개정되기 전의 것) 제105조 제1항 제1호

부동산을 양도한 경우 그 양도일이 속하는 달의 말일부터 2월(토지거래허가구역 안에 있는 토지를 양도함에 있어서 토지거래허가를 받기 전에 대금을 청산한 경우에는 그 허가일이 속하는 달의 말일부터 2월) 이내에 양도소득과세표준 예정신고를 하도록 규정하고 있다.

구 소득세법(2009. 12. 31. 법률 제9897호로 개정되기 전의 것) 제110조 제1항

당해 연도의 양도소득금액이 있는 거주자는 그 양도소득과세표준을 당해 연도 5월 1일부터 5월 31일까지(토지거래허가구역 안에 있는 토지를 양도함에 있어서 토지거래허가를 받기 전에 대금을 청산한 경우에는 그 허가일이 속하는 연도의 다음 연도 5월 1일부터 5월 31일까지) 신고하도록 규정하면서, 제4항 본문에서 예정신고를 한 자는 제1항에도 불구하고 '당해 소득'에 대한 확정신고를 하지 아니할 수 있다고 규정하고 있음

구 소득세법 시행령(2010. 2. 18. 대통령령 제22034호로 개정되기 전의 것) 제173조 제4항

예정신고를 하였더라도 확정신고를 하여야 하는 경우로 '당해 연도에 누진세율 적용대상 자산에 대한 예정신고를 2회 이상 한 자가 법 제107조 제2항의 규정에 따라 이미 신고한 양도소득금액과 합산하여 신고하지 아니한 경우'(제1호), '토지 등을 2회 이상 양도한 경우로서 양도소득 기본공제에 관한 법 제103조 제2항을 적용할 경우 당초 신고한 양도소득산출세액이 달라지는 경우'(제2호) 등을 들고 있다.

4. 원 · 피고 주장 요약

(1) 원 고

통상적인 국세부과제척기간은 5년이지만 납세자가 법정신고기한까지 과세표준신고서를 제출하지 아니한 경우 무신고로 인한 국세의 부과제척기간은 7년이 되는데, 원고는 2005년 귀속 양도소득세 신고 시 이 사건 토지 양도에 관한 과세표준신고서를 제출하였으므로, 무신고에 대한 7년의 부과제척기간이 적용될 수 없다. 따라서 이 사건 처분은 부과제척기간이 도과된 후 이루어진 것이어서 위법하다.

(2) 피고(과세관청)

원고는 (구)소득세법 제110조 제1항에 따라 이 사건 토지거래허가구역 지정이 해제되어 원고와 A도시개발 사이의 매매가 확정적으로 유효가 된 다음 연도 5월 1일부터 5월 31일까지 과세표준확정신고를 하였어야 하고 양도소득세 부과의 제척기간은 그 다음날부터 진행하므로, 이 사건 토지 양도에 따른 양도소득세 부과제척기간의 기산일은 2010. 6. 1.이다. 또한 부과제척기간과 관련하여 ① 원고는 실거래가액을 기준으로 한 양도소득세를 회피할 목적으로 이 사건 소비대차계약 및 신탁계약을 체결한 것이므로 이는 구 국세기본법(2006. 12. 30. 법률 제8139호로 개정되기 전의 것, 이하 같다) 제26조의2 제1호가 정한 '사기 기타 부정한 행위'로 국세를 포탈한 것이어서 10년의 부과제척기간이 적용되어야 하고, ② 그렇지 않더라도 이 사건 토지는 앞서 본 바와 같이 잔금이 완납된 2006. 2. 28. 양도되었다고 보아 양도가액을 실질거래가액으로 산정하여 2006년 귀속 양도소득세로 신고되어야 하므로, 원고가 2005년에 기준시가로 양도가액을 산정하여 한 과세표준신고는 유효한 과세표준신고로 볼 수 없어 무신고를 이유로 한 7년의 부과제척기간이 적용되어야 한다.

5. **대상판결**(부과제척기간 경과 여부에 관하여)

… 원심은 이 사건 토지의 매매대금이 청산된 이후인 2009. 1. 30. 이 사건 토지에 관한 토지거래허가구역 지정이 해제되었으므로 원고는 구 소득세법 제110조 제1항 괄호 부분

에 따라 2010. 5. 31.까지 양도소득과세표준 확정 신고를 하여야 한다는 이유로, 이사건 토지의 양도에 따른 양도소득세의 부과제척기간은 2010. 6. 1.부터 진행한다고 판단하였다. … 앞서 본 규정과 관련 법리에 비추어 기록을 살펴보면, 원심의 이러한 판단에 상고이유 주장과 같이 이 사건 토지에 관한 매매계약의 효력 및 부과제척기간의 기산점에 관한 법리를 오해하는 등의 잘못이 없다.

원심은 원고가 동일한 과세연도에 귀속되는 이 사건 토지와 별건 토지의 양도소득을 합산·총괄하는 양도소득과세표준 확정 신고를 하지 않은 이상, 구 국세기본법 제26조의2 제1항 제2호가 정한 '납세자가 법정신고기한까지 과세표준신고서를 제출하지 아니한 경우'에 해당하므로, 이 사건 토지의 양도에 따른 양도소득세의 부과제척기간은 7년이고, 이 사건 처분은 7년의 부과제척기간 내에 이루어진 것으로서 적법하다고 판단하였다.

그러나 원심의 이러한 판단은 다음과 같은 이유에서 그대로 수긍하기 어렵다. 구 소득세법 제110조 제4항에 의하면 그 단서의 위임에 따라 대통령령이 정한 경우에 해당하지 않는 한 예정신고를 한 자는 '당해 소득'에 대한 확정 신고를 하지 않을 수 있고, 이는 **예정신고를 한 양도소득 외에 동일한 과세연도에 귀속되는 양도소득이 더 있더라도 마찬가지이다.** 원고가 이 사건 토지의 양도에 따른 양도소득세를 예정신고·납부하였음은 앞서 본 바와 같고, 위 예정신고가 구 소득세법 시행령 제173조 제4항이 정한 경우에 해당한다고 볼 만한 근거도 없으므로, **위 양도소득에 대하여는 더 이상 확정 신고를 할 의무가 없다.** 원고가 이 사건 토지의 양도소득과 동일한 과세연도에 귀속되는 별건 토지의 양도소득에 대하여 예정신고를 하지 않아 이에 대한 확정 신고를 할 의무를 진다고 하더라도, 그러한 확정 신고 의무가 이미 예정신고를 마친 이 사건 토지의 양도소득에 대한 것이라고 볼 수는 없다. 결국 원고가 이 사건 토지의 양도소득에 관하여 과세표준신고서를 제출하지 않았다고 할 수는 없으므로, 그 양도소득세의 부과제척기간은 7년이 아니라 5년으로 보아야 한다. 그런데 이 사건 처분은 부과제척 기간의 기산일인 2010. 6. 1.부터 5년이 경과한 2017. 3. 2. 이루어졌으므로 무효이다.

그런데도 원심은 원고에게 이 사건 토지의 양도에 따른 양도소득에 대하여 확정 신고 의무가 있음을 전제로 이와 달리 판단하였다. 원심의 이러한 판단에는 예정 신고와 확정 신고의 관계, 부과제척기간에 관한 법리 등을 오해함으로써 판결에 영향을 미친 잘못이 있다. 이를 지적하는 이 부분 상고이유 주장은 이유 있다.

6. 평 석

(1) 원고는 이 사건 토지에 관한 토지거래허가구역 지정이 해제되어 매매가 확정적으로 유효가 된 다음 연도인 2010. 5. 1.부터 5. 31.까지 과세표준확정신고를 하였어야 하고 양도소득세 부과의 제척기간은 그 다음날부터 진행하므로, 이 사건 토지양도에 따른 양도소득세 부과제척기간의 기산일은 2010. 6. 1.이다.

(2) 구 국세기본법 제26조의2 제1항 제3호는 일반적으로 국세 부과의 제척기간을 국세를 부과할 수 있는 날로부터 5년으로 정하면서도, 제2호는 '납세자가 법정신고기한까지 과세표준신고서를 제출하지 아니한 경우'에는 국세 부과의 제척기간을 국세를 부과할 수 있는 날부터 7년으로 정하고 있다.

(3) 7년의 부과제척기간은 국세기본법이 1994년경 개정되면서 도입되었다. 무신고에 대해 7년의 장기 부과제척기간을 적용한 이유는 '신고성실도'와 '과세권 행사의 난이도'의 차이 때문이다.

(4) 과세표준과 세액에 관한 자료는 일반적으로 납세자가 보유하고 있어 납세자가 그 자료를 제출하면 과세관청은 그 자료에 기초하여 세금이 제대로 신고 · 납부되었는지 확인할 수 있다. 납세자가 자료를 제출하지 않는다면 과세관청으로서는 과세권을 행사하기 어렵기 때문에 7년의 부과제척기간을 규정하게 되었다. 따라서 적용되는 부과제척기간이 일반 부과제척기간인 5년인지 아니면 장기 부과제척기간인 7년인지는 **납세자의 신고가 적법한지 여부보다는 납세자가 과세표준과 세액에 관한 자료를 제출하였는지 여부에 따라 결정된다고 보아야 한다.**

(5) 1심재판부는 이 사건의 경우 5년의 부과제척기간이 적용되어야 한다고 보았다. 그 이유로는 "원고는 2005. 9. 20. 이 사건 토지의 양도에 관하여 2005년 귀속 양도소득세를 신고하면서 과세표준과 세액에 관한 자료를 제출하였고 과세관청은 원고가 제출한 자료들에 기초하여 이 사건 토지의 양도에 관한 세금이 제대로 신고 · 납부된 것인지를 확인할 수 있었다. 그럼에도 피고는 원고가 양도소득세를 신고 · 납부한 지 약 10년이 경과한 2015년에야 비로소 원고에 대한 양도소득세 조사를 실시하여 2017. 3. 2. 이 사건 처분을 하였는데 이는 원고에게 가혹하고, 피고가 그와 같이 자료를 제출받았음에도 오랜 기간 동안 원고에게 과세권을 행사하기 어려웠다고 볼 아무런

합리적인 이유를 찾아볼 수 없다."고 판시하였다.

(6) 2심재판부는 1심재판부와는 다르게 원고가 이 사건 토지의 양도 및 별건 토지의 양도로 인하여 하나의 양도소득 세액이 산출되는 2006년 귀속 양도소득세 납세의무를 지는데, 이 사건 토지의 양도소득 예정신고를 하였을 뿐이므로, 이 사건 토지의 양도소득과 별건 토지의 양도소득을 합산·총괄하는 양도소득 확정 신고를 하여야 하는데 원고가 그러한 양도소득 확정 신고를 하지 아니하였다는 사실을 인정하면서,

(7) 이와 같이 원고가 확정 신고를 하지 않은 경우, 원고의 신고 성실도가 낮고, 이에 따라 과세권 행사의 난이도가 높다고 할 것이며, 위에서 본 바와 같은 양도소득 예정신고 및 확정 신고의 효력 관계, 동일 과세연도에 2개 이상 또는 2회 이상의 자산 양도 시 하나의 양도소득 세액 산출 및 부과 관계 등에 비추어 보면, 원고가 위에서 본 바와 같이 이 사건 토지의 양도소득과 별건 토지의 양도소득을 합산·총괄하는 양도소득 확정 신고를 하지 않은 것은 「국세기본법」 제26조의2 제1항 제2호가 규정하는 '과세표준신고서를 제출하지 않은 경우'에 해당한다고 할 것이고, 따라서 이 사건 토지의 양도로 인한 양도소득세 부과제척기간은 7년간이라고 판단하였다.

(8) 대법원은 원고가 이 사건 토지의 양도소득과 **동일한 과세연도에 귀속되는 별건 토지의 양도소득에 대하여 예정신고를 하지 않아 이에 대한 확정 신고를 할 의무를 진다고 하더라도**, 그러한 확정 신고 의무가 이미 예정신고를 마친 이 사건 토지의 양도소득에 대한 것이라고 볼 수는 없고, 원고가 이 사건 토지의 양도소득에 관하여 과세표준신고서를 제출하지 않았다고 할 수는 없으므로 이 사건의 경우 양도소득세 부과제척기간은 5년이라고 판시하였다.

7. 관련판례

문서번호	내 용
대법원 2013. 12. 12. 선고 2013두7667 판결	'사기 기타 부정한 행위'라 함은 조세의 부과와 징수를 불가능하게 하거나 현저히 곤란하게 하는 위계 기타 부정한 적극적인 행위를 말하고, 다른 어떤 행위를 수반함이 없이 단순히 세법상의 신고를 하지 아니하거나 허위의 신고를 함에 그치는 것은 이에 해당하지 않는다.

문서번호	내 용
	(※납세자가 그와 같이 부정한 행위를 하였다는 점에 대한 입증책임은 과세관청에 있다.)
대법원 2014. 6. 12. 선고 2013두2037 판결	부동산의 매매 등으로 그 대금이 모두 지급된 경우뿐만 아니라 **사회통념상 그 대가적 급부가 거의 전부 이행되었다고 볼 만한 정도에 이른 경우에도 양도소득세의 과세요건을 충족하는 부동산의 양도가 있다고 봄이 타당**하다고 할 것이나, 그 대가적 급부가 사회통념상 거의 전부 이행되었다고 볼 만한 정도에 이르는지 여부는 미지급 잔금의 액수와 그것이 전체 대금에서 차지하는 비율, 미지급 잔금이 남게 된 경위 등에 비추어 구체적 사안에서 개별적으로 판단하여야 한다.
대법원 2009. 4. 23. 선고 2009두2580 판결, 그 전심인 서울고법 2008. 12. 19. 선고 2008누34707 판결	납세자보호사무처리규정은 국세청 훈령으로서 행정기관 내부의 사무처리준칙에 불과할 뿐 대외적인 구속력이 있는 법규명령으로 보기 어려우므로 피고가 세**무조사를 함에 있어 위 규정에 정한 세무조사 기간의 제한, 세무조사기간 연장절차 등에 위반하였다고 하더라도 그러한 사유만으로 이 사건 처분을 위법하다고 볼 수 없다.**
대법원 1998. 2. 27. 선고 97누12754 판결	토지거래 허가구역 내의 토지에 관하여 장차 토지거래 허가를 받을 것을 전제로 매매계약을 체결하여 그 대금을 청산한 다음 토지거래 허가를 받아 소유권이전등기를 한 경우에, 비록 그 매매계약은 토지거래 허가를 받을 때까지는 법률상 미완성의 법률행위로서 효력이 발생하지 아니하지만, 나중에 허가를 받으면 그 계약은 소급하여 유효한 계약이 되므로, **양도소득 산정의 기준이 되는 토지의 양도 시기는 그 대금청산일**이라고 할 것이다.
대법원1999. 6. 17. 선고 98다40459 전원합의체 판결	토지거래 허가구역 지정기간 중에 허가구역 안의 토지에 대하여 토지거래 허가를 받지 아니하고 토지거래를 체결한 후 허가구역 지정해제 등이 된 때에는, 그 토지거래 허가구역 지정이 해제되기 전에 확정적으로 무효로 된 경우를 제외하고는, 더 이상 관할 행정청으로부터 토지거래 허가를 받을 필요가 없이 확정적으로 유효로 된다.

1-11 사실과 다른 세금계산서 관련 세목별 부과제척기간

● 대상판결 : 대법원 2017두75415 (2021. 12. 30.) ➜ 일부국패

핵심 요지

- 이 사건 세금계산서는 사실과 다른 세금계산서에 해당하나, 포탈된 세액이 없으므로 10년의 부과제척기간을 적용하여 부과한 처분을 취소함(부가가치세 부분)
- 증명서류 수취 불성실 가산세는 법인세 본세의 납세의무와 무관하게 부과되는 별도의 가산세이고, 구 국세기본법 제26조의2 제1항 제1호의2에 따라 10년의 부과제척기간이 적용되는 별도의 가산세에도 포함되어 있지 않으므로, 그 부과제척기간은 5년이라고 보아야 함

1. 사실관계

◎ 원고가 선택한 거래형식

• 당 초

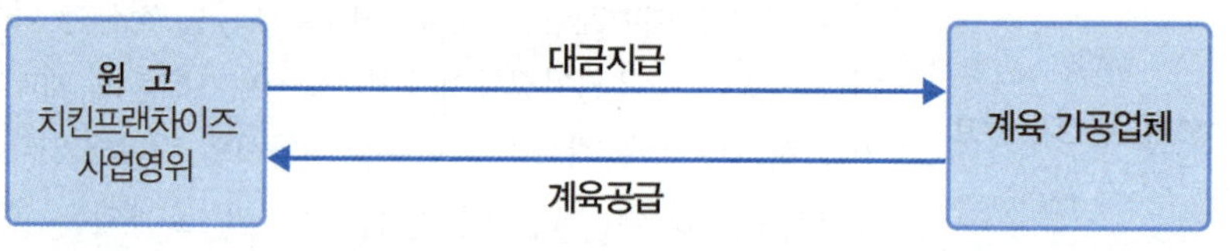

• 변 경

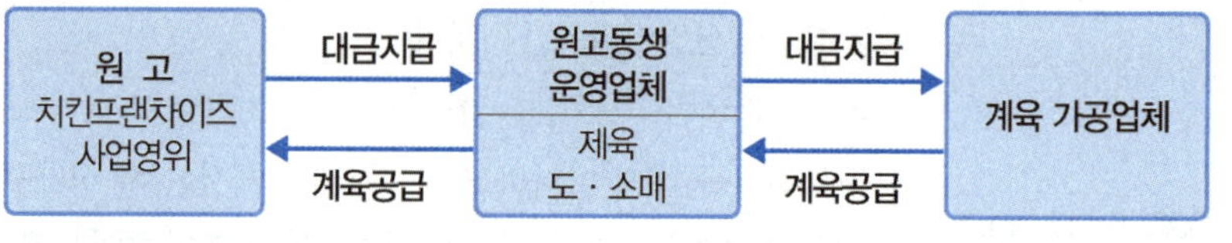

◎ 과세관청판단 : "끼워넣기 거래" 부인

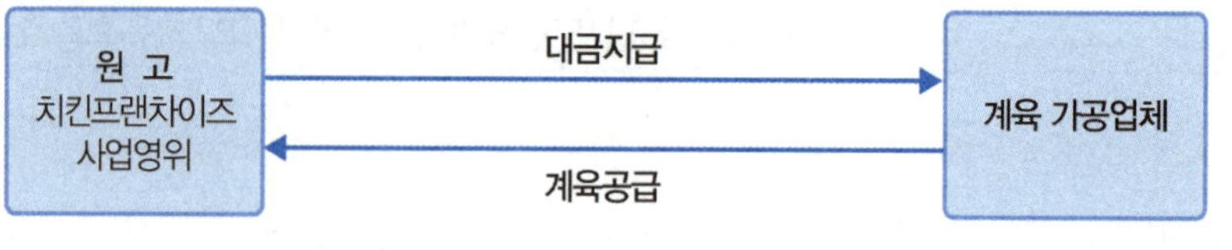

(1) 원고는 치킨프랜차이즈 사업 등을 하는 법인으로서 계육 가공업체들로부터 가공 계육을 직접 공급받아 왔는데, 2009. 5.경부터 2011. 2.경까지는 원고 대표이사의 동생

이 운영하는 업체를 통하여 이를 공급받는 거래를 하였음을 전제로 2009 사업연도 내지 2011 사업연도 각 법인세와 2009년 제1기분 내지 2011년 제1기분 각 부가가치세를 신고하였다.

(2) 원고에 대한 세무조사결과 피고들은 원고의 본점과 지점의 각 관할세무서장으로서 이 사건 거래를 원고와 계육 가공업체들 사이의 직접 공급거래로 보고 원고가 원고 대표이사의 동생이 운영하는 업체로부터 가공으로 매입세금계산서를 수취한 것으로 보아 매출원가 부인, 매입세액 불공제 및 지출증빙미수취가산세 등을 적용하여 법인세 296백만 원, 부가가치세 1,663백만 원, 합계 1,960백만 원을 경정고지 하였다.

2. 쟁 점

- 원고가 원고 대표이사의 동생이 운영하는 업체로부터 수수한 세금계산서를 실제 공급자가 다른 '사실과 다른 세금계산서'로 볼 수 있는지 여부
- 사실과 다른 세금계산서 거래와 관련하여 각 세목별 부과제척기간 판단

3. 관련 법령

국세기본법 제26조의2 제1항 제1호

납세자가 사기나 그 밖의 부정한 행위(이하 '부정행위'라 한다)로 국세를 포탈하거나 환급·공제받은 경우에는 그 국세를 부과할 수 있는 날로부터 10년간 국세를 부과할 수 있고, 이에 해당하지 아니하는 경우에는 해당 국세를 부과할 수 있는 날로부터 5년이 경과하면 부과할 수 없다.

국세기본법 제47조의3 제1항, 제2항 제1호

납세자가 신고하여야 할 과세표준에 미달한 경우 과소 신고한 과세표준 상당액이 과세표준에서 차지하는 비율을 산출세액에 곱하여 계산한 금액의 100분의 10에 해당하는 금액을 가산세로 하되, 부정행위로 과소 신고한 경우에는 그 100분의 40에 상당하는 금액을 가산세로 하도록 규정하고 있다.

4. 원 · 피고 주장 요약

(1) 원 고

① 원고는 원고 대표이사의 동생이 운영하는 업체로부터 실제로 가공 계육을 공급받고 그 업체에게 대금을 지급하는 등 거래가 적법 유효하게 이루어졌으므로, 이 사건 세금계산서는 사실과 다른 세금계산서에 해당하지 아니한다.

② 원고는 조세포탈의 고의가 없었을 뿐만 아니라 사기나 그 밖의 부정한 행위로 조세를 포탈하지 않았으므로, 5년의 부과제척기간이 적용되어야 한다. 따라서 이 사건 각 처분 중 2009년 제1기분부터 2010년 제1기분까지의 각 부가가치세(가산세 포함) 및 2009 사업연도 법인세(가산세 포함) 부분은 5년의 부과제척기간이 도과하였으므로 위법하다.

(2) 피고(과세관청)

① 원고가 원고 대표이사의 동생이 운영하는 업체로부터 계육을 매입한 거래행위는 외형상 정상적인 형식을 갖추고 있기는 하나, 특수관계자에게 유무형의 이익을 제공하기 위하여 계육 가공업체들이 직접 공급하던 거래를 원고 대표이사의 동생이 운영하는 업체가 계육 가공업체들로부터 매입하여 원고에게 납품하는 것으로 조작한 것이다.

② 원고와 원고 대표이사의 동생이 운영하는 업체사이에 계육 거래 관련 계약서 등 일체의 서류는 작성되지 않았으며, 원고 대표이사의 동생이 운영하는 업체는 거래조건을 결정하는데 관여하지 않았고, 실제 자금부담도 가지지 않았으며, 계육이 직접 인도되어 물품 보관 및 관리도 하지 않아 원고가 원고 대표이사의 동생이 운영하는 업체로부터 수취한 매입세금계산서는 사실과 다른 세금계산서에 해당하므로, 원고가 원고 대표이사의 동생이 운영하는 업체로부터 수취한 매입세금계산서 7,640백만 원(공급가액)에 대하여 부가가치세 매입세액을 불공제하고, 법인소득금액 계산 시 이를 가공매입으로 보아 손금 불산입 및 원고 대표이사의 동생이 운영하는 업체가 계육 가공업체로부터 구입한 매입가액 7,280백만 원을 원고가 매입한 금액으로 보아 손금 추인하여 법인세 및 부가가치세 경정 고지한 과세처분은 정당하다.

5. 대상판결

(1) 이 사건 세금계산서가 사실과 다른 세금계산서인지 여부

이 사건 거래는 원고가 원고 대표이사의 동생이 운영하는 업체에 경제적 이익을 제공하기 위한 방편으로 그 업체로부터 가공 계육을 공급받는 것처럼 외관을 갖춘 형식적인 거래라는 전제하에, 원고가 그 업체로부터 수취한 각 세금계산서는 사실과 다른 세금계산서에 해당한다.

(2) 부과제척기간 도과 및 부당과소신고 가산세의 적법여부(서울행법2016구합75425판결)

① 부가가치세 부분

원고는 원고 대표이사의 동생이 운영하는 업체에게 이 사건 세금계산서상의 매입금액 및 부가가치세 상당 금액을 모두 지급하였고, 원고 대표이사의 동생이 운영하는 업체는 과세관청인 피고에게 이 사건 피고 과세기간 세금계산서상의 매출금액을 기준으로 부가가치세의 과세표준 및 납부세액을 신고 · 납부한 점(갑 제12호증), 그리고 이와 같이 부가가치세를 신고 · 납부한 후 경정청구를 하여 이를 환급받는 등의 방법으로 세금계산서상의 **부가가치세 납부의무를 면탈하였다고 볼 자료가 없는 점** 등을 종합해 보면, 비록 원고가 피고들에게 원고 대표이사의 동생이 운영하는 업체가 발급한 **사실과 다른 세금계산서를 제출하여 매입세액의 공제를 받았다고 하더라도,** 피고들이 제출한 증거들만으로는 그 업체가 이 사건 세금계산서와 관련하여 부가가치세 납부의무를 면탈함으로써 원고가 이 사건 세금계산서에 의하여 매입세액을 공제받는 것이 결과적으로 **국가의 조세수입 감소를 가져오게 될 것이라는 점에 대한 인식이 있었다고 인정하기에 부족**하고 달리 이를 인정할 증거가 없다. 따라서 **이 사건 각 처분 중 2009년 제1기분부터 2010년 제1기분까지의 각 부가가치세(가산세 포함) 부분은 5년의 부과제척기간을 도과하여 위법**하다. 그리고 원고에게 **부가가치세를 부과함에 있어서는 부당과소신고 가산세가 아닌 일반과소신고 가산세가 적용되어야 할 것**이므로, 이 사건 각 처분 가운데 2010년 제2기분부터 2011년 제1기분까지의 각 부가가치세 부당과소신고 가산세 중 일반과소신고 가산세가 부과되었을 경우의 금액을 초과하는 부분은 위법하다.

② 법인세 부분

구 국세기본법(2011. 12. 31. 법률 제11124호로 개정되기 전의 것, 이하 같다) 제26조의2 제1항은 제3호에서 상속세 · 증여세 이외의 국세의 부과제척기간을 원칙적으로 해당 국세를 부과할 수 있는 날부터 5년간으로 규정하는 한편, 제1호에서 납세자가 '사기나 그 밖의 부정한 행위'로 국세를 포탈하거나 환급 · 공제받는 경우에는 그 국세를 부과할 수 있는 날부터 10년간으로 규정하고 있다. 또한 구 국세기본법 제47조의3 제2항은 납세자가 '부당한 방법'으로 과소 신고한 과세표준이 있는 경우 중과세율을 적용하여 부당과소신고 가산세를 부과하도록 규정하고 있다.

원심은 그 판시와 같은 이유로, 원고가 조세포탈의 목적으로 원고 대표이사의 동생이 운영하는 업체로부터 수취한 사실과 다른 세금계산서를 기초로 법인세 과세표준을 과소신고 하였으므로, 이 사건 각 법인세 부과처분은 구 국세기본법 제26조의2 제1항 제1호가 정한 **10년의 부과제척기간 내에 이루어져 적법하고, 그중 부당과소신고 가산세 부분 역시 적법**하다.

③ 증명서류수취 불성실 가산세 부분

구 법인세법 제76조 제5항에 따른 증명서류 수취 불성실 가산세는 법인의 경비지출내용의 투명성을 제고하고 그 거래상대방인 사업자의 과세표준 양성화를 유도하기 위하여 납세자의 지출증명서류 수취의무 위반에 대하여 가하는 제재로서 법인세 본세의 납세의무와 무관하게 부과되는 **별도의 가산세**이고, 구 국세기본법 제26조의2 제1항 제1호의2에 따라 **10년의 부과제척기간이 적용되는 별도의 가산세에도 포함되어 있지 않으므로, 그 부과제척기간은 5년**이라고 보아야 한다.

6. 평 석

(1) 1심 재판부는 "원고는 서울남부지방검찰청으로부터 '원고가 원고 대표이사의 동생이 운영하는 업체로부터 실제로 가공 계육을 공급받지 않았음에도 허위의 매입세금계산서를 발급받았다'는 내용의 특정범죄가중처벌등에관한법률위반(허위세금계산서교부등) 혐의에 대하여 혐의 없음(증거불충분)의 불기소 처분을 받은 점 등의 사정이 있기는 하지만 **행정재판은 검찰의 불기소처분 사실에 의하여 구속받는 것이 아니고 증거**

에 의한 자유 심증으로 그와 반대되는 사실을 충분히 인정할 수 있다(대법원 1987. 10. 26. 선고 87누493 판결 등 참조)."라고 판시하였다.

(2) 대상판결에서 재판부가 검찰의 불기소처분사실에 반하는 판단을 한 것은 과세관청의 조사가 치밀한 면도 있었지만 누가 보더라도 원고와 원고 대표이사의 동생이 운영하는 업체 간 거래는 특수관계자에게 이익을 분여하기 위한 '끼어넣기 거래'로 볼 수밖에 없는 양자 간 거래형식에 문제가 많아 보인다. 이점에 관하여 1심 재판부는 "**이 사건 거래는** 발주, 가공(계육 가공, 절단, 염지, 포장 등), 배송, 세금계산서 등 증빙서류 발급과 대금 지급, 품질점검 및 사후관리 등으로 구성되는데, 이러한 과정 중에서 **세금계산서 등 증빙서류 발급과 대금 지급 외에 원고의 동생이 운영하는 업체가 실질적으로 수행하거나 관여한 부분이 있다고 인정할 만한 객관적인 자료가 부족하다.**"고 판시하고 있다. 이를 두고 원고와 원고 대표이사의 동생이 운영하는 업체 간에 이루어진 '끼어넣기 거래'에 대하여 납세자가 선택한 법률관계이므로 그 거래형태를 존중하여야 한다는 기존의 판례를 적용할 여지는 없다고 보여진다.

(3) 이와 유사한 사건으로 직원명의의 사업자등록번호로 발급받은 세금계산서가 사실과 다른 세금계산서에 해당하는지 여부를 판단하는 사안에서 대법원은 동 거래에서 수수한 세금계산서는 정당한 세금계산서이고 매입세액 공제 대상에 해당한다고 판시하였다(대법원 2019. 8. 30. 선고 2016두62726판결 참조).

(4) 위 사례와는 다르게 이 사건에서 원고와 원고 대표이사의 동생이 운영하는 업체 간 이루어진 거래에서 수수한 세금계산서를 사실과 다른 세금계산서로 판단한 이유가 무엇인지 검토할 필요가 있다.

(5) 과세관청의 조사내용에 의하면, ① 계육 거래 관련 계약서 등 일체의 서류는 작성되지 않았으며, ② 원고의 동생이 운영하는 업체는 거래조건을 결정하는 데 관여하지 않았고, ③ 실제 자금부담도 가지지 않았으며, ④ 계육이 직접 인도되어 물품 보관 및 관리도 하지 않아 원고가 원고의 동생이 운영하는 업체로부터 수취한 매입세금계산서는 사실과 다른 세금계산서에 해당한다고 하였다.

(6) 적어도 원고의 동생이 운영하는 업체가 단순한 명의위장이나 특수관계자에게 이익을 분여하기 위한 형식적인 사업자가 아니라는 점을 입증하기 위해서는 원고와 원고 대표이사의 동생이 운영하는 업체 간 계약서를 작성하고, 각 거래단계에서 원고 대표이

사의 동생이 운영하는 업체가 이 사건 거래의 일정 부분을 관여하도록 거래구조를 구성하였다면 대상판결과 다른 판결이 이루어졌을 가능성을 배제할 수 없다.

(7) 원고나 원고 대표이사의 동생이 운영하는 업체 간 계약내용, 거래물품 보관 및 관리, 배달(원고의 동생이 운영하는 업체의 탑차로 배달하는 등), 계좌이체로 원고와 원고 대표이사의 동생이 운영하는 업체 간 대금과 거래물품의 거래내역을 확인할 수 있도록 하는 등의 증거자료를 치밀하게 갖추고 조사에 대응하였더라면 대상판결과는 다른 결론을 도출할 수도 있었겠다는 아쉬움을 금할 수가 없다.

(8) 납세자가 세금계산서상의 공급자와 실제 공급자가 다르게 적힌 '사실과 다른 세금계산서'를 교부받아 매입세액의 공제 또는 환급을 받은 경우 그러한 행위가 부정행위로서 국세를 포탈하거나 환급 · 공제받은 경우에 해당하여 구 국세기본법 제26조의2 제1항 제1호가 정한 10년의 부과제척기간이 적용되고 구 국세기본법 제47조의3 제1항, 제2항 제1호가 정한 부정행위로 과세표준을 과소 신고한 경우에 해당하기 위해서는, 납세자에게 허위의 세금계산서에 의하여 매입세액의 공제 또는 환급을 받는다는 인식 외에, 허위의 세금계산서를 발급한 자가 세금계산서상의 매출세액을 제외하고 부가가치세의 과세표준 및 납부세액을 신고 · 납부하거나 또는 세금계산서상의 매출세액 전부를 신고 · 납부한 후 경정청구를 하여 이를 환급받는 등의 방법으로 **세금계산서상의 부가가치세 납부의무를 면탈함으로써 납세자가 매입세액의 공제를 받는 것이 결과적으로 국가의 조세수입 감소를 가져오게 될 것이라는 점에 대한 인식**이 있어야 한다(대법원 2015. 1. 15. 선고 2014두11618 판결, 대법원 2014. 2. 27. 선고 2013두19516 판결 등의 취지 참조).

(9) 원고와 이 사건 각 거래당사자들은 **부가가치세를 포탈하거나 환급 · 공제 받은 사실이 없으므로 '사기 기타 부정행위'에 해당하지 않는다**(부당한 방법과 사기나 그 밖의 부정한 행위가 성립하려면 조세포탈의 목적까지 요구하는 것이 대법원의 일관된 입장이다). 따라서 **부가가치세 부분에 대한 조세포탈이 존재하지 않은 이 사건 거래에 있어서 부가가치세 부분에 대해서는 5년의 부과제척기간이 적용되는 것이 타당**하다는 것이다. 더불어 대법원은 부당과소신고 가산세의 부당한 방법의 의미와 조세범처벌법에 규정된 사기나 그 밖의 부정한 행위의 의미를 동일시하고 있다(대법원 2013. 11. 28. 선고 2013두12362판결 참조).

(10) 대법원 판례를 모두어 보면, 사기 기타 부정행위가 조세법에 미치는 영향은 ① **조세포탈범의 구성요건**을 형성하고(조세범처벌법 제9조 제1항), ② **10년의 장기 부과제척기간이 적용**되며(국세기본법 제26조의2 제1항), ③ **부당무신고가산세 40%가 적용**된다(국세기본법 제47조의2 제1항).

(11) 그러므로 어떤 거래에 대하여 사기 기타 부정한 행위로 볼 수 없다면 5년의 부과제척기간과 일반과소신고 가산세가 적용되어야 한다는 것이다(이 점에 관하여 이 사건 1심재판부가 명확하게 판결문에서 적시하고 있다).

(12) **법인세부분**에 대해서는 이 사건 사실과 다른 세금계산서에 기초하여 신고를 하였으므로 **사기 기타 부정한 행위에 해당**하고 그에 따라 **중과세율을 적용**하여 부당과소신고 가산세(40%)를 부과한 것은 타당하다는 것이 대법원의 판단이다(대상판결 참조).

(13) **증빙서류수취 불성실가산세**에 대해서 살펴보면, 가산세는 본세와 별도로 납세의무가 성립하는 별개의 세목으로서 본세와는 독립한 불복대상이라는 것이 대법원의 일관된 입장이다. 따라서 구 국세기본법 제26조의2 제1항 제1호의2에 따라 **10년의 부과제척기간이 적용되는 별도의 가산세에도 포함되어 있지 않으므로, 그 부과제척기간은 5년**이라고 보아야 한다는 대법원의 판단은 일관되고 수긍이 간다(다른 판결에서도 가산세의부과제척기간은 5년이라고 보았다).

7. 관련판례

문서번호	내 용
대법원 2015. 9. 15. 선고 2014두2522 판결	구 국세기본법 제26조의2 제1항 제1호의 부정행위라 함은 조세의 부과와 징수를 불가능하게 하거나 현저히 곤란하게 하는 위계 기타 부정한 적극적인 행위를 말하고, 다른 어떤 행위를 수반함이 없이 **단순히 세법상의 신고를 하지 아니하거나 허위의 신고를 함에 그치는 것은 이에 해당하지 않지만,** 과세대상의 미신고나 과소 신고와 아울러 수입이나 매출 등을 고의로 장부에 기재하지 않는 행위 등 적극적 은닉의도가 나타나는 사정이 덧붙여진 경우에는 조세의 부과와 징수를 불능 또는 현저히 곤란하게 만든 것으로 볼 수 있다.

문서번호	내 용
대법원 2014. 2. 21. 선고 2013도13829 판결	적극적 은닉의도가 객관적으로 드러난 것으로 볼 수 있는지 여부는 수입이나 매출 등을 기재한 기본 장부를 허위로 작성하였는지 여부뿐만 아니라, 당해 조세의 확정방식이 신고납세방식인지 부과과세방식인지, 미신고나 허위신고 등에 이른 경위 및 사실과 상위한 정도, 허위신고의 경우 허위 사항의 구체적 내용 및 사실과 다르게 가장한 방식, 허위 내용의 첨부서류를 제출한 경우에는 그 서류가 과세표준 산정과 관련하여 가지는 기능 등 제반 사정을 종합하여 사회통념상 부정이라고 인정될 수 있는지 여부에 따라 판단하여야 한다.
대법원 1999. 11. 12. 선고 99두4556 판결	매출납세의무자가 과세표준 등 신고에 있어 신고 누락한 매출액 등의 수입이 발견되면 과세관청으로서는 그 누락된 수입을 익금에 산입할 수 있고 만약 납세의무자가 과세표준 등 신고에 있어 익금에 산입될 수입의 신고만을 누락한 것이 아니라 손금에 산입될 비용에 관하여도 신고를 누락한 경우에는 그와 같이 비용을 신고누락 하였다는 사실에 관하여는 **그 비용의 손금산입을 주장하는 자의 입증에 의해 비용의 존재와 비용액을 가려야 할 것**이며, 그와 같은 입증이 없는 이상 사실상 그와 같은 별도 비용은 없다고 할 수 있다.
대법원 2012. 4. 26. 선고 2010두24654 판결	실제로 재화 또는 용역을 공급하는 거래행위를 한 자로부터 법정 증명서류를 수취하지 아니한 경우에는 구 법인세법 제76조 제5항에 따른 가산세 부과대상에 해당하고, 그 법인이 **실제로 재화 또는 용역을 공급하는 거래행위를 한 자가 아닌 자로부터 법정증명서류를 수취하였다고 하더라도 달리 볼 것은 아니다.**
대법원 1996. 12. 10. 선고 96누617 판결	사실과 다르다는 의미는 과세의 대상이 되는 소득 · 수익 · 계산 · 행위 또는 거래의 귀속이 명의일 뿐 사실상 귀속되는 자가 따로 있는 때에는 사실상 귀속되는 자를 납세의무자로 하여 세법을 적용한다고 규정한 국세기본법 제14조 제1항의 취지에 비추어, 세금계산서의 필요적 기재사항의 내용이 재화 또는 용역에 관한 당사자 사이에 작성된 거래계약서 등의 **형식적인 기재 내용에 불구하고 그 재화 또는 용역을 실제로 공급하거나 공급받는 주체와 가액 및 시기 등과 서로 일치하지 아니하는 경우**를 가리킨다.

1-12 이 사건 가산세 부과처분에 대하여는 특례제척기간을 적용할 수 없음

● 대상판결 : 대법원 2021두50581 (2021. 12. 30.) ➔ 국패

핵심 요지

이 사건 가산세 부과처분은 조세심판원 결정에 따른 경정결정이나 그 밖에 필요한 처분 또는 재조사 결정의 일부분을 이루는 후속 처분에 해당하지 않는다고 봄이 타당하므로 피고의 이 사건 가산세 부과처분은 위법함

1. 사실관계

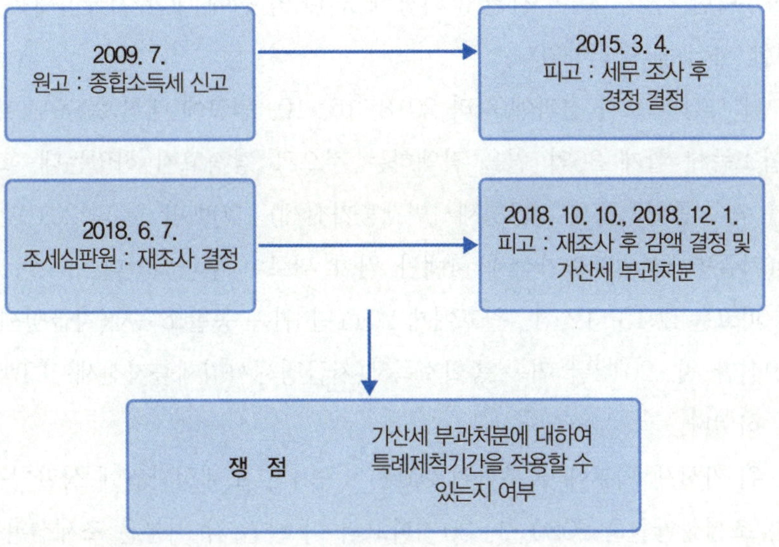

(1) 원고는 주택신축판매업을 영위하는 개인사업자로서 시행사업을 위해 2006. 6. 이 사건 대지를 취득하고 그 지상에 건축물을 신축하는 사업을 추진하다가 사업부진으로 2009. 7. 이 사건 시행사업에 대한 사업시행권, 자산 및 부채를 소외 주식회사에 포괄 양도하고, 2009년 귀속 종합소득세 신고를 하였다.

(2) 원고는 위 포괄 양도와 별도로 2009. 7. 시공사인 소외 주식회사로부터 합의금 명목으로 별도 금원(70억 원)을 수령하였다.

(3) 피고는 원고에 대한 세무조사 결과 '원고가 이 사건 합의금에 대하여 2009년 귀속 종합소득세 신고를 누락하였다.'는 판단을 전제로 원고에게 2015. 3. 4. 종합소득세 36억 원을 증액하는 것으로 경정고지 하였다.

(4) 원고는 2016. 1. 6. 조세심판원에 '이 사건 시행사업과 관련하여 원고가 지출한 부외경비 71억 원을 필요경비로 인정해 달라.'는 취지의 심판청구를 제기하였고, 조세심판원은 2018. 6. 7. '원고의 이 사건 시행사업과 관련하여 2006년부터 2013년까지 부외경비 71억 원이 지출되었는지 여부를 재조사하여 그 결과에 따라 2009년 및 2013년 귀속 종합소득세 과세표준과 세액을 경정하라'는 재조사 결정을 하였다.

(5) 피고는 조세심판원 재조사 결정에 따라 원고의 부외경비 지출 여부에 대한 재조사를 실시한 결과, '① 원고가 2006년부터 2012년까지 관련인 등에게 이자 및 위약금으로 합계 68억 원(부외경비)을 지급한 사실, ② 이 사건 부외경비 중 61억 원에 대한 원천징수를 누락한 사실, ③ 이 사건 부외경비 중 66억 원에 대한 지급명세서 제출의무를 불이행한 사실'을 확인하였다.

(6) 피고는 이 사건 재조사 결과에 따라 2018. 10. 10. 원고에 대한 2009년 내지 2013년 각 종합소득세 합계 36억 원을 감액하는 것으로 경정고지 하였는데, 그 과정에서 2009년 귀속 종합소득세(지급명세서미제출가산세) 130백만 원 및 2010년 귀속 종합소득세(지급명세서미제출가산세) 4백만 원이 새로이 부과되었다.

(7) 아울러 피고는 2018. 12. 1. 원고에게 2011년 귀속 종합소득세(지급명세서미제출가산세) 9십만 원, 2012년 귀속 종합소득세(지급명세서미제출가산세) 13백만 원을 부과고지 하였다.

(8) 원고는 위 가산세 처분에 불복하여 2018. 12. 14. 조세심판원에 심판청구를 제기하였는데, 조세심판원은 2020. 1. 30. '피고의 이 사건 각 처분은 조세심판원의 2018. 6. 7.자 재조사결정에 따른 필요한 처분에 해당하여 국세기본법 제26조의2의 특례부과제척기간 1년이 적용된다.'는 이유로 원고의 심판청구를 기각하였다.

2. 쟁 점

이 사건 가산세 부과처분이 조세심판원 결정에 따른 경정결정이나 그 밖에 필요한 처분

또는 재조사결정의 일부분을 이루는 후속 처분에 해당되어 국세기본법상 특례부과제척기간 1년이 적용되는지 여부

3. 관련 법령

국세기본법 제65조【결정】

3. 심사청구가 이유 있다고 인정될 때에는 그 청구의 대상이 된 처분의 취소·경정 결정을 하거나 필요한 처분의 결정을 한다. 다만, 취소·경정 또는 필요한 처분을 하기 위하여 사실관계 확인 등 추가적으로 조사가 필요한 경우에는 처분청으로 하여금 이를 재조사하여 그 결과에 따라 취소·경정하거나 필요한 처분을 하도록 하는 재조사 결정을 할 수 있다.

소득세법 제81조【가산세】

① 제164조나 제164조의2에 따라 지급명세서를 제출하여야 할 자가 다음 각 호의 어느 하나에 해당하는 경우에는 다음 각 호의 구분에 따른 금액을 결정세액에 더한다. 다만, 「조세특례제한법」 제90조의2에 따라 가산세가 부과되는 분에 대하여는 그러하지 아니하다

1. 해당 지급명세서를 그 기한까지 제출하지 아니한 경우 : 제출하지 아니한 분의 지급금액의 100분의2(제출기한이 지난 후 3개월 이내에 제출하는 경우에는 지급금액의 100분의 1로 한다)

4. 원·피고 주장 요약

(1) 원 고

이 사건 각 가산세 부과처분은 조세심판원 재조사결정의 대상 처분과 비교하여 세목 및 귀속연도, 과세단위가 전혀 다르므로, 국세기본법상 특례제척기간이 적용되는 처분에 해당한다고 볼 수 없고, 결국 부과제척기간 또는 소멸시효 경과 후 이루어진 것이어서 이 사건 각 처분은 모두 무효이다.

(2) 피고(과세관청)

조세심판원이 2018. 6. 7. 당초결정에서 이자 및 위약금 등 부외경비로 지출되었는지 여부를 재조사하라는 결정이 이루어졌고, 이에 따라 처분청은 쟁점경비 중 필요경비에 해당하는 부분을 재조사하여 1차 처분 중 종합소득세 36억 원을 감액하고 원고의 원천징수의무 미이행에 대한 원천세 및 지급조서 미제출에 대한 가산세를 부과하는 이 사건 각 가산세 부과처분을 하게 된 것이다. 이는 2018. 12. 1.자 납세고지서(이 건 종합소득세 부과처분) 및 2019. 4. 1.자 납세고지서(3차 처분)의 송부가 위 2018. 6. 7.로부터 1년 이내에 이루어졌으므로 부과제척기간을 도과한 위법이 있다고 할 수 없다.

5. **대상판결**(서울행정법원 2020. 11. 19. 선고 2020구합58472 판결)

… 원심 확정된 결정이나 판결의 기판력이 미치는 범위는 **그 쟁송대상이 되었던 과세단위에 제한될 뿐**이고 이를 넘어서 **별개의 과세단위에 관련된 판단이 이루어졌다 하더라도 이러한 판단에 기판력이 있다고 할 수 없으며** 따라서 그러한 판단을 경정결정이나 그 밖에 필요한 처분을 할 수 있는 근거가 되는 위 규정상의 '해당 결정 · 판결'에 해당한다고 할 수 없는 점 등을 종합하여 보면, 비록 위 규정을 오로지 납세자를 위한 것이라고 보아 납세자에게 유리한 결정이나 판결을 이행하기 위한 경우에만 적용된다고 볼 수는 없다고 하더라도, 기간과세에 있어서 확정된 결정 또는 판결에서 다투어진 과세처분과 과세기간을 달리하는 기간에 대하여 해당 결정 또는 판결의 취지에 따른다는 명목으로 한 **새로운 과세처분에 대해서까지 위 규정에 따른 특례제척기간의 적용을 허용할 수 있는 것은 아니다** (대법원 2012. 10. 11. 선고 2012두6636 판결 등 참조).

… 앞서 든 증거들과 변론 전체의 취지를 종합하면, 조세심판원의 재조사결정의 주된 취지가 '원고에 대한 2009년 귀속 종합소득세 및 2013년 귀속 종합소득세에 대하여 부외경비를 재조사하여 과세표준 및 세액을 경정한다.'는 것임을 알 수 있다. 그런데 이 사건 가산세 부과처분은 원고가 2009년 내지 2012년에 관련인 등 9인에게 이자와 위약금 등으로 합계 66억 원을 지급하면서 소득세법상 그에 관한 지급명세서 제출의무를 불이행하였음을 전제로 지급명세서미제출가산세를 부과한다는 것이다. **이와 같은 가산세 부과처분이 본세의 부과처분과 별개의 과세처분인 성격을 갖는 점**을 고려하면, 이 사건 가산세

부과처분은 조세심판원 재조사결정에서 다투어졌던 2009년 및 2013년 귀속 종합소득세와 본질적으로 다른 새로운 항목의 가산세를 별도로 부과한 것에 해당하고 위 재조사결정의 심판대상에 포함된 것도 아닌 이상, 구 국세기본법 제26조의2는 제2항이 규정한 조세심판원 결정에 따른 경정결정이나 그 밖에 필요한 처분 또는 재조사결정의 일부분을 이루는 후속 처분에 해당하지 않는다고 봄이 타당하다. 따라서 이 사건 가산세 부과처분에 대하여는 위 특례제척기간이 적용될 수 없다.

6. 평 석

(1) 피고는 이 사건 가산세 부과처분에 대하여 국세기본법상 특례제척기간(결정일로부터 1년 이내 필요한 처분을 할 수 있다)을 적용할 수 없다면 구 국세기본법 제26조의2 제1항 제1호에 따라 10년의 부과제척기간을 적용하여야 한다.'고 주장하였다.

(2) 이에 대하여 1심법원은 ① 이 사건 합의금 70억 원이 2009년 귀속 종합소득세 과세표준 신고 시 누락되었다거나 이 사건 부외경비 68억 원만이 원고의 복식부기 장부에 기재되지 않았다는 사정만으로 허위의 회계장부 작성 · 비치 등과 같은 적극적인 은닉행위가 이루어진 것이라고 평가하기 어렵고, ② 지급명세서미제출가산세는 부외경비의 지급에 관한 지급명세서를 제출하지 않았다고 하여 가산세를 부과한 것인데, '부외경비'란 과세표준을 줄일 수 있는 '경비'를 장부에 기재하지 않은 것이어서, 조세의 포탈이나 부정 환급 · 공제와 직접적인 관련성이 있다고 인정하기 어렵고, ③ 원고가 조세의 부과와 징수를 불가능하게 하거나 현저히 곤란하게 하는 위계 기타 부정한 적극적인 행위를 하였다고 볼 만한 사정이 없는 이상, 단순히 세법상의 신고 · 제출을 하지 아니하거나 허위의 신고를 함에 그치는 사유만으로 10년의 부과제척기간이 적용되는 부정행위가 있었다고 볼 수 없다고 하였다.

(3) 즉, 수입금액 일부가 누락되었다거나 부외경비를 신고하지 않았다고 하여 이를 사기기타부정행위로 볼 수 없다는 것이다. 대법원은 다수의 판결에서 납세자가 사기 기타 부정한 행위를 하였다고 하더라도 그로 인하여 국세를 포탈하거나 환급 · 공제받지 아니하는 경우에는 원칙으로 돌아가 그 부과제척기간은 5년이 된다는 일관된 판단을 하고 있었다(대법원 2009. 12. 24. 선고 2207두16974 판결 등).

(4) 대법원은 가산세는 본세와 별도로 납세의무가 성립하는 별개의 세목으로서 본세와는 독립한 불복대상이라는 입장이다. 납세의무자가 가산세에 대하여만 불복하고 있다가 행정소송 제기 후 청구를 변경하여 본세 전부의 취소를 구하였다면 본세부분은 전심절차 거치지 않은 위법이라는 대법원의 판단은 주목할 만하다(대법원 1982. 12. 14. 선고 82누315 판결). 따라서 피고의 주장을 받아들이지 아니하고 이 사건 가산세 부과처분을 조세심판원의 결정에 따른 경정결정이나 그 밖에 필요한 처분 또는 재조사결정의 일부분을 이루는 후속 처분에 해당하지 않는다고 본 것은 대법원 종래의 판단을 그대로 유지한 것으로 보인다.

(5) 위 대법원 판례를 모두어보면, 이 사건 가산세 부과처분은 원고의 2009년 내지 2012년 각 귀속 종합소득세에 가산하여 함께 부과 · 징수하는 것으로서, 구 국세기본법 제26조의2 제1항 제3호, 같은 법 시행령 제12조의3 제1항에 따라 각 과세표준과 세액에 대한 법정신고 기한(그 다음 해 5. 31.)의 다음 날부터 5년의 제척기간이 적용되어 위 기간 경과 후에는 부과할 수 없는 것인데, 이 사건 가산세 부과처분은 각 부과제척기간의 기산일로부터 이미 5년의 기간이 경과하였음이 역수상 명백한 2018. 10. 10. 또는 2018. 12. 1. 이루어진 것인 이상, 위 처분은 부과제척기간 경과 후의 처분으로서 위법하고 당연 무효에 해당한다. 따라서 무효 확인을 구하는 의미에서 취소를 구하는 원고의 이 부분 주장은 이유 있으므로, 이 사건 가산세 부과처분은 전부 취소되어야 한다고 판시하였다.

(6) 부과제척기간에 대한 원심의 판단은 타당한 것으로 이해되고 피고의 주장은 기존의 '사기기타부정행위'에 대한 국세부과제척기간의 판단을 종합하여보면 설득력을 잃은 주장이라고 할 수 밖에 없다.

(7) 피고의 입장에서 보면 원고가 주장한 부외경비를 필요경비에 산입하여 주는 과정에서 원고의 자료 미제출이나 원천징수 불이행에 대한 가산세를 부과한 것인데, 이를 두고 부과제척기간이 경과하여 부과할 수 없다고 하면 일응 억울한 생각이 들 수밖에 없다. 그러나 법적안정성과 예측가능성 보장을 위하여 우리 세법이 정하고 있는 국세부과제척기간의 입법취지에서 본다면 이 사건 법원의 판단을 수용하는 것이 옳다고 본다.

(8) 이 사건에 대하여 대법원은 상고인의 상고이유에 관한 주장은 「상고심절차에 관한 특례법」 제4조 제1항 각 호에 정한 사유를 포함하지 아니하거나 이유가 없다고 인정되

므로, 같은 법 제5조에 의하여 상고를 기각하기로 하여 피고의 상고를 기각하였다(심리 불속행).

7. 관련판례

문서번호	내 용
대법원 2017. 4. 13. 선고 2015두44158 판결	구 국세기본법 제26조의2 제1항 제1호가 명시한 '사기나 그 밖의 부정한 행위'란 조세의 부과와 징수를 불가능하게 하거나 현저히 곤란하게 하는 위계 기타 부정한 적극적인 행위를 말하고, 적극적 은닉의도가 나타나는 사정이 덧붙여지지 않은 채 **단순히 세법상의 신고를 하지 아니하거나 허위의 신고를 함에 그치는 것은 여기에 해당하지 않는다.** (※납세자가 그와 같이 부정한 행위를 하였다는 점에 대한 입증책임은 과세관청에 있다.)
대법원 2012. 10. 11. 선고 2012두6636 판결	기간과세에 있어서 확정된 결정 또는 판결에서 다투어진 과세처분과 과세기간을 달리하는 기간에 대하여 해당 결정 또는 판결의 취지에 따른다는 명목으로 한 새로운 과세처분에 대해서까지 위 규정에 따른 특례제척기간의 적용을 허용할 수 있는 것은 아니다.
대법원 1999. 11. 12. 선고 99두4556 판결	매출납세의무자가 과세표준 등 신고에 있어 신고 누락한 매출액 등의 수입이 발견되면 과세관청으로서는 그 누락된 수입을 익금에 산입할 수 있고 만약 납세의무자가 과세표준 등 신고에 있어 익금에 산입될 수입의 신고만을 누락한 것이 아니라 손금에 산입될 비용에 관하여도 신고를 누락한 경우에는 그와 같이 비용을 신고누락 하였다는 사실에 관하여는 **그 비용의 손금산입을 주장하는 자의 입증에 의해 비용의 존재와 비용액을 가려야 할 것이며, 그와 같은 입증이 없는 이상 사실상 그와 같은 별도 비용은 없다**고 할 수 있다.
대법원 2003. 3. 11. 선고 2001두4399판결	과세관청이 실지조사방법에 의하여 납세의무자의 소득에 대한 과세표준과 세액을 결정하는 경우 납세의무자의 당초신고에서 누락된 수입금액을 발견하였다 하더라도, 이에 대응하는 필요경비 등의 손금은 별도로 지출되었음이 장부 기타 증빙서류에 의하여 밝혀지는 등의 **특별한 사정이 없는 한 총수입금에 대응하는 총손금에 이미 포함되었다고 보아야** 한다.

문서번호	내 용
대법원 2015. 9. 15. 선고 2014두2522 판결	조세의 부과와 징수를 불가능하게 하거나 현저히 곤란하게 하는 위계 기타 부정한 적극적인 행위를 말하는 것으로서 다른 어떤 행위를 수반함이 없이 단순히 세법상의 신고를 하지 아니하거나 허위의 신고를 함에 그치는 것은 이에 해당하지 않지만, 과세대상의 미신고나 과소신고와 아울러 수입이나 매출 등을 고의로 장부에 기재하지 않는 행위 등 적극적 은닉의도가 나타나는 사정이 덧붙여진 경우에는 조세의 부과와 징수를 불능 또는 현저히 곤란하게 만든 것으로 볼 수 있다.
기획재정부조세정책-700 (2014.09.26)	납세고지서가 송달되지 않아 부과처분이 소송의 판결에 의해 무효로 확정되고 그 판결의 확정일이 국세기본법 제26조의2 제1항 각 호에 따른 부과제척기간 이후인 경우로서 그 판결확정일 이후 **송달되지 않은 납세고지서를 재송달하기 위한 과세관청의 부과처분은 같은 조 제2항의 "판결에 따른 경정결정이나 그 밖에 필요한 처분"에 해당하지 않는 것임.**

1-13 매입세액 공제를 받는 것이 결과적으로 국가의 조세수입 감소를 가져오게 될 것이라는 인식이 있어야만 10년의 부과제척기간 적용 가능함

● 대상판결 : 대법원 2013두19516 (2014. 02. 27.) → 국패

핵심 요지

이 사건 10년의 부과제척기간이 적용되기 위하여는, 납세자에게 허위의 세금계산서에 의하여 매입세액의 공제 또는 환급을 받는다는 인식 외에, 허위의 세금계산서를 발급한 자가 그 세금계산서상의 매출세액을 제외하고 부가가치세의 과세표준 및 납부세액을 신고 · 납부하거나 또는 그 세금계산서상의 매출세액 전부를 신고납부한 후 경정청구를 하여 이를 환급받는 등의 방법으로 그 세금계산서상의 부가가치세 납부의무를 면탈함으로써 납세자가 그 매입세액의 공제를 받는 것이 결과적으로 국가의 조세수입 감소를 가져오게 될 것이라는 점에 대한 인식이 있어야 한다.

1. 사실관계

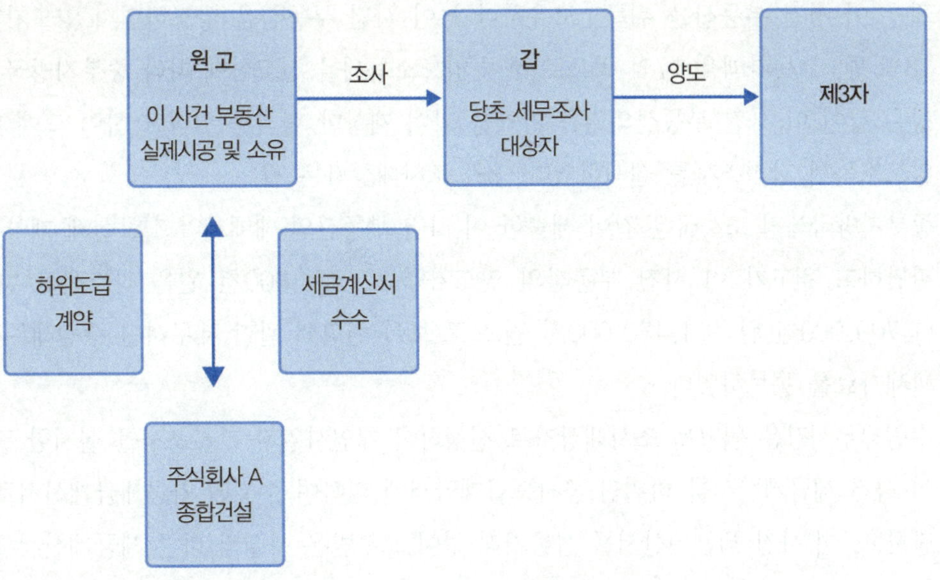

(1) 원고는 부동산 신축 및 매매업을 하는 사업자로서 총 연 면적이 일정 규모 이상일 경우 종합건설업 면허가 없으면 건축공사를 시행할 수 없는 규제를 피하기 위하여 주식

회사 A종합건설의 명의를 빌려 수원시 팔달구 소재지에 자신이 대지 면적 합계 523.2㎡ 지상에 연면적 1,708.05㎡인 건물의 신축공사를 진행하기로 하였다.

(2) 이에 따라 원고는 주식회사 A종합건설과 공급가액 710,000천 원의 형식적인(허위의) 도급계약서를 작성하였다.

(3) 원고는 이 사건 부동산 신축공사의 대부분을 직접 하도급 공사업체들을 선정하여 시행하면서도, 도급인 명의를 주식회사 A로 하여 하도급계약을 체결하고, 공사대금은 주식회사 A 명의로 입금하는 방식으로 지급하였다.

(4) 원고는 주식회사 A의 농협 계좌로 6회에 걸쳐 금원을 송금하였는데, 그 중 일부는 지급된 직후 또는 1~3일 이내에 원고 또는 원고의 처 명의의 은행계좌로 이체되거나 수표로 출금되었다.

(5) 원고는 주식회사 A로부터 공급가액 합계 710,000천 원인 세금계산서를 수취하여 부가가치세 신고 시에 이를 매입세액으로 공제하여 해당 분기별 부가가치세를 신고하였다.

(6) 원고는 이 사건 부동산을 완공 후 갑에게 양도하고, 매매가액을 1,430,000천 원으로 하여 종합소득세 및 부가가치세를 신고하였다.

(7) 갑은 이 사건 부동산을 취득·보유하다가 이 사건 부동산을 양도하면서 양도가액을 18억 원, 취득가액을 17억 원으로 하여 양도소득세를 신고함에 따라 중부지방국세청장은 갑이 이 사건 부동산의 취득가액을 과대 계상한 혐의가 있다고 하여 그에 대한 양도소득세 간접조사를 실시하였다(당초 조사대상자는 갑).

(8) 중부지방국세청 조사국은 갑이 제출한 이 사건 부동산의 매매계약서를 실제 계약서로 판단하고 원고가 이 사건 부동산의 양도가액 중 270,000천 원을 과소신고 한 것(1,700,000천 원 ~ 1,430,000천 원)으로 보아 원고의 관할 세무서인 수원세무서로 과세자료를 통보하였다.

(9) 수원세무서장은 원고를 조사대상자로 선정하여 개인사업자 부분조사를 실시한 결과, 이 사건 세금계산서를 허위인 공사도급계약서에 의하여 수취된 가공세금계산서로 판단하고, 이 사건 세금계산서를 실물거래 없이 교부받은 사실과 다른 세금계산서로 보아 해당 매입세액을 매출세액에서 불공제하고 원고에게 부가가치세 191,820천 원을 경정·고지하였다.

2. 쟁 점

• 양도가액 적정여부의 확인을 위하여 전 소유자 조사 시 취득가액 외에 관련 부가가치세 신고내용에 대하여도 세무조사를 확대할 수 있는지 여부
• 이 사건 거래를 사기 · 기타 부정한 행위로 보아 10년의 부과제척기간을 적용할 수 있는지 여부

3. 관련 법령

국세기본법 제26조의2 제1항 제1호【국세부과의 제척기간】

납세자가 사기나 그 밖의 부정한 행위(이하 '부정행위'라 한다)로 국세를 포탈하거나 환급 · 공제받은 경우에는 그 국세를 부과할 수 있는 날로부터 10년간 국세를 부과할 수 있고, 이에 해당하지 아니하는 경우에는 해당 국세를 부과할 수 있는 날로부터 5년이 경과하면 부과할 수 없다.

국세기본법 제81조의4【세무조사권 남용 금지】

① 세무공무원은 적정하고 공평한 과세의 실현을 위하여 필요한 최소한의 범위 안에서 세무조사를 행하여야 하며, 다른 목적 등을 위하여 조사권을 남용하여서는 아니 된다.
② 세무공무원은 다음 각 호의 어느 하나에 해당하는 경우가 아니면 같은 세목 및 같은 과세기간에 대하여 재조사를 할 수 없다.
1. 조세탈루의 혐의를 인정할 만한 명백한 자료가 있는 경우
2. 거래상대방에 대한 조사가 필요한 경우
3. 2 이상의 사업연도와 관련하여 잘못이 있는 경우
4. 제65조 제1항 제3호(제66조 제6항 및 제81조에서 준용하는 경우를 포함한다)에 따른 필요한 처분의 결정에 따라 조사를 하는 경우
5. 그 밖에 제1호부터 제4호까지와 유사한 경우로서 대통령령으로 정하는 경우

4. 원 · 피고 주장 요약

(1) 원 고

① 원고에 대한 세무조사가 개시될 당시에는 원고와 그로부터 이 사건 부동산을 매수한 갑 사이의 **양도가액만이 조사대상**이었음에도 불구하고, 피고는 이 사건 부동산과 관련한 원고의 부가가치세 탈루 혐의가 명백하다고 인정할 아무런 증거가 없는 상태에서 조사대상 전환절차도 거치지 않고 위법하게 **조사대상을 이 사건 부동산의 부가가치세 신고와 관련한 위법사항에까지 확대**하였다. 따라서 그러한 조사확대를 정당화할 만한 탈루나 오류의 명백한 자료가 없는 이 사건 처분은 위법하다.

② 원고는 주식회사 A와 형식상의 도급계약서를 작성하고 공사대금을 입금한 후, 주식회사 A가 납부하여야 하는 부가가치세액 등을 제외한 나머지 대금을 돌려받아 직접 하도급 업체에 공사대금으로 지급하였기에, 원고가 사기 기타 부정한 방법으로 조세를 포탈한 것은 아니므로 이에 대한 과세처분에는 5년의 부과제척기간이 적용되어야 하는데, 이 사건 처분은 부과제척기간 5년을 지난 후 이루어진 것이어서 무효이다.

(2) 피고(과세관청)

원고는 건물신축판매업자로 이 사건 부동산을 갑에게 양도하고 검인계약서(매매가액 1,430,000천 원)에 기재된 양도가액으로 종합소득세와 부가가치세를 신고 · 납부하였으나, 갑의 양도소득세 신고내용을 조사한 결과 전소유자인 원고가 실 거래가액인 17억 원으로 종합소득세 등을 신고하지 아니하고 국세를 포탈할 목적으로 매매가액을 1,320,000천 원으로 낮추고, 나중에 재작성한 허위(검인)계약서에 기재된 매매가액(1,430,000천 원)으로 종합소득세 및 부가가치세를 과소하게 신고하는 등 사기 · 기타 부정한 방법으로 국세를 탈루한 명백한 혐의(부과제척기간 10년)가 있음이 발견되어 「국세기본법」 제81조의6 제2항의 규정에 의하여 원고를 조사대상자로 선정한 것은 적법하다.

5. 대상판결

(1) 조사절차상의 위법 주장에 대하여(수원지방법원 2012. 09. 2. 선고 2011구합 11724 판결) : 국승

원고에 대한 세무조사를 한 중부지방국세청은 최초 갑이 신고한 이 사건 부동산의 양도가액을 세무조사의 대상으로 하다가 그 양도가액의 적정 여부를 확인하기 위하여 원고가 이 사건 건물을 신축하는 데 든 취득원가를 검토하게 되었고, 그 과정에서 원고가 주식회사 A에 지급한 금원이 다시 원고나 그의 처 계좌에 송금되는 등 원고와 주식회사 A사이의 도급계약이 가공거래인 정황을 포착하고 이 사건 부동산의 신축과정에서의 부가가치세 탈루 혐의에 관한 조사를 개시한 사실이 인정되므로, 이는 국세기본법 제81조의9 제1항, 같은 법 시행령 제63조의11 제1항 제1호 '**구체적인 세금탈루 혐의가 다른 과세기간 · 세목 또는 항목에도 있어 다른 과세기간 · 세목 또는 항목에 대한 조사가 필요한 경우**'에 해당하여 세무조사 범위를 확대할 수 있는 경우에 해당한다고 할 것이다. 다만, 국세기본법 제81조의9 제2항에 의하면 그에 따라 세무조사의 범위를 확대 하는 경우에는 그 사유와 범위를 납세자에게 문서로 통지하여야 한다고 규정하고 있음에도 불구하고 위 인정사실에 의하면 중부지방국세청은 **그 사유와 범위를 원고에게 문서로 통지하지 아니한 사실이 인정**되나, 그와 같은 절차적 위법은 단순히 세무조사의 범위를 확대한다는 사실을 통지하지 아니한 것에 불과하여 **그 위법의 정도가** 납세자가 용인할 수 없을 정도로 **중대**하여 **그에 근거한 처분이 위법하다고 보아야 할 정도에까지 이르는 것이라고 보기는 어렵다**. 따라서, 원고의 이 부분 주장은 이유 없다.

(2) 부과제척기간 도과주장에 대하여 : 국패

납세자가 허위의 계약서를 작성한 다음 그에 따라 교부받은 허위의 세금계산서에 의하여 매입세액의 공제 또는 환급을 받은 경우 그러한 행위가 구 국세기본법 제26조의2 제1항 제1호가 규정한 사기 기타 부정한 행위로써 국세를 포탈하거나 환급 · 공제 받은 경우에 해당하여 10년의 부과제척기간이 적용되기 위하여는, 납세자에게 허위의 세금계산서에 의하여 매입세액의 공제 또는 환급을 받는다는 인식 외에, 허위의 세금계산서를 발급한 자가 그 세금계산서상의 매출세액을 제외하고 부가가치세의 과세표준 및 납부세액을 신고 · 납부하거나 또는 그 세금계산서상의 매출세액 전부를 신고납부한 후 경정청구를 하여 이를 환급받는 등의 방법으로 그 세금계산서상의 부가가치세 납부의무를 면탈함으로써 납세자가 그 매입세액의 공제를 받는 것이 **결과적으로 국가의 조세수입 감소를 가져오게 될 것이라는 점에 대한 인식**이 있어야 한다.

… 원고는 **종합건설업 면허를 빌리기 위하여 주식회사 A 종합건설과 허위의 도급계약서를 작성한 것일 뿐 부가가치세를 포탈 할 의도가 없었고**, 실제로 이 사건 세금계산서에 의하여 공제받은 매입세액에 상당하는 금액을 주식회사 A 종합건설에 송금하였다는 취지로 주장하고 있으므로, 원심으로서는 원고에게 주식회사 A 종합건설이 이 사건 세금계산서상의 매출세액을 제외하고 부가가치세의 과세표준 및 납부세액을 신고 · 납부하거나 또는 이 사건 세금계산서상의 매출세액 전부를 신고 · 납부한 후 경정청구를 하여 이를 환급받는 등의 방법으로 이 사건 세금계산서상의 부가가치세 납부의무를 면탈함으로써 원고가 이 사건 세금계산서에 의하여 매입세액의 공제를 받는 것이 결과적으로 국가의 조세수입 감소를 가져오게 될 것이라는 점에 관한 인식이 있었는지 여부를 심리한 후 이 사건 **부가가치세 부과처분에 대하여** 구 국세기본법 제26조의2 제1항 제1호가 규정한 10년의 부과제척기간이 적용되는지를 판단하였어야 할 것이다.

… 이러한 원심의 판단에는 구 국세기본법 제26조의2 제1항 제1호가 규정한 국세의 부과제척기간에 관한 법리를 오해하여 필요한 심리를 다하지 아니함으로써 판결에 영향을 미친 위법이 있다. 이 점을 지적하는 상고이유의 주장에는 정당한 이유가 있다.

6. 평 석

(1) 이 사건 1,2심 재판부는 대상판결과는 다르게 "국세기본법 제26조의2 제1항 제1호에 의하면 납세자가 대통령령으로 정하는 사기나 그 밖의 부정한 행위로 국세를 포탈하거나 환급 · 공제받은 경우에는 그 국세를 부과할 수 있는 날부터 10년간 부과할 수 있고, 조세범처벌법 제3조 제6항 제2호에 따르면 '거짓 증빙 또는 거짓 문서의 작성 및 수취'는 사기나 그 밖의 부정한 행위에 해당하는바, 원고가 실제로는 이 사건 부동산의 공사 대부분을 자신이 직접 하도급하여 시행하였음에도 불구하고 주식회사 A와 합의하에 실제 계약내용과 다른 허위의 도급계약서를 작성하고, 그에 따른 허위의 세

금계산서를 발급받아 부가가치세 신고를 한 행위는 사기나 그 밖의 부정한 행위로 부가 가치세를 환급 · 공제받은 경우에 해당한다."고 보았다.

(2) 따라서, 원고에 대한 부과제척기간은 국세기본법 제26조의2 제1항 제1호에 따라 10년이라는 것이다.

(3) 그러나 대상판결은 "납세자가 '사실과 다른 세금계산서'를 교부받아 매입세액의 공제 또는 환급을 받은 경우 그러한 행위가 부정행위로서 국세를 포탈하거나 환급 · 공제받은 경우에 해당하여 구 국세기본법 제26조의2 제1항 제1호가 정한 10년의 부과제척기간이 적용되고 구 국세기본법 제47조의3 제1항, 제2항 제1호가 정한 부정행위로 과세표준을 과소 신고한 경우에 해당하기 위해서는, 납세자에게 허위의 세금계산서에 의하여 매입세액의 공제 또는 환급을 받는다는 인식 외에, 허위의 세금계산서를 발급한 자가 세금계산서상의 매출세액을 제외하고 부가가치세의 과세표준 및 납부세액을 신고 · 납부하거나 또는 세금계산서상의 매출세액 전부를 신고 · 납부한 후 경정청구를 하여 이를 환급받는 등의 방법으로 **세금계산서상의 부가가치세 납부의무를 면탈함으로써 납세자가 매입세액의 공제를 받는 것이 결과적으로 국가의 조세수입 감소를 가져오게 될 것이라는 점에 대한 인식**이 있어야 한다."는 것으로 대법원은 이 사건과 유사한 다른 사건에서도 **일관된 입장을 견지**하고 있다(대법원 2021. 12. 30. 선고 2017두75415 판결, 대법원 2009. 12. 24. 선고 2007두16974 판결 등 참조).

(4) 부당한 방법과 사기나 그 밖의 부정한 행위가 성립하려면 조세포탈의 목적까지 요구하는 것이 대법원의 일관된 입장이다. 따라서 **부가가치세 부분에 대한 조세포탈이 존재하지 않은 이 사건 거래에 있어서 부가가치세 부분에 대해서는 5년의 부과제척기간이 적용되는 것이 타당**하다는 것이다.

(5) 대법원 판례를 모두어 보면, 사기 기타 부정행위가 조세법에 미치는 영향은 ① **조세포탈범의 구성요건**을 형성하고(조세범처벌법 제9조 제1항), ② **10년의 장기 부과제척기간이 적용**되며(국세기본법 제26조의2 제1항), ③ **부당무신고가산세 40%가 적용**된다(국세기본법 제47조의2 제1항).

(6) 그러므로 어떤 거래에 대하여 사기 기타 부정한 행위로 볼 수 없다면 5년의 부과제척기간과 일반과소신고 가산세가 적용되어야 한다(다른 사건에서도 대법원은 이 점을 분명히 하고 있다).

(7) 대법원은 이 사건을 고등법원에 파기환송 하였고, 파기환송심에서는 "이 사건 처분은 5년의 부과제척기간이 도과한 이후에 이루어진 것임이 역수상 명백하여 무효이고, 무효인 이 사건 처분에 대하여 무효 확인을 구하는 취지로서 그 취소를 구하는 것도 허용되므로, 이 사건 처분의 취소를 구하는 원고의 이 부분 주장은 이유 있다면서 제1심 판결은 이와 결론을 달리하여 부당하므로 제1심 판결을 취소한다."고 판시하였다(서울고등법원 2014. 08. 26. 선고 2014누2913 판결).

(8) 피고는 이 판결에 대하여 대법원에 상고하였으나 상고 후 피고가 이 사건처분을 직권으로 취소하여 대법원은 이 사건 소를 각하하였다(대법원 2014. 12. 24. 선고 2014두12253판결).

(9) 행정처분이 취소되면 그 처분은 효력을 상실하여 더 이상 존재하지 아니하며, 존재하지 아니한 행정처분을 대상으로 한 취소소송은 소의 이익이 없어 부적합하다(대법원 2012. 12. 13.선고 2012두18202 판결 등 참조).

7. 관련판례

문서번호	내 용
대법원 2009. 12. 24. 선고 2007두16974 판결	납세자가 사기 기타 부정한 행위를 하였다고 하더라도 그로 인하여 국세를 포탈하거나 환급·공제를 받지 아니하는 경우, 즉 매입세액과 함께 매출세액도 가공되었거나 매입세액에 갈음하는 실제 비용 지출이 있는 경우에는 부당하게 매입세액을 공제받은 것이 아니므로 부과제척기간은 5년이 된다. 원고의 경우 소외 회사와 형식상의 도급계약서를 작성하고 공사대금을 입금한 후 소외회사가 실제로 공사를 시공한 부분을 제외한 나머지 대금을 돌려받은 것은 사실이나, 원고는 실제로 나머지 공사대금을 자신이 직접 하도급 업체에 공사대금으로 지급하였다. 즉, 원고는 **자신이 실제로 지출한 자금에 대해 매입세액 공제를 받은 것일 뿐 없는 비용을 있는 것처럼 가장하여 부당하게 세액을 공제받은 것이 아니므로** 국세를 포탈하거나 환급·공제를 받지 아니한 경우에 해당하여 그 부과제척기간은 5년이다. 따라서, 이 사건 처분은 부과제척기간을 지나서 한 것이어서 무효이다.

문서번호	내 용
서울고등법원 2014. 8. 26. 선고 2014누2913 판결	납세자가 허위의 계약서를 작성한 다음 그에 따라 교부받은 허위의 세금계산서에 의하여 매입세액의 공제 또는 환급을 받은 경우 그러한 행위가 구 국세기본법 제26조의2 제1항 제1호가 규정한 사기 기타 부정한 행위로써 국세를 포탈하거나 환급·공제받은 경우에 해당하여 10년의 부과제척기간이 적용되기 위하여는, 납세자에게 허위의 세금계산서를 발급한 자가 그 세금계산서상의 매출세액을 제외하고 부가가치세의 과세표준 및 납부세액을 신고·납부하거나 또는 그 세금계산서상의 매출세액 전부를 신고·납부한 후 경정청구를 하여 이를 환급받는 등의 방법으로 그 세금계산서상의 부가가치세 납부의무를 면탈함으로써 **납세자가 그 매입세액의 공제를 받는 것이 결과적으로 국가의 조세수입 감소를 가져오게 될 것이라는 점에 대한 인식**이 있어야 한다.
대법원 1987. 7. 7. 선고 85누393 판결	과세처분의 위법을 이유로 그 취소를 구하는 행정소송에 있어서 과세원인, 과세표준 등 과세요건이 되는 사실의 존재에 대하여는 원칙적으로 과세관청에 그 입증책임이 있다.
대법원 1996. 12. 10. 선고 96누617 판결	사실과 다르다는 의미는 과세의 대상이 되는 소득·수익·계산·행위 또는 거래의 귀속이 명의일 뿐 사실상 귀속되는 자가 따로 있는 때에는 사실상 귀속되는 자를 납세의무자로 하여 세법을 적용한다고 규정한 국세기본법 제14조 제1항의 취지에 비추어, 세금계산서의 필요적 기재사항의 내용이 재화 또는 용역에 관한 당사자 사이에 작성된 거래계약서 등의 **형식적인 기재 내용에 불구하고 그 재화 또는 용역을 실제로 공급하거나 공급받는 주체와 가액 및 시기 등과 서로 일치하지 아니하는 경우**를 가리킨다.

1-14 근로소득만 있는 거주자가 연말정산에 의하여 소득세를 납부한 경우에는 누락된 다른 근로소득이 있다고 하더라도 그 누락된 다른 소득세에 대한 부과제척기간은 5년으로 보아야 함

● 대상판결 : 대법원 2020두54630 (2021. 4. 28.) ➜ 국패

핵심 요지

구 소득세법 제73조 제1항 각 호의 어느 하나에 해당하는 거주자가 원천징수나 연말정산에 의하여 소득세를 납부한 경우에는 같은 호의 소득이 누락되었다고 하더라도 이를 과소신고와 마찬가지로 취급하는 것이 소득세 납부의 간이화와 과세의 편의를 도모하기 위하여 과세표준확정신고의 예외를 규정한 구 소득세법 제73조 제1항 등의 취지에 부합하는 점 등을 함께 고려하여 보면, 근로소득만 있는 거주자가 연말정산에 의하여 소득세를 납부한 경우에는 연말정산에서 누락된 다른 근로소득이 있다고 하더라도 그 소득세에 대한 부과제척기간은 특별한 사정이 없는 한 5년으로 보아야 한다.

1. 사실관계

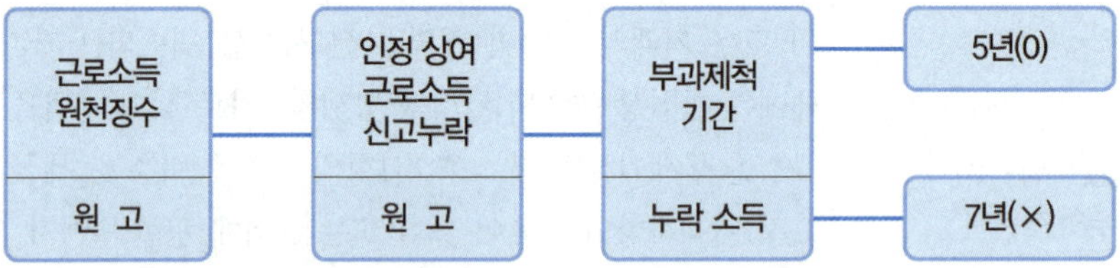

(1) 의약품 제조회사인 주식회사 A는 2009. 8. 13. 건설회사인 B 회사에 전문의약품 생산공장을 신축하는 공사(이 사건 공사)를 385억 원(부가가치세 포함)에 도급하는 계약을 체결하였다.

(2) 처분청은 B 건설회사에 대하여 부분조사를 실시한 결과 B 건설회사가 A 회사에게 지급한 금원 중 일부를 원고가 횡령한 것으로 보고 '원고가 B 건설회사의 실제 대표자인데, B 건설회사가 이 사건 공사를 수행하는 과정에서 법인 자금을 부당하게 사외로 유출하였다'는 전제하에, 2015. 4. 6. 2009년 사외 유출된 법인 자금 중 407백만 원과 2011년 사외유출된 법인 자금 167백만 원을 원고에 대한 인정상여로 각 소득 처분하고 원고 관할 세무서장에게 과세자료를 통보하였다.

(3) 원고 관할 세무서장은 2009년 인정상여액 407백만 원과 2011년 인정상여액 167백만 원을 원고의 각 과세연도 근로소득에 합산하여, 2016. 6. 7. 원고에게 2009년 귀속 종합소득세 204백만 원(가산세 포함)과 2011년 귀속 종합소득세 68백만 원(가산세 포함)을 각 경정 · 고지하였다.

2. 쟁 점

근로소득만 있는 자가 연말정산을 한 경우 다른 누락된 소득이 있을 때 그 누락된 소득에 대한 부과제척기간을 5년으로 보아야 하는지 여부(2009년 귀속 종합소득세 부과 처분)

3. 관련법령

국세기본법 제26조의2【국세의 부과제척기간】

① 국세를 부과할 수 있는 기간(이하 "부과제척기간"이라 한다)은 국세를 부과할 수 있는 날부터 5년으로 한다. 다만, 역외거래[「국제조세조정에 관한 법률」 제2조 제1항 제1호에 따른 국제거래(이하 "국제거래"라 한다) 및 거래 당사자 양쪽이 거주자(내국법인과 외국법인의 국내사업장을 포함한다)인 거래로서 국외에 있는 자산의 매매 · 임대차, 국외에서 제공하는 용역과 관련된 거래를 말한다. 이하 같다]의 경우에는 국세를 부과할 수 있는 날부터 7년으로 한다.

② 제1항에도 불구하고 다음 각 호의 어느 하나에 해당하는 경우에는 다음 각 호의 구분에 따른 기간을 부과제척기간으로 한다.

1. 납세자가 법정 신고 기한까지 과세표준신고서를 제출하지 아니한 경우: 해당 국세를 부과할 수 있는 날부터 7년(역외거래의 경우 10년)

소득세법 제73조【과세표준확정신고의 예외】

1. 근로소득만 있는 자

④ 제2항 각 호에 해당하는 소득(근로소득 중 일용근로소득은 제외한다)이 있는 자에 대하여 제127조에 따른 원천징수 의무를 부담하는 자가 제137조, 제137조의2, 제138조, 제143조

의4, 제144조의2, 제145조의3 또는 제146조에 따라 소득세를 원천징수 하지 아니한 때에는 제1항을 적용하지 아니한다.

4. 원 · 피고 주장 요약

(1) 원 고

① 피고는 이 사건 2009년 소득 처분에 해당하는 금액을 익금 산입함과 동시에 손금산입하여, 최종적으로 B 건설회사의 2009년 세무회계상 익금에 해당하는 금원이 '0'원이므로, 이 사건 2009년 소득 처분은 법인세법시행령 제106조 제1항 제1호의 소득 처분의 요건인 '익금의 산입'을 흠결한 것으로 위법하다.

② 이 사건 2009년 부과 처분의 국세 부과제척기간은 5년인데, 피고는 부과제척기간이 도과한 2016. 6. 14. 이 사건 2009년 귀속 종합소득세를 부과 처분하였으므로 이는 무효이다.

(2) 피 고

A 회사가 B 건설회사에 지급한 금원 중 일부가 부당하게 사외유출되었는데, 이는 '사기나 그 밖의 부정한 행위로 국세를 포탈한 경우'에 해당한다. 따라서 B 건설회사가 사외에 유출한 금원은 B 건설회사의 실질적 대표자인 원고에게 귀속되었거나, 그 귀속이 불분명함을 전제로 원고에게 상여로 소득 처분한 이 사건 처분은 정당하고 그 부과제척기간은 10년이다.

5. 사건의 경과

(1) 1심판결(수원지방법원 2019. 10. 17. 선고 2018구합62318 판결) : 국승

거짓 계약서를 작성하고 환치기 등으로 재산을 은닉하고 거래를 조작하여 익금을 누락하고 이를 대표자에게 유출시킨 원고의 행위는 조세의 부과 징수를 불능 또는 현저히 곤란하게 하는 위계 기타 부정한 적극적인 행위로서 국세기본법 제26조의2 제1항 제1호가 정한 '사기나 그 밖의 부정한 행위로 국세를 포탈한 경우'에 해당한다고 보아야 한다. 따라서 이와 같이 포탈한 법인세와 관련하여 상여 처분된 금액에 대한 소득세에 관해서는 개정 규정에 따라 **10년의 부과제척기간이 적용**된다. 그런데 피고가 위 2010. 6. 1.로부터 10년이 경과하기 전인 2016. 6. 7. 이 사건 2009년 부과처분을 하였으므로, 이 부분 처분은 부과제척기간 내에 이루어졌다. 따라서 이에 반하는 원고의 위 주장도 받아들이지 아니한다.

(2) 원심판결(수원고등법원 2020. 11. 04. 선고 2019누13547 판결) : 국승

국세의 부과제척기간에 관하여 구 국세기본법 제26조의2 제1항 제2호는 '납세자가 법정 신고 기한 내에 과세표준신고서를 제출하지 아니한 경우에는 당해 국세를 부과할 수 있는 날부터 7년간'으로 규정하고 있는데, 원고가 2009년 상여로 소득처분된 407백만 원에 대하여 법정 신고 기한인 2010. 5. 31.까지 과세표준신고서를 제출하지 아니하였고, 이에 대한 소득금액 변동통지를 받고 소득세법 시행령 제134조 제1항에 따른 추가신고 · 납부기한인 2015. 6. 30.까지 소득세를 신고 · 납부하지 아니한 사실은 당사자 사이에 다툼이 없거나 을 제4호증의 기재 및 변론 전체의 취지를 종합하여 인정할 수 있으므로, 2009년 부과처분에는 **7년의 부과제척기간이 적용**된다. 그런데 피고가 위 법정 신고기한의 다음날인 2010. 6. 1.부터 7년이 경과하기 전인 2016. 6. 7. 이 사건 2009년 부과처분을 하였으므로, 위 처분은 적법하다.

(3) 대상판결 : 파기환송(국패)

구 국세기본법 제26조의2 제1항은 무신고와 과소신고를 각각 달리 취급하고 있으므로 7년의 부과제척기간을 규정한 구 국세기본법 제26조의2 제1항 제2호는 과세표준확정신고를 하여야 할 의무가 있음에도 **아예 그 신고를 하지 않은 무신고의 경우에 적용되고 과소신고의 경우에는 구 국세기본법 제26조의2 제1항 제3호에 의하여 5년의 부과제척기간이 적용된다**고 보아야 한다. 이러한 점에다가 구 소득세법 제73조 제1항 각 호의 어느 하나에 해당하는 거주자가 원천징수나 연말정산에 의하여 소득세를 납부한 경우에는 같은 호의 소득이 누락되었다고 하더라도 이를 과소신고와 마찬가지로 취급하는 것이 소득세 납부의 간이화와 과세의 편의를 도모하기 위하여 과세표준확정신고의 예외를 규정한 구 소득세법 제73조 제1항 등의 취지에 부합하는 점 등을 함께 고려하여 보면, 근로소득만 있는 거주자가 연말정산에 의하여 소득세를 납부한 경우에는 연말정산에서 누락된 다른 근로소득이 있다고 하더라도 그 소득세에 대한 **부과제척기간은 특별한 사정이 없는 한 5년**으로 보아야 한다(대법원 2013. 7. 11. 선고 2013두5555 판결 참조).

6. 평 석

(1) 1심 재판부는 2009년 사업연도의 경우 피고가 법인 자금 부당 유출액을 익금과 동시에 손금에 계상함으로써 법인세는 경정되지 아니하고 원고에 대한 상여 처분만 이루어졌지만, 2011년 사업연도의 경우 법인 자금 부당 유출 및 가공 매출에 대한 경정으로 법인세 1,241백만 원이 경정 · 고지된 점 등을 종합하면, 거짓 계약서를 작성하고 환치기 등으로 재산을 은닉하고 거래를 조작하여 익금을 누락하고 이를 대표자에게 유출시킨 원고의 행위는 조세의 부과 징수를 불능 또는 현저히 곤란하게 하는 위계 기타 부정한 적극적인 행위로서 국세기본법 제26조의2 제1항 제1호가 정한 '사기나 그 밖의 부정한 행위로 국세를 포탈한 경우'에 해당한다고 보아야 한다고 판시하였다(원고의 행위를 '사기 기타 부정한 행위'로 국세를 포탈한 경우로 보아 **10년의 부과제척기간**을 적용).

(2) 2심 재판부는 처분청이 B 건설회사의 2009년 사업연도에는 부당 유출액 3,103백만 원을 익금 산입함과 동시에 같은 금액 상당을 가공선수금 등으로 손금산입함으로써 B 건설회사의 2009년 귀속 법인세는 경정되지 아니하였고, 달리 위 부당 유출로 B 건설회사의 2009년 귀속 법인세가 포탈되었음을 인정할 자료가 없으므로 구 국세기본법 제26조의2 제1항 제1호가 정한 '납세자가 사기 기타 부정한 행위로 국세를 포탈한 경우'에 해당하지 아니한다고 보았다. 따라서 2009년 부과처분에 대하여는 10년의 부과제척기간이 적용되지 않는다고 판단하였다. 다만, 인정상여 처분에 따른 근로소득세를 신고 · 납부하지 아니하였으므로 2009년 부과 처분에는 **7년의 부과제척기간**이 적용된다는 것이다.

(3) 대상 판결은 이 사건 2009년 귀속 종합소득세 부과 처분에 대하여 2심 재판부와 같이 원고가 동 인정상여 소득을 신고 누락(과소신고)한 것으로 판단하였다.

(4) 따라서 거주자가 원천징수나 연말정산에 의하여 소득세를 납부한 경우에는 같은 호의 소득이 누락되었다고 하더라도 이를 과소신고와 마찬가지로 취급하여야 한다면서 그 **부과제척기간은 5년**으로 보아야 한다고 판시하였다.

(5) 대법원은 납세자가 **신고 기한 내 과세표준신고서를 제출하였다면 사기 기타 부정한 행위를 하였다고 하더라도 그로 인하여 국세를 포탈하거나 환급 · 공제받지 아니하는 경우에는 원칙으로 돌아가 그 부과제척기간은 5년**이 된다고 보았다(대법원 2009. 12. 24. 선고 2007두16974 판결 참조). 이 사건으로 돌아와 보면 2009년 사업연도의 경우 법인세가 경정된 사실이 없으므로(부정한 행위로 조세 포탈이나 환급 · 공제받은 사실이 없음) 비록 원고가 사기 기타 부정한 행위를 하였다고 하더라도 '납세자가 사기 기타 부정한 행위로 국세를 포탈한 경우'에 해당하지 아니한다. 원심과 대법원은 1심 재판부와는 다르게 조세 포탈이 없는 이 사건의 경우 원고의 행위를 사기 기타 부정한 행위로 보지 않았다.

(6) 2011. 12. 31. 법률 제11124호로 개정된 국세기본법은 제26조의2 제1항 제1호 후단에 '이 경우 **부정행위로 포탈하거나 환급 · 공제받은 국세가 법인세이면 이와 관련하여 법인세법 제67조에 따라 처분된 금액에 대한 소득세에 대해서도 그 소득세를 부과할 수 있는 날부터 10년간**으로 한다'는 규정(이하 '개정규정'이라 한다)을 신설하였다.

(7) 위와 같은 개정 규정은, 판례가 법인 대표자의 사기 기타 부정한 행위로 인하여 법인세의 부과제척기간이 10년에 해당하더라도, 법인의 대표자가 귀속 불명으로 인한 상여 처분 또는 귀속 불분명으로 인한 상여 처분을 받을 것까지 모두 예상하여 그로 인해 부과될 소득세까지 포탈하기 위하여 그러한 행위를 한 것으로 보기 어렵다는 이유로 상여 처분 또는 인정상여 처분으로 인한 종합소득세에 관한 부과제척기간이 원칙적으로 5년이라고 판시하자(대법원 2010. 1. 28. 선고 2007두20959 판결, 대법원 2010. 4. 29. 선고 2007두11382 판결 등 참조), 법인세법에 의하여 소득 처분된 금액에 대한 조세범처벌법의 적용을 배제한 구 조세범처벌법(2010. 1. 1. 법률 제9919호로 전부 개정되기 전의 것) 제9조의2 제2호를 삭제함과 아울러 **사기 기타 부정행위로 포탈한 법인세와 관련하여 상여, 배당 등으로 처분한 금액에 대한 소득세의 부과제척기간도 법인세와 마찬가지로 10년**으로 삼기 위하여 마련된 것이다.

(8) 구 국세기본법(2010. 12. 27. 법률 제10405호로 개정되기 전의 것, 이하 같다) 제26

조의2 제1항은 원칙적으로 국세의 부과제척기간을 5년으로 규정하면서(제3호), '납세자가 법정신고 기한까지 과세표준신고서를 제출하지 아니한 경우'에는 그 부과제척기간을 해당 국세를 부과할 수 있는 날부터 7년으로 연장하고 있다(제2호).

(9) 한편 구 소득세법(2010. 12. 27. 법률 제10408호로 개정되기 전의 것, 이하 같다) 제70조 제1항은 해당 과세기간의 종합소득 금액이 있는 거주자에 대하여 원칙적으로 종합소득세 과세표준확정신고를 하여야 할 의무를 부여하면서도, 제73조 제1항은 "다음 각 호의 어느 하나에 해당하는 거주자는 제70조 및 제71조에도 불구하고 해당 소득에 대하여 과세표준확정신고를 하지 아니할 수 있다."라고 규정하면서 과세표준확정신고를 하지 아니할 수 있는 자의 하나로 제1호에서 '근로소득만 있는 자'를 들고 있다. 다만 구 소득세법 제73조 제4항은 '근로소득 등이 있는 자에 대해서 원천징수의무를 부담하는 자가 연말정산에 의하여 소득세를 납부하지 아니한 경우에는 제1항의 규정을 적용하지 아니한다'고 규정하고 있다.

(10) 구 국세기본법 제26조의2 제1항은 무신고와 과소신고를 각각 달리 취급하고 있으므로 7년의 부과제척기간을 규정한 구 국세기본법 제26조의2 제1항 제2호는 과세표준확정신고를 하여야 할 의무가 있음에도 아예 그 신고를 하지 않은 무신고의 경우에 적용되고 **과소신고의 경우에는 구 국세기본법 제26조의2 제1항 제3호에 의하여 5년의 부과제척기간이 적용**된다고 보아야 한다.

(11) 대법원은 종합소득 금액이 있는 거주자가 법정신고 기한 내에 종합소득 과세표준을 관할세무서장에게 신고한 경우에는 설령 종합소득의 구분과 금액을 잘못 신고하였더라도(이 사건의 경우 근로소득을 사업소득으로 신고하였다) 이를 무신고로 볼 수 없다고 판시한 사례도 있다(대법원 2019. 5. 1. 선고 2018두34848 판결 참조).

(12) 대상판결에 따르면, 현행 소득세법하에서도 **근로소득만 있는 거주자에 대하여 원천징수의무자가 원천징수를 한 경우에는 누락된 다른 근로소득이 있는 경우에도 과세표준 확정신고 의무를 부담하지 아니하므로 누락된 소득세에 대한 부과제척기간은 7년이 아니라 5년이 된다.**

7. 관련 판례

문서번호	내 용
대법원 2013. 7. 11. 선고 2013두5555 판결	근로소득만 있는 거주자가 연말정산에 의하여 소득세를 납부한 경우에는 **연말정산에서 누락된 다른 근로소득**이 있다고 하더라도 그 소득세에 대한 부과제척기간은 특별한 사정이 없는 한 **5년**으로 보아야 한다.
대법원 1992. 7. 14. 선고 92누3120 판결	소득처분에 따른 대표자에 대한 인정상여 제도는, 그 대표자에게 그러한 소득이 발생한 사실에 바탕을 두는 것이 아니라 법인에 의한 세법상의 부당 행위를 방지하기 위하여 그러한 행위로 인정될 수 있는 일정한 사실에 대해 그 실질에 관계 없이 무조건 대표자에 대한 상여로 간주하도록 하는 데에 그 취지가 있는 것으로서 상여 처분의 대상이 되는 법인의 대표자는 그 문면에 좇아 제한적으로 엄격히 해석하여야 한다.
대법원 2008. 9. 18. 선고 2006다49789 전원합의체 판결	익금 산입액의 귀속이 분명하다는 점을 증명할 책임은 이를 주장하는 납세자에게 있다.
대법원 2011. 9. 2. 선고 2008두17363 전원합의체 판결	조세법률주의를 규정한 헌법 제38조, 제59조의 취지에 의하면 국민에게 새로운 납세의무나 종전보다 가중된 납세의무를 부과하는 규정은 그 시행 이후에 부과 요건이 충족되는 경우만을 적용 대상으로 삼을 수 있음이 원칙이고 특별한 예외 규정이 없는 한 **그 시행 시기 이전에 이미 종결한 과세요건 사실에 소급하여 적용하는 것은 허용될 수 없다.**
대법원 2001. 9. 14. 선고 2000두406 판결, 헌법재판소 2003. 6. 26. 선고 2000헌바82 결정	헌법 제13조 제2항 내지 국세기본법 제18조 제2항에서 말하는 **소급입법은 이 과거에 완성된 사실 · 법률관계를 규율의 대상으로 하는 이른바 진정소급효를 가지는 입법만을 말하는 것**이므로, 개정 법률 시행 후 최초로 제척기간의 진행이 시작되는 것부터 새로운 입법을 적용하는 경우에는 진정소급효 또는 부진정소급효의 입법에 속하지 아니한다.
대법원 1983. 4. 26. 선고 81누423 판결, 대법원 1999. 9. 3. 선고 98두7060 판결, 대법원 2002. 7. 26. 선고 2001두11168 판결, 헌법재판소 1997. 6. 26. 선고 96헌바94 결정	**개정 법률 시행 당시 사실관계가 진행 중이거나 부과제척기간이 진행 중에 있는 것에 관하여는 이른바 부진정소급효의 입법에 불과하여 원칙적으로 새로운 법령의 적용이 가능**하다.

제2절 사기 기타 부정한 행위

2-1 개 요

1. 대법원의 해석

사기 기타 부정한 행위라 함은 **"조세포탈을 가능하게 하는 행위로서 사회통념상 부정이라고 인정되는 행위, 즉 조세의 부과징수를 불능 또는 현저하게 곤란하게 하는 위계 기타 부정한 적극적 행위"**를 의미하고 단순히 세법상의 신고를 하지 아니하는 "단순무신고(單純無申告)"와 단순히 허위의 신고를 하는 "단순과소신고(單純過小申告)"는 이에 해당하지 않는 것이다(대법원 94도759 판결, 2001도3797 판결 등).

2. '사기 기타 부정행위'가 조세법에 미치는 영향

「조세범처벌법」 제9조 제1항	「국세기본법」 제26조의 2 제1항	「국세기본법」 제47조의 2 제1항
조세포탈범의 구성요건	10년간의 부과제척기간 적용	**부당무신고가산세**(40%) 적용

3. 부당한 방법(부당신고가산세)과 사기나 그 밖의 부정한 행위(조세포탈죄)와 관계

대법원은 **부당과소신고가산세의 부당한 방법의 의미와 「조세범처벌법」에 규정된 사기나 그 밖의 부정한 행위의 의미를 거의 동일시**하고 있다(대법원 2013. 11. 28. 선고 2013두12362 판결 참조).

4. 부당과소신고가산세의 요건인 '부당한 방법으로 한 과세표준의 과소신고'에 대한 대법원의 판결

문서번호	내 용
대법원 2013. 11. 28. 선고 2013두12362 판결	국세에 관한 과세요건사실의 발견을 곤란하게 하거나 허위의 사실을 작출하는 등의 부정한 적극적인 행위에 의하여 과세표준을 과소신고 하는 경우
서울고등법원 2013. 11. 27. 선고 2013누14551 판결	피상속인이 주식을 명의신탁한 사실을 알았음에도 상속재산으로 신고하지 않은 것은 '재산을 은닉'한 경우에 해당
수원지방법원 2014. 10. 22. 선고 2013구합15850 판결	매출액과 필요경비를 수차례 신고 누락하고 세금계산서를 교부하지 않아 고의로 매출액을 신고에서 누락하였다고 봄이 타당한 경우는 '사기 기타 부정한 행위'에 해당
서울행정법원 2012. 6. 28. 선고 2011구합42055 판결	현금매출액만을 의도적으로 누락하여 전산자료 입력한 점 등은 조세포탈 의도를 가지고 조세의 부과징수를 현저히 곤란하게 한 것에 해당
서울행정법원 2015. 1. 16. 선고 2014구합66236 판결	타인명의의 계좌로 수출대금을 받아 사업자금 형식으로 반입하여 매출을 은폐한 행위는 조세의 부과징수를 불가능하게 하거나 현저하게 곤란하게 하는 위계 또는 부정한 적극적인 행위에 해당

5. 고의의 필요성과 정도

부당과소신고가산세의 요건인 '부당한 방법으로 과세표준의 과소신고'란 국세에 관한 과세요건사실의 발견을 곤란하게 하거나 허위의 사실을 작출하는 등의 적극적인 행위에 의하여 과세표준을 과소신고한 경우로서 그 과소 신고가 누진세율의 회피, 이월결손금의 적용 등과 같은 **조세포탈의 목적에서 비롯된 것을 의미**한다(대법원 2013. 11. 28. 선고 2013두12362 판결).

⇨ 조세포탈의 목적까지 요구(조세를 면할 인식까지도 필요로 하는 견해의 입장)

6. 관련 판례

문서번호	내 용
대법원 1983. 9. 13. 선고 83도1220(대법원 86도998 등) 판결	「조세범처벌법」상의 사기나 그 밖의 부정한 행위의 개념은, 조세포탈의 의도를 가지고 그 수단으로서 조세의 부과징수를 불능 또는 현저하게 곤란하게 하는 위계 기타 부정한 적극적인 행위가 있음을 의미하고, 이러한 행위가 수반됨이 없이 **단순히 세법상 신고를 하지 아니하거나 과세표준을 과소신고하여 이에 대한 조세를 납부하지 아니한 사실은 부정행위에 해당되지 아니함.**
대법원 2013. 12. 12. 선고 2013두7667 (2013두13829, 2014두2522등) 판결	단순히 세법상의 신고를 하지 아니하거나 허위의 신고를 함에 그치는 것은 이에 해당하지 않지만, 과세대상의 미신고나 과소신고와 아울러 수입이나 매출 등을 **고의로 장부에 기재하지 않는 행위 등 적극적 은닉의도가 나타나는 사정이 덧붙여진 경우에는 조세의 부과와 징수를 불능 또는 현저히 곤란하게 만든 것으로 볼 수 있음.**
대법원 2015. 9. 10. 선고 2010두1385 판결	이러한 '부정행위'에는 납세의무자 본인의 부정한 행위뿐만 아니라, 납세의무자가 스스로 관련업무의 처리를 위탁함으로써 그 행위영역 확장의 이익을 얻게 되는 **납세의무자의 대리인이나 이행보조자 등의 부정한 행위**도 다른 특별한 사정이 없는 한 포함됨.

2-2 사기 그 밖의 부정한 행위와 부당과소신고가산세

● 대상판결 : 대법원 2014두11618 (2015. 1. 15.) ➔ 일부국패

핵심 요지

원고는 이 사건 세금계산서가 사실과 다르다는 사실을 알지 못하였다고 주장하고 있을 뿐만 아니라 이 사건 세금계산서상의 부가가치세 납부의무를 면탈함으로써 원고가 이 사건 세금계산서에 의하여 매입세액의 공제를 받는 것이 결과적으로 국가의 조세수입 감소를 가져오게 될 것이라는 점에 관한 인식이 있었는지 여부를 심리한 후 이 사건 부당과소신고가산세 부과처분이 적법한지를 판단하였어야 했다.

1. 사실관계

(1) 원고(비철금속 도소매업자)는 실물거래 없이 매입세금계산서를 수취하였다.

(2) 피고는 관련 매입세액불공제(1억) 및 가산세(부당과소신고가산세 및 납부불성실가산세) 8천만 원을 부과처분하였다.

2. 쟁 점

원고가 부가가치세 납부의무를 이행하지 아니한 데에 정당한 사유가 있었는지 여부

3. 사건의 경과

(1) 1심판결(부산지방법원 2013. 10. 25. 선고 2013구합193 판결) : 국승

공급자와 공급받은 자 모두 검찰에 고발되었으며, 동설(고철)의 실제 공급자는 제3자로 보이는 등 이 사건 세금계산서는 사실과 다른 세금계산서이고, 원고로서는 조금만 주의를 기울여도 실제공급자가 제3자임을 알고 있었거나 알 수 있었다는 이유로 원고의 청구를 기각한다(가산세 부분은 별도판단 없었음).

(2) 원심판결(부산고등법원 2014. 7. 18. 선고 2013누3085 판결) : 국승

① 부가가치세(본세)에 대한 판단 : 이 사건 세금계산서는 사실과 다른 세금계산서이고 원고는 **이를 알았거나 중대한 과실로 알지 못하였다고 봄이 상당하다.**

② 가산세 부분에 대한 판단 : 원고가 이 사건 세금계산서상 매입세액공제를 신청한 것은 부정행위(①에 대한 판단근거)로 납부세액을 과소신고한 경우에 해당하고, 달리 부가가치세 납부의무 해태를 탓할 수 없는 정당한 사유가 있다고 보기 어려우므로 피고의 부당과소신고가산세 및 납부불성실가산세 부과처분도 적법하다.

(3) 대상판결

① 부가가치세(본세) 및 납부불성실가산세 : 원심판단이 정당하다(국승).

② 부당과소신고가산세 : 구「국세기본법」제47조의 3 제2항 제1호가 규정한 부당과소신고가산세 부과요건에 관한 법리를 오해하여 필요한 심리를 다하지 아니하여 판결에 영향을 미친 위법이 있다(파기환송).

판결사유

① 납세자가 거짓 증명을 수취하여 신고한 경우 수취한 증명이 거짓임을 알지 못하였을 때는 부당한 방법으로 과소신고한 경우에 해당하지 않음.

② 공급받는 자(원고)가 사실과 다른 세금계산서에 의하여 매입세액 공제 또는 환급받고, 공급자가 그 세금계산서상의 매출세액을 제외하고 신고·납부하거나 환급받는 등의 방법으로 그 세금계산서상의 부가가치세 납세의무를 면탈하여야(2가지 요건 모두 충족 요구) 부당과소신고가산세 적용 가능

③ 원고는 이 사건 세금계산서가 사실과 다르다는 사실을 알지 못하였으며, 공제받은 매입세액 상당액을 공급자에게 지급하였다는 주장

④ 공급자가 부가가치세를 면탈하였는지 여부를 심리하여야 함(원심 심리미진).

4. 평 석

(1) 부당과소신고가산세의 부과요건인 부당한 방법으로서 은폐·가장행위에 대한 인식과 더불어 조세를 면할 인식까지 필요하다고 구체적으로 판시하였다.

(2) 부당과소신고가산세의 '부당한 방법'과 조세포탈죄의 '사기 그 밖의 부정한 행위'를 동일하게 보는 기존 대법원 판례를 확고히 하는 판결이다.

(3) 과세관청으로서는 부당한 행위를 이용하여 과소신고를 하는 경우 조세를 면할 인식 즉, **조세포탈 목적의 입증이 부족하면 부당한 행위를 한 자에게도 일반과소신고가산세를 부과**하여야 한다.

(4) '부당한 방법으로 한 과세표준의 과소신고'란 부정한 적극적인 행위에 의하여 과세표준을 과소신고하는 경우로서 그 과소신고가 '조세포탈의 목적'에서 비롯된 것을 의미한다(대법원 2013. 11. 28. 선고 2013두12362 판결).

(5) 사실과 다른 세금계산서를 수취한 납세자에게 '조세포탈죄의 고의'를 인정하기 위해서는 납세자가 사실과 다른 세금계산서에 의하여 매입세액의 환급을 받는다는 인식 이외에 …, 공급자가 관련 세금계산서상의 부가가치세 납부의무를 면탈함으로써 결과적으로 납세자가 사실과 다른 세금계산서에 의한 매입세액 공제를 받는 것이 국가의 조세수입 감소를 가져오게 될 것이라는 인식이 있어야 한다(대법원 2010. 1. 14. 선고 2008도8868 판결).

(6) **사실과 다른 세금계산서를 수취한 납세자가 공급자와 통모하여 부가가치세를 포탈하려는 정도**가 되어야 하며, 그 전제로 납세자가 사실과 다른 세금계산서임을 '알면서' 수취한 경우가 되어야 한다는 것이다.

(7) **부당과소신고가산세의 위법성이 인정된 판결**(대법원 2015. 1. 15. 선고 2014두12703 판결)에서는 부당과소신고가산세의 위법성이 독립적인 쟁점으로 다투어졌고, 위법성이 인정되었다.

5. 관련 판례

문서번호	내 용
대법원 2013. 11. 28. 선고 2013두12362 판결 : 국패	① 부당과소신고가산세의 적용대상이 되기 위해서는 부정한 적극적인 행위에 의한 과소신고이어야 하고, 나아가 조세포탈의 목적이 있어야 한다.

문서번호	내 용
	② 이 사건과 같이 **그 귀속시기를 다르게 하여 일부 기간에는 과소계상, 다른 일부기간에는 과대계상된 경우에는 다른 특별한 사정이 없는 한 '조세포탈의 목적'을 인정하기 어렵다**(특별한 사정 : 일부기간에만 세액 공제·감면 적용, 세율의 변경, 이월결손금 사용 가능 여부 달라짐 등). ③ 조세포탈의 목적이 인정되는 경우에 한하여 부당과소신고가산세를 부과할 수 있다(합헌적·합목적적 해석이라고 할 수 있음).
대법원 2016. 1. 14. 선고 2015두52876 판결 : 일부국패	이 사건 명의신탁이 다른 조세의 기초가 되는 사실을 은폐·가장하였어도 이는 그 회피된 조세의 가산세에서 고려될 수 있다는 점은 별론으로 하고, **이 사건 명의신탁의 증여의제로 인한 증여세에 대한 부당무신고가산세의 근거가 될 수는 없다**고 보는 것이 타당하다.
대법원 2016. 2. 18. 선고 2014도3411 판결	명의를 위장하여 소득을 얻더라도 **비거주자 또는 외국법인의 명의 사용 등과 같이 명의위장이 조세회피목적에서 비롯되고 나아가 여기에 허위계약서 작성과 대금의 허위지급, 과세관청에 대한 허위의 조세신고, 허위의 등기·등록, 허위의 회계장부작성·비치 등과 같은 적극적인 행위까지 부가되는 등의 특별한 사정이 없는 한,** 명의위장 사실만으로 **구 조세범처벌법 제9조 제1항에서 정한** '사기 기타 부정한 행위'에 해당한다고 할 수 없다.

2-3 사용인의 배임적 부정행위에 대하여 법인에게 부당과소신고가산세를 부과할 수는 없으나 장기부과제척기간 적용은 타당함

● 대상판결 : 대법원 2017두38959 (2021. 2. 18.) ➜ 일부국패

핵심 요지

대표자나 사실상 대표자가 아닌 사용인 등의 부정한 행위가 납세자 본인의 이익이나 의사에 반하여 자기 또는 제3자의 이익을 도모할 목적으로 납세자를 피해자로 하는 사기, 배임 등 범행의 일환으로 행하여지고, 거래 상대방이 이에 가담하는 등으로 인하여 납세자가 이들의 부정한 행위를 쉽게 인식하거나 예상할 수 없었던 특별한 사정이 있는 경우라면, 사용인 등의 부정한 행위로 납세자의 과세표준이 결과적으로 과소신고 되었을지라도 이들의 배임적 부정행위로 인한 과소신고를 '납세자가 부당한 방법으로 과소 신고한 경우'에 포함된다고 볼 수는 없으므로, 이때에는 납세자에게 부정한 행위를 이유로 중과세율을 적용한 부당과소신고가산세의 제재를 가할 수 없다고 봄이 타당하다.

1. 사실관계

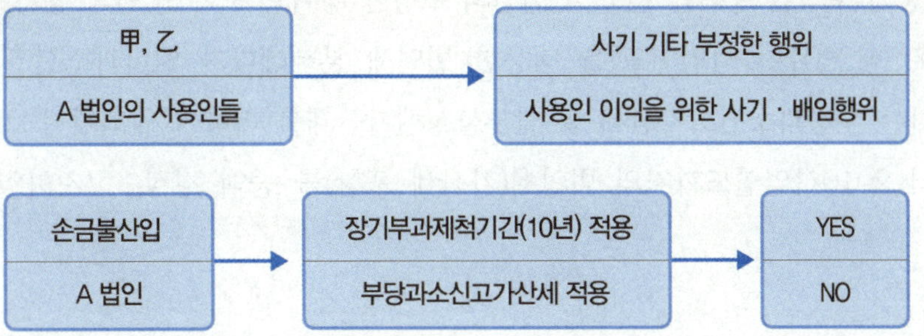

(1) A 법인(원고)은 밴(VAN, Value-Added Network) 서비스(가맹점의 신용카드 또는 현금영수증 등의 결제 정보를 신용카드 회사 또는 국세청에 전달하여 신용카드 조회, 결제 승인 및 대금 정산 등의 업무를 처리할 수 있도록 네트워크를 구축 · 제공하고 매출전표를 수거 · 보관하는 서비스) 제공 사업을 영위하는 법인이다. 甲은 2000년 8월경부터 2012년 9월경까지 A 법인의 법인사업부 본부장, 전무로 근무하면서 가맹점 영업, 대리점 관리 등 업무를 총괄하여 왔고, 乙은 2001년 7월경부터 2010년 3월경

까지 A 법인의 법인사업부 법인영업팀 대리, 팀장으로 근무하면서 가맹점 영업, 대리점 관리, 정산 업무 등을 담당하였다.

(2) 甲과 乙은 A 법인의 대리점 주식회사 대표 등과 공모하여 지원금, 밴 수수료, 가맹점 수수료 등을 지급하여야 한다고 거짓으로 내부 품의서를 작성하고 1,961백만 원 상당의 허위세금계산서를 수취하는 등 원고 법인을 기망하고 동 금원을 편취하였고, 계속해서 A 법인의 대리점에서 가맹점인 B 공사에 반환하여야 할 수수료임에도 불구하고 B 공사 직원과 공모하여 A 법인에게 전산프로그램 개발비 지원을 요청하는 허위 내용의 공문을 작성하게 하고 허위 세금계산서를 수취하여 A 법인으로 하여금 70백만 원을 대신 지급하게 하는 등 업무상 임무에 위배하여 A 법인에게 재산상 손해를 가하였다. 위와 같은 A 법인에 대한 사기 등의 범행으로 甲은 징역 3년, 乙은 징역 1년 6월의 유죄판결을 선고받아 확정되었다.

(3) 甲과 乙의 위와 같은 합계 약 20여억 원 상당의 사기 등 범행으로 원고 A 법인의 사업연도 소득이 누락된 채 법인세 신고 · 납부가 이루어졌다. 이에 피고는 2013. 11. 1. 이 사건 지급 금액에 관하여 각 해당 사업연도 과세표준에서 손금불산입하여 법인세의 과세표준과 세액을 경정하면서 甲, 乙의 위와 같은 허위 세금계산서 수취, 거래 조작 등의 부정한 행위를 원고 A 법인의 부정한 행위로 보아 10년의 장기 부과제척기간(2005~2007년 사업연도)을 적용한 법인세 본세에다가 일반과소신고가산세액을 초과하는 부당과소신고가산세 및 납부불성실가산세를 더하여 원고에게 2005 사업연도부터 2010사업연도까지의 법인세(가산세 포함)를 증액 경정 · 고지하였다.

2. 쟁 점

법인의 사용인이 법인에 대하여 사기, 배임 등 범행을 저지르는 과정에서 법인 소득을 은닉하는 등 적극적으로 부정한 행위를 한 경우 이러한 사용인의 부정한 행위를 이유로, 범죄 피해자의 지위에 있는 법인에게, 부정한 행위로 조세를 포탈하였다고 보아 장기 부과제척기간을 적용할 수 있는지, 또한 부당한 방법으로 과세표준 또는 세액을 과소신고하였다고 보아 부당과소신고가산세를 부과할 수 있는지 여부

3. 관련 법령

국세기본법 제26조의2【국세부과의 제척기간】

① 국세는 다음 각 호에 규정된 기간이 끝난 날 후에는 부과할 수 없다. 다만, 조세의 이중과세를 방지하기 위하여 체결한 조약(이하 "조세조약"이라 한다)에 따라 상호합의 절차가 진행 중인 경우에는 「국제조세조정에 관한 법률」 제25조에서 정하는 바에 따른다.

1. 납세자가 대통령령으로 정하는 사기나 그 밖의 부정한 행위(이하 "부정행위"라 한다)로 국세를 포탈(逋脫)하거나 환급·공제받은 경우에는 그 국세를 부과할 수 있는 날부터 10년간. 이 경우 부정행위로 포탈하거나 환급·공제받은 국세가 법인세이면 이와 관련하여 「법인세법」 제67조에 따라 처분된 금액에 대한 소득세 또는 법인세에 대해서도 그 소득세 또는 법인세를 부과할 수 있는 날부터 10년간으로 한다.

1의2. 납세자가 부정행위로 다음 각 목에 따른 가산세 부과대상이 되는 경우 해당 가산세는 부과할 수 있는 날부터 10년간
  가. 「소득세법」 제81조 제3항 제4호
  나. 「법인세법」 제76조 제9항 제1호
  다. 「부가가치세법」 제22조 제3항 및 제6항

2. 납세자가 법정신고기한까지 과세표준신고서를 제출하지 아니한 경우에는 해당 국세를 부과할 수 있는 날부터 7년간

3. 제1호·제1호의2 및 제2호에 해당하지 아니하는 경우에는 해당 국세를 부과할 수 있는 날부터 5년간

4. 원·피고 주장 요약

(1) 원 고

① 원고에게는 조세 포탈의 고의가 존재하지 않았고, 원고가 조세의 부과와 징수를 불가능하게 하거나 현저히 곤란하게 하는 위계 기타 부정한 적극적인 행위를 한 바 없으며, 원고는 실제로 조세를 포탈하지도 않았다. 원고는 통설과 판례가 인정하는 '사기나 그 밖의 부정한 행위'를 한 사실이 없다. 또한, 원고는 형사사건의 피해자에 불과하며 형사사건의 피고인들 甲, 乙에 대하여 적극적으로 고소 조치를 취하였던 점을 종합하여 보면, 형사사건의 피고인들을 원고와 동일시하여 볼 여지가 없으며, 원고가 아닌 피고

인들의 입장에서 보더라도 피고인들은 배임행위 등을 통하여 부당한 이익을 얻고자 한 것에 불과할 뿐, 이를 원고에게 조세 포탈의 고의가 있었다고 볼 수는 없다. 따라서 「조세범처벌법」상 양벌규정의 적용은 본 사안에서 적용할 수 없으며, 만약 적용된다고 하더라도 책임주의에 기하여 판단하건대 원고는 이를 방지하기 위한 노력을 기울였으므로 양벌규정을 적용할 수 없는 경우에 해당한다.

② 처분청은 원고가 '사기나 그 밖의 부정한 행위'를 하였다는 것에 대한 입증을 하여야 함에도 어떤 입증조차 하지 않고 있으며, 처분청의 주장은 국세부과 제척기간의 입법 취지와도 부합하지 않고, 유사사례에서도 법원이나 조세심판원에서는 5년의 국세부과 제척기간을 적용하여야 한다고 결정하였다. 따라서 처분청이 원고에게 한 2005사업연도 내지 2007사업연도에 대한 법인세 부과 처분 및 2005년 제1기~2008년 제1기 부가가치세 부과 처분은 국세 부과제척기간이 도과되어 취소되어야 한다.

③ 처분청은 원고가 사실과 다른 세금계산서를 수령하였다는 이유로 이 사건 매입세액을 공제할 수 없다고 판단하였으나, 원고는 「부가가치세법」 제32조 제1항 제1호 내지 제4호에 기재되어 있는 필요적 기재 사항인 공급하는 사업자의 등록번호와 명칭, 공급받는 자의 등록번호, 공급가액과 부가가치세액 및 작성 연월일이 정확하게 기재된 세금계산서를 수령하였고, 세금계산서상의 가액과 대금의 지급이 일치하고 있는 점이 증빙 등으로 확인되는데도 이 사건 세금계산서를 사실과 다른 세금계산서로 보는 것은 타당하지 않다. 또한, 매입세액 불공제 규정은 예시적 규정이 아니라 제한적 · 열거적 규정이라는 점에 비추어 이 사건 세금계산서를 사실과 다른 세금계산서로 볼 수 없다.

④ 「부가가치세법」상 매입세액이 불공제되는 업무무관비용은 「법인세법」을 준용하고 있으므로 같은 법상 업무무관비용이 아닌 가액에 대하여 업무무관비용에 대한 매입세액 불공제 규정을 적용할 수는 없으며, 적법한 세금계산서 수령 이후에 발생한 사실에 대하여 사실과 다른 세금계산서 규정을 소급 적용할 수 없다. 원고가 **적법하게 세금계산서를 수령하고 그에 대한 대금의 지급이 이루어졌고**, 처분청이 문제 삼는 부분은 적법한 대금의 지급 이후에 그 대금의 사용에 대한 것이라는 점 등을 볼 때, 원고가 사실과 다른 세금계산서라 하여 매입세액을 불공제하는 것은 법령의 위법한 해석이거나 부당한 과세처분으로 보이며, 가사 이 사건 세금계산서를 사실과 다른 세금계산서라고 보더라도 대법원은 선의의 세금계산서 수령자의 경우에는 매입세액을 공제하여야 하고

가산세를 부과할 수 없다고 판시하고 있는바, 이 사건의 경우 사실과 다른 세금계산서를 수수하였다고 하더라도 원고는 피해자에 불과하여 피고인들의 사기 및 배임수증재 행위를 알 수 없었음이 명백하므로, 처분청의 이 사건 세금계산서 매입세액 불공제 처분은 받아들일 수 없다.

(2) 피 고

① 원고의 의사와 상관없이 횡령 행위자들에 의하여 계상된 금액이라고 하더라도 결과적으로 A 법인이 정상 신고 · 납부하여야 할 부가가치세 및 법인세가 과소신고 · 납부된 사실은 달라지지 아니하는 점 등에 비추어 처분청이 이 사건 거래를 가공거래로 보아 과세한 처분은 정당하다.

② 법인의 임직원이 수행한 행위는 해당 법인에게 미치는 바, 법인을 대표하여 수행한 행위라 할 수 있으므로 원고의 법인사업부 본부장인 甲과 법인사업부 법인영업팀 대리 및 팀장으로 재직하면서 가맹점 영업, 대리점 관리, 정산 업무 등을 담당한 乙이 수행한 행위는 원고를 대표하여 수행한 행위라 할 수 있다.

③ 결국, 甲과 乙은 불법행위로 일정 금원을 부당 편취하는 과정에서 거짓 증빙 또는 거짓 문서를 작성하였고, 소득 · 수익 · 행위 · 거래의 조작 또는 은폐 행위를 하였는 바, 이는 「조세범처벌법」 제3조 제6항 제2호 및 제4호에서 규정하는 '사기나 그 밖의 부정한 행위'에 해당한다 할 것이므로 국세 부과제척기간을 10년으로 보아 과세한 이 건 처분은 정당하다.

5. 사건의 경과

(1) 1심판결(서울행정법원 2016. 4. 22. 선고 2015구합69232 판결)

① 2005년 제1기~2008년 제1기 각 **부가가치세 부과 처분 : 국패**

원고들 납세자가 허위의 계약서를 작성한 다음 그에 따라 교부받은 허위의 세금계산서에 의하여 매입세액의 공제 또는 환급을 받은 경우, 그러한 행위가 구 국세기본법 제26조의2 제1항 제1호가 정한 10년의 부과제척기간이 적용되기 위하여는, 납세자에게 허위의 세금계산서에 의하여 매입세액의 공제 또는 환급을 받는다는 인식 외에, 허위의 세금계산서를 발급한 자가 세금계산서상의 매출세액을 제외하고 부가가치세의 과세표준 및 납부세액을 신고 · 납부하거나 또는 세금계산서상의 매출세액 전부를 신고 · 납부한 후 경정청구를 하여 이를 환급받는 등의 방법으로 세금계산서상의 **부가가치세 납부의무를 면탈함으로써 납세자가 매입세액의 공제를 받는 것이 결과적으로 국가의 조세수입 감소를 가져오게 될 것이라는 점에 대한 인식**이 있어야 한다(대법원 2014. 02. 27. 선고 2013두19516 판결 참조).

… 원고는 거래처가 부가가치세를 신고 · 납부할 것으로 믿고 해당 금액을 거래처에 지급하였으므로, 매입세액의 공제를 받는 것이 결과적으로 국가의 조세수입 감소를 가져오게 될 것이라는 점에 대한 인식이 있었다고 볼 수 없다. 이 점을 지적하는 원고의 이 부분 주장은 이유 있으므로, 이 사건 부가가치세 부과 처분 중 5년의 부과 제척기간이 경과하여 부과된 2005년 제1기 ~ 2008년 제1기 각 부가가치세 부과 처분은 위법하다.

② 2005년 ~ 2007년 사업연도 각 **법인세 부과 처분 : 국승**

구 국세기본법 제26조의2 제1항 제1호 및 제3호의 내용과 입법 취지는 조세법률관계의 신속한 확정을 위하여 원칙적으로 국세 부과권의 제척기간을 5년으로 하면서도 국세에 관한 과세 요건사실의 발견을 곤란하게 하거나 허위의 사실을 작출하는 등의 부정한 행위가 있는 경우에 과세관청은 탈루 신고임을 발견하기가 쉽지 아니하여 부과권의 행사를 기대하기가 어려우므로 국세에 대한 부과제척기간을 10년으로 연장하는 데 있다. 그렇다면 여기서 말하는 '부정한 행위'에는 **납세의무자 본인의 부정한 행위뿐만 아니라, 납세의무자가 스스로 관련 업무의 처리를 위탁함으로써 행위영역 확장의 이익을 얻게 되는 납세의무자의 대리인이나 이행보조자 등의 부정한 행위도 다른 특별한 사정이 없는 한 포함**된다(대법원 2015. 9. 10. 선고 2010두1385 판결 참조).

앞서 본 바와 같이 甲과 乙이 허위의 세금계산서를 수취한 행위는 구 국세기본법 제26조의2 제1항 제1호가 정한 부정한 행위에 해당하고, 위 행위는 **실 행위자가 원고의 직원으로서 회사 담당 업무를 처리하는 과정에서 이루어진 것이므로, 위 규정을 적용할 때 납세자의 행위로 봄**이 타당하다.

(2) 원심판결(서울고등법원 2017. 2. 10. 선고 2016누47361 판결) : 국승

원고는 실 행위자인 甲과 乙의 부정행위를 방지하기 위한 주의의무를 충실하게 이행하였으므로, 이들의 부정행위를 원고의 행위로 평가할 수 없다고 주장한다. 그러나 위에서 인정한 실행 행위자가 한 부정행위의 내용과 경위 등에 비추어 보면 갑 제9, 10, 11, 12호증 등 원고 제출 증거들만으로는 원고가 실행 행위자의 부정행위를 방지하기 위해 상당한 주의와 감독을 다하였음을 인정하기에 부족하고, 달리 이를 인정할 만한 증거가 없으므로, 원고의 위 주장은 이유 없다.

세법상 가산세는 과세권의 행사 및 조세채권의 실현을 용이하게 하기 위하여 납세의무자가 정당한 이유 없이 법에 규정된 신고, 납세 등 각종 의무를 위반한 경우에 법이 정하는 바에 따라 부과하는 행정상 제재로서 그 의무의 이행을 납세의무자에게 기대하는 것이 무리인 사정이 있을 때 등 그 의무 해태를 탓할 수 없는 정당한 사유가 있는 경우에는 이를 부과할 수 없다(대법원 2011. 10. 27. 선고 2009두3682 판결 등 참조).

살피건대, 원고가 실행 행위자의 부정행위 사실을 몰랐다고 하더라도, 실행 행위자는 원고의 직원들로 원고의 지배 범위 내에 있어 원고가 주의를 기울여 실행 행위자의 업무를 감독하였다면 실행 행위자의 부정한 행위를 알아내어 이를 방지하거나 시정할 수 있었다고 할 것이어서, 단지 원고가 실행 행위자의 부정행위 사실을 몰랐다는 사정만으로 법에 규정된 신고 납세의무를 위반함에 있어 원고에게 정당한 이유가 있다고 볼 수 없다. 따라서 원고의 위 주장 또한 이유 없다.

(3) 대상판결(전원합의체 판결)

① 사용인 등의 '배임적 부정행위'와 부당과소신고가산세 : 국패

대표자나 사실상 대표자가 아닌 사용인 등의 부정한 행위가 납세자 본인의 이익이나 의사에 반하여 자기 또는 제3자의 이익을 도모할 목적으로 납세자를 피해자로 하는 사기, 배임 등 범행의 일환으로 행하여지고, 거래 상대방이 이에 가담하는 등으로 인하여 납세자가 이들의 부정한 행위를 쉽게 인식하거나 예상할 수 없었던 특별한 사정이 있는 경우라면, **사용인 등의 부정한 행위로 납세자의 과세표준이 결과적으로 과소신고되었을지라도** 이들의 배임적 부정행위로 인한 과소신고를 '납세자가 부당한 방법으로 과소 신고한 경우'에 포함된다고 볼 수는 없으므로, 이때에는 **납세자에**

게 부정한 행위를 이유로 중과세율을 적용한 부당과소신고가산세의 제재를 가할 수 없다고 봄이 타당하다.

… 납세자의 사용인 등이 납세자의 의사나 이익에 반하여 독단적으로 부정한 행위를 하고 그로 인하여 납세자가 범행의 피해자가 됨과 아울러 그러한 범행을 미처 알지 못한 나머지 이를 소득에서 누락하여 과소신고에 이르게 된 상황이라면, 납세자측이 인식하거나 예상하지 못했던 사용인 등의 배임적 부정행위 자체를 이유로 그 부정한 행위의 피해자에 불과한 납세자 본인에게 일반과소신고의 경우보다 훨씬 높은 세율의 부당과소신고가산세의 제재를 가하는 것은, 비난 가능성 및 책임에 상응하지 않은 법적 제재를 가하는 것이어서 헌법상 자기책임의 원리에 반한다.

위 경우 비록 납세자 본인이 해당 국세를 과소 신고하게 된 데에 사용인 등에 대한 선임, 관리 · 감독상의 **주의의무를 다하지 못한 잘못이 있다 하더라도,** 그에 대한 책임은 그로 인하여 발생한 과소신고의 결과에 대하여 일반과소신고가산세와 납부불성실가산세를 부담하는 것으로 족할 뿐, 그것을 넘어 **타인인 사용인 등의 부정한 행위를 이유로 중한 세율의 부당과소신고가산세의 제재까지 부담하게 하는 것은, 그 귀책 사유에 비하여 제재가 지나쳐서 과잉금지원칙에 반한다. 가산세 부과를 통하여 신고납세제도의 실효성과 조세 행정의 원활한 운영을 확보하려는 공익 목적을 감안하더라도 위와 같은 경우까지 납세자에게 부당과소신고가산세의 제재를 가하는 것은 공익에 비하여 납세자가 입게 되는 불이익이 현저하게 크기 때문**이다.

② 사용인 등의 '배임적 부정행위'와 장기 부과제척기간 : 국승

그러나 부정한 행위를 이유로 과세관청의 부과권을 연장해주는 장기 부과제척기간에 있어서는, 사용인 등의 부정한 행위가 납세자 본인을 피해자로 하는 사기, 배임 등 범행의 수단으로 행하여졌다고 하더라도 사용인 등의 부정한 행위로써 포탈된 국세에 관하여 과세관청의 부과권의 행사가 어렵게 된 것은 분명하므로, 특별한 사정이 없는 한 이러한 **사용인 등의 배임적 부정행위는 장기 부과제척기간에서 말하는 부정한 행위에 포함**된다. 따라서 납세자 본인에 대한 해당 국세에 관하여는 부과제척기간이 10년으로 연장된다.

③ 배임적 부정행위와 관련하여 부당과소신고가산세와 장기 부과제척기간의 적용을 달리 하는 근거

납세자에게 선임, 관리 · 감독상의 과실은 있었으나 납세자가 이를 쉽게 인식하거나 예상할 수 없었던 **사용인 등 제3자가 행한 배임적 부정행위**를 놓고, **부당과소신고가산세의 중과를 부정하는 한편, 장기 부과제척기간을 적용하는 해석**은, 구 국세기본법 **규정의 문언에 어긋나지 않으면서도 각 제도의 취지와 구체적 타당성을 고려한 합헌적 법률해석의 결과**라고 보아야 한다.

… 위와 같이 해석하는 것이 사용자 등의 배임적 부정행위로 인하여 국세 부과권의 행사가 방해되었으나 사후에 그것이 드러나 국세를 부과하게 되는 경우 '사용자 등의 배임적 부정행위'로 생긴 비정상적 상황을 국세를 정상적으로 부과할 수 있는 상황으로 되돌리는 한편, 사용자 등의 배임적 부정행위로 피해를 입은 납세자 본인에게도 사용자 등의 배임적 부정행위로 인한 과소신고를 높은 세율이 적용되는 부당과소신고가 아니라 일반 과소신고로 평가함으로써 **공익과 사익의 조화를 도모**하는 결과가 된다.

6. 평 석

(1) 대법원은 장기 부과제척기간에서의 부정한 행위나 부당과소신고가산세에서의 부당한 방법에 대하여 「조세범 처벌법」상 조세포탈죄에서 말하는 '사기 기타 부정한 행위'와 마찬가지로 '조세의 부과와 징수를 불가능하게 하거나 현저히 곤란하게 하는 위계 기타 부정한 적극적 행위를 말한다'고 판시하여(대법원 2013. 12. 12. 선고 2013두7667 판결, 대법원 2017. 4. 13. 선고 2015두44158 판결 등 참조), **그 행위 태양을 따로 구별하지는 않았다.** 또한 2011. 12. 31. 법률 제11124호로 국세기본법이 개정되면서, 장기 부과제척기간이나 부당과소신고가산세의 행위 요건을 "대통령령으로 정하는 사기나 그 밖의 부정한 행위"라고 규정하였고, 그 위임에 따라 2012. 2. 2. 대통령령 제23592호로 개정된 국세기본법 시행령 제12조의2 제1항은 '사기나 그 밖의 부정한 행위'란 조세포탈죄에 관한 「조세범 처벌법」 제3조 제6항 각 호의 어느 하나에 해당하는 행위를 말한다고 규정함으로써 **입법적으로 세 개의 행위 태양이 일치하는**

것처럼 보인다.

(2) 그러나 이 사건에 적용되는 구 국세기본법이나 그 이후 개정된 국세기본법 모두 단순히 '납세자가 부정한 행위로써 국세를 포탈'하거나, '납세자가 부정한 행위로써 과세표준을 과소신고'한 경우라고만 규정했을 뿐, **납세자 본인이 아닌 제3자의 부정한 행위를 어떻게 볼 것인지에 대해서는 아무런 규정을 두지 않았다.** 이처럼 별도로 규정하고 있지 않은 제3자의 부정한 행위에 대해서는 관련되는 해당 제도의 도입 목적과 그 취지를 고려하여 헌법 규범과 일반 법 원리에 부합하도록 정당한 해석을 한 다음 이를 기초로 구체적 타당성에 맞는 결론을 도출해야 할 것이다(대상 판결 내용 중).

(3) 장기 부과제척기간의 입법취지를 고려하여 장기 부과제척기간 적용을 긍정하는 방향으로 해석하는 것이 타당하고 가능한 해석 범위 내에 있다. 비록 장기 부과제척기간과 부당과소신고가산세의 기본적인 적용 요건이 '납세자의 부정한 행위'라고 동일한 문언으로 이루어져 있더라도, 장기 부과제척기간은 부정한 행위로 방해된 조세 부과권의 행사 기간을 보장하는 제도이고, 부당과소신고가산세는 부정행위 자체에 대하여 새로 무거운 제재를 부과하는 제도이므로, 양 제도의 운용에 있어서 모든 경우에 그 적용을 같이 하여야 한다고 보는 것은 양 제도가 갖는 차이를 무시하는 것과 다름없다.

(4) 대상 판결은 대법원 전원합의체 판결이다. 여기에는 위 다수의견과는 달리 아래와 같이 사용인의 배임적 부정행위에 대해서는 원고인 A 법인의 장기부과제척기간 및 부당과소신고가산세 적용을 모두 배제하여야 한다는 반대의견도 있었다. 그 논리적 근거는 아래와 같다.

① 장기 부과제척기간과 부당과소신고가산세에 관한 규정의 통일적 해석

국세기본법 관련 규정의 문언과 체계, 입법자의 의도 등을 고려하면, 위와 같은 사용인 등의 배임적 부정행위가 있는 경우에는 납세자에 대한 **장기 부과제척기간과 부당과소신고가산세에 관한 해석 · 적용을 통일적으로 함이 타당**하다.

…**장기 부과제척기간에서 말하는 '부정한 행위'나 부당과소신고가산세에서 말하는 '부당한 방법'에 대해서도 조세포탈죄의 부정한 행위 개념에 대한 위와 같은 법리를 그대로 인용하여 조세포탈죄, 장기부과제척기간과 부당과소신고가산세에서 사용하고 있는 동일한 법률 개념을 통일적으로 해석한 것**으로 볼 수 있다.

입법자의 의사는 장기 부과제척기간과 부당과소신고가산세의 요건을 「조세범 처벌

법」상 조세포탈죄의 부정한 행위와 일치시킴으로써 위 각 제도를 동일하게 규율하고 자 했던 것임을 알 수 있다.

② 결론

비록 이 사건에는 구 국세기본법이 적용될 뿐 이러한 개정 국세기본법이 바로 적용되는 것은 아니지만, 구 국세기본법상 장기부과제척기간과 부당과소신고가산세에 대한 대법원의 기존 태도를 반영한 개정 국세기본법에 관한 입법자의 의사를 도외시해서는 안된다.

다수의견이 파기 · 환송하는 2005사업연도부터 2010사업연도까지의 법인세 가운데 부당과소신고가산세 부분뿐만 아니라 2005사업연도부터 2007사업연도까지는 가산세를 포함한 법인세 부과 처분 전부를 파기하고 사건을 다시 심리 · 판단하도록 원심법원에 환송하여야 한다(소수의견).

(5) 이 사건 1심판결에 보면 "원고는 거래처가 부가가치세를 신고 · 납부할 것으로 믿고 해당 금액을 거래처에 지급하였으므로, 매입세액의 공제를 받는 것이 결과적으로 국가의 조세수입 감소를 가져오게 될 것이라는 점에 대한 인식이 있었다고 볼 수 없다. 이 점을 지적하는 원고의 이 부분 주장은 이유 있으므로, 이 사건 부가가치세 부과처분 중 5년의 부과제척기간이 경과하여 부과된 2005년 제1기 내지 2008년 제1기 각 부가가치세 부과처분은 위법하다."라고 판시한 부분이 있다.

(6) 대법원은 다수의 판결에서 납세자가 사기 기타 부정한 행위를 하였다고 하더라도 그로 인하여 국세를 포탈하거나 환급 · 공제받지 아니하는 경우에는 원칙으로 돌아가 그 부과제척기간은 5년이 된다는 판단을 하고 있었다(대법원 2009. 12. 24. 서녹 2007두16974 판결 등).

(7) 부가가치세는 비록 사기 기타 부정한 행위를 하였다고 하더라도 부가가치세를 신고 · 납부하여(본인 및 거래처) 부가가치세를 면탈하지 않은 경우 장기 부과제척기간 10년을 적용할 수 없다고 판시한 점에 유의할 필요가 있다. 이 사건으로 돌아와 보면, 과세관청은 허위의 세금계산서나 사실과 다른 세금계산서 수수행위는 '사기 기타 부정한 행위'에 해당한다는 전제하에 부가가치세가 면탈되었는지 여부를 확인하지 않고 10년의 장기 부과제척기간을 적용하여 부가가치세 부과 처분을 하였다(일부 국패).

7. 관련 판례

문서번호	내 용
대법원 2011. 9. 29. 선고 2009두15104 판결, 대법원 2015. 9. 10. 선고 2010두1385 판결	납세의무자의 **대리인이나 이행보조자 등의 부정한 행위**도 특별한 사정이 없는 한 장기 부과제척기간에서 말하는 **부정한 행위에 포함**된다.
독일 조세기본법 제169조	(대한민국 국세기본법은 다른 나라에 비해 국세 부과권의 제척기간을 상당히 장기로 규정하고 있음) 독일은 **통상 부과제척기간이 4년**인데, **조세를 포탈한 경우**에는 **10년**, 경솔하게 조세를 누락한 경우(조세포탈에 대한 고의가 인정되지 않는 경우)에는 5년으로 연장된다.
미국 내국세법 제6501조	미국은 부과권의 행사 기간이 **통상 3년**이지만, 조세 포탈의 의도로 기망적(fraud, 부정한 행위에 상응하는 개념) 신고 행위를 하거나 **고의적인 조세 포탈 또는 조세 침해**를 시도한 경우 부과 **징수 기간의 제한을 받지 않고** 언제든지 세금을 부과할 수 있다.
일본 국세통칙법 제70조	일본은 **통상 부과제척기간이 5년**인데, 허위 그 밖의 **부정행위**가 개입된 경우 **7년**으로 연장된다.
대법원 2011. 10. 27. 선고 2009두3682 판결 등	세법상 가산세는 과세권의 행사 및 조세채권의 실현을 용이하게 하기 위하여 납세의무자가 정당한 이유 없이 법에 규정된 신고, 납세 등 각종 의무를 위반한 경우에 법이 정하는 바에 따라 부과하는 행정상 제재로서 **그 의무의 이행을 납세의무자에게 기대하는 것이 무리인 사정**이 있을 때 등 그 의무 해태를 탓할 수 없는 정당한 사유가 있는 경우에는 이를 **부과할 수 없다.**
대법원 2011. 2. 10. 선고 2008두2330 판결 등	세법상 가산세는 단순한 법률의 부지나 오해의 범위를 넘어 **세법의 해석상 의의(疑意)로 인한 견해의 대립**이 있는 등으로 말미암아 납세의무자가 그 의무를 알지 못하는 것이 무리가 아니라고 할 수 있어서 그를 정당시할 수 있는 사정이 있을 때 또는 그 의무의 이행을 도저히 당사자에게 기대할 수 없다고 평가되는 사정이 있을 때와 같이 그 의무를 게을리한 점을 탓할 수 없는 **정당한 사유**가 있는 경우에는 이를 **부과할 수 없다.**

제3절 실현가능성 없는 소득에 대한 소득세 부과 여부

● 대상판결 : 대법원 2007두19393 (2007. 12. 24.) ➔ 국패

핵심 요지

양도가액에 대한 채권액이 채무자의 도산 등으로 회수불능되었을 경우 장래에 그 소득의 실현가능성이 없으면 권리확정주의를 채택하는 데는 무리가 있으므로 실질과세의 원칙에 따라 동 회수불능채권액을 양도가액에서 차감해야 하는 것이다.

1. 사실관계

(1) 원고들이 비상장주식을 ○○○에게 매도하기로 하고 명의개서를 마친 후 약속어음을 교부받았는데,

(2) 양도 후 상당기간 경과 후 이 사건 약속어음이 부도처리되었다.

2. 쟁 점

양도대금이 회수불가능한 것으로 확정되어 그 양도소득이 실현가능성이 없더라도 잔금청산일이 기(旣) 도래하여 권리가 확정된 경우에는 양도소득세를 과세할 수 있는 것인지 여부

3. 대상판결

소득실현될 가능성이 전혀 없게 된 것이 명백한 때에는 그 경제적 이득을 전제로 하는 소득세는 그 전제를 잃게 되고, 그와 같은 소득을 과세소득으로 소득세를 부과할 수 없다고 할 것이나 납세의무자가 그와 같은 사정을 주장·입증하여 과세할 소득이 없는 경우임

을 밝혀야 하는 것이고, 이때 그 채권의 회수불능 여부는 구체적인 거래내용과 그 후의 정황 등을 따져 채무자의 자산상황, 지급능력 등을 종합하여 사회통념에 의하여 객관적으로 평가하는 방법으로 판정하여야 하고(2003. 12. 26. 선고 2001두7176 판결; 2002. 10. 25. 선고 2001두1536 판결 참조), 나아가 개인인 원고들의 소득이 회수불능 하게 된 경우 사업소득이나 부동산임대소득 등에 있어서의 소득이 회수불가능하게 된 경우와는 달리 이를 대손금으로 처리하여 손금에 산입할 방법도 없어 보이므로 그에 대해 과세를 하게 되면 불공평한 결과를 초래한다고 할 것이다.

4. 평 석

(1) 대법원 판결에서 밝힌 바와 같이 개인인 원고들이 이 사건 주식을 양도함에 따라 취득한 양도대금채권 또는 어음금채권 등의 소득이 회수 불가능하게 된 경우 사업소득이나 부동산임대소득 등에 있어서의 소득이 회수 불가능하게 된 경우와는 달리 이를 대손금으로 처리하여 손금에 산입할 방법도 없어 보이므로 그에 대하여 과세를 하게 되면 불공평한 결과를 초래한다고 할 것이다.

(2) 과세관청은 양도·취득 시기 규정은 과세의 공평을 기할 목적(대법원 2002. 4. 12. 선고 2000두6282 판결)으로 규정되어 있고, 이 사건의 경우 기 권리가 확정되어 양도시기가 도래되었고, 그에 따라 과세된 이 사건 부과처분은 적법하다는 주장이다.

이 사건의 경우 양도시기 도래

원칙 : 잔금청산일(소령 §162 ①) 대금청산 전에 소유권이전등기를 한 경우에는 등기·등록부 또는 명부 등에 기재된 등기접수일을 양도 또는 취득시기로 봄(소령 §162 ① 2호)

(3) 대법원 2003. 12. 26. 선고 2001두7176 판결, 대법원 2002. 10. 25. 선고 2001두1536 판결에서도 모두 위 대법원 판결과 동일한 취지의 판결을 한 바 있다.

(4) 권리가 확정되고, 양도시기(잔금청산일)가 도래하여 과세하였더라도 양도대금채권 또는 어음금채권 등의 소득이 회수 불가능하게 되면 소득세는 소득을 전제로 하는 것이므로 그 전제를 잃은 경우 과세할 수 없다는 대법원의 확고한 입장이다.

5. 관련 판례

문서번호	내 용
대법원 2013. 5. 9. 선고 2013두1911 판결	매매의 경우 매매대금의 대부분이 지급되어 양도에 해당한다고 하더라도(대법원 88누8609 판결 참조) **양도시기는 대금이 청산**된 날을 양도시기로 보아야 한다. 지방법원과 조세심판원은 매매대금의 대부분을 지급받은 매매계약일을 토지의 양도시기라고 보았다(대전지법 2012. 6. 14. 선고 2012구단589 판결; 조심 2011전4910, 2011. 12. 27.).
대법원 2010. 5. 31. 선고 2009두23875 판결 : 국패	「소득세법」이 비록 현실적으로 소득이 없더라도 그 원인이 되는 권리가 확정적으로 발생한 때에는 그 소득의 실현이 있는 것으로 보고 과세소득을 계산하는 이른바 권리확정주의를 채택하고 있기는 하지만, 소득의 원인이 되는 채권이 발생하였다 하더라도 그 과세대상이 되는 채권이 채무자의 도산으로 인하여 회수 불능이 되어 장래 그 소득이 실현될 가능성이 전혀 없게 된 것이 객관적으로 명백한 때에는 그 소득을 과세소득으로 하여 소득세를 부과할 수 없다(대법원 2002. 10. 11. 선고 2002두1953 판결 등 참조).
대법원 1998. 6. 9. 선고 97누19144 판결	구체적으로 어떠한 사실을 가지고 소득이 발생할 권리가 성숙, 확정되었다고 할 것인가는 구체적인 사안에 관하여 소득에 대한 관리·지배와 발생소득의 객관화 정도, 납세자금의 확보시기 등까지도 함께 고려하여 그 소득의 실현가능성이 상당히 높은 정도로 성숙·확정되었는지 여부를 기준으로 귀속시기를 판단하여야 한다.
대법원 2005. 5. 13. 선고 2004두3328 판결; 대법원 1992. 7. 14. 선고 92누4048 판결	**그 소득이 실현될 가능성이 없음이 객관적으로 명백한 경우가 아닌 한 권리의 성숙·확정을 부인할 수 없다.**

제4절 당초처분과 경정처분과의 관계

4-1 개 요

● 대상판결 : 대법원 2011두4855 (2012. 3. 29.) ➜ 일부패소

핵심 요지

> 2004사업연도 법인세의 경우에는 그 법정신고기한인 2005. 3. 31.부터 그 경정청구기간이 경과하기 전인 2006. 12. 5. 이 사건 증액경정처분이 있었으므로 원고는 이 사건 증액경정처분에 의하여 증액된 세액뿐만 아니라 당초 신고한 세액에 대해서도 취소를 구할 수 있다고 할 것이다.

1. 국세청의 입장(병존설)

「국세기본법」 제22조의 3【경정 등의 효력】 제2항은 **"세액을 증가시키는 경정은 당초 확정된 세액에 관한 권리의무 관계에 영향을 미치지 아니한다."**고 규정하고 있다. 따라서 당초 확정된 세액에 대하여는 불복기간이나 경정청구 기간이 경과하게 되면 더 이상 당초 신고나 결정에 대해서는 다툴 수 없다는 입장이다.

2. 대법원의 견해(흡수설)

(1) 대법원은 국세청의 입장과는 달리 흡수설의 입장에 서 있다. 즉, "증액경정처분만이 항고소송 심판대상"이고 "항고소송에서 당초 신고나 결정에 대한 위법사유도 함께 주장할 수 있다."는 것이다.

(2) 증액경정처분이 있는 경우 당초 신고나 결정은 증액경정처분에 흡수됨으로써 독립한 존재가치를 잃게 되어 원칙적으로는 증액경정처분만이 항고소송의 심판대상이 되고

납세자는 그 항고소송에서 당초 신고나 결정에 대한 위법사유도 함께 주장할 수 있다는 것이다.

3. 평 석

(1) 「국세기본법」 제22조의 3 규정은 일본 「국세통칙법」 제29조【경정 등의 효력】을 차용한 것으로, 일본의 경우 해당 규정 신설 이후에도 흡수설이 타당하다고 판시하고 있으며 우리나라 대법원도 동일한 입장이다.

(2) 증액경정처분의 의미에 대해서 대법원은 "증액경정처분은 증액되는 부분을 포함시켜 전체로서 하나의 세액을 다시 결정하는 것이다(대법원 2005. 6. 10. 선고 2003두12721 판결 외)."라고 설시하고 있다.

(3) 사례를 예시해 보면, 당초 신고·결정이 30억(불복기간경과, 확정)이었고, 탈루부분에 대한 추가경정세액이 1억이었다고 가정해보면 증액경정처분세액은 1억이 아니고 31억(당초 30억 + 추가 탈루부분 1억)이 되는 것이고,

(4) 따라서 "31억 모두 항고소송 심판대상이 된다."

(5) 불복기간이나 경정청구기간의 도과로 더 이상 다툴 수 없게 된 세액에 관하여는 그 취소를 구할 수 없고 증액경정처분에 의하여 증액된 세액의 범위 내에서만 취소를 구할 수 있다고 할 것이다(대법원 2009. 5. 14. 선고 2006두17390 판결; 대법원 2011. 4. 14. 선고 2008두22280 판결; 대법원 2011. 4. 14. 선고 2010두9808 판결 등 참조).

4. 관련 판례

문서번호	내 용
대법원 1997. 10. 24. 선고 96누10768 판결 ; 대법원 1996. 7. 30. 선고 95누6328 판결	과세표준과 세액을 감액하는 경정처분은 당초 부과처분과 별도의 과세처분이 아니라 그 실질은 당초 부과처분의 변경이고 그에 의하여 세액의 일부 취소라는 납세자에게 유리한 효과를 가져 오는 처분이므로, 그 경정결정으로도 아직 취소되지 아니하고 남아있는 부분이 위법하다 하여 다투는 경우 항고소송의 대상은 당초의 부과처분 중 경

문서번호	내 용
	정결정에 의하여 취소되지 않고 남은 부분이고 경정결정이 항고소송의 대상이 되는 것은 아니며, 이 경우 **적법한 전심절차를 거쳤는지 여부, 제소기간의 준수여부도 당초처분을 기준으로 판단**하여야 한다.
대법원 2004. 12. 9. 선고 2003두4034 판결 : 국승	당초의 과세처분에 대한 취소소송에서 청구 기각판결이 확정된 경우에는 당초처분은 그 적법성이 확정되어 효력을 유지하게 되므로, 그 후 과세관청이 납세자의 탈루소득이나 재산누락을 발견하였음을 이유로 당초처분에서 인정된 과세처분과 세액을 포함하여 전체의 과세표준과 세액을 새로이 결정한 다음 당초처분의 세액을 공제한 나머지를 추가로 고지하는 내용의 재처분을 하였을 경우, 추가된 재처분 외에 다시 당초처분 부분의 취소를 구하는 것은 확정판결의 기판력에 저촉되어 허용될 수 없고, 당초처분이 재처분에 흡수되어 소멸한다고 할 수도 없다.
대법원 2010. 6. 24. 선고 2007두16493 판결	증액경정처분이 있는 경우 당초처분은 증액경정처분에 흡수되어 소멸하고, 소멸한 당초처분의 절차적 하자는 존속하는 증액경정처분에 승계되지 아니한다.
대법원 2009. 5. 14. 선고 2006두17390 판결	「국세기본법」 제22조의 2 시행 이후에도 증액경정처분이 있는 경우, 당초 신고나 결정은 증액경정처분에 흡수됨으로써 독립한 존재가치를 잃게 되어 원칙적으로는 증액경정처분만이 항고소송의 심판대상이 된다(흡수설).
대법원 2011. 4. 14. 선고 2008두22280 판결	납세자는 증액경정처분에 대한 항고소송에서 당초 신고나 결정에 대한 위법사유도 함께 주장할 수 있으나, 확정된 당초 신고나 결정에서의 세액에 관하여는 취소를 구할 수 없고, 증액경정처분에 의하여 증액된 세액의 범위 내에서만 취소를 구할 수 있다(권리구제의 범위 축소). → 경정청구기간 경과 전이라면 당초 신고·결정세액도 취소를 구할 수 있다는 판례형성(5-2 참조)

4-2 증액경정처분에 있어 취소를 구할 수 있는 세액범위

● 대상판결 : 대법원 2011두4855 (2012. 3. 29.) ➔ 국패

핵심 요지

2004사업연도 법인세의 경우에는 그 법정신고기한인 2005. 3. 31.부터 그 경정청구기간이 경과하기 전인 2006. 12. 5. 이 사건 증액경정처분이 있었으므로, 원고는 이 사건 증액경정처분에 의하여 증액된 세액뿐만 아니라 당초 신고한 세액에 대해서도 취소를 구할 수 있다고 할 것이다.

1. 사실관계

(1) 원고(소외회사, 분할)는 2002사업연도(26억 원), 2003사업연도(39억 원), 2004사업연도(344억 원) 법인세를 각각 신고·납부하였다.

(2) 2006. 12. 5. 피고는 원고에 대하여 법인세 정기조사 시 2002사업연도(40억 원), 2003사업연도(3억 원), 2004사업연도(8천만 원) 법인세를 각각 증액 경정·결정하였다.

(3) 원고는 조세심판원에 불복을 제기하였고 ① 분할과정에서 유형자산감액손실 중 1,510억 원을 세무상 유보로 승계받은 사실, ② 2002사업연도 이후 유형자산 감액손실에 대하여 별도 세무조정을 한 사실이 없으며, ③ 이 사건 감액손실액을 감가상각부인액으로 보아 감가상각범위액에 대한 재계산을 하여 2002년~2004년 사업연도별 감가상각 시인부족액 범위 내에서 손금 추인하여야 한다는 주장을 하였다.

(4) 이에 대하여 조세심판원은 "이 사건 감액손실액을 감가상각부인액으로 보아 각 사업연도별 감가상각범위액을 재계산하여 손금으로 추인하되 2006. 12. 5. 고지된 법인세 경정액을 한도로 할 것"이라고 결정하였다.

(5) 피고는 조세심판원 결정에 따라 2008. 2. 감액경정처분(1차 감액경정)을 하였는데, 이 사건 증액경정처분(2002 : 40억, 2003 : 3억, 2004 : 8천만 원) 각각 감액경정하여 결과적으로 증액경정된 부분을 모두 감액하였다.

(6) 원고는 2006. 4. 20. 피고를 상대로 2003, 2004사업연도별 감가상각시인부족액 범위 내에서 이 사건 감액손실을 손금으로 추인하여야 한다는 취지의 경정청구를 하였

다(감액경정청구 : 당초 증액경정된 처분이 아닌 신고·납부한 법인세에 대한 경정청구).

(7) 2008.3. 피고는 원고의 감액청구를 일부 수용하여 2차 감액경정을 하였는데, 2003사업연도, 2004사업연도분에 대하여 220억 원으로 감액경정을 하였다.

(8) 원고는 다시 행정소송을 제기하였고, 2차 감액경정 처분 후에 존재하는 법인세(2002 : 26억, 2004 : 222억) 부과처분에 대해서도 취소를 구하는 소송을 제기하였다.

2. 쟁 점

경정청구기간 등이 경과하기 전에 증액경정처분이 있는 경우 당초 신고한 세액에 대해서도 취소를 구할 수 있는지 여부

3. 대상판결

(1) 증액경정처분이 있는 경우 당초 신고나 결정은 증액경정처분에 흡수됨으로써 독립한 존재가치를 잃게 되어 원칙적으로 증액경정처분만이 항고소송의 심판대상이 되고 납세자는 그 항고소송에서 당초 신고나 결정에 대한 위법사유도 함께 주장할 수 있으나, 불복기간이나 경정청구기간의 도과로 더 이상 다툴 수 없게 된 세액에 관하여는 그 취소를 구할 수 없고 증액경정 처분에 의하여 증액된 세액의 범위 내에서만 취소를 구할 수 있다고 할 것이다. **그러나 경정청구기간이 경과하기 전에 증액경정처분이 있었다면**, 증액경정처분에 의하여 증액된 세액뿐만 아니라 당초 신고한 세액에 대해서도 취소를 구할 수 있다.

(2) 이 사건 증액경정처분 중 증액된 세액 부분이 제1차 감액경정처분에 의해 취소되었다고 하더라도 당초 신고한 세액은 이 사건 증액경정처분에 흡수되어 증액경정처분의 일부를 구성함에도 원심이 이 사건 증액경정처분이 1차 감액경정처분에 의해 전부 취소되어 더 이상 존재하지 않는다고 판단한 것은 잘못된 판단이다.

(3) 사업연도별 비교표

2002사업연도 법인세	2004사업연도 법인세
• 법정신고기한 : 2003. 3. 31. • 증액경정처분 : 2006. 12. 5. ※ 경정청구기간이 경과한 후에 증액경정처분이 있었음(종전 : 2년).	• 법정신고기한 : 2005. 3. 31. • 증액경정처분 : 2006. 12. 5. ※ 경정청구기간이 경과하기 전에 증액경정처분이 있었음.

① 2002사업연도 법인세는 경정청구기간 경과 후 증액경정처분이 있었으므로 불복하여 취소를 구할 수 없다(원심판단 정당).

② 2004사업연도 법인세는 경정청구기간 경과 전 증액경정처분이 있었으므로 **증액경정처분 및 당초 신고세액도 불복청구가 가능하다(파기환송).**

4. 평 석

(1) 대법원 판결에 따른다면 과세관청은 부과제척기간 내에 언제라도 증액경정처분을 할 수 있으나, 납세자는 경정청구기간이 지나면 당초 신고내용의 하자를 다툴 수 없다는 것인데,

(2) 과세관청이 증액경정처분을 언제 하느냐는 우연한 사정에 따라서 납세자의 권리구제 범위가 달라지는 불합리한 결과를 초래하게 된다. 이 사건 대법원 판결이 있던 시점에서는 경정청구기간이 2년으로 되어있었으나 현재 5년으로 연장된 이상 과세관청의 증액경정처분시기에 따른 불합리한 결과는 해소된 것으로 보인다.

(3) 경정청구 규정(국세기본법 §45의 2)에 의하면 ① 통상적인 경우는 과세표준신고서를 법정신고기한 내에 제출한 자만이 경정청구를 할 수 있고, ② 후발적 사유의 경우에는 신고서를 제출한 자 또는 과세표준세액 결정을 받은 자 모두 경정청구를 할 수 있다.

(4) 참고로 경정청구기간은 아래와 같이 변경되었다.

개정 시기	경정청구기간
1994.12.22.	법정신고기한 경과 후 1년 이내(후발적 : 2개월 이내)
2000.12.29.	법정신고기한 경과 후 2년 이내(후발적 : 2개월 이내)
2005.7.13.	법정신고기한 경과 후 3년 이내(후발적 : 2개월 이내)

개정 시기	경정청구기간
2014.12.23.	법정신고기한 경과 후 5년 이내(후발적 : 2개월 이내)
2015.12.15.	법정신고기한 경과 후 5년 이내(후발적 : 3개월 이내)

(5) 과다신고사유는 경정청구로만, 증액경정사유는 항고소송으로만 다투게 하는 것이 납세자의 권익보호나 소송경제에 부합하지 않는다는 것이 대법원의 일관된 입장이다(경정청구기간 5년, 거부처분 있으면 소송가능).

(6) 따라서 증액경정처분이 있는 경우 납세의무자는 증액경정 자체의 위법사유뿐 아니라 당초 신고하자에 대해서도 함께 불복이 가능하다.

(7) 경정청구기간 경과하기 전에 증액경정처분이 있는 경우 당초 신고한 세액을 포함하여 전체가 취소가능하며(대법원 2012. 3. 29. 선고 2011두4855 판결) 경정청구기간 경과 후 증액처분이 있는 경우 증액된 세액의 범위 내에서만 취소가능하다.

(8) 한편 이러한 대법원 판결에 따르면 다음과 같은 문제점이 발생한다.

당초신고(A) 후 증액경정처분(B)이 있는 경우 B에 대해서는 당초신고가 없었으므로 불복청구기간(90일)이 도과하면 경정청구를 하지 못한다. 그러나 A는 당초신고가 있었으므로 5년 이내에 경정청구를 할 수 있다.

이 경우 A에 대한 경정청구를 하면서 B의 위법사유를 경정청구사유로 포함한 다음 경정청구 거부처분이 이루어지면 A, B 전체의 위법사유에 대하여 불복, 소송 제기가 가능하다고 볼 여지가 있다.

이 경우 제소기간이 도과한 B처분에 대해서도 소송이나 불복을 통하여 구제받을 수 있을 것인지 여부가 논란이 될 수 있다(판례 미형성).

5. 관련 판례

문서번호	내 용
대법원 2009. 5. 14. 선고 2006두17390 판결	당초 신고나 결정은 증액경정처분에 흡수됨으로써 독립된 존재가치를 잃게 되어 원칙적으로는 증액경정처분만이 항고소송의 심판대상이 된다(흡수설).

문서번호	내 용
대법원 2011. 4. 14. 선고 2008두22280 판결	납세자는 증액경정처분에 대한 항고소송에서 당초 신고나 결정에 대한 위법사유도 함께 주장할 수 있으나, 확정된 당초 신고나 결정에서의 세액에 관하여는 취소를 구할 수 없고 증액경정처분에 의하여 증액된 세액의 범위 내에서만 취소를 구할 수 있다. 즉, 당초신고나 증액경정처분 사유 모두 다툴 수 있으나 세액은 증액된 세액의 범위 내에서만 가능하다(취소범위 제한).
대법원 2012. 3. 29. 선고 2011두4855 판결	당초 신고나 결정에 대한 불복기간이 도과하였더라도, 경정청구 기간이 경과하기 전에 증액경정처분이 있었다면 **당초 신고나 세액에 대해서도 취소를 구할 수 있다(취소세액의 범위 확대).**
대법원 2013. 10. 31. 선고 2010두4599 판결	과세처분이 이루어진 후에 증액경정처분이 있는 경우 그 증액경정처분은 당초 처분을 그대로 둔 채 당초 처분에서의 과세표준과 세액을 초과하는 부분만을 추가로 확정하는 것이 아니라 당초 처분에서의 과세표준과 세액을 포함시켜 전체로서 하나의 과세표준과 세액을 다시 결정하는 것이므로, 당초 처분은 증액경정처분에 흡수되어 당연히 소멸하고 그 증액경정처분만이 항고소송의 대상이 된다. 이는 증액경정 시에 당초 결정분과의 차액만을 추가로 고지한 경우에도 동일하다.
대법원 1997. 10. 24. 선고 96누10768 판결 ; 대법원 1996. 7. 30. 선고 95누6328 판결	과세표준과 세액을 감액하는 경정처분은 당초 부과처분과 별도의 과세처분이 아니라 그 실질은 당초 부과처분의 변경이고 그에 의하여 세액의 일부 취소라는 납세자에게 유리한 효과를 가져 오는 처분이므로, 그 경정결정으로도 아직 취소되지 아니하고 남아있는 부분이 위법하다 하여 다투는 경우 항고소송의 대상은 당초의 부과처분 중 경정결정에 의하여 취소되지 않고 남은 부분이고 경정결정이 항고소송의 대상이 되는 것은 아니며, 이 경우 적법한 전심절차를 거쳤는지 여부, 제소기간의 준수여부도 당초처분을 기준으로 판단하여야 한다.

4-3 예정신고 후 확정신고 시 예정신고는 확정신고에 흡수되어 소멸하고, 예정신고에 기초한 경정처분은 효력을 상실함

● 대상판결 : 대법원 2017두73297 (2021. 12. 30.) ➜ 국승

핵심 요지

예정신고 후 확정신고 시 예정신고는 확정신고에 흡수되어 소멸하고, 예정신고에 기초한 경정처분은 효력을 상실함. 이 사건 경정청구가 예정신고에 대한 것이라면 경정청구의 대상이 없다는 점과 청구기간이 도과한 청구라는 점에서 부적법하고, 확정신고에 대한 것이라면 확정신고와 동일한 내용으로 경정하여 달라는 것은 허용될 수 없으므로 거부처분은 적법함

1. 사실관계

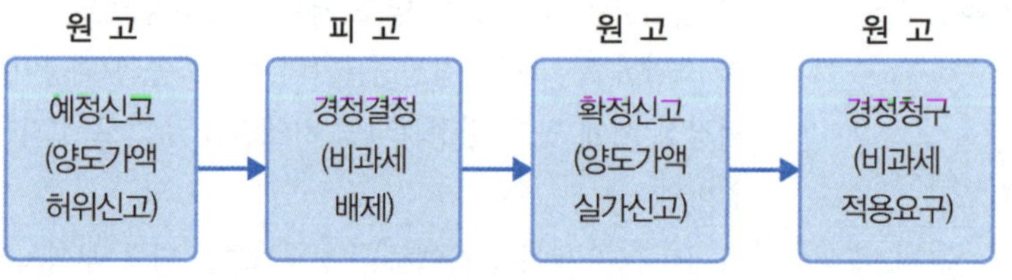

(1) 이 사건 전심(前審)진행 내역(1차)

날 짜	구 분	세 부 내 용
2014. 06. 30.	양도소득 예정신고	1세대1주택 고가주택 비과세 적용
2015. 01. 05.	증액 경정결정	허위신고 따른 비과세 적용 배제
2015. 05. 07.	이의신청	일부 인용(취득가액 환산가액결정)
2015. 10. 08.	심판청구	1세대1주택 고가주택 비과세 적용 요구
2015. 12. 30.	기각결정	허위신고 따른 비과세배제 정당

(2) 이 사건 전심(前審)진행 내역(2차)

날 짜	구 분	세 부 내 용
2015. 05. 06.	양도소득 확정신고	과세관청 경정결정내용 반영(실거래가액)
2015. 08. 10.	경정청구	확정신고를 반영하여 비과세 적용 청구
2015. 10. 16.	경정청구 거부통지	증액경정처분일로부터 90일 경과
2016. 01. 13.	이의신청	경정청구 거부 부당
2016. 02. 12.	이의신청 각하결정	조세불복을 거친 동일한 내용
2016. 03. 04.	심사청구	경정청구 거부 부당
2016. 05. 09.	심사청구 각하결정	중복된 제기 청구

(1) 원고는 2014. 4.경 이 사건 토지 및 주택을 양도하고, 2014. 6. 30. 피고에게 '고가주택에 대한 1세대 1주택 비과세 규정'을 적용하여 그에 따른 양도소득 과세표준 예정신고를 하였다.

(2) 피고는 조사결과 원고가 주택의 양도가액을 허위로 신고한 것을 확인하고 '고가주택에 대한 1세대 1주택 비과세 규정'의 적용을 배제하여, 2015. 1. 5. 원고에게 양도소득세를 증액경정 · 고지하였다(허위계약서 및 실지계약서 확인).

(3) 이에 원고는 이 사건 주택의 양도가액을 예정신고 당시보다 증액하는 한편 '고가주택에 대한 1세대 1주택 비과세 규정'을 다시 적용하여, 2015. 5. 6. 피고에게 양도소득과세표준 확정신고를 하였다(피고의 경정결정내용을 반영한 실계약서에 근거한 양도신고).

(4) 원고는 2015. 08. 10. 확정신고에 따른 이 사건 주택에 대한 1세대 1주택 비과세를 적용하여 경정하여 달라는 경정청구를 하였다.

(5) 피고는 2015. 10. 16. '원고가 이 사건 증액경정처분이 있음을 안 날(2015. 1. 5.)부터 90일이 지난 후에 이 사건 경정청구가 이루어졌다'는 이유로 이를 거부하였다.

(6) 그 후 원고는 이의신청, 심사청구를 통하여 이사건 주택 1세대1주택 비과세를 적용한 경정결정을 청구하였으나, 처분청은 중복된 제기청구에 해당한다는 전제하에 각하결정을 하였다.

2. 쟁 점

양도소득세 예정신고에 대하여 과세관청이 경정한 이후에 경정사항을 반영한 확정신고를 하여 경정청구를 할 수 있는지 여부

3. 관련 법령

국세기본법 제45조의2【경정 등의 청구】

① 과세표준신고서를 법정신고기한까지 제출한 자는 다음 각 호의 어느 하나에 해당할 때에는 최초신고 및 수정신고 한 국세의 과세표준 및 세액의 결정 또는 경정을 법정신고기한이 지난 후 5년 이내에 관할 세무서장에게 청구할 수 있다. 다만, 결정 또는 경정으로 인하여 증가된 과세표준 및 세액에 대하여는 해당 처분이 있음을 안 날(처분의 통지를 받은 때에는 그 받은 날)부터 90일 이내(법정신고기한이 지난 후 5년 이내로 한정한다)에 경정을 청구할 수 있다.

1. 과세표준신고서에 기재된 과세표준 및 세액(각 세법에 따라 결정 또는 경정이 있는 경우에는 해당 결정 또는 경정 후의 과세표준 및 세액을 말한다)이 세법에 따라 신고하여야 할 과세표준 및 세액을 초과할 때
2. 과세표준신고서에 기재된 결손금액 또는 환급세액(각 세법에 따라 결정 또는 경정이 있는 경우에는 해당 결정 또는 경정 후의 결손금액 또는 환급세액을 말한다)이 세법에 따라 신고하여야 할 결손금액 또는 환급세액에 미치지 못할 때

소득세법 제91조【양도소득세 비과세 또는 감면의 배제 등】

② 제94조 제1항 제1호 및 제2호의 자산을 매매하는 거래당사자가 매매계약서의 거래가액을 실지거래가액과 다르게 적은 경우에는 해당 자산에 대하여 이 법 또는 이 법 외의 법률에 따른 양도소득세의 비과세 또는 감면에 관한 규정을 적용할 때 비과세 또는 감면받았거나 받을 세액에서 다음 각 호의 구분에 따른 금액을 뺀다.

1. 이 법 또는 이 법 외의 법률에 따라 양도소득세의 비과세에 관한 규정을 적용받을 경우 : 비과세에 관한 규정을 적용하지 아니하였을 경우의 제104조 제1항에 따른 양도소득 산출세액과 매매계약서의 거래가액과 실지거래가액과의 차액 중 적은 금액
2. 이 법 또는 이 법 외의 법률에 따라 양도소득세의 감면에 관한 규정을 적용받았거나 받을 경우 : 감면에 관한 규정을 적용받았거나 받을 경우의 해당 감면세액과 매매계약서의 거래가액과 실지거래가액과의 차액 중 적은 금액

4. 원 · 피고 주장 요약

(1) 원 고

① 국세 부과 제척기간의 기산일(국세기본법 제26조의 2 제5항 및 같은 법 시행령 제12조의 3)은 신고하는 국세의 경우 중간예납, 예정신고, 수정신고 등은 제외하고 확정신고 기한 또는 확정신고서 제출기한의 다음 날부터 기산하는 것이며, 소득세법 제110조(양도소득과세표준 확정신고) 제1항은 양도소득금액이 있는 자는 확정신고를 하여야 하고, 제4항에서는 '예정신고를 한 자는 제1항에도 불구하고 해당 소득에 대한 확정신고를 하지 아니할 수 있다'고 임의규정을 하고 있어 확정신고의 실익이 있는 경우에는 예정신고자가 확정신고를 할 수 있는 것이므로, 원고가 예정신고 내용에 오류와 탈루가 있어 확정신고를 하고, 고가주택 1세대 1주택에 대한 비과세를 적용하여 달라는 경정청구를 한 것에 대하여 처분청이 경정청구를 거부한 것은 부당하다.

② 소득세법 제110조 제1항은 해당 과세기간의 양도소득금액이 있는 거주자는 그 양도소득과세표준을 그 과세기간의 다음 연도 5월 1일부터 5월 31일까지 확정신고하여야 한다고 규정하고 있고, 같은 조 제4항은 예정신고를 한 자는 제1항에도 불구하고 해당 소득에 대한 확정신고를 하지 아니할 수 있다고 규정하고 있지만 이 규정은 예정신고를 한 자로부터 확정신고를 할 권리를 박탈하는 것이 아니며 예정신고를 한 자라도 확정신고의 실익이 있다면 예정신고와 다른 내용의 확정신고를 할 수 있고, 확정신고를 한 경우에는 예정신고에 의하여 잠정적으로 확정된 과세표준과 세액은 확정신고에 의하여 확정된 과세표준과 세액에 흡수되어 소멸한다고 보아야 하며, 한편 확정신고를 한 자는 확정신고 기한이 지난 후 5년 이내에 경정청구를 할 수 있는 것이다. 따라서 원고의 2015. 8. 10.자 경정청구에 대하여 2014. 6. 27.자 예정신고를 기초로 이루어진 경정 · 고지처분이 있음을 안 날로부터 90일이 지났다는 이유로 거부한 피고의 이사건 처분은 위법하다.

(2) 피고(과세관청)

이 사건 부동산의 부과처분과 같이 당초 예정신고에 대한 경정으로 증가된 세액에 관하여는 불복제기기한인 90일 이내에 경정청구를 제기하여야 하는 것이며, 소득세법 제110조에 의한 확정신고는 동법 제4항에서 대통령령이 정하는 경우(2회 이상 양도)를 제외하고는 예정신고를 이행한 자는 확정신고를 하지 아니할 수 있는 것이고, 같은 법 제114조 제2항에서는 제105조에 따라 예정신고를 한 자에 대하여 오류가 있는 것이 발견되면 즉시 경정한다고 규정하고 있어, 이 건 예정신고에 대한 경정이 있은 이후 조세불복(2015. 5. 7. 예정신고 이의신청) 및 확정신고(2015. 5. 31., 경정청구는 2015. 8. 10.)를 선택적으로 주장할 수는 없는 것으로 원고가 확정신고 기회를 박탈하고 있다는 주장은 타당하지 않으며, 원고가 제출한 확정신고는 처분청의 경정처분에 관하여 이의신청 및 심판청구로 기각된 내용에 관하여 원고의 의견을 제시한 것에 불과한 것으로 적법한 확정신고와 경정청구로 볼 수 없어 경정청구를 거부한 것은 정당하다.

5. 대상판결

… 위 각 규정의 내용과 체계 및 양도소득세 예정신고납부제도의 입법 취지 등을 종합하여 보면, 납세자가 **예정신고를 한 후 그와 다른 내용으로 확정신고를 한 경우에는 그 예정신고에 의하여 잠정적으로 확정된 과세표준과 세액은 확정신고에 의하여 확정된 과세표준과 세액에 흡수되어 소멸**하고(대법원 2008. 5. 29. 선고 2006두1609 판결 참조), 이에 따라 **예정신고에 기초하여 그 과세표준과 세액을 경정한 과세관청의 증액경정처분 역시 효력을 상실**한다고 보아야 한다. 그 구체적인 이유는 다음과 같다.

① 양도소득세는 기간과세의 원칙이 적용되어 해당 과세기간 중에 발생한 양도소득을 모두 합산하여 그 과세표준과 세액을 산출하여 총괄적으로 신고함으로써 구체적 납세의무가 확정된다.

② 납세자는 예정신고를 이행한 경우에도 구 소득세법 제110조 제4항 단서, 구 소득세법 시행령(2018. 2. 13. 대통령령 제28637호로 개정되기 전의 것) 제173조 제4항 제1호 내지 제3호에 해당하는 때에는 반드시 확정신고를 하여야 한다.

③ 예정신고납부제도의 입법 취지는 소득의 발생 초기에 미리 세액을 납부하도록 함으로써 세원을 조기에 확보하고 징수의 효율성을 도모하며 조세 부담의 누적을 방지하려는 데 있다(대법원 2011. 9. 29. 선고 2009두22850 판결 등 참조).

④ 종래에는 납세자가 예정신고를 하고 그에 따라 세액을 자진 납부한 경우 납부할 세액

의 일부를 산출세액에서 공제하는 혜택을 부여하다가 2010년부터는 예정신고를 하지 않은 경우 가산세를 부과하는 것으로 제도가 변경되었으나, 이는 예정신고납부의무의 성실한 이행을 담보하기 위하여 의무불이행에 대하여 제재를 가하는 것일 뿐이고, 이로써 **예정신고에 과세표준과 세액을 종국적으로 확정하는 효력을 부여하였다고 보기는 어렵다.**

⑤ 구 소득세법은 제111조 제3항 등에서 확정신고 납부를 하는 경우 예정신고 산출세액이나 예정 신고한 세액을 증액 경정한 세액이 있을 때에는 이를 양도소득 산출세액에서 공제하도록 규정함으로써 **예정신고나 예정신고에 대한 증액경정처분이 있는 경우에도 확정신고가 유효하게 이루어질 수 있음을 전제**하고 있다.

앞서 본 사실관계를 이러한 법리에 비추어 살펴보면, 원고는 이 사건 예정신고를 한 후 그와 다른 내용의 이 사건 확정신고를 하였으므로, **이 사건 예정신고에 의하여 잠정적으로 확정된 과세표준과 세액은 이 사건 확정신고에 의하여 확정된 과세표준과 세액에 흡수되어 소멸**하였고, 이 사건 **예정신고에 기초하여 이루어진 이 사건 증액경정처분 역시 효력을 상실**하였다. 따라서 이 사건 경정청구는 그 대상이 없어 부적법하고, 국세기본법 제45조의2 제1항 단서에 따른 경정청구기간이 지난 후에 이루어졌다는 점에서도 부적법하다(설령 이 사건 경정청구가 이 사건 확정신고에 대한 것이라고 하더라도, 이 사건 확정신고에 의하여 양도소득 과세표준과 세액이 확정되어 그 효력이 존속하고 있는 이상, 이 사건 확정신고에 따른 과세표준과 세액을 그와 동일한 내용으로 경정하여 달라는 청구는 허용될 수 없다). 결국 이 사건 경정청구를 거부한 이 사건처분은 적법하다.
원심이 이 사건 **확정 신고로 인하여 이 사건 예정신고 및 이에 대한 이 사건 증액경정처분에 따라 확정된 양도소득 과세표준과 세액이 흡수되어 소멸하였다고 볼 수 없다는 취지로 설시한 부분은 적절하지 않으나**, 이 사건 처분이 적법하다고 판단한 원심의 결론은 정당하다.

6. 평 석

(1) 대법원은 **예정신고와 확정신고의 내용이 동일한 경우**와 **다른 경우**에 예정신고의 **확정력에 대해 다른 입장**을 견지하고 있다. 만약 예정신고의 확정력이 인정되지 아니한다

면 예정신고에 대한 과세관청의 경정결정은 그 효력을 상실하게 될 것이다.

(2) 대법원은 **납세자가 양도소득 과세표준 예정신고를 한 후 그와 다른 내용으로 확정신고를 한 경우**, "**납세자가 예정신고를 한 후 그와 다른 내용으로 확정신고를 한 경우에는 그 예정신고에 의하여 잠정적으로 확정된 과세표준과 세액은 확정신고에 의하여 확정된 과세표준과 세액에 흡수되어 소멸한다고 보아야** 하고, 이에 따라 **예정신고를 기초로 이루어진 징수처분 역시 효력을 상실**한다"고 판시하였다(대법원 2008. 5. 29. 선고 2006두1609 판결).

(3) 위 사례와는 달리 **예정신고와 동일한 내용으로 확정신고를 한 경우** "납세의무자가 **예정신고를 한 후 그와 같은 내용으로 확정신고를 한 경우 예정신고에 의하여 잠정적으로 확정된 과세표준과 세액은 확정신고에 의하여 종국적으로 확정된 과세표준과 세액에 흡수되어 소멸하는 것이 아니라 그대로 유지되고, 따라서 예정신고를 기초로 한 징수처분 역시 그 효력이 소멸하지 아니한다**"고 판시하였다(대법원 2011. 9. 29. 선고 2009두22850 판결).

(4) 예정신고와 확정신고의 관계에 관한 위 판례에 따르면, **예정신고**는 원칙적으로 **잠정적 확정력**을 갖는 것이고, **확정신고를 예정신고와 동일한 내용으로 하면 예정신고의 효력은 그대로 유지**되지만, **확정신고를 예정신고의 내용과 다르게 하면 예정신고는 확정신고에 흡수되어 소멸**된다는 것이다.

(5) 이 사건 2심 재판부는 "양도소득세 예정신고는 2010. 1. 1. 법률 제9911호로 개정된 국세기본법 제47조의2 제6항 제2호, 부칙 제5조, 제6조에 의하여 만일 이를 이행하지 않는 경우 100분의 20의 무신고가산세가 부과되면서 실질적으로 의무화되었고, 소득세법 제114조는 세무서장이 확정신고뿐만 아니라 예정신고의 내용에 탈루 또는 오류가 있는 경우에도 과세표준과 세액을 경정할 수 있도록 규정하고 있으며, 국세기본법 제7장은 세무서장의 위와 같은 처분에 대한 불복절차를 규정하고 있다. 그런데 만일 확정신고로 위와 같은 납세의무 확정의 효력이 소멸된다면 위에서 본 무신고가산세 부과와 불복절차를 모두 무용지물로 만들게 되어 매우 부당하다"라고 판시하여 예정신고의 확정력을 인정하는 판결을 하여 대법원과 판단과 달리한 사실을 알 수 있다.

(6) 대상 판결은 납세자의 양도소득 과세표준 예정신고에 대한 과세관청의 증액경정처분이 있었고, 그 후 납세자가 **예정신고와 다른 내용으로 확정신고를 한 다음 확정신고와**

동일한 내용으로 경정을 구하는 경정청구를 한 사안에서, 납세자가 예정신고를 한 후 그와 다른 내용으로 확정신고를 한 경우에는 그 **예정신고에 의하여 잠정적으로 확정된 과세표준과 세액**은 확정신고에 의하여 확정된 과세표준과 세액에 흡수되어 **소멸**하고, 이에 따라 예정신고에 기초하여 그 과세표준과 세액을 경정한 과세관청의 **증액경정처분 역시 효력을 상실**하므로, 증액경정처분에 대한 원고의 경정청구는 그 대상이 없고, 경정청구기간도 도과한 것으로 부적법하다는 것이다. 대상 판결은 **양도소득 과세표준 예정신고와 확정신고에 관한 판례의 법리를 명확하게 확인해 준 데에 의미**가 있다.

(7) 원고는 이 사건 소송에서 패소하였으나, 양도소득세 확정신고에 따른 1세대1주택 비과세 신고는 유효하게 되었다(패소이유가 경정청구가 적법하지 아니하다는 사유이지 원고의 1세대1주택 비과세 적용을 배제하라는 것은 아니다).

7. 관련판례

문서번호	내　용
대법원 2008. 5. 29. 선고 2006두1609 판결	납세자가 **예정신고를 한 후 그와 다른 내용으로 확정신고를 한 경우**에는 그 예정신고에 의하여 잠정적으로 확정된 과세표준과 세액은 **확정신고에 의하여 확정된 과세표준과 세액에 흡수되어 소멸**한다고 보아야 하고, 이에 따라 **예정신고를 기초로 이루어진 징수처분 역시 효력을 상실**한다.
대법원 2011. 9. 29. 선고 2009두22850 판결	납세의무자가 **예정신고를 한 후 그와 같은 내용으로 확정신고를 한 경우** 예정신고에 의하여 잠정적으로 확정된 과세표준과 세액은 확정신고에 의하여 종국적으로 확정된 과세표준과 세액에 **흡수되어 소멸하는 것이 아니라 그대로 유지**되고, 따라서 예정신고를 기초로 한 징수처분 역시 그 효력이 소멸하지 아니한다.
대법원 1985. 10. 22. 선고 85누81 판결	과세관청이 과세표준과 세액을 결정 또는 경정하고 그 통지를 납세고지서에 의하여 행하는 경우의 **납세고지는 그 결정 또는 경정을 납세의무자에게 고지함으로써 구체적 납세의무 확정의 효력을 발생시키는 부과처분**으로서의 성질과 확정된 조세채권의 이행을 명하는 징수처분으로서의 성질을 아울러 갖는다.

문서번호	내 용
대법원 2011. 9. 29. 선고 2009두22850 판결	예정신고납부제도의 입법 취지는 소득의 발생 초기에 미리 세액을 납부하도록 함으로써 세원을 조기에 확보하고 징수의 효율성을 도모하며 조세 부담의 누적을 방지하려는 데 있다.

제5절 불이익변경 금지 원칙

5-1 불이익변경 금지 원칙

1. 개 요

조세심판관회의 또는 조세심판관합동회의는 … 결정을 할 때 심판청구를 한 처분보다 청구인에게 불리한 결정을 하지 못한다(국세기본법 §79 ②).

입법취지 및 적용범위

- 입법취지
  위법, 부당한 처분으로 권리 또는 이익을 침해받은 납세자가 안심하고 불복절차에 나올 수 있도록 불복청구권을 보장하기 위하여 두는 심리원칙
- 적용범위
  - 국세사무처리규정 제3조【이의신청, 심사청구】에도 적용됨.
  - 과세전적부심 적용될 여지 없음.
  - 「감사원법」, 「지방세법」, 「행정소송법」에는 명문규정 없음.

2. 적용범위에 대한 견해차이

불이익변경 금지 원칙이 창설적 규정에 해당한다는 견해	불이익변경 금지 원칙을 확인적 규정으로 보는 견해
심판청구에만 적용됨.	심사청구·이의신청에도 적용됨.

⇨ 대법원 2007. 11. 16. 선고 2005두10675 판결

① **「국세기본법」 제79조 제2항은 심사청구에 대한 결정에도 준용된다.**

② 심사결정 주문에만 적용되고 이유에서 밝혀진 내용에 근거한 경정결정은 정당하다.

3. 불이익변경 금지 원칙이 적용된 사례 검토

(1) 과세예고통지를 하지 아니한 절차상 이유로 원 처분을 취소하고 재 처분을 한 이상 불고불리, 불이익변경 금지 원칙에 위배되지 아니한다(부산고등법원 2012. 9. 19. 선고 2012누1129 판결).

(2) 불이익변경 금지 원칙은 이의신청 등 불복에 대한 심판기관의 결정 시 적용하는 규정으로 세무서장의 제세 과세처분에 대하여 적용하는 규정이 아니다(심사양도 2011-0131, 2011. 7. 15.).

(3) 「국세기본법」 제79조의 불고불리·불이익변경금지원칙이란 국세심판관회의 등에서 납세자 등이 제기한 심판청구에 대한 결정을 함에 있어서 심판청구를 한 처분보다 청구인에게 불이익이 되는 결정을 하지 못한다는 것으로서 명문규정이 있는 심판청구뿐만 아니라 심사청구 및 이의신청 단계에도 원칙적으로 적용되는 것이나, 과세관청이 당초 처분의 오류 및 탈루사항을 바로잡는 경정권을 제한하는 것이라고 해석할 수 없으므로 처분청은 당초 처분에 불복한 이의신청에 대하여 재조사결정을 한 후에도 납세자가 신고한 과세표준과 세액의 내용에 오류 또는 탈루가 있는 것이 발견된 때에는 「국세기본법」 제26조의 2 제1항 제3호에 규정된 국세부과제척기간이 경과되기 전까지는 언제든지 이를 경정결정할 수 있는 것으로 풀이된다(국심 2005서2856, 2006. 7. 6.).

(4) 조세심판원의 재조사결정으로 인한 재조사결과가 증액처분결정이라면 이는 불이익변경 금지 원칙에 위배되어 위법하다(서울고등법원 2013. 9. 26. 선고 2013누6123 판결).

(5) 「국세기본법」 제79조의 불고불리의 원칙 및 불이익변경 금지의 원칙이라 함은 조세심판결정에 있어 당초의 과세관청의 처분보다 청구인에게 불리한 결정을 할 수 없다는 것이어서 과세관청의 과세처분에는 「국세기본법」 제79조가 적용될 여지가 없고(대법원 1992. 7. 14. 선고 92누893 판결 참조), 또 피고는 서울지방국세청장의 이 사건 결정에 따른 재조사 실시결과 과세표준과 세액에 탈루 또는 오류가 있는 것이 발견된 때에는 과세권이 부과제척기간에 걸리지 않는 한 언제든지 과세표준과 세액을 결정 또는 경정할 수 있는 것이다(대법원 2010. 1. 22. 선고 2009두21857 판결).

4. 관련 판례

문서번호	내 용
대법원 2004. 12. 9. 선고 2003두278 판결 : 국패	기간과세로서 사업연도가 달라지는 법인세의 경우 수개의 사업연도에 대한 심판청구가 있었다 하여도 그 **불이익의 여부는 수개의 사업연도에 대한 법인세 전체 세액을 기준으로 따질 것이 아니라 각 사업연도의 부과처분액을 기준으로 판단**하여야 한다.
대법원 2016. 9. 28. 선고 2016두39382 판결 : 국패	재조사결정 취지에 따른 후속처분이 심판청구를 한 처분보다 청구인에게 불리하면 「국세기본법」 제79조 제2항 불이익변경 금지 원칙에 위배되어 후속처분 중 당초처분의 세액을 초과하는 부분은 위법하게 된다.
대법원 2010. 5. 13. 선고 2010두2555 판결 : 심리불속행 기각	과세전적부심사청구에 대한 결정은 위법한 과세처분을 사전에 방지하고자 하는 제도로 과세처분 이전의 단계에서의 과세관청의 행위이므로 법적 구속이 없다(**불고불리, 불이익변경 금지 원칙 적용 안된다**. 즉, 재결의 효력이 없다).
대법원 2010. 9. 30. 선고 2009두1020 판결 : 국패	이의신청절차에서 과세관청이 이의신청사유가 옳다고 인정하여 과세처분을 직권으로 취소한 이상 그 후 특별한 사유 없이 이를 번복하고 종전처분을 되풀이하는 것은 허용되지 아니한다(불가변력).
대법원 2015. 12. 23. 선고 2013두22475 판결 : 국승	납세자의 경정청구를 거부한 처분에 대하여는 불복절차가 마련되어 있는 점 등에 비추어 보면 관할세무서장이 납세자의 경정청구를 받아들여 과세표준이나 세액 등을 결정 또는 경정하였더라도 거기에 오류나 누락이 있는 경우에는 이를 바로잡는 처분을 할 수 있다. 즉, **경정청구는 기속력 또는 불가변력이 인정되는 불복절차의 일종이 아니다.**

5-2 재조사 결정에 따른 후속처분 중 당초처분보다 증액된 부분은 위법함

● 대상판결 : 대법원 2016두39382 (2016. 9. 28.) ➜ 일부국패

핵심 요지

조세심판원의 2015. 2. 6.자 심판 결정은 과세표준과 세액을 산정하기 위한 구체적인 경정 기준을 제시하지 아니한 채 소득금액을 추계 조사하여 과세표준과 세액을 경정할 것을 명하고 있으므로 재조사 결정에 해당하는데, 그에 따른 후속 처분 중 2012년 귀속 종합소득세 부분은 당초 처분보다 불이익하므로, 2012년 귀속 종합소득세 부과처분 중 위와 같이 증액된 부분은 위법함

1. 사실관계

세무조사 경정 · 결정	심판청구	재조사 결정	2009~2011년 귀속 : 감액 경정	2012년 귀속 : 증액 경정
처분청	원 고	누락 소득	처분청 재조사 결정	

(1) 원고는 1992. 8. 1.부터 A 의원이라는 상호로 의료업(성형외과)을 영위하였다.

(2) 피고 영등포세무서장(원고 사업장 관할 세무서장)은 2013년 6월 원고에 대한 종합소득세 통합조사를 실시한 후, 원고가 2008년부터 2012년까지 원고의 처(妻)인 갑 명의의 계좌로 입금된 757백만 원 중 현금영수증 발행분 15백만 원을 제외한 나머지 741백만 원을 매출 누락된 의료수입금액으로 보아, 2013. 9. 1. 원고에게 2011년 제2기 부가가치세 11백만 원, 2012년 제1기 부가가치세 9백만 원, 2012년 제2기 부가가치세 8백만 원을 각 경정 · 고지하였다.

(3) 피고 북인천세무서장(원고 주소지 관할 세무서장)은 2013. 9. 9. 위와 같은 이유로 원고에게 2008년 귀속 종합소득세 78백만 원, 2009년 귀속 종합소득세 49백만 원, 2010년 귀속 종합소득세 61백만 원, 2011년 귀속 종합소득세 76백만 원, 2012년 귀속 종합소득세 20백만 원을 각 경정 · 고지하였다.

(4) 원고는 2013. 11. 18. 위 각 처분에 대하여 이의신청을 하고, 2014. 3. 25. 조세심판원에 심판청구를 제기하였다. 조세심판원이 2015. 2. 6. '소득금액을 추계하여 과세표준 및 세액을 경정하라'고 결정(재조사 결정)하자 피고 북인천세무서장은 2015. 2. 12. 2008년 귀속 종합소득세를 24백만 원으로, 2009년 귀속 종합소득세를 19백만 원으로, 2010년 귀속 종합소득세를 6백만 원으로, 2011년 귀속 종합소득세를 5백만 원으로 감액 결정하고, 2015. 2. 13. 2012년 귀속 종합소득세로 9백만 원을 증액 결정·고지하였다.

※ 요약 : 과세관청은 조세심판원의 결정에 따라 2008년~2011년 귀속 종합소득세는 감액 결정(210백만 원)하고, 2012년 귀속 종합소득세는 증액 결정(9백만 원) 하였음

2. 쟁 점

과세관청이 심사결정의 이유에서 밝혀진 내용에 근거하여 탈루 또는 오류가 있는 과세표준이나 세액을 경정 결정하는 경우 다시 결정한 과세표준이 당초 과세표준보다 많다면 이를 불이익변경금지의 원칙에 위배된다고 볼 수 있는지 여부

3. 관련법령

국세기본법 제79조의2【불고불리 · 불이익변경금지】

① 조세심판관회의 또는 조세심판관합동회의는 제80조의2에서 준용하는 제65조에 따른 결정을 할 때 심판청구를 한 처분 외의 처분에 대해서는 그 처분의 전부 또는 일부를 취소 또는 변경하거나 새로운 처분의 결정을 하지 못한다. (2022. 12. 31. 개정)

② 조세심판관회의 또는 조세심판관합동회의는 제80조의2에서 준용하는 제65조에 따른 결정을 할 때 심판청구를 한 처분보다 청구인에게 불리한 결정을 하지 못한다. (2022. 12. 31. 개정)

국세기본법 제65조 제6항【결정】

3. 심사청구가 이유 있다고 인정될 때에는 그 청구의 대상이 된 처분의 취소·경정 결정을 하

거나 필요한 처분의 결정을 한다. 다만, 취소 · 경정 또는 필요한 처분을 하기 위하여 사실관계 확인 등 추가적으로 조사가 필요한 경우에는 처분청으로 하여금 이를 재조사하여 그 결과에 따라 취소 · 경정하거나 필요한 처분을 하도록 하는 재조사 결정을 할 수 있다.

⑥ 처분청은 제1항 제3호 단서 및 제5항 전단에도 불구하고 재조사 결과 **심사청구인의 주장과 재조사 과정에서 확인한 사실관계가 다른 경우 등 대통령령으로 정하는 경우에는 해당 심사청구의 대상이 된 당초의 처분을 취소 · 경정하지 아니할 수 있다.** 〈신설 2022. 12. 31.〉

국세기본법 시행령 제52조의3【재조사 결과에 따른 처분의 통지 등】

② 법 제65조 제6항(법 제66조 제6항, 제80조의2 및 제81조의15 제6항에서 준용하는 경우를 포함한다)에서 "심사청구인의 주장과 재조사 과정에서 확인한 사실관계가 다른 경우 등 대통령령으로 정하는 경우"란 다음 각 호의 어느 하나에 해당하는 경우를 말한다. 〈신설 2023. 2. 28.〉

1. 심사청구인의 주장과 재조사 과정에서 확인한 사실관계가 달라 당초의 처분을 유지할 필요가 있는 경우
2. 심사청구인의 주장에 대한 사실관계를 확인할 수 없는 경우.

4. 원 · 피고 주장 요약

(1) 원 고

① 피고들이 해당 국세의 과세표준을 법률이 정한 실지조사 방법 또는 추계조사 방법에 의하지 아니하고 상속세 및 증여세법에서 정한 추정과세 방법으로 단순히 사업장으로부터 377m 이내에서 입금된 금액을 의료 수입대금으로 추정하여 해당 국세를 부과한 것은 근거과세원칙에 반한다.

② 과세요건에 대한 증명 책임은 피고들에게 있다. 그런데 피고들은 원고의 사업장으로부터 377m 이내에서 이 사건 계좌에 입금된 금액을 매출액으로 추정하여 전부 매출누락으로 추정하였으나 실제 의료 수입대금으로 받은 돈은 150백만 원에 불과하다. 따라서 이 사건 각 처분은 근거과세 원칙과 조세법률주의에 반하는 위법한 처분이다.

③ 피고 북인천세무서장의 2012년 귀속 종합소득세 9백만 원의 추가 부과 처분은 불이익변경금지 원칙에 위배된다.

(2) 피 고

① 원고는 이 사건 계좌에 입금된 금액 중 150백만 원을 제외한 나머지는 모두 지인들로부터 차용하였다고 주장하나, 그들 중에는 과세관청과의 통화나 과세관청에 대한 진술을 거부한 사람들도 있고, 원고의 부인인 갑으로부터 미리 전화를 받았다거나 갑과 통화를 한 후 의견을 밝히겠다고 한 사람들도 있으며, 자금대여 또는 수술비라고 진술한 사람들도 있다. 그 중 자금대여라고 한 사람들은 모두 갑에게 돈을 대여할 때에는 계좌로 송금하고, 변제 받을 때에는 현금으로 받았다고 진술하였다. 그런데 이 사건 계좌에 입금된 돈은 원고 또는 갑의 다른 계좌로 이체되거나 가사비용 등에 사용된 것으로 확인되었고, 자금 상환이 이루어졌음을 인정할 만한 자료가 없는 점에 비추어 보면, 자금대여라고 한 사람들의 진술만으로는 원고의 주장을 인정하기 부족하다.

② 과세관청이 심사결정의 **이유에서 밝혀진 내용에 근거**하여 탈루 또는 오류가 있는 과세표준이나 세액을 경정 결정할 수 있으므로, 다시 결정한 과세표준이 당초 과세표준보다 많다고 하더라도 이를 불이익변경금지의 원칙에 위배된다고 볼 수는 없다.

5. 사건의 경과

(1) 원심판결(서울고등법원 2016. 04. 20. 선고 2015누64437 판결) : 국승

국세기본법 제79조 제2항은 과세처분에 불복하는 심판청구에 대한 결정을 함에 있어서 심판청구를 한 처분보다 청구인에게 불이익이 되는 결정을 하지 못한다고 규정하고 있는 바, 이러한 불이익변경금지는 심판 결정의 주문 내용이 심판청구 대상인 과세처분보다 청구인에게 불이익한 경우에 적용되고, 과세관청이 **심판결정의 이유에서 밝혀진 내용에 근거하여 탈루 또는 오류가 있는 과세표준이나 세액을 경정 결정하는 경우에는 적용되지 아니한다** 할 것이다.

… 원고는 이 사건 처분에 대하여 조세심판원에 심판청구를 하면서 추계결정을 하여 달라는 주장을 하였고, 조세심판원이 소득금액을 추계하여 과세표준 및 세액을 경정하라는 취

지의 결정을 한 사실, 이에 따라 피고 북인천세무서장이 2012년 귀속 종합소득세 9백만 원을 추가 과세한 사실을 인정할 수 있는바, 위 인정 사실에 의하면, 피고 북인천세무서장의 추가 과세가 심판 결정의 주문 내용에 비추어 원고에게 불이익한 경우에 해당한다고 볼 수 없으므로, 이 부분 처분에 불이익변경 금지의 위법이 있다고 할 수 없다. 원고의 위 주장은 이유 없다.

(2) 대상판결 : 파기환송(국패)

심판청구에 대한 결정의 한 유형으로 실무상 행해지고 있는 재조사 결정은 재결청의 결정에서 지적된 사항에 관해서 처분청의 재조사 결과를 기다려 그에 따른 후속 처분의 내용을 심판청구 등에 대한 결정의 일부분으로 삼겠다는 의사가 내포된 변형결정에 해당하고, 처분청의 후속 처분에 따라 그 내용이 보완됨으로써 결정으로서 효력이 발생하므로(대법원 2010. 6. 25. 선고 2007두12514 전원합의체 판결 참조), **재조사 결정의 취지에 따른 후속 처분이 심판청구를 한 당초 처분보다 청구인에게 불리하면 법 제79조 제2항의 불이익변경금지원칙에 위배되어 후속 처분 중 당초 처분의 세액을 초과하는 부분은 위법**하게 된다.

… 이와 같은 사실관계를 앞서 본 법리에 비추어 살펴보면, 조세심판원의 2015. 2. 6.자 심판 결정은 과세표준과 세액을 산정하기 위한 구체적인 경정 기준을 제시하지 아니한 채 소득금액을 추계 조사하여 과세표준과 세액을 경정할 것을 명하고 있으므로 재조사 결정에 해당하는데, 그에 따른 후속 처분 중 2012년 귀속 종합소득세 부분은 당초 처분보다 불이익하므로, 2012년 귀속 종합소득세 부과 처분 중 위와 같이 증액된 부분은 위법하다고 할 것이다.

6. 평 석

(1) 원 고는 이 사건 처분에 불복하여 조세심판원에 심판청구를 하였고, 조세심판원은 원고의 주장을 일부 받아들여 2015. 2. 6. '소득금액을 추계하여 과세표준 및 세액을 경정하라'는 결정을 하였다.

(2) 위 조세심판원 결정에 대하여 1, 2심 재판부는 과세관청이 심판결정의 이유에서 밝혀

진 내용에 근거하여 탈루 또는 오류가 있는 과세표준이나 세액을 경정 결정하는 경우에 해당되므로 과세관청의 처분은 불이익 결정 원칙에 적용되는 것이 아니라는 입장이다. 국세기본법 제79조 제2항의 **불이익변경금지 원칙은 심판 결정의 주문 내용이 심판청구 대상인 과세처분보다 청구인에게 불이익한 경우에 적용**되는 것이므로 피고 북인천세무서장의 추가과세가 심판 결정의 주문 내용에 비추어 원고에게 불이익한 경우에 해당한다고 볼 수 없다는 것이다.

(3) 즉 1,2심은 과세관청이 심사 결정의 이유에서 밝혀진 내용에 근거하여 탈루 또는 오류가 있는 과세표준이나 세액을 경정 결정할 수 있으므로, 다시 결정한 과세표준이 당초 과세표준보다 많다고 하더라도 이를 불이익변경금지의 원칙에 위배된다고 볼 수는 없다는 판단이다.

(4) 그러나 대법원은 조세심판원의 **'소득금액을 추계하여 과세표준 및 세액을 경정하라'**는 결정은 과세표준과 세액을 산정하기 위한 **구체적인 경정 기준을 제시하지 아니한 채 소득금액을 추계 조사하여 과세표준과 세액을 경정할 것을 명하고 있으므로 재조사 결정에 해당**한다고 보았다. 따라서 그에 따른 후속 처분 중 2012년 귀속 종합소득세 부분은 당초 처분보다 불이익하므로, 2012년 귀속 종합소득세 부과처분 중 위와 같이 증액된 부분은 위법하다고 판시하였다.

(5) 원고는 위 증액 경정처분에 대하여 재차 조세심판원에 심판청구를 제기하였으나, 조세심판원은 2015. 2. 6.자 심판 결정은 재조사 결정에 해당하므로 그에 따른 후속 처분은 심판청구의 대상이 되지 않는다는 이유로 원고의 심판청구를 각하 결정한 사실도 대법원이 위 심판 결정을 재조사 결정으로 보는 데 일익(一翼)을 한 것으로 보인다.

(6) 불이익변경 금지원칙과 관련하여 유의할 점은 수 개의 사업연도에 대한 심판청구가 있었다 하여도 그 불이익의 여부는 수 개의 사업연도에 대한 전체 세액을 기준으로 따질 것이 아니라 각 사업연도의 부과 처분액을 기준으로 판단하여야 한다(대법원 2004. 12. 9. 선고 2003두278 판결 참조). 이 사건의 경우에도 2008~2011년 귀속 종합소득세는 감액 결정(210백만 원)하고, 2012년 귀속 종합소득세는 증액 결정(9백만 원)하였는데 전체세액을 기준으로 본다면 원고에게 반드시 불이익한 결정을 하였다고 볼 수는 없지만 불이익변경 금지원칙의 판단은 각 사업연도의 부과 처분액을 기준으로 한다는 점에 유의할 필요가 있다.

(7) 2022년 국세기본법을 개정하면서 ① 심사청구인의 주장과 재조사 과정에서 확인한 **사실관계가 달라** 당초의 처분을 유지할 필요가 있는 경우, ② 심사청구인의 주장에 대한 **사실관계를 확인할 수 없는 경우**에는 재조사 결정이 있었다 하더라도, 심사청구의 대상이 된 당초의 처분을 취소 · 경정하지 아니할 수 있다는 규정을 신설하였다(국세기본법 제65조 제6항).

(8) 원고의 주장내용 중 "피고들은 원고의 사업장으로 부터 377m 이내에서 이 사건 계좌에 입금된 금액을 매출액으로 추정하여 전부 매출누락으로 추정하였으나 실제 의료수입대금으로 받은 돈은 150백만 원에 불과하다. 따라서 이 사건 각 처분은 근거과세 원칙과 조세법률주의에 반하는 위법한 처분이다."라는 흥미로운 내용이 있다. 종전에는 과세관청에서 원고의 거래 내역을 각 은행 본점을 통하여 언제든지 확인할 수 있었지만, 지금은 엄격히 납세자에 대한 금융계좌 조사가 제한되어 상속세 등의 경우와 같이 특별한 경우를 제외하고는 금융기관 본점이 아닌 지점에서만 원고의 금융거래 내역을 확인할 수 있다. 그래서 조사 공무원은 사업장에서 일정 범위에 있는 금융기관(지점)에 납세자(조사대상자)의 거래 내역 조회를 의뢰하게 되는데 이 사건의 경우에도 조사 공무원이 이 사건 사업장 인근 금융기관 지점에 원고와 원고 관련인 계좌 내역을 조회하여 원고의 매출 누락된 의료수입금액을 확인할 수 있었던 것으로 보인다. 이러한 사실을 두고 사업장 인근에 있는 금융기관의 거래 내역만으로 과세한 것이 근거과세 원칙에 어긋난다는 원고의 주장은 설득력이 없어 보인다. 그것은 과세관청이 사용하는 조사기법의 일환인데도 이를 두고 형평에 어긋난다거나 근거과세 원칙에 위배된다고 할 수는 없다.

7. 관련 판례

문서번호	내 용
대법원 2004. 12. 09. 선고 2003두278 판결	사업연도가 달라지면 과세단위도 달라지는 법인세의 경우 수 개의 사업연도에 대한 심판청구가 있었다 하여도 그 불이익 여부는 수 개의 사업연도에 대한 법인세 전체 세액을 기준으로 따질 것이 아니라 각 사업연도의 부과 처분액을 기준으로 판단하여야 한다.

문서번호	내 용
국세기본법집행기준 55-0-11 [불이익변경금지원칙] 2017. 02. 21. 개정	① 이의신청 또는 심사청구에 있어서는 청구인이 주장하지 아니한 내용에 대하여도 불이익한 변경이 아닌 한도 내에서 심리 · 결정할 수 있다. ② 동일한 처분 내용에 대한 불복청구인 경우 **이의신청 과정에서 주장하지 아니한 불복의 이유를 추가하여 심사청구를 하였을 경우에도 그 추가 이유를 심리**하여야 한다.
조심 2012중 460, 2012. 07. 30.	과세처분 이전 단계인 **과세전적부심사결정에 대하여는 불이익변경금지원칙을 적용하기 어렵다**(과세전적부심사 결정에 따른 재조사 결과 과세 예고 통지세액보다 증액하여 과세한 처분이 불이익변경금지원칙에 위배되는지 여부에 대한 판단).
대법원 2018. 10. 29. 선고 2018두48663 판결	유류 자료상으로부터 수취한 쟁점 세금계산서는 사실과 다른 세금계산서에 해당하고 원고는 선의의 당사자도 아니지만, **조세심판원의 재조사 결정으로 인한 재조사 결과가 증액처분 결정이라면 이는 불이익변경금지원칙에 위배되어 위법**하다.
대법원 2010. 06. 25. 선고 2007두12514 판결	재조사 결정은 처분청의 후속 처분에 의하여 그 내용이 보완됨으로써 이의신청 등에 대한 결정으로서의 효력이 발생한다고 할 것이므로 재조사 결정에 따른 심사청구 기간이나 심판청구기간 또는 행정소송의 제소기간은 이의신청인 등이 **후속 처분의 통지를 받은 날부터 기산**된다고 봄이 상당하다.

제6절 조세법률주의

6-1 개 요

1. 전통적 관점의 조세법률주의 의의

(1) "No taxation without representation(대표 없이 조세 없다)."라는 문장은 권리장전에 포함된 것으로 조세법률주의를 표방한 내용으로 이해되고 있다.

(2) 영국의 식민지 쟁탈 군비 마련 목적으로 미국으로 수출되는 차(tea)에 세금을 부과한 것이 '보스톤 차 사건'으로 촉발되어 유럽사회에서 시민주권의 이념을 실현하기 위한 계기가 되었던 조세법률주의가 대륙법국가인 일본으로 전파되면서 그 의미가 더욱 구체화되었다.

(3) 조세법률주의의 하부원칙으로 이해되고 있는 아래의 내용들은 도쿄대학교 세법학 교수 가네꼬 히로시(金子宏, かねこひろし)가 그의 논문에서 주장하였으며, 그 내용은 다음과 같다.

① 과세요건 법정주의 : 조세의 종목과 세율은 물론 과세요건과 조세의 부과·징수 절차를 법률로서 정해야 한다.

> **헌법재판소 2001. 9. 27 선고 2001헌바11 결정**
>
> 모법의 내재적 한계를 인정할 수 있는 경우 시행령에서 그 한계를 벗어나는 내용을 규정한다면 당해 규정이 모법의 위임취지를 벗어난 무효의 규정이 됨.

② 과세요건 명확주의 : 과세요건과 부과·징수 절차를 규정한 법률 또는 그 위임에 따른 명령, 규칙은 그 내용이 **일의적이고 명확하여야** 한다.

③ 소급과세 금지 : 국세를 납부할 의무가 성립한 소득·수익·재산·행위 또는 거래에 대해서는 그 성립 후의 새로운 세법에 따라 소급과세하지 아니한다(국세기본법 §18 ②).

대법원 1983. 4. 26. 선고 81누423 판결

> 신뢰보호에 위배되지 않는 일정한 경우 그 예외가 인정됨.
> ㉠ 납세의무자의 신뢰가 합리적 근거를 결여하여 이를 보호할 가치가 없는 경우
> ㉡ 조세공평의 원칙을 실현하기 위해 불가피한 경우
> ㉢ 공공복리를 위하여 절실한 필요가 있는 경우
> ㉣ 조세의무를 감경하는 경우에 있어서 과세공평에 어긋나지 않는 경우

④ 합법성의 원칙 : 법률에 근거하지 않고 조세의 감면이나 징수유예를 행하여 줄 수 없음은 물론 납세의무의 내용이나 징수의 시기, 방법 등에 관하여 과세관청과 납세의무자 사이에 화해 등의 약정을 하는 것도 허용되지 않는다.

(4) 우리나라 「헌법」 제59조에서도 "조세의 종목과 세율은 법률로 정한다."고 규정한 것은 행정부의 일방적이고 자의적인 조세부과 방지 목적에서 규정된 것으로 조세법률주의의 또다른 표현으로 이해되고 있다.

2. 조세법률주의를 보는 새로운 입장 및 헌법재판소 결정례의 동향

(1) 헌법재판소의 조세법과 관련된 결정례를 보면 위헌, 한정위헌, 한정합헌, 헌법불합치 결정의 기준으로 조세법률주의를 위배하였는지 여부에 따라 그러한 결정이 이루어졌다.

① 구 「상속세및증여세법」 제34조의 4 : "현저히 저렴한 대가", 「법인세법」상 소득처분의 포괄위임에 대한 위헌결정

② 고급오락장에 대해서도 고급오락장 범위에 대하여 명확하게 규정하지 않은 것은 **과세요건 명확주의의 위배**로 위헌 결정

(2) 1990년대의 헌법재판소의 결정 동향을 보면 "조세법률주의가 「형법」상 죄형법정주의와 같이 반드시 과세상 지켜져야 하는 절대적인 원칙이다."라는 입장을 고수하다가 2000년 중반 이후에는 헌법재판소의 조세법률주의에 대한 시각이 달라지고 있음을 확인할 수 있다.

① 고급사진기에 대한 소비세 과세에 있어서도 일반적으로 고급사진기에 대한 개념이 설정되어 있고, 과세관청이 과세요건에 대해 어느 정도 재량을 허용할 수밖에 없다는 점을 들어 고급사진기에 대하여 명확하게 범위를 설정하지 않아도 된다며 합헌 결정한 사례

② 대법원 2011. 4. 28. 선고 2008두17882 판결
「상속세및증여세법」 제2조 제3항(現 제2조 제6항)에 근거한 증여세의 과세는 가능하다(완전포괄주의 과세 도입은 조세법률주의와 일부 대립관계에 있다).

6-2 조세법률주의와 실질과세원칙

● 대상판결 : 대법원 2007두7505 (2009. 9. 24.) ➜ 국패

핵심 요지

기타소득 중 지상권을 설정하고 받는 금품은 1회적 금품으로 한하는 게 아니고, 당사자 사이에 지상권을 설정하고 지료에 관한 약정이 있는 경우 그 지료액 또는 지급시기를 등기하지 않았다고 하더라도 토지소유자가 지급받는 지료는 계속적·정기적으로 지급받는지 여부에 상관없이 기타소득에 해당한다.

1. 사실관계

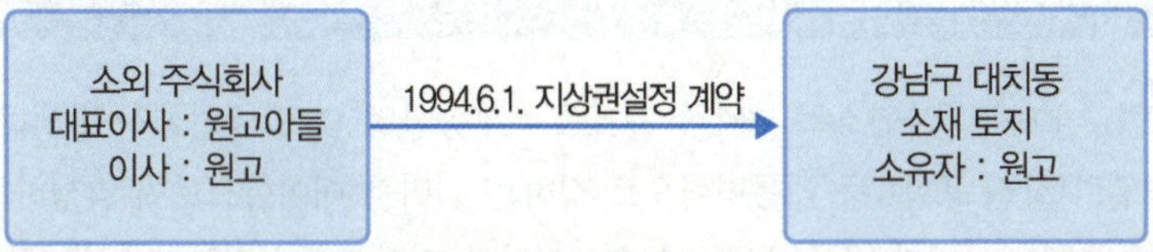

(1) 지상권 설정 계약 내용

① 1994. 7. 22. 철근콘크리트조 건물 소유 목적
- 존속기간 : 1994. 6. 1.부터 10년간
- 지　　료 : 20,000,000원

② 소외 주식회사는 이 사건 토지 위에 철근콘크리트조 슬래브 지붕 4층 상가건물 신축, 소유하면서 부동산임대업을 영위하였다.

(2) 지상권 설정 계약 방법

1996. 12. 31. 이 사건 토지를 1997. 1. 1.~2003. 12. 31.까지(7년간) 사용 대가로서 1년에 50,000,000원씩 원고에게 지급하기로 약정(지상권설정등기에 관한 변경등기는 하지 않았다)하였다.

(3) 원고는 위 약정을 근거로 지급받은 금액을 기타소득으로 보아 종합소득세 신고·납부하였으며,

(4) 피고는 원고가 이 사건 토지를 특수관계자에게 시가보다 낮게 임대한 것으로 보고(기

타소득이 아닌 부동산임대소득으로 보았다). 원고가 신고한 위 소득금액을 부당행위계산 부인하여 종합소득세 부과처분을 하였다(부동산임대소득으로 볼 경우 원고가 공제받을 필요경비가 적어 과세소득을 증가시킬 수 있다).

2. 쟁 점

원고가 지료를 등기하지 아니하고 수년간 장기적으로 받은 금원이 부동산 임대소득인지 아니면 기타소득인지 여부

3. 관련 법령

이 사건 관련 법령

① 「소득세법」 제19조【사업소득】제1항 제12호 : 부동산업 및 임대업에서 발생하는 소득. 다만, 지역권(지상권 포함) 등 대통령령으로 정하는 권리를 대여함으로써 발생하는 소득 제외
② 「소득세법」 제21조【기타소득】제1항 제9호 : 지역권·지상권을 설정하거나 대여하고 받는 금품

실질과세 원칙 관련 법령

① 「국세기본법」 제14조【실질과세】: '사실상 귀속되는 자', '실질내용에 따라', '경제적 실질내용에 따라' 세법 적용
② 「법인세법」 제4조【실질과세】: 실질상 귀속되는 법인에게', '실질내용에 따라' 적용
③ 「상속세및증여세법」 제2조【증여세 과세표준】: '경제적 실질에 따라' 적용
④ 「국제조세조정에관한법률」 제2조의 2【국제거래에 관한 실질과세】: '사실상 귀속되는 자', '실질 내용에 따라' 조세조약 적용. '경제적 실질'에 따라 조세 조약 및 세법 적용

4. 사건의 경과

(1) 1심판결(서울행정법원 2006. 8. 30. 선고 2005구합28652 판결) : 국승

원고가 1994. 6. 1. 이 사건 토지에 지상권을 설정하기는 하였으나 매년 일정액의 지료로

지급하기로 하였을 뿐 아니라, 1996. 12. 31. 소외 주식회사와 약정에 의하여 매년 50,000,000원씩의 지료를 받도록 약정하면서도 그에 따른 변경등기 절차를 마치지 않았던 이상 이 사건 토지의 대여로 원고가 받은 대가는 **그 명목에 관계없이 그 실질이** 「소득세법」 제28조 제1항 제1호·제3항에 규정된 **부동산 임대소득으로 봄이 타당하다.**

(2) 2심판결(서울고등법원 2007. 3. 15. 선고 2006누22936 판결) : 국승

기타소득이란 「소득세법」에서 규정하고 있는 부동산 임대소득 등 10개의 소득 이외의 소득으로서 같은 법 제21조에서 기타소득으로 열거하고 있는 소득을 의미하고, 이는 대체로 일시적, 우발적으로 발생한 소득들로 이루어져 있으며 계속적인 장기소득은 아니라고 할 것인데(대법원 2001. 4. 24. 선고 2000두5203호 판결 참조), 원고가 1994. 6. 1. 소외 주식회사와 사이에 이 사건 토지에 관한 지상권 설정계약을 체결한 이래 약 10년 동안 지료 명목으로 매년 일정한 금원을 계속적으로 지급받아왔을 뿐만 아니라 위에서 살펴본 바와 같이 1996. 12. 31. 소외 주식회사와 사이에 지료 명목으로 매년 50,000,000원씩 지급받기로 지료를 증액하는 내용의 약정을 체결하였음에도 불구하고 이에 따른 변경등기 절차를 마치지 않았던 것에 비추어 볼 때, 원고가 형식적으로는 지상권을 설정해 주는 방법을 취하였으나 실질적으로는 임료에 해당하는 수입을 계속적으로 얻고 있다고 보아야 할 것이므로, 원고가 이 사건 토지의 대여로 지급받은 대가는 **그 명칭에도 불구하고 실질과세의 원칙상 부동산 임대소득에 해당한다**고 보아야 할 것이다(「소득세법」 제21조 제1항의 기타소득 중 제9호의 '지상권을 설정하고 받는 금품'이란 계속적·정기적으로 받는 임료에 상당하는 지료를 의미하는 것이 아니라, 설정 시 그 대가로 1회적으로 받는 금품을 의미하는 것으로 제한 해석되어야 할 것이다).

(3) 대상판결

구 「소득세법」(2006. 12. 30. 법률 제8144호로 개정되기 전의 것, 이하 같다) 제18조 제1항 제1호·제3항, 제21조 제1항 제9호 규정들을 종합하여 보면, '부동산 임대소득'은 부동산에 지역권·지상권을 제외한 전세권 기타 권리를 설정하고 그 대가로 받는 것과 임대차계약 기타 방법에 의하여 물건 또는 권리를 사용 또는 수익하게 하고 그 대가를 받는 것을 의미하고, 한편 지상권에 있어서 지료의 지급은 그 요소가 아니므로 지료에 관한 약정이 없으면 지료의 지급을 구할 수 없으나 그 약정이 있는 이상 토지 소유자는 지료에 관한 등기 여부에 관계없이 지상권자에 대하여 그 약정된 지료의 지급을 구할 수 있다. 다만, 등기가 되어 있지 않다면 지상권을 양수한 사람 등 제3자에게 대항할 수 없을 뿐이므로, **당사자 사이에 지상권을 설정하고 지료에 관한 약정이 있었던 이상** 그 지료액 또는 지급시기를 등기하지 않았다고 하더라도 **토지소유자가 지급받는 지료는 계속적·정기적으로 지급받는지 여부에 상관없이** 구 「소득세법」 제21조 제1항 제9호 소정의 **기타소득에 해당한다**고 할 것이다.

5. 평 석

(1) 실질과세 원칙에 대한 대법원의 입장

① 실질과세의 원칙에 따른 법해석은 경제적 실질설과 **법적 실질설(통설, 판례입장)**로 나뉘는바, 이를 살펴보면 다음과 같다.

경제적 실질설	법적 실질설
① 계약자유 원칙에 따라 납세자가 행하는 거래형식을 세법상 요건에 적용하는 것으로 조세부담 공평 목적은 실현 불가능하다. ② 실정법상 부당행위계산 부인 규정은 당연히 인정되어야 한다.	① 당사자가 선택한 사법상의 법형식을 존중하며, 과세관계도 사업상 거래를 전제로 하므로 세법도 법질서에 편입되어야 한다. ② 법형식에 의하지 않고 경제적 관점으로 과세하면 납세자의 법적 안정성 내지 예측 가능성을 해치고 재산권을 부당히 침해한다. ③ 따라서, 조세회피행위로 부인하려면 개별적이고 구체적인 특별한 규정이 필요하다.

② **납세의무자가 선택한 법률관계가 과중한 세금의 부담을 회피하기 위한 행위라고 하더라도 가장행위에 해당한다고 볼 특별한 사정이 없는 이상 유효하다고 보아야** 하며, 이를 조세회피행위라고 하여 효력을 부인할 수 있으려면 조세법률주의 원칙상 법률에 개별적이고 구체적인 부인 규정이 마련되어 있어야 한다(대법원 2011. 4. 28. 선고 2010두3961 판결; 대법원 2015. 3. 26. 선고 2013두9267 판결 : 국패).

③ **법에 구체적인 근거규정이 없으면 실질과세의 원칙을 들어 거래를 재구성할 수 없다**(대법원 1996. 5. 10. 선고 95누5301 판결 등 : 국패).

④ **법적 실질설이 통설이고 판례도 같은 입장이다.**

- 법적 실질설은 경제적 실질설이 납세자의 권익구제를 위하여 과세요건을 명확히 하여 엄격하게 해석하려는 조세법률주의 및 엄격해석 원칙과의 괴리가 있다고 주장하며,
- 경제적 실질설은 다양한 경우의 조세회피 행위를 일일이 방지하기 어려우므로 실질과세 원칙에 의하여 포괄적으로 조세회피를 방지하여야 한다는 점을 주요 논거로 삼고 있다.

(2) 조세공평과 조세법률주의 관계

"진실(眞實)의 열매가 저 너머에 보이더라도 개인(個人)의 기본권보장(基本權保障)이라는 담장을 짓밟고 넘어가야만 따올 수 있는 것이라면 차라리 그 열매를 포기(抛棄)하는 것이 적법절차(適法節次)의 기본정신(基本精神)이고 조세법률주의(租稅法律主義)의 기본정신(基本精神)과도 상통하는 것이다.

조세공평(租稅公平)의 추구를 조세법률주의(租稅法律主義)의 권리보장적 (權利保障的) 기능(機能)을 다치지 않는 범위 내에서 허용하려는 것은 조세공평(租稅公平)의 원칙(原則)을 경시(輕視)해서가 아니라 그 남용(濫用)을 예방하기 위해서인 것이다."(조세법률주의－그 권리보장적 기능과 관련하여－이회창, 1993, 재판자료 제60집, 법원도서관)

(3) 대상판결은 조세법률주의에서 파생되는 엄격해석의 원칙상 과세요건은 **1차적으로 법률 문언에 따라야 하는 것이고, 함부로 이를 제한 내지 확장하여 해석할 수 없다**는 점을 재확인하였다.

(4) 실질과세의 원칙 역시 경제적 실질에 따라 무제한적으로 인정되는 것이 아니라 법적 실질에 따라야 한다는 제한을 받는 것인바, 지상권과 임대차가 경제적으로 동일 혹은 유사한 기능을 수행한다고 하더라도 엄연히 법적 개념을 달리하는 것임을 전제로, 등기 여부, 지료를 계속적·정기적으로 지급받는지 1회적으로 지급받는지 여부는 「민법」상 지상권과 임대차를 구분하는 기준이 될 수 없음에도 경제적 실질이 유사하다는 이유만으로 세법에 있어 「민법」과 다른 구분을 짓는 것은 허용될 수 없다.

(5) **「소득세법」에서 '지상권을 설정하고 받는 금품'을 부동산 임대소득과 구분하여 기타소득으로 분류하고 있는 이상, 문리해석이 원칙이다.**

(6) 2017년 말 소득세법 개정으로 지역권·지상권을 설정하거나 대여함으로써 발생하는 소득은 사업소득으로 과세하게 되었다(「공익사업을위한토지등의취득및보상에관한법률」 제4조에 따른 공익사업과 관련하여 지역권·지상권을 설정하거나 대여함으로써 발생하는 소득은 기타소득임).

6. 관련 판례

문서번호	내 용
대법원 1997. 10. 10. 선고 96누6387 판결	명의신탁된 부동산의 양도로 인한 양도소득세의 경우 신탁자가 자신의 의사에 의하여 신탁재산을 양도하는 경우에는 그가 양도재산을 사실상 지배·관리·처분할 수 있는 지위에 있으므로 실질과세의 원칙상 그 납세의무자는 명의신탁자이고, 이는 설사 명의수탁자가 자신에게 부과된 증여세를 납부하였다고 하더라도 달라지지 않는다.
대법원 1999. 11. 26. 선고 98두7084 판결	**수탁자가 신탁자의 위임이나 승낙 없이 임의로 명의신탁재산을 양도하였다면** 그 양도주체는 수탁자이고 양도소득이 신탁자에게 환원되지 않는 한 신탁자는 양도소득을 사실상 지배·관리·처분할 수 있는 지위에 있지 아니하므로 신탁자를 가리켜 '사실상 소득을 얻은 자로서' 양도소득세의 납세의무자라고 할 수 없다. **이 경우 양도주체는 수탁자**이다.
대법원 2015. 8. 19. 선고 2014두40166 판결	**국세기본법 제14조 제1항에서 규정하는 실질과세의 원칙은 소득이나 수익, 재산, 거래 등의 과세대상에 관하여 그 귀속명의와 달리 실질적으로 귀속되는 자가 따로 있는 경우에는** 그 실질귀속자를 납세의무자로 삼겠다는 것**이다. 따라서 재산의 귀속명의자는 재산을 지배·관리할 능력이 없고 그 명의자에 대한 지배권 등을 통하여 실질적으로 재산을 지배·관리하는 자가 따로 있으며 그와 같은 명의와 실질의 괴리가 조세를 회피할 목적에서 비롯된 것인 경우에는,** 그 재산에 관한 소득은 재산을 실질적으로 지배·관리하는 자에게 귀속된 것으로 보아 그를 납세의무자로 삼아야 한다**(대법원 2013 4. 11. 선고 2011두3159 판결 등 참조).**

6-3 조세법률주의와 납세자가 선택한 법률관계

● 대상판결 : 대법원 2006두13008 (2008. 3. 14.) ➜ 국패

핵심 요지

조세법률주의의 원칙상 과세요건이거나 비과세요건 또는 조세감면요건을 막론하고 조세법규의 해석은 특별한 사정이 없는 한 법문대로 해석할 것이고 합리적 이유 없이 확장해석하거나 유추해석하는 것은 허용되지 아니하며, 특히 감면요건 규정 가운데에 명백히 특혜규정이라고 볼 수 있는 것은 엄격하게 해석하는 것이 조세공평의 원칙에도 부합하고(대법원 2003. 1. 24. 선고 2002두9537 판결 참조), 납세의무자가 경제활동을 함에 있어서는 동일한 경제적 목적을 달성하기 위하여서도 여러 가지의 법률관계 중 하나를 선택할 수 있는 것이고, 과세관청으로서는 특별한 사정이 없는 한 납세의무자가 선택한 법률관계를 존중하여야 할 것이다(대법원 2001. 8. 21. 선고 2000두963 판결 참조).

1. 사실관계

(1) 원고는 주택건설사업 등 목적으로 설립된 법인으로, 다음과 같이 서울 본사를 지방으로 이전하였다.

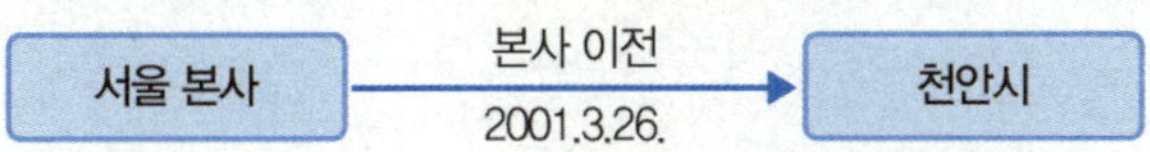

① 2001. 3. 26. 본사 근무인원 85명 중 42명이 일시에 퇴사하였고,
② 퇴사한 직원을 2001. 3. 27. 수도권 지역 내인 성남시 소재 갑 회사(원고와 특수관계자)에 입사시켰으며,
③ 2001. 3. 27. 원고가 시공 중인 공사현장을 갑 회사에게 하도급 주었다.

(2) 원고는 구 「조세특례제한법」 제63조의 2 규정에 의한 임시특별세액감면 신청하여 법인세 감면을 적용받았다.

(3) 피고는 원고가 본사를 이전하면서 이 사건 종업원들을 형식적으로 퇴사처리하였을 뿐 이 사건 종업원들은 여전히 원고의 본사 근무인원에 해당된다고 보고 감면세액을 재계산하여 법인세를 부과하였다.

2. 쟁 점

과세관청으로서는 특별한 사정이 없는 한 납세의무자가 선택한 법률관계를 존중하여야 하는지 여부

3. 관련 법령

「조세특례제한법」 제63조의 2【법인의 공장 및 본사를 수도권 밖으로 이전하는 경우 법인세 감면】

수도권 소재 법인이 수도권 지역 외의 지역으로 법인 본사를 이전하는 경우, '당해 과세연도의 과세표준에서 토지 및 건물의 양도차익을 차감한 금액'에 '당해 과세연도 이전 본사 근무인원의 연간 급여총액이 법인 전체 인원의 연간급여총액에서 차지하는 비율'과 '당해 과세연도 이전 본사 근무인원이 수도권 안의 본사 근무인원과 이전 본사 근무인원의 합계 인원에서 차지하는 비율'을 곱하여 산출한 금액에 상당하는 소득에 대하여 다음과 같이 법인세를 감면한다.

① 이전일이 속하는 과세연도와 그 다음 과세연도 개시일부터 5년 이내 과세연도에는 법인세 전액

② 그 다음 5년 이내 과세연도에는 법인세의 50/100 상당세액 감면

4. 대상판결

조세법률주의의 원칙상 과세요건이거나 비과세요건 또는 조세감면요건을 막론하고 조세법규의 해석은 특별한 사정이 없는 한 법문대로 해석할 것이고 합리적 이유 없이 확장해석하거나 유추해석하는 것은 허용되지 아니하며, 특히 감면요건 규정 가운데에 명백히 특혜규정이라고 볼 수 있는 것은 엄격하게 해석하는 것이 조세공평의 원칙에도 부합하고, 납세의무자가 경제활동을 함에 있어서는 동일한 경제적 목적을 달성하기 위하여서도 여러 가지의 법률관계 중 하나를 선택할 수 있는 것이고, 과세관청으로서는 특별한 사정이 없는 한 납세의무자가 선택한 법률관계를 존중하여야 할 것이다.

서울에 본사를 두고 주택건설업을 영위하던 원고 회사가 2001. 3. 26. 본사를 천안시로 이전하면서 시행업무와 병행하던 시공업무를 폐지함에 따라 원고 회사에서 시공업무를 담당하던 이 사건 종업원들이 원고 회사를 퇴사하여 원고 회사와 「법인세법」상 특수관계에

있는 주식회사 갑에 입사한 후 갑 회사의 공사현장에서 근로를 제공하고 임금을 수령하는 한편 갑 회사 또한 이 사건 종업원들을 고용하여 자신의 계산으로 목적사업을 영위하였다면, 이 사건 종업원들은 갑 회사의 직원으로서 그 업무를 수행한 것이라고 볼 수 있을 뿐 원고 회사의 본사 업무를 수행한 것으로 볼 수 없고 **원고 회사와 갑 회사가 「법인세법」상 특수관계에 있다거나 원고 회사에 세제상 혜택이 주어졌다는 사정을 들어 이 사건 종업원들이 원고 회사에서 퇴사하여 갑 회사로 입사한 것을 조세회피목적을 위한 가장행위에 해당한다고 볼 수도 없으므로**, 이 사건 종업원들은 구 「조세특례제한법」(2001. 12. 29. 법률 제6538호로 개정되기 전의 것) 제63조의 2 규정에 따른 임시특별세액감면금액의 산출방식에서 말하는 원고 회사의 '본사 근무인원'으로 볼 수 없고 따라서 이 사건 종업원들이 원고 회사의 '본사 근무인원'에 해당함을 전제로 한 이 사건 처분은 위법하다.

5. 평 석

(1) 기획재정부 및 국세청 입장

본사를 이전하기에 앞서 본사 근무인원 중 일부를 수도권에 소재하는 자회사나 아웃소싱 회사에 잔류시킨 경우로서 자회사 잔류인원이 실질적으로 본사 업무를 수행하였다면 위 수도권 소재 본사 근무인원으로 보고 임시특별세액 감면세액을 계산하여야 한다(재조예 46019-231, 2002. 12. 24.; 서이46012-11310, 2003. 7. 10.).

(2) **그러나 대법원은 여러 판례를 통하여 납세자가 선택한 법률관계는 마땅히 존중되어야 하고, 실질과세 원칙을 들어 거래관계를 재구성하거나 부당행위계산 부인 규정을 적용하는 것은 허용하지 않는다는 일관된 입장을 표방하고 있다.**

(3) **대상판결은 존재하는 법률관계를 존중하지 않은 채 세제상 혜택을 받았다는 점만을 근거로 구 「조세특례제한법」 제63조의 2의 적용을 부정하여서는 안 된다는 취지를 나타내고 있다.**

(4) 납세의무자로서는 조세법률주의의 토대 위에서 조세의 부담을 제거하거나 완화하는 거래방법을 선택할 수 있으며, **그것이 가장행위나 위법한 거래로 평가되지 않는 한 납세의무자의 권리로서 존중되어야 한다. 그럼에도 본질적으로 불확정 개념인 실질과세원칙을 내세워 납세의무자가 선택한 거래형식을 함부로 부인하고 법 문언에 표현된**

과세요건의 일반적 의미를 일탈하여 그 적용범위를 넓히게 되면 조세법률주의가 형해화되어 이를 통해 실현하고자 하는 법적안정성과 예측가능성이 무너지게 된다. 나아가 조세포탈죄 등의 구성요건 해당성이 과세관청의 자의에 의하여 좌우될 수 있어 죄형법정주의의 근간이 흔들릴 수 있다.

(5) **그동안 대법원은 과중한 세금부담을 회피하기 위한 행위라고 하더라도 가장행위에 해당한다고 볼 특별한 사정이 없는 한 유효하다고 보아야 하며, 그 효력을 부인할 수 있으려면 조세법률주의 원칙상 법률에 개별적이고 구체적인 부인규정이 마련되어 있어야 한다는 입장을 견지해왔다.**

(6) 그런데 대법원 2008두 8499판결(전원합의체판결)에서는 실질적으로 지배·관리하는 자가 있다면 그에게 귀속된 것으로 보아 그를 납세의무자로 삼아야 한다고 판시하고 있다. 물론 그 경우에 해당하는지 여부는 경위와 목적, 취득자금의 출처, 그 관리와 처분과정, 귀속명의자의 능력과 그에 대한 지배관계 등 제반사정을 종합적으로 고려하여 판단하여야 한다는 전제조건을 설시하고 있기는 하나 앞서 여러 판례에서 가장행위에 해당한다고 볼 특별한 사정이 없는 이상 유효하다는 설시내용과는 다른 판결임을 알 수 있다.

(7) 납세의무자가 선택한 거래의 법적 형식이나 과정이 처음부터 조세회피의 목적을 이루기 위한 수단에 불과하여 그 재산 이전의 실질이 직접적인 증여를 한 것과 동일하게 평가될 수 있는 정도에 이른다면, 실질과세원칙에 따라 여러 단계의 거래 형식을 부인하고 실질에 따라 과세할 수 있다는 것이 대법원의 판단이다.

6. 관련 판례

문서번호	내 용
대법원 2011. 5. 13. 선고 2010두3916 판결	**납세의무자가 경제활동을 함에 있어서는 동일한 경제적 목적을 달성하기 위하여서도 여러 가지의 법률관계 중 하나를 선택할 수 있으므로 그것이** 과중한 세금의 부담을 회피하기 위한 행위라고 하더라도 가장행위에 해당한다고 볼 만한 특별한 사정이 없는 이상 유효**하다고 보아야 한다.**

문서번호	내 용
대법원 2009. 4. 9. 선고 2007두26629 판결	**실질과세의 원칙에 의하여 납세의무자의 거래행위를 그 형식에도 불구하고 조세회피행위라고 하여** 그 효력을 부인할 수 있으려면 조세법률주의 원칙상 법률에 개별적이고 구체적인 부인규정이 마련되어 있어야 **한다.**
대법원 2017. 1. 25. 선고 2015두3270 판결	**여러 단계의 거래를 거친 후의 결과에는 손실 등의 위험 부담에 대한 보상 뿐 아니라 외부적인 요인이나 행위 등이 개입되어 있을 수 있으므로,** 그 여러 단계의 거래를 거친 후의 결과만을 가지고 그 실질이 증여 행위라고 쉽게 단정하여 증여세의 과세대상으로 삼아서는 아니 된다.
대법원 2017. 2. 15. 선고 2015두46963 판결	**당사자가 거친 여러 단계의 거래 등 법적 형식이나 법률관계를 재구성하여 직접적인 하나의 거래에 의한 증여로 보고 증여세 과세대상에 해당한다고 하려면, 납세의무자가 선택한 거래의 법적 형식이나 과정이** 처음부터 조세회피의 목적을 이루기 위한 수단에 불과하여 그 재산이전의 실질이 직접적인 증여를 한 것과 동일하게 평가될 수 있어야 **한다.**
대법원 2012. 01. 19. 선고 2008두8499 판결 (전원합의체, 파기환송 판결)	**원고가 주식 등을 직접 취득하지 않고 자회사들 명의로 분산 취득한 것은 과점주주로의 취득세 납세의무를 회피하기 위한 것으로 보기에 충분하며, 원고가 자회사들에 대한 완전한 지배권을 통하여 주식 등을 실질적으로 지배관리하고 있으므로 원고가** 그 실질적 귀속자로서 **과점주주로서의 취득세의 납세의무를 부담한다.**
대법원 2017. 12. 22. 선고 2017두57516 판결	**납세의무자는 경제활동을 할 때에 동일한 경제적 목적을 달성하기 위하여 여러 가지의 법률관계 중의 하나를 선택할 수 있고 과세관청으로서는 특별한 사정이 없는 한 당사자들이 선택한 법률관계를 존중하여야 하며, 또한 여러 단계의 거래를 거친 후의 결과에는 손실 등의 위험 부담에 대한 보상뿐 아니라 외부적인 요인이나 행위 등이 개입되어 있을 수 있으므로,** 여러 단계의 거래를 거친 후의 결과만을 가지고 그 실질이 하나의 행위 또는 거래라고 쉽게 단정하여 과세대상으로 삼아서는 아니 된다.

6-4 조세법률주의 원칙과 조세회피행위 효력 부인

● 대상판결 : 대법원 2012두28636 (2015. 1. 29.) ➜ 국패

핵심 요지

고객들이 1층 정육매장에서 쇠고기를 구입하고 계산함으로써 1층 정육매장에서의 재화 공급행위는 종료되었을 뿐만 아니라 원고가 2층 식당에서 고객들에게 쇠고기 자체를 조리하여 제공하지도 않았으므로, 비록 고객들이 그의 선택으로 1층 정육매장에서 쇠고기를 구입한 즉시 2층 식당으로 가서 별도로 구입한 음식부재료와 함께 이를 조리하여 먹었다거나 원고가 단일한 사업자로서 1층 정육매장과 2층 식당을 함께 운영하였다는 등의 사정만으로는, 원고가 고객들에게 음식점 용역을 제공한 것으로 볼 수 없다.

1. 사실관계

원 고	피 고
① 원고는 식당을 운영(건물 1층은 정육매장, 2층은 정육매장에서 구입한 고기를 구워먹을 수 있는 식당)하고 있는데, ② 1층 정육매장과 2층 식당 출입문을 별도로 구분하고, 각 층마다 별도의 계산대를 설치하고 계산하였다.	1층 정육매장의 매출 중 일부 소비자가 1층 정육매장에서 구입한 정육을 2층 식당에서 소비한 부분에 해당하는 매출액을 과세매출로 경정하였다.

2. 쟁 점

원고가 재화(소고기)를 공급한 것인지, 음식점 용역을 제공한 것인지 여부

3. 대상판결

납세의무자가 경제활동을 함에 있어서는 동일한 경제적 목적을 달성하기 위하여서도 여러 가지의 법률관계 중 하나를 선택할 수 있으므로 그것이 과중한 세금의 부담을 회피하기 위한 행위라고 하더라도 가장행위에 해당한다고 볼 만한 특별한 사정이 없는 이상 유효하다고 보아야 한다.

소비자들이 1층 정육매장에서 쇠고기를 구입하고 계산함으로써 1층 정육매장에서의 재화의 공급행위는 종료되었을 뿐 아니라 원고가 2층 식당에서 소비자들에게 쇠고기 자체를 조리하여 제공하지도 않았으므로, 비록 소비자들이 그의 선택으로 1층 정육매장에서 쇠고기를 구입한 즉시 2층 식당으로 가서 별도로 구입한 음식부재료와 함께 이를 조리하여 먹었다거나 원고가 단일한 사업자로서 1층 정육매장과 2층 식당을 함께 운영하였다는 사정만으로는, 원고가 소비자들에게 음식점 용역을 제공한 것으로 볼 수 없다(같은 뜻 : 대법원 2011. 5. 13. 선고 2010두3916 판결).

4. 평 석

(1) 재화의 공급인지 용역의 공급인지 여부(면세재화 공급 or 과세용역 공급)

정육매장 매출 중 음식점에서 이용된 정육도 과세사업인 음식점 용역의 대상이라면 원고는 소비자에게 음식점업이라는 과세용역을 공급한 것이 되고 그렇지 않다면 원고는 소비자에게 면세재화를 공급한 것이 된다.

재화의 공급	용역의 공급
자기가 주요자재의 전부 또는 일부를 부담하고 상대방으로부터 인도받은 재화에 공작을 가하여 새로운 재화를 만드는 가공계약에 의하여 재화를 인도하는 것이다.	상대방으로부터 인도받은 재화에 주요자재를 전혀 부담하지 아니하고 단순히 가공만 하여 주는 것이다.

※ 사업자가 재화를 가공하여 상대방에게 공급하는 경우 주요자재의 일부라도 부담하였으면 '재화의 공급'에 해당하고 주요자재를 전혀 부담하지 않았으면 '용역의 공급'에 해당함.

(2) 「부가가치세법」상 재화 및 용역의 공급 의미

재화의 공급	용역의 공급
「부가가치세법」 제6조 제1항에서 말하는 인도 또는 양도는(공급) 재화를 사용·소비할 권한을 이전하는 일체의 원인행위를 모두 포함하며(대법원 2009. 6. 23. 선고 2008두13446 판결; 대법원 2001. 3. 13. 선고 99두9247 판결 등 참조), 특정거래가 재화의 공급에 해당하는지 여부는 각 거래별로 거래당사자의 거래목적과 경위 및 태양, 이익의 귀속주체, 대가의 지급관계 등 여러 사정을 종합하여 개별적·구체적으로 판단하여야 한다(대법원 2009. 6. 23. 선고 2008두13446 판결).	용역의 공급이란 재화 이외의 재산적 가치가 있는 모든 역무 및 기타 행위를 '용역'으로, 계약상 또는 법률상의 모든 원인에 의하여 역무를 제공하거나 재화·시설물 또는 권리를 사용하게 하는 것을 말한다(부가가치세법 §1 ① 1호·③·⑤·§7 ①). 따라서 음식점업 역무를 제공하는 행위는 용역의 공급에 해당한다.

(3) 종래 대법원이 실질과세원칙에 의하여 납세의무자의 거래행위를 그 형식에도 불구하고 **조세회피행위라고 하여 그 효력을 부인할 수 있으려면 조세법률주의 원칙상 법률에 개별적이고 구체적인 부인규정이 마련**되어야 한다고 보는 태도를 그대로 견지한 판결이다(대법원 1991. 5. 14. 선고 90누3027 판결, 대법원 2009. 4. 9. 선고 2007두26629 판결 등 참조).

(4) 원고가 1층 정육매장과 2층 식당을 구조적으로 분리하고 고객들로 하여금 쇠고기와 음식 부재료 등을 별도로 계산하도록 하였더라도 그것은 행위 또는 거래의 명칭이나 형식만을 각각 구분한 것일 뿐이고, 실질적으로는 원고가 1층 정육매장에서 구입한 쇠고기를 2층 식당에서 조리하여 먹는 고객들에게 일괄하여 하나의 음식점용역을 공급한 것으로 볼 수도 있다(실질과세 원칙과 조세법률주의 원칙의 상충)는 피고의 주장도 나름대로 설득력 있어 보이나, 대상판결에서는 조세법률주의의 원칙에 입각하여 개별적인 부인규정이 없는 한 납세자가 선택한 법률관계를 함부로 부인하여서는 안 된다는 판결을 하였다.

(5) 최근 위 판례와 반대되는 판결(납세자가 선택한 거래행위를 부인할 수 있음)이 있었는데, 쉽사리 납세자가 선택한 법률관계를 부인하는 사례로 보기는 어려운 것으로 보인다(후술하는 판결의 내용과 같이 원고의 귀책사유가 큼).

"납세의무자는 경제활동을 함에 있어서 동일한 경제적 목적을 달성하기 위하여 여러 가지 법률관계 중 하나를 선택할 수 있으므로 납세의무자가 조세의 부담을 줄이기 위하여 경제적으로 하나의 거래임에도 형식적으로 중간 거래를 개입시켰다는 이유만으로는 납세의무자가 선택한 거래형식을 함부로 부인할 수 없으나, 가장행위에 해당한다고 볼 수 있는 특별한 사정이 있을 때에는 과세상 의미를 갖지 아니하는 그 가장행위를 제외하고 그 뒤에 숨어있는 실질에 따라 과세할 수 있다고 보아야 한다.

원고가 손해를 감수하면서 교환거래를 할 뚜렷한 이유도 없으며 오히려 이 사건 교환거래로 인하여 양도소득세와 각종 거래비용만 생기는 점, 이 사건 교환거래를 그대로 인정할 경우 단순교환에 따른 기준시가 과세와 취득가액이 되는 환산가액의 상승으로 인하여 교환 없이 그대로 양도하는 경우에 비하여 양도소득세가 상당히 감소되는 점, … 이 사건 교환거래는 교환 이후 이 사건 각 토지와 건물의 양도에 있어서 양도소득세를 회피하기 위한 가장행위에 해당한다. 즉, 토지 교환거래에 따라 양도소득세와 각종 거래비용이 생길 뿐 아무런 이득을 얻게 되는 것이 아니므로 앞으로 있을 각 토지의 양도에 따른 양도소득세 회피를 전제로 하지 않고는 교환거래 목적을 이해할 수 없는 점 등에 비추어 교환계약 전 소유자로서 양도한 것으로 보아 한 부과처분은 적법하다."(대법원 2013. 12. 26. 선고 2013두15583 판결, 국승).

(6) 결 론

가장행위에 해당하면 중간거래를 부인하고 실질에 따라 과세할 수 있다는 판결이다.

5. 관련판례

문서번호	내 용
서울행법 2017. 01. 13.선고 2015구합82532 판결	국세기본법 제14조 제3항을 적용하여 당사자들이 스스로 선택한 법형식을 부인하고 경제적 실질 내용에 따라 과세하기 위해서는, (1) 그 행위가 제3자를 통한 간접적인 방법(우회거래)이나 둘 이상의 행위 또는 거래를 거치는 방법(다단계거래)이어야 하고, (2) 세법의 혜택을 부당하게 받기 위한 것으로 조세회피 목적이 인정되어야 하며, (3) 법적 형식과 다른 경제적 실질이 존재하여야 한다고 봄이 상당하다.

문서번호	내 용
대법원 2017. 12. 22. 선고 2017두57516 판결	국세기본법에서 이와 같이 제14조 제3항을 둔 취지는 과세대상이 되는 행위 또는 거래를 우회하거나 변형하여 여러 단계의 거래를 거침으로써 부당하게 조세를 감소시키는 조세회피행위에 대처하기 위하여 그와 같은 여러 단계의 거래 형식을 부인하고 실질에 따라 과세대상인 하나의 행위 또는 거래로 보아 과세할 수 있도록 한 것으로서, 실질과세의 원칙의 적용 태양 중 하나를 규정하여 조세공평을 도모하고자 한 것이다. 그렇지만 한편 납세의무자는 경제활동을 할 때에 동일한 경제적 목적을 달성하기 위하여 여러 가지의 법률관계 중의 하나를 선택할 수 있고 과세관청으로서는 특별한 사정이 없는 한 당사자들이 선택한 법률관계를 존중하여야 하며(대법원 2001. 8. 21. 선고 2000두963 판결 등 참조), 또한 여러 단계의 거래를 거친 후의 결과에는 손실 등의 위험 부담에 대한 보상 뿐 아니라 외부적인 요인이나 행위 등이 개입되어 있을 수 있으므로, 그 여러 단계의 거래를 거친 후의 결과만을 가지고 그 실질이 하나의 행위 또는 거래라고 쉽게 단정하여 과세대상으로 삼아서는 아니 된다.

6-5 과세형평에 반하는 과세처분은 취소되어야 함

● 대상판결 : 대법원 2013두3138 (2016. 12. 29.) ➜ 국패

핵심 요지

종합부동산세의 과세표준과 세율 및 감면 여부를 적용함에 있어서는 그 납세의무자들 사이에 과세의 형평이 이루어져야 함에도 원심은 이와 달리 이 사건 토지에 대하여 종합부동산세가 과세되어야 한다고 보아 이러한 원심 판단에는 종합부동산세의 감면 여부에 관한 법리를 오해하여 판결 결과에 영향을 미친 잘못이 있음.

1. 사실관계

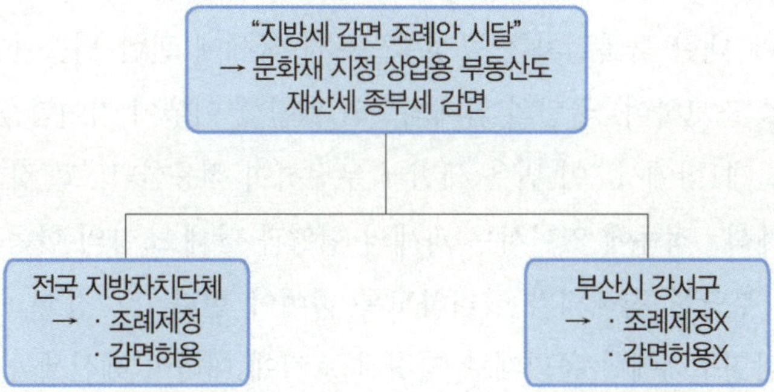

(1) 원고는 부산시 강서구에 소재하고 있는 문화재로 지정된 토지의 소유자로서 이 사건 토지는 2005 · 2006년 현재 상업용 부동산으로 이용되고 있었다.

(2) 원고는 이 사건 토지에 대하여 2005 · 2006년 종합부동산세와 농어촌특별세를 신고 · 납부하였다.

(3) 행정자치부장관은 2003년경 전국 모든 지방자치단체장에게 문화재로 지정된 상업용 부동산도 재산세와 종합토지세 감면대상에 포함시킬 것을 내용으로 하는 '지방세 감면 조례표준안'을 시달하였다.

(4) 이에 전국 지방자치단체들은 위 표준안에 따라 조례를 개정하였으나, 부산시 강서구는 그렇게 하지 않았다.

(5) 원고는 이 사건 토지에 대한 2005 · 2006년분 종합부동산세를 신고 · 납부하였다가 위 신고 · 납부가 조세평등주의에 반한다는 이유로 과세관청에게 경정청구를 하였으나, 과세관청은 이를 거부처분 하였다.

2. 쟁 점

종합부동산세의 감면여부 적용에 있어 납세의무자들 사이에 과세형평이 이루어져야 한다는 청구 주장의 당부

3. 대상판결

구 국세기본법(2007. 12. 31. 법률 제8830호로 개정되기 전의 것, 이하 '국세기본법'이라고 한다)은 제1조에서 "이 법은 국세에 관한 기본적인 사항 및 공통적인 사항과 위법 또는 부당한 국세처분에 대한 불복절차를 규정함으로써 국세에 관한 법률관계를 확실하게 하고, 과세의 공정을 도모하며, 국민의 납세의무의 원활한 이행에 기여함을 목적으로 한다." 고 정하고, 제3조 제1항에서 "이 법은 세법에 우선하여 적용한다."고 정하며, 제18조 제1항에서 "**세법의 해석 · 적용에 있어서는 과세의 형평과 당해 조항의 합목적성에 비추어 납세자의 재산권이 부당히 침해되지 아니하도록 하여야 한다.**"고 정하고 있다.
… 이는 종전의 감면조례에서 문화재로 지정된 토지에 대하여 재산세를 면제하지 아니한 것은 잘못이라는 반성적 고려에서 이루어진 것인 점 등을 종합하여 보면, 이 사건 처분은 국세기본법 제18조 제1항 등에 위반하여 종합부동산세의 과세대상인 **부동산의 소재지에 따라 그 감면 여부를 달리 한 경우에 해당**하여 위법한 처분이라고 보아야 할 것이다.

4. 평 석

(1) 원고는 감면대상에 포함되는 토지를 소유하고 있었는데, 전국에서 부산시 강서구만이 행정자치부장관의 지시에 따른 조례안을 개정하지 않아 이 사건 토지에 대한 종합부동산세 감면을 받지 못하였다. 결과적으로 원고는 그 토지가 부산시 강서구에 소재한

다는 이유만으로 종합부동산세를 부담하게 되었다. 종합부동산세가 부동산 보유에 대한 조세부담 형평성 제고를 위하여 전국에 소재한 부동산을 합산하여 부과하는 조세라는 점을 고려하면, 원고소유 부동산도 문화재로 지정된 이상 다른 지역에 소재한 문화재 지정 토지 소유자와 차별적으로 취급될 이유가 없음에도 차별적으로 종합부동산세를 부담하게 된 것이다. 이를 조세평등주의의 침해로 본 대법원의 입장은 충분히 수긍이 간다.

(2) 다만 과세관청이 원고에게 종합부동산세를 면제해 줄 수 있는 종합부동산세법상의 명시적 근거는 없다. 종합부동산세법 제6조 제2항에 따르면, 원고에게 종합부동산세를 감면해 주기 위해서는 지방세법에 근거한 지방자치단체의 감면조례가 있어야 하는데, 부산시 강서구는 관련 감면조례를 제정하지 않았기 때문이다(입법 불비이거나 부진정 입법 부작위로 볼 수 있다). 따라서 과세관청의 거부처분은 종합부동산세법만 놓고 보면 일견 타당한 것으로 보이고, 결과적으로 조세평등주의가 침해되는 결과만을 초래하였을 뿐이다.

(3) 이 사건 1, 2심재판부는 "재산세 감면조례의 여부는 각 지방자치단체가 재정사정 등을 감안하여 각각의 필요에 따라 결정할 사항이고, 과세면제에 관한 조례를 제정할 것인지의 여부 및 그러한 조례를 어떠한 내용으로 제정할 것인지의 여부는 모두 지방자치단체의 자치권에 속하는 것이다"라고 판결하여 과세관청의 손을 들어 주었다.

(4) 대상판결은 이에 대한 해결책으로 형평에 반하는 과세처분은 취소되어야 한다는 국세기본법 제18조 제1항을 근거로 내세우면서 이 사건 과세관청의 경정청구 거부처분을 위법하다고 판단하였다.

(5) 대법원은 **'과세의 형평'을 과세처분의 취소 근거로 전제하여 판단**해 오고 있다. 즉, 대법원은 이미 오래전부터 국세기본법 제18조 제1항을 과세처분의 위법 판단 근거 규정으로 인정해 오고 있었다. 이런 대법원 판결은 조세법률주의(조세법규엄격해석의 원칙)에 위반되는 것으로 비판을 받을 수 있으나, **국세기본법 제18조 제1항을 그 판단 근거로 전제한 것으로 보면 조세법률주의와 충돌하지는 않는다**고 볼 수 있다.

(6) 대법원 2017. 4. 20. 선고 2011두21447 전원합의체 판결(수원교차로 사건)의 경우에도 입법취지에 반하지 않는 사안에 대해서는 국세기본법 제18조 제1항의 '과세의 형평'을 근거로 과세처분을 취소하였다.

(7) 조세평등주의는 조세의 부담이 공평하게 국민들 사이에 배분되도록 세법을 제정하여야 하고(입법상의 조세공평), 조세 법률관계의 각 당사자로서의 국민은 세법의 적용에 있어서 평등하게 취급되어야 한다(해석 · 적용상의 공평)는 원칙이다.

(8) 납세자 간 공평한 균형을 유지함으로써만 높은 수준의 객관성과 그에 대한 전체 납세자의 지지가 계속 유지될 수 있을 것이다.

(9) 이 사건으로 돌아와 보면, 국세기본법 제18조 제1항의 적용한계에 대한 의문이 들기도 한다. 예컨대 만약 부산시 강서구 이외에 감면조례를 제정하지 않은 지방자치단체가 더 있어서 원고와 마찬가지로 종합부동산세를 부담하게 된 납세자가 존재하는 경우 대상판결과 같은 판결이 이루어질 수 있었을까 하는 생각을 지울 수 없다. 어떤 사안이 형평에 심히 반하는지 여부는 여전히 법원의 판단이 필요한 부분이고 이후 판례가 축적되면 국세기본법 제18조 제1항의 적용요건이 보다 구체적으로 정립될 수 있을 것으로 보인다.

5. 관련판례

문서번호	내 용
지방세법 제9조 【과세면제 등을 위한 조례】	제7조 및 제8조의 규정에 의하여 지방자치단체가 과세면제 · 불균일과세 또는 일부 과세를 하고자 할 때에는 행정자치부장관의 허가를 얻어 당해 지방자치단체의 조례로써 정하여야 한다.
대법원 2001. 3. 15. 선고 2000두7131 전원합의체 판결	조세법률주의의 원칙상 과세요건이나 비과세요건 또는 조세감면요건을 막론하고 조세법규의 해석은 특별한 사정이 없는 한 **법문대로 엄격하게 해석**하여야 하고, 합리적 이유 없이 확장해석하거나 유추해석 하는 것은 허용되지 아니 한다
대법원 2008.1.17. 선고 2006두10931 판결	신뢰보호의 원칙은 법률에 특별히 규정한 바가 없더라도 헌법상 법치국가의 원칙으로부터 파생되는 당연한 원칙으로 이에 반하는 처분은 위법하다 할 것이다.

제7절 경정청구

7-1 개 요

1. 의 의

경정청구는 납세의무자가 당초의 오류 또는 후발적 사유로 인하여 과세표준 및 세액이 과다한 경우 납세의무자에게 권리구제를 받게 하는 제도이다(1994. 12. 22. 법률 4810호 개정신설, 1995. 1. 1. 이후 적용됨. 부칙 §5).

2. 요 건

(1) **통상적인 경우**(국세기본법 §45의 2 ①)

과세표준신고서를 법정신고기한까지 제출했을 것을 요한다(**제출하지 않으면 경정청구할 수 없다**).

과세표준신고서를 법정신고기한까지 제출하지 아니하였더라도 기한 후 신고한 자에게는 수정신고 및 경정청구를 허용하도록 국세기본법이 일부 개정되었다. 즉, "법정신고기한까지 제출한 자 및 제45조의3 제1항에 따른 기한후과세표준신고서를 제출한 자" 모두 경정청구를 할 수 있다고 국세기본법이 개정되었다(법률 제16841호, 2019. 12. 31. 일부개정).

(2) **후발적 사유의 경우**(국세기본법 §45의 2 ②)

① 과세표준신고서를 법정신고기한까지 제출한 자

② 과세표준 및 세액의 결정을 받은 자(**신고서를 제출하지 않아도 가능**)

3. 경정청구와 항고소송 중 택일가능

대법원은 다음과 같이 **두 가지 불복수단 경합을 인정하고 있다.**

문서번호	내 용
대법원 2002.9.27. 선고 2001두5989 판결	후발적 사유를 원인으로 한 경정청구제도가 있다 하여 그 처분 자체에 대한 쟁송의 제기를 방해하는 것은 아니므로 납세의무자는 경정청구와 별도로 위 부가가치세 부과처분을 다툴 수 있다.
대법원 2013.4.18. 선고 2010두11733 판결	증액경정처분의 경정취소를 구하는 항고소송에서 과세관청의 증액경정사유뿐만 아니라 당초 신고에 관한 과다신고사유도 함께 주장하여 다툴 수 있다.

4. 후발적 경정청구사유 중 판결의 의미

(1) "그에 관한 소송에 대한 판결에 의하여 다른 것으로 확정되었을 때" 경정청구할 수 있다(국세기본법 §45의 2 ② 1호).

이에 대해 판례의 입장은,

① 민사사건의 판결(과세표준과 세액의 계산근거가 된 거래 또는 행위 등이 재판과정에서 투명하게 다투어졌고, 그것이 판결의 주문과 이유에 의하여 객관적으로 확인될 것) 또는,

② 그 이외의 판결이나 결정문 자체로는 거래 또는 행위에 대한 판단을 알 수 없더라도 거래 또는 행위 등이 재판과정에서 투명하게 다투어졌고 **그 결론에 이르게 된 경위가 조서 등에 의하여 쉽게 확정할 수 있는 경우만을 한정**한다고 판시하고 있다.

(2) 대법원 2006. 1. 26. 선고 2005두7006 판결

민사판결과 관련하여 저작권의 양도계약이 무효로 확정된 사안에서, 그 확정판결에 의하여 위 저작권의 양도계약이 무효로 확정된 이상 위 종합소득세 부과처분은 취소되어야 할 것이고 원고에게는 **후발적 사유로 인한 경정청구권이 발생**한다.

(3) 대법원 2009. 1. 30. 선고 2008두21171 판결

관련 형사사건에서 양자는 그 목적을 달리하고, 그 확정을 위한 절차도 별도로 정해져

있을 뿐 아니라 형사사건의 확정판결만으로는 사법상의 거래행위가 바로 무효로 되거나 취소되지 않기 때문에 **형사사건의 판결은 위 규정상의 판결(후발적 경정청구 사유에 해당하는)에 포함되지 않는다**고 봄이 상당하다.

5. 평 석

(1) 민사판결에 한하여 후발적 경정청구사유로 보는 학설의 입장은 찬동할 수 없다(문언상 그냥 '판결'이라고만 규정하여 민사판결이든 형사판결 또는 행정판결이든 포함된다고 해석될 여지가 충분하다).

(2) 다만, **명확하게 다투어진 경우가 아니라면 후발적 경정청구사유로 인정할 수 없다**(당사자 간 투명하게 실질에 대하여 다투어졌는가 여부가 중요).

(3) 「민사조정법」 제30조의 조정에 갈음하는 결정이 다른 것으로 확정된 때에는 경정청구 가능하다(서면1팀-1509, 2004. 11. 10.; 징세-4173, 2004. 10. 29.).

(4) 「민사소송법」에 의한 파기환송, 소의 취하는 확정력 있는 종국판결이 아니므로 후발적 사유에 해당하지 아니한다(서면1팀-346, 2005. 3. 29.).

(5) 후발적 경정청구의 사유는 **당해 소송으로 제기된 다툼에 한정**되는 것이고, 다른 사건의 유사한 다툼이나 설사 같은 사건의 유사한 다툼이라 하더라도 판결에서 제기되지 않은 다툼에까지 그와 같은 세법의 적용 내지 해석을 원용할 수 있음을 의미하는 것은 아니다(국심 2001서3200, 2002. 4. 4.; 국심 2007서244, 2007. 5. 28.; 국심 2007서709, 2007. 5. 28.).

(6) 소송의 당사자가 반드시 납세의무자인 경우에 한한다고 볼 수는 없다고 해석된다. 이와 관련하여 **다른 당사자의 별개의 행위에 관한 소송에 대한 판결까지 포함하는 것으로 볼 수 없다**는 하급심 판례가 있다(수원지방법원 2008. 12. 3. 선고 2008구합5187 판결, 원고 항소포기).

(7) 최근 대법원 판례에 의하면 민사판결을 기초로 법 제45조의 2 제2항 제1호의 사유를 들어 이 사건 부과처분에 대한 경정을 청구할 수 있다고 보는 것이 옳다고 판시하였다(대법원 2017. 9. 7. 선고 2017두41740 판결). 이 사건의 원심은 판결 등에 의하여 다른 것으로 확정됨으로써 거래 또는 행위가 변경되는 것은 당초의 신고나 과세처분

당시에는 존재하지 아니하였던 후발적 사유를 원인으로 하는 것으로 보아야 한다고 하여 원고의 주장을 배척하였다. 그러나 대법원은 이 사건 민사판결의 확정에 의하여 이 사건 부과처분이 정당하게 유지될 수 없게 된 것이므로 납세의무자인 원고는 위와 같이 확정된 민사판결을 근거로 경정청구를 할 수 있다고 보았다(파기환송).

6. 관련 판례

문서번호	내 용
대법원 2011. 7. 28. 선고 2009두22379 판결, 대법원 2006. 1. 26. 선고 2005두7006판결	후발적 경정청구제도를 둔 취지는 납세의무 성립 후 일정한 후발적 사유의 발생으로 말미암아 과세표준 및 세액의 산정기초에 변동이 생긴 경우 납세자로 하여금 그 사실을 증명하여 감액을 청구할 수 있도록 함으로써 납세자의 권리구제를 확대하려는 데 있는바, 여기서 말하는 후발적 경정청구사유 중 법 제45조의 2 제2항 제1호 소정의 '거래 또는 행위 등이 그에 관한 소송에 대한 판결에 의하여 다른 것으로 확정된때'는 **최초의 신고 등이 이루어진 후 과세표준 및 세액의 계산근거가 된 거래 또는 행위 등에 관한 분쟁이 발생하여 그에 관한 소송에서 판결에 의하여 그 거래 또는 행위 등의 존부나 그 법률효과 등이 다른 내용의 것으로 확정됨으로써 최초의 신고 등이 정당하게 유지될 수 없게 된 경우를 의미**한다
대법원 2015. 12. 23. 선고 2013두22475 판결	관할세무서장이 **납세자의 경정청구를 받아들여 과세표준이나 세액 등을 결정 또는 경정하였다 하더라도 거기에 오류나 누락이 있는 경우에는 이를 바로잡는 처분을 할 수 있다**고 봄이 타당하다(※ 다만 과세관청이 경정청구 인용결정에 반하는 처분을 할 때에는 가산세를 면제하거나 '정당한 사유'의 존재를 추정하는 것이 타당하다는 견해가 있다. 대상판결 사안의 경우 원고에게 법인세 부과처분을 하면서 가산세까지 함께 부과하였으나, 조세심판원은 가산세 부과처분을 취소하였다).

문서번호	내 용
대법원 2011. 7. 28. 선고 2009두22379 판결 ; 대법원 2006. 1. 26. 선고 2005두7006 판결	후발적 경정청구 사유 중 법 제45조의2 제2항 제1호 소정의 "거래 또는 행위 등이 그에 관한 소송에 대한 판결에 의하여 다른 것으로 확정된 때"는 최초의 신고 등이 이루어진 후 과세표준 및 세액의 계산근거가 된 거래 또는 행위 등에 관한 분쟁이 발생하여 그에 관한 소송에서 판결에 의하여 그 거래 또는 행위 등의 존부나 그 법률효과 등이 다른 내용의 것으로 확정됨으로써 최초의 신고 등이 정당하게 유지될 수 없게 된 경우를 의미한다.

7-2 제척기간 경과 후 후발적 경정청구 가능 여부

● 대상판결 : 대법원 2005두7006 (2006. 1. 26.) ➜ 국패

핵심 요지

최초에 신고하거나 결정 또는 경정한 과세표준 및 세액의 계산근거가 된 거래 또는 행위 등에 대하여 분쟁이 생겨 그에 관한 판결에 의하여 다른 것으로 확정된 때에는, 납세의무자는 국세부과권의 제척기간이 경과한 후라도 「국세기본법」 제45조의 2 제2항 제1호의 규정에 따른 경정청구를 할 수 있다.

1. 사실관계

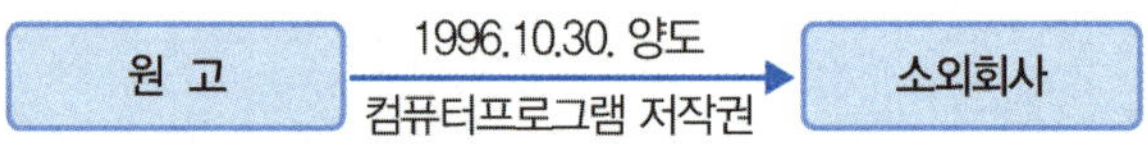

(1) 피고는 2000. 8. 10. 원고에게 1996년 귀속 종합소득세를 결정·고지하였다.

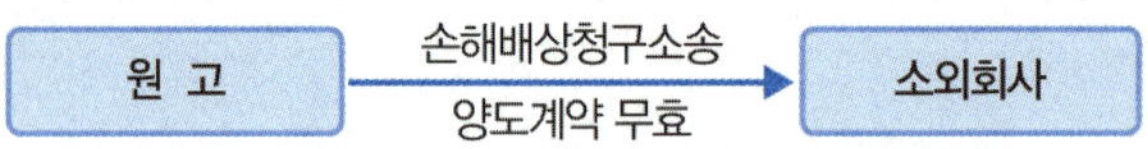

(2) 원고는 2003. 6. 3. 위 종합소득세의 부과를 취소하여야 한다는 취지의 경정청구를 하였다(국세기본법 §45 ② 1호 근거).

(3) 2003. 8. 3. 피고는 위 종합소득세 부과권의 제척기간이 2002. 5. 31. 경과하였으므로, 경정결정할 수 없다며 이 사건 경정청구를 거부하는 처분을 하였다.

2. 쟁 점

국세부과제척기간이 경과한 후에도 「국세기본법」 제45조의 2 제2항 제1호 규정에 따른 경정청구가 가능한지 여부

3. 관련 법령

「국세기본법」 제45조의2 【경정 등의 청구】

① 신고에 대한 경정청구 : 법정신고기한이 지난 후 5년 이내(종전 : 2년)
② 경정·결정에 대한 경정청구 : 해당 경정·결정 사실을 안 날로부터 90일 이내

4. 대상판결

「국세기본법」 제45조의 2 제2항 제1호에 의하면, 최초에 신고하거나 결정 또는 경정한 과세표준 및 세액의 계산근거가 된 거래 또는 행위 등이 그에 관한 소송에 대한 판결에 의하여 다른 것으로 확정된 때에는 제1항에서 규정하는 기간에 불구하고 그 사유가 발생한 것을 안 날부터 2월(현행 3개월) 이내에 경정을 청구할 수 있도록 규정하고 있는바, 최초에 신고하거나 결정 또는 경정한 과세표준 및 세액의 계산근거가 된 거래 또는 행위 등에 대하여 분쟁이 생겨 그에 관한 판결에 의하여 다른 것으로 확정된 때에는, **납세의무자는 국세부과권의 제척기간이 경과한 후라도 「국세기본법」 제45조의 2 제2항 제1호의 규정에 따른 경정청구를 할 수 있다.**

5. 평 석

(1) 후발적 경정청구에 대한 과세관청 입장(후발적 사유에 기인하는 경정청구의 요건)

① 과세표준신고서를 법정 신고기한 내 제출한 자 또는 국세의 과세표준 및 세액의 결정을 받은 자가,
② 후발적 사유가 발생한 것을 안 날로부터 3개월 이내 경정청구해야 한다.

관련 해석사례

① 「국세기본법 기본통칙」 제45조의 2-0…1(2004. 2. 29. 신설)
법 45조의 2에 규정하는 **국세부과제척기간 내에 청구하여야 한다.**

② 행정해석(서면1팀-1370, 2004. 10. 5.; 제도 46019-11643, 2001. 6. 21.; 국심 2002. 12. 24. 선고 2002광2235 결정)
후발적 경정청구는 제척기간 내에서만 가능하다.

(2) 「국세기본법」 제45조의 2 제2항 자체에 **경정청구를 국세부과제척기간 내로 제한한다는 명문규정이 없으므로 엄격해석 원칙에 어긋난다.**

(3) 과세관청이 불복절차에 따른 행정소송 도중에 부과제척기간이 만료되었다고 하더라도 납세자의 주장을 받아들이는 취지에서의 감액경정은 가능하다(대법원 2002. 9. 24. 선고 2000두6657 판결 참조).

6. 관련 판례

문서번호	내 용
대법원 2014. 11. 27. 선고 2012두28254 판결	국세의 법정신고기한이 지난 후에 과세표준 및 세액의 산정기초가 되는 거래 또는 행위의 존재 여부나 그 법률효과가 달라지는 경우는 후발적 사유에 포함될 수 있지만, 법령에 대한 해석이 최초의 신고 및 결정 또는 경정 당시와 달라졌다는 사유는 후발적 사유에 포함될 수 없는 것이다.
대법원 2013. 12. 26. 선고 2011두1245 판결	소득의 원인이 된 권리가 확정적으로 발생하여 과세요건이 충족됨으로써 일단 납세의무가 성립하였다 하더라도 일정한 후발적 사유의 발생으로 말미암아 소득이 실현되지 아니한 것으로 확정되었다면, 당초 성립하였던 납세의무는 그 전제를 상실하여 원칙적으로 그에 따른 법인세를 부과할 수 없다고 보아야 한다. 이러한 해석은 권리확정주의의 채택에 따른 당연한 요청일 뿐 아니라 후발적 경정청구 제도를 규정한 「국세기본법」 제45조의 2 제2항의 입법취지에도 부합한다. … 여기에서 말하는 후발적 사유는 사업상의 정당한 사유로 당초의 매매대금이나 용역대금을 감액한 경우도 포함된다고 봄이 타당하므

문서번호	내　용
	로, 특별한 사정이 없는 한 그 감액분을 당초의 매매대금이나 용역대금에 대한 권리가 확정된 사업연도의 소득금액에 포함하여 법인세를 과세할 수는 없다고 할 것이다(유효하게 성립한 매매계약이 당사자들의 합의에 의하여 감액된 경우에는 그 감액된 금액을 소득금액으로 보아야 한다는 취지의 판결).

7-3 후발적 사유로 인한 납세의무 소멸

● 대상판결 : 대법원 2013두18810 (2014. 1. 29.) ➜ 국패

핵심 요지

미수령 배당금채권은 납세의무의 성립 후 소외회사들의 도산 등으로 인하여 회수불능이 되어 장래 그 소득이 실현될 가능성이 전혀 없게 된 것이 객관적으로 명백하므로 후발적 경정청구사유에 해당함.

1. 사실관계

(1) 2007. 3. A회사는 주주총회 의결로 주주들(원고들)에게 현금배당 결의를 하였고, 배당금 전액에 대하여 배당소득세 원천징수 납부하였다.

(2) 2008. 5. 원고들은 귀속된 배당결의액에 따라 2007 귀속 종합소득세(배당소득세)를 신고·납부하였다.

(3) 2010. 9. A회사는 영업수지 악화로 배당금 일부 미지급상태에서 회생계획인가결정이 되었다.

(4) 원고들은 미수령 배당금에 대한 종합소득세 신고·납부액을 환급하여달라는 취지의 경정청구를 하였는데, 피고는 원고들의 경정청구 거부처분을 하였다.

2. 쟁 점

납세의무가 성립하였다 하더라도 그 후 일정한 후발적 사유의 발생으로 말미암아 소득이 실현되지 아니하는 것으로 확정됨으로써 당초 성립하였던 납세의무가 그 전제를 잃게 되었다면 후발적 경정청구사유에 해당하는지 여부

3. 사건의 경과

(1) 1심판결(서울행정법원 2012. 6. 15. 선고 2011구합13804 판결) : 국승

원고들의 납세의무는 확정(권리확정주의)되었고, 권리가 확정된 후의 사정(회생절차 진행)을 이유로 이미 성립한 소득세 납세의무가 소멸한다고 볼 수 없다.

(2) 원심판결(서울고등법원 2013. 6. 28. 선고 2012누21637 판결) : 국패

배당결의일 당시 원고들의 배당금채권 전부가 실현가능성이 상당히 높은 정도로 성숙·확정되었다고 보기 어렵고, 원고들의 배당금채권의 일부가 회수불능이 되어 배당소득의 실현가능성이 전혀 없게 되었으므로 이와 같은 회수불능은 경정청구대상에 해당한다.

(3) 대상판결

일단 납세의무가 성립하였다고 하더라도 그 후 일정한 후발적 사유의 발생으로 말미암아 납세의무가 그 전제를 잃게 되었다면 … 특별한 사정이 없는 한 납세자는 「국세기본법」 제45조의 2 제2항 등이 규정한 후발적 경정청구를 하여 그 납세의무에서 벗어날 수 있다고 보아야 한다.

4. 평 석

(1) 권리확정주의에서 '확정'의 개념은 "소득의 귀속시기에 관하여 예외 없는 일반원칙으로 단정하여서는 안 되고, 구체적 사안에 관하여 소득에 대한 관리·지배와 발생소득의 객관화 정도, 납세자금의 확보시기까지 함께 고려하여 그 소득의 실현가능성이 상당히 높은 정도로 성숙·확정되었는지 여부를 기준으로 귀속시기를 판단하여야 한다(대법원 2010. 9. 30. 선고 2010두9617 판결).

(2) 회수불능이 「국세기본법」에서 열거하고 있는 후발적 경정청구의 사유에 해당하는지 여부에 대하여 **대상판결은 법에 명확히 적시되지 않았지만 '회수불능'이 해석에 의하여 후발적 경정청구대상**이라고 판시하였다.

(3) 후발적 경정청구사유는 특별한 사정이 없는 한 부과처분의 위법사유로도 주장할 수 있다(대법원 2002. 9. 27. 선고 2001두5989 판결).

5. 관련 판례

문서번호	내 용
대법원 2014. 11. 27. 선고 2012두28254 판결 : 국승	해당 국세의 법정신고기한이 지난 후에 과세표준 및 세액의 산정기초가 되는 거래 또는 행위의 존재 여부나 그 법률효과가 달라지는 경우의 사유는 「국세기본법」 제45조의 2 제2항 제5호, 「국세기본법」 제25조의 2 제4호가 정한 후발적 사유에 포함될 수 있지만, **법령에 대한 해석이 최초의 신고·결정 또는 경정 당시와 달라졌다는 사유는 여기에 포함되지 않는다.**
대법원 2017. 09. 07. 선고 2017두41740 판결	**최초의 신고 등에서 과세표준 및 세액의 계산 근거가 된 거래 또는 행위 등을 다른 내용의 것으로 확정하는 판결이 있는 경우라면 특별한 사정이 없는 한 후발적 경정청구사유에 해당한다고 할 것이고, 그 판결에서 확정된 내용이 통상의 경정청구사유로 다툴 수 있었다는 사정만으로 후발적 경정청구가 배제된다고 할 수 없다**(통상의 경정청구를 할 수 있었다는 사유만으로 후발적 경정청구가 배제된다고 할 수 없다는 것임).

7-4 계약의 해제와 후발적 경정청구

● 대상판결 : 대법원 2012두10611 (2014. 3. 13.) ➜ 국패

핵심 요지

국세 법정신고기한 경과 후에 최초 신고·결정 또는 경정에서 과세표준 및 세액 계산근거가 된 거래 또는 행위 등 효력에 관계되는 계약이 해제권 행사에 의하여 해제되거나 당해 계약 성립 후 발생한 부득이한 사유로 인하여 해제되거나 취소된 때에는 결정 또는 결정을 청구할 수 있다.

1. 사실관계

(1) 원고는 아파트 및 상가 신축·분양(작업진행률과 분양률 적용) 후 법인세를 신고·납부하였다.

(2) 그 후 원고는 분양계약이 수분양자의 분양계약 해제로 분양률이 감소하여 1, 2차 계약 해제분을 반영한 분양률을 재산정하여 법인세환급 경정청구를 하였으며 처분청은 이를 인용하였다.

(3) 원고는 3차 계약 해제분을 반영하여 동일한 사유로 경정청구를 하였는데,

(4) 피고는 경정청구를 거부하고, 위 (2) 해당분도 환급세액에 대해 다시 법인세를 부과처분하였다. 피고는 계약의 해제로 인한 분양수입과 원가는 그 해제일이 속하는 사업연도의 익금과 손금에 산입해야 하므로 이 사건 분양계약 해제는 후발적 경정청구사유에 해당하지 않는다는 의견을 제시하였다.

2. 쟁 점

이 사건 분양계약의 해제가 구 「국세기본법시행령」 제25조의 2 제2호에서 정한 후발적 경정청구사유에 해당하는지 여부

3. 대상판결

(1) 구 「국세기본법시행령」 제25조의 2 제2호에서 정한 **'해제권의 행사나 부득이한 사유로 인한 계약의 해제'는 원칙적으로 후발적 경정청구사유**에 해당한다.

(2) 다만, 「법인세법」이나 관련규정에서 일정한 계약의 해제에 대하여 실현되지 않은 소득금액을 해제일이 속하는 사업연도의 소득금액에 대한 차감사유 등으로 별도로 규정하고 있거나 경상적·반복적으로 발생하는 상품판매계약 등의 해제에 대하여 납세의무자가 기업회계기준이나 관행에 따라 해제일이 속하는 사업연도의 소득금액을 차감하는 방식으로 법인세를 신고하여 왔다는 등의 특별한 사정이 있는 경우에는 그러한 계약의 해제는 당초 성립하였던 납세의무에 영향을 미칠 수 없으므로 후발적 경정청구사유가 될 수 없다.

4. 평 석

(1) 후발적 경정청구제도는 납세자의 권리구제를 확대하려는 데 그 취지가 있으므로 개별세법에 규정이 없는 한 적용범위를 함부로 제한할 수 없다.

(2) 일정한 후발적 사유로 인하여 소득이 실현되지 아니하면, 당초 성립하였던 납세의무는 그 전제를 상실하여 법인세를 부과할 수 없다(대법원 2013. 12. 26. 선고 2011두1245 판결 등).

(3) 이 사건 분양계약 해제가 후발적 경정청구사유로 인정되는 이상 부과처분의 위법사유도(과다신고뿐 아니라) 후발적 경정청구사유에 해당한다.

(4) **후발적 경정청구사유도 부과처분의 위법사유로 주장할 수 있다**(대법원2002. 9. 27. 선고 2001두5989 판결).

(5) 만약 원고가 이 사건 분양계약의 해제라는 사유를 해제가 발생한 사업연도에 회계처리를 하고 법인세 신고하였다면, 특별한 사정이 있는 경우에 해당하여 후발적 경정청구사유가 될 수 없는 것이 당연하다.

7-5 증액경정처분과 당초신고에 대한 불복방법

● 대상판결 : 대법원 2012두12822 (2014. 6. 26.) ➜ 국패

핵심 요지

과세표준신고서를 법정신고기한 내에 제출한 납세자가 그 후 이루어진 결정이나 경정으로 인한 처분에 대하여 소정의 불복기간 내에 다투지 아니하였더라도 3년의 경정청구기간 내에서는 당초 신고한 과세표준과 세액에 대한 경정청구권을 행사하는 데에는 아무런 영향이 없다.

1. 사실관계

(1) 원고들은 2007. 10. 29. 상속세 신고, 2007. 12. 14. 상속세 수정신고하였다.

(2) 피고는 2008. 9. 1. 원고들 무납부에 대하여 납부불성실가산세를 포함하여 상속세를 부과처분(당초처분)하였다.

(3) 피고는 2009. 4. 8. 서울지방국세청장의 원고들에 대한 상속세 조사내용(배우자 상속공제 감액, 상속재산 신고누락, 채무공제 누락금액 등)에 따라 상속세를 추가로 부과처분(증액경정처분)하였다.

(4) 원고들은 이 사건 증액경정처분에 불복하여 2009. 7. 7. 이의신청을 거쳐, 2009. 10. 29. 심판청구를 하였다.

불복내용 요약

① 일부부동산은 상속재산에서 공제 : 당초신고 과다사유
② 배우자상속공제액 달리 적용 : 증액경정 처분사유

2. 쟁 점

이 사건 당초처분에 대하여 불가쟁력이 발생하기 위해서는 그 불복기간이나 경정청구기간이 모두 경과하여야 할 것인데, 이 사건 당초 처분에 대한 불복기간이 경과하였다는 사정만으로 불가쟁력이 발생하였다고 볼 수 있는지 여부

3. 사건의 경과

(1) 원심판결(서울고등법원 2012. 5. 4. 선고 2011누37291 판결) : 각하

원고들이 증액경정처분 항고소송에서 당초 신고나 결정에 대한 위법사유를 함께 주장할 수는 있으나, 확정된 이 사건 당초처분의 세액에 대하여는 취소를 구할 수 없으며 증액경정처분에 의하여 증액된 세액의 범위 내에서만 취소를 구할 수 있다(**당초신고 과다신고사유부분에 대하여 다툴 수 있지만 증액된 세액에 한하여 부과처분 취소가능**).

(2) 대상판결

과세표준신고서를 법정신고기한 내에 제출한 납세자가 그 후 이루어진 과세관청의 결정이나 경정으로 인한 처분에 대하여 소정의 **불복기간 내에 다투지 아니하였더라도 3년(현행 5년)의 경정청구기간 내에서는 당초 신고한 과세표준과 세액에 대한 경정청구권을 행사하는 데에는 아무런 영향이 없다**고 보아야 한다.

4. 평 석

(1) 불가쟁력이 발생하기 위해서는 **불복기간, 경정청구기간 모두 경과하여야** 한다.

(2) 신고 후 과세관청이 부과처분을 미루고 있는 경우, 부과처분에 대한 불복청구기간을 도과하여 취소소송을 제기할 수 없는 경우에는 경정청구를 통해 불복이 가능하다.

(3) 대법원은 부가가치세 부과처분 후 건물에 대한 매매계약이 해제된 사안에 대하여 “후발적 사유를 원인으로 한 경정청구제도가 있다 하여 그 처분 자체에 대한 쟁송의 제기를 방해하는 것은 아니므로 납세의무자는 경정청구와 별도로 위 부가가치세 부과처분을 다툴 수 있다(대법원 2002. 9. 27. 선고 2001두5989 판결)”라고 판시하였다. 즉, **두 가지 불복수단 경합을 인정**하고 있다.

(4) 증액경정처분의 경정취소를 구하는 항고소송에서 과세관청의 증액경정사유뿐만 아니라 당초 신고에 관한 과다신고사유도 함께 주장하여 다툴 수 있다(대법원 2013. 4. 18. 선고 2010두11733 판결).

5. 관련 판례

문서번호	내 용
수원지방법원 2008. 10. 22. 선고 2007구합5920 판결	위 경정청구기간 내라 하더라도 동일한 사유에 기하여는 재차 경정청구를 할 수 없다는 취지의 규정을 두고 있지 아니하고, 통상 거부처분은 관할 행정청이 국민의 처분신청에 대하여 거절의 의사표시를 함으로써 성립되고, 그 이후 동일한 내용의 새로운 신청에 대하여 다시 거절의 의사표시를 한 경우에도 새로운 거부처분이 있는 것으로 볼 수 있으므로, 원고가 1차 경정청구를 하였다가 피고에 의하여 거부되었다고 하더라도 경정청구기간 내라면 다시 경정청구를 할 수 있는 것이고, 이에 대하여 피고가 다시 거절의 의사표시를 하면 이를 새로운 거부처분으로 보아 그에 대한 취소소송을 제기할 수 있다고 할 것이다.
대법원 2002. 3. 29. 선고 2000두6084 판결	거부처분은 행정청이 국민의 처분신청에 대하여 거절의 의사표시를 함으로써 성립되고, 그 이후 동일한 내용의 신청에 대하여 다시 거절의 의사표시를 명백히 한 경우에는 새로운 처분이 있은 것으로 보아야 하며, 이 경우 행정심판 및 행정소송의 제기기간은 각 처분을 기준으로 진행되고 종전 처분에 대한 쟁송기간이 도과했다 하여 그 이후의 새로운 거부 처분에 대하여 행정쟁송을 할 수 없게 되는 것은 아니다(대법원 1992. 12. 8. 선고 92누7542 판결 참조).
대법원 1986. 10. 28.선고 86누540 판결; 대법원 1997. 11. 28. 선고 97누13287 판결	「국세기본법」은 과세처분에 대한 불복방법으로 심사청구와 심판청구를 규정하면서 그에 앞서 관할 세무서장 등에게 이의신청을 할 수 있도록 규정하고 있는데, 그 이의신청에 해당하는지 여부는 반드시 그 명칭에 구애되는 것이 아니라 실질을 살펴 과세관청이 한 조세부과처분에 대한 불복의 취지를 담고 있다면 위 법령에 따른 이의신청에 해당한다고 봄이 타당하다(경정청구 내용에 이의신청을 위한 실질적 내용이 포함되어 있다면 경정청구를 할 당시 이 사건 부과처분에 대한 이의신청을 한 것으로 볼 수 있고 그로부터 90일 이내 심판청구를 할 수 있다).

7-6 경정청구를 받아들여 과세표준 등을 경정하였더라도 오류나 누락이 있으면 이를 바로잡을 수 있음

● 대상판결 : 대법원 2013두22475 (2015. 12. 23.) ➜ 국승

핵심 요지

관할세무서장이 납세자의 경정청구를 받아들여 과세표준이나 세액 등을 결정 또는 경정하였다고 하더라도 거기에 오류나 누락이 있는 경우에는 이를 바로잡는 처분을 할 수 있다고 봄이 타당하다.

1. 사실관계

(1) 원고는 서울 중구 소재지를 주사무소로 하여 설립된 의료법인인데 서울 노원구에 분사무소인 A병원을 설치하였다.

(2) 원고는 임시투자세액공제를 적용하지 아니하고, 법인세를 신고·납부하였다가 2007. 3.경 경정청구를 하여 임시투자세액 상당을 환급받았고, 이를 토대로 임시투자세액공제를 적용하여 법인세를 신고·납부하였다.

(3) 그 후, 피고는 원고에 대하여 "노원의 A병원에 대한 투자는 임시투자세액공제대상이 아니다"는 이유로 법인세를 경정·고지하였다.

(4) 원고는 2011. 6. 20. 심판청구를 제기하였는데 조세심판원장은 "납부불성실가산세 부분을 취소하고 나머지 청구는 기각한다"는 결정을 하였다.

2. 쟁 점

원고의 경정청구를 받아들여 경정결정을 한 후 다시 경정·고지한 행정처분이 불가변력에 위반되어 위법한지 여부

3. 대상판결

국세기본법 제44조, 법인세법 제66조 제2항 제1호 및 제4항은 관할세무서장 등이 내국법인의 신고 내용에 오류나 누락이 있어 법인세의 과세표준과 세액을 경정한 경우에도 그 경정에 오류나 누락이 있으면 이를 다시 경정하도록 규정하고 있는 점, 한편 국세기본법상의 경정청구제도는 원래 과세표준신고서를 법정신고 기한 내에 제출한 납세자가 관할세무서장에게 과세표준신고서에 기재된 과세표준이나 세액 등의 결정 또는 경정을 청구하는 것으로서, 과세처분에 대한 행정심판절차인 심사·심판청구 등과는 청구의 대상, 결정기관, 결정절차 등에서 차이가 있고, 그에 대한 관할세무서장의 결정이나 경정의 효력에 관하여 국세기본법에 특별한 규정이 없는 점, 납세자의 경정청구를 거부한 관할세무서장의 처분에 대하여는 이의신청 또는 심사·심판 청구 등의 불복절차가 별도로 마련되어 있는 점 등에 비추어 보면, 관할세무서장이 납세자의 **경정청구를 받아들여 과세표준이나 세액 등을 결정 또는 경정하였다고 하더라도 거기에 오류나 누락이 있는 경우에는 이를 바로잡는 처분을 할 수 있다고 봄이 타당**하다.

4. 평 석

(1) 이 사건의 쟁점은 임시투자세액 공제사업과 관련하여 부칙조항의 적용에 대한 것 이었다. 즉 개정된 조세특례제한법 제130조 제1항이 시행된 후에 비로소 임시투자세액 공제사업으로 지정된 사업의 사업장에 대하여는 이 사건 부칙조항이 적용되지 아니하므로, 임시투자세액 공제사업으로 지정된 이후로서 공제대상 투자당시에 시행중인 규정에 의하여 그 배제여부를 판정하여야 한다는 이유로 원고 패소판결 한 사건이다.

(2) 원고는 소송에 이르러 설령 임시투자세액공제대상에서 배제된다고 하더라도, 피고가 임시투자세액공제 대상임을 이유로 법인세 경정청구를 받아들여 임시투자세액 상당을 환급하여 주었는데도 다시 임시투자세액공제대상에서 배제된다는 이유로 이루어진 이사건 처분은 행정처분의 불가변력에 위반되어 위법하다는 주장을 하였다.

(3) 이에 대하여 원심이나 대법원 모두 경정청구를 받아들여 과세표준과 세액의 경정이 있었다 하더라도 거기에 오류나 누락이 있는 경우에는 이를 바로잡는 처분을 할 수 있다고 판시하였다.

(4) 과세처분에 관한 **불복절차과정**에서 과세관청이 청구주장을 받아들여 그에 따른 필요한 처분(감액경정이나 취소결정)이 이루어지면, **특별한 사유 없이 이를 번복하고 다시 종전의 처분을 되풀이 할 수 없다**는 점과는 차이가 있음을 유의해야 한다(대법원 2010. 9. 30. 선고 2009두1020 판결 참조).

(5) **과세전적부심사청구에서도 청구주장을 받아들여 채택결정을 한 경우에는 재결의 효력이 없다**는 것이 대법원의 판단이다. 즉, **과세적부심사 결정**에 대해서는 **불고불리원칙이나 불이익변경금지원칙이 적용되지 않는다**는 것이다(대법원 2010. 5. 13. 선고 2010두2555 판결). 과세전적부심사제도는 정식 불복제도가 아니라 사전적, 예비적 절차에 불과한 것이므로 불이익 변경금지원칙이 적용되지 않는 것이다.

(6) 경정청구를 한 결과 납세자의 주장이 수용되었다고 하더라도 그 결정에 오류나 누락이 있는 경우 부과권의 제척기간 등 장애사유가 없는 한 횟수에 제한 없이 잘못된 종전의 부과처분을 시정하기 위하여 경정할 수 있다는 것이 법원의 판단이다.

5. 관련 판례

문서번호	내 용
대법원 2014. 7. 24. 선고 2011두14227 판결 ; 대법원 2010. 6. 24. 선고 2007두18161 판결	과세처분에 관한 불복절차과정에서 그 **불복사유가 옳다고 인정**하고 이에 따라 필요한 처분을 하였을 경우에는 불복제도와 이에 따른 시정방법을 인정하고 있는 법 취지에 비추어 **동일사항**에 관하여 특별한 사유 없이 이를 번복하고 다시 **종전의 처분을 되풀이 할 수는 없다.** 따라서 과세관청이 과세처분에 대한 이의신청절차에서 납세자의 이의신청 사유가 옳다고 인정하여 과세처분을 직권으로 취소하였음에도, 특별한 사유 없이 이를 번복하고 종전 처분을 되풀이 하여서 한 과세처분은 위법하다.
대법원 1983. 7. 26. 선고 82누63 판결	과세처분에 관한 불복방법과정에서 그 불복사유를 인용하는 처분을 하였을 경우에는 동일사항에 관하여 특별한 사유 없이는 이를 번복하고 종전의 처분을 되풀이 할 수 없다 할 것이지만, 원고가 소유토지를 실제 매도가액보다 저가로 매도한 것처럼 **허위의 매매계약서와 공인감정사 및 소개인의 시가입증서를 제출**하여 **국세심판소로부터 과세처분취소결정을 받은 경우**라면 이는 **특별한 사유가 있는 경우에 해당**하므로 원고의 토지양도에 대해 **다시 과세처분 하였음은 적법**하다.

7-7 통상의 경정청구를 할 수 있었다는 사유만으로 후발적 경정청구가 배제된다고 할 수 없음

● 대상판결 : 대법원 2017두41740 (2017. 9. 7.)➜ 국패

핵심 요지

그 판결에서 확정된 내용이 통상의 경정청구 사유로 다툴 수 있었다는 사정만으로 후발적 경정청구가 배제된다고 할 수 없다.

1. 사실관계

① 당초 신고	② 경정 · 고지	③ 민사 판결	④ 경정청구
2008. 11. 5.	2012. 1. 2.	2015. 5. 16.	2015. 5. 22.

※ ②~④ : 통상적인 경우(90일 이내) → 경정청구 기간 경과(1,2심 판단)
※ ③~④ : 후발적사유의 경우(2개월 이내, 現 3개월) → 경정청구 기간 내(대법원 판단)

(1) 원고들은 2008. 11. 5. 주식회사 A(양수법인)에게 자신들이 각 1/2지분씩 소유한 이 사건 부동산(근린생활시설 건물)을 양도한 뒤 전체 양도가액을 35억 원으로 하여 양도소득세를 신고 · 납부하였다.

(2) 조사청은 원고들에 대한 자금출처 조사 결과, 2012. 1. 2. 원고들이 이 사건 부동산을 양도하면서 임대차 보증금 3억 3,000만 원을 포함한 38억 3,000만 원에 양도하였으나 양도소득세 신고 시 이를 누락함으로써 각 소유 지분별로 양도가액 165백만 원을 과소신고하였다는 과세자료를 통보하였고, 피고(처분청)는 이에 따라 2012. 1. 2. 세액을 다시 계산하여 원고들에 대하여 2008년 귀속 양도소득세를 추가 납부하도록 각 경정 · 고지하는 이 사건 부과 처분을 하였다.

(3) 한편 양수법인인 주식회사 A는 2014. 12. 1. 원고들을 상대로 이 사건 부동산에 대한 매매계약에서 양도가액을 35억 원으로 정하고 이를 모두 지급하였음에도 불구하고 원고들이 양도가액을 38억 3,000만 원이라고 주장하면서 추가로 그 지급을 구하고 있

다는 이유로 서울 중앙지방법원에 채무부존재 확인 소송을 제기하였다.

(4) 위 법원은 2015. 4. 23. 위 매매계약에 따른 이 사건 부동산의 양도가액은 35억 원이고, 양수법인인 주식회사 A가 매도인인 원고들에게 위 양도가액 35억 원을 모두 지급하였으므로 주식회사 A와 원고들 사이에 체결된 위 매매계약에 기한 매매대금 지급채무는 존재하지 아니한다는 내용의 이 사건 민사 판결을 선고하였고, 위 판결은 2015. 5. 16. 확정되었다.

(5) 원고들은 2015. 5. 22. 피고에 대하여 이 사건 민사판결의 확정을 이유로 2008년 귀속 양도소득세의 경정을 청구하였고, 피고는 2015. 7. 28. 원고들의 위 경정청구를 거부하였다.

2. 쟁 점

구 국세기본법 제45조의2 제2항 제1호에서 판결 등에 의하여 다른 것으로 확정됨으로써 거래 또는 행위가 변경되는 것의 의미

3. 관련법령

국세기본법 제45조의2【경정 등의 청구】

① 과세표준신고서를 법정신고기한까지 제출한 자는 다음 각 호의 어느 하나에 해당할 때에는 최초 신고 및 수정신고 한 국세의 과세표준 및 세액의 결정 또는 경정을 법정신고기한이 지난 후 5년 이내에 관할 세무서장에게 청구할 수 있다. 다만, 결정 또는 경정으로 인하여 증가된 과세표준 및 세액에 대하여는 해당 처분이 있음을 안 날(처분의 통지를 받은 때에는 그 받은 날)부터 90일 이내(법정신고기한이 지난 후 5년 이내로 한정한다)에 경정을 청구할 수 있다.

1. 과세표준신고서에 기재된 과세표준 및 세액(각 세법에 따라 결정 또는 경정이 있는 경우에는 해당 결정 또는 경정 후의 과세표준 및 세액을 말한다)이 세법에 따라 신고하여야 할 과세표준 및 세액을 초과할 때
2. 과세표준신고서에 기재된 결손금액 또는 환급세액(각 세법에 따라 결정 또는 경정이 있는 경우에는 해당 결정 또는 경정 후의 결손금액 또는 환급세액을 말한다)이 세법에 따라 신고

하여야 할 결손금액 또는 환급세액에 미치지 못할 때

② 과세표준신고서를 법정신고기한까지 제출한 자 또는 국세의 과세표준 및 세액의 결정을 받은 자는 다음 각 호의 어느 하나에 해당하는 사유가 발생하였을 때에는 제1항에서 규정하는 기간에도 불구하고 그 사유가 발생한 것을 안 날부터 2개월(現 3개월) 이내에 결정 또는 경정을 청구할 수 있다.

1. 최초의 신고 · 결정 또는 경정에서 과세표준 및 세액의 계산 근거가 된 거래 또는 행위 등이 그에 관한 소송에 대한 판결(판결과 같은 효력을 가지는 화해나 그 밖의 행위를 포함한다)에 의하여 다른 것으로 확정되었을 때

"이하 생략"

4. 원 · 피고 주장 요약

(1) 원 고

① 원고들과 양수법인 사이의 이 사건 부동산 양도의 대가로 지급된 금액은 35억 원뿐임을 확인한 이 사건 민사 판결이 확정됨으로써 양도가액을 38억 3천만 원으로 본 이 사건 최초 처분은 부당한 것으로 판명 · 확정되었다. 따라서 이 사건 최초 처분에는 구 국세기본법 제45조의2 제2항 제1호에서 정한 후발적 경정청구 사유가 인정되고 원고들이 이 사건 민사 판결의 확정일로부터 2개월 이내에 경정을 청구한 것은 적법하므로, 이를 거부한 피고의 이 사건 처분은 위법하다.

② 납세의무자의 자유로운 의사에 기하여 확인서가 작성되었고 강박에 의하여 작성된 사실이 없다 하더라도, 확인서의 기재 내용을 보충하는 다른 근거자료가 없는 경우라면, 그러한 확인서만으로 이루어진 과세를 근거과세의 원칙상 적법하다고 볼 수 없으며, 확인서의 기재 내용과 상이한 과세자료가 존재하는 경우에는 더욱 그러하다 할 것인바, 원고가 조사과정에서 신고 시 임대차보증금 금액(3억 3천만 원)을 누락하였다는 답변을 하였으나, 원고는 50대 중반까지 오로지 장사를 하며 살아와서 조사과정에서 국세공무원들이 작성하여 고지하는 확인서의 정확한 의미를 알지 못한 채 서명을 한 것에 불과하다.

(2) 피 고

① 원고들에 대한 자금출처 조사 시 양도가액을 과소 신고한 것에 대한 확인서까지 제출한 사실이 있으며, 이 사건은 국세기본법 제45조의2 제2항 1호에 의한 "최초의 신고 · 결정 또는 경정에서 과세표준 및 세액의 계산 근거가 된 거래 또는 행위 등이 그에 관한 소송에 대한 판결에 의하여 다른 것으로 확정되었을 때"에 해당하지 않는 바, 원고들의 경정청구를 거부한 처분은 정당하다.

② 이 사건 관련 민사 판결은 이 사건 부동산과 관련하여 실거래가 위반으로 과태료를 부과받게 되자 매매대금을 더 달라고 하여 양수법인이 채무부존재확인의 소를 제기하여 승소한 것으로서 양도소득세 과세표준 및 세액의 계산 근거가 된 거래 또는 행위 등에 관한 소송에 대한 판결로 보기 어려운 점 등에 비추어 처분청이 경정청구를 거부한 이 건 처분은 달리 잘못이 없다.

5. 사건의 경과

(1) **원심판결**(서울행정법원 2016. 11. 30. 선고 2016구단52982 판결 및 서울고등법원 2017. 4. 4. 선고 2016누81361 판결) : **국승**

원고들로서는 국세기본법 제45조의2 제1항 제1호에 따라 이 사건 최초 처분에 대해 통상의 경정청구를 할 수 있었던 것임에도 **통상의 경정청구 기한 내에 경정청구를 하지 않고** 그 기한이 도과한 후에 이 사건 민사 판결이 확정되었음을 이유로 후발적 경정청구를 한 것으로 보인다. 그런데 처음부터 존재하던 사유를 이유로 한 통상의 경정청구를 인정하고 있는 경우에도 후발적 경정청구까지 허용한다면 원시적 사유임에도 소송을 통하여 후발적 경정청구 사유로 바꾸는 방법으로 통상의 경정청구의 제척기간 만료 후에도 후발적 경정청구를 할 수 있게 되어 통상의 경정청구 기간과 쟁송 기간을 제한한 입법취지에 반하고, 앞서 본 바와 같은 후발적 사유의 발생으로 말미암아 과세표준 및 세액의 산정 기초에 변동이 생긴 납세자의 권리구제를 확대하기 위한 후발적 경정청구제도의 입법취지에도 반한다고 할 것이므로, **국세기본법 제45조의2 제1항 제1호의 원시적 사유가 나중에 구 국세기본법 제45조의2 제2항 제1호 사유에 해당하는 것처럼 보이더라도 후발적 경정청구의 사유에 해당한다고 볼 수는 없다**고 할 것이다.

(2) 대상판결 : 파기환송(국패)

또한 위 규정의 문언내용과 그 입법취지 등에 비추어 보면, 최초의 신고 등에서 과세표준 및 세액의 계산 근거가 된 거래 또는 행위 등을 다른 내용의 것으로 확정하는 판결이 있는 경우라면 특별한 사정이 없는 한 법 제45조의2 제2항 제1호에서 정한 경정청구 사유에 해당한다고 할 것이고, 납세의무자가 **그 판결에서 확정된 내용을 법 제45조의2 제1항 각 호에서 정한 통상의 경정청구 사유로 다툴 수 있었다는 사정만으로 납세의무자의 정당한 후발적 경정청구가 배제된다고 할 수 없다.**

6. 평 석

(1) 국세기본법 제45조의2 제2항은"과세표준신고서를 법정신고기한까지 제출한 자 또는 국세의 과세표준 및 세액의 결정을 받은 자는 다음 각 호의 어느 하나에 해당하는 사유가 발생하였을 때에는 제1항에서 규정하는 기간에 불구하고 그 사유가 발생한 것을 안 날부터 **3개월 이내**(종전 2개월 이내)에 결정 또는 경정을 청구할 수 있다."라고 규정하면서, 그 제1호에서 "최초의 신고 · 결정 또는 경정에 있어서 과세표준 및 세액의 계산 근거가 된 거래 또는 행위 등이 그에 관한 소송에 대한 판결(판결과 동일한 효력을 가지는 화해 기타 행위를 포함한다)에 의하여 다른 것으로 확정된 때"를 규정하고 있다.

(2) 제1항은 "과세표준신고서를 법정신고 기한까지 제출한 자는 최초신고 및 수정 신고한 국세의 과세표준 및 세액의 결정 또는 경정을 법정신고 기한이 지난 후 5년 이내에 관할 세무서장에게 청구할 수 있다. 다만, 결정 또는 경정으로 인하여 증가된 과세표준 및 세액에 대하여는 해당 처분이 있음을 안 날(처분의 통지를 받은 때에는 그 받은 날)부터 90일 이내(법정신고기한이 지난 후 5년 이내로 한정한다)에 경정을 청구할 수 있다."고 규정하면서 제1호에서 "과세표준신고서에 기재된 과세표준 및 세액(각 세법에 따라 결정 또는 경정이 있는 경우에는 해당 결정 또는 경정 후의 과세표준 및 세액을 말한다)이 세법에 따라 신고하여야 할 과세표준 및 세액을 초과할 때"를 규정하고 있다.

(3) 쟁송 기간이 도과된 후라도 법정신고기한으로부터 5년 이내라면 경정청구를 할 수 있

는지 여부에 관하여 견해의 대립이 있을 수 있는데, 판례는 국세기본법 제45조의2 제2항의 문언내용과 감액 경정 청구제도의 취지 등에 비추어 보면 그 경정처분에 대한 **불복 청구기간이 경과하였는지 여부와 상관없이 경정청구 기간 이내라면 감액 경정청구를 할 수 있다**고 한다(대법원 2009. 10. 20. 선고 2007두10792 판결).

(4) '거래 또는 행위 등이 그에 관한 소송에 대한 판결에 의하여 다른 것으로 확정된 때'란 최초 신고·결정 또는 경정이 이루어진 후 과세표준 및 세액의 계산 근거가 된 거래 또는 행위 등에 관한 분쟁이 발생하여 그에 관한 소송에서 판결에 의하여 거래 또는 행위 등의 존부나 법률효과 등이 다른 것으로 확정됨으로써 최초 신고 등이 정당하게 유지될 수 없게 된 경우를 의미한다(대법원 2011. 7. 28. 선고 2009두22379 판결).

(5) 경정청구는 경정청구대로 과세표준 및 세액을 확정하는 효력은 없고, 과세관청으로 하여금 그 경정청구된 사유에 대하여 조사, 확인하여 통지할 의무를 발생시킬 뿐이다.

(6) 따라서 경정청구가 적법한 이상 과세관청은 법정기간 내에 조사 결정하거나 통지하는 것을 거부할 수 없다. 만약 과세관청이 **법정기간 내에 결정 또는 통지를 하지 않는 경우에는 납세의무자의 청구를 거부한 처분으로 보아 행정쟁송을 제기할 수 있다**(대법원 1992. 4. 28. 선고 91누13113판결; 대법원 1994. 5. 13. 선고 93다54767 판결).

(7) **경정청구 기간을 경과한 후에 제기된 경정청구**에 대하여 과세관청이 아무런 통지를 하지 않은 경우에는 거부처분으로 볼 수 없어 **행정소송을 제기할 수 없다**(대법원 1987. 9. 8. 선고 85누565 판결).

(8) 한편 과세관청은 납세자의 경정청구를 받아들여 과세표준이나 세액 등을 결정 또는 경정하였다고 하더라도 거기에 오류나 누락이 있는 경우에는 이를 바로잡는 처분을 할 수 있다(대법원 2015. 12. 23. 선고 2013두22475 판결).

(9) 이 사건으로 돌아와 보면, 원심은 통상의 경정청구 기한 내에 경정청구를 하지 않고 그 기한이 도과한 후에 이 사건 민사 판결이 확정되었음을 이유로 후발적 경정청구를 하였다고 보아 원고의 청구를 기각하는 판결을 하였다.

(10) 이 사건 민사 판결은 이 사건 부동산의 양도가액이 38억 3천만 원에서 35억 원으로 변경되었다는 것이 아니고 원래 양도가액이 35억 원인데 이를 모두 지급하였다는 내용이므로, 이 사건 민사 판결의 확정을 후발적 경정청구 사유인 거래 또는 행위 등이 판결에 의하여 다른 것으로 확정된 경우라고 할 수 없다는 것이다(원심판단).

(11) 대법원은 납세의무자가 그 판결에서 확정된 내용을 법 제45조의2 제1항 각 호에서 정한 **통상의 경정청구 사유로 다툴 수 있었다는 사정만으로 납세의무자의 정당한 후발적 경정청구가 배제된다고 할 수 없다**고 판결하였다.

(12) 경정청구는 납세의무자가 당초의 오류 또는 후발적 사유로 인하여 과세표준 및 세액이 과다한 경우 납세의무자에게 권리구제를 받게 하는 제도이다.

(13) 후발적 경정청구 사유를 1, 2심 재판부와 같이 엄격하게 통상적인 경우와 후발적 사유의 경우를 구분하여 경정청구 기간을 제한하는 것은 납세자의 권리구제라는 경정청구의 본래 취지에 부합하지 않는 것으로 보이고, 대법원의 판결에서와 같이 후발적 경정청구 사유를 폭넓게 인정하는 것이 타당하다고 본다.

7. 관련 판례

문서번호	내　용
대법원 2011. 7. 28. 선고 2009두22379 판결	구 국세기본법 제45조의2 제2항에서 후발적 경정청구제도를 둔 취지는 납세의무 성립 후 일정한 후발적 사유의 발생으로 말미암아 과세표준 및 세액의 산정 기초에 변동이 생긴 경우 납세자로 하여금 그 사실을 증명하여 감액을 청구할 수 있도록 함으로써 **납세자의 권리구제를 확대**하려는 데 있다.
대법원 2006. 1. 26. 선고 2005두7006 판결	후발적 경정청구 제도를 둔 취지는 납세의무 성립 후 일정한 후발적 사유의 발생으로 말미암아 과세표준 및 세액의 산정 기초에 변동이 생긴 경우 납세자로 하여금 그 사실을 증명하여 감액을 청구할 수 있도록 함으로써 납세자의 권리구제를 확대하려는 데 있는바, 여기서 말하는 후발적 경정청구 사유 중 법 제45조의2 제2항 제1호 소정의 "거래 또는 행위 등이 그에 관한 소송에 대한 판결에 의하여 다른 것으로 확정된 때'는 최초의 신고 등이 이루어진 후 과세표준 및 세액의 계산 근거가 된 거래 또는 행위 등에 관한 분쟁이 발생하여 그에 관한 소송에서 판결에 의하여 그 거래 또는 행위 등의 존부나 그 법률효과 등이 다른 내용의 것으로 확정됨으로써 최초의 신고 등이 정당하게 유지될 수 없게 된 경우를 의미한다.

문서번호	내 용
대법원 2006. 1. 26. 선고 2005두7006 판결	최초에 신고하거나 결정 또는 경정한 과세표준 및 세액의 계산 근거가 된 거래 또는 행위 등에 대하여 분쟁이 생겨 그에 관한 판결에 의하여 다른 것으로 확정된 때에는, 납세의무자는 **국세부과 제척기간 경과한 후라도 국세기본법 제45조의 제2항 제1호의 규정에 따른 경정청구를 할 수 있다.**

7-8 채무자의 도산 등으로 회수불능이 된 경우 후발적 경정청구 사유에 해당함

● 대상판결 : 대법원 2018두30471 (2018. 5. 15.) ➜ 국패

핵심 요지

이 사건 급여와 퇴직금 채권이 확정적으로 발생하였다고 하더라도 그 후 이를 면제하는 내용의 이 사건 회생 계획이 인가됨으로 인하여 회수불능이 되어 장래 그 소득이 실현될 가능성이 전혀 없음이 객관적으로 명백하고, 이로써 원고의 이 사건 급여와 퇴직금에 관한 소득세 원천징수 의무도 그 전제를 잃게 되었으므로, 이는 구 국세기본법 제45조의2 제4항, 제2항 제5호, 구 국세기본법 시행령 제25조의2 제4호가 규정한 후발적 경정청구 사유에 해당한다.

1. 사실관계

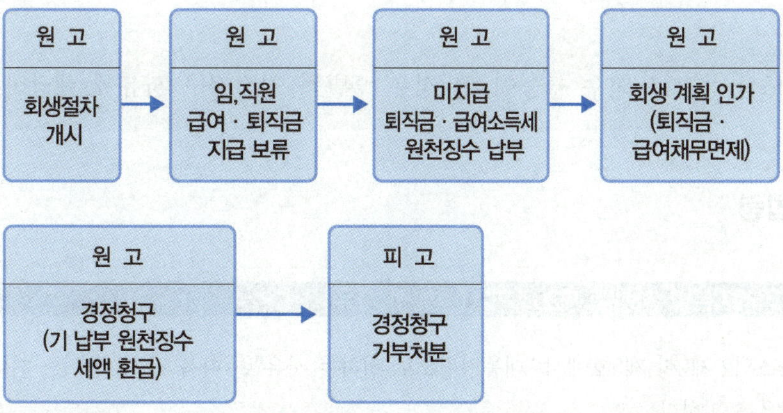

(1) 원고는 국내외 석유, 천연 가스전 탐사, 개발, 생산, 판매 사업 및 서비스용역 등을 영위하는 회사이다.

(2) 원고는 2013. 10. 4. 서울중앙지방법원에 회생절차 개시 신청을 하여 2013. 10. 17. 그 개시 결정을 받았고, 2014. 3. 18.에는 회생 계획이 인가되었다.

(3) 원고는 위와 같이 회생절차가 개시되자 그 임직원들에게 2013. 10.분 급여의 지급을 보류하였고, 2013. 10. 16. 또는 2013. 10. 31. 퇴직한 임원들에게 각 퇴직금의 지

급을 보류하였다.

(4) 다만 원고는 2013. 11. 10. 피고에게 위와 같이 미지급한 이 사건 급여와 퇴직금에 대한 지급명세서를 제출하고, 이에 관한 소득세를 원천 징수하여 납부하였다.

(5) 그 후 인가된 이 사건 회생 계획에는 이 사건 급여와 퇴직금 채무의 대부분을 면제하는 내용이 포함되었다.

(6) 이에 원고는, '이 사건 회생 계획의 인가 결정으로 이 사건 급여와 퇴직금 채무가 면제되었으므로 이를 근로소득세 과세 대상 급여에서 제외하고 이 사건 임원 및 대주주에 대한 근로소득세와 퇴직소득세를 다시 계산하여 2013. 11. 10. 이미 납부한 원천징수 세액과의 차액을 환급하여 달라'는 취지의 각 경정청구를 하였다.

(7) 피고는 2015. 1. 6. '이 사건 회생 계획의 인가 결정으로 이 사건 급여와 퇴직금 지급이 면제되었다는 사정은 구 국세기본법 제45조의2 제4항, 제2항 소정의 후발적 경정청구 사유가 되지 않는다'는 이유로 각 경정청구를 거부하는 이 사건 처분을 하였다.

2. 쟁 점

채무자의 도산 등으로 회수 불능이 된 경우 후발적 경정청구 사유에 해당하는지 여부

3. 관련 법령

국세기본법 시행령 제25조의2【후발적 사유】

법 제45조의2 제2항 제5호에서 "대통령령으로 정하는 사유"란 다음 각 호의 어느 하나에 해당하는 경우를 말한다.

1. 최초의 신고·결정 또는 경정을 할 때 과세표준 및 세액의 계산 근거가 된 거래 또는 행위 등의 효력과 관계 되는 관청의 허가나 그 밖의 처분이 취소된 경우
2. 최초의 신고·결정 또는 경정을 할 때 과세표준 및 세액의 계산 근거가 된 거래 또는 행위 등의 효력과 관계 되는 계약이 해제권의 행사에 의하여 해제되거나 해당 계약의 성립 후 발생한 부득이한 사유로 해제되거나 취소된 경우
3. 최초의 신고·결정 또는 경정을 할 때 장부 및 증거서류의 압수, 그 밖의 부득이한 사유로

> 과세표준 및 세액을 계산할 수 없었으나 그 후 해당 사유가 소멸한 경우
> 4. 그 밖에 제1호부터 제3호까지의 규정에 준하는 사유가 있는 경우

4. 원·피고 주장 요약

(1) 원 고

이 사건 회생 계획 인가로 이 사건 쟁점 급여 및 퇴직금 지급이 면제됨에 따라 임직원들의 이 사건 쟁점 급여 및 퇴직금에 관한 소득이 실현될 가능성이 전혀 없게 되었으므로 원고의 소득세 원천징수 납부 의무도 그 전제를 잃게 되었다. 따라서 위와 같은 사유는 구 국세기본법 제45조의2 제4항, 제2항 제5호, 국세기본법 시행령 제25조의2 제2호에 준하는 사유로서 국세기본법 시행령 제25조의2 제4호가 규정한 후발적 경정청구 사유에 해당한다.

(2) 피 고

원고가 2013. 11. 10. 피고에게 이 사건 쟁점 급여 및 퇴직금에 관한 소득세를 원천 징수하여 납부한 것은 소득세법 제135조 제1항 및 제147조 제1항 소정의 지급 의제 규정에 의한 것이므로, 이후 이 사건 회생 계획의 인가로 이 사건 쟁점 급여 및 퇴직금 지급이 면제되었다고 하더라도 이는 구 국세기본법 제45조의2 제4항, 제2항 소정의 후발적 경정 사유에 해당하지 아니한다.

5. 사건의 경과

(1) 원심판결(서울고등법원 2017. 12. 18. 선고 2017누270 판결) : 국승

현행 소득세법 제39조는 소득의 귀속시기에 관하여 권리의무확정주의를 채택하고 있다. 따라서 권리가 확정적으로 발생하면 소득이 실현된 것으로 보고 과세소득을 계산함이 원칙이다. 그리고 조세 채무가 확정된 후에는 그 확정이 과세관청에 의해 이루어졌든, 납세의무자의 신고에 의해 이루어졌든 간에 그 효과를 임의로 변경할 수 없다.

… 그런데 위 국세기본법령에서 경정청구를 허용하고 있는 후발적 사유들을 살펴보면 대부분 처음부터 권리 의무 성립의 기초가 잘못되어 있거나 관련 인허가의 취소, 해제 등으로 인해 소급하여 해당 권리 의무 성립의 기초가 상실되는 경우들이다. 따라서 당사자가 사후에 임의로 행하는 면제 등과 같이 '기존 권리 의무의 성립 기초 자체가 없거나 소멸되는 경우'가 아니라 '기존 권리 의무가 유효함을 전제로 장래를 향하여 이를 변경시키는 것에 불과한 경우'는 위 국세기본법령에서 예정하고 있는 후발적 경정청구 사유라고 볼 수 없다[이러한 관점에서 회수불능인 채권에 대해 후발적 경정청구를 인정하는 범위도 회수불능을 이유로 기존 권리 의무의 성립 기초를 사실상 해제할 수 있는 경우에 국한되어야 한다].

그렇다면 **구 채무자회생법 제252조 제1항에 따른 권리변경의 일환으로 채권 채무가 면제되는 경우 역시 후발적 경정청구 사유라고 보기 어렵다.** 이 역시 기존 권리 의무가 유효함을 전제로 장래를 향하여 그 권리 의무를 변경시키는 것에 불과하기 때문이다.

(2) 대상 판결 : 파기환송(국패)

이 사건 급여와 퇴직금 채권이 확정적으로 발생하였다고 하더라도 그 후 이를 면제하는 내용의 이 사건 회생 계획이 인가됨으로 인하여 회수불능이 되어 장래 그 **소득이 실현될 가능성이 전혀 없음이 객관적으로 명백하고, 이로써 원고의 이 사건 급여와 퇴직금에 관한 소득세 원천징수 의무도 그 전제를 잃게 되었으므로,** 이는 구 국세기본법 제45조의2 제4항, 제2항 제5호, 구 국세기본법 시행령 제25조의2 제4호가 규정한 후발적 경정청구 사유에 해당한다.

그런데도 원심은 그 판시와 같은 이유로 이 사건 급여와 퇴직금 채권이 회생계획을 통하여 면제되었다는 사정은 후발적 경정청구 사유에 해당하지 않는다고 판단하였다.

이러한 원심의 판단에는 후발적 경정청구 사유에 관한 법리를 오해하여 판결에 영향을 미친 잘못이 있다. 이 점을 지적하는 상고이유 주장은 이유 있다.

6. 평 석

(1) 국세기본법 제45조의2 제2항은 납세자가 후발적 경정청구를 할 수 있는 사유로 제1

호부터 제4호로 '최초의 신고, 결정 또는 경정에서 과세표준 및 세액의 계산 근거가 된 거래 또는 행위 등이 그에 관한 소송에 대한 판결에 의하여 다른 것으로 확정되었을 때'(제1호) 등을 규정한 다음, 제5호에서 '제1호부터 제4호까지와 유사한 사유로서 대통령령으로 정하는 사유가 해당 국세의 법정 신고 기한이 지난 후에 발생하였을 때'를 규정하고 있다. 그리고 그 위임에 따른 구 국세기본법 시행령(2017. 2. 7. 대통령령 제27833호로 개정되기 전의 것) 제25조의2는 "법 제45조의2 제2항 제5호에서 '대통령령으로 정하는 사유'란 다음 각 호의 어느 하나에 해당하는 경우를 말한다."라고 규정하면서, 제1호부터 제3호로 '최초의 신고, 결정 또는 경정을 할 때 과세표준 및 세액의 계산 근거가 된 거래 또는 행위 등의 효력과 관계되는 계약이 해제권의 행사에 의하여 해제되거나 해당 계약의 성립 후 발생한 부득이한 사유로 해제되거나 취소된 경우'(제2호) 등을 규정하는 한편, 제4호에서 '그 밖에 제1호부터 제3호까지의 규정에 준하는 사유가 있는 경우'를 들고 있다.

(2) 원심은 소득세법이 채택하고 있는 권리의무확정주의를 들어 이미 권리가 확정적으로 발생한 소득에 대한 과세는 그 효과를 임의로 변경할 수 없다고 판단하였다.

(3) 이에 대해 대법원은 대상 판결을 통해 원고의 이 사건 급여와 퇴직금에 관한 소득세 원천징수 의무는 그 전제를 잃게 되었으므로(납세의무가 이미 확정되었다 하더라도), 이는 국세기본법에서 규정하고 있는 후발적 경정청구 사유에 해당한다고 보았다.

(4) 후발적 경정청구 제도는 납세자의 권리구제를 확대하려는 데 그 취지가 있으므로 개별세법에 규정이 없는 한 적용 범위를 함부로 제한할 수 없다.

(5) 일정한 후발적 사유로 인하여 소득이 실현되지 아니하면, 당초 성립하였던 납세의무는 그 전제를 상실하여 소득세를 부과할 수 없다(대법원 2013. 12. 26. 선고 2011두1245 판결 등).

(6) 조세 채권자인 과세관청은 납세의무자의 신고 내용에 오류 · 탈루가 있는 경우에는 부과권의 제척기간 내에서는 횟수에 제한을 받지 않고 이를 즉시 경정할 수 있다.

(7) 경정청구권은 이에 대응하여 납세의무자가 세액의 과다 신고 또는 환급 세액의 과소 신고나 소정의 후발적 사유가 발생한 때에 그 시정 변경을 청구할 수 있도록 마련된 권리이다.

(8) 과세관청은 납세자의 권익 보호를 위하여 2005. 7. 13. 개정세법에서 통상적 경정청

구 기간을 **3년**으로 늘렸다가 **2014. 12. 23.** 개정세법에서는 **5년**으로 더 연장하였고, **2015. 12. 15.** 개정세법에서는 후발적 사유에 의한 경정청구 기간도 **'사유가 발생한 것을 안 날'로부터 3개월로 더 연장**하였다.

(9) 국세 징수권의 소멸시효가 5년임에 비하여 납세자의 경정청구 기간은 2년 또는 3년인 것에 대하여 납세자와 과세권자 간에 형평성 문제가 계속 제기됨에 따라, 납세자의 권익 보호를 위하여 국세의 경정청구 기간을 더 연장한 것이다.

(10) 최근 대법원은 실질적 경영자와 공모하여 법인의 자금을 횡령한 귀속자가 형사재판에 과정에서 그 **횡령금 상당액을 피해법인에 지급한 것이 소득처분으로 성립한 소득세 납세의무에 관한 후발적 경정청구 사유가 되는지 여부**에 대해 "사외유출된 이 사건 사용료 상당액에 관하여 소득처분에 따라 원고에게 소득세 납세의무가 성립한 이상, 그 후 원고가 형사재판 계속 중 이 사건 금원을 이 사건 회사들에 지급한 것만으로는 구 국세기본법 제45조의2 제2항 등이 정한 **후발적 경정청구 사유가 존재한다고 볼 수 없다.**"고 판시하였다(대법원 2024. 6. 17. 선고 2021두35346 판결).

(11) **뇌물 등**은 필요적 몰수 또는 추징의 대상(형법 제134조, 제357조 제3항, 특정범죄 가중처벌 등에 관한 법률 제13조)으로서 수뢰자 등이 뇌물 등을 수수할 때부터 이미 그 소득에는 **경제적 이익의 상실 가능성이 내재 되어 있음이 분명**하다(그러므로 뇌물 등이 몰수 또는 추징되었다면 **후발적 경정청구 사유에 해당**한다). 반면 **횡령금의 경우**에는 원칙적으로 국가에 의한 몰수 또는 추징의 대상이 되지 않고, 그 반환 여부 또는 반환을 위한 구제 절차의 진행 여부 등이 귀속자나 피해법인 등 당사자의 의사에 크게 좌우된다. 특히 **법인의 실질적 경영자가 가담하여 사외유출한 횡령금의 경우**, 피해법인이 자발적으로 그 반환을 구할 가능성을 상정하기 어려우므로, 그 소득에 경제적 이익의 상실 가능성이 내재 되어 있다고 단정할 수 없으므로 **후발적 경정청구 사유에 해당하지 않는다**는 것이다.

(12) 요약하면, **수뢰 · 알선수재 · 배임수재 이후 형사판결에서 몰수 · 추징당한 경우**에는 납세의무가 성립한 이후 경제적 이익의 상실 가능성이 현실화되었으므로 **후발적 경정청구를 할 수 있으나,** 대상 판결 사안과 같은 **횡령의 경우**에는 필요적 몰수 · 추징이 없고, 반환 여부 등이 당사자의 의사에 좌우되어 경제적 이익의 상실 가능성이 내재되어 있다고 보기 어려우며, 이미 소득처분으로 그 귀속자에게 소득세 납세의무

가 성립한 이상, 사후에 그 귀속자가 횡령금 상당액을 피해자에게 지급하였다고 하더라도, 이는 특별한 사정이 없는 한 **후발적 경정청구 사유에 해당하지 않는다**.

(13) 한편, 몰수·추징과 횡령에서의 횡령금 반환은 당초 과세표준과 세액의 산정 기초에 변동을 가져왔다는 점과 경제적 이익의 상실 가능성이 현실화 되었다는 점에서 동일하며, 양자를 달리 취급할 이유가 없고, 횡령금 반환에 대해 아무런 세무조정을 해주지 않고 당사자들에게 이중의 조세부담을 지우는 것은 부당하다는 점 등을 들어, 횡령금을 반환한 경우에도 수뢰·알선수재·배임수재에서 몰수·추징의 경우와 마찬가지로 후발적 경정청구를 인정하는 것이 타당하다는 일부 견해가 상존한다.

(14) 일부 세무 전문가들은 횡령금을 반환하였는데도 과세관청이 후발적 경정청구를 인정하지 않는 경우, 지배주주가 횡령으로 취득한 재산을 지배주주의 법인에 대한 출자로 볼 수도 있다는 의견을 제시하고 있다.

7. 관련 판례

문서번호	내 용
대법원 2014. 12. 11. 선고 2012두27183 판결, 대법원 2015. 3. 12. 선고 2014두44830 판결 등	**경정청구 기간이 도과한 후에 제기된 경정청구**는 부적법하여 과세관청이 과세표준 및 세액을 결정 또는 경정하거나 거부처분을 할 의무가 없으므로, 과세관청이 경정을 거절하였다고 하더라도 이를 항고소송의 대상이 되는 **거부처분으로 볼 수 없다**.
대법원 2014. 1. 29. 선고 2013두18810 판결 등	납세의무의 성립 후 소득의 원인이 된 채권이 채무자의 도산 등으로 인하여 회수불능이 되어 장래 그 소득이 실현될 가능성이 전혀 없게 된 것이 객관적으로 명백하게 되었다면, 이는 국세기본법 시행령 제25조의2 제2호에 준하는 사유로서 특별한 사정이 없는 한 국세기본법 시행령 제25조의2 제4호가 규정한 후발적 경정청구 사유에 해당한다고 봄이 타당하다.
대법원 2015. 7. 16. 선고 2014두5514 전원합의체 판결	위법소득의 지배·관리라는 과세요건이 충족됨으로써 일단 납세의무가 성립하였다고 하더라도 그 후 몰수나 추징과 같은 위법소득에 내재되어 있던 경제적 이익의 상실 가능성이 현실화 되는 후발적 사유가 발생하여 소득이 실현되지 아니하는 것으로 확정됨으로써 당초 성립하였던 납세의무가 전제를 잃게 되었다면, 특별한 사정이 없는 한 납세자는

문서번호	내 용
	국세기본법 제45조의2 제2항 등이 규정한 후발적 경정청구를 하여 납세의무의 부담에서 벗어날 수 있다. 그리고 이러한 후발적 경정청구 사유가 존재함에도 과세관청이 당초에 위법 소득에 관한 납세의무가 성립하였던 적이 있음을 이유로 과세처분을 하였다면 이러한 과세처분은 위법하므로 납세자는 항고소송을 통해 취소를 구할 수 있다.
대법원 2014. 3. 13. 선고 2012두10611 판결	기간 과세 세목인 법인세에서도 구 국세기본법 시행령(2010. 2. 18. 대통령령 제22038호로 개정되기 전의 것) 제25조의2 제2호에서 정한 '해제권의 행사나 부득이한 사유로 인한 계약의 해제'는 원칙적으로 후발적 경정청구 사유가 된다. 다만, 법인세법이나 관련 규정에서 일정한 계약의 해제에 대하여 그로 말미암아 실현되지 아니한 소득금액을 해제일이 속하는 사업연도의 소득금액에 대한 차감 사유 등으로 별도로 규정하고 있거나 경상적·반복적으로 발생하는 상품판매계약 등의 해제에 대하여 납세의무자가 기업회계의 기준이나 관행에 따라 해제일이 속한 사업연도의 소득금액을 차감하는 방식으로 법인세를 신고하여 왔다는 등의 특별한 사정이 있는 경우에는 그러한 계약의 해제는 당초 성립하였던 납세의무에 영향을 미칠 수 없으므로 후발적 경정청구 사유가 될 수 없다.
대법원 2014. 1. 29. 선고 2013두18810 판결	사업소득에서 대손금과 같이 소득세법이나 관련 법령에서 특정한 후발적 사유의 발생으로 말미암아 실현되지 아니한 소득금액을 그 후발적 사유가 발생한 사업연도의 소득금액에 대한 차감 사유로 별도로 규정하고 있다는 등의 특별한 사정이 없는 한 납세자는 국세기본법 제45조의2 제2항 등이 규정한 후발적 경정청구를 하여 납세의무의 부담에서 벗어날 수 있다고 보아야 한다.
대법원 2013. 12. 26. 선고 2011두1245 판결	소득의 원인이 되는 권리가 확정적으로 발생하여 과세요건이 충족됨으로써 일단 납세의무가 성립하였다 하더라도 일정한 후발적 사유의 발생으로 말미암아 소득이 실현되지 아니하는 것으로 확정되었다면, 당초 성립하였던 납세의무는 그 전제를 상실하여 원칙적으로 그에 따른 법인세를 부과할 수 없다고 보아야 한다. … 여기에서 말하는 후발적 사유에는 사업상의 정당한 사유로 당초의 매매대금이나 용역 대금을 감액한 경우도 포함된다고 봄이 타당하므로, 특별한 사정이 없는

문서번호	내 용
	한 그 감액분을 당초의 매매대금이나 용역 대금에 대한 권리가 확정된 사업연도의 소득금액에 포함하여 법인세를 과세할 수는 없다.
대법원 2010. 12. 9. 선고 2008두10133 판결	피상속인이 제3자를 위하여 연대보증채무를 부담하고 있었지만 상속개시 당시에는 아직 변제기가 도래하지 아니하고 주채무자가 변제불능의 무자력 상태에 있지도 아니하여 피상속인이 그 채무를 종국적으로 부담하여 이행하여야 하는지가 확실하지 않다는 이유로 과세관청이 그 채무액을 상속재산의 가액에서 공제하지 아니한 채 상속세 부과처분을 하였으나, 그 후 주채무자가 변제기 도래 전에 변제불능의 무자력 상태가 됨에 따라 상속인들이 사전구상권을 행사할 수도 없는 상황에서 채권자가 상속인들을 상대로 피상속인의 연대보증채무의 이행을 구하는 민사소송을 제기하여 승소 판결을 받아 그 판결이 확정되었을 뿐만 아니라 상속인들이 주채무자나 다른 연대보증인에게 실제로 구상권을 행사하더라도 변제받을 가능성이 없다고 인정되는 경우에는, 이와 같은 승소확정 판결에 의하여 피상속인의 연대보증채무는 상속세 부과처분 당시와는 달리 피상속인이 종국적으로 부담하여 이행하여야 할 채무로 사실상 확정되었다고 볼 수 있고, 따라서 이러한 판결에 따른 피상속인의 연대보증채무의 확정은 구 국세기본법 제45조의2 제2항 제1호 소정의 후발적 경정청구 사유에 해당한다.

제8절 근거과세원칙

8-1 확인서의 효력

● 대상판결 : 대법원 2001두7770 (2003. 6. 24.) ➜ 파기환송

핵심 요지

법인의 소득금액을 결정함에 있어 익금에 산입할 수익이 있었는지의 여부나 그 수익액이 얼마인지에 대한 입증책임은 원칙적으로 과세관청에 있는 것이고, 또 일반적으로 납세의무자의 신고내용에 오류 또는 탈루가 있어 이를 경정함에 있어서는 장부나 증빙에 의함이 원칙이라고 하겠으나, 진정성립과 내용의 합리성이 인정되는 다른 자료에 의하여 그 신고내용에 오류 또는 탈루가 있음이 인정되고 실지조사가 가능한 때에는 그 다른 자료에 의하여서도 이를 경정할 수 있지만, 납세의무자가 제출한 매출누락 사실을 자인하는 확인서에 매출사실의 구체적 내용이 들어 있지 않아 그 증거가치를 쉽게 부인할 수 없을 정도의 신빙성이 인정되지 아니한다면, 비록 납세의무자의 확인서라고 하더라도, 이는 실지조사의 근거로 될 수 있는 장부 또는 증빙서류에 갈음하는 다른 자료에 해당되지 아니한다.

1. 사실관계

(1) 원고는 의류제조·판매회사이다.

(2) 실지조사확인결과 "실지재고조사 수량이 장부상 재고자산보다 적다."는 사실을 확인하고, 이를 컴퓨터 입력 착오, 도난, 손실 등의 원인으로 발생한 재고감모손실로 보아 매출원가에 반영하여 법인세를 신고하였다.

(3) 피고는 위 재고부족에 대하여 원고에게 소명요구하였으나 소명하지 못하자 그 재고부족분 전부를 매출누락으로 간주, 익금산입 후 법인세를 증액경정 처분하였다.

2. 쟁 점

과세처분에 대한 입증책임 및 납세의무자가 제출한 매출누락사실을 자인하는 확인서에 매출사실의 구체적 내용이 들어 있지 않을 경우, 그 확인서가 실지조사의 근거가 될 수 있는 증빙서류에 해당하는지 여부

3. 관련 법령

비판 견해 「국세기본법」 제16조【근거과세】

① 납세의무자가 세법에 따라 장부를 갖추어 기록하고 있는 경우에는 해당 국세 과세표준의 조사와 결정은 그 장부와 이에 관계되는 증거자료에 의하여야 한다.
② 제1항에 따라 국세를 조사·결정할 때 장부의 기록내용이 사실과 다르거나 장부의 기록에 누락된 것이 있을 때에는 그 부분에 대해서만 정부가 조사한 사실에 따라 결정할 수 있다.
③ 정부는 제2항에 따라 장부의 기록내용과 다른 사실 또는 장부 기록에 누락된 것을 조사하여 결정하였을 때에는 정부가 조사한 사실과 결정의 근거를 결정서에 적어야 한다.
④ 행정기관의 장은 해당 납세의무자 또는 그 대리인이 요구하면 제3항의 결정서를 열람 또는 복사하게 하거나 그 등본 또는 초본이 원본과 일치함을 확인하여야 한다.
⑤ 제4항의 요구는 구술(口述)로 한다. 다만, 해당 행정기관의 장이 필요하다고 인정할 때에는 열람하거나 복사한 사람의 서명을 요구할 수 있다.

4. 사건의 경과

(1) 원심판결(서울행정법원 99누16377, 서울고등법원 2000누13602) : 국승

갑의 직원 및 대표이사가 날인한 확인서에 위 재고부족분의 매출시기 및 매출누락액이 구체적으로 기재되어 있고, 반면 남은 재고부족분 발생원인을 구체적으로 소명하지 못하였으므로 원고의 청구를 기각하였다.

(2) 대상판결

① 법인의 소득금액을 결정함에 있어 **수익이 있었는지 여부나 수익액이 얼마인지에 대한 입증책임은 원칙적으로 과세관청**에 있다.

② 일반적으로 신고내용에 오류 또는 탈루가 있어 경정하는 경우 장부나 증빙에 의함이 원칙이다.

③ 다만, 진정성립과 내용의 합리성이 인정되는 자료에 의하여 그 신고내용에 오류 또는 탈루가 있음이 인정되고 실지조사가 가능한 때에는 그 다른 자료에 의해서도 경정 가능하다.

④ **납세자가 제출한 확인서에 매출사실의 구체적 내용이 들어 있지 않아 그 증거가치를 쉽게 부인할 수 없을 정도의 신빙성이 인정되지 아니한다면 이는 실지조사의 근거로 될 수 있는 장부 또는 증빙서류에 갈음하는 다른 자료에 해당하지 않는다.**

5. 평 석

(1) 비록 납세자가 작성한 매출누락확인서라 할지라도 그 속에 매출의 구체적인 내용(구체적인 거래시기, 거래금액, 거래방법 등)이 포함되어 있지 않다면 이는 장부를 갈음할 만한 신빙성이 없다고 보는 것이다. 즉, 확인서가 충분히 신빙할 만한 내용을 포함하고 있을 것을 요한다.

(2) **구체적이고 합리적인 다른 증빙을 확보하지 않은 채 납세자의 확인서에만 근거하여 과세하는 것은 인정할 수 없다.**

전문(傳聞)법칙, 전문증거

전문증거의 증거능력을 원칙적으로 인정하지 않는 증거법상의 법칙

6. 관련 판례

문서번호	내 용
대법원 1983. 9. 11. 선고 83누264 판결 : 국패	세무조사 당시 납세자가, 과세관청이 주장하는 소득누락사실을 시인한 바 있다고 하여도 … 소득누락사실을 부인할 경우에 **세무처리상 불이익이 있을 것을 두려워하여 시인한 것에 지나지 않는다면 이와 같은 시인은 과세처분의 적법성을 뒷받침하는 자료가 될 수 없다.**
대법원 1998. 5. 22. 선고 98두2928 판결 : 국승	그 확인서가 작성자의 의사에 반하여 강제로 작성되었거나 혹은 그 내용의 미비 등으로 인하여 구체적인 사실에 대한 입증자료로 삼기 어렵다는 등의 **특별한 사정**이 없는 한 그 **확인서의 증거가치는 쉽게 부인할 수 없는 것이다.**
대법원 2009. 7. 9. 선고 2009두5022 판결, 서울고법 2010. 12. 24. 선고 2010누20418 판결	수사기관 또는 과세관청의 납세의무자 아닌 자의 진술이 기재된 전말서 등은 **그 진술내용에 부합하는 증빙자료가 있거나 납세의무자에 대한 사실확인 등의 보완조사가 이루어지지 않았다면 납세의무자 아닌 자의 일방적 진술을 기재한 것에 불과**하여 다른 특별한 사정이 없는 한 이를 **납세의무자에 대한 과세자료로 삼을 수 없다**(같은 뜻 : 대법원 2015. 6. 24. 선고 2015두39316 판결).
서울고등법원 2003. 7. 8. 선고 2002누10133 판결 : 국승	조사기간 중 세무사를 동반하여 사전에 충분한 설명을 듣고 협의를 하는 등 조력을 받은 점 등에 비추어 보면… 문답서 및 확인서의 각 기재는 신빙성이 있다고 판단된다(같은 뜻 : 서울행정법원 2002. 5. 30. 선고 2002구합3423 판결; 원고 상소포기).
대법원 2000. 12. 22. 선고 98두1581 판결 : 국승	식당의 매출누락액을 납세의무자가 작성한 확인서와 매출 누락명세서에 기초하여 인정한 것은 적법한 실지조사방법이다(같은 뜻 : 대법원 2002. 12. 6. 선고 2001두2560 판결 등)

제9절 신뢰보호 원칙

9-1 조세포탈과 신의칙 적용

● 대상판결 : 대법원 2005두6300 (2006. 1. 26.) ➜ 국패

핵심 요지

납세의무자가 자산을 과대계상하거나 부채를 과소계상하는 등의 방법으로 분식결산을 하고 이에 따라 과다하게 법인세를 신고, 납부하였다가 그 과다납부한 세액에 대하여 취소소송을 제기하여 다툰다는 사정만으로 신의성실의 원칙에 위반될 정도로 심한 배신행위를 하였다고 볼 수는 없는 것이다.

1. 사실관계

(1) 원고는 당초 법인세 신고 당시 자산은 과대계상하고 부채는 과소계상하여 분식결산하였다.

(2) 증권선물위원회는 원고에 대한 재무제표 감리결과 과소계상된 비용을 확인하였다.

(3) 피고는 이 사건 부과처분 시 분식회계처리한 과소계상된 비용을 손금불산입하였다.

증권선물위원회

증권·선물시장(자본시장)의 불공정거래 조사와 금융위원회가 수행하는 주요사항을 사전에 심의하기 위해 금융위원회에 설치된 기구

(4) 원고와 피고의 주장

원 고	피 고
과소계상된 비용이 확인된다면 실질과세 원칙상 위 분식금액도 법인세 과세표준 산정 시 반영되어야 하나 이 사건 부과처분은 과소계상된 비용을 손금에 산입하지 아니한 것으로 위법하다.	당초 원고의 신고내용을 신뢰하여 법인세를 부과했고, 원고는 투자자들이나 채권자를 기망할 목적으로 「주식회사의외부감사에관한법률」 등 관계 법령을 위반하고 분식결산하여 불법적 이득을 취득하였으며 그 이후 분식결산사실이 적발되자 당초의 법인세 신고내용이 조작된 것이라며 부과취소를 구하는 것은 납세자가 지켜야 할 **신의·성실의무에 반하는 것이다.**

2. 쟁 점

이 사건 청구가 신의성실의 원칙에 위반될 정도로 심한 배신행위에 기인하였는지 여부

3. 대상판결

납세의무자가 자산을 과대계상하거나 부채를 과소계상하는 등의 방법으로 분식결산을 하고 이에 따라 과다하게 법인세를 신고, 납부하였다가 그 과다납부한 세액에 대하여 취소소송을 제기하여 다투는 경우, **납세의무자에게 신의성실의 원칙을 적용할 수 없다.**
즉, 납세자가 분식결산을 하고 법인세를 과다 신고·납부하였다가 그 과다 납부한 세액에 대하여 취소소송을 제기하여 다툰다는 사정만으로 신의성실의 원칙에 위배될 정도로 **심한 배신행위를 하였다고 볼 수 없다.**

4. 평 석

납세자의 경우 신의칙이 적용되기 위해서는 다음의 요건을 갖추어야 한다.

① 객관적으로 모순되는 행태가 존재할 것 ② 그 행태가 납세의무자의 **심한 배신행위(조세포탈)**에 기인하였을 것 ③ 그에 기하여 야기된 과세관청의 신뢰가 보호받을 가치가 있을 것

따라서 납세자의 신의칙 적용 여부는 조세포탈로 인한 국고손실이 있었는지에 따라 판단이 달라지며, 위 조건이 충족되면 납세자에 대한 신의칙이 적용된다.

5. 관련 판례

문서번호	내 용
대법원 1991. 10. 22. 선고 90누9360 판결 : 국승	허위로 작성·제출된 자경확인서에 의하여 8년 이상 자경한 농지로 오인하여 비과세결정을 하였다가 그 후 실지조사로 비자경농지의 양도임이 밝혀져 비과세결정을 번복한 처분은 정당하다.
서울고등법원 2008. 11. 5. 선고 2008누11831 판결 : 국패	사업자등록을 신청하였다가 실제 사업자가 아니라고 주장하면서 부과처분의 소를 구한다는 사정만으로 신의칙에 위반할 정도로 심한 배신행위를 하였다고 볼 수 없다.
대법원 2008. 6. 12. 선고 2008두5674 판결 : 국패	가공세금계산서를 허위로 발행하였다 하더라도 이 사건 세금계산서에 근거한 매입세액공제를 받지 못하였고 아무런 **조세포탈이 발생하지 않은 점** 등에 비추어 보면, 신의칙에 위반될 정도로 **심한 배신행위를 하였다고 할 수 없다.**
서울고등법원 2008. 5. 8. 선고 2007누24045 판결 : 국승	세금계산서를 허위로 발행하고 부가가치세를 신고·납부하였다가 거래상대방이 그 공제받은 매입세액을 무납부 하고 있어 **국고에 손실이 발생한** 점을 감안할 때, 신의칙 위반에 해당된다.
대법원 2011. 1. 20. 선고 2009두13474 판결 : 국승	매출세액의 포탈을 목적으로 하는 악의적 사업자가 존재하고, 그로 인하여 자신의 매입세액공제·환급이 다른 **세수의 손실을 가져온다는 사정**을 알았거나 중대한 과실로 알지 못한 수출업자가 매입세액의 공제·환급을 구하는 것은 신의성실의 원칙에 위배된다. 즉, 심한 배신행위에 해당된다.
대법원 1997. 3. 20. 선고 95누18383 전원합의체 판결	납세의무자에 대한 신의성실의 원칙 적용은 극히 제한적으로 인정하여야 하고 이를 확대해석하여서는 안 된다.
과세기준자문 법규과-201, 2008. 1. 14.	분식회계에 대한 경정청구는 기업의 회계처리가 「증권거래법」·「주식회사의외부감사에관한법률」 위반으로 금감원으로부터 주의·경고 조치 등을 받아 '사실과 다른 회계처리'임이 확인된 경우에 가능하다.

문서번호	내 용
국심 2003. 2. 21. 선고 2003서190 결정	분식결산을 하고 사후에 법인세를 과다신고·납부했다고 주장하는 것은 납세자의 신의칙 위반으로 경정청구대상이 아니다(국심 2003. 4. 24. 선고 2002서3080 결정 등). ※ **다수의 하급심 판결례 : 위 경우 납세자에게 신의칙을 적용할 수 없음(국가패소)** (서울행법 2002구합33189; 2003구합12653; 2003구합15256; 서울고법 2004누23683; 2004누19172 등)
감심-14, 1996. 8. 27. 인용	법인세 조사·결정 시 법인이 수입금액을 과다신고한 경우 직권으로 감액경정하지 않은 것은 부당하다.
대법원 1993. 7. 27. 선고 90누10384 판결 참조	실질과세의 원칙에 비추어 법인세의 과세소득을 계산함에 있어서 구체적인 세법적용의 기준이 되는 과세사실의 판단은 당해 법인의 기장내용, 계정과목, 거래명의에 불구하고 그 거래의 실질내용을 기준으로 하여야 하는 것이다. 같은 취지에서 원심이 원고의 장부상 누락된 비용과 가공매출을 기초로 한 이 사건 부과처분은 **모두 손금산입되거나 익금불산입되어야 할 부분을 제대로 반영하지 아니한 채 산정된 소득을 기준으로 한 것이므로 결국 위법을 면치 못한다**고 판단한 것은 수긍할 수 있고, 거기에 상고이유 주장과 같은 실질과세의 원칙에 관한 법리오해 등의 위법이 없다(대법원 2006. 4. 14. 선고 2005두10170 판결 : 국패).

9-2 납세의무자에게 적용되는 신의성실 원칙의 한계

● 대상판결 : 대법원 2003두3468 (2004. 5. 14.) ➜ 국패

핵심 요지

조세법률주의에 의하여 합법성의 원칙이 강하게 작용하는 조세실체법과 관련한 신의성실의 원칙의 적용은 합법성을 희생해서라도 구체적 신뢰를 보호할 필요성이 있다고 인정되는 경우에 한하여 비로소 적용된다고 할 것이고, 특히 납세의무자가 과세관청에 대하여 자기의 과거의 언동에 반하는 행위를 하였을 경우에는 세법상 조세감면 등 혜택의 박탈, 각종 가산세에 의한 제재, 세법상의 벌칙 등 불이익처분을 받게 될 것이며, 과세관청은 납세자에 대한 우월적 지위에서 실지조사권 등을 가지고 있고, 과세처분의 적법성에 대한 입증책임은 원칙적으로 과세관청에 있다는 점 등을 고려한다면, 납세의무자에 대한 신의성실의 원칙의 적용은 극히 제한적으로 인정하여야 하고 이를 확대해석하여서는 안 된다.

1. 사실관계

(1) 갑(원고의 子)은 이 사건 부동산의 처분권이 원고에게 있음을 확인하는 취지의 합의서와 **각서를 작성하고 이를 원고에게** 교부하였다.

(2) 원고는 등기이전(증여원인) 당시 A토지에 대한 증여세를 신고·납부 하였다.

(3) 원고는 위 (A토지) 증여세에 대한 피고의 증액경정처분을 다투는 소송에서 명의신탁을 주장한 사실이 없다.

(4) 원고는 A토지 세무조사 과정에서도 갑에 대한 증여사실을 확인하는 내용의 경위서를 작성하여 피고에게 제출하였다.

(5) 피고는 위 (3)에 대하여 증여계약 합의해지 내지 재차증여에 해당한다고 보아 원고에게 증여세를 부과처분하였다.

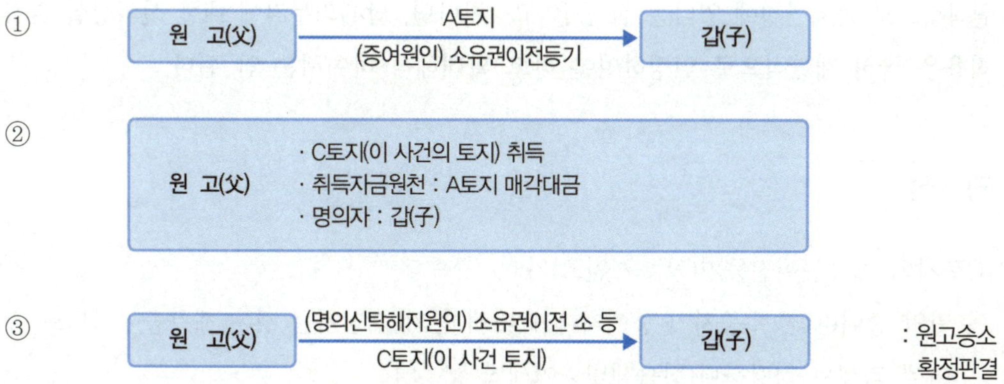

2. 쟁 점

(1) 원고와 갑 사이의 2차례에 걸친 소유권이전등기가 증여에 기한 것인지 또는 명의신탁 및 그 해지에 기한 것인지 여부

(2) 당초 원고가 피고에 대하여 갑 명의의 소유권이전등기가 증여에 의해 이루어진 것이라는 취지의 언동 후 나중에 가서 명의신탁에 의한 것이라고 주장하는 것이 세법상 신의칙에 반하는지 여부

3. 대상판결

명의신탁 해지를 원인으로 하여 경료된 소유권이전등기가 그 실질에 있어서도 명의신탁의 해지를 원인으로 소유권이 환원된 것이지, 증여계약의 합의해제나, 재차증여를 명의신탁의 해지로 가장한 것으로 볼 수 없다.

조세법률주의에 의하여 합법성의 원칙이 강하게 작용하는 조세실체법과 관련한 **신의성실 원칙의 적용은 합법성을 희생해서라도 구체적 신뢰를 보호할 필요성이 있다고 인정되는 경우에 한하여** 비로소 적용된다고 할 것이고, 특히 납세의무자가 과세관청에 대하여 자기의 과거의 언동에 반하는 행위를 하였을 경우에는 세법상 조세감면 등 혜택의 박탈, 각종 가산세에 의한 제재, 세법상의 벌칙 등 불이익처분을 받게 될 것이며, 과세관청은 납세자에 대한 우월적 지위에서 실지조사권을 가지고 있고, 과세처분의 적법성에 대한 입증책임은 원칙적으로 과세관청에 있다는 점 등을 고려한다면, **납세의무자에 대한 신의성실 원칙의 적용은 극히 제한적으로 인정하여야 하고 확대해석 하여서는 안 된다.**

4. 평 석

(1) C토지의 소유권이전등기(갑 → 원고)가

① 만약 증여라면, 수증자가 증여자에게 다시 등기를 넘기는 것은 재차증여이므로 증여세 과세는 정당하다(상속세및증여세법 §4 ④).

② 만약 명의신탁이라면, 환원에 지나지 않으므로 증여세는 부과할 수 없다. 이에 대해 대법원은 원고와 갑 사이에 이루어진 별도의 소유권이전등기소송결과를 중시하여 명의신탁으로 보고 있다.

(2) 조세법상 신의칙 적용범위의 한계

① 피고는 원고가 이 사건 증여세 부과처분 이전까지 소유권이전등기가 증여에 의한 것이라는 외관을 현출하였으므로,

② 피고는 이를 신뢰하고 증여세를 부과하였으며, 위 등기가 증여가 아닌 명의신탁에 의한 것이라고 말을 바꾸는 것은 신의칙에 반한다는 의견이다.

이에 대해 대법원은 **과세관청이 아닌 납세의무자에 대한 신의칙 적용이 극히 제한되어야 한다는 입장을 취하고 있으며 따라서** 원고의 행위가 신의칙에 반하지 아니한다고 판시하고 있다.

(3) 대법원이 납세의무자에게 신의칙을 적용한 예는 거의 없고, 주로 과세관청에게만 적용(대법원 2006. 1. 26. 선고 2005두6300 판결)하고 있으며, 분식회계를 한 법인이 그 분식회계를 이유로 과다 신고·납부한 세액을 다투는 경우에도 신의칙 적용을 부인하고 있다(국패).

(4) **조세법령이 납세의무자에게** 불리하게 개정된 경우 **납세의무자에게 유리한 종전규정을 적용하기 위한 요건에 대하여 대법원은 "개정된 법령의 부칙에서 '이 법 시행 당시 종전의 규정에 따라 부과 또는 감면하여야 할 …세에 대하여는** 종전의 예에 의한다.'**는 취지의 규정을 두고 있다면 이는** 납세의무자의 기득권이나 신뢰를 보호하기 위한 것**이므로, 여기서 '종전의 규정에 따라 부과 또는 감면하여야 할 조세'에 해당하여 개정**

전 법령이 적용되기 위하여는 개정 전 법령의 시행 당시 과세요건이 모두 충족되어 납세의무가 성립**하였거나, 비록 과세요건이 모두 충족되지는 않았더라도 납세의무자가** 개정 전 법령에 의한 조세 감면 등을 신뢰하여 개정 전 법령의 시행당시에 과세요건의 충족과 밀접하게 관련된 원인행위로 나아감으로써 일정한 법적 지위를 취득하거나 법률관계를 형성**하는 등 그 신뢰를 마땅히 보호하여야 할 정도에 이른 경우여야 하고, 이러한 정도에 이르지 않은 경우에는 개정전 법령이 아니라 납세의무 성립 당시의 법령이 적용된다고 할 것이다(대법원 1994. 5. 31. 5. 24. 선고 95누5666전원합의체 판결; 대법원 2015. 10. 15. 선고 2015두36652 판결 등)"라고 설시하고 있다.**

9-3 납세자의 신뢰보호를 위한 종전규정 적용

● 대상판결 : 대법원 2005두8627 (2007. 1. 11.) ➜ 국패

핵심 요지

토지 양도계약이 체결되고 개정법 시행 후이면서 2003. 12. 31. 이전에 잔금이 청산된 토지의 양도로 인한 양도소득세에 관하여 구 「조세특례제한법」 제80조가 적용되어야 한다.

1. 사실관계

1996. 7. 19.	1997. 1. 17.	2001. 12. 29.	2002. 2. 28.
매매계약 체결	중도금 수령	「조세특례제한법」 제80조 삭제	잔금 수령

(1) 1996. 7. 19. 원고는 이 사건 부동산에 대한 매매계약을 체결(양수인 : 국민주택 규모 아파트 건설계획을 가지고 있는 소외회사)하였다.

(2) 1997. 1. 17. 원고는 계약에 따라 중도금을 수령하였고,

(3) 2002. 2. 28. 양수인인 소외회사의 주택건설사업계획 승인이 지연되어 잔금수령도 지연되었다.

(4) 2002. 3. 4. 원고는 양도소득세 예정신고·납부하였다.

(5) 2002. 4. 원고는 「조세특례제한법」 제80조에 따라 양도소득세 산출세액 중 25%를 감면경정청구(근거 : 이 사건 토지를 국민주택 건설용지로 양도)하였는데,

(6) 2002. 5. 피고는 경정청구를 거부(근거 : 「조세특례제한법」이 2001. 12. 29. 개정되면서 제80조가 삭제되었으므로 종전규정을 적용하지 않음)하였다.

(7) 원고와 피고의 주장

원 고	피 고
"개정법 시행 당시 양도계약을 체결한 경우", 즉 개정 법 시행 전에 양도계약을 체결한 사안의 경우 구법이 적용되어야 한다.	개정법 시행 당시 이미 양도계약에 의한 대금청산을 마친 경우, 즉 개정 법 시행 이후 대금이 청산된 사안의 경우 구법 적용의 여지가 없다.

2. 쟁 점

구법 시행 당시 토지 양도계약이 체결되고 개정법 시행 후이면서 2003. 12. 31. 이전에 잔금이 청산된 이 사건 토지의 양도로 인한 양도소득세에 관하여 구법 제80조가 적용되어야 하는지 여부

즉, 부칙(2001. 12. 29. 법률 제6538호) 제2조와 관련하여 어떠한 경우에 적용되는지는 결국 부칙 제25조 제2항 소정의 "양도한 경우"의 의미를 어떻게 해석할지에 관한 문제이다.

3. 관련 법령

구 「조세특례제한법」(2001. 12. 29. 법률 제6538호로 개정되기 전의 것) 제80조

내국인이 국민주택건설용지로서 양도일부터 소급하여 2년 이전에 취득한 토지를 2003. 12. 31. 이전에 양도함으로써 발생하는 소득에 대하여는 양도소득세의 100분의 25에 상당하는 세액을 감면한다.

*「조세특례제한법」 제80조는 2001. 12. 29. 삭제되었다.

「조세특례제한법」 부칙(2001. 12. 29. 법률 제6538호)

① 부칙 제2조 : 양도소득세에 관한 규정은 개정법 시행 후 최초로 '양도'하는 분부터 적용한다(법 개정에 따른 일반적 적용례).

② 부칙 제25조 제2항 : 개정법 시행 당시 종전의 제80조 등 규정에 의하여 토지 등을 '양도'한 경우에 양도소득세에 관한 감면규정은 종전의 규정에 의한다.

4. 대상판결

2001. 12. 29. 개정된 「조세특례제한법」 부칙 제25조 제2항은 "이 법 시행 당시 종전의 … 제80조 … 규정에 의하여 토지 등을 양도한 경우에 양도소득세 …에 관한 감면 …에 관하여는 종전의 규정에 의한다."고 규정하고 있는바, 위 조항은 개정법 시행 전에 종전규정의 세액감면혜택을 신뢰하여 양도계약을 체결하였으나 개정법 시행 후 2003. 12. 31. 이전에 대금이 청산되어 일반적 적용례에 관한 부칙 제2조로는 그 신뢰가 보호되지 아니하는 결과가 발생될 수 있는 경우에 **납세의무자의 신뢰보호를 위하여 납세의무자에게 유리한 종전규정을 적용하도록 하는 특별규정**으로 봄이 상당하다.

5. 평 석

(1) 원고는 「조세특례제한법」 제80조는 국민주택건설용지로 토지를 양도한 경우 세액감면의 기간을 2003. 12. 31.로 명시하고 있으므로 2003. 12. 31.까지 잔금을 수령하면 양도소득세를 감면받을 수 있다고 신뢰, 부칙 제25조 제2항은 이러한 신뢰를 보호가치가 있는 것으로 보는 것이 입법자의 의도라고 주장한다.

(2) 피고는 일반적으로 「소득세법」에서는 대금청산 시점을 '양도'로 보고 있다. 즉, 양도대가를 다 받은 경우를 '양도'로 본다는 의미이다.

(3) 본 판결은 납세의무자의 법적 안정성과 신뢰보호 원칙을 중시한 판결이다.

(4) 납세의무자의 기득권 내지 신뢰보호를 위하여 납세의무자에게 유리한 종전규정을 적용하여야 한다(대법원 2001. 5. 29. 선고 98두13713 판결 등).

(5) 판례는 구 법령하의 조세감면 등에 관하여 모든 경우를 신뢰보호대상으로 삼는 것은 아니고, 다음의 요건을 충족해야 한다고 판시하고 있다.

① **종전규정 시행할 당시 원인행위가 이루어졌을 것** ② 그 신뢰가 '일정한 기간' 내에 과세요건을 충족하는 경우 면제한다는 규정, 또는 장래 '일정한 기간' 동안 비과세를 정한 규정에 대한 신뢰여야 할 것

6. 관련 판례

문서번호	내 용
대법원 2001. 5. 29. 선고 98두13713 판결	**조세법령이 납세의무자에게 불리하게 개정된 경우**에 있어서 이 법 시행 당시 종전의 규정에 의하여 부과하였거나 부과할 … 세에 관하여는 종전의 규정에 의한다. 이와 같은 개정된 세법 부칙조항을 근거로 하여 납세의무자의 기득권 내지 신뢰보호를 위하여 납세의무자에게 유리한 종전규정을 적용할 경우가 있다고 하더라도, 납세의무가 성립하기 전의 원인행위 시에 유효하였던 종전규정에서 이미 장래의 한정된 기간 동안 그 원인행위에 기초한 과세요건의 충족이 있는 경우에도 특별히 비과세 내지 면제한다거나 과세를 유예한다는 내용을 명시적으로 규정하고 있지 않는 한 설사 납세의무자가 종전규정에 의한 조세감면 등을 신뢰하였다 하더라도 이는 단순한 기대에 불과할 뿐 기득권에 갈음하는 것으로서 마땅히 보호되어야 할 정도의 것으로 볼 수는 없다(이 판례는 **법 개정 후 납세의무자에게 유리한 종전규정을 적용하기 위한 요건**을 제시하고 있다).

제10절 감면신청에 대한 법 규정 형식

10-1 감면신청에 대한 법 규정 형식

● 대상판결 : 대법원 2001두3006 (2003. 5. 16.) ➔ 국패

핵심 요지

「공공용지의 취득 및 손실보상에 관한 특례법」이 적용되는 공공사업에 필요한 토지 등을 당해 공공사업의 시행자에게 양도함으로써 발생하는 소득 및 「도시재개발법」에 의한 도시재개발구역(공공시설을 수반하지 아니하는 도시재개발구역을 제외한다) 안의 토지 등을 동법 제10조 또는 동법 제11조의 규정에 의하여 지정된 사업시행자에게 양도함으로써 발생하는 소득은 구 「조세감면규제법」(1995. 12. 29. 법률 제5038호로 개정되기 전의 것) 제63조 제1항 제1호 또는 제2호에 따라 그 감면요건이 충족되면 당연히 감면되고 감면신청이 있어야만 감면되는 것은 아니라고 할 것이고, 그 감면신청에 관한 규정인 같은 법 제63조 제4항은 양수인인 당해 공공사업 또는 재개발사업의 시행자로 하여금 과세표준 및 세액을 결정함에 있어 필요한 서류를 정부에 제출하도록 협력의무를 부과한 것에 불과하므로, 감면신청서의 제출이 없다고 하더라도 같은 법 제63조 제1항 제1호 또는 제2호 소정의 감면요건에 해당되는 경우에는 양도소득세 등을 감면하여야 한다.

1. 사실관계

(1) 1979. 9. 원고 소유의 이 사건 토지를 포함한 일대가 재개발구역으로 지정·고시되었다.

(2) 1994. 10. 1. 원고는 중앙토지수용위원회의 재결 후 사업시행자에게 이 사건 토지 매매계약을 체결하였다.

(3) 1995. 5. 원고는 매매대금을 지급받고서도 이 사건 토지의 양도와 관련하여 무신고하였다.

(4) 피고는 원고에게 1995년 귀속분 양도소득세를 부과·고지하였다.

2. 쟁 점

구 「조세감면규제법」 제63조 제1항 제1호 또는 제2호 소정의 양도소득세 감면을 받기 위하여 같은 조 제4항의 규정에 의한 감면신청이 필요적 절차 요건인지 여부

3. 관련 법령

구 「조세감면규제법」 제63조 【공공사업용 토지 등에 대한 양도소득세 등의 감면】 (현행 조특법 §77 참조)

① 다음 각 호의 1에 해당하는 토지 또는 건물(이하 "토지 등"이라 한다)의 양도로 인하여 발생하는 소득에 대하여는 양도소득세 또는 특별부가세의 100분의 30에 상당하는 세액을 감면한다.

1. 「공공용지의취득및손실보상에관한특례법」이 적용되는 공공사업에 필요한 토지 등을 당해 공공사업의 시행자에게 양도함으로써 발생하는 소득
2. 「도시재개발법」에 의한 도시재개발구역(공공시설을 수반하지 아니하는 도시재개발구역을 제외한다) 안의 토지 등을 동법 제10조 또는 동법 제11조의 규정에 의하여 지정된 사업시행자에게 양도함으로써 발생하는 소득

④ 제1항 제1호 또는 제2호의 규정에 의하여 세액을 감면받고자 하는 경우에는 당해 공공사업 또는 재개발사업의 시행자가 대통령령이 정하는 바에 따라 감면신청을 하여야 한다.

4. 대상판결

「공공용지의취득및손실보상에관한특례법」이 적용되는 공공사업에 필요한 토지 등을 당해 공공사업의 시행자에게 양도함으로써 발생하는 소득 및 「도시재개발법」에 의한 도시재개발구역 안의 토지 등을 동법 제10조 또는 동법 제11조의 규정에 의하여 지정된 사업시행자에게 양도함으로써 발생하는 소득은 구 「조세감면규제법」(1993. 12. 31. 법률 제4666호로 개정되어, 1995. 12. 29. 법률 제5038호로 개정되기 전의 것) 제63조 제1항 제1호 또는 제2호에 따라 **그 감면요건이 충족되면 당연히 감면되고 감면신청이 있어야만 감면되는 것은 아니다.**

5. 평 석

(1) 「조세특례제한법」상 감면신청에 관한 법 규정 형식은 두 가지가 존재한다.

① "… 감면신청을 하는 경우에 **한하여** 이를 적용한다." ② "… 감면을 받고자 하는 자는 그 감면신청을 **하여야 한다.**"

(2) 대법원은 위 ①의 경우 필수적 감면절차(**신청이 없으면 감면도 해주지 않는다.** 즉, 신청감면)로, ②의 경우 협력절차(조세행정에 대한 협력절차에 불과하여 **실체적 감면요건만 충족되면 감면 허용**－당연감면)로 판단하고 있다.

(3) 위 대상판결은 「조세특례제한법」에서 감면신청과 관련한 두 가지 규정 형식에서 비롯된 것으로 위 법리를 다른 세법에서도 그대로 적용할 수 있는지에 관하여는 **구체적·개별적으로 달리 판단될 수도 있다.**

(4) 조세특례제한법을 비롯한 조세법령의 감면 규정 중에는 납세의무자에게 감면신청서 등 서류의 제출 의무를 지우는 경우 납세의무자가 감면신청서 등 서류의 제출 의무를 해태하면 조세감면을 받을 수 없는 것인지에 대한 논란이 있어 왔다.

(5) 조세특례제한법은 구 조세감면규제법이 1998.12.28. 법률 제5584호로 전부 개정되면서 법명이 변경된 것인데, 구 조세감면규제법의 감면 규정의 경우에도 동일한 문제가 있었다. 구 조세감면규제법은 감면신청에 관하여 다음과 같은 두 가지 방식을 사용하였다. 하나는 "감면신청을 하는 경우에 한하여 이를 적용한다"는 방식이고(① 방식), 다른 하나는 "감면을 받고자 하는 자는 감면신청을 하여야 한다"는 방식이다(② 방식).

(6) 대법원은 ① 방식의 경우, 즉 법문이 "감면신청을 하는 경우에 한하여 이를 적용한다"는 방식으로 규정하고 있는 경우는 이를 효력규정으로 보아 감면신청을 필요적 감면요건으로 보았다(대법원 1999. 10. 12. 선고 99두6699 판결, 대법원 1995. 4. 11. 선고 94누15806 판결, 대법원 1994. 7. 29. 선고 93누9705 판결 등).

(7) 이와 달리 ② 방식의 경우, 즉 법문이 "감면을 받고자 하는 자는 감면신청을 하여야 한다"는 방식으로 규정하고 있는 경우에는 이를 임의적 규정 또는 단순히 감면 절차에 관한 규정으로 보아 감면신청이 없더라도 감면요건만 충족하면 당연히 감면 대상이 된다고 해석하였다(대법원 97누10628, 1997. 10. 24. 판결). 후자의 경우 법령에서

정한 감면신청은 납세의무자에게 감면에 필요한 서류를 정부에 제출하도록 협력의무를 부과한 것에 불과하여 그 감면요건이 충족되면 당연히 감면되는 것이지 신청이 있어야만 감면되는 것은 아니라고 본 것이다(대법원 1997. 10. 24. 선고 97누10628 판결, 대법원 2003. 5. 16. 선고 2001두3006 판결, 대법원 2004. 11. 12. 선고 2003두773 판결 등).

10-2 영농조합법인이 구 조특법 제66조에서 정한 법인세 감면을 받기 위해서는 농어업경영체 등록확인서를 제출하여야 하는지 여부

● 대상판결 : 대법원 2019두55972 (2023. 3. 30.) ➜ 국패

핵심 요지

원심은 농어업경영체법에 따른 영농조합법인이 식량작물 재배업 소득 등에 대하여 법인세를 면제받기 위해서는 농업경영체 등록확인서를 **반드시 제출**하여야 한다는 잘못된 전제에서 이 사건 각 처분이 적법하다고 판단하였다. 이러한 원심의 판단에는 구 조특법 제66조 제1항이 정한 법인세 면제 대상 영농조합법인의 범위 등에 관한 법리를 오해하여 판결에 영향을 미친 잘못이 있다.

1. 사실관계

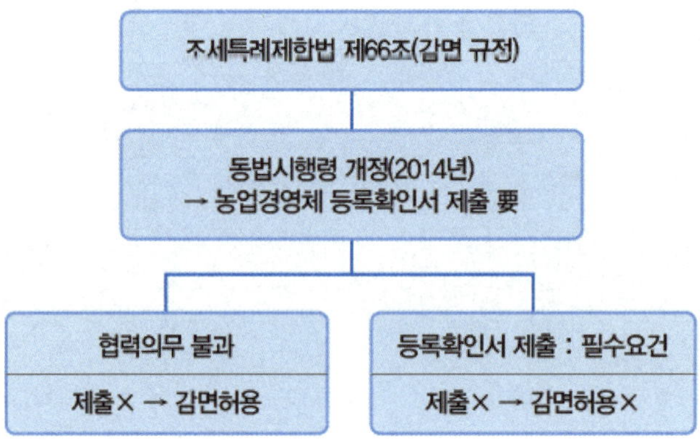

(1) 원고는 구 「농어업경영체 육성 및 지원에 관한 법률」 제16조에 따라 설립된 영농조합법인으로, 2015~2016 사업연도 각 법인세를 신고하면서 구 조세특례제한법 제66조 소정의 식량작물 재배업 소득 등에 대한 법인세의 면제를 신청하였다.

(2) 원고는 2017. 11. 12. 국립농산물품질관리원장에게 농업경영체로 등록하였고 2015~2016 사업연도 법인세 신고 시에는 세액면제신청서에 동 등록확인서를 첨부하지 아니하였다.

(3) 피고는 원고가 조세특례제한법 시행령 제63조 제7항에서 정한 '농업경영체 등록확인

서'를 제출하지 않았다는 이유로 해당 법인세를 면제하지 않고, 2018. 3. 20. 원고에게 2015, 2016 사업연도 각 법인세를 경정 · 고지하였다.

2. 쟁 점

농업경영체 등록확인서를 제출하지 아니한 경우에도 「조세특례제한법」 제66조 제1항에 따라 영농조합법인 등에 대한 법인세 면제를 적용할 수 있는지 여부

3. 관련법령

조세특례제한법 제66조【영농조합법인 등에 대한 법인세의 면제 등】

① 「농어업경영체 육성 및 지원에 관한 법률」에 따른 영농조합법인(이하 "영농조합법인"이라 한다)에 대해서는 2018년 12월 31일 이전에 끝나는 과세 연도까지 곡물 및 기타 식량작물 재배업에서 발생하는 소득(이하 "식량작물 재배업 소득"이라 한다) 전액과 식량작물 재배업 소득 외의 소득 중 대통령령으로 정하는 범위의 금액에 대하여 법인세를 면제한다.

⑧ 제1항 · 제2항 · 제4항 및 제7항을 적용받으려는 자는 대통령령이 정하는 바에 따라 **감면신청을 하여야 한다.**

조세특례제한법 시행령 제63조【영농조합법인 등에 대한 법인세의 면제 등】(2014. 2. 21. 대통령령 제25211호로 개정되기 전의 것)

⑦ 법 제66조 제1항의 규정에 의하여 법인세를 면제받고자 하는 영농조합법인은 과세표준 신고와 함께 기획재정부령이 정하는 세액면제신청서 및 면제세액계산서를 납세지 관할세무서장에게 **제출하여야 한다**. 다만, 납부할 법인세가 없는 경우에는 그러하지 아니하다.

조세특례제한법 시행령 제63조【영농조합법인 등에 대한 법인세의 면제 등】(2014. 2. 21. 대통령령 제25211호로 개정된 것)

⑦ 법 제66조 제1항에 따라 법인세를 면제받으려는 영농조합법인은 과세표준 신고와 함께 기획재정부령으로 정하는 세액면제신청서 및 면제세액계산서와 「농어업경영체 육성 및 지원

에 관한 법률」 제4조에 따른 **농어업경영체 등록(변경등록) 확인서**(이하 "농어업경영체 등록 확인서"라 한다)를 납세지 관할 세무서장에게 제출하여야 한다. 다만, 납부할 법인세가 없는 경우에는 그러하지 아니하다.

부칙 제1조【시행일】(제25211호, 2014. 2. 21.)

이 영은 공포한 날부터 시행한다. 다만, 제63조 제1항 · 제2항 · 제3항 · 제7항 · 제8항 · 제10항, 제64조, 제65조, 제100조의2 제4항 및 제100조의6 제2항 제4호의 개정 규정은 2015년 1월 1일부터 시행한다.

4. 원 · 피고 주장 요약

(1) 원 고

농어업경영체육성법 제4조 제1항에서 "농어업 · 농어촌에 관련된 융자 · 보조금을 받으려는 농어업경영체는 농어업 경영정보를 등록하여야 한다."고 규정하고 있을 뿐, 농어업경영체 등록을 강제하거나 등록을 하지 아니할 경우에 영농조합법인으로 보지 아니한다는 내용이 없고, 조세특례제한법 제66조 제1항 및 같은 법 시행령 제63조 제1항에서 "농어업경영체 등록을 한 영농조합법인의 발생 소득에 한하여 법인세를 면제한다."고 규정하고 있지 아니하며, 원고가 농어업경영체 등록을 하지 않아도 관련법상 영농조합법인에 해당하므로 같은 법 시행령 제63조 제7항에 따라 농어업경영체 등록 및 등록확인서를 제출하지 아니하였다 하여 동 경영체에 대한 법인세 면제 적용을 배제하여 법인세를 경정 · 고지한 이 건 처분은 부당하다.

(2) 피 고

농어업경영체육성법 제4조에서 "농어업 · 농어촌에 관련된 융자 · 보조금 등을 지원받으려는 농어업경영체는 농업경영체 또는 어업경영체 **등록을 하여야 한다.**"고 규정하고 있고 같은 법률 제8조에서 "농어업 경영정보를 등록하지 아니하거나 등록 정보를 수정하지 아니한 농어업경영체의 경우 중앙행정기관의 장은 농어업경영체의 육성 및 소득 안정 등을 위한 각종 지원의 전부 또는 일부를 제한할 수 있다."고 규정하고 있는바, 조세특례제한법 제66조에 따라 영농조합법인의 법인세를 면제 받기 위하여는 농업경영체 등록이 필수이고 원고가 제시한 농업경영체 등록확인서상 등록일이 2017. 11. 12.이므로 과세관청이 원고의 2015~2016 사업연도 법인세 면제 적용을 배제하여 이를 경정 · 고지한 이 건 처분은 정당하다.

5. 사건의 경과

(1) 1심판결(수원지방법원 2019. 6. 20. 선고 2018구합73097 판결) : 국승

조세특례제한법 시행령 제63조 제7항은 영농조합법인에 대한 법인세 면제를 받기 위해서는 농어업경영체육성법에 따른 농어업경영체 등록확인서를 제출하도록 명확히 규정하고 있고, 이는 구 조세특례제한법 제66조 제8항의 위임에 따른 것이므로 농어업경영체 등록확인서의 제출을 요구하는 것이 위임의 한계를 벗어난다는 원고의 주장은 받아들이지 아니한다.

원고가 2017. 11.경에야 농어업경영체로 등록하였음은 당사자 사이에 다툼이 없으므로, 원고는 2015년 및 2016년 각 사업연도 법인세에 관하여 조세특례제한법상 영농조합법인에 관한 감면 요건을 갖추지 못한 것이다. 따라서 이 사건 각 처분이 조세법률주의에 위반된다는 원고의 위 주장은 이유 없다.

(2) 대상판결 : 파기환송(국패)

구 농어업경영체법에 따른 영농조합법인의 식량작물 재배업 소득 등에 대해서는 법인세 면제에 관한 구 조특법 제66조 제1항이 적용되고, 면제 신청 절차에 관한 규정인 구 조특법 제66조 제8항 및 이 사건 규정은 납세의무자로 하여금 면제 신청에 필요한 서류를 관할 세무서장에게 제출하도록 **협력의무를 부과**한 것이므로, 영농조합법인이 법인세 면제 신청을 하면서 **이 사건 규정이 정한 농업경영체 등록확인서를 제출하지 않았다고 하여 과세관청이 해당 법인세 면제를 거부할 수는 없다.**

구 조특법 제66조 제1항은 법인세 면제 대상을 농어업경영체법에 따른 영농조합법인으로 규정할 뿐이고, 영농조합법인이 구 농어업경영체법 제4조에 따라 농업경영정보를 등록할 것을 법인세 면제 요건으로 규정하지 않았다.
원고는 농어업경영체법에 따른 영농조합법인으로, 이 사건 규정이 개정되기 전까지 구 조특법 제66조 제1항에 따라 법인세를 면제받아 왔다.
이 사건 규정이 영농조합법인에게 법인세 면제 신청 시 농어업경영체법에 따른 농업경영체 등록확인서를 추가로 제출하도록 정한 취지는 제출된 농업경영체 등록확인서를 통해 해당 법인이 농어업경영체법에서 정한 영농조합법인의 요건을 갖추었는지를 확인하려는 데에 있는 것으로 보인다. 이와 달리 그 취지가 구 조특법 제66조 제1항이 정한 법인세 면제 대상을 농어업경영체법 제4조에 따라 농업경영 정보를 등록한 영농조합법인으로 제한하려는 데에 있는 것으로 보이지 않는다.
이 사건 규정이 농업경영체 등록확인서의 제출을 해당 법인세의 면제 요건으로 정한 것이라고 본다면, 법인세 면제 신청의 절차만을 위임한 모법의 위임범위를 벗어나게 된다.
그런데도 원심은 농어업경영체법에 따른 영농조합법인이 식량작물 재배업 소득 등에 대하여 **법인세를 면제받기 위해서는 농업경영체 등록확인서를 반드시 제출하여야 한다는 잘못된 전제**에서 이 사건 각 처분이 적법하다고 판단하였다. 이러한 원심의 판단에는 구 조특법 제66조 제1항이 정한 법인세 면제 대상 영농조합법인의 범위 등에 관한 법리를 오해하여 판결에 영향을 미친 잘못이 있다. 이를 지적하는 상고이유 주장은 이유 있다.

6. 평 석

(1) 감면신청에 대한 법 규정 형식에 대해서는 앞 장에서 상세히 설명하였다.
대법원은 「조세특례제한법」상 감면신청에 관한 법 규정 형식은 두 가지가 존재하는데 ① "…감면 신청을 하는 경우에 한하여 이를 적용한다."라고 규정되어 있는 경우 필수적 감면 절차로 보아 신청이 없으면 감면도 해주지 않는 것으로 해석하고, ② "… 감면을 받고자 하는 자는 그 감면신청을 **하여야 한다.**"로 규정된 경우 이는 조세 행정에 대한 **협력절차에 불과**하여 실체적 요건만 충족되면 감면이 당연 허용되는 것으로 판단하고 있다(대상 사건은 ②의 경우에 해당하는 것으로 이해된다).

(2) 대법원은 조세특례제한법의 감면신청과 관련하여(규정 형식은 동일한데도) 동일한 판

단을 하는 것이 아니라 구체적 · 개별적으로 달리 판단하고 있다.

가. 비과세 · 감면신청은 비과세 · 감면요건에 해당함

① 외국인 투자기업이 외국인의 투자 비율에 따른 법인세 등의 감면을 받기 위해서는 반드시 정해진 기간 내에 재정경제부장관에게 감면신청을 하여 감면 결정을 받아야만 하는 것이며, 그렇지 아니하면 조세 감면을 받을 수 없다고 보아야 한다. 같은 취지에서 원심이, 이 사건 감면신청 규정은 정부에 대한 단순한 협력의무를 규정한 것이 아니라 외국인 투자기업의 법인세 감면을 위한 필요적 절차 규정이어서 원고가 감면신청을 하기 이전의 기간에 대한 감면은 허용될 수 없다고 판단한 것은 정당하다(대법원 2001. 10. 27. 선고 2003두12035 판결).

② 내국인이 토지를 주택건설촉진법에 의한 국민주택 규모 이하의 건설 용지로 한국토지개발공사 등 실수요자에게 양도한 경우 건설 용지를 양도함으로써 발생하는 소득에 대하여 양도소득세나 특별부가세를 감면하도록 규정하고 있는데, 이때 국민주택 건설 용지의 양수인이 소정의 감면신청 기간인 과세표준 신고기한으로부터 1년이 되는 날 또는 과세표준 및 세액의 **결정일 이내에 양도소득세 또는 법인세특별부가세의 감면신청을 하지 아니한 경우에는 양도인이 감면을 받을 수 없다**고 할 것이다(대법원 2004. 7. 9. 선고 2003다34953 판결).

③ 구 조세감면규제법 제57조 제1항 제1호의 규정에 의하여 양도소득세를 감면받기 위하여는 반드시 공공사업의 시행자가 같은 법 시행령 제47조 제2항의 소정기간 내에 세액감면 신청을 하여야 하고, 위 기간 내에 **세액감면 신청을 하지 아니하는 경우**에는 양도소득세를 **면제받을 수 없다** 할 것이다(대법원 1995. 12. 22. 선고 95누 10860 판결).

나. 비과세 · 감면신청은 비과세 · 감면 요건이 아님

① 조례에서 과세 면제를 받고자 하는 자는 그 사실을 증명할 수 있는 서류를 갖추어 관할관청에 신청하여야 한다고 규정하고 있더라도, **면제신청에 관한 규정은 면제처리의 편의를 위한 사무처리 절차를 규정한 것에 불과할 뿐 그 신청이 면제의 요건이라고 볼 수는 없다**(대법원 2003. 6. 27. 선고 2001두10639 판결 등 참조). 그리고 어떠한 과세 대상이 당초 감면을 받은 규정에 의한 감면 대상에 해당하지

않는다고 하더라도, 다른 감면규정에 의한 감면대상에 해당하고 그에 관하여 추징 사유가 발생하지 아니하였다면 다른 규정에 따른 감면사유가 여전히 존재하는 이상 추징 처분을 하는 것은 허용되지 않는다고 할 것이다(대법원 2014. 2. 13. 선고 2013두18582 판결).

② 중소제조업 등에 대한 특별세액감면에 관하여 규정한 구 조세감면규제법 제7조 제1항 소정의 소득세 또는 **법인세의 감면은 그 감면 요건이 충족되면 당연히 감면되고 감면신청이 있어야만 감면되는 것은 아니라고 할 것**이고, 그 감면신청에 관한 규정인 구 조감법 제7조 제3항 및 구 조세감면규제법 시행령 제7조 제4항은 납세의무자로 하여금 과세표준 및 세액의 결정에 필요한 서류를 정부에 제출하도록 협력의무를 부과한 것에 불과하므로 **감면신청서의 제출이 없다고 하더라도** 구 조감법 제7조 제1항 소정의 **감면 요건에 해당되는 경우에는 법인세 등을 감면**하여야 한다(대법원 2004. 11. 12. 선고 2003두773 판결).

③ 조례에서 과세 면제를 받고자 하는 자는 그 사실을 증명할 수 있는 서류를 갖추어 관할관청에 신청하여야 한다고 규정하고 있더라도 위의 면제 신청에 관한 규정은 면제 처리의 편의를 위한 사무처리 절차를 규정한 것에 불과할 뿐 **그 신청이 면제의 요건이라고 볼 수는 없다**(대법원 2003. 6. 27. 선고 2001두10639 판결).

④ 도시재개발구역 안의 토지 등을 조세감면규제법 제10조 또는 동법 제11조의 규정에 의하여 지정된 사업시행자에게 양도함으로써 발생하는 소득은 … **그 감면 요건이 충족되면 당연히 감면되고 감면신청이 있어야만 감면되는 것은 아니라고 할 것**이고, 그 감면신청에 관한 규정인 같은 법 제63조 제4항은 양수인인 당해 공공사업 또는 재개발사업의 시행자로 하여금 과세표준 및 세액을 결정함에 있어 필요한 서류를 정부에 제출하도록 **협력의무를 부과한 것에 불과**하므로, **감면신청서의 제출이 없다고 하더라도** 같은 법 제63조 제1항 제1호 또는 제2호 소정의 감면 요건에 해당되는 경우에는 양도소득세 등을 **감면하여야 한다**(대법원 2003. 5. 16. 선고 2001두3006 판결).

⑤ 구 조감법 제9조 제4항의 세액공제신청은 그 규정 방식에 비추어 납세의무자로 하여금 공제신청에 필요한 서류를 정부에 제출하도록 **협력의무를 부과한 것에 불과**하므로 기술 · 인력개발비에 대한 세액공제는 **그 요건이 충족되면 당연히 공제되고**

공제신청이 있어야만 공제되는 것은 아니라 할 것이다(대법원 2002. 1. 22. 선고 2000두3115 판결).

⑥ **8년 이상 자경농지에 대한 양도소득세는 그 면제 요건이 충족되면 당연히 면제되고 면제 신청이 있어야만 면제되는 것은 아니라 할 것**이고, 그 면제 신청에 관한 규정은 양도인으로 하여금 양도소득세 등의 과세표준과 세액을 결정함에 필요한 서류를 정부에 제출하도록 **협력의무를 부과한 것에 불과**하므로(대법원 1986. 3. 11. 선고 85누695 판결, 대법원 1993. 5. 25. 선고 92누17273 판결, 대법원 1997. 10. 24. 선고 97누10628 판결 등 참조), 납세의무자로부터의 **소정의 기한 내의 세액 면제신청서의 제출이 없더라도** 같은 법 제55조 제1항 소정의 **면제 요건에 해당하는 경우에는 양도소득세를 면제**하여야 할 것이다(대법원 1997. 10. 24. 선고 97누10628 판결).

(3) "대통령령이 정하는 바에 따라 감면신청을 하여야 한다."는 동일한 규정형식(당연감면 규정)에 대하여 대법원이 사안에 따라 서로 다른 결론을 내는 것에 대해서는 아쉬움이 남는다(물론 협력의무로 보아 세액 면제신청서를 제출하지 아니한 경우에 감면 대상으로 판단한 경우가 더 많았다).

(4) 이 사건으로 돌아와 보면, 조특법 제66조 제1항 및 제8항에서 농어업경영체육성법에 따른 영농조합법인의 식량작물 재배업 소득 등에 대해서는 법인세를 면제하되 이를 적용받으려면 대통령령이 정하는 바에 따라 감면신청을 하도록 규정하고 있고, 그 위임에 따라 같은 법 시행령 제63조 제7항에서 법인세를 면제받으려는 영농조합법인은 과세표준 신고와 함께 세액 면제신청서 및 면제 세액계산서와 농어업경영체육성법 제4조에 따른 농어업경영체 등록(변경등록) 확인서를 제출하도록 규정하고 있는데, 법인세 면제신청 시 농어업경영체 등록확인서 제출이 2014년 위 시행령 개정 시 추가되었다.

(5) 이 사건의 쟁점은 조특법 시행령 제63조 제7항에 농업경영체 등록확인서를 제출하도록 한 규정에 대한 것이다. 이 규정이 단순한 협조의무에 해당하는 것인지 아니면 영농조합법인이 법인세를 면제 받기 위하여는 반드시 농업경영체 등록확인서를 제출하여야 하는지 여부이다.

(6) 대상 사건의 관련 규정은 규정된 법 형식에 의하면 면제 요건이 아닌 단지 협력의무를

부과한 것이라고 해석하는 것이 타당하다. 그러나 대법원은 사안에 따라 다른 해석을 하여 온 것은 위에서 살펴본 바와 같다.

(7) 납세자에게 혜택을 주고자 규정한 조세특례제한법 규정은 필요한 서류를 과세관청에 제출하도록 협력의무를 부과한 규정으로 해석하는 것이 해당 분야를 정책적으로 지원해 주기 위해 마련한 조세특례제한법 규정의 취지에 맞다고 본다.

7. 관련판례

문서번호	내 용
대법원 1997. 10. 24 선고 97누10628 판결	납세의무자로부터의 **소정의 기한 내의 세액 면제신청서의 제출이 없더라도** 같은 법 제55조 제1항 소정의 **면제 요건에 해당하는 경우에는 양도소득세를 면제**하여야 할 것이다.
대법원 2001. 3. 15. 선고 2000두7131 전원합의체 판결	조세법률주의의 원칙상 과세요건이나 비과세 요건 또는 조세 감면 요건을 막론하고 조세 법규의 해석은 특별한 사정이 없는 한 **법문대로 엄격하게 해석**하여야 하고, 합리적 이유 없이 확장 해석하거나 유추해석하는 것은 허용되지 아니한다.
대법원 2002. 1. 22. 선고 2000두3115 판결	구 조감법 제9조 제4항의 세액 공제신청은 그 규정 방식에 비추어 납세의무자로 하여금 공제신청에 필요한 서류를 정부에 제출하도록 **협력의무를 부과한 것에 불과**하므로 기술·인력개발비에 대한 세액공제는 **그 요건이 충족되면 당연히 공제되고 공제신청이 있어야만 공제되는 것은 아니라 할 것**이다.
대법원 2001. 10. 27. 선고 2003두12035 판결	이 사건 감면신청 규정은 정부에 대한 단순한 협력의무를 규정한 것이 아니라 외국인 투자기업의 법인세 감면을 위한 **필요적 절차 규정**이어서 원고가 감면신청을 하기 이전의 기간에 대한 감면은 허용될 수 없다고 판단한 것은 정당하다.
대법원 1995. 12. 22. 선고 95누10860 판결	구 조세감면규제법 제57조 제1항 제1호의 규정에 의하여 양도소득세를 감면받기 위하여는 반드시 공공사업의 시행자가 같은 법 시행령 제47조 제2항의 소정 기간 내에 세액감면신청을 하여야 하고, 위 기간 내에 **세액감면신청을 하지 아니하는 경우**에는 양도소득세를 **면제받을 수 없다** 할 것이다.

제11절 세무조사(대상설정 · 절차 · 중복조사 여부)

11-1 현지 확인도 납세자의 권리를 제한하는 형태로 질문조사권을 행사한다면 세무조사에 해당함

● 대상판결 : 대법원 2014두8360 (2017. 3. 16.) ➜ 국패

핵심 요지

현장 확인 조사행위가 실질적으로 과세표준과 세액을 결정 또는 경정하기 위한 것으로서 납세자 등의 사무실 · 사업장 · 공장 또는 주소지 등에서 납세자 등을 직접 접촉하여 상당한 시일에 걸쳐 질문하거나 일정한 기간 동안의 장부 · 서류 · 물건 등을 검사 · 조사하는 경우에는 특별한 사정이 없는 한 재조사가 금지되는 '세무조사'로 보아야 함

1. 사실관계

1차 조사 ➜

조사 사유	탈세제보에 따른 확인
조사 유형	현지 확인 조사
조사 기간	08.12.18.~08.12.26.(9일간)
조사 내용	탈세제보내용 확인 및 확인서 징취

2차 조사 ➜

조사 사유	현지확인에 의거 매출누락사실조사
조사 유형	부가가치세조사 → 범칙조사로 전환
조사 기간	09. 2. 2.~09. 3.27.
조사 내용	매출누락사실 확인 관련인 금융계좌 조사

(1) 원고는 2005. 4. 16.부터 2009. 5. 14.까지 춘천시 동면 소재지에서 옥 제품 도매업체를 운영한 자로, 전시판매장 방문자에게 옥 제품을 판매하고 계좌입금 등의 방법으로 대금을 수취한 후 관련 부가가치세를 신고 · 납부하였다.

(2) 처분청은 2008. 12. 18.부터 같은 달 26.까지 원고의 위 사업장에 출장하여 장부확인

등 현장조사를 한 결과(1차 조사), 원고가 배우자, 친인척 등 타인 명의의 계좌로 옥제품 판매대금을 송금 받고도 부가가치세를 신고하면서 수입금액(매출)을 누락하였음을 확인하였다.

(3) 처분청은 2009. 1. 29. 위 사업장에 대한 세무조사를 하기로 결정하고, 같은 해 2. 2.부터 세무조사를 시작하였다(2차 조사).

(4) 처분청은 2차 조사기간 중인 2012. 2. 12.경 원고가 옥침대 등 고액의 제품을 구입하는 소비자에게는 별도의 타인 명의 계좌번호를 기재한 물품구입청약서에 의하여 제품을 판매하고 수입금액을 누락한 사실이 발견되어 사업주의 배우자 및 친인척 등의 계좌에 대한 금융거래내역의 확인이 필요한데, 이는 구 국세기본법 제81조의8 제2호의 '금융거래 현지 확인이 필요한 경우'로서 조사기간 연장요건에 해당된다고 판단하여, 2009. 2. 16.부터 같은 달 19.까지 세무조사를 중지하고(조사기간 연장에 대한 납세자 보호위원회의 승인을 받기 위한 기간으로 춘천세무서 납세자보호위원회는 2009. 2. 19. 이를 승인하는 의결을 하였다) 조사기간을 2009. 2. 2.부터 2009. 3. 6.까지로 연장한다는 결정을 하고, 2009. 2. 13. 원고에게 위와 같은 내용의 통지를 발송하였다.

(5) 처분청은 2009. 3. 5. 원고에 대한 세무조사를 부가가치세조사에서 조세범칙조사로 조사유형을 전환하고 조사기간을 2009. 2. 2.부터 2009. 3. 27.까지로 한다는 조사유형 전환결정을 하였다.

(6) 처분청은 조사 결과 원고가 2005년 제1기부터 2008년 제1기까지 수입금액을 일부 누락하여 신고하였음을 확인하고, 2009. 6. 1. 원고에 대하여 2005년 제1기 ~ 2008년 제1기 과세기간의 부가가치세를 경정·고지하였다.

2. 쟁 점

현장 확인 조사행위가 재조사가 금지되는 '세무조사'에 해당하는지 여부

3. 관련 법령

조사사무처리규정 제3조 제2호

"현장 확인"이란 각 세법에 규정하는 질문조사권 또는 질문검사권에 따라 세원관리, 과세자료 처리 또는 세무조사 증거자료 수집 등 다음 각 목의 어느 하나에서 예시하는 업무 등을 처리하기 위하여 납세자 또는 그 납세자와 거래가 있다고 인정되는 자 등을 상대로 세무조사에 의하지 아니하고 현장 확인 계획에 따라 현장 출장하여 사실관계를 확인하는 행위를 말한다.

4. 원 · 피고 주장 요약

(1) 원 고

피고의 직원들은 1차 조사 당시 장부, 컴퓨터 파일 등 모든 자료를 수집하여 실질적으로 세무조사를 하고 매출누락확인서까지 받았으므로 일회성 확인업무로 규정된 현지 확인의 범위를 넘는 세무조사를 한 것이고, 2차 조사는 1차 조사와 그 대상을 같이 하여 재조사에 해당 하는데, 피고는 법 제81조의4 제2항 각호의 사유가 없음에도 재조사를 하였고, 법 제81조의8 제1항 단서 각호의 사유가 없음에도 조사기간을 연장하였으며, 납세자보호사무처리규정 제42조 제4항에 따라 조사기간 종료 전에 직접 원고에게 연장 통지를 하지도 않았고, 그 연장통지도 조사기간이 경과한 후에 원고에게 도달되었다. 따라서 2차 조사는 법률에 규정된 절차를 위반한 것으로 위법하다.

(2) 피고(과세관청)

원고가 주장하는 제1차 조사는 「조사사무처리규정」 제2조(정의)에서 규정하는 탈세제보에 의한 현지 확인으로서 조사가 아니며 같은 규정 제13조(중복조사의 금지 및 방지장치)에서도 현지 확인은 조사가 아니라고 규정하고 있으며, 2009. 2. 2. ~ 2009. 2. 13.까지 진행된 제2차 조사는 현지 확인 결과 「국세기본법」 제81조의6(세무조사대상자의 선정) 제2항에 따라 조사대상을 선정하고 세무조사 사전통지 후 적법하게 실시하였으므로 중복조사가 아니며, 당초 2009. 2. 2. ~ 2009. 2. 13.인 기간을 「국세기본법」 제81조의8(세무조사기간) 제1항 제2호에 의하여 2009. 3. 6.까지로 연장하였으므로 조사권을 남용하여 임의로 조사기간을 연장한 것이 아니다.

5. 사건의 경과

(1) 1심판결(춘천지방법원 2013. 05. 31. 선고 2011구합 905 판결) : 국승

… 피고의 직원은 이 사건 사업장에 대하여 2008. 12. 18.부터 같은 달 26.까지 탈세제보에 관한 사실 확인을 하여 현지 확인을 하되, 그 결과 명백한 탈루세액이 발견되어 조사전환이 필요하다고 판단되는 즉시 조사 유형을 전환하여 세무조사를 실시하고, 현지 확인 결과에 대하여 현지 확인 종결보고서에 의거 서장 결재를 받는 내용으로 현지 확인 계획을 세운 후 피고로부터 결재를 받은 사실, 이에 피고의 직원 5명은 2008. 12. 18. '조사원증'이 아닌 '현지 확인 출장증'을 소지하고 원고의 춘천사업장에 나가 원고의 직원들에게 2008. 12. 18.부터 같은 달 26.까지 조사를 한다는 내용의 문서를 제시한 사실, 피고의 직원들은 이 사건 사업장에서 원고의 직원들로부터 컴퓨터 하드디스크를 임의로 제출받고 노트와 메모를 점검하여 차명계좌로 의심되는 계좌에 관한 정보 등을 적어간 사실, 원고는 2008. 12. 19. "귀서에서 2008년 12월 18일부터 2008년 12월 26일까지 실시하는 현지확인 실시와 관련하여 국세기본법 제81조의2 제2항 및 제81조의7 제1항의 규정에 따라 교부한 아래의 서류를 수령하였습니다"라고 기재된 수령증에 날인한 사실, 피고는 탈세제보관리규정에 따라 현지 확인이 탈세제보에 의한 것이라는 점을 알리지 않기 위하여 '현지 확인 출장증'에 그 확인 목적을 '탈세제보의 사실여부 확인'이 아닌 '총 수입금액 누락여부 확인'이라고 기재한 사실, 피고는 2차 조사에서 조사대상기간의 모든 매출 · 매입 거래, 전체적인 자금흐름, 관련인들에 대한 확인, 거래처 확인, 장부 외 비용 지출 유무 등에 대한 조사를 실시한 사실, 2차 조사를 통해 원고의 세금탈루가 여러 명의의 차명계좌를 통하여 이루어진 것을 확인하고 금융조사를 위해 조사기간을 연장하게 된 사실, 원고는 2008. 12. 18.부터 2008. 12. 26.까지 실시한 수입금액 누락여부 확인을 위한 현지 확인에서 일별판매전표 및 지로판매에 의한 2005. 제1기부터 2008. 제1기까지 수입금액(매출)이 누락한 사실이 기재된 확인서에 서명 · 날인한 사실을 인정할 수 있다. 위 인정사실에 의하면, 비록 피고가 1차 조사 완료 후 원고로부터 위와 같이 수입금액을 확인받았다고 하더라도 1차 조사는 조사가 이루어진 경위, 조사의 내용 및 범위 등에 비추

어 보면 과세자료 등의 처리를 위한 일회성 확인업무 또는 사업자에 대한 사업장현황 확인 업무 등을 처리하기 위하여 납세자 등을 상대로 **현장확인 계획에 따라 현장 출장하여 사실관계를 확인하는 행위인 현지확인에 해당**한다 할 것이고, 2차 조사는 현지확인 결과를 토대로 한 것으로서 재조사가 아닌 최초의 세무조사라고 봄이 상당하므로, 원고의 이 부분 주장은 이유 없다.

(2) 대상판결 : 국패

… 세무공무원의 조사행위가 사업장의 현황 확인, 기장 여부의 단순 확인, 특정한 매출사실의 확인, 행정민원서류의 발급을 통한 확인, 납세자 등이 자발적으로 제출한 자료의 수령 등과 같이 단순한 사실관계의 확인이나 통상적으로 이에 수반되는 간단한 질문조사에 그치는 것이어서 납세자 등으로서도 손쉽게 응답할 수 있을 것으로 기대되거나 납세자의 영업의 자유 등에도 큰 영향이 없는 경우에는 원칙적으로 재조사가 금지되는 '세무조사'로 보기 어렵지만, **그 조사행위가 실질적으로 과세표준과 세액을 결정 또는 경정하기 위한 것**으로서 납세자 등의 사무실 · 사업장 · 공장 또는 주소지 등에서 납세자 등을 직접 접촉하여 상당한 시일에 걸쳐 질문하거나 일정한 기간 동안 장부 · 서류 · 물건 등을 검사 · 조사하는 경우에는 특별한 사정이 없는 한 재조사가 금지되는 '세무조사'로 보아야 할 것이다. 앞서 본 사실관계를 이러한 법리에 비추어 살펴보면, 피고 소속 세무공무원이 국세청 훈령인 구 조사사무처리규정에서 정한 '현지 확인'의 절차에 따라 이 사건 1차 조사를 하였다고 하더라도, 그것은 실질적으로 원고의 총 매출누락 금액을 확인하기 위하여 원고의 사업장에서 **원고나 그 직원들을 직접 접촉하여 9일간에 걸쳐 2005년 제1기부터 2008년 제1기까지의 매출사실에 대하여 포괄적으로 질문조사권을 행사하고 과세자료를 획득**하는 것이어서, 재조사가 금지되는 '세무조사'로 보아야 한다. 따라서 이 사건 2차 조사는 구 국세기본법 제81조의4 제2항에 따라 금지되는 재조사에 해당하므로 그에 기초하여 이루어진 이 사건 처분은 위법하다고 할 것이다.

… 원심의 판단에는 재조사가 금지되는 '세무조사'의 범위나 그 해당 여부의 판단방법 등에 관한 법리를 오해한 위법이 있다. 이 점을 지적하는 상고이유의 주장은 이유 있다.

6. 평 석

(1) 대법원은 납세자 등이 대답하거나 수인할 의무가 없고 납세자의 영업의 자유 등을 침해하거나 세무조사권이 남용될 염려가 없는 조사행위까지 재조사가 금지되는 '세무조사'에 해당한다고 볼 것은 아니라는 입장이다.

(2) 그러면서도 **그 조사행위가 실질적으로 과세표준과 세액을 결정 또는 경정하기 위한 것**으로서 납세자의 사무실 · 사업장 · 공장 또는 주소지 등에서 납세자 등을 직접 접촉하여 상당한 시일에 걸쳐 질문하거나 **일정한 기간 동안 장부 · 서류 · 물건 등을 검사 · 조사하는 경우**에는 특별한 사정이 없는 한 재조사가 금지되는 '세무조사'로 보아야 한다는 것이다.

(3) 어디까지를 세무조사가 아닌 현장확인 또는 사후검증이라고 보아야 하는지는 여전히 그 경계가 명확하지 않다. 대법원의 설시내용과 같이 조사의 목적과 실시경위, 질문조사의 대상과 방법 및 내용, 조사를 통하여 획득한 자료, 조사행위의 규모와 기간 등을 종합적으로 고려하여 구체적 사안에서 개별적으로 판단하여야 할 것으로 보인다. 판결내용 중 **'납세자의 영업의 자유 등에 큰 영향이 있었는지 여부'**라고 설시한 부분이 있다. 과세관청의 조사행위(현장확인 및 사후검증을 포함하여)가 납세자의 영업의 자유에 영향이 있었는지 여부는 극히 주관적인 사안이므로 원고의 입장에서는 과세관청의 현장확인이나 사후검증 행위가 자신의 영업에 얼마만큼의 영향이 있었는지를 적극적으로 항변함으로써 과세관청의 조사행위가 재조사가 금지되는 '세무조사'임을 주장할 수도 있겠다.

(4) 한편, 원고는 이 사건에서 피고가 납세자보호사무처리규정에 따른 조사기간 연장 통지 등 절차를 준수하지 않았다는 취지로 주장하였다(조사기간 종료 전에 원고에게 연장 통지를 하지 않았고, 그 연장통지도 조사기간이 경과한 후에 원고에게 도달되었다는 주장임).

(5) 이에 대해 1심재판부는 "원고가 주장하는 납세자보호사무처리규정은 국세청 훈령으로서 행정기관 내부의 사무처리준칙에 불과할 뿐 대외적인 구속력이 있는 법규명령으로 보기 어려우므로 피고가 세무조사를 함에 있어 위 규정에 정한 세무조사 기간의 제한, 세무조사기간 연장절차 등에 위반하였다고 하더라도 그러한 사유만으로 이 사건 처분

을 위법하다고 볼 수 없다(대법 2009. 4. 23. 선고 2009두2580 판결, 그 전심인 서울고법 2008. 12. 19. 선고 2008누34707 판결 참조)고 판단하였다.

(6) 또한 피고가 원고에게 조사기간 연장 통지서를 등기우편으로 발송하고 2009. 2. 13. 우체국으로부터 우편요금후납계산서를 받은 사실을 인정할 수 있어, 원고는 최초 조사기간 종료일 직후 조사기간 연장 통지를 실제로 수령한 것으로 보이고 **과세처분은 원칙적으로 객관적인 과세요건의 존부에 의하여 결정되어야 하는 것**이어서 피고가 조사기간 종료일 전에 원고에게 조사연장 통지를 하지 않은 것을 절차상 하자로 본다고 하더라도 절차위배의 내용, 정도, 실제 통지 여부 등에 비추어 이를 이 사건 처분의 취소할 만한 사유로 보기는 어려워 원고의 주장은 이유 없다고 보았다.

(7) 이 사건으로 돌아와 보면, 과세관청 입장에서는 조금 억울할 측면이 있었다는 점을 부인할 수 없다. 조사공무원이 탈세제보에 의해 현장 확인을 하는 경우 추가조사를 할 것인지 아니면 탈세제보내용대로 경정(이 경우는 사안이 경미한 경우일 것이다)할 것인지를 결정하여야 하는데, 사업자의 장부 등을 확인하지 않고서는 추가 조사여부를 결정할 수 없었을 것이다. 다만 이 사건에서는 그 조사기간이 너무 길었고(9일), 현지 확인 과정에서 본 조사에 준하는 일련의 조사내용(확인서 징취 등)이 문제가 되었던 것으로 보인다. 그렇다고 하더라도 현지확인의 경우 과세관청에게 어느 정도의 재량(현지확인에서도 일정한 범위 내에서 납세자의 장부 등을 조사 내지는 확인할 수 있다)을 주는 것이 원활한 조사업무수행에 반드시 필요하고, 현지확인이나 사후검증을 할 때마다 세무공무원이 자신의 조사행위가 세무조사에 해당하는지 여부를 판단하여야 한다면 현지확인이나 사후검증은 위축될 수밖에 없고, 그에 따라 현지확인 조사가 부실하게 이루어질 수밖에 없을 것이다.

(8) 그러나 대법원은 "**같은 세목 및 과세기간에 대한 거듭된 세무조사**는 납세자의 영업의 자유나 법적 안정성 등을 심각하게 침해할 뿐만 아니라 세무조사권의 남용으로 이어질 우려가 있으므로 조세공평의 원칙에 현저히 반하는 예외적인 경우를 제외하고는 **금지될 필요**가 있다."는 원칙론적인 입장에서 판단을 하고 있는 이상, 과세관청으로서는 대법원의 판단에 따르는 것 외에는 달리 다른 현실적인 수단이 존재하지도 않는다.

7. 관련판례

문서번호	내 용
대법원 2006. 6. 2. 선고 2004두12070 판결	구 국세기본법 제81조의4 제2항에 위반하여 같은 세목 및 과세기간에 대하여 **중복하여 실시한 세무조사에 기초하여 이루어진 과세처분은 위법**하다.
대법원 2012. 10. 18. 선고 2010두12347 전원합의체 판결	하나의 납세고지서로 본세와 가산세를 함께 부과할 때에는 납세고지서에 본세와 가산세 각각의 세액과 산출근거 등을 따로 구분하여 기재하여야 하는 것이고, 또 여러 종류의 가산세를 함께 부과하는 경우에는 그 가산세끼리도 종류별로 세액과 산출근거 등을 구분하여 기재함으로써 납세의무자가 납세고지서 자체로 각 과세처분의 내용을 알 수 있도록 하는 것이 당연한 원칙이므로, 여러 종류의 가산세 부과처분을 하면서도 납세고지서에 그 종류와 세액의 산출 근거등을 밝히지 않고 가산세의 합계액만을 기재한 경우에는 그 부과처분은 위법함을 면할 수 없다.
대법원 2009. 4. 23. 선고 2009두2580 판결, 그 전심인 서울고법 2008. 12. 19. 선고 2008누34707 판결	납세자보호사무처리규정은 국세청 훈령으로서 행정기관 내부의 사무처리준칙에 불과할 뿐 대외적인 구속력이 있는 법규명령으로 보기 어려우므로 피고가 세무조사를 함에 있어 위 규정에 정한 세무조사기간의 제한, 세무조사기간 연장절차 등에 위반하였다고 하더라도 그러한 사유만으로 이 사건 처분을 위법하다고 볼 수 없다.
국세청 훈령 「조사사무처리규정」 제2조 제2호	**"현지확인"**은 세원관리, 단순 과세자료 처리 또는 세무조사 증거자료 수집 등을 처리하기 위하여 납세자 또는 그 납세자와 거래가 있다고 인정되는 자 등을 상대로 현지 확인 계획에 의하여 현지 출장하여 사실관계를 확인하는 행위로서 **탈세제보자료나 과세자료 등의 처리를 위한 일회성 확인업무** 등을 업무범위로 하고 있다.

11-2 세무조사대상 선정의 위법성

● 대상판결 : 대법원 2012두911 (2014. 6. 26.) ➜ 국패

핵심 요지

구「국세기본법」 제81조의 5 제2항 제4호(신고내용에 탈루나 오류 혐의를 인정할 명백한 자료가 있는 경우)의 사유에 해당하지 않으므로 적법절차 원칙 위반이며, 배우자의 부동산 취득자금 출처 불분명분이 존재하더라도, 이 사실만으로는 원고의 수입금액이 누락되었다고 볼 명백한 자료가 있다고 볼 수 없다.

1. 사실관계

(1) 원고는 세무사(前 세무공무원) 및 임대사업자로 원고의 처인 갑이 쟁점건물을 28억원에 매수하였다.

(2) 피고는 아래와 같은 혐의에 대하여 세무조사를 착수하였다(갑, 원고에게 각각 사전조사통지서 송부).

> ① 갑에 대해서는 쟁점건물 취득자금 수증 혐의
> ② 원고에 대해서는 임대소득 탈루 혐의
> ③ 피고는 원고와 갑에 대한 금융조사 결과, 원고의 임대수입금액 누락확인(부가가치세 및 종합소득세)하였으나, 갑의 신고내용에 대하여 탈루나 오류를 발견하지 못하였다.
> ④ 피고의 조사내용을 요약하면, 원고에 대한 임대소득탈루 과세하였으나 원고 처(妻)에 대해서는 증여사실 확인 못하였다.

(3) 원고는 위 각 부과처분은 임의로 개시된 세무조사에 터 잡은 것으로 위법하다(명백한 탈루 혐의가 없다는 주장)는 주장을 하였다.

2. 쟁 점

세무조사대상자 선정에 있어서 법령에 정한 적법한 절차 이행 여부

3. 대상판결

(1) 세무조사대상의 기준과 선정방식에 관한 구 「국세기본법」 제81조의 5(현행 §81의 4)가 도입된 배경과 취지, 구 「국세기본법」 제81조의 5가 포함된 제7장의 2에 관한 구 「국세기본법」과 개별 세법의 관계 등을 종합하여 보면, 구 「국세기본법」 제81조의 5가 마련된 이후에는 개별 세법이 정한 질문·조사권은 구 「국세기본법」 제81조의 5가 정한 요건과 한계 내에서만 허용된다고 보아야 한다.

(2) 또한 「국세기본법」 제81조의 5가 정한 **세무조사대상 선정사유가 없음에도 세무조사대상으로 선정하여 과세자료를 수집하고 그에 기하여 과세처분**을 하는 것은 적법절차의 원칙을 어기고 구 「국세기본법」 제81조의 5와 제81조의 3 제1항을 위반한 것으로서 특별한 사정이 없는 한 그 과세처분은 **위법하다**고 할 것이다.

4. 평 석

(1) 세무조사는 법이 정한 사유에 해당하는 경우에 한하여 개시될 수 있고 **세무조사 개시사유에 해당하는지 여부는 엄격하게 해석**되어야 하며 **적법하게 세무조사가 개시되었다는 점은 피고가 증명**하여야 한다는 전제하에 쟁점건물 취득자금 출처가 원고이고 원고가 임대소득을 탈루하여 해당 자금을 조성하였다는 혐의는 명백한 자료에 의한 것이 아니고 막연한 추측에 따른 것으로서 이 사건 각 부과처분은 위법하다는 판결이다.

(2) 절차적 위법을 이유로 부과 처분을 취소한 이후에 과세관청이 그러한 절차적 위법을 시정하여 재처분을 할 수 있는지에 대하여 논란이 있을 수 있다. 과세예고 통지를 하지 아니하여 과세전적부심사 청구의 기회를 박탈한 채 이루어진 부과 처분이 위법하여 취소된 경우 과세관청이 특례제척기간 내(국세기본법 제26조의2 제2항)에 과세예고 통지를 하고 부과 처분을 하거나, 2016두49228 판결에서 지적된 위법 절차를 시정하여 다시 과세전적부심사 청구 기회를 부여한 후 부과 처분을 하는 경우 모두 적법한 처분이 될 수 없다.

(3) 납세고지서의 필요적 기재 사항을 누락하는 것과 같은 단순한 **절차적 위법**을 이유로 부과 처분이 취소된 경우 처분청은 다시 납세고지서의 누락 사항을 기재한 고지를 하는 등의 적법한 절차를 거쳐 **새로운 처분을 할 수 있다**(대법원 2010. 6. 24. 선고

2007두16493 판결 등).

(4) 그러나 **위법한 중복조사나 세무조사 선정 절차상의 위법**을 이유로 부과 처분이 취소된 경우 과세관청이 다시 세무조사를 할 수는 없으므로, 이런 경우에는 과세관청이 **새로운 부과처분을 할 수 없다**고 할 것이다.

(5) 과세전적부심사청구와 같이 세법이 보장한 납세자의 권리를 침해하였다는 이유로 처분이 당연무효로 판단되는 경우에는 특례제척기간을 적용할 수 없고, 따라서 새로운 처분을 할 수 없다고 보는 것이 타당하다.

5. 관련 판례

문서번호	내 용
대법원2015. 2. 26. 선고 2014두13720 판결	**수사 또는 세무조사과정에서 작성된 자료들은 과세의 근거가 될 수 있는 사유가 기재되어 있다고 하여 바로 그 다른 자료의 하나로 삼을 수는 없는 것이나, 그 작성의 경위 및 내용을 검토하여** 당사자나 관계인의 자유로운 의사에 반하여 작성된 것이 아니고 그 내용 또한 과세자료로서 합리적이어서 진실성이 인정되는 경우에는 실지조사의 근거가 될 수 있는 그 다른 자료의 하나로 삼을 수 있다(**대법원 2007. 10. 26. 선고 2006두16137 판결 등**).

11-3 부분조사의 중복조사 해당 여부

● 대상판결 : 대법원 2014두12062 (2015. 2. 26.) ➜ 국패
대법원 2013두6206 (2015. 9. 10.) ➜ 국패

핵심 요지

어느 세목의 특정 과세기간에 대하여 모든 항목에 걸쳐 세무조사를 한 경우는 물론 그 과세기간의 특정 항목에 대하여만 세무조사를 한 경우에도 다시 그 세목의 같은 과세기간에 대하여 세무조사를 하는 것은 구 「국세기본법」 제81조의 4 제2항에서 금지하는 재조사에 해당한다.

1. 사실관계

(1) 피고가 2011. 7. 6. 원고에게 조사대상 세목을 '법인세 부분조사'로 조사대상기간을 '2006. 1. 1.부터 2010. 12. 31.까지'로, 조사범위를 '본사 지방이전에 따른 임시특별세액 감면과 관련된 사항'으로 한 세무조사 결정처분을 하고, 이에 따라 세무조사를 실시하였다.

(2) 피고는 2012. 3. 21. 다시 원고에게 조사대상 세목을 '법인제세 통합조사'로, 조사대상기간을 '2009. 1. 1.부터 2010. 12. 31.까지'로 하는 이 사건 세무조사결정처분을 하였다.

2. 쟁 점

과세기간의 특정항목에 대한 세무조사 후 다시 그 세목의 같은 과세기간에 대하여 세무조사를 하는 것은 중복조사에 해당하는지 여부

3. 관련 법령

조사사무 처리규정 제3조【정의】

이 규정에서 사용하는 용어의 정의는 다음과 같다.

1.~25. 〈생략〉

26. "전부조사"란 조사대상 과세기간의 신고사항에 대한 적정 여부를 전반적으로 검증하는 세무조사를 말한다.

27. "부분조사"란 특정항목·부분 또는 거래 일부의 적정 여부를 검증하는 세무조사를 말한다.

조사사무 처리규정 제12조【중복조사의 금지 및 방지】

③ 부분조사를 실시한 납세자에 대하여 전부조사를 실시하는 경우 부분조사를 받은 부분에 대해서는 조사한 것으로 본다.

> 과세관청에서는 '실제 당해영역에 대한 조사가 이루어졌는지'를 조사가 이루어졌는지의 판단기준으로 삼고 있으므로 **부분조사를 받은 부분만 제외하면 전부조사(중복조사)가 가능하다는 해석이다.**

4. 대상판결

(1) 세무공무원이 어느 세목의 특정 과세기간에 대하여 모든 항목에 대하여 세무조사를 한 경우는 물론 **그 과세기간의 특정항목에 대하여만 세무조사를 한 경우에도 다시 그 세목의 같은 과세기간에 대하여 세무조사를 하는 것은 재조사에 해당**하고, 세무공무원이 당초 세무조사를 한 특정 항목을 제외한 다른 항목에 대하여만 다시 세무조사를 함으로써 세무조사의 내용이 중첩되지 아니하였다고 하여 달리 볼 것은 아니다.

(2) 다만, 당초의 세무조사가 다른 세목이나 다른 과세기간에 대한 세무조사 도중에 해당 세목이나 과세 기간에도 동일한 잘못이나 세금탈루혐의가 있다고 인정되어 관련 항목에 대하여 세무조사 범위가 확대됨에 따라 부분적으로만 이루어진 경우와 같이 당초 세무조사 당시 모든 항목에 걸쳐 세무조사를 하는 것이 무리였다는 등의 특별한 사정이 있는 경우에는 당초 세무조사를 제외한 나머지 항목에 대하여 향후 다시 세무조사를 하는 것은 재조사에 해당하지 아니한다고 볼 것이다.

5. 평 석

(1) 애초에 특정항목에 대한 부분 세무조사가 이루어졌던 경우라고 하더라도 당시 전체 항목에 대한 세무조사가 가능하였던 경우라면, 실제 조사가 이루어졌는지 여부와 무관하게 재조사가 원칙적으로 금지되는 것이다.

(2) 예외적으로 당초의 조사 시 모든 항목에 대한 조사가 무리였다는 등의 특별한 사정이 있는 경우 재차 세무조사가 가능하다는 것(대법원 2015. 3. 26. 선고 2012두14224 판결)이며, 업무무관 가지급금에 대하여 다른 사업연도의 잘못도 시정하는 경우라면 그 다른 사업연도의 모든 항목에 대하여 세무조사를 하는 것은 무리라고 판단된다.

(3) '특별한 사정이 있는 경우'에 대한 기준이 명확하지 않아 다양한 해석이 가능하고 이 점에 대한 추후 대법원 판단을 예의 주시해야 할 것이다.

(4) **최근 대법원은 어떠한 세무조사행위가 금지되는 재조사에 해당하는지에 대한 구체적인 판단기준을 제시한 바 있다(2014두8360판결). 대상판결에 따르면 사업장의 현황확인, 기장여부 단순 확인, 납세자가 자발적으로 제출한 자료의 수령 등은 금지되는 재조사에 해당하지 않지만 납세자의 사무실·사업장·주소지 등에서** 납세자 등을 직접 접촉하여 상당한 시일에 걸쳐 질문하거나 일정한 기간 동안의 장부·서류·물건 등을 검사·조사하는 경우**에는 특별한 사정이 없는 한 금지되는 재조사에 해당한다는 것이다.**

(5) 중복조사와 관련한 대법원의 판결들로 인하여 과세관청의 정당한 과세권 행사가 지나치게 제한을 받게 된다는 비판이 제기되었다. 이에 2017. 12. 19. 법률 제15220호로 개정된 국세기본법 제81조의4 제2항 제6호에 **"제81조의11 제3항에 따른 부분조사를 실시한 후 해당 조사에 포함되지 아니한 부분에 대하여 조사하는 경우"를 예외적으로 허용되는 중복조사로 신설**하였고, 2018. 1. 1. 이후 개시하는 세무조사부터 적용하도록 하였다. 따라서 **2018. 1. 1. 이후부터는 국세기본법 제81조의11 제3항에 따른 부분조사 이후 그 부분을 제외한 나머지 부분에 대해서는 중복조사가 가능**하게 되었다. 그러나 모든 경우에 부분조사 이후 그 부분을 제외한 나머지 부분에 대해 중복조사가 가능하다는 것은 아니고 아래 제81조의11 제3항의 경우에 한해서 그렇다는 점에 유의할 필요가 있다.

※ 제81조의11(통합조사의 원칙) 제3항

③ 제1항 및 제2항에도 불구하고 다음 각 호의 어느 하나에 해당하는 경우에는 해당 호의 사항에 대한 확인을 위하여 **필요한 부분에 한정한 조사**(이하 "부분조사"라 한다)를 실시할 수 있다. 〈신설 2017. 12. 19, 2018. 12. 31〉

1. 제45조의2 제3항, 「소득세법」 제156조의2 제5항 및 제156조의6 제5항, 「법인세법」 제98조의4 제5항 및 제98조의6 제5항에 따른 **경정 등의 청구에 대한 처리** 또는 제51조 제1항에 따른 **국세환급금의 결정을 위하여 확인**이 필요한 경우
2. 제65조 제1항 제3호 단서(제66조 제6항 및 제81조에서 준용하는 경우를 포함한다) 또는 제81조의15 제5항 제2호 단서에 따른 **재조사 결정에 따라 사실관계의 확인** 등이 필요한 경우
3. **거래상대방에 대한 세무조사 중에 거래 일부의 확인**이 필요한 경우
4. 납세자에 대한 구체적인 탈세 제보가 있는 경우로서 해당 **탈세 혐의에 대한 확인**이 필요한 경우
5. **명의위장, 차명계좌의 이용을 통하여 세금을 탈루한 혐의에 대한 확인**이 필요한 경우
6. 그 밖에 세무조사의 효율성 및 납세자의 편의 등을 고려하여 특정 사업장, 특정 항목 또는 특정 거래에 대한 확인이 필요한 경우로서 대통령령으로 정하는 경우

④ 제3항 제3호부터 제6호까지에 해당하는 사유로 인한 부분조사는 같은 세목 및 같은 과세기간에 대하여 **2회를 초과하여 실시할 수 없다.** 〈신설 2017. 12. 19.〉

6. 관련예규 · 판례

문서번호	내 용
대법원 2022. 02. 24. 선고 2021두56152 판결	단순한 사실관계 확인이나 간단한 질문조사에 그친 정도가 아니라 세무공무원이 법인세법 제122조에 근거하여 포괄적으로 질문조사권을 행사하고 과세자료를 획득하였다면, 원칙적으로 재조사가 금지되는 '세무조사'에 해당함

11-4 중복조사에 기한 과세처분의 효력

1. 관련 판례

문서번호	내 용
서울고등법원 2008. 12. 19. 선고 2007누34707 판결 : 국승 (상고심 대법원 2009두2580 판결 심리불속행 기각)	과세처분은 과세표준의 존재를 근거로 되는 것이기 때문에 그 적부는 원칙적으로 객관적인 과세요건의 존부에 의해 결정되어야 하는 것이고 세무조사절차에 어떠한 위법이 있더라도 그것이 전혀 조사를 결한 경우나 사기나 강박 등의 방법으로 과세처분의 기준이 되는 자료를 수집하는 등 중대한 것이 아닌 한 과세처분의 취소사유로는 되지 않는다. 세무조사기간의 제한, 세무조사기간 연장절차, 납세자권리헌장 교부절차, 사전통지 생략의 안내절차에 위반하였다고 하더라고 그러한 사유만으로 과세처분을 위법하다고 볼 수 없다.
부산고등법원 2011. 1. 21. 선고 2010누5080 판결 : 국승 (상고심 대법원 2011두5223 판결 심리불속행 기각)	**세무조사절차에 위법이 있었다고 하더라도** 그것이 실질적으로 전혀 조사가 없었던 경우와 같거나 선량한 풍속 기타 사회질서에 위반되는 방법으로 과세처분의 기준이 되는 자료를 수집하는 등 **중대한 것이 아닌 한 그러한 사정만으로 과세처분의 취소사유가 되지 않는다.**
대법원 2016. 4. 15. 선고 2015두52326 판결 : 국패	과세관청이 과세처분에 앞서 필수적으로 행하여야 할 과세예고통지를 아니함으로써 납세자에게 과세전적부심사의 기회를 부여하지 아니한 채 과세처분을 하였다면, 이는 납세자의 절차적 권리를 침해한 것으로서 과세처분의 효력을 부정하는 방법으로 통제할 수밖에 없는 중대한 절차적 하자가 존재하는 경우에 해당하므로, 과세처분은 위법하다. • 세무조사 결과에 대한 감사원 시정요구 수용에 따른 과세 시 사전예고통지를 생략한 사안이다. • 위 2개 판례와 비교(새로운 판단임) • 유사사건 판례(대법원 2011두32262 판결) : 과세전적부심사 청구기회를 주지 않아도 위법이 아니다. → 세무조사를 거쳐 결정 고지된 사건이 아니어서 세무조사 결과 통지의무도 없었던 사안

문서번호	내 용
인천지방법원 2015. 9. 10. 선고 2014 구합 31425 판결 (조정권고 수용 후 원고 소 취하) : 국승	과세관청이 제1차 세무조사만으로 부과처분에 필요한 과세요건사실을 모두 밝혀내지 못하여 추가 조사가 필요하였던 경우에 추가 조사에 하자가 있었다면 그 조사결과에 따라 증여세를 부과하는 것은 위법하다고 할 것이지만, **이미 제1차 세무조사에서 부과처분에 필요한 과세요건 사실을 모두 밝혀내었다면** 그 후 제2차세무조사가 있었고 그것이 위법한 중복 세무 조사에 해당한다 하더라도 이는 당해 처분에 필요하거나 그 원인행위가 된다고 보기 어려우므로 이를 이유로 **당해 부과처분이 위법하다고 할 수 없다.**
대법원 2011. 1. 27. 선고 2010두6083 판결 : 국패	세무조사권의 한계를 일탈·남용한 중복조사에 기초하여 이루어진 과세처분은 위법하나 과세처분 중에서 **중복조사에 기한 부분만 위법**하다.
대법원 2017. 12. 13. 선고 2016두55421 판결	국세기본법은 재조사가 예외적으로 허용되는 경우를 엄격히 제한하고 있는바, 그와 같이 한정적으로 열거된 요건을 갖추지 못한 경우 같은 세목 및 같은 과세기간에 대한 재조사는 원칙적으로 금지되고, 나아가 이러한 중복세무조사금지의 원칙을 위반한 때에는 과세처분의 효력을 부정하는 방법으로 통제할 수밖에 없는 중대한 절차적 하자가 존재한다고 보아야 한다. 이러한 관련 규정들의 문언과 체계, 재조사를 엄격하게 제한하는 입법취지, 그 위반의 효과 등을 종합하여 보면, 구 국세기본법 제81조의 4 제2항에 따라 금지되는 재조사에 기하여 과세처분을 하는 것은 단순히 당초 과세처분의 오류를 경정하는 경우에 불과하다는 등의 특별한 사정이 없는 한 그 자체로 위법하고, 이는 과세관청이 그러한 재조사로 얻은 과세자료를 과세처분의 근거로 삼지 않았다거나 이를 배제하고서도 동일한 과세처분이 가능한 경우라고 하여 달리 볼 것은 아니다. 위와 같은 사실관계를 앞서 본 법리에 비추어 살펴보면, 이 사건 재조사는 구 국세기본법 제81조의 4 제2항 각 호에서 정한 재조사가 예외적으로 허용되는 경우에 해당한다고 볼 수 없어 같은 항에 따라 금지되는 것이었으므로, **이 사건 재조사에 기한 이 사건 처분은 이 사건 재조사로 얻은 과세자료를 근거로 삼았는지 또는 이를 배제하고서도 가능한지를 따질 것도 없이 위법하다.**

문서번호	내 용
	[납세자 신고 → 세무서장은 양도소득세 실지조사실시하여 이 사건 공사비 필요경비인정 → 업무감사실시(세금계산서미수취, 공사비지급내역 수취자미확인 등으로 신빙성 없으므로 이 사건 공사비 재조사 시정지시) → 재조사결과 확인서 위조, 실제로 이 사건 공사 이루어지지않은 사실 확인하여 이 사건 공사비 부인 → 피고의 과세처분(161백만원)]

2. 평 석

(1) 중복조사가 있다고 하여 그 후 이루어진 과세처분이 무조건 위법하다고 보는 것이 아니라, 중복조사 결과 수집된 자료가 그 후에 이루어진 과세처분에서 과세요건 사실의 증거로서 활용되는 등의 사정이 있는 부분에 한하여 위법하다고 보아야 한다는 것이다.

(2) 따라서 **위법한 중복조사가 있었다고 하더라도 나머지 다른 과세자료만으로 과세처분을 유지하는 것이 가능하다면 그 과세처분은 적법**하다고 보아야 한다는 것이 기존 판례의 입장이었다.

(3) 최근 대법원 판결(2016두55421)에 따르면 "중복(재)조사의 경우 1차세무조사에서 부과처분에 필요한 과세요건 사실을 모두 확보하였다하더라도 당해 부과처분은 위법하다"는 것으로 변경하였다.

11-5 재조사에 기한 과세처분의 위법 여부

● 대상판결 : 대법원 2016두55421 (2017. 12. 13.) ➜ 국패

핵심 요지

중복조사에 기한 과세처분은 이 사건 재조사로 얻은 과세자료를 근거로 삼았는지 또는 이를 배제하고서도 가능한지를 따질 것도 없이 위법하다(종전 : 중복조사로 얻은 과세자료를 판단의 근거로 삼지 않거나, 중복조사로 얻은 과세자료를 제외하더라도 과세처분이 가능하면 적법하다).

1. 사실관계

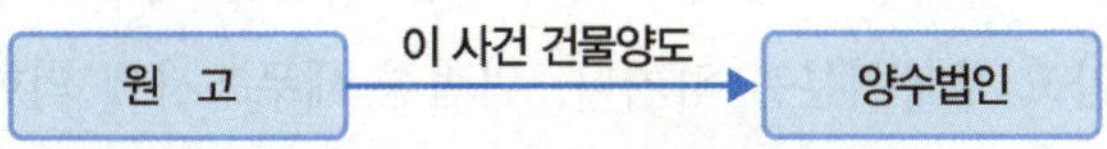

(1) 2012. 2. 26. 원고는 이 사건 건물을 양수법인에게 양도하였다.

(2) 2012. 4. 27. 원고는 양도소득세를 신고하면서 이 사건 부동산 건물에 대한 리모델링 공사비용 285백만 원과 전기승압공사비 26백만 원을 필요경비로 신고하였다.

(3) 2012. 10. 4.~2012. 10. 23.까지 처분청은 이 사건 부동산 양도와 관련하여 세무조사(1차 세무조사)를 실시하였는데, 전기승압공사비는 부인하고 이 사건 공사비는 필요경비로 인정하는 것으로 세무조사를 종결하였다.

(4) 2014년도에 국세청은 처분청에 대한 업무감사를 실시하여 이 사건 공사비에 대하여 시공업체 세금계산서 미발행, 공사비 수취자 미확인 등으로 신빙성이 없다 하여 이 사건 공사가 실제 진행되었는지 검토하여 양도소득세를 재경정하라는 시정지시를 하였다.

(5) 처분청은 위 시정지시에 따라 현지확인(2차 세무조사)결과, 이 사건 부동산 리모델링 공사가 실제로 이루어지지 않았다고 보아 이 사건 공사비를 부인하여 양도소득세 161백만 원을 부과처분하였다.

2. 쟁 점

중복조사에 해당하더라도 중복조사(재조사)로 얻은 과세자료를 판단근거로 삼지 아니하고 중복조사에 의하여 얻은 과세자료가 아니더라도 과세처분이 가능하다면 중복조사에도 불구하고 적법한 과세처분인지 여부

3. 사건의 경과

(1) 원심(서울고등법원 2016. 10. 11. 선고 2016누49589 판결) : 국승

납세자에 대한 부과처분이 종전과 같은 세목 및 같은 과세기간에 대하여 중복하여 실시된 위법한 세무조사에 기초하여 이루어진 경우에는 위법하나(대법원 2006. 6. 2. 선고 2004두12070 판결 참조), **과세관청이 중복하여 실시한 위법한 세무조사로 얻은 과세자료를 판단의 근거로 삼지 않고 부과처분을 하거나, 위법한 세무조사에 의한 과세자료를 배제하고서도 납세자에 대한 부과처분과 동일한 부과처분이 가능한 경우에는 납세자에 대한 부과처분은 위법한 세무조사에 기초하여 이루어진 것이 아니어서 허용된다**고 할 것이다. 피고는 이 사건 처분을 하면서 이 사건 양수법인의 대표와 그 직원의 진술, 제출받은 장부를 근거로 원고가 이 사건 공사를 하지 않았다고 판단한 것이 아니라, 이미 확보한 과세자료로 확인되는 사실관계에 현장에서도 이 사건 공사가 있었다는 점이 확인되지 않는다는 점을 보태어 이 사건 공사비를 부인한 후 이 사건 처분을 한 것이어서 **이 사건 조사로 얻은 과세자료를 판단의 근거로 삼았다고 보이지 않으므로** 이 사건 공사비를 필요경비로 인정하지 않은 이 사건 처분을 하는 것이 가능하였다고 봄이 상당하므로, 원고의 주장은 이유 없다.

(2) 대상판결(파기환송, 국패)

구 「국세기본법」(2014. 12. 23. 법률 제12848호로 개정되기 전의 것, 이하 같다) 제81조의 4는 제1항에서 "세무공무원은 적정하고 공평한 과세를 실현하기 위하여 필요한 최소한의 범위에서 세무조사를 하여야 하며, 다른 목적 등을 위하여 조사권을 남용해서는 아니 된다."고 규정하고 있다. 이어 제2항에서 "세무공무원은 다음 각 호의 어느 하나에 해

당하는 경우가 아니면 같은 세목 및 같은 과세기간에 대하여 재조사를 할 수 없다."고 규정하면서, 그 각 호에서 재조사가 허용되는 경우로 **'조세탈루의 혐의를 인정할 만한 명백한 자료가 있는 경우'**(제1호), **'거래상대방에 대한 조사가 필요한 경우'**(제2호), **'2개 이상의 과세기간과 관련하여 잘못이 있는 경우'**(제3호), **'이의신청이나 심사청구 또는 심판청구가 이유 있다고 인정되어 필요한 처분의 결정을 하여 그 결정에 따라 조사를 하는 경우'**(제4호), **'그 밖에 제1호부터 제4호까지와 유사한 경우로서 대통령령으로 정하는 경우'**(제5호)를 들고 있다.

세무조사는 기본적으로 적정하고 공평한 과세의 실현을 위하여 필요한 최소한의 범위 안에서만 행하여져야 하고, 더욱이 같은 세목 및 같은 과세기간에 대한 재조사는 납세자의 영업의 자유나 법적 안정성을 심각하게 침해할 뿐만 아니라 세무조사권의 남용으로 이어질 우려가 있으므로 조세공평의 원칙에 현저히 반하는 예외적인 경우를 제외하고는 금지할 필요가 있다.

같은 취지에서 「국세기본법」은 재조사가 예외적으로 허용되는 경우를 엄격히 제한하고 있는바, 그와 같이 한정적으로 열거된 요건을 갖추지 못한 경우 같은 세목 및 같은 과세기간에 대한 재조사는 원칙적으로 금지되고, 나아가 이러한 중복세무조사금지의 원칙을 위반한 때에는 과세처분의 효력을 부정하는 방법으로 통제할 수밖에 없는 중대한 절차적 하자가 존재한다고 보아야 한다.

이러한 관련 규정들의 문언과 체계, 재조사를 엄격하게 제한하는 입법취지, 그 위반의 효과 등을 종합하여 보면, 구 「국세기본법」 제81조의 4 제2항에 따라 금지되는 재조사에 기하여 과세처분을 하는 것은 단순히 당초 과세처분의 오류를 경정하는 경우에 불과하다는 등의 특별한 사정이 없는 한 그 자체로 위법하고, 이는 과세관청이 그러한 재조사로 얻은 과세자료를 과세처분의 근거로 삼지 않았다거나 이를 배제하고서도 동일한 과세처분이 가능한 경우라고 하여 달리 볼 것은 아니다.

위와 같은 사실관계를 앞서 본 법리에 비추어 살펴보면, 이 사건 재조사는 구 「국세기본법」 제81조의 4 제2항 각 호에서 정한 재조사가 예외적으로 허용되는 경우에 해당한다고 볼 수 없어 같은 항에 따라 금지되는 것이었으므로, 이 사건 재조사에 기한 이 사건 처분은 **이 사건 재조사로 얻은 과세자료를 근거로 삼았는지 또는 이를 배제하고서도 가능한지를 따질 것도 없이 위법하다.**

그럼에도 원심은 이와 달리 피고가 이 사건 재조사로 얻은 과세자료를 판단의 근거로 삼지 않았고, 그 과세자료를 제외하더라도 이 사건 처분이 가능하였다는 이유로 이 사건 처분이 적법하다고 판단하였다. 이러한 원심의 판단에는 중복세무조사금지의 원칙에 관한 법리를 오해하여 판결에 영향을 미친 잘못이 있다. 이를 지적하는 상고이유 주장은 이유 있다.

4. 평 석

(1) 이 사건은 몇 가지 쟁점을 동시에 다투었다. 이 사건에서 문제가 되었던 현장확인(2차 세무조사)도 중복조사에 해당한다는 점에 대해서는 원심과 대법원 모두 동일한 입장이었다. 1심 재판부는 좀더 확고한 입장을 표명하였는데, 현장확인이 조사사무처리규정에 규정되어있다 하더라도 이는 행정규칙에 불과하여 명칭과 형식이 어떠하든 「국세기본법」이 규정하는 세무조사의 개념에 해당되는 이상 세무조사라고 보아야 한다고 판시하였다.

(2) 원심은 1심과 동일하게 현장확인도 재조사에 해당한다고 보았다. 다만 피고가 이 사건 재조사로 얻은 과세자료를 판단의 근거로 삼지 않았고, 그 과세자료를 제외하더라도 이 사건 처분이 가능하였다는 이유로 이 사건 처분이 적법하다고 판단하였다. 그러한 원심의 판단은 지금까지의 법원의 판단과 동일한 것이었다.

(3) 그러나 대법원은 **이 사건 재조사에 기한 이 사건 처분은 이 사건 재조사로 얻은 과세자료를 근거로 삼았는지 또는 이를 배제하고서도 가능한지를 따질 것도 없이 위법하다고 판시하였다.**

(4) 이 사건의 판결이 의미를 갖는 것은 대법원이 중복조사에 기한 과세처분의 효력에 대하여 명확한 입장을 표명하였다는 데에 있다. **종전의 판결은 위법한 중복조사라 하더라도 1차 세무조사에서 부과처분에 필요한 과세요건 사실을 밝혀내여 1차 세무조사에서 확보된 과세자료만으로 과세처분을 유지하는 것이 가능하다면 그 과세처분은 적법하다**는 것이었다. 다만 종전의 그러한 판단(1차 세무조사에서 확보한 과세자료에 기한 과세는 적법함)은 모두 대법원 심리불속행 기각결정으로 대법원의 직접적인 판단이 이루어진 것은 아니었다.

(5) 이 사건에서 대법원은 "이러한 관련 규정들의 문언과 체계, 재조사를 엄격하게 제한하는 입법취지, 그 위반의 효과 등을 종합하여 보면, 구 「국세기본법」 제81조의 4 제2항에 따라 금지되는 **재조사에 기하여 과세처분을 하는 것은** 단순히 당초 과세처분의 오류를 경정하는 경우에 불과하다는 등의 특별한 사정이 없는 한 **그 자체로 위법하고, 이는 과세관청이 그러한 재조사로 얻은 과세자료를 과세처분의 근거로 삼지 않았다거나 이를 배제하고서도 동일한 과세처분이 가능한 경우라고 하여 달리 볼 것은 아니다.**"라고 판시하여 **재조사에 따른 과세가 원천적으로 위법하여 과세하여서는 안 된다**는 결론을 내린 것이다.

(6) **앞으로 과세관청은 같은 세목 및 같은 과세기간에 대한 재조사는 원칙적으로 금지되고, 나아가 이러한 중복세무조사금지의 원칙을 위반한 때에는 과세처분의 효력을 부정하는 방법으로 통제할 수밖에 없는 중대한 절차적 하자가 존재한다는 대법원의 판단을 유의할 필요가 있다고 본다.**

5. 관련 판례

문서번호	내 용
대법원 2006. 6. 2. 선고 2004두12070 판결	같은 세목 및 과세기간에 대한 거듭된 세무조사는 납세자의 영업의 자유나 법적 안정성을 심각하게 침해할 뿐만 아니라 세무조사권의 남용으로 이어질 우려가 있으므로 조세공평의 원칙에 현저히 반하는 예외적인 경우를 제외하고는 금지할 필요가 있다할 것이고, **위법한 재조사에 기초하여 이루어진 과세처분은 위법**하다.
대법원 2013. 10. 31. 선고 2010두4599 판결	과세처분의 위법을 이유로 그 취소를 구하는 행정소송에서 과세처분의 적법성 및 과세요건사실의 존재에 대한 증명책임은 원칙적으로 과세관청에 있으므로 과세소득확정의 기초가 되는 필요경비나 손금에 관하여도 원칙적으로 과세관청이 그 증명책임을 부담하지만, 필요경비나 손금에 관한 사항은 일반적으로 납세의무자에게 유리한 것일 뿐 아니라 그 기초가 되는 사실관계도 대부분 납세의무자의 지배영역 안에 있어 과세관청으로서는 그 증명이 곤란한 경우가 있으므로, 그 증명의 곤란이나 당사자 사이의 형평을 고려하여 납세의무자로 하여금 증명하게 하는 것이 합리적인 경우에는 **증명의 필요를 납세의무자에게 돌릴 수 있다.**

문서번호	내 용
대법원 2017. 11. 9. 선고 2017두54562판결(서울고법 2016누60531)	세무공무원의 조사행위가 사업장의 현황 확인, 기장 여부의 단순 확인, 특정한 매출 사실의 확인, 행정민원서류의 발급을 통한 확인, 납세자 등이 자발적으로 제출한 자료의 수령 등과 같이 **단순한 사실관계의 확인이나 통상적으로 이에 수반되는 간단한 질문조사에 그치는 것이어서 납세자 등으로서도 손쉽게 응답할 수 있을 것으로 기대되거나 납세자의 영업의 자유 등에도 큰 영향이 없는 경우에는 원칙적으로 재조사가 금지되는 '세무조사'로 보기 어렵지만,** 조사행위가 실질적으로 과세표준과 세액을 결정 또는 경정하기 위한 것으로서 납세자 등의 사무실·사업장·공장 또는 주소지 등에서 납세자 등을 직접 접촉하여 상당한 시일에 걸쳐 질문하거나 일정한 기간의 장부·서류·물건 등을 검사·조사하는 경우에는 특별한 사정이 없는 한 재조사가 금지되는 '세무조사'로 보아야 할 것이다(대법원 2017. 3. 16. 선고 2014두8360 판결 참조).
서울행정법원 2018. 06. 21. 선고 2016구합56318 판결	**피고는 원고에게 차명계좌와 관련된 거래내역의 제출을 요구하였을 뿐으로 이는 납세자 등이 손쉽게 응답할 수 있을 것으로 기대될 뿐만 아니라 납세자의 영업의 자유 등에도 영향이 없는 점,** 피고의 사무실에서 원고의 세무대리인이 임의로 제출한 자료를 수령하였을 뿐, 달리 이 사건 병원을 방문하여 장부나 증빙서류 등 과세근거자료를 조사·수집하거나 원고 또는 원고와 거래가 있다고 인정되는 자에게 질문 등의 행위를 한 바도 없는 점 **등에 비추어 보면, 이 사건 현지 확인은 단순한 사실관계의 확인을 위하여 실시된 것으로** 재조사가 금지되는 '세무조사'에 해당한다고 볼 수 없다.

11-6 감사원 시정요구에 따르더라도 납세자에게 과세예고통지를 생략한 부과처분은 위법함

● 대상판결 : 대법원 2015두52326 (2016. 4. 15.) ➔ 국패

핵심 요지

> 국세기본법 및 구 국세기본법 시행령이 과세예고 통지의 대상으로 삼고 있지 않다거나 과세전적부심사를 거치지 않고 곧바로 과세처분을 할 수 있는 예외사유로 정하고 있는 등의 특별한 사정이 없는 한, 과세관청이 과세처분에 앞서 필수적으로 행하여야 할 과세예고 통지를 하지 아니함으로써 납세자에게 과세전적부심사의 기회를 부여하지 아니한 채 과세처분을 하였다면, 이는 납세자의 절차적 권리를 침해한 것으로서 과세처분의 효력을 부정하는 방법으로 통제할 수밖에 없는 중대한 절차적 하자가 존재하는 경우에 해당하므로, 그 과세처분은 위법함

1. 사실관계

(1) 원고는 치과용 의료기기 제조 및 판매를 주된 영업으로 하는 주식회사로 원고회사의 주된 고객은 치과의사, 치과 병·의원이다.

(2) 원고는 임플란트를 일정금액 이상 구매하는 치과병원, 의원에게 해외경비를 지원하였다.

(3) 원고는 위와 같이 고객들에 대한 해외여행경비 지원에 따른 비용을 판매부대비용으로 보고 손금에 산입하여 각 사업연도 법인세를 신고·납부하였다.

(4) 감사원은 원고에 대한 감사결과, 해외여행경비 지원은 제품 홍보 등 일반적인 판촉활동을 하기 위한 것 이라기보다는 치과 병·의원과의 관계개선 및 유인 목적이 더 크고, 그 지원액 역시 정상적인 거래관행에 비하여 과대한 이익을 제공하였으므로 이를 접대비로 보아 손금불산입 한 후 법인세를 부과징수 하여야 한다는 시정권고를 하였다.

(5) 피고는 감사원의 시정요구에 따라 원고의 해외경비 지원비용을 접대비로 보아 접대비 한도초과액을 손금불산입 한 후, 원고에게 2013. 8. 10. 2007년 사업연도 법인세를 부과처분 하였다.

2. 쟁 점

감사원 시정요구에 따른 부과처분이 재조사금지원칙에 위배되는지 여부 및 과세전적부심사 기회를 부여하지 않고 곧바로 과세한 처분의 적법여부

3. 대상판결

국세기본법 및 구 국세기본법 시행령이 과세예고 통지의 대상으로 삼고 있지 않다거나 과세전적부심사를 거치지 않고 곧바로 과세처분을 할 수 있는 예외사유로 정하고 있는 등의 특별한 사정이 없는 한, 과세관청이 과세처분에 앞서 필수적으로 행하여야 할 과세예고 통지를 하지 아니함으로서 납세자에게 과세전적부심사의 기회를 부여하지 아니한 채 과세처분을 하였다면, 이는 납세자의 절차적 권리를 침해한 것으로서 과세처분의 효력을 부정하는 방법으로 통제할 수 밖에 없는 중대한 절차적 하자가 존재하는 경우에 해당하므로, 그 과세처분은 위법하다고 보아야 할 것이다.
… 과세관청이 감사원의 감사결과 처분지시 또는 시정요구에 따라 과세처분을 하는 경우라도 국가기관 간의 사정만으로는 납세자가 가지는 절차적 권리의 침해를 용인할 수 있는 사유로 볼 수 없고, 그와 같은 처분지시나 시정요구가 납세자가 가지는 절차적 권리를 무시하면서까지 긴급히 과세처분을 하라는 취지도 아니므로, 위와 같은 사유는 과세관청이 과세예고통지를 생략하거나 납세자에게 과세전적부심사의 기회를 부여하지 아니한 채 과세처분을 할 수 있는 **예외사유에 해당한다고 할 수 없다.**

4. 평 석

(1) 당초 이 사건의 쟁점은 원고가 치과의사 등에게 지원한 해외여행경비를 손금으로 인정할 수 있는지 여부였다. 손금은 통상성이나 사업관련성이 인정되면 손금으로 인정되어야 하지만, 대법원은 일정금액 이상의 임플란트 구매자 전원에게 해외여행 경비 등을 제공하는 지원 비용은 그 지출경위나 그 비용액수가 건전한 사회통념이나 상관행에 비추어 정상적으로 소요되는 비용으로 보기 어렵다고 보았다.

(2) 전심 불복단계에서는 원고가 지출한 비용이 접대비에 해당하는지 아니면 판매부대비용에 해당하는지가 관건이었고, 1심재판부도 판매부대비용 해당 여부는 지출경위나 성질, 액수 등을 건전한 사회통념이나 상관행에 비추어 볼 때 상품 또는 제품의 판매에 직접 관련하여 정상적으로 소요되는 비용에 해당하는지에 따라 판단하여야 하는데 이 사건 비용은 그 지출경위나 그 비용액수가 건전한 사회통념이나 상관행에 비추어 정상적으로 소요되는 비용이 아니라고 판단하였다.

(3) 원고는 항소심에서 피고가 과세예고통지를 누락한 채 이 사건 처분을 한 것은 원고의 과세전적부심사의 기회를 박탈한 중대한 절차상의 하자가 있으며, 이 사건 처분은 국세기본법 제81조의4 제 2항에서 정한 재조사금지원칙을 위반하여 이루어진 것이므로 위법하다는 주장을 하였다.

(4) 항소심 재판부는 **세무조사결과에 대한 감사원의 시정요구**에 따라 과세관청인 피고가 손금불산입 항목을 조정하여 법인세 부과처분을 한 것은 국세기본법 제81조의4 제2항에서 규정한 **재조사금지 원칙을 위반한 것이라고 볼 수 없다**고 하였다.

(5) 또한 과세전적부심사제도는 과세처분 이후의 사후적 구제제도와는 별도로 과세처분 이전의 단계에서 납세자의 주장을 반영함으로써 권리구제의 실효성을 높이기 위하여 마련된 사전적 구제제도이기는 하지만, 조세부과의 제척기간이 임박한 경우에는 이를 생략할 수 있는 등 과세처분의 필수적 전제가 되는 것은 아닐 뿐 아니라, 납세자에게 과세전적부심사청구의 기회를 주지 않았다고 하여 납세자의 권리의무에 직접 어떠한 영향을 끼치는 것은 아니며, 사후적 구제절차로서 법령에서 규정한 이의신청·심사청구·심판청구·행정소송 등 절차를 통하여 과세의 적부에 대하여 불복할 수 있는 절차가 남아있는 점을 감안하면, 원고에게 과세전적부심사청구의 기회를 주지 않았다고 하더라도 중대한 절차 위반이 있었다고 보기 어려우므로 이 사건 처분은 위법하다고 할 수 없다고 설시하였다.

(6) 대법원은 이 사건 비용에 대하여 판매부대비용이 아닌 접대비라고 보는 점은 하급심과 같았다. 그러나 납세자에게 과세전적부심사의 기회를 부여하지 아니하고 과세처분을 하는 것은 **중대한 절차적 하자가 존재**하는 경우에 해당하므로 그 과세처분은 위법하다고 판단하였다.

(7) 대법원은 절차적 하자에 대하여는 보다 엄격한 잣대를 두고 있다. 다른 대법원 판결에서도 "헌법 제12조 제1항에서 규정하고 있는 적법절차의 원칙은 형사소송절차에 국한되지 아니하고 모든 국가작용 전반에 대하여 적용되며, **세무공무원이 과세권을 행사하는 경우에도 이러한 적법절차의 원칙은 마찬가지로 준수**하여야 한다(대법원 2014. 6. 26. 선고 2012두911 판결 참조)"라고 하여 적법절차 원칙의 준수는 반드시 지켜져야 할 원칙임을 명확히 하였다. 따라서 과세관청은 과세처분에 있어 절차적 준수에 보다 신중을 기할 필요가 있음은 더 말할 나위도 없다.

(8) **납세고지서의 필요적 기재사항을 누락하는 것과 같은 절차적 위법을 이유로 부과 처분이 취소된 경우 처분청은 다시 납세고지서의 누락 사항을 기재한 고지를 하는 등의 적법한 절차를 거쳐 새로운 처분을 할 수 있다**(대법원 2010. 6. 24. 선고 2007두16493 판결 등). 그러나, **위법한 중복조사나 세무조사 선정 절차상의 위법을 이유로 부과 처분이 취소된 경우 과세관청이 다시 세무조사를 할 수는 없으므로, 이런 경우에는 과세관청이 새로운 부과처분을 할 수 없다.**

(9) 위법하게 과세예고 통지를 하지 아니하였다거나, **과세전적부심사 청구 기회를 박탈하고 부과처분**을 한 경우 다시 절차를 거쳐 재처분을 할 수 있는지에 대해 최근 법원은 과세관청이 과세전적부심사 청구의 기회를 부여하지 않은 채 한 선행 과세처분을 직권 취소하고 과세전적부심사 청구의 기회를 부여한 후 동일한 내용의 처분을 행하는 것은 가능하다고 판시하였다(서울고등법원 2023. 4. 18. 선고 2022누67366 판결, 대법원 2023. 7. 1.3 선고 2023두40922 심리불속행 기각 판결). 즉, **부과제척기간 도과 전이라면 과세관청이 기존의 절차상 하자인 과세적부심사 기회 보장부분을 보완하여 동일한 내용의 재처분을 하는 것은 가능**하다.

(10) 그러나 **행정소송을 거쳐 선행 과세처분의 절차적 위법성을 판단 받은 경우**에는, 그러한 무효 확인 판결의 존재로 인해 과세관청에게 국세기본법 제26조 제6항 소정의 특례제척기간이 적용될 수 없다고 판단하였다(대법원 2005. 2. 25. 선고 2004두11459 판결). 결론적으로 **과세전적부심사청구와 같이 세법이 보장한 납세자의 권리를 침해하였다는 이유로 처분이 당연무효로 판단되는 경우에는 특례제척기간을 적용할 수 없고, 따라서 새로운 처분을 할 수 없다**(**같은 취지의 과세전적부심사결정 법인, 적부-국세청-2023-0004, 2023. 3. 15.**).

5. 관련 판례

문서번호	내　용
대법원2002. 4. 12. 선고 2000두2990 판결	지출의 상대방이 불특정다수인이고 지출의 목적이 구매의욕을 자극하는데 있다면 접대비가 아닌 판매관리비용인 광고선전비에 해당한다.
대법원 2009. 7. 9. 선고 2007두10389 판결	지출의 경위나 성질, 액수 등을 건전한 사회통념이나 상관행에 비추어 볼 때 상품 또는 제품의 판매에 직접 관련하여 정상적으로 소요되는 비용인 경우 판매부대비용에 해당한다.
대법원 2009. 11. 9. 선고 2007두12422 판결	그 형태가 접대비와 유사한 경우라도 비용의 지출이 수익의 실현에 결정적으로 기여하거나 지출의무가 있는 경우로서 지출경위나 성질, 액수 등 건전한 사회통념이나 상관행에 비추어 상품 또는 제품의 판매에 직접 관련하여 정상적으로 소요되는 비용으로 인정되는 것이라면 이는 법인세법 제19조 제1항, 시행령 제19조 제1호에서 손비로 인정하는 판매부대비용에 해당한다.
대법원2010. 5. 13. 서고 2010두2555판결: 심리불속행 기각	과세전적부심사청구에 대한 결정은 위법한 과세처분을 사전에 방지하고자 하는 제도로 과세처분 이전의 단계에서의 과세관청의 행위이므로 법적구속력이 없다(**불고불리, 불이익변경금지원칙 적용이 안된다**, 즉, 재결의 효력이 없다).
대법원 2010. 9. 30. 산고 2009두1020 판결	이의신청절차에서 과세관청이 이의신청사유가 옳다고 인정하여 과세처분을 직권으로 취소한 이상 그 후 특별한 사유 없이 이를 번복하고 종전처분을 되풀이 하는 것은 허용되지 아니한다(불가변력).
대법원 2016. 12. 27. 선고 2016두49228 판결	과세예고 통지 후 과세전적부심사 청구나 그에 대한 결정이 있기도 전에 과세처분을 하는 것은 원칙적으로 과세전적부심사 이후에 이루어져야 하는 과세처분을 그 보다 앞서 함으로써 과세전적부심사제도 자체를 형해화 시킬 뿐 아니라 과세전적부심사 결정과 과세처분 사이의 관계 및 그 불복절차를 불분명하게 할 우려가 있으므로 그와 같은 과세처분은 납세자의 절차적 권리를 침해하는 것으로서 그 절차상 하자가 중대하고도 명백하여 무효라고 할 것이다.

11-7 감사지적에 따른 신고내용 검증을 위한 확인이라 하더라도 일정한 경우 세무조사에 해당함

● 대상판결 : 대법원 2018두36394 (2018. 6. 15.) ➜ 국패

핵심 요지

감사지적에 따라 감면에 대한 신고내용의 검증을 위하여 **관련 자료만을 중심으로 이루어졌다고 하더라도** 재조사가 금지되는 중복된 세무조사에 해당함

1. 사실관계

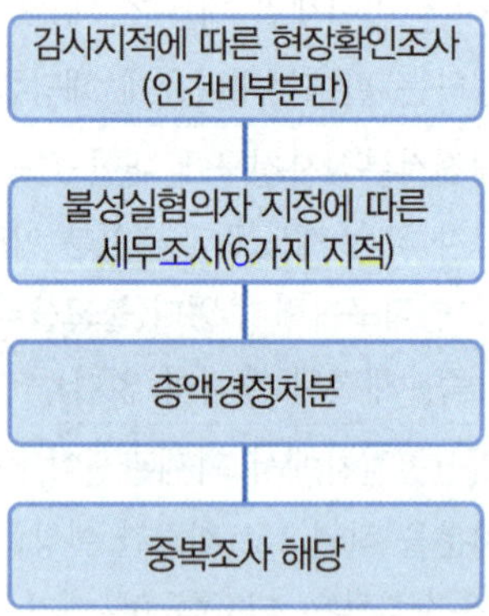

(1) 원고는 풍력발전설비의 제조, 판매 및 관련 기술개발 유지보수 등 서비스를 영위하는 법인인데, 원고가 설립한 해외현지법인(중국, 베트남, 캐나다에 있다)에게 임가공용역을 의뢰하여 풍력발전설비를 공급받은 다음 고객에게 판매하는 방식으로 거래하여 왔다.

(2) 피고는 대전지방국세청 정기감사 시 원고에 대한 현장 확인을 지시받아 2013. 12. 23.부터 2014. 1. 10.까지 원고에 대하여 현장 확인('이 사건 1차 조사')을 실시하여 원고가 중국, 베트남 법인 파견자에게 지급한 급여는 업무와 관련 없는 비용으로 보아 손금불산입하고, 구 조세특례제한법에 따른 감면비율을 산정할 때 이전본사 근무인원 및 이들에 대한 급여 중 해외현지법인에 출장목적으로 20일 이상 해외에 체류한 직원의 인원 및 이들에 대한 급여를 제외해야 함에도 이를 제외하지 않았다는 이유로,

2014. 3. 3. 원고에 대하여 2008년~2012년 사업연도 법인세 1,310백만 원을 부과처분하였다(결국 감사관의 지적내용에 따른 과세가 이루어졌다).

(3) 원고는 위 처분에 불복하여 심판청구를 한 결과, 조세심판원장은 인건비 손금불산입 부분은 원고의 심판청구를 인용하여 이를 취소하는 결정을 하였으나, 해외 출장 직원 관련 감면비율 조정부분에 관하여는 원고의 심판청구를 기각하는 결정을 하였다.

(4) 피고는 조세심판원장의 결정에 따라 부과처분 하였던 법인세의 일부를 취소하거나 감액경정한 후 세액을 일부 환급하였다(이하 감액 결정된 후 잔존하게 된 부분을 '이 사건 1차 부과처분'이라 한다).

(5) 그 후 대전지방국세청장은 원고가 2010년부터 2013년까지 신고한 내용에 대한 성실도 분석을 한 결과 불성실혐의가 있다고 인정하여 신고의 적정성을 검증하기 위해 원고를 세무조사 대상자로 선정하였고, 이 사건 세무조사는 2015. 1. 20.부터 2015. 3. 31.까지 이루어졌다(이 사건 2차 조사).

(6) 대전지방국세청장은 이 사건 2차 조사 기간 중 원고가 구 조세특례제한법에 따라 법인세를 최대한 감면받기 위하여 대안1 내지 대안4를 마련하여 해외현지법인에 파견된 직원들을 해외현지법인으로 소속을 변경하는 방안(회계법인의 컨설팅에 따라)을 강구하였던 자료를 획득하였다.

(7) 대전지방국세청장은 위 자료를 토대로 2010 사업연도부터 2014 사업연도까지 원고의 장기 해외출장 직원과 재입사자를 본사 근무인원에서 제외하여 구 조세특례제한법 제63조의2 제2항 제2호에 따른 감면비율을 재계산하였다.

(8) 대전지방국세청장은 그 외에도 해외현지법인에 대한 인건비 손금불산입, 해외현지법인에 대한 매출채권 회수지연에 따른 정상이자 익금산입 및 관련지급이자 손금불산입, 해외법인이 수령한 공사지연보상금은 원고에게 귀속되는 것으로 보아 익금산입하고, 해외현지법인의 거래처 관리를 위하여 채권을 포기한 것도 익금산입하여야 한다는 세무조사 결과를 피고에게 통지하였다(6가지 지적사항).

(9) 2015. 7. 1. 피고는 세무조사 결과 통지에 따라 원고에 대하여 2010사업연도 ~ 2013사업연도 귀속 법인세 133억 원을 부과처분 하였다.

2. 쟁 점

정기감사 지적에 따른 현장 확인이 세무조사에 해당하는지 여부

3. 대상판결(서울고등법원 2018. 1. 18. 선고 2017누12931 판결)

이러한 세무조사의 성질과 효과, 중복세무조사를 금지하는 취지 등에 비추어 볼 때, 세무공무원의 조사행위가 실질적으로 납세자 등으로 하여금 질문에 대답하고 검사를 수인하도록 함으로써 납세자의 영업의 자유 등에 영향을 미치는 경우에는 국세청 훈령인 구 조사사무처리규정에서 정한 **'현지확인'의 절차에 따른 것이라고 하더라도 그것은 재조사가 금지되는 '세무조사'에 해당**한다고 보아야 한다.

그러나 과세자료의 수집 또는 신고내용 의 정확성 검증 등을 위한 과세관청의 모든 조사행위가 재조사가 금지되는 세무조사에 해당한다고 볼 경우에는 과세관청으로서는 단순한 사실관계의 확인만으로 충분한 사안에서 언제나 정식의 세무조사에 착수할 수밖에 없고 납세자 등으로서도 불필요하게 정식의 세무조사에 응하여야 하므로, 납세자 등이 대답하거나 수인할 의무가 없고 납세자의 영업의 자유 등을 침해하거나 세무조사권이 남용될 염려가 없는 조사행위까지 재조사가 금지되는 '세무조사'에 해당한다고 볼 것은 아니다. 그리고 세무공무원의 조사 행위가 재조사가 금지되는 '세무조사'에 해당하는지 여부는 조사의 목적과 실시경위, 질문조사의 대상과 방법 및 내용, 조사를 통하여 획득한 자료, 조사행위의 규모와 기간 등을 종합적으로 고려하여 구체적 사안에서 개별적으로 판단할 수밖에 없을 것인데, 세무공무원의 조사행위가 사업장의 현황 확인, 기장 여부의 단순 확인, 특정한 매출 사실의 확인, 행정민원서류의 발급을 통한 확인, **납세자 등이 자발적으로 제출한 자료의 수령** 등과 같이 단순한 사실관계의 확인이나 통상적으로 이에 수반되는 간단한 질문조사에 그치는 것이어서 납세자 등으로서도 손쉽게 응답할 수 있을 것으로 기대되거나 납세자의 영업의 자유 등에도 큰 영향이 없는 경우에는 원칙적으로 재조사가 금지되는 '세무조사'로 보기 어렵지만, **그 조사행위가 실질적으로 과세표준과 세액을 결정 또는 경정하기 위한 것으로서 납세자 등의 사무실·사업장·공장 또는 주소지 등에서 납세자 등을 직접 접촉하여 상당한 시일에 걸쳐 질문하거나 일정한 기간 동안의 장부·서류·물건**

등을 검사·조사하는 경우에는 특별한 사정이 없는 한 재조사가 금지되는 '세무조사'로 보아야 할 것이다(대법원 2017. 3. 16. 선고 2014두8360 판결 등 참조).
… 앞서 본 인정사실 및 증거들에 변론 전체의 취지를 더하여 인정되는 다음과 같은 사정을 모두 종합해 보면, **이 사건 1차 조사는 실질적으로 재조사가 금지되는 '세무 조사'에 해당**하는 것으로 봄이 상당하다. 따라서 이 사건 증액경정처분은 위법한 재조사에 해당하는 이 사건 세무조사에 기초하여 부과된 것이므로, 이 사건 증액경정처분의 각 세액 중 이 사건 1차 부과처분의 각 해당 세액을 초과하는 부분은 위법하다(2011~2012사업연도 증액경정처분은 위법).

4. 평 석

(1) 이 사건 1심법원에서는 이 사건 1차 조사(감사 지적사항 처리를 위한 현장 확인)의 개시경위, 목적, 범위 등에 비추어 보면 이 사건 1차 조사가 재조사가 금지되는 세무조사 수준에 이르렀다고 보기 어렵다고 판단하였다. 물론 1심법원도 세무공무원의 조사행위가 실질적으로 납세자 등으로 하여금 질문에 대답하고 검사를 수인하도록 함으로써 납세자의 영업의 자유 등에 영향을 미치는 경우에는 국세청 훈령인 구 조사사무처리규정에서 정한 '현지확인'의 절차에 따른 것이라고 하더라도 그것은 재조사가 금지되는 '세무조사'에 해당한다는 입장이었다.

(2) 그러나 이 사건의 경우와 같이 과세자료의 수집 또는 신고내용의 정확성 검증 등을 위한 과세관청의 모든 조사행위가 재조사가 금지되는 세무조사에 해당한다고 볼 경우에는 과세관청으로서는 단순한 사실관계의 확인만으로 충분한 사안에서 언제나 정식의 세무조사에 착수할 수밖에 없고 납세자 등으로서도 불필요하게 정식의 세무조사에 응하여야 하므로, 납세자 등이 대답하거나 수인할 의무가 없고 납세자의 영업의 자유 등을 침해하거나 세무조사권이 남용될 염려가 없는 조사행위까지 재조사가 금지되는 '세무조사'에 해당한다고 볼 것은 아니라는 것이다.

(3) 조사사무처리규정에는 세무조사에 포함되지 아니하는 현장확인에 대하여 '세원관리, 단순 과세자료 처리 또는 세무조사 증거자료 수집 등 다음 각 목의 어느 하나에서 예시하는 업무 등을 처리하기 위하여 납세자 또는 그 납세자와 거래가 있다고 인정되는

자 등을 상대로 현장확인 계획에 따라 현장 출장하여 사실관계를 확인하는 행위를 말한다'고 규정하고 있는데, 각목에서 ① 자료상혐의자료, 위장가공자료, 조세범칙조사 파생자료 중 세무조사에 의하지 아니하고 단순사실 확인만으로 처리할 수 있는 업무 ② 위장가맹점 확인 및 신용카드 고액매출자료 등 변칙거래 혐의 자료의 처리를 위한 현장출장·확인업무 ③ 세무조사 과정에서 실시하는 납세자의 거래처 또는 거래상대방에 대한 거래사실 등 사실관계 여부 확인업무 ④ 민원처리 등을 위한 현장출장·확인이나 탈세제보자료, 과세자료 등의 처리를 위한 일회성 확인업무 ⑤ 사업자에 대한 사업장현황 확인이나 기장확인 업무 ⑥ 거래사실 확인 등을 위한 계좌 등 금융거래 확인업무'를 들고 있다.

(4) 1심법원은 피고가 대전지방국세청 정기 감사 시 원고의 본사 지방이전 감면 적정여부 및 해외현지법인 인건비 적정여부에 대한 현장 확인을 지시받았고, 그에 따라 한 피고의 이 사건 1차 조사(현장확인)는 법인세 감면현황에 대한 현장 확인에 해당(세무조사로 볼 수 없는)한다고 판단한 것이다. 만약 이렇게 보지 않는다면, 피고는 법인세 감면요건만을 검증하기 위한 조사를 할 때마다 정식 세무조사에 착수할 수밖에 없고 납세자로 하여금 불필요한 통합 세무조사를 수인하도록 하는 결과를 초래하게 될 것이라는 이유를 들었다.

(5) 그러나 원심은 보다 엄격한 잣대를 들어 비록 현장 확인이라 하더라도 그 조사행위가 단순히 사실관계의 확인에 그치는 것이 아니라, 해당 연도 법인세의 정확한 과세표준과 세액을 결정 또는 경정하도록 하는 것에 있다면 세무조사로 보아야 한다고 판단하였다. 따라서 이 사건 세무조사에 따라 법인세가 새로이 각 추가된 부분(2010 ~ 2012년 각 사업연도 부과처분 중 장기해외출장 직원과 재입사자를 이전본사 근무인원에서 제외하고 그에 따라 법인세가 부과된 처분은 적법)은 위법하므로 이 부분은 취소되어야 한다고 판결하였다.

(6) 추가적으로 '조세탈루 혐의를 인정할만한 명백한 탈루혐의가 있는 경우'1차 세무조사가 있었다 하더라도 2차세무조사가 가능하나(1심법원은 이 사건의 경우 2차조사에서 밝혀진 회계법인의 컨설팅자료를 명백한 탈루혐의가 있는 자료로 보았다), 원심은 **재조사의 예외적인 허용사유는 재조사 개시 당시에 구비되어야** 하는바(대법원 2017. 4. 27. 선고 2014두6562 판결 참조), ① 피고가 '조세탈루의 혐의를 인정할 만한 명백한

자료'라고 주장하는 을 제2호증(회계법인의 컨설팅자료)은 이 사건 세무조사를 통해 비로소 발견된 것이고, 달리 이 사건에서 **위 세무조사가 개시되기 이전에 예외적으로 중복조사가 허용된다고 볼만한 사유가 엿보이지 않는 점**, ② 을 제2호증은 원고의 의뢰를 받고 삼일회계법인이 원고의 절세에 도움이 되는 방향으로 직원들의 소속변경 등 조직개편 추진 여부를 검토한 컨설팅자료로, 그 자체로는 어떠한 위법사유가 명백히 존재한다고 보기 어려워 이를 '조세탈루 혐의를 인정 할 만한 명백한 자료'라고 평가하기도 어렵다고 하였다.

(7) 대법원은 절차적 하자에 대하여는 보다 엄격한 잣대를 두고 있다. 특히 중복조사에 해당하는지 여부는 과세관청의 조사의 어려움(단순한 확인내용을 모두 조사로 살펴볼 수 없다는)에도 불구하고 적법절차 원칙의 준수는 반드시 지켜져야 할 원칙임을 명확히 하였다. 따라서 과세관청은 조사 착수 전에 당해 조사가 중복조사에 해당하는지 여부(종전에 조사가 이루어졌다면)에 대하여 같은 세목, 같은 조사범위, 같은 조사대상 사업연도에 대한 조사가 이루어졌는지 등 면밀한 검토 후 조사를 진행하여야 할 것으로 보인다.

5. 관련 판례

문서번호	내 용
대법원 2017. 3. 16. 선고 2014두8360 판결	그 조사행위가 실질적으로 과세표준과 세액을 결정 또는 경정하기 위한 것으로서 납세자 등의 사무실·사업장·공장 또는 주소지 등에서 납세자 등을 직접 접촉하여 상당한 시일에 걸쳐 질문하거나 일정한 기간 동안의 장부·서류·물건 등을 검사·조사하는 경우에는 특별한 사정이 없는 한 재조사가 금지되는 '세무조사'로 보아야 할 것이다.
대법원 2015. 2. 26. 선고 2014두12062 판결	당초 세무조사 당시 모든 항목에 걸쳐 세무조사를 하는 것이 무리였다는 등의 특별한 사정이 있는 경우 예외적으로 구 국세기본법 제81조의4 제2항에서 금지하는 재조사에 해당하지 아니할 수 있는데, **다만 이 경우는 당초 세무조사를 한 항목을 제외한 나머지 항목에 대하여 향후 다시 세무조사를 하는 것으로 국한**된다

문서번호	내 용
대법원 2016. 7. 7. 선고 2016두34387 판결	구 국세기본법 제81조의4 제2항 제1호에서 재조사가 예외적으로 허용되는 경우의 하나로 규정하고 있는 '조세탈루의 혐의를 인정할 만한 명백한 자료가 있는 경우'는 조세탈루사실에 대한 개연성이 객관성과 합리성 있는 자료에 의하여 상당한 정도로 인정되는 경우로 한정되어야 한다.
대법원 2017. 4. 27. 선고 2014두6562 판결	위법한 세무조사를 금지하고 세무조사권의 남용을 방지하고자 하는 구 국세기본법 제81조의4의 규정 취지에 비추어 보면, **재조사의 예외적인 허용사유는 재조사 개시 당시에 구비되어야** 하는 것이다.

11-8 위법한 세무조사에 기인하여 파생된 과세자료를 바탕으로 이루어진 과세처분은 위법하여 취소되어야 함

● 대상판결 : 대법원 2020두35585 (2020. 1. 31.) ➜ 국패

핵심 요지

이 사건 세무조사는 국세기본법에서 정한 세무조사의 절차와 방식을 위반하였을 뿐만 아니라 헌법에서 정한 적법절차의 원칙, 조세범 처벌절차법 또는 형사소송법에서 정한 영장주의를 위반한 중대한 위법사유가 있다 할 것이고, 위와 같이 위법한 절차에 따라 취득한 이 사건 전자정보 및 이러한 위법성이 치유되지 아니한 상태에서 작성된 확인서를 기초로 이루어진 이 사건 처분은 위법하다 할 것이다.

1. 사실관계

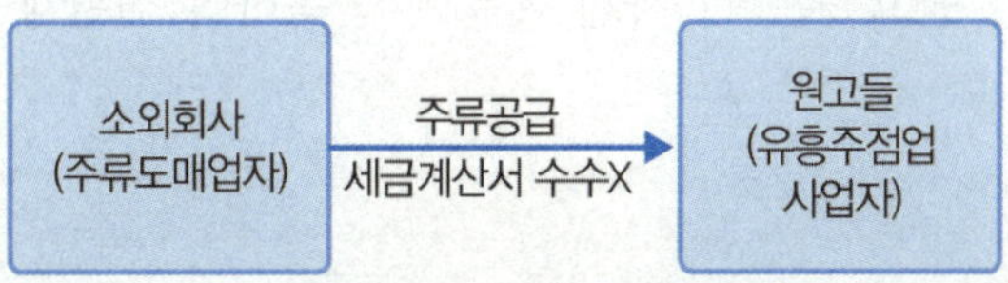

(1) 조사청(관할지방 국세청장)은 소외회사(주류도매업자)에 대한 주류유통과정 추적조사를 실시하였는데, 현장조사를 하는 과정에서 소외회사의 2015년도 일일매출내역이 담긴 USB를 확보하였다.

(2) 조사청은 이를 기초로 소외회사가 원고들에게 세금계산서를 교부하지 않고 주류를 공급한 사실을 확인하고, 이러한 내용의 과세자료를 원고들의 관할 세무서장인 피고에게 통보하였다.

(3) 위 과세자료에 따라 피고는 원고들이 신고 누락한 매입액 합계에 유흥주점의 전국평균 부가가치율을 적용하여 추계 조사하는 방법으로 위 매입액에 대응하는 매출누락액을 과세표준으로 산정하고, 원고들이 기존에 신고한 과세표준에 위와 같이 추계 조사한 과세표준을 합한 후 경감·공제세액 및 기 납부세액은 감산하고 가산세액은 가산하여 원고들에게 부가가치세를 경정·고지하였다.

(4) 조사청은 관할 지방법원(2017고합000)에 소외 회사와 그 대표자가 원고들을 비롯한

유흥주점업자들에게 세금계산서를 교부하지 않고 주류를 공급하여 조세범처벌법을 위반하였다는 범죄사실 등으로 기소하였다.

(5) 그러나 위 법원은 '조사청 소속 세무공무원이 이 사건 세무조사 과정에서 법원으로부터 사전·사후 압수수색영장을 받지 아니한 채 소외 회사 소유의 USB에서 이 사건 전자정보를 취득하였으므로, 이는 위법하게 수집한 증거에 해당하여 유죄의 증거로 사용할 수 없다'는 이유로 2017. 11. 17. 소외 회사와 대표자에게 무죄 판결을 선고하였다. 검사는 이에 불복하여 항소하였으나 항소심 법원은 2018. 2. 22. 제1심 법원과 같은 이유로 검사의 항소를 기각하였고, 위 무죄 판결은 그대로 확정되었다.

(6) 한편 소외 회사는 관할세무서장을 상대로 주류 판매업 면허 취소처분, 주류출고량 감량처분 및 부가가치세, 법인세 부과처분의 취소를 구하는 행정소송을 제기하였고, 피고가 법원이 제시한 조정권고안을 수용하여 관할세무서장은 관련 처분을 직권으로 취소하고 소외 회사는 위 행정소송을 취하하였다.

(7) 유흥업소 업자들인 원고들은 이 사건 처분에 불복하여 심판청구를 거쳐 행정소송을 제기하였다.

2. 쟁 점

위법한 세무조사에 기인하여 파생된 자료에 의한 과세처분의 적법성여부

3. 원, 피고의 주장

(1) 원고의 주장

위 과세표준의 기초가 된 이 사건 전자정보는 조사청이 적법절차의 원칙을 위반하여 수집한 위법한 증거에 해당하므로, 이 사건 처분의 근거자료로 삼을 수 없다.

(2) 피고의 주장

행정조사의 일종인 이 사건 세무조사에는 형사소송법에서 정한 위법수집증거배제법칙이 적용될 수 없고, 설령 이 사건 세무조사가 위법하다 하더라도 원고들은 이 사건 세무조사

의 직접 상대방이 아니므로 적법절차의 실질적인 내용을 침해당한 당사자가 아니다.

4. **대상판결**(심리불속행 기각, 대구지방법원 2018구합23284 판결)

국세기본법 제81조의4 제1항은 세무공무원은 적정하고 공평한 과세를 실현하기 위하여 필요한 최소한의 범위에서 세무조사를 하여야 하며, 다른 목적 등을 위하여 조사권을 남용해서는 아니 된다고 정하고 있다. 위 조항은 세무조사의 적법 요건으로 객관적 필요성, 최소성, 권한 남용의 금지 등을 규정하고 있는데, 이는 법치국가원리를 조세절차법의 영역에서도 관철하기 위한 것으로서 그 자체로서 법규적 효력을 가진다. 따라서 **세무조사가 과세자료의 수집 또는 신고내용의 정확성 검증이라는 본연의 목적이 아니라 부정한 목적을 위하여 행하여진 것이라면 이는 세무조사에 중대한 위법사유가 있는 경우에 해당하고, 이러한 세무조사에 의하여 수집된 과세자료를 기초로 한 과세처분 역시 위법**하다(대법원 2016. 12. 15. 선고 2016두47659 판결 등 참조).

한편 헌법 제12조 제1항에서 정하고 있는 적법절차의 원칙은 형사소송절차에 국한되지 아니하고 모든 국가작용 전반에 대하여 적용된다(헌법재판소 1992. 12.24. 선고 92헌가8 전원재판부 결정). 세무조사는 국가의 과세권을 실현하기 위한 행정조사의 일종으로서 과세자료의 수집 또는 신고내용의 정확성 검증 등을 위하여 필요불가결하며, 종국적으로는 조세의 탈루를 막고 납세자의 성실한 신고를 담보하는 중요한 기능을 수행하지만 이러한 세무공무원의 세무조사권의 행사에서도 적법절차의 원칙은 마땅히 준수되어야 한다(대법원 2014. 6. 26. 선고 2012두911 판결 등 참조).

… ①조사청의 세무공무원은 2016. 5. 27. 이 사건 세무조사를 실시하는 과정에서 소외 회사의 직원을 사무실 밖으로 나가게 한 후 그의 파우치 속에서 소외 회사 소유의 USB를 발견하고 그 안에 있던 **이 사건 전자정보를 USB 소유자인 직원이나 소외 회사의 동의를 받지 않은 채** 무단으로 수색하여 이를 압수하였고, ② 그 다음날 소외 회사의 대표이사에게 이 사건 전자정보의 출력물을 보여주며 그로부터 이와 실제 거래내역이 동일하다는 취지의 확인서를 제출받은 사실은 당사자 사이에 다툼이 없거나 갑 제1호증의 기재에 의하여 이를 인정할 수 있다. 위 인정사실에 의하면, 이 사건 세무조사는 국세기본법에서 정한 세무조사의 절차와 방식을 위반하였을 뿐만 아니라 헌법에서 정한 적법절차의 원칙, 조세

범 처벌절차법 또는 형사소송법에서 정한 영장주의를 위반한 중대한 위법사유가 있다 할 것이고, 위와 같이 위법한 절차에 따라 취득한 이 사건 전자정보 및 이러한 위법성이 치유되지 아니한 상태에서 작성된 대표이사의 확인서를 기초로 이루어진 이 사건 처분은 위법하다 할 것이다(대법원 2016. 12. 27. 선고 2014두46850 판결 취지 참조).

5. 평 석

(1) 국세기본법에 의하면, 세무공무원은 ① 세무조사를 하기 위하여 필요한 최소한의 범위에서 장부 등의 제출을 요구하여야 하고(제81조의4 제3항), ② 세무조사(조세범 처벌절차법에 따른 조세범칙 조사를 포함한다)의 목적으로 납세자의 장부 등을 세무관서에 임의로 보관할 수 없으나(제81조의10 제1항), ③ 조사 목적에 필요한 최소한의 범위에서 **납세자, 소지자 또는 보관자 등 정당한 권한이 있는 자가 임의로 제출한 장부 등을 납세자의 동의를 받아** 세무관서에 일시 보관할 수 있다(제81조의10 제2항).

(2) 납세자의 장부 등을 세무관서에 일시 보관하려는 경우 납세자로부터 일시 보관 동의서를 받아야 하고, 일시 보관증을 교부하여야 하며(제81조의10 제3항), 일시 보관하고 있는 장부 등에 대하여 납세자가 반환을 요청하는 경우 그 **반환을 요청한 날부터 14일 이내에 장부 등을 반환**하여야 한다(제81조의10 제4항).

(3) 이러한 국세기본법의 규정 내용에 비추어 보면, 세무조사는 그 목적을 달성하는 데 최소한의 범위에서 납세자의 동의와 승인을 전제로 하여 이루어지는 임의조사의 성격을 가진다 할 것이므로, 단순한 세무조사 절차에서 **조사 상대방의 동의나 승인에 의하지 아니한 강제수사 및 조사의 일종인 압수·수색은 허용되지 않는다**고 할 것이다.

(3) 피고는 이 사건 세무조사가 위법하더라도 원고들은 이 사건 세무조사의 직접 상대방이 아니므로 적법절차의 실질적인 내용을 침해당한 당사자가 아니라는 취지로 주장하였으나 재판부는 이를 받아들이지 아니하였다.

(4) 행정처분에 이르는 일련의 절차에 위법사유가 있는 경우 그 처분의 효력에도 당연히 영향을 미치므로, 이 사건 세무조사의 절차와 방식에 중대한 위법사유가 있는 이상 형사소송법에서 정한 위법수집증거배제법칙을 굳이 준용하지 않더라도 그 처분의 효력을 부인할 수 있다 할 것이고, 또한 헌법에서 정한 적법절차의 원칙은 개인의 생

명·자유·재산을 보호하기 위한 기능과 함께 공무원의 위법행위를 억제한다는 기능도 수행하고 있으므로, 단순히 **원고들이 이 사건 세무조사의 상대방이 아니라는 이유만으로 적법절차의 원칙이 적용 되지 않는다고 할 수는 없다**고 하였다.

(5) 이 사건은 원심재판부(대구고법 2019누3774판결)가 "제1심판결은 정당하고, 피고의 항소는 이유 없으므로 이를 기각하기로 하여 주문과 같이 판결한다."라고 하여 피고의 항소를 기각하였고, 대법원(2020두35585판결)도 상고인의 상고이유에 관한 주장은 상고심절차에 관한 특례법 제4조에 해당하여 이유 없음이 명백하므로 동법 제5조에 의하여 상고를 모두 기각하는 판결을 하였다.

6. 관련 판례

문서번호	내 용
헌법 제59조	조세법의 영역에서 법치국가원리는 조세법률주의로 나타난다.
소득세법 제170조, 법인세법 제122조, 부가가치세법 제47조	세무공무원은 납세의무자 또는 관계인에게 필요에 따라 질문을 하고, 관계서류, 장부 그 밖의 물건을 검사할 수 있다.
국세기본법 제81조의4 제1항	세무공무원은 적정하고 공평한 과세를 실현하기 위하여 필요한 최소한의 범위에서 세무조사를 하여야 하며, 다른 목적 등을 위하여 조사권을 남용해서는 아니된다(※ 위 조항은 세무조사의 적법 요건으로 객관적 필요성, 최소성, 권한 남용의 금지 등을 규정하고 있는데, 이는 법치국가원리를 조세절차법의 영역에서도 관철하기 위한 것으로서 그 자체로서 법규적 효력을 가진다).
대법원 2016. 12. 15. 선고 2016두47569 판결	세무조사가 과세자료의 수집 또는 신고내용의 정확성 검증이라는 본연의 목적이 아니라 부정한 목적을 위하여 행하여진 것이라면 이는 세무조사에 중대한 위법사유가 있는 경우에 해당하고, 이러한 세무조사에 의하여 수집된 과세자료를 기초로 한 과세처분 역시 위법하다.
헌법재판소 1992. 12. 24. 선고 92헌가8 전원재판부 결정	헌법 제12조 제1항에서 정하고 있는 적법절차의 원칙은 형사소송절차에 국한되지 아니하고 모든 국가작용 전반에 대하여 적용된다.

문서번호	내 용
대법원 2014. 6. 26. 선고 2012두911 판결	세무조사는 국가의 과세권을 실현하기 위한 행정조사의 일종으로서 과세자료의 수집 또는 신고내용의 정확성 검증 등을 위하여 필요불가결하며, 종국적으로는 조세의 탈루를 막고 납세자의 성실한 신고를 담보하는 중요한 기능을 수행하지만 이러한 세무공무원의 세무조사권의 행사에서도 적법절차의 원칙은 마땅히 준수되어야 한다.
대법원 2016. 12. 27. 선고 2014두46850 판결취지 참조	이 사건 세무조사는 국세기본법에서 정한 세무조사의 절차와 방식을 위반하였을 뿐만 아니라 헌법에서 정한 적법절차의 원칙, 조세범 처벌절차법 또는 형사소송법에서 정한 영장주의를 위반한 중대한 위법사유가 있다 할 것이고, 위와 같이 위법한 절차에 따라 취득한 이 사건 전자정보 및 이러한 위법성이 치유되지 아니한 상태에서 작성된 확인서를 기초로 이루어진 이 사건 처분은 위법하다 할 것이다.

11-9 법인에 대한 주식변동조사에서 확인된 주식 명의신탁 사실에 근거하여 법인의 주주에 대한 증여세조사를 실시하는 경우 금지되는 중복조사인지 여부

● 대상판결 : 대법원 2015두3805 (2017. 12. 13.) ➜ 국패

핵심 요지

법인에 대한 주식변동조사 과정에서 명의상 주주인 원고에 대한 명의신탁 사실 및 이에 따른 원고의 증여세에 대하여 구 국세기본법 제81조의4에서 정한 세무조사가 이루어졌다고 볼 수 있으므로, 이후 원고에 대한 증여세 조사에서 실질적인 세무조사 행위가 있었는지를 더 심리하여 중복조사 여부를 판단하여야 함

1. 사실관계

• 1차 조사(주식변동조사, 대상 : 소외법인) : 2001년

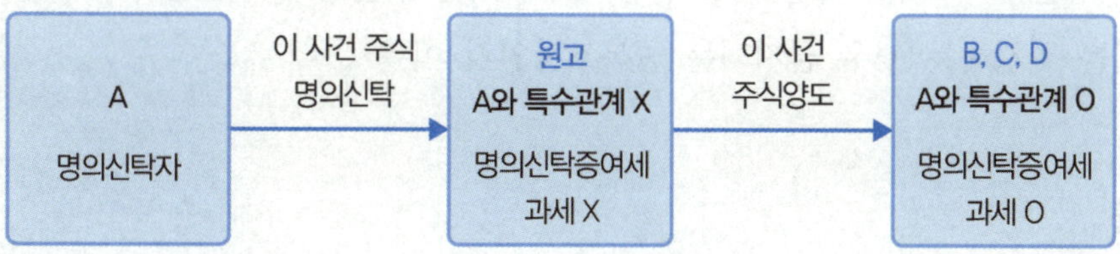

• 2차 조사(증여세조사, 대상 : 원고) : 2010년

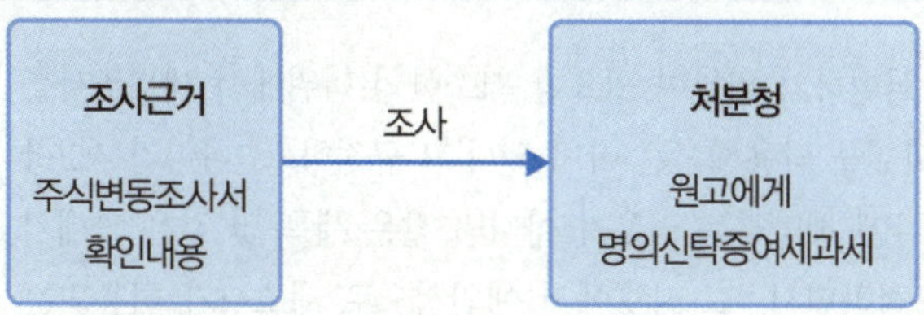

(1) 서울지방국세청 조사국은 소외 회사에 대한 이 사건 주식변동조사를 하면서, 1998. 1. 12.자 주식매매 및 1998. 1. 21.자 유상증자의 거래당사자인 원고 등과 1999. 7. 15.자로 원고로부터 이 사건 주식 중 일부를 이전받은 소외 3인(B, C, D) 등을 상대로 거래의 목적과 경위 등에 관한 문답서를 작성하거나, 주식 매매계약서, 주식거래대금의 출처 등에 관한 자료를 수집하였다.

(2) 이후 서울지방국세청 조사국은 2001. 9.경 이 사건 주식변동조사를 마무리하면서 대금지급 관련 자료와 원고 등에 대한 문답서를 토대로 '이 사건 주식을 양수하거나 인수한 명의상 주주는 원고이나, 실제로 주식을 취득한 자는 A이다'라는 취지로 조사종결보고서를 작성하였다. 다만 1999. 7. 15.자로 이 사건 주식을 이전받은 B, C, D에 대해서만 증여 또는 명의신탁에 따른 증여세가 과세되었고, 당시 원고에게는 과세처분이 이루어지지 아니하였다.

(3) 소외회사 조사시점으로부터 9년이 경과할 즈음 과세관청은 2010. 10. 14.부터 2010. 11. 2.까지 이 사건 주식변동조사의 보고서 등을 근거로 원고에 대하여 증여세 조사를 실시하고, 2011. 2. 1. 이 사건 명의신탁에 대하여 원고에게 증여세를 부과하는 이 사건 처분을 하였다.

2. 쟁 점

법인에 대한 주식변동조사에서 확인된 주식 명의신탁 사실에 근거하여 법인의 주주에 대한 증여세조사를 실시하는 경우 금지되는 중복조사인지 여부

3. 관련 법령

국세기본법 제81조의4 제1항, 제2항

'세무공무원은 적정하고 공평한 과세를 실현하기 위하여 필요한 최소한의 범위에서 세무조사를 하여야 하고 다른 목적 등을 위하여 조사권을 남용해서는 아니 된다'고 규정하고, 나아가 제2항은 '세무공무원은 다음 각 호의 어느 하나에 해당하는 경우가 아니면 같은 세목 및 같은 과세기간에 대하여 재조사를 할 수 없다'고 규정하면서, 그 각호에서 예외적으로 재조사가 허용되는 사유로서 '조세탈루의 혐의를 인정할 만한 명백한 자료가 있는 경우'(제1호), '거래상대방에 대한 조사가 필요한 경우'(제2호), '2 이상의 사업연도와 관련하여 잘못이 있는 경우'(제3호) 등을 들고 있다.

4. 원·피고 주장 요약

(1) 원 고

① 이 사건 처분의 발단이 된 이 사건 주식변동 조사는 원고 등의 문답서 등을 위조하는 등으로 위법하게 이루어졌고, 이 사건 증여세 조사는 2001년 실시된 이 사건 주식변동 조사와 중복조사에 해당하며, 이 사건 처분의 유일한 과세자료인 원고 명의의 문답서는 당시 조사반이 임의로 작성한 것인바, 이 사건 처분은 위법한 조사절차 및 과세자료 수집절차에 기초한 것으로서 위법한 과세처분임이 명백하다(중복조사 및 위법한 조사절차에 기초한 이 사건 처분의 위법성).

② 이 사건 주식변동 조사 당시 서울지방국세청 조사반과 소외 회사 측은 1998. 1. 12.자 주식양도 및 1998. 1. 21.자 유상증자에 대하여는 증여세를 과세하지 않고, 1999. 7. 15.자 주식양도에 대해서만 과세하는 것으로 하여 조사 종결에 합의하였는바, 이 사건 처분은 위와 같은 비과세 합의에 정면으로 반하는 것이고, 과세요건 사실에 대한 조사가 있은 후 10년간 비과세의 사실상태가 지속되었고 원고는 이에 대한 신뢰를 형성하였음에도 이러한 신뢰에 반하여 위 10년간의 기간에 대한 과다한 가산세까지 부과하고 있는바, 이 사건 처분은 신의성실의 원칙에 반하여 위법하다(신의성실의 원칙 위반).

(2) 피고(과세관청)

① 당초 조사는 소외 회사의 주식변동조사로 명의수탁자인 원고에 대한 조사가 아니므로 중복조사가 아니다.

② 명의신탁 한 주식을 특수관계자에게 양도하는 형식으로 명의 이전하여 증여세를 탈루하였고, 명의신탁 당시 제2차 납세의무, 종합소득세의 누진과세회피 등의 개연성이 있으므로 증여세 과세대상이다.

5. 대상판결

… 구 국세기본법(2013. 1. 1. 법률 제11604호로 개정되기 전의 것, 이하 같다) 제81조의4 제1항은 '세무공무원은 적정하고 공평한 과세를 실현하기 위하여 필요한 최소한의 범

위에서 세무조사를 하여야 하고 다른 목적 등을 위하여 조사권을 남용해서는 아니 된다'고 규정하고, 나아가 제2항(이하 '이 사건 법률조항'이라 한다)은 '세무공무원은 다음 각 호의 어느 하나에 해당하는 경우가 아니면 같은 세목 및 같은 과세기간에 대하여 재조사를 할 수 없다'고 규정하면서, 그 각호에서 예외적으로 **재조사가 허용되는 사유**로서 **'조세탈루의 혐의를 인정할 만한 명백한 자료가 있는 경우'**(제1호), **'거래상대방에 대한 조사가 필요한 경우'**(제2호), **'2 이상의 사업연도와 관련하여 잘못이 있는 경우'**(제3호) 등을 들고 있다. 그리고 세무공무원의 조사행위가 이 사건 법률조항이 적용되는 '세무조사'에 해당하는지의 여부는 조사의 목적과 실시경위, 질문조사의 대상과 방법 및 내용, 조사를 통하여 획득한 자료, 조사행위의 규모와 기간 등을 종합적으로 고려하여 구체적 사안에서 개별적으로 판단하며, **납세자 등을 접촉하여 상당한 시일에 걸쳐 질문검사권을 행사하여 과세요건사실을 조사 · 확인하고 일정한 기간 과세에 필요한 직접 · 간접의 자료를 검사 · 조사하고 수집하는 일련의 행위를 한 경우에는 특별한 사정이 없는 한 '세무조사'로 보아야** 한다(대법원 2016. 12. 15. 선고 2016두47659 판결, 대법원 2017. 3. 16. 선고 2014두8360 판결 참조). 한편 과세처분이 이 사건 법률조항을 위반한 위법한 재조사에 기초하여 이루어졌다면 위법하다고 보아야 한다(대법원 2006. 6. 2. 선고 2004두12070 판결 등 참조).

… 위 사실관계를 위 법리에 비추어 살펴보면, 서울지방국세청 소속 세무공무원들은 이 사건 주식변동조사 과정에서 소외 회사의 명의상 주주인 원고를 상대로 이 사건 주식의 양수 및 인수 경위에 관하여 질문조사를 실시하고 그 밖의 자료를 수집함으로써 과세요건이 되는 이 사건 명의신탁에 관하여 조사 · 확인하고 과세에 필요한 직접 · 간접의 자료를 수집하는 일련의 행위를 하였음을 알 수 있다.

비록 원고에게는 과세처분이 이루어지지 아니하였지만, 1998. 1. 12.자 주식매매 및 1998. 1. 21.자 유상증자의 자금출처 등에 관한 조사가 이루어졌고, 나아가 원고로부터 이 사건 주식을 이전받은 소외 3 등에 대하여 증여 또는 명의신탁에 따른 증여세가 과세된 사실을 보더라도, 이 사건 주식변동조사가 법인인 소외 회사의 주식이동에 관한 조사에 그친 것으로 보기 어렵고, 주식 이전에 관한 증여세 조사의 일환으로 소외 회사의 주주인 원고의 증여세 탈루 여부를 확인하는 조사로 나아간 것으로 판단된다.

따라서 이 사건 **주식변동조사 과정**에서 이 사건 명의신탁 사실 및 이에 따른 원고의 증여세에 대하여 구 국세기본법 제81조의4에서 정한 **세무조사가 이루어졌다**고 볼 수 있고,

그로부터 9년이 지나 이 사건 명의신탁에 대하여 이루어진 이 사건 증여세 조사도 위와 같은 세무조사에 해당한다면 이는 이 사건 법률조항에서 금지하는 재조사로서 위법하다.

6. 평 석

(1) 대상판결은 원심의 판단과는 달리 이 사건 증여세 조사가 금지되는 재조사에 해당한다고 보았다. 다만 원고가 주장하는 사정만으로 이 사건 명의신탁에 관하여 원고와 과세관청 사이에 비과세 합의가 있었음을 인정할 증거가 부족하고, 또한 이 사건 처분이 원고의 신뢰를 부당히 해치거나 신의성실의 원칙에 위배되지는 아니한다고 판단하였다.

(2) 최근 대법원은 과세관청이 세무조사를 실시함에 있어서는 세무조사대상자의 선정부터 세무조사 진행과정(중복조사 여부) 및 세무조사를 종료한 후 세무조사결과통지를 할 때까지 법령에서 정한 절차를 엄격하게 준수할 것을 요구하는 취지의 판결을 계속해오고 있고, **재조사는 엄격한 요건 하에 매우 예외적으로 인정**하고 있다.

(3) 대법원은 **세무조사대상자 선정사유가 분명**하여야 한다고 판시하였다.

① 법원 2014. 6. 26. 선고 2012두911 판결

"구 국세기본법 제81조의5가 정한 **세무조사대상 선정사유가 없음에도** 세무조사대상으로 선정하여 과세자료를 수집하고 그에 기하여 과세처분을 하는 것은 적법절차의 원칙을 어기고 구 국세기본법 제81조의5와 제81조의3 제1항을 위반한 것으로서 특별한 사정이 없는 한 과세처분은 위법하다."

② 대법원 2016. 12. 15. 선고 2016두47659 판결

"세무조사가 과세자료의 수집 또는 신고내용의 정확성 검증이라는 그 본연의 목적이 아니라 **부정한 목적을 위하여 행하여진 것이라면** 이는 세무조사에 중대한 위법사유가 있는 경우에 해당하고 이러한 세무조사에 의하여 수집된 과세자료를 기초로 한 과세처분 역시 위법하다고 보아야 한다."

(4) 세무공무원이 **사적 분쟁해결방편으로 세무조사를 실시한 경우 그러한 부정한 목적을 위하여 행하여진 세무조사에 따른 과세처분도 위법**하다는 것이다.

(5) 세무조사를 행함에 있어서도 **원칙적으로 중복조사는 허용할 수 없다**는 입장이다.

① 대법원 2015. 5. 28. 선고 2014두43257 판결

"중복조사가 허용되는 구 국세기본법 시행령 제63조의2 제2호 전단에 정한 '각종 과세자료의 처리를 위한 재조사'에서의 '각종 과세자료'란 세무조사권을 남용하거나 자의적으로 행사할 우려가 없는 과세관청 외의 기관이 직무상 목적을 위하여 작성하거나 취득하여 과세관청에 제공한 자료로서 국세의 부과 · 징수와 납세의 관리에 필요한 자료를 의미하고, 이러한 자료에는 **과세관청이 종전 세무조사에서 작성하거나 취득한 과세자료는 포함되지 아니한다.**"

② 대법원 2012. 11. 29. 선고 2010두19294 판결, 대법원 2010. 12. 23. 선고 2008두10461 판결

"재조사가 예외적으로 허용되는 경우의 하나로 규정하고 있는 '조세탈루의 혐의를 인정할 만한 명백한 자료가 있는 경우'라 함은 **조세의 탈루사실이 확인될 상당한 정도의 개연성이 객관성과 합리성이 뒷받침되는 자료에 의하여 인정되는 경우**로 엄격히 제한되어야 하고, 따라서 객관성과 합리성이 뒷받침되지 않는 한 탈세제보가 구체적이라는 사정만으로는 여기에 해당한다고 보기 어렵다."

(6) 대법원은 **특별한 사정이 있는 일정한 경우에는 중복조사를 허용**하는 판결을 하였다.

① 대법원 2015. 2. 26. 선고 2014두12062 판결, 대법원 2015. 9. 10. 선고 2013두6206 판결

"당초의 세무조사가 다른 세목이나 다른 과세기간에 대한 세무조사 도중에 해당 세목이나 과세기간에도 동일한 잘못이나 세금탈루 혐의가 있다고 인정되어 관련 항목에 대하여 세무조사 범위가 확대됨에 따라 부분적으로만 이루어진 경우와 같이 당초 세무조사 **당시 모든 항목에 걸쳐 세무조사를 하는 것이 무리였다는 등의 특별한 사정이 있는 경우**에는 당초 세무조사를 한 항목을 제외한 나머지 항목에 대하여 향후 다시 세무조사를 하는 것은 구 국세기본법 제81조의4 제2항에서 금지하는 재조사에 해당하지 아니한다고 볼 것이다."

② 대법원 2015. 3. 26. 선고 2012두14224 판결

"그 조사대상이 한정될 뿐만 아니라 조사내용도 단순명료한 경우가 대부분이어서 조사에 따른 납세자의 부담은 크지 아니한 반면 이러한 사유가 있다고 하여 과세관청에 대하여 다른 사업연도 전반에 관한 조사로 확대하기를 기대하기는 어려운 점

등에 비추어 보면, 서울지방국세청장이 제1차 세무조사 당시 원고의 소외 회사들에 대한 구상금채권 등의 회수지연이 업무무관 가지급금에 해당한다고 보아 그에 국한하여 2002 사업연도에 관한 조사를 하였다가 제1차 세무조사 당시 조사한 항목을 제외한 나머지 항목에 대하여 제2차 세무조사를 하는 것은, 당초 세무조사 당시 다른 과세기간의 모든 항목에 걸쳐 세무조사를 하는 것이 무리였다는 등의 특별한 사정이 있는 경우에 해당하여 구 국세기본법 제81조의4 제2항에서 금지하는 재조사에 해당하지 아니한다고 할 것이다."

(7) 중복조사와 관련한 위와 같은 판결들로 인하여(중복조사를 허용하는 판결보다는 허용하지 아니한 판결이 많았다) 과세관청의 정당한 과세권 행사가 지나치게 제한을 받게 된다는 비판이 제기되었다. 이에 2017. 12. 19. 법률 제15220호로 개정된 국세기본법 제81조의4 제2항 제6호에 **"제81조의11 제3항에 따른 부분조사를 실시한 후 해당 조사에 포함되지 아니한 부분에 대하여 조사하는 경우"**를 예외적으로 허용되는 중복조사로 신설하였고, 2018. 1. 1. 이후 개시하는 세무조사부터 적용하도록 하였다. 따라서 2018. 1. 1. 이후부터는 국세기본법 제81조의11 제3항에 따른 부분조사 이후 그 부분을 제외한 나머지 부분에 대해서는 중복조사가 가능하게 되었다.

(8) 다만, 모든 경우에 부분조사 이후 그 부분을 제외한 나머지 부분에 대해 중복조사가 가능하다는 것은 아니고 제81조의11 제3항의 경우에 한해서 그렇다는 점에 유의할 필요가 있다(① **경정 등의 청구에 대한처리**, ② **재조사결정에 따른 사실관계 확인**, ③ **거래상대방에 대한 세무조사관련 거래일부의 확인**, ④ **탈세혐의에 대한 확인**, ⑤ **명의위장 · 차명계좌의 이용을 통하여 세금을 탈루한 혐의에 대한 확인**).

(9) 최근 대법원은 '세무공무원의 조사행위가 실질적으로 납세자 등으로 하여금 질문에 대답하고 검사를 수인하도록 함으로써 **납세자의 영업의 자유 등에 영향을 미치는 경우**에는 국세청 훈령인 구 조사사무처리규정에서 정한 '현지확인'의 절차에 따른 것이라고 하더라도 그것은 **재조사가 금지되는 '세무조사'에 해당**한다고 보아야 한다'(대법원 2017. 3. 16. 선고 2014두8360 판결)고 판시하였다.

(10) 그러나 위와는 달리 대법원은 "피고 법인세과 신고 담당 공무원은 중부지방국세청장의 피고에 대한 정기종합감사 과정에서 원고의 법인세 신고내용이 복잡하다는 이유로 원고에게 감사담당 공무원 앞에서 이를 대신 설명하여 달라고 요청한 점, 이에 원고

회계팀장과 세무자문 회계사는 피고 담당공무원을 대신하여 감사담당 공무원에게 당초 법인세 신고 당시에 **원고가 제출한 자료를 중심으로 약 30분 내지 1시간 동안 그 계산근거 등에 대하여 단순한 설명**을 진행한 점 등에 비추어 보면, 원고가 피고의 요청에 따라 위와 같이 설명하였다는 사정만으로는 그것이 재조사가 금지되는 세무조사에 해당하여 그 이후에 실시된 원고에 대한 2007 내지 2011 사업연도 법인세 통합조사가 **재조사로서 위법하다고 보기 어렵다**"는 취지로 판시하기도 하였다(대법원 2017. 4. 13. 선고 2016두64043 판결). 즉, **세무조사의 경위와 내용 등을 종합하여 금지되는 세무조사에 해당되는지 여부를 판단**하라는 것이 대법원의 입장이다.

(11) 대상 판결은 1차 세무조사 통지서상 조사대상이 주식발행법인인 소외 회사였다고 하더라도, 그 주식변동조사과정에서 **실질적으로 그 법인의 주주에 대한 세무조사가 이루어졌다면** 이는 해당 주주에 대한 1차 세무조사라고 보아야 하고, 그 이후에 이루어진 당해 주주에 대한 세무조사는 중복조사에 해당된다는 것이다. 즉, 중복조사에 해당되는지 여부는 조사통지의 상대방이나 형식이 아니라 어느 납세자에 대해 위 대법원 2014두8360 판결에서의 **'재조사가 금지되는 세무조사'가 이루어졌는지 여부**에 따라 판단하라는 의미이다.

7. 관련판례

문서번호	내 용
대법원 2017. 12. 13. 선고 2016두55421 판결	세무조사는 기본적으로 적정하고 공평한 과세의 실현을 위하여 필요한 최소한의 범위 안에서만 행하여져야 하고, 더욱이 같은 세목 및 같은 과세기간에 대한 재조사는 납세자의 영업의 자유나 법적 안정성을 심각하게 침해할 뿐만 아니라 세무조사권의 남용으로 이어질 우려가 있으므로 조세공평의 원칙에 현저히 반하는 예외적인 경우를 제외하고는 금지할 필요가 있다. 같은 취지에서 구 국세기본법(2011. 12. 31. 법률 제11124호로 개정되기 전의 것, 이하 구 국세기본법이라 한다) 제81조의4 제2항은 재조사가 예외적으로 허용되는 경우를 엄격히 제한하고 있는바, 그와 같이 한정적으로 열거된 요건을 갖추지 못한 경우 같은 세목 및 같은 과세기간에 대한 재조사는 원칙적으로 금지되고, 나아가 이러한 중복세무조사금지의 원칙을 위반한 때에는

문서번호	내 용
	과세처분의 효력을 부정하는 방법으로 통제할 수밖에 없는 중대한 절차적 하자가 존재한다고 보아야 한다.
대법원 2017. 3. 16. 선고 2014두8360 판결, 대법원 2017. 4. 13. 선고 2016두64043 판결	세무공무원의 조사행위가 재조사가 금지되는 세무조사에 해당하는지 여부는 조사의 목적과 실시경위, 질문조사의 대상과 방법 및 내용, 조사를 통하여 획득한 자료, 조사행위의 규모와 기간 등을 종합적으로 고려하여 구체적 사안에서 개별적으로 판단하여야 한다.
대법원 2017. 3. 16. 선고 2014두8360 판결	과세자료의 수집 또는 신고내용의 정확성 검증 등을 위한 과세관청의 모든 조사행위가 재조사가 금지되는 세무조사에 해당한다고 볼 경우에는 과세관청으로서는 단순한 사실관계의 확인만으로 충분한 사안에서 언제나 정식의 세무조사에 착수할 수밖에 없고 납세자 등으로서도 불필요하게 정식의 세무조사에 응하여야 하므로, 납세자 등이 대답하거나 수인할 의무가 없고 납세자의 영업의 자유 등을 침해하거나 세무조사권이 남용될 염려가 없는 조사행위까지 재조사가 금지되는 세무조사에 해당한다고 볼 것은 아니다.
대법원 2011. 3. 10. 선고 2009두23617,23624 판결	구 국세기본법 제81조의7 제1항에 따른 세무조사의 사전통지는 조사대상 세목, 조사기간 및 조사사유 등을 특정하여 세무조사를 개시한다는 취지의 세무조사결정을 납세의무자에게 고지하는 것인바, 이와 같은 세무조사결정은 단순한 사실행위가 아니라 항고소송의 대상이 되는 처분에 해당한다. 한편 부과처분을 위한 과세관청의 질문조사권이 행해지는 세무조사결정이 있는 경우 납세의무자는 세무공무원의 과세자료 수집을 위한 질문에 대답하고 검사를 수인하여야 할 법적 의무를 부담하게 된다.
대법원 2015. 5. 28. 선고 2014두43257 판결	구 국세기본법 시행령 제63조의2 제2호 전단에 정한 각종 과세자료의 처리를 위한 재조사에서의 각종 과세자료란 세무조사권을 남용하거나 자의적으로 행사할 우려가 없는 과세관청 외의 기관이 직무상 목적을 위하여 작성하거나 취득하여 과세관청에 제공한 자료로서 국세의 부과 · 징수와 납세의 관리에 필요한 자료를 의미하고, 이러한 자료에는 과세관청이 종전 세무조사에서 작성하거나 취득한 과세자료는 포함되지 않는 것이다.

11-10 과세전적부심사 배제 사유인 "국세를 포탈하려는 행위가 있다고 인정될 때"의 의미

● 대상판결 : 대법원 2021두37748 (2023. 11. 2.) ➜ 국패

핵심 요지

구 국세기본법 등이 과세전적부심사를 거치지 않고 곧바로 과세처분을 할 수 있거나 과세전적부심사에 대한 결정이 있기 전이라도 과세처분을 할 수 있는 예외 사유로 정하고 있다는 등의 특별한 사정이 없는 한, 세무조사 결과에 대한 서면 통지 후 과세전적부심사 청구나 그에 대한 결정이 있기도 전에 과세처분을 하는 것은 원칙적으로 과세전적부심사 이후에 이루어져야 하는 과세처분을 그보다 앞서 함으로써 과세전적부심사 제도 자체를 형해화시킬 뿐만 아니라 과세전적부심사 결정과 과세처분 사이의 관계 및 그 불복절차를 불분명하게 할 우려가 있으므로, 그와 같은 과세처분은 납세자의 절차적 권리를 침해하는 것으로서 그 절차상 하자가 중대하고도 명백하여 무효이다(대법원 2016. 12. 27. 선고 2016두 49228 판결, 대법원 2020. 10. 29. 선고 2017두51174 판결 등 참조).

1. 사실관계

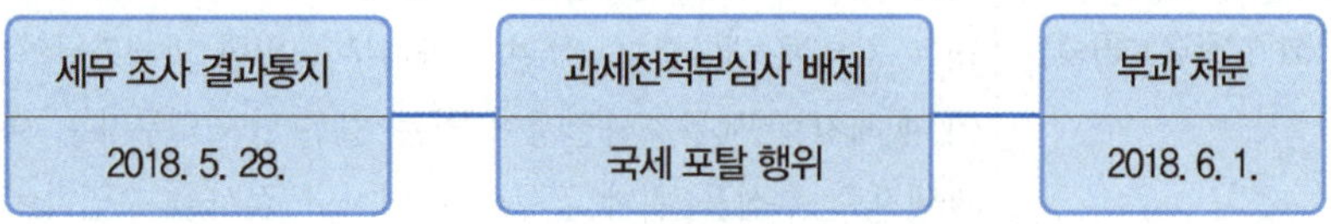

(1) 원고는 건강보조식품 수입 및 도, 소매업 등을 목적으로 설립된 법인이다.

(2) 과세관청은 2014. 10. 8. ~ 2014. 11. 21.까지 원고에 대하여 2011년부터 2013년까지의 사업연도에 대한 법인통합조사('제1차 세무조사')를 실시하였다.

(3) 이후 2018. 1. 3. ~ 2018. 2. 21.까지 원고에 대하여 2014년부터 2016년까지의 사업연도에 대한 법인통합조사('제2차 세무조사')를 실시하던 중 2018. 1. 30. 2010년부터 2016년까지의 사업연도 법인세에 대한 조사 확대를 결정한 뒤 세무조사 기간을 연장하여 2018. 3. 23. 이 사건 제2차 세무조사를 종료하였다.

(4) 조사 관할 지방국세청장은 2018. 5. 28. 피고에게 이 사건 제2차 세무조사에 따른 세무조사 결과를 통지하였다.

(5) 피고는 2018. 6. 1. 관할 지방국세청장으로부터 수보한 세무조사 결과를 기초로 원고의 2010년~2016년까지의 사업연도 법인세 합계 1,009백만 원, 2010년 제1기분~2016년 제1기분까지의 부가가치세 합계 1,147백만 원을 각 경정 · 고지하고, 소득금액 합계 4,350백만 원에 대한 소득금액 변동통지를 하였다.

(6) 원고는 2018. 8. 30. 조세심판원에 위 각 처분에 대한 심판청구를 하였고, 조세심판원은 2019. 7. 15. 위 각 처분 중 부가가치세, 법인세 부과 처분 중 일부와 그에 따른 소득금액 변동통지를 취소하는 결정을 함에 따라 최종적으로 이루어진 2010년 법인세(395백만 원) 및 부가가치세(177백만 원) 부과 처분과 2010년 귀속 소득금액(1,361백만 원) 변동통지 취소를 구하는 소를 제기하였다.

2. 쟁 점

과세전적부심사 배제 사유 중 국세징수법 제14조 제1항 제7호의 '국세를 포탈하려는 행위가 있다고 인정될 때'의 의미

3. 관련 법령

국세기본법 제81조의15 제3항 【과세전적부심사】

③ 다음 각 호의 어느 하나에 해당하는 경우에는 제2항을 적용하지 아니한다.

1. 「국세징수법」 제9조에 규정된 **납부기한 전 징수의 사유가 있거나 세법에서 규정하는 수시부과의 사유**가 있는 경우
2. 「조세범 처벌법」 위반으로 고발 또는 통고처분 하는 경우. 다만, 고발 또는 통고 처분과 관련 없는 세목 또는 세액에 대해서는 그러하지 아니하다.
3. 세무조사 결과 통지 및 과세 예고 통지를 하는 날부터 국세 부과 제척기간의 만료일까지의 기간이 3개월 이하인 경우
4. 그 밖에 대통령령으로 정하는 경우

국세징수법 제9조 제1항 제5호 【납부기한 전 징수】

① 관할 세무서장은 납세자에게 다음 각 호의 어느 하나에 해당하는 사유가 있는 경우 납부기한 전이라도 이미 납세의무가 확정된 국세를 징수할 수 있다.

5. 국세를 포탈(逋脫)하려는 행위가 있다고 인정되는 경우

국세기본법 시행령 제63조의14 제4항 제81조의15 제3항 【과세전적부심사】

법 제81조의15 제1항에 따라 과세전적부심사 청구를 받은 세무서장 · 지방국세청장 또는 국세청장은 그 청구 부분에 대하여 같은 조 제3항에 따른 결정이 있을 때까지 과세표준 및 세액의 결정이나 경정 결정을 유보(留保)하여야 한다.

4. 원 · 피고 주장 요약

(1) 원 고

이 사건 각 처분에는 다음과 같은 절차적 위법이 있으므로 취소되어야 한다.

① **피고는 관할 지방국세청장의 이 사건 세무조사 결과 통지 이후 이 사건 각 처분에 앞서 원고에게 과세전적부심사 청구의 기회를 제공하지 않았다.**

② 이 사건 각 처분은 국세를 부과할 수 있는 날로부터 5년의 부과 제척 기간이 경과된 이후 이루어졌으므로 무효이다.

③ 피고는 구 국세기본법(2018. 12. 31. 법률 제16097호로 개정되기 전의 것, 이하 같다) 제81조의9 제1항 및 그 위임에 따라 대통령령에서 정한 세무조사 범위 확대 사유가 없음에도 조사 범위 및 과세기간을 확대하여 이 사건 제2차 세무조사를 실시함으로써 위 조항에서 정한 세무조사 범위 확대 제한 규정을 위반하였다.

④ 피고는 구 국세기본법 제81조의4 제2항 각 호에서 정한 예외 사유가 없음에도 같은 세목 및 같은 과세기간에 대한 재조사 후 이 사건 각 과세처분을 함으로써 위 조항에서 정한 중복 세무조사 금지의 원칙을 위반하였다.

(2) 피 고

과세전적부심사라는 절차적 권리를 보장할 필요가 없을 정도로 긴급한 과세처분이 필요한 경우 과세전적부심사를 거치지 않고 곧바로 과세처분을 할 수 있으며, 이 사건의 경우 과세전적부심사에 대한 결정이 있기 전이라도 과세처분을 할 수 있는 예외 사유인 '국세를 포탈하려는 행위가 있다고 인정될 때'에 해당하므로 과세전적부심사 절차를 배제할 수 있는 예외적인 경우에 해당한다.

5. 대상판결

… 앞서 본 관련 규정의 문언과 체계, 납기전징수 및 수시부과 제도의 취지, 납기전징수 및 수시부과 사유를 과세전적부심사의 예외 사유로 규정한 취지 등에 비추어 보면, 구 국세기본법 제81조의15 제2항 제1호 및 구 국세징수법 제14조 제1항 제7호에 따른 과세전적부심사의 예외 사유인 **'국세를 포탈하려는 행위가 있다고 인정될 때'**라 함은 **'조세의 부과 징수를 불가능 또는 현저히 곤란하게 할 만한 객관적인 상황이 드러나는 납세자의 적극적인 행위가 있고, 그로 인하여 납세의무를 조기에 확정시키지 않으면 해당 조세를 징수할 수 없다고 인정되는 등 긴급한 과세처분의 필요가 있는 경우'**를 의미한다고 봄이 상당하다.

원심은 그 판시와 같은 이유로, 이 사건 각 처분은 원고의 과세전적부심사 청구나 그에 대한 결정이 있기 전에 이루어져 납세자인 원고의 **절차적 권리를 침해**한 것으로서 **그 절차상 하자가 중대하고도 명백하여 무효**이고, 피고가 들고 있는 사정만으로는 원고에 대하여 긴급하게 과세처분을 할 필요가 있어 이 사건 각 처분 당시에 과세전적부심사를 거치지 않고 곧바로 과세처분을 할 수 있거나 과세전적부심사에 대한 결정이 있기 전이라도 과세처분을 할 수 있는 예외 사유가 있었다고 보기 어렵다고 판단하였다.

원심판결 이유를 관련 법령과 법리 및 기록에 비추어 살펴보면, 원심의 이러한 판단은 정당하고, 거기에 상고이유 주장과 같이 과세전적부심사의 예외 사유에 관한 법리를 오해하거나 판단을 누락하여 판결 결과에 영향을 미친 잘못이 없다.

6. 평 석

(1) 과세관청은 원고가 과세기간인 2010년경 이중장부 작성, 관련 컴퓨터 기록 등 삭제, 신고를 누락한 매출 대금을 은닉하기 위해 개인 명의 계좌를 사용하는 등의 방법으로 매출누락 행위를 한 사실을 확인하고 관련 증빙자료를 확보하였다.

(2) 이에 대해 원심재판부는 '피고가 이 사건 제1, 2차 세무조사를 통하여 원고의 장부, 기록, 관련자들의 계좌 내역 등을 확보한 사정 등에 비추어 보면, 위와 같은 사실만으로는 이 사건 각 처분 당시에 원고에 대하여 과세전적부심사라는 절차적 권리를 보장할 필요가 없을 정도로 긴급한 과세처분이 필요하여 과세전적부심사를 거치지 않고 곧바로 과세처분을 할 수 있거나 과세전적부심사에 대한 결정이 있기 전이라도 과세처분을 할 수 있는 예외 사유가 있었다고는 보기 어렵고, 달리 원고가 이 사건 각 처분을 앞두고 재산을 은닉하는 등으로 징수 또는 과세처분의 목적 달성을 어렵게 하려는 구체적인 행위를 하였음을 인정할 증거가 없다'고 판시하였다.

(3) 대법원은 과세관청이 기 확보된 증빙자료(장부 기록, 관련 계좌 등)에 의해 과세처분이 가능한 이상 **부과 징수에 실질적인 곤란을 가져올 것으로 보이는 경우가 아니라면,** 과세전적부심사를 배제할 수 없다고 본 것이다.

(4) 이와는 달리 대법원이 과세전적부심사 절차를 제한하는 사례도 있었다. 대법원은 과세전적부심사 청구 당시에는 납부기한 전 징수 사유가 존재하지 않아 과세전적부심사 청구가 가능했더라도, 그 이후 납부기한 전 징수 사유가 발생했다면 과세전적부심사 결정이 있기 전이라도 과세처분을 할 수 있으며, 과세관청이 과세전적부심 청구에 대한 결정 및 통지의 기한(과세전적부심사 청구를 받은 날로부터 30일)을 넘겨 그 결정이나 통지를 하지 않던 중이라고 하더라도 마찬가지라고 판단하였다(대법원 2012. 10. 11. 선고 2010두19713 판결).

(5) **납세고지서의 필요적 기재 사항을 누락 하는 것과 같은 절차적 위법을 이유로 부과 처분이 취소된 경우 처분청은 다시 납세고지서의 누락 사항을 기재한 고지를 하는 등의 적법한 절차를 거쳐 새로운 처분을 할 수 있다**(대법원 2010. 6. 24. 선고 2007두16493 판결 등). 그러나, **위법한 중복 조사나 세무조사 선정 절차상의 위법을 이유로 부과 처분이 취소된 경우 과세관청이 다시 세무조사를 할 수는 없으므로, 이런 경우에**

는 과세관청이 새로운 부과 처분을 할 수 없다.

(6) 대상 사건에서와 같이 위법하게 과세 예고 통지를 하지 아니하였다거나, **과세전적부심사 청구 기회를 박탈하고 부과 처분**을 한 경우 다시 절차를 거쳐 재처분을 할 수 있는지에 대해 최근 법원은 과세관청이 과세전적부심사 청구의 기회를 부여하지 않은 채 한 선행 과세처분을 직권 취소하고 과세전적부심사 청구의 기회를 부여한 후 **동일한 내용의 처분을 행하는 것은 가능**하다고 판시하였다(서울고등법원 2023. 4. 18. 선고 2022누67366 판결, 대법원 2023. 7. 13. 선고 2023두40922 심리불속행 기각 판결).

(7) 즉, **부과제척기간 도과 전이라면 과세관청이 기존의 절차상 하자인 과세적부심사 청구 기회 보장 부분을 보완하여 동일한 내용의 재처분을 하는 것은 가능**하다.

(8) 그러나 **행정소송을 거쳐 선행 과세처분의 절차적 위법성을 판단 받은 경우**에는, 그러한 무효 확인 판결의 존재로 인해 과세관청에게 국세기본법 제26조 제6항 소정의 **특례제척기간이 적용될 수 없다**고 판단하였다(대법원 2005. 2. 25. 선고 2004두11459 판결).

(9) **국세청**에서도 과세전적부심사 청구와 같이 세법이 보장한 납세자의 권리를 침해하였다는 이유로 처분이 당연무효로 판단되는 경우에는 **특례제척기간을 적용할 수 없고, 따라서 새로운 처분을 할 수 없다**고 결정하였다(과세전적부심사 법인, 적부-국세청-2023-0004, 2023. 3. 15.).

(10) 이 사건의 경우 과세관청이 확보한 자료(차명계좌 등)에 의하면 납세자의 행위는 '사기 기타 부정한 행위'에 해당하므로 장기 부과제척기간인 10년을 적용하는 데는 무리가 없어 보인다.

(11) 그렇다면 과세관청이 역수상(歷數上) 국세를 부과할 수 있는 제척기간이 충분히 남아있는데도 무리하게 납세자의 과세전적부심사 청구 기회를 박탈할 필요가 있었는지는 여전히 의문이 간다.

(12) 부과제척기간 도과 전(前)이라면 과세관청이 다시 납세자에게 과세전적부심사 청구 기회를 제공하여 위법성을 치유할 수 있겠지만 이 사건의 경우 대법원 판결일인 2023. 11. 2. 이후에는, 이미 부과 제척 기간이 도과하였으므로(2010사업연도분은 납세자의 행위를 '사기 기타 부정한 행위'로 보더라도 2021. 5. 30.이 제척기간 만료

일임) 특례 제척기간을 적용할 수 없고, 새로운 처분을 할 수 없다는 대법원 및 국세청 과세전적부심사 결정 사례를 종합하여 보면, 과세관청은 과세 기회를 일실한 것으로 보인다.

(13) 2020. 6. 9. 법률 제17354호로 개정된 현행 국세기본법 제81조의15 제3항 제2호 국세기본법 제81조의15 제2항 제2호에서는 과세전적부심사 청구 대상에서 제외되는 사유의 하나로 '조세범처벌법 위반으로 고발 또는 통고 처분하는 경우'를 규정하고 있다.

(14) 이 경우 고발 또는 통고처분의 대상이 되는 납세자는 인별 기준이 아니라 납세자에 대한 **처분을 기준**으로 해야 할 것이다. 과세관청이 납세자인 어느 법인에 대하여 법인세, 부가가치세 등 수 개의 처분을 하고 그 중 법인세에 대해서만 조세 포탈로 고발한 경우 납세자를 기준으로 하면 그 법인은 고발 또는 통고처분을 받지 아니한 부가가치세 등 처분까지 모두 과세전적부심사 청구를 할 수 없게 된다.

(15) 납세자의 권리구제를 확대하는 방향으로 개정된 입법취지를 고려하면, 과세전적부심사 청구를 배제하는 예외 사유는 납세자의 권리구제를 확대하는 방향으로 해석하는 것이 바람직하다. 따라서 '조세범처벌법 위반으로 고발 또는 통고 처분하는 경우'는 납세자를 기준으로 판단할 것이 아니라, **처분을 기준으로 판단**하여야 한다. 동일한 납세자에 대한 처분이라고 하더라도 그 중 조세범처벌법 위반으로 고발된 처분을 제외한 나머지 처분에 대해서는 과세전적부심사를 청구할 수 있다고 해석하는 것이 타당하다.

(16) 추가적으로 '조세 탈루 혐의를 인정할 만한 명백한 탈루 혐의가 있는 경우'에는 1차 세무조사가 있었다 하더라도 2차 세무조사도 가능하나 **재조사의 예외적인 허용 사유는 재조사 개시 당시에 구비**되어야 한다(대법원 2017. 4. 27. 선고 2014두6562 판결).

(17) 이 사건으로 돌아와 보면, 과세관청은 세무조사 기간을 연장하여 추가 조사에 들어가기 전(前)에 원고가 차명 계좌를 이용하여 매출 신고를 누락한 사실을 구체적으로 파악하게 된 것으로 보이고, 과세관청은 이 사건 제1차 세무조사 당시 원고의 2010년도 추가적인 매출 누락 자료를 취하지 않은 것으로 보인다.

(18) 과세관청이 이미 조사가 이루어진 2010사업연도에 대해서 매출 누락 혐의가 있다는 정황만으로 추가 조사를 진행하였다면, 그 자체로 위법하고, 이는 과세관청이 그러

한 재조사로 얻은 과세자료를 과세처분의 근거로 삼지 않았거나 이를 배제하고서도 동일한 과세처분이 가능한 경우라고 하여 달리 볼 것은 아니다(대법원 2017. 12. 13. 선고 2016두55421 판결 참조). 즉, 대법원은 이러한 경우를 위법한 중복 조사로 본 것이다.

(19) 종전에는 중복 조사로 얻은 과세자료를 판단의 근거로 삼지 않거나, 중복 조사로 얻은 과세자료를 제외하더라도 과세처분이 가능하면 중복 조사도 적법하다고 보았으나 위 대법원 판결로 변경된 판례에 유의할 필요가 있다.

(20) 대법원은 "헌법 제12조 제1항에서 규정하고 있는 적법절차의 원칙은 형사소송절차에 국한되지 아니하고 모든 국가작용 전반에 대하여 적용되며, 세무공무원이 과세권을 행사하는 경우에도 이러한 적법절차의 원칙은 마찬가지로 준수하여야 한다(대법원 2014. 6. 26. 선고 2012두911 판결)."고 설시하고 있다.

(21) 따라서 과세관청은 조사 착수 전에 당해 조사가 중복조사에 해당하는지 여부에 대하여 같은 세목, 같은 조사 범위, 같은 조사 대상 사업연도에 대한 조사가 이루어졌는지 등 면밀한 검토 후 조사를 진행하여야 할 것이다.

7. 관련 판례

문서번호	내 용
대법원 2016. 12. 27. 선고 2016두 49228 판결, 대법원 2020. 10. 29. 선고 2017두51174 판결 등	구 국세기본법 등이 과세전적부심사를 거치지 않고 곧바로 과세처분을 할 수 있거나 과세전적부심사에 대한 결정이 있기 전이라도 과세처분을 할 수 있는 예외 사유로 정하고 있다는 등의 특별한 사정이 없는 한, 세무조사 결과에 대한 서면 통지 후 과세전적부심사 청구나 그에 대한 결정이 있기도 전에 과세처분을 하는 것은 원칙적으로 과세전적부심사 이후에 이루어져야 하는 과세처분을 그보다 앞서 함으로써 과세전적부심사 제도 자체를 형해화시킬 뿐만 아니라 과세전적부심사 결정과 과세처분 사이의 관계 및 그 불복절차를 불분명하게 할 우려가 있으므로, 그와 같은 과세처분은 납세자의 절차적 권리를 침해하는 것으로서 그 **절차상 하자가 중대하고도 명백하여 무효**이다.

문서번호	내 용
대법원 2014. 2. 21. 선고 2013도13829 판결	적극적 은닉 의도가 객관적으로 드러난 것으로 볼 수 있는지 여부는 수입이나 매출 등을 기재한 기본 장부를 허위로 작성하였는지 여부뿐만 아니라, 당해 조세의 확정 방식이 신고납세방식인지 부과과세방식인지, 미신고나 허위신고 등에 이른 경위 및 사실과 상이한 정도, 허위신고의 경우 허위 사항의 구체적 내용 및 사실과 다르게 가장한 방식, 허위 내용의 첨부서류를 제출한 경우에는 그 서류가 과세표준 산정과 관련하여 가지는 기능 등 제반 사정을 종합하여 사회통념상 부정이라고 인정될 수 있는지에 따라 판단하여야 한다.
대법원 2016. 4. 15. 선고 2015두52326 판결 등	사전 구제절차로서 과세전적부심사 제도가 가지는 기능과 이를 통해 권리구제가 가능한 범위, 이러한 제도가 도입된 경위와 취지, 납세자의 절차적 권리 침해를 효율적으로 방지하기 위한 통제 방법과 더불어, 헌법 제12조 제1항에서 규정하고 있는 적법절차의 원칙은 형사소송절차에 국한되지 아니하고 세무공무원이 과세권을 행사하는 경우에도 마찬가지로 준수하여야 하는 것이다.
대법원 2012. 10. 11. 선고 2010두19713 판결	과세전적부심사제도는 과세처분 이후의 사후적 구 제도와는 별도로 과세처분 이전의 단계에서 납세자의 주장을 반영함으로써 권리구제의 실효성을 높이기 위하여 마련된 사전적 구제 제도이다.
대법원 2016. 4. 15. 선고 2015두52326 판결	과세전적부심사 제도는 과세관청이 위법 · 부당한 처분을 행할 가능성을 줄이고 납세자도 과세처분 이전에 자신의 주장을 반영할 수 있도록 하는 예방적 구제 제도의 성질을 가진다.

제12절 기본통칙은 법규적 효력이 없다

● 대상판결 : 대법원 2005두5611 (2007. 2. 8.) ➔ 국패

핵심 요지

국세청의 기본통칙은 과세관청 내부에 있어서 세법의 해석기준 및 집행기준을 시달한 것으로서 행정청 내부를 규율하는 행정규칙에 불과할 뿐 국가와 국민 사이에 효력을 가지는 법규가 아니어서 법원이나 일반 개인에 대한 법적 구속력이 없으며 기본통칙에서 정한 해석기준 등은 일반적으로 납세자에게 받아들여진 세법의 해석 또는 국세행정의 관행에 해당하지 않는다.

1. 사실관계

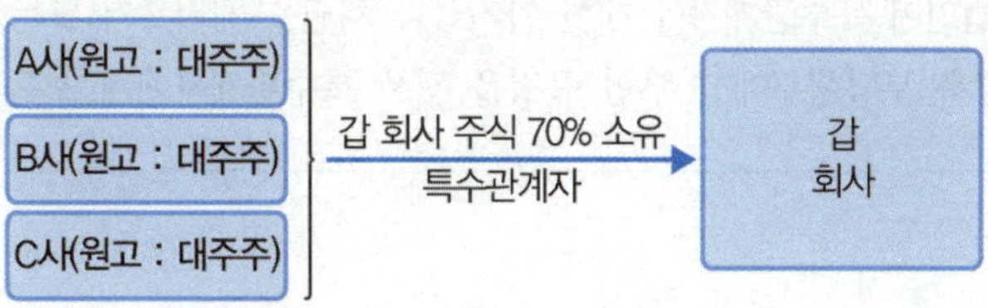

(1) 원고가 갑 회사로부터 가지급금을 차입(11억)함에 있어 원고 보유 을 은행주식(시가 21억)을 담보로 제공하고 금융기관 대여금 금리 상당액을 지급하기로 약정하였다.

(2) 원고의 의사와 관계없이 A, B, C사가 부도처리되었고, 갑 회사와 특수 관계도 소멸하였다.

(3) A, B, C사 부도에 따라 원고도 연쇄적으로 파산하게 되었다.

(4) 갑 회사도 경영난을 겪다가 부도처리되었으며, 갑 회사는 가지급금 채권 회수가 불가능하게 되었다(원고와 갑 회사의 특수 관계는 양자의 의사가 아닌 외부적 요인으로 소멸).

(5) 피고는 갑 회사가 원고로부터 차용금 채무를 회수하지 아니한 사실에 대하여 구 기본통칙 1-2-7…3(현행 「법인세법기본통칙」 4-0…6 : 내용 동일)을 적용하여 원고에게 인정상여로 소득처분하고 종합소득세를 부과처분 하였다.

2. 쟁 점

특수관계가 소멸할 때까지 대여금채권을 회수하지 않은 경우 부당행위 계산부인 해당 여부

3. 관련 법령

구 「법인세법기본통칙」 1-2-7…3(현행 「법인세법기본통칙」 4-0…6 : 내용 동일)

① 이 규정은 특수관계자와의 자금거래에서 발생한 법인의 가지급금 채권의 세무상 처리방법 규정임.

② 이는 실질과세 원칙과 부당행위계산 부인이라는 두 가지 세법 규정을 토대로 하며 실질과세 원칙에 따라 법인이 특수관계자에 대한 가지급금 채권을 채권포기 또는 채무면제하였다고 볼 수 있을 경우 부당행위계산 부인 규정을 적용 특수관계자에게 소득처분함.

4. 대상판결

구 「법인세법기본통칙」(2001. 11. 1. 개정되기 전의 것) 1-2-7…3은 특수관계자와의 자금거래에서 발생한 가지급금 등과 동 이자 상당액이 특수관계가 소멸할 때까지 회수되지 아니한 때에는 「법인세법시행령」 규정에 의하여 소득처분한 것으로 보고 있으나, 특수관계가 소멸할 때까지 채권이 미회수 상태에 있다는 사정만으로 채권이 포기되거나 채무가 면제되어 소멸하였다고 보기는 어렵다 할 것이고, 다른 한편 이와 같은 의제를 정당화하는 법령상의 규정은 존재하지 않는바, 국세청의 기본통칙은 과세관청 내부에 있어서 세법의 해석기준 및 집행기준을 시달한 것으로서 행정청 내부를 규율하는 행정규칙에 불과할 뿐 국가와 국민 사이에 효력을 가지는 법규가 아니어서 법원이나 일반 개인에 대한

법적 구속력이 없으며 기본통칙에서 정한 해석기준 등은 일반적으로 납세자에게 받아들여진 세법의 해석 또는 국세행정의 관행에 해당하지 않는다 할 것이므로, 법인이 특수관계자와의 자금거래에서 발생한 채권을 그 특수관계가 소멸할 때까지 회수하지 않았다는 사정만으로 위 구 「법인세법기본통칙」 1-2-7…3에 따라 특수관계자에게 인정상여처분을 한 것은 법령상의 근거 없이 행하여진 것으로서 위법하고, 이에 기하여 행해진 과세처분 역시 위법하다.

5. 평 석

(1) 「법인세법」상 부당행위계산 부인 규정은 **경제적 합리성을 결여한 '부당'한 경우에만 적용**되는 것으로 가지급금이 있는 특수관계자 간에서 특수관계가 소멸하는 경우 무조건 위 통칙규정이 적용되는 것이 아니다.

(2) 과세관청의 행정해석에 불과한 **기본통칙의 규정은 법률이 아니므로** 기본통칙이 갖고 있는 한계 및 기본통칙이 담고 있는 묵시적 또는 실질적 의미를 살펴 적용하여야 한다.

6. 관련 판례

문서번호	내 용
대법원 2004. 10. 15. 선고 2003두7064 판결 등 다수	국세청의 기본통칙은 과세관청 내부에서 세법의 해석기준 및 집행기준을 시달한 행정규칙으로서 **행정청 내부에서만 효력을 가질 뿐 국가와 국민을 기속하는 법규적 효력이 없다.**
대법원 1987. 5. 26. 선고 86누96 판결 등	기본통칙의 법규적 효력은 인정되지 않으며, 「국세기본법」 제18조 제3항의 **'일반적으로 납세자에게 받아들여진 세법의 해석이나 국세행정의 관행'에도 해당되지 않는다.**

제13절 재조사 결정(소송기산일 · 조사범위 및 결정)

13-1 재조사 결정과 불이익 변경금지 원칙

● 대상판결 : 대법원 2005두10675 (2007. 11. 16.) ➜ 국승

핵심 요지

> 이러한 불이익변경금지는 심사결정의 주문 내용이 심사청구 대상인 과세처분보다 청구인에게 불이익한 경우에 적용되고, 과세관청이 심사결정의 이유에서 밝혀진 내용에 근거하여 탈루 또는 오류가 있는 과세표준이나 세액을 경정결정하는 경우에는 적용되지 아니한다 할 것이다.

1. 사실관계

(1) 원고는 건설업, 종합휴양시설업 등을 영위하는 법인이다.

(2) 피고는 원고에 대한 세무조사를 한 결과, 이 사건 토지가 비업무용 부동산에 해당한다고 보아 관련 지급이자 등을 손금불산입 하였다(1996년부터 2000년 관련 지급이자에 대하여).

(3) 원고는 심사청구를 하였는데, 국세심사위원회에서는 1997. 1. 1.~2000. 12. 31. 사업연도는 이 사건토지가 비업무용 토지에 해당하지 않으나(기준면적 이내 부동산은 업무용부동산으로 보아 지급이자 및 관련비용을 손금불산입 대상에서 제외하여 과세표준과 세액을 경정하라), 1996. 1. 1.~1996. 12. 31. 사업연도는 비업무용부동산으로 보아 과세하는 것은 별론으로 한다는 결정을 하였다.

(4) 피고는 위 심사결정에 따라 1996. 1. 1.~1996. 12. 31. 사업연도 지급이자 등을 추가로 손금불산입하여 2002. 3. 12. 원고에게 1996. 1. 1.~1996. 12. 31. 사업연도 법인세를 추가로 과세처분하였다.

2. 쟁 점

심사결정이유에서 추가로 밝혀진 내용에 근거하여 과세표준이나 세액을 경정결정할 수 있는지 여부

3. 대상판결

「국세기본법」 제79조 제2항은 과세처분에 불복하는 심판청구에 대한 결정을 함에 있어서 심판청구를 한 처분보다 청구인에게 불이익이 되는 결정을 하지 못한다고 규정하고 있고, 위 조항은 「국세기본법」상 심사청구에 대한 결정에도 준용된다 할 것인바, 이러한 불이익 변경금지는 심사결정의 주문 내용이 심사청구 대상인 과세처분보다 청구인에게 불이익한 경우에 적용되고, **과세관청이 심사결정의 이유에서 밝혀진 내용에 근거하여 탈루 또는 오류가 있는 과세표준이나 세액을 경정결정하는 경우에는** 적용되지 아니한다 할 것이다. 원심이 같은 취지에서 판시와 같은 사실을 인정한 다음, **과세관청은 국세심사 결정의 이유에서 드러난 사유로 인하여 과세표준과 세액에 관련된 탈루 또는 오류가 발견된 때에는 과세권이 시효로 소멸하지 아니하는 한 이를 경정할 수 있다고 판단한 것은 정당하고, 거기에 「국세기본법」상의 불이익변경금지 원칙에 관한 법리오해의 위법이 없다.**

4. 평 석

(1) 심판청구에 관해 규정된 불이익 변경금지 원칙(국세기본법 §79 ②)이 명문의 규정이 없는 이의신청이나 심사청구에도 적용된다.

(2) 재조사 결정에 따른 재조사는 재결청의 심리과정에서 재조사의 필요성이 인정된 범위 내로 제한하고, 원칙적으로 당초 처분액을 증액하는 증액경정처분은 허용되지 아니하나 아직 판례상으로는 형성되지 않았다.

(3) 행정심판의 재결은 행정청을 기속하는 효력을 가지므로 청구가 이유 있다고 인정하여 처분청에 처분을 취소할 것을 명하면 처분청으로서는 재결의 취지에 따라 처분을 취소하여야 한다(대법원 2015. 11. 27. 선고 2013다6759 판결).

13-2 재조사결정 관련 제도 개선

1. 「국세기본법」 제65조 제5항 신설(2016. 12. 20.)

처분청은 재조사 결정일로부터 60일 이내 결정서 주문에 기재된 범위에 한정하여 조사하고, 그 결과에 따라 취소·경정하거나 필요한 처분을 하여야 한다(※ **종전 실무상 "당초처분 정당"과 같은 당초 처분을 유지하기 위한 결정은 할 수 없다**).

대법원 2017. 5. 11. 선고 2015두37549 판결 : 국패

> 처분청은 재조사 결정의 취지에 따라 재조사를 한 후 그 내용을 보완하는 후속 처분만을 할 수 있다고 보아야 한다. 따라서 처분청이 재조사 결정의 주문 및 그 전제가 된 요건사실의 인정과 판단, 즉 처분의 구체적 위법사유에 관한 판단에 반하여 **당초 처분을 그대로 유지하는 것은 재조사 결정의 기속력에 저촉된다**고 할 것이다.

2. 조세불복청구 시 재조사 결정 근거 정비 및 불복절차 개선

> (기획재정부 조세법령운용과 044-215-4151)
> • 분　　야 : 금융·재정·조세
> • 대　　상 : 법인, 사업자, 소비자
> • 관련부처 : 기획재정부

(1) 달라지는 정책 안내

조세불복 시 **재조사 결정은 인용결정의 일종으로 운영**하고, 심사·심판청구 시 **재조사 결정에 따른 처분청의 후속처분에 대한 불복절차에 관해 납세자에게 선택권을 부여**

• 재조사 결정은 청구가 이유 있다고 인정은 되나, 구체적인 인용범위 결정을 위해 추가적인 조사가 필요한 경우에 한해 허용

• 심사·심판청구 시 재조사 결정에 따른 처분청의 후속처분에 대해서는 바로 행정소송을

제기하는 방법 외에 재조사 결정을 내린 재결청에 대한 심사·심판청구를 거친 후에 행정소송 제기도 가능

(2) 달라지는 정책 개요

개정내용	조세불복청구 시 재조사 결정 근거 정비 및 불복절차 개선
추진배경	납세자의 권익보호 강화
주요내용	① 조세불복청구 시 재조사 결정 근거 정비 –(재조사 결정 요건) 청구가 이유 있는 경우로서 구체적인 인용 범위 결정을 위해 사실관계 등 추가적인 조사가 필요한 경우에 한해 허용 –(재조사 범위, 기간) 재조사는 결정서 주문에 기재된 범위에서, 원칙적으로 재조사 결정일부터 60일 이내에 재조사 및 후속처분 –(후속처분 범위) 재조사 결과에 따라 당초 처분 취소 또는 경정(**당초 처분 유지는 불가**) ② 심사·심판청구 시 재조사 결정에 대한 불복절차 개선 –(납세자 선택 허용) 재조사 결정에 따른 처분청의 후속처분에 대해 바로 행정소송을 제기하는 방법 외에 재조사 결정을 내린 재결정에 대한 심사·심판청구를 거쳐 행정소송 제기 가능 –(행정소송 제기기간) 바로 행정소송 제기 시 처분결과 통지 수령일로부터 90일 이내, 심사·심판청구를 거쳐 행정소송 제기 시 결정 통지 수령일부터 90일 이내 제기. 단, 기간 내 통지 미수령 시 기간 경과일부터 행정소송 제기 가능
시 행 일	2017년 1월 1일

13-3 과세처분의 불복절차에서 불복사유를 인정하여 처분이 취소된 경우 동일한 사유로 재처분을 할 수 없음

● 대상판결 : 대법원 2017두75873 (2019. 1. 31.) ➜ 국패

핵심 요지

이 사건 처분은 이 사건 종전 처분에 대한 조세심판절차에서 원고의 심판청구 사유가 옳다고 인정하여 이 사건 종전 처분을 취소하였음에도, 동일 사항에 관하여 특별한 사유 없이 이를 번복하고 종전의 처분을 되풀이한 것에 불과하므로 위법하다. 따라서 원심이 그 판시와 같은 이유만으로, 이 사건 처분이 이 사건 종전 처분에 관한 재결의 기속력에 반하지 않는다는 등의 잘못된 전제 아래 이 사건 처분이 적법하다고 판단하고 말았으니, 이러한 원심의 판단에는 심판청구에 대한 결정의 효력에 관한 법리 등을 오해하여 판결에 영향을 미친 잘못이 있다.

1. 사실관계

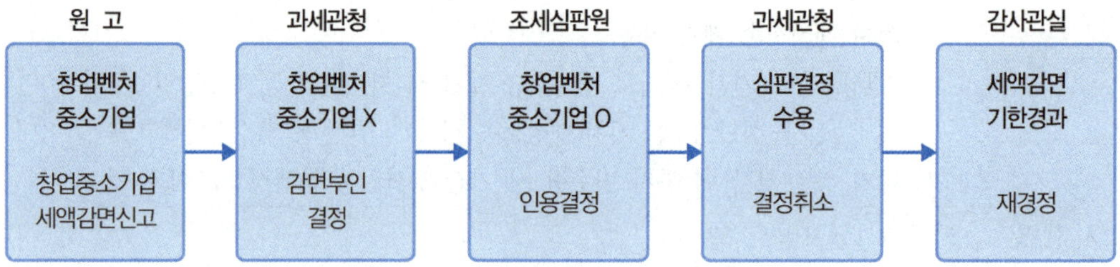

(1) 원고는 2009. 10. 19. 벤처기업육성에 관한 특별조치법 제25조에 의하여 기술보증기금으로부터 벤처기업임을 각각 기간별로 수회에 걸쳐 확인받았다(2009. 10. 19. ~ 2016. 6. 18.).

(2) 원고는 2014. 3. 31. 창업 중소기업 등에 대한 세액감면을 규정하고 있는 구 조세특례제한법(2014. 1. 1. 법률 제12173호로 개정되기 전의 것) 제6조 제2항에 따른 '창업벤처중소기업'에 해당한다는 이유로 2013 사업연도 귀속 법인세 2,164백만 원의 감면신청을 피고에게 하면서, 이를 공제한 나머지 법인세 2,410백만 원을 신고·납부하였다.

(3) 피고는 2014. 7. 15. 원고가 2013 사업연도에 창업벤처중소기업이 아니라는 이유로 원고에게 법인세 2,233백만 원(납부불성실가산세 68백만 원 포함)을 경정 · 고지하였다.

(4) 이에 불복하여 원고는 이 사건 조항에 따른 세액감면대상에 해당한다면서 2014. 10. 7. 조세심판원에 심판청구를 하였다. 조세심판원은 2015. 2. 25. 원고가 2013 사업연도에 창업벤처중소기업에 해당하여 이 사건 조항에 따른 세액감면이 적용되어야 한다는 이유로 원고의 심판청구를 받아들여 이 사건 처분을 취소하는 결정을 하였다.

(5) 그 후 피고는, 원고의 경우 창업 중소기업 등에 대한 세액감면기한이 2012 사업연도까지이므로 2013 사업연도 귀속 법인세는 이 사건 조항에 따른 세액감면대상이 될 수 없다는 서울지방국세청의 감사지적에 따라, 2016. 5. 4. 원고에 대하여 2013 사업연도 법인세 2,660백만 원(납부불성실가산세 496백만 원 포함)을 경정 · 고지하는 이 사건 재처분을 하였다.

(6) 이에 대하여 원고가 제기한 심판청구에서 조세심판원이 2016. 12. 28. '이 사건 재처분에서 납부불성실가산세 427백만 원을 제외하는 것으로 하여 그 세액을 경정하고 나머지 심판청구는 기각한다'라고 결정하자 원고는 이 사건 처분의 취소를 구하는 이 사건 소를 제기하였다.

2. 쟁 점

과세처분의 불복절차에서 불복사유를 인정하여 처분이 취소된 경우 동일 사유로 재처분을 할 수 있는지 여부

3. 관련 법령

구 조세특례제한법 제6조 제2항 [창업중소기업 등에 대한 세액감면]

② 「벤처기업육성에 관한 특별조치법」 제2조 제1항에 따른 벤처기업(이하 "벤처기업"이라 한다) 중 대통령령으로 정하는 기업으로서 창업 후 3년 이내에 같은 법 제25조에 따라 2024년 12월 31일까지 벤처기업으로 확인받은 기업(이하 "창업벤처중소기업"이라 한다)의 경우에는 그 확인받은 날 이후 최초로 소득이 발생한 과세연도(벤처기업으로 확인받은 날부터 5년이 되는 날이 속하는 과세연도까지 해당 사업에서 소득이 발생하지 아니하는 경우에는 5년이 되는 날이 속하는 과세연도)와 그 다음 과세연도의 개시일부터 4년 이내에 끝나는 과세연도까지 해당 사업에서 발생한 소득에 대한 소득세 또는 법인세의 100분의 50에 상당하는 세액을 감면한다. 다만, 제1항을 적용받는 경우는 제외하며, 감면기간 중 다음 각 호의 사유가 있는 경우에는 다음 각 호의 구분에 따른 날이 속하는 과세연도부터 감면을 적용하지 아니한다.

4. 대상판결

… 과세처분에 관한 불복절차에서 그 불복사유가 옳다고 인정하고 이에 따라 필요한 처분을 하였을 경우에는 불복제도와 이에 따른 시정방법을 인정하고 있는 위 법 규정의 취지에 비추어 **동일 사항에 관하여 특별한 사유 없이 이를 번복하고 다시 종전의 처분을 되풀이할 수는 없다**(대법원 2016. 10. 27. 선고 2016두42999 판결 등 참조).

… 이 사건 처분은 이 사건 종전 처분에 대한 조세심판절차에서 원고의 심판청구 사유가 옳다고 인정하여 이 사건 종전 처분을 취소하였음에도, 동일 사항에 관하여 특별한 사유 없이 이를 번복하고 종전의 처분을 되풀이한 것에 불과하므로 위법하다. 따라서 원심이 그 판시와 같은 이유만으로, 이 사건 처분이 이 사건 종전 처분에 관한 재결의 기속력에 반하지 않는다는 등의 잘못된 전제 아래 이 사건 처분이 적법하다고 판단하고 말았으니, 이러한 원심의 판단에는 심판청구에 대한 결정의 효력에 관한 법리 등을 오해하여 판결에 영향을 미친 잘못이 있다.

5. 이 사건과 유사한 사안에 대한 대법원의 입장

과세처분에 관한 불복절차에서 재결 이전에 처분청이 불복사유가 옳다고 인정하고 직권취소 등 필요한 처분을 하였을 경우, 동일 사항에 관하여 이를 번복하고 다시 동일한 처분을 할 수 없다는 것이 대법원의 일관된 입장이다.

대법원은 특별한 사유 없이 이를 번복하고 다시 종전의 처분을 되풀이할 수 없다는 원칙을 유지하고 있다. 즉, 대법원은 '과세처분에 관한 불복절차과정에서 불복사유가 옳다고 인정하고 이에 따라 필요한 처분을 하였을 경우에는 불복제도와 이에 따른 시정방법을 인정하고 있는 법 취지에 비추어 동일 사항에 관하여 특별한 사유 없이 이를 번복하고 다시 종전의 처분을 되풀이할 수는 없다는 것이다. 따라서 과세관청이 과세처분에 대한 이의신청절차에서 **납세자의 이의신청 사유가 옳다고 인정하여 과세처분을 직권으로 취소하였음에도, 특별한 사유 없이 이를 번복하고 종전 처분을 되풀이하여서 한 과세처분은 위법하다**'고 **일관되게 판시**해 오고 있다(대법원 2017. 3. 9. 선고 2016두56790 판결, 대법원 2016. 10. 27. 선고 2016두42999 판결, 대법원 2014. 7. 24. 선고 2011두14227 판결, 대법원 2010. 9. 30. 선고 2009두1020 판결, 대법원 2010. 6. 24. 선고 2007두18161 판결, 대법원 1983. 7. 26. 선고 82누63 판결 등).

대법원은 직권 취소를 번복하고 종전 처분을 되풀이할 수 있는 "특별한 사유"를 '**납세자가 허위의 자료를 제출하는 등 부정한 방법에 기초하여 직권취소가 되었다고 볼 만한 사정**'이라고 적시하고 있다.

6. 유사사례

도시개발사업조합이 토지 소유자들 소유의 토지 일대에 관하여 도시개발사업 실시계획인가 및 환지계획인가를 받아 환지예정지 지정공고를 하자, 관할 관청이 토지소유자들이 환지예정지의 사실상 소유자라는 이유로 토지소유자들에게 재산세 등 부과처분을 하였는데, 이에 토지소유자들이 도시개발사업조합이 토지를 수용하였다고 오인할 만한 표현들이 기재되어 있거나 동 조합의 도시개발사업이 환지방식에 의하여 진행된 것임을 알 수 있는 자료들을 제출하면서 이의신청하였고, 관할 관청이 이를 받아들여 종전 처분을 직권취소하였다가 이후 다시 토지소유자들이 환지예정지의 사실상 소유자라는 이유로 종전과 동일한 재산세 등을 재처분한 사안에서, 토지소유자들이 자신들이 보유하고 있던 관련 서류를 그대로 제출하면서 '토지의 지장물과 관련하여 손실보상이 되어야 하는데 도시개발사업조합이 위법하게 수용을 하여 분쟁이 있으니 환지예정지에 대한 재산세 부과가 부당하다'는 취지로 종전 처분에 대하여 이의신청을 하였고, 관할 관청은 토지소유자들의 이의신청 사유가 옳다고 인정하여 종전 처분을 직권으로 취소한 것으로 보일 뿐, 달리 토지소유자들이 **허위의 자료를 제출하는 등 부정한 방법에 기초하여 직권취소가 되었다고 볼 만한 사정을 찾아보기 어려운데도, 이러한 사정을 구체적으로 심리 · 판단하지 아니한 채 이와 달리 본 원심판단에 잘못이 있다**고 판시하였다(대법원 2017. 3. 9. 선고 2016두56790 판결). 대법원 2014. 7. 24. 선고 2011두14227 판결도 같은 취지의 판결이다.

7. 평 석

(1) 이 사건의 사실관계를 다시 살펴보면 ① 원고는 이 사건 조항에 따라 세액감면 대상에 해당함을 이유로 세액감면을 신청하였으나 이 사건 종전 처분이 이루어짐에 따라 조세심판원에 동일한 사유를 들어 심판청구를 제기하였다(다툼이 된 쟁점은 원고가 창업벤처중소기업에 해당하느냐 여부였다). ② 조세심판원은 이 사건 종전 처분에 대한 원고의 심판청구 사유가 이유 있어 원고가 창업벤처중소기업에 해당하므로, 이 사건 조항에 따른 세액감면이 적용되어야 한다는 이유로 이 사건 종전 처분을 취소하였다. ③ 그런데도 피고는 **세액감면의 원인이 되는 이 사건 조항의 적용 여부에 관하여 기초가 되는 사정에 아무런 변경이 없음에도, 서울지방국세청의 감사지적만을 내세워 원고에게 이 사건 조항을 적용하여 세액감면을 할 수 없다는 이유를 들어 이 사건 처분**을 하였다.

(2) 일견 과세관청의 입장을 전혀 납득할 수 없는 것은 아니다. 원고의 경우 창업벤처중소기업 등에 대한 세액감면기한이 2012 사업연도까지이므로 2013 사업연도 귀속 법인세는 이 사건 조항에 따른 세액감면대상이 될 수 없다는 서울지방국세청의 감사지적에 따라 다시 경정 · 고지한 것이기 때문이다(이 사건에서 당초의 쟁점은 원고가 창업벤처중소기업에 해당하는지 여부였고, 조세심판원은 원고의 세액감면기한 종료가 되었는지 대한 판단은 하지 않고 원고가 창업벤처중소기업에 해당하는지 여부만을 심리

한 결과 원고가 창업벤처중소기업에 해당한다고 보아 세액감면을 허용하라는 결정을 하였던 것으로 보인다).

(3) 그러한 사유로 원고가 다시 제기한 이 사건 재처분에 대하여 조세심판원은 당초 심판원의 결정에 일부 착오가 있었다는 전제하에 일부 가산세를 제외하고 과세관청의 처분이 타당하다고 결정한 것이다.

(4) 이 사건 원심도(서울 고등법원 2017누61043 판결) 과세관청의 편을 들어주었다. 그러나 대법원은 피고가 한 종전 처분에 대한 심판절차에서 조세심판원이 위법하다는 이유로 이를 취소한 이상 **'납세자가 허위의 자료를 제출하는 등 부정한 방법에 기초하여 직권취소가 되었다고 볼 만한 사정'과 같이 종전 처분을 되풀이할 수 있는 "특별한 사유"가 없다면** 과세관청은 조세심판원의 결정 이후 동일한 내용의 처분을 할 수 없다고 함으로써 심판결정의 기속력을 확인해 주었다. 결국 대상 판결은 위와 같은 종전의 대법원이 일관되게 유지하였던 법리를 다시 한 번 명확히 한 판결이라고 할 수 있다.

(5) 대상판결과 이 사건과 유사한 사안에 대한 대법원의 판결을 종합하여 보면, 불복과정에서 조세심판원 등이 위법하다는 이유로 취소하였다면(그 결정에 있어서 착오로 인용 결정하였다 하더라도) **납세자가 허위로 자료를 제출하는 등 부정한 방법에 기초하여 직권취소가 되었다고 볼만한 사정과 같은 특별한 사정이 없다면** 당초 심판 결정의 기속력을 인정하여야 한다는 것이다.

(6) 이 사건에서 원고는 사실관계를 왜곡하거나 잘못되게 하는 어떠한 행위도 하지 않았다는 점에 유의할 필요가 있다. 만약 불복과정에서 조세심판원 등이 인용 결정을 하였는데 그 결정에도 불구하고 다시 과세처분 할 수 있다는 논리가 성립한다면 기속력에 정면으로 반하는 처분이어서 찬동하기 어렵고 대상판결과 같은 대법원의 판단이 타당하다고 할 수 있다.

(7) 이에 반해 경정청구는 기속력, 불가변력이 인정되는 불복절차가 아니므로 과세관청이 납세자의 경정청구를 받아들였다 하더라도 과세관청은 부과제척기간 내에 얼마든지 재경정 할 수 있다는 점에 유의하여야 한다(대법원 2015. 12. 23. 선고 2013두22475 판결).

(8) 과세전적부심사청구에 대한 결정도 위법한 과세처분을 사전에 방지하고자 하는 제도로 과세처분이전의 단계에서의 과세관청의 행위이므로 법적구속이 없다(대법원 2010. 5.

13. 선고 2010두2555 판결).

8. 관련판례

문서번호	내 용
대법원 2016. 10. 27. 선고 2016두42999 판결	과세처분에 관한 불복절차에서 그 불복사유가 옳다고 인정하고 이에 따라 필요한 처분을 하였을 경우에는 불복제도와 이에 따른 시정방법을 인정하고 있는 위 법 규정의 취지에 비추어 동일 사항에 관하여 특별한 사유 없이 이를 번복하고 다시 종전의 처분을 되풀이할 수는 없다.
대법원 2014. 07. 24 선고 2011두14227 판결	원고가 **허위의 자료를 제출하는 등의 부정한 방법으로 당초 부과처분에 대한 직권취소를 받았다는 등의 특별한 사유가 없이 피고가 그 직권취소를 번복하여, 당초 부과처분과 그 처분사유는 동일하고 다만 세액만이 감액된 이 사건 종합소득세 부과처분을 하였다면, 그 하자가 중대하고 명백하여 무효**라고 볼 여지가 있다. 그런데도 원심은, 과세관청은 법률에서 정한 절차에 따라 동일한 내용의 새로운 부과처분을 할 수는 있다는 등의 이유로, 이 사건 종합소득세 부과처분이 일사부재리 원칙 등에 위배되어 위법 · 무효라는 원고의 주장을 배척하였다. 이러한 원심의 조치에는 불복절차에서의 과세처분 취소에 따른 재처분금지에 관한 법리를 오해하여 필요한 심리를 다하지 아니함으로써 판결에 영향을 미친 위법이 있다. 이 점을 지적하는 취지의 상고이유 주장은 이유 있다.

13-4 처분청이 재조사 결정의 주문 반하여 당초 처분을 그대로 유지하는 것은 재조사 결정의 기속력에 저촉되나 이 사건 재조사 결정에 대하여 구 국세기본법 제79조 제2항의 불이익변경금지 원칙이 적용된 결과, 원고에게 불리한 증액 경정이 허용되지 않아 당초 처분을 그대로 유지하는 것은 정당함

● 대상판결 : 대법원 2022두60745 (2022. 9. 21.) ➜ 국승

핵심 요지

이 사건 재조사 결정의 '주문'은 재조사 결과에 따라 과세표준 및 세액을 경정하라고 하였을 뿐, 후속 처분의 내용을 감액경정으로 제한하지 않았다. 이 사건 재조사 결정에 대하여 구 국세기본법 제79조 제2항의 불이익변경금지 원칙이 적용된 결과, 원고에게 불리한 증액경정이 허용되지 않는다고 하여 이 사건 재조사 결정에서 말하는 세액의 경정이 '감액경정'만을 의미한다고 볼 수는 없다.

1. 사실관계

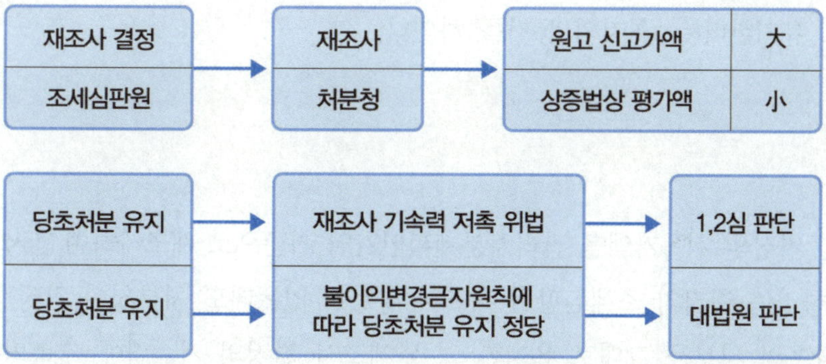

(1) 원고는 부산 동래구 소재 일대를 사업 시행 구역으로 하는 주택재개발정비사업조합으로서, 관할관청으로부터 2006. 6. 28. 사업시행계획인가를, 2007. 12. 27. 관리처분계획인가를 각 받고 주택 재개발 정비사업을 시행하여 2013. 12.경 준공 인가를 받았다.

(2) 원고는 2014. 3. 31. 피고에게 2013사업연도 법인세를 신고·납부하면서 조합원들이 현물 출자한 토지 및 건물의 취득가액을 '사업시행계획인가일'을 기준으로 감정 평가한 46,440천 원으로 하여 손금에 산입하였다.

(3) 원고는 2019. 4. 1. 피고에게 이 사건 자산의 취득가액을 '관리처분계획인가일'을 기준으로 감정 평가한 57,743천 원으로 보아야 한다고 주장하면서 2013사업연도 법인

세의 감액 경정을 청구하였다.

(4) 피고는 2019. 6. 3. '이 사건 자산의 취득가액은 법인세 신고 시의 감정가액이 적정하고, 원고가 경정청구 시 제출한 감정가액은 객관성 · 합리성이 결여된 소급감정가액에 해당한다'는 이유로 위 경정청구를 거부하였다.

(5) 원고는 조세심판원에 피고의 이 사건 경정 거부 처분에 대한 심판청구를 하였고, 조세심판원은 2020. 5. 15. 원고가 법인세를 신고하면서 제출한 감정가액과 경정청구 시 제출한 감정가액 모두 이 사건 자산의 취득 당시의 시가로 볼 수 없다고 판단하면서, '이 사건 경정 거부처분은 이 사건 자산의 취득가액을 관리처분계획인가일 기준으로 재조사하여 그 결과에 따라 과세표준과 세액을 경정한다'는 주문의 결정을 하였다.

(6) 부산지방국세청장은 2020. 7. 9. '이 사건 재조사 결정에 따른 처리결과 이 사건 자산에 관한 객관적 · 합리적인 감정평가액이 존재하지 않으므로, 「상속세 및 증여세법」에 따른 보충적 평가 방법을 적용해야 하나, 이 경우 원고가 당초 신고한 과세표준 및 세액보다 원고에게 불리하므로 불이익변경금지 원칙에 따라 이 사건 경정거부 처분을 그대로 유지한다'는 취지의 통지를 하였다.

2. 쟁 점

법인세법상 자산의 취득가액을 관리처분계획인가일 기준으로 재조사하여 과세표준 및 세액을 경정하라는 취지의 조세심판원 재조사 결정이 있는데도 처분청이 감정평가를 하지 않은 채 당초의 처분을 그대로 유지한 경우 재조사 결정의 기속력에 저촉되는지 여부

3. 관련법령

국세기본법 제65조 제1항 제3호, 제5항【결정】

3. 심사청구가 이유 있다고 인정될 때에는 그 청구의 대상이 된 처분의 취소 · 경정 결정을 하거나 필요한 처분의 결정을 한다. 다만, 취소 · 경정 또는 필요한 처분을 하기 위하여 사실관계 확인 등 추가적으로 조사가 필요한 경우에는 처분청으로 하여금 이를 재조사하여 그 결

과에 따라 취소 · 경정하거나 필요한 처분을 하도록 하는 재조사 결정을 할 수 있다(2016. 12. 20. 단서 신설).

⑤ 제1항 제3호 단서에 따른 재조사 결정이 있는 경우 처분청은 재조사 결정일로부터 60일 이내에 결정서 주문에 기재된 범위에 한정하여 조사하고, 그 결과에 따라 취소 · 경정하거나 필요한 처분을 하여야 한다. 이 경우 처분청은 제81조의7 및 제81조의8에 따라 조사를 연기하거나 조사기간을 연장하거나 조사를 중지할 수 있다(2016. 12. 20. 신설).

국세기본법 제80조【결정의 효력】

① 제80조의2에서 준용하는 제65조에 따른 결정은 관계 행정청을 기속(羈束)한다.

② 심판청구에 대한 결정이 있으면 해당 행정청은 결정의 취지에 따라 즉시 필요한 처분을 하여야 한다.

국세기본법 제79조【불고불리 · 불이익변경금지】

① 조세심판관회의 또는 조세심판관합동회의는 제80조의2에서 준용하는 제65조에 따른 결정을 할 때 심판청구를 한 처분 외의 처분에 대해서는 그 처분의 전부 또는 일부를 취소 또는 변경하거나 새로운 처분의 결정을 하지 못한다(2022. 12. 31. 개정).

② 조세심판관회의 또는 조세심판관합동회의는 제80조의2에서 준용하는 제65조에 따른 결정을 할 때 심판청구를 한 처분보다 청구인에게 불리한 결정을 하지 못한다(2022. 12. 31. 개정).

4. 원 · 피고 주장 요약

(1) 원 고

관련 심판결정에서 원고가 조합원들에게서 현물출자 받은 토지 및 건물의 취득가액을 관리처분계획 인가일을 기준으로 재조사하여 그에 따라 과세표준과 세액을 경정하도록 명했음에도 피고가 이 사건 처분을 그대로 유지한 것은 국세기본법 제80조, 제81조 및 제65조에 따른 심판청구에 대한 결정의 기속력에 저촉되어 위법하므로, 이 사건 처분은 취소되어야 한다.

(2) 피 고

원고가 조합원들의 현물출자에 따라 취득한 토지 및 건물에 관하여 관리처분계획인가일(2007. 12. 27.)을 기준으로 매매거래 사례가 없고 신빙성 있는 객관적이고 합리적인 감정평가 가액도 불분명하여 법인세법상 시가 적용 원칙에 따라 상속세 및 증여세법에 의한 평가를 하였다. 따라서 피고는 이 사건 재조사 결정의 주문에 기재된 범위에 한정하여 재조사를 하였으므로 피고가 조세심판원의 재조사 결정에 따른 처분은 정당하다(다만 불이익변경 금지 원칙을 적용한 결과 당초 원고가 신고한 가액을 이 사건 재산의 취득가액으로 결정하였을 뿐이다).

5. 사건의 경과

(1) 2심판결(부산고등법원 2022. 9. 21. 선고 2021누23770 판결) : 국패

이 사건 재조사 결정은 원고의 심판청구가 이유 있으나 피고의 적법한 후속 처분을 조건으로 이 사건 경정거부 처분을 그대로 유지한 것이고, 그럼에도 피고는 이 사건 재조사 결정의 기속력에 반하여 이 사건 경정거부 처분을 그대로 유지하는 후속 처분을 하였으므로, 이러한 경우 재조사 결정의 기속력 등에 관한 법률 규정의 내용 및 취지 등에 비추어 이 사건 경정 거부처분 역시 위법하다고 볼 수밖에 없다(만약 이러한 경우 후속 처분이나 후속 처분을 포함한 재조사 결정에만 기속력에 저촉되는 위법이 있고 재결의 대상이 된 처분에는 아무런 영향을 미치지 않는다고 한다면, 사실상 처분청으로 하여금 재결의 기속력을 부정하고 재결에 이의할 수 있는 권한을 부여하게 되어 재결의 기속력에 관한 법령의 취지에 반하는 결과에 이른다. 그러한 점에서 “원고가 조합원들의 현물출자에 따라 취득한 토지 및 건물에 대하여 관리처분계획인가일 당시의 시가를 취득가액으로 볼 수 없다.”라는 등 이 사건 재조사 결정의 기속력에 반하는 피고의 주장은 나머지 점에 관하여 더 나아가 살펴 볼 필요도 없이 이를 받아들일 수 없다).

(2) 대상판결 : 파기환송(국승)

이 사건 재조사 결정은 원·피고가 이 사건 자산의 취득가액으로 주장하는 두 감정가액 모두 구 법인세법 시행령 제89조 제2항 제1호에 따라 시가로 볼 수 있는 감정가액에 해당하지 않음을 전제하고 있고, 재조사 결과 이사건 자산의 취득 당시 시가가 불분명하고, 객관적·합리적인 방법으로 평가된 감정가액도 별도로 존재하지 않음이 밝혀졌으므로, 부산지방국세청장 등 관계 행정청은 구 법인세법 시행령 제89조 제2항 제2호에 따라 상증세법상 보충적 평가방법을 적용하여 이 사건 자산의 취득가액을 산정할 수 있다. 이와 달리 부산지방국세청장 등에게 이 사건 자산의 취득가액을 산정하기 위하여 **새롭게 감정평가를 의뢰하여야 할 의무가 있다고 볼 수는 없다.**

이 사건 재조사 결정의 '주문'은 재조사 결과에 따라 과세표준 및 세액을 경정하라고 하였을 뿐, 후속 처분의 내용을 감액 경정으로 제한하지 않았다. **이 사건 재조사 결정에 대하여 구 국세기본법 제79조 제2항의 불이익변경금지 원칙이 적용된 결과, 원고에게 불리한 증액경정이 허용되지 않는다고 하여 이 사건 재조사 결정에서 말하는 세액의 경정이 '감액경정'만을 의미한다고 볼 수는 없다.**

6. 평 석

(1) 시가라 함은 원칙적으로 정상적인 거래에 의하여 형성된 객관적 교환가격을 의미하지만 거래를 통한 교환가격이 없는 경우에는 공신력 있는 감정기관의 감정가액도 시가로 볼 수 있는 것이고, 그렇게 하여서도 그 시가의 산정이 어려운 경우에는 보충적으로 그 시가에 갈음하여 객관적이고 합리적인 방법을 택하여 그 가액을 평가하여야 할 것이다(대법원 2000. 2. 11. 선고 98두14303 판결, 대법원 2003. 5. 27. 선고 2001두5903 판결 등 참조). 또한, 그 가액이 소급감정에 의한 것이라 하여도 달라지지 않는다(대법원 2008. 2. 1. 선고 2004두1834 판결 등 참조).

(2) 조세심판원은 '경정청구 시 제출한 감정가액을 이 사건 자산의 취득가액으로 보아야 한다'는 원고의 주장과 '법인세 신고 시 제출한 감정가액을 이 사건 자산의 취득가액으로 보아야 한다'는 피고의 주장을 살핀 후, '두 감정가액 모두 시가로 볼 수 없다'고 보아 이 사건 재조사 결정을 하면서 '주문'에서 이 사건 자산의 취득가액을 관리처분계

획인가일 기준으로 재조사하여 과세표준 및 세액을 경정하라고 하였을 뿐, 재조사 방법을 공신력 있는 감정기관의 감정평가로 제한하지는 않았다. 부산지방국세청장은 이 사건 재조사 결정의 취지에 따라 원고에게 시가 재조사에 필요한 서류의 제출을 요구한 다음 **원고로부터 제출받은 서류 등을 검토하고, 원고가 경정청구 시 제출한 감정가액을 비롯하여 시가로 볼 수 있는 감정가액이 있는지 재확인하는 등의 방법으로 이 사건 자산의 취득가액을 관리처분계획인가일 기준으로 재조사하였다.**

(3) 원심은, '이 사건 자산에 관하여 정상적인 거래에 의하여 형성된 객관적 교환가격이 없더라도 공신력 있는 감정기관에 의한 시가의 산정이 가능한 경우에는 감정평가를 하여야 하고, 그 결과에 따라 과세표준과 세액을 감액경정하라'는 것이 이 사건 재조사 결정의 취지라고 전제한 다음, 피고가 이 사건 자산에 관한 감정평가를 하지 않은 채 이 사건 경정 거부처분을 그대로 유지한 것은 이 사건 재조사 결정의 기속력에 저촉되어 위법하다고 판단하였다.

(4) 위에서 본 법리에 비추어 보면, 이 사건 재조사 결정은 원 · 피고가 이 사건 자산의 취득가액으로 주장하는 두 감정가액 모두 구 법인세법 시행령 제89조 제2항 제1호에 따라 시가로 볼 수 있는 감정가액에 해당하지 않음을 전제하고 있고, 재조사 결과 이 사건 자산의 취득 당시 시가가 불분명하고, 객관적 · 합리적인 방법으로 평가된 감정가액도 별도로 존재하지 않음이 밝혀졌으므로, 부산지방국세청장 등 관계 행정청은 구 법인세법 시행령 제89조 제2항 제2호에 따라 상증세법상 보충적 평가방법을 적용하여 이 사건 자산의 취득가액을 산정할 수 있다. 이와 달리 부산지방국세청장 등에게 이 사건 자산의 취득가액을 산정하기 위하여 새롭게 감정평가를 의뢰하여야 할 의무가 있다고 볼 수는 없다는 것이 대법원의 입장이다.

(5) 또한, 대법원은 처분청이 이 사건 재조사 결정에 대하여 구 국세기본법 제79조 제2항의 불이익변경금지 원칙을 적용한 결과, 원고에게 불리한 증액 경정이 허용되지 않는다고 하여 이 사건 재조사 결정에서 말하는 세액의 경정이 '감액경정'만을 의미한다고 볼 수는 없다고 하였다.

(6) 결국, 대법원은 원심 판단에는 재조사 결정의 기속력 및 구 법인세법상 시가 판단 규정에 관한 법리를 오해하여 필요한 심리를 다하지 않아 판결에 영향을 미친 잘못이 있다고 판단하였다.

(7) 이 사건에서 조세심판원은 원고가 법인세를 신고하면서 제출한 감정가액과 경정청구 시 제출한 감정가액 모두 객관적이고 합리적인 감정가액이라고 볼 수 없어 이 사건 자산의 취득 당시의 시가로 볼 수 없다고 판단하면서, '이 사건 경정거부 처분은 이 사건 자산의 취득가액을 관리처분계획인가일 기준으로 재조사하여 그 결과에 따라 과세표준과 세액을 경정한다'는 재조사 결정을 하였다. 이에 따라 처분청은 관련 법령에 따라 시가로 볼 수 있는 감정가액이 있는지 등 이 사건 자산의 취득가액을 관리처분계획인가일 기준으로 재조사한 후 달리 시가로 볼 수 있는 가액이 없다고 판단하였고, 이런 경우 상증세법상 보충적 평가방법을 적용해야 하지만, 그렇게 되면 과세표준과 세액이 원고가 당초 신고한 과세표준 및 세액보다 큰 금액이 되어 불이익변경금지 원칙에 반하게 되므로 이 사건 경정거부 처분을 그대로 유지하는 결정을 하였다. 대상 판결은 처분청에게 관리처분계획인가일 기준으로 이 사건 자산의 감정평가를 새로 하여 시가를 구할 의무는 없으므로 위와 같은 처분청의 결정이 재조사 결정의 기속력에 반하지 아니하고, 따라서 이 사건 경정거부 처분이 적법하다고 판단하였다.

(8) 요약해보면, 대상판결을 포함한 대법원의 판단은 일관된다. 재조사 결정에 대하여 처분청이 당초 처분을 그대로 유지하는 것은 조사 결정의 기속력에 저촉되어 위법하다는 것이다.

(9) 다만, 대상 사건에서 1, 2심 재판부는 처분청이 감정을 해서라도 취득가액을 다시 산정하여 당초 처분을 감액하여야 하는데 당초 처분을 그대로 유지하는 것이 위법하다고 본 반면, 대법원은 처분청이 상증세법상 보충적 평가방법을 적용해야 하지만, 그렇게 되면 과세표준과 세액이 원고가 당초 신고한 과세표준 및 세액보다 큰 금액이 되어 불이익변경금지 원칙에 반하게 되므로 이 사건 경정거부 처분을 그대로 유지하는 결정을 하였는데, 이러한 경우까지 당초처분보다 감액 결정이 이루어지지 않았다는 사실만을 들어 위법하다고 볼 수 없다고 보았다.

(10) 2022년 국세기본법을 개정하면서 ① 심사청구인의 주장과 재조사 과정에서 확인한 **사실관계가 달라** 당초의 처분을 유지할 필요가 있는 경우, ② 심사청구인의 주장에 대한 **사실관계를 확인할 수 없는 경우**에는 재조사 결정이 있었다 하더라도, 심사청구의 대상이 된 당초의 처분을 취소·경정하지 아니할 수 있다는 규정을 신설하였다(국세기본법 제65조 제6항).

(11) 파기 환송심에서 원고가 관리처분계획 인가일을 기준으로 한 객관적이고 합리적인 감정가액을 제시하고, 그 감정가액에 따른 과세표준과 세액이 원고가 당초 신고한 과세표준 및 세액보다 작다면, 그 차액 부분에 해당하는 경정거부 처분은 취소될 수 있을 것이다(여전히 대법원은 소급감정가액이라 하더라도 그 가액이 합리적이라면 시가로 본다는 일관된 입장을 취하고 있기 때문이다).

7. 관련판례

문서번호	내 용
대법원 2017. 5. 11. 선고 2015두44455 판결	심판청구 등에 대한 결정의 한 유형으로 실무상 행해지고 있는 재조사 결정은 재결청의 결정에서 지적된 사항에 관하여 처분청의 재조사 결과를 기다려 그에 따른 후속 처분의 내용을 심판청구 등에 대한 결정의 일부분으로 삼겠다는 의사가 내포된 변형결정에 해당하므로, 처분청은 재조사 결정의 취지에 따라 재조사를 한 후 그 내용을 보완하는 후속 처분만을 할 수 있다. 따라서 처분청이 재조사 결정의 주문 및 그 전제가 된 요건사실의 인정과 판단, 즉 처분의 구체적 위법사유에 관한 판단에 반하여 당초 처분을 그대로 유지하는 것은 재조사 결정의 기속력에 저촉된다.
대법원 2010. 6. 25. 선고 2007두12514 전원합의체 판결	재조사 결정은 처분청의 후속 처분에 의하여 그 내용이 보완됨으로써 이의신청 등에 대한 결정으로서의 효력이 발생한다.
대법원 2000. 2. 11. 선고 98두14303 판결, 대법원 2003. 5. 27. 선고 2001두5903 판결	시가라 함은 원칙적으로 정상적인 거래에 의하여 형성된 객관적 교환가격을 의미하지만 거래를 통한 교환가격이 없는 경우에는 공신력 있는 감정기관의 감정가액도 시가로 볼 수 있는 것이고, 그렇게 하여서도 그 시가의 산정이 어려운 경우에는 보충적으로 그 시가에 갈음하여 객관적이고 합리적인 방법을 택하여 그 가액을 평가하여야 할 것이다.
대법원 2008. 2. 1. 선고 2004두1834 판결	시가는 그 가액이 소급감정에 의한 것이라 하여도 달라지지 않는다.
대법원 2003. 4. 25. 선고 2002두3201 판결	재결은 당해 처분에 관하여 재결 주문 및 그 전제가 된 요건사실의 인정과 판단에 대하여 처분청을 기속한다.

문서번호	내 용
대법원 2010. 6. 25. 선고 2007두12514 전원합의체 판결	심판청구 등에 대한 결정의 한 유형으로 실무상 행해지고 있는 재조사 결정은 재결청의 결정에서 지적된 사항에 관하여 처분청의 재조사 결과를 기다려 그에 따른 후속 처분의 내용을 심판청구 등에 대한 결정의 일부분으로 삼겠다는 의사가 내포된 변형결정에 해당한다. (※ 따라서 처분청은 재조사 결정의 취지에 따라 재조사를 한 후 그 내용을 보완하는 후속 처분만을 할 수 있다고 보아야 한다. 처분청이 재조사 결정의 주문 및 그 전제가 된 요건사실의 인정과 판단, 즉 처분의 구체적 위법 사유에 관한 판단에 반하여 **당초 처분을 그대로 유지하는 것은 재조사 결정의 기속력에 저촉된다**고 할 것이다.)

제14절 제2차 납세의무

14-1 개 요

제2차 납세의무란 ① 주된 납세의무자가 세금을 체납 시, ② 주된 납세의무자의 재산에 대하여 체납처분을 집행하여도 그가 납부하여야 할 국세·가산금 및 체납처분비에 충당하기 부족한 경우 그 부족분에 대하여, ③ 주된 납세의무자와 법 소정의 관계있는 자에게 보충적 납세의무를 지우는 제도로서 「국세기본법」에 규정된 2차 납세의무자는 다음과 같다.

- 청산인 등의 제2차 납세의무(제38조)
- 출자자의 제2차 납세의무(제39조)
- 법인의 제2차 납세의무(제40조)
- 사업양수인의 제2차 납세의무(제41조)

14-2 출자자의 제2차 납세의무

1. 과점주주의 요건

「국세기본법」상 제2차 납세의무를 지는 과점주주의 요건은 ① "해당 법인의 발행주식 총수 또는 출자총액의 100분의 50을 초과"(형식적 기준)하면서 ② **"권리를 실질적으로 행사하는 자"**(실질적 기준)이다. **이 중 실질적 기준에 관한 판단이 법 해석 시 주로 분쟁을 야기하고 있다.** 과점주주 해당 여부를 판단함에 있어서 주주의 명의도용 또는 주주명부에 등재되었으나 단순히 타인에게 명의를 빌려 주었을 뿐 실질적 주주가 아닌 자는 과점주주에 해당하지 않는다.

2. 관련 판례

문서번호	내 용
헌법재판소 1997. 6. 26. 선고 93헌바49 결정; 94헌바38·41 결정; 95헌바64 전원재판부 결정	과점주주에 대한 제2차 납세의무의 입법목적은 회사의 경영을 사실상 지배하는 실질적인 운영자인 과점주주가 회사의 수익은 자신에게 귀속시키고 그 손실은 회사에 떠넘김으로써 회사의 법인격을 악용하여 이를 형해화시킬 우려가 크므로 이를 방지하여 실질적인 조세평등을 이루려는 데 있는 것으로 명의를 도용당한 자나 차명주주는 회사의 법인격 악용 우려가 없다.
대법원 1987. 2. 24. 선고 86누747 판결 : 국패	부(夫)가 처(妻) 모르게 회사의 주주명부에 처(妻) 명의로 등재하였고 처(妻)가 국세납세의무 성립일까지 이를 **몰랐다면** 처는 형식상 회사의 주주명부에 등재된 자로서 「국세기본법」 제39조 제2호 소정의 과점주주에 해당하지 아니한다.
대법원 1985. 5. 28. 선고 85누55 판결	「국세기본법」 제39조 제2호에 의하여 법인의 주주에게 제2차 납세의무를 부담시키기 위하여는 과점주주로서 **그 법인의 운영을 실질적으로 지배할 수 있는 위치에 있음**을 요하고 단지 형식상으로 법인의 주주명부에 주주로 등재되어 있는 사유만으로 곧 과점주주라고 하여 납세의무를 부담시킬 수는 없다.

문서번호	내 용
대법원 2003. 7. 8. 선고 2001두5354 판결; 대법원 2008. 9. 11. 선고2008두983 판결 등	주식에 관한 권리행사는 반드시 현실적으로 주주권리를 행사한 실적이 있어야 할 것을 요구하는 것은 아니고, 법인세 납세의무 성립일 현재 소유하고 있는 주식에 관하여 **주주권을 행사할 수 있는 지위에 있으면 족하다**고 보아야 할 것이므로 해당 주주가 현실적으로 주주권리 행사하였는지 여부는 과점주주 판단에 영향을 미치지 아니한다.
대법원 2008. 9. 11. 선고 2008두983 판결	주주명부상 주주라도 명의도용 등의 사정이 있는 경우에는 주주에 해당되지 아니한다.

3. 대법원 판례 입장

"권리를 실질적으로 행사하는 자"의 의미를 명의를 도용당한 자나 차명주주가 과점주주에 해당하지 않는다는 점을 재확인하는 정도의 제한적인 의미로 해석하고, 명부상의 주주라면 일응 납세의무 성립일과 보유주식 수라는 형식적인 기준에 의하여 과점주주 여부를 판단하는 것을 기본으로 하고 있다.

14-3 제2차 납세의무와 주주권 행사

● 대상판결 : 대법원 2011두9287 (2012. 12. 26.) ➜ 국패

핵심 요지

원고가 이 사건 주식을 양도하고 그에 대한 명의개서까지 마친 날부터 그 후 민사소송의 판결 등을 근거로 이 사건 주식에 대한 양도양수계약을 취소하기로 합의한 날까지는 원고가 주주권을 행사할 수 있는 지위에 있지 아니하였으므로, 그 기간 동안은 원고가 제2차 납세의무를 부담하는 과점주주에 해당하지 않는다.

1. 사실관계

(1) 원고는 당초 이 사건 회사의 대표이사(총발행주식 30만 주 중 21만 주 소유한 주주)이다.

(2) 2006. 8. 23. A가 이 사건 회사의 대표이사로 취임하였다.

(3) 2006. 8. 24. 원고는 A에게 이 사건 회사의 경영권 및 주식을 양도하는 계약을 체결함과 동시에 주주명부상 명의개서를 하였다.

(4) 2006. 12. 22. A는 원고를 상대로 이 사건 양도·양수 계약에 따른 양도대금 잔금에 대한 채무부존재 확인의 소를 제기하였다.

(5) 2007. 8. 16. A는 재판부에 청구취지변경서를 제출하였는데, 주된 내용은 원고가 분식회계 등으로 자금사정을 속였으므로 이 사건 양도·양수 계약은 사기 또는 착오에 의한 의사표시라는 것으로 청구취지변경서는 원고에게 송달되었다.

(6) 2007. 11. 7. 재판부는 이 사건 양도·양수 계약을 취소하는 판결을 하였고 원고는 항소 포기하였다.

(7) 2007. 12. 4. 항소기간 만료로 소가 확정되었다.

(8) 2008. 1. 7. 원고와 A는 "이 사건 양도·양수 계약을 위 판결에 근거하여 취소하고 항소 취하한다."는 합의서를 작성하였다.

(9) 2006. 8. 23.~2008. 1. 7. A는 동 기간 동안 이 사건 회사를 실질적으로 경영하였다.

(10) 피고는 이 사건 회사에 대한 2007년 귀속 부가가치세, 근로소득세, 퇴직소득세(납세

의무 성립일은 2007. 6. 30. 또는 2007. 12. 31.)가 납부되지 않자 2008. 9. 17. 원고를 과점주주로 보아 제2차 납세의무자로 지정하고, 원고에게 납부통지하였다.

2. 쟁 점

이 사건 주식 양도일부터 양도 취소일까지 원고는 과점주주에 해당하지 아니하다는 원고 주장의 당부

3. 사건의 경과

(1) 원심판결(서울고등법원 2001. 4. 7. 선고 2010누29064 판결) : 국패

설령 원고와 A 사이의 이 사건 양도·양수계약이 위 법원의 판결 또는 위 2008. 1. 7.자 합의로 취소됨으로써 그 계약의 효력이 소급하여 무효가 되어 원고가 위 각 조세의 납세의무 성립일을 기준으로 이 사건 회사의 과점주주로서의 지위를 회복하게 된다고 하더라도, 이는 이 사건 양도·양수 계약의 효력이 소급하여 무효가 됨으로써 처음부터 주식을 양도하지 않은 것으로 보게 되는 결과 누리게 되는 지위의 회복에 불과할 뿐인 점 등으로 볼 때 원고가 과점주주에 해당되지 않는다.

(2) 대상판결

100분의 50을 초과하는 주식에 관한 권리행사에 해당하기 위해서는 현실적으로 주주권을 행사한 실적은 없더라도 적어도 납세의무 성립일 당시 소유하고 있는 주식에 관하여 주주권을 행사할 수 있는 지위에는 있어야 한다. 따라서 납세의무 성립일 당시 주주권을 행사할 가능성이 없었던 경우에는 위 규정에 의한 제2차 납세의무를 지지 않는다고 할 것이다. …… 이 사건 주식에 대한 양도·양수 계약을 취소하기로 합의한 2008. 1. 7.경까지는 A가 이 사건 주식에 관한 주주권을 행사하여 **원고로서는 이 사건 주식에 관한 주주권을 행사할 수 있는 지위에 있지 아니하였으므로**, 원고는 그 납세의무 성립일이 2007. 6. 30. 또는 2007. 12. 31.인 이 사건 부가가치세 등에 대하여 제2차 납세의무를 부담하는 과점주주에 해당하지 않는다.

4. 평 석

(1) 배당 또는 주주의결권 행사와 같이 주주권을 현실적으로 행사하여야지만 과점주주에 해당하는 것은 아니라는 점을 재확인하면서도,

(2) **최소한 납세의무 성립일 현재 주주로서의 권리를 행사할 수 있는 "현실적인 가능성"이 있어야**지만 과점주주에 해당하고,

(3) 납세의무 성립일 현재 주주로서의 권리를 행사할 수 있는 현실적인 가능성이 없다면 납세의무 성립일 당시 주주로서의 "지위"를 가지고 있었다는 점만으로는 과점주주라 할 수 없으므로,

(4) 이 사건의 경우 원고는 소송결과 형식적으로 주주권을 되찾았을 뿐 납세의무성립일 현재 주주권을 행사할 수 있는 지위에 있지 아니하다.

5. 관련 판례

문서번호	내 용
서울고등법원 2010. 11. 4. 선고 2010누2083 판결 : 국패	이 사건 주식이 ○○○에게 양도되어 명의개서가 이루어진 이후부터 그 주식의 소유권을 다투는 이 사건 관련 소송이 확정될 때까지는 원고가 아니라 ○○○이 이 사건 주식에 대한 주주권을 행사할 수 있는 지위에 있었던 것으로 판단된다. 피고는 "이 사건 주식은 원고의 소유임을 확인한다."는 대법원 판결을 근거로 원고를 제2차 납세의무자로 변경 지정하였으나, **원고로서는 위 기간 동안 이 사건 주식에 관한 주주권을 행사할 수 있는 현실적인 지위에 있지 않았다**고 본 사례
대법원 2004. 7. 9. 선고 2003두1615 판결 : 국승	과세관청은 주주명부나 주식이동상황명세서 또는 법인등기부등본 등 자료에 의하여 과점주주에 해당하는 주식의 소유사실을 증명할 수 있고, 다만 위 자료에 비추어 일견 주주로 보이는 경우에도 실은 **주주명의를 도용당하였다는 등의 사정이 있는 경우**에는 단지 그 명의만으로 주주에 해당한다고 볼 수는 없으나, 이는 주주가 아님을 주장하는 그 명의자가 증명하여야 한다.

14-4 사업양수인의 제2차 납세의무(부가가치세 예정신고분에 대한)

● 대상판결 : 대법원 2010두3428 (2011. 12. 8.) ➜ 국승

핵심 요지

포괄적 사업양수인의 제2차 납세의무를 판단함에 있어 '사업 양도일 이전에 양도인의 납세의무가 확정된 당해 사업에 관한 국세'에는 사업 양도일 이전에 당해 사업에 관하여 예정신고가 이루어진 부가가치세도 포함된다(파기환송).

1. 사실관계

(1) 2007. 10. 24. 소외회사는 부가가치세를 예정신고(2007년 제2기 예정신고)하고, 부가가치세 3천2백만 원은 무납부하였다.

(2) 2007. 11. 15. 원고는 소외회사로부터 이 사건 사업에 관한 권리와 의무를 포괄양수하였다.

(3) 2007. 12. 12. 피고는 소외회사에게 부가가치세 및 납부불성실가산세를 경정·고지하였다(3천3백만 원, 납부기한 2007. 12. 31.).

(4) 2008. 5. 8. 피고는 소외회사가 부가가치세를 무납부하자 원고를 제2차 납세의무자로 지정하고, 부가가치세 및 가산세 3천5백만 원을 납부 통지하였다.

2. 쟁 점

부가가치세 납세의무의 확정의 효력을 발생시키는 신고에 예정신고가 포함되는지 여부(예정신고와 확정신고 양자의 효력 및 관계)

3. 대상판결

구 「국세기본법」(2010. 1. 1. 법률 제9911호로 개정되기 전의 것) 제22조, 구 「국세기본

법시행령」(2007. 12. 31. 대통령령 제20516호로 개정되기 전의 것) 제10조의 2 제1호 본문이 부가가치세 납세의무의 확정시기를 과세표준과 세액을 정부에 신고하는 때로 규정하면서 신고범위에서 예정신고를 제외하고 있지 않은 점, 납세의무의 확정이란 추상적으로 성립된 납세의무의 내용이 징수절차로 나아갈 수 있을 정도로 구체화된 상태를 의미하는데, 예정신고를 한 과세표준과 세액은 구 「부가가치세법시행령」(2008. 2. 29. 대통령령 제20720호로 개정되기 전의 것) 제65조 제1항 단서에 의하여 확정신고대상에서 제외하므로 그 단계에서 구체화되었다고 할 수 있을 뿐만 아니라 구 「부가가치세법」(2007. 12. 31. 법률 제8826호로 개정되기 전의 것) 제23조 제1항에 의하여 징수절차로 나아갈 수 있는 점 등을 고려하여 볼 때, **부가가치세 과세표준과 세액의 예정신고를 한 때에 그 세액에 대한 납세의무가 확정되었다**고 할 것이므로 구 「국세기본법」 제41조 제1항에서 말하는 '사업 양도일 이전에 양도인의 납세의무가 확정된 당해 사업에 관한 국세'에는 사업 양도일 이전에 당해 사업에 관하여 예정신고가 이루어진 부가가치세도 포함된다고 해석하는 것이 타당하다.

4. 평 석

(1) 부가가치세의 예정신고에도 부가가치세 납세의무를 확정시키는 효력이 있다면 부가가치세의 예정신고와 확정신고 사이에 사업양도를 한 경우 예정신고 된 부가가치세의 납세의무는 사업양도일 이전에 확정되었으므로, 사업 양수인은 그 부가가치세에 관하여 제2차 납세의무를 부담하여야 할 것이다.

(2) 입법취지

① 「국세기본법」 제41조 제1항 : 사업 양도일 이전에 양도인의 그 사업에 관한 국세·가산금과 체납처분비에 대한 납세의무가 확정된 경우 양수인에게 제2차 납세의무가 있음을 규정하고 있는바,

② 위 규정은 사업에 기초하여 발생하는 조세는 사업 그 자체에 담세력이 있어 사업재산이 그 조세채무에 대한 담보적 기능을 하므로 그 조세의 담보재산을 취득하였을 뿐만 아니라 그 취득 당시 양도인이 납부하여야 할 조세를 예견할 수 있었던 양수인에게 그 부족액에 대하여 보충적으로 납세 책임을 지우기 위한 것이다.

(3) 견해의 대립

부정설(1, 2심 판결) : 국패	긍정설(대상판결) : 국승
• 부가가치세의 납세의무는 해당 과세기간이 종료하는 때에 성립하고 그에 대한 과세표준과 세액의 확정신고 시에 확정되므로 예정신고에는 과세표준과 세액을 확정하는 효력이 없다. • 예정신고는 예납적 성격이 있어 확정신고를 통한 세액의 정산절차를 유보하고 있다는 점과 예정신고에 의해 부가가치세의 납세의무가 확정된다면 하나의 과세기간에 두 개의 납세의무가 성립하는 부당한 결론이 된다. • 형사적으로는 예정신고만으로는 당해 과세기간의 부가가치세에 대한 조세포탈 등의 범죄행위가 완성될 수 없다.	• 예정신고기간에 대한 부가가치세 납세의무는 예정신고에 의하여 확정된다. • 「부가가치세법」 제23조 제1항이 예정신고를 한 납세자가 세액을 납부하지 않는 경우 징수절차로 나아갈 수 있다고 규정하고 있는 점 등 「부가가치세법」의 규정상 **예정신고와 확정신고는 사실상 차이가 없다.**

(4) 종래 다수 견해

예정신고는 순수한 협력의무 이행의 효력을 가질 뿐 부가가치세 납세의무를 확정하는 효력이 없으며 예정신고와 함께 납부 또는 징수되는 세액은 확정신고 시에 정산될 것을 전제로 한 **예납적 납부 또는 예납적 징수에 불과**하다고 보는 것이 논리적이다.

(5) 대법원의 입장

① 사업양수인의 제2차 납세의무범위에 국한하여 양수인에게 그 부족액에 대하여 보충적으로 납세 책임을 지우기 위한 판단으로 보인다(오히려 논리적으로는 종래 다수견해가 더 설득력이 있다).

② 사업양도인이 예정신고를 하였고 그 세액에 대하여 징수절차에 들어가 체납처분을 할 수 있음에도 확정신고가 되지 않았다고 하여 이를 납세의무 승계대상에서 제외하는 것은 부당하다는 관점에서 이러한 결론을 이끌어 낸 것이다.

(6) 예정신고에 대하여 확정의 개념을 부여한다고 하더라도 「**조세범처벌법**」**상의 조세포탈은 통상의 경우와 달리 성립하지 않는다**고 보아야 한다.

14-5 타인주도 법인 설립 및 운영 과정에서 일정금액을 투자하여 수익만 지급받은 경우 실질적인 과점주주에 해당하지 아니함

● 대상판결 : 대법원 2016두58383 (2017. 2. 3.) ➜ 국패

핵심 요지

타인 주도 법인 설립 및 운영과정에서 일정금액을 투자하여 수익만 지급 받은 경우 실질적인 과점주주에 해당하지 않아 제2차 납세의무를 부담하지 않는다.

1. 사실관계

(1) 원고는 자동차 영업 및 실내골프연습장의 임원으로 재직하고 있던 중 지인의 소개로 소외 갑(실제사업운영자)을 알게 되었으며, 일정률(약 월 7%)의 투자수익과 투자금에 대하여 회사(이 사건 회사)의 대표이사직 및 주식으로 보장하겠다는 말을 믿고, 2년여에 거쳐 약 140백만 원을 투자하였다.

(2) 국세청 조사국은 세관장으로부터 A회사의 허위수출신고 자료를 통보받아 A회사에 대한 부가가치세 세목별 조사를 실시한 결과 가공매출, 가공수출, 무자료 매출 및 가공매입사실을 확인하여 A회사를 조세범처벌법 위반으로 고발하면서 관할세무서장에게 부가가치세를 고지하도록 통보하였다.

(3) 피고(관할세무서장)는 이 사건 회사에 부가가치세를 부과하였으나 납부하지 아니하자, 위 부가가치세 납세의무 성립일 현재 이 사건회사의 100% 지분을 보유한 원고를 제2차 납세의무자로 지정하고 부가가치세 납부통지서를 발송하였다.

(4) 이 사건 회사는 2010. 12. 31. 원고를 대표이사로 하여 사업자등록을 하였다가 2013. 7. 9. 대표이사를 을로 변경한 후 2013. 12. 4. 폐업하였다.

(5) 원고는 2010년부터 2012년까지 이 사건 회사의 총 발행주식 10,000주를 모두 소유하고 있었으나 2013. 7. 2. 원고가 을에게 이 사건 주식 10,000주를 양도하는 내용의 주식양도양수계약서가 작성되었고, 같은 달 10. 관할 세무서장에게 위 주식 양수도거래에 대한 증권거래세 과세표준신고서가 제출되었다.

2. 쟁 점

원고를 제2차 납세의무자로 지정하고 납부통지서를 통지한 처분의 당부

3. 원, 피고의 주장

(1) 원고 주장

① 원고는 주식의 권리를 실질적으로 행사하지 아니하였다.
원고는 본인 명의로 되어있는 이 사건 회사의 주식이 양도되었으나, 주식양도양수계약서를 본 적도 없으며 주식 양도대금을 받은 적이 없다. 또한 원고는 이 사건 회사의 세무 및 회계처리에 관여한 사실이 없으며, 사업진행, 통장관리, 직원고용 등 일체 사업에 관여한 사실이 없다.

② 원고는 법인을 실질적으로 지배할 수 있는 위치에 없는 형식상 주주명부에 등재되어 있는 자에 불과하므로 국세기본법 제39조에서 정하는 제2차 납세의무를 지는 과점 주주에 해당하지 아니한다.

(2) 피고 주장

① 원고는 이 사건 회사에 140백만 원을 투자하여 그 대가로 매월 1천만 원 정도 수익을 받았고, 검찰청의 수사결과 조세범처벌법을 위반한 것에 대한 피의사실이 인정되었다.

② 자본금의 형식적인 납입과 원고의 투자 금원을 보면, 원고가 실질적으로 지분을 취득하고 이 사건 회사의 운영에 관한 권리를 소외 갑(검찰 조사 결과 실제 운영자로 확정된 자임)에게 **위임한 것**으로 봄이 타당하다.

③ 원고가 투자를 하고 수익을 받은 사실 및 급여를 일부 받은 사실, 원고가 이 사건 회사의 운영에 대하여 적극 관여를 하지 않았다고 하더라도 주주로서의 권리를 갑에게 일임한 것이다.

④ 출자자의 제2차 납세의무자는 책임의 범위를 제한한다는 취지이지 권리에 대한 실질적인 행사 여부까지 고려하는 것은 아니다(대법원 2006두19105, 대법원 2005두8498 같은 뜻).

4. 대상판결(서울행정법원 2015구합 60563 판결)

구 국세기본법 제39조 제2호 소정의 과점주주에 해당하는지 여부는 과반수 주식의 소유집단의 일원인지 여부에 의하여 판단하여야 하고, 구체적으로 회사경영에 관여한 사실이 없다고 하더라도 그것만으로 과점주주가 아니라고 판단할 수 없으며, 주식의 소유사실은 과세관청이 주주명부나 주식이동상황명세서 또는 법인등기부등본 등 자료에 의하여 이를 입증하면 되고, 다만 위 자료에 비추어 **일견 주주로 보이는 경우에도 실은 주주명의를 도용당하였거나 실질소유주의 명의가 아닌 차명으로 등재되었다는 등의 사정이 있는 경우에는 단지 그 명의만으로 주주에 해당한다고 볼 수는 없으나, 이는 주주가 아님을 주장하는 그 명의자가 입증하여야** 할 것이다(대법원 2004. 7. 9. 선고 2003두1615 판결 등 참조).

위와 같은 법리를 토대로 이 사건에 관하여 보건대, … 다음과 같은 사정들에 비추어보면 원고는 갑(실제운영자)의 주도로 이 사건 회사가 설립 및 운영되는 과정에서 일정 금액을 투자하여 그에 따른 수익을 지급받은 것으로 봄이 상당하고 위와 같이 **대표이사 및 주주로 등재되어 있었던 사실만으로는 원고가 이 사건 회사의 발행 주식총수의 100분의 50이상을 소유하면서 그에 관한 권리를 실질적으로 행사하는 지위에 있었다고 보기 어렵다.**

… 갑(실제운영자)은 과세관청의 조사과정에서 원고로부터 투자를 받은 적이 없고, 원고의 부탁으로 매입, 수출, 무자료 판매 등의 업무만을 수행하였으며, 자신이 이 사건 회사의 실제 운영자라는 사실을 인정할 수 없다고 진술하였으나(을 제7호증), 이 법원에 증인으로 출석하여서는, "원고의 명의를 빌려 이 사건 회사를 설립한 후 원고로부터 투자를 받아 회사를 운영하면서 원고에게 수익을 지급하였고 본인이 이 사건 회사의 설립 및 운영을 전부 실행하였다. 원고는 이 사건 회사로부터 급여명목의 돈을 받았다가 본인이 지정한 계좌로 다시 송금해주었으므로 실제 급여를 받은 사실이 없다. …"라고 진술하였다.

원고명의의 은행예금계좌의 거래내역 및 이 사건 회사 명의의 계좌거래내역에 의하면 이 사건 회사 또는 그 관련자들로부터 원고의 위 예금계좌로 입금 및 출금이 매우 빈번하게 이루어진 것으로 보이나 대부분 당일 또는 그 다음날 동일한 금액이 반대로 출금 또는 입금된 것으로 되어 있어 이를 통해 **원고가 실제 수익을 얻었다기 보다는 이 사건 회사 관련 수입 및 지출금액이 거쳐 가는 통로로 이용된 것**으로 보인다.

이외에 원고는 이 사건 회사와 관련하여 부정기적으로 수백만 원씩을 지급받은 것으로 보이나, **그 지급시기 및 금액이 일정하지 않은** 점에 비추어 이를 **급여로 지급받았다고 보기는 어렵고,** 부정기적으로 자신의 투자금에 대한 수익을 지급받은 것으로 보인다.

원고가 과세관청에 제출한 확인서 역시 원고가 갑(실제운영자)과 협의해서 이 사건 회사를 설립한 후 자신은 업무에 관여하지 않은 채 투자에 대한 수익만을 받았고, 회사설립 주금납입은 갑이 입금해준 금원으로 회사를 설립하고 다시 갑과 관계된 사람에게 송금하였으며, 자신은 그 이후에 140백만 원을 투자하였다는 내용으로 되어 있다.

따라서 원고가 구 국세기본법 제38조 제2호에서 정하고 있는 과점주주로서 이 사건 회사의 체납세액에 대하여 제2차 납세의무를 부담한다고 할 수 없으므로, 이와 다른 전제에서 이루어진 이 사건 처분은 위법하고, 이를 지적하는 원고의 주장은 이유 있다.

5. 평 석

(1) 이 사건은 제2심 판결도 제1심 판결과 같이 국가패소 판결이 이루어지고, 피고는 대법원에 상고하였으나, 그 즈음에 피고 스스로 원심 판결의 취지에 따라 이 사건 처분을 직권으로 취소하여 대법원의"제1심 판결을 취소하고, 이 사건 소를 각하한다"는 판결로 종결되었다.

(2) 원심(서울 고법 2016누30455판결)은 판결이유 중 제1심 판결이유 기재와 같으므로, 제1심판결을 인용하면서 제2차 납세의무자에 해당하는지 여부는 "**주주명부상의 주주명의가 아니라 그 주식에 관하여 의결권 등을 통하여 주주권을 실질적으로 행사하여 법인의 운영을 지배하는지 여부를 기준으로 판단**하여야 한다."면서, 원고 명의의 인감증명서와 인감도장이 사용되었다는 사정만으로는 원고가 실질적인 주주로서 이 사건 회사의 설립 및 사업에 관여하였다거나 이 사건 회사의 의사결정을 지배하였다고 단정할 수 없다고 판단하였다.

(3) 과점주주의 제2차 납세의무에 대한 대법원의 입장은 일관된 것으로 ① 회사경영에 관여한 사실이 없다고 하더라도 그것만으로 과점주주가 아니라고 볼 수 없고, ②과세관청은 주주명부나 주식이동상황명세서 또는 법인등기부등본 등 자료에 의하여 과점주주인지 여부를 입증하면 되며, ③ 그러나 위 자료에 의하여 주주로 보이는 경우라 하더라도 **주주명의를 도용당하였거나 실질소유주의 명의가 아닌 차명으로 등재되었음을**

그 명의자가 입증하는 경우에는 제2차 납세의무를 면할 수 있다는 것이다.

(4) 본 사건에서와 같이 명의상 대표자인 원고의 명의로 사용된 통장이 실제로는 원고의 수익창출이 아니라 이 사건 회사의 입금과 지출의 통로로 사용된 사실, 원고의 금원으로 주금 납입에 관여한 사실이 없다는 점(기본통칙에 의하면 주금납입 한 사실도 과점주주로 보는 주요요소로 보고 있다), 원고가 급여를 받은 사실이 없다는 점 등 구체적으로 회사 경영에 관여한 사실도 없으며 주주권을 행사할 수 있는 권한이 없었다는 점을 얼마나 신빙성 있게 관련증빙과 함께 제시하느냐가 과점주주의 제2차 납세의무를 벗어날 수 있는 여부를 가름하는 잣대가 되는 것으로 보인다.

6. 관련 판례

문서번호	내 용
대법원 2004. 7. 9. 선고 2003두1615 판결	일견 주주로 보이는 경우에도 실은 주주명의를 도용당하였거나 실질소유주의 명의가 아닌 차명으로 등재 되었다는 등의 사정이 있는 경우에는 단지 그 명의만으로 주주에 해당한다고 볼 수는 없으나 이는 주주가 아님을 주장하는 그 **명의자가 입증**하여야 한다.
국세기본통칙 39-0-2	법인의 주주에 대하여 제2차 납세의무를 지우기 위해서는 과점**주주가 주금을 납입하는 등 출자한 사실이 있거나 주주총회에 참석하는 등 운영에 참여하여 그 법인을 실질적으로 지배할 수 있는 위치에 있음을 요하며**, 형식상 주주명부에 등재되어 있는 것만으로는 과점주주라 할 수 없다.
대법원 2004. 10. 15. 선고 2003두8418 판결 ; 대법원 2003. 7. 8. 선고 2001두5354 판결	주식에 관한 권리행사는 반드시 현실적으로 주주권을 행사한 실적이 있어야 할 것을 요구하는 것은 아니고, 납세의무성립일 현재 소유하고 있는 주식에 관하여 **주주권을 행사할 수 있는 지위에 있으면 충분**하다.

제15절 무효와 취소

15-1 개 요(무효)

1. 의 의

무 효	취 소
외관상 행정행위가 존재하나, 그 하자가 중대·명백하여 행정청 또는 법원의 취소를 기다리지 아니하고 처음부터 당연히 법률효과를 발생치 못하는 행정행위	그 성립에 하자는 있으나, 공정력에 의해 행정청 또는 법원의 취소가 있을 때까지는 유효한 행위로 효력을 지속하는 행정행위

2. 무효와 취소의 구분

(1) 중대명백설

① 하자 있는 행정처분의 당연 무효가 되기 위해서는 그 하자의 법규가 **중요한 부분을 위반한 중대한 것**으로서 **객관적으로 명백**한 것이어야 하며 하자가 중대하고 명백한 것인지 여부를 판별함에 있어서는 그 법규의 목적, 의미, 기능 등을 목적론적으로 고찰함과 동시에 구체적 사안 자체의 특수성에 관하여도 합리적으로 고찰을 요하며, 행정행위에 내재하는 내부적 성질에 착안하여, 그 흠의 내부적 성질이 중대하고 동시에 외부적 성질이 명백한 경우 행정행위는 무효가 되며 **그 중 어느 한 요소 또는 둘 전부를 결여한 경우에는 단순 위법사유로서 취소사유에 불과하다**(대법원 1995. 7. 11. 선고 94누4615 전원합의체 판결).

② **중대명백설**은 취소사유와 무효사유를 구분하는 기준으로서 **통설적 지위**에 있으나 어떠한 흠이 중대하고 명백한지를 판단함에 있어 명확한 기준을 제시하지 못한다는 일부 비판이 있다.

(2) 외관상 일견 명백설

하자가 명백하다고 하기 위해서는 그 사실관계 오인의 근거가 된 자료가 **외형상 상태성을 결여하거나 또는 객관적으로 그 성립이나 내용의 진정을 인정할 수 없는 것임이 명백한 경우**라야 할 것이고 사실관계의 자료를 정확히 조사하여야 비로소 그 하자 유무가 밝혀질 수 있는 경우라면 이러한 하자는 외관상 명백하다고 할 수는 없다(대법원 91누6863 판결).

(3) 법률의 입장

우리 법은 행정처분의 무효사유와 취소사유의 구별기준에 대하여 명문의 규정을 두지 아니하고 있어 이를 전적으로 **학설과 판례의 해석에 맡겨**지고 있다.

3. 무효에 대한 입증 책임

행정처분의 당연 무효를 구하는 소송에 있어서 그 무효를 구하는 사람에게 그 행정처분에 존재하는 하자가 중대하고 명백하다는 것을 **주장·입증할 책임**이 있다(대법원 1984. 2. 28. 선고 82누154 판결).

4. 무효와 취소의 구별 실익

무 효	취 소
국세부과제척기간·제소기간 적용받지 아니한다.	제소기간(90일)이 적용되며 기간 도과 시 “각하” 처분

5. 관련 판례

(1) 무효사유

문서번호	내 용
대법원 81다400 판결	과세대상이 아닌 물품에 대하여 한 과세처분
대법원 98두13140 판결	토지의 소유자가 아닌 자를 토지의 소유자로 오인하여 한 종합토지세 부과처분
대법원 2005두15151 판결	납세자가 아닌 제3자의 재산을 대상으로 한 압류처분
대법원 84누573 판결	사실관계 오인의 근거가 된 과세자료가 외형상 상태성을 결여하거나 또는 객관적으로 그 성립이나 내용의 진정을 인정할 수 없는 것임이 명백한 경우
대법원 79누168 판결	납세고지서를 송달함에 있어서 「국세기본법」 소정의 송달방법을 제대로 밟지 않고 막연히 원고가 이미 세무서에 폐업신고를 한 종전의 영업장소로 우송하여 원고가 이를 송달받지 못한 경우
대법원 2016누49228 판결	과세예고통지 후 과세전적부심사청구나 그에 대한 결정이 있기도 전에 과세처분을 하는 것은 과세전적부심사제도를 형해화 시킬 뿐 아니라 과세전적부심사 결정과 과세처분 사이의 관계 및 불복절차를 불분명하게 할 우려가 있으므로, 그와 같은 과세처분은 납세자의 절차적 권리를 침해하는 것으로서 절차상 하자가 **중대하고도 명백하여 무효**
대법원 88다카16096 판결	과세처분을 취소하는 판결이 확정되면 그 과세처분은 처분 시에 소급하여 소멸하므로 그 뒤에 한 과세관청의 경정처분은 존재하지 않는 과세처분을 경정한 것으로서 그 흠이 **중대하고 명백하여 당연 무효**

(2) 취소사유

문서번호	내 용
대법원 74누76 판결	증여사실이 없는데 세무서장이 증여사실을 오인하여 한 세금부과처분
대법원 99다20179 판결	부동산에 대한 실질적인 소유자가 아닌 명의수탁자에 대하여 행해진 양도소득세 부과처분

문서번호	내 용
대법원 91누10305 판결	양도소득세 비과세대상으로 정한 1세대 1주택으로 간주되는 아파트 분양권에 대한 양도소득세 부과처분
대법원 83누404 판결	납세고지서에 세액산출근거 등 기재사항이 누락된 경우
대법원 2002다61897 판결	납세자의 주소지를 관할하지 아니하는 세무서장이 한 증여세부과처분은 위법하나 그 흠이 객관적으로 명백하지는 아니하여 당연무효라 볼 수 없다.
대법원 99다1260 판결	관할 없는 세무서장의 소득세 부과징수처분은 그 흠이 중대하나 빈번한 주민등록이전 경위 등에 비추어 명백한 흠이라고 할 수 없어 당연무효는 아니다.
대법원 76누195 판결	사망 9일 전의 매매를 원인으로 사망 7일 전에 이전등기가 된 부동산에 대하여 상속인들이 매매대금을 상속받은 것으로 오인하고 한 상속세 부과처분은 취소사유
대법원 97누16329 판결	당초처분 및 그에 대한 1차 감액경정결정이 있고 다시 증액하는 2차 경정결정이 있었으나 그 1차 감액경정결정의 납세고지가 무효라서 처분이 부존재인 경우에 그 **1차 감액경정결정에 대한 재경정을 하는 취지의 2차 경정처분은 당초처분에 대한 경정결정으로 효력을 가지는 것이므로 그 흠이 객관적으로 명백하다 할 수 없어 당연무효는 아니다.**
대법원 91다42166 판결	내용상의 흠 중 과세표준과 세액의 결정에 흠이 있는 것은 그것이 무효인 시행령의 규정이나 훈령의 규정에 의한 것이라도 **당연무효의 과세처분은 아니고 취소사유에 그친다.**

15-2 개 요(사법상 계약의 해제 · 취소)

1. 합의해제(해제계약)의 정의

(1) 유효하게 성립하고 있는 계약의 효력을 당사자 사이의 새로운 약정(계약)에 의하여 계약의 효력을 소급적으로 소멸시키는 것을 말한다. 당사자 간의 새로운 약정에 의한 해제라는 점에서 법정해제, 약정해제와 차이가 있다.

(2) 법정해제란 이행지체에 관한 「민법」의 규정과 같이 법률의 규정에 의하여 해제권이 발생하는 것을 말한다.

(3) 약정해제란 당사자가 미리 계약에서 일정한 사유가 발생하면 해제권을 발생시킬 것을 유보하는 것이다.

(4) 계약의 효력을 소급적으로 소멸시키는 점에서 합의해제와 동일하나 해제권 있는 당사자 일방의 의사표시에 의하여 계약이 해제될 수 있다는 점에서 합의해제와 다르다. 대법원에서는 원칙적으로 합의해제를 해제권 행사에 의한 법정해제, 약정해제와 거의 동일하게 취급하고 있다.

2. 계약해제의 효과

(1) 계약이 처음부터 체결되지 않았던 것과 마찬가지 상태로 계약을 소급적으로 소멸시키며, 등기, 인도 등이 이루어진 이후에도, 당초 계약이 해제되면 일단 이전하였던 권리는 복귀한다.

(2) 해제의 소급효는 일반적으로 제3자의 권리는 해하지 못한다.

3. 계약해제와 세법과의 관계

(1) 실무상 계약해제 중 합의해제에 따른 납세의무 성립 여부에 관한 논쟁이 자주 발생하는데, 합의해제는 계약의 이행이 완료된 후에도 당사자 간 합의에 의해 이루어질 수 있기 때문이다.

(2) 법정해제와 약정해제의 경우는 일반적으로 계약이행이 완료되기 전에 계약 해지되어 납세의무가 당초부터 성립되지 않는 경우가 대부분으로 실무상 문제가 되는 것은 합의해제의 경우이다.

(3) 주로 문제가 되는 세목은 증여세, 양도소득세, 부가가치세인데 이러한 세목의 납세의무는 대부분 계약이행이 완료되어야 성립하고, 계약의 합의해제는 계약이행 완료 후에 발생하므로 합의해제와 납세의무 성립여부에 대하여 다툼이 발생하게 된다.

(4) 반면, 법인세와 소득세는 위와 달리 일반적으로 계약해제에 따른 영향이 별로 없는데 기간과세 세목이라는 점과 권리의무 확정주의를 채택하고 있는 데 기인한다. 즉, 법인세의 경우 권리확정주의의 영향으로 계약이 해제되어 소급적으로 효력을 잃더라도 기 성립한 납세의무에는 영향이 없는 것이다.

(5) 「법인세법시행령」 제69조 제3항에 보면 "제1항을 적용할 때 작업진행률에 의한 익금 또는 손금이 공사계약의 해약으로 인하여 확정된 금액과 차액이 발생된 경우에는 그 차액을 해약일이 속하는 사업연도의 익금 또는 손금에 산입한다(2012. 2. 2. 신설)." 라고 규정되어 있다.

(6) 위 시행령 적용 전 사업연도분에 대한 판결이긴 하지만 고등법원판결(고법 2011누33008)에서 분양계약해제 시, 기 납세의무 성립분을 취소하라는 판결을 한 바 있다.

4. 계약해제의 경우 개별 세목별 판단

계약해제란 계약이 체결되어 일단 유효하게 성립하고 있는 계약의 효력을 일방 당사자의 의사표시에 의해 계약이 처음부터 존재하지 않았던 것과 같은 상태로 만드는 것을 말한다.

(1) 증여세

증여세 신고기한(증여일의 속한 달의 말일부터 3개월) 이내에 합의해제하여 증여받은 재산을 반환하는 경우에는 **처음부터 증여가 없었던 것**으로 본다(상속세및증여세법 §4 ④). 따라서 양도소득세와는 달리 증여의 경우에는 취소로 인한 증여세 과세처분의 효력에 대하여도 증여계약의 합의해제에 관한 위 법리가 적용된다(즉, 3월 이내 반환한 경우에만 증여세가 과세되지 아니한다).

(2) 양도소득세

양도계약을 합의 해제하여 말소등기까지 경료하였다면 양도소득세 과세대상이 되는 **양도는 처음부터 없었던 것으로 보아야** 한다(대법원 92누17884 판결; 대법원 88누8609 판결). 다만, 원칙적으로 계약을 합의해제한 경우, 계약이 소급적으로 효력을 상실하여 양도소득도 없는 것이지만, 계약의 해제가 "조세탈루"목적인 경우 그 소급효를 인정치 아니한 심판례 등도 존재한다.

(3) 부가가치세

건물에 대한 분양계약이 부가가치세 부과처분 전에 합의해제되고 이미 수령한 분양대금까지 반환되었다면 **재화의 공급은 처음부터 없었던 것**이 되므로 부가가치세 부과처분은 위법하다(대법원 96누13941 판결; 대법원 2001두5989 판결).

5. 관련 예규와 대법원 판례

(1) 소유권 이전이 정상적으로 경료된 후에, 당사자 간에 계약해제를 원인으로 당초 소유자 명의로 소유권이 환원된 경우에는 계약당사자 모두에게 양도소득세가 과세된다(재산 1264-3038, 1998. 9. 21.).

(2) **당초의 양도계약을 말소등기까지 경료함으로써 당초계약으로 인한 물권 변동의 효과는 소급적으로 소멸되고 양도소득세의 과세대상이 되는 양도는 처음부터 없는 것**으로 본다(대법원 1993. 5. 11. 선고 92누47884 판결).

(3) 대법원 판례는 **일관되게 계약이 합의해제된 경우** 양도소득이 없는 경우에 해당한다고 판시하고 있다(대법원 85누709, 86누243, 86누427, 86누916 : 같은 뜻).

(4) 합의해제가 양도소득 **부과처분 전후 여부에 상관없이** 부과처분이 위법하다(대법원 1992. 12. 22. 선고 92누9944 판결).

(5) 국세청 예규와 판례는 상반된 입장을 보이고 있으나(조세심판원도 예규의 입장에서 결정하는 경우가 대다수) 소송에 이르면 대법원은 일관되게 계약이 해제되면 양도소득세를 과세할 수 없다는 **확고한 입장이다. 다만 '조세탈루목적'이 명백한 합의해제의 경우라면 달리 판단할 여지도 충분한 것으로 보인다.**

6. 계약 취소의 효과

계약의 취소란 일단 유효하게 성립한 법률행위에 일정한 흠이 있기 때문에 법률행위 시에 소급하여 그 효력을 잃게 하는 것을 말하며, 계약 취소가 증여세와 양도소득세 과세에 미치는 효과는 다음과 같다.

(1) 증여세

증여자가 재산을 증여하여 수증자 명의로 소유권이전등기까지 적법하게 마친 다음, 그에 대한 증여세 과세처분이 있게 되자 이를 취소하게 되면 … 그 실질에 있어서는 과세처분 후 증여계약을 합의해제하는 경우로 볼 것이므로, 과세처분의 효력에 대하여도 증여계약의 합의해제 법리가 적용된다(대법원 2003두13465 판결). 이 판결은 3월 이내 반환한 경우에만 증여세가 과세되지 아니한다는 의미이다(양도와 분명한 차이가 있다).

(2) 양도소득세

부동산 교환계약이 취소되었으나, 선의의 제3취득자가 있어 소유권이전등기를 환원하지 못하고 있다 하더라도 위 부동산의 양도로 인한 소득이 있다고 볼 수 없다(대법원 86누916 판결).

(3) 계약취소 시 증여세와 양도소득세 과세상 차이

양도의 경우에는 과세 전·후에 관계없이 계약이 합의해제되면 양도소득세를 과세할 수 없는 것이나, 증여의 경우에는 증여계약의 합의해제 법리가 적용되어 3월 이내 반환한 경우에만 증여세가 과세되지 않는 것이다.

15-3 부과처분의 당연무효 여부

● 대상판결 : 대법원 2012두21536 (2013. 1. 24.) ➜ 국승

핵심 요지

실제 차주가 아닌 원고를 상대로 법인세를 부과한 것은 실질과세의 원칙을 위반한 하자가 있다고 봄이 상당하므로 타인 명의 대출금과 관련한 법인세 부과처분 부분은 당연무효라고 봄이 상당하나, 과세관청으로서는 원고가 실차주라고 오인할 만한 객관적인 사정이 있었다고 보이는 점 등을 종합하면 원고 명의의 대출금과 관련한 법인세 부과처분 부분은 당연무효라고 볼 수 없다.

1. 사실관계

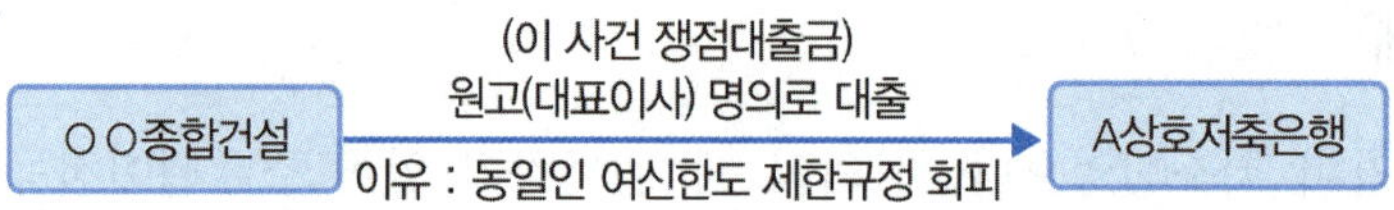

※ 대출금 사용 : ㅇㅇ 건설에 실질적으로 귀속되어 사용

위의 사실에 대해 피고는,

(1) A상호저축은행 조사 결과 이 사건 대출금의 실(實) 차주를 원고로 판단하여 이 사건 쟁점대출금이 원고에게 실질적으로 귀속되었음에도 이를 장부에 계상하지 않은 사실을 확인하고,

(2) 이 사건 쟁점대출금을 대표자 가지급금으로 보아 익금산입하고 동 금액을 장부상 차입금으로 손금산입한 후 가지급금 인정이자를 익금산입하여 법인세를 부과처분하였다.

(3) 원고는 이 사건 쟁점대출금의 실제 차주는 ㅇㅇ건설이라고 할 것임에도 명의대여자에 불과한 원고가 쟁점대출금을 실제 대출받은 것으로 보아 법인세를 부과한 이 사건 처분은 실질과세의 원칙에 위배되는 것으로서 **중대하고 명백한 하자가 있어 당연 무효**라는 주장인 반면에

(4) 피고는 이 사건 처분은 당연 무효가 아니라고 주장하면서, 그 근거로 **과세대상이 되는 것으로 오인할 만한 객관적인 사실이 존재하는 이상 실질과세 원칙을 위반한 하자가 있다고 하더라도 그 하자가 명백하다고 볼 수 없다**는 의견이다.

2. 쟁 점

대출금의 실질귀속자를 오인한 이 사건 처분의 하자가 처분무효사유에 해당되는지 여부

3. 대상판결

(1) 실질과세의 원칙 위반 여부

이 사건 쟁점대출금은 ○○건설이 원고 및 김XX 등의 명의를 빌려 대출받은 것이라고 봄이 상당하므로, 이 사건 처분은 실제 차주가 아닌 원고를 상대로 법인세를 부과한 것으로서 실질과세의 원칙을 위반한 하자가 있다고 봄이 상당하다.

(2) 이 사건 처분이 당연무효인지 여부

이 사건 타인 명의 대출금과 관련한 법인세 부과처분 부분은 과세대상이 되는 법률관계나 사실관계가 전혀 없는 자에게 한 과세처분으로서 그 하자가 중대할 뿐만 아니라 명백하다 할 것이므로, 이 부분에 대한 부과처분은 당연무효라고 봄이 상당하나, 이 사건 원고 명의 대출금과 관련한 법인세 부과처분 부분은,

① 원고의 대표이사와 ○○건설의 대표이사가 박 ○○로 동일한 점
② 실제와 다른 외관을 만들어 낸 것은 원고 자신이라 할 것인 점
③ 이 사건 원고 명의의 대출금은 원고 명의로 대출받은 것으로서 피고로서는 원고가 실 차주라고 오인할 만한 객관적인 사정이 있었다고 보이는 점
④ 이 사건 원고 명의 대출금의 실제 차주가 원고인지 아니면 ○○건설인지 여부는 그 사실관계를 정확히 조사하여야 비로소 밝혀질 수 있다고 봄이 상당한 점을 종합하여 보면,

이 사건 원고 명의 대출금의 실제 차주가 원고가 아닌 ○○건설이어서 실질과세의 원칙을 위반한 하자가 있다고 하더라도 **그 하자가 외관상 명백하다고 볼 수 없으므로, 이 사건 원고 명의 대출금과 관련한 법인세 부과처분 부분은 당연무효라고 볼 수 없다.**

4. 평 석

(1) 외형상(객관적)명백설에 의하면 당연 무효의 범위가 상당히 좁아 부과처분에 하자가 있더라도 **고지일로부터 90일 이내에 불복제기하지 아니하면 권리구제를 받을 수 없다.**

(2) 납세자 권익보호를 위한 대법원의 판결을 보면 조세신고행위는 납세의무자와 과세관청 사이에 이루어지는 것으로서 제3자의 보호가 특별히 문제가 되지 않기 때문에 당해 신고행위를 당연 무효로 보아야 할 특별한 사정이 있는 때에는 예외적으로 명백성의 요건을 요구하지 않을 수도 있다는 점을 명시하고 있다.

※ **명백성 요건 완화한 판결**(대법원 2009. 2. 12. 선고 2008두11716 판결) : 국패

(3) 그러나 대상판결은 종례 판례의 태도 그대로 외형상(객관적) 명백설에 따라 이 사건 처분의 당연 무효 여부를 판단함으로써, 명백성 요건을 완화한 위 판례의 입장을 적용하지는 않았다.

(4) 이 사건 원고 명의 대출금과 관련한 법인세 부과처분 부분은 실질과세의 원칙을 위반한 하자가 있다고 하더라도 그 하자가 외관상 명백하다고 볼 수 없어(명백성 요건 결여) 당연무효로 볼 수 없다고 판단한 것이다.

(5) 대법원이 이렇게 판단한 이유는 원고가 실제와 다른 외관을 창출함으로 인하여 피고가 실질귀속자가 아닌 타인을 납세자로 보고 부과처분을 하게 되었다는 점을 중시한 것이라 보여진다.

(6) 대법원 판단은 처분에 하자가 있다 하더라도 그 하자가 누구에게도 명백한 경우뿐만 아니라 과세관청이 구체적인 경우에 그 직무를 성실히 수행하였을 경우에 판단된 사실관계에 비추어 명백하다고 판단되는 경우에만 당연무효로 볼 수 있다는 **'외형상(객관적) 명백설'에 기초**한 것이다.

5. 관련 판례(무효와 기판력)

문서번호	내 용
대법원 1996. 6. 25. 선고 95누1880 판결	과세처분 취소 청구를 기각하는 판결이 확정되면 그 처분이 적법하다는 점에 관하여 기판력이 생기고 그 후 원고가 다시 이를 무효라 하여 그 무효 확인을 소구할 수 없는 것이다.
대법원 2010. 5. 13. 선고 2009두3460 판결	행정처분의 당연무효를 주장하여 그 무효확인을 구하는 행정소송에 있어서는 원고에게 그 행정처분이 무효인 사유를 주장·입증할 책임이 있다.
대법원 2002. 9. 4. 선고 2001두7268 판결	일반적으로 과세대상이 되는 법률관계나 소득 또는 행위 등의 사실관계가 전혀 없는 사람에게 한 과세처분은 그 하자가 중대하고도 명백하다고 할 것이지만 과세대상이 되지 아니하는 어떤 법률관계나 사실관계에 대하여 이를 과세대상이 되는 것으로 오인할 만한 객관적인 사정이 있는 경우에 그것이 과세대상이 되는지의 여부가 그 사실관계를 명확히 조사하여야만 비로소 밝혀질 수 있는 경우라면 그 하자가 중대한 경우라도 외관상 명백하다고 할 수 없어 그와 같이 과세요건 사실을 오인한 위법의 과세처분을 당연무효라고 볼 수 없다.
대법원 2015. 7. 9. 선고 2013두16975 판결	원고가 신고한 양도가액이 사실에 부합하는 것임을 알 수 있으며, 특별히 부과제척기간을 연장할 만한 사유도 없다. 따라서 원고의 이 사건 토지 양도에 관한 양도소득세의 부과제척기간은 5년으로 보아야 하므로, 이 사건 처분은 국세부과제척기간이 도과한 후에 이루어진 과세처분으로서 무효라고 보아야 할 것이다.
대법원 1991. 4. 23. 선고 90누8756 판결 ; 대법원 2004. 9. 24. 선고 2003두14642 판결	**행정행위는 공정력과 불가쟁력의 효력이 있어 설혹 행정행위에 하자가 있는 경우에도 그 하자가 중대하고 명백하여 당연 무효로 보아야 할 사유가 있는 경우 이외에는 그 행정행위가 행정소송이나 다른 행정행위에 의하여 적법히 취소될 때까지는 단순히 취소할 수 있는 사유가 있는 것만으로는 누구라도 그 효력을 부인할 수 없고,** 법령에 의한 불복기간이 경과한 경우에는 당사자가 그 행정처분의 효력을 다툴 수 없게 되는 것이다.
대법원 1998. 10. 20. 선고 98구10974 판결	명의상 사업자에 불과한 원고에 대하여 한 이 사건 부가가치세 부과처분에 실질과세의 원칙에 위반한 하자가 있기는 하나 그 하자가 객관적으로 명백한 것이라고 할 수 없어 그 처분은 당연무효라고는 볼 수 없다.

15-4 사법상 무효인 양도계약과 양도소득세 과세

● 대상판결 : 대법원 2010두23644 (2011. 7. 21.) 전원합의체 ➜ 국승

핵심 요지

> 토지거래허가구역 내의 토지를 허가 없이 매도한 경우 그 매매계약 및 전매계약이 무효라고 하더라도 소유권이전등기가 말소되지 아니한 채 남아 있고 매매대금도 매수인 또는 제3자에게 반환되지 아니한 채 그대로 보유하고 있는 때에는 예외적으로 매도인 등에게 양도소득세를 과세할 수 있다.

1. 사실관계

(1) 원고는 토지거래허가구역 내 위치한 토지를 토지거래에 관한 규제를 피하기 위해 증여로 소유권이전등기하였는데,

(2) 이에 대하여 피고는 원고가 "허위계약서의 작성, 주민등록의 허위이전 등 부정한 방법으로 부동산을 취득 또는 양도한 경우"로 보아 실지거래가액으로 과세처분하였다.

(3) 원고는 토지거래허가를 득하지 아니하고 한 거래는 무효(채권적, 물권적 효력 없음)라는 주장인 반면에,

(4) 피고는 「국세기본법」 제14조【실질과세】의 거래실질에 따라 과세하였다는 의견이다.

2. 쟁 점

토지거래허가구역 내 위치한 토지를 토지거래 허가 없이 양도한 후 증여를 원인으로 한 소유권이전등기 시 양도소득세 부과의 당부

3. 대상판결

「국토계획법」이 정한 토지거래허가구역 내의 토지를 매도하고 그 대금을 수수하였으면서도 토지거래 허가를 배제하거나 잠탈할 목적으로 매매가 아닌 증여가 이루어진 것처럼 가

장하여 매수인 앞으로 증여를 원인으로 한 이전등기까지 마친 경우 또는 토지거래허가구역 내의 토지를 매수하였으나 그에 따른 토지거래허가를 받지 아니하고 이전등기를 마치지도 아니한 채 그 토지를 제3자에게 전매하여 그 매매대금을 수수하고서도 최초의 매도인이 제3자에게 직접 매도한 것처럼 매매계약서를 작성하고 그에 따른 토지거래허가를 받아 이전등기까지 마친 경우에, 그 이전등기가 말소되지 아니한 채 남아 있고 매도인 또는 중간의 매도인이 수수한 매매대금도 매수인 또는 제3자에게 반환하지 아니한 채 그대로 보유하고 있는 때에는 **예외적으로, 매도인 등에게 자산의 양도로 인한 소득이 있다고 보아 양도소득세 과세대상이 된다**고 봄이 타당하다.

4. 평 석

(1) 대상판결은 전원합의체판결로 종전의 판결을 일부 변경한 것이다. 종전에는 토지거래허가구역에서 허가를 받지 않고 거래한 행위는 채권적·물권적 효력이 없어 무효라는 입장에서 **잠탈목적 증여가장행위, 미등기 전매의 경우에는** 양도소득세 과세가 가능하도록 판결하였다.

(2) 이 사건 판결의 이유부분에서 "양도소득세는 자산의 양도로 인한 소득에 대하여 과세되는 것이므로, 외관상 자산이 매매 등에 의하여 양도된 것처럼 보이더라도 그 매매 등의 계약이 처음부터 무효이거나 나중에 취소되는 등으로 효력이 없는 때에는 양도인이 받은 매매대금 등은 원칙적으로 양수인에게 원상회복으로 반환되어야 할 것이어서 이를 양도인의 소득으로 보아 **양도소득세 과세대상으로 삼을 수 없음**이 원칙"이라고 설시하였다. 즉, **종전의 양도소득 과세에 있어서의 과세대상인 양도의 법적 성격에 대한 입장을 그대로 유지한다는 입장이다.**

> ※ 토지허가를 받지 않음으로써 발생하는 양도거래의 무효 등의 경우에만 제한적으로 적용된다.

(3) 이 사건 판결은 ① 「소득세법」 제88조 제1항 본문은 자산이 유상으로 이전된 원인인 매매 등 계약이 법률상 유효할 것까지를 요구하고 있지는 않은 점 ② 매매 등 계약이 위법 내지 탈법적인 것이어서 무효임에도 불구하고 당사자 사이에서는 그 매매 등 계약이 유효한 것으로 취급되어 매도인 등이 매매대금 등을 수수하여 그대로 보유하고

있는 경우에는 종국적으로 경제적 이익이 매도인 등에게 귀속된다고 보아야 하는 점 ③ 그럼에도 불구하고 **그 매매 등 계약이 법률상 무효라는 이유로 그 매도인 등이 그로 인하여 얻은 양도차익에 대하여 양도소득세를 과세할 수 없다고 보는 것은 조세정의와 형평에 심히 어긋난다**는 점을 근거로 원고에 대한 양도소득세 부과가 적법하다고 판시한 것이다.

5. 관련 판례(대법원-전원합의체 판례)

문서번호	내 용
대법원 90다12243판결; 대법원 95누18383 판결	매매계약이 무효인 이상 그 매매대금이 양도인에게 지급되었다 하여도 양도소득세 부과대상인 자산의 양도에 해당한다거나 자산의 양도로 인한 소득이 있었다 할 수 없으므로 양도소득세 부과대상이 아니며(대법원 1993. 1. 15. 선고 92누8361 판결 참조), 또한 증여받은 것이 아니므로 증여세 부과처분도 위법하다(대상판결은 일부독립설 수용).
대법원 1987. 4. 28. 선고 86누887 판결, 대법원 2005. 12. 23. 선고 2005두3554 판결	행정처분의 무효 확인을 구하는 소에는 특단의 사정이 없는 한 취소를 구하는 취지도 포함되어 있다고 보아야 하므로, 해당 행정처분의 취소를 구할 수 있는 경우라면 무효사유가 증명되지 아니한 때에 법원으로서는 취소사유에 해당하는 위법이 있는지 여부까지 심리하여야 한다.
대법원 1976. 1. 13. 선고 75누175 판결	행정처분의 당연 무효를 주장하여 무효 확인을 구하는 행정소송에서는 원고에게 행정처분이 무효인 사유를 주장·증명할 책임이 있고, 이는 무효 확인을 구하는 뜻에서 행정처분의 취소를 구하는 소송에 있어서도 마찬가지이다.

15-5 매매계약이 합의해제 된 경우 양도로 인한 소득이 있음을 전제로 한 양도소득세 부과처분은 위법함

● 대상판결 : 대법원 2014두44076 (2015. 2. 26.) ➜ 국패

핵심 요지

부동산에 대한 매매계약을 체결하고 양도대금을 모두 지급받았다고 하더라도 **매매계약의 이행과 관련한 분쟁으로 인하여** 매매계약이 합의해제 되었다면, 위 매매계약은 그 효력이 **소급하여 상실**되었다고 할 것이므로 매도인에게 양도로 인한 소득이 있음을 전제로 한 **양도소득세 부과처분은 위법**하며, 과세관청의 부과처분이 있은 후에 계약해제 등 후발적 사유가 발생한 경우 이를 원인으로 한 경정청구제도가 있다고 하더라도 이와는 별도로 그 처분 자체에 관하여 다툴 수 있다고 할 것이다.

1. 사실관계

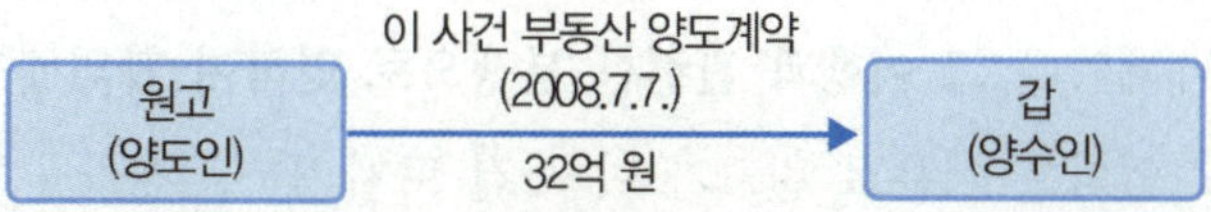

(1) 갑(양수인)이 원고(양도인)에게 이 사건 양도와 관련하여 대금을 지급한 내역은 아래와 같다.

- 2008. 7. 7. 계약금 5억 원을 지급하였다.
- 2008. 7. 30. 중도금 21억 8천만 원을 지급하였다.
- 2008. 8. 20. 나머지 잔금 5억 2천만 원을 지급하였다.

(2) 원고와 갑은 **이 사건 양도에 따른 잔금청산을 마친 후**에 이 사건 매매계약 이행과 관련한 분쟁(민사소송, 형사고소, 임의경매 등)으로 인하여 이 사건 매매계약을 합의해제하기로 약정하였다.

(3) 원고는 갑에게 33억 원을 사실상 반환하여 정산하였다.

(4) 2003. 1. 18. 피고는 원고가 잔금을 지급받은 2008. 8. 20.(잔금청산일) 양도가 이루어졌다고 보아 원고에게 이 사건 양도소득세를 부과처분 하였다.

2. 쟁 점

매매계약이 합의해제 된 경우 양도소득세 부과대상이 되는 '자산의 양도'에 해당하는지 여부

3. 대상판결

부동산에 대한 매매계약을 체결하고 양도대금을 모두 지급받았다고 하더라도 매매계약의 이행과 관련한 분쟁으로 인하여 **매매계약이 합의해제 되었다면**, 위 매매계약은 그 효력이 소급하여 상실되었다고 할 것이므로 매도인에게 양도로 인한 소득이 있음을 전제로 한 양도소득세 부과처분은 위법하며, 과세관청의 부과처분이 있은 후에 계약 해제 등 후발적 사유가 발생한 경우 이를 원인으로 한 경정청구제도가 있다 하더라도 이와는 별도로 그 처분 자체에 관하여 다툴 수 있다고 할 것이다(대법원 2002. 9. 27. 선고 2001두5972 판결 참조).

원심은 이 사건 매매계약은 **그 이행과 관련한 분쟁으로 인하여 합의해제** 되었고, 이를 가장행위라고 볼 수도 없다는 이유로 원고가 이 사건 토지 및 구 건물을 양도하여 양도소득을 얻었음을 전제로 양도소득세를 부과한 이 사건 처분은 위법하다고 판단하였다.

앞서 본 법리와 기록에 비추어 살펴보면, 원심의 위와 같은 사실인정과 판단은 정당하고, 거기에 상고이유 주장과 같이 **양도소득세 과세대상인 자산의 양도 및 합의해제의 효력에 관한 법리를 오해하는 등의 위법이 없다.**

4. 평 석

(1) 이 사건의 쟁점은 잔금청산 후에 양도인과 양수인사이에 합의해제가 이루어져 사실상 양도대금이 반환되어 정산이 되었을 경우에도 양도소득세 부과대상이 되는 '자산의 양도'에 해당하는지 여부이다.

(2) 대법원은 전원합의체 판결(대법원 2010두23644)에서도 매매 등의 계약이 처음부터 무효이거나 **나중에 취소되는** 등으로 효력이 없는 때에는 양도인이 받은 매매대금 등

은 원칙적으로 양수인에게 원상회복으로 반환되어야 할 것이어서 이를 양도인의 소득으로 **양도소득세 과세대상으로 삼을 수 없음이 원칙**이라고 설시한 바 있다.

(3) 매매계약의 합의해제 시점이 양도소득세 부과처분 전후(前後)인지 여부에 상관없이 부과처분이 위법하다고 본 사례도 있다(대법원 1992. 12. 22. 선고 92누 9944판결 등).

(4) 판례의 태도를 정리하면, **양도소득세의 양도계약이 해제되면** 그 계약 이행의 완료여부, 제3취득자의 존재로 인한 원상회복 가부, 계약해제가 부과처분 전·후 어느 시점에 있었는지를 불문하고 **양도소득세 부과대상이 될 수 없다**는 것이다.

(5) 계약자유의 원칙상 합의해제도 당연히 유효하다고 할 것인데, 계약의 해제와 같은 민법상의 개념이 조세법 영역에서 사용될 경우 그 의미를 어떻게 해석 할 것인가에 대하여는 조세법도 사법에서 허용하는 범위 안에서 해석하는 것이 사법질서와의 혼란을 방지하는 것은 물론, 조세법률주의의 법적 안정성의 요청에 비추어 타당하다고 할 것이다. 따라서 세법에 별도의 규정이 없다면(양도와 달리 증여의 경우는 증여계약이 해제된 경우에 대한 규정이 있다), 계약의 해제가 가지는 소급효에 관하여는 민법상의 법리가 조세법의 영역에서도 그대로 적용되어야 할 것으로 보인다. 다만, 판례는 그러한 거래가 **가장행위에 해당하지 않거나 조세회피 목적이 없어야 한다는 전제**를 달고 있다.

(6) 합의해제에 대하여 **과세관청은** ① 양도로 이미 자산의 이전이 완료된 이상 당초 계약이 이행되었으므로 합의해제가 있더라도 과세요건의 성립 또는 확정에 영향을 미치지 않으며, ② 과세관청의 공권력 행사가 개인의 의사에 좌우되어서는 안되고, ③ 조세부과의 법적안정성을 고려할 때 부과처분 이후에는 특별한 사정이 없는 한 합의해제와 관계없이 양도소득세를 부과할 수 있으며, ④ 부과처분이 이루어진 후에 계약이 합의해제 된 경우에까지 소급효를 이유로 양도소득세를 부과할 수 없다고 한다면 형식적으로만 해제로 하고 실제로는 전혀 원상회복을 하지 아니하는 등 부과처분의 법적 안정성을 해치고 조세회피의 수단으로 악용될 수 있다는 이유로 **잔금청산 후이거나 부과처분 후의 합의해제는 양도소득세 부과처분에 아무런 영향을 미칠 수 없다**는 입장이다.

(7) 지금까지 합의해제와 관련하여 이루어진 판례를 보면, 대부분 양도계약의 이행과 관련하여 당사자 간에 분쟁이 발생하여 합의해제가 된 경우(예컨대 대금을 지불하지 않

았다거나, 거래되는 부동산에 하자가 발생한 경우 등)이고, 당초 예상하지 못한 양도소득세의 부담이 커서 당사자간에 합의해제 한 경우에 대한 판례는 아직 생성되지 않은 것으로 보인다.

(8) 매매계약의 이행과 관련하여 발생한 분쟁으로 인하던지, 아니면 당초 예상보다 많은 조세부담으로 인하여 매매계약을 당사자간에 합의해제 하는 경우, 우리나라 민법이 들고 있는 계약자유원칙이나 사적자치원칙을 존중하여야 한다는 관점에서 본다면 당연히 합의해제에 따른 법률상 효과(소급효를 인정하여 양도소득세 부과처분을 할 수 없다)를 조세법에서도 인정하여야 한다는 일부 학자들의 견해가 있다. 어디까지가 조세회피목적인지 혹은 가장행위인지는 구분하기도 어려울 뿐 아니라, 증여의 경우와 같이 합의해제 하여 반환하더라도 일정기간이 경과한 후 반환하게 되면 증여로 본다는 명확한 규정이 양도소득세법에 없는 한, 합의해제로 인한 소급효는 인정하는 것이 옳다는 것이다(양도의 경우는 증여와 같이 합의해제로 증여재산을 반환하더라도 양도로 보아 과세한다는 규정을 할 수 있는지도 의문이다).

5. 관련 판례

문서번호	내 용
대법원 1987. 2. 24. 선고 86누427 판결	매매계약이 합의해제 되었다면 원고가 매수인 들 앞으로 소유권이전등기를 마쳤다가 합의해제로 인한 원상회복의 방법으로 소유권이전등기를 말소하지 아니하고 원고 앞으로 다시 소유권이전등기를 마쳤다 하더라도 위 매매를 가지고 양도소득세의 과세요건이 되는 **자산의 양도라고 할 수 없다.**
대법원 1993. 05. 11. 선고 92누17884 판결	양도계약을 합의해제 하여 말소등기까지 경료 하였다면 계약의 이행으로 인한 물권변동의 효과는 소급적으로 소멸되므로 양도소득세의 과세대상이 되는 **양도는 처음부터 없었던 것으로 보아야 한다.**
대법원 2008. 3. 14. 선고 2006두13008 판결	납세의무자가 경제활동을 함에 있어서는 동일한 경제적 목적을 달성하기 위하여서도 여러 가지의 법률관계 중 하나를 선택할 수 있는 것이고, 과세관청으로서는 특별한 사정이 없는 한 납세의무자가 선택한 법률관계를 존중하여야 할 것이다.

문서번호	내 용
대법원 1992.6. 23. 선고 92다4130, 92다4147 판결	계약의 합의해제 또는 해제계약이라 함은 해제권의 유무를 불문하고 계약당사자 쌍방이 합의에 의하여 기존의 **계약의 효력을 소멸시켜 당초부터 계약이 체결되지 않았던 상대로 복귀시킬 것을 내용으로 하는 새로운 계약**을 말한다.
대법원 1986. 7. 8. 선고 85누709 판결 ; 대법원 1985. 3. 12. 선고 83누243 판결	그 매매계약의 부대조건에 따라 자동해제 된 것이고 따라서 원상회복의 문제만 남게 되었으므로 원고에게 위 부동산의 양도로 인한 소득이 있었다고 할 수 없으므로, 원고에게 그 양도로 인한 소득이 있었음을 전제로 한 양도소득세 부과처분은 위법하다(매매계약의 이행이 완료되기 전에 계약이 해제된 경우에 대한 판단임).
대법원 1992. 12. 22. 선고 92누9944 판결	양도소득세는 자산의 양도와 그에 따른 소득이 있음을 전제로 하여 과세하는 것으로서, **그 매매계약이 합의해제 되었다면** 매매계약의 효력은 상실되어 자산의 양도가 이루어지지 않는 것이 되므로 양도소득세의 과세요건인 **자산의 양도가 있었다고 볼 수 없는 것**이다.

15-6 이 사건 부과처분에는 중대하고 명백한 하자가 존재하므로 무효임

● 대상판결 : 대법원 2021다277556 (2021. 12. 16.) ➜ 국패

핵심 요지

이 사건 토지를 별도합산과세대상으로 보아 재산세 등을 산정한 이 사건 부과처분에는 중대하고 명백한 하자가 존재하므로 이 사건 부과처분은 무효임

1. 사실관계

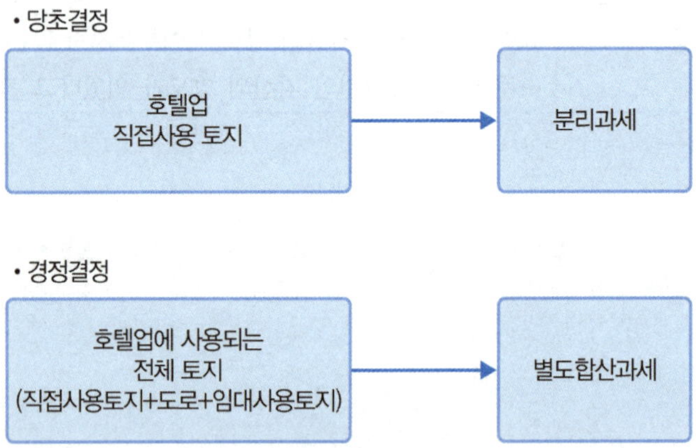

(1) 원고는 관광진흥법에 따른 호텔업을 경영하는 자로서 서울시 소재 원고 소유 대지 중 도로와 임대 용도로 사용되는 토지를 제외한 나머지 15,835.66㎡ 부분(이 사건 토지)을 호텔업에 직접 사용하고 있다.

(2) 지방세특례제한법 제54조 제2항에 의하여 호텔업 경영자가 호텔업에 직접 사용하는 토지에 대하여는 관광숙박업 등급이 특1등급 및 특2등급인 경우 재산세의 100분의 25를 경감하고 있다.

(3) 원고를 관할하는 서울특별시 구청장과 세무서장은 당초 이 사건 토지에 이 사건 경감 규정이 적용됨을 전제로 이 사건 부과처분(분리과세)을 하였으나, 이 사건 토지 전체를 별도합산 과세대상으로 보고 과세표준(또는 과세대상)에서 25%를 경감하는 방식

으로 재산세 등을 계산하여 이 사건 부과처분을 하였다.

(4) 원고는 이 사건 부과처분에 따른 재산세 등을 전액 납부하였다.

2. 쟁 점

법령상 과세처분 요건의 의미가 분명함에도 이를 잘못 해석하여 한 과세처분이 당연 무효인지 여부

3. 관련 법령

구 지방세법 제106조 제1항 제2호 단서, 제1호 단서 (나)목

구 지방세법 또는 다른 법령에 따라 '재산세가 경감되는 토지의 경감비율에 해당하는 토지'를 별도합산과세대상이나 종합합산과세대상으로 보지 아니한다.

4. 원·피고 주장 요약

(1) 원 고

① 이 사건 토지 중 이 사건 경감규정에 따른 재산세 경감비율 25/100에 해당하는 이 사건 토지는 구 지방세법 제106조 제1항 제1호 단서 (나)목 및 제2호 단서에 따라 종합합산과세 및 별도합산과세 대상에서 제외됨이 명백하므로 구 지방세법 제106조 제1항 제3호의 분리과세대상에 해당하는데, 서울특별시 강남구청장은 이 사건 토지를 별도합산과세대상으로 분류한 후 이 사건 토지에 관한 재산세 및 지방교육세를 산정하였다.

② 또한 종합부동산세법 제11조는 구 지방세법 제106조 제1항 제1, 2호에 따른 종합합산과세대상 토지와 별도합산과세대상 토지만을 종합부동산세의 과세대상으로 정하고 있는데, 삼성세무서장은 분리과세대상에 해당하는 이 사건 토지를 종합부동산세의 과세대상으로 포함시킨 후 이 사건 토지에 관한 종합부동산세 및 농어촌특별세를 산정하였다.

③ 이와 같은 산정방식에 의하여 이루어진 이 사건 부과처분은 그 하자가 중대하고도 명

백하여 당연 무효이므로, 원고가 이 사건 부과처분에 따라 납부한 재산세 등의 귀속주체인 피고들은 원고에게, 원고가 이미 납부한 세액에서 관련 법령에 따라 정당하게 산정된 세액을 제외한 나머지 금액과 이에 대한 지방세 및 국세 환급가산금과 지연손해금 등을 지급할 의무가 있다.

(2) 피고들(강남구청장, 삼성세무서장)

… ① 구 지방세법 제106조 제1항 제3호는 분리과세대상을 한정적으로 열거하고 있을 뿐이어서 이 사건 토지가 분리과세대상에 해당한다고 단정하기 어려웠던 점, ② 이 사건 토지를 분리과세대상으로 보게 되면, 이 사건 토지는 합산과세대상의 과세표준에서 제외될 뿐 아니라, 분리과세 시의 낮은 세율을 적용받게 되고, 종합부동산세의 과세대상에도 해당하지 않게 되어 공평과세의 원칙에 반하는 점, ③ 위와 같은 이유로 '재산세가 경감되는 토지의 경감비율에 해당하는 토지'를 과세대상에서 제외하거나 합산과세대상으로 포함하고 과세표준 액수를 감축하는 방식의 실무례가 정립되어 있었고, 원고도 불복기간 내에 이 사건 부과처분에 대하여 다투지 않았었던 점 등을 종합하면, 구 지방세법 제106조 제1항 제1호 단서 (나)목 및 제2호 단서는 '재산세가 경감되는 토지의 경감비율에 해당하는 토지'를 과세대상에서 제외하거나 합산과세대상으로 포함시키되, 과세표준을 그 경감비율만큼 감축하기 위한 규정으로 해석될 여지가 있었다.

그렇다면 이 사건 부과처분의 위법이 중대·명백하다고 볼 수 없으므로, 원고의 청구는 모두 기각되어야 한다.

5. 대상판결(서울고등법원 2021. 8. 26. 선고 2020나2041789판결)

… 과세관청이 그 동안 대부분의 재산세 과세처분에서 '재산세가 경감되는 토지의 경감비율에 해당하는 토지'를 분리과세대상으로 분류하지 아니하였고, 이 사건 부과처분 당시까지는 구 지방세법 제106조 제1항의 해석에 관한 법원의 판단을 받은 적이 없더라도, 이는 과세관청이 **법령 규정의 문언상 과세처분 요건의 의미가 분명함에도 합리적인 근거 없이 그 의미를 잘못 해석한 것에 불과**하다. 또한 하자의 명백성은 처분의 하자가 객관적으로 분명한지 여부에 따라 판단하는 것이지 **납세자가 처분 당시 하자를 알았는지 또는 처분에**

대하여 불복기간 내에 불복하였는지에 따라 판단하는 것이 아니므로, '재산세가 경감되는 토지의 경감비율에 해당하는 토지'를 합산과세대상으로 포함하는 실무례가 정립되어 있었다거나, 원고가 불복기간 내에 이 사건 부과처분에 대하여 다투지 않았다는 이유만으로, 구 지방세법 제106조 제1항 제1호 단서 및 제2호 단서에 관한 해석에 다툼의 여지가 있었다고 인정할 수도 없다.

그렇다면 이 사건 토지를 종합합산과세대상 내지 별도합산과세대상으로 분류하여 내려진 이 사건 토지에 관한 재산세 부과처분은 그 위법이 **중대 · 명백**하고, 이 사건 토지가 종합부동산세의 과세대상인 종합합산과세대상 내지 별도합산과세대상에 해당함을 전제로 내려진 이 사건 토지에 관한 종합부동산세 부과처분 역시 **그 위법이 중대 · 명백**하다.

6. 평 석

(1) 어떤 행정행위(과세처분 포함)가 무효인지에 대한 판단의 근거로는 중대명백설이 통설이고 판례의 입장이다(대법원 1995. 7. 11. 선고 94누4615 전원합의체 판결). 중대명백설이 취소사유와 무효사유를 구분하는 기준으로서 통설적 지위를 차지하고 있지만, 중대명백설 역시 구체적, 개별적인 사건에서 어떠한 흠이 중대하고 명백한지를 판단함에 있어서는 적절한 기준을 명료하게 제시하지 못함에 따라 이에 대한 비판이 제기되고 있다.

(2) 우리 판례는 거의 예외 없이 중대명백설을 따르고 있다.

① 중대설

중대하고 명백한 흠이 있는 경우에는 부존재로 보아야 하고 단지 중대한 흠이 있는 것만으로도 무효로 보아야 한다는 견해이다.

② 명백설보충요건설

명백성의 요건은 구체적인 분쟁에 있어서 이익형량의 귀결이고, 일반적 기준으로서 항상 요구되는 것은 아니라고 한다. 그리하여 행정의 법적안정성, 제3자의 신뢰보호의 요청이 있는 경우에만 명백성의 요건이 추가로 요구되고 그 외의 경우에는 중대성만으로 무효라고 한다.

(3) 대법원은 대상판결에서 과세관청이 법령 규정의 **문언상 과세처분 요건의 의미가 분명**

함에도 합리적인 근거 없이 그 **의미를 잘못 해석**한 결과, 과세처분 요건이 충족되지 아니한 상태에서 해당 처분을 한 경우에는 법리가 명백히 밝혀지지 아니하여 **그 해석에 다툼의 여지가 있다고 볼 수 없다**(대법원 2014. 5. 16. 선고 2011두27094 판결, 대법원 2019. 4. 23. 선고 2018다287287 판결 참조)는 전제하에 국가패소판결을 하였다.

(4) 행정소송인 과세처분 취소소송의 경우 피고는 과세처분을 한 처분청인데, **국세**의 경우에는 **세무서장이나 지방국세청장**이고, **지방세**의 경우에는 **시장, 군수, 구청장**이 처분청으로서 **피고**가 된다. 그런데, 민사소송인 **부당이득반환청구소송의 경우**에는 처분청과는 별개로 징수한 세금의 귀속자가 피고가 된다. 이에 따라 **국세**의 경우에는 **대한민국**이 피고가 되고, **지방세**의 경우에는 **도세, 특별시세, 광역시세(취득세, 등록면허세 등)는 도, 특별시, 광역시**가 **피고**가 되며, **시 · 군 · 구세(재산세 등)는 시 · 군 · 구**가 **피고**가 된다.

(5) 종전에는 '당연 무효처분에서 이미 세금을 납부한 경우에는 처분의 무효를 전제로 이미 납부한 세금의 환급을 구하는 소송을 민사소송(부당이득반환청구소송)으로 제기할 수 있을 뿐이고(대법원 1995. 4. 28. 선고 94다55019 판결), 이때 무효확인소송이나 무효선언을 구하는 의미의 취소소송을 제기하는 것은 이미 납세의무가 소멸한 처분에 대한 확인을 구하는 것이어서 확인의 이익이 없어 부적법하다'는 입장이었다(대법원 1982. 3. 23. 선고 80누476 판결 ; 대법원 1975. 11. 25. 선고 74누238 판결).

(6) 그러나 대법원은 이미 부담금을 납부한 경우에 **민사소송으로 부당이득반환청구소송을 제기하는 이외에 처분의 무효확인소송도 확인의 이익이 있어 적법**하다는 입장으로 판례를 변경하였다(대법원 2008. 3. 20. 선고 2007두6342 전원합의체판결).

(7) 따라서 과세처분이 무효인 경우 납세의무자는 민사소송인 부당이득반환청구소송을 제기할 수도 있고, 행정소송인 과세처분무효확인 소송을 제기할 수도 있다. 과세처분무효확인 소송의 경우에는 취소소송과 달리 제소기간의 제한이 없으나, **부당이득반환청구소송**의 경우 국가나 지방자치단체에 대한 채권의 소멸시효가 5년이므로 소멸시효 중단사유가 없는 한 **세금을 납부한 날로부터 5년 내에** 법원에 소송을 제기하여야 한다.

(8) **과세처분 취소소송과 부당이득반환청구소송을 병합하여 청구하는 것도 가능**하다. 즉, 대법원은 '행정소송법 제10조 제1항, 제2항은 처분의 취소를 구하는 취소소송에 당해

처분과 관련되는 부당이득반환소송을 관련 청구로서 병합할 수 있다고 규정하고 있는데, 여기에서 부당이득반환청구가 인용되기 위해서는 그 소송절차에서 판결에 의하여 당해 처분이 취소되면 충분하고, 그 처분의 취소가 확정되어야 하는 것은 아니다.'라는 입장이다(대법원 2009. 4. 9. 선고 2008두23153 판결).

(9) 대법원이 법령상의 해석문제를 가지고 당연무효라고 판단한 경우는 매우 드물다. 대상 판결은 과세처분의 당연무효 여부를 다투는 사건으로서 당연무효의 판단기준인 중대 · 명백성 중 '명백성'과 관련하여 관계 법령에 대한 해석이 다툼의 여지가 없이 명확한지 여부가 쟁점이 된 사건이다. 대상 판결은 **관계 법령에 대한 해석이 다툼의 여지가 없이 명확한지 여부에 대해 판단한 판결**로서 의미가 있다. 대상 판결의 1심과 원심은 과세처분의 당연무효 관련 판결들을 인용하여 해당 과세처분의 근거가 된 법령의 해석이 다툼의 여지가 없이 명확하므로 이에 반하는 처분은 그 하자가 중대 · 명백하여 당연무효라고 판단하였고 대법원은 이를 지지하였다.

7. 관련판례

문서번호	내 용
대법원 2018. 7. 19. 선고 2017다242409 전원합의체 판결	과세처분이 당연무효라고 하기 위해서는 그 처분에 위법사유가 있다는 것만으로는 부족하고 그 하자가 법규의 중요한 부분을 위반한 중대한 것으로서 객관적으로 명백한 것이어야 하며, 하자가 중대하고 명백한지를 판별할 때에는 과세처분의 근거가 되는 법규의 목적 · 의미 · 기능 등을 목적론적으로 고찰함과 동시에 구체적 사안 자체의 특수성에 관하여도 합리적으로 고찰하여야 한다. 그리고 어느 법률관계나 사실관계에 대하여 어느 법령의 규정을 적용하여 과세처분을 한 경우에 그 법률관계나 사실관계에 대하여는 그 법령의 규정을 적용할 수 없다는 법리가 명백히 밝혀져서 해석에 다툼의 여지가 없음에도 과세관청이 그 법령의 규정을 적용하여 과세처분을 하였다면 그 하자는 중대하고도 명백하다고 할 것이나, 그 법률관계나 사실관계에 대하여 그 법령의 규정을 적용할 수 없다는 **법리가 명백히 밝혀지지 아니하여 해석에 다툼의 여지가 있는 때에는 과세관청이 이를 잘못 해석하여 과세처분을 하였더라도 이는 과세요건사실을 오인한 것에 불과하여 그 하자가 명백하다고 할 수 없다.**

문서번호	내 용
대법원 2014. 5. 16. 선고 2011두27094 판결	과세관청이 **법령 규정의 문언상 과세처분 요건의 의미가 분명함에도 합리적인 근거 없이 그 의미를 잘못 해석한 결과, 과세처분 요건이 충족되지 아니한 상태에서 해당 처분을 한 경우에는 법리가 명백히 밝혀지지 아니하여 그 해석에 다툼의 여지가 있다고 볼 수 없다.**
대법원 2002. 7. 26. 선고 2001두5521 판결	조세법률주의의 원칙상 조세법규는 과세요건이든 비과세 또는 조세감면 요건이든 막론하고 특별한 사정이 없는 한 법문대로 해석하여야 하고, 합리적 이유 없이 확장해석하거나 유추해석 하는 것은 허용되지 아니한다.
대법원 2019. 5. 16. 선고 2018두34848 판결	거주자가 법정신고 기한 내에 종합소득 과세표준을 관할 세무서장에게 신고한 이상 근로소득을 사업소득으로 하여 종합소득세 신고를 하는 등 **종합소득의 구분과 금액을 잘못 신고한 경우에도 이를 무신고로 볼 수 없으므로** 무신고가산세 부과처분은 당연무효이고, 원고가 납부한 세액을 실제사업자의 기납부세액으로 공제하고 원고에게 납부불성실가산세를 부과한 것은 하자가 중대하고 명백하여 당연무효의 처분이다.
대법원 2014. 1. 16. 선고 2012다23382 판결, 대법원 2015. 4. 9. 선고 2012다69203 판결	나중에 과세관청의 해석이 잘못된 것으로 밝혀졌더라도 그 **해석에 상당한 합리적 근거가 있다고 인정되는 한** 그에 따른 납세의무자의 신고 · 납부행위는 하자가 명백하다고 할 수 없어 이를 당연무효라고 할 것은 아니다
대법원 2008. 3. 20. 선고 2007두6342 전원합의체판결	이미 부담금을 납부한 경우에 **민사소송으로 부당이득반환청구소송을 제기하는 이외에 처분의 무효확인소송도 확인의 이익이 있어 적**법하다.

15-7 종합소득세 신고 시 근로소득을 사업소득으로 신고한 경우 무신고로 본 처분이 당연무효인지 여부

● 대상판결 : 대법원 2018두34848 (2019. 5. 16.) ➜ 국패

핵심 요지

원고가 이 사건 병원에서 근로자로 근무하면서 근로소득을 얻었음에도 자신이 직접 이 사건 병원을 운영하여 사업소득을 얻은 것처럼 법정신고 기한 내에 이 사건 신고서를 제출하였더라도, 이는 자신이 얻은 근로소득을 사업소득에 포함하여 종합소득 과세표준을 신고한 것으로 볼 수 있으므로, 원고가 종합소득 과세표준을 무신고 하였음을 전제로 한 이 사건 무신고가산세 부과처분은 위법하다.

1. 사실관계

(1) 갑은 치과네트워크 소속 각 치과병원의 실질적 소유자이고, 원고는 갑과의 약정에 따라 치과네트워크 소속 치과병원 중 하나인 이 사건 A치과의원의 원장으로서 월 매출액의 약 20%를 대가로 받기로 하고 근로를 제공한 근로자이다.

(2) 원고는 자신의 이름으로 이 사건 병원의 사업자등록을 마친 후, 사업소득에 대한 종합소득세 명목으로 피고에게, 2011. 5. 31. 2010년 귀속 종합소득세 255백만 원, 2012. 7. 2. 2011년 귀속 종합소득세 260백만 원을 각 신고·납부하였다.

(3) 서울지방국세청은 갑에 대한 세무조사를 실시하여 이 사건 병원을 포함한 치과네트워

크 소속 각 치과병원의 매출누락금액을 반영한 소득금액을 실제사업자인 갑의 사업소득으로 경정하면서 원고를 포함한 명의사업자에 대한 부외급여를 필요경비로 공제하는 한편, 원고를 포함한 명의사업자들의 근로소득자료를 피고를 포함한 관할세무서에 통보하였다.

(4) 이에 따라 피고는 근로소득에 대한 종합소득세 명목으로 2016. 1. 11. 원고에게 2010년 귀속 종합소득세 313백만 원(무신고가산세 36백만 원, 납부불성실가산세 92백만 원 포함), 2011년 귀속 종합소득세 272백만 원(무신고가산세 34백만 원, 납부불성실가산세 67백만 원 포함)을 각 경정 · 고지하였다.

(5) 한편 피고는 갑이 실지사업자라는 이유로 원고가 신고한 2010년, 2011년 귀속 사업소득을 모두 부인하고, 원고의 기 납부세액을 실지사업자인 갑의 기 납부세액으로 보아 갑의 체납세액에 충당하였다.

2. 쟁 점

- 종합소득세 신고 시 근로소득을 사업소득으로 신고한 경우 무신고로 본 처분이 당연 무효인지 여부
- 사업명의 대여 시 명의사업자가 납부한 세액은 실사업자와 명의사업자 중 누구의 기 납부세액으로 결정되어야 하는지 여부

3. 관련 법령

국세기본법 제14조【실질과세】

① 과세의 대상이 되는 소득, 수익, 재산, 행위 또는 거래의 귀속이 명의일 뿐이고 사실상 귀속되는 자가 따로 있을 때에는 사실상 귀속되는 자를 납세의무자로 하여 세법을 적용한다.
② 세법 중 과세표준의 계산에 관한 규정은 소득, 수익, 재산, 행위 또는 거래의 명칭이나 형식에 관계없이 그 실질 내용에 따라 적용한다.

국세기본법 제47조의2 제1항【무신고가산세】

① 납세의무자가 법정신고기한까지 세법에 따른 국세의 과세표준 신고(예정신고 및 중간신고를 포함하며, 「교육세법」 제9조에 따른 신고 중 금융·보험업자가 아닌 자의 신고와 「농어촌특별세법」 및 「종합부동산세법」에 따른 신고는 제외한다)를 하지 아니한 경우에는 그 신고로 납부하여야 할 세액(이 법 및 세법에 따른 가산세와 세법에 따라 가산하여 납부하여야 할 이자 상당 가산액이 있는 경우 그 금액은 제외하며, 이하 "무신고납부세액"이라 한다)에 다음 각 호의 구분에 따른 비율을 곱한 금액을 가산세로 한다.

1. 부정행위로 법정신고기한까지 세법에 따른 국세의 과세표준 신고를 하지 아니한 경우 : 100분의 40(역외거래에서 발생한 부정행위인 경우에는 100분의 60)
2. 제1호 외의 경우 : 100분의 20

4. 원·피고 주장 요약

(1) 원 고

① 종합소득세의 과세대상인 종합소득에는 사업소득, 근로소득 등이 포함되는바, 원고의 사업소득이 존재하지 않는 대신에 근로소득이 존재하는 것으로 보더라도 이는 소득의 종류만이 달라지는 것에 불과하므로, 원고가 사업소득에 대한 종합소득세를 신고·납부한 이상 종합소득세의 신고·납부를 불성실하게 한 것으로 볼 수 없다.

② 실제사업자인 갑은 근로소득세 원천징수의무자임에도 원고의 근로소득세를 원천징수하지 않고 원고를 통해 사업소득에 대한 종합소득세를 신고하였는바, 원고가 근로소득에 대한 종합소득세 신고를 불이행한 것에 정당한 사유가 있다.

③ 사업명의자인 원고 명의로 사업소득에 대한 종합소득세가 신고·납부된 이상 실제사업자인 갑이 이를 납부하였거나 그 납부자금을 부담하였더라도 그 납부의 법률효과는 원고에게 귀속될 뿐, 갑이 납부한 것으로 볼 수 없다. 따라서 피고로서는 원고의 근로소득에 대한 종합소득세를 계산한 후 원고 명의로 이미 신고·납부한 사업소득에 대한 종합소득세를 원고의 기 납부세액으로 충당하고 부족한 부분에 한하여 신고·납부불성실가산세를 부과할 수 있는바, 이 사건의 경우 원고의 기 납부세액이 원고의 체납세액을 초과하므로 원고에 대하여 신고·납부불성실가산세를 부과할 수 없다.

(2) 과세관청

갑에 대한 개인통합조사 및 조세범칙 조사를 실시한 결과 갑과 원고 간에 작성된 권리약정서 및 검찰의 수사자료 등에 의하여 이 사건 명의대여 치과의 재산 · 인사 · 자금 등에 대한 소유권과 경영권을 갑이 가지고 있고, 사업의 손실과 이익이 갑에게 전부 귀속되며, 원고는 종속적인 고용관계에서 근로를 제공하고 일정한 급여를 지급받은 사실이 나타나므로 원고를 이 사건 치과병원의 고용의사로 보고, 원고가 갑으로부터 수령한 금원을 근로소득으로 보아 종합소득세를 과세한 이 건 처분은 정당하다.

5. 대상판결

(1) 명의사업자가 자신의 근로소득을 감춤과 동시에 실사업자에게 귀속되어야 할 사업소득에 관한 종합소득세과세표준을 신고한 경우 이를 무신고로 보아 무신고가산세를 부과할 수 있는지 여부

… 앞서 본 사실관계를 위와 같은 법리에 비추어 볼 때, 원고가 이 사건 병원에서 근로자로 근무하면서 근로소득을 얻었음에도 자신이 직접 이 사건 병원을 운영하여 사업소득을 얻은 것처럼 법정신고 기한 내에 이 사건 신고서를 제출하였더라도, 이는 자신이 얻은 근로소득을 사업소득에 포함하여 종합소득 과세표준을 신고한 것으로 볼 수 있으므로, 원고가 종합소득 과세표준을 무신고 하였음을 전제로 한 이 사건 무신고가산세 부과처분은 위법하다. 또한 이러한 하자는 과세처분의 근거가 되는 법규의 목적 · 의미 · 기능 등을 목적론적으로 고찰해 볼 때 중대하고 객관적으로도 명백하다고 할 것이므로, **이 사건 무신고가산세 부과처분은 당연무효**라고 봄이 상당하다.

그런데도 원심은 이와 달리 그 판시와 같은 이유만으로 이 사건 신고서의 제출을 원고의 근로소득에 관한 종합소득 과세표준의 적법한 신고로 볼 수 없으므로 이를 무신고로 보아야 한다는 잘못된 전제에서 이 사건 무신고가산세 부과처분이 적법하다고 판단하였다. 이러한 원심판단에는 무신고가산세에 대한 법리 등을 오해하여 판결에 영향을 미친 잘못이 있다. 이를 지적하는 상고이유 주장은 이유 있다.

(2) **사업명의 대여 시 사업명의자가 납부한 세액은 없는 것으로 본 납부불성실가산세를 부과할 수 있는지 여부**(사업 명의대여자의 납부세액은 실사업자와 명의대여자 중 누구의 기 납부세액으로 결정되어야 하는지 여부)

원고의 기 납부세액 납부의 법률효과는 원고에게 귀속되고 실제사업자인 갑이 원고 명의로 직접 납부행위를 하였다고 하여 달리 볼 수 없으며, 원고의 기 납부세액이 원고의 체납세액을 초과하는 이상, 원고가 납부의무를 해태함으로써 얻은 금융이익이 있다고 볼 수 없다는 등의 사정을 들어, 피고가 원고에게 **원고의 체납세액에 대한 납부불성실가산세를 부과한 것은 납부의무 없는 자에 대한 처분으로 그 하자가 중대하고 객관적으로 명백하여 당연무효**로 봄이 타당하다고 판단하였다.

원심판결 이유를 관련 법리와 기록에 비추어 살펴보면, 원심의 위와 같은 판단은 정당하고, 거기에 상고이유 주장과 같이 과세처분의 당연무효에 관한 법리를 오해하는 등의 잘못이 없다.

6. 평 석

(1) 원고는 이 사건 전심 불복단계에서는 원고가 고용의사가 아니고, 실지사업자인 갑과 공동사업을 영위하였다는 취지로 주장하여 심판청구를 하였으나 기각되었다.

(2) 원고는 이 사건 소송에 이르러서는 원고의 사업소득이 존재하지 않는 대신에 근로소득이 존재하는 것으로 보더라도 이는 소득의 종류만이 달라지는 것에 불과하므로, 원고가 사업소득에 대한 종합소득세를 신고 · 납부한 이상 종합소득세의 신고 · 납부를 불성실하게 한 것으로 볼 수 없으므로 원고에게 종합소득세에 대한 신고불성실가산세와 납부불성실가산세를 부과한 것은 위법하고, 그 하자가 중대 · 명백하므로 무효라고 주장하였다.

(3) 이 사건의 쟁점은 종합소득세 신고 시 근로소득을 사업소득으로 신고한 경우 무신고로 본 처분이 당연무효인지 여부이다.

(4) 종합소득금액이 있는 거주자가 법정신고 기한 내에 종합소득 과세표준을 관할 세무서장에게 신고한 경우에는 **설령 종합소득의 구분과 금액을 잘못 신고하였다고 하더라도 이를 무신고로 볼 수는 없으므로,** 그러한 거주자에 대하여 종합소득 과세표준에 대한

신고가 없었음을 전제로 하는 무신고가산세를 부과할 수는 없다고 봄이 타당하다.

(5) 원고가 이 사건 치과병원에서 근로자로 근무하면서 근로소득을 얻었음에도 자신이 직접 이 사건 치과병원을 운영하여 사업소득을 얻은 것처럼 법정신고 기한 내에 이 사건 신고서를 제출하였더라도, 이는 자신이 얻은 근로소득을 사업소득에 포함하여 종합소득 과세표준을 신고한 것으로 볼 수 있으므로, 원고가 종합소득 과세표준을 무신고하였음을 전제로 한 이 사건 무신고가산세 부과처분은 위법하다고 대상판결은 적시하고 있다.

(6) 또한 이러한 하자는 과세처분의 근거가 되는 법규의 목적-의미-기능 등을 목적론적으로 고찰해 볼 때 중대하고 객관적으로도 명백하다고 할 것이므로, 이 사건 무신고가산세 부과처분은 당연무효라고 봄이 상당하다는 것이다.

(7) 그런데도 원심은 이와 달리 그 판시와 같은 이유만으로 이 사건 신고서의 제출을 원고의 근로소득에 관한 종합소득 과세표준의 적법한 신고로 볼 수 없으므로 이를 무신고로 보아야 한다는 잘못된 전제에서 이 사건 무신고가산세 부과처분이 적법하다고 판단한 것은 무신고가산세에 대한 법리 등을 오해하여 판결에 영향을 미친 잘못이 있다고 보았다.

(8) 원심은, 납부불성실가산세는 납세의무자로 하여금 성실하게 세액을 납부하도록 유도하여 그 납부의무의 이행을 확보함과 아울러 신고납부기한까지 미납부한 금액에 대하여 금융혜택을 받은 것으로 보아 그 납부의무 위반에 대하여 가하는 행정상의 제재로서, 실제사업자가 사업명의자 명의로 직접 납부행위를 하였거나 그 납부자금을 부담하였다고 하더라도 **납부의 법률효과는 과세처분의 상대방인 사업명의자에게 귀속될 뿐이고, 실제사업자와 과세관청의 법률관계에서 실제사업자가 세액을 납부한 효과가 발생된다고 할 수 없다**(대법원 2015. 8. 27. 선고 2013다212639 판결)는 법리를 전제한 다음, **원고의 기 납부세액 납부의 법률효과는 원고에게 귀속**되고 실제사업자인 갑이 원고 명의로 직접 납부행위를 하였다고 하여 달리 볼 수 없으며, 원고의 기 납부세액이 원고의 체납세액을 초과하는 이상, 원고가 납부의무를 해태함으로써 얻은 금융이익이 있다고 볼 수 없다는 등의 사정을 들어, 피고가 원고에게 원고의 체납세액에 대한 납부불성실가산세를 부과한 것은 납부의무 없는 자에 대한 처분으로 그 하자가 중대하고 객관적으로 명백하여 당연무효로 봄이 타당하다고 판단하였는데, 대상판결

은 원심의 위와 같은 판단은 정당하고, 거기에 피고의 상고이유 주장과 같이 과세처분의 당연무효에 관한 법리를 오해하는 등의 잘못이 없다고 하였다(**납부불성실가산세 부과처분이 무효라는 판단은 원심과 대법원 동일**하다).

(9) 과세처분이 무효이거나 취소되어 과오납부액이 발생한 경우에, **사업명의자 명의로 납부된 세액의 환급청구권자는 사업명의자와 과세관청 사이의 법률관계에 관한 직접 당사자로서 세액 납부의 법률효과가 귀속되는 사업명의자**로 보아야 한다(대법원 2015. 8. 28. 선고 2013다212639 판결).

(10) 원고는 피고를 상대로 피고가 위와 같이 원고의 사업소득에 대한 종합소득세 신고·납부를 취소함에 따라 발생된 국세환급금에 대하여 부당이득반환청구의 소를 제기하였다.

(11) 과세처분이 무효인 경우 납세의무자는 민사소송인 부당이득반환청구소송을 제기할 수도 있고, 행정소송인 과세처분 무효 확인 소송을 제기할 수도 있다. 과세처분 무효 확인 소송의 경우에는 취소소송과 달리 제소기간의 제한이 없으나, **부당이득반환청구소송**의 경우 국가나 지방자치단체에 대한 채권의 소멸시효가 5년이므로 소멸시효 중단사유가 없는 한 **세금을 납부한 날로부터 5년 내에** 법원에 소송을 제기하여야 한다.

7. 관련판례

문서번호	내 용
대법원 2015. 8. 27. 선고 2013다212639 판결	납부불성실가산세는 납세의무자로 하여금 성실하게 세액을 납부하도록 유도하여 그 납부의무의 이행을 확보함과 아울러 신고납부기한까지 미납부한 금액에 대하여 금융혜택을 받은 것으로 보아 그 납부의무 위반에 대하여 가하는 행정상의 제재로서, 실제사업자가 사업명의자 명의로 직접 납부행위를 하였거나 그 납부자금을 부담하였다고 하더라도 **납부의 법률효과는 과세처분의 상대방인 사업명의자에게 귀속될 뿐이고, 실제사업자와 과세관청의 법률관계에서 실제사업자가 세액을 납부한 효과가 발생된다고 할 수 없다.**

문서번호	내 용
대법원 1997. 12. 26. 선고 99다17575 판결	근로자에 해당하는지 여부는 그 계약이 민법상의 고용계약이든 또는 도급계약이든 그 형식에 관계없이 실질에 있어서 근로자가 사업 또는 사업장에 임금을 목적으로 **종속적인 관계에서 사용자에게 근로를 제공하였는지 여부에 따라 판단**하여야 하며, 이를 판단함에 있어서는 업무의 내용이 사용자에 의하여 정하여지고 취업규칙 · 복무규정 · 인사규정 등의 적용을 받으며 업무 수행 과정에 있어서도 사용자로부터 구체적이고 직접적인 지휘 · 감독을 받는지 여부, 사용자에 의하여 근무 시간과 근무 장소가 지정되고 이에 구속을 받는지 여부, 근로자 스스로가 제3자를 고용하여 업무를 대행케 하는 등 업무의 대체성 유무, 비품 · 원자재 · 작업 도구 등의 소유관계, 보수가 근로 자체의 대상적 성격을 갖고 있는지 여부와 기본급이나 고정급이 정하여져 있는지 여부 및 근로소득세의 원천징수 여부 등 보수에 관한 사항, 근로제공관계의 계속성과 사용자에의 전속성의 유무와 정도, 사회보장제도에 관한 법령 등 다른 법령에 의하여 근로자로서의 지위를 인정하여야 하는지 여부, 양 당사자의 경제 · 사회적 조건 등을 종합적으로 고려하여야 할 것이다.
대법원 2013. 5. 24. 선고 2013두2808 판결	공동사업이라 함은 2인 이상이 서로 출자하여 공동사업을 경영할 것을 약정하고, 그 지분 또는 손익분배의 비율 등을 정하여 당사자 전원이 그 사업의 성공 여부에 대하여 직접적으로 이해관계를 가지는 동업형태를 의미하며, 어떤 사업이 단독사업인지 공동사업인지 여부를 구별하기 위하여는 계약서의 형식이 동업계약 혹은 조합계약의 형태를 취하고 있는지 여부뿐만 아니라 당사자 사이에 개별적인 출자 여부, 사업의 성과에 따른 이익이나 손실의 분배약정 유무, 공동사업에 필요한 재산의 합유적 귀속 여부, 사업운영에의 내부적인 공동관여 여부, 대외적인 사업활동의 주체와 형식 등 구체적 · 실질적 사정을 종합적으로 고려하여 판단하여야 한다.
대법원 2015. 8. 27. 선고 2013다212639 판결	실제사업자가 사업명의자 명의로 직접 납부행위를 하였거나 그 납부자금을 부담하였다고 하더라도 **납부의 법률효과는 과세처분의 상대방인 사업명의자에게 귀속**될 뿐이며, 실제사업자와 과세관청의 법률관계에서 실제사업자가 세액을 납부한 효과가 발생된다고 할 수 없다.

15-8 과세전적부심사 결정 전 이루어진 부과처분은 그 절차적 하자가 중대하고도 명백하여 무효임

● 대상판결 : 대법원 2018두57490 (2020. 4. 9.) ➜ 국패

핵심 요지

과세전적부심사 결정이 있기 전 이루어진 법인세 부과처분은 과세전적부심사에 관한 원고의 절차적 권리를 침해하는 것으로서, 그 절차적 하자가 중대하고도 명백하여 무효임

1. 사실관계

2010. 11. 30.	과세예고 통지
2010. 12. 29.	과세전적부심사 청구
2011. 3. 22.	2005 사업연도 법인세부과(부과제척기간 임박)
2012. 2. 6.	과세전적부심사 결정(일부채택)
2012. 2. 13.	원고에게 결정문 송달
2012. 5. 11.	심판청구
2014. 10. 8.	2005 사업연도 법인세 부과처분은 청구기간 도과한 부적법한 청구로 각하결정(조세심판원)

(1) 원고는 1968. 3. 25. 제선, 제강 및 압연재의 생산과 판매업을 목적으로 설립된 회사이다.

(2) 대구지방 국세청장은 원고에 대한 2005 내지 2009 각 사업연도 귀속분 법인세 등에 대한 정기세무조사를 실시한 후, 2010. 11. 30. 원고에 대하여 위 각 사업연도 귀속분 법인세 과세예고통지를 하였다.

(3) 이에 원고는 2010. 12. 29. 국세청장에게 과세전적부심사를 청구하였다. 피고는 이 사건 과세전적부심사에 대한 심리가 계속 중이던 2011. 3. 22. 위 각 법인세 중 2005 사업연도 귀속분의 부과제척기간이 임박하였다는 이유로 원고에 대하여 2005 사업연도 귀속분 법인세 20,820백만 원(가산세 포함)을 부과 · 고지하였다.

(4) 이후 국세청장은 2012. 2. 6. 이 사건 과세전적부심사에 대하여 일부 항목을 채택하고 나머지 항목은 불채택 하는 결정을 하였다. 피고는 위 결정의 취지에 따라 이미 부과된 2005 사업연도 법인세 중 5,884백만 원을 직권으로 취소하여 원고에게 환급하는 한편, 2012. 3. 2. 원고에 대하여 2006 사업연도 귀속분 법인세(가산세 포함) 부과처분 등을 하였다.

(5) 원고는 이에 불복하여 2012. 5. 11. 이 사건 부과처분의 취소를 구하는 심판청구를 하였는데, 조세심판원은 2014. 10. 8. '2005년 법인세 부과처분에 대하여는 청구기간을 도과한 부적법한 청구로서 각하하고, 나머지 청구에 대하여는 모두 기각하는 결정을 하였으며, 위 결정문은 2014. 10. 13. 원고에게 송달되었다.
(2006~2008 각 사업연도 법인세부과처분에 대하여는 논외로 하기로 한다).

2. 쟁 점

과세전적부심사 결정이 있기 전 이루어진 법인세 부과처분이 절차적 하자가 중대하고도 명백하여 무효인지 여부

3. 관련 법령

국세기본법 제81조의15 제1항, 제3항 제3호, 제4항

국세기본법 제81조의15 제1항은 과세전적부심사를 청구할 수 있는 경우를 규정하고, 제3항 제3호는 그 예외로서 **'세무조사 결과 통지 및 과세예고 통지를 하는 날부터 국세부과 제척기간의 만료일까지의 기간이 3개월 이하인 경우'**를 규정하며, 제4항은 과세전적부심사 청구를 받은 세무서장 등은 국세심사위원회의 심사를 거쳐 결정을 하고 그 결과를 청구를 받은 날부터 30일 이내에 청구인에게 통지하도록 규정하고 있다.

국세기본법 시행령 제63조의 15 제4항

과세전적부심사 청구를 받은 세무서장 등은 "그 청구부분에 대하여 국세기본법 제81조의15 제3항에 따른 결정이 있을 때까지 과세표준 및 세액의 결정이나 경정결정을 유보하여야 한다"고 규정하면서, 단서에서 "국세기본법 제81조의15 제3항 각 호의 어느 하나에 해당하는 경우 또는 같은 조 제8항에 따른 신청이 있는 경우에는 그러하지 아니하다"고 예외를 규정하고 있다.

4. 원 · 피고 주장 요약

(1) 원 고

2005 사업연도 법인세 부과처분은 이 사건 과세전적부심사 결정 이전에 부과된 것으로서 국세기본법 시행령 제63조의15 제4항 단서에서 정한 처분유보 배제사유에 해당하지 아니하므로, 2005 사업연도 법인세 부과처분은 절차적으로 위법하고, 그 위법성이 중대 · 명백하여 무효이다.

(2) 피고(과세관청)

구 국세기본법 제81조의15 제2항 각 호, 구 국세기본법 시행령 제63조의14 제4항 단서에 의하면, 과세처분일을 기준으로 부과제척기간까지의 기간이 3개월 미만인 경우에는 과세전적부심사의 청구에 대한 결정을 하기 전이라도 과세처분을 할 수 있다(2011. 3. 22. 원고에 대하여 2005년 사업연도 법인세 부과처분을 하였으므로, 그 과세처분일을 기준으로 할 경우에는 부과제척기간까지의 기간이 3개월 미만인 경우에 해당한다).

5. 대상판결

… 원심은 그 판시와 같은 이유로 구 국세기본법 시행령 제63조의14 제4항 단서에서 과세전적부심사의 청구에 대한 결정을 하기 전이라도 과세처분을 할 수 있는 예외사유로 정한 국세기본법 제81조의15 제2항 제3호에서 말하는 '국세부과 제척기간의 만료일까지의 기간이 3개월 미만인 경우'인지의 **판단 기준일은 '세무조사 결과 통지 및 과세예고 통지를**

하는 날'일 뿐 피고의 주장과 같이 '과세처분일'이라고 볼 수 없다고 판단하였다. 그런 다음 원심은 원고가 피고로부터 2005 사업연도 법인세에 관한 세무조사 결과 통지 및 과세예고 통지를 받은 2010. 11. 30.부터 위 과세처분의 부과제척기간 만료일인 2011. 3. 31.까지의 기간이 3월을 초과함은 역수상 분명하므로, 피고의 주장과 같이 구 국세기본법 제81조의15 제2항 제3호에서 정한 예외사유가 있다고 볼 수 없고, 달리 **과세전적부심사에 대한 결정이 있기 전이라도 과세처분을 할 수 있는 특별한 사정이 없음에도** 불구하고, 피고가 이 사건 **과세전적부심사의 청구에 대한 결정을 하기도 전에** 원고에 대하여 2005년 법인세 20,820백만 원(가산세 포함)의 **부과처분을 한 것은, 납세자의 절차적 권리를 침해하는 것으로서 그 절차상 하자가 중대하고도 명백하여 무효**라고 판단하였다.

앞서 본 규정과 관련 법리에 따라 기록을 살펴보면, 이 사건 소 중 앞서 본 바와 같이 부적법하다고 보아야 할 부분을 제외한 나머지 2005년 법인세 부과처분 부분에 관한 원심의 위와 같은 판단은 정당하고, 거기에 피고의 상고이유 주장과 같이 과세전적부심 결정 전 처분유보의무 및 예외사유의 해석 등에 관한 법리를 오해하여 판결에 영향을 미친 잘못이 없다.

6. 평 석

(1) 피고가 2010. 11. 30. 원고에 대하여 세무조사 결과 통지 및 과세예고 통지를 하자, 원고가 2010. 12. 29. 국세청장에게 이 사건 과세전적부심사를 청구하였는데, 국세청장이 2012. 2. 6.에야 이 사건 과세전적부심사 청구에 대한 결정을 한 사실은 앞서 본 바와 같다. 한편 2005 사업연도 법인세에 관하여 납세의무 있는 내국법인은 사업연도 종료일이 속하는 달의 말일부터 3개월 이내인 2006. 3. 31.까지 2005 사업연도의 소득에 대한 과세표준과 세액을 신고하여야 하므로(법인세법 제60조), 2005 사업연도 법인세 부과처분의 제척기간은 특별한 사정이 없는 한 2011. 3. 31.까지이다.

(2) 구 국세기본법 제81조의15는 제1항 본문 및 제2호에서 "과세예고 통지를 받은 자는 통지를 받은 날부터 30일 이내에 통지를 한 세무서장이나 지방국세청장에게 통지 내용의 적법성에 관한 심사를 청구할 수 있다"라고 규정하고 있고, 제3항에서 "과세전적부심사 청구를 받은 세무서장, 지방국세청장 또는 국세청장은 각각 국세심사위원회의

심사를 거쳐 결정을 하고 그 결과를 청구를 받은 날부터 30일 이내에 청구인에게 통지하여야 한다"라고 규정하고 있으며, 제8항의 위임에 따른 구 국세기본법 시행령 제63조의14 제4항 본문은 "과세전적부심사 청구를 받은 세무서장, 지방국세청장 또는 국세청장은 그 청구부분에 대한 결정이 있을 때까지 과세표준 및 세액의 결정이나 경정결정을 유보하여야 한다"라고 규정하고 있다.

(3) 조세법률주의의 원칙상 조세법규의 해석은 특별한 사정이 없는 한 법문대로 해석할 것이고 합리적 이유 없이 확장해석하거나 유추해석하는 것은 허용되지 않는다(대법원 2004. 5. 27. 선고 2002두6781 판결 등 참조). 구 국세기본법 제81조의15 제2항, 구 국세기본법 시행령 제63조의14 제4항 단서는, 과세전적부심사를 거치지 않고 곧바로 과세처분을 할 수 있거나 과세전적부심사에 대한 결정이 있기 전이라도 과세처분을 할 수 있는 예외사유를 제한적으로 열거하고 있다. 이 사건에서 문제되는 조항인 구 국세기본법 제81조의15 제2항 제3호는 그 예외사유로 '세무조사 결과 통지 및 과세예고 통지를 하는 날부터 국세부과 제척기간의 만료일까지의 기간이 3개월 이하인 경우'라고 규정하여, **'부과제척기간까지의 기간이 3개월 미만'이라는 기간산정의 기산일을 '세무조사 결과 통지 및 과세예고 통지를 하는 날'로 정하고** 있을 뿐, 피고의 주장과 같이 **'과세처분일'로 정하지 않고 있다**(그 경우에는, '과세처분일로부터 국세부과 제척기간의 만료일까지의 기간이 3개월 이하인 경우'라고 규정하였을 것이다).

(4) 과세전적부심사 제도는 1999. 8. 31. 법률 제5993호로 국세기본법이 개정되면서 도입된 것으로, 과세처분을 하기 전에 과세할 내용을 미리 납세자에게 통지하고 그 내용에 이의가 있는 납세자로 하여금 과세관청에 적법심사를 청구할 수 있도록 함으로써 납세자 권리구제의 실효성을 제고하기 위하여 마련된 절차이다. 납세자는 과세전적부심사를 청구하여 과세처분 전에 자신의 의견을 진술할 기회를 가질 수 있고, 이에 따라 과세관청은 사전에 위법·부당한 과세처분을 스스로 시정할 수 있게 되는데, 이러한 과세전적부심사 제도는 과세처분에 관한 사전적·예방적 권리구제절차라는 데에 중요한 의미가 있으므로, **함부로 그 예외사유를 유추하거나 확장할 수 없다.**

(5) 헌법 제12조 제1항에서 규정하고 있는 적법절차의 원칙은 형사소송절차에 국한되지 않고 세무공무원이 과세권을 행사하는 경우에도 마찬가지로 준수하여야 한다(대법원 2016. 4. 15. 선고 2015두52326 판결 등 참조).

(6) 과세전적부심사 제도는 과세권자의 부당한 과세권행사를 사전에 제한함으로써 납세자의 권리를 구제하고자 하는 사전구제절차이므로 심사청구 및 심사과정에서의 절차 역시 준수되어야 할 것이다.

(7) 따라서 구 국세기본법 및 구 국세기본법 시행령이 과세전적부심사를 거치지 않고 곧바로 과세처분을 할 수 있거나 과세전적부심사에 대한 결정이 있기 전이라도 과세처분을 할 수 있는 예외사유로 정하고 있다는 등의 특별한 사정이 없는 한, 과세예고 통지 후 과세전적부심사 청구나 그에 대한 결정이 있기도 전에 과세처분을 하는 것은 원칙적으로 과세전적부심사 이후에 이루어져야 하는 과세처분을 그보다 앞서 함으로써 과세전적부심사 제도 자체를 형해화 시킬 뿐만 아니라 과세전적부심사 결정과 과세처분 사이의 관계 및 그 불복절차를 불분명하게 할 우려가 있으므로, 그와 같은 과세처분은 납세자의 절차적 권리를 침해하는 것으로서 그 절차상 하자가 중대하고도 명백하여 무효라고 할 것이다(대법원 2016. 12. 27. 선고 2016두49228 판결 참조).

(8) 과세전적부심사의 청구에 대한 결정을 하기 전이라도 과세처분을 할 수 있는 예외사유로 정한 국세기본법 제81조의15 제2항 제3호에서 말하는 '국세부과 제척기간의 만료일까지의 기간이 3개월 미만인 경우'인지의 **판단 기준일**은 **'세무조사 결과 통지 및 과세예고 통지를 하는 날'**일 뿐 피고의 주장과 같이 '과세처분일'이라고 볼 수 없다.

(9) 원고가 피고로부터 2005 사업연도 법인세에 관한 세무조사 결과 통지 및 과세예고 통지를 받은 2010. 11. 30.부터 위 과세처분의 부과제척기간 만료일인 2011. 3. 31.까지의 기간이 3월을 초과함은 역수상 분명하므로, 피고의 주장과 같이 구 국세기본법 제81조의15 제2항 제3호에서 정한 예외사유가 있다고 볼 수 없고, 달리 과세전적부심사에 대한 결정이 있기 전이라도 과세처분을 할 수 있는 특별한 사정이 없음에도 불구하고, 피고가 이 사건 과세전적부심사의 청구에 대한 결정을 하기도 전에 원고에 대하여 2005년 법인세 20,820백만 원(가산세 포함)의 부과처분을 한 것은, 납세자의 절차적 권리를 침해하는 것으로서 그 절차상 하자가 중대하고도 명백하여 무효이다.

(10) 본 건의 경우 부과제척기간에도 불구하고 과세전적부심사청구에 대한 결정이 2012년 2월경에야 내려진 이유를 이해하기 어려우나, 위 명문의 규정상 2005 사업연도 귀속분 법인세 약 200억 원의 부과처분은 무효임을 면할 수 없다 하겠다.

7. 관련판례

문서번호	내 용
대법원 2012. 10. 11. 선고 2010두19713 판결	과세전적부심사제도는 과세처분 이후의 사후적 구제제도와는 별도로 과세처분 이전의 단계에서 납세자의 주장을 반영함으로써 권리구제의 실효성을 높이기 위하여 마련된 사전적 구제제도이기는 하지만, **조세 부과의 제척기간이 임박한 경우에는 이를 생략할 수 있는 등 과세처분의 필수적 전제가 되는 것은 아니다.**
대법원 2016. 12. 27. 선고 2016두49228 판결	국세기본법 및 국세기본법 시행령이 과세전적부심사를 거치지 않고 곧바로 과세처분을 할 수 있거나 과세전적부심사에 대한 결정이 있기 전이라도 과세처분을 할 수 있는 예외사유로 정하고 있다는 등의 특별한 사정이 없는 한, 과세예고 통지 후 과세전적부심사 청구나 그에 대한 결정이 있기도 전에 과세처분을 하는 것은 원칙적으로 과세전적부심사 이후에 이루어져야 하는 과세처분을 그보다 앞서 함으로써 과세전적부심사 제도 자체를 형해화시킬 뿐만 아니라 과세전적부심사 결정과 과세처분 사이의 관계 및 불복절차를 불분명하게 할 우려가 있으므로, 그와 같은 과세처분은 납세자의 절차적 권리를 침해하는 것으로서 절차상 하자가 중대하고도 명백하여 무효이다.
대법원 2004. 5. 27. 선고 2002두6781 판결	조세법률주의의 원칙상 조세법규의 해석은 특별한 사정이 없는 한 법문대로 해석할 것이고 합리적 이유 없이 확장해석하거나 유추해석 하는 것은 허용되지 않는다.
대법원 2016. 4. 15. 선고 2015두52326 판결	사전구제절차로서 과세전적부심사 제도가 가지는 기능과 이를 통해 권리구제가 가능한 범위, 이러한 제도가 도입된 경위와 취지, 납세자의 절차적 권리 침해를 효율적으로 방지하기 위한 통제 방법과 더불어, **헌법 제12조 제1항에서 규정하고 있는 적법절차의 원칙은 형사소송절차에 국한되지 아니하고 세무공무원이 과세권을 행사하는 경우에도 마찬가지로 준수**하여야 할 것이다.

제16절 처분사유 추가·변경

16-1 개 요

1. 처분사유의 추가·변경

(1) 행정행위 구성

행정행위는 사실상의 기초와 법률상의 근거로 구성되는데, 이를 "처분이유" 또는 "처분사유"라고도 한다.

원 칙

> 행정처분의 적법 여부는 처분 당시의 사유와 사정을 기준으로 판단하여야 하고, 처분청이 처분 이후에 추가한 새로운 사유를 보태어 당초처분의 흠을 치유시킬 수는 없는 것이다.

(2) 심판의 범위에 대한 2가지 학설

쟁점주의	총액주의
심판의 범위는 당해 과세근거의 적부 또는 개개의 구체적 위법사유의 존부에만 미치게 되므로, 이 경우에는 **처분사유가 곧 소송물**에 해당하게 되어 **소송 중에 처분사유의 동일성이 없는 다른 이유를 주장하는 것은 허용되지 않는다.**	처분사유는 공격방어방법에 불과하여 처분의 동일성을 해하지 아니하는 한 사실심 변론까지 새로운 주장을 자유로이 제출할 수 있다. ※ **총액주의 : 통설·판례 입장**

(3) 총액주의에 따른 처분사유 변경 허용 판례

① 처분 당시 인식한 이유와 동일성이 인정되는 경우에는 **사실심 변론 종결 시까지 새로운 주장을 제출할 수 있다**(대법원 1989. 12. 22. 선고 88누7255 판결; 대법원 1997. 5.

16. 선고 96누8796 판결; 대법원 1988. 6. 7. 선고 87누1079 판결 등).

② **처분의 동일성이 유지되는 범위 내에서는 처분사유를 교환적으로 변경하지 아니하고 처분사유를 예비적으로 추가하거나, 택일적으로 주장하는 것도 가능하다**(대법원 2011. 1. 27. 선고 2009두1617 판결).

2. 처분의 동일성에 대한 판례의 태도

(1) 대법원 1994. 5. 24. 선고 92누9265 판결 : 국승

과세처분이란 법률에 규정된 과세요건이 충족됨으로써 객관적·추상적으로 성립한 조세채권의 내용을 구체적으로 확인하여 확정하는 절차이고 그 취소소송은 과세처분의 실질적·절차적 위법을 취소원인으로 하는 것으로서 심판의 대상은 과세처분에 의하여 확인된 조세채무인 과세표준과 세액의 객관적인 존부라고 할 것이므로 양도소득세 부과처분에 있어서 양도 상대방을 오인한 것이라도 과세원인이 된 양도자산이 동일하면 처분의 동일성은 유지된다.

(2) 대법원 1997. 11. 14. 선고 96누8307 판결 : 국패

이자소득과 부동산 임대소득이 「소득세법」상 합산과세되는 종합소득이라 하여도 과세요건과 소득금액의 산정방식 등을 달리하고 있으므로 납세의무자의 소득이 부동산 임대소득이라 하여 과세되었으나 이자소득임이 인정되는 경우에는 처분사유를 변경하고 그에 따른 정당한 세액을 주장·입증하지 아니하는 한 당해 처분 전부를 취소하여야 하고, 법원이 정당한 이자소득세를 산출하여 이를 초과하는 범위 내에서만 부과처분을 취소하여야 하는 것은 아니다.

(3) 대법원 1997. 12. 26. 선고 97누4456 판결 : 국승

과세표준과 세액이 동일한 원천징수 갑종근로소득세의 세목 아래에서 의제소득을 현실소득의 귀속으로 달리 주장하는 것은 동일한 소송물의 범위 내로서 처분사유의 변경이 허용된다 할 것이므로, 구 「법인세법시행령」(1993. 12. 31. 대통령령 제14080호로 개정되기 전의 것) 제94조의 2에 근거하여 소득금액을 지급한 것으로 의제하는 소득처분과는 별도로, 과세관청으로서는 사실심 변론종결 시까지는 당초 처분에서 인정한 과세표준 또는 세액의 정당성을 뒷받침할 수 있는 새로운 자료로써 대표이사에게 소득이 현실적으로 귀속된 사실 및 그 소득의 종류를 주장·입증할 수 있다.

(4) 대법원 2011. 1. 27. 선고 2009두1617 판결 : 국승

甲이 자신의 아버지가 출자에 의하여 지배하고 있는 법인의 감사로서 특수관계자 乙로부터 비상장주식을 저가로 양수하였다고 보고 증여세 부과처분을 하였다가, 후에 위 주식의 실질적인 보유자는 甲의 부(父)이고 乙은 명의수탁자에 불과하므로 甲이 특수관계자인 부(父)로부터 주식을 저가로 양수하였다는 처분사유를 예비적으로 추가한 것은, 처분의 동일성이 유지되는 범위 내에서의 처분사유의 변경으로서 허용된다.

(5) 소 결

대법원은 "처분의 동일성" 범위를 넓게 해석하고 있는 것으로 보인다.

3. 관련 판례

문서번호	내 용
대법원 2021. 2. 25. 선고 2020두49058 판결	**구 소득세법 제21조 제1항 제19호**('인적용역을 일시적으로 제공하고 받는 대가')**를 처분사유로 삼았다가 원심에 이르러 같은 항 제17호**('사례금')**를 주위적 처분사유로 추가한 것은 처분의 동일성이 유지되는 범위 내에서의** 처분사유 변경으로서 허용됨
대법원 2002. 3. 12. 선고 2000두2181 판결, 대법원 2011. 1. 27. 선고 2009두1617 판결	**과세관청이 종합소득세부과처분의 정당성을 뒷받침하기 위하여** 합산 과세되는 종합소득의 범위 안에서 그 소득의 원천만을 달리 주장하는 것은 처분의 동일성이 유지**되는 범위 내의 처분사유 변경에 해당하여 허용된다.**
대법원 1992. 7. 28. 선고 91누10695 판결, 대법원 1993. 9. 28. 선고 92누10180 판결	**과세관청이 과세표준과 세액의 산출·결정과정에서 잘못을 저질러 과세처분이 위법한 경우라도 그와 같이 하여 부과 고지된 세액이** 정당한 산출 세액의 범위를 넘지 아니하고 잘못된 방식이 과세단위와 처분사유의 범위를 달리하는 정도의 것이 아니라면 정당 세액 범위 내의 부과고지처분이 위법하다 하여 이를 취소할 것은 아니다.

문서번호	내 용
대법원 1999. 12. 24. 선고 98두7350 판결	구 법인세법 제32조 제5항에 대한 헌법재판소의 위헌결정(헌법재판소 1995. 11. 30. 선고 93헌바32 결정 등)이 있었음을 이유로 처분사유를 교환·변경하면서, 과세단위가 단일한 종합소득세의 세목 아래에서 같은 금액의 소득이 현실적으로 귀속되었음을 이유로 들어 과세근거 규정을 달리 주장하는 것은 처분의 동일성이 유지되는 범위 내의 처분사유의 교환·변경에 해당하므로 허용된다.
2023. 6. 29. 선고 2020두46073 판결	대법원 과세처분의 무효확인 소송에서 소송물은 객관적인 조세채무의 존부확인이므로, 과세관청은 소송 중이라도 사실심 변론 종결 시까지 해당 처분에서 인정한 과세표준 또는 세액의 정당성을 뒷받침하기 위하여 처분의 동일성이 유지되는 범위 내에서 처분사유를 교환·변경할 수 있다.

제17절 전치주의

17-1 개 요

1. 「국세기본법」상 전치주의 예외(국세기본법 §56 ③)

심사청구 또는 심판청구에 관한 결정기간(90일) 내에 결정의 통지를 받지 못한 경우에는 **결정통지를 받기 전이라도 그 결정기간이 지난 날부터** 행정소송을 제기할 수 있다[서울행정법원, 조세소송실무(2012), p.292].

2. 판례에서 인정하는 전치주의 완화

(1) 2개 이상의 같은 목적의 행정처분이 단계적·발전적 과정에서 이루어진 것으로서 서로 내용상 관련이 있는 경우

① 국세의 부과처분과 가산금 및 중가산금의 징수처분에 있어 선행처분인 국세의 부과처분을 거친 경우(대법원 1986. 7. 22. 선고 85누297 판결)

② 상속세 연부연납허가에 따른 상속세 부과처분에 있어 동일한 위법을 사유로 한 1차 연도분 부과처분을 하였는데 1차 연도분 상속세 부과처분에 대하여 전심절차를 거친 경우(대법원 2000. 9. 26. 선고 99두1557 판결)

③ 동일 목적을 위하여 진행되는 체납처분절차에서 선행처분인 압류처분의 위법을 이유로 후행처분인 공매처분의 취소를 구함에 있어, 압류처분에 대하여 전심절차를 거친 경우(대법원 1989. 11. 10. 선고 88누7996 판결)

④ 동일한 계약관계에서 발생한 2년에 걸친 이자에 대한 원천징수의무불이행을 이유로 한 2개의 가산세 부과처분이 세목과 납세의무자 및 주장하는 위법사유가 동일

한 경우에 있어 선행부과처분에 대하여 전심절차를 거친 경우(대법원 1991. 7. 26. 선고 91누117 판결)

(2) 당초처분과 그에 대한 변경처분의 위법사유가 공통된 경우

당초처분에 대하여 전심절차를 거친 후 과세관청이 당초처분에 대한 증액경정 기타 변경처분을 한 경우에 그 위법사유가 당초처분과 동일하고 당초처분에 대하여 전심절차를 경유하였다면 다시 전심절차를 거칠 필요가 없다(대법원 2006. 4. 14. 선고 2005두10170 판결; 대법원 1997. 4. 8. 선고 96누2000 판결 등).

(3) 동일한 과세처분에 의하여 납세의무를 부담한 수인 중 1인이 전심 절차를 거친 경우

공동상속에 있어 공동상속인을 대표하여 상속세의 과세표준과 세액의 결정통지를 받을 수 있는 자가 전심철차를 거친 경우(대법원 1990. 1. 23. 선고 89누923 판결)의 나머지 상속인 및 주식회사 과점주주 승인을 제2차 납세의무자로 지정하여 부과처분을 한 경우 그 중 1인이 적법한 전심절차를 거친 경우의 나머지 사람은 전심절차를 거치지 않고 소를 제기할 수 있다(대법원 1988. 2. 23. 선고 87누704 판결).

(4) 전심절차가 필요하다고 본 경우

과세처분이 여러 개인 경우에는 원칙적으로 전심절차를 따로 거쳐야 한다.

① 의제배당소득과 관련한 원천징수고지 등의 처분에 대하여는 전심절차를 거쳤으나 의제배당소득 등과 관련한 종합소득세 부과처분에 대하여는 전심절차를 거치지 않으면 부적법하다(대법원 2009. 5. 28. 선고 2007두25817 판결).

② 당초 전심단계에서 가산세 부과처분만의 취소를 구하다가 청구를 변경하여 본세를 포함한 부과처분 전부의 취소를 구한 경우(대법원 1982. 12. 14. 선고 82누315 판결)

③ 동일한 매출누락을 원인으로 한 법인세, 부가가치세, 갑종근로소득세 등의 부과처분의 경우 각 과세처분별로 전심절차를 거쳐야 한다(대법원 1984. 12. 26. 선고 82누195 판결).

17-2 전심절차 제외사유에 해당하더라도 제소기간은 준수하여야 한다

● 대상판결 : 대법원 2015두47607 (2015. 12. 23.) ➜ 파기자판, 국승

핵심 요지

납세의무자가 전심절차를 거치지 않고도 과세처분의 취소소송을 제기할 수 있는 경우에는 특별한 사정이 없는 한 「행정소송법」 제20조 제1항에서 정한 바에 따라 처분 등이 있음을 안 날부터 90일 이내에 그 취소소송을 제기하여야 한다.

1. 사실관계

(1) 피고는 원고가 갑에게 이 사건 주식을 명의신탁한 사실에 대하여 수탁자인 갑에게 증여세 부과처분(원고 : 대표이사, 갑 : 경영본부장)하였다.

(2) 피고는 같은 날 원고에게 명의신탁 증여의제에 따른 증여자로 연대납세의무자로 보고 같은 액수의 증여세를 부과처분하였다.

(3) 갑은 심판청구를 제기하였고, 조세심판원장은 일부주식(수회에 걸쳐 거래가 있었다)에 대하여는 주식을 증여받은 것으로 볼 수 없다는 결정을 하였다(일부 인용).

(4) 원고는 심판청구를 하지 아니하고 이 사건 처분의 취소를 구하는 소를 제기하였다.

2. 쟁 점

납세의무자가 전심절차를 거치지 않고도 과세처분의 취소를 구하는 행정소송을 제기할 수 있는지 여부

3. 대상판결

(1) 국세청장과 조세심판원으로 하여금 기본적 사실관계와 법률문제에 대하여 다시 판단할 수 있는 기회를 부여하였을 뿐더러 납세의무자로 하여금 굳이 또 전심절차를 거치

게 하는 것이 가혹하다고 보이는 등 정당한 사유가 있는 때에는 납세의무자가 전심절차를 거치지 않고도 과세처분의 취소를 구하는 행정소송을 제기할 수 있다. … 납세의무자가 전심절차를 거치지 않고도 과세처분의 취소소송을 제기할 수 있는 경우에는 특별한 사정이 없는 한 「행정소송법」 제20조 제1항에서 정하는 바에 따라 **처분 등이 있음을 안 날부터 90일 이내에 그 취소소송을 제기하여야** 하고, 이는 동일한 의무를 부담하게 된 납세의무자들 중 1인에 적법한 전심절차를 거침으로써 다른 납세의무자가 전심절차를 거치지 않고 곧바로 과세처분의 취소소송을 제기하는 경우에도 마찬가지이다.

(2) 피고가 2013. 2. 6. 원고에게 이 사건 부과처분을 하였고, 원고는 그 무렵 납세고지서를 송달받고도 갑이 조세심판원으로부터 인용결정을 받은 후인 2014. 5. 19.에야 이 사건 소를 제기하였으므로, 이 사건 소는 처분이 있음을 안 날로부터 90일이 도과한 후에 제기된 것으로서 제소기간을 준수하지 못하여 부적법하다(원심판결 파기하고 자판, 국승).

4. 평 석

(1) 종전 대법원은 연대납세의무자인 증여자는 수증자와 별도로 전심절차를 거쳐야 한다고 봄이 타당하다고 보았다(대법원 1992. 9. 8. 선고 92누4383 판결).

(2) 이 사건의 1심법원(서울행정법원 2014. 11. 21. 선고 2014구합9226 판결)은 종전 판례의 태도와 같이 수증자의 증여세부과처분의 증여자로서 연대납세의무자는 과세요건을 달리하는 별개의 처분으로 전심절차를 거쳐야 한다고 판단하였다(국승).

(3) 원심법원(서울고등법원 2015. 6. 25. 선고 2014누72578 판결)은 증여세 납세의무와 연대납세의무는 실질적으로 동일하므로 판례가 전심절차를 거칠 필요가 없다고 보는 유형 중 동일한 과세처분의 취소소송을 제기할 수 있는 경우에 해당된다고 설시하고 제소기간에 대한 검토 없이 소의 제기가 적법하다고 판단하였다(국패).

(4) 대상판결은 원심법원의 판단을 수긍하면서(전심절차 거칠 필요 없다)도 납세의무자가 전심절차를 거치지 않고도 과세처분의 취소소송을 제기할 수 있는 경우에는 특별한 사정이 없는 한 「행정소송법」 제20조 제1항에서 정하는 바에 따라 **그 취소소송을 제**

기(90일 이내)하여야 하고, 이는 동일한 의무를 부담하게 된 납세의무자들 중 1인이 **적법한 전심절차를 거침으로써 다른 납세의무자가 전심절차를 거치지 않고 곧바로 취소소송을 제기하는 경우에도 마찬가지**라고 판시하였다(국승).

5. 관련 판례

문서번호	내 용
대법원 2001. 6. 12. 선고 99두8930 판결	조세소송의 전심절차는 소송물이 되는 개별처분마다 따로 거치는 것이 원칙이어서 원고가 증여자로부터 시일을 달리하여 증여받은 금원에 대하여 각 증여세가 부과되었을 때에는 각 과세처분별로 전심절차를 거쳐야 하고, 어느 하나의 처분에 대하여 전심절차를 거쳤다 하여 다른 처분에 대하여 바로 소를 제기할 수는 없는 것이다.

제18절 서류의 송달

18-1 실제 거주하지 않은 주민등록 거주지에 송달한 납세고지서의 적법 여부

● 대상판결 : 대법원 97누8977 (1998. 2. 13.) ➜ 국패

핵심 요지

우편물이 등기취급의 방법으로 발송된 경우, 특별한 사정이 없는 한, 그 무렵 수취인에게 배달되었다고 보아도 좋을 것이나, 수취인이나 그 가족이 주민등록지에 실제로 거주하고 있지 아니하면서 전입신고만을 해 둔 경우에는 그 사실만으로써 주민등록지 거주자에게 송달수령의 권한을 위임하였다고 보기는 어려울 뿐 아니라 수취인이 주민등록지에 실제로 거주하지 아니하는 경우에도 우편물이 수취인에게 도달하였다고 추정할 수는 없고, 따라서 이러한 경우에는 우편물의 도달사실을 과세관청이 입증해야 할 것이고, 수취인이나 그 가족이 주민등록지에 실제로 거주하고 있지 아니하면서 전입신고만을 해 두었고, 그 밖에 주민등록지 거주자에게 송달수령의 권한을 위임하였다고 보기 어려운 사정이 인정된다면, 등기우편으로 발송된 납세고지서가 반송된 사실이 인정되지 아니한다 하여 납세의무자에게 송달된 것이라고 볼 수는 없다.

1. 사실관계

(1) 1988. 10. 4. 원고는 이 사건 부동산을 양도하고 무신고하였다.

(2) 1994. 5. 1. 피고는 이 사건 부동산양도에 대하여 1988년 귀속 양도소득세를 부과처분하였다.

(3) 1994. 5. 4. 피고는 납세고지서를 등기우편으로 원고의 주민등록지(B)로 발송하였다.

(4) 1992. 2. 29. 원고는 원고의 아버지와 친분이 있는 ○○동(B)으로 주민등록법상 전입신고를 하였으나, 실제로는 그 곳에 거주하지 아니하였다.

(5) 1994. 5.경 ○○동(B)에는 타인들이 각각 거주하고 있었고 원고의 주민등록상 거주지인 B를 담당하는 예비군중대 행정병이 예비군교육통지서를 교부하고자 하였으나 교부하지 못하고 원고의 예비군편성카드에 기재된 원고의 직장전화번호로 연락한 사실이 있다.

(6) 1994. 7. 7. 이 사건 양도소득세 부과처분에 대한 주민세 납세고지서도 원고의 주민등록 주소지(B)로 등기우편으로 발송되었다가 반송되었다.

(7) 소 결

원고는 원고나 그 가족이 주민등록지(B)에 실제로 거주하고 있지 아니하면서 전입신고만 해 두었다.

2. 쟁 점

주민등록지에 전입신고만 해놓고 실제 거주하지 않으며 주민등록지 거주자에게 송달수령의 권한이 위임 안 된 납세고지서를 등기우편 발송하고 반송되지 않은 경우 적법하게 송달된 것으로 볼 수 있는지 여부

3. 대상판결

「국세기본법」 제8조 제1항은 "이 법 또는 세법에 규정하는 서류는 그 명의인(당해 서류에 수신인으로 지정되어 있는 자를 말한다)의 주소, 거소, 영업소 또는 사무소에 송달한다"고 규정하고, 제12조 제1항은 "제8조의 규정에 의하여 송달하는 서류는 그 송달을 받아야 할 자에게 도달한 때로부터 효력이 발생한다"고 규정하고 있으며, 같은 법 제10조는 서류의 송달은 교부 또는 우편에 의하되(제1항), 납세고지서의 송달을 우편에 의하고자 할 때에는 등기우편에 의하도록 하고 있다(제2항). 그리고 「우편법」 제31조, 같은 법 시행령 제42조 제12항에 의하면, 우편물은 그 표면에 기재된 곳에 배달하는 것이고, 「우편법시행령」 제42조 제3항에 의하면 등기로 취급하는 우편물은 수취인, 동거인(동일 직장에서 근무하는 자를 포함한다) 또는 제43조 제1호(동일 건축물 또는 동일 구내의 수취인에게 배달할 우편물로서 그 건축물 또는 구내의 관리사무소, 접수처 또는 관리인) 및 제5호(수취인이 동일집배구에 거주하는 자를 대리수령인으로 지정하여 배달우체국에 신고한 경우

에는 그 대리수령인)의 규정에 의한 수령인으로부터 그 수령사실을 확인받고 배달하여야 하도록 규정하고 있으므로, **우편물이 등기취급의 방법으로 발송된 경우, 특별한 사정이 없는 한, 그 무렵 수취인에게 배달되었다**고 보아도 좋을 것이다(대법원 1992. 12. 11 선고 92누13127 판결; 1992. 3. 27 선고 91누3819 판결 등 참조).

그러나 **수취인이나 그 가족이 주민등록지에 실제로 거주하고 있지 아니하면서 전입신고만을 해 둔 경우에는 그 사실만으로써 주민등록지 거주자에게 송달수령의 권한을 위임하였다고 보기는 어려울 뿐 아니라 수취인이 주민등록지에 실제로 거주하지 아니하는 경우에도 우편물이 수취인에게 도달하였다고 추정할 수는 없고, 따라서 이러한 경우에는 우편물의 도달사실을 과세관청이 입증해야 할 것**이다.

… 이와 같이 수취인이나 그 가족이 주민등록지에 실제로 거주하고 있지 아니하면서 전입신고만을 해 두었고, 그 밖에 주민등록지 거주자에게 송달수령의 권한을 위임하였다고 보기 어려운 사정이 인정된다면, 등기우편으로 발송된 납세고지서가 반송된 사실이 인정되지 아니한다 하여 납세의무자에게 송달된 것이라고 볼 수는 없다 할 것이다.

4. 평 석

(1) 세법상 서류의 송달은 국가와 납세의무자 사이의 조세채권채무관계 등의 형성에 중대한 영향을 미치게 되고, 특히 납세고지서의 송달은 구체적 납세의무를 확정시키고 징수절차의 시발점이 된다.

(2) 일반적으로 납세고지서 등 서류의 송달이 문제가 되는 경우는 예상하기 어렵다. 송달이 되지 않았다면 그 하자를 치유하여 다시 송달하면 그만이기 때문이다. 다만, 과세관청이 국세부과제척기간 만료 직전 납세고지서를 송달하고자 하였으나, 납세자의 고의 또는 과실로 송달되지 못하는 경우를 상정해 볼 수 있는데, 납세고지서가 적법하게 송달되지 못하면 송달의 효력이 발생하지 않게 되어 그 과세처분은 무효라는 것이 통설이다.

(3) **송달은 법에 규정된 송달장소에서 송달을 받을 자격이 있는 자에게 하여야 한다. 즉 장소적 요소와 인적 요소가 모두 충족되어야 하고** 그 어느 하나라도 결여되어 있으면 원칙적으로 그 송달은 부적법하게 된다.

(4) 주민등록지는 주소로 인정될 수 있는 중요한 자료가 되고, 반증이 없는 한 주소로 추정된다고 보아야 한다. 다만, 송달을 받아야 할 자가 주소 또는 영업소를 이전하고, 과세관청이 주민등록표상의 전출지의 기재나 기타 다른 방법으로 그 이전한 장소를 확인한 경우에는 그 이전한 장소가 사실상의 생활근거지가 되므로 이 경우 주민등록지는 「국세기본법」상 송달장소로서의 주소지라고 할 수 없다.

(5) 대상판결에 의하면 **전입신고만 해두었고, 그 밖에 주민등록지 거주자에게 송달수령의 권한을 위임하였다고 보기 어려운 사정이 인정된다면, 등기우편으로 발송된 납세고지서가 반송된 사실이 인정되지 아니한다 하여 납세의무자에게 송달된 것이라 볼 수 없다**고 판단한 사례이다.

5. 관련 판례

문서번호	내 용
대법원 1989. 6. 27. 선고 88누8029,8036 판결; 대법원 1990. 5. 22. 선고 90누776 판결; 대법원 1999. 8. 11. 선고 95누351 판결; 대법원1999. 3.18. 선고 96다23184 판결	교도소 등에 수감중인 자에 대한 세법상 서류의 송달은 특별한 사정이 없으면 그의 주소지로 하여야지 교도소장에게 할 것이 아니다.
대법원 1998. 4. 10. 선고 98두1161 판결; 대법원 1985. 10.8. 선고 85누450 판결	취득세 과세대상인 임야에 대한 매매계약서상에 매수인인 甲 스스로 자기가 대표이사로 있는 회사의 사무소 소재지를 매수인의 주소로 표시하여, 과세관청이 취득세납세고지서를 위 매매계약서상의 주소에 등기우편으로 송달하여 甲의 부하직원이 수령한 경우, 이는 甲의 사무소 또는 계약상의 주소지에서 동일 직장에 근무하는 자에게 한 적법한 송달이다.
대법원 1998. 4. 10. 선고 98두1611 판결	송달명의인의 의사에 따라 전입신고된 주민등록지도 특별한 사정이 없는 한 '주소'에 포함된다(주민등록지가 주소로 추정된다는 판례임).
대법원 1979. 2. 27. 선고 78누284 판결; 1998. 9. 22. 선고 98두4375 판결	「국세징수법」에 의한 독촉장과 압류통지서를 일반우편으로 납세자가 거주하지 아니하는 주민등록상 주소지로 발송한 것은 적법한 통지가 아니다.

문서번호	내 용
대법원 1990. 10. 23. 선고 90누3393 판결	상속세 납세의무자가 만 15세 남짓의 미성년으로서 그 주소지를 미국에 두고 있고, 미국의 군법원에 의하여 선임된 후견인이 상속세법 제21조의 규정에 의한 납세관리인 선정신청을 하지 않았다면, 과세관청으로서는 납세의무자의 적법한 법정대리인을 파악하기가 매우 어려운 처지에 있었다고 할 것이므로, 사리를 변별한 지능을 가지고 있다고 보여지는 미성년인 납세의무자를 직접 송달을 받을 자로 하여 한 송달은 적법하다.
대법원 1986. 7. 22. 선고 85누225 판결	영업소 또는 사무소라 함은 **송달을 받을 사람 자신이 경영하는 영업소 또는 사무소**로서, 영업의 중심이 되는 장소이거나 일정한 범위의 업무가 계속적으로 행하여지는 중심적 장소로서 어느 것이나 독립하여 거래를 할 수 있는 곳을 말하며, 단순한 근무처는 이에 포함되지 않는다.
대법원 1986. 10. 28. 선고 86누553 판결	**납세의무자의 주소 또는 영업소가 아닌 그의 형의 사업장**에 찾아가서 그곳에서 형의 종업원에게 납세고지서를 교부하고 그로부터 납세의무자와 같은 주소지에 거주하는 동인(同人)의 형수(兄嫂)의 인장을 받아 수령증에 날인한 경우 송달의 효력을 인정할 수 없다(위 판례와 같은 뜻임).

18-2 납세의무자가 고의로 납세고지서의 수령을 회피하여 세무공무원이 아파트 문틈으로 납세고지서를 투입한 경우 적법한 고지서 송달인지 여부

● 대상판결 : 대법원 96누5094 (1997. 5. 23.) ➜ 국패

핵심 요지

납세자가 부과처분 제척기간이 임박하자 납세고지서의 수령을 회피하기 위하여 고지서 수령 약속을 어기고 일부러 집을 비워 두어서 세무공무원이 부득이 납세자의 아파트 문틈으로 납세고지서를 투입하였다 하여 신의성실의 원칙을 들어서 그 고지서가 송달되었다고 볼 수는 없다.

1. 사실관계

(1) 1988. 4. 27. 원고는 이 사건 토지를 양도하였다.

(2) 1994. 5. 31. 피고는 원고가 부동산매매업자에 해당한다고 보아 원고에게 종합소득세 등을 부과 결정하고 같은 날(그 부과의 제척기간 만료일이었다) 그 납세고지서를 작성하고 세무공무원이 고지서를 직접 송달하게 하였다.

(3) 1994. 5. 31. 피고는 14시경 원고의 주소지인 아파트에 찾아가 수차례 초인종을 눌렀으나 집이 비어있어 위 송달서에 원고의 서명날인을 받지 못하였다.

(4) 1994. 5. 31. 피고로부터 납세고지서를 송달받게 될 지경에 처하자 그 수령을 회피하기 위하여 고의로 자신의 아파트를 비웠고 이에 피고는 같은 날 부득이 원고의 아파트 문틈으로 위 납세고지서를 투입하였다.

(5) 1994. 8. 31. 원고는 심사청구를 제기하였다.

(6) 피고는 원고가 위 투입일인 1994. 5. 31. 피고로부터 위 납세고지서를 송달받은 것이 되어 그로부터 60일 내인 같은 해 7. 30.까지 심사청구를 하여야 할 터인데도 그 기한이 지난 같은 해 8. 31.에 이르러 뒤늦게 심사청구를 하였으므로 원고의 이 사건 소는 적법한 전심절차를 거치지 아니한 것으로 부적법하다고 주장하였다.

(7) 법원은 이 사건 부과처분이 무효(납세고지서가 적법하게 송달되지 아니하였다)임이 명백한 이상, 무효확인소송에 있어서는 취소소송의 경우와는 달리 행정심판전치주의의 적용이 없다(행정소송법 제38조 제1항)고 판단하였다.

2. 쟁 점

이 사건 소가 적법한 전심절차를 거치지 아니한 것으로 부적법한지 여부(납세고지서 적법 송달 여부)

3. 대상판결

구 「국세기본법」(1996. 12. 30. 법률 제5189호로 개정되기 전의 것, 이하 같다) 제10조에서는, 서류의 송달은 교부 또는 우편에 의하고(제1항), 교부에 의한 서류의 송달은 당해 행정기관의 소속 공무원이 이를 송달할 장소에서 그 송달을 받아야 할 자에게 서류를 교부함으로써 행하며(제3항),

교부송달의 경우에 송달할 장소에서 송달을 받아야 할 자를 만나지 못한 때에는 그 사용인 기타 종업원 또는 동거인으로서 사리를 판별할 수 있는 자에게 서류를 교부할 수 있고(제4항), 서류를 교부한 때에는 송달서에 수령인으로 하여금 서명날인하게 하여야 한다(제6항)고 규정하고 있는바, 이와 같은 규정 내용과 「국세기본법」 제11조 제1항 제1호에서 서류의 송달을 받아야 할 자가 주소 또는 영업소에서 서류의 송달을 거부한 경우를 공시송달 사유의 하나로 정하고 있는 점 및 「우편법」 제31조, 같은 법 시행령 제42조, 같은 법 시행규칙 제28조에서 등기우편물은 그 수령인으로부터 특수우편물배달증에 의하여 수령사실의 확인을 받아 배달하도록 규정하여 등기우편에 의해야 하는 납세고지서의 우편송달에서도 사람의 현실적인 수령을 전제로 하고 있는 점 등을 종합하여 보면, 납세고지서의 교부송달에도 납세의무자 또는 그와 일정한 관계에 있는 사람이 현실적으로 이를 수령하는 행위가 반드시 필요하다고 보아야 할 것이다.

원심이 확정한 바와 같이, 피고 소속 공무원이 **원고와 그 가족들이 부재중임을 알면서도 원고의 아파트 문틈으로 납세고지서를 투입하는 방식으로 송달하였다면, 이 사건 부과처분에 관한 납세고지서의 송달은 「국세기본법」 제10조의 규정에 위배되어 부적법한 것으로서 효력이 발생하지 아니하였다** 할 것이다.

4. 평 석

(1) 송달은 **장소적 요소(법에 규정된 송달장소)와 인적 요소(송달받을 자격이 있는 자)가 모두 충족되어야 하고** 그 어느 하나라도 결여되어 있으면 원칙적으로 그 송달은 부적법하게 된다.

(2) 주소는 생활의 근거가 되는 곳을 말하며, 이는 생계를 같이 하는 가족 및 자산의 유무 등 생활관계의 객관적 사실에 따라 판정하고, 주소를 알 수 없는 때와 국내에 주소가 없는 때에는 거소를 주소로 본다. 거소는 다소의 기간을 계속하여 거주하는 장소로서 주소와 같이 밀접한 일반적 생활관계가 형성되지 아니한 장소를 말한다[민법 제18조 제1항, 소득세법시행령 제2조 제1항·제2항, 국세기본법기본통칙 8-0…2(거소) 참조].

(3) 법에 규정된 송달장소라 할지라도 그 송달이 적법한지 여부는 송달받아야 할 자에게 송달되었느냐가 관건이 된다. 대상 사건의 경우 세무공무원이 유치송달의 요건(인적 요소와 장소적 요소)을 갖추어 유치송달하였다면 송달의 효력이 발생할 수 있었을 것으로 보인다. 그러나 송달장소에 명의인 또는 친족 등으로서 사리분별 있는 자가 있어야 함에도 납세의무자를 포함하여 주소지에 아무도 없었다면 유치송달요건(인적 요소)을 갖추지 못하게 되어 유치송달의 효력도 발생할 수 없게 된 사안이다.

5. 관련 판례

문서번호	내 용
서울행정법원 2009. 10. 30. 선고 2009구합29288 판결, 각하	납세의무자가 거주하는 아파트에서 일반우편물이나 등기우편물 등 특수우편물이 배달되는 경우 관례적으로 아파트 경비원이 이를 수령하여 거주자에게 전달하여 왔고, 이에 대하여 납세의무자를 비롯한 아파트 주민들이 평소 이러한 특수우편물 배달방법에 대하여 아무런 이의도 제기한 바 없었다면, 납세의무자가 거주하는 아파트의 주민들은 등기우편물 등의 수령권한을 아파트 경비원에게 묵시적으로 위임한 것이다.

문서번호	내 용
서울고등법원 1990. 3. 20. 선고 88구386 판결, 국승	만 15세 남짓된 미성년자로서 후견인이 선임되어 있는 자라 할 지라도 특별한 사정이 없는 한 사리를 변식할 지능을 가진 것으로 보아야 할 것이므로 그에 대하여 한 상속세납세고지서의 송달은 적법하다. 상속세 납세고지서를 송달받을 자의 주소지가 미국이고 등기 우편의 방법으로 그 주소지에 송달된 위 납세고지서를 찾아가지 아니하였다는(unclaimed) 이유로 반송되어 송달불능되었다면 이는 「국세기본법」의 공시송달 사유인 주소 또는 영업소가 국외에 있고 그 송달이 곤란한 때에 해당한다고 봄이 상당하다.
서울고등법원 2010. 4. 29. 선고 2009누21897 판결	법인에 대한 송달이 불능인 경우 법인등기부등본을 조사하여 본점소재지의 이전여부 및 대표이사의 변경여부나 대표이사의 법인등기부상 주소지 등을 확인하여 그에게 송달하였는데도 그 송달이 불가능할 때에 비로소 공시송달을 할 수 있다.
대법원 2000. 10. 6. 선고 98두18916 판결	수취인 부재라 함은 납세의무자가 기존의 송달할 장소로부터 장기간 이탈한 경우로서 과세권 행사에 장애가 있는 경우로 한정 해석함이 상당하다. … 송달을 받을 자가 거주하지 아니하는 경우에 한하는 것이 아니라 단순히 외출 등의 사유로 일시 부재중인 경우를 포함하는 것으로 해석된다는 전제 아래 이 사건 납세고지서가 적법하게 공시송달되었다고 판단한 것은 공시송달사유에 관한 법리의 오해 또는 심리미진으로 위법을 범한 것이다.
대법원 2015. 10. 25. 선고 2015두43599 판결	과세관청이 납세고지서를 공시송달할 수 있는 사유로서 '송달할 장소'란 과세관청이 선량한 관리자의 주의를 다하여 조사함으로써 알 수 있는 납세자의 주소, 거소, 영업소 또는 사무소를 말하고, 납세자의 '송달할 장소'가 여러 곳이어서 각각의 장소에 송달을 시도할 수 있었는데도 세무공무원이 그 중 일부 장소에만 방문하여 수취인이 부재중인 것으로 확인된 경우에는 「국세기본법」 제11조 제1항 제3호, 「국세기본법시행령」 제7조의 2에 따라 납세고지서를 공시송달할 수 있는 경우에 해당하지 않는다.
대법원 1992. 2. 25. 선고 91누12813 판결; 대법원 1992. 10. 9. 선고 91누10510 판결	법인에 대한 납세고지서의 송달은 본점 소재지에서 그 대표이사가 이를 수령할 수 있도록 함이 원칙이나 그와 같은 송달이 불능인 경우에는 법인등기부 등을 조사하여 본점 소재지의 이전 여부 및 대표이사의 변경 여부나 대표이사의 법인등기부상의 주소 등을 확인하여 그에게 송달하여 본 후에 그 송달이 불능한 때에 비로소 공시송달을 할 수 있다.

문서번호	내 용
대법원 1999. 5. 11. 선고 98두18701 판결	구 「국세기본법」(1996. 12. 30. 법률 제5189호로 개정되기 전의 것) 제11조 제1항에서 공시송달 사유의 하나로 들고 있는 '주소 또는 영업소가 분명하지 아니한 때'라 함은 과세관청이 선량한 관리자의 주의를 다하여 송달을 받아야 할 자의 주소 또는 영업소를 조사하였으나 그 주소 또는 영업소를 알 수 없는 경우를 말한다.
대법원 1992. 12. 11. 선고 92누13127 판결; 대법원 1998. 2. 13. 선고 97누8977 판결	우편물이 수취인의 주소에 등기취급의 방법으로 발송된 경우, 반송되는 등 특별한 사정이 없는 한 그 무렵 수취인에게 송달된 것으로 보아야 하고, 다만 수취인이 주소지(주민등록지)에 실제 거주하지 아니하는 경우에는 우편물이 수취인에게 도달하였다고 추정할 수 없고, 이러한 경우에는 과세관청이 그 우편물의 도달 사실을 입증하여야 한다.

18-3 납세자의 '송달할 장소'가 여러 곳인 경우 그 중 일부 장소에만 방문하여 수취인이 부재중인 것으로 확인된 경우에는 공시송달할 수 있는 경우에 해당되지 아니함

● 대상판결 : 대법원 2015두43599 (2016. 6. 17.) ➜ 국패

핵심 요지

납세자의 '송달할 장소'가 여러 곳이어서 각각의 장소에 송달을 시도할 수 있었는데도 세무공무원이 그중 일부 장소에만 방문하여 수취인이 부재중인 것으로 확인된 경우에는 공시송달을 할 수 있는 경우에 해당하지 아니한다.

1. 사실관계

(1) 원고는 원고소유 토지 지분 사용 지료를 수입하였는데도 이 부분에 대하여 종합소득세를 신고·납부하지 않았다.

(2) 피고의 담당직원은 2013. 4. 5.자로 이 사건 종합소득세를 처분결정한 후 이 사건 납세고지서를 원고에게 송달하였으나 반송되었다.

(3) 피고의 담당직원은 원고의 친척과 통화한 결과 원고가 외국에 출장하였다고 진술하여 원고에게 납세고지서를 송달하기 위하여 원고의 출입국에 관한 사실증명을 열람한 바 원고가 국내에 거주하고 있음을 확인하였다.

(4) 그 후 담당세무공무원은 원고의 주소지를 2회 방문하였으나 원고의 부재로 이사건 납세고지서를 송달하지 못하자, 원고의 주택 출입문에 납세고지서 도착 안내문을 부착하였다(피고는 원고의 주택 방문 시 납세고지서 도착안내문을 부착한 사진을 소송 진행과정에서 을호증으로 제출하였다).

(5) 피고는 2013. 5. 13. 이사건 납세고지서를 공고하였다(공시송달).

2. 쟁 점

납세자에게 송달할 장소가 여러 곳인 경우 각각의 장소에 송달을 시도한 후에 부재중인 것으로 확인된 경우에만 공시송달 할 수 있는지 여부

3. 대상판결

국세기본법 제8조 제1항은 국세기본법 또는 세법에서 규정하는 서류를 송달할 장소를 주소, 거소, 영업소 또는 사무소로 규정하고 있고, 제11조 제1항은 공시송달 사유의 하나로 제3호에서"제10조 제4항에서 규정한 자가 송달할 장소에 없는 경우로서 등기우편으로 송달하였으나 수취인의 부재로 반송되는 경우 등 대통령령으로 정하는 경우"를 규정하고 있으며, 그 위임에 따라 국세기본법시행령 제7조의2는 제2호에서 "세무공무원이 2회 이상 납세자를 방문하여 서류를 교부하려고 하였으나 수취인이 부재중인 것으로 확인되어 납부기한 내에 송달이 곤란하다고 인정되는 경우"를 규정하고 있다.

이러한 규정의 문언과 국세기본법 제11조에서 정한 공시송달제도의 취지, 납세자에게 책임질 수 없는 사유로 서류가 송달되지 아니하는 경우까지 공시송달을 허용하는 것은 헌법 제27조 제1항에서 정한 재판을 받을 권리를 과도하게 침해할 우려가 있는 점 등을 고려하면, 과세관청이 납세고지서를 공시송달 할 수 있는 사유로서 국세기본법 제11조 제1항 제3호에서 정한 **'송달할 장소'란 과세관청이 선량한 관리자의 주의를 다하여 조사함으로써 알 수 있는 납세자의 주소 또는 영업소를 말하고, 납세자의 '송달할 장소'가 여러 곳이어서 각각의 장소에 송달을 시도할 수 있었는데도 세무공무원이 그 중 일부 장소에만 방문하여 수취인이 부재중인 것으로 확인된 경우**에는 국세기본법 제11조 제1항 제3호, 국세기본법 시행령 제7조의2 제2호에 따라 **납세고지서를 공시송달 할 수 있는 경우에 해당하지 않는다**고 보아야 한다.

4. 평 석

(1) 원심(서울 고법 2014누70510)은 피고가 '수취인 부재'를 이유로 이 사건 납세고지서를 공시송달 한 것(세무공무원이 2회 방문하였으나 원고의 부재사실 확인)은 그 요건을 갖춘 법에 규정한 적법한 송달에 해당한다고 보았다.

(2) 대법원도 피고가 원고의 주소지로 2차례에 걸쳐 등기우편으로 이 사건 납세고지서를 발송하였으나 폐문 부재로 반송한 사실, 피고의 담당공무원이 원고의 주소지를 방문하여 납세고지서를 직접 교부하려고 하였으나 원고의 부재로 송달을 하지 못하게 되자 납세고지서 도착 안내문을 원고의 주택에 붙여두고 간 사실은 인정하였다.

(3) 대법원은 원고의 주소지가 공동주택이었는데, 위 안내문에는 원고 주소지의 지번만 적혀있었을 뿐 호수는 기재되어 있지 않았고, 안내문이 붙여진 곳도 공동출입문 옆 기둥이었던 사실 등에 비추어, 그러한 사정만으로는 원고(송달 받을 자)가 위 주소지로부터 **장기간 이탈하였음이 확인되었다고 보기 어렵다**고 보았다.

(4) **송달장소로부터 장기간 이탈하여 과세권 행사에 장애가 있는 경우에만 '수취인 부재'로 인한 공시송달이 가능하다**는 것이 대법원의 판단이다. 과세관청은 공시송달사유를 종전의 규정보다 확대하였는데(개정된 국세기본법 제11조 제1항 제3호에는 세무공무원이 2회 이상 방문하였으나 수취인 부재중인 경우도 공시송달 사유에 포함하였다), 납세의무자가 책임 질 수 없는 사유로 인하여 불복기간이 경과된 경우에도 과세처분에 불복할 기회를 상실하게 되어 재판을 받을 권리를 과도하게 침해할 가능성을 안고 있다는 점을 감안하여 **단순히 외출 등의 사유로 일시 부재중인 경우는 '수취인의 부재'에 해당되지 않는다고 본 것**이다(대법원 2000. 10. 6. 선고 98두18916 판결 참조).

(5) 그런데 원고는 주소 인근 사업장을 소재지로 사업자등록을 하고 피고에게 부가가치세를 납부해 오고 있었는데(독촉장은 원고의 사업장 소재지로 발송되기도 하였다), 피고가 보유하고 있는 과세자료 등에 의하여 확인되는 원고의 영업소라고 할 수 있는 원고의 **사업장 소재지에 납세고지서의 송달을 시도해 보지 않은 채** 원고의 **주소지만 두 차례 방문**한 다음 **곧바로 납세고지서를 공시송달 한 것**은 **공시송달 처분효력이 없다**고 판시하였다.

(6) 한편 주소 또는 영업소의 이전으로 주민등록지와 사실상의 생활근거지가 다르고 사실상의 생활근거지를 과세관청이 확인할 수 없는 경우에 그 주민등록지를 송달장소로 볼 것인지가 문제가 될 수 있으나 **주민등록은 주민의 신고에 의하여 작성되고 거주지를 이동하였을 때에는 주민에게 그 신고의무가 있다는 점을 감안하여 보면 주민등록지를 송달장소로 보아야** 한다. 다만, 그 서류가 송달받아야 할 자에게 송달되었는냐는 별론이다(송달받아야 할 자에게 송달되지 않으면 그 송달은 적법하지 않게 된다).

(7) 국세기본법에는 송달장소로서의 주소의 개념에 대하여 아무런 규정이 없다. 주민등록법상 주민등록지는 30일 이상 거주할 목적으로 주소 또는 거소를 가진 자가 등록한 장소이다(주민등록법 제6조 제1항 본문).

(8) 관련 규정을 종합하여 보면, 주민등록지는 주소로 인정될 수 있는 중요한 자료가 되고, **반증이 없는 한 주소로 추정**된다고 보아야 한다(대법원 1998. 4. 10. 선고 98두1611 판결 참조).

5. 관련 판례

문서번호	내 용
대법원 1992. 12. 11. 선고 92다35431 판결	국세기본법 제11조 제1항 제3호와 같은 법 시행령 제7조의 규정에서 말하는 **공시송달을 할 수 있는 경우**로서 **주소 또는 영업소가 분명하지 아니한 때**라 함은 **주민등록표, 법인등기부 등에 의하여도 이를 확인 할 수 없는 경우를 뜻하는 것**이고 법인에 대한 송달은 본점 소재지에서 그 대표이사가 이를 수령할 수 있도록 함이 원칙이나 그와 같은 송달이 불능인 경우에는 법인등기부 등을 조사하여 본점소재지의 이전 여부 및 대표이사의 변경 여부나 대표이사의 법인등기부상의 주소지 등을 확인하여 그에게 송달을 하여 본 후에 그 송달이 불능한 때에 비로소 공시송달을 할 수 있다고 보아야 한다(대법원 1992. 2. 25. 선고 91누12813 판결 ; 대법원 1991. 1. 15. 선고 90누1960 판결 각 참조).
대법원 2000. 10. 6. 선고 98두18916 판결	구 국세기본법 제7조의2 제1호, 제2호에서 **'수취인의 부재'**라 함은 **납세의무자가 기존의 송달한 장소로부터 장기간 이탈한 경우로서 과세권 행사에 장애가 있는 경우로 한정 해석**함이 상당하다 할 것이다. … 구 국세기본법 제11조 제1항 제3호는 송달을 받을 자가 거주하지 아니하는 경우에 한하는 것이 아니라 **단순히 외출 등의 사유로 일시 부재중인 경우를 포함되는 것으로 해석된다는 전제아래 이 사건 납세고지서가 적법하게 송달되었다고 판단한 것은 공시송달 사유에 관한 법리의 오해 또는 심리미진으로 인하여 판결 결과에 영향을 미친 위법을 범한 것**이다.
대법원 2014. 11. 27. 선고 2014두9745 판결	국세기본법 제11조 제1항 제3호, 국세기본법 시행령 제7조의2 제1호, 제2호에서 말하는 **'수취인의 부재'**는 납세의무자가 **기존의 송달 장소로부터 장기간 이탈한 경우로서 과세권 행사에 장애가 있는 경우로 한정하여 해석함**이 상당하다(대법원 2000. 10. 6. 선고 98두18916 판결 참조).
대법원 1994. 10. 14. 선고 94누4134 판결	납세자가 납세고지서의 공시송달의 효력을 다투는 경우 공시송달의 적법성에 대한 증명책임은 과세관청에 있는 것이다.
대법원 1984. 5. 9. 선고 82누 332 판결, 대법원 1995. 8. 22. 선고 95누3909 판결	납세고지서의 공시송달이 적법한 송달로서의 효력을 발생할 수 없는 경우 과세처분은 아직 고지된 바 없어 무효라고 할 것이다.

18-4 '주소 또는 영업소가 분명하지 아니한 경우'라 함은 선량한 관리자의 주의를 다하였음에도 그 주소 등을 알 수 없는 경우를 의미함

● 대상판결 : 대법원 2018두67299 (2019. 4. 11.) ➜ 국패

핵심 요지

납세자의 배우자 주소지로 과세서류가 송달된 바 있음에도 위 배우자 주소지에 단 한 차례 방문하여 가사도우미만 만난 후 납세고지서를 공시송달 한 것은 과세관청이 선량한 관리자의 주의를 다하였다고 보기 어려움

1. 사실관계

(1) 원고는 철강회사를 운영하면서 법인의 자금을 이익배당금 및 대표이사 가수금 변제 명목 등으로 사외유출하여 횡령한 혐의로 형(집형유예)을 선고받았다.

(2) 원고의 관할지방국세청장은 위 법인에 대한 법인세통합조사를 실시하여 위 횡령액을 원고에 대한 상여로 소득처분 하는 내용의 소득금액변동통지를 원고의 주식회사 주소지로 발송하고, 원고 주소지 관할세무서인 피고에게 원고에 대한 대표자 인정상여 383억 원을 과세자료로 통보하였다.

(3) 피고는 위 과세통보에 따라 원고에 대하여 종합소득세(가산세포함) 22억 원을 부과하면서 국세부과제척기간이 임박하였다는 이유로 과세예고통지를 하지 아니하였다.

(4) 피고는 이 사건 납세고지서 송달을 위해 원고의 주민등록상 주소지를 방문하였고 그 곳에서 원고의 소재를 확인할 수 없게 되자 원고의 배우자 주소지를 방문하였는데, 당시 가사도우미를 통해 원고의 배우자가 그 곳에 거주하고 있는 사실을 확인하였다.

(5) 피고는 원고 배우자의 주소지에 상주하지 않고 오후에 퇴근하는 가사도우민의 답변만으로 원고가 위 주소지에 살지 않는 것으로 섣불리 판단하여 별다른 확인 없이 그대로 복귀하였다.

(6) 이후 피고는 원고 배우자의 주소지를 다시 방문하여 원고 배우자를 통해 원고의 거주 여부를 확인하기 위한 추가 조치도 취하지 아니한 채 단 1회 방문으로 곧바로 이 사건

납세고지서에 관하여 "주소지 또는 영업소가 분명하지 아니한 경우"에 해당한다는 이유로 공시송달 하였다.

2. 쟁 점

과세관청이 선량한 주의의무를 해태하여 한 납세고지서의 공시송달이 부적법한지 여부

3. 대상판결(심리불속행)

국세기본법 제11조에서 정한 공시송달제도의 취지, 납세자에게 책임 질 수 없는 사유로 서류가 송달되지 아니하는 경우까지 공시송달을 허용하는 것은 헌법 제27조 제1항에서 정한 재판을 받을 권리를 과도하게 침해할 우려가 있는 점 등을 고려하면, 과세관청이 납세고지서를 공시 송달 할 수 있는 사유로서 국세기본법 제11조 제1항 제2호에서 들고 있는 주소 또는 영업소가 분명하지 아니한 경우라 함은, 과세관청이 **선량한 관리자의 주의를 다하여 송달을 받아야 할 자의 주소 또는 영업소를 조사하였으나 그 주소 또는 영업소를 알 수 없는 경우를 말하는 것**이다(대법원 1999. 5. 11. 선고 98두18701 판결 참조). … 피고가 이 사건 납세고지서 송달을 위하여 원고의 실제 거주지에 방문하였으나 가사도우미로부터 원고 배우자가 부재중이고 원고의 거주 여부를 알지 못한다는 답변을 들었다는 사정만으로는 원고가 일시 부재를 넘어 위 거주지로부터 장기간 이탈하였음이 확인되었다고 단정할 수 없다.

위와 같은 가사도우미의 답변은 원고가 위 거주지에 일시적으로 부재중인 경우로 볼 수 있고, 국세징수사무처리규정 제17조 제5항에 의하면 교부송달은 수령인이 일시적으로 부재중인 경우 '납세고지서 도착안내문'스티커를 송달장소에 부착하여 재교부를 시도하고 공시송달 하는 경우 스티커 원본을 증명서류로 덧붙여 추후 민원제기와 불복쟁송 등에 대비하도록 되어 있으나, 피고는 위 거주지에 '납세고지서 도착안내문'스티커를 부착하여 재교부를 시도하지 아니하고 곧바로 공시송달을 하였다.

피고가 단 1회 방문하여 가사도우미의 답변을 듣고 이 사건 납세고지서를 공시송달하였는바, 이를 두고 과세관청이 선량한 관리자의 주의의무를 다하여 송달을 받아야 할 자의 주

소 등을 조사하였으나 그 주소 등을 알 수 없는 경우라고 보긴 어렵다.

이와 같이 이 사건 처분에 관한 납세고지서의 공시송달이 부적합 하여 그 효력이 발생하지 않는 이상 **이 사건 처분은 무효**이다.

4. 평 석

(1) 공시송달이란 서류의 송달을 받아야 할 자에게 교부나 우편에 의한 정상적인 방법으로 송달할 수 없는 일정한 사유가 있는 경우 서류의 요지를 공고함으로써 서류가 송달된 것과 같은 효과를 발생시키는 제도이다. **공시송달이 적법한지 여부에 대한 증명책임은 원칙적으로 과세관청**에게 있다.

(2) 국세기본법 제11조 제1항은 공시송달 사유로서,"주소 또는 영업소가 국외에 있고 송달하기 곤란한 경우(제1호), 주소 또는 영업소가 분명하지 아니한 경우(제2호), 제10조 제4항에서 규정한 자가 송달할 장소에 없는 경우로서 등기우편으로 송달하였으나 수취인 부재로 반송되는 경우 등 대통령령이 정하는 경우(제3호)"등을 규정하고 있다.

(3) 미국에 있는 납세의무자의 주소지로 보낸 납세고지서를 미국의 우체국이 그의 주소지로 3회에 걸쳐 그 도착사실을 알리는 통지를 하였으나 전달하지 못하고 "Unclaimed" 라는 사유를 붙여 한국에 반송한 경우는 '그 송달이 곤란한 때'에 해당되어 그 이후한 공시송달은 적법하다(대법원 1990. 10. 23. 선고 90누3393판결; 대법원 1993. 12. 28. 선고 93누20535 판결).

(4) '주소 또는 영업소가 분명하지 아니한 경우'라 함은 **과세관청이 선량한 관리자의 주의를 다하여 송달을 받아야 할 자의 주소 또는 영업소를 조사하였으나 그 주소 또는 영업소를 알 수 없는 경우**를 말한다. 따라서 세무공무원이 납세고지서의 교부송달을 위하여 납세자의 주거지로 출장을 나갔으나 출입문이 시정(施錠:자물쇠를 채워 문을 잠금)되어 있었다면 이웃집이나 통 반장 등에게 탐문하여 납세자의 거주사실 여부를 확인해 볼 의무가 있다(대법원 1998. 6. 12. 선고 97누17575 판결).

(5) 납세고지서 등을 등기우편으로 송달하였으나 주소불명이나 수취인 부재 등으로 송달불능 된 경우 **확인절차(인근자·거래처 기타 관계자 탐문 등) 없이 바로 공시송달을 하였을 때에는 적법한 송달로서의 효력이 발생하지 않는다**(대법원 1992. 7. 10. 92

누4246 판결 등).

(6) 법인의 경우에는 송달이 불능 되면 법인등기부 등을 조사하여 본점 소재지의 이전 여부 및 대표이사의 변경여부, 대표이사의 법인등기부상의 주소지 등을 확인하여 그에게 송달을 하여본 후에 송달이 불능 된 경우에 비로소 공시송달을 할 수 있다(대법원 1992. 10. 9. 선고 91누10510 판결).

(7) 근무회사의 인사명령으로 미국에 파견 근무함에 따라 가족과 함께 미국으로 이주하여 생활하던 중 국내 주택을 양도하면서 납세관리인을 두거나 송달장소를 신고하지 않은 납세의무자에 대하여, 양도소득세 납세고지서를 그 주민등록상 주소지로 송달하였으나 수취인 부재라는 이유로 반송되어 담당직원이 발급받아 본 주민등록표등본상에는 주민등록이 말소되지도 않았고, 그 미국 거주 여부도 나타나 있지 아니하여 주민등록상의 주소지로 찾아가 교부송달하려고 하였으나 납세의무자와 그 가족들이 거주하지 아니하고 전거지(轉居地)도 알 수 없자 공시송달 한 경우(대법원 1994. 10. 14. 선고 94누4134 판결), 주민등록지에 등기우편으로 발송한 납세고지서가 수취인불명으로 반송되고 거주불명이란 동장의 회보까지 받은 경우(대법원 1984. 10. 10. 선고 84누429 판결), 부가가치세 부과고지서를 등기우편으로 사업장에 송달하였으나 장기폐문으로 반송되어 소속 직원이 사업장을 찾아가 재차 송달을 시도하였으나 장기폐문 된 채 전화통화도 이루어지지 아니하였고 다시 주민등록지로 찾아갔으나 역시 장기폐문으로 확인된 경우(대법원 1992. 8. 14. 선고 92누7146 판결)에는 과세관청이 선량한 관리자의 주의의무를 다하여 송달가능한 주소를 조사한 연후에 한 공시송달로서 적법하다고 판단하였다.

5. 관련 판례

문서번호	내 용
대법원 2019. 7. 25. 선고 2019두39154 판결	송달할 장소가 여러 곳인 경우 **모든 장소에 대하여 각 2회 이상 방문하여야 공시송달 요건을 충족**한 것으로 본다.
조심 2018. 11 28. 결정 2018중2964	이 건 납세고지서가 폐문 부재의 사유로 4회 반송되었으나 처분청의 **담당공무원이 청구인과 전화통화 또는 직접 출장한 사실을 입증할 만한 증빙의 제시가 없어** 이 건 납세고지서를 송달하기 위하여 충분

	한 노력을 하였다고 보기 어려우므로 공시송달 사유에 해당한다고 보기 어려운 점 등에 비추어 이 건 공시송달은 부적합한 것으로 보이므로 이를 전제로 한 과세처분은 취소하는 것이 타당함
대법원 2015. 10. 29. 선고 2015두43599 판결	국세기본법 제11조 제1항 제3호에서 정한 '송달할 장소'란 과세관청이 선량한 관리자의 주의를 다하여 조사함으로써 알 수 있는 납세자의 주소, 거소, 영업소 또는 사무소를 말하는 것이다.
대법원 2014. 11. 27. 선고 2014두9745 판결	국세기본법 제11조 제1항 제3호, 국세기본법 시행령 제7조의2 제1호, 제2호에서 말하는 **'수취인의 부재'는 납세의무자가 기존의 송달한 장소로부터 장기간 이탈한 경우**로서 과세권 행사에 장애가 있는 경우로 한정하여 해석하여야 한다.
대법원 2015. 3. 12. 선고 2014두14570 판결	주소불분명으로 인한 납세고지서 반송으로 공시송달 한 것으로 보이며, 한번 압류등기를 하고 나면 동일한 자에 대한 압류등기 이후 발생한 체납세액에 대하여도 새로운 압류등기를 거칠 필요 없이 당연히 압류의 시효중단 효력이 미치는 것이므로, 체납체분 당시 이 사건 각 과세처분에 따른 피고의 조세채권은 여전히 존속하고 있었다고 할 것이다.
대법원 1995.8. 22. 선고 95누3909 판결	과세처분에 관한 납세고지서의 송달이 부적합 경우에는 송달의 효력이 발생하지 않고, 그에 따른 과세처분은 무효이다.
대법원2001. 6. 1. 선고 99다1260 판결 ; 대법원 2010. 5. 13. 선고 2009두3460 판결	납세고지서의 송달이 없었거나 부적법하다는 주장 사실에 대한 **입증책임은 원고**에게 있다.
대법원 2000. 3. 10. 선고 98두17074 판결	국세기본법 제10조 제4항에서 '송달받아야 할 자'라 함은 납세의무자뿐만 아니라 그로부터 수령권한을 위임받은 자도 포함하고, 이 때 수령권한을 위임받은 자는 그 전제로서 수취인의 사용인 기타 종업원 또는 동거인일 필요는 없다.
광주고법 2019. 9. 26.선고 2019누11094 판결	원고로부터 우편물 수령권한을 위임받은 아버지가 이 사건 처분의 납세고지서를 정당한 사유 없이 거부한 이상 피고는 위 납세고지서를 이 사건 주소지에 둘 수 있고, 이는 국세기본법 제11조 제 4항 후단의 유치송달로써 적법하다.

제19절 기 타

19-1 권리의무 확정주의

● 대상판결 : 대법원 2001두7176 (2004. 2. 1.) ➜ 국승

핵심 요지

소득의 원인이 되는 채권이 발생된 때라 하더라도 그 과세대상이 되는 채권이 채무자의 도산 등으로 인하여 회수불능이 되어 장래 그 소득이 실현될 가능성이 전혀 없게 된 것이 객관적으로 명백한 때에는 그 경제적 이득을 대상으로 하는 소득세는 그 전제를 잃게 되고, 그와 같은 소득을 과세소득으로 하여 소득세를 부과할 수 없다고 할 것이나, 이때 그 채권의 회수불능 여부는 구체적인 거래내용과 그 후의 정황 등을 따져서 채무자의 자산상황, 지급능력 등을 종합하여 사회통념에 의하여 객관적으로 평가하는 방법으로 판정하여야 한다.

1. 사실관계

(1) 1993. 12. 원고는 임차인과 임대차계약 체결(보증금 1억, 월임대료 800만원)하였다.

(2) 피고는 1993. 12.부터 1995. 2.까지의 기간 동안 발생한 부동산 임대소득에 대하여 원고에게 종합소득세를 부과처분하였다.

(3) 원고는 첫 달분 임대료 외에는 지급받은 사실이 없으며,

(4) 임차인이 무재산으로 연체된 임대료는 회수 불가능하며,

(5) 관할 세무서에서 무재산을 이유로 임차인에 대하여 결손처분하였으며 위 임대소득의 실현 가능성은 전혀 없으므로 소득세를 과세할 수 없다는 주장을 하였다.

2. 쟁 점

소득의 원인이 되는 채권이 발생하였으나 회수불능으로 된 경우, 소득세를 과세할 수 있는지 여부

3. 관련 법령

「소득세법」 제39조

“거주자의 각 연도의 총수입금액과 필요경비의 귀속연도는 총수입금액과 필요경비가 확정된 날이 속하는 연도로 한다.”라고 규정되어 있는데, 이는 「소득세법」이 권리(의무) 확정주의를 채택하고 있다는 반증이다.

4. 대상판결

(1) 과세대상 소득이 발생하였다고 하기 위해서는 소득이 현실적으로 실현 되었을 것까지는 요하지 않고 소득이 발생할 권리가 상당히 높은 정도로 성숙, 확정되면 족하다.

(2) 이 사건에 있어서 **원고와 임차인 사이에 차임 지급에 대한 약정이 성립함으로써 그 차임 채권의 실현 가능성이 상당히 높은 정도로 성숙, 확정되어** 당해 차임 상당의 수입이 원고에게 귀속된 것으로 봄이 상당하다.

(3) 원고가 주장하는 사유만으로 소득의 실현 가능성이 없게 된 것이 객관적으로 명백하다고 볼 수 없고, 원고가 주장하는 사유는 그러한 사건이 발생한 때에 대손금으로 필요경비에 산입할 수 있는지 여부만 문제될 뿐이다.

5. 평 석

(1) 이 사건에서는 임차인의 무자력에 관한 사정(세무서 결손처분, 임대보증금에서의 차임 공제분)이 차임 발생시점 이후에 발생하였다는 점이 고려된 것으로 보인다.

(2) 과세대상 소득의 발생에 있어서 권리확정주의란 소득의 원인이 되는 권리의 확정시기

와 소득의 실현시기 사이에 시간적 간격이 있는 경우에는 과세상 소득이 실현된 때가 아닌 권리가 발생한 때를 기준으로 하여 그때 소득이 있는 것으로 보고 당해 연도의 소득을 산정하는 방식으로, 실질적으로는 불확실한 소득에 대하여 그것이 실현될 것을 전제로 하여 미리 과세하는 것을 허용하는 것으로 납세자의 자의에 의해 과세연도의 소득이 좌우되는 것을 방지하고자 하는 데 그 의의가 있는 것이며, 이와 같은 소득이 발생하였다고 하기 위해서는 소득이 현실적으로 실현되었을 것까지는 필요 없다고 하더라도 소득이 발생할 권리가 그 실현의 가능성에 있어 상당히 높은 정도로 성숙·확정되어야 하고 따라서 그 권리가 이런 정도에 이르지 아니하고 단지 성립한 것에 불과한 단계로서는 소득의 발생이 있다고 할 수 없으며, 소득이 발생할 권리가 성숙·확정되었는지 여부는 개개의 구체적인 권리의 성질이나 내용 및 법률상·사실상의 여러 사항을 종합적으로 고려하여 결정하여야 한다.

(3) 소득의 원인이 되는 채권이 발생된 때라 하더라도 그 과세대상이 되는 채권이 채무자의 도산 등으로 인하여 회수불능이 되어 장래 그 소득이 실현될 가능성이 전혀 없게 된 것이 객관적으로 명백한 때에는 그 경제적 이득을 대상으로 하는 소득세는 그 전제를 잃게 되고, 그와 같은 소득을 과세소득으로 하여 **소득세를 부과할 수 없다**고 할 것이나, 납세의무자가 그와 같은 사정을 주장·입증하여 과세할 소득이 없는 경우임을 밝혀야 하는 것이고, 이때 그 채권의 회수불능 여부는 구체적인 거래내용과 그 후의 정황 등을 따져서 채무자의 자산상황, 지급능력 등을 종합하여 사회통념에 의하여 객관적으로 평가하는 방법으로 판정하여야 한다.

6. 관련 판례

문서번호	내 용
대법원 2010. 5. 13. 선고 2009두3460 판결	행정처분의 당연무효를 주장하여 무효 확인을 구하는 소송에서는 행정처분의 당연무효를 주장하는 원고에게 행정처분이 무효인 사유를 주장 · 증명할 책임이 있고, 납세고지서가 적법하게 송달되지 않은 경우의 과세처분은 무효라 할 것이다.

문서번호	내 용
대법원 2000. 10. 6. 선고 98두18916 판결	피고가 1997. 1. 21. 이 사건 처분의 납세고지서(납기 1997. 1. 31.)를 등기우편으로 원고의 주소지로 발송하였는데 이는 1997. 1. 27. 경 원고의 부재 등으로 반송되었고, 이에 피고 소속 공무원은 위 납세고지서를 납기까지 송달하기 어렵다고 판단하고 직접 송달하고자 위 신주소지로 방문하였으나 원고를 만나지 못하여 납기를 1997. 2. 10.로 연장하여 위 납세고지서를 공시송달한 사실을 인정한 다음, 구 국세기본법 제11조 제1항 제3호는 송달을 받을 자가 거주하지 아니하는 경우에 한하는 것이 아니라 **단순히 외출 등의 사유로 일시 부재중인 경우를 포함하는 것으로 해석된다는 전제 아래 이 사건 납세고지서가 적법하게 공시송달되었다고 판단한 것은, 앞서 본 공시송달사유에 관한 법리의 오해 또는 이로 인한 심리미진으로 인하여 판결 결과에 영향을 미친 위법을 범한 것**이라 할 것이다. [※같은 법 및 같은 법 시행령(1999. 12. 28. 대통령령 제16622호로 개정되기 전의 것) 제7조의2 제1호, 제2호에서 '수취인의 부재'라 함은 납세의무자가 기존의 송달할 장소로부터 **장기간 이탈한 경우로서 과세권 행사에 장애가 있는 경우로 한정 해석함이 상당함**]

19-2 기한 후 신고에 대한 신고 시인 결정통지가 항고소송 대상이 되는 행정처분인지 여부

● 대상판결 : 대법원 2013두6633 (2014. 10. 27.) ➜ 국패

핵심 요지

신고시인 통지서는 관련 법령에 따른 납세고지서 형식을 갖추고 있지 않지만 사실상 처분서를 통하여 양도소득세 부과를 대외적으로 공식화함과 아울러 권리의무에 변동을 가져오는 법적 효과가 발생하게 되었다고 볼 여지도 충분하고, 단순한 사실행위로 본다면 납세자가 위법사유를 주장할 기회가 제한될 수 있어 부당하므로 행정처분으로 보아야 함

1. 사실관계

(1) 원고는 창업 후 3년 이내의 벤처기업으로서 원고와 특수관계 있는 A 주식회사(이 사건 주식발행 회사)의 유상증자 참여, 무상증자 등의 사유로 이 사건 주식을 취득하여 보유 하던 중,

(2) 2007. 5. 경부터 2007. 11. 경까지 이 사건 주식 중 일부를 양도하고 법정신고 기한 이후인 2010. 4. 30. 양도소득 과세표준 신고 및 자진납부계산서를 제출하고 양도소득세를 납부하였다.

(3) 피고는 원고의 이 사건 주식 양도와 관련한 과세표준 신고 및 자진납부계산서 내용이 정당하여 추가로 고지할 양도소득세액이 없다는 내용의 이 사건 신고 시인 결정 통지를 하였다.

(4) 원고는 이 사건 신고 시인 결정 통지에 대하여 불복하였다.

(5) 이 사건 주식양도가 구 조세특례제한법 제 14조에서 규정하는 과세특례 적용대상으로서 비과세 요건을 갖추었는지 여부가 주 쟁점이었지만 1심재판부가 직권으로 이 사건 소와 관련하여 항고소송의 대상인 처분이 존재하는지에 대해 판단하면서 **기한후 신고에 대한 신고시인 결정통지가 항고소송 대상이 될 수 있는지 여부**가 본안소송에 앞서 다툼이 되었다.

2. 쟁 점

기한후 신고·납부에 대한 신고시인 결정을 항고소송의 대상인 행정처분으로 볼 수 있는지 여부

3. 대상판결

구 국세기본법(2010. 1. 1. 법률 제9911호로 개정되기 전의 것, 이하 같다) 제45조의3 제1항은 법정신고기한내에 과세표준신고서를 제출하지 아니한 자는 관할세무서장이 세법에 의하여 당해 국세의 과세표준과 세액을 결정하여 통지하기 전까지 기한후과세표준신고서를 제출할 수 있고, 제3항은 제1항의 규정에 따라 기한후과세표준신고서를 제출한 경우(납부할 세액이 있는 경우에는 해당 세액을 납부한 경우에 한한다) 관할세무서장은 세법에 의하여 당해 국세의 과세표준과 세액을 결정하여야 한다고 규정하고 있다.
양도소득세 납세의무자가 기한후과세표준신고서를 제출하더라도 그 납세의무는 관할세무서장이 양도소득 과세표준과 세액을 결정하는 때에 비로소 확정되는데, 과세관청이 납세의무자에 대하여 양도소득 과세표준과 세액이 기한후과세표준신고서를 제출할 당시 이미 자진 납부한 금액과 동일하므로 별도로 고지할 세액이 없다는 내용의 신고시인결정 통지를 하였다면, 그 **신고시인결정 통지**는 구 국세기본법 제45조의3 제3항이 정한 과세관청의 결정으로서 **항고소송의 대상이 되는 행정처분에 해당한다**고 할 것이다(대법원 1984. 3. 27. 선고 82누383 판결 참조).

4. 평 석

(1) 이 사건 1심재판부(서울행법 2011구단20208)는 양도소득세 기한 후 신고·납부에 대한 과세관청의 신고시인 결정 통지는 사실행위에 불과하여 항고소송의 대상이 되는 행정처분으로 볼 수 없고 이에 대한 이의신청이나 심판청구에서 기각 결정을 했다하더라도 이는 전심절차를 거쳤다는 것이 될 뿐 신고시인 결정을 행정처분으로 볼 수 없다는 사유를 들어 이 사건 소는 부적법하다고 판단하였다(각하).

(2) 이 사건 원심(서울고법 2012누24841)재판부는 1심 재판부와 달리 신고시인 통지서는 관련 법령에 따른 납세고지서 형식을 갖추고 있지 않지만 사실상 처분서를 통하여 양도소득세 부과를 대외적으로 공식화함과 아울러 권리의무에 변동을 가져오는 법적 효과가 발생하게 되었다고 볼 여지도 충분하고, 단순한 사실행위로 본다면 납세자가 위법사유를 주장할 기회가 제한될 수 있어 부당하므로 행정처분으로 보아야 한다는 판결을 하였다.

(3) 대상판결은 원심의 판단과 같이 과세관청이 별도로 고지할 세액이 없다는 내용의 신고시인결정 통지를 하였다면, 그 신고시인결정 통지는 구 국세기본법 제45조의3 제3항이 정한 과세관청의 결정으로서 **항고소송의 대상이 되는 행정처분에 해당한다**고 판결하여 원심과 동일한 판단을 유지하였다.

(4) 세무서장(재산세과장)은 기한 후 신고서 또는 수정신고서가 접수된 경우 신고일로부터 3개월 이내 결정하여야 한다. 다만, 3월 이내에 결정할 수 없는 경우에는 그 사유를 신고인에게 서면으로 통지하여야 하고(양도소득세사무처리규정 제6조의3), 양도소득세 과세자료를 처리하고 고지세액이 있는 경우에는 해당고지서 산출근거 란에 과세표준 등의 필요한 사항을 기재하여 고지하고 고지세액이 없는 경우에는 양도소득세 납부할 세액 없음을 서면(별지 제4호 서식)으로 통지하도록 규정하고 있다(양도소득세사무처리규정 제14조).

(4) 한편 과세관청은 종합소득세, 부가가치세, 상속세, 증여세에 관하여도 유사한 내부규정을 두고 있다(법인세사무처리규정 제77조, 소득세사무처리규정 제48조, 부가가치세사무처리규정 제56조, 상속세및증여세사무처리규정 제6조).

(5) 양도소득세는 2001. 1. 1.부터 납세의무자의 신고에 의하여 납세의무가 확정되는 신고납세방식의 조세로 변경되었으나 납세의무자의 신고가 없는 경우 부과과세방식으로 확정된다. 신고납세방식의 조세는 납세자의 신고에 의해 조세채권이 확정되지만 **부과과세방식 조세의 경우에는 납세자의 과세표준신고는 납세의무를 확정시키는 효력은 없고 과세관청이 세액을 결정하여야만 확정**된다.

(6) 납세자가 기한후 과세표준신고서를 제출하였다 하더라도 이미 법정신고기한까지 과세표준신고서를 제출하지 아니하였으므로 납세의무는 부과과세방식으로 확정되어 관할 세무서장이 **양도소득세과세표준과 세액을 결정하는 때에 비로소 확정**된다.

(7) 신고납세방식의 조세에 있어서는 과세관청이 자진신고를 받아들여 신고시인 결정을 한 경우 이러한 신고시인 결정을 부과처분이라고 볼 수 없다(기한후신고는 부과과세 방식으로 확정되는 것임).

(8) 과세표준신고서를 법정신고기한까지 제출하지 아니하였더라도 기한 후 신고한 자에게는 수정신고 및 경정청구를 허용하도록 국세기본법이 일부 개정되었다. 즉, "법정신고기한까지 제출한 자 및 제45조의3 제1항에 따른 기한후과세표준신고서를 제출한 자" **모두 경정청구를 할 수 있다**고 국세기본법이 개정되었는데, 위 판례가 세법개정에 영향을 준 것으로 보인다(법률 제16841호, 2019. 12. 31. 일부개정).

5. 관련 판례

문서번호	내 용
대법원 1990. 4. 13. 선고 97누642 판결	부과과세방식의 조세에 있어서 납세의무자의 과세표준 확정신고에 의하여 과세표준 확정신고 결정을 할 경우에도 그와 같은 결정과 통지가 없는 한 조세채무를 확정하는 부과처분은 있었다고 할 수 없고 과세관청이 과세표준 확정신고를 내부적으로 확인·수리하였다고 해서 확인적 의미의 부과처분이 존재한다고 볼 수도 없다.
대법원 1997. 4. 11. 선고 96누19352 판결	결정결의서 사본의 교부는 소득세법 제114조에서 정하는 과세표준과 세액의 통지에 해당하여 부과처분이 있었다고 보아야 할 것이다(과세표준 확정신고 시 양도소득세를 자진 납부한 자의 확인요구에 대한 응답형식으로 과세표준과 세액 등이 기재된 결정결의서 사본이 교부된 사안에 대한 판단임).
대법원 2001. 6. 1. 선고 99다1260 판결	1999. 12. 28. 소득세법의 개정 전 양도소득세와 같은 부과과세방식의 조세에 있어서는 과세관청이 과세표준과 세액을 결정함에 따라 그 세액이 확정되고 그 확정의 효력은 과세관청이 납세고지서에 의하여 이를 납세자에게 통지한 때에 발생하므로, **과세관청이 납세자가 자산양도차익예정신고와 함께 자진납부한 양도소득세를 수령하고서 그 후 결정된 과세표준과 세액을 납세고지서에 의하여 통지한 사실이 없다면 아직 양도소득세의 부과처분이 있었다고 할 수 없고,** 그 후에 행하여진 다른 과세관청의 양도소득세 등 부과처분은 이중과세에 해당한다고 볼 수 없다.

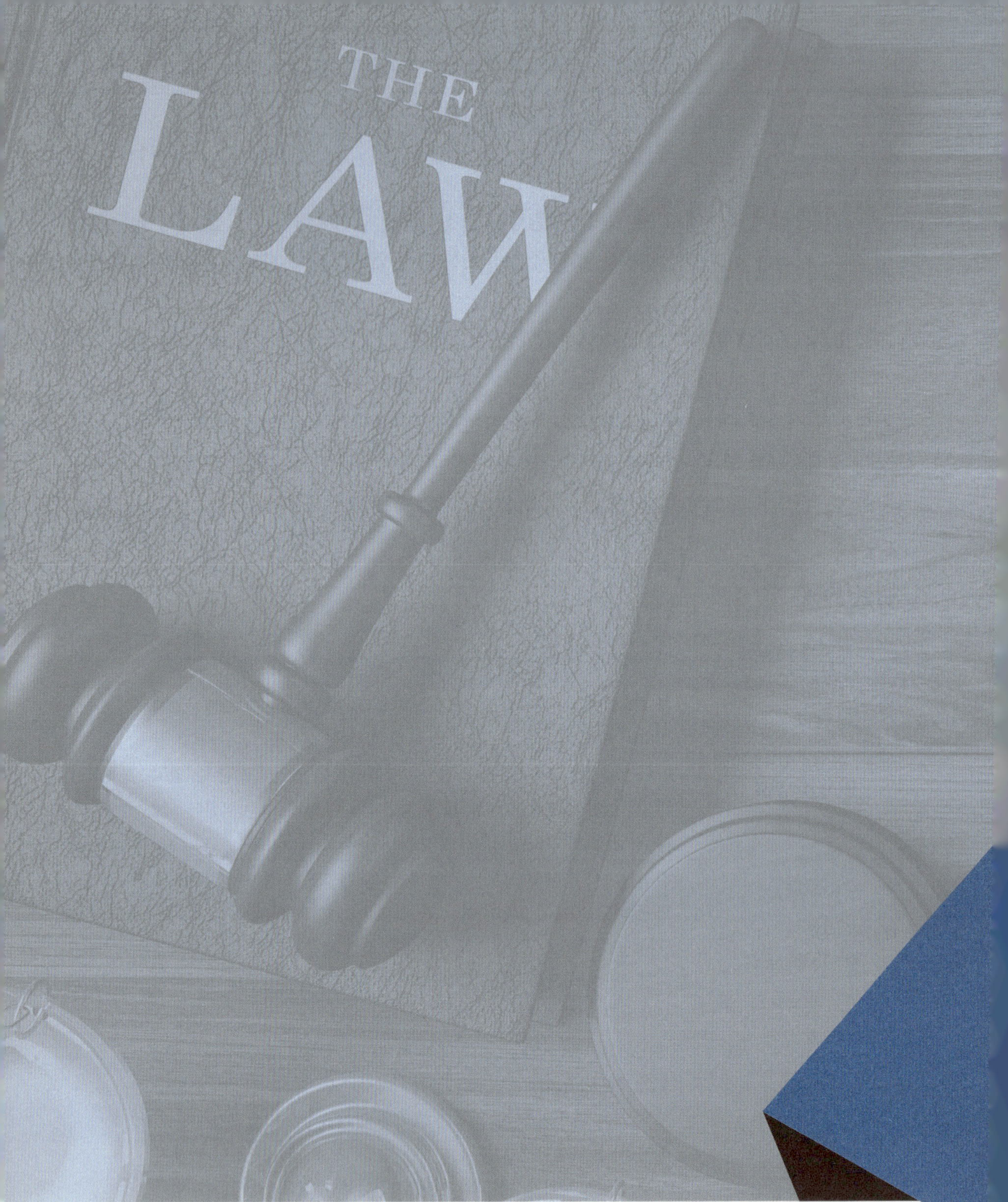

개정5판
핵심이슈별
판례세법

제 2 장

양도소득세

제1절 과세대상과 납세의무자

1-1 비사업용토지로 보지 않는 경우(사용제한)

● 대상판결 : 대법원 2011두28950 (2013. 2. 14.) ➜ 국패(합목적적 해석)

핵심 요지

토지를 취득한 후 도시계획의 변경 등 정당한 사유로 인하여 비사업용토지로 보지 아니하는 토지는 토지 취득 후에 기존 도시계획의 변경 등으로 인하여 사용이 금지 또는 제한된 기간이 연장된 토지도 포함되므로 토지구획정리사업계획의 변경에 따라 사업기간이 연장된 경우 비사업용토지로 보지 아니한다.

1. 사실관계

(1) 원고는 2001. 12. 10. 이 사건 토지(인천 소재)를 취득·보유하다가 2007. 11. 22. A에게 양도하였다.

(2) 인천광역시장은 이 사건 토지에 대하여 토지구획정리사업 시행을 인가 및 공고, 기간연장하였는데, 그 내용은 아래와 같다.

① 공고일자 : 1994. 12. 28.
② 사업기간 : 1994. 12.부터~1997. 12.까지
③ 2001. 12. 10. 원고는 이 사건 토지 취득
④ 2003. 12. 27.까지 수차례 사업기간 연장
⑤ 2007. 11. 22. 원고는 이 사건 토지 매도
⑥ 사업기간연장 : 2008. 12. 27.까지
※ 사업기간 연장은 관련 법령에 따라 적법하게 이루어졌다.

(3) 2007. 12. 31. 원고는 이 사건 토지 양도에 따른 양도소득세를 신고·납부하였다(일반 누진세율 36% 적용, 양도소득세 59백만 원).

(4) 2008. 12. 10. 피고는 이 사건 토지를 비사업용 토지로 보아 중과세율 60%를 적용하여 양도소득세를 결정·고지하였다(양도소득세 91백만 원).

2. 쟁 점

이 사건 토지가 비사업용토지인지 여부

3. 사건의 경과

(1) 원심판결(서울고등법원 2011. 10. 27. 선고 2011누2002 판결) : **국승**(엄격해석원칙)

“토지를 취득한 후 법령에 따라 그 사용이 금지 또는 제한됨으로 인하여 또는 도시계획의 변경 등 정당한 사유로 인하여 토지를 사업에 사용하지 않는 경우”에 일정한 기간 동안 비사업용 토지에 해당하지 않는 기간으로 보도록 규정하는 것은 “토지의 취득 당시에는 토지의 사용상 아무런 제한이 없어” 이를 사업에 사용하고자 하였으나 “토지 취득 후 소유자의 책임질 수 없는 사유로 인한 사정 변경”으로 그 토지를 사용할 수 없었던 경우에, 해당 기간 동안 비사업용 토지로 취급하지 않겠다는 것이 위 규정들의 취지라고 봄이 상당하다. 이 사건 토지가 위 조항들에 의하여 비사업용 토지에서 제외되는 토지가 되기 위해서는 원고가 ‘이 사건 토지를 취득한 이후’에 이 사건 토지에 대한 도시계획의 변경 등 정당한 사유로 사용하지 못한 사정이 있어야 한다.

판결내용 요약

① 이미 사용에 제한이 있는 토지를 취득하였다면 이를 두고 주거 또는 사업용도로 취득한 것이라고 볼 수 없다.

② 당초 취득할 당시부터 사용이 금지되거나 제한된 토지의 경우 그것을 취득하더라도 사업용으로 사용할 수 없다는 사실을 인식하고 있어 세제상 불이익을 주더라도 가혹하다고 보기 어렵다.

③ 이와 같이 해석하지 않을 경우 제한이 풀리기 전까지 비사업용 토지가 아니라고 보게 되어 입법취지에 반한다.

(2) 대상판결

구 「소득세법」(2007. 12. 31. 법률 제8825호로 개정되기 전의 것) 제104조의 3 제2항, 구 「소득세법시행령」(2008. 2. 22. 대통령령 제20618호로 개정되기 전의 것) 제168조의 14 제1항, 구 「소득세법시행규칙」(2008. 4. 29. 기획재정부령 제15호로 개정되기 전의 것, 이하 '시행규칙'이라 한다) 제83조의 5 제1항 등 관련 규정의 취지와 문언 내용, 그리고 도시계획의 변경 절차 및 효과 등을 종합하여 보면, 시행규칙 제83조의 5 제1항 제12호에서 규정한 '당해 토지를 취득한 후 도시계획의 변경 등 정당한 사유로 인하여 사업에 사용하지 아니하는 토지'에는 토지의 취득 후에 도시계획의 변경 등으로 인하여 새로이 사용의 금지 또는 제한이 생긴 토지뿐만 아니라, **'토지의 취득 후에 기존 도시계획의 변경 등으로 인하여 사용이 금지 또는 제한된 기간이 연장된 토지'도 포함**되고, 이러한 경우에 비사업용으로 사용한 것으로 보지 아니하는 기간은 **'토지의 취득 후에 사용의 금지 또는 제한이 연장된 기간'**이라 할 것이다.

판결내용 정리

'당해 토지를 취득한 후 도시계획의 변경 등 정당한 사유로 인하여 사업에 사용하지 아니하는 토지'에는 토지의 취득 후에 도시계획의 변경 등으로 인하여 새로이 사용의 금지 또는 제한이 생긴 토지뿐만 아니라, **'토지의 취득 후에 기존 도시계획의 변경 등으로 인하여 사용이 금지 또는 제한된 기간이 연장된 토지'도 포함된다고 하여, 기간이 연장된 경우도 개인이 책임질 수 없는 부득이한 사유에 해당한다.**

4. 평 석

(1) 취득자는 취득 당시의 제한 내용만을 인식하고 취득한 것일 뿐, 취득자가 사업기간의 연장 여부 및 연장 기간까지 구체적으로 예상할 수 있다고 보기는 어려우므로, 규정의 합목적적 해석에 따라 "취득 후 발생한 사용 제한 사유"에 이미 존재하였던 사용 제한의 "기간 연장"도 포함하는 것으로 해석하였다.

(2) 대상판결은 원심과 달리 조세에 관한 법률의 해석방법 중 **조세법률주의에 따른 엄격해석의 원칙(대법원 2009. 8. 20. 선고 2008두11372 판결 등 참조) 또는 합목적적 해석(대법원 2008. 2. 15. 선고 2007두4438 판결 등 참조) 중 위헌적 소지마저 가지고 있는 비사업용 토지에 대한 중과제도를 해석함에 있어서는 일률적으로 엄격해석의 원칙의 잣대를 들이대기보다는, 그 규정의 취지에 맞도록 합목적적 해석을 한 것**으로 볼 수 있다.

(3) 토지 취득 전 사용금지 등이 있는 경우 적용제외 가능한지 여부

법령상에 사용금지 또는 제한되어 있는 토지를 취득하였으나 당시에는 비사업용 토지에 관한 사항이 없었으므로 이후에 제정된 비사업용 토지 규정에서 토지의 취득시기에 따라 적용대상을 판정하는 것은 소급과세 원칙에 반한 것인지에 대한 대법원 판단이다. 즉, "소급과세금지 원칙은 조세법령의 제정 또는 개정이나 과세관청의 법령에 대한 해석 또는 처리지침 등의 변경이 있는 경우 그 효력발생 전에 종결한 과세요건사실에 대해 당해 법령 등을 적용할 수 없다는 것이지, 그 이전부터 계속되어 오던 사실이나 그 이후에 발생한 과세요건사실에 대하여 새로운 법령 등을 적용하는 것을 제한하는 것은 아니기 때문에 **소급과세금지원칙을 위배하였다고 볼 수 없다**(대법원 2010. 7. 8. 선고 2010두5721 판결).

(4) 비사업용 토지의 예외인정

① 「소득세법」 제104조의 3 제2항은 토지 취득 후 법률에 따른 사용 금지나 그 밖에 대통령령으로 정하는 부득이한 사유가 있는 경우 대통령령이 정하는 바에 따라 비사업용 토지에 해당하지 않는 것으로 보고 있다.

② 이에 따라 같은 법 시행령 제168조의 14 제1항은 각 호에 해당하는 토지를 일정기간 동안 비사업용 토지에 해당하지 않는 것으로 보도록 한다.

③ 제3항은 각 호에 해당하는 토지를 곧바로 비사업용 토지에 해당하지 않는 것으로 보도록 예외를 두고 있다.

④ 그 중에서도 위 시행령 규정 제1항 제1호와 제4호는 각각 '토지를 취득한 후 법령에 따라 사용이 금지 또는 제한된 토지는 사용이 금지 또는 제한된 기간', '그 밖에 공익, 기업의 구조조정 또는 불가피한 사유로 인한 법령상 제한, 토지의 현황·취득사유 또는 이용 상황 등을 감안하여 기획재정부령으로 정하는 부득이한 사유에 해당되는 토지는 기획재정부령으로 정하는 기간' 동안 비사업용 토지에 해당하지 않는 것으로 보도록 규정하고 있다.

(5) 비사업용 토지 관련 법 개정 연혁

<table>
<tr><th rowspan="3">양도시기별
구분</th><th colspan="3">세 율</th><th rowspan="3">장기보유
특별공제</th></tr>
<tr><th colspan="2">개 인</th><th>법 인</th></tr>
<tr><th>비사업용 토지
(매매업자 포함)</th><th>비사업용 토지
과다보유 주식</th><th>비사업용 토지</th></tr>
<tr><td>2004년~2006년</td><td>실가 과세</td><td>실가 과세</td><td></td><td>적용</td></tr>
<tr><td>2007년~
2009. 3. 15.</td><td>60% 적용</td><td>60% 적용</td><td>30% 추가 과세</td><td rowspan="4">적용 배제</td></tr>
<tr><td>2009. 3. 16.~
2012년</td><td>기본세율 적용하고
투기지역 10% 가산</td><td>기본세율 적용</td><td>투기지역만 10%
추가 과세</td></tr>
<tr><td>2013년</td><td>상 동</td><td>상 동</td><td>모든 지역 30%
추가 과세</td></tr>
<tr><td>2014년~2015년</td><td>상 동</td><td>상 동</td><td rowspan="4">모든 지역 10%
추가과세
(중소기업은
2016년부터)</td></tr>
<tr><td>2016년~</td><td>모든 지역
10% 가산</td><td>모든 지역
10% 가산</td><td>적용
(기산일 :
2016. 1.
1.부터)</td></tr>
<tr><td>2017년~</td><td>상 동</td><td>상 동</td><td>기산일 :
취득일부터</td></tr>
<tr><td>2018년~</td><td>투기지역
20% 가산 추가</td><td></td><td>상 동</td></tr>
</table>

① 2008. 11. 7. 이후 투기지역 지정은 없다.

② 장기보유특별공제는 개인(매매업자 포함)의 적용 여부이다.

③ 취득분에 대한 중과유예는 별도 : 2009. 3. 16.~2012. 12. 21. 취득분은 향후 양도 시 기본세율을 적용한다.

④ 2020. 1. 1. 이후 양도하는 분부터는 토지투기지역 지정공고일 이전 토지를 양도하기 위해 매매계약을 체결하고 계약금을 지급받은 경우 20% 중과 배제한다(2020. 1. 1. 현재 토지투지지역으로 지정된 지역은 없다).

⑤ 개정규정 근거 법 및 시행시기

구분	근거규정	시행시기
세율10(20)% 적용	소득세법 제102조 제1항 제8호, 제4항	2016. 1. 1. 이후 양도분 (20% 중과세는 2018. 1. 1. 이후 양도분)
장기보유특별공제 배제	소득세법 제95조 제2항	2016. 12. 31. 이전 양도분
비사업용토지의 범위	소득세법 제104조의 3, 시행령 제168조의 6~14, 규칙 제83조의 3~5	2006. 1. 1. 이후 양도분

5. 관련 판례

문서번호	내 용
헌법재판소 2012.7.26. 선고 2011헌바357 전원재판부 결정 등	비사업용 토지 중과제도는 과잉금지원칙에 위배되어 재산권을 침해한다거나 실질적 조세법률주의에 위배된다고 할 수 없어 합헌이다.
대법원 2002.2.26. 선고 2000다48265 판결	처분문서는 그 성립의 진실성이 인정되는 이상 그 기재 내용을 부인할 만한 분명하고도 수긍할 수 있는 반증이 없는 한, 그 처분문서에 기재되어 있는 문언대로의 의사표시의 존재 및 내용을 인정하여야 한다.

문서번호	내 용
대법원 2008.1.10. 선고 2006다41204 판결	사문서는 본인 또는 대리인의 서명, 날인 또는 무인이 있는 때에는 진실한 것으로 추정되므로, 사문서의 작성명의인이 당해 문서에 날인한 인영 부분의 성립을 인정하는 경우에는 반증으로 그러한 추정이 번복되는 등의 다른 특별한 사정이 없는 한 그 문서 전체에 관한 진실성이 추정된다 할 것이고, 이러한 요건이 갖추어진 문서의 진실성을 뒤집으려면 그럴만한 합리적인 이유와 이를 뒷받침할 간접반증 등의 증거가 필요하다.
대법원 2013. 10. 31. 선고 2011두14425 판결	'법령에 따라 사용이 금지 또는 제한된 토지'란 토지의 용도에 따른 통상적인 제한의 범위를 넘어 특별히 사용이 제한된 토지를 의미하고, 여기에는 **법령의 규정 그 자체에 의하여 직접 사용이 금지 또는 제한된 토지뿐만 아니라 행정청이 행정작용의 일환으로 건축허가 등을 일률적으로 통제함에 따라 현실적으로 사용이 금지 또는 제한된 토지도 포함**된다고 봄이 타당하다. 그리고 이에 해당하는지는 토지의 본래 용도에 따른 사용의 제한 여부를 원칙적인 기준으로 하되, 토지의 취득목적과 실제 이용현황 및 본래 용도의 변경가능성 등도 아울러 고려하여 개별적으로 판단하여야 한다.
대법원 2016. 7. 14. 선고 2014두7886 판결	공부상 등재현황이 '대'인 토지에 대하여 법령의 규정에 의하여 건축허가 등의 통제가 이루어지는 경우에는 원칙적으로 그 본래 용도에 따른 사용이 제한된다고 볼 수 있어 통상적인 제한의 범위를 넘는 특별한 사용 제한에 해당된다고 할 것이고, **공부상 등재현황이 '전' 또는 '답'이지만 실제 이용현황은 '대' 또는 '잡종지'인 토지에 대하여 법령의 규정에 의하여 건축허가 등의 통제가 이루어지는 경우에도 그 토지의 이용현황이 불법적인 형질 변경 등을 통하여 변경되었다는 등의 특별한 사정이 없는 한 특별한 사용 제한에 해당될 수 있다**고 보는 것이 타당하다.

1-2 명의신탁 부동산 양도 시 양도소득세 납세의무자

● 대상판결 : 대법원 2012두10710 (2014. 9. 4.) ➔ 국패

핵심 요지

이 사건 토지의 양도 당시 그 양도소득을 실질적으로 지배, 관리, 처분할 수 있는 지위에 있었다거나 이 사건 토지에 관한 양도의 주체가 된다고 볼 수 없으므로, 원고들은 양도소득세의 납세의무자가 될 수 없다.

1. 사실관계

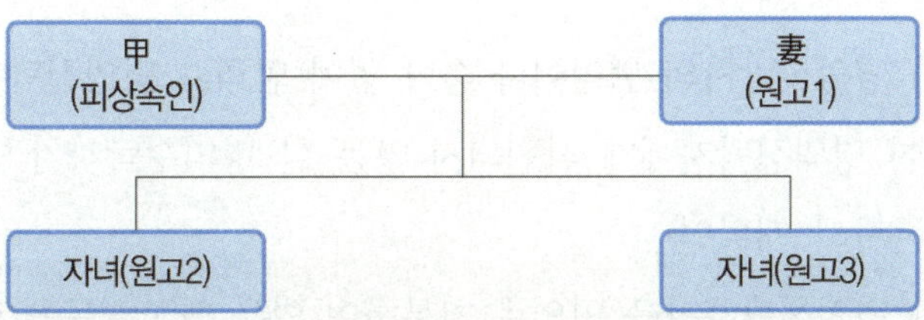

(1) 갑의 사망으로 상속인들인 원고1, 2, 3은 이 사건 토지를 상속하였다.

(2) 갑의 친척들이 이 사건 토지에 대한 소유권을 주장하는 등 분쟁이 야기되자,

(3) 원고1의 언니(乙) 명의로 이 사건 토지를 명의신탁하였다.

(4) 乙이 임의로 이 사건 토지를 제3자에게 매매하였는데,

(5) 원고들이 소송을 제기하였고, 소송결과 원고들이 乙로부터 토지매매대금을 지급받기로 조정성립되었다.

(6) 피고는 2010. 2. 10. 원고들을 이 사건 토지의 양도인으로 보고 양도소득세를 과세하였다.

2. 사건의 경과

(1) 1심판결(의정부지방법원 2011. 9. 6. 선고 2011구합810 판결) : 국승

부동산 명의신탁의 경우 명의신탁자가 부동산을 양도하여 그 양도로 인한 소득이 명의신탁자에게 귀속되었다면 **실질과세원칙상 양도소득세 납세의무자는 명의신탁자이다**(원고들이 명의수탁자 乙을 상대로 부당이득반환소송을 제기하여 조정성립되었다).

(2) 2심판결(서울고등법원 2012. 4. 19. 선고 2011누35387 판결) : 국승

양도소득은 명의신탁자인 원고들에게 전액 환원되어 **원고들이 그 양도소득을 사실상 지배, 관리, 처분할 수 있는 지위**에 있다.

(3) 대상판결

① 명의수탁자가 명의신탁자의 위임이나 승낙 없이 임의로 명의신탁재산을 양도하였다면 양도소득이 명의신탁자에게 환원되지 않는 한 명의수탁자가 양도소득세 납세의무자이다(기존판례 재확인).

② 명의수탁자가 명의신탁재산을 임의로 처분하여 얻은 양도소득을 명의신탁자에게 환원하였다고 하기 위해서는, 명의수탁자가 양도대가를 수령하는 **즉시 그 전액을 자발적으로** 명의신탁자에게 이전하는 등 명의신탁자가 양도소득을 실질적으로 지배, 관리, 처분할 수 있어야 양도의 주체로 볼 수 있다.

③ 명의신탁자가 명의수탁자에 대한 소송을 통해 상당한 시간이 경과한 후에 양도대가 상당액을 회수하였다고 하여 양도소득의 환원이 있다고 할 수 없다.

④ 따라서 이 사건의 경우 원고들이 아닌 **명의수탁자인 乙이 납세의무자이다**.

3. 평 석

(1) **양도소득을 명의신탁자에게 환원하였다고 판단할 수 있는 기준은 자발성이다**(**즉시 반환**).

(2) 명의수탁자가 소송이라는 강제적 방법을 통해 양도대가를 반환한 경우에는 **명의수탁자에게 납세의무를 지워야 한다**는 것이 대법원의 태도이다(기존입장 변경).

(3) 소송 등(강제적 방법)을 통한 반환은 신탁자의 의사에 기한 것이 아니며, **반환받은 금원도 양도대가가 아닌 손해배상금 또는 부당이득금 반환금**으로 보아야 한다.

(4) 경제적 이익의 귀속측면에서 타당한지 논란이 야기될 수 있다(응능부담 및 실질과세원칙과 괴리).

4. 관련 판례

명의수탁자가 명의신탁재산을 임의로 양도한 경우 누가 납세의무자인지에 대하여 사안마다 상이하게 판단하고 있다.

양도소득이 명의신탁자에게 환원되었는지 여부에 대한 종전 기준을 보면 다음과 같다.

문서번호	내 용
대법원 1999. 11. 26. 선고 98두7084 판결; 대법원 2011. 11. 24. 선고 2011두19918 판결	수탁자가 명의신탁재산을 임의로 양도하였으나 **신탁자가 손해배상 청구소송 및 강제집행 등 강제적 방법**을 통해 매매대금 일부만을 수령한 경우 양도소득이 신탁자에게 환원된 것으로 볼 수 없다.
대법원 1996. 2. 9. 선고 95누9068 판결	법인들 사이에서 명의신탁된 토지를 수탁자가 신탁자의 동의 없이 제3자인 대한주택공사에게 「공공용지의취득및손실보상에관한특례법」 상의 협의취득 절차에 따라 임의로 매각하였다면 그 양도주체는 일응 수탁자라고 할 것이지만, 당초 약정대로 수탁자가 신탁자에게 소유명의를 환원시켜 주었다고 하더라도 신탁자 역시 주택공사에게 이를 협의취득시키거나 수용당할 수밖에 없었고, 협의취득된 토지에 관하여 수탁자가 그 보상금 전액을 공탁하여 신탁자가 이를 출급해 간 점에 비추어 보면, 수탁자가 주택공사에게 토지를 양도함으로써 얻은 양도소득은 신탁자에게 전액 환원되어 신탁자가 그 양도소득을 사실상 지배·관리·처분할 수 있는 지위에 있게 되었다고 할 것이어서 신탁자인 법인이 그 양도소득에 대한 법인세 및 특별부가세의 납세의무자가 된다(수탁자가 신탁자의 동의 없이 명의신탁재산을 주택공사에게 협의취득시켰으나 **수탁자가 스스로 보상금 전액을 공탁하여 신탁자가 이를 출급**해 간 경우 양도소득이 전액 **신탁자에게 환원**되었다). ※ 협의취득 : 사업시행자가 공익사업에 필요한 토지 등을 「토지보상법」에 의한 수용절차가 아닌 협의에 의해 취득한다.

문서번호	내 용
대법원 1997. 10. 10. 선고 96누6387 판결; 서울고등법원 2012. 6. 5. 선고 2011누32838 판결	**명의수탁자의 명의로 양도소득세를 신고·납부**하였다고 하더라도 이로써 납세의무자의 적법한 신고·납부가 있었다고 볼 수 없으므로 **신고 및 납부불성실가산세 부과대상**이 된다.
서울행정법원 2010. 11. 4. 선고 2010구합9372 판결	**명의수탁자의 명의로 양도소득세를 신고·납부**하였다고 하더라도 **국세부과제척기간**은 명의신탁자가 법정신고기한 내에 과세표준신고서를 제출하지 아니한 경우로 보아 **7년이 적용**된다.

1-3 미등기 양도자산 판단기준

● 대상판결 : 대법원 2013두10519 (2013. 10. 11.) ➜ 파기환송

핵심 요지

그 취득에 관한 등기가 가능하였음에도 원고 명의의 소유권이전등기를 하지 아니한 채 곧바로 소유권이전등기를 마쳐 주었으므로 이에 대하여는 구 「소득세법」 제104조 제1항 제3호 소정의 미등기 양도자산에 관한 중과세율을 적용하여야 한다.

1. 사실관계

(1) 이 사건 토지 거래흐름도

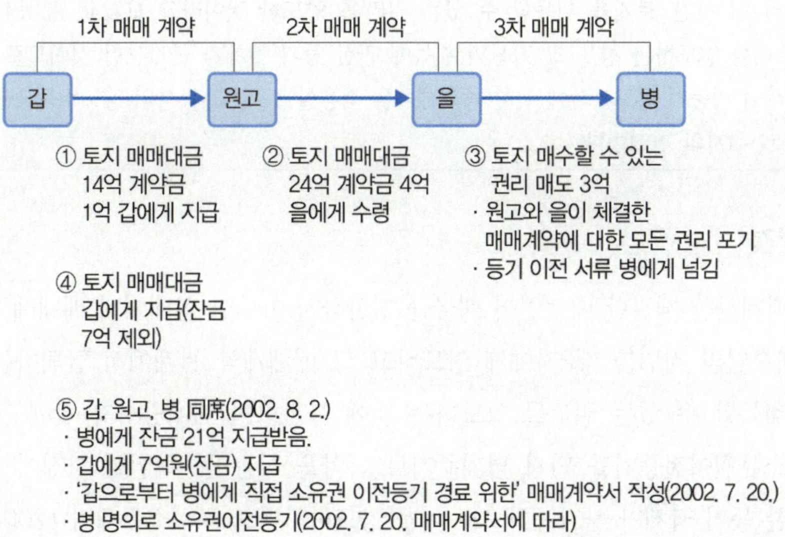

(2) 원고는 양도소득세 무신고하였고, 피고는 원고가 이 사건 토지를 미등기전매한 것으로 보아 60%의 중과세율을 적용하여 양도소득세를 부과하였다(소득세법 §104 ① 3호).

2. 쟁 점

이 사건 부동산의 양도가 미등기전매에 해당하는지 여부

3. 사건의 경과

(1) **원심판결**(서울고등법원 2013. 5. 9. 선고 2012누9033 판결) : **원고 일부 승**

이와 같은 경우 원고로서는 이 사건 토지의 취득에 관한 등기 자체가 불가능하므로, 이를 양도하였다고 하여 '미등기 양도자산'에 해당한다고 볼 수 없으므로, 중과세율을 적용할 수 없고 통상의 양도소득세율을 적용하여야 한다.

원고는 제1차 매매계약을 체결한 후 갑에게 계약금만을 지급한 상태에서 다시 을에게 이 사건 토지를 매도한다는 내용의 제2차 매매계약을 체결하였으므로, 제2차 매매계약은 이 사건 토지를 양도한 것이 아니라 이 사건 **'토지를 취득할 수 있는 권리'를 양도한 것**이라고 보았고, 부동산을 취득할 수 있는 권리를 양도하는 경우 그 자산의 취득에 관한 등기 자체가 불가능한 것이므로 위 권리의 양도에 대하여 미등기 양도자산에 관한 중과세율을 적용할 수 없고 통상의 양도소득세율을 적용하여야 한다는 취지의 판결이다.

(2) 대상판결

부동산 매매계약을 체결한 매수인이 대금을 청산하지 아니한 상태에서 매매계약상 권리의무 내지 매수인의 지위를 제3자에게 양도하고 그 매매계약 관계에서 탈퇴하는 경우에는 부동산을 취득할 수 있는 권리를 양도하는 것에 불과하여 매매당사자 간에 잔금의 완납 전이라도 소유권이전등기를 먼저 넘겨주기로 특약을 하는 등 특별한 사정이 없는 한 그 취득에 관한 등기 자체가 불가능하므로 이를 양도하더라도 구 「소득세법」(2003. 12. 30. 법률 제7006호로 개정되기 전의 것) 제104조 제1항 제3호의 미등기 양도자산에 관한 중과세율을 적용할 수 없을 것이나, 부동산 매매계약을 체결한 매수인이 대금을 청산하지 아니한 상태라고 하더라도 그 매매계약상 권리의무관계 내지 **매수인의 지위를 그대로 유지**하면서 제3자와 다시 그 부동산에 관한 매매계약을 체결한 경우에는 매수인의 명의로 부동산을 취득하여 양도하기로 하는 것이므로 이는 **부동산의 양도에 해당**하고, 그 후 매수인이 매도인에게 잔금을 완납하면 그 취득에 관한 등기가 가능하므로 매수인이 그 명의의 소유권 이전 등기를 마쳐 주었다면 이에 대하여는 구 「소득세법」 제104조 제1항 제3호의 미등기 양도자산에 관한 중과세율을 적용하여야 한다.

4. 평 석

(1) 매수인과 제3자 간에 별도의 권리의무승계계약서를 체결하여 매수인이 제3자에게 일체의 권리의무를 승계하여 **매수인으로서의 지위를 잃게 되는 경우**, 매수인은 부동산이 아니라 부동산을 취득할 수 있는 권리를 양도한 것이므로 미등기 양도자산에 대한 중과세율을 적용할 수 없다.

(2) 이 사건의 경우 원심은 "원고가 제1차 매매계약의 계약금만을 지급한 상태에서, 제2차 매매계약을 체결한 것은 토지를 취득할 수 있는 권리"를 양도한 것이지 토지를 양도한 것이 아니라고 보았다.

(3) 대법원은 **원고가 제1차 매매계약의 매수인 지위를 그대로 유지**하였고, 실제로 갑에게 위 계약에 따른 잔금을 완납하였으므로 **취득에 관한 등기를 할 수 있었음**에도 미등기전매에 따른 이익을 은닉하기 위하여(원고는 무신고) 갑과 병의 매매계약서 작성 및 등기 이전에 가담한 사실은 원고가 부동산을 양도한 것이므로 미등기전매에 따른 중과세율 적용이 타당하다는 판단이다.

(4) 즉, 미등기전매인지를 판단한 기준은 ① 매매계약상 권리의무관계 내지 **매수인의 지위를 유지하면서 전매를 하였는지** 여부와 ② **취득에 관한 등기가 가능하였는지** 여부에 따라야 한다는 점을 확인한 판례이다.

(5) 미등기 양도인지 여부의 판단기준에 관한 판례

① 대법원 2012. 9. 27. 선고 2010두23408 판결

'토지의 양도'라고 함은 그 등기를 마친 소유권뿐만 아니라 매수 후 그 대금의 거의 전부를 지급한 사실상의 소유권의 양도도 포함하는 것이나, **토지의 매수인이 계약금만을 지급한 정도로는 그 토지에 대한 사실상의 소유권을 취득하였다고 할 수 없고 이 상태에서 다시 타인에게 양도한 것은 매수인의 권리나 부동산을 취득할 수 있는 권리를 양도한 것에 불과**하다(대법원 1983. 6. 14. 선고 81누206 판결, 대법원 1992. 9. 14. 선고 91도2439 판결 등 참조).

② 대법원 2013. 12. 12. 선고 2011두7557 판결; 대법원 2013. 12. 12. 선고 2012두27466 판결

매매당사자 사이에 잔금의 완납 전이라도 소유권 이전등기를 먼저 넘겨주기로 특약을 하였다는 등 특별한 사정이 없는 한 그 취득에 관한 등기 자체가 불가능하므로 이를 양도하더라도 원칙적으로 구 소득세법 제104조 제1항 제3호 소정의 미등기 양도자산에 관한 중과세율을 적용할 수 없다(대법원 2012. 9. 27. 선고 2010두23408 판결 등 참조).

그러나 '부동산매매계약을 체결한 매수인이 매매대금 중 계약금과 중도금뿐만 아니라 잔금의 상당부분을 이미 지급하여 잔금 일부만을 지급하면 바로 그 취득에 관한 등기가 가능함에도, **양도소득세 중과세율 적용을 회피할 의도 등으로 그 대금을 지급하지 아니한 채 부동산에 관한 자신의 권리를 양도하는 등의 특별한 사정**이 있다면 이러한 경우에는 구 소득세법 제104조 제1항 제3호 소정의 미등기 양도자산에 관한 중과세율을 적용하여야 할 것'이라고 판시하였다.

③ 대법원 2014. 6. 12. 선고 2013두2037 판결

'부동산의 양도'로 볼 수 있는 '대가적 급부가 사회통념상 거의 전부 이행되었다고 볼 만한 정도에 이르는지' 여부의 판단기준과 관련하여, '구 소득세법(2009. 12. 31. 법률 제9897호로 개정되기 전의 것, 이하 같다) 제88조 제1항, 구 소득세법 시행령 제162조 제1항의 문언과 취지 등을 종합하여 보면, 부동산의 매매 등으로 그 대금이 모두 지급된 경우뿐만 아니라 사회통념상 그 대가적 급부가 거의 전부 이행되었다고 볼 만한 정도에 이른 경우에도 양도소득세의 과세요건을 충족하는 부동산의 양도가 있다고 봄이 타당하다고 할 것이나, 그 대가적 급부가 사회통념상 거의 전부 이행되었다고 볼 만한 정도에 이르는지 여부는 미지급 잔금의 액수와 그것이 전체 대금에서 차지하는 비율, 미지급 잔금이 남게 된 경위 등에 비추어 구체적 사안에서 개별적으로 판단하여야 한다'고 하여(같은 취지의 판결로 대법원 2010. 10. 14. 선고 2008두8147 판결, 대법원 2014. 1. 23. 선고 2013두18018 판결 등 참조), '원고가 2000. 4. 11.까지 소외 회사로부터 지급받은 계약금 및 중도금 합계액이 1,548,250,000원으로서 **총 매매대금의 98.72%에 이르지만**, 잔금을 남겨 둔 경위나 미지급된 잔금의 액수 등에 비추어 볼 때 **잔금 2,000만 원은**

거래관행상 대금이 모두 지급된 것으로 볼 수 있을 정도로 적은 금액이라고 보기 도 어렵고, 따라서 이 사건 토지의 양도시기는 그 잔금이 모두 지급된 날인 2006. 12. 22.로 보아야 할 것'이라고 판시하였다.

④ 대법원 2015. 4. 23. 선고 2013두13563 판결

'부동산 매매계약을 체결한 매수인이 대금을 청산하지 아니한 상태에서 매매계약상 권리의무 또는 매수인의 지위를 제3자에게 양도하고 그 매매계약 관계에서 탈퇴하는 경우에는, 매매당사자 사이에 잔금의 완납 전이라도 소유권이전등기를 먼저 넘겨주기로 특약을 하였다는 등 특별한 사정이 없는 한 그 취득에 관한 등기 자체가 불가능하므로 이를 양도하더라도 원칙적으로 구 소득세법 제104조 제1항 제3호 소정의 미등기 양도자산에 관한 중과세율을 적용할 수 없다(대법원 2012. 9. 27. 선고 2010두23408 판결 참조).

(6) 판례상 미등기 양도의 판단기준

(가) 매매계약상 권리의무 내지 매수인의 지위를 양도하고 그 매매계약 관계에서 탈퇴하는 경우에는 원칙적으로 부동산을 취득할 수 있는 권리의 양도이고, 매매당사자간에 잔금의 완납 전이라도 소유권이전등기를 먼저 넘겨주기로 특약을 하는 등 특별한 사정이 없는 한 미등기 양도자산에 관한 중과세율을 적용할 수 없다.

(나) 매매계약관계에서 탈퇴한 경우라고 하더라도 권리의 양도가 아니라 부동산의 양도로 보는 경우가 있다.

① 매수 후 매매대금의 거의 전부를 지급한 경우에는 사실상 소유권을 취득한 것으로 보아 권리의 양도가 아니라 부동산의 양도로 본다. 여기에서 사실상 소유권의 양도로 보는 '대금의 거의 전부를 지급한 경우'에 해당되는지 여부는 미지급 잔금의 액수와 그것이 전체 대금에서 차지하는 비율, 미지급 잔금이 남게 된 경위 등에 비추어 구체적 사안에서 개별적으로 판단하여야 한다는 것이 판례이다.

② 매수인이 매매대금 중 계약금과 중도금뿐만 아니라 잔금의 상당부분을 이미 지급하여 잔금 일부만을 지급하면 바로 그 취득에 관한 등기가 가능함에도, 양도소득세 중과세율 적용을 회피할 의도 등으로 그 대금을 지급하지 아니한 채 부동산에 관한 자신의 권리를 양도하는 등의 특별한 사정이 있는 경우에는 권리의 양도가 아니라 미등기 양도자산에 관한 중과세율을 적용하게 된다.

③ 매수인이 대금을 청산하지 아니한 상태라고 하더라도 그 매매계약상 권리의무관계 내지 매수인의 지위를 그대로 유지하면서 제3자와 다시 그 부동산에 관한 매매계약을 체결한 경우(예를 들면, 매도인과 매매계약에 따른 잔금 정산을 하는 경우)에는 매수인의 명의로 부동산을 취득하여 양도하기로 하는 것이므로 이는 부동산의 양도에 해당하는 것이 된다.

(7) 취득세와의 관계

부동산 매수인이 부동산을 취득할 수 있는 권리를 양도한 것이 아니라, 미등기 부동산을 양도한 것으로 되는 경우 매수인에 대해서는 지방세법상 취득세 납세의무가 문제된다. 대법원은 이러한 경우 취득세 납세의무가 성립한다는 입장이다(대법원 2014. 1. 23. 선고 2013두18018 판결).

5. 관련 판례

문서번호	내 용
대법원 1995.4.11. 선고 94누8020 판결	「소득세법」이 '미등기 양도자산'에 대하여 중과세율을 적용하는 취지는, 자산을 취득한 자가 양도 당시 그 취득에 관한 등기를 하지 아니하고 이를 양도함으로써, 양도소득세 등의 각종 조세를 포탈하거나 양도차익만을 노려 잔대금 등의 지급 없이 전매하는 등 부동산투기를 억제, 방지하려는 데 있다.
대법원 2012.9.27. 선고 2010두23408 판결	토지의 매수인이 **계약금과 중도금 일부만 지급한 상태에서 그 부동산을 취득할 수 있는 권리를 양도하는 경우**에는 매매당사자 간에 대금 완급 전이라도 소유권이전등기를 먼저 넘겨주기로 특약을 하는 등 특별한 사정이 없는 한 그 자산의 취득에 관한 등기 자체가 원칙적으로 불가능한 것이므로 이를 양도하였다고 하여 구 「소득세법」 제104조 제3항 소정의 그 **취득에 관한 등기를 하지 아니하고 양도한 경우에 해당한다고 볼 수 없으므로** 위 권리의 양도에 대하여 미등기 양도자산에 관한 중과세율을 적용할 수 없다.
대법원 1995.4.11. 선고 94누8020 판결	「소득세법」 제70조 제7항(현행 §104 ③) 소정 미등기 양도자산에서 말하는 '양도'라 함은, 임의양도만을 가리키는 것이 아니라 「토지수용법」 등에 기한 수용과 같이 자산의 취득자의 의사에 기하지 아니한 **강제양도의 경우도 이에 해당**한다.

문서번호	내 용
대법원 1987.3.24. 선고 86 누914 판결	명의신탁에 의하여 소유권이전등기를 경료하였다가 매도한 것은 「소득세법」상 중과세율 적용의 대상인 **미등기 양도자산에 해당하지 아니**한다.
대법원 2013.12.12. 선고 2011두7557 판결	**분양대금의 대부분을 납입하여 아파트를 사실상 취득한 뒤 그 취득에 관한 등기를 하지 아니한 채 양도**함에 있어 조세를 회피하거나 전매이득을 취득하려는 목적이 없었다거나 그 취득에 관한 등기를 하지 아니한 책임을 원고에게 지우는 것이 가혹한 경우에 해당한다고 보기 어렵고, 이 사건 양도가 구 「소득세법시행령」 제168조 제1항 제1호에서 정하고 있는 미등기 양도자산의 제외사유인 '장기할부조건으로 취득한 자산으로서 계약조건에 의하여 취득에 관한 등기가 불가능한 경우'에 해당하지 않는다. 즉, 미등기 양도자산에 해당한다.
대법원 2012.9.27. 선고 2010 두23408 판결; 대법원 1983. 6. 14. 선고 81누206판결	토지 또는 건물의 양도에는 그 등기를 마친 소유권뿐만 아니라 매수 후 그 대금의 거의 전부를 지급한 사실상의 소유권의 양도도 포함된다.
대법원 2005.10.28. 선고 2004두9494 판결; 대법원 1995.4.11. 선고 94누8020 판결	위 시행령이 규정하는 '법률의 규정에 의하여 취득에 관한 등기가 불가능한 자산'이라 함은 그 자산의 취득자에 대하여 법률상으로 일반적으로 그 취득에 관한 등기를 제한 또는 금지함으로 인하여 등기절차의 이행이 불가능한 경우를 가리키는 것이며, 농지소재지에 거주하지 아니하는 비농민에 대한 농지 취득의 제한 등과 같은 상대적 불능의 경우에는 이에 해당하지 아니하나, 양도 당시 그 자산의 취득에 관한 등기를 하지 아니한 데에 부득이한 사정이 인정되는 경우에도 미등기 양도자산에서 제외된다.
대법원 2012.9.27. 선고 2010두23408 판결	토지의 매수인이 계약금만을 지급한 정도로는 그 토지에 대한 사실상의 소유권을 취득하였다고 할 수 없고 이 상태에서 다시 타인에게 양도한 것은 매수인의 권리나 부동산을 취득할 수 있는 권리를 양도한 것에 불과하며, 토지에 대한 계약금만을 지급한 상태에서 그 부동산을 취득할 수 있는 권리를 양도하는 경우에는 매매 당사자간에 대금 완급 전이라도 소유권 이전등기를 먼저 넘겨주기로 특약을 하는 등 특별한 사정이 없는 한 그 자산의 취득에 관한 등기 자체가 원칙적으로는 불가능한 것이므로 이를 양도하였다고 하여 미등기 자산을 양도한 경우에 해당한다고 볼 수 없다.

문서번호	내 용
대법원 1992.9.14. 선고 91도2439 판결	'부동산을 취득할 수 있는 권리의 양도'의 경우에 계약금과 중도금의 전부 또는 일부를 지급한 상태에서 양도한 경우도 미등기양도자산을 양도한 경우에 해당한다고 볼 수 없다. ※ '부동산을 취득할 수 있는 권리의 양도'에 대하여 미등기 양도로 인한 중과세율이 적용되는 경우는 상정하기 어렵다.
대법원 2015. 4. 23. 선고 2013두13563 판결	부동산매매계약을 체결한 매수인이 매매대금 중 **계약금과 중도금뿐만 아니라 잔금의 상당부분을 이미 지급하여 잔금 일부만을 지급하면 그 취득에 관한 등기가 가능**함에도, 양도소득세 중과세율 적용을 회피할 의도 등으로 그 대금을 지급하지 아니한 채 **부동산에 관한 자신의 권리를 양도**한 등의 특별한 사정이 있다면, 이러한 경우에는 구 소득세법 제104조 제1항 제3호에 정한 미등기 양도자산에 관한 **중과세율을 적용**하여야 할 것이다(대법원 2013. 12. 12. 선고 2011두7557 판결 참조). ※ 대법원 2010두23408 판결은 부동산 매매계약을 체결한 매수인이 **대금을 청산하지 아니한 상태에서 매매계약상 권리의무를 제3자에게 양도하는 경우**에는 취득에 관한 등기 자체가 불가능하므로 미등기 양도자산에 관한 중과세율을 적용할 수 없다는 것으로 위 판례와 다름에 유의할 필요가 있다.

1-4 조합에 대한 자산의 현물출자가 양도에 해당하는지 여부

● 대상판결 : 대법원 2000두5852 (2002. 5. 23.) ➜ 국패

핵심 요지

> 연립주택의 소유자들이 재건축을 함에 있어 주택소유자들은 부지를 제공하고 시공사업자는 그의 책임으로 공사비 등을 투자하여 연립주택을 신축하되 신축주택 1세대씩은 기존 소유자들에게 제공하고 잔여주택은 시공사업자가 처분하기로 하는 내용의 계약을 체결한 경우, 위 계약은 동업계약이며 대지는 유상양도된 것임

1. 사실관계

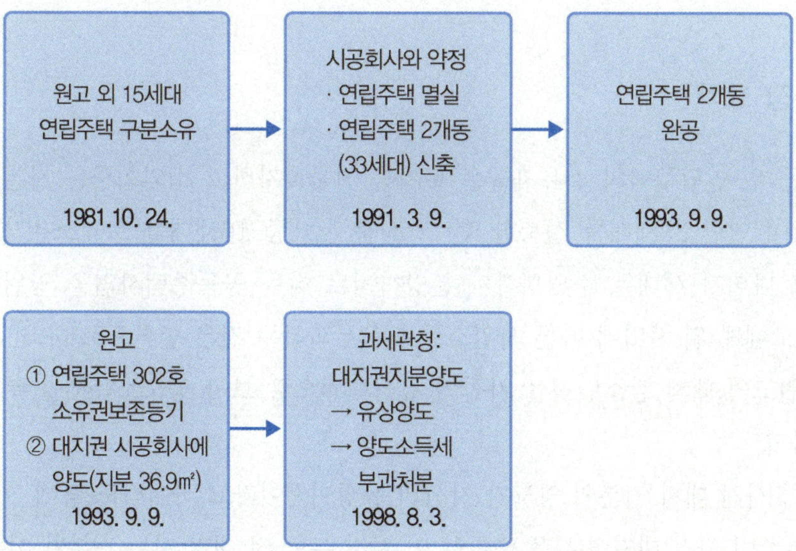

(1) 1981. 10. 24. 원고와 연립주택 16세대의 소유자들이 이 사건 연립주택을 구분소유하고 있었다.

(2) 1991. 3. 9. 원고와 연립주택 소유자들은 시공회사와 동 연립주택을 멸실하고 그 지상에 4층 연립주택 2동을 신축하되 1개동의 세대수는 16세대, 다른 1개동의 세대수는 17세대 합계 연립주택 33세대를 신축하여 분양 및 소유하기로 약정하였다.

(3) 1993. 9. 6. 위 약정에 따라 위 연립주택을 철거하고 건물 2개동을 완공하였고, 원고는 같은 해 9. 9. 위 연립주택 3층 302호 61. 86㎡에 관하여 소유권 보존등기를 마쳤다.

(4) 위 과정에서 분필등기 및 대지권의 지분이전이 있었는데, 원고는 시공업자에게 연립주택 공사비의 대가로 원고의 대지권 지분 36.9㎡를 양도하였다.

(5) 1998. 8. 3. 과세관청은 원고가 시공업자에게 연립주택 공사비의 대가로 이 사건 대지지분을 양도한 것은 양도소득세 과세대상이 되는 자산의 유상양도에 해당한다고 보아 원고에게 양도소득세를 부과처분 하였다.

2. 쟁 점

조합에 대한 자산의 현물출자가 양도에 해당하는지 여부 및 그 양도시기

3. 원고주장 요약

(1) 원고 등 위 연립주택의 소유자들은 토지를 현물출자하고 소외회사는 자본과 기술을 투입하여 연립 33세대를 신축한 후 그 신축건물 중 16세대를 토지소유자들에게 분배하고 나머지 세대는 소외회사가 분양하기로 하는 공동주택사업을 영위한 것으로써, 원고에게 위 사업에 따른 사업소득세를 부과하는 것은 별론으로 하고, 위 사업에 따른 원고의 대지 감소면적을 자산의 유상이전으로 보아 양도소득세를 부과한 것은 위법하고,

(2) 가사 이 사건 대지 지분의 양도가 자산의 유상이전이라고 하더라도 당해 자산의 잔금청산일은 이 사건 대지 지분을 포함한 이 사건 분할 전 대지 지분 전부가 이 사건 재건축에 제공된 때인 1991. 3. 9.경으로 보아야 할 것이므로 이 사건 부과처분은 제척기간 도과 후에 이루어진 처분으로 위법하여 취소되어야 한다.

4. 대상판결(서울고등법원 2000. 6. 7. 선고 2000누2114 판결)

(1) 조합에 대한 현물출자가 양도소득 과세대상인지 여부

구 소득세법(1994. 12. 22. 법률 제4803호로 전문개정되기 전의 것) 제4조 제3항 본문은 양도소득에 있어서 양도의 개념을 자산에 대한 등기 또는 등록에 관계없이 그 자산이 유상으로 사실상 이전되는 것으로 규정하면서 **자산의 유상이전의 예시로서 매도, 교환, 법인에 대한 현물출자 등을 들고 있는 것으로 해석**되고 매도, 교환, 법인에 대한 현물출자를 원인으로 하여서 자산이 이전된 경우에 한하여 이를 양도소득에 있어서의 양도로 본다는 취지는 아니라 할 것이므로 매도, 교환, 법인에 대한 현물출자 이외의 사유로 인한 것이라 할지라도 자산이 유상으로 사실상 이전된 때에는 양도소득세의 과세원인인 양도가 이루어진 것으로 보아야 할 것인바, **조합에 출자한 자산은 출자자의 개인재산과는 별개의 조합재산을 이루어 조합원의 합유가 되고 출자자는 그 출자의 대가로 조합원의 지위를 취득하는 것이므로 법인이 아닌 조합에 대한 자산의 현물출자도 위 법조에 규정된 자산의 유상이전으로서 양도소득세의 과세원인인 양도에 해당한다**고 할 것이다(대법 1987. 4. 28. 선고 86누771 판결 참조).

… 원고 등 연립주택의 소유자 16명은 1991. 3. 9. 위 시공업자와의 사이에 ① 위 지상에 신축하는 연립주택 중 원고 등 소유자들이 16세대에 대한 소유권을 가지고, 그 외의 세대는 **모든 권리를 소외회사에 위임**하고(제4조), ② 소외회사는 공사비, 설계비, 제반경비를 모두 부담하고 이에 대한 공사비를 위 16세대를 제외한 나머지 세대에 대한 주택분양대금으로 충당하며(제12조), ③ 건축허가와 동시에 소외회사가 16세대를 제외한 세대에 대한 은행 융자금을 신청하여 대출받도록 하고(제14조), ④ 소외회사가 공사 준공 후 등기를 필하기 위하여 소유자들에게 제반서류를 요구하는 즉시 이를 이행 제출하도록(제17조) 하는 내용의 계약을 체결함에 따라, 기존 이 사건 연립주택 16세대를 멸실시키고, 그 지상에 연립주택 33세대를 신축하여 분양 및 소유하기로 약정하면서 원고 등은 각자가 소유하고 있던 연립주택의 대지권의 목적이 되는 토지를 신축하는 연립주택 부지로 제공하고, 원고 등은 그 대가로 신축하는 연립주택을 각 1세대씩 소유하기로 한 사실을 인정할 수 있다. 위 인정사실에 의하면 원고 등은 1991. 3. 9. 위 시공업자와의 사이에 연립주택 신축 및 분양에 관한 동업계약을 체결함으로써 조합을 구성함과 동시에 원고 소유의 이 사건 대지

지분을 조합에 현물출자 한 것으로 봄이 상당한바, 따라서 이 사건 **대지 지분의 이전을 자산의 유상양도로 보아 양도소득세를 과세**한 이 사건 부과처분은 **적법**하다고 할 것이므로 이를 다투는 원고의 위 주장은 이유 없다.

(2) 현물출자의 경우 양도시기

그 양도 시기는 조합에 대한 현물출자를 이행한 때로 보아야 할 것이고, 한편 구 소득세법 시행령(1994. 12. 31. 대통령령 제14467호로 전문개정되기 전의 것) 제53조 제1항은, 법 제27조에 규정하는 취득시기 및 양도시기는 원칙적으로 당해자산의 대금을 청산한 날로 한다고 규정하고 있으므로, 이 사건과 같이 원고 등이 시공업자와 동업계약을 체결함과 동시에 원고 소유인 이 사건 대지 지분을 출자한 것으로 인정되는 이상, 그 **양도시기는 동업계약 체결시인 1991. 3. 9.**이라 할 것이고(대법 1985. 11. 12. 선고 85누339 판결 참조), 한편 원고의 이 사건 대지 지분의 양도에 대한 양도소득세는 구 국세기본법 제26조의2, 그 시행령 제12조의3 및 구 소득세법 제100조 제1항의 규정에 의하여 양도소득세의 과세표준 확정 신고 기간 만료일 다음날인 1992. 6. 1.부터 이를 부과할 수 있다 할 것이다. 따라서 위 1992. 6. 1.부터 구 국세기본법 제26조의2 제1항 소정의 제척기간 5년이 경과하였음이 역수상 명백한 1998. 8. 3.에 행하여진 이 사건 부과처분은 그 부과권이 이미 소멸한 뒤에 이루어진 것으로서 위법하다 할 것이다.

5. 평 석

(1) 현물출자에 대한 견해

① 국세청

토지 등을 현물출자하기로 한 약정이 있는 경우에는 조합에 출자한 자산은 개인자산과는 별개의 조합재산으로 조합원의 합유가 되고 출자자는 그 출자의 대가로 조합원의 지위를 취득하는 것이므로 조합에 대한 현물출자에 해당되어 소득세법에 규정한 유상양도에 해당한다(재산 46014-1026,1997.4.29.).

그러나 토지를 현물출자하지 않고 **지상권만 출자한 경우에는 양도에 해당되지 않는다**는 입장이다(부동산거래-572, 2010. 4. 19., 재산-1138, 2009. 6. 9., 심사

양도2000-85-2000. 11. 10., 심사양도2004-19, 2004. 7. 20.).

② 조세심판원

감소된 일반분양 주택 부수 토지를 양도로 본다(국심 1998서455, 1998. 11. 13., 국심 2000서94, 2000. 3. 29., 국심 2002부3070, 2003. 3. 7.). 기존 주택 소유자들의 감소한 부수토지에 대하여 양도소득세를 과세(1세대1주택 부수토지에 불구하고 부수토지의 분할양도로 보아 과세함)하여야 하고, 주택신축판매업에 대한 소득은 시공업자에게 귀속되는 것이다.

심판원의 견해에 따르면 기존 주택 소유자의 재건축과 주택신축판매업을 분리하여 보고 기존 주택을 현물출자로 보지 않으므로, 신축주택은 기존주택의 재건축에 해당되어 1세대1주택 비과세 규정을 적용함에 있어서 종전주택과 신축주택의 보유 및 거주기간을 통산할 수 있다.

③ 대법원

사업시행을 하면서 주택소유자들은 부지를 제공하고 시공업자는 건축공사비를 투자하여 주택을 신축하되 기존 소유자들에게는 신축주택 1세대씩을 제공(추가공사비를 부담하는 경우 포함)하고 잔여주택은 사공업자가 처분하기로 **약정**하였다면 **전체를 현물출자로 보는** 것은 국세청과 동일하나(감사원도 전체를 현물출자로 보고 있다. 감심 2006-12, 2006. 1. 12.) 소득의 귀속에 관하여는 국세청은 기존주택 소유자로 보고 있는 반면, 대법원은 **기존주택소유자와 시공업자가 공동사업을 영위하는 것으로 보고** 있어 견해를 달리하고 있다.

(2) 토지 등을 현물 출자하여 공동으로 주택신축판매업을 영위하는 경우, 현물출자 이후는 출자된 토지 등이 **사업용 재고자산으로 사업소득세 과세대상으로 변경**된다(토지 등의 현물출자 **前**은 **양도소득**, 출자 **後**는 **사업소득**).

(3) 본 사건에서와 같이 수인의 주택소유자들이 주택을 신축하여 분양 및 소유하기로 하는 경우 토지 등을 현물출자 한 약정이 있더라도 당해 공동사업체에 개인 소유 토지가 합유 등기로 이전이 되지 아니하였다면, 약정내용에 관계없이 양도소득세 과세대상이 아닌 것으로 보완하는 것이 납세자, 과세관청 모두에 신뢰의 이익과 공평성을 기할 수 있을 것으로 기대된다.

(4) 만약 현물출자 된 토지를 양도로 보아 양도소득세 과세대상으로 삼는 경우 향후 납세

자가 당해 공동사업용 부동산을 양도하면서 과거의 시점에 현물출자가 이루어진 것이라고 주장하면, 부과제척기간의 경과로 양도소득세가 일실될 우려가 있고, 납세자는 취득가액을 현물출자 당시 가액으로 주장하는 경우 현물출자 이전의 양도소득이 과세누락 될 수도 있게 된다.

(5) 토지의 현물출자에 대하여 **대법원은 원고들과 시공업자 간 주택 신축 및 분양에 관한 동업계약을 체결하고 그에 따라 토지를 조합에 출자한 이상 합유 등기를 하지 않았더라도 현물출자로 보아야 한다**는 것이어서 조세심판원의 입장과는 약간 다른 견해를 가지고 있는 것으로 보여진다.

(6) 토지 등의 현물출자 전 양도차익에 대한 과세는 대부분 개인 토지가 공동사업체로 이전등기 되지 않은 상태에서 현물출자 되고 있어 과세관청에서 과세자료를 확보하기가 어려운 문제가 있고, 분양되는 주택은 공동사업체의 신축판매 또는 임대업에 공하는 재고자산에 해당하므로 주택소유주들의 당해주택 신축에 따른 다주택 문제는 발생하지 않는다.

6. 관련예규 · 심판례

문서번호	내 용
재일46014-707, 1996. 3. 15., 재재산46014-328, 1996. 10. 8., 소기통88-0.. 2	국세청에서는 자기 지분 초과부분만 유상양도로 보았던 종전 예규를 **자기 지분 전체를 현물출자시점에서 유상양도로 보는 것**으로 예규를 변경하였다(대법원의 입장과 일치시킴).
국심 2003중2946, 2004 2. 9.	비록 종전 예규에 따라 양도소득세를 과세 받지 아니하였다고 하더라도 변경된 예규에서 과세라고 한 이상, 일단 현물출자시점에서 양도가 이루어졌다고 보고 새로운 취득으로 보아 양도소득세를 계산함이 타당할 것으로 판단된다(즉, 당초 취득일이 아닌 **현물출자일을 취득시기로 보아야 한다**는 것임).

문서번호	내 용
재일 46014-1298, 1999. 7. 2., 재산 46014-978, 2000. 8. 9.	「도시 및 주거환경 정비법」에 의한 재개발 또는 재건축사업에 있어서 그 조합원이 관리처분계획에 따라 취득하는 토지 또는 건축시설은 환지로 보므로 **조합원의 현물출자는 양도에 해당하지 않는다.** 다만 종전 부동산 평가액이 사업완료 후 취득하는 부동산의 평가액을 초과하여 환지청산금을 교부받는 경우에는 유상으로 이전되는 것으로 보아 양도소득세 과세대상이 된다.
소득 46011-289, 1999. 11. 2.	사업소득 계산 시 수입금액에 대응하는 필요경비는 「소득세법 시행령」 제55조 제1항 제2호에 규정한 양도당시의 장부가액으로 한다. 양도당시의 장부가액은 현물출자 된 토지의 당초 취득가액이 아니라 **"현물출자한 당시의 가액"으로 계산**한다. ※**현물출자 당시의 가액**(서면1팀 46011-10261, 2003.3.5.) i)매매사례가액 또는 시가 ii)감정가액 iii)상증법상 보충적 평가방법
서면4팀-1313, 2005. 7. 25.	조합원이 취득한 신축주택의 취득시기는 부수토지에 대해서는 현물출자일에 취득하는 것으로 보되, 건물은 사용검사일, 가사용승인일, 실제사용일 중 빠른 날이다. (1세대1주택 비과세를 판정함에 있어서 노후 또는 불량주택을 멸실하고 신축한 경우 보유기간과 거주기간을 통산하지만 종전 부동산 전체를 **현물출자로 보는 경우**에는 통산을 하지 않고 **신축주택의 건물취득일로부터 보유기간을 기산**하여야 한다.)

1-5 조세를 회피할 목적으로 소유권이전등기 경료 후 매매계약 합의해제는 통정의 허위표시거나 별도의 새로운 계약으로 보아야 함

● 대상판결 : 서울고법 2012누20047 (2014. 2. 12.) ➜ 국승

핵심 요지

이 사건 매매계약의 효력을 소급하여 소멸시켜야 할 객관적인 사정 변경 등 부득이한 사유가 없음에도 불구하고 위 소유권이전등기일로부터 약 1년 6개월이 지난 시점에 원고가 피고로부터 소명자료의 제출 요구를 받은 직후 거래당사자 사이에 행한 이 사건 합의해제는 조세의 회피를 목적으로 한 통정 허위표시이거나 별도의 새로운 계약이라고 봄이 타당하다.

1. 사실관계

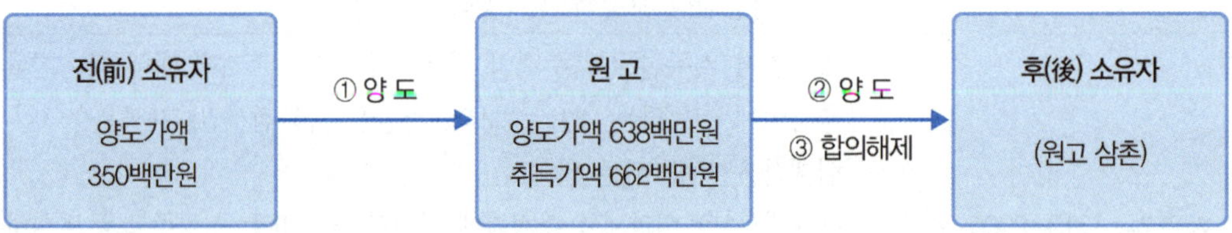

(1) 원고는 2002. 4. 9. 전(前) 소유자로부터 부천시 소사구 소재 이사건 부동산의 소유권을 취득하고 2009. 2. 2. 이를 삼촌에게 매도(취득가액 662백만원, 양도가액 638백만 원, 납부세액 1백만 원)하고 양도소득세 과세표준 예정신고를 하였다.

(2) 피고는 전 소유자가 이 사건 부동산을 350백만 원에 양도하였다고 회신하자, 2010. 9. 16.부터 같은 달 30.까지 원고에 대하여 양도소득세 세무조사를 시행하고, 2010. 10. 14. 조사 종결에 앞서 원고에게 소명자료(전 소유자 진술과 원고가 신고한 취득가액이 다른 사유) 제출을 요구하였다.

(3) 그러자, 원고는 2010. 10. 15. 갑자기 이 사건 매매계약을 합의해제하고 같은 날 이 사건 토지에 관한 후(後) 소유자(원고의 삼촌) 명의의 소유권이전등기의 말소등기를 마친 다음, 2010. 10. 21. 피고에게 양도소득세 1백만 원의 환급을 구하는 경정청구를 하였다.

(4) 피고는 위 합의해제가 조세회피목적인 것으로 판단하여 이를 부인하고 당초 소유권 이전등기 당시 이 사건 부동산이 양도된 것으로 보고, 2011. 2. 24. 원고의 경정청구를 거부하는 한편 환산취득가액(355백만 원)을 적용하여 산정한 2009년 귀속 양도소득세 148백만 원을 경정 · 고지하는 이 사건 처분을 하였다.

(5) 이에 원고가 불복하여 2011. 4. 6. 조세심판원에 심판청구를 제기하였으나, 2011. 10. 18. 심판청구가 기각되었다.

2. 쟁 점

조세회피 목적으로 이 사건 부동산에 대한 매매계약을 합의 해제한 것으로 보이므로 이 사건 부동산 매매계약이 유효한 것으로 보아 양도소득세를 과세한 처분의 당부

3. 원 · 피고 주장 요약

(1) 원 고

① 원고는 후(後)소유자로부터 매매대금을 받은 적이 없고, 매매 대금이 정산되지 아니 한 상태에서 이 사건 매매계약을 합의해제 하였으므로, 이 사건 부동산이 매매되었다는 전제하에 이루어진 이 사건 처분은 위법하다.

② 당초 소유권이전등기일로부터 1년 6개월이 지난 때에 등기를 말소하였고 잔금 미지급 등에 의한 해제가 아니라 합의에 의한 해제라 하여 원고의 주장을 부인하여서는 아니 된다.

③ 원고는 과세예고통지일(2010. 11. 29.) 이전인 2010. 10. 15. 이 사건 부동산 매매와 관련하여 합의해제를 하였고, 뒤에 이 사건 부동산을 양도하면 양도소득세를 납부할 예정인데 조세회피목적이 있었다고 보아서는 아니 된다.

④ 매매대금 청산절차가 없이 단순히 소유권이전등기 절차만 경료 하였다가 당사자 사이의 합의에 따른 계약해제에 의하여 소유권이 환원등기 된 이 건을 양도로 보아서는 아니 된다(국세청 부동산거래-578, 2010.4.19. 참고).

(2) 피고(과세관청)

① 피고는 세무조사 기간(2010.9.6.~같은 달 30.) 동안 수차례에 걸쳐 세무대리인과 원고에게 취득가액의 과다신고 부분 등에 대한 소명을 요구하였고, 2010. 10. 14. 조사를 종결하기에 앞서서 재차 소명자료의 제출을 안내하였으며,

② 원고는 그 직후인 같은 달 21. 매매계약을 합의해제하고 이 건 경정청구를 하였던바, 원고는 취득가액을 과다하게 신고한 사실 등을 당시 이미 인지하고 있었다고 인정되는 점 등을 종합하여 보면,

③ 원고는 기존 채무에 대한 변제로 이 사건 부동산을 유상 양도하였으며, 이후에 조세회피 목적으로 매매계약을 합의 해제하여 소유권을 회복한 것에 불과하므로 이 사건 부동산은 당초의 소유권이전등기에 따라 양도되었다고 보아야 한다.

4. 사건의 경과

(1) 1심판결(인천지방법원 2012. 06. 14. 선고 2011구합5548 판결) : 국패

이 사건의 경우, 원고가 2010. 10. 15. 후(後)소유자인 삼촌과의 사이에 이 사건 매매계약을 합의해제하고 같은 날 이 사건 토지에 관한 후(後)소유자 명의 소유권이전등기의 말소등기를 마친 사실은 앞서 본 바와 같고, 한편 그 매매대금은 후(後)소유자의 원고에 대한 기존 채권으로 지급에 갈음한 사실은 당사자 사이에 다툼이 없는바(다만 그 매매대금이 모두 지급되었는지에 관하여 다툼이 있을 뿐이다) 위 합의해제로 당사자 사이의 위 채권이 복구되었다고 할 것이므로 결국 합의해제에 따른 원상회복까지 완료되었다. **양도계약을 합의해제하여 말소등기까지 경료 하였다면 계약의 이행으로 인한 물권변동의 효과는 소급적으로 소멸되므로 양도소득세의 과세대상이 되는 양도는 처음부터 없었던 것으로 보아야** 하는바(대법원 1993. 5. 11. 선고 92누17884 판결 등 참조), 이 사건 매매계약이 해제되어 그 원상회복까지 완료된 이상 위 법 조항 소정의 양도가 있었다고 보기 어려우므로 이를 양도소득세의 과세대상으로 삼을 수 없다. 한편 구 소득세법 제98조, 같은 법 시행령(2010.2.18.대통령령 제22034호로 개정되기 전의 것) 제162조의 양도 또는 취득의 시기에 관한 규정은 자산의 양도가 있었을 경우 그 양도나 취득의 시기를 의제 하는 규정에

불과하므로 자산의 양도가 있었다고 인정되지 않는 이 사건에서 적용될 수 없다. 따라서 원고의 나머지 주장에 관하여 나아가 살필 필요 없이 이 사건 처분은 위법하다.

(2) 2심판결(서울고등법원 2014. 02. 12. 선고 2012누20047 판결) **: 국승**

가. 이 사건 합의해제로 이 사건 매매계약의 효력이 소급적으로 소멸한 것인지 여부

① 관련 법리

…해제권은 유효하게 성립한 계약의 효력을 당사자 일방의 의사표시에 의하여 그 계약이 처음부터 있지 않았던 것과 같은 상태로 복귀시키는 권리로서, 당사자가 미리 계약에서 그것을 보류하는 약정해제권과 법률의 규정에 의하여 주어지는 법정해제권으로 구분되는 데 반하여, **합의해제는 당사자 사이의 새로운 약정에 의하여 계약의 효력을 소멸 시키는 것으로 당사자들의 의사에 의하여 양도소득세 납세의무의 존부를 변경시킬 수 있다는 점에서 법정해제 또는 약정해제와 달리 보아야 할 것이다.** 그러므로 매매계약이 성립한 후에 합의해제가 있는 경우 양도소득세의 부과대상이 되는 자산의 양도에 해당 하는지 여부는 매매계약의 이행 완료 여부, 양도소득세 납세의무의 성립 여부, 양도소득세 부과처분의 유무, 계약을 소급적으로 소멸시킬 객관적 사정 변경 또는 부득이한 사유의 유무, 합의해제의 동기 및 의도 등을 종합적으로 검토하여 판단하는 것이 타당하다.

한편, 「국세기본법」 제14조 제2항이 세법 중 과세표준의 계산에 관한 규정은 거래의 명칭이나 형식에 관계없이 그 실질내용에 따라 적용하도록 함으로써 실질과세의 원칙을 천명하고 있으므로 **납세자가 조세의 부담을 회피할 목적으로 과세요건사실에 관하여 실질과 괴리되는 비합리적인 형식이나 외관을 취하는 경우에는 그 형식이나 외관에 불구하고 실질에 따라 과세하여야 하며, 이러한 법리는 양도소득세의 과세에도 그대로 적용**된다(대법 2013. 2. 14. 선고 2012두22119 판결 참조).

② 판 단

원고가 이 사건 매매계약 상의 잔금지급일인 2009. 3. 10. 이후에 양도소득세 과세표준 예정신고를 하는 한편 후(後)소유자에게 이 사건 토지에 관한 소유권이전등기를 경료한 사실로 미루어 볼 때, 원고는 후(後)소유자로부터 이 사건 매매대금을 모두 지급받은 것으로 보여 원고와 후(後)소유자는 이 사건 매매계약상의 의무를 전부

이행하였다고 할 것이므로 법정해제권이 발행하지 않았음은 물론, 이 사건 매매계약 상 약정해제권을 유보하지도 않아서 약정해제권이 발생할 여지도 없다.

원고는 이 사건 토지에 관하여 후(後)소유자 명의의 소유권이전등기가 경료 된 후 부천시의 주택재개발정비구역 지정 및 행위제한 고시로 인하여 후(後)소유자가 공동건축 및 분양사업을 할 수 없게 되는 등 사정 변경이 생김으로써 이 사건 합의해제를 하게 된 것이라고 주장하고 있으나, 이 사건 매매계약 체결 당시 후(後)소유자는 이 사건 토지가 주택재개발정비 예정지역에 포함되어 건축행위가 제한될 것임을 알았거나 알 수 있었을 것으로 보이고, 이 사건 토지에 관한 소유권이전등기가 경료된 후 후(後)소유자가 건축허가를 받기 위하여 어떠한 행위를 하였음을 인정할 자료도 없으며, 행위제한 고시일은 2009. 9. 14.인데 그로부터 약 1년이 경과한 후에야 이 사건 매매계약을 합의해제 하였다는 것은 경험칙상 쉽사리 납득이 가지 않는다. … 지금 상태로서는 주택을 지을 수 없는 여건으로 보이므로 후(後)소유자가 주택을 건설할 목적으로 이 사건 토지를 매수하였다는 것은 경험칙상 쉽게 수긍이 가지 않는다.

피고는 2010. 9. 16.부터 같은 달 30.까지 원고에 대한 세무조사를 실시하였고, 조사를 종결하기 전인 2010. 10. 14. 재차 원고에게 소명자료와 제출을 요구하였는데, 원고가 위 소명자료 제출을 요구받은 직후인 2010. 10. 15.에 삼촌인 후(後)소유자와의 사이에 이 사건 합의해제를 하는 등 합의해제의 시기, 동기 및 당사자 간의 인적 관계 등에 비추어 볼 때, **이 사건 합의해제는 이 사건 양도소득세의 부과를 회피할 의도 또는 목적에서 비롯된 것으로 볼 여지가 많다.**

… 이 사건 매매계약의 이행이 완료되어 양도소득세의 과세 대상이 되는 유상양도가 이루어짐과 동시에 양도소득세 납세의무가 성립하였다고 할 것이다. 따라서 이 사건 매매계약의 효력을 **소급하여 소멸시켜야 할 객관적인 사정 변경 등 부득이한 사유가 없음**에도 불구하고 위 소유권이전등기일로부터 약 1년 6개월이 지난 시점에 원고가 피고로부터 **소명자료의 제출 요구를 받은 직후** 후(後)소유자와의 사이에 행한 이 **사건 합의해제는 조세의 회피를 목적으로 한 통정 허위표시이거나 별도의 새로운 계약이라고 봄이 타당**하다.

따라서 원고의 이 부분 주장은 이유 없다.

5. 평 석

(1) 매매계약 합의해제에 대한 견해

① 국세청

소유권 이전이 정상적으로 경료된 후에, 당사자 간에 계약해제를 원인으로 당초 소유자 명의로소유권이 환원된 경우에는 계약 당사자 모두에게 양도소득세가 과세된다(재산1264-3038, 1998. 9. 21.).

국세청은 소유권이 사실상 이전되는 경우라면 계약의 합의해제를 통하여 당초 소유자에게 소유권을 환원시키더라도 이를 양도소득세 과세대상으로 본다는 입장이다. 그러나 **계약내용 불이행 등 대금 청산 절차 없이 당사자 간의 합의에 의한 계약해제로 소유권이 환원되는 경우**에는 계약해제의 효력을 인정하여 양도소득세를 과세하지 않는다(서면인터넷방문상담4팀-2020, 2005. 10. 31., 재일46014- 2631, 1997. 11. 10. 외 다수)고 한다.

또한 **매매원인 무효로 판결됐거나, 명백한 하자로 인해 매매원인이 무효가 될 만한 사유로 확인되어 소유권 말소등기 된 경우에는 계약해제에 따른 소급효를 인정**하고 있다.

국세청의 입장을 종합하여보면, 법정해제 및 판결에 따른 무효가 확인되는 경우에 한하여 합의해제를 인정하고 있으며, 합의해제의 인정범위를 매우 좁게 해석하고 있다.

② 조세심판원

계약상의 원인에 의하여 대금이 정산되고 실물이 이전되었다면 법원의 판결 등에 의하여 당초 계약이 원인무효 된 사실이 확인되거나, 부득이한 사유에 의한 합의해제인 경우에 한하여 계약해제의 소급효를 인정하고 있다(조심2014구3214, 2014. 12. 3., 조심2017서0683, 2017. 4. 17.).

매매대금을 지급하지 못하는 등 약정내용을 이행하지 못할 경우에는 자산의 양도가 없는 것으로 보는 것은 국세청과 입장이 동일하다(조심2011서4769, 2012. 6. 8., 조심2015중5557, 2016. 1. 27.).

조세심판원은 법정해제 및 약정해제 그리고 판결에 따라 무효가 확인되는 경우와 함께 **부득이한 사유가 있는 경우 합의해제를 인정**하고 있어 국세청보다는 보다 유연한 해석을 하는 것으로 보인다.

③ **대법원**

부과처분의 전후를 불문하고 **매매계약이 합의해제 된 경우**에는 양도소득세 과세요건인 자산의 양도가 없는 것이므로 **양도소득세를 부과할 수 없다**고 한다(대법원 1992. 12. 22. 선고92누9944판결, 대법원 2017. 1. 2. 선고 2016두52835판결 등 참조).

심지어 조세감면을 받기 위한 방책으로 매매대금을 약정일까지 실제로 지급할 의사로서 매매대금을 증액하고 이행기를 늦추기로 한 사안에서 "양도소득세를 회피하기 위한 방법으로 제2계약을 체결하였다 한들 그 때문에 위 계약이 반사회적인 법률행위로서 무효라고 할 수 없다(대법원 1992. 12. 22. 선고91다35540 판결)."라고 판시한 사례도 있었다.

종전의 대법원은 계약 합의해제의 목적 여하에 불문하고 당사자의 의사 일치에 따른 합의해제가 있었던 경우라면 양도소득세의 과세 요건의 자산의 양도가 있었다고 볼 수 없다는 입장을 견지하고 있었다.

(2) 이 사건으로 돌아와 보면, 대상판결은 이 사건의 경우 매매계약의 효력을 소급하여 소멸시켜야 할 객관적인 사정변경 등 부득이한 사유가 없었고, 피고로부터 허위로 신고한 취득가액에 대한 소명자료 제출요구를 받은 직후 합의 해제한 경우 조세회피를 목적으로 한 통정 허위표시이거나 별도의 새로운 계약으로 보아 합의해제를 부인하였다(이 사건은 분명히 조세회피목적이 있었다고 보여진다).

(3) 그러나 1세대1주택자로 오인하고 주택을 양도하였다가 양도소득세가 과세되자, 계약의 합의해제를 한 경우 이를 조세회피가 있었다고 볼 수 있는지 여전히 의문이 간다. 세무대리인의 조력을 받을 수 있거나 어느 정도 세법에 대한 상식을 가지고 있을 것으로 추정되는 사업자의 경우에도 거래를 하였다가 언제든지 그 거래를 취소하고 수정세금계산서를 수수하도록 한 사실에 비추어 보면, 세법에 대한 무지로 과다한 세금이 부과되자 당사자 간 합의로 계약을 해제하는 경우까지를 조세회피목적이 있다고 보아 통정에 의한 허위표시행위라든가, 새로운 별도의 계약이라고 보는 것은 문제가 있다는 견해도 상존한다.

(4) 여기서 조세회피목적이라 함은 **조세를 피하고자 비정상적인 거래를 선택**하는 것을 의미하는데, 세법지식에 대한 이해가 부족한 상태에서 거래가 이루어졌다가 과도한 세금부담이 있는 것을 알고 매매계약 합의해제를 한 경우까지를 조세를 회피하고자 한 비정상적인 거래로 보는 것은 문제가 있어 보이고 우리 민법이 채택하고 있는 계약자유의원칙(계약변경의 자유 포함됨)의 입장에서 보면 더욱 그렇다.

(5) 일반적으로 양도계약의 합의해제의 경우 당사자 간의 이해관계가 대립되기 때문에 탈세를 위한 "담합성 합의해제"는 상상하기 힘들다(헌법재판소 2002. 1. 31.결정 2000헌바35 결정).

(6) 실제로 매매계약의 합의해제를 인정한 종전의 대법원 판례들은 대부분 특수관계가 없는 자 간의 거래에서 발생한 것이었다. 따라서 특수관계자 사이에서는 담합성 합의해제가 있을 가능성이 높기 때문에(본 사건이 그러하다) 해당 합의해제에 조세회피 목적이 있는지 여부 및 합의해제에 대한 부득이한 사유가 없었는지 등을 더욱 엄격한 잣대를 가지로 판단할 필요는 있다고 보여진다.

(6) 사법연수원에서 발행한 전문법률도서에 의하면, 과세관청은 납세의무가 확정되기 이전의 단계에서 계약이 합의해제 되었다면 양도소득세는 부과할 수 없다고 해석함이 타당할 것이나, **부과처분이 이루어진 이후**에 있어서는 이미 납세의무가 확정되고 국가의 과세권에 대한 기대권이 구체화 되었으므로 원칙적으로 국세기본법 제25조의2 제2호 소정의 **부득이한 사유가 있다고 볼 수 있는 예외적인 경우가 아니면 합의해제는 이미 행한 부과처분의 효력에 영향을 미칠 수 없다**고 보아야 할 것이라고 한다(사법연수원, '2015 소득세법' 227쪽).

(※ 국세기본법 시행령 제25조의2 제2호 2. : "최초의 신고 · 결정 또는 경정을 할 때 과세표준 및 세액의 계산 근거가 된 거래 또는 행위 등의 효력과 관계되는 계약이 **해제권의 행사에 의하여 해제되거나 해당 계약의 성립 후 발생한 부득이한 사유로 해제되거나 취소된 경우**")

6. 관련판례

문서번호	내 용
대법원 1987. 2. 24. 선고 86누427 판결	매매계약이 합의해제 되었다면 원고가 매수인들 앞으로 소유권이전등기를 마쳤다가 합의해제로 인한 원상회복의 방법으로 소유권이전등기를 말소하지 아니하고 원고 앞으로 다시 소유권이전등기를 마쳤다 하더라도 위 매매를 가지고 양도소득세의 과세요건이 되는 **자산의 양도라고 할 수 없다.**
대법원 1993. 05. 11. 선고 92누17884 판결	양도계약을 합의해제 하여 말소등기까지 경료 하였다면 계약의 이행으로 인한 물권변동의 효과는 소급적으로 소멸되므로 양도소득세의 과세대상이 되는 **양도는 처음부터 없었던 것으로 보아야 한다.**
대법원 2008. 3. 14. 선고 2006두13008 판결	납세의무자가 경제활동을 함에 있어서는 동일한 경제적 목적을 달성하기 위하여서도 여러 가지의 법률관계 중 하나를 선택할 수 있는 것이고, 과세관청으로서는 특별한 사정이 없는 한 납세의무자가 선택한 법률관계를 존중하여야 할 것이다.
대법원 1992.6. 23. 선고 92다4130, 92다4147 판결	계약의 합의해제 또는 해제계약이라 함은 해제권의 유무를 불문하고 계약당사자 쌍방이 합의에 의하여 기존의 계약의 효력을 소멸시켜 당초부터 계약이 체결되지 않았던 상대로 복귀시킬 것을 내용으로 하는 새로운 계약을 말한다.
대법원 1986. 7. 8. 선고 85누709 판결 ; 대법원 1985. 3. 12. 선고 83누243 판결	그 매매계약의 부대조건에 따라 자동해제 된 것이고 따라서 원상회복의 문제만 남게 되었으므로 원고에게 위 부동산의 양도로 인한 소득이 있었다고 할 수 없으므로, 원고에게 그 양도로 인한 소득이 있었음을 전제로 한 양도소득세 부과처분은 위법하다(매매계약의 이행이 완료되기 전에 계약이 해제된 경우에 대한 판단임).
대법원 1992. 12. 22. 선고 92누9944 판결	양도소득세는 자산의 양도와 그에 따른 소득이 있음을 전제로 하여 과세하는 것으로서, 그 매매계약이 합의해제 되었다면 매매계약의 효력은 상실되어 자산의 양도가 이루어지지 않는 것이 되므로 양도소득세의 과세요건인 자산의 양도가 있었다고 볼 수 없는 것이다.

1-6 명의수탁자인 원고에게 양도소득세를 부과한 처분은 위법함

● 대상판결 : 대법원 2019두62123 (2020. 3. 27.) ➜ 국패

핵심 요지

현물출자에 따른 양도소득은 이 사건 조합에 귀속되었다고 할 것이므로, 양도소득세의 납세의무자는 양도의 주체인 이 사건 조합이라고 봄이 타당하므로 명의수탁자인 원고에게 양도소득세를 부과한 이 사건 처분은 실질과세의 원칙에 반해 위법함

1. 사실관계

①

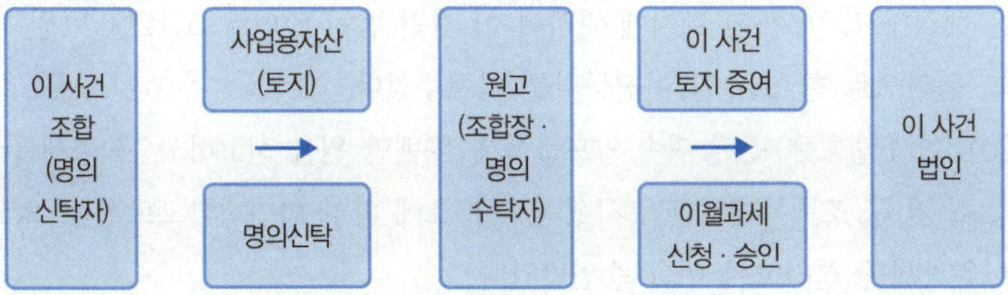

②

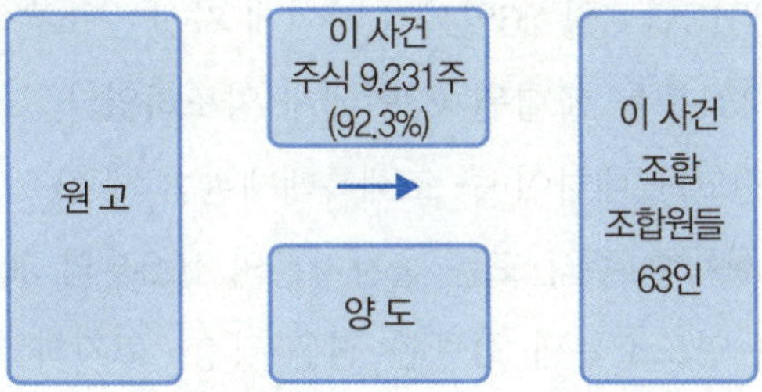

(1) 한국토지주택공사는 2010. 5. 25. A지역 신도시 택지개발사업과 관련하여 생활대책용지 공급대상자로 선정된 사람들로 구성된 비법인사단 형태의 조합에게 생활대책용지를 공급한다는 내용의 공고를 하였다.

(2) 사업지구 내 원주민들 또는 원주민들로부터 생활대책용지를 공급받을 수 있는 권리를

양수한 사람들은 이 사건 상가조합을 구성하고, 한국토지주택공사로부터 이 사건 토지를 7,448백만 원에 매수하였다.

(3) 원고는 이 사건 조합의 조합장으로 취임하였는데, 이 사건 조합은 2012년 6월경 임시총회를 개최하였고 원고는 임시총회 결의에 따라 토지구입대금의 잔금을 마련하기 위하여 이 사건 조합 명의로 대출을 받고자 하였다.

(4) 그런데 원고는 금융기관으로부터 조합이나 법인 명의로는 대출이 어렵다는 의견을 받게 되었다. 이에 원고는 2012년 7월경 자신과 처 명의로 대출을 받기 위해 이 사건 조합으로부터 이 사건 토지에 관한 매매계약상의 권리의무를 모두 승계한 다음 이 사건 토지에 관하여 자신 명의로 소유권이전등기를 마쳤다.

(5) 그 후 이 사건 조합은 2012년 11월경 이 사건 법인을 설립하였고, 원고가 이 사건 법인의 대표이사로 취임하였다. 원고는 2012년 11월경 이 사건 법인에게 이 사건 토지에 관한 부동산임대 및 분양사업 등에 관한 일체의 권리 · 의무를 양도한다는 내용의 계약을 체결하고, 이 사건 토지에 관하여 이 사건 법인 명의로 2012년 11월 14일자 증여를 원인으로 한 소유권 이전등기를 마쳐주었다.

(6) 원고는 2013년 1월경 2012년 귀속 양도소득세 19백만 원을 신고하고 구 조세특례제한법 제32조 및 구 조세특례제한법 시행령 제29조에 따라 법인전환으로 인한 양도소득세의 이월과세를 신청하여 이를 승인받았다.

(7) 그 후 원고는 조합원으로부터 자금횡령의혹을 받고 고소당하게 되자 이 사건 법인 대표에서 사임하고 2013년 1월 6일부터 2013년 6월 26일까지 사이에 자신이 소유하고 있던 이 사건법인의 주식 1만주 중 9,231주를 조합원 63인에게 양도하였다.

(8) 원고의 관할세무서장은 2016년 4월경 원고에 대하여 구 조세특례제한법 제32조 제1항을 적용받는 거주자가 법인전환으로 취득한 주식 또는 출자지분의 100분의 50 이상을 처분하였다는 이유로 2012년 귀속 양도소득세 31백만 원을 경정 · 고지하였다.

2. 쟁 점

명의수탁자에게 양도소득세를 부과한 처분의 당부

3. 관련 법령

「조세특례제한법」 제32조【법인전환에 대한 양도소득세 이월과세】

① 거주자가 사업용 고정자산을 현물출자하거나 대통령령으로 정하는 사업 양도·양수의 방법에 따라 법인(대통령령으로 정하는 소비성서비스업을 경영하는 법인은 제외한다)으로 전환하는 경우 그 사업용 고정자산에 대해서는 이월과세를 적용받을 수 있다. 다만, 해당 사업용 고정자산이 주택 또는 주택을 취득할 수 있는 권리인 경우는 제외한다.

⑤ 제1항에 따라 설립된 법인의 설립등기일부터 5년 이내에 다음 각 호의 어느 하나에 해당하는 사유가 발생하는 경우에는 제1항을 적용받은 거주자가 사유발생일이 속하는 달의 말일부터 2개월 이내에 제1항에 따른 이월과세액(해당 법인이 이미 납부한 세액을 제외한 금액을 말한다)을 양도소득세로 납부하여야 한다. 이 경우 사업 폐지의 판단기준 등에 관하여 필요한 사항은 대통령령으로 정한다(2017.12.19 개정).

1. 제1항에 따라 설립된 법인이 제1항을 적용받은 거주자로부터 승계 받은 사업을 폐지하는 경우(2013.1.1 개정)
2. 제1항을 적용받은 거주자가 법인전환으로 취득한 주식 또는 출자지분의 100분의 50 이상을 처분하는 경우(2013.1.1 개정)

「조세특례제한법시행령」 제29조【법인전환에 대한 양도소득세 이월과세】

① 법 제32조 제1항 본문에서 "대통령령으로 정하는 사업 양도·양수의 방법"이란 해당 사업을 영위하던 자가 발기인이 되어 제5항에 따른 금액 이상을 출자하여 법인을 설립하고, 그 법인 설립일부터 3개월 이내에 해당 법인에게 사업에 관한 모든 권리와 의무를 포괄적으로 양도하는 것을 말한다.

4. 원·피고 주장 요약

(1) 원 고

이 사건 조합은 이 사건 사업의 주체로서 이 사건 토지의 실질적인 소유자이다. 원고는 이 사건 조합의 조합장으로서 이 사건 토지를 담보로 한 대출의 편의를 위하여 이 사건 조합에게 명의를 대여한 명의수탁자에 불과하다. 이 사건 법인에 이 사건 토지를 현물출자 한 주체는 이 사건 조합이므로 이에 따른 양도소득세 납세의무도 이 사건 조합이 부담하여야 한다. 그리고 원고가 이 사건 법인의 설립과정에서 받은 주식을 투자자인 63인에게 양도한 것은 주식의 실질소유자인 이 사건 조합의 조합원들에게 그 명의를 반환한 것에 불과하므로 법인전환으로 취득한 주식을 5년 이내에 처분한 경우에 해당하지 않는다. 따라서 이 사건 처분은 실질과세의 원칙에 반하여 위법하다.

(2) 피고(과세관청)

원고는 상가분양사업을 위하여 이 사건 토지를 취득하고, 이를 이 사건 법인에 현물출자하였다고 봄이 타당하다. 따라서 원고가 현물출자의 대가로 취득한 주식의 100분의 50 이상을 5년 이내에 다른 사람에게 양도한 이상 이월과세를 중단하고 이 사건 양도소득세를 부과한 피고의 처분은 적법하다.

5. 대상판결(대전고등법원 2019. 11. 20. 선고 2018누12112 판결)

이 사건 조합은 이 사건 사업의 주체로서 이 사건 법인에 이 사건 토지를 현물출자 하였고, 현물출자에 따른 양도소득은 이 사건 조합에 귀속되었다고 할 것이므로, 양도소득세의 납세의무자는 양도의 주체인 이 사건 조합이라고 봄이 타당하다.

따라서 **명의수탁자인 원고에게 양도소득세를 부과한 이 사건 처분은 실질과세의 원칙에 반하여 위법**하다. 원고의 위 주장은 이유 있다.

… 이 사건 조합은 이 사건 토지의 실질적인 소유자로서 이 사건 법인에 이 사건 토지를 출자하였다. 이에 따라 이 사건 토지의 양도로 인한 소득은 이 사건 조합에 모두 귀속되었다. 한편 이 사건 법인은 이 사건 조합이 이 사건 사업을 수행하기 위하여 설립한 것이고, 이 사건 토지를 이 사건 법인에 출자한 주체도 이 사건 조합이다. 그리고 이 사건 조합의 조합원들은 법인전환 시 주식 배당권을 가지고 있으므로 이 사건 법인의 주식을 분배받을 수 있다. 그러한 이유로 원고는 조합원들의 요구에 따라 2013. 1. 6.부터 2013. 6. 26.까지 이 사건 법인 설립과정에서 취득한 위 주식 10,000주 중 자신의 지분을 제외한 9,231주를 이 사건 조합의 조합원들에게 각 소유지분에 따라 이전하여 주었다. 이러한 사정에 의하더라도 이 사건 법인 설립으로 인한 이득은 물론 이 사건 토지의 양도로 인한 소득이

원고에게 귀속되었다고 볼 수 없다. 따라서 **실질과세의 원칙상 이 사건 토지의 양도로 인한 양도소득세의 납세의무자는 이 사건 조합**이다.

6. 평 석

(1) 대전고등법원은 위 사례에 대해 "이 사건 조합은 이 사건 사업의 주체로서 이 사건 법인에 이 사건 토지를 현물 출자하였고, 현물출자에 따른 양도소득은 이 사건 조합에 귀속되었다고 할 것이므로, 양도소득세의 납세의무자는 양도의 주체인 이 사건 조합이라고 봄이 타당하다. 따라서 **명의수탁자인 원고에게 양도소득세를 부과한 이 사건 처분은 실질과세의 원칙에 반하여 위법**하다(대전고등법원 2019. 11. 20. 선고 2018누12112 판결)."고 판단하였고, 대법원도 대전고등법원의 위와 같은 판단을 지지하였다.

(2) 개인이 당해 사업에 사용되는 사업용고정자산 등을 법인에게 현물출자 등을 통하여 양도하는 경우 그 개인에 대하여는 양도소득세를 과세하지 아니하고, 그 대신 이를 양수한 법인이 당해 사업용고정자산 등을 양도하는 경우 개인이 종전 사업용고정자산 등을 같은 법인에게 양도한 날이 속하는 과세기간에 다른 양도자산이 없다고 보아 계산한 양도소득산출세액 상당액을 법인세로 납부하게 하는 것을 '이월과세'라고 한다(조세특례제한법 제2조 제6호).

(3) 거주자가 사업용 고정자산을 현물출자하거나 시행령으로 정하는 사업 양도·양수의 방법에 따라 법인으로 전환하는 경우 그 사업용 고정자산에 대해서는 이월과세를 적용받을 수 있다(조세특례제한법 제32조 제1항). 그러나 법인설립 등기일부터 5년 이내에 법인전환으로 취득한 주식 또는 출자지분의 100분의 50 이상을 처분하는 경우에는 거주자가 이월과세액을 양도소득세로 납부하여야 한다(조세특례제한법 제32조 제5항). 위 법리에 따라 원고 관할 세무서장은 원고가 이 사건 토지를 이 사건 법인에 현물출자 함에 따라 이월과세를 승인하였다가 법인설립등기일로부터 5년 이내 이 사건 법인 주식 또는 출자지분의 100분의 50 이상을 처분하였다는 이유로 원고에게 2012년 귀속 양도소득세 31백만 원을 경정·고지하였다.

(4) 대법원은 부동산을 제3자에게 명의신탁 한 경우 명의신탁자가 부동산을 양도하여 그

양도로 인한 소득이 명의신탁자에게 귀속되었다면, 국세기본법 제14조 제1항에서 규정하고 있는 실질과세의 원칙상 당해 **양도소득세의 납세의무자는 양도의 주체인 명의신탁자이지 명의수탁자가 그 납세의무자가 되는 것은 아니다**(대법원 1997. 10. 10. 선고 96누6387 판결 등 참조)라고 판시하고 있다.

(5) 이 사건 조합은 한국토지주택공사의 공고에 따라 이 사건 사업을 수행하기 위하여 설립된 비법인사단 형태의 단체이고, 이 사건사업을 수행한 주체는 원고가 아닌 이 사건 조합이라고 할 수 있다. 이 사건 조합은 조합 또는 신설법인 명의로 대출을 받는 것이 어렵게 되자, 원고가 이 사건 토지의 권리의무를 승계하여 대출을 받아 토지대금을 납입하였을 뿐이다.

(6) 또한 이 사건 조합은 이 사건 법인을 설립하여 이 사건 사업을 수행하고, 조합원들은 토지대금을 분담하면서 사업이익을 배당받기로 한 것으로 볼 수 있다. 원고는 이 사건 법인의 설립과정에서 발기인이 되어 발행주식 전부를 인수하였으나, 조합원들의 요구에 따라 법인전환으로 취득한 위 주식 1만주 중 자신의 지분을 제외한 9,231주를 아무런 대가를 받지 않고 이 사건 조합의 조합원들에게 각 소유지분에 따라 이전해 주었다.

(7) 결국, 이와 같은 사정을 종합해 보면 이 사건 조합은 이 사건 토지의 실질적인 소유자로서 이 사건 토지를 이 사건 법인에 출자한 주체라 할 것이고 이 사건 토지의 양도로 인한 소득은 이 사건 조합에 모두 귀속된다 할 것이므로 이 사건 토지를 이 사건 법인에 현물출자를 함으로써 발생하는 양도소득세 납세의무자는 원고가 아니라 이 사건 조합이라 할 것이다. 따라서 **원고가 형식상 이월과세를 승인**받았다고 하더라도 이 사건 토지의 실질적인 소유자가 아닌 이상 이 사건 법인의 주식 또는 출자지분 중 100분의 50 이상을 처분하였다는 이유로 법 제32조 제5항에 따라 양도소득세를 납부할 의무를 부담한다고 할 수는 없는 것이다.

7. 관련예규 · 심판례 · 판례

문서번호	내 용
대법원 1997. 10. 10. 선고 96누6387 판결	부동산을 제3자에게 명의신탁 한 경우 명의신탁자가 부동산을 양도하여 그 양도로 인한 소득이 명의신탁자에게 귀속되었다면, 국세기본법 제14조 제1항에서 규정하고 있는 실질과세의 원칙상 당해 **양도소득세의 납세의무자는 양도의 주체인 명의신탁자이지 명의수탁자가 그 납세의무자가 되는 것은 아니다.**
사전법령해석재산 2021-1662(2021. 12. 27)	「조세특례제한법」 제32조 제1항의 특례를 적용받은 후, 해당 신설법인의 설립등기일부터 5년 이내 당해 사업용 고정자산을 모두 처분한 경우에는 당해 거주자가 이월과세액을 양도소득세로 납부하여야 하는 것이다.
법인 46012-1657 (1996. 06. 10)	제조업 · 광업 및 건설업 등을 영위하는 거주자가 현물출자방법으로 법인전환 함에 따라 취득한 주식 또는 출자지분의 50% 이상을 법인전환 후 5년 이내에 「처분」한 때에는 감면받은 세액을 추징하는 것으로, **「처분」에는 주식 또는 출자지분의 50% 이상을 실질적으로 유상감자하거나 증여하는 경우도 포함**됨
재일46014-1638 (1997. 07. 04)	제조업을 영위하던 거주자가 사업용 고정자산을 현물 출자하여 법인으로 전환함으로써 양도소득세를 감면받은 경우 출자지분의 100분의 50 이상을 전환 후 5년 이내에 처분한 때에는 감면받은 양도소득세를 추징하는 것임
서면부동산2019-3898 (2020. 09. 28)	**건축물이 없는 토지를 임대한 임대사업자**가 임대용으로 사용하던 해당 토지를 현물출자 하여 법인전환 하는 경우 해당 토지는 「조세특례제한법」 제32조 **법인전환에 대한 양도소득세 이월과세 규정을 적용받을 수 없는 것**임.

제2절 양도 · 취득가액

2-1 일반적인 거래의 양도가액

1. 일반적인 거래의 경우

(1) 대법원 1989. 7. 11. 선고 88누12011 판결

실지양도가액은 당해 자산의 객관적인 교환가치를 반영하는 일반적인 시가가 아니라 실지로 수수한 거래대금 그 자체를 말한다.

(2) 서울고등법원 2010. 7. 8. 선고 2010누896 판결

양도가액에 관하여 변경이 있었다면 변경된 가액으로 양도가액을 산정한다.

(3) 대법원 2010. 6. 10. 선고 2010두4933 판결

양도가액을 감액하기로 하여 반환한 경우 양도가액 중 매수인에게 반환한 금액을 차감하여 결정하여야 한다. 비록 당초 제출된 계약서가 허위라고 하더라도 이와 다른 실지거래가액 등을 제시하는 경우 이를 반증하지 않는 한 인정됨이 타당하다.

(4) 대법원 1995. 3. 28. 선고 94누8785 판결

양수자가 부담한 양도소득세(양도자산의 대가에 포함되므로 양도가액 산입)는 양수자가 해당세액을 대신 납부하였거나 양도자에게 매매대금 외에 추가로 지급한 사실이 있어야 한다. 그러므로 양도소득세 부담 약정만 하고 양수인이 이를 이행하지 아니하였다면, 아직 양도인에게 구체적인 소득의 실현이 이루어졌다고 볼 수 없으므로 양도가액에 포함할 수 없다.

(5) 대법원 1993. 4. 27. 선고 92누9357 판결

계약의 위약 또는 해약으로 인한 위약금 또는 해약금은 양도자산의 대가가 아닌 손해배상 성격의 대가이므로 기타소득에 해당한다.

(6) 대법원 2011. 3. 24. 선고 2010두27011 판결

양도가액은 자산의 대가로 실제로 받았거나 받기로 한 금액을 의미하므로 당초에 약정된 매매가액이 상황변경으로 변경계약이 이루어진 경우에는 변경계약에 의해 수정(증액 또는 감액)된 가액을 양도가액으로 하며, 이때 계약의 변경시점이 중도금 지급일 이후라 하더라도 법률적 효과는 동일한 것으로 본다.

2. 회수불능된 채권의 부동산 양도가액 포함 여부

(1) 국세청이나 조세심판원 견해 : 양도가액에 포함

① 부동산의 매매대금으로 받은 수표나 어음이 부도처리된 경우에도 당해 양도가액에서 공제하지 아니한다(재일 46014-1280, 1997. 5. 22.; 재산-470, 2009. 10. 14.).

② 「소득세법」은 현실적으로 소득이 없더라도 그 원인이 되는 권리가 확정적으로 발생한 때에는 그 소득의 실현이 있는 것으로 보고 과세소득을 계산하는 권리의무확정주의를 채택하고 있으므로 부도처리된 금액을 받지 못했다는 이유로 양도가액에서 제외할 수 없다(국심 2006중1923, 2006. 11. 3.; 국심 2000서696, 2000. 7. 14.).

(2) 대법원의 입장 : 양도가액에 포함될 수 없다(과세관청이나 조세심판원과 상반된 견해)

① 소득의 원인이 되는 채권이 발생된 때라 하더라도 그 과세대상이 되는 채권이 채무자의 도산으로 인하여 회수불능이 되어 장래 그 소득이 실현될 가능성이 전혀 없게 된 것이 객관적으로 명백한 때에는 그 소득을 과세소득으로 하여 소득세를 부과할 수 없다(대법원 2007. 12. 14. 선고 2007두19393 판결).

② 같은 뜻 판결(대법원 1996. 12. 10. 선고 96누11105 판결; 대법원 2002. 10. 11. 선고 2002두1953 판결 등 다수)

3. 교환계약서에 기재한 실지거래가액 인정 여부

(1) 국세청 견해

부동산의 양도가액은 교환계약서에 표시된 실지거래가액에 의하는 것을 원칙으로 하되, 다만, 교환계약서에 표시된 실지거래가액을 실지거래가액으로 인정 또는 확인할 수 없는 경우에는 산출한 가액(매매사례가액, 감정가액, 환산가액, 기준시가)으로 결정하여야 한다(재일 46014-2688, 1997. 11. 17.; 서일 46014-10263, 2001. 10. 4.).

(2) 조세심판원 견해

교환계약서에 임의로 기재한 매매가액에 대하여 매매사례가액 또는 감정가액이 존재하지 아니하므로 실지거래가액을 확인할 수 없는 경우에 해당하는 것으로 보아 당해 교환자산의 임의매매가액을 실지거래가액으로 볼 수 없으므로 기준시가에 의해 양도가액과 취득가액을 산정할 수밖에 없다(국심 2001서1278, 2001. 12. 1.; 국심 2003중276, 2003. 5. 19.; 국심 2006서2426, 2006. 10. 4. 외 다수).

(3) 대법원 입장

① 거래가 교환인 경우 그것이 특히 목적물의 금전가치를 표준으로 하는 가치적 교환으로서 각 물건에 대한 시가감정을 하여 그 감정가액상의 차액에 대하여 금전의 보충지급 등 정산절차를 수반하는 때에는 실지거래가액을 파악할 수 있다고 할 것이나, 그렇지 아니한 단순한 교환의 경우에는 그 실지거래가액을 파악할 수 없는 것으로 보아야 한다(대법원 1994. 12. 9. 선고 94누6840 판결; 대법원 1996. 10. 11. 선고 95누18666 판결; 대법원 2004. 3. 26. 선고 2003두14123 판결 등).

② 최근 법원은 감정이 없는 교환계약서상의 금액을 실지거래가액으로 본 경우(서울고등법원 2012누39874 판결, 대법원 심리불속행기각)도 있으나 이를 기존의 판례(교환가액은 실거래가액이 아니다)를 변경한 것으로 보기는 어렵다는 다수 견해가 존재한다.

(4) 결 론

① **금전거래를 수반하는 교환의 경우**에는 실지거래가액은 **수수된 금전가액이다**(부당행위계산부인 또는 증여의제 규정이 적용되는 것은 별론임).

② **금전거래를 수반하지 아니한 교환의 경우**에는 당사자 간에 임의로 산정한 가치는 자의적인 가치판단의 기준에 의해서 이루어지기 때문에 공정성을 가진 전문가의 객관적인 가치평가가 이루어진 경우에만 적정한 가치평가가 이루어졌다고 볼 수 있으므로 **감정가액이 존재하지 아니한 경우에는 실지거래가액이 존재할 수 없다**.

③ 금전거래를 수반하지 않은 경우 교환계약서에 임의로 작성한 매매계약서는 실지거래가액을 파악할 수 없는 경우로 보아 기준시가로 양도 및 취득가액을 계산하여야 한다.

2-2 양도가액 산정 기준이 되는 실지거래가액의 의미

● 대상판결 : 대법원 2005두2971 (2006. 9. 28.) ➜ 국패

핵심 요지

원고가 이 사건 주식을 양도한 것이 소비대차약정에 기한 것임이 인정되는 이상, 원심이 위와 같은 법리에 따라 이 사건 주식은 양도시의 실지거래가액을 확인할 수 없는 경우에 해당한다고 판단한 것은 정당하다.

1. 사실관계

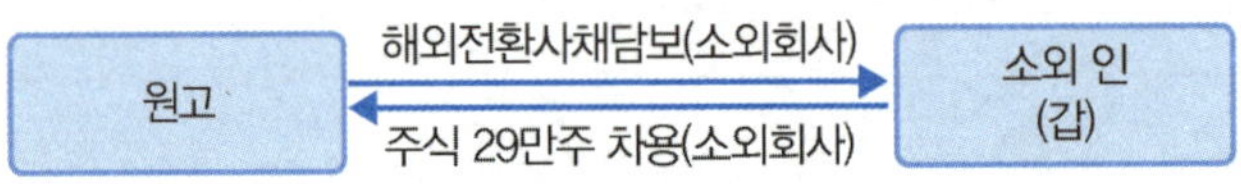

※ 계약조건
1) 주식 29만주를 장외 대차방식으로 차용, 1999. 12. 27. 이전 상환
2) 상환주식은 당초의 대차 주식과 동일한 주식임을 요하지 않음.

(1) 1999. 9. 16. 원고는 교부받은 주식 29만주를 협회 중개시장 통해 매각하였다.

(2) 1999. 10. 29. 위 해외전환사채의 전환권 행사하여 주당 3,510원으로 소외회사 주식을 취득하였다.

(3) 1999. 10. 29. 위 주식 중 290,000주는 갑에게 양도하고, 14,191주는 을에게 양도하였으며, 나머지는 협회 중개시장에서 매각하였다.

(4) 피고는 위 거래에 대해 다음과 같이 처분하였다.

① 갑과 을에게 양도한 주식 304,191주에 대하여 양도 당일 한국증권협회가 공표한 거래기준가격(1주당 7,490원)으로 증권거래세 과세표준을 산정하여 가격제한 폭(10%)을 차감한 1주당 6,741원으로 경정하였는데, 이에 대한 원고의 심판청구 결과 조세심판원은 '일부인용' 결정하였다.

② 조세심판원 결정 내용은 "각 **양도일 현재 한국증권협회가 공표한 최종시세가액**을 양도가액으로 한다."는 것이다.

(5) 원고는 피고의 처분에 대하여 다음과 같이 주장하였다.

① 양도가액은 소비대차에 기한 반환은 실거래가를 확인할 수 없는 경우에 해당하므로 환산가액으로 계산해야 하고[양도가액 환산은 1999. 12. 31. 시행령 개정으로 폐지되고 취득가액만 환산가액으로 할 수 있다. 「소득세법시행령」 제166조(양도차익의 산정, 폐지) 및 「소득세법시행령」 제176조의 2(추계결정 및 경정) 참조], 이 사건 거래 당시에는 취득가액뿐 아니라 양도가액도 환산가액으로 계산이 가능하였다.

• 취득 당시 실지거래가액 × (취득 당시 기준시가 ÷ 양도 당시 기준시가)

② 이 사건 주식은 취득일과 양도일이 동일하므로 취득 당시와 양도 당시를 동일하게 산정해야 하므로 양도가액과 취득가액이 동일하여 양도차익이 발생하지 않으므로 이 건 **양도소득세를 부과한 처분은 잘못이다**.

③ 소비대차에 기한 이 사건 주식양도는 증권거래세 과세대상이 아니다.

2. 쟁 점

(1) 양도차익 산정에 있어서 실지거래가액의 의미

(2) 원고가 소외인에게 이 사건 주식을 양도한 것은 소비대차에 기한 것이므로 증권거래세 부과대상이 아니라는 주장의 당부

3. 대상판결

(1) 실지거래가액의 의미

양도차익 산정의 기준이 되는 **실지거래가액**은 객관적인 교환가치를 반영하는 **일반적인 시가가 아니라 실지의 거래대금 그 자체 또는 거래 당시 급부의 대가로 실지 약정된 금액을 의미**한다 할 것이므로(대법원 1993. 2. 12. 선고 92누14472 판결; 대법원 1999. 2. 9. 선고 97누6629 판결 등 참조), 양도소득세의 과세대상이 되는 거래가 **소비대차에 기한 반환인 경우에는 특별한 사정이 없는 한 그 실지거래가액을 파악할 수 없는 경우**라 할 것이다.

(2) 증권거래세 대상인지 여부

① 「증권거래세법시행령」 제3조 【비과세 양도】
"주권을 목적물로 하는 소비대차"는 당사자 사이에 주식의 소유권을 이전하고 동종·동질·동량의 주식을 반환하는 약정으로 소비대차에 해당한다.

② 소비대차는 당사자 일방이 금전 기타 대체물의 소유권을 상대방에게 이전할 것을 약정하고 상대방은 동종·동질·동량의 물건을 반환할 것을 약정함으로써 성립하는 계약(민법 §598)이다.

③ 증권거래세는 수익세적 성격을 띤 유통세로서 양도소득세 보완세로서의 기능을 한다.

④ 사례의 경우는 양도소득세 부과대상으로 유통세 성격만 있다.

⑤ **소비대차 약정에 의한 것이므로 위 주식 양도에 대하여 증권거래세를 부과한 것은 위법하다.**

4. 평 석

(1) 실지거래가액과 시가와는 명백히 구별되는 개념이다.

(2) 소비대차 반환의 경우 취득했던 물건과 동종·동질·동량의 물건을 반환하는 것일 뿐 거기에 '실지의 거래대금'이라는 관념이 개재되기는 어렵다.

(3) 개인이 소비대차를 이용하는 방법으로 주식을 취득·양도하는 경우로서 실제로 상당한 이득을 취한 경우 증권거래세와 양도소득세를 과세할 수 없는지 여부에 관한 판결이다.

(4) 실지거래가액의 의미와 입증책임에 대해 살펴보면 다음과 같다.

① 양도 당시 실지거래가액

• 원칙 : 「소득세법」 제96조 제1항에 규정한 양도자와 양수자 간에 실제로 거래한 가액

• 예외 : 다음 각 호의 어느 하나에 해당하는 경우의 실지거래가액

– 고가양도 시 양도가액 의제 : 「법인세법」 제52조 규정에 의한 시가를 실지거래가액으로 본다(소득세법 §96 ③).

– 증여의제가액이 있는 경우 양도가액 의제 : 「상속세및증여세법」 제35조에 따른 증여재산가액으로 하는 금액이 있는 경우 그 양도가액에서 증여재산가액을 뺀 금액을 실지거래가액으로 본다(소득세법 §96 ③).

– 정부 추계결정·경정 시 : 실거래가를 확인할 수 없는 경우에는 매매사례가액·감정가액을 실지거래가액으로 본다(소득세법 §114 ⑤).

② 취득 당시 실지거래가액

• 원칙 : 「소득세법」 제97조 제1항 제1호 가목 및 같은 법 시행령 제163조 제1항, 제2항에 규정한 양도자산의 취득에 소요된 실지거래가액

• 취득 당시 실지거래가액으로 보는 경우

– 취득 당시 실지거래가액 확인 사실이 있는 경우 취득가액 의제(소득세법 §97 ⑦)

– 배우자 이월과세 시 : 배우자의 취득당시 실지거래가액을 거주자의 실지거래가액으로 본다(소득세법 §97 ④).

– 상속 및 증여 시 취득가액 의제 : 상속개시일 또는 증여일 현재 평가한 가액과 「소득세법시행령」 제163조 제9항 각호의 규정에 의해 평가한 가액 중 많은 금액을 실지거래가액으로 본다(소득세법시행령 §163 ⑨).

– 정부 추계 결정·경정 시 : 매매사례가액·감정가액·환산가액을 실지거래가액으로 본다(소득세법 §97 ① 1호 나목·§114 ⑤).

③ 실지거래가액 입증책임

납세자가 과세표준과 세액을 신고함에 있어 실지거래가액에 관한 증빙서류로서 적격증빙을 갖추어 제출하였다면, 과세관청으로서는 위 적격증빙이 실제와 달리 작성되었다는 등의 특별한 사정이 없는 한 납세자가 제출한 거래증빙상의 실지거래가액에 의하여 양도차익을 산정하여야 한다. 만일 특별한 사정이 있어서 납세자가 신고한 실지거래가액에 의하여 양도차익을 산정할 수 없다면 그러한 **특별한 사정이 있다는 점은 어디까지나 과세관청에게 입증책임이 있다**(대법원 2002. 5. 28. 선고 2000두6459 판결; 대법원 1996. 6. 25. 선고 95누3183 판결 외 다수).

5. 관련 판례

문서번호	내 용
대법원 1999. 2. 12. 선고 92누14472 판결; 대법원 1999. 2. 9. 선고 97누6629 판결 외 다수	양도차익 산정에 있어서 기준이 되는 실지거래가액이라 함은 객관적인 교환가치를 반영하는 일반적인 시가가 아니라 실지의 거래대금 그 자체 또는 거래 당시 급부의 대가로 실지 약정된 금액을 의미한다.
대법원 1998. 3. 10. 선고 97누19809 판결 외; 대법원 1993. 2. 12. 선고 92누14472 판결 외	① 대법원 1998. 3. 10. 선고 97누19809 판결 외 소멸되는 채무의 액수를 확인할 수 있는 대물변제의 경우 ② 대법원 1993. 2. 12. 선고 92누14472 판결 외 교환되는 자산의 가액을 평가하여 정산금을 교부한 교환의 경우 ①, ②의 경우처럼 매매가 아니더라도 시가를 확인할 수 있는 경우에 해당한다는 판결이다.
대법원 2008. 1. 10. 선고 2007다64136 판결	「증권거래법」과 그 시행령 등 관련 법령이 정한 요건과 방법 및 절차 등에 기하여 교환가액을 산정하고 그에 따라 교환비율을 정하였다면 그 교환가액 산정이 허위자료에 의한 것이라거나 터무니없는 예상수치에 근거한 것이라는 등의 특별한 사정이 없는 한 그 가치나 교환비율이 현저하게 불공정하다고 볼 수 없다.
대법원 1999. 11. 26. 선고 98두19841 판결; 대법원 2005. 1. 14. 선고 2004두5072 판결 등 참조	양도소득세의 과세대상이 되는 거래가 **단순한 교환인 경우에는 그 실지거래가액을 확인할 수 없다**고 할 것이나, **그 교환이 교환대상 목적물에 대한 시가감정을 하여 그 감정가액의 차액에 대한 정산절차를 수반하는 등 목적물의 금전가치를 표준으로 하는 가치적 교환인 경우에는 실지거래가액을 확인할 수 있는 경우에 해당한다.**
대법원 1997. 2. 11. 선고 96누860 판결	교환으로 취득하는 목적물의 금전가치와 지급받은 현금 등이 교환으로 양도되는 목적물의 실지양도가액이 된다.
대법원 2013. 7. 25. 선고 2010두18536 판결 : 국승	수용의 경우에도 당해 **자산의 양도가액은 실지거래가액, 즉 실지의 거래대금 그 자체 또는 거래 당시 급부의 대가로 실지 약정된 금액**으로 계산하여야 하고 … 수용의 대가로 보상채권과 같은 금전 외의 것을 수입하였다고 하더라도 그 양도가액을 금전 외의 것의 시가로 계산할 것은 아니다[이 사건 보상채권의 평가차손이 양도가액에서 차감되어야 한다는 원고의 주장을 배척(1심, 2심 국패)].

문서번호	내 용
대법원 2011. 2. 10. 선고 2009두19465 판결	양도소득세의 과세대상이 되는 거래가 단순한 교환인 경우에는 그 실지거래가액을 확인할 수 없으나, 그 교환이 교환대상 목적물에 대한 시가감정을 하여 그 감정가액의 차액에 대한 정산절차를 수반하는 등 목적물의 금전가치를 표준으로 하는 **가치적 교환인 경우**에는 실지거래가액을 확인할 수 있는 경우에 해당하고, 이 경우 **교환으로 취득하는 목적물의 금전가치와 지급받은 현금 등이 교환으로 양도되는 목적물의 실지양도가액**이 된다.

2-3 부담부증여(채무인수 여부)

● 대상결정 : 서울청 이의 2008서273 (2008. 6. 14.) ➜ 인용결정

핵심 요지

수증자가 채무를 인수했느냐의 여부는 처분청의 추정에 의해 판단할 것이 아니고 재산을 증여받은 후 당해 채무를 누가 부담하고 있는지 여부 등 실질내용에 따라 쟁점채무액이 공제가능한 채무액인지 여부를 판단하여야 할 것이다.

1. 사실관계

(1) 부담부증여 내역은 다음 표와 같다.

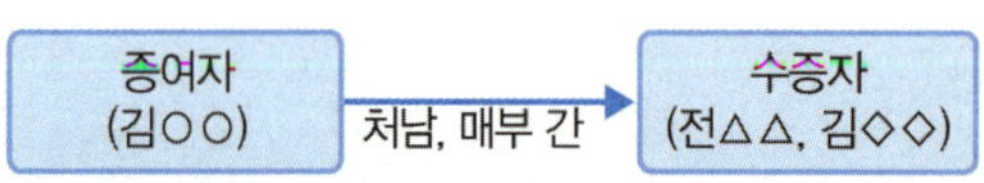

증 여 일 : 2005. 11. 4.
증여재산 : 1,232백만 원
채 무 액 : 680백만 원
(은행채무 500백만 원, 임대보증금 180백만 원)
증여물건 : 강남구 ○○동 건물 및 대지

(2) 쟁점 채무액 변동내역

날 짜	변 동 내 역
2003. 10. 21.	쟁점채무액(500백만 원) 김○○ 명의 근저당
2005. 11. 2.	500백만 원 변제하고 재차 김○○ 명의로 대출
2005. 11. 4.	부담부증여(등기부등본상), 쟁점채무액 양도세 신고
2007. 11.	서울지방국세청감사, 감사시점까지 채무자는 증여자, 대출이자 대납
2007. 12. 5.	채무자를 수증자로 변경, 이자 직접 지급, 부동산담보 100백만 원 대출하여 증여세 및 이자 대리납부액 변제

(3) 청구인은 증여시점에 채무액을 청구인 명의로 변경하지 않았고, 대출금이자도 증여자가 대리납부한 사실은 확인되나, 감사지적 이후 쟁점부동산을 담보로 대출을 받아 증여자가 대리납부한 이자를 변제한 이상 쟁점채무액은 실질적으로 인수하였다고 보는 것이 타당하다는(실질과세 원칙, **감사 이후라도 채무인수 사실 확인되면 인정**) 주장인

반면,

(4) 처분청은 감사를 받은 시점까지 이 사건 부동산에 대한 등기부등본에 쟁점채무 명의자가 증여자 명의로 등기되어 있는 점, 증여자의 예금계좌에서 쟁점채무에 대한 이자가 지급되었던 점을 종합하면 쟁점채무는 수증자에게 인수되지 않은 것으로 판단된다는 의견이다.

2. 쟁 점

쟁점대출금 채무를 청구인이 인수한 것으로 보아 부담부증여에 따른 채무로 공제할 수 있는지 여부

3. 해당 결정

수증자가 당해 채무를 인수하였다거나, 그 수증자가 자신의 출재에 의하여 변제하였다는 점에 대해서는 수증자가 입증책임을 부담하는 것이고(대법원 2003. 3. 24. 선고 99두12168 판결), 부수적으로 수증자가 **채무를 인수하였느냐의 여부는 처분청의 추정에 의해 판단할 것이 아니고** 재산을 증여받은 후 당해 채무를 누가 부담하고 있는지 여부 등 **실질 내용에 따라 쟁점채무액이 공제 가능한 채무액인지 여부**를 판단한다(국세심사위원회 인용결정).

4. 평 석

(1) 이 사건은 채무에 대한 사후관리 및 감사의 실효성 문제를 야기하게 되었다.

(2) 이 사건 부동산을 증여받아 감사를 한 시점까지 쟁점채무액은 증여자 명의로 되어 있었고, 채무액에 대한 이자도 증여자가 대납하였다가 감사지적 이후 쟁점채무액을 수증자 명의로 변경하고 대출금 이자를 지급한 사실을 들어 쟁점채무를 증여자의 채무로 본 처분청의 의견도 나름대로 설득력이 있어 보인다.

(3) 감사지적 이후 청구인들이 쟁점부동산을 담보로 대출받아 증여자가 대리납부한 이자

및 증여세 추가납부액을 증여자에게 변제한 사실이 확인된 이상 청구인들이 이 건 증여 당시 쟁점채무액을 실질적으로 인수하였다고 보는 것이 「국세기본법」 제14조의 실질과세원칙에 부합하다는 결정이다.

5. 관련 판례

문서번호	내 용
서울행정법원 2006. 9. 28. 선고 2006구합20433 판결	증여일 이후 채무명의가 증여자로 되어있고 증여자의 예금계좌에서 이 사건 채무에 대한 이자가 지급된 사실로 보아 채무인수를 인정할 수 없다.
국심 2005서2551, 2006. 3. 22.	증여 이후에도 채무명의가 증여자로 되어 있고 이자도 증여자가 지급하고 있는 것이 확인되어 당해 채무를 수증자가 인수하지 않은 것으로 보아 채무공제를 부인하여야 한다.
국심 2007중3589, 2008. 2. 26.	**취득 이후** 쟁점부동산을 담보로 금융기관에서 대출을 발생하여 기존 채무를 상환하는 것은 **실질적으로 채무를 인수한 것**이므로 채무인수액 중 변제금액을 증여재산가액에서 차감하여 과세표준 및 세액을 경정한다.
대법원 2000. 3. 24. 선고 99두12168 판결	일반적으로 제3자 앞으로 근저당권이 설정된 부동산을 직계존속으로부터 증여받은 경우 바로 근저당권부 채무를 면책적으로 인수한 것으로 증여재산의 가액에서 공제되는 "수증자가 인수하거나 부담하는 채무가 진정한 것"이라고 볼 수는 없고, 이러한 경우 **수증자가 근저당권부 채무를 면책적으로 인수하였다거나, 그 후 수증자가 자신의 출재(出財)에 의하여 변제하였다는 점에 대한 입증책임을 부담**한다고 할 것이다.
서울고등법원 2007. 11. 16. 선고 2007누11049 판결	부담부증여 요건에 해당하지 아니하는 채무라 하더라도 **수증자가 증여자로부터 진실한 채무를 인수한 사실이 입증**된다면 그 채무액에 상당하는 증여재산 부분은 수증자가 **증여받은 것이 아니라 유상양도받은 것**이라고 할 것이므로, 이 부분에 대해서는 증여세를 부과할 수 없는 것이다. ※ 증여재산에 담보된 채무 이외에 증여자의 개인 신용대출을 수증자가 실질적으로 인수하여 변제한 사건

2-4 부담부증여 계약을 취소하거나 무효화시키는 당사자 간의 약정이 없으므로 당초 증여계약은 유효함

● 대상판결 : 대법원 2016두45400 (2016. 11. 10.) ➜ 국승

핵심 요지

부담부증여 계약을 취소하거나 무효화시키기 위한 당사자 간의 약정 또는 소유권 환원등기가 이루어진 사실이 없어 경정청구를 거부한 것은 정당함

1. 사실관계

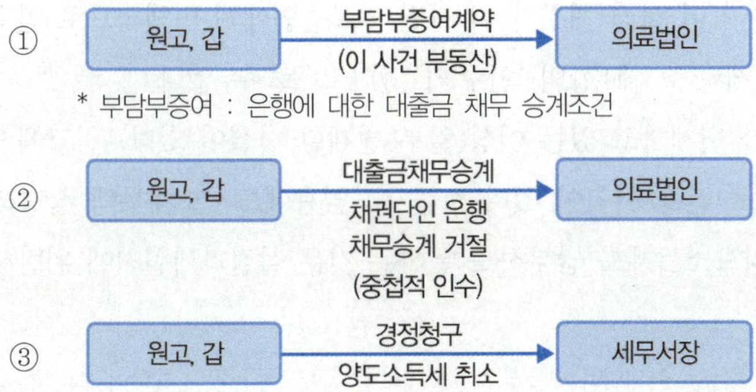

(1) 원고는 갑과 함께 병원을 운영하던 중 이 사건 의료법인을 설립하면서 병원의 건물 및 부지로서 원고와 갑이 공동으로 소유하던 이 사건 부동산을 의료법인에 출연하기로 하였다.

(2) 2012. 5. 24. 원고와 갑은 이 사건 부동산을 이 사건 의료법인에 증여하되 이 사건 의료법인은 그 당시 이 사건 부동산에 설정된 근저당권의 피담보채무(이 사건 채무)를 인수하기로 하는 이 사건 부담부 증여계약을 체결하였다.

(3) 2015. 5. 29. 원고는 이 사건 부동산에 관하여 이 사건 의료법인 앞으로 소유권이전등기를 마치고, 이 사건 부담부 증여계약의 체결에 따라 이 사건 채무가 이사건 의료법인에 인수된 것으로 보아 동 채무에 해당하는 양도소득세를 신고·납부하였다.

(4) 이후 원고는 이 사건 채무의 채권자들인 은행들이 위 채무의 인수에 대하여 거절의 의사표시를 하자 당초 양도소득세의 과세표준 및 세액의 취소를 구하는 경정청구(부담부증여가 아님)를 하였으나, 과세관청은 이를 거부하였다.

2. 원고의 주장

(1) 상증세법 제47조 및 소득세법 제88조에 의하면 세법은 부담부 증여라는 하나의 행위에 대하여 기본적으로 수증자에게 증여세를 과세하되 수증자가 인수하는 부담의 한도에서는 증여세를 과세하지 아니하고, **증여자에게 면책된 부담부분에 대하여 양도소득을 과세**하도록 하고 있다.

(2) 부담부증여는 그 **채무인수가 면책적 채무인수일 것을 전제**로 하는 것인데 채권자가 수익거절의 의사표시로 인하여 이 사건 채무가 이 사건 의료법인에게 면책적으로 인수되지 않았으므로 소득세법 제88조 제1항의 '인수'가 있다고 볼 수 없다.

(3) 또한, 원고가 이 사건 채무를 변제하고 있는 이상(일부 변제한 사실이 있다) 원고에게 이 사건 부담부 증여계약으로 인한 이익이 있다고 볼 수 없음에도 그 채무액 상당의 이익이 발생하였다고 보아 양도소득세를 납부하도록 하는 것은 실질과세원칙에 위반하는 것이다.

※ 면책적채무인수 : 기존 채무자의 채무는 면제되며 새롭게 채무를 인수한 채무인수인만이 채무변제의 책임을 지게 되는 것으로 **반드시 채권자의 승낙이 있어야 함**

※ 중첩적채무인수 : 채무자와 채무를 인수한 채무인수인이 동일한 내용의 채무를 부담하게 되는 것으로 채무인수계약에도 불구하고 채무가 면책되지 않고 그대로 존재하게 됨

3. 쟁 점

부담부증여에 있어서 수증자가 증여자의 채무를 중첩적으로 인수하는 경우(채권자의 승낙이 없는 경우)에도 그 채무액에 상당하는 부분이 유상으로 이전되었다고 보아 양도소득세를 부과한 처분의 당부

4. 대상판결

부담부증여에 있어서 증여가액 중 수증자의 인수채무액에 상당하는 부분은 과세대상이 되고, 이는 이른바 **면책적 채무인수로서 증여자의 채무를 소멸시키고 수증자가 채무자의 지위를 승계하는 경우**는 물론, 증여자의 **종전채무가 그대로 존속하는 중첩적 채무인수의 경우**에도 수증자가 증여자와 함께 채무를 부담하거나 증여자를 대신하여 채무를 변제할 의무를 확정적으로 부담하므로 부담부증여 당시에 이미 수증자의 무자력 등으로 인하여 수증자의 출재에 의한 채무변제가 이루어지지 아니할 것임이 명백하다는 등의 특별한 사정이 없는 한 **마찬가지라고 할 것**이며, 이후 **수증자가 채무의 변제를 게을리함으로써 부담부증여 계약이 해제된다면** 그 계약의 효력이 소급적으로 상실되어 수증자의 인수채무액에 상당하는 부분도 양도소득세의 과세요건인 **자산의 양도가 처음부터 없었던 것**이 될 뿐이다.
… 이와 같은 사실관계를 앞서 본 법리에 비추어 살펴보면, 이 사건 의료법인은 이 사건 부담부증여 계약에 따라 원고로부터 이 사건 부동산을 증여받으면서 이 사건 채무를 인수하였고, 이로써 이 사건 부동산의 가액 중 이 사건 채무액에 상당하는 부분은 비록 **채권자들인 주식회사 은행 등의 승낙이 없더라도** 양도소득세 과세대상에 해당한다고 할 것이므로, 이를 전제로 한 이 사건 처분은 적법하다.

5. 평 석

(1) 실무상 부담부증여를 실행함에 있어 채권자인 은행이 채무인수 거절의사를 표시하는 경우가 많다. 이러한 경우 부담부 증여계약에 따른 채무인수가 채권자의 승낙이 없어 **면책적 채무인수라는 효과가 발생하지 않은 경우**에도 부담부 증여계약은 유효하고 그 부담부 증여계약이 해제되지 않는 한 **부담부증여를 전제로 한 양도소득세 신고·납부는 정당**하다는 판결이다.

(2) 사실상의 채무를 실질적으로 수증인이 인수한 경우에는 증여계약서상에 부담에 관한 **특약사항의 약정 여부, 채무자 명의 변경의 여부에 불구하고 부담부증여로 인정**된다(국심 2000부2551, 2001. 3. 9.; 심사 증여98-315, 1998. 7.10.; 심사 서울97-473, 1997. 5. 23.).

(3) 한편, 배우자간·직계존비속 간 부담부 증여의 경우 인정되는 채무의 범위는 ①국가, 지방자치단체, 금융기관의 채무 ② 사채 등은 채무부담계약서, 채무자확인서, 담보설정 및 이자지급에 관한 증빙 등에 의해 채무 사실이 확인된 채무 ③ 당해 자산을 임대한 경우 임대보증금과 같이 객관적으로 확인되는 경우로 그 범위가 제한되고, 이렇게 인정된 채무는 과세관청의 부채 사후관리대장에 등재하여 **1년에 2회씩 사후관리**를 받으며, 부채가 변제된 경우에는 변제된 자금원천을 추적하여 수증자가 자력으로 변제하지 않고 제3자로부터 증여받은 금전으로 변제한 경우에는 증여세를 과세한다.

(4) 1996. 12. 31.까지는 배우자 또는 직계존·비속 간의 부담부 증여는 수증자가 증여자의 채무를 인수한 경우에도 이를 양도로 보지 아니하고 증여재산가액 전체를 증여로 보았다(舊 상속세및증여세법 제29의 4 제2항).

(5) 그러나 헌법재판소는 배우자 또는 직계존·비속간에 부담부증여에 있어서 채무를 공제하지 않고 전체를 증여로 본다는 「상속세및증여세법」의 규정은 위헌이라는 결정을 하였고, 이에 따라 1996. 12. 30. 해당 규정을 간주규정에서 **추정규정으로 개정**하여 수증자가 채무부담사실을 입증하는 경우에는 증여가액에서 공제하도록 하였다.

(6) 거주자가 특수관계인에게 자산을 증여한 후 그 자산을 증여받은 자가 그 증여일로부터 5년 이내에 다시 타인에게 양도하게 되면, 수증자가 배우자 또는 직계존·비속인 경우에는 이월과세 규정이 적용되고(소득세법 제97조의 2), 그 외 특수관계인이 수증자인 경우에는 부당행위계산 규정이 적용된다(소득세법 제101조 제2항).

(7) 따라서 이월과세 또는 부당행위계산 대상이 되는 거래는 증여에 의한 경우에 한하므로 양도소득세가 과세되는 수증자가 부담하는 채무에 대해서는 **수증일로부터 5년 이내에 타인에게 양도를 하더라도 이월과세나 부당행위계산의 대상이 되지 아니한다**(서면5팀 -1107, 2007. 4. 5.).

(8) 한편 2017. 1. 1. 이후 부담부증여 하는 분부터는 양도소득세과세표준 예정신고기한을 증여세 신고기한과 일치시켜 **수증일이 속하는 달의 말일부터 3개월 이내**로 하도록 하였다(종전에는 양도일이 속하는 달의 말일부터 2개월 이내).

6. 관련예규·심판례·판례

문서번호	내　　용
국심 2000부2551, 2001. 3. 9.	母로부터 증여받은 주택에 근저당설정 된 母의 은행 채무명의가 수증자로 변경되지 아니하였으나 그 **이자지급 사실 등으로 보아 부담부증여로 인정**된다.
국심 2001전2556, 2002. 3. 13.	부모로부터 수인(數人)의 子가 토지를 증여받고 당해 토지에 담보된 채무의 인수계약 또는 **채무자 명의 변경을 안했으나,** 부모의 나이 및 재산상황 등으로 보아 **변제능력이 없어 수증자들이 그 채무를 인수하는 것으로 보는 것이 타당**하다.
재삼 46014-1641, 1998. 8. 29.	제3자의 채무를 인수하는 조건으로 부동산을 증여받은 경우 그 채무액은 당해 **증여재산가액에서 공제되지 아니하는** 것임(아래 고등법원 판결과 비교)
서울고등법원 2007. 11. 16. 선고 2007누11049 판결	부담부증여 요건에 해당하지 아니하는 채무라도 수증자가 증여자로부터 진실한 채무를 인수한 사실이 입증된다면 그 채무액에 상당하는 증여재산 부분은 수증자가 증여받은 것이 아니라 유상양도 받은 것이라 할 것이므로, 이 부분에 대해서는 증여세를 부과할 수 없는 것이다(**증여재산에 담보된 채무 이외에 개인 신용대출을 수증자가 실질적으로 인수하여 변제된 사건으로 위 국세청 예규와는 다른 판단임**).
국심2001서563, 2001. 9. 10.	父 소유의 주택을 子가 임차하여 거주하다 당해 주택을 증여받은 경우로서 **子가 부담한 전세보증금을 채무로 공제하지 아니한 것은 부당**하다.
재삼46014-10516, 2003. 4. 24.	어머니가 아들에게 부동산을 증여함에 있어서 당해 부동산의 가액을 초과하는 어머니의 채무를 아들이 인수한 경우 이는 부담부증여로서 당해 부동산은 「소득세법」 제4조 제3항 단서의 규정(현행 88조)에 의하여 양도소득세 과세대상이 되는 것이며, 아들이 인수한 채무액에서 당해 부동산의 가액을 차감한 금액에 대하여는 상속세및증여세법 제34조의 3의 규정(현행 47조 3항)에 의하여 **아들이 어머니에게 증여한 것**으로 보는 것이다.
국심 2003전2050, 2003. 9. 24.	母子간에 아파트를 증여받기 전에 그 임대보증금을 먼저 변제한 데 대해 변제한 임대보증금은 **부담부증여**로 본다.
국심 1999광2649, 2000. 8. 8.	증여계약 체결당시 증여자의 채무는 수증자가 인수하기로 약정을 체결하고 **증여등기를 이행하기 전에 증여자의 채무를 수증자가 변제한 경우**에도 증여 당시의 **채무에 해당**된다.

2-5 「소득세법」상 실지거래가액과 감정가액

● 대상판결 : 대법원 2015두43148 (2015. 10. 15.) ➔ 국승

핵심 요지

원고가 제시한 1개의 평가법인이 평가한 감정가액은 「소득세법시행령」 제163조 제12항 및 제176조의 2 제3항 제2호에서 정한 '2 이상의 감정평가법인이 평가한 것'에 해당하지 아니하여 「소득세법」 제97조 제1항 제1호 나목에서 '취득 당시의 실지거래가액'을 대체할 수 있도록 정한 감정가액에 해당할 수 없다.

1. 사실관계

(1) 원고는

① 2001. 7. 28. 이 사건 부동산(토지 및 건물)을 취득하였다가,

② 2012. 2. 28. 이 사건 부동산을 양도하였다.

(2) 원고의 이 사건 부동산 취득 및 양도가액 산정내역을 보면,

① 취득가액은 매매계약서 분실을 이유로 부동산 취득 당시 금융기관으로부터 1억5천만 원을 대출받으면서 시행한 감정평가기관의 감정평가액(1개의 감정가액) 2억9천2백만 원을 취득가액으로,

② 양도가액은 10억9천7백만 원(수용가액)으로 하여 양도차익을 계산한 후 양도소득세를 신고·납부하였다.

(3) 피고는 원고의 감정가액으로 산정한 취득가액을 부인하고

「소득세법시행령」상의 환산가액(2억3백만 원)을 취득가액으로 하여 양도차익을 계산, 양도소득세 2천만 원을 부과처분하였는데 **1개 감정기관의 감정가액은 객관적이고 합리적인 평가액이 아니라는 주장을 하였다.**

(4) 이에 대해 원고는 「상속세및증여세법」상 2개의 감정가액 평균액을 규정한 것은 감정내용의 신빙성을 높이기 위한 담보적 기능이므로 피고가 2 이상의 감정평가법인이 평가

한 가액의 평균액이 아니라는 이유로 환산가액을 취득가액으로 보는 것은 위법하다는 주장이다.

2. 쟁 점

원고가 제시한 1개의 감정가액이 '취득 당시의 실지거래가액'을 대체할 수 있도록 정한 감정가액에 해당할 수 있는지 여부

3. 관련 법령

(1) 「소득세법」

「소득세법」 제97조 제1항 제1호 나목

취득가액을 '취득에 든 실지거래가액'으로 하여야 하는 경우에 취득 당시 실지거래가액을 확인할 수 없는 때에는 대통령령으로 정하는 매매사례가액, 감정가액 또는 환산가액을 적용한다.

「소득세법시행령」 제163조 제12항

법 제97조 제1항 제1호 나목에서 '대통령령으로 정한 매매사례가액, 감정가액 또는 환산가액'이란 제176조의 2 제2항부터 제4항까지의 규정에 따른 가액을 말한다.

「소득세법시행령」 제176조의 2 제3항

법 제114조 제7항에 따라 양도가액 또는 취득가액을 추계결정 또는 경정하는 경우에는 다음 각 호의 방법을 순차로 적용하여 산정한 가액에 의한다.

「소득세법시행령」 제176조의 2 제3항 제2호

양도일 또는 취득일 전후 각 3월 이내에 당해자산(주식 등을 제외한다)에 대하여 **2이상의 감정평가법인이 평가한** 것으로서 신빙성이 있는 것으로 인정되는 감정가액(감정평가기준일이 양도일 또는 취득일 전후 각 3월 이내인 것에 한한다)이 있는 경우에는 그 감정가액의 평균액으로 한다.

「소득세법」 제97조 제1항 제1호 가목 본문, 「소득세법시행령」 제163조 제9항 본문

상속받은 자산에 대하여는 상속개시일 현재 「상속세및증여세법」 제60조 내지 제66조 규정에 의하여 평가한 가액을 취득 당시 실지거래가액으로 본다.

(2) 「상속세및증여세법」

「상속세및증여세법」 제60조 제2항

제1항에 따른 시가는 불특정다수인 사이에 자유롭게 거래가 이루어지는 경우에 통상적으로 성립된다고 인정되는 가액으로 하고 수용, 공매가격 및 감정가격을 시가로 인정하는 가격 중의 하나로 포함

「상속세및증여세법시행령」 제49조 제1항

법 제60조 제2항에서 수용가격·공매가격 및 감정가격 등의 시가로 인정되는 것이란 평가기준일 전후 6개월(**증여재산의 경우에는 평가기준일 전 6개월부터 평가기준일 후 3개월까지**) 이내의 기간 중 매매·감정·수용·경매 또는 공매가 있는 경우에 다음 각 호의 어느 하나에 따라 확인되는 가액

「상속세및증여세법시행령」 제49조 제2항

당해 재산에 대하여 2 **이상의 기획재정부령이 정하는 공신력 있는 감정기관이 평가한 감정가액**이 있는 경우에는 그 감정가액의 평균액

(3) 양 규정의 차이점

「소득세법」에서는 **실지거래가액을 취득가액의 기준가격**으로, 「상속세및증여세법」에서는 **시가를 취득가액의 기준가격**으로 삼고 있다는 점이 다르다.

4. 사건의 경과

(1) 1심판결(서울행정법원 2013. 11. 28. 선고 2013구단18004 판결) : 국패

「소득세법」에서 실지거래가액으로 의제되는 감정가액의 기준일을 양도일 또는 취득일 전후 각 3개월 이내로 제한하고 있고, 2개 이상의 감정평가법인의 감정을 요구하는 등 일정한 요건을 규정하고 있지만, 이는 궁극적으로 그 감정결과의 공정성·진실성을 확보하기 위한 것으로 이해되므로 이 사건 감정가액이 객관적이고 합리적인 방법으로 평가되지 않은 것이라고 의심할 만한 사정을 찾을 수 없으므로 원고가 제출한 이 감정가액은 이 사건 부동산 취득일 전후 3개월 이내에 이루어진 신빙성 있는 감정가액이므로 피고가 2개 이상의 감정평가법인이 평가하지 않았다는 이유만으로 이 감정가액과 달리 환산가액을 산정한 이 사건 처분은 위법하다.

(2) 원심판결(서울고등법원 2015. 5. 7. 선고 2014누30 판결) : 국패

1심 판단을 그대로 인용(이 사건 부동산 감정가액은 신빙성이 있어 취득가액으로 인정할 수 있음)하였다.

(3) 대상판결

「소득세법」과 그 시행령의 취득가액에 관한 규정들의 문언 내용 및 취지와 양도차익을 계산할 때 기준이 되는 실지거래가액이란 객관적인 교환가치를 반영하는 일반적인 시가가 아니라 실지의 거래대금 그 자체 또는 당시 급부의 대가로 실지 약정된 금액을 의미한다는 법리 등에 비추어 보아 본래의 실지거래가액이 아닌 매매사례가액, 감정가액, 환산가액에 의하여 취득당시 실지거래가액을 대체하도록 한 **「소득세법」은 그 적용 순서뿐만 아니라 실지거래가액을 대체할 수 있는 가액의 유형도 요건을 정하여 제한적으로 규정한 것으로 해석**한다고 하면서, 1심과 2심의 판단과 달리 **1개의 감정평가기관이 평가한 감정가액은 「소득세법」상 취득 당시의 실지거래가액을 대체할 수 있도록 정한 감정가액에 해당하지 아니한다.**

5. 평 석

(1) 대상판결은 같은 일자에 선고된 대법원 2011두24286 판결과 함께 「소득세법」상 취득가액을 산정할 때 실지거래가액으로 인정되는 가액과 상속 혹은 증여받은 재산의 취득가액을 산정할 때 「상속세및증여세법」상 시가로 인정될 수 있는 가액에 대한 해석이 다름을 명확히 하였다.

(2) 「소득세법」에서는 감정평가기준일보다 전후 3월이 지난 소급감정가액은 시가로 인정될 수 없는 반면, 「상속세및증여세법」상 **시가로 인정되는 감정가액은 소급감정가액이라 하더라도 객관적이고 합리적인 방법으로 평가한 가액에 해당되면 인정하고 있다.**

소급감정을 인정한 대법원 판례

대법원 2012. 6. 14. 선고 2010두28328 판결; 대법원 2010. 9. 30. 선고 2010두8751 판결; 대법원 2005. 9. 30. 선고 2004두2356 판결; 대법원 2004. 3. 12. 선고 2002두10377 판결; 대법원 1991. 4. 12. 선고 90누8459 판결; 대법원 1990. 9. 28. 선고 90누4761 판결 등

6. 관련 판례

문서번호	내 용
대법원 2015. 10. 15. 선고 2011두24286 판결	**사후에 취득당시로 소급하여 한 감정에 의하여 평가한 가액**은 구 소득세법 제97조 제1항 제1호 (나)목에서 **'취득당시의 실지거래가액'을 대체할 수 있도록 정한 감정가액에 해당하지 아니한다.**
대법원 2011. 2. 10. 선고 2009두19465 판결	양도차익을 계산할 때에 기준이 되는 실지거래가액이란 객관적인 교환가치를 반영하는 일반적인 시가가 아니라 **실지의 거래대금** 그 자체 또는 **거래 당시 급부의 대가로 약정된 금액**을 의미한다.
대법원 2005. 1. 14. 선고 2004두5072 판결	양도소득세의 과세대상이 되는 거래가 **단순한 교환인 경우에는 그 실지거래가액을 확인할 수 없다** 할 것이나, 그 교환이 교환대상 목적물에 대한 시가감정을 하여 그 감정가액의 차액에 대한 정산 절차를 수반하는 등 목적물의 금전가치를 표준으로 하는 **가치적 교환인 경우**에는 **실지거래가액을 확인할 수 있는 경우에 해당**한다.

문서번호	내 용
대법원 1997. 2. 11. 선고 96누860 판결	**교환으로 취득하는 목적물의 금전가치와 지급받은 현금** 등이 교환으로 양도되는 목적물의 **실지양도가액**이 된다.
대법원 2019. 4. 25. 선고 30997 판결	상속세 부과제척기간이 경과한 이후 양도소득세 감액을 목적으로 소급감정을 통하여 얻은 감정가액을 세금 납부목적에 적합한 것이라고 보기 어려우므로 이를 배제한 과세관청의 처분은 적법함

2-6 검인계약서의 진정 성립 인정 여부

● 대상판결 : 대법원 92누282 (1992. 11. 24.) ➜ 국승

핵심 요지

매매당사자들이 작성하여 시장, 군수 등의 검인을 받은 검인계약서는 특별한 사정이 없는 한 당사자 사이의 매매계약 내용대로 작성되었다고 추정되고, 그 계약서가 실제와 달리 작성되었다는 점은 주장자가 입증하여야 할 것이다.

1. 사실관계

(1) 원고는 이 사건 아파트를 양도하고 실지거래가액에 대한 증빙서류를 제출하면서 양도에 관한 매매계약서는 강남구청장으로부터 검인받은 검인계약서를 제출하였다.

(2) 피고는 원고가 제출한 검인계약서를 부인하고 기준시가에 의하여 양도차익을 계산하였다.

2. 관계 법령

「소득세법」 제97조 【양도소득의 필요경비 계산】 제1항

1. 취득가액
   가. 각 호의 자산 취득에 든 실지거래가액
   나. 취득당시의 실지거래가액을 확인할 수 없는 경우에는 대통령령이 정하는 매매사례가액, 감정가액 또는 환산가액

3. 대상판결

매매당사자들이 작성하여 시장, 군수 등의 검인을 받은 검인계약서는 특별한 사정이 없는 한 당사자 사이의 매매계약 내용대로 작성되었다고 추정되고, 그 계약서가 실제와 달리 작

성되었다는 점은 그 주장자가 이를 입증하여야 할 것이며(1991. 9. 10. 선고, 91누5938 판결 참조),

실지거래가액에 관한 증빙서류로서 매매계약서와 계약상대방의 거래확인서 및 인감증명서 등을 제출하였다면 그 취득과 양도 사이의 거래가액 상승률이 기준시가의 상승률보다 현저히 낮다거나 세무서가 양수인으로부터 그 매매가액에 관한 확인을 받을 수 없었다는 사유만으로 그 증빙서류에 의하여 취득 및 양도 당시의 실지거래가액을 확인할 수 있는 경우가 아니라고 단정할 수는 없다고 할 것이다(1990. 3. 27. 선고, 88누10619 판결; 1982. 10. 26. 선고, 82누265 판결 등 참조).

4. 평 석

(1) 기준시가의 상승률이나 양수인에 대한 양도가액에 관한 확인곤란의 사정이 있다고 하더라도 시장, 군수 등의 검인을 받은 검인계약서는 함부로 부인할 수 없다는 판결이다.

(2) 이 사건과 반대로 원고가 취득가액을 알 수 없다 하여 환산가액으로 신고하였는데, 피고가 해당 구청을 방문하여 검인계약서를 징취하였다면, 그 검인계약서는 실계약서로 추정된다 할 것이다.

(3) 소송실무상 검인계약서는 대체적으로 진정 성립된 계약서로 인정되고, 검인계약서가 실지거래가액과 상이하게 다르다는(이른바 다운계약서) 사실을 객관적 증빙으로 입증한다면 진정 성립된 검인계약서의 추정을 번복할 수 있을 것으로 보인다.

(4) 즉, 납세자가 검인계약서상 금액을 실지거래가액으로 신고한 검인계약서는 매매계약서로서의 법적효력이 있는 증빙서류이지만 매매가액을 실지거래가액으로 볼 수 없는 객관적 사실이 입증되면 실지거래가액으로 볼 수 없다(취득 당시 실지거래가액을 알 수 없어 환산가액에 의해 추계로 산정한 가액을 과세관청이 검인계약서상의 매매금액을 실지거래가액으로 삼은 경우에도 마찬가지로 적용된다.).

5. 관련 판례

문서번호	내 용
대법원 2002. 5. 28. 선고 2000두6459 판결; 대법원 1996. 6. 25. 선고 95누3183 판결 등 다수	실지거래가액에 관한 증빙서류로서 취득 및 양도에 관한 매매계약서와 거래상대방의 거래확인서 및 인감증명서를 제출하였다면, 각 매매계약서가 실제와 달리 작성되었다는 등의 특별한 사정이 있다는 점은 어디까지나 과세관청이 이를 입증하여야 한다.
대법원 1996. 6. 25. 선고 95누3183 판결; 대법원 2001. 1. 6. 선고 2000두9056 판결; 국심 95서2724, 1996. 6. 8.; 국심 2005서3137, 2005. 11. 4.	대법원 판례나 국세심판례 등에서는 검인계약서도 실지거래가액의 증빙서류 중 하나로 인정하고 있다.
부산지방법원 2009. 5. 28. 선고 2008구합2485 판결 : 국패 대법원 1999. 2. 27. 선고 98두20117 판결 : 일부국패	① 부산지방법원 2009. 5. 28. 선고 2008구합2485 판결 : 국패 검인계약서상 매매금액이 기준시가와 그리 차이가 나지 않은 점, 감정가액과는 상당한 차이가 나는 점, 그 당시 그 양도차익산정은 실지거래가액이 그리 중요한 의미를 갖지 않은 점 등에 비추어 검인계약서상 매매금액은 실지거래가액에 해당한다고 보기 힘들어 그 추정력이 번복된 것이라 할 것으로 검인계약서만으로는 실가를 확인할 수 없는 경우에 해당하여 추계사유에 해당한다(과세관청은 검인계약서상 매매금액을 실지거래가액으로 본 사안임). ② 대법원 1999. 2. 27. 선고 98두20117 판결 : 일부국패 토지를 취득 후 불과 몇 개월이 지난 시점에서 매입가격의 5배로 양도하였다는 것은 기준시가 상승률을 감안하더라도 수긍할 수 없다.
대법원 1992. 12. 22. 선고 91다53340 판결	매매계약서의 진정성립 요건은 원본 또는 부본에 근거하여야 하지만 원본이 **현존하지 아니한 경우에는 문서사본도 과거에 존재한 적이 있는 문서를 전자 복사한 것이라면 원본의 존재 및 진정성립을 인정하여 서증으로 채용할 수 있다.**
대법원 2001. 7. 27. 선고 2001두2348 판결	매매대금이 금융자료에 의해 객관적으로 입증되면 실가가 인정된다. 매수인이 인수한 임차보증금과 대출금의 채무를 제외한 매매대금을 수수한 사실이 입증되므로 실지거래가액으로 인정함이 타당하다.

2-7 상속세 부과제척기간이 도과한 후 소급감정한 가액을 양도소득세 취득가액으로 산정할 수 없음

● 대상판결 : 부산고법 2018누23329 (2019. 10. 16.) ➜ 국승

핵심 요지

상속개시일로부터 14년 가량이 경과한 후에 소급한 감정가액의 평균액에 불과한 점, 시간의 경과와 토지의 분할 및 주변 환경의 변화 등을 반영 못한 점, 상속세 경정이 불가능한 시점에 양도세 감액만을 목적으로 보이는 점, 부과제척기간의 도과로 상속세 경정처분을 할 수 없어 조세누락이 발생하는 점 등에 비추어 소급감정 인정할 수 없음

1. 사실관계

당 초 신 고	
취득가액(기준시가)	양도가액(실지거래가액)
1,612백만 원	6,500백만 원

경 정 청 구	
취득가액(소급감정 평균액)	양도가액(실지거래가액)
2,301백만 원	6,500백만 원

(1) 2002. 12. 24. 원고는 부(父)로부터 상속을 원인으로 이 사건 부동산(토지와 건물)을 취득하였다가, 2017. 1. 20. 6,500백만 원에 양도하였다.

(2) 2017. 3. 31. 원고는 이 사건 부동산의 기준시가 1,612백만 원을 취득가액으로 하여 산출한 양도소득세 1,304백만 원을 피고에게 신고·납부하였다.

(3) 2017. 6. 23. 원고는 2개의 감정평가법인에 의뢰하여 이 사건 부동산의 취득당시(2002. 12. 24.)를 기준시점으로 하여 소급 감정을 받았는데 2개 감정평가법인의 감정가액 평균액은 2,301백만 원 이었다.

(4) 2017. 8. 21. 원고는 소급감정 평균액을 이 사건 부동산의 취득가액으로 하여 양도소득세 1,098백만 원을 산출하고, 기 신고·납부한 양도소득세 1,304백만 원을 초과하는

206백만 원을 환급하여 달라고 경정청구 하였다.

(5) 2017. 9. 18. 피고는 이 사건 소급감정가액이 상속개시일 기준 6개월이 경과하여 평가가 이루어진 것으로서 「상속세 및 증여세법 시행령」 제49조 제1항의 요건을 충족하지 못하였으므로 이 사건 부동산의 취득가액으로 인정할 수 없다는 사유로 원고의 경정청구를 거부하였다.

2. 쟁 점

상속세부과제척기간이 경료한 후 소급한 감정가액을 양도소득세 취득가액으로 산정할 수 있는지 여부

3. 관련법령

소득세법 제97조【양도소득의 필요경비 계산】
구 소득세법(2008.12.26.법률 제9270호로 개정되기 전의 것) 제95조 제1항 및 제2항

① 거주자의 양도차익을 계산할 때 양도가액에서 공제할 필요경비는 다음 각 호에서 규정하는 것으로 한다.
1. 취득가액
가. 제94조제1항 각 호의 자산 취득에 든 실지거래가액
나. 가목 본문의 경우로서 취득 당시의 실지거래가액을 확인할 수 없는 경우에는 대통령령으로 정하는 매매사례가액, 감정가액

소득세법시행령 제163조【양도자산의 필요경비】

⑨ 상속 또는 증여(「상속세 및 증여세법」 제33조부터 제39조까지, 제39조의 2, 제39조의 3, 제40조, 제41조의 2부터 제41조의 5까지, 제42조, 제42조의 2 및 제42조의 3에 따른 증여는 제외한다)받은 자산에 대하여 법 제97조 제1항 제1호 가목을 적용할 때에는 상속개시일 또는 증여일 현재 「상속세 및 증여세법」 제60조부터 제66조까지의 규정에 따라 평가한 가액을 취득 당시의 실지거래가액으로 본다. 거주자의 양도차익을 계산할 때 양도가액에서 공제할 필요경비는 다음 각 호에서 규정하는 것으로 한다.

상속세및증여세법 제49조【평가의 원칙】

① 법 제60조제2항에서 "수용가격·공매가격 및 감정가격 등 대통령령으로 정하는 바에 따라 시가로 인정되는 것"이란 평가기준일 전후 6개월(증여재산의 경우에는 3개월로 한다. 이하 이 항에서 "평가기간"이라 한다)이내의 기간 중 매매·감정·수용·경매(「민사집행법」에 따른 경매를 말한다. 이하 이 항에서 같다) 또는 공매(이하 이 조에서 "매매 등"이라 한다)가 있는 경우에 다음 각 호의 어느 하나에 따라 확인되는 가액을 말한다. 다만, 평가기간에 해당하지 아니하는 기간으로서 평가기준일 전 2년 이내의 기간 중에 매매 등이 있는 경우에도 평가기준일부터 제2항 각 호의 어느 하나에 해당하는 날까지의 기간 중에 주식발행회사의 경영상태, 시간의 경과 및 주위환경의 변화 등을 고려하여 가격변동의 특별한 사정이 없다고 보아 상속세 또는 증여세 납부의무가 있는 자(이하 이 조 및 제54조에서 "납세자"라 한다), 지방국세청장 또는 관할세무서장이 신청하는 때에는 제49조의2 제1항에 따른 평가심의위원회의 심의를 거쳐 해당 매매 등의 가액을 다음 각 호의 어느 하나에 따라 확인되는 가액에 포함시킬 수 있다.

1. 해당 재산에 대한 매매사실이 있는 경우에는 그 거래가액. 다만, 다음 각 목의 어느 하나에 해당하는 경우는 제외한다.(이하 생략)
2. 해당 재산(법 제63조 제1항 제1호에 따른 재산을 제외한다)에 대하여 둘 이상의 기획재정부령이 정하는 공신력 있는 감정기관(이하 "감정기관"이라 한다)이 평가한 감정가액이 있는 경우에는 그 감정가액의 평균액. 다만, 다음 각 목의 어느 하나에 해당하는 것은 제외하며, 해당 감정가액이 법 제61조·제62조·제64조 및 제65조에 따라 평가한 가액과 제4항에 따른 시가의 100분의 90에 해당하는 가액 중 적은 금액(이하 이 호에서 "기준금액"이라 한다)에 미달하는 경우(기준금액 이상인 경우에도 제49조의2 제1항에 따른 평가심의위원회의 심의를 거쳐 감정평가목적 등을 감안하여 동 가액이 부적정하다고 인정되는 경우를 포함한다)에는 세무서장(관할지방국세청장을 포함하며, 이하 "세무서장 등"이라 한다)이 다른 감정기관에 의뢰하여 감정한 가액에 의하되, 그 가액이 납세자가 제시한 감정가액보다 낮은 경우에는 그러하지 아니하다.
   가. 일정한 조건이 충족될 것을 전제로 당해 재산을 평가하는 등 상속세 및 증여세의 납부목적에 적합하지 아니한 감정가액
   나. 평가기준일 현재 당해재산의 원형대로 감정하지 아니한 경우의 당해 감정가액

② 제1항을 적용할 때 제1항 각 호의 어느 하나에 따른 가액이 평가기준일 전후 6개월(증여재산의 경우 3개월로 한다) 이내에 해당하는지는 다음 각 호의 구분에 따른 날을 기준으로 하여 판단하며, 제1항에 따라 시가로 보는 가액이 둘 이상인 경우에는 평가기준일을 전후하여 가장 가까운 날에 해당하는 가액을 적용한다. 다만, 해당 재산의 매매 등의 가액이 있는 경우에는 제4항에 따른 가액을 적용하지 아니한다.

4. 원·피고 주장

(1) 원 고

대법원 판례(2010. 9. 30. 선고 2010두8751 판결 외 다수 참조) 등에서는 정상적인 거래를 통한 교환가격이 없는 경우 공신력 있는 감정기관의 감정가격도 시가로 볼 수 있고 그 가격이 소급감정에 의한 것이라 하여도 달라지지는 않는다고 하였고, 과세관청도 소급감정에 대해서도 인정하고 있으므로, 공신력 있는 2개의 감정평가법인으로부터 감정 받은 토지가액의 평균액인 2,301백만 원이 이 사건 부동산의 시가라 할 것이고, 이와 같이 이 사건 부동산의 시가가 입증된 이상 그 시가를 취득가액으로 하여 양도소득세를 경정하여 달라는 원고의 경정청구를 거부한 피고의 처분은 위법하다.

(2) 피 고

이 사건 소급감정가액은 상속개시일로부터 약 14년 6개월이 지난 소급감정에 의한 것으로서 「상속세및증여세법」 시행령 제49조 제1항에서 규정하는 평가기준일 전후 6개월 이내의 기간 중 평가한 감정가액이 있는 경우에 해당하지 아니하고, 상속개시일 현재 정상적인 거래에 의하여 형성된 객관적인 교환가격으로서의 시가에 해당한다고 보기 어려우므로 이러한 소급감정가액을 기초로 하여 이 사건 부동산의 취득가액을 산정하여야 한다는 원고주장은 받아들일 수 없다.

5. 사건의 경과

(1) 원심(울산지방법원 2018. 9. 13. 선고 2018구합5424 판결) : 국승

… 원고는 당초 기준시가를 기준으로 이 사건 상속 토지 및 이 사건 건물에 대한 상속세를 신고한 뒤, 상속세 부과제척기간이 경과한 2017. 6. 말경에서야 두 곳의 감정평가기관에 이 사건 매매토지에 관하여만 상속개시일을 평가기준일로 한 감정평가를 의뢰하였고, 그에 따른 두 개의 감정가액의 평균값을 기준으로 이 사건 매매토지의 취득가액을 재계산하여 양도소득세 경정청구를 하였다. 이와 같은 사정을 고려하면 원고는 **상속세 부과제척 기간 경과 후 양도소득세 감액을 목적으로 위 각 감정평가를 의뢰한 것으로 보여, 그에 따른 감정이 객관적으로 이루어진 신빙성 있는 것이라고 보기 어렵다.**

상속재산이 추후 상속인의 양도 목적물이 되는 경우 당초 상속세 신고가액이 양도소득세 취득가액이 되는 것은 논리상 당연하며, 이와 같은 이유에서 구 소득세법 제97조 제1항 제1호 가목, 소득세법 시행령 제163조 제9항이 상속받은 자산의 취득가액 산정에 상속세 및 증여세법의 상속재산가액 산정에 관한 규정들을 준용하고 있는 것이다. 이를 고려하면 **당초 기준시가를 기준으로 상속세를 납부한 뒤 상속세 부과제척기간이 경과한 이후 양도소득세 감액을 목적으로 소급감정을 통하여 얻은 감정가액을 세금 납부목적에 적합한 것이라고 보기 어렵다.**

(2) 대상판결

… 상속세를 부과함에 있어 과세관청이 비록 상속재산의 상속 당시의 '시가'를 평가하기 어렵다는 이유로 상속재산의 가액을 개별공시지가로 평가하여 과세처분을 하였다고 하더라도 그 과세처분 취소소송의 사실심 변론종결 시까지 상속재산의 시가를 입증한 때에는 그 상속재산의 '시가'에 의한 정당한 상속세액을 산출한 다음 과세처분의 세액이 정당한 세액을 초과하는지 여부에 따라 과세처분의 위법 여부를 판단하여야 하고, 여기서 '시가'라 함은 원칙적으로 정상적인 거래에 의하여 형성된 객관적 교환가격을 의미하지만 이는 객관적이고 합리적인 방법으로 평가한 가액도 포함하는 개념이므로 **거래를 통한 교환가격이 없는 경우에는 공신력 있는 감정기관의 감정가격도 '시가'로 볼 수 있고, 그 가액이 소급감정에 의한 것이라 하여도 달라지지 않는다**(대법원 2005. 9. 30. 선고 2004두2356 판결 등 참조).

소급감정에 의한 감정가격도 이 사건 매매 토지를 객관적이고 합리적인 방법으로 평가한 것이라면 상증세법상의 '시가'에 해당할 수 있다. 그런데 앞서 든 증거들에다가 변론 전체의 취지를 보태어 알 수 있는 다음과 같은 사정들에 비추어 보면, 이 사건 감정가액은 객관적이고 합리적인 방법으로 이 사건 매매 토지를 평가한 가액이라고 인정하기 어렵다.

… 구 소득세법 제97조 제1항 제1호 나목, 구 소득세법 시행령 제163조 제12항 등은 그 적용 순서뿐만 아니라 실지거래가액을 대체할 수 있는 가액의 유형도 그 요건을 정하여 제한적으로 규정한 것이므로, **사후에 취득 당시로 소급하여 한 감정에 의하여 평가한 가액은 구 소득세법 제97조 제1항 제1호 나목에서 '취득 당시의 실지거래가액'을 대체할 수 있도록 정한 감정가액에 해당하지 아니한다**(대법원 2015. 10. 15. 선고 2011두24286 판결 등 참조).

원고는 당초 기준시가(개별공시지가)를 기준으로 이 사건 매매토지에 대한 상속세를 신고·납부한 뒤, 상속세 부과제척기간이 경과한 2017. 5. 내지 2017. 6.경에 두 개의 감정평가기관에 상속 개시일을 평가기준일로 한 감정평가를 의뢰하였고, 그 감정결과에 따른 이 사건 감정가액을 이 사건 매매토지의 취득가액으로 재계산하여 양도소득세 경정청구를 하였다. 그렇다면 원고는 **상속세의 경정이 불가능한 시점에 양도소득세의 감액만을 목적으로 그와 같은 감정평가를 의뢰한 것으로 보여 그 감정의 결과를 이 사건 매매토지에 대한 상속개시일 당시의 객관적이고 합리적인 시장가치를 반영한 것으로 신빙하기 어렵다.**
…상속재산을 양도하는 경우 상속세 과세표준에 해당하는 가액은 양도차익 산정시 당해 자신의 필요경비로 인정해 주고, 양도가액이 위 가액을 초과하여 양도소득이 발생하는 경우에만 양도소득세를 부과하는 것으로 조세누락이나 이중과세를 방지할 수 있으므로, 상속재산의 가액과 양도가액에서 공제하는 필요경비인 취득가액은 동일하여야 한다. 그런데 원고가 이 사건 매매토지의 기준시가(개별공시지가)를 기준으로 상속세를 신고·납부하였음에도 상속세의 부과제척기간이 도과된 이후에 원고의 감액경정 청구에 따라 위 기준시가(개별공시지가)보다 고액인 소급감정에 의한 이 사건 감정가액을 취득가액으로 하여 재산정한 양도소득세를 기준으로 양도소득세 경정처분을 하는 경우에는 부과제척기간의 도과로 상속세 경정처분을 할 수 없어 상속재산의 가액과 양도가액에서 공제하는 필요경비인 취득가액이 동일하지 아니하게 됨으로써 조세누락을 방지할 수 없다.

6. 평 석

(1) 납세자가 상속(증여)받은 자산에 대하여 기준시가로 평가하여 취득가액을 신고하였다가 소급감정 하여 경정 청구한 경우에 대하여 대법원은 "소송중 원고의 신청에 따라 시가감정을 하였고 그 감정가액을 기준으로 한 가액을 부동산 각 지분의 시가로 봄에 따라 양도부동산의 취득가액은 기준시가에 우선하여 시가가 적용됨으로 인하여 사후적으로 처분청의 처분은 위법하게 되었다(대법원 2010. 10. 28. 선고 2010두1442판결 ; 서울고등법원 2010. 6. 24. 선고 2009누35568 판결)"라고 판시하였고, 다수의 대법원 판례도 동일한 입장이었다.

(2) 대법원은 행정소송에 있어서 소급감정 인정 여부는 그 **감정시기가 문제가 아니라** 감정평가절차와 **감정 평가 당시 당해재산을 평가기준 현재의 현황을 반영하여 평가 하였는지 여부**에 달려있다(대법원 2000. 11. 28. 선고 98두18473 판결 등)고 보았다. 즉, **대법원은 감정가액의 경우 소급여부는 특정 감정목적 여부를 묻지 않는다는 입장을 견지해 왔다.**

(3) 과세관청이 상속받은 자산의 취득가액을 개별공시지가로 평가하여 과세처분을 하였다고 하더라도, 그 과세처분 취소소송의 사실심 변론 종결 시까지 당해 자산의 상속당시 시가가 입증된다면 "양도자산이 상속받은 자산으로서 과세관청이 비록 당해 자산의 상속 당시 시가를 평가하기 어렵다는 이유로 당해 자산 취득가액을 개별공시지가로 평가하여 과세하였다고 하더라도, 소급감정에 의하여 당해 자산의 상속 당시 시가가 입증된 때에는 그 시가를 기준으로 정당한 양도차익을 산정하여야 한다(대법원 2010. 9. 30. 선고 2010두8751 판결)"는 것이다.

(4) 조세심판원도 평가기간 밖에 있는 상속재산의 매매실례가액을 시가로 인정함으로써 주변 시세의 변동 폭이 크지 않는 경우 6월 초과기간의 매매사례가액이 보충적 평가액보다 시가에 가깝다고 보았다. 즉 상속개시 당시 평가기간 내의 확인되는 시가가 없다고 보아 보충적 평가방법에 의한 기준시가를 취득당시의 시가로 보기 보다는 쟁점주택의 상속개시 당시로부터 1년 8개월 전 피상속인의 쟁점주택 취득가액을 매매사례가액으로 인정하여 취득당시 시가로 보는 것이 합리적이라고 결정하였다(조심 2009중2755, 2010. 6. 17.).

(5) 그러나, 대상판결은 당초 기준시가를 기준으로 상속세를 납부한 뒤 상속세 부과제척기간이 경과한 이후 양도소득세 감액을 목적으로 소급감정을 통하여 얻은 감정가액을 세금납부 목적에 경료한 후 소급하여 감정한 가액은 상속세의 경정이 불가능한 시점에 양도소득세의 감액만을 목적으로 그와 같은 감정평가를 의뢰한 것으로 보여 그 감정의 결과를 이 사건 매매토지에 대한 상속개시일 당시의 객관적이고 합리적인 시장가치를 반영한 것으로 신빙하기 어렵다고 하여 피고 패소판결을 하였고, 이 사건은 원고의 상고포기로 그대로 확정되었다.

(6) 대상판결에 앞서 이루어진 여러 판례들을 검토해보면 대법원은 소급감정평가에 대하여 특정 감정 시기나 감정목적을 묻지 않았는데도, 대상판결에서는 이와는 상반되게 양도

소득세 감액만을 목적으로 소급감정 한 감정가액은 시가로 볼 수 없다는 판결을 하였다(1,2심 재판부 모두 동일한 입장이다).

(7) 물론 대상판결에서도 원칙적으로 소급감정가액은 평가기준 현재의 현황을 반영하여 평가한 것이라면 시가로 인정하여야 한다고 하면서도, 이 사건의 경우 이 사건 부동산을 원형대로 평가하지 않았다는 판결이유를 제시하고 있다(적법한 감정평가법인이 평가한 가액인데도 판결문에 적시된 이유만으로 감정평가법인의 소급감정가액이 적정하게 평가되지 않았다고 할 수 있는지는 여전히 의문이다).

(8) 상속세 및 증여세법상 평가액이 기준시가가 되는 경우 취득가액은 기준시가가 되고 양도가액은 실지거래가액이 되어 **「소득세법」 제100조의 동일기준 과세원칙에 어긋나 과도한 양도차익이 상정되는 점에 대한 구체적인 심리가 없었던 점**은 아쉬운 점으로 남는다.

(9) 대상판결과 같은 입장을 보이는 대법원판결(2011두24286판결) 및 하급심 판결이 있으나, 각 사안마다 달리 판단할 여지는 있어 보인다(소급감정가액을 시가로 인정하지는 않은 판결에서도 **적정하게 평가하였다면 시가로 볼 수 있다는 원칙적인 입장은 여전히 견지하고 있다**).

(10) 2020. 2. 11. 이후 양도분 부터 부담부증여로 받은 채무액도 상속증여자산에 포함하고, 상속 또는 증여받은 재산에 대하여 상증세법 제76조에 따라 세무서장 등이 결정·경정한 가액을 취득당시 실지가액으로 본다.

(11) **세무서장등이 결정·경정한 가액을 취득당시 실지거래가액으로 본다는 의미**는 상속세·증여세 과세 시 기준시가로 결정된 후 **상속세 증여세 부과제척기간이 지난 후 상속증여재산을 양도한 경우 소급감정가액을 적용할 수 없고, 상속세·증여세 과세시 결정된 기준시가가 취득당시 실지거래가액이 된다는 것이다.**

(12) 상속세나 증여세 부과제척기간이 경료한 후에 소급하여 감정한 가액은 시가로 인정할 수 없다는 판결이 대법원 및 일부 하급심 판결에서도 이루어지고 있다는 사실에 대하여 유의할 필요가 있다 하겠다(의정부지방법원 2019. 12. 12. 2019구합10967판결 ; 서울고등법원 2019. 11. 29. 선고 2019누45298판결 등).

(13) 구 소득세법 시행령(2020. 2. 11. 대통령령 제30395호로 개정되고, 2021. 2. 17. 대통령령 제31442호로 개정되기 전의 것, 이하 '개정 소득세법 시행령'이라고 한다)

제163조 제9항 본문은 상속받은 자산에 대하여 구 소득세법 제97조 제1항 제1호 가목을 적용할 때에는 개정 전 소득세법 시행령 제163조 제9항 본문과 같이 '상속개시일 현재 상속세 및 증여세법 제60조 내지 제66조의 규정에 의하여 평가한 가액'을 취득 당시의 실지거래가액으로 의제하되, '상속세 및 증여세법 제76조에 따라 세무서장 등이 결정·경정한 가액이 있는 경우에는 그 결정·경정한 가액'을 취득 당시의 실지거래가액으로 의제하도록 규정을 일부 개정하였다. 소득세법 시행령 부칙(2020. 2. 11. 법률 제30395호) 제1조, 제2조 제2항에 따르면 개정 소득세법 시행령 제163조 제9항 본문은 2020. 2. 11. 이후 양도하는 분부터 적용한다.

(14) 개정 소득세법 시행령 제163조 제9항 본문은 상속세 및 증여세법 제76조에 따라 세무서장 등이 결정·경정한 가액이 있는 경우 이를 양도차익 계산에 있어 필요경비로 공제되는 취득가액과 일치하도록 정하고 있다. 이는 상속세 및 증여세 신고·납부 시에는 상속·증여재산의 가액을 신고하지 않거나 낮은 기준시가로 신고한 후 양도 소득세 신고·납부 시에만 소급감정 등을 통하여 상속·증여재산의 가액을 높이는 방법으로 양도소득세의 부담을 회피하는 것을 막고, 세액 산정의 일관성을 유지하기 위한 것이다.

(15) 최근 부산지방법원에서는 "개정 소득세법 시행령 제163조 제9항 본문 중 '상속세 및 증여세법 제76조에 따라 세무서장 등이 결정·경정한 가액이 있는 경우에는 그 결정·경정한 가액으로 한다'는 부분이 **취득당시의 감정평가액과 다르게 결정되는 경우**는, 납부의무가 있는 상속인 또는 수유자가 구 상속세 및 증여세법 제67조 제1항에 따른 **신고의무를 해태하거나 동일한 과세 대상 재산에 관하여 세목에 따라 다른 액수를 주장하는 경우에 한정되는 것**이어서 조세형평에 반한다고 볼 수 없다."고 판시하였다(부산지방법원 2022. 11. 3. 선고 2021구합24972 판결). 이 사건은 원고 항소로 부산고등법원에 진행 중이다(2022누23296).

7. 관련예규 · 심판례 · 판례

문서번호	내 용
대법원 2015. 10. 15. 선고 2011두24286 판결	사후에 취득 당시로 소급하여 한 감정에 의하여 평가한 가액은 구 소득세법 제97조 제1항 제1호 (나)목에서 '취득 당시의 실지거래가액'을 대체할 수 있도록 정한 감정가액에 해당하지 아니한다고 봄이 타당하다.
대법원 2010. 09. 30. 선고 2010두8751 판결	상속받은 재산의 양도에 따른 양도소득세를 부과함에 있어, 과세관청이 비록 당해 자산의 상속 당시 시가를 평가하기 어렵다는 이유로 당해 자산의 취득가액을 개별공시지가로 평가하여 과세처분을 하였다고 하더라도, 그 과세처분 취소소송의 사실심 변론 종결 시까지 당해 자산의 상속 당시 시가가 입증된 때에는 그 시가를 기준으로 정당한 양도차익과 세액을 산출한 다음 과세처분의 세액이 정당한 세액을 초과하는지 여부를 판단하여야 한다. 여기서 시가라 함은 원칙적으로 정상적인 거래에 의하여 형성된 객관적 교환가격을 의미하지만 이는 객관적이고 합리적인 방법으로 평가한 가액도 포함하는 개념이므로 거래를 통한 교환가격이 없는 경우에는 공신력 있는 감정기관의 감정가격도 시가로 볼 수 있고, 그 가액이 소급감정에 의한 것이라 하여도 달라지지 않는다(대법원 1999. 4. 27. 선고 99두1595 판결, 대법원 2005. 9. 30. 선고 2004두2356 판결 등 참조).
대법원 2011. 2. 10. 선고 2009두19465 판결	양도차익을 계산할 때에 기준이 되는 '실지거래가액'이란 실제 거래대금 그 자체 또는 거래 당시 급부의 대가로 실지 약정된 금액을 의미하므로 객관적인 교환가치를 반영하는 일반적인 시가와 항상 그 의미가 동일하지는 않다
서울고등법원 2019. 11. 29. 선고 2019누45298 판결	증여세 부과제척기간이 경과한 이후 양도소득세 감액을 목적으로 **소급감정을 통하여 얻은 감정가액은 세금 납부목적에 적합한 것이라고 보기 어려우므로** 이를 배제한 과세관청의 처분은 적법하다.

제3절 양도 · 취득시기

3-1 미등기 양도자산 해당 여부

● 대상판결 : 서울행정법원 2006구단6751 (2007. 3. 16.) ➜ 국승

핵심 요지

등기와 관계없이 아파트 분양대금이 사회통념상 거의 지급되었다고 볼 만한 사정이 있는 경우 취득하였다고 볼 수 있는 것이고, 아파트의 양도일이 사용승인일 및 소유권보존등기일 이후로, 취득 등기가 가능했을 때는 미등기자산에 해당한다.

1. 사실관계 및 부과처분

(1) 원고는 분양권을 매입하여 총분양대금(6억2천1백만 원) 중 5백만 원을 미납한 상태에서 양도(총분양대금의 0.8%에 해당하는 미미한 금액을 납부하지 않고 소유권이전등기를 하지 아니한 채 양도)하였다.

(2) 피고는 원고가 이 사건 분양대금을 과소신고한 사실을 확인하고,

① 양도가액 과소신고분은 소득금액에 가산하고

② 이 사건 아파트 양도를 미등기자산의 양도로 보아 양도소득세율 70%를 적용하여 양도소득세를 경정·결정하였다.

2. 쟁 점

원고의 이 사건 분양권 양도가 미등기양도자산에 해당하는지 여부

3. 관련 법령

「소득세법시행령」 제162조 【양도 또는 취득의 시기】

- 원칙 : 대금청산일
- 예외 : 대금청산일 불분명 또는 대금청산 전 소유권이전등기한 경우는 등기접수일

4. 대상판결

양도라 함은 자산에 대한 등기 또는 등록에 관계없이 매도, 교환, 법인에 대한 현물출자 등으로 인하여 그 자산이 유상으로 사실상 이전되는 것을 말한다고 규정하는바, 위 규정의 취지에 비추어 보면 당해 자산에 대한 등기 또는 등록에 관계없이 당해 자산의 대가적 급부인 대금이 모두 지급된 경우는 물론 당해 자산의 대부분의 대가적 급부가 지급되어 미미한 금액의 대가적 급부만이 남아 있어 **당해 자산의 대금이 사회통념상 거의 지급되었다고 볼 만한 사정이 있는 경우 당해 자산을 취득 또는 양도하였다고 볼 수 있는 것**이므로(대법원 1989. 7. 11. 선고 88누8609 판결; 대법원 1993. 4. 27. 선고 92누8934 판결; 서울행정법원 2005. 11. 9. 선고 2005구합21927 판결 등 참조), 원고가 이 사건 아파트의 분양대금 618,000,000원 중 5,000,000원을 제외한 613,000,000원을 납부한 이 사건에서 원고는 이 사건 아파트의 분양대금을 거의 지급함으로써 이 사건 아파트를 취득하였다고 할 것이다.

또한, **「소득세법」상 양도나 취득**은 「소득세법」 제88조 제1항에 비추어 「민법」상의 부동산 소유권 변동에 관한 일반원칙과 달리 **등기에 관계없이 당해 자산의 대가적 급부인 대금이 청산되어 사실상 소유권이 이전되는 것**을 말한다고 할 것이다.

5. 평 석

(1) 양도 또는 취득 시기에 대한 규정에도 불구하고 당해 재산의 대금이 사회통념상 거의 지급되었다고 볼 만한 사정이 있는 경우 **양도로 본다**는 판례이다(대법원은 매매대금이 대부분 지급되어 **양도에 해당한다 하더라도 양도시기는 대금청산일**이라는 입장임).

(2) 이 사건의 경우 양도에 해당하는데도 소유권이전등기를 하지 아니한 채 양도하였으므로 미등기전매에 해당한다고 본 것이다.

(3) 다만, 유사사건의 판례에서는 **등기를 할 수 없었던 부득이한 사유가 있는 경우**에는 미등기로 보지 아니하였다(대법원 2005. 10. 28. 선고 2004두9494 판결 참조).

(4) 미등기 양도자산에 대한 불이익

세제상 불이익	• 양도소득세의 비과세 및 감면에 관한 규정을 적용하지 않는다(조세특례제한법 §129). • 70%의 최고세율을 적용(소득세법 §104), 15%의 탄력세율이 시행되는 경우 양도소득세율은 85%가 되고 지방소득세 10%까지 합하면 93.5%의 세율이 적용된다. • 장기보유특별공제가 배제된다(소득세법 §95). • 양도소득 기본공제 적용이 배제된다.
기타 불이익	• 부동산 미등기전매 : 3년 이하의 징역 또는 1억 원 이하의 벌금에 처한다(부동산등기특별조치법 §8 1호). • 중개업자가 미등기부동산을 직접 거래하거나 알선·중개한 경우는 3년 이하의 징역 또는 3천만 원 이하의 벌금에 처한다(공인중개사법 §48 3호).

6. 관련 판례

문서번호	내 용
대법원 1993. 4. 27. 선고 92누8934 판결	**토지 소유권이란 그 대가적 급부가 사회통념상 거의 전부 이행되었다고 볼 만한 정도에 이른 사실상의 소유권도 포함된다.**
대법원 2005. 10. 28. 선고 2004두9494 판결	양도자에게 자산의 미등기양도를 통한 조세회피목적이나 전매이득 등 투기목적이 없다고 인정되고, 양도 당시 그 자산의 취득에 관한 등기를 하지 아니한 책임을 양도자에게 추궁하는 것이 가혹하다고 판단되는 경우(즉, 부득이한 사정이 인정되는 경우) 양도소득세가 중과되는 미등기양도자산에서 제외된다.
인천지방법원 2017. 6. 15. 선고 51829 판결	소득세법상 **'양도시기'에 관한 규정은 조세부과의 통일성과 공평성을 기하기 위한 의제 규정**이므로 그 해석에 있어 조세법률주의와 법적 안정성 및 예측가능성이 더욱 중시되어야 할 것인데, 여기에 **'대금의 대부분'이라는 불확정개념을 도입한다면 이는 어느 정도가 대부분인지에 관한 저마다의 구구한 결론을 낳을 수 있어 위 규정의**

문서번호	내 용
	본래 취지를 심각하게 훼손할 우려가 있다고 할 것이다. … 법령의 근거 없이 자산의 양도시기에 관하여 '대금을 청산하기 전에 자산이 사실상 이전된 경우에는 그 자산이 사실상 이전된 것으로 보는 날을 양도일로 한다'는 소득세법 시행령 규정을 창설하는 것과 다름없게 된다. 따라서 이 사건 토지의 양도일을 2008. 3. 5.로 보는 것은 '양도시기'에 관한 소득세법 및 그 시행령 규정의 해석상 받아들이기 어렵다.

3-2 토지수용 및 공탁자산의 양도시기

● 대상판결 : 대법원 2004두6914 (2005. 5. 13.) ➔ 국패

핵심 요지

원고 소유의 이 사건 토지 및 건물이 경기도 양주군수가 시행하는 신천제개수공사 사업지구에 편입되어 경기도지방토지수용위원회가 1998. 8. 27. 그 손실보상금을 정하고 수용시기를 1998. 9. 30.로 하는 수용재결을 하였으나, 원고의 손실보상금 수령거절에 따라 1998. 9. 28. 위 손실보상금이 공탁되고 이 사건 토지에 관하여는 1999. 2. 11. 경기도 명의로 소유권이전등기를 경료하였는데, 그 후 원고의 이의신청에 의하여 제기된 행정소송에서 이 사건 건물에 대한 손실보상금액만을 일부 증액하는 판결이 선고되고 2004. 3. 26. 위 판결이 확정되었으며, 그 무렵 원고가 위 증액된 보상금을 수령한 사실을 인정한 다음, 구 「토지수용법」(「공익사업을위한토지등의취득및보상에관한법률」의 시행에 따라 2002. 2. 4. 법률 제6656호로 폐지되기 전의 것)에 의한 수용으로 인한 양도의 경우에도 「소득세법」상 양도차익의 산정을 위한 양도시기는 「소득세법」 제98조, 같은 법 시행령(1998. 12. 31. 대통령령 제15969호로 개정되기 전의 것) 제162조 제1항 규정에 따라 그 대금을 청산한 날임을 전제로, 이 사건 토지의 양도시기는 위 판결 확정일이 아니라 위 각 규정에 따라 그 대금청산일에 해당하는 수용재결에서 정한 손실보상금의 공탁일이 된다.

1. 사실관계

(1) 사례1 : 수용재결에 원고가 이의를 제기하지 않은 경우

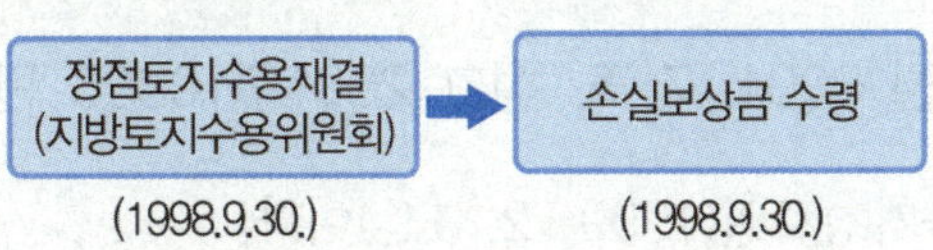

(2) 사례2 : 수용재결에 원고가 이의를 제기하였으나 기각(또는 증액)되는 경우

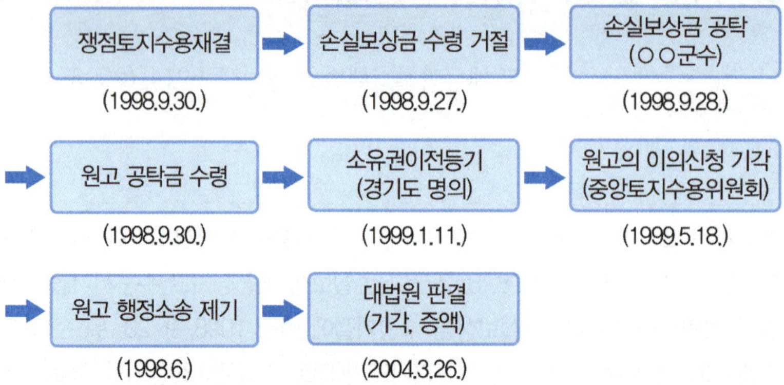

(3) 이 사건은 사례2의 경우에 해당한다.

(4) 원고는 이 사건 부동산 양도시기는 공탁금 수령일인 1998. 9. 30.이라는 것이고, 피고는 대금청산일(1994. 3. 26.)과 소유권이전등기일(1999. 2. 11.) 중 빠른 날이라고 주장하였다.

2. 쟁 점

이 사건 토지의 양도시기가 판결 확정일인지 손실보상금의 공탁일인지 여부

3. 사건의 경과

(1) 1심판결(서울행정법원 2001. 7. 5. 선고 2001구10386 판결) : 국승

양도시기는 소유권이전등기경료일(1999. 2. 11.)이다.

(2) 2심판결(서울고등법원 2004. 6. 4. 선고 2001누11139 판결)

대금청산일은 손실보상금 공탁일인 1998. 9. 28.이고 소유권이전등기일은 1999. 2. 11.이므로 둘 중 빠른 날인 보상금공탁일인 1998. 9. 28.이 양도시기이다.

(3) **대상판결**(대법원 2005. 5. 13. 선고 2004두6914 판결)

수용으로 인한 양도의 경우에도 「소득세법」상 양도차익의 산정을 위한 양도시기는 「소득세법」 제98조, 같은 법 시행령(1998. 12. 31. 대통령령 제15969호로 개정되기 전의 것) 제162조 제1항 규정에 따라 그 대금을 청산한 날임을 전제로, 이 사건 토지의 양도시기는 위 판결 확정일이 아니라 위 각 규정에 따라 그 대금청산일에 해당하는 수용재결에서 정한 손실보상금의 공탁일인 1998. 9. 28.이라 할 것이다.

4. 평 석

(1) 종전 판례의 태도를 보면 판결내용에 따라 양도시기가 달라지는 문제가 있었다.

① 수용재결을 피수용자가 수용하는 경우 : 보상금 수령일

② 수용재결을 다투는 경우

• 보상금 증액되는 경우 : 증액결정된 보상금이 지급 또는 공탁되는 때

• 보상금 증액되지 않는 경우 : 당초의 손실보상금 공탁일

(2) 판결 이후 수용의 경우 양도 및 취득 시기를 일원화하였다.

① 2010. 2. 18. **이후 양도분부터** 공익사업 시행에 따른 수용으로 인해 양도하는 경우 그 양도 및 취득 시기는 **잔금청산일, 등기접수일, 수용개시일 중 빠른 날**이 된다(수용개시일이란 토지수용위원회가 재결로서 결정한 수용을 개시하는 날). 즉, 보상금에 대한 불복 여부에 따라 양도시기가 달라지는 문제점을 해소하기 위해 잔금청산일, 등기접수일, 수용개시일 중 빠른 날로 일원화하였다. 그러므로 불복결과 **보상금이 증액된 경우는 수정신고를 해야 한다.**

② 2015. 2. 3. **이후 소유권 귀속에 관한 소송으로 수용보상금이 공탁된 경우** 양도시기는 **소유권 소송판결 확정일이다.** 이는 소유권 소송결과에 따라 납세의무자가 확정되기 때문이다(소득세법시행령 §162 ① 7호).

5. 관련 판례

문서번호	내 용
대법원 2015. 10. 15. 선고 2011두24286 판결	**사후에 취득당시로 소급하여 한 감정에 의하여 평가한 가액**은 구 소득세법 제97조 제1항 제1호 (나)목에서 **'취득당시의 실지거래가액'을 대체할 수 있도록 정한 감정가액에 해당하지 아니한다.**
대법원 2011. 2. 10. 선고 2009두19465 판결	양도차익을 계산할 때에 기준이 되는 실지거래가액이란 객관적인 교환가치를 반영하는 일반적인 시가가 아니라 **실지의 거래대금** 그 자체 또는 **거래 당시 급부의 대가로 약정된 금액**을 의미한다.
대법원 2005. 1. 14. 선고 2004두5072 판결	양도소득세의 과세대상이 되는 거래가 **단순한 교환인 경우에는 그 실지거래가액을 확인할 수 없다** 할 것이나, 그 교환이 교환대상 목적물에 대한 시가감정을 하여 그 감정가액의 차액에 대한 정산 절차를 수반하는 등 목적물의 금전가치를 표준으로 하는 **가치적 교환인 경우**에는 **실지거래가액을 확인할 수 있는 경우에 해당**한다.
대법원 1997. 2. 11. 선고 96누860 판결	**교환으로 취득하는 목적물의 금전가치와 지급받은 현금** 등이 교환으로 양도되는 목적물의 **실지양도가액**이 된다.
대법원 2019. 4. 25. 선고 30997 판결	상속세 부과제척기간이 경과한 이후 양도소득세 감액을 목적으로 소급감정을 통하여 얻은 감정가액을 세금 납부목적에 적합한 것이라고 보기 어려우므로 이를 배제한 과세관청의 처분은 적법함

3-3 (구)소득세법 시행규칙 제78조 제3항의 '사용수익일'의 의미

● 대상판결 : 대법원 2015두48266 (2015. 12. 10.) ➜ 국승

핵심 요지

양수인이 양도인으로부터 매매목적물인 자산을 이용·관리할 수 있도록 승낙을 받았다고 하더라도 그것이 그 자산을 잠정적으로 보존·유지·관리하거나 제한적인 목적에서 일시적으로 이용하도록 하는 것에 불과한 경우에는 그와 같은 승낙일은 이 사건 조항에서 정한 '사용수익일'에 해당한다고 할 수 없다.

1. 사실관계

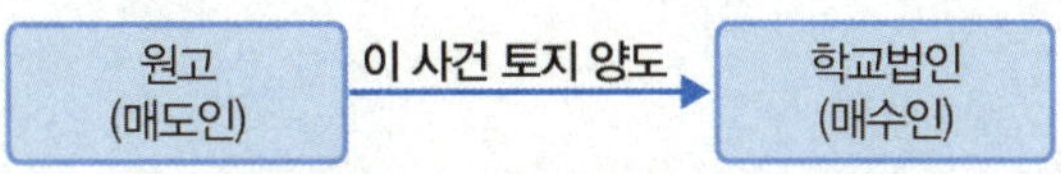

※ 계약조건
① 2004.1.1. 계약금 지급
② 2004.11.1. 1차 중도금 지급
③ 2005.3.2. 2차 중도금 지급
(95% 대금 지급)
④ 2009.12.15. 잔금지급

(1) 원고들은 2차 중도금 수령 시(2005. 3. 2.) 학교법인이 이 사건 토지를 학교교지로 사용할 수 있도록 토지편입신청승낙서를 발급하고,

(2) 그 이후 소유권 이전 때까지 인허가를 위한 제반 행정서류를 학교법인의 요구에 따라 제공하되 그때까지 부과되는 각종 세금 등은 원고들이 부담하기로 하며,

(3) 소유권 이전에 필요한 서류는 학교법인 명의로 소유권이전이 가능할 때 제공하기로 하는 특약을 정하였다.

(4) 특약에 따라 원고들은 2차중도금을 지급받은 2005. 3. 3. 학교법인에게 이 사건 토지에 관한 토지편입신청승낙서를 교부하였으나, 그 후 2009. 12. 15. 학교법인으로부터 잔금을 지급받기 전까지 이 사건 토지를 과수원으로 계속 사용하였고, 그때까지의 이 사건 토지에 관한 세금 역시 특약에 따라 원고들이 부담하였다.

(5) 이 사건 토지는 2010. 8. 경 학교부지 조성사업에 편입되었고, 2010. 9. 1. 학교법인 앞으로 소유권이전등기가 이루어졌다.

2. 원·피고의 주장 정리

(1) 원 고

① 양도소득세 산정에 있어 자산의 양도 시기는 '대가가 사회통념상 거의 지급되었다고 볼 만한 정도의 지급이 이행된 시점'이므로 이 사건 토지의 양도 시기는 매매대금 중 95%가 지급된 날, 즉 2차중도금 지급일인 2005. 3. 3.로 보아야 한다.

② 이 사건 토지는 장기할부조건으로 양도된 것인데, 장기할부조건 양도 자산의 양도 시기는 이전등기일, 인도일 또는 사용수익일 중 빠른 날인데, 토지사용승낙서 교부일인 2005. 3. 3.이 사용수익일이라 할 것이므로 이 사건 토지의 양도 시기는 2005. 3. 3.로 보아야 한다.

(2) 피 고

이 사건 토지의 양도 시기는 잔금지급일인 2009. 12. 15.이다.

3. 쟁 점

소득세법 시행규칙 제78조 제3항에 규정되어 있는 '사용수익일'의 의미

4. 대상판결

구 소득세법 제98조의 위임에 따라 자산의 양도 또는 취득의 시기에 관하여 규정하고 있는 구 소득세법 시행령 제162조 제1항은 자산의 양도시기를 원칙적으로 당해 자산의 대금을 청산한 날로 규정하면서도 그 제3호에서 '기획재정부령이 정하는 장기할부조건의 경우에는 소유권이전등기접수일·인도일 또는 사용수익일 중 빠른 날'로 하도록 규정하고 있고, 그 위임을 받은 구 소득세법 시행규칙 제78조 제3항은 장기할부조건의 요건으로 제2호에서

'양도하는 자산의 소유권이전등기 접수일·인도일 또는 사용수익일 중 빠른 날의 다음 날부터 최종할부금의 지급기일까지의 기간이 1년 이상인 것'을 규정하고 있다.

이 사건 조항에서 정한 **'사용수익일'에는 양수인이 매매목적물인 자산을 현실적으로 사용·수익이 가능한 날도 포함**된다고 할 것이지만, 양수인이 양도인으로부터 매매목적물인 **자산을 이용·관리할 수 있도록 하는 승낙을 받았다고 하더라도 그것이 그 자산을 잠정적으로 보존·유지·관리하거나 제한적인 목적에서 일시적으로 이용하도록 하는 것에 불과한 경우**에는 양수인으로 하여금 그 자산을 독자적으로 사용·수익할 수 있게 한 것이 아니므로 **그와 같은 승낙일은 이 사건 조항에서 정한 '사용수익일'에 해당한다고 할 수 없다.**

5. 평 석

(1) 이 사건의 원심재판부(서울고법 2014누74161)는 장기할부 조건 양도의 경우 '사용수익일'이란 당사자 간의 계약에 의하여 사용수익을 하기로 약정한 날을 의미하며, 별도의 약정이 없는 경우에는 양도자의 사용승낙으로 인하여 양수인이 해당 자산을 실질적으로 사용할 수 있는 날(이 사건의 경우 2차중도금을 지급하면서 원고들이 양수인에게 토지편입신청승낙서를 발급해 준 2005. 3. 3.)을 양도시기로 보아야 한다면서 원고의 주장을 수용하였다.

(2) 그러나 대법원은 대상판결에서와 같이 그 자산을 **잠정적으로 보존·유지·관리하거나 제한적인 목적에서 일시적으로 이용하도록 하는 것에 불과한 경우**는 이 사건 조항에서 정한 **사용수익일에 해당한다고 할 수 없다**고 하면서 사용수익일에 대해 보다 엄격한 잣대를 요구하였다. 즉, 원고들이 2005. 3. 3. 학교법인에 대하여 토지편입신청승낙서를 교부하였다고 하더라도 원고들이 이 사건 토지를 계속 사용·수익(원고들은 이 사건 토지를 과수원으로 계속 사용하였다)하는 상태에서 학교법인으로 하여금 이 사건 토지에 관한 학교시설 결정 등 각종 인허가를 받을 수 있도록 편의를 제공한 제한적인 것에 불과하다는 것이다.

(3) 이 사건 파기 환송심 재판부(서울고법2015누70920)가 설시한 내용 중 "2005. 3. 4.(원고가 양도시기라고 주장하는 2차중도금 지급한 날) 원고들이 이 사건 토지에 관하여 양수인인 학교법인 명의로 근저당권을 설정하여 주었다거나, 그때까지 학교법인으로부

터 지급받은 매매대금이 전체 금액의 약 95%에 이른다는 사정만으로 달리 볼 것은 아니다."라는 표현에 유의할 필요가 있다.

(4) **매매의 경우 매매대금이 대부분 지급되어 양도에 해당한다고 하더라도 양도의 시기는 대금이 청산된 날**이라는 것이 대법원의 판단이다(대법원 2013. 5. 9. 선고 2013두1911 판결). 즉, 매매대금의 대부분이 지급된 경우에 양도로 볼 수 있지만 **양도 시기는 원칙적으로 돌아가서 "대금을 청산한 날"**이라는 의미이다.

(5) 즉, 당해 재산의 대금이 사회통념상 거의 지급되었다고 볼만한 사정이 있는 경우에는 양도로 본다는 것이지만, 양도에 해당한다 하더라도 **양도 시기는 잔금청산일**이라는 것이다.

6. 관련 판례

문서번호	내 용
대법원 2014. 6. 12. 선고 2013두2037 판결	매매계약의 경우 그 **계약 당시에** 최종 할부금의 지급기일이 자산의 소유권이전등기접수일·인도일 또는 사용수익일 중 빠른 날의 다음 날부터 최종할부금의 지급기일까지의 기간이 **1년 이상임이 확정되어 있어야만** 구 소득세법 시행규칙 제78조 제3항 제2호가 규정하는 장기할부조건부 매매의 요건을 갖춘 것으로 볼 수 있고, 단지 최종 할부금의 지급일까지 상당한 기간이 소요될 것으로 예상되었거나 구체적인 계약 이행과정에서 최종 할부금의 **지급이 지연**되어 결과적으로 소유권이전등기접수일·인도일 또는 사용수익일 중 빠른 날의 다음 날부터 1년 이상 경과된 후에 지급되었다고 하여 장기할부 조건부 매매라고 할 수는 없다. 원고는 소외회사와 매매계약을 체결할 당시 토지의 인도일 또는 사용수익일의 다음날부터 최종할부금 잔금의 지급기일까지의 기간이 1년 이상 인지 여부가 **계약당시 확정되지 아니하여 장기할부조건부 매매에 해당하지 아니한다.** …잔금이 실제로 지급될 때 까지의 기간이 결과적으로 1년 이상이 되었다고 달리 볼 것은 아니다.

문서번호	내 용
대법원 2007. 6. 15. 선고 2005두13148 판결	상속세및증여세법에는 재산양도계약이 이행되는 도중에 상속이 개시되는 경우 상속재산의 범위에 관하여 별도의 규정이 없고, 다만 소득세법에 양도소득세의 과세표준인 양도차익을 산정함에 있어 기준이 되는 자산의 양도시기 또는 취득시기에 관한 규정이 있을 뿐이나 이들 규정은 양도소득세의 과세요건을 결정함에 있어서 적용됨은 물론이고 상속세및증여세법에 있어 상속재산의 귀속을 결정함에 있어서도 준용된다고 해석하는 것이 세법의 전체적 체계에 부합한다고 할 것이다. 망인이 렌탈회사와 사이에 건물내부 시설물에 관하여 60개월의 확정장기할부판매계약을 체결하고 수회 할부금을 지급하다 사망한 사안에서 위 계약은 구 소득세법 시행규칙 제78조 제3항의 할부조건부 판매계약으로서 그 대상자산은 구 소득세법 시행령 제162조 제1항 제3호에 의하여 **첫 회 할부금을 지급한 때 세법상 취득한 것이 되므로 망인의 상속재산에 포함**된다.

3-4 부동산 소유권 이전에 관한 특별조치법에 따라 취득한 부동산의 취득시기

● 대상판결 : 대법원 2011두994 (2012. 3. 29.) ➜ 국패

핵심 요지

유증이나 사인증여에 의하여 자산을 취득하는 경우 별도의 규정이 없는 한 유증 등의 효력이 발생하여 사실상 소유권을 취득하였다고 볼 수 있는 '상속이 개시된 날'이 자산의 취득시기가 되고, 증여의 경우에는 예외적으로 그 등기일이 증여를 받은 날로서 자산의 취득시기가 됨(**등기원인일을 취득시기로 볼 수 없음**)

1. 사실관계

구 분	일 자
피상속인 이 사건 농지 취득일	1948. 03. 22.
원고와 A(원고의 남편) 혼인일	1958. 05. 28.
피상속인(시아버지) 사망일	1960. 11. 28.
원고가 이 사건 농지 소재지에서 다른 주소지로 이전일	1975. 08. 20.
특별조치법에 의한 이사건 농지 소유권이전 등기 접수일 (등기원인: 1950. 9. 1. 증여)	**1994. 12. 29. (1950. 09. 01.)**
원고의 남편(A) 사망일	2007. 09. 15.
이 사건 농지 양도일	2007. 10. 31.

(1) 1948. 3. 22. 피상속인(원고의 시아버지)은 이 사건 토지를 취득하였다.

(2) 1958. 05. 28. 원고는 A와 혼인하였고, 피상속인은 1960. 11. 28. 사망 하였으나 상속인들은 이 사건 농지에 대하여 상속등기를 하지 아니하였다.

(3) 원고는 1994. 12. 29. 「부동산 소유권 이전에 관한 특별조치법」(이하 「특별조치법」)에 따라 이 사건 농지에 관하여 1950. 9. 1. 증여를 원인으로 한 소유권이전등기절차를 마쳤다.

(4) 원고는 2007. 11. 5. 이 사건 농지를 타인에게 양도하고 양도소득세를 신고하면서, 취득시기를 시아버지(피상속인)의 사망일인 1960. 11. 28.로 보고 이 사건 농지를 8년 이상 자경하였다고 하면서 구 조세특례제한법(2008. 12. 29. 법률 제9276호로 개정되기 전의 것) 제69조 제1항에 따라 양도소득세 감면신청을 하였다.

(5) 피고는 이 사건 농지의 취득시기를 등기부상 소유권이전등기접수일인 1994. 12. 29.로 보고, 또한 원고가 이 사건 농지에 대한 소유권을 취득한 이래 직접 경작한 사실이 없다는 이유로 이 사건 농지를 소득세법 제104조의3에 규정된 비사업용 토지로 보아 양도소득세율 60%(소득세법 제104조 제1항 제8호)를 적용하여, 2009. 5. 14. 원고에게 2007년 귀속 양도소득세 124백만 원을 경정·고지하였다.

2. 쟁 점

부동산 소유권 이전에 관한 특별조치법에 따라 취득한 부동산의 취득시기

3. 대상판결

구 소득세법(2009. 12. 31. 법률 제9897호로 개정되기 전의 것) 제98조는 “자산의 양도차익을 계산함에 있어서 그 취득시기 및 양도시기에 관하여는 대통령령으로 정한다.”고 규정하고, 그 위임에 따른 구 소득세법 시행령(2008. 2. 29. 대통령령 제20720호로 개정되기 전의 것) 제162조 제1항은 “법 제98조의 규정에 의한 취득시기 및 양도시기는 다음 각 호의 경우를 제외하고는 당해 자산의 대금을 청산한 날로 한다.”로 규정하면서 그 제5호에서 상속 또는 증여에 의하여 취득한 자산에 대하여는 ‘그 상속이 개시된 날 또는 증여를 받은 날’을 자산의 취득시기 및 양도시기로 규정하고 있다.

위 각 규정은 납세자의 자의를 배제하고 과세소득을 획일적으로 파악하여 과세의 공평을 기하려는 취지에서 원칙적으로 사실상 소유권을 취득한 시점을 기준으로 자산의 취득시기 및 양도시기를 정한 것으로 이해되므로, 유증이나 사인증여에 의하여 자산을 취득하는 경우에도 별도의 규정이 없는 한 유증 등의 효력이 발생하여 사실상 소유권을 취득하였다고 볼 수 있는 **‘상속이 개시된 날’이 자산의 취득시기**가 된다. 다만 민법이 증여계약의 해제사

유를 일반적인 계약에 비하여 넓게 인정하고 있고, 특히 서면에 의하지 아니한 증여의 경우에는 증여계약일을 객관적으로 파악하기도 쉽지 아니한 점 등을 고려하면, 권리의 이전에 등기를 요하는 자산을 증여에 의하여 취득하는 경우에는 예외적으로 '그 등기일'이 구 소득세법 시행령 제162조 제1항 제5호에서 말하는 '증여를 받은 날'로서 자산의 취득시기가 된다고 봄이 타당하다(대법 1999. 11. 12. 선고 98두19155 판결 참조).

원심은 채택 증거에 의하여, 원고가 1994. 12. 29. 구 「부동산소유권 이전등기 등에 관한 특별조치법」(법률 제4502호, 실효)에 의하여 시아버지의 소유이던 이 사건 농지에 관하여 '1950. 9. 1. 증여'를 원인으로 한 소유권이전등기를 마친 다음, 2007. 11. 5. 이를 타인에게 양도한 사실 등을 인정한 다음, 부동산등기부에 소유권이전등기가 경료 되어 있는 이상 일응 그 절차 및 원인이 정당한 것이라는 추정을 받게 되고, 달리 등기절차나 원인이 적법하게 진행되지 아니한 것으로 볼 만한 의심스러운 사정에 대한 반증이 없으므로, 원고는 이 사건 농지를 1950. 9. 1. 증여를 원인으로 취득한 것으로 봄이 상당하고, 설령 원고가 부동산등기부상의 증여일자에 이 사건 농지를 취득한 것으로 볼 수 없다고 하더라도 원고가 전 소유자인 시아버지(피상속인)로부터 이 사건 농지를 증여받은 이상 늦어도 피상속인(시아버지)의 사망일인 1960. 11. 28.에는 이 사건 농지를 취득하였다고 보아야 한다고 판단하였다.

원심판결 이유를 앞서 본 법리에 비추어 살펴보면, 원심이 **원고가 이 사건 농지를 '1950. 9. 1.'(등기원인일) 취득하였다고 본 것은 잘못**이지만, 원심이 적법하게 채택한 증거에 의하면 피상속인(시아버지)이 원고에게 이 사건 농지를 사인증여 하여 원고가 이 사건 농지에 관하여 위와 같이 소유권이전등기를 마친 사실이 인정되므로, 원고가 이 사건 농지를 시아버지(피상속인)의 사망일인 1960. 11. 28.(상속개시일) 취득하였다고 본 원심의 부가적 판단의 결론은 정당한 것으로 수긍할 수 있다. 따라서 원심판결에는 판결 결과에 영향을 미친 위법이 없고, 결국 이 부분 상고이유의 주장은 이유 없다.

4. 평 석

(1) 「부동산소유권 이전등기 등에 관한 특별조치법」은 「부동산등기법」에 따라 등기하여야 할 부동산으로서 이 법 시행 당시 소유권보존등기가 되어있지 아니하거나 등기부의 기

재가 실제 권리 관계와 일치하지 아니하는 부동산을 용이한 절차에 따라 등기할 수 있게 하기 위하여 제정된 법으로 1995. 6. 30. 이전에 매매·증여·교환 등 법률행위로 인하여 사실상 양도된 부동산, 상속받은 부동산과 소유권보존등기가 되어 있지 아니한 부동산(읍·면 소재 부동산에 한한다)에 대하여 적용한다(지금까지 수회에 걸쳐 시행되었고 2020년 하반기에도 한시적으로 시행).

(2) 특별조치법에 의해 소유권 이전등기를 한 경우 사실상 등기원인별로 「소득세법」제98조 및 같은 법 시행령 제162조의 규정에 따라 취득 및 양도시기를 판단하여야 할 것이다.

① 매매인 경우

사실상 등기원인이 매매인 경우에는 대금청산일이 확인되면 당해 **매매대금을 청산한 날**이 취득 및 양도시기가 된다. 대금청산일이 불분명한 경우에는 「소득세법시행령」 제162조 제1항 제1호의 규정에 따라 **소유권이전등기접수일**이 취득 및 양도시기가 된다(국심 2003서380, 2003. 4. 30., 국심 2004전471, 2004. 4. 26., 재일 46014-2531, 1997. 10. 25., 서면5팀-527, 2007. 2. 9.).

② 증여인 경우

사실상 등기원인이 증여인 경우에는 「소득세법시행령」 제162조 제1항 제5호의 규정에 의해 증여를 받은 날, 즉 **소유권이전등기접수일**이 취득시기로 된다.

③ 상속인 경우

사실상 등기원인이 상속인 경우에는 등기원인에 불구하고 「소득세법시행령」 제162조 제1항 제5호의 규정에 의해 **상속개시일**을 취득시기로 본다.

(3) 이 사건 1심(서울행법2010구단569) 및 원심법원(서울고법 2010누28108)에서는 "과세관청은 부동산 소유권 이전에 관한 특별조치법에 따라 취득한 부동산의 경우 대금지급시기 등이 확인되지 않는다 하여 소유권이전등기 접수일이라 주장하나 등기절차나 원인이 부적법하지 않는 이상 소유권이전 등기원인일이 취득시기이다"라고 판단하였으나 대상판결에서는 등기원인일을 취득시기로 본 원심판단이 잘못되었다고 적시하고 있다.

(4) **등기원인일을 취득시기로 보아야 한다**는 견해는 특별조치법에 의해 소유권이전등기를 한 경우 등기추정력이 인정되어 등기원인일을 취득 및 양도시기로 보아야 한다는 것이다(서울고법 2010. 6. 16. 선고 2010누49 판결, 조심 2009중1869, 2009. 6. 8.).

특별조치법에 의한 소유권이전등기의 경우에도 소유권이전등기의 추정력이 인정되고,

그와 같은 추정력은 등기원인의 존재 및 그 유효성에 대하여도 미치는데 소유권이전등기를 경료 할 당시 제출된 원고가 작성한 소유사실확인발급신청서, 보증서에 의하면 원인일 이전에 취득한 것으로 추정된다는 논리이다.

(5) 이와는 다르게 **소유권 이전등기일로 취득시기를 보아야 한다**는 견해가 있다(대구지법 2011 6. 8. 선고 2010구합3345 판결 ; 조심 2012광100, 2012. 3. 20.; 심사양도 2012-166. 2012. 10. 26.). 매매원인일이 소유권이전 등기 시 제출된 확인서발급신청서 및 인근주민확인서에 확인되는 매매일이기는 하나 이날 매매대금이 청산되었다고 보기는 어려우며 매매계약서 등 기타 증빙에 의하여 대금청산일이 확인되지 아니하므로 **등기접수일을 취득시기로 보아야 한다**는 것이다. 보증서와 확인서 발급신청서에 의하면 매매원인일로부터 이 사건 토지를 매수하여 현재까지 보유하고 있다는 사실만 기재되어 있을 뿐 매매대금 청산일은 확인되지 아니하므로 소유권이전 등기접수일을 취득시기로 봄이 타당하다는 논리이다.

(6) 사견을 전제로 등기의 추정력이 인정된다고 하여 등기원인일이 소득세법상 취득 및 양도시기로 추정되거나 의제될 수는 없다고 본다. 소득세법 제98조와 동 시행령 제162조는 취득 및 양도시기를 구체적으로 규정하고 있고, 대법원은 위 각 규정이 납세자의 자의를 배제하고 과세소득을 획일적으로 파악하여 과세의 공평을 기할 목적으로 의제한 규정임을 명확히 하고 있다(대법원 2002. 4. 12. 선고 2000두6282 판결 등 참조). 따라서 특별조치법에 의하여 소유권이전등기를 한 경우라 할지라도 매매대금의 청산일이 확인되면 **대금청산일**이 자산의 취득시기가 될 것이지만, 매매대금의 청산일이 분명하지 않은 경우에는 원칙으로 돌아가 그 **소유권이전등기접수일**을 취득시기로 보는 것이 타당하다.

(7) 부동산등기 특별조치법에 의하여 소유권이 이전되는 경우에는 대부분 매매대금을 알 수 없다. 양도차익을 실지거래가액으로 계산함에 있어서 전 소유자의 양도가액은 매매사례가액 또는 감정가액, 기준시가 등 추계액으로 계산하여야 한다. 한편 양수자가 특별조치법에 의해 취득한 경우 사실상 취득가액을 알 수 없는 경우에는 마찬가지로 매매사례가액, 감정가액, 환산가액으로 취득가액을 계산하여야 하는데 일반적으로 매매사례가액이나 감정가액이 존재하지 않으므로 환산가액을 적용하여 계산하게 될 것이다.

5. 관련예규 · 심판례 · 판례

문서번호	내 용
대법원 2008. 3. 27. 선고 2007다91756 판결	부동산에 관한 등기부상 소유권 이전등기가 경료 되어 있는 이상 일응 그 절차 및 원인이 정당한 것이라는 추정을 받는다.
대법원 2012. 3. 29. 선고 2011두8994 판결	서면에 의하지 아니한 증여의 경우에는 증여계약일을 객관적으로 파악하기도 쉽지 아니한 점 등을 고려하면, 권리의 이전에 등기를 요하는 자산을 증여에 의하여 취득하는 경우에는 예외적으로 '그 등기일'이 구 소득세법 시행령 제162조 제1항 제5호에서 말하는 '증여를 받은 날'로서 자산의 취득시기가 된다고 봄이 타당하다.
사전법령해석재산 2015-95 (2015. 4. 22)	「민법」 제1000조 내지 제1005조에 따른 상속인에 해당하지 않는 자가 같은 법 제562조의 규정에 따라 사인증여로 취득한 자산의 취득시기는 상속이 개시된 날이다.
대법원 1997. 5. 7. 선고 96누525 판결	취득시효가 완성된 부동산의 점유자는 그 시효완성 시에 사실상의 소유권을 취득한다고 할 것이므로, 취득시효 완성시를 위 법령상의 취득시기로 보아야 할 것이고, 민법 제247조 제1항이 정하고 있는 취득시효의 소급효는 주로 취득시효기간 동안의 점유자의 점유를 적법한 것으로 본다는 데 의미가 있으므로 그 조항을 이유로 취득시기를 달리 볼 것은 아니다(1998. 12. 31. 소득세법시행령 제162조 제1항 제6호 신설로 **"당해 부동산의 점유를 개시한 날"이 취득시기가 되므로** 시효취득 후 양도하는 경우에는 8년 이상 자경농지 판단 또는 장기보유특별공제에 대한 보유기간 계산 시 점유개시일로부터 기산하고 양도차익을 계산함에 있어 점유개시일이 의제취득일 이전인 경우에는 의제취득일을 취득시기로 보아야 하나 1998. 12. 31. 이전의 시효취득 관련의 취득시기는 시효완성일로 보아야 한다는 견해가 있음).

3-5 잔금을 모두 지급 후 근저당권 이전이 이루어진 경우 잔금 지급일을 양도일로 보아야 함

● 대상판결 : 대법원 2012두60625 (2022. 3. 31.) ➜ 국승

핵심 요지

부동산의 매수인이 매매 목적물인 부동산에 관한 근저당권의 피담보채무, 가압류채무, 임대차보증금 반환채무 등을 인수하는 한편 그 채무액을 매매대금에서 공제하기로 약정한 경우, 다른 특별한 사정이 없는 이상, 매수인이 매매대금에서 그가 부담하기로 약정한 근저당권의 피담보채무액 등을 공제한 나머지 잔금을 지급함으로써 그 매매대금을 모두 지급한 것이라 할 것이므로, 원칙적으로 위 부동산에 대한 매수인의 대금 청산일을 잔금 지급일이라고 볼 것이다.

1. 사실관계

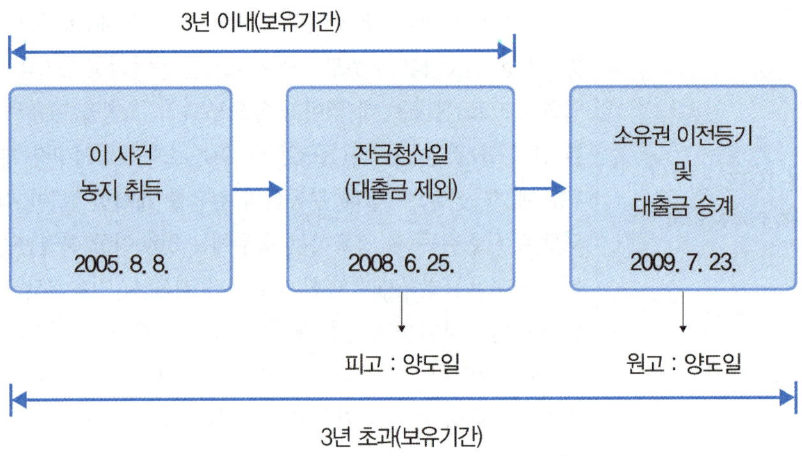

(1) 원고는 2005. 8. 8. 이 사건 토지를 취득하였다.

(2) 원고는 이 사건 토지를 양수인에게 양도한 후, 양도일을 2009. 7. 23.로 하여 양도소득세를 신고하면서 「조세특례제한법」 제70조에 따라 농지대토에 대한 양도소득세를 감면받았다(이 사건 토지를 3년 이상 보유 · 자경하였다는 것임).

(3) 피고는 양수인이 2017. 7. 12. 이 사건 토지를 양도한 후 취득일을 2008. 6. 25.로 하여 양도소득세를 신고한 사실을 확인하고, 원고에 대하여 양도소득세 조사를 실시

하였다(원고가 신고한 취득가액도 다툼이 있어서 취득가액도 조사에 포함되었다).

(4) 피고는 세무조사 결과 원고가 이 사건 토지를 2008. 6. 25. 양도한 것으로 조사하여 농지대토에 대한 양도소득세 감면을 부인하고 양도소득세를 경정·고지하였다(본 사건에서는 다툼이 된 취득가액에 대해서도 판단이 이루어졌으나 사실판단사항으로 논점에서 제외한다).

2. 쟁 점

이 사건 토지의 양도일을 2008. 6. 25.로 보아 농지대토 감면을 부인한 처분의 당부

3. 관련 법령

「소득세법시행령」 제162조【양도 또는 취득시기】

① 법 제98조의 규정에 의한 취득시기 및 양도시기는 다음 각 호의 경우를 제외하고는 당해 자산의 대금(당해 자산의 양도에 대한 양도소득세 및 양도소득세의 부가세액을 양수자가 부담하기로 약정한 경우에는 당해 양도소득세 및 양도소득세의 부가세액을 제외한다)을 청산한 날로 한다.

1. 대금을 청산한 날이 분명하지 아니한 경우에는 등기부·등록부 또는 명부 등에 기재된 등기·등록접수일 또는 명의개서일
2. 대금을 청산하기 전에 소유권이전등기(등록 및 명의의 개서를 포함한다)를 한 경우에는 등기부·등록부 또는 명부 등에 기재된 등기접수일

「조세특례제한법시행령」 제67조(농지대토에 대한 양도소득세 감면요건 등)

① 법 제70조 제1항에서 "대통령령이 정하는 거주자"라 함은 3년 이상 다음 각 호의 어느 하나에 해당하는 지역(경작을 개시할 당시에는 당해 지역에 해당하였으나 행정구역의 개편 등으로 이에 해당하지 아니하게 된 지역을 포함한다. 이하 이 조에서 "농지소재지"라 한다)에 거주한 자를 말한다.

1. 농지가 소재하는 시·군·구(자치구인 구를 말한다. 이하 이 항에서 같다) 안의 지역
2. 제1호의 지역과 연접한 시·군·구 안의 지역
3. 해당 농지로부터 직선거리 20킬로미터 이내의 지역

4. 원 · 피고 주장 요약

(1) 원 고

① 원고는 2008. 5. 22. 양수인과 이 사건 토지를 매각하는 내용의 토지매매계약을 체결하면서 계약금은 2008. 5. 22., 중도금은 2008. 6. 5., 잔금은 2008. 6. 22. 지급하되, 특약사항에서 현 상태에서의 근저당권부채 채무액 승계문제는 매수자가 결정하고, 토지거래 불허가 시 계약은 무효로 하는 것으로 약정하였고, 양수인은 위 계약내용대로 원고에게 이 사건 토지 매매대금을 지급하면서 2008. 6. 25. 잔금 중 대출금을 제외하고 나머지 잔금을 지급하였으며, 토지거래허가 후인 2009. 7. 23. 소유권이전등기를 하면서 2009. 7. 31. 대출금을 승계하였다.

② 양수인이 농지 소재지에 2008. 9. 24. 전입하여 농지취득허가를 받지 못함에 따라 위 특약에 따라 전입일로부터 6월이 경과한 2009년 4월경 농지취득허가를 신청하여 2009년 6월경 농지취득허가를 받았고, 당초 계약서상의 잔금청산일은 2008. 6. 22. 이나 특약사항의 이행이 지체되어 소유권이전 및 대출승계도 지연된 것이다.

③ 따라서 이 사건 토지의 잔금청산일은 실제 특약사항의 조건이 성취되고 대출금이 승계된 날인 2009. 7. 31.이고, 잔금청산일 전인 2009. 7. 23. 소유권이전등기를 하였으므로 이 사건 토지의 양도일은 2009. 7. 23.이라 할 것이며, 원고는 2005. 8. 8. 이 사건 토지를 취득하여 2009. 7. 23.까지 3년 이상 보유 · 자경하였으므로 이 사건 토지 양도에 대하여 농지대토에 따른 양도소득세 감면을 적용하여야 한다.

(2) 피고(과세관청)

① 공부상 대출금 승계일 또는 소유권이전 등기 접수일까지 원고가 위 대출금에 대한 이자를 납부하였다면 공부상 대출금 승계일이 잔금청산일이 될 것이나, 원고의 대출금 이자납부계좌에서 계약서상 잔금일 이전까지의 대출금 이자 납부사실이 확인될 뿐, 계약서상 잔금일인 2008. 6. 25. 이후부터 양수인이 위 대출금에 대한 이자를 납부한 사실을 확인할 수 있고, 양수인 또한 잔금 지급 당시에 이 사건 토지에 대한 명의를 변경할 수 없어 잔금을 지급한 후 채무에 대한 이자를 지급하는 형식으로 대출을 승계

하였다고 진술하고 있으므로 계약서상 잔금일에 잔금의 지급을 위하여 사실상 위 대출금의 승계가 이루어진 것으로 볼 수 있다.

② 따라서 원고와 양수인 간 이 사건 토지에 대한 매매계약을 체결하면서 대출금 채무를 인수한다는 약정을 체결하고, 2005. 6. 25. 매매대금 중 대출금채무의 인수를 제외한 나머지 잔금을 모두 지급하면서 사실상 대출금채무를 인수한 것으로 보이므로 이 사건 토지의 양도일은 2008. 6. 25.이며, 원고는 이 사건 토지를 취득한 날(2005. 8. 8.)로부터 3년 이내에 이 사건 토지를 매각하였으므로 피고가 원고의 농지대토감면을 부인한 것은 잘못이 없다.

5. 대상판결(서울고등법원 2021. 11. 05. 선고 2020누57969 판결)

… 부동산의 매수인이 매매 목적물인 부동산에 관한 근저당권의 피담보채무, 가압류채무, 임대차보증금 반환채무 등을 인수하는 한편 그 채무액을 매매대금에서 공제하기로 약정한 경우, 다른 특별한 사정이 없는 이상, **매수인이 매매대금에서 그가 부담하기로 약정한 근저당권의 피담보채무액 등을 공제한 나머지 잔금을 지급함으로써 그 매매대금을 모두 지급한 것**이라 할 것이므로, 원칙적으로 위 부동산에 대한 매수인의 대금 청산일은 잔금 지급일이라고 볼 것이다(대법원 1994. 1. 25. 선고 93누12855 판결 등 참조).

앞서 본 관련 규정과 법리에 비추어 이 사건을 살피건대, 앞서 인정한 사실 및 앞서 든 증거에 따라 알 수 있는 다음과 같은 사정을 모아 보면, 이 사건에서 원고와 양수인은 2008. 5. 22. 이 사건 토지 매매계약을 체결하면서 양수인이 근저당권의 피 담보 채무액을 공제한 나머지 잔금 4억 4천만 원을 지급하기로 약정하였고, 양수인은 2008. 6. 25. 약정된 잔금을 모두 지급하였으므로, 이 사건 토지의 대금이 청산되어 양수인에게 위 토지가 사실상 이전된 날은 2008. 6. 25.이라고 보아야 한다. 그렇다면 원고가 이 사건 토지를 보유한 기간은 2005. 8. 8.부터 2008. 6. 25.까지로서 3년이 되지 아니하므로, 농지대토감면요건을 구비하지 못하였다고 보아야 한다. 이와 다른 전제에 선 원고의 이 부분 주장은 받아들일 수 없다.

6. 평 석

(1) 소득세법 제88조 제1항은, '양도'란 자산에 대한 등기 또는 등록과 관계없이 매도, 교환, 현물출자 등으로 인하여 그 자산이 유상으로 사실상 이전되는 것을 말한다고 규정하고, 제98조는 자산의 양도차익을 계산할 때 그 취득시기 및 양도시기는 대통령령으로 정한다고 규정하고 있으며, 소득세법 시행령 제162조 제1항은, 구 소득세법 제98조에 의한 취득시기 및 양도시기는 각호의 경우를 제외하고는 당해 자산의 대금을 청산한 날로 한다고 규정하고 있다.

(2) 소득세법 제88조 제1항, 구 소득세법 시행령 제162조 제1항의 문언과 취지 등을 종합하여 보면, 당해 자산에 대한 등기 또는 등록에 관계없이 당해 자산의 대가적 급부인 대금이 모두 지급된 경우는 물론 당해 **자산 대부분의 대가적 급부가 지급되어 미미한 금액의 대가적 급부만이 남아있어 당해 자산의 대금이 사회통념상 거의 지급되었다고 볼 만한 사정이 있는 경우 당해 자산을 취득 또는 양도하였다**고 볼 수 있다(대법원 1989. 7. 11. 선고 88누8609판결 등 참조).

(3) 그런데 대법원은 매매대금이 대부분 지급되어 양도에 해당한다 하더라도 양도시기는 대금청산일이라는 입장이다(대법원 2013. 5. 9. 선고 2013두1911 판결). 즉 매매대금의 대부분이 지급된 경우에 양도로 볼 수 있지만 양도시기는 원칙적으로 돌아가서 "대금을 청산한 날"이라는 의미이다.

(4) 이 사건으로 돌아와 보면, 부동산의 매매 등으로 그 대금이 모두 지급된 경우뿐만 아니라, 사회통념상 그 대가적 급부가 거의 전부 이행되었다고 볼 만한 정도에 이른 이 사건의 경우에도(원고는 대출금을 제외하고 매매대금을 모두 수령하였다) 양도소득세의 과세요건을 충족하는 부동산의 양도가 있다고 봄이 타당하다(대법원 2014. 6. 12. 선고 2013두2037 판결 등 참조)는 대상판결의 논리에는 전적으로 동의한다.

(5) 다만 근저당권부 채무액을 제외한 잔금을 지급한 사실을 두고 이를 잔금을 청산하였다고 볼 수 있는지에 대해서는 논란이 있을 수 있다. 이 사건 토지는 토지거래허가구역내의 토지로서 양수인이 토지거래 허가를 취득한 2009. 7. 23.에 이르러 비로소 소유권 이전등기가 이루어졌다.

(6) 따라서 이 사건 토지의 잔금청산일은 실제 특약사항의 조건이 성취되고 대출금이 승

계된 날인 2009. 7. 31.이고, 잔금청산일 전인 2009. 7. 23. 소유권이전등기를 하였으므로 이 사건 토지의 양도일은 2009. 7. 23.이라 본 원고의 주장도 일견 수긍할 만하다.

(7) 그러나 대상판결에서 적시한 바와 같이 "잔금지급일인 2008. 6. 25. 이후에는 **양수인이 근저당채무의 대출이자를 부담**한 점, 잔금 지급 다음 날인 2008. 6. 26. 원고는 양수인의 요청에 따라 이 사건 토지에 관하여 타인 명의로 채권최고액 10억 원의 근저당권과 함께 지상권을 설정한 점 등을 고려하면, 적어도 잔금 지급일인 2008. 6. 25. 양수인은 근저당권의 피담보채무를 인수하기로 하고, 그 잔액인 4억 4천만 원을 모두 지급함으로써 이 사건 토지의 매매대금을 모두 지급하였다고 보아야 한다."는 판결내용을 주목할 필요가 있다.

(8) 대법원은 단순하게 대출금을 제외한 나머지 잔금을 지급하였다고 하여 그 날을 잔금청산일로 본 것이 아니라 위 설시내용과 같이 여러 복합적인 사정들을 고려한 결과 대출금 승계요건을 제외하고 잔금을 청산한 2008. 6. 25.을 잔금청산일로 보았다.

(9) 만약 위 대출금이자를 소유권이전등기일까지 여전히 양도인(원고)이 부담하고 있었다면 대상판결과 다른 결론이 도출될 수도 있다고 보여진다.

(10) 대상판결과 관련판례 등을 모두어 보면 근저당권부 채무액을 제외하고 잔금을 지급하였다고 모든 경우에 그날이 잔금청산일이라고 일률적으로 보기는 어려우며 계약내용, 대출금 이자지급상황 등 제반사정 등을 종합적으로 고려하여 양도일이 결정되어야 할 것이다(당해자산의 양도가 이루어졌다고 보는 것과 양도일은 별개로 판단하여야 한다).

(11) 유의할 점은 이 사건에서와 같이 토지거래허가구역 내 토지를 거래하면서 대금을 먼저 청산한 후 나중에 허가를 득하여 소유권이전등기를 하는 경우에는 대금을 청산한 날이 양도 또는 취득시기가 된다(부동산거래관리-120, 2011. 2. 10.).

7. 관련예규 · 심판례 · 판례

문서번호	내 용
대법원 2014. 6. 12. 선고 2013두2037 판결	소득세법 제88조 제1항, 구 소득세법 시행령 제162조 제1항의 문언과 취지 등을 종합하여 보면, 부동산의 매매 등으로 그 대금이 모두 지급된 경우뿐만 아니라, 사회통념상 그 대가적 급부가 거의 전부 이행되었다고 볼 만한 정도에 이른 경우에도 양도소득세의 과세요건을 충족하는 부동산의 양도가 있다고 봄이 타당하다.
대법원 2007. 10. 26. 선고 2006두6137 판결	어음의 경우 만기일 전 할인한 경우에도 할인일이 아니라 만기일을 양도 또는 취득시기로 본다.
대법원 1997. 5. 16. 선고 95누10150 판결	신축건물이 완성된 이후 은행 융자금으로 주택취득자금을 청산한 경우에는 융자금이 잔금으로 충당된 날이 취득시기이다.
대법원 2013. 5. 9. 선고 2013두1911 판결	매매의 경우 매매대금의 대부분이 지급되어 양도에 해당한다 하더라도 양도의 시기는 대금이 청산된 날을 양도시기로 보아야 한다(대전고등법원 2012. 12. 20. 선고 2012누1523 판결).
부동산거래관리-120, 2011. 2. 10.	토지거래허가구역 내 토지를 거래하면서 대금을 먼저 청산한 후 나중에 허가를 득하여 소유권이전등기를 하는 경우에는 대금을 청산한 날이 양도 또는 취득시기가 된다.
국심 2006중3002, 2006. 11. 29.	매매대상 부동산을 담보로 발생한 채무 또는 당해 부동산을 타인에게 임대하고 발생한 임대보증금 채무 등을 양수인이 승계 받은 경우에는 인수한 채무를 공제한 잔액을 수령한 날을 잔금청산일로 본다.

3-6 토지거래 허가구역 내 부동산을 매매한 경우의 양도시기

● 대상판결 : 대법원 2017두53934 (2017. 10. 26.) ➔ 국승

핵심 요지

부동산거래 계약 허가구역 내의 토지를 매도하고 잔금을 수령한 이후 허가를 받은 경우, 대금청산일이 양도시기의 판단기준이 되고, 그 대금청산일에 양도소득세 납세의무가 성립함

1. 사실관계

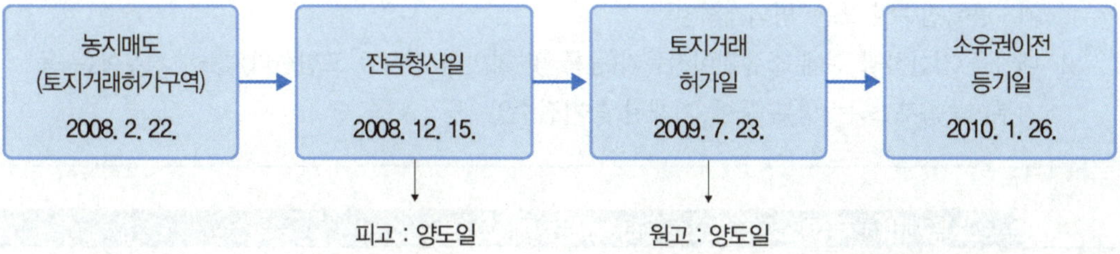

(1) 원고는 2008. 2. 22. 양수인에게 토지거래 허가구역 내에 위치한 이 사건 토지를 5,116백만 원에 매도하였다.

(2) 원고는 양수인으로부터 2008. 2. 22.에 계약금 512백만 원을, 2008. 3. 4.에 잔금 4,603백만 원을 받았고, 2009. 12. 15. 이 사건 매매에 관한 토지거래허가를 받아 2010. 1. 26. 양수인에게 이 사건 토지에 관하여 소유권이전등기를 경료하여 주었다.

(3) 원고는 이 사건 토지에 관한 양도소득세 성립시기를 이 사건 토지에 관한 토지거래허가가 이루어진 2009. 12. 15.로 보아 양도소득세(세율 35% 적용) 1,552백만 원을 신고·납부하였으나, 피고는 그 양도소득세 성립시기를 원고가 잔금을 지급받은 2008. 3. 4.로 보아 2012. 12. 3. 원고에게 양도소득세(세율 60% 적용) 1,651백만 원(납부불성실 가산세 393백만 원 포함)을 경정·고지하였다.

2. 쟁 점

토지거래허가구역 내의 부동산을 양도하고 잔금을 청산한 후 토지거래허가를 얻은 경우,

양도시기를 잔금청산일로 하여 양도소득세를 과세한 처분의 당부

3. 관련 법령

「소득세법시행령」 제162조【양도 또는 취득시기】

① 법 제98조의 규정에 의한 취득시기 및 양도 시기는 다음 각 호의 경우를 제외하고는 당해 자산의 대금(당해 자산의 양도에 대한 양도소득세 및 양도소득세의 부가세액을 양수자가 부담하기로 약정한 경우에는 당해 양도소득세 및 양도소득세의 부가세액을 제외한다)을 청산한 날로 한다.

1. 대금을 청산한 날이 분명하지 아니한 경우에는 등기부·등록부 또는 명부 등에 기재된 등기·등록접수일 또는 명의개서일
2. 대금을 청산하기 전에 소유권이전등기(등록 및 명의의 개서를 포함한다)를 한 경우에는 등기부·등록부 또는 명부 등에 기재된 등기접수일

「소득세법」 제105조【양도소득과세표준 예정신고】

① 제94조 제1항 각호에 규정하는 자산을 양도한 거주자는 제92조 제2항의 규정에 의하여 계산한 양도소득과세표준을 다음 각 호의 구분에 의한 기간 이내에 대통령령이 정하는 바에 의하여 납세지 관할세무서장에게 신고하여야 한다.

1. 제94조 제1항 제1호·제2호 및 제4호의 규정에 의한 자산을 양도한 경우에는 그 양도일이 속하는 달의 말일부터 2월. 다만, 「국토의 계획 및 이용에 관한 법률」 제117조 제1항의 규정에 의한 거래계약 허가구역 안에 있는 토지를 양도함에 있어서 토지거래계약허가를 받기 전에 대금을 청산한 경우에는 그 허가일이 속하는 달의 말일부터 2월로 한다.

4. 원·피고 주장 요약

(1) 원 고

① 토지거래허가구역 내의 토지를 거래한 경우 이는 무효이므로 잔금을 받았다 하더라도 세법상 양도가 이루어졌다고 볼 수 없으나 허가를 얻으면 유효하게 되므로 이른바 유동적 무효가 되는 것이고 유동적 무효인 거래는 토지거래허가를 얻음으로써 비로소 소

급하여 유효가 되는 것이고 유효가 되는 시점은 허가를 얻은 날이 되는 것이며 양도 및 취득시기도 허가를 얻은 날이 되는 것이 원칙이나, 허가지역 내의 토지양도의 경우 양도시기를 허가일 이전의 잔금청산일로 본 것은 순전히 담세력에 맞는 과세를 하기 위한 합목적적인 해석에 기인한 것인데 이를 운용함에 있어서 모든 경우에 허가를 얻은 경우 잔금청산일을 양도시기로 본다면 「국토의 이용 및 계획에 관한 법률」이 토지의 합리적 이용 등을 위하여 토지거래 시 허가를 얻도록 하고 허가를 얻지 못하면 무효로 보는 본래의 목적달성과는 너무 거리가 있게 된다.

② 토지거래허가구역 내의 토지거래계약은 허가를 받기 전까지는 무효이고, 구 소득세법 제105조 제1항 제1호는 토지거래허가구역 내 토지의 양도 시 허가일이 속하는 달의 말일부터 2월 내에 예정신고를 하도록 규정하고 있으므로, 납세의무의 성립일이'대금을 청산한 날'인지'거래허가를 받은 날이 속하는 달의 말일'인지에 관하여는 세법 해석상 의의(疑意)로 인한 견해의 대립이 있으므로 납세의무자인 원고에게는 의무 해태를 탓할 수 없는 정당한 사유가 있다. 따라서 이 사건 처분 중 가산세 부과처분은 취소되어야 한다.

(2) 피고(과세관청)

토지거래허가구역 내에서 토지를 허가받지 않은 상태에서 토지를 양도하고 잔금을 수취한 경우 양도일(양도시기)은 「소득세법」 제98조의 규정에 의하여 자산의 대금을 청산한 날로 규정되어 토지거래허가구역 내 토지양도에 대하여 양도시기 예외 규정을 두고 있지 않으며, 다만, 양도소득세 신고의 경우에만 「소득세법」 제105조 제1항의 단서 규정으로 그 허가일이 속하는 달의 말일부터 2개월 이내에 양도소득세 예정신고를 할 수 있도록 하고 있으므로 원고의 토지거래 허가일을 양도일(양도시기)로 하여 양도소득세 신고한 것을 부인하고 잔금청산일을 양도일로 하여 잔금청산일 당시의 「소득세법」(세율)에 따라 양도소득세를 과세한 피고의 처분은 정당하다.

5. 대상판결(서울행정법원 2017. 01. 13. 선고 2016구합2878 판결)

… 양도소득세는 자산의 양도로 인한 소득에 대하여 과세되는 것이고 매매 등에 의해 양도된 경우 그 매매 등의 계약이 처음부터 무효이거나 나중에 취소되는 등 효력이 없어지지

아니한 이상 양도인이 받은 매매대금은 양도인에게 귀속되어 양도소득세의 과세대상이 되고, 그 양도시기가 속하는 달의 말일, 즉 대금을 청산하기 전에 소유권이전등기를 한 경우가 아니라면 당해 자산의 대금을 청산한 날에 양도소득세 납세의무가 성립한다. 국토의 계획 및 이용에 관한 법률에 의한 거래계약허가구역 내의 토지에 관하여 장차 허가를 받을 것을 전제로 매매계약을 체결하여 그 대금을 청산한 다음 허가를 받아 소유권이전등기를 마친 경우에도, 비록 그 매매계약은 허가를 받을 때까지는 법률상 미완성의 법률행위로서 소유권 등 권리의 이전에 관한 계약의 효력이 전혀 발생하지 아니하지만 일단 허가를 받으면 그 계약은 소급하여 유효한 계약이 되므로 대금청산일이 양도시기의 판단기준이 되고(대법원 1997. 6. 27. 선고 97누5145 판결 참조), 그 대금청산일에 양도소득세 납세의무가 성립하고(처음부터 토지거래허가를 배제하거나 잠탈 할 목적으로 이루어져 매매 등이 처음부터 무효라고 보기 어려운 이상 대금청산일에 매도인에게 매매대금이 귀속된다), 소득세법 제105조 제1항 제1호 단서에서 정하는 바와 같이 토지거래계약허가일이 속하는 달의 말일부터 2월 이내에 과세표준을 신고하면 그 때 그 세액이 확정된다. 소득세법 시행령 제105조 제1항 제1호 단서에서 토지거래허가를 받은 후 일정 기간 내에 예정신고를 하도록 규정하고 있는 취지는 **토지거래허가 전에는 그 매매계약이 확정적으로 유효하지 아니하여 양도소득세 예정신고를 할 수 없기 때문이지 토지거래허가를 받은 때에 비로소 양도소득세 납세의무가 성립하기 때문이라 보기는 어렵다**(토지거래허가 구역 내의 양도의 경우 소득세법 시행령 제105조 제1항 제1호 단서와 달리 그 양도가 있은 날부터 일정 기간 내에 예정신고를 하여야 한다면 그 때부터 부과제척기간이 진행하고, 부과제척기간이 경과한 후 토지거래허가가 이루어진 경우에는 양도소득세를 부과할 수 없는 문제가 있다).

6. 평 석

(1) 토지거래허가 구역 내에서 토지거래허가를 받지 않고 부동산을 거래한 경우 원칙적으로 무효이나 잔금을 청산하고 토지거래허가를 받았다면 그 계약은 유효한 계약이 되므로 이때 **양도시기는 대금청산일**이 된다(대법원 2003. 7. 8. 선고 2001두9776 판결).

(2) 소득세법 제105조 제1항에 규정하고 있는 예정신고기한에 관한 특례 규정(허가일이 속하는 달의 말일부터 2개월)은 계약이 허가를 받지 아니하여 유동적 무효의 상태에

있다면 확정적으로 양도소득이 발생하였다고 할 수 없어 납세의무자에게 그 예정신고의무를 지울 수 없다는 점을 고려하여 계약이 확정적으로 유효가 된 허가일이 속하는 달의 말일부터 예정신고를 할 수 있도록 **신고기간만을 허여한 규정**으로서, 이러한 예정신고의무에 관한 조항을 근거로 양도소득세 납세의무를 판단할 수 없다는 것이 대상판결의 요지이다.

(3) 세법상 가산세는 과세권의 행사 및 조세채권의 실현을 용이하게 하기 위하여 납세자가 정당한 이유 없이 법에 규정된 신고·납세의무 등을 위반한 경우에 법이 정하는 바에 의하여 부과하는 행정상의 제재로서 납세자의 고의·과실은 고려되지 아니하는 것이고, 법령의 부지 또는 오인은 그 정당한 사유에 해당한다고 볼 수 없으며, 또한 **납세의무자가 세무공무원의 잘못된 설명을 믿고 그 신고·납부의무를 이행하지 아니하였다하더라도 그것이 관계 법령에 어긋나는 것임이 명백한 때에는 그러한 사유만으로는 정당한 사유가 있는 경우에 해당한다고 할 수 없다**(대법원 2004. 9. 24. 선고 2003두10350 판결 참조).

(4) 이 사건 원심재판부는 위 법리를 전제로 "구 소득세법 제98조, 같은 법 시행령 제162조 제1항에 의하면 대금을 청산하기 전에 소유권이전등기를 한 경우가 아니라면 그 양도시기는 당해 자산의 대금을 청산한 날인바, 토지거래허가구역 내 계약에 관하여 허가를 받으면 그 계약은 소급하여 유효한 계약이 되므로 대금청산일이 양도시기의 판단기준이 되고(대법원 1997. 6. 27. 선고 97누5145 판결, 2003. 7. 8. 선고 2001두9776 판결 등 참조), 같은 법 제105조 제1항은 계약이 허가를 받지 아니하여 유동적 무효의 상태에 있다면 확정적으로 양도소득이 발생하였다고 할 수 없어 납세의무자에게 그 예정신고의무를 지울 수 없다는 점을 고려하여 계약이 확정적으로 유효가 된 허가일이 속하는 달의 말일부터 예정신고를 할 수 있도록 신고기간만을 허여한 규정으로서, 이러한 **예정신고의무에 관한 조항을 근거로 양도소득세 납세의무 성립일을 판단할 수는 없으므로** 원고의 의무해태에 정당한 사유가 있다고 보기 어렵다. 원고의 주장은 이유 없다."고 판시하였다.

7. 관련예규 · 심판례 · 판례

문서번호	내 용
대법원 1997. 6. 27. 선고 97누5145 판결, 2003. 7. 8. 선고 2001두9776 판결 등	구 소득세법 제98조, 같은 법시행령 제162조 제1항에 의하면 대금을 청산하기 전에 소유권이전등기를 한 경우가 아니라면 그 양도시기는 당해 자산의 대금을 청산한 날인바, 토지거래허가구역 내 계약에 관하여 허가를 받으면 그 계약은 소급하여 유효한 계약이 되므로 **대금청산일이 양도시기의 판단기준**이 된다.
대법원 2004. 9. 24. 선고 2003두10350 판결	세법상 가산세는 과세권의 행사 및 조세채권의 실현을 용이하게 하기 위하여 납세자가 정당한 이유 없이 법에 규정된 신고 · 납세의무 등을 위반한 경우에 법이 정하는 바에 의하여 부과하는 행정상의 제재로서 납세자의 고의 · 과실은 고려되지 아니하는 것이고, 법령의 부지 또는 오인은 그 정당한 사유에 해당한다고 볼 수 없으며, 또한 **납세의무자가 세무공무원의 잘못된 설명을 믿고 그 신고 · 납부의무를 이행하지 아니하였다하더라도 그것이 관계 법령에 어긋나는 것임이 명백한 때에는 그러한 사유만으로는 정당한 사유가 있는 경우에 해당한다고 할 수 없다.**
대법원 2011. 7. 21. 선고 2010두23644 전원합의체 판결	소득세법상 양도소득세 과세대상인 '양도'라 함은 자산에 대한 등기 또는 등록과 관계없이 매도, 교환, 법인에 대한 현물출자 등으로 인하여 그 자산이 유상으로 사실상 이전되는 것으로서 그 유상이전의 원인인 매매 등 계약이 법률상 유효할 것까지 요구하지는 않는다.
대법원 2005. 5. 13. 선고 2004두6914 판결	양도소득세는 매년 1. 1.부터 12. 31.까지의 1년분 소득금액에 대하여 과세하는 조세이므로 과세처분에서 정한 양도소득세의 귀속연도, 즉 자산의 양도시기가 속하는 연도가 실제와 다르게 되어 당해 과세처분이 위법한 것으로 판단될 경우에는 당해 처분 전부를 취소하여야 한다.
부동산거래관리-120, 2011. 2. 10.	토지거래허가구역 내 토지를 거래하면서 대금을 먼저 청산한 후 나중에 허가를 득하여 소유권이전등기를 하는 경우에는 **대금을 청산한 날이 양도 또는 취득시기**가 된다.

3-7 매매대금의 대부분이 지급되었다 하더라도 대금이 청산된 날을 양도시기로 보아야 함

● 대상판결 : 대법원 2013두1911 (2013. 5. 9.) ➜ 국패

핵심 요지

토지 매매계약 후 잔금이 지급되기 전에 소유권이 사실상 이전되었다고 단정하기 어렵고 매매계약일에 매매대금의 대부분을 지급하였다고 하더라도 소득세법상 양도시기는 '대금을 청산한 날'이므로 매매계약일을 양도시기로 본 처분은 위법함

1. 사실관계

이 사건 토지(토지거래허가구역 內)

• 계약 내용

2007. 6. 5.	2012. 3. 28.
매매대금 95.8 % 지급	소유권 이전 시점 잔금 지급

• 거래 흐름도

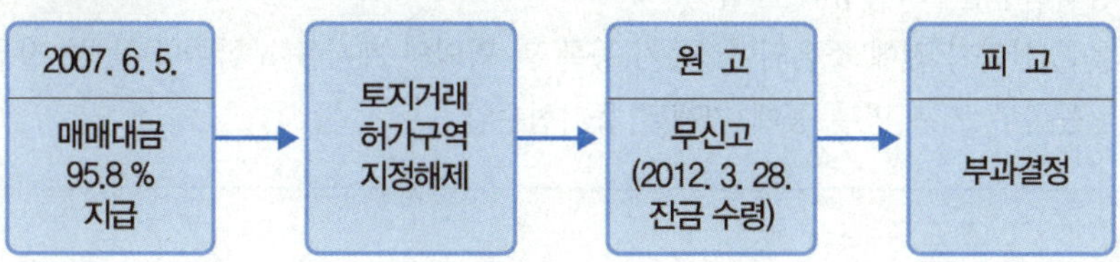

(1) 원고는 1960. 11. 20. 천안시 서북구 소재 전(田) 1,342㎡('이 사건 토지')를 취득하였다.

(2) 원고는 2007. 6. 5. 매수법인에게 이 사건 토지를 양도하되, 매매대금 중 잔금 은 소유권 이전 시점에 지급하기로 하는 계약을 체결하였다.

(3) 매수법인은 이 사건 매매계약일인 2007. 6. 5. 원고에게 이 사건 토지 매매대금의

대부분(95.8%)을 지급하였다.

(4) 피고는 원고가 이 사건 토지에 관한 토지거래허가구역 지정이 2009. 1. 30. 해제된 후에도 양도소득세를 신고하지 아니하자 원고에 대하여 세무조사를 실시한 후 이 사건 매매계약상 매매대금의 대부분이 지급된 2007. 6. 5. 이 사건 토지를 양도한 것으로 판단하여 2011. 8. 5. 원고에 대하여 2007년 귀속 양도소득세 상당액을 부과 · 고지 하였다.

2. 쟁 점

잔금의 대부분을 수령한 날을 양도시기로 보아 양도소득세를 과세한 처분의 당부

3. 관련법령

소득세법시행령 제162조【양도 또는 취득의 시기】

① 법 제98조의 규정에 의한 취득시기 및 양도 시기는 다음 각 호의 경우를 제외하고는 당해 자산의 대금(당해 자산의 양도에 대한 양도소득세 및 양도소득세의 부가세액을 양수자가 부담하기로 약정한 경우에는 당해 양도소득세 및 양도소득세의 부가세액을 제외한다)을 청산한 날로 한다.

1. 대금을 청산한 날이 분명하지 아니한 경우에는 등기부 · 등록부 또는 명부 등에 기재된 등기 · 등록접수일 또는 명의 개서일
2. 대금을 청산하기 전에 소유권이전등기(등록 및 명의의 개서를 포함한다)를 한 경우에는 등기부 · 등록부 또는 명부 등에 기재된 등기접수일

4. 원 · 피고 주장 요약

(1) 원 고

소득세법 제98조, 소득세법 시행령 162조 제1항은 자산의 양도 또는 취득의 시기는 원칙적으로 당해 자산의 대금을 청산한 날로 규정하고 있는바, 아직 원고가 이 사건 토지의 매매

대금 중 잔금을 수령 하지 아니하여 대금이 청산되지 아니하였으므로 이 사건 토지가 양도되었다고 할 수 없음에도 이 사건 토지가 2007. 6. 5. 양도되었음을 전제로 한 이 사건 부과 처분은 위법하다.

(2) 피 고

지방자치단체에서 이 사건 토지의 취득세 및 재산세를 매수인에게 과세한 처분에 대하여 원고 또는 매수법인이 이의를 제기한 사실이 없는 점 등으로 보아 재산세 및 취득세의 과세처분은 과세관청의 착오에 의한 부과 처분이 아닌 이 사건 토지에 대한 실질적인 재산권 행사 등에 따른 과세처분으로서 매수법인의 소유권이 인정되고, 원고의 이 사건 토지에 대한 양도 대금은 사회통념상 거의 지급이 되었다고 볼 만한 정도의 대금 지급이 대부분 이행(95.8%)되었으며, 매수법인이 PF대출을 받을 수 있도록 원고가 이 사건 토지를 담보로 제공함으로써 매수법인이 이 사건 토지를 사용·수익하게 함은 물론, 지방자치단체에서 이 사건 토지에 대한 취득세 및 재산세(2009~2011년)를 매수법인에게 부과한 점등으로 보아 이 사건 토지는 등기상 명의만 원고의 소유일 뿐, 2007. 6. 5. 이후 이 사건 토지의 소유권에 관련된 실질적인 권리는 매수법인에게 이전(승낙)된 것으로 보는 것이 타당하므로 처분청이 2007. 6. 5.을 양도 시기로 보아 과세한 처분은 적법하다.

5. **대상판결**(대전고등법원 2012. 12. 20. 선고2012누1523 판결)

이 사건 토지의 양도일을 2007. 6. 5.로 보는 것이 소득세법 제98조와 소득세법 시행령 제162조 제1항을 적용한 결과라고 한다면 이는 '대금을 청산한 날'을 '대금의 대부분을 지급한 날'로 해석하여야만 가능한 법률적용이라 할 것이다. 그러나, 앞서 본 바와 같이 소득세법상 '양도시기'에 관련된 규정은 조세 부과의 통일성과 공평성을 기하기 위한 의제 규정이므로 그 해석에 있어 조세법률주의와 법적 안정성 및 예측 가능성이 더욱 중시되어야 할 것인데, 여기에 '대금의 대부분'이라는 불확정개념을 도입한다면 이는 어느 정도가 대부분인지에 관한 저마다의 구구한 결론을 낳을 수 있어 위 규정의 본래 취지를 심각하게 훼손할 우려가 있다고 할 것이다.

또한 만약 이 사건 토지의 양도일을 2007. 6. 5.로 보는 것이 '양도시기'에 관한 위 규정들을 적용한 결과가 아니라고 한다면, 이는 법령의 근거 없이 자산의 양도시기에 관하여 '대금을 청산하기 전에 자산이 사실상 이전된 경우에는 그 자산이 사실상 이전된 것으로 보는 날을 양도일로 한다'는 소득세법 시행령 규정을 창설하는 것과 다름없게 된다.

따라서, 이 사건 토지의 양도일을 2007. 6. 5.로 보는 것은 '양도시기'에 관한 소득세법 및 그 시행령 규정의 해석상 받아들이기 힘든 주장이라 할 것이다.

6. 평 석

(1) 피고 주장의 기조는 이 사건 처분 당시 이미 이 사건 토지가 '양도', 즉 유상으로 사실상 이전되었다는 점에 중점을 두고 있다. 그러나, 소득세법 및 그 시행령의 '양도시기'에 관한 규정은 조세 부과의 동일성과 공평성을 기하기 위한 의제 규정이므로, 소득세법상 이미 '양도'되었다고 판단할 여지가 있음에도 불구하고 아직 소득세법상 '양도시기'는 도래하지 아니한 것으로 보아야 할 경우도 상정할 수 있을 것인바, 이러한 경우 과세시기가 납세자의 의도에 따라 조절될 염려 및 신속한 과세의 필요성 등을 이유로 이미 '양도'되었다는 판단에 중점을 두어 부과처분을 한다면 이는 보다 더 큰 가치라 할 수 있는 조세법률주의와 법적 안정성을 해하는 결과를 초래하게 될 염려가 있으므로, 세금을 탈루하기 위한 의도로 탈법행위를 자행한다는 등의 특별한 사정이 없는 이상, 이러한 경우의 과세는 위 규정에 따른 '양도시기'가 도래할 때까지 유보되는 것이 바람직하다고 여겨진다(대상판결 일부).

(2) 조세심판원은 「소득세법」 제98조 및 같은 법 시행령 제162조 제1항에 의하여 토지, 건물의 양도 시기는 원칙적으로 잔금청산일이 되는 것이나, 양도의 대가가 사회통념상 거의 지급되었다고 볼 만한 정도의 대금 지급이 이루어졌다면 그 대가가 지급된 시기를 양도로 볼 수 있는 것이며, 대금 청산은 이루어지지 아니하였으나 매매대금의 대부분을 지급하였는지의 판단은 매매대금의 지급 정도, 잔금 청산 또는 소유권이전등기 전까지의 부담 상황 등을 참작하여 사실 판단하여야 한다고 한다(조심 2010서3379, 2011.4.1., 같은 뜻임).

(3) 이 사건의 경우 매수법인이 부동산개발법인으로서 이 사건 토지에 대하여 2007. 6. 5.자로 사용 수익(PF 대출담보 사용)을 하였고, 2009년부터는 이 사건 토지의 재산세

를 부담하였으며, 잔금을 소유권 이전 시점에 지급하기로 약정하면서, 원고가 2007. 6. 5. 양도대금의 95.8%를 수령하여 잔금은 4.2%가 남아 있었고, 같은 날 매수법인은 이 사건 토지를 담보로 저당하여 PF대출을 받는 등 실질적으로 재산권을 사용·수익한 점 등으로 보아 이 사건 토지 양도 대금의 대부분이 지급되었다.

(4) 처분청은 위 사실을 토대로 매수법인이 이 사건 토지를 2007. 6. 5. 이후 실질적으로 사용·수익한 사실을 들어 양도 대금의 대부분을 수령한 2007. 6. 5.을 이 사건 토지의 양도시기로 보아 양도소득세를 과세한 것으로 보인다.

(5) 대법원은 당해 자산의 대금이 사회통념상 거의 지급되었다고 볼만한 사정이 있는 경우 당해 자산을 취득 또는 양도하였다고 볼 수 있다는 입장이다(대법원 1993. 4. 27. 선고 92누8934 판결 등).

(6) 그러나 매매의 경우 매매대금이 대부분 지급되어 **양도에 해당한다 하더라도 양도의 시기는 대금이 청산된 날이라는 것이 대법원의 판단**이다. 매매대금의 대부분이 지급된 경우에 양도로 볼 수 있지만 양도시기는 원칙적으로 돌아가서 '대금을 청산한 날'이라는 것이다.

(7) 원고가 이 사건 토지에 관한 양도소득세 납부 의무 자체를 부정하고 있지는 아니하므로, 결국 쟁점은 가산세(이에 더하여 납부 시기가 늦추어짐에 따른 이자 상당의 이익)에 관한 문제로 귀결될 것이다. 그런데, 이 사건 토지 매매가 소득세법 시행령 제162조 제1항 제1, 2호에 해당하지 않음은 명백하므로, 원고로서는 대금청산 후 즉 미수령한 잔금을 지급받은 후 양도소득세를 신고 납부하여야 할 것으로 생각하는 것이 합리적이라 할 것인바, 이러한 원고에게 신고불성실 및 납부불성실 가산세를 부과하는 것은 가산세 부과의 본래 취지에도 부합하지 아니할 뿐더러 원고의 신뢰를 해하는 측면도 크다고 보인다(대상판결 일부).

7. 관련 판례

문서번호	내 용
대법원 2014. 6. 12. 선고 2013두2037 판결	매매계약의 경우 **계약 당시**에 최종 할부금의 지급기일이 자산의 소유권이전등기 접수일 · 인도일 또는 사용수익일 중 빠른 날의 다음날부터 최종 할부금의 지급기일까지의 기간이 **1년 이상임이 확정되어 있어야만** 구 소득세법 시행규칙 제78조 제3항이 정한 장기할부조건부 매매의 요건을 갖춘 것으로 볼 수 있다. 계약 당시에 단지 최종 할부금의 지급일까지 상당한 기간이 소요될 것으로 예상되었거나, 구체적인 계약 이행 과정에서 최종 할부금의 지급이 지연되어 결과적으로 소유권 이전 등기 접수일 · 인도일 또는 사용수익일 중 빠른 날의 다음날 부터 1년 이상이 경과된 후에 지급되었다고 하여 장기할부조건부 매매라고 할 수는 없다.
대법원 2018. 11. 9. 선고 2015두41630 판결	소득세법 시행령 제162조 제1항 제2호는 대금을 청산하기 전에 소유권이전등기를 한 경우에는 등기부에 기재된 등기접수일을 그 취득시기 및 양도시기로 규정하고 있다. 이러한 규정의 문언과 관련 규정의 체계, 입법 취지 등에 비추어 보면, 위 규정은 자산을 양수하는 사람이 대금을 청산하기 전에 그 자산에 관한 소유권이전등기를 한 경우에는 자산의 양도시기를 등기부에 기재된 등기접수일로 의제하는 규정으로서, 여기에서 말하는 **소유권이전등기**는 원칙적으로 해당 자산을 양수하는 사람이 그 양수의 원인이 된 법률행위 등을 **등기원인으로 하여 마치는 등기를 의미**한다.

제4절 필요경비

4-1 주택수리비의 입증책임

● 대상판결 : 서울행정법원 2006구단11104 (2007. 11. 2.) → 국승

핵심 요지

주택수리업자로부터 송금받기도 한 점, 수리공사를 하였다는 시점에 수리업자가 일식업, 통신장비도매업을 운영한 점을 고려하면 제출된 필요경비 입증자료는 믿기 어렵고, 달리 이를 인정할 증거가 없다.

1. 사실관계

(1) 피고는 이 사건 주택 양도 시 원고가 신고한 기준시가에 따른 양도차익을 부인하고 실지거래가액으로 결정(1세대 3주택)하였다.

(2) 원고는 기준시가에 따른 양도신고가 부인되자, 리모델링 공사 등 종합수리공사비용 1억4천만 원을 필요경비로 공제해달라는 요구를 하였다.

2. 관련 법령

「소득세법시행령」 제163조【양도자산의 필요경비】

① 자본적 지출액 등으로서 대통령령이 정하는 것

② 양도자산의 용도변경·개량 또는 이용편의를 위하여 지출한 비용

3. 대상판결

과세처분의 적법성에 대한 입증책임은 과세관청에게 있으므로, 과세소득확정의 기초가 되는 필요경비도 원칙적으로 과세관청이 입증책임을 부담하나, 필요경비의 공제는 납세의무자에게 유리한 것일 뿐 아니라 필요경비의 기초가 되는 사실관계는 대부분 납세자의 지배영역 안에 있는 것이어서 과세관청으로서는 그 입증이 곤란한 경우가 있으므로 그 입증의 곤란이나 당사자 사이의 형평을 고려하여 **납세의무자로 하여금 입증하게 하는 것이 합리적일 경우에는 입증의 필요를 납세의무자에게 돌려야** 할 것인바(대법원 1992. 7. 28. 선고 91누10909 판결; 대법원 1998. 5. 26. 선고 98두2263 판결 등 참조), **주택의 수리공사비와 같은 사항은 피고로서는 조사하기 어렵고 원고에게는 입증하기 용이하므로 원고에게 입증 필요**가 있다.

4. 평 석

(1) 자본적 지출액과 수익적 지출액의 구분 시 사실상 양자의 구분이 모호한 부분이 있다.

(2) 장판, 도배, 욕조 보수 등은 과세실무상 필요경비로 인정하기 어렵다.

(3) 인테리어 비용(외벽공사 및 확장공사) 등으로 계약서를 작성한 경우에는 인테리어 사업자가 사업자등록, 동 공사비를 신고한 경우 필요경비로 공제가능하다.

(4) **소송 실무의 경우 본 사례와 같이 원고가 필요경비 입증책임(인정할 증거 제시)을 다하지 못하여 패소하는 경우가 대부분**이다.

(5) 최근 법 개정으로 법적 증빙을 갖추지 못하면 필요경비로 인정하지 않겠다는 것이 과세관청의 입장이나, 일시우발적인 양도소득(사업자가 아님에도)에 대해서까지 적격증빙을 요구하는 것은 다소 지나친 면이 없지 않다는 반대의견도 있다.

(6) 소급감정의 경우도 취득가액으로 인정하는 법원의 태도에 비추어 보면, 적격증빙이나 금융거래 증명서류에 의해서 확인되지 아니하더라도 거래상대방(공사업자)의 진술 및 현금영수증 등에 의해서 지급한 사실이 확인되거나, 소급감정에 의해서도 필요경비를 인정할 여지는 있어 보인다(대법원 2010. 3. 11. 선고 2007두15384 판결 참조).

(7) 자본적 지출과 수익적 지출의 구분

자본적 지출	수익적 지출
자산가치의 현저한 증가 및 내용연수를 연장하거나 개량목적 등을 위한 지출(예 : 아파트 발코니 샷시비, 홈오토메이션 설치비, 난방시설 교체공사비, 보일러 교체비용, 발코니 샷시 설치대금, 자본적 지출에 해당하는 인테리어 비용)	고정자산의 이용편의나 외관상 청결유지를 목적으로 한 행위(예 : 벽지·장판교체비용, 싱크대·주방기구 교체비용, 외벽 도색작업비, 조명 교체비용, 타일 및 변기 공사비, 화장실 공사비, 하수도관 교체비, 옥상 방수 공사비 등)

5. 관련 판례

문서번호	내 용
대법원 1998. 5. 26. 선고 1998두2263 판결	설비비 및 개량비로서 입증이 안 되면 공제할 수 없다.
광주청 심사 2007-1, 2007. 7. 13.	건물의 인테리어공사를 시행한 시공업체의 신고내역 검토결과 당해 공사를 매출로 신고한 사실이 없고 공사 이후 폐업하여 실제 공사여부를 확인하기 어려우나 도급계약서상 공사금액 3억8천만 원 중 1억9천9백만 원이 시공업체 대표이사 계좌로 무통장 입금되었고, 1억8천1백만 원은 자기앞수표로 발행되어 공사기간 중 전액 인출된 점으로 보아 실제 인테리어 공사를 하고 대금을 지급한 것으로 판단되므로 필요경비로 인정된다.
국심 2004서3824, 2005. 4. 29.	오피스텔 비품(TV·에어컨·냉장고·가스레인지·식탁)구입비는 임대수요를 충족하고 임대조건을 유리하게 하기 위해 설치한 임대비용으로써 **자본적지출분으로 볼 수 없다.**

4-2 취득가액 결정과 자본적 지출액

● 대상판결 : 서울행정법원 2012구단15770 (2013. 12. 13.) ➜ 일부국패

핵심 요지

자본적 지출액은 당해 양도자산의 용도변경·개량 또는 이용의 편의를 위하여 지출한 비용 등으로 이 사건 토지에 대한 자본적 지출이라 함은 토지의 가치를 현실적으로 증가시키는 데 소요된 비용이라 할 것이다 … 취득가액 합계액 662백만 원과 공사비용 51억 원은 각 필요경비로 공제되어야 한다.

1. 사실관계

(1) 원고는 취득가액 및 필요경비를 과다신고(양도 70억, 취득 43억)하였고,

(2) 피고는 원고가 제출한 취득계약서가 허위임을 확인하고, 취득가액을 환산한 실거래가액에 따라 과세(2009년 귀속)하였다.

2. 사건의 경과

(1) 심사청구결과 원고의 주장이 신빙성이 있다고 보아 '재조사결정'을 하였다.

① 주문 : 공사비 실제 지출 여부와 자본적 지출액 해당 여부(**재조사 결과에 따라 과표 및 세액 경정하라)**

② 결정이유 : 쟁점토지 취득가액 ○○○백만 원이라는 주장은 신빙성이 있고…

(2) 재조사결정에 따른 과세관청의 처분

과세관청은 위 재조사결정에 대해 당초 조사내용대로 취득가액이 불분명하다 하여 환산가액으로 취득가액을 결정하였다('당초처분 정당').

(3) 소송 진행사항 및 결과

- 원고는 ① 심사결정 주문에 반하는 재조사결정에 대해서는 이의를 제기하지 않고, ② 실 취득계약서(6억5천만 원)상 취득가액 및 자본적 지출액(61억 원)의 공제를 요구하였다.

• 이 사건은 법원이 조정권고하였으나, 피고는 조정권고 불수용 의견을 제시하였고, 법원은 피고 일부패소 판결하였으며 피고 항소포기로 소가 확정되었다.

3. 관련 법령

「소득세법」 제97조 제2항 제2호 단서

다만, 제1항 제1호 나목에 따라 취득가액을 환산가액으로 하는 경우로서 가목의 금액이 나목의 금액보다 적은 경우에는 나목의 금액을 필요경비로 할 수 있다(2010. 12. 27. 신설).

※ 개정 취지

납세자가 선택한 경우 필요경비를 (환산가액 + 개산공제액) 대신 (자본적 지출액 + 양도비)로 계산 가능하도록 하였다(2011. 1. 1. 신고분부터 적용).

4. 대상판결

양도소득세의 필요경비 계산에 관한 「소득세법」과 동법 시행령에 의하면, **취득가액은 자산의 취득에 소요된 실지거래가액으로 타인으로부터 매입한 자산의 경우 매입가액에 취득세, 등록세, 기타 부대비용을 가산한 금액**을 말하고, 자본적 지출액은 당해 양도자산의 용도변경·개량 또는 이용의 편의를 위하여 지출한 비용 등으로 이 사건 토지에 대한 자본적 지출이라 함은 토지의 가치를 현실적으로 증가시키는 데 소요된 비용이라 할 것이다… 취득가액 합계액 662백만 원과 공사비용 51억 원은 각 필요경비로 공제되어야 한다.

5. 평 석

(1) **허위계약서를 첨부하여 양도소득세를 신고한 경우 '사기 기타 부정한 행위'에 해당하므로 부과제척기간 10년을 적용한다.**

(2) 심사결정(재조사결정)과 다른 과세관청의 결정(당초처분정당)이 가능한지 여부에 대하여 보면 대법원은 "행정심판의 재결은 행정청을 기속하는 효력을 가지므로 청구가 이유 있다고 인정하여 처분청에 처분을 취소할 것을 명하면 처분청으로서는 재결의 취지

에 따라 처분을 취소하여야 한다(대법원 2015. 11. 27. 선고 2013다6759 판결)."고 판시하고 있다.

※ 2017년 이후부터 재조사결정에 대하여 과세관청은 '당초처분 정당'과 같은 **당초 처분을 유지하는 결정은 할 수 없다**(「국세기본법」 제65조 제5항 신설).

(3) 심사결정에 따르지 아니한 재조사결정에 대한 논의가 필요해졌다. 즉 행정심판 또는 심사 결정에서 **'재조사'결정**을 하였을 경우에 이에 따르지 않은 과세관청의 처분(예를 들어 '당초처분 정당')은 소송에 이를 경우 법원에서는 원고승소 판결할 가능성을 배제할 수 없다. 이에 대해 대법원은 **"당초 처분을 그대로 유지하는 것은 재조사결정의 기속력에 저촉된다."**고 판시하였다(대법원 2017. 5. 11. 선고 2015두37549 판결 참조).

(4) **양도소득세의 필요경비는 법 개정 전까지는 법적 증빙을 요하지 않았다. 이는 사업자의 경우와 비교되는 부분이다.** 즉, 부동산임대소득·사업소득 또는 산림소득이 있는 거주자 중 복식부기의무자가 사업과 관련하여 법인을 포함한 사업자로부터 재화 또는 용역을 공급받고 '법정증빙서류' 외의 증빙을 수취한 경우에는 그 수취분에 해당하는 금액의 100분의 10에 상당하는 금액을 결정세액에 가산한다.

(5) 양도소득의 경우 2016. 2. 17. 이후 양도분부터는 반드시 적격증빙을 수취·보관하거나 실제 지출사실이 금융거래 증명서류에 의하여 확인되는 경우에만 자본적 지출액으로 인정받을 수 있도록 법이 개정되었다(소득세법시행령 제163조 제3항).

4-3 자본적 지출액을 감정의 방법으로 평가할 수 있는지 여부

● 대상판결 : 서울고등법원 2012누34770 (2015. 6. 11.) ➜ 조정성립

핵심 요지

양도자산의 필요경비에 산입되는 자본적 지출은 당해 양도자산의 용도변경·개량 또는 이용의 편의를 위하여 지출한 비용 등을 말하고(소득세법 §97 및 동법 시행령 §163 등 참조), 또 과세처분의 적법성에 대한 입증책임은 과세관청에게 있으므로 과세소득확정의 기초가 되는 필요경비도 원칙적으로 과세관청이 그 입증책임을 부담하나, 필요경비의 공제는 납세의무자에게 유리하고 그 기초자료도 납세의무자의 지배영역 안에 있는 것이어서 과세관청으로서는 그 입증이 곤란한 경우가 있으므로 그 입증의 곤란이나 당사자 사이의 형평을 고려하여 납세의무자로 하여금 필요경비를 입증케 하는 것이 합리적인 경우에는 입증의 필요를 납세의무자에게 돌려야 한다. 다만, 경험칙상 필요경비의 발생이 명백하거나 필요경비의 존재가 분명한 경우에 있어서는 과세관청이 실지조사가 불가능한 경우에 시행하는 추계조사의 방법에 의하여 산정이 가능한 범위 내에서는 과세관청이 그 금액을 입증하여야 하고, 납세의무자가 이보다 많은 필요경비를 주장하는 경우에는 납세의무자에게 그 입증의 필요가 돌아간다(대법원 1992. 7. 28. 선고 91누10909 판결, 대법원 1999. 1. 15. 선고 97누15463 판결 등 참조).

1. 사실관계

(1) 원고는 양도가액은 실지거래가액, 취득가액은 토지, 건물 모두 환산가액으로 양도소득세과세표준 및 세액을 신고하였는데,

(2) 피고는 건물의 취득가액은 원고가 신고한 환산가액으로, 쟁점토지의 취득가액은 실지거래가액이 확인된다 하여 신고한 환산가액이 아닌 실지거래가액으로 취득가액을 결정(6억1천7백만 원)하였다.

(3) 원고주장

자본적 지출에 대하여 소급감정이기는 하나 2 이상의 공신력 있는 **감정기관의 감정가액이 있으므로 동 감정가액을 양도가액에서 공제할 필요경비로 인정**하여야 한다.

(4) 피고 의견

① 자본적 지출액은 실제 지출된 비용을 공제하는 것이지, 예상 또는 추정비용을 공제하는 것이 아니며,

② 자본적 지출의 경우 일정한 거래를 전제로 하므로 계약서, 금융거래자료 등 당해 거래를 입증하는 자료가 존재하여 애초 그 거래비용의 감정이 문제될 수 없는 반면, 상속은 어떠한 거래를 전제로 하지 않고 증여는 무상 계약이어서 상속·증여 재산가액을 인정할 수 있는 거래자료가 존재하지 않아 상속·증여 재산가액을 감정이라는 방법에 의하여 평가해야 할 필요가 있다. 즉, **양도의 경우에는 거래를 전제로 하므로 자본적 지출에 대한 감정은 인정할 수 없다.**

2. 쟁 점

이 사건 부동산의 **자본적 지출액(필요경비)을 감정가액에 의하여 정하여야 한다**는 원고 주장의 당부

3. 관련 법령

「상속세및증여세법」 제60조

「상속세및증여세법」은 감정가액에 의하여 시가를 평가할 수 있도록 규정하고 있다.

4. 사건의 경과

(1) 1심판결(서울행정법원 2012. 10. 17. 선고 2011구단18383 판결) : 일부국패

토지기반공사비는 공장용지의 이용편의, 개량을 위하여 지출한 것으로 필요경비로 공제되는 자본적 지출에 해당하고 구체적인 액수의 입증은 없으나 지출이 명백하고 **감정의 방법**으로 액수를 산정하였으므로 필요경비로 공제할 수 있다.

(2) 2심 재판부는 조정을 권고(서울고등법원 2012누34770)하였고,

(3) 피고는 조정권고안 수용[당초고지세액 6억1천7백만 원, 취소세액 2억9천4백만 원, 국가 승소비율(52%)]하여 사건이 종결되었다.

조정권고안 수용의견(피고)

지출된 비용이 얼마인지의 입증을 감정으로 인정할 경우 세법 전반에 많은 부정적 영향을 미치게 되는바, 이 사건의 경우 판결에 이르는 것보다는 법원의 조정권고안을 수용하는 것(판결을 받지 않는 것)이 후속 유사한 부과처분을 위해서라도 타당하다고 판단하였다.

5. 평 석

자본적 지출액과 같은 필요경비를 감정으로 인정할 경우 다음과 같은 문제점이 발생할 여지가 있으므로 피고입장에서는 판결에 이르는 것보다는 조정권고를 받아들이는 것이 합리적이라는 판단에 따라 조정성립에 이르게 된 사례이다.

(1) 부실감정의 가능성과

(2) 실제 지출된 필요경비의 증빙자료를 구비하고 있는 납세의무자가 더 불리하게 될 수 있으며,

(3) 음성적 거래가 조장되며,

(4) 감정만능주의를 초래하게 될 뿐 아니라,

(5) 감정결과의 부정확성으로 신뢰할 수 없다는 것이 피고의 입장이다.

6. 관련 판례

문서번호	내 용
부산지방법원 2008. 1. 24. 선고 2006구합2023 판결	필요경비는 원고가 입증할 필요가 있는 것으로 해석하는 것이 공평의 원칙에 부합된다.
대법원 2010. 2. 11. 선고 2007두15384 판결	감정촉탁결과에 의하여 산정된 비용은 이 사건 건물에 대한 양도차익을 계산함에 있어 필요경비로 공제되어야 한다. 원심이 위 감정촉탁결과가 이 사건 부지조성공사와 추가공사에 투입된 비용의 시가에 대한 소급감정가액에 불과하여 그 감정가액을 필요경비로 인정하여서는 아니된다는 피고의 주장을 배척한 것은 양도차익 계산에 있어서의 필요경비에 관한 법리오해 등의 위법이 없다.

문서번호	내 용
대법원 2015. 10. 15. 선고 2011두24286 판결 ; 대법원2016. 2. 18. 선고 2014두43639 판결	실지거래가액을 자산의 양도가액으로 하여 양도차익을 산정하면서 양도가액에서 공제하는 필요경비 중의 하나인 취득가액을 자산의 취득 당시의 매매사례가액 등에 의하는 경우에는 납세의무자가 소득세법 제97조 제1항 제2호, 제3호에서 정한 **자본적 지출액이나 양도비 등의 비용을 실제로 지출하였다고 하더라도 개산공제액 외에 이를 필요경비로 공제할 수 없다**고 할 것이다.

4-4 고액의 분양수수료와 필요경비

● 대상판결 : 대법원 2012두942 (2013. 2. 15.) ➔ 국패

핵심 요지

토지 분양대행계약서가 작성되어 있고 분양회사가 분양대금 중 계약서상 기재된 가액으로 계산된 금액만을 원고에게 지급한 점 등에 비추어 토지분양계약이 체결된 사실이나 분양대행수수료를 지출한 사실을 부정하기는 어려우므로 분양대행수수료를 필요경비로 인정하지 아니한 처분은 위법하다.

1. 사실관계

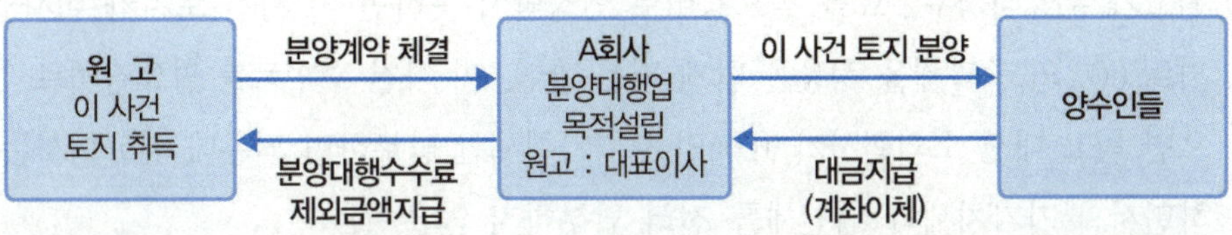

(1) 원고는 양도소득세 신고하면서 A 회사에 지급한 분양대행수수료를 필요경비로 공제하였는데, 분양대행수수료로 통상적인 범위를 벗어난 과다한 금액을 산정하였다(분양대행수수료 : 전체 양도가액의 70%, 양도차익의 97.2%).

(2) 피고는 이에 대해,

① 분양대행수수료는 원고와 특수관계 있는 A 회사가 발행한 세금계산서상의 금액에 불과하고, 그 금액도 지나치게 과다하여 실제와 다르므로,

② 위 분양대행수수료를 필요경비로 인정할 수 없다고 하면서 위 분양대행수수료를 필요경비로 인정하지 않고 양도소득세를 경정·고지하였다.

2. 관련 법령

「소득세법」 제97조

필요경비 중 하나로 "대통령령으로 정하는 양도비"

「소득세법시행령」 제163조 제5항 다목

"소개비" → 이 사건 토지 분양대행수수료

3. 사건의 경과

(1) 원심판결(서울고등법원 2001. 12. 9. 선고 2011누8750 판결) : 국승

① 유리한 조건으로 소외회사와 용역계약내용을 정할 수 있음에도 포기하고 겨우 평당 3만원의 차익을 얻는 정도의 계약을 체결한 것은 경험칙으로나 합리적·경제적 관점에서 쉽게 이해하기 어렵고,

② 원고가 분양대행수수료를 필요경비로 인정받지 못하면 이 사건 토지가 비사업용토지로 60%의 중과세율 적용을 받게 되는 반면, 이 사건 수수료를 필요경비로 인정받으면 원고 대신 소외회사가 10%의 부가가치세만 납부하면 되는데 원고회사는 폐업하면서 부가가치세와 법인세를 전혀 납부하지 않은 점,

③ 원고와 특수관계 있는 소외회사의 지배영역에 있는 분양대행계약서, 세금계산서, 개인별 사업소득 원천징수서 및 통장내역 등은 작출되었을 가능성이 있는 점 등을 근거로 이 사건 처분은 적법하다고 판시하였다.

※ **"소개비가 통상의 부동산 취득에 따른 중개수수료에 비하여 많다고 하더라도 필요경비의 공제는 실질과세의 원칙상 실지 지급된 금액에 따라야 한다**(대법원 1991. 4. 26. 선고 91누1059 판결 등)."는 대법원 판례와의 충돌을 피하기 위해 사실인정의 문제로 쟁점을 전환

(2) 대상판결

원고가 이 사건 토지를 양도함에 있어 소외회사에게 분양대행수수료를 실제 지출한 것으로 인정할 수 없다고 본 원심의 판단은 수긍하기 어렵다. 즉, 원심이 인정한 사실이나 적법하게 채택된 증거들에 의하면 …… 원고와 소외회사 사이에 ① 토지 분양대행 용역계약이 체결된 사실이나 원고가 그 계약에 따른 분양대행수수료를 지출한 사실을 부정하기는 어렵다고 할 것이다. ② 원고가 소외회사와 특수관계에 있음을 들어 부당행위계산 부인에 의하

여 시가를 초과하는 부분을 부인할 수 있는지 여부는 별론으로 하고, 판시와 같은 사정만으로 원고가 소외회사에 분양대행수수료를 지출한 사실 자체를 부정한 원심판결에는 논리와 경험의 법칙에 반하여 자유심증주의의 한계를 벗어난 위법이 있다고 하지 아니할 수 없다.

4. 평 석

(1) 이 사건 분양대행수수료가 합리적·경제적 관점에서 과다하더라도, 실제로 수수료가 지급되었다면 필요경비로 인정해야 한다고 보아 기존의 판례와 유사한 태도를 유지하였다.

(2) 납세의무자에게 양도소득세를 줄이기 위한 목적이 있다고 하더라도, 법적 실질을 중시하여 사법상 거래의 형식을 부인할 수 없다는 것으로서, "납세의무자가 선택한 법률관계가 과중한 세금의 부담을 회피하기 위한 행위라고 하더라도 가장행위에 해당한다고 볼 특별한 사정이 없는 이상 유효하다고 보아야 하며, 이를 조세회피행위라고 하여 효력을 부인할 수 있으려면 조세법률주의 원칙상 법률에 개별적이고 구체적인 부인규정이 마련되어 있어야 한다(대법원 2011. 4. 28. 선고 2010두3961 판결)는 것이 대법원의 일관된 판례 태도이다.

(3) **실질과세라는 이름하에 납세의무자가 선택한 거래형식과 법적 실질을 마음대로 재구성할 수 있다면 조세법률주의라는 대원칙과 납세의무자의 법적 안정성이 몰각될 위험**이 있다(제1장 총칙 '7-5 조세법률주의와 실질과세원칙' 참조).

(4) **양도소득의 필요경비 공제에 있어서 이를 부인하는 별도의 규정이 없는 이상 실제로 분양대행수수료가 지출되었음을 납세의무자가 입증한다면 비용으로 공제하지 않을 수 없다**는 취지에서 조세법률주의를 엄격히 견지한 것이다.

(5) 부당행위계산 부인에 의하여 시가를 초과하는 부분을 부인할 수 있는지 여부에 대해서는 판단이 필요하다.

(6) 「소득세법」 제101조와 같은 법 시행령 제167조가 '양도소득의 부당행위 계산'에 대하여 규정하고 있으나 지금까지 문제된 사안은 대체로 양도가액 자체가 시가와 다른 경우이다.

(7) 분양대행수수료가 과다하다는 이유로 필요경비 공제에 있어서 부당행위계산 부인규정을 적용할 수 있을지, 적용한다면 어떻게 '시가(정당한 수수료)'를 판단할 수 있을지는

여전히 의문이다.

(8) 이 사건 **수수료 지출 자체를 부정한 것**은 논리와 경험의 원칙에 반하여 자유심증주의의 한계를 일탈한 위법이 있어 파기환송한 것으로 A로부터 이 사건 토지를 매수한 실질적인 매수주체가 소외회사라면 소외회사가 높은 분양대행수수료를 수취하는 것이 오히려 경험칙에 부합된다.

(9) 부당행위계산 부인 쟁점도 다투어졌으나 원고에게 양도소득세 면탈의 목적이 없어 비정상적인 거래이거나 경제적 합리성이 없다고 할 수 없다고 판시한 판례도 있다(서울고등법원 2013. 8. 21. 선고 2013누8082 판결 : 원고승소판결 참조).

(10) 토지분양계약서 등 처분문서의 성립을 쉽게 부인할 수 없으나(처분문서의 진정성립 추정의 법리를 원용) 이 사건 토지를 실질적으로 매수한 주체는 소외회사이므로 원고가 소외회사에 과도한 분양대행수수료를 지급했다고 비난하는 원심판결은 자유심증주의를 일탈했다는 판결이라 볼 수 있다.

(11) 대상판결에 대한 반대논거에 대해 살펴보면 대상판결은 용역 제공이 있었는지에 관한 원고의 충분한 입증이 없고, 양도소득세를 포탈하거나 탈세의 목적으로(그러한 조세포탈 목적으로 작성된 계약서는 선량한 풍속 기타 사회질서에 위반되어 무효) 법인제도를 오용한 정황이 명확한데도 기획부동산의 탈세전략에 대해 조세법적 대응을 무력화시킨 판결이라는 입장이다.

5. 관련 판례

문서번호	내 용
대법원 1986. 6. 24. 선고 86누48 판결	채권입찰제 분양아파트의 양도 시 채권액면액은 실질적으로 분양대금과 함께 아파트를 취득하는 데 소요된 대가로서 취득가액에 포함되어야 하고, 동 액면가액과 시가와의 차액은 별도의 양도차익으로 보지 아니한다.
대법원 1991. 11. 26. 선고 91누1844 판결	부동산의 양수인이 미등기전매를 하기 위해 양도인의 양도소득세를 대신 부담한 경우에는 필요경비에 산입하지 아니한다.
대법원 1990. 7. 24. 선고 89누7276 판결	취득세의 신고불이행으로 인한 가산세도 필요경비에 산입한다.

문서번호	내 용
대법원 2013. 12. 27. 선고 2013두18216 판결	토지취득 후 구 건물을 신축하여 상당기간 사용하다가 이를 철거한 다음 신 건물을 신축하였으므로 구 건물의 취득가액은 양도자산인 신 건물의 필요경비에 산입할 수 없고, **구 건물의 공사비는 구 건물의 취득가액 또는 자본적 지출이므로 신 건물의 양도가액에서 공제할 필요경비에 산입할 수 없다.**
대법원 1992. 10. 27. 선고 92누8781 판결; 대법원 1992. 9. 8. 선고 92누7399 판결	기존 건물을 매수하여 단시일 내에 기존 건물을 헐고 새 건물을 지어 양도한 경우와 같이 **당초부터 건물을 철거하고 새로운 건물을 신축할 목적이었음이 명백한** 때에는 철거된 기존 건물의 취득가액과 철거비용 등을 새 건물의 취득가액에 산입하고, 또한 토지와 그 지상 건물을 함께 취득한 후 단시일 내에 건물의 철거에 착수하는 등 **토지와 건물의 취득이 당초부터 건물을 철거하여 토지만을 이용할 목적이었음이 명백**한 때에는 **철거된 건물의 취득가액과 철거비용은 토지의 취득가액에 포함된다**(기존 건물 취득 후 10년이나 거주하다가 건물이 노후하여 이를 철거하고 새 건물을 신축하여 양도한 경우에는 기존건물 취득가액을 필요경비에 산입할 수 없다).
대법원 1992. 7. 28. 선고 91누10909 판결 등	양도소득세에서 필요경비의 공제는 납세의무자에게 유리한 것일 뿐만 아니라, 그 기초가 되는 사실관계도 납세의무자의 지배영역 안에 있는 것이어서 과세관청으로서 입증이 곤란한 경우 입증의 필요는 납세의무자에게 돌아간다(과세관청의 입증책임 완화).
대법원 2010. 6. 10. 선고 2010두4933 판결	부동산중개수수료를 법률에서 정한 한도를 초과하여 지급한 경우에도, 양도소득세 필요경비의 공제는 실질과세의 원칙상 실지로 지급된 금액에 따라야 하므로 필요경비에서 제외함은 부당함
대법원 1991. 4. 26. 선고 91누1059 판결	필요경비의 공제는 실질과세의 원칙상 실지로 지급된 금액에 따라야 한다.

4-5 종전주택을 멸실하고 신축한 경우 1세대 1주택 부수토지 장기보유특별공제액 산정 시 종전주택 보유기간을 통산하여야 함

● 대상판결 : 대법원 2014두36921 (2015. 4. 23.) ➜ 국패

핵심 요지

소득세법 제154조는 1세대 1주택 비과세 요건 판단 시 멸실주택과 신축주택의 보유기간 및 거주기간을 통산한다고 규정하고 있는데, 비과세 요건을 충족하지 못하는 1세대 1주택의 경우에도 그 보유기간을 통산한다고 해석하는 것이 합리적임

1. 사실관계

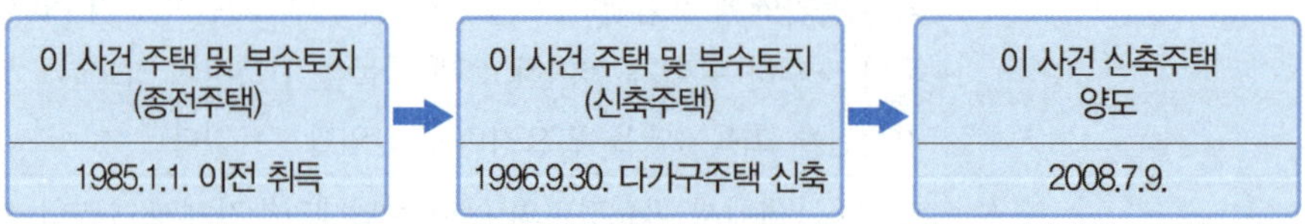

(1) 원고는 이사건 주택 및 부수토지(“이 사건 종전주택”이라 한다)를 1985. 1. 1. 이전 취득하였다.

(2) 원고는 1996. 3. 27. 이 사건 종전주택을 철거하고 1996. 9. 30. 다가구주택(“이 사건 신축주택”이라 한다)을 신축하였다.

(3) 원고는 2008. 7. 9. 이 사건 신축주택을 대한주택공사에 양도하였다.

(4) 원고는 비거주자로 당초 비거주자의 경우 1세대 1주택에 대한 장기보유특별공제 조항을 적용할 수 없다는 국세청 예규에 따라 일반적으로 적용되는 장기보유특별공제율 30/100(10년 이상)을 적용하여 양도소득세를 신고·납부하였다.

(5) 원고는 2012. 3. 5. 비거주자에게도 1세대 1주택에 대한 장기보유특별공제 조항이 적용된다는 **대법원 판례**(대법원 2011. 7. 4. 선고 2009두21147 판결)에 따라 구 소득세법 제2항[표2]에서 규정하는 장기보유특별공제율 중에서 이 사건 신축주택의 보유기간을 「11년 이상, 12년 미만」으로 공제율 44/100, 이 사건 토지의 보유기간은 「20년 이상」으로 공제율 80/100을 각 적용하여 양도소득세를 경정(환급)하여 줄 것을 경정청

구 하였으나, 피고는 이를 거부처분 하였다.

(6) 원고의 감사원 심사청구 결과 감사원장은 원고가 이 사건 신축주택이 1세대 1주택에 해당하는지를 재조사한 후 양도소득세 경정여부를 결정하는 것이 정당하다는 결정을 하였다.

(7) 피고는 감사원 심사청구 결정에 따른 처분을 함에 있어, 이 사건 신축주택과 그 부수토지인 이 사건 토지의 장기보유특별공제율을 쟁점〔표2〕에 따라 44/100으로 적용하고 나머지 이 사건 토지가 종전주택의 부수토지이었던 기간에 대하여는 여전히 쟁점〔표1〕에 따라 공제율을 30/100으로 유지하는 것으로 하여 양도소득세를 경정·결정하였다.

2. 쟁 점

종전주택을 멸실하고 신축한 경우 1세대 1주택 부수토지 장기보유특별공제액 산정시 종전주택 보유기간을 통산하여야 하는지 여부

3. 관련법령

구소득세법(2008.12.26.법률 제9270호로 개정되기 전의 것) 제95조 제1항 및 제2항

같은 법 제94조 제1호에 따른 자산으로서 그 자산의 보유기간이 3년 이상인 것에 대하여 해당 자산의 양도차익에 **보유기간별 공제율**을 곱하여 계산한 금액을 장기보유특별공제액으로 하여 이를 양도차익에서 공제하도록 하면서, 원칙적으로 보유기간별로 **최대 100분의 30의 공제율을 적용**하되, 대통령령으로 정하는 **1세대 1주택(이에 부수되는 토지를 포함**한다)에 해당하는 자산의 경우에는 그보다 높은 **최대 100분의 80의 공제율을 적용**한다.

4. 원·피고의 주장

(1) 원고의 주장

장기보유특별공제율을 적용함에 있어 보유기간은 그 자산의 취득일부터 양도일까지로 하는바, 이 사건 토지는 이 사건 신축주택의 부지이었던 기간뿐만 아니라, 이사건 종전주택의 부지이었던 기간에도 1세대 1주택의 부수토지에 해당하였으므로, 종전 주택 보유기간을 통산하여 「표2」에 따라 장기보유특별공제율을 산정하여야 한다.

(2) 피고의 주장

이 사건과 같이 토지와 그 지상 주택의 보유기간이 다른 경우에도 전체 토지의 보유기간에 대하여 1세대 1주택에 해당하는 장기보유특별공제율을 적용할 수 있는지에 관하여 법과 시행령에 명문의 규정이 없고, 이 사건 토지가 1세대 1주택의 부수토지로 취급되려면 그 지상에 주택이 존재하는 기간만이 1세대 1주택의 부수토지에 해당하고, 나머지 기간은 일반대지로서 보유하고 있었던 것으로 해석하여야 하며, 그렇지 않을 경우 주택이 존재하고 있지 않은 기간까지 1세대 1주택을 보유하고 있는 것으로 적용됨으로써, 장기보유특별공제액을 과다 공제하는 모순이 발생한다.

5. 대상판결

원심은 원고가 1985. 1. 1. 이전에 이사건 토지 위에 건축된 이사건 종전주택을 취득한 후, 1996. 3. 27. 이를 철거하고 1996. 9. 30. 이 사건 신축주택을 재건축하여 2008. 7. 9. 이를 양도한 사실, 이 사건 종전주택과 신축주택은 모두 고율의 장기보유특별공제율이 적용되는 1세대 1주택에 해당하는 사실 등을 인정한 다음 ① 장기보유특별공제제도는 자산의 보유기간이 3년 이상인 장기보유자산에 대한 양도소득금액 산정 시 일정액의 공제를 통하여 부동산의 건전한 투자 내지 소유를 유도하고, 물가상승에 따른 명목소득의 성격이 강한 양도소득에 대하여 물가상승분을 공제하여 주기 위한 취지에서 마련된 것이고, 1세대 1주택을 장기간 보유하는 경우 최대 100분의 80에 이르는 고율의 공제율을 적용하는 취지는 1세대 1주택이 국민의 주거생활 안정에 필수적인 요건임을 감안하여 1세대 1주택의 장기보유자에 대한 양도소득세의 부담을 해소하는데 있는 점, ② 한편 구 소득세법 시행령(2010. 2. 18. 대통령령 제22034호로 개정되기 전의 것) 제154조 제1항 본문, 제8항 제1호는 양도소득세가 비과세되는 1세대 1주택의 거주기간 또는 보유기간을 계산할 때 거주 또는 보유 중에 노후 등으로 인하여 멸실되어 재건축한 주택인 경우에는 그 멸실된 주택과 재건축한 주택에 대한 거주기간과 보유기간을 통산하도록 규정하고 있는데, 고율의 장기보유특별공제율이 적용되는 **1세대 1주택이 노후 등으로 멸실되어 재건축 된 경우에도 위와 같이 보유기간의 통산을 인정하는 것이 위와 같은 장기보유특별공제 제도의 취지에 부합**하는 점 등을 종합하여 보면, 이 사건 종전주택과 신축주택의 보유기간을 통산하여 이 사건 토지의 양도차익에서 공제할 장기보유특별공제액을 산정함이 타당하다고 판단하였다.

앞서 본 규정과 관련 법리에 비추어 기록을 살펴보면, 원심의 위와 같은 판단은 정당하고, 거기에 상고이유 주장과 같이 노후 등으로 멸실되어 재건축된 주택의 장기보유특별공제액 산정에 관한 법리를 오해하는 등의 잘못이 없다.

6. 평 석

(1) 이 사건의 전심단계에서는 비거주자의 경우에도 일반 장기보유특별공제율이 아닌 1세대 1주택 장기보유특별공제율을 적용받을 수 있는지가 쟁점이었는데(국세청 예규는 거주자에게만 적용될 수 있는 것으로 해석하였다), 감사원장은 원고의 청구를 받아들여 비거주자의 경우에도 거주자와 동일하게 1세대가 양도일 현재 1주택을 소유하고 있는 경우에는 1세대 1주택 장기보유특별공제율이 적용되어야 한다고 결정하였다(동일쟁점에 대한 대법원의 2009두21147판결에 따른 결정인 것으로 보이는데 후술한 바와 같이 **비거주자의 경우에는 2010. 1. 1. 이후 양도분 부터는 적용배제대상**임을 명문화하였다). 다만 원고가 1세대 1주택 요건에 해당하는지를 조사하여 양도소득세의 경정여부를 결정하도록 하였다.

(2) 피고는 위 감사원 결정에 따른 처분을 함에 있어, 이 사건 신축주택과 그 부수토지에 대하여는「표2」에 따라 44/100을 적용하고, 이 사건 토지가 종전주택의 부수토지이었던 기간에 대하여는 여전히「표1」에 따른 공제율 30/100을 적용하여 양도소득세를 경정하였다.

(3) 피고의 주장은 이 사건 신축주택 및 부수토지에 대하여는「표2」에 따른 장기보유특별공제율(1세대 1주택에만 적용되는)을 적용하는 것이 맞지만, 이 사건과 같이 토지와 그 지상주택의 보유기간이 다른 경우에는 장기보유특별공제율을 적용할 수 있는지에 관하여 명문의 법 규정이 없고, 이 사건 토지는 양도대상인 이 사건 신축주택이 존재하는 기간만이 1세대 1주택 부수토지에 해당하고, 나머지 기간(종전주택의 부수토지로 있었던 기간)은 일반대지로서 보유하고 있었던 것으로 해석하여야 한다는 것이다(양도하는 것은 신축주택이므로 종전주택의 부수토지로 있었던 기간의 토지는 1세대 1주택 부수토지에 해당하지 않는다는 것이다).

(4) 원심의 판단이나 대상판결에서 적시한 바와 같이 양도소득세가 비과세되는 1세대 1주택의 거주기간 또는 보유기간을 계산할 때 거주 또는 보유 중에 노후 등으로 인하여 멸실되어 재건축한 주택의 경우에는 그 멸실된 주택과 재건축한 주택에 대한 거주기간과 보유기간을 통산하도록 규정(구 소득세법 시행령 제154조 제1항 본문, 제8항 제1호)하고 있는 점, 장기보유특별공제는 물가상승에 따른 세 부담 증가를 방지하기 위한 취지로 신설된 입법취지를 모두어 보면, 피고의 주장은 약간은 궁색하다는 생각이 든다.

(6) 어찌 됐든 이 사건에 대한 판결로 **구주택을 멸실하고 그 토지에 주택을 신축하여 1세대 1주택으로 양도하는 경우에 대한 장기보유특별공제율을 적용함에 있어 그 보유기간은 멸실된 구주택의 보유기간과 신축주택의 보유기간을 통산한 기간으로 적용**할 수 있도록 명확하게 정리되었다.

(7) 다만, **비거주자의 경우**에는 소득세법 제121조 제2항 단서 신설에 따라 2010. 1. 1. **이후 양도분 부터는 1세대 1주택 장기보유특별공제의 적용을 배제**하도록 명문화하였음에 주의를 요한다.

7. 관련예규·심판례·판례

문서번호	내 용
대법원 2017. 10. 26. 선고 2017두52504 판결	조합입주권에 대하여는 양도차익 중 재개발·재건축에 따른 개발이익을 장기보유특별공제 대상에서 제외하기 위하여 그 적용대상이 되는 양도차익의 범위를 관리처분계획인가 전으로 한정한 것으로 보이고, 이는 **1세대 1주택으로 의제되는 조합입주권**이라고 하여 달리 볼 수 없으므로 **관리처분계획인가일 전까지의 양도차익만 공제대상(장기보유특별공제)**이다.
서면4팀-1946, 2005. 10. 21.	**조합입주권** 양도 시 장기보유특별공제는 권리부분의 양도차익을 제외한 **기존 부동산의 양도차익에 대하여 취득시부터 관리처분계획인가일까지의 보유기간에 대한 적용률**을 적용하여 계산한다.
서면4팀-1828, 2005. 10. 6.	관리처분계획인가일(2005. 5. 30. 이전 사업시행인가일)이후 조합입주권을 승계 취득하여 양도하는 경우로서 실지거래가액 과세대상인 경우 장기보유특별공제를 적용하기 위한 보유기간 기산일은 당해 **재건축아파트의 사용검사필증 교부일**이 된다.
서면1팀-560, 2005. 4. 12.	양도차익과 양도차손을 통산하는 경우 **통산한 후의 양도차익에 대하여 장기보유특별공제를 적용하는 것이 아니라** 양도차익이 발생한 당해 자산에 대한 장기보유특별공제를 적용한 후 양도차손과 통산하는 것이다.
서면1팀 46014-11412, 2002. 10. 28.	장기보유특별공제액은 **당해 자산의 양도차익의 범위 내**에서 공제하는 것이다.
양도집행기준 95-159의 2-4	비과세 판정 시 **주택부분이 더 큰 겸용주택**은 전체를 주택으로 보는 것을 고려하여 주택부분이 더 큰 겸용주택의 경우 상가부분도 적용대상이 된다. 따라서 주택부분이 더 큰 겸용주택은 **전체에 대하여 「표2」를 적용**한다.
재산-2022, 2008. 7. 31.	주택에서 상가로 또다시 상가에서 주택으로 용도 변경하여 양도하는 경우 보유기간 중 **주택으로서의 사용기간을 통산하여 「표2」를 적용**받을 수 있다.
기획재정부재산-1183, 2010. 12. 10.	주택보다 보유기간이 긴 1주택 부수토지의 장기보유특별공제는 토지 보유기간에 따른 「표1」에 의한 장기보유특별공제율과 주택부수토지로서 보유기간에 따른 「표2」에 의한 장기보유특별공제율 중 큰 공제율을 적용한다.

4-6 조합원입주권의 장기보유특별공제 적용 시 관리처분계획 인가일 전의 양도차익에 대하여만 적용하여야 함

● 대상판결 : 대법원 2017두52504 (2017. 10. 26.) ➜ 국승

핵심 요지

조합원입주권이 1세대 1주택으로 의제되더라도 장기보유특별공제의 대상은 이 사건 괄호 규정에 따라 관리처분계획인가 전의 양도차익으로 한정되므로, 관리처분계획인가 후의 부분에 대하여는 장기보유특별공제가 적용되지 않는다고 보아야 함

1. 사실관계

(1) 1987. 11. 25. 원고는 이 사건 주택을 취득하였다.

(2) 2010. 8. 26. 이 사건 주택은 주택재건축을 위한 관리처분계획 인가를 받았고, 이와 관련하여 원고는 이 사건 조합입주권을 취득하였다.

(3) 2015. 2. 24. 원고는 이 사건 조합입주권을 타인에게 26억 원에 양도하였다.

(4) 2015. 4. 27. 원고는 이 사건 조합원입주권이 1세대 1주택 비과세요건을 충족한 것으로 보아 전체 양도차익 중 관리처분계획인가 전 양도차익에 대해서만 장기보유특별공제를 적용하여 양도소득세 220백만 원을 신고·납부하였다.

(5) 그 후 원고는 2015. 6. 9. 1세대 1주택의 9억 원 초과 고가주택으로 의제되는 이 사건 입주권은 관리처분계획 인가일 전 양도차익에 대해서만 장기보유특별공제가 적용되는 것이 아니라 전체 양도차익에 대하여 장기보유특별공제가 적용된다고 주장하면서 피고에게 양도소득세 123백만 원을 환급해 달라는 내용의 경정청구를 하였으나, 피고는 2015. 8. 11. 원고에게 '이 사건 조합원입주권의 관리처분계획인가일 이후의 양도차익에 대하여는 장기보유특별공제가 적용되지 않는다'는 이유로 위 경정청구를 거부하였다.

2. 쟁 점

이 사건 조합원입주권의 장기보유특별공제 적용시 관리처분계획인가일 전·후의 모든 양도차익에 대하여 적용하여야 하는지 여부

3. 관련법령

비판 견해 **소득세법 제95조 제1항 및 제2항**

① 양도소득금액은 제94조에 따른 양도소득의 총수입금액(이하 "양도가액"이라 한다)에서 제97조에 따른 필요경비를 공제하고, 그 금액(이하 "양도차익"이라 한다)에서 장기보유 특별공제액을 공제한 금액으로 한다.
② 제1항에서 "장기보유 특별공제액"이란 제94조 제1항 제1호에 따른 자산(제104조제3항에 따른 미등기양도자산 및 제104조의3에 따른 비사업용 토지는 제외한다)으로서 보유기간이 3년 이상인 것 및 제94조 제1항 제2호 가목에 따른 자산 중 조합원입주권(조합원으로부터 취득한 것은 제외한다)에 대하여 그 자산의 양도차익(조합원입주권을 양도하는 경우에는 「도시 및 주거환경정비법」 제48조에 따른 **관리처분계획 인가 전** 토지분 또는 건물분의 **양도차익으로 한정**한다)에 다음 표 1에 따른 보유기간별 공제율을 곱하여 계산한 금액을 말한다. 다만, 대통령령으로 정하는 1세대 1주택(이에 딸린 토지를 포함한다)에 해당하는 자산의 경우에는 그 자산의 양도차익에 다음 표 2에 따른 보유기간별 공제율을 곱하여 계산한 금액을 말한다.

4. 원·피고의 주장

(1) 원고의 주장

이 사건 조합원입주권은 1세대 1주택으로 의제되므로, 장기보유특별공제 적용대상 양도차익은 관리처분계획인가 전 양도차익으로 한정되는 것이 아니라 전체 양도차익으로 보아야 한다. 따라서 이와 다른 전제에 선 이 사건 처분은 위법하다.

(2) 피고의 주장

「소득세법」 제95조 제2항 본문에서 조합원 입주권을 양도하는 경우에는 「도시 및 주거환경 정비법」 제48조에 따른 관리처분계획 인가 전 토지분 또는 건물분의 양도차익으로 한정한다고 규정되어 있고,

같은 항 단서 및 같은 법 제159조의3에서 1세대 1주택에 대한 장기보유특별공제 대상을 1세대가 양도일 현재 국내에 1주택을 소유하고 있는 경우의 그 주택(제155조·제155조의2·제156조의2 및 그 밖의 규정에 의하여 1세대 1주택으로 보는 주택을 포함한다)으로 명확하게 규정되어 있으므로 「소득세법 시행령」 제155조 제17항에 따른 1세대 1주택으로 보는 조합원입주권 양도시 장기보유특별공제는 관리처분계획인가 전 양도차익에 한정하여 적용하는 것이 타당하다.

5. 대상판결

관련 규정의 문언 및 체계, 개정 연혁과 취지를 종합하여 보면, 조합원입주권이 구 소득세법 시행령(2015. 12. 28. 대통령령 제26763호로 개정되기 전의 것) 제155조 제17항에 따라 제154조 제1항 소정의 1세대 1주택으로 의제되고 9억 원을 초과하는 고가주택에 해당하는 경우, 장기보유특별공제의 대상은 이 사건 괄호 규정에 따라 조합원입주권의 양도차익 중 **'관리처분계획인가 전 토지분 또는 건물분의 양도차익'으로 한정**되는 것이지, 그 단서 소정의 공제율이 적용된다고 하여, 장기보유특별공제의 대상이 '1세대 1주택이 아닌 경우'와 달리 조합원입주권의 전체 양도차익으로까지 확대되는 것은 아니라고 봄이 타당하다.

… 이 사건 조합원입주권이 1세대 1주택으로 의제되더라도 장기보유특별공제의 대상은 이 사건 괄호 규정에 따라 관리처분계획인가 전의 양도차익으로 한정되므로, 관리처분계획인가 후의 부분에 대하여는 장기보유특별공제가 적용되지 않는다고 보아야 한다. 원심이 같은 취지에서 이 사건 처분이 적법하다고 판단한 것은 정당하고, 거기에 상고이유 주장과 같이 장기보유특별공제에 관한 법리를 오해하는 등의 잘못이 없다.

6. 평 석

(1) 2013년도에 소득세법 제95조 제2항에서 조합원 입주권에 대하여 장기보유특별공제가 가능하도록 개정하였는데, 조합원입주권의 양도차익 중 **관리처분계획인가 전 토지분과 건물분의 양도차익으로 한정하여 규정**하고 있으므로 **관리처분계획인가 후 양도차익에 대해서는 장기보유특별공제를 받을 수 없다.**

(2) 이 사건 1심재판부(서울행법 2016구단57338판결)는 대상판결과는 다르게 이 사건처럼 1세대 1주택을 보유하던 자가 취득한 조합원입주권(9억 원 초과)을 양도하는 경우에도 양도시까지의 양도차익에 따른 장기보유특별공제가 적용되어야 한다(관리처분인가계획 전·후 포함)고 하면서 이와 다른 전제에 선 이 사건 처분은 위법하다고 판시하였다.

(3) 1심재판부는 소득세법이 2013. 1. 1. 법률 제11611호로 개정되면서 제95조 제2항에 '94조에 제1항 제2호 가목에 따른 자산 중 조합원입주권(조합원으로부터 취득한 것은 제외한다)에 대하여 그 자산의 양도차익에 관리처분계획인가 전 토지분 또는 건물분의 양도차익으로 한정한다'라는 부분이 추가되었다고 하더라도 재건축조합의 조합원이 기존주택과 토지를 재건축조합에 제공하고 승인된 사업계획에 따라 당해 조합을 통하여 취득한 입주자로 선정된 지위(분양권)를 양도하는 경우 구 소득세법 시행령 제154조 제1항소정의 1세대 1주택 비과세 요건을 갖춘 경우에는 그 분양권은 '부동산을 취득할 수 있는 권리'에 해당함에도 불구하고 시행령 제155조 제16항이 정하는 바에 따라 '주택'으로 의제되고(대법원 2005. 3. 11. 선고 2004두9456 판결 참조), 그 양도당시 실지거래가액이 6억 원을 초과하는 고가주택에 해당하여 양도소득세가 부과되는 경우에는 장기보유특별공제를 받을 수 있다(대법원 2007. 6. 14. 선고 2006두16854 판결)는 종전 대법원 판례를 들어 피고의 부과처분이 위법하다고 판결하였다.

(4) 그러나 이 사건 원심 및 대법원은 이 사건 조합원입주권이 1세대 1주택으로 의제되더라도 장기보유특별공제의 대상은 이 사건 괄호 규정에 따라 **관리처분계획인가 전의 양도차익으로 한정**되므로, 관리처분계획인가 후의 부분에 대하여는 장기보유특별공제가 적용되지 않는다고 보아야 한다고 설시하였다.

(5) 사견을 전제로, 조합입주권도 주택으로 의제 되어 과세여부를 판단하고 있으면서도, 조합입주권 양도라 하여 주택과는 다르게 관리처분계획인가 전의 양도차익에 대하여만 장기보유특별공제를 적용한다고 판단한 부분은 무척 아쉬움이 남는다.

(6) 이에 대해 이 사건 원심재판부(서울고법2016누79849판결)는 개정 전 소득세법 하에서는 장기보유특별공제는 토지·건물 양도시만 적용되고 부동산을 취득할 수 있는 권리에는 적용되지 않았으나, 종전에 주택을 보유하였던 자가 재개발·재건축으로 인하여 주택이 멸실되고 조합원입주권을 보유하게 된 경우에도 멸실된 토지나 건물이 존재했다고 볼 수 있는 관리처분계획인가일까지는 주택을 보유하는 자와 달리 볼 근거가 없다는 고려 하에 장기보유특별공제의 대상으로 조합원입주권을 추가하되, 그 양도차익을 '관리처분계획 인가 전'으로 한정한 것임을 알 수 있다면서,

"물가상승에 따른 명목소득의 성격이 강한 양도소득에 대하여 물가상승분을 공제하여 주기 위한 취지에서 마련된 것이라는 점에 비추어 볼 때, 조합원입주권의 경우 장기보유특별공제 대상이 되는 양도차익의 범위를 관리처분계획 인가 전으로 한정한 입법자의 의도는 재개발·재건축에 따른 개발이익을 공제 대상에서 제외하기 위한 것으로 보이고, 이는 1세대 1주택으로 의제되는 조합원입주권이라고 하여 달라진다고 볼 수 없다."고 하였다.

7. 관련예규·심판례·판례

문서번호	내 용
대법원 2015. 4. 23. 선고 2014두36921 판결	장기보유특별공제제도는 자산의 보유기간이 3년 이상인 장기보유자산에 대한 양도소득금액 산정 시 일정액의 공제를 통하여 부동산의 건전한 투자 내지 소유를 유도하고, 물가상승에 따른 명목소득의 성격이 강한 양도소득에 대하여 물가상승분을 공제하여 주기 위한 취지에서 마련된 것이고, 1세대 1주택을 장기간 보유하는 경우 최대 100분의 80에 이르는 고율의 공제율을 적용하는 취지는 1세대 1주택이 국민의 주거생활 안정에 필수적인 요건임을 감안하여 1세대 1주택의 장기보유자에 대한 양도소득세의 부담을 해소하는 데에 있다.

문서번호	내 용
대법원 2007. 6. 14. 선고 2006두16854 판결	재건축조합의 조합원이 기존주택과 토지를 재건축조합에 제공하고 승인된 사업계획에 따라 당해 조합을 통하여 취득한 입주자로 선정된 지위(분양권)를 양도하는 경우 구 소득세법 시행령 제154조 제1항 소정의 1세대 1주택 비과세 요건을 갖춘 경우에는 그 분양권은 '부동산을 취득할 수 있는 권리'에 해당함에도 불구하고 시행령 제155조 제16항이 정하는 바에 따라 '주택'으로 의제되고, 그 양도당시 실지거래가액이 6억 원을 초과하는 고가주택에 해당하여 양도소득세가 부과되는 경우에는 장기보유특별공제를 받을 수 있다.
서면4팀-1532, 2008. 6. 25.; 서면5팀-1008, 2007. 3. 29.	양도일 현재 **국내에 1주택을 소유하고 있는 거주자만** 공제율(표2)적용대상이다. 즉 비거주자는 일반부동산 공제율(최대 30%)을 적용한다.
서면4팀-2482, 2006. 7. 27.	장기보유특별공제를 적용함에 있어 보유기간 계산은 해당주택의 취득일부터 양도일까지로 한다. 다만, 「소득세법」 제97조 제4항의 경우에는 증여한 배우자 등이 당해주택을 취득한 날부터 기산한다. 이 경우 기간계산은 민법 제157조에서 정하는 초일불산입의 규정에 불구하고 그 기간의 초일을 산입하여 계산한다.
기획재정부재산-1126, 2008. 12. 31.	구주택을 멸실하고 그 토지에 주택을 신축하여 1세대1주택으로 양도하는 경우에 1세대 1주택 비과세 범위 내인 그 주택의 부수토지에 대한 장기보유특별공제율을 적용함에 있어 그 보유기간은 멸실된 **구주택의 보유기간과 신축주택의 보유기간을 통산**한 기간으로 적용하되 **공사기간은 제외**한다.
양도집행기준 95-159의 2-6	다세대주택을 다가구주택으로 용도변경한 후 양도하는 경우 보유기간별 공제율을 적용하고자 할 때 다가구주택으로 용도변경한 날로부터 양도일까지의 보유기간을 계산하여 장기보유특별공제를 적용한다.

4-7 부당행위계산부인규정을 적용하기 위한 경제적 합리성 유무의 판단 기준

● 대상판결 : 대법원 2016두50686 (2017. 1. 25.) ➔ 국패

핵심 요지

이 사건 분양대행계약이 조세포탈 목적으로 명목상으로만 체결되었다고 볼 수 없고, 이 사건 수수료의 지급이 건전한 사회통념이나 상관행에 비추어 경제적 합리성이 없는 비정상적인 거래에 해당한다고 보기 어려움

1. 사실관계

• 이 사건 토지 양도

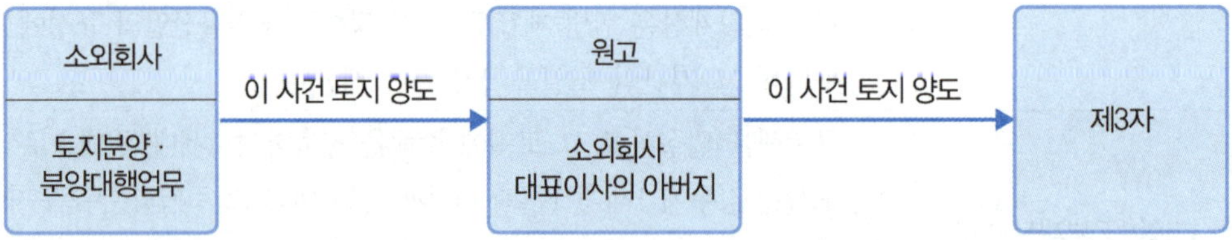

• 양도가액 배분

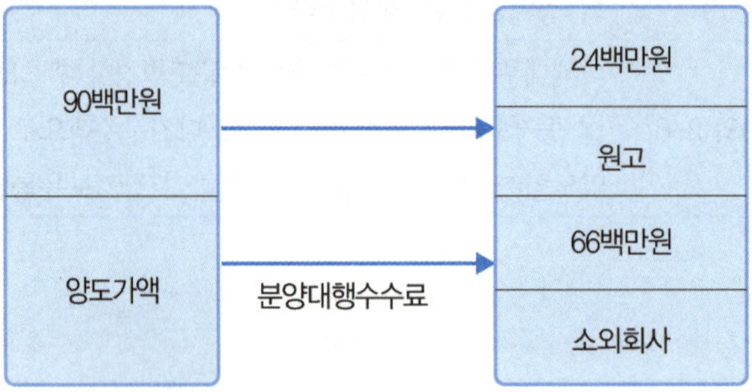

(1) 소외회사는 토지 등을 취득하여 이를 타인에게 분양하거나 다른 사람 소유의 토지를 타인에게 매도해 주는(분양대행) 업무를 하는 회사이고, 원고는 소외 회사 대표이사의 부친이다.

(2) 소외회사는 2011. 8. 1. 이 사건 전체 토지를 취득하여 2011. 8. 10. 그 중 495㎡를 평당 65만 원에 타인에게 분양하였으나, 나머지 1,282㎡은 수분양자를 찾지 못하는 상황이었다.

(3) 이에 소외회사는 대표이사의 부친인 원고와의 사이에 '원고가 이 사건 전체 토지 중 남아있는 1,282㎡를 평당 13만 원에 매수하되, 소외회사가 분양 받을 사람을 구해오면 원고는 평당 16만 원만을 받고 나머지는 소외회사에게 분양대행수수료로 지급하고, 소외회사는 이에 따라 사무실임대료, 직원 급여 및 수당, 통신비, 필지분할비용, 기타 제 경비 일체를 부담'하기로 하는 내용의 분양대행계약을 하였다.

(4) 이 사건 계약에 따라 원고는 2011. 11. 11. 소외회사로부터 이 사건 전체 토지 중 남아있는 1,282㎡를 매수하였는데, 소외회사는 이를 다시 매수할 사람을 찾던 중 직원에게 이 사건 토지를 9,000만 원에 분양하게 되었고, 그 대금을 받아 원고에게 24백만 원(평당 16만원 × 150평)을 지급하고, 나머지 66백만 원은 분양대행수수료 명목으로 취득하였다.

(5) 소외회사는 위 분양대행수수료에 대하여 원고에게 세금계산서를 발행하여 주었고, 분양대행수수료 수입에 대하여 부가가치세 신고도 하였으며, 판매원이자 매수인인 직원, 대표이사, 전무에게 각 성과수당을 지급하였다.

(6) 그 후 소외 회사는 폐업을 하고 부가가치세와 법인세를 납부하지 않았고, 소외 회사의 대표이사는 제2차 납세의무자로 지정되지 않았다(소외회사 대표이사는 소외회사의 주식 40% 보유).

(7) 원고는 이 사건 토지의 양도와 관련하여 양도소득세를 신고하지 아니하였고, 피고는 2014. 1. 2. 이 사건 분양대행계약이 존재하는지 의심스럽고 조세포탈을 목적으로 한 것이므로 무효이며 또한 소외 회사에 과도한 분양대행수수료를 지급한 것은 부당행위계산부인의 대상이라는 이유로, 이 사건 수수료(66백만 원)를 필요경비로 공제하지 아니하고 양도소득을 산정하여 원고에게 양도소득세를 부과하는 이 사건 처분을 하였다.

2. 쟁 점

원고가 소외회사에 과도한 분양대행수수료를 지급한 것은 부당행위계산부인의 대상이 되

는지 여부

3. 원 · 피고 주장 요약

(1) 원 고

이 사건 토지를 양도한 것과 관련하여 소외 회사에 6,600만 원의 분양대행수수료를 지급하였으므로 위 금액은 양도소득세를 산정함에 있어서 필요경비로 공제되어야 함에도 이를 공제하지 않은 이 사건 처분은 위법하다.

(2) 피고(과세관청)

① 소외 회사가 이 사건 토지를 바로 갑에게 양도할 수 있었음에도 불구하고 법인세 내지 양도소득세를 포탈하기 위하여 원고를 중간에 경유한 것에 불과하므로, 원고와 소외 회사의 분양대행계약은 그 존재 자체가 의심스럽거나, 만약 체결되었다고 하더라도 조세포탈을 목적으로 한 것으로서 무효이다.

② 설령 원고와 소외 회사 사이에 체결된 분양대행계약이 존재한다고 하더라도 원고가 소외 회사에 과도한 분양대행수수료를 지급한 것은 부당행위계산부인의 대상이 된다.

4. 사건의 경과

(1) 1심판결(서울행정법원 2015. 10. 30. 선고 2015구단1208 판결) : 국패

소외회사가 이 사건 토지를 원고를 거치지 아니하고 갑에게 양도하였다면 소외 회사는 분양대행수수료를 지출하지 않을 수 있게 되어 그 액수에 대해서도 양도소득세 내지 법인세를 부담해야 할 여지는 있다. 그러나 앞에서 인정한 사실들에 비추어 보면, 원고가 주장하는 사정들만으로는 소외회사가 이 사건 토지를 갑에게 바로 양도할 수 있었음에도 불구하고 조세를 포탈하기 위하여 형식상 원고를 중간에 내세웠다고 단정하기 부족하므로 피고의 위 주장은 이유 없다.

(2) 2심판결(서울고등법원 2016. 08. 18. 선고 2015누68583 판결) : 국승

… 과세관청이 이 사건과 유사한 형태의 필요경비를 쉽게 인정해 준다면 부동산 양도인은 양도소득세를 면탈하기 위하여 자신과 특수관계가 있는 자를 이용하여 그에게 용역수수료를 지급하는 방식으로 과세관청으로부터 필요경비를 인정받아 세금을 적게 낸 후에 나중에 그 특수관계인으로부터 이미 지급한 수수료를 현금 등으로 은밀하게 돌려받는 불법적인 행태를 방지할 방법이 없게 될 뿐만 아니라, 이 사건과 같이 양도인이 분양대행회사인 경우 저가 양도하여 고액의 양도소득세를 회피한 후에 분양대행수수료에 대한 부가가치세 및 법인세도 납부하지 않고 폐업 처리함으로써 실질적으로 양도차익에 관하여 아무런 조세도 부담하지 않는 불법적인 행태 또한 방지할 수 없게 된다. 따라서 특수이해관계인 사이에 과도한 분양대행수수료를 수수하는 경우에는 이를 필요경비로 인정할지에 관하여 엄격하게 판단할 필요가 있다.

… 원고는 소외회사의 대표이사와 부자관계에 있으므로 위와 같은 법령의 규정에 의하면 원고와 소외 회사는 특수관계에 있다고 할 것이고, 원고가 소외 회사와 사이에 체결한 이 사건 계약은 원고와 소외 회사의 조세를 회피하기 위한 목적으로 체결된 것임은 앞서 살펴본 바와 같은바, 원고는 이 사건 계약을 통하여 소외회사에 대하여 양도소득의 94.8%에 해당하는 금액을 분양대행수수료 명목으로 지급함으로써 양도소득세를 부당하게 감소시킨 때에 해당한다고 할 것이다.

(3) 대상판결(대법원 2017. 01. 25. 선고 2016두50686 판결) : 국패

이 사건 토지의 양도에 따른 실질적인 이익을 소외 회사에 귀속시키는 내용으로 이 사건 분양대행계약을 체결할 합리적 이유가 충분히 있고, 오히려 소외 회사와 특수관계에 있는 원고가 그러한 기회를 이용하여 다액의 양도차익을 얻는 것이 부적절해 보인다.

이 사건 수수료가 매매대금의 약 73%에 이르지만, 이는 소외 회사의 노력에 의하여 이 사건 토지를 상당히 높은 가격에 분양하여 발생한 양수도 차익을 반영한 결과로서 이를 소외 회사가 취득하는 것 자체가 부당하다고 할 수 없다. 그뿐 아니라, 소외 회사가 지출한 사무실 임료, 직원 급여와 각종 수당, 통신비 등 분양대행에 소요되는 경비를 감안할 때 지나치게 과도하다고 단정할 수 없고, 소외 회사는 원고뿐만 아니라 다른 토지소유자들과도 이 사건 거래와 유사한 조건으로 분양대행계약을 체결한 사실도 있다.

또한 소외회사는 이 사건 수수료 수입에 대하여 전액 세금계산서를 발급하였고, 분양대행수수료 수입으로 지출한 임직원 및 판매원에 대한 각종 수당 등에 관해서도 모두 소득세 등을 정상적으로 원천징수하여 납부하였다.

소외 회사가 원고를 거치지 아니하고 이 사건 토지를 직접 분양하였을 경우와 비교하더라도, 분양대행수수료 수입은 부동산 양도차익과 마찬가지로 법인세 과세표준 산정 시 익금에 산입되므로 특별히 조세경감의 효과가 있다고 보기에 부족하고, 오히려 원고 명의의 이전등기에 따른 취득세 등의 부담 및 분양대행수수료 매출에 따른 부가가치세의 부담이 추가된다.

고 소외회사가 일부 세금을 체납한 상태에서 폐업신고를 하였더라도, 이는 소외회사가 이 사건 토지를 직접 분양하는 경우에도 얼마든지 가능하므로, 이 사건 분양대행계약의 체결과 직접적인 관련이 있다고 할 수 없다.

따라서 이 사건 분양대행계약이 소외회사의 조세포탈 목적으로 명목상으로만 체결되었다고 볼 수 없다.

나아가 이 사건 수수료가 형식적으로 소외회사에 귀속되었다가 원고 또는 그 아들인 대표이사에게 부당하게 환원되었다고 볼 만한 사정도 보이지 않는다.

위와 같은 이 사건 거래행위에 관련된 제반 사정들을 종합하여 보면, **원고가 평당 3만 원의 차익만을 취득하고 양도가액의 약 73%에 달하는 이 사건 수수료를 소외 회사에 지급한 것이 건전한 사회통념이나 상관행에 비추어 경제적 합리성이 없는 비정상적인 거래에 해당한다고 보기 어렵다.**

그럼에도 이와 달리 원심은 이에 어긋나는 판시와 같은 이유만으로 이 사건 분양대행계약의 경제적 합리성을 부정하고 이 사건 수수료에 대하여 부당행위계산부인 규정이 적용된다고 잘못 판단하여, 이 사건 수수료를 필요경비로 공제하지 아니하고 양도소득을 산정한 이 사건 처분이 적법하다고 판단하고 말았다.

따라서 이러한 원심의 판단에는 부당행위계산부인과 관련하여 경제적 합리성에 관한 법리를 오해하거나 논리와 경험의 법칙을 위반하여 자유심증주의의 한계를 벗어나 판단을 그르침으로써 판결에 영향을 미친 위법이 있다. 이를 지적하는 상고이유 주장은 이유 있다.

5. 평 석

(1) 원고가 쟁점이 되고 있는 분양대행수수료 6.600만 원을 소외회사에게 지급한 사실은 1,2,3심 재판부 모두 다툼의 여지없이 인정하고 있다.

(2) 과세관청이나 항소심 재판부가 원고가 분양대행수수료 명목으로 6,600만 원을 지급한 것은 조세를 회피하거나 부당하게 경감시킬 목적에 따라 이루어진 것으로 본 이유는 명확하다. 소외 회사는 위 분양대행수수료에 대하여 원고에게 세금계산서를 발행하여 주었고, 분양대행수수료 수입에 대하여 부가가치세신고도 하였으나, 그 후 소외회사는 폐업을 하고 부가가치세와 법인세를 납부하지 않았고, 소외 회사의 대표이사도 제2차 납세의무자로 지정되지 않았다.

(3) 더구나 양도차익의 대부분(94.8%)을 소외회사에 분양대행수수료 명목으로 지급하여 양도소득세를 회피하며, 이후 소외회사를 폐업함으로써 분양대행수수료에 대한 부가가치세 및 법인세를 납부하지 않는 방법으로 조세를 포탈하기 위한 수단으로 이 사건 계약을 체결한 것으로 판단한 것이다.

(4) 양도소득에 관한 부당행위계산 부인이 가능한지에 대하여 항소심 재판부는 "원고는 소외회사의 대표이사와 부자관계에 있으므로 위와 같은 법령의 규정에 의하면 원고와 소외회사는 특수관계에 있다고 할 것이고, 원고가 소외회사와 사이에 체결한 이 사건 계약은 원고와 소외회사의 조세를 회피하기 위한 목적으로 체결된 것임은 앞서 살펴본 바와 같은바, 원고는 이 사건 계약을 통하여 소외회사에 대하여 양도소득의 94.8%에 해당하는 금액을 분양대행수수료 명목으로 지급함으로써 양도소득세를 부당하게 감소시킨 때에 해당한다고 할 것이다."라고 설시하면서 양도소득에 관한 부당행위계산 부인이 가능하다고 보았다.

(5) 그러나 대상판결은 "원심의 판단에는 부당행위계산부인과 관련하여 경제적 합리성에 관한 법리를 오해하거나 논리와 경험의 법칙을 위반하여 자유심증주의의 한계를 벗어나 판단을 그르침으로써 판결에 영향을 미친 위법이 있다."고 보았다.

(6) 또한 소외회사는 위 분양대행수수료 수입에 대하여 전액 세금계산서를 발급하였고, 분양대행수수료 수입으로 지출한 임직원 및 판매원에 대한 각종 수당 등에 관해서도 모두 소득세 등을 정상적으로 원천징수하여 납부한 사실, 소외회사가 원고를 거치지

아니하고 이 사건 토지를 직접 분양하였을 경우와 비교하더라도, 분양대행수수료 수입은 부동산 양도차익과 마찬가지로 법인세 과세표준 산정 시 익금에 산입되므로 특별히 조세경감의 효과가 있다고 보기에 부족하고, 오히려 원고 명의의 이전등기에 따른 취득세 등의 부담 및 분양대행수수료 매출에 따른 부가가치세의 부담이 추가된다고 판단하였다.

(7) 소외회사가 일부 세금을 체납한 상태에서 폐업신고를 하였더라도, 이는 소외회사가 이 사건 토지를 직접 분양하는 경우에도 얼마든지 가능하므로, 이 사건 계약의 체결과 직접적인 관련이 있다고 할 수 없으므로 이 사건 계약이 소외회사의 조세 포탈 목적으로 명목상으로만 체결되었다고 볼 수 없다는 것이다.

(8) 분양대행수수료가 과다하는 이유로 필요경비를 부인한 유사한 사안에서 대법원은 "이 사건 수수료 지출자체를 부정한 것은 논리와 경험의 원칙에 반하여 자유심증주의의 한계를 일탈한 위법이 있어 파기환송"하였다(대법원 2013. 2. 15. 선고 2012두942 판결).

(9) 대상사건은 위 2012두942사건과 여러 가지 측면에서 닮아있다. 두 사건 항소심재판부는 모두 과세관청의 손을 들어주었으나(수수료가 너무 과다하다는 이유), 대법원은 항소심 재판부가 "부당행위계산부인과 관련하여 경제적 합리성에 관한 법리를 오해하거나 논리와 경험의 법칙을 위반하여 자유심증주의의 한계를 벗어나 판단을 그르침으로써 판결에 영향을 미친 위법이 있다"고 판시하여 파기환송 하였다.

(10) 원고가 평당 3만 원의 차익만을 취득하고 양도가액의 약 73%에 달하는 이 사건 수수료를 소외회사에 지급한 것이 건전한 사회통념이나 상관행에 비추어 경제적 합리성이 없는 비정상적인 거래에 해당한다고 보기 어렵다는 것이다.

(11) 대법원은 양도와 관련하여 수수료 등을 과다하게 지급하였더라도 이를 과다하게 지급하였다는 사정만으로 함부로 필요경비로 인정하지 않는 것은 받아들일 수 없다는 것이다.

6. 관련판례

문서번호	내 용
대법원 2002. 1. 11. 선고 2000두1799 판결	부당행위계산 부인 규정은 특수관계자 사이의 조세 부담을 부당하게 감소시키는 거래유형에 해당되는 경우, 과세권자가 객관적으로 타당하다고 인정되는 소득이 있었던 것으로 의제하여 과세함으로써 실질과세원칙을 보충하여 공평과세를 실현하고자 하는 취지에서 둔 것으로 해석되고, '부당행위계산은 일정한 특수관계자 사이의 일정한 거래가 사회통념이나 관습에 비추어 볼 때, 합리적인 경제인이 취할 정상적인 거래로 볼 수 없어 조세의 부담을 부당하게 감소시킨 것'으로 인정되어야 한다.
대법원 1982. 8. 24. 선고 82다카317 판결, 대법원 2010. 7. 15. 선고 2006다28430 판결	법원은 적법한 증거조사절차를 거친 증거능력 있는 적법한 증거에 의하여 사회정의와 형평의 이념에 입각하여 논리와 경험의 법칙에 따라 사실주장의 진실 여부를 판단하여야 하고, 사실인정이 사실심의 전권에 속한다 해서 위와 같은 제약에서 벗어날 수 없다.
대법원 2006. 5. 11. 선고 2004두7993 판결, 대법원 2007. 2. 22. 선고 2006두13909 판결	소득세법 제101조 제1항에 정한 부당행위계산부인이란 … 경제인의 처지에서 볼 때 부자연스럽고 불합리한 행위계산을 함으로 인하여 경제적 합리성을 무시하였다고 인정되는 경우에 한하여 적용된다. 그리고 경제적 합리성의 유무를 판단할 때에는 **해당 거래행위의 대가관계만을 따로 떼어 내어 단순히 특수관계인이 아닌 자와의 거래형태에서는 통상 행하여지지 아니하는 것이라 하여 바로 경제적 합리성이 없다고 보아서는 아니 되며**, 거래행위의 제반 사정을 구체적으로 고려하여 과연 그 거래행위가 건전한 사회통념이나 상관행에 비추어 경제적 합리성이 없는 비정상적인 것인지의 여부에 따라 판단하여야 한다

4-8 국외자산의 양도차익 산정 시 평가방법

● 대상판결 : 대법원 2020두48215(2023. 10. 26.) ➜ 국승

핵심 요지

구 소득세법 제118조의4 제1항 제1호 단서의 시가가 국외자산의 양도에 대한 과세와 관련하여 이루어진 외국 정부의 평가가액 등 구 소득세법 시행령 제178조의3 제1항 각 호에 따라 시가로 인정되는 가액으로 한정되는 것은 아니므로, 구 소득세법 시행령 제178조의3 제1항 각 호는 국외자산 취득 당시의 현황을 반영한 시가로 볼 수 있는 대표적인 경우를 예시한 것으로 볼 수 있다. … 재산세 과세와 관련하여 이루어진 **외국 정부의 평가가액**도 국외자산 취득 당시의 현황을 반영하여 객관적이고 합리적인 방법으로 평가된 것이라면 **시가로 볼 수 있다**.

1. 사실관계

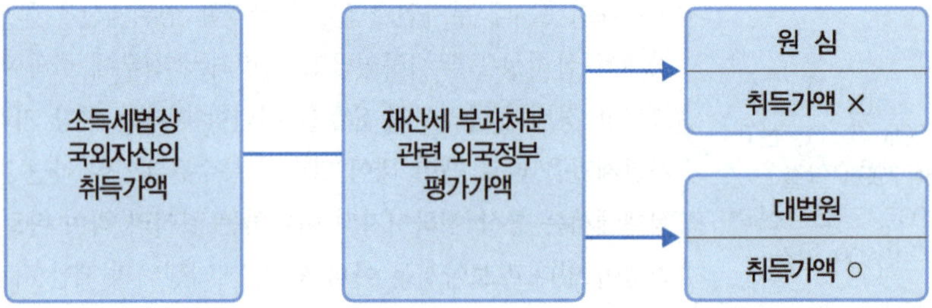

(1) A(피상속인)는 2008. 8. 8. 사망하였고, 아내인 원고를 포함한 상속인들은 2011. 3. 31. 상속세 신고를 하였다.

(2) 서울지방국세청장은 피상속인에 대한 상속세 조사 및 원고에 대한 양도소득세 조사를 실시하였는데, 원고 등 상속인들이 당초 상속세 신고 시 미국 소재 부동산(이 사건 각 부동산) 및 주식 합계 52,245백만 원(이 사건 상속재산)의 신고를 누락하였다고 보아 이에 대한 과세자료를 피고들에게 통보하였다.

(3) 피고 서초세무서장은 이 사건 각 부동산의 2008년분 재산세 과세와 관련하여 이루어진 미국 캘리포니아주 정부의 평가가액(다만, 주택의 경우 그 주택담보대출금이 위 평가

가액을 초과한다는 이유에서 주택담보대출금) 등을 상속재산가액에 포함하여 2016. 1. 13. 원고에게 상속세(가산세 포함)를 결정 · 고지하였다가 그 일부를 취소하여 감액 경정 · 고지하였다.

(4) 이 사건 각 부동산은 2006. 8. 9. 설립된 신탁회사에 신탁되었다가 피상속인이 사망한 후인 2009. 7. 21. 및 2009. 11. 10. 각 양도되었다.

(5) 피고 영등포세무서장은 이 사건 각 부동산의 양도차익 33,018백만 원이 이 사건 신탁의 수익자인 원고에게 귀속된 것으로 보고, 이 사건 각 부동산의 상속재산가액과 동일한 금액을 이 사건 각 부동산의 취득가액으로 적용하여 2016. 1. 14. 원고에게 2009년 귀속 양도소득세 20,930백만 원(가산세 포함)을 부과 · 고지하였다.

2. 쟁 점

① 피상속인이 구 상증세법상 거주자에 해당하는지 여부

② 소득세법상 국외자산 양도차익 산정시 평가방법

3. 관련법령

상속세및증여세법 시행령 제58조의3【국외재산에 대한 평가】

① 외국에 있는 상속 또는 증여재산으로서 법 제60조 내지 법 제65조의 규정을 적용하는 것이 부적당한 경우에는 당해 재산이 소재하는 국가에서 양도소득세 · 상속세 또는 증여세 등의 부과 목적으로 평가한 가액을 평가액으로 한다. (1999. 12. 31. 신설)

② 제1항에 따른 평가액이 없는 경우에는 세무서장 등이 둘 이상의 국내 또는 외국의 감정기관(주식 등에 대한 평가의 경우에는 기획재정부령으로 정하는 신용평가 전문기관, 「공인회계사법」에 따른 회계법인 또는 「세무사법」에 따른 세무법인을 포함한다)에 의뢰하여 감정한 가액을 참작하여 평가한 가액을 평가액으로 한다. (2022. 2. 15. 개정)

소득세법 제118조의4【국외자산 양도소득의 필요경비 계산】

① 국외자산의 양도에 대한 양도차익을 계산할 때 양도가액에서 공제하는 필요경비는 다음 각 호의 금액을 합한 것으로 한다.

1. 취득가액

해당 자산의 **취득에 든 실지거래가액**. 다만, 취득 당시의 **실지거래가액을 확인할 수 없는 경우**에는 **양도자산이 소재하는 국가의 취득 당시의 현황을 반영한 시가**에 따르되, 시가를 산정하기 어려울 때에는 그 자산의 종류, 규모, 거래 상황 등을 고려하여 대통령령으로 정하는 방법에 따라 취득가액을 산정한다.

2. 대통령령으로 정하는 자본적 지출액
3. 대통령령으로 정하는 양도비

소득세법 시행령 제178조의3【국외자산의 시가 산정 등】

① 법 제118조의3 제1항 단서 및 제118조의4 제1항 제1호 단서에 따라 국외자산의 시가를 산정하는 경우 다음 각 호의 어느 하나에 해당하는 가액이 확인되는 때에는 이를 해당 자산의 시가로 한다.

1. **국외자산의 양도에 대한 과세와 관련하여 이루어진** 외국정부(지방자치단체를 포함한다)의 **평가가액**
2. 국외자산의 양도일 또는 취득일 전후 6월 이내에 이루어진 실지거래가액
3. 국외자산의 양도일 또는 취득일 전후 6월 이내에 평가된 감정평가법인 등의 감정가액
4. 국외자산의 양도일 또는 취득일 전후 6월 이내에 수용 등을 통하여 확정된 국외자산의 보상가액

4. 원고 주장 요약

① 피상속인은 1993년경 영주를 위하여 미국으로 이주한 이래 줄곧 미국에 거주하면서 미국에서 회사를 설립, 운영하는 등 경제적 이해관계의 중심지가 미국이었던 반면 국내에는 주소나 거소를 두지 아니하였고 생계를 같이 하는 가족이 없었으며 1년 이상 거주할 것을 통상 필요로 하는 직업을 가지지 아니하였다. 피상속인은 2002년경 일시적으로 귀국하기는 하였으나 귀국 후 발생한 뇌졸중으로 인하여 신체적 기능을 잃어버려 다시 국외로 출국하지 못하고 국내에서 치료를 받다가 사망하였을 뿐 영주를 목적으로 국내에 입국한 것이 아니다. 따라서 피상속인은 구 상증세법 제1조 제1항 제2호의 '비거주자'에 해당하므로, 원고가 피상속인의 국외 상속재산을 상속받았음을 이유로 한 이 사건

상속세 부과 처분은 위법하다.

② 피상속인이 구 상증세법상의 거주자에 해당한다고 하더라도, 피상속인은 미국 거주자에도 해당(이중 거주자)하고, 「대한민국과 미합중국 간의 소득에 관한 조세의 이중과세 회피와 탈세 방지 및 국제무역과 투자의 증진을 위한 협약」이 정한 이중 거주자 거주지국 판정기준에 따르면 피상속인의 거주지국은 미국이므로, 피상속인이 국내 거주자로 판정됨을 전제로 한 이 사건 상속세 부과 처분은 위법하다.

③ 이 사건 각 부동산의 소유자가 미국 소재 법인들이어서 피상속인이 소유한 바 없으므로 피상속인의 상속재산에 해당하지 아니하고, 이 사건 각 부동산의 양도차익이 원고에게 귀속되지도 아니한다.

④ 구 소득세법 제97조 제1항 제1호는 양도차익의 계산에 있어 양도가액에서 공제할 취득가액은 자산의 취득에 든 실지가액으로 하되 취득 당시의 실지거래가액을 확인할 수 없는 경우 대통령령이 정하는 매매사례가액, 감정가액 또는 환산가액을 취득가액으로 정하도록 규정하고 있다. 그런데 피고 영등포세무서장은 이 사건 각 부동산의 재산세 부과 내역 중 재산 평가가액 또는 주택담보대출금을 기준으로 이 사건 각 부동산의 취득가액을 산정하였는데, 이는 미국 내에서 재산세를 산정하기 위하여 평가된 것으로서 취득 당시 가치를 정확하게 평가하고 있다고 볼 수 없을 뿐더러 그와 같이 산정할 법률상의 근거도 없다.

5. 사건의 경과

(1) 원심판결(서울고등법원 2020. 8. 13. 선고 2019누56502 판결) : 일부국패

가. 피상속인이 구 상증세법상 거주자에 해당하는지 여부(국승)

거주자와 비거주자의 구분은 국내에 생계를 같이하는 가족 유무, 국내의 직업 및 소득 현황, 국내에 소재하는 자산, 국내의 경제 및 법률관계 등을 종합적으로 고려하여 판단하여야 한다. 특히 구 소득세법 시행령 제2조 제1항이 국내에 주소를 가진 것으로 보는 요건으로 들고 있는 **'국내에 생계를 같이하는 가족'**이란 **우리나라에서 생활자금이나 주거 장소 등을 함께 하는 가까운 친족**을 의미하고, **'직업 및 자산 상태에 비추어 계속하여 1년 이상 국내에 거주할 것으로 인정되는 때'**란 거주자를 소득세 납세의무자로 삼는 취지에 비추어 볼 때 **1년 이상 우리나라에서 거주를 요할 정도로 직장 관계 또는 근무 관계 등이 유지될 것으로 보이거나 1년 이상 우리나라에 머물면서 자산의 관리 · 처분 등을 하여야 할 것으로 보이는 때와 같이 장소적 관련성이 우리나라와 밀접한 경우**를 의미한다(대법원 2019. 3. 14. 선고 2018두60847 판결 등 참조).
… 변론 전체의 취지를 더하여 알 수 있는 여러 사정들을 종합하여 보면, 피상속인은 구 상증세법상 거주자에 해당한다.

나. 취득가액 산정의 적법 여부(국패)
… 그러나 구 소득세법 시행령 제178조의3 제1항 제1호의 문언상 외국정부의 평가가액은 "국외자산의 양도에 대한 과세와 관련하여 이루어진"것, 즉 **양도소득세 등의 과세와 관련하여 이루어진 것으로 한정됨**이 명백하다. 이는 양도에 대한 과세와 관련하여 이루어진 외국정부의 평가가액은 우리나라의 양도소득세 과세와 관련한 취득가액이나 양도가액과 어느 정도 등가성이 유지될 것이 예상되므로, 국외자산의 취득가액이나 양도가액 산정의 편의를 고려하여 외국정부의 평가가액을 시가로 보고 있는 것이다. 그렇다면 양도에 대한 과세가 아닌 재산세 부과 처분과 관련하여 이루어진 외국 정부의 평가가액은 위 구 소득세법 시행령 제178조의3 제1항 제1호에서 말하는 외국 정부의 평가가액에 해당한다고 볼 수 없다. 이와 다른 전제에서 국외자산의 취득가액을 산정한 피고 세무서장의 이 사건 양도소득세 부과 처분은 위법하다.

(2) 대상판결

가. 피상속인이 구 상증세법상 거주자에 해당하는지 여부(국승)
원심은 그 판시와 같은 이유를 들어 피상속인이 「상속세 및 증여세법」상 거주자에 해당한다고 판단하였다.
원심판결 이유를 관련 법리와 기록에 비추어 살펴보면, 원심의 이러한 판단은 정당하고, 상고이유 주장과 같이 「상속세 및 증여세법」상 거주자에 관한 법리를 오해한 잘못이 없다.

나. 취득가액 산정의 적법 여부(국승)
… 구 소득세법 제118조의4 제1항 제1호 단서의 시가가 국외자산의 양도에 대한 과세와 관련하여 이루어진 외국정부의 평가가액 등 구 소득세법 시행령 제178조의3 제1항 각 호

에 따라 시가로 인정되는 가액으로 한정되는 것은 아니므로, **구 소득세법 시행령 제178조의3 제1항 각 호는 국외자산 취득 당시의 현황을 반영한 시가로 볼 수 있는 대표적인 경우를 예시**한 것으로 볼 수 있다. 그리고 시가란 원칙적으로 정상적인 거래로 형성된 객관적 교환가치를 의미하지만 이는 객관적이고 합리적인 방법으로 평가된 가액도 포함하는 개념이므로(구 상증세법 시행령에 관한 대법원 2001. 8. 21. 선고 2000두5098 판결 등 참조), **재산세 과세와 관련하여 이루어진 외국정부의 평가가액**도 국외자산 취득 당시의 현황을 반영하여 객관적이고 합리적인 방법으로 평가된 것이라면 **시가로 볼 수 있다**.

그런데도 원심은 구 소득세법 제118조의4 제1항 제1호 단서의 시가가 구 소득세법 시행령 제178조의3 제1항 각 호에 따라 시가로 인정되는 것에 한정된다는 잘못된 전제에서, 피고 영등포세무서장이 산정한 이 사건 각 부동산의 취득가액이 취득 당시의 현황을 반영하여 객관적이고 합리적인 방법으로 평가한 가액으로서 시가로 볼 수 있는지 등에 관하여 별다른 심리를 하지 않은 채, 위 취득가액을 구 소득세법 시행령 제178조의3 제1항 제1호에 따른 평가가액으로 볼 수 없다는 이유만으로 이 사건 양도소득세 부과 처분이 위법하다고 판단하였다. 이러한 원심의 판단에는 구 소득세법 제118조의4 제1항 제1호의 시가의 범위에 관한 법리를 오해하여 필요한 심리를 다하지 않아 판결에 영향을 미친 잘못이 있다.

6. 평 석

(1) 피상속인이 구 상증세법상 거주자에 해당하는지 여부

① 구 상증세법은 국내에 주소를 두거나 1년 이상 거소를 둔 자(거주자)가 사망한 경우 거주자의 모든 상속재산에 대하여 상속세를 부과하되(제1조 제1항 제1호) 비거주자가 사망한 경우 국내에 있는 상속재산에 한하여 상속세를 부과하도록 규정하고 있다(제1조 제1항 제2호). 구 상증세법 시행령(2013. 2. 15. 대통령령 제24358호로 개정되기 전의 것, 이하 같다)은 위 규정에 의한 **주소 및 거소, 거주자와 비거주자의 판정은 소득세법 시행령의 해당 규정에 의하도록 규정**하되(제1조 제1항, 제2조 제1항), **비거주자가 국내에 영주를 목적으로 귀국하여 국내에서 사망한 경우에는 구 상증세법상의 거주자로 본다**고 규정하고 있다(제2조 제2항).

② 구 소득세법 시행령(2010. 2. 18. 대통령령 제22034호로 개정되기 전의 것, 이하 같

다)에 의하면 '주소'는 국내에서 생계를 같이하는 가족 및 국내에 소재하는 자산의 유무 등 생활 관계의 객관적 사실에 따라 판정하고(제2조 제1항), '거소'는 주소지 외의 장소 중 상당 기간에 걸쳐 거주하는 장소로서 주소와 같이 밀접한 일반적 생활 관계가 형성되지 아니한 장소를 말한다(제2조 제2항). 국내에 거주하는 개인이 국내에 생계를 같이하는 가족이 있고, 그 직업 및 자산 상태에 비추어 계속하여 1년 이상 국내에 거주할 것으로 인정되는 때에는 국내에 주소를 가진 것으로 보고(제2조 제3항 제2호), 국외에 거주 또는 근무하는 자가 계속하여 1년 이상 국외에 거주할 것을 통상 필요로 하는 직업을 가지거나(제2조 제4항 제1호) 외국 국적을 가졌거나 외국의 영주권을 얻은 자로서 국내에 생계를 같이하는 가족이 없고 그 직업 및 자산 상태에 비추어 다시 입국하여 주로 국내에 거주하리라고 인정되지 아니하는 때에는 국내에 주소가 없는 것으로 본다(시행령 제2조 제4항 제2호).

③ 위 관련 규정의 내용 및 취지 등에 비추어 볼 때, 거주자와 비거주자의 구분은 국내에 생계를 같이하는 가족 유무, 국내의 직업 및 소득 현황, 국내에 소재하는 자산, 국내의 경제 및 법률관계 등을 종합적으로 고려하여 판단하여야 한다. 특히 구 소득세법 시행령 제2조 제1항이 국내에 주소를 가진 것으로 보는 요건으로 들고 있는 '국내에 생계를 같이하는 가족'이란 우리나라에서 생활자금이나 주거 장소 등을 함께 하는 가까운 친족을 의미하고, **'직업 및 자산 상태에 비추어 계속하여 1년 이상 국내에 거주할 것으로 인정되는 때'**란 거주자를 소득세 납세의무자로 삼는 취지에 비추어 볼 때 1년 이상 우리나라에서 거주를 요할 정도로 직장 관계 또는 근무 관계 등이 유지될 것으로 보이거나 1년 이상 우리나라에 머물면서 자산의 관리 · 처분 등을 하여야 할 것으로 보이는 때와 같이 **장소적 관련성이 우리나라와 밀접한 경우를 의미**한다(대법원 2019. 3. 14. 선고 2018두60847 판결 등 참조).

④ 피상속인은 1994. 1. 25. 서울 영등포구 여의도동 소재 아파트를 취득하여 소유하면서 매년 재산세 등 지방세를 납부하였고, 위 아파트에 대한 재건축사업이 진행되자 조합원의 지위에서 2005년경 이후부터 부가가치세, 종합부동산세, 종합소득세 등 각종 세금을 납부하였고, 국내 거소 신고 후 사실혼 배우자 및 자녀와 함께 국내에서 생계를 같이하며 생활한 사실, 뇌졸중 발병한 뒤 국내 의료기관에서 지속적으로 치료를 받은 사실, 국내 사업장의 임대사업자로 등록된 사실 등에 비추어 거주자로 보는 것이 타당하다는

것이 원심판결의 요지이다.

⑤ 또한, **한 · 미 조세조약은 소득세 및 법인세만을 적용 대상**으로 하므로(제1조 제1항 a 호), 이 사건 **상속세 부과 처분에는 위 협약이 적용되지 아니한다.** 따라서 이와 다른 전제에 선 원고의 이 부분 주장은 더 나아가 살필 필요 없이 이유 없다고 판시하였다.

(2) 국외자산 양도차익 산정 방법

① 구 소득세법 제118조의4는 제1항에서 **국외자산의 양도차익**을 계산함에 있어서 필요경비로 공제되는 취득가액은 해당 자산의 취득에 든 실지거래가액으로 하되, **실지거래가액을 확인할 수 없는 경우 양도자산이 소재하는 국가의 취득 당시 현황을 반영한 시가**에 의하고, 시가를 산정하기 어려운 때에는 자산의 종류 · 규모 · 거래상황 등을 참작하여 대통령령이 정하는 방법에 의하여 취득가액을 산정하도록 규정하면서, 제2항에서는 제1항의 규정에 의한 필요경비의 계산에 필요한 사항은 대통령령으로 정하도록 위임하고 있다. 구 소득세법 시행령 제178조의3 제1항에 의하면 국외자산의 시가를 산정하는 경우 제1 내지 4호에 해당하는 가액이 확인되는 때 이를 당해 자산의 시가로 한다고 규정하면서, 제1호로 '**국외자산의 양도에 대한 과세와 관련하여 이루어진 외국정부(지방자치단체를 포함한다)의 평가가액**'을 규정하고 있다. 한편, 구 소득세법 시행령 제178조의3 제2항 제1호에 의하면 국외자산 중 부동산의 시가를 산정하기 어려운 때의 평가방법으로 「상속세 및 증여세법」 제61조, 제62조, 제64조 및 제65조의 규정을 준용하여 국외자산가액을 평가하는 것. 다만, 「상속세 및 증여세법」 제61조, 제62조, 제64조 및 제65조의 규정을 준용하여 국외자산가액을 평가하는 것이 적절하지 아니한 경우에는 「부동산 가격공시 및 감정평가에 관한 법률」에 의하여 설립된 감정평가법인이 평가하는 것'을 규정하고 있다.

② 이러한 관련 규정의 문언과 체계 및 그 전체 취지에 비추어 보면, 구 소득세법 제118조의4 제1항 제1호 단서의 시가가 국외자산의 양도에 대한 과세와 관련하여 이루어진 외국정부의 평가가액 등 구 소득세법 시행령 제178조의3 제1항 각 호에 따라 시가로 인정되는 가액으로 **한정되는 것은 아니므로,** 구 소득세법 시행령 제178조의3 제1항 각 호는 국외자산 취득 당시의 현황을 반영한 시가로 볼 수 있는 **대표적인 경우를 예시한 것**으로 볼 수 있다. 그리고 시가란 원칙적으로 정상적인 거래로 형성된 객관적 교환가

치를 의미하지만 이는 객관적이고 합리적인 방법으로 평가된 가액도 포함하는 개념이므로(구 상증세법 시행령에 관한 대법원 2001. 8. 21. 선고 2000두5098 판결 등 참조), **재산세 과세와 관련하여 이루어진 외국정부의 평가가액도 국외자산 취득 당시의 현황을 반영하여 객관적이고 합리적인 방법으로 평가된 것이라면 시가로 볼 수 있다.**

③ 대법원은 다수의 판례를 통하여 상증세법상 국외재산 평가시 보충적 평가 방법을 적용하는 것이 부적당하지 않다는 점을 과세관청이 입증한 경우에 한하여 보충적 평가방법을 적용할 수 있고, 과세관청이 이를 입증하지 못한 경우에는 국외재산을 상증세법상 보충적 평가방법에 의하여 평가할 수 없고, 상증세법 시행령 제58조의3에 의한 평가방법에 따라야 한다는 점을 명확하게 밝혔다.

④ 대상 판결은 **소득세법상** 국외자산의 양도차익 산정 시 평가 방법과 관련하여, 구 소득세법 시행령 제178조의3 제1항 각 호는 **예시적 규정**이고, 따라서 구 소득세법 제118조의4 제1항 제1호 단서의 시가가 구 소득세법 시행령 제178조의3 제1항 각 호의 가액으로 **한정되는 것이 아니며**, 객관적이고 합리적인 방법으로 평가된 가액도 시가에 포함되므로, 국외자산 취득 당시의 현황을 반영하여 객관적이고 합리적인 방법으로 평가된 것이라면 시행령에 예시된 **국외자산의 양도에 대한 과세와 관련하여 이루어진 외국정부의 평가가액 뿐만 아니라 재산세 과세와 관련하여 이루어진 외국정부의 평가가액도 시가로 볼 수 있다**는 것이다.

⑤ 외국에서 인지세 납부를 위한 주식평가보고서를 근거로 평가한 주식평가액도 그 **인지세 산정에 특별히 문제가 있지 않는 한 그 가액을 시가로 볼 수 있다**는 대법원 2014두43226판결과 유사한 판단이다.

7. 관련판례

문서번호	내 용
대법원 2010. 1. 14. 선고 2007두5646 판결	'구 상증세법 시행령 제54조와 시행규칙 제17조 제1항에 정한 순손익가치는 미래의 기대수익을 우리나라의 3년 만기 회사채 유통수익률을 반영한 이자율에 의하여 현재가치로 할인한 것이므로 이는 원칙적으로 우리나라에 있는 비상장법인의 주식을 그 적용 대상으로 한다

	고 볼 수 있는 점 등에 비추어 보면, … 그 평가대상 주식이 외국에 있는 비상장법인의 주식인 경우 시행령 제54조와 시행규칙 제17조 제1항에 정한 보충적 평가 방법을 그대로 적용하는 것이 '부적당하지 않은 때'에 한하여 보충적 평가 방법을 적용할 수 있고, 보충적 평가 방법을 적용하는 것이 **'부적당하지 않다'는 점에 관한 증명 책임은 과세관청에게 있다.**
대법원 2020. 12. 30. 선고 2017두62716 판결	외국에 있는 비상장법인의 주식인 경우 구 상증세법 제63조 제1항 제1호 다목, 같은 법 시행령 제54조의 '보충적 평가 방법을 그대로 적용하는 것이 부적당하지 아니한 때'에 한하여 그 보충적 평가 방법을 적용할 수 있고, **'이를 적용하는 것이 부적당하지 아니**하다'는 점에 관한 증명 책임은 과세관청에 있다.
대법원 2001. 8. 21. 선고 2000두5098 판결	시가란 원칙적으로 정상적인 거래로 형성된 객관적 교환가치를 의미하지만 이는 객관적이고 합리적인 방법으로 평가된 가액도 포함하는 개념이다.

제5절 1세대1주택

5-1 1세대의 의의

1. 관련 규정

「소득세법」 제88조 제6호

"1세대"란 거주자와 그 배우자가 그들과 동일한 주소 또는 거소에서 생계를 같이 하는 가족과 함께 구성하는 1세대를 말한다.

2. 개정 내용

종 전(2005. 12. 31. 이전)	개 정(2006. 1. 1. 이후)
배우자가 없어도 1세대로 보는 범위	배우자가 없어도 1세대로 보는 범위
① 거주자의 연령이 30세 이상인 경우 ② 거주자가 종합소득, 퇴직소득, 양도소득, 산림소득이 있는 경우 ※ 양도소득이 있는 경우 중에는 당해 부동산의 양도소득은 제외한다. ③ 배우자가 사망하거나 이혼한 경우 ④ 거주자가 당해 주택을 상속받은 경우	① 거주자의 연령이 30세 이상인 경우 ② 배우자가 사망하거나 이혼한 경우 ③ 거주자의 「소득세법」 제4조의 소득(종합소득, 퇴직소득, 양도소득)이 **「국민기초생활보장법」 제2조 제6호에 따른 최저생계비 수준 이상으로서 소유하고 있는 주택 또는 토지를 관리·유지하면서 독립된 생계를 유지할 수 있는 경우.** 다만, 미성년자의 경우를 제외하되, 미성년자의 결혼, 가족의 사망 그 밖에 기획재정부령이 정하는 사유로 1세대의 구성이 불가피한 경우에는 그러하지 아니하다. ※ 현재 기획재정부령이 정하는 불가피한 사유는 명문 규정이 없음.

5-2 1세대의 요건(생계를 같이한다는 의미)

● 대상판결 : 대법원 2013두14122 (2013. 10. 31.) ➜ 국패

핵심 요지

원고가 이 사건 양도주택의 양도 당시 이 사건 동거주택에서 부모와 함께 거주하였으나 일상생활에서 유무상통하여 동일한 생활자금으로 생활하는 관계, 즉 생계를 같이하는 관계가 아니라 독립된 세대를 구성하고 있었다고 봄이 타당하다.

1. 사실관계

(1) 원고가 원고의 부(父)와 세대 합가하였다가 원고의 주택을 양도한 내역은 아래 표와 같다.

일 자	사실관계	비 고
2004.10.29.	이 사건 부동산 취득(양천구 목동신시가지아파트 ○동 ○○호)	
2009.3.13.	쟁점주택 전입(강남구 도곡동 현대아파트 ○○호)	세대합가
2009.7.22.	이 사건 부동산 양도	
2010.4.	원고의 父 ○○○이 쟁점주택에서 전출	

(2) 피고는 원고와 원고의 부가 동일세대라는 전제하에 원고의 이 사건 부동산 양도는 1세대2주택 양도에 해당한다고 보아 이 사건 주택의 1세대1주택 비과세를 배제한 사건이다.

2. 쟁 점

원고를 이 사건 부동산 양도 당시 쟁점주택에서 부와 생계를 같이하는 동일세대원으로 보아 1세대1주택 비과세를 배제하고 양도소득세를 부과한 처분의 당부

3. 사건의 경과

(1) 1심판결(서울행정법원 2012. 11. 30. 선고 2012구단6042 판결) : 국패

① 원고는 배우자와 자녀가 있는 30세가 넘는 근로소득자로 4,900만 원 정도의 과세대상 금액이 있고,

② 원고의 부모도 사업소득 및 이자소득이 있어 각각 독립적이고 안정적인 소득이 있었으며,

③ 이 사건 동거주택은 침실 4개, 화장실 2개, 거실 1개, 주방 1개로 구성되어 있어 원고부부와 원고 父의 부부는 주방과 거실을 함께 사용하였으나 침실과 화장실은 구분하여 사용하였던 것으로 보이는 점

④ 각각 별도로 승용차를 소유하고 신용카드를 사용하였던 점

⑤ 임대차계약이 체결되어 있는 점

등을 종합하여 보면, 원고는 부모인 부부와 함께 거주하였으나 일상생활에서 유무상통하여 동일한 생활자금으로 생활하는 관계, 즉 생계를 같이하는 관계가 아니라 독립된 세대를 구성하고 있었다고 봄이 상당하다.

(2) 대상판결

원고가 이 사건 양도주택의 양도 당시 이 사건 동거주택에서 부모와 함께 거주하였으나 일상생활에서 유무상통하여 동일한 생활자금으로 생활하는 관계 즉, 생계를 같이하는 관계가 아니라 독립된 세대를 구성하고 있었다고 봄이 타당하다.

4. 평 석

(1) 피고는 소송에 이르러 동일한 장소에서 직계존비속 간 별도세대를 인정하는 요건으로 ① 주거공간이 분리되어 있고, ② 숙식을 별도로 하고 있으며(생활비가 혼재되어 있지 않고 구분 계산하였음을 원고가 입증하여야 한다), ③ 각각 경제활동을 하고 있다는 세 가지 요건을 모두 충족한 경우에 한하여 제한적으로 동일 장소에서의 직계존비속 간 별도세대를 인정하는 것이 이 법의 입법취지이나, 비과세나 감면의 경우 협의로 해석하는 것이 공평의 원리에 부합한다는 판례와도 부합하는 것이라는 주장을 폈다.

(2) 그러나 재판부는 종전의 판례에서와 같이 동일세대원이라도 각각 경제적으로 독립된 소득이 있는 경우에는(사실 일상생활에서 유무상통하여 동일한 생활자금으로 생활하는 관계인지를 밝히기는 어렵다) 대체적으로 별도세대를 인정하는 태도를 견지하였다.

(3) 사실상 생계를 같이하는 또는 달리하는 사실을 입증하는 방법

① 국민건강보험 수혜 또는 가족수당 수혜 등의 목적으로 통상 직계존속에 대해 사실상 생계를 달리하면서 주민등록상에 함께 등재하였다가 각각 주택을 소유하여 1세대 2주택에 해당되는 사례가 많다.

② 이럴 경우 사실상 생계를 달리한다는 사실은 각각의 생활근거지에서 별도로 생활을 한 증거들을 제출하되, 객관적인 자료 또는 공적인 자료를 확보하여 사실관계를 입증하여야 유리하다.

③ 사업자등록증, 취학자녀에 대한 재학 또는 졸업증명서, 전화가입 증명서, 공동주택의 입주자 관리카드, 관리비납부 영수증, 신문구독료 영수증, 종교단체가입증명서, 병원진료기록, 금융거래 실적, 수신한 우편물, 노인회회원대장 사본 등 상황에 따라 생활주변에서 확보할 수 있는 증거자료를 제시할 경우 사실관계 입증은 어렵지 않을 것이다.

5. 관련 판례

문서번호	내 용
대법원 2010.5.27. 선고 2010두3664 판결 : 국패	거주자가 30세 이상인 경우 배우자가 없어도 1세대로 본다고 규정하고 있을 뿐 생계를 같이하는 가족을 포함하여 1세대로 본다는 규정이 없는 점, **주소가 동일하다고 하여 독립된 세대를 구성할 수 없다고 보기 어려운 점, 독립된 1세대의 구성요소가 생계를 같이하느냐 여부지 주소가 동일한 점이 아닌** 점으로 보아 생활비를 정확하게 계산하여 분담하였고, 아파트의 방이 2개로 생활공간이 다르다면 별도세대에 해당한다.
대법원 1989.5.23. 선고 88누3826 판결	「소득세법시행령」 제154조 제1항의 "생계를 같이하는 동거가족"이란 현실적으로 생계를 같이하는 것을 의미하며, 일상생활에서 볼 때 **유무상통하여 동일한 생활자금에서 생활하는 단위**를 의미한다고 할 것이므로 생계를 같이하는 동거가족인가의 여부의 판단은 그 주민등록지가 같은가의 여하에 불구하고 현실적으로 한 세대 내에서 거주하면서 생계를 함께하고 동거하는가의 여부에 따라 판단되어야 할 것이다.

문서번호	내 용
대법원 1983.4.26. 선고 83누44 판결	생계를 같이한다는 것은 동일한 주소 또는 거소에서 생활을 같이하는 것을 의미하므로 일상생활에서 볼 때 동일한 생활자금에서 생활하는 단위, 즉 **숙식을 같이한다는 것에 경제활동까지 같이함을 의미**한다. 따라서 같은 번지에 같이 거주하는 가족이라 하더라도 공간이 구분되어 있고 숙식을 별도로 하며 경제활동도 각각 하고 있다면 생계를 달리하는 것이므로 같은 세대로 볼 수 없다. 예를 들어 주민등록등본에 같이 등재되어 있다 하더라도 사실상 생계를 달리하고 있다면 같은 세대로 볼 수 없다. 반대로 주민등록상에는 별도의 세대를 구성하고 있더라도 사실상 생계를 같이한다면 동일한 세대로 본다.
국심 2003서2107, 2003.12.26.	주민등록상 부모와 동일세대로 등재되어 있다 하더라도 2층에서는 아들과 그의 가족(처와 자녀들)이 생활하였고 1층에서는 부모가 미혼인 자녀의 부양을 받으며 생활한 경우 부모와 2층의 자녀세대는 각각 독립된 세대로서 생계를 달리하였다고 봄이 타당하다.
심사양도 2009-0191, 2009.11.11.	양도인의 수입은 약간의 이자수입, 자식들로부터 받은 용돈 등이 전부인 경우, 소액의 수입으로 독립된 생계를 유지하였다고 할 수 없으므로 청구인과 장남을 각각 독립된 1세대로 볼 수 없다.
대전지방법원 2009.10.28. 선고 2009구합2117 판결	군 입대 전 6개월 동안 아르바이트, 강습 등의 월평균 최저생계비를 상회하는 정도의 수입을 올린 것만으로는 독립된 생계를 유지하였다고 볼 수 없으므로, 아버지의 세대원으로 함께 1세대를 구성하였다고 보아야 한다.
심사양도 2004-0102, 2004.8.30.	주택을 소유한 아들이 거주하는 고시원은 일상주거생활을 영위하는 거주지라기보다 일시적 거소에 불과하다고 볼 수 있고 수입이 없어 청구인과 생계를 같이하는 동일 세대원으로 보아야 하므로 주택 양도 당시 1세대 1주택 비과세를 배제하여야 한다.
대법원 2006.12.21. 선고 2006두15998 판결	양도자가 30세 이상으로 독자적인 소득이 있었고, 양도인이 자력으로 주택을 취득하고 재개발로 입주권이 된 상태에서 양도하였으나, 자력으로 취득한 주택은 임차인이 있고 아버지와 주민등록을 분리하였으나 아버지와 같이 생활하여 식사 등을 상당기간 같이 한 것으로 보아 1세대에 해당한다.

문서번호	내 용
심사양도 2004-0053, 2004.8.23.	주택이 있는 30세 이상의 근로소득자가 근무상 외국에 체재한 기간 동안 우편물 수령 등의 사유로 父와 동일 세대를 구성한 경우라도 父의 주택 양도 시 실제 별도의 세대원이다.
심사양도 2003-3001, 2003.8.11.; 심사양도 2003-3020, 2003.8.25.	양도자의 장모는 이혼 이후 부양할 가족이 없어 의료보험피부양자 자격을 취득하기 위하여 청구인의 주소로 주민등록을 옮겼을 뿐이라면 사실상 생계를 달리하고 있으므로 동일세대로 볼 수 없다.
서울행정법원 2010.7.6. 선고 2010구단2442 판결	자녀가 주택을 유지·관리하면서 독립적인 생계를 유지할 수 있는 능력이 있고 직장의 기숙사에서 생활하였다고 하더라도, 미혼인 자녀가 부모와 생계를 같이하다가 근무상 형편 내지 편의상 부모와 일시 퇴거한 것으로 보아야 하므로 부모와 별도의 독립된 생계를 유지하였다고 보기 어렵다.
조심 2012서497, 2012.3.21.; 대법원 2010.5.27. 선고 2010두3664 판결	① 조세심판원(조심 2012서497, 2012. 3. 21.) 청구인과 동생은 모두 30세 이상으로 별도의 직업과 소득이 있고, 각자 본인 명의의 카드를 사용하고 지방세를 납부하였던 점 등으로 보아 동거가족이 아니다. ② 대법원(대법원 2010. 5. 27. 선고, 2010두3664 판결) 양도 당시 형제자매가 같은 주소지에서 동일한 세대를 구성하였다고 하더라도 각각 30세가 넘는 미혼으로 별도의 직업과 소득이 있어 각자의 생활자금으로 생활하였다면 1세대로 볼 수 없다.
서울고등법원 2013.3.19. 선고 2013누118 판결	주택 양도 당시 부모와 함께 거주하였으나, 배우자와 자녀가 있는 30세가 넘는 근로소득자로서 과세대상 급여액이 있었고, 부모도 사업·이자 소득 등이 있어 각각 독립적이고 안정적인 소득이 있었던 점 등에 비추어 동거주택에서 부모와 함께 거주하였으나, 생계를 같이하는 관계가 아니라 독립된 세대를 구성하였다고 봄이 타당하다.

5-3 상속주택 및 귀농주택

● 대상판결 : 대법원 2004두10869 (2005. 12. 23.) ➜ 국패

핵심 요지

구 「소득세법시행령」(2003. 12. 30. 대통령령 제18173호로 개정되기 전의 것) 제155조 제11항의 규정 취지는 농어촌주택과 일반주택을 각 1개씩 보유하던 1세대가 일반주택을 양도하면서 같은 조 제7항에 따라 비과세적용을 받고도 그 후 다시 다른 일반주택을 취득하여 양도하는 행위를 반복하는 경우 그에 대하여도 계속 위 제7항을 적용하여 비과세하는 것은 위 규정의 취지에 반한다고 할 것이므로, 그러한 경우에는 계속 위 제7항을 적용하지는 않고 귀농 후 양도하는 주택 중 1개의 일반주택에 한하여 비과세 혜택을 주겠다는 것으로 보이고, 이 점을 감안하면, 위 제155조 제11항에 정해진 귀농 후 최초로 양도하는 1개의 일반주택은 귀농 후 비과세요건이 갖추어지지 아니한 상태에서의 일반주택 양도는 제외하고, 1개의 일반주택과 1개의 귀농주택을 보유함으로써 위 제7항의 비과세요건이 갖추어진 상태에서 1개의 일반주택을 최초로 양도하는 경우를 의미한다.

1. 사실관계

일 자	취득 및 양도 등	비 고
1993. 4.27.	①주택 취득	원고의 남편 (갑)
1995. 9.11.	②주택 취득(영농 목적)하여 ②주택으로 전입	원고의 남편 (갑)
1999. 3.12.	③주택 취득	원고
1999. 3.22.	갑(원고의 남편)과 결혼	
1999. 8.14.	갑(원고의 남편) 사망으로 위 ①, ②주택 상속	원고
2002. 1. 7.	③주택 양도 : 양도차익 없어 납부세액 없음.	원고
2002. 2. 4.	①주택 양도	원고
2002. 10. 8.	피고는 ①주택 양도에 대하여 양도소득세 부과	국패

(1) 원고는 남편 갑이 일반주택인 ①주택을 보유하고 있다가 농어촌주택인 ②주택을 취득하고 귀농하였으며, 원고는 일반주택인 ③주택을 취득한 후 갑과 결혼한 다음 위 갑의 사망으로 ①, ②주택을 상속 취득한 후 ③주택을 양도한 뒤 ①주택을 양도하였다.

(2) 위 ③주택은 갑이 귀농 후 다시 취득한 일반주택이고 그 양도 당시 1세대 3주택인 상태였으므로, 같은 조 제7항이 적용되지 아니하여 양도소득세 과세대상이다(원고는 양도

차익이 없어서 납부세액 없음).

(3) ①주택은 귀농 전부터 보유하고 있었고, 양도 당시 원고는 농어촌주택 (②주택)과 일반주택(①주택)을 각각 1개씩 소유한 1세대이었으며, 원고는 그 전의 주택(③주택) 양도에 대하여 제7항의 비과세 혜택을 적용받은 바 없으므로 ①주택 양도는 위 제7항에 의해 비과세대상이다.

2. 쟁 점

구「소득세법시행령」제155조 제11항에서 정한 양도소득세 비과세 요건인 귀농 후 최초로 양도하는 1개의 일반주택의 의미

3. 관련 법령

상속받은 주택과 그 밖의 주택을 국내에 각각 1개씩 소유하고 있는 1세대가 일반주택을 양도하는 경우에는 국내에 1개의 주택을 소유하고 있는 것으로 보아「소득세법시행령」제154조 제1항을 적용한다(소득세법시행령 §155 ②).

개정내용 정리

2002. 12. 31. 이전	2003. 1. 1.~2013. 2. 14.	2013. 2. 15. 이후
• 상속주택에 대한 비과세특례 - 1세대1주택자(무주택자 포함)가 상속받은 주택은 보유기간 및 양도시기에 관계없이 비과세 - 상속주택을 보유한 상태에서 일반주택 양도 시 상속주택은 거주자의 주택에서 제외	상속주택도 일반주택과 동일하게 과세 다만, 상속주택 외의 주택을 양도 시에는 상속주택은 없는 것으로 보아 1세대1주택 해당 여부 판정 • 개정규정 적용시기 : 2003. 1. 1. 이후 양도분부터 적용	상속받는 시점에서 상속인의 1세대1주택에 대해서만 비과세특례를 적용 • 적용시기 : 2013. 2. 15. 이후 취득하여 양도하는 분부터 적용

차이점

상속주택을 보유한 상태에서 일반주택을 수차례 취득·양도하여도 매번 1세대1주택 비과세 특례를 적용받는 불합리 개선

4. 대상판결

위 법조 제11항의 규정취지는 농어촌주택과 일반주택을 각 1개씩 보유하던 1세대가 일반주택을 양도하면서 위 제7항에 따라 비과세적용을 받고도 그 후 다시 다른 일반주택을 취득하여 양도하는 행위를 반복하는 경우 그에 대하여도 계속 위 제7항을 적용하여 비과세하는 것은 위 규정의 취지에 반한다고 할 것이므로 그러한 경우에는 계속 위 제7항을 적용하지는 않고 귀농 후 양도하는 주택 중 1개의 일반주택에 한하여 비과세혜택을 주겠다는 것으로 보이고 이 점을 감안하면, 위 제155조 제11항에 정해진 "귀농 후 최초로 양도하는 1개의 일반주택"은 귀농 후 비과세요건이 갖추어지지 아니한 상태에서의 일반주택 양도는 제외하고, 1개의 일반주택과 1개의 귀농주택을 보유함으로써 위 제7항의 비과세요건이 갖추어진 상태에서 1개의 일반주택을 최초로 양도하는 경우를 의미한다고 할 것이다.

원심이, 원고가 시행령 제155조 제7항의 비과세요건을 갖춘 1개의 일반주택과 1개의 귀농주택을 보유하고 있는 세대에 속하여 있으면서 1개의 다른 일반주택을 취득하였다가 양도한 것은 1세대 3주택 상태에서 양도한 것으로 위 제7항의 비과세요건을 갖추지 못한 것이므로 위 제11항에 정해진 "귀농 후 최초로 양도하는 1개의 일반주택"에 해당하지 않고, 이 사건 양도 당시에는 1개의 일반주택과 1개의 귀농주택을 보유하여 위 제7항의 비과세요건을 갖춘 상태에서 1개의 일반주택을 양도한 것이고 종전에 비과세혜택을 받은 바 없으므로 위 제11항에 정해진 "귀농 후 최초로 양도하는 1개의 일반주택"에 해당하여 양도소득세 비과세대상이 된다는 취지로 판단한 것은 위의 법리에 따른 것으로서 정당하고, 거기에 상고이유에서 주장하는 바와 같은 시행령 제155조 제7항과 제11항에 대한 법리를 오해한 위법 등이 없다.

5. 평 석

(1) 구 「소득세법시행령」 제155조 제11항에 정해진 '귀농 후 최초로 양도하는 1개의 일반주택'은 귀농 후 비과세요건이 갖추어지지 않은 상태에서의 일반주택은 제외하고, 1개의 일반주택과 1개의 귀농주택을 보유함으로써 위 제7항의 비과세요건이 갖추어진 상태에서 1개의 일반주택을 최초로 양도하는 경우를 의미한다.

(2) 농어촌주택과 일반주택을 각 1개씩 보유하던 1세대가 일반주택을 양도할 때 **1회에 한하여 같은 조 제7항에 의한 비과세혜택을 적용**받아야 한다.

(3) 농어촌주택(소득세법상 3종류와 조세특례제한법상 2종류)

가. 소득세법 시행령 제155조의 농어촌주택 1세대1주택 비과세 요건

구 분	상속주택, 이농주택	귀농주택
대상지역	수도권(서울, 인천, 경기)을 제외한 읍(도시지역 밖), 면지역	
규모제한	제한없음	① 고가주택(9억 초과) 제외 ② 대지면적 660㎡ 이내 ③ 농지소재지 및 연접 시, 군, 구 또는 직선거리 30㎞ 이내 취득
거주요건	피상속인(이농인) 5년 이상거주	① 영농, 영어의 목적으로 주택을 1000㎡이상의 농지와 함께 취득 ② "귀농주택" 취득 후1년 내 농지를 취득한 자를 포함하며, 주민등록 이전 거주 개시 후 농지취득일을 귀농일로 봄
비과세대상	일반주택	세대 전원이 이사하여 최초로 양도하는 1개의 일반주택
사후관리	–	① 귀농하여 3년 이상 계속 영농, 영어에 종사 要(상속 시 피상속인+상속인 기간 통산) ② "귀농주택" 취득 후 5년 이내 "일반주택"양도 要

나. 조세특례제한법 제99조의4의 농어촌주택 1세대1주택 비과세 요건

구 분	농어촌주택	고향주택
요 건	① **지역**요건 ② **금액**요건(주택 및 토지가액 3억원 (한옥 4억) ③ 면적요건 삭제 ④ **기간**요건(3년 이상 농어촌주택 보유) ⑤ **순서**요건(일반주택 먼저 취득)	① **지역**기준 ② **금액**기준 : 3억(한옥 4억) ③ 면적요건 삭제 ④ **기간**요건 ⑤ **순서**요건(일반주택 먼저 취득)
적용시기	2003. 8. 1. 이후 "일반주택" 양도분부터	2009. 1. 1. 이후 "일반주택" 양도분부터

6. 관련 판례

문서번호	내 용
대법원 1993.2.9. 선고 92누15680 판결	구 「소득세법시행령」 제155조 제2항 규정의 취지는 1세대 1주택자가 상속이라는 사유로 1세대 2주택이 되는 경우 선택에 의하여 먼저 양도하는 주택에 대하여 비과세의 혜택을 부여함으로써 **본의 아니게 1세대 2주택이 됨으로써 비과세혜택이 소멸되는 불이익을 구제**하자는 것이다.
대법원 1998.5.2. 선고 97누19465 판결	① 「소득세법시행령」 제154조 제1항, 제2항은 거주자의 배우자가 1세대를 구성하는 때에는 배우자라는 것 외에는 아무런 제한을 두지 아니하고 있고 배우자가 사망하거나 이혼한 경우 등 예외적인 경우에만 배우자 없이도 세대를 구성할 수 있도록 하고 있으므로, **세법 규정의 엄격해석의 원칙상 거주자의 배우자는 그 배우자라는 사실만으로 거주자의 1세대를 구성한다**고 새길 수밖에 없다. ② 「소득세법시행령」 제155조 제7항 규정의 취지는 도·농간 교류를 촉진하여 농어촌주택에 대한 수요를 유지하고 농어촌 주택정비를 촉진하는 것을 목적으로 한다. • 제1호(상속받은 주택, 피상속인 5년 이상 거주 필요) : 일반주택 1개를 소유하고 있는 자가 농어촌주택을 상속받음으로써 2주택이 되는 경우 양도소득세 회피를 위해 농어촌주택을 처분하는 것을 방지하는 것을 목적으로 한다. • 제2호(이농주택, 5년 이상 거주 필요) : 농어촌주택에 거주하다가 이농하는 경우에도 이농주택을 양도하지 않도록 하여 농어촌 주택수요를 유지하는 것을 목적으로 한다. • 제3호(귀농주택) : 귀농을 장려하기 위한 취지이다. ③ 「소득세법시행령」 제155조 제11항 취지는 귀농 후 최초 양도하는 1개의 일반주택만 혜택이 있으며, (농어촌주택+일반주택) 1세대가 일반주택 양도에 대해 비과세를 적용받고 다시 일반주택을 취득하여 양도하는 행위를 반복하는 경우에는 비과세 적용을 제한한다.

5-4 재건축 주택 취득 후 재건축 승인 이후 1년 이내 다른 주택 양도한 경우, 1세대 2주택에 해당하는지 여부

● 대상판결 : 대법원 2008두16261 (2008. 12. 11.) ➜ 국승

핵심 요지

일시적 2주택에 대한 양도소득세 비과세와 관련하여 기존 아파트를 재건축하는 경우 재건축아파트의 취득시점은 재건축대상인 기존 아파트의 취득시점이라 할 것이다.

1. 사실관계

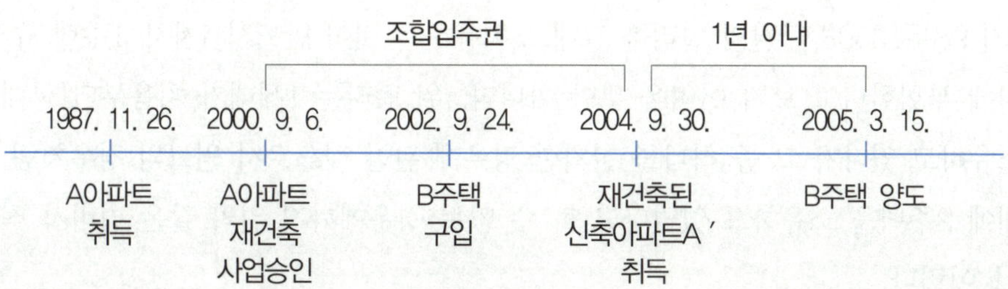

2. 쟁 점

기존 아파트(A)를 취득하여 보유하다 재건축사업계획 승인으로 기존 아파트(A)가 조합원 입주권으로 바뀐 후에 다른 주택(B)을 취득한 자가 재건축으로 인한 신축주택(A′)을 취득한 후 1년 이내 다른 주택(B)을 양도한 경우 '일시적 2주택'으로서 비과세를 적용받을 수 있는지 여부

3. 관련 법령

1주택을 소유한 1세대가 일시적으로 2주택이 된 경우 다른 주택을 취득한 날로부터 1년 이내 종전주택을 양도하는 경우 이를 1세대1주택으로 보아 제154조 제1항의 규정을 적용한다[구 소득세법시행령(2005. 12. 31. 대통령령 제19254호로 개정되기 전의 것) §155 ①].

4. 사건의 경과

(1) 원심판결(서울행정법원 2008. 1. 17. 선고 2007구단8082 판결) : 국패

… 재건축 대상 아파트를 취득하여 보유해 오기는 하였으나, 위 아파트에 대하여 재건축 사업계획승인이 이루어짐으로써 위 재건축 대상 아파트는 입주자로 선정된 지위로 전환되었고, 입주자로 선정된 지위는 부동산을 취득할 수 있는 권리일 뿐 이를 주택이라고 볼 수 없으므로, 원고가 다른 주택을 취득함으로써 2주택 보유자가 되었다고 볼 수 없고, 이 사건 재건축 아파트가 완성됨으로써 비로소 2주택 보유자가 되었다 할 것인데, 2주택 보유자가 된 때로부터 1년 이내에 다른 주택을 양도하였으므로 일시적으로 2주택을 보유하게 되었다고 볼 수 있다. … 이 사건과 같이 기존의 주택에 대하여 재건축이 시작된 결과 다른 주택을 취득할 필요가 있어 재건축 사업 시행 중에 다른 주택을 취득하였다고 볼 수 있는 경우까지 98두13508 판결의 법리를 그대로 적용하는 것이 반드시 1세대 1주택 규정의 입법 취지에 부합한다고 보기 어려울 뿐만 아니라, 위 법리는 1세대가 처음부터 국내에 2주택을 소유하고 있다가 그 중 하나를 철거한 경우에 관한 것으로서 원고의 경우처럼 처음부터 국내에 2주택을 소유하고 있었다고 볼 수 없는 경우에까지 위와 같은 법리가 적용된다고 보기 어렵다.

(2) 대상판결

구 「소득세법시행령」(2005. 12. 31. 대통령령 제19254호로 개정되기 전의 것) 제155조 제1항의 취지는, 국내에 1주택을 소유한 1세대가 그 주택을 양도하기 전에 다른 주택을 취득함으로써 일시적으로 2주택이 된 경우 다른 주택을 취득한 날로부터 1년 이내에 종전의 주택을 양도하면 1세대 1주택의 양도로 보아 양도소득세를 부과하지 않으려는 데 있고, 재건축조합의 조합원이 당해 조합에 기존의 주택이나 대지를 제공하여 그 사업계획에 따라 신축주택을 취득하였다고 하더라도 기존의 주택과 별개의 주택을 취득한 것으로 볼 것은 아니므로 이를 두고 **'국내에 1주택을 소유한 1세대가 그 주택을 양도하기 전에 다른 주택을 취득함으로써 일시적으로 2주택이 된 경우'에 해당한다고 할 수 없다.**

5. 평 석

(1) 이 사건 대법원의 판결에 따르면 실질적으로 조합원입주권은 주택을 취득할 권리에 지나지 않는 것으로서 1세대 1주택 양도소득세 비과세 적용에 있어 주택으로 보지 않은 2005. 12. 31. 이전 상황에 있어서도 일정 범위에서는 이미 조합원입주권을 마치 주택처럼 보는 결과가 된다.

(2) 대법원의 이러한 태도는 1세대 1주택 양도소득세 비과세 제도에 있어 조합원입주권이 사실상 주택과 동일한 역할을 하고 있었다는 점, 그로 인하여 2006. 1. 1. 이후에는 1세대 1주택 양도소득세 비과세에 있어 조합원입주권을 주택과 마찬가지로 보도록 소득세 법령이 개정되었다는 점 등을 고려하여 판단한 것으로 보인다.

6. 관련 판례

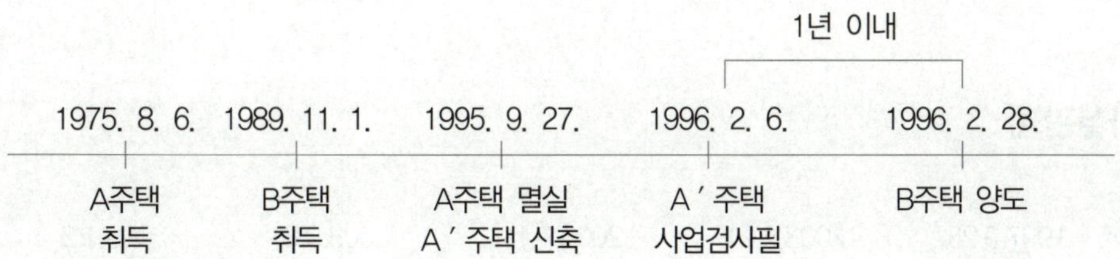

사실관계가 이와 같다면 원고가 기존의 주택을 헐고 그 곳에 새 주택을 신축하였다 하더라도 기존의 주택과 별개의 주택을 취득한 것으로 볼 것은 아니므로 이를 두고 … 일시적으로 2주택이 된 경우에 해당한다고 볼 수 없다(대법원 1998. 12. 8. 선고 98두13058 판결).

※ 이 판결은 당초에 1세대 2주택이었던 자가 그 중 한 주택을 철거하고 새로운 주택을 신축하였다고 이를 일시적 1세대 2주택으로 취급할 수 없다는 것이다.

※ 대상판결과의 차이점 : 이 사건의 경우 신축주택 취득 시까지 단 한번도 1세대 2주택이 된 적이 없는 경우이다.

5-5 거주자와 배우자가 조세회피를 위하여 가장이혼한 경우 별도세대로 인정하여야 하는지 여부

● 대상판결 : 대법원 2016두35083 (2017. 9. 7.) ➜ 국패

핵심 요지

구 「소득세법」(2009. 12. 31. 법률 제9897호로 개정되기 전의 것) 제89조 제1항 제3호, 구 「소득세법시행령」(2010. 2. 18. 대통령령 제22034호로 개정되기 전의 것) 제154조 제1항의 문언 내용과 체계, 조세법률주의의 원칙상 과세요건이거나 비과세요건 또는 조세감면요건을 막론하고 조세법규의 해석은 특별한 사정이 없는 한 법문대로 해석하여야 하는 점 등을 종합하면, 양도소득세의 비과세요건인 '1세대 1주택'에 해당하는지를 판단할 때 거주자와 함께 1세대를 구성하는 배우자는 법률상 배우자만을 의미한다고 해석되므로, 거주자가 주택의 양도 당시 이미 이혼하여 법률상 배우자가 없다면, 그 이혼을 무효로 볼 수 있는 사정이 없는 한 종전 배우자와는 분리되어 따로 1세대를 구성하는 것으로 보아야 한다.

1. 사실관계

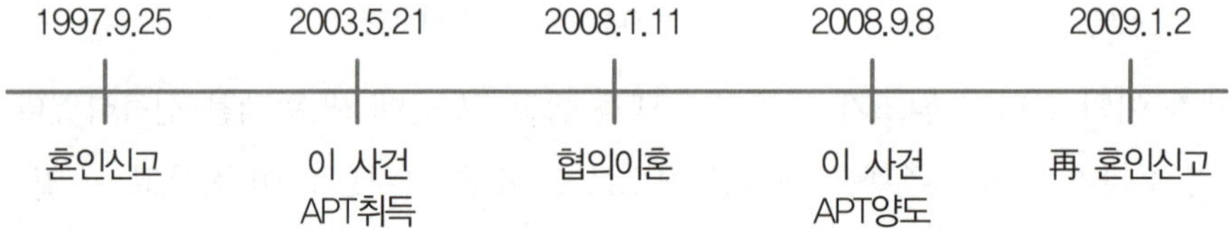

(1) 1997. 9. 25. 원고와 소외인은 혼인신고를 하였다(법률상 부부).

(2) 2003. 5. 21. 원고는 이 사건 아파트를 취득하였다.

(3) 2008. 1. 11. 원고와 소외인은 협의이혼신고를 하였다.

(4) 2008. 9. 8. 서울특별시에 협의취득을 원인으로 이 사건 아파트를 양도하였다.

(5) 2009. 1. 2. 원고와 소외인은 다시 혼인신고를 하였다.

(6) 피고는 원고와 소외인이 **이혼한 후에도 사실상 혼인관계를 유지하고 있고 소외인이 8채의 아파트를 소유하고 있는 사실**을 확인하고 이 사건 아파트 양도는 '1세대 3주택 이상에 해당하는 주택의 양도'로 보아 60%의 중과세율을 적용하여 양도소득세를 부과처분하였다.

2. 쟁 점

양도소득세의 비과세요건인 '1세대 1주택'에 해당하는지 판단할 때 거주자가 주택의 양도 당시 이미 이혼하여 법률상 배우자가 없는 경우, 종전 배우자와는 분리되어 따로 1세대를 구성하는 것으로 보아야 하는지 여부

3. 사건의 경과

(1) **원심판결**(서울행정법원 2015. 7. 24. 선고 2014구단55505 판결) : **국승**

조세법률주의의 원칙상 조세법규의 해석은 특별한 사정이 없는 한 법문대로 해석하여야 하고 합리적 이유 없이 확장해석하거나 유추해석하는 것은 허용되지 않지만, 법규 상호 간의 해석을 통하여 그 의미를 명백히 할 필요가 있는 경우에는 조세법률주의가 지향하는 법적 안정성 및 예측가능성을 해치지 않는 범위 내에서 입법 취지 및 목적 등을 고려한 **합목적적인 해석을 하는 것은 허용된다**고 할 것인데(대법원 2008. 4. 24. 선고 2006두187 판결 등 참조), 1세대 1주택의 양도로 인하여 발생하는 소득에 대하여 소득세를 부과하지 아니하도록 규정하고 있는 취지는 주택이 국민의 주거생활의 기초가 되는 것이므로 1세대가 국내에 소유하는 1개의 주택을 양도하는 것이 양도소득을 얻거나 투기를 할 목적으로 일시적으로 거주하거나 소유하다가 양도한 것이 아니라고 볼 수 있는 일정한 사유가 있는 경우에는 그 양도소득에 대하여 소득세를 부과하지 아니함으로써 국민의 주거생활의 안정과 거주이전의 자유를 보장하여 주려는 데에 있고(대법원 1999. 12. 10. 선고 98두3051 판결 등 참조), 구 「소득세법」(2008. 12. 26. 법률 제9270호로 일부 개정되기 전의 것) 제104조 제1항 제2호의 3은 투기 목적의 주택소유를 억제하여 주택 가격의 안정과 주거생활의 안정을 도모하려는 취지에서 양도소득세를 중과세하는 규정인 점을 고려하면, **거주자와 배우자가 1세대 1주택 비과세 혜택을 받기 위하여 위장이혼을 한 경우까지 거주자와 배우자가 각각 1세대를 구성한다고 해석하는 것은 그 입법취지 및 목적에 어긋나는 것**으로 보이므로, 거주자와 배우자가 이혼한 경우에는 원칙적으로 각 1세대를 구성하나 **거주자와 배우자가 양도소득세를 면탈하기 위해 위장이혼을 하고 이혼한 후에도 거주자와 이혼한 배우자가 실제로 혼인관계를 지속하고 있는 경우에는 거주자와 배우자를 1세대로 해석하여야** 할 것이다.

(2) 대상판결

조세법률주의의 원칙상 과세요건이거나 비과세요건 또는 조세감면요건을 막론하고 조세법규의 해석은 특별한 사정이 없는 한 법문대로 해석하여야 하는 점 등을 종합하면, 양도소득세의 비과세요건인 '1세대 1주택'에 해당하는지를 판단할 때 거주자와 함께 1세대를 구성하는 배우자는 법률상 배우자만을 의미한다고 해석되므로, 거주자가 주택의 양도 당시 이미 이혼하여 법률상 배우자가 없다면, 그 이혼을 무효로 볼 수 있는 사정이 없는 한 종전 배우자와는 분리되어 따로 1세대를 구성하는 것으로 보아야 한다.

한편 협의이혼에서 이혼의 의사는 법률상의 부부관계를 해소하려는 의사를 말하므로, 일시적으로나마 법률상의 부부관계를 해소하려는 당사자 간의 합의하에 협의이혼신고가 된 이상, 그 협의이혼에 다른 목적이 있다고 하더라도 양자 간에 이혼의 의사가 없다고는 말할 수 없고, 그 협의이혼은 무효로 되지 아니한다(대법원 1993. 6. 11. 선고 93므171 판결 참조).

원심이 들고 있는 바와 같이 원고가 **양도소득세를 회피할 목적으로 이혼하였다거나 이혼 후에도 소외인과 사실상 혼인관계를 유지하였다는 사정만으로 그 이혼을 무효로 볼 수 없고,** 따라서 원고는 이 사건 아파트의 양도 당시 이미 이혼한 소외인과는 분리되어 따로 1세대를 구성하므로 이 사건 아파트는 비과세 대상인 1세대 1주택에 해당한다.

4. 평 석

(1) 이 사건의 판단에 있어서 원심은 조세법률주의의 합목적적 해석을 들어 위장이혼의 경우까지 별도세대로 보아 1세대 1주택 비과세 혜택을 주는 것은 입법취지에 어긋난다고 보았다. 이에 반해 대법원은 조세법률주의의 엄격해석원칙상 1세대를 구성하는 배우자는 법률상 배우자로 한정한다는 해석을 하였다.

(2) 이러한 법원의 태도에 대해서 이창희 교수는 "때로는 아무말 없이 유추나 확대해석을 하고 때로는 느닷없이 유추나 확대해석의 금지를 내세우는 것은 자의일 뿐"이라는 비판을 한 바 있다.

(3) 「소득세법」도 다른 개별세법과 같이 부당행위계산부인 규정을 두고 있다. 어떠한 거래가 사회통념이나 관습에 비추어 합리적인 경제인이 취할 정상적인 거래로 볼 수 없어

조세부담을 부당하게 감소시킨 것으로 인정되는 경우 이를 부인하고 법령이 정하는 방법으로 정부가 소득금액을 계산할 수 있다는 것이다.

(4) 대상 사건은 누가 보아도 원고와 소외인이 조세회피 목적으로 이혼하였다가 다시 혼인을 한 것으로 1세대 1주택 요건을 충족하기 위한 편법을 사용한 것이라고 볼 수 있는데도(대법원도 그 점은 인정하고 있다) 대법원은 대상판결을 통해 배우자는 법률상 배우자에 한정한다는 원칙을 고수하였다.

(5) **대법원은 부부가 별거하는 경우에도 1세대를 구성한다거나 주택의 양도 당시 배우자가 있다면 부부관계가 실질적으로 파탄에 이른 경우에도 거주자와 1세대를 구성한다고 일관되게 판시**하고 있다.

(6) 사건을 전제로, 세법상 부당행위계산부인규정은 사법관계를 존중하면서 세법상 그 행위에 대해 제재를 가하는 것이므로 이 사건에서와 같이 위장이혼의 경우 그 법률적 효과는 인정하더라도 원심의 판단과 같이 조세법률주의의 합목적적 해석의 견지에서 **거주자와 배우자를 1세대로 해석**하는 것이 1세대 1주택 비과세 입법취지에 부합하는 것으로 볼 여지가 충분하다. 대상판결의 변경을 기대해 본다.

(7) 2018. 12. 31. 소득세법 개정으로 **1세대의 범위** 안에 **배우자가 법률상 이혼을 하였으나 생계를 같이 하는 등 사실상 이혼한 것으로 보기 어려운 관계에 있는 사람도 포함**할 수 있게 되었다(소득세법 제88조 제6항). 대법원 2016두35083판결에서 양도소득세를 회피할 목적으로 이혼을 하고 양도 후 재결합하는 경우에도 1세대를 구성하는 배우자는 법률상의 배우자로 한정한다는 대법원의 판결에 따른 세법개정으로 보인다. 그렇다면 부부가 별거하는 경우, 법률상 이혼을 하지 않았지만 생계를 같이 하지 아니하게 되면 1세대를 구성하지 않는다고 해석할 수 있는 것인지 의문이다.

5. 관련 판례

문서번호	내 용
대법원 1998.5.29. 선고 97누19465 판결	법률상 부부의 일방이 제3자와 내연관계를 맺어 부부가 별거하는 경우, 세법엄격해석의 원칙상 배우자라는 사실만으로 거주자와 1세대를 구성한다.

문서번호	내 용
대법원 1999.2.23. 선고 98두17463 판결	주택의 양도 당시 법률상 배우자가 있다면 비록 그 부부관계가 실질적으로 파탄에 이른 경우에도 거주자와 1세대를 구성한다.
대법원 1995.7.14. 선고 94누15530 판결	1세대 1주택의 해당여부는 세대를 기준으로 판단하여야 한다. 따라서 1세대를 구성하는 세대원 간에 증여 등을 원인으로 하여 주택의 소유권자가 다르게 되었다고 하더라도 그 양도 전후를 통하여 1세대를 구성하는 이상 소유권자별로 볼 것은 아니다.
대법원 1995.11.24. 선고 95누4599 판결; 대법원 1993.9.14. 선고 92누18191 판결	이혼을 하면서 이혼위자료에 갈음하여 남편으로부터 주택을 양도받은 아내가 그 주택을 다시 제3자에게 양도하는 경우에는 남편과 관계없이 아내만을 기준으로 하여 1세대 1주택 해당여부를 판단하여야 한다.
대법원 2019. 02. 28. 선고 2018두62034 판결	법률상 배우자가 있다면 그 부부관계가 실질적으로 파탄에 이르렀다고 하더라도, 엄격해석의 원칙상 배우자가 없는 경우를 전제로 하는 구 소득세법 시행령 제154조 제1항은 그 적용이 없다고 할 것이므로 부부 일방만으로 여기서 말하는 1세대를 구성한다고 볼 수 없고 신의성실원칙 및 실질과세원칙에 위반하였다고 볼 수 없음

5-6 법률상 혼인관계가 해소되지 아니한 이상 1세대를 구성함

● 대상판결 : 대법원 2018두62034 (2019. 2. 28.) ➜ 국승

핵심 요지

법률상 배우자가 있다면 그 부부관계가 실질적으로 파탄에 이르렀다고 하더라도, 엄격해석의 원칙상 배우자가 없는 경우를 전제로 하는 구 소득세법 시행령 제154조 제1항은 그 적용이 없다고 할 것이므로 부부 일방만으로 여기서 말하는 1세대를 구성한다고 볼 수 없고 신의성실원칙 및 실질과세원칙에 위반하였다고 볼 수 없음

1. 사실관계

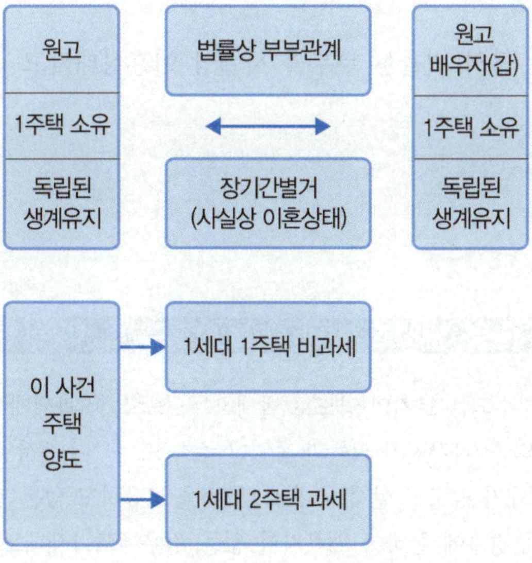

(1) 원고는 2002. 6. 11. 이 사건 주택을 577,110천 원에 취득하여 2013. 6. 28. A에게 1,090,000천 원에 양도하였다.

(2) 원고는 2013. 8. 31. 이 사건 양도에 대하여 1세대 1주택 양도소득세 비과세를 적용하여 양도소득세 예정신고를 하고 양도소득세 1,199천 원을 납부하였는데, 피고가 원고에게 법률상 배우자인 갑이 아파트 1채를 별도로 소유하고 있어 1세대 1주택 양도

소득세 비과세요건에 해당하지 않는다는 사실을 안내하자, 원고는 2013. 10. 30. 1세대 1주택 양도소득세 비과세를 배제하여 양도소득세 수정신고를 하고 양도소득세 116,927천 원을 추가 납부하였다.

(3) 원고와 법률상 배우자인 갑은 1994. 12. 21. 법무법인으로부터 공증 받은 이혼합의서(등부 1994년 제***호)에 따라 사실상 이혼을 확정하였으나 미혼 자식의 혼례 등을 이유로 호적 정리는 유예하기로 하였다.

(4) 원고는 2015. 6. 30. 피고에게 이 사건 양도 당시 자신과 법률상 배우자인 갑 사이가 사실상 이혼 상태여서 이 사건 양도가 1세대 1주택 양도에 해당하여 비과세되어야 하므로 위 추가납부한 양도소득세 116,927천 원을 환급해 달라는 취지로 경정청구를 하였으나, 피고는 이를 거부하였다

2. 쟁 점

이 사건 주택을 양도할 당시 법률상 부부를 사실상 이혼상태라고 하여 별도세대로 볼 수 있는지 여부

3. 관련 법령

구 「소득세법시행령」 제89조 제1항 제3호 및 같은 법 시행령 제154조

1세대 1주택과 이에 부수되는 토지의 양도로 발생하는 소득은 비과세에 해당하고, “1세대 1주택”이라 함은 거주자 및 그 배우자가 그들과 동일한 주소 또는 거소에서 생계를 같이 하는 가족과 함께 구성하는 1세대가 양도일 현재 국내에 1주택을 보유하고 있는 경우를 말하고, 배우자가 사망하거나 이혼한 경우에 한하여 배우자가 없는 경우에도 1세대로 본다.

4. 원 · 피고 주장 요약

(1) 원 고

① 원고는 배우자 갑과 법률상 이혼절차를 밟지 않았을 뿐 1994. 12. 21.부터 별거하여 이 사건 양도 당시 서로 생계를 같이 하지 않는 등 사실상 이혼상태에 있었으므로 동일한 세대의 구성원이라고 할 수 없어 세대를 달리한다고 보아야 함에도 법률상 부부라는 이유만으로 1세대로 보아 1세대 1주택 양도소득세 비과세를 배제한 이 사건 거부처분은 위법하여 취소되어야 한다.

② 구 소득세법 시행령(2014. 2. 21. 대통령령 제25193호로 개정되기 전의 것, 이하 같다) 제154조 제1항, 제2항 제2호는 배우자와 이혼한 경우에는 배우자가 없는 때에도 1세대로 보는데 그 이유는 일상생활을 공동으로 영위하지 않고 생계를 같이 하지 않는 경우를 별도의 세대로 간주하기 위해서이다. 사실상 이혼한 경우에도 이와 마찬가지로 일상생활을 공동으로 영위하지 않고 생계를 같이 하지 않는 경우에 해당하므로 별도의 세대로 간주해야 함에도 법률상 이혼한 경우와 달리 취급하는 것은 조세평등주의에 위반되므로, 이 사건 거부처분은 위법하여 취소되어야 한다.

③ 구 소득세법(2014. 1. 1. 법률 제12169호로 개정되기 전의 것, 이하 같다) 제89조 제1항 제3호에 따라 원고는 양도소득세를 추가로 납부하게 되었으므로 원고의 재산권이 제한되었는데, 이와 같은 재산권 제한은 수단의 적합성, 침해의 최소성, 법익균형성이 인정되지 아니하여 과잉금지원칙에 위반된다. 따라서 이 사건 거부처분은 위법하여 취소되어야 한다.

(2) 피고(과세관청)

1세대 1주택 양도소득세 비과세요건 해당 여부를 판단함에 있어 거주자의 배우자가 거주자와 **사실상 동거하고 생계를 같이 하는지 여부를 묻지 않고** 배우자라는 사실만으로 1세대를 구성한다고 봄이 타당하므로 원고는 1세대 1주택 양도소득세 비과세요건에 해당하지 않는 것이다.

5. 대상판결(부산지방법원 2018. 4. 5. 선고 2017구합21945판결)

양도소득세의 비과세요건인 1세대 1주택에 해당하는지 여부를 판별함에 있어서, 거주자의 배우자가 거주자와 사실상 동거하고 생계를 같이 하는지 여부를 묻지 아니하고 그 배우자라는 사실만으로 거주자와 1세대를 구성한다고 해석되고, 주택의 양도 당시 **법률상 배우자가 있다면 비록 그 부부관계가 실질적으로 파탄에 이르렀다고 하더라도**, 세법 규정의 엄격해석의 원칙상 배우자가 없는 경우를 전제로 하는 구 소득세법 시행령 제154조 제1항은 그 적용이 없다고 할 것이므로 그 **부부의 일방만으로 여기서 말하는 1세대를 구성한다고 볼 수 없다**(대법원 1999. 2. 23. 선고 98두17463판결 참조).
… 따라서 이 사건 양도 당시 원고와 갑 사이의 **혼인관계가 파탄되어 사실상 이혼상태에 있다고 하더라도 두 사람 사이의 법률상 혼인관계가 해소되지 아니한 이상** 원고와 갑은 여전히 1세대를 구성하는 것이고, 이 사건 양도 당시 원고와 갑이 각자의 명의로 주택을 보유하고 있는 이상, 원고가 이 사건 주택을 양도한 것은 비과세 대상이 되는 '1세대 1주택의 양도'에 해당한다고 볼 수 없다.

6. 평 석

(1) 「소득세법」 제89조 제1항 제3호 및 구 같은 법 「시행령」 제154조의 규정에 따르면 1세대 1주택과 이에 부수되는 토지의 양도로 발생하는 소득은 비과세에 해당하고, "1세대 1주택"이라 함은 거주자 및 그 배우자가 그들과 동일한 주소 또는 거소에서 생계를 같이 하는 가족과 함께 구성하는 1세대가 양도일 현재 국내에 1주택을 보유하고 있는 경우를 말하고, 배우자가 사망하거나 이혼한 경우에 한하여 배우자가 없는 경우에도 1세대로 본다고 되어 있다.

(2) 대법원은 "거주자는 원칙적으로 그 배우자와 함께 1세대를 구성하는 것으로 하면서, '가족'의 경우 거주자와 1세대를 구성하기 위해서는 거주자 또는 배우자와 동일한 주소 또는 거소에서 생계를 같이할 것을 요구하는 것과는 달리 그 **'배우자'는 거주자의 배우자라는 사실만으로 1세대를 구성하는 데 아무런 제한을 두지 아니하고 있어 거주자와 사실상 동거하고 생계를 같이 하는지 여부를 묻지 아니하고** 그 배우자라는 사실만으로 거주자와 1세대를 구성한다고 보아야 한다."는 일관된 입장을 유지하고 있다

(대법원 1999. 2. 23. 선고 98두17463 판결 등 다수).

(3) 원고는 1심에서 피고의 이 사건 처분이 조세평등주의와 헌법이 보장하는 과잉금지원칙을 위반하였다고 주장하였다.

(4) 이에 대해 1심재판부는 원고의 조세평등주의 위반이라는 주장에 대하여 1세대1주택 비과세와 같은 **시혜적 법률**은 국민의 권리를 제한하거나 새로운 의무를 부과하는 것과는 달리 **입법자에게 보다 광범위한 입법형성의 자유가 인정**되므로 입법자는 그 입법의 목적, 수혜자의 상황, 국가예산 등 제반사항을 고려하여 그에 합당하다고 스스로 판단하는 내용의 입법을 할 권한이 있고, 그렇게 하여 제정된 법률의 내용이 현저하게 합리성이 결여되어 있는 것이 아닌 한 헌법에 위반된다고 할 수는 없다(헌법재판소 1999. 7. 22. 선고 98헌바14 결정 참조)고 하면서, ① 구 소득세법 제89조 제1항 제3호는 국민의 권리를 제한하거나 새로운 의무를 부과하는 것이 아닌 점, ② 구 소득세법 시행령 제154조 제1항, 제2항 제2호는 비과세 대상 범위에 관한 것인데, 이와 같이 **비과세 대상을 어느 범위까지 인정할 것인지는 입법재량에 속하는 점, ③ 법률상 혼인관계가 해소된 경우에만 별도의 세대로 보도록 객관적 기준을 설정하는 것이 조세공평의 원칙과 조세행정의 효율성을 고려할 때 불가피**한 것으로 보이는 점, **④ 사실상 이혼한 경우의 기준이 불분명하여 이를 구분하기가 모호하므로 원고의 주장에 의할 경우 납세자와 과세관청 모두 양도시점에 비과세 대상에 해당하는지 여부를 판단하기 어려운 점** 등에 비추어 볼 때, 구 소득세법 시행령 제154조 제1항, 제2항 제2호 규정이 현저하게 합리성이 결여된 것으로 보기 어렵다고 판시하였는바, 수긍이 가는 판결이다.

(5) 과잉금지원칙을 위반하였다는 피고의 주장에 대해서는 "원고에게 납세의무를 부과하는 것은 양도소득세의 과세대상을 정하고 있는 구 소득세법 제94조 제1항 제1호이지 구 소득세법 제89조 제1항 제3호가 아니다. 구 소득세법 제89조 제1항 제3호는 양도소득세 납세의무의 성립을 전제로 하여, 정책적 목적으로 비과세 요건을 규정하고 있을 뿐이어서 **'국민에게 이익을 부여'하는 규정이지 국민의 기본권을 제한 또는 침해하는 규정이 아니다**(헌법재판소 2006. 2. 23. 선고 2004헌바80전원재판부 결정 참조). 따라서 구 소득세법 제89조 제1항 제3호가 법률상 혼인관계가 해소된 경우에만 1세대로 보는 것으로 적용된다고 해석하더라도 이로써 원고의 재산권이 침해된다고 볼

수 없다."고 판시하였다.

(6) 이 사건 항소심에 이르러 원고는 이 사건 처분이 **실질과세의 원칙에 위반**하여 공평과세의 원칙에 위배되고 궁극적으로 헌법 제11조 제1항의 평등의 원칙에 반하므로 취소되어야 하고, 자기구속의 원칙 및 신뢰보호의 원칙에도 위배되어 취소되어야 한다는 새로운 주장을 하였다. 그 근거로 과세관청이 2018. 12. 31. 소득세법 개정으로 **1세대의 범위 안에 배우자가 법률상 이혼을 하였으나 생계를 같이 하는 등 사실상 이혼한 것으로 보기 어려운 관계에 있는 사람도 포함**한(소득세법 제88조 제6항) 사실을 들었다.

(7) 소득세법 개정은 이른바 실질과세원칙에 근거한 법 개정이므로 대상 사건에서도 실질과세원칙에 따라 원고와 같이 사실상 이혼한 상태이므로 별도세대로 보아야 한다는 것이다.

(8) 이에 대해 항소심재판부는 "대한민국 산하 기획재정부가 2018. 7. 30. 1세대 1주택 양도소득세 비과세 시 1세대 범위를 명확화하기 위하여 "배우자"를 "배우자(법률상 이혼을 하였으나 생계를 같이 하는 등 사실상 이혼한 것으로 보기 어려운 경우 포함)"로 개정하는 **소득세법 개정안을 마련하였다는 사정만으로는 이 사건 처분이 실질과세의 원칙에 반한다고 보기 어려우므로 원고의 이 부분 주장은 더 나아가 살필 필요 없이 이유 없다**"고 판결하였다.

(9) 항소심재판부의 판결은 다양한 해석을 낳을 수 있겠지만, 배우자의 경우 이혼하였지만 생계를 같이 하는 경우 1세대로 본다(실질과세원칙에 따른)는 세법의 개정에도 불구하고 여전히 법원은 이혼하지 아니하면 부부가 파탄에 이르러 별거를 하더라도 같은 세대로 보아야 한다는 것으로 읽혀진다.

(10) 대법원 2016두35083판결에서 대법원은 "원심이 들고 있는 바와 같이 원고가 **양도소득세를 회피할 목적으로 이혼**하였다거나 이혼 후에도 소외인과 사실상 혼인관계를 유지하였다는 사정만으로 **그 이혼을 무효로 볼 수 없고**, 따라서 원고는 이 사건 아파트의 양도당시 이미 이혼한 소외인과는 분리되어 따로 1세대를 구성하므로 이 사건 아파트는 비과세 대상인 1세대1주택에 해당한다."고 판시하였다. 즉, 이혼한 경우에는 이혼 후에도 사실상 혼인관계를 유지하고 있더라도 동일세대로 볼 수 없다는 판단이었고, 대상판결에 따르면 추후에도 2016두35083과 유사한 조세소송의 경

우에 이혼한 경우에는 이혼 후 사실상 혼인관계를 유지하더라도 별도세대로 보겠다는 입장을 그대로 유지할 가능성을 배제할 수 없다(대법원도 위 2016두35083 사건에서 원고에게 조세회피목적이 있었다는 점을 인정하고 있다).

(11) 이혼하였더라도 생계를 같이 하는 경우 동일세대로 보겠다는 소득세법 개정은 양도소득세를 회피할 목적으로 이혼을 하고 재결합 하는 경우에도 1세대를 구성하는 배우자는 법률상의 배우자로 한정한다는 위 대법원의 판결(2016두35083판결)에 따른 세법 개정으로 이해된다.

(12) 이 사건 1심재판부가 ① **법률상 혼인관계가 해소된 경우에만 별도의 세대로 보도록 객관적 기준을 설정하는 것이 조세공평의 원칙과 조세행정의 효율성을 고려할 때 불가피한 것**으로 보이는 점, ② 사실상 이혼한 경우의 기준이 불분명하여 이를 구분하기가 모호하므로 원고의 주장에 의할 경우 납세자와 과세관청 모두 양도시점에 비과세 대상에 해당하는지 여부를 판단하기 어려운 점 등에 비추어 볼 때, 구 소득세법 시행령 제154조 제1항, 제2항 제2호 규정이 현저하게 합리성이 결여된 것으로 보기 어렵다는 판단한 것은 일견 설득력이 있고 수긍이 가는 판결이다.

(13) 항소심 재판부가 "조세심판원 등이 2001. 6. 1., 2002. 1. 9. 및 2005. 4. 3. 법률상 배우자이나 사실상 이혼 상태에 있는 경우는 1세대에 해당한다고 보기 어렵다고 결정하였다는 사정만으로는 과세관청의 처분이 되풀이되어 과세관행이 이루어졌다거나 과세관청이 신뢰의 대상이 되는 공적인 견해를 표명하였다고 볼 수 없으므로 원고의 신의성실의 원칙 위반이라는 주장도 이유 없다."고 판시한 것도 **실질과세원칙에 불구하고 배우자는 법률상 배우자만을 인정하는 민법의 정신에 비추어 이혼하지 않았다면 별거하더라도 거주자와 1세대를 구성한다는 입장을 그대로 유지**한 것으로 보인다.

(14) 실질과세원칙에 의하여 당사자의 거래행위를 그 법 형식에도 불구하고 조세회피행위라고 하여 그 행위계산의 효력을 부인할 수 있으려면 조세법률주의 원칙상 법률에 개별적이고 구체적인 부인규정이 마련되어야 한다(대법원 1999. 11. 9. 선고 98두14082 판결 등). 과세관청이 소득세법 개정을 통하여 이혼을 한 경우라도 생계를 같이하는 경우에는 같은 세대로 본다고 규정한 것은 위 대법원 판례를 따르는 것이라고 이해할 수 있다. 그러나 이 사건 1심재판부의 판단과 같이 **법률상 혼인관계가**

해소된 경우에만 별도의 세대로 보도록 객관적 기준을 설정하는 것이 조세공평의 원칙과 조세행정의 효율성을 고려할 때 타당하다. 만약 개정된 소득세법에 따라 이혼한 경우에도 생계를 같이 하는 경우를 1세대로 본다면 대상 사건에서와 같은 경우에는 원고와 배우자 갑이 1세대를 구성하지 않는다고 해석하는 것이 실질과세원칙에 부합하기 때문이다.

(15) 대상 사건은 상고심절차에관한특례법에 따라 본안 심리 없이 상고를 기각하는 판결로 마무리되었다.

7. 관련예규 · 심판례 · 판례

문서번호	내 용
대법원 2012. 3. 29. 선고 2011두31147 판결	원고와 같은 이 사건 주택의 **양도 당시 법률상 혼인관계를 유지**하고 있으므로 비록 그 부부관계가 실질적으로 파탄에 이르렀다고 하더라도 부부의 일방만으로 1세대를 구성한다고 볼 수 없는 바, 원고는 이 사건 주택의 양도 당시 원고와 함께 1세대를 구성하는 갑이 주택을 소유하고 있었기에 원고는 **1세대 2주택자에 해당**한다 할 것이다.
대법원 1999. 2. 23. 선고 98두17463 판결	양도소득세의 비과세요건인 '1세대 1주택'에 해당하는지 여부를 판별함에 있어서, 거주자의 배우자가 거주자와 사실상 동거하고 생계를 같이 하는지 여부를 묻지 아니하고 **그 배우자라는 사실만으로 거주자와 1세대를 구성한다고 해석**되고, 주택의 양도 당시 법률상 배우자가 있다면 비록 그 부부관계가 **실질적으로 파탄에 이르렀다고 하더라도,** 세법 규정의 엄격해석의 원칙상 배우자가 없는 경우를 전제로 하는 구 소득세법시행령(1994. 12. 31. 대통령령 제14467호로 전문 개정되기 전의 것) 제15조 제2항은 그 적용이 없다고 할 것이므로 **그 부부의 일방만으로 여기서 말하는 1세대를 구성한다고 볼 수 없다.**
대법원 1998.5. 29. 선고 97누19465 판결	법률상 부부의 일방이 제3자와 내연관계를 맺어 부부가 별거하는 경우, 세법 엄격해석의 원칙상 배우자라는 사실만으로 거주자와 1세대를 구성한다.

문서번호	내 용
대법원 2012. 1. 19. 선고 2008두8499 전원합의체 판결	실질과세의 원칙은 헌법상의 기본이념인 평등의 원칙을 조세 법률관계에 구현하기 위한 실천적 원리로서, 조세의 부담을 회피할 목적으로 과세요건사실에 관하여 실질과 괴리되는 비합리적인 형식이나 외관을 취하는 경우에 그 형식이나 외관에 불구하고 실질에 따라 담세력이 있는 곳에 과세함으로써 부당한 조세회피행위를 규제하고 과세의 형평을 제고하여 조세정의를 실현하고자 하는 데 주된 목적이 있다.
대법원 2009. 12. 24. 선고 2009두7967 판결	행정의 **자기구속의 원칙**이란 행정청의 어떠한 처분이 되풀이 시행되어 행정관행이 이루어지게 된 경우 평등의 원칙이나 신뢰보호의 원칙에 따라 행정기관이 **그 상대방에 대한 관계에서 그 규칙에 따라야 할 자기구속을 받게 되는 원칙**을 말하는 것이다.
대법원 2002. 11. 26. 선고 2001두9103 판결	일반적으로 조세법률 관계에서 과세관청의 행위에 대하여 신의성실의 원칙이 적용되기 위해서는, 과세관청이 납세자에게 신뢰의 대상이 되는 공적인 견해표명을 하여야 하고, 납세자가 과세관청의 견해표명이 정당하다고 신뢰한 데 대하여 납세자에게 귀책사유가 없어야 하며, 납세자가 그 견해표명을 신뢰하고 이에 따라 무엇인가 행위를 하여야 하고, 과세관청이 견해표명에 반하는 처분을 함으로써 납세자의 이익이 침해되는 결과가 초래되어야 한다.

5-7 해외로 주거이전 한 경우는 '다른 시 · 군으로 주거를 이전하는 경우'에 해당하지 아니함

● 대상판결 : 대법원 2012두3972 (2012. 7. 5.) ➜ 국승

핵심 요지

'근무상 형편 등 부득이한 사유로 양도하는 경우'는 국내 주거이전을 전제로 한 것이므로 해외 파견근무로 인해 세대 전원이 외국으로 출국한 경우는 '근무상 형편으로 다른 시 · 군으로 주거를 이전하는 경우'에 포함된다고 할 수 없고 이 같은 해석은 평등권이나 거주이전의 자유, 직업선택의 자유를 침해하지 아니함

1. 사실관계

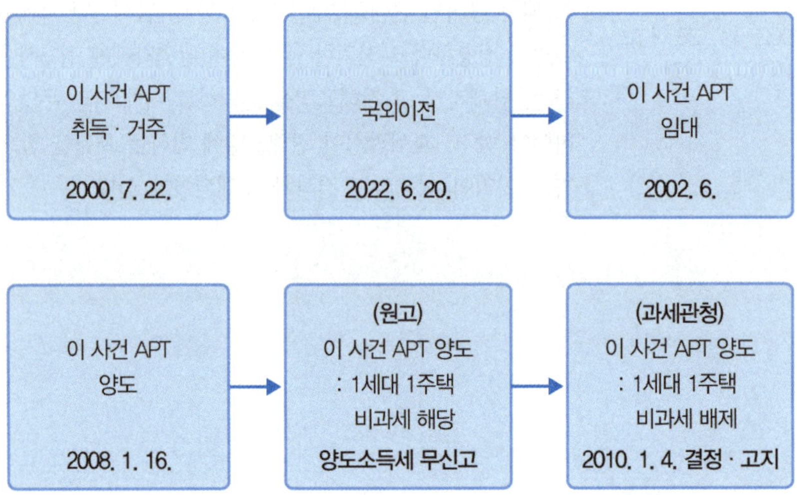

(1) 원고는 2000. 7. 22. 서울 강동구 소재 이 사건 아파트를 취득하여 소유권 이전등기를 마쳤고, 2000. 7. 19. 이 사건 아파트 소재지에 주민등록 전입신고를 하고 그 무렵부터 이 사건 아파트에서 거주하였다.

(2) 원고는 국내 소재 법인에서 근무하던 중 2002. 6. 20.자로 위 회사의 중국 현지법인의 법인장으로 파견근무하게 되자, 2002. 6. 15.경 이 사건 아파트를 임대하고

2002. 6. 20. 처 및 자녀와 함께 중국으로 출국하였으며, 그 후로 중국에서 계속 거주하여 왔다.

(3) 원고는 중국에서 거주하던 중인 2008. 1. 16. 당시 국내에 소유하고 있던 유일한 주택인 이 사건 아파트를 양도하고, 이 사건 아파트의 매매가 소득세법상의 양도소득세 비 과세대상인 1세대 1주택의 양도에 해당한다고 보아 양도소득세 과세표준 및 세액을 신고하지 않았다.

(4) 피고는 원고의 이 사건 아파트의 매매가 소득세법상의 양도소득세 비과세대상인 1세대 1주택의 양도에 해당하지 않는 것으로 보아 2010. 1. 4. 원고에 대하여 2008년 귀속 양도소득세(가산세 포함) 55,216,330원을 부과하는 내용의 이 사건 처분을 하였다.

2. 쟁 점

1세대 1주택 보유기간 및 거주기간의 제한을 받지 아니하는 경우를 규정한 소득세법 시행령 조항 중 '다른 시 · 군으로 주거를 이전하는 경우'에 국외이주가 포함되는지 여부

3. 관련 법령

구 「소득세법시행령」 제154조 제1항(2009. 12. 31. 법률 제9897호로 개정되기 전의 것)

1세대 1주택이라 함은 거주자 및 그 배우자가 그들과 동일한 주소 또는 거소에서 생계를 같이 하는 가족과 함께 구성하는 1세대가 양도일 현재 국내에 1주택을 보유하고 있는 경우로서 당해 주택의 보유기간이 3년 이상인 것(서울특별시 등에 소재하는 주택의 경우에는 당해 주택의 보유기간이 3년 이상이고 그 보유기간 중 거주기간이 2년 이상인 것)을 말한다고 규정하면서, 비과세요건인 1세대 1주택 보유기간 및 거주기간의 제한을 받지 않은 경우로 단서 제3호에서 '1년 이상 거주한 주택을 재정경제부령이 정하는 **취학, 근무상의 형편, 질병의 요양 기타 부득이한 사유**로 양도하는 경우'를 적시하고 있다.

구 「소득세법시행규칙」 제71조 제3항(2008. 4. 29. 기획재정부령 제15호로 개정되기 전의 것)

취학, 근무상의 형편, 질병의 요양 기타 부득이한 사유라 함은 세대 전원이 다음 각 호의 어느 하나에 해당하는 사유로 다른 시 · 군으로 주거를 이전하는 경우를 말한다고 규정하면서, 제2호에서 '직장의 변경이나 전근 등 근무상의 형편'을 규정하고 있다.

4. 원 · 피고 주장 요약

(1) 원 고

이 사건 아파트를 취득하여 1년 이상 거주하다가 해외파견근무로 세대 전원이 중국으로 주거를 이전하게 된 부득이한 사유로 1세대 1주택인 이 사건 아파트를 양도하였으므로, 원고의 이 사건 아파트의 양도는 구 소득세법시행령(2008. 2. 22. 대통령령 제20618호로 개정되기 전의 것, 이하 같다) 제154조 제1항 단서 제3호에 해당하여 1세대 1주택 보유기간 및 거주기간 요건의 제한 없이 양도소득세 비과세대상에 해당하고, 이와 달리 보아 이루어진 피고의 이 사건 처분은 위법하다.

(2) 피고(과세관청)

1세대 1주택 비과세 특례조항인 구 소득세법시행규칙 제71조 제3항 제2호(이하 '이 사건 쟁점조항'이라 한다)에는 '해외로 출국하는 경우'를 명문으로 포함하고 있지 아니하므로 이를 원고에 대하여 적용하는 것은 조세법률주의상 금지되는 유추 내지 확장해석에 해당한다.

5. 사건의 경과

(1) 1심판결(서울행정법원 2010. 12. 13. 선고 2010구단11651 판결) : 국패

이 사건의 경우, 구 소득세법시행령 제154조 제1항 단서 제3호는 '거주자가 구성하는 1세대'가 양도일 현재 국내에 보유하고 있던 '1년 이상 거주한 1주택'을 '재정경제부령이 정하는 부득이한 사유로 양도'하는 경우에는 양도소득세 비과세요건인 1세대 1주택의 보유기간 및 거주기간 요건을 충족하지 못하였더라도 양도소득세 비과세대상이 되도록 규정하고 있는 점, 원고는 이 사건 아파트의 양도 당시 비록 중국에서 거주하고 있었지만 내국법인 주식회사 소속으로 그 회사의 중국 현지법인에 파견되어 근무하고 있었던 만큼 구 소득세법 시행령 제3조의 '내국법인의 국외사업장 등에 파견된 임원 또는 직원'으로서 소득세법상 양도소득세 비과세의 적용대상인 **거주자에 해당**하고, 원고의 이 사건 아파트 양도 당시 이 사건 아파트는 거주자인 원고가 구성하는 1세대가 국내에 보유하고 있던 '1년 이상 거주한 1주택'에 해당하는 점, 구 소득세법시행령 제154조 제1항 단서 제3호의 취지는 주택이 국민의 주거생활의 기초가 되는 것인 만큼 1세대가 국내에 보유하는 1년 이상 거주한 1개의 주택을 양도하는 것이 양도소득을 얻거나 투기를 할 목적으로 일시적으로 거주하거나 소유하다가 양도하는 것이 아니라고 볼 수 있는 일정한 경우에는 그 양도소득에 대하여 소득세를 부과하지 아니함으로써 국민의 주거생활의 안정과 거주이전의 자유를 보장하여 주려는 것이므로, 구 소득세법시행령 제154조 제1항 단서 제3호에서 '부득이한 사유'를 재정경제부령으로 정하도록 하는 취지로 보이고, 원고가 **해외파견근무라는 근무상의 형편으로 국외로 주거를 이전하였음에도 그 주거이전의 장소가 국내의 다른 시 · 군이 아닌 국외라는 이유로 구 소득세법시행규칙 제71조 제3항 제2호에 해당하지 않는다고 보는 것은 위와 같은 구 소득세법시행령 제154조 제1항 단서 제3호의 위임 취지 및 내용에 부합하지 않을 뿐 아니라,** … 원고의 해외파견근무로 세대 전원이 국외로 주거를 이전하는 사유가 있었던 것이므로, 이는 구 소득세법시행령 제154조 제1항 단서 제3호에 해당하여 이 사건 주택에서의 거주기간이 2년에 미달하더라도 구 소득세법 제89조 제1항 제3호 및 구 소득세법시행령 제154조 제1항의 1세대 1주택의 양도로서 양도소득세 비과세대상이 된다고 봄이 상당하다.

(2) 2심판결(서울고등법원 2012. 1. 6. 선고 2011누1674 판결) **: 국패**

구 소득세법시행령 제154조 제1항의 취지는, 원래 소득세법에서 1세대 1주택의 요건으로 3년의 보유요건을 요구하는 것이 주택의 단기전매차익을 목적으로 하는 부동산투기를 억제하고자 하는 것이므로 투기목적이 아닌 불가피한 경우나 장기보유에 대 하여 예외를 인정한 것이라고 볼 수 있다. 특히 같은 항 제3호 및 이 사건 쟁점조항의 경우는 근무상의 형편 등으로 종전 거주지에서 출퇴근이 불가능한 신근무지로 주거를 이전하는 것은 부득이

한 사유가 있다고 보고, 종전 거주지 주택에서 1년 이상 거주할 것을 요건으로 비과세함이 타당하다는 고려에 기인한 것으로 보인다. 그런데 원고의 경우와 같이 파견인사명령에 따라 해외지사로 근무를 위하여 출국하는 경우는 출퇴근이 불가능한 신근무지로 주거를 이전하는 경우에 해당한다.

… 또한 위 제3호에서는 위 제2호 각목과는 달리, 근무상의 형편으로 인하여 적어도 국내의 다른 시 · 군으로 주거지를 이전한 경우에는 소유주택의 양도시기에 관하여 아무런 제한을 두고 있지 아니하므로, 위 요건에 부합하는 국내 거주이전자의 경우 당연히 이러한 혜택을 받게 될 것이고, 국내에서 1년 이상 주택에 거주한 소유자로서 해외지사로 근무를 위하여 출국하는 경우에도 국내 거주 이전자와 마찬가지로 위 조항에 따라 소유주택의 양도시기의 제한을 받지 않게 될 것이다.

(3) 대상판결 : 국승

… 조세법률주의의 원칙상 과세요건이거나 비과세요건 또는 조세감면요건을 막론하고 조세법규의 해석은 특별한 사정이 없는 한 법문대로 해석할 것이고, 합리적 이유 없이 확장해석하거나 유추 해석하는 것은 허용되지 아니한다. 이와 아울러 위 각 규정의 입법 취지와 입법 경위, 그 문언 내용과 시행령 제154조 제1항 단서 제2호와 제3호의 체계와 유기적 관계 등을 종합하면, **위 제3호가 규정한 '근무상의 형편 등 부득이한 사유로 양도하는 경우'는 국내에서 주거를 이전하는 경우를 전제한 것**이고, 따라서 그 위임에 의한 시행규칙 제71조 제3항 제2호의 **'다른 시 · 군으로 주거를 이전하는 경우'에 국외이주는 당연히 포함되지 않는다**고 봄이 상당하다. 위 시행령 규정의 전체 체계상 해외로의 주거이전과 국내에서의 주거이전이 분명하게 구분되어 있고, 해외 출국 이후 2년이면 국내 주택의 처분을 위한 유예기간으로서는 합리적이라고 볼 수 있을 뿐 아니라 **국외 이주자라고 하여 위 제2호와 제3호를 선택적으로 적용하여 비과세 특례를 적용받도록 할 합당한 이유도 없기 때문**이다.

원고와 같이 해외지사 파견근무로 인해 세대 전원이 외국으로 출국한 경우에 대해서까지 시행령 제154조 제1항 단서 제3호, 시행규칙 제71조 제3항 제2호가 정한 '직장의 변경이나 전근 등 근무상의 형편으로 세대 전원이 다른 시 · 군으로 주거를 이전하는 경우'에 포함된다고 할 수 없다. 따라서 이와 달리 판단한 원심판결에는 1세대 1주택의 양도소득세 비과세요건에 관한 법리를 오해한 잘못이 있고 이는 판결에 영향을 미쳤음이 분명하다. 이를 지적하는 상고이유 주장은 이유 있다.

이에 원심판결을 파기하고 사건을 다시 심리·판단하도록 원심법원에 환송하기로 하여, 관여 대법관의 일치된 의견으로 주문과 같이 판결한다.

6. 평 석

(1) 1년 이상 거주한 주택을 취학, 근무상의 형편, 질병의 요양 기타 부득이한 사유로 세대 전원이 다른 시(특별시와 광역시를 포함한다)·군으로 주거를 이전하는 경우에는 1세대1주택 비과세 혜택을 받을 수 있다.

(2) 피고는 이 사건 2심 소송 진행 과정 중에 국내 주택소유자가 해외에 이주하거나 출국하는 경우에 출국일로부터 2년 이내에 양도하는 경우에 한하여 1세대1주택 비과세를 허용한 입법취지는 해외이주 후의 주택소유기간 동안 발생하는 양도차익에 대하여 무제한적으로 비과세되는 불합리를 해소하기 위하여 출국일 이후 2년 이내에 양도하는 주택으로 그 적용대상을 축소한 것인데, 원고에 대하여 소유주택의 양도시기를 제한하고 있지 아니한 같은 항 단서 제3호를 적용할 경우 위와 같은 개정 시행령의 입법취지를 잠탈하게 될 것이라는 취지로 주장하였으나 재판부는 피고의 주장을 받아들이지 아니하였다.

(3) 또한, 피고가 1세대 1주택 비과세 특례조항인 구 소득세법시행규칙 제71조 제3항 제2호(이하 '이 사건 쟁점조항'이라 한다)에는 '해외로 출국하는 경우'를 명문으로 포함하고 있지 아니하므로 이를 원고에 대하여 적용하는 것은 조세법률주의상 금지되는 유추 내지 확장해석에 해당한다는 주장에 대하여, 조세법률주의의 원칙상 조세법규를 합리적 이유 없이 확장해석하거나 유추 해석하는 것은 허용되지 않지만, 법문의 가능한 의미 내에서 입법 취지 등을 고려한 합목적적 해석을 하는 것까지 조세법률주의에 위배되는 것은 아니라며(대법 2011. 7. 21. 선고 2008두150 전원합의체 판결 등 참조), 이 사건 쟁점조항 중 '다른 시·군으로 주거를 이전하는 경우'에 해외지사로 근무로 인하여 출국하는 경우가 포함된다고 보는 것은 조세법률주의 상 허용되는 **합목적적 해석에 해당한다**고 봄이 상당하다는 입장이다.

(4) 이에 대해 대법원은 대상판결에서 "조세법률주의의 원칙상 과세요건이거나 비과세요건 또는 조세감면요건을 막론하고 조세법규의 해석은 특별한 사정이 없는 한 법문대로 해석할 것이고, 합리적 이유 없이 확장해석하거나 유추 해석하는 것은 허용되지 아니한다."고 판시하면서 위 시행령 규정의 전체 체계상 **해외로의 주거이전과 국내에서의 주거이전이 분명하게 구분**되어 있고, 해외 출국 이후 2년이면 국내 주택의 처분을 위한 유예기간으로서는 합리적이라고 볼 수 있을 뿐 아니라 국외 이주자라고 하여 위 제2호와 제3호를 선택적으로 적용하여 비과세 특례를 적용받도록 할 합당한 이유도 없다고 판단하였다.

(5) 이 사건 파기 환송심에서 원고는 시행령 제154조 제1항 단서 제3호가 국내 이주자의 경우에만 적용되는 것으로 해석하는 한, 위 시행령 규정은 국외 이주자의 평등권, 거주이전의 자유, 직업선택의 자유를 침해하여 위헌 · 무효이며, 시행령 제154조 제1항 단서 제3호가 장소적 요건을 한정하고 있지 않음에도 구 소득세법 시행규칙(2008. 4. 29. 기획재정부령 제15호로 개정되기 전의 것, 이하 '시행규칙'이라 한다) 제71조 제3항이 이전장소를 '다른 시 · 군으로 주거를 이전하는 경우'로 한정한 것은 위 시행령 규정을 위헌적으로 해석 하는 것을 전제로 한 규정으로서 결국 위 시행령 규정의 위임범위를 벗어나 무효라는 주장이었으나 재판부가 이를 받아들이지 아니하였다.

(6) 위 판례를 모두어 보면, 1세대 1주택 보유기간 및 거주기간의 제한을 받지 아니하는 경우를 규정한 「소득세법시행령」 조항은 전제 체계상 해외로의 주거이전과 국내에서의 주거이전이 **각 호로 분명하게 구분**되어 있으므로 '다른 시 · 군으로 주거를 이전하는 경우'에 국외이주는 포함되지 않는다는 것이다.

(7) 위 시행령이 규정한 부득이한 사유 및 통상 출 · 퇴근 곤란한 거리의 의미에 대해서는 여러 심판례 및 판례를 검토하여 볼 필요가 있다.

부득이한 사유로 인정한 근무처 등의 변경사례를 보면 다음과 같다.

① 서울시 · 부천시(국심 91서1386, 1991.10.25.)

② 성남시 · 서울시(국심 93서296, 1993.5.21.)

③ 서울시 광진구 · 구리시(대법 96누16931, 1997.4.8.)

④ 성남시 · 서울특별시 영등포구(조심 2008서3904, 2009.7.19.)

⑤ 출퇴근 편의(서울행정법원 2010구단28109, 2011.5.25.)

7. 관련예규 · 심판례 · 판례

문서번호	내 용
감심 2009-83,2009.4.23.	1년 이상 거주요건은 별도로 예외규정을 두고 있지 아니하므로 특단의 부득이한 사유가 있어서 1년 이상을 거주하지 못하였다고 하더라도 비과세 특례요건을 적용 받을 수 없다.
조심2008광719, 2008.6.25., 국심 99전545, 2000.3.15.	근무상 형편을 직장을 다니기 위해 근무처를 이전하는 것에 국한하지 않고 직장근무를 하다 **농사를 짓기 위해 시골로 주거를 옮긴 경우에도 근무상 형편으로 보아 비과세** 하여야 한다.
부동산거래관리과-1374, 2010. 11. 16., 서면5팀-2627,2007.9.20.	농업에 종사하기 위하여 귀농하는 경우에는 근무상 형편 등 부득이한 사유에 해당하지 않는다(국세청은 심판원의 결정과 약간 다름).
국심 2007부2222, 2008.2.20.	양도일 현재에는 근무상 형편으로 이전한 직장에서 퇴직하여 자영업을 영위하고 있더라도, 전출하는 당시에 근무상의 형편에 따라 주거를 이전한 사실이 입증된다면 법 조문상 부득이한 사유가 유지되어야 한다는 전제조건이 있는 것은 아니므로 비과세를 적용한다.
대법원 1997. 4. 8. 선고 96누16391판결	1년 이상 거주한 주택을 기획재정부령이 정하는 취학, 근무상의 형편, 질병의 요양 기타 부득이한 사유로 양도하는 경우 비과세하는 취지는 '주택은 국민의 주거생활의 기초가 되는 것이므로 1세대가 국내에 소유하는 1개의 주택을 양도하는 것이 양도소득을 얻거나 투기할 목적으로 일시적으로 거주하거나 소유하다가 양도하는 것이 아니라고 볼 수 있는 일정한 경우에는 그 양도소득에 대하여 소득세를 부과하지 아니함으로써 국민의 구거생활의 안정과 거주이전의 자유를 보장하여 주려는 데 있다.

5-8 분양권 양도 시 1세대1주택 판정은 양도일 현재를 기준으로 판단함

● 대상판결 : 대법원 2007두10501 (2008. 6. 12.) ➜ 국패

핵심 요지

원고가 1985. 5. 16. 이 사건 구주택을, 1999. 8. 20. A아파트를 각 취득하여 순차 거주하였고, 2001. 4. 28. 이 사건 구주택에 대한 재건축사업계획이 승인되자 2002. 6. 5. A아파트를 양도하였다가 2002. 12. 12. 이 사건 신 주택을 취득하여 이주한 후 위 사업계획에 따라 취득한 이 사건 분양권을 2003. 6. 28. 양도한 사실을 인정한 다음, 이 사건 분양권을 양도할 당시 대체취득을 위한 이 사건 신 주택 외에는 다른 주택을 소유하지 않았고, 이 사건 분양권은 사업계획승인일 현재 기존주택 보유기간 3년 이상과 그 보유기간 중 1년 이상 거주요건을 갖추었으며, 이 사건 신 주택 취득 후 1년 이내에 이 사건 분양권을 양도한 이상 위 분양권의 양도는 구 시행령 제155조 제1항의 일시적 2주택 비과세 대상에 해당함

1. 사실관계

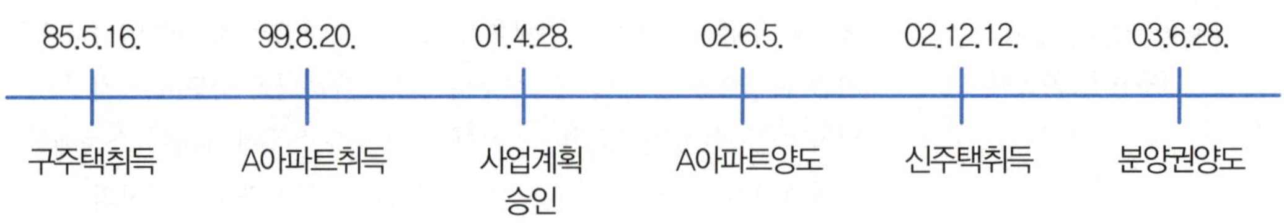

(1) 1985. 5. 16. 원고는 이 사건 구주택을 취득하였다.

(2) 1999. 8. 20. 원고는 A아파트를 취득하였다(구주택과 A아파트에서 순차거주).

(3) 2001. 4. 28. 이 사건 구주택이 속한 연립주택단지는 재건축사업계획 승인을 받았다(원고는 사업계획승인일 현재 2주택 보유).

(4) 2002. 6. 5. 원고는 A아파트를 양도하고 양도소득세를 신고·납부하였다.

(5) 2002. 12. 12. 원고의 처(妻)는 이 사건 신(新)주택을 취득하였다(원고의 妻는 원고의 배우자이므로 동일 장소에서 거주여부에 불문하고 동일 세대임).

(6) 2003. 6. 28. 원고는 이 사건 구주택을 신탁한 대가로 이 사건 조합을 통하여 취득한

입주자로 선정된 지위(이 사건 분양권)를 양도하고 양도소득세 과세표준 확정 신고를 하지 아니하였다.

(7) 2004. 12. 1. 피고는 원고가 이 사건 분양권 양도당시 같은 세대원인 원고의 처(妻) 명의로 다른 주택을 보유하고 있어 이 사건 분양권은 1세대 1주택 비과세되는 주택으로 취급할 수 없다하여 2003년 귀속 양도소득세 52백만 원을 부과처분 하였다.

(8) 2005. 9. 15. 조세심판원장은 원고의 심판청구를 기각하였다.

2. 원·피고의 주장 정리

(1) 피고 : 원고가 1세대 1주택자에 해당하기 위해서는 이 사건 조합이 사업계획승인을 받을 당시(분양권 취득당시) 이 사건 구주택 외에 다른 주택을 소유하고 있지 않아야 할 것인데, 원고는 위 사업 계획승인이 있을 당시 구주택 외에 A아파트를 소유하고 있어 1세대1주택 비과세요건을 충족하지 아니하였으므로 이 사건 분양권을 이 사건 신(新) 주택 취득일로부터 1년 이내 양도하였는지 여부와 관계없이(일시적 2주택) 비과세 요건을 충족하는 주택으로 볼 수 없다.

(2) 원고 : 분양권을 **양도할 당시** 다른 주택을 소유하고 있지 아니하면 1세대1주택에 해당하는 것이고, 이 사건 취득 후 1년 이내 양도하였으므로 이 사건 분양권 양도는 구 소득세법 시행령 제155조 제1항의 규정에 따라 '일시적 2주택자에 대한 비과세 특례'대상에 해당한다.

3. 쟁 점

이 사건 입주권 양도가 양도소득세의 비과세요건인 '1세대 1주택'에 해당하는지를 판단하는 시점이 양도일인지 아니면 사업계획승인일인지 여부

4. 대상판결

구 소득세법 제89조 제3호는 "대통령령이 정하는 1세대 1주택과 이에 부수되는 일정한 토지의 양도로 인하여 발생하는 소득에 대하여는 양도소득세를 과세하지 아니한다"고 규정하

고, 구 소득세법 시행령 제154조 제1항은 "1세대가 양도일 현재 국내에 1주택을 보유하고 있는 경우로서 당해 주택의 보유기간이 3년 이상(일부지역은 거주기간이 1년 이상)인 경우의 양도소득에 대하여는 비과세 한다"고 규정하며, 구 시행령 제155조 제16항은 "도시재개발법에 의한 재개발조합 또는 주택건설촉진법에 의한 재건축조합의 조합원(도시재개발법 제34조의 규정에 의한 관리처분계획의 인가일 또는 주택건설촉진법 제33조의 규정에 의한 사업계획승인일, 그전에 기존주택이 철거되는 경우에는 기존주택의 철거일 현재 제154조 제1항의 규정에 해당하는 기존주택을 소유하는 자에 한한다)이 당해 조합을 통하여 취득한 입주자로 선정된 지위를 양도하는 경우 양도일 현재 다른 주택이 없는 경우에는 이를 제154조 제1항의 규정에 의한 1세대1주택으로 본다"고 규정하고 있다.

… 재건축조합의 조합원이 당해 조합에 기존주택이나 대지를 제공하고 그 사업계획이 승인됨에 따라 취득한 분양권을 양도하는 경우 구 시행령 제155조 제16항에 따라 **분양권의 양도에 따른 소득이 양도소득세 비과세 되기 위하여는 그 분양권을 양도할 당시 다른 주택이 없고, 사업계획승인일 현재 기존주택의 보유기간이 3년 이상(일부지역은 거주기간이 1년 이상)되는 등 시행령 제154조 제1항 소정의 비과세 요건을 갖추면 되는 것**이지, 그 외에 사업계획승인일 현재 1세대가 1주택을 보유할 요건까지 갖출 것을 요구하는 것은 아니라 할 것이다(대법원 2005. 3. 11. 선고 2004두9456 판결, 대법원 2007. 2. 22. 선고 2006두16397 판결 등 참조).

5. 평 석

(1) 양도소득세를 과세함에 있어 **양도차익은 자산의 양도 당시를 기준으로 산출**하게 되므로, 당해 **자산의 양도가 과세요건 내지 비과세요건에 해당하는지 여부도 양도당시를 기준으로 판단**하여야 한다(대법원 1978. 7. 10. 선고 97누20816 판결).

(2) 소득세법시행령 제154조 제1항에서도 1세대1주택 양도의 양도소득세 비과세요건을 규정함에 있어 당해 주택의 **'양도일' 현재를 기준**으로 하여 1세대 1주택의 보유여부를 판정하도록 규정하고 있고, 소득세법 시행령 제155조 제16항은 정비사업 조합을 통하여 입주자로 선정된 지위, 즉, 분양권을 양도하는 경우 1세대1주택의 양도로 의제함에 있어 **분양권의 '양도일' 현재를 기준으로 다른 주택을 보유하고 있는지 여부를 판정하도록 명시적으로 규정**하고 있다.

(3) 조합입주권을 1개 소유한 1세대가 해당 조합입주권을 양도하는 경우 양도일 현재 다른 주택이 없거나, 양도일 현재 1조합원입주권 외에 1주택을 소유한 경우로서 해당 1주택을 취득한 날로부터 2년 이내 조합입주권을 양도하는 경우에는 1세대 1주택으로 보아 비과세한다고 규정(시행령 제155조 제17항)한 입법취지는 재개발·재건축조합에 주택 및 부수토지를 제공하고 관리처분계획에 따라 취득한 아파트(주택)분양권을 양도한 경우에 위 분양권을 종전 주택과 이에 부수하는 토지로 간주한다는 판례를 받아들여 입법화 한 것이다.

(4) 2개의 주택이 1조합입주권으로 전환된 경우 조합입주권 외에 다른 주택이 없는 경우 조합입주권을 양도한 경우 양도소득세가 비과세 될 수 있는지 의문을 제기할 수 있다. 국세청은 "1세대가 2년 이상 보유하고 있는 2개의 주택 전부가 주택재개발사업지역에 포함되어 1조합입주권을 취득하여 보유하다가 해당 1조합입주권을 양도하는 경우(1세대1주택 요건을 충족하였음에도) 종전 2개의 주택 중 당해 거주자가 선택한 주택(부수토지 포함) 이외의 주택(부수토지 포함)의 양도차익 상당액에 대하여는 양도소득세가 과세되는 것이다"라고 해석하고 있다(서면법령해석재산2015-1770, 2016. 01. 22).

(5) 사견을 전제로, 양도차익의 산정, 과세 및 비과세 여부 판단은 양도당시 시점을 기준으로 하여야 한다는 기본원칙에 따른다면 양도당시 1세대1주택 비과세요건을 충족하였는데도, 취득당시 2주택이었다는 사유로 비과세를 허용하지 않는다는 국세청의 유권해석은 다툼의 여지가 있다. **소득세법에서 명문규정으로 양도당시 비과세요건을 충족하면 그 양도로 인한 소득은 비과세소득에 해당한다고 명시적으로 규정**하고 있는 이상 양도시점이 아닌 취득시점에 2주택이 있었다는 사유로 1세대1주택의 범위에서 제외한다(선택적으로 1개의 주택에 대한 양도차익에 대해서는 양도소득세 납부대상이라는)는 법령해석은 양도차익 계산방식(양도시점 기준)이나 문리해석을 원칙으로 하는 우리 세법의 관점에서 이해하기 힘든 면이 있다.

(6) 소득세법 제89조 제1항 제4호에서 조합입주권을 1개 보유한 1세대(「도시 및 주거환경정비법」 제48조에 따른 관리처분계획인가일 현재 같은 항 제3호 가목에 해당하는 기존주택을 소유하는 세대)가 양도일 현재 다른 주택을 보유하지 않은 요건을 충족하여 양도하는 경우 해당 조합입주권을 양도하여 발생하는 소득에 대하여는 양도소득세 비과세를 적용하도록 규정되어있으나, 양도차익의 산정, 과세 및 비과세 여부 판단은 **양도**

당시 시점을 기준으로 하여야 한다는 대법원 판례 및 다른 양도소득세법 관련규정과 상치되는 규정이어서 입법적으로 개정이 필요하다는 의견이 상존한다.

6. 관련 판례

문서번호	내 용
대법원 1994. 3. 8. 선고 93누17324 판결	재개발조합원이 재개발조합에 주택 및 부수 토지를 제공하고 관리처분계획에 따라 취득한 아파트분양권을 양도한 경우에는 위 아파트분양권은…1세대1주택인 종전주택과 이에 부수하는 토지로 간주되고, 그 양도 시 까지 소정의 보유기간을 갖추면 그 양도는 1세대 1주택의 양도로서 소득세 비과세대상에 해당된다고 보아야 한다.
대법원 1994. 9. 13. 선고 94누125 판결	토지양도계약 체결당시 그 지상에 주택이 있었고 그 양도계약에는 부수 토지 외에 주택도 포함된 것과 같이 볼 수 있어 비과세 요건을 갖추고 있었다면 양도계약 후 **토지 인도시기 이전에 주택을 철거하고 나대지 상태로 인도하였다 하더라도 그 양도로 인한 소득은 비과세 소득에 해당**한다.
대법원 2001. 1. 2 선고 98두7992 판결 ; 대법원 1999. 12. 10 선고 98두3051 판결	관리처분계획으로 아파트의 동·호수가 특정된 수분양권을 획득하기 이전의 조합원으로서의 지위(기존 주택이 철거된 후 장차 건축시설을 분양받을 수 있는 지위)를 관리처분계획 이전에 양도한 경우에도 1세대1주택 규정이 적용된다.
대법원 1987. 7. 10. 선고 97누20816 판결	양도소득세를 과세함에 있어 양도차익은 양도당시를 기준으로 산출하게 되므로, 당해 **자산의 양도가 과세요건 내지 면세요건에 해당하는지 여부도 양도당시를 기준으로 판정**하여야 한다.
대법원 2005. 3. 11. 선고 2004두9456 판결 ; 대법원 2007. 2. 22. 선고 2006두16397 판결	재건축조합의 조합원이 당해 조합에 기존주택이나 대지를 제공하고 그 사업계획이 승인됨에 따라 취득한 분양권을 양도하는 경우 구 시행령 제155조 제16항에 따라 분양권의 양도에 따른 소득이 양도소득세 비과세되기 위하여는 그 분양권을 양도할 당시 다른 주택이 없고, 사업계획승인일 현재 기존주택의 보유기간이 3년 이상 되는 등 구 시행령 제154조 제1항 소정의 비과세요건을 갖추면 되는 것이지, 그 외에 사업계획승인일 현재 1세대가 1주택을 보유할 요건까지 갖출 것을 요구하는 것은 아니라고 할 것이다.

5-9 1세대1주택에 해당하는 자가 상속으로 주택을 취득한 배우자와 혼인하게 되어 1세대2주택이 된 경우에는 상속주택특례규정을 적용할 수 없음

● 대상판결 : 대법원 92누15680 (1993. 2. 9.) ➜ 국승

핵심 요지

1가구1주택에 해당하는 자가 다른 사람과 혼인함으로 인하여 1가구2주택이 되는 경우에는 배우자가 그의 주택이나 일부 지분을 상속에 의하여 취득한 것이었다고 하여도 1가구2주택이 되는 것이 본인들의 의사나 선택에 의하여 막을 수 없는 것이 아니고 미리 그 하나를 처분할 수도 있는 것이어서 비과세 혜택을 받게 되어 있는 이익을 본의 아니게 잃은 것이라거나 이에 대비할 수 없었다고 할 수는 없으므로, 이와 같은 경우를 1가구1주택에 해당하는 자가 상속에 의하여 1가구1주택에 해당하게 된 자와 같이 취급하여 위 **시행령의 규정을 확장 적용하는 것은 옳다고 할 수 없다.**

1. 사실관계

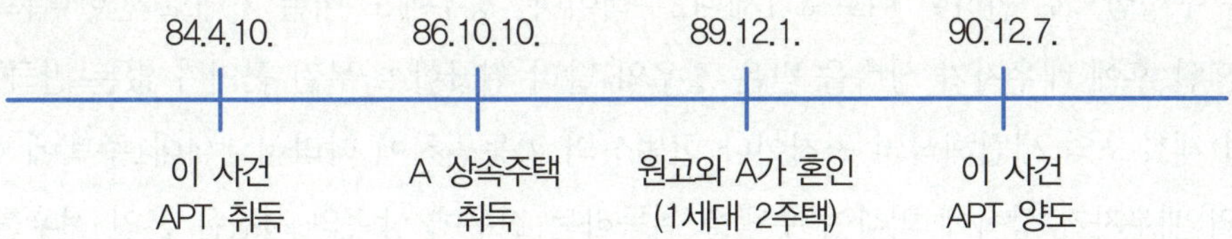

(1) 1984. 4. 10. 원고는 이 사건 아파트를 취득하였다.

(2) 1986. 10. 10. A는 혼인 전(前)에 부(父)의 사망으로 주택을 상속받았다.

(3) 1989. 12. 1. 원고는 소외 A와 혼인하므로써, 1세대 2주택자가 되었다.

(4) 1990. 12. 7. 원고는 이 사건 아파트를 양도하였다.

2. 쟁 점

1세대1주택에 해당하는 자가 이미 상속으로 주택을 취득한 배우자와 혼인하게 되어 1세대 2주택이 되었다가 그중 하나를 양도한 경우 상속주택특례규정을 적용할 수 있는지 여부

3. 사건의 경과

(1) 원심(서울고등법원 1992. 9. 22. 선고 92구13860 판결 : 국패)

거주자 및 배우자가 그들과 동일한 주소 또는 거소에서 생계를 같이하는 가족과 함께 구성하는 1세대가 국내에 1개의 주택을 소유하고 당해 주택에 3년 이상(또는 5년 이상 보유 : 종전규정)거주한 경우에 1세대 1주택으로서 그 양도로 인하여 발생한 소득은 비과세 하되, 이에 해당하는 자가 상속에 의하여 주택을 취득하는 경우에는 먼저 양도하는 주택을 1세대 1주택으로 보도록 되어 있는바, 위 규정의 입법취지는 1세대1주택을 소유하는 거주자가 거래로 인한 취득이 아니라 상속에 의하여 법률상 당연히 주택(혹은 지분)을 취득하게 되어 2주택을 소유하게 된 경우에는 거래로 인하여 2주택 이상을 취득한 경우와 달리 먼저 양도한 주택에 대하여 1세대 1주택으로서 비과세하는 혜택을 주는 것이 합당하다는 것으로 풀이되는데, 위 시행령 제155조 제6항의 문언상 상속으로 인한 취득의 시점은 1세대 1주택이 된 후인 것으로 보이기는 하지만,

1세대1주택의 요건을 갖춘 자가 이미 상속으로 주택을 취득한 배우자와 혼인하게 되어 1세대를 구성함으로 인하여 비로소 1세대2주택이 된 경우에도 이는 거래로 인한 취득이 아니고 혼인 후에 배우자가 상속을 받은 경우와 달리 취급할 아무런 근거가 없는 만큼, 국세기본법 제18조의 세법해석의 원칙이나 헌법상의 평등원칙에 따라서 1세대1주택에 해당하는 자의 배우자가 상속에 의하여 주택을 취득하는 경우에 상속의 시점은 혼인 전후를 불문하는 것으로 해석되어야 할 것이므로,

위와 같은 경우도 '상속에 의하여 주택을 취득하는 경우'라 할 것이어서 혼인 후 먼저 양도하는 주택을 1세대1주택으로 보아 비과세 하여야 한다.

(2) 대상판결(파기환송)

위 시행령 제155조 제6항(現 소득세법시행령 제155조 제2항)에 의하면 그 제1항의 1세대 1주택에 해당하는 자가 상속에 의하여 주택을 취득하는 경우에는 먼저 양도하는 주택을 1세대 1주택으로 본다고 되어 있는바, 이는 **1세대1주택을 보유하여 양도소득세가 과세되지 않게 되어 있는 자가 그의 의사나 선택에 의하지 아니하고 상속이라는 사유에 의하여 1가구 2주택이 되게 된 경우에는 그의 선택에 의하여 먼저 양도하는 주택에 대하여 비과**

세의 혜택을 부여함으로써 본의 아니게 1가구2주택이 됨으로써 양도소득세의 비과세 혜택이 소멸됨으로 인한 불이익을 구제하자는 데에 그 취지가 있다고 볼 것이므로,

1가구 1주택에 해당하는 자가 다른 사람과 혼인함으로 인하여 1가구2주택이 되는 경우, 배우자가 그의 주택이나 일부 지분을 상속에 의하여 취득한 것이었다고 하여도, 이와 같은 경우에는 1가구2주택이 되는 것이 본인들의 의사나 선택에 의하여 막을 수 없는 것이 아니고, 미리 그 하나를 처분할 수도 있는 것이므로, 비과세 혜택을 받게 되어 있는 이익을 본의 아니게 잃은 것이라거나 이에 대비 할 수 없었다고 할 수 없으므로,

이와 같은 경우를 1가구1주택에 해당하는 자가 상속에 의하여 1가구2주택에 해당하게 된 자와 같이 취급하여, 위 시행령의 규정을 확장 적용하는 것은 옳다고 할 수 없다.

4. 평 석

(1) 대상판결은 소득세법 시행령 제155조 제2항은 1세대 1주택을 보유하여 양도소득세가 과세되지 않게 되어 있는 자가 그의 의사나 선택에 의하지 아니하고, 상속이라는 사유에 의하여 1세대 2주택이 되게 된 경우에 상속 전에 보유하던 주택에 대하여 비과세의 혜택을 부여함으로써, 본의 아니게 1세대 2주택이 됨으로써 양도소득세의 비과세 혜택이 소멸됨으로 인한 불이익을 구제하자는데 그 취지가 있다고 설시하고 있다.

(2) 원심이 지적하였듯이, 위 시행령 규정이 문언상 상속으로 인한 취득의 시점은 1세대 1주택이 된 후인 것으로 보이기는 하지만, 조세법률주의 엄격해석원칙상 혼인 전(前)과 혼인 후(後)를 구분하여 상속주택 취득시기에 따라 상속주택 특례규정을 적용받을 수 있는지 여부가 결정되는 것이 타당 하느냐는 의견도 있을 수 있지만,

(3) 대법원은 혼인 전(前)에 상속주택을 취득한 경우 비록 부득이한 사유가 존재하더라도 상속주택을 처분할 수 있는 기회가 주어졌다는 점을 들어 혼인 전(前)에 상속주택을 취득한 자와 혼인으로 인하여 1세대2주택이 되어 일반주택을 양도하는 경우 **상속주택 특례규정을 적용할 수 없다**고 판단하였다.

(4) 한편, 동일세대원으로부터 상속받은 경우 상속주택 특례규정을 적용할 수 있느냐의 다툼이 있을 수 있다.

(5) 상속주택에 대한 비과세 특례를 규정하고 있는 소득세법 제155조 제2항에는 "상속받은 주택과 일반주택을 국내에 1개씩 소유하고 있는 1세대가 일반주택을 양도하는 경우에는 국내에 1개의 주택을 소유하고 있는 것으로 보아 제154조 제1항의 규정을 적용한다."고 규정하고 있다는 점은 앞서 본 바와 같다. **법 규정만을 놓고 엄격해석 해보면 별도세대로부터 상속받은 경우를 한정하고 있지 아니하나,**

(6) 국세청과 기획재정부는 동일세대원으로부터 상속받은 경우에는 거주자의 주택 수에서 제외되는 상속주택으로 볼 수 없어 상속주택 특례규정을 적용받을 수 없다는 입장이었다(재산-1706, 2009. 8. 17., 재재산-938, 2006. 8. 4.).

(7) 2010. 3. 10. 조세심판원 합동회의에서 "1주택 소유자가 **동일상속인으로부터** 1주택을 상속 받은 후 일반주택을 취득한 경우에 있어서는 상속으로 인하여 1세대 2주택자가 되었다고 볼 수 없어 상속주택 특례규정을 배제함이 타당하다고 결정하였다(조심 2009서 3229, 2010. 3. 10.).

(8) 국세청 예규와 조세심판원의 견해가 다르다. **조세심판원**은 1주택을 소유한 상태에서 동일세대원 간에 상속이 이루어진 경우, 이후 상속인이 일반주택을 취득하여 2주택이 된 경우에는 상속주택은 특례규정이 적용되어야 한다고 보았다. 이에 반해 **상속개시 당시 이미 2주택을 소유한 상태에서 그중 1주택이 상속된 경우에는 특례규정의 적용이 배제**되어야 한다는 견해로 위 대상판결과 같은 견해를 취하고 있다.

이에 반해 **국세청은 상속개시당시 주택 수에 상관없이 동일세대원으로부터 상속받은 경우에 대하여 상속주택 특례규정을 배제**하여야 한다는 입장이었다.

(9) 한편 조세심판원은 상속 개시 당시 이미 2주택인 경우라고 하더라도 동거봉양을 위한 합가로 인한 경우에는 상속주택 특례규정이 타당하다는 결정을 하였다. 이러한 조세심판원의 견해를 받아들여 **2010. 2. 18. 동거봉양을 위한 합가 후에 상속이 개시된 경우에는 상속주택 특례규정을 적용받을 수 있도록** 소득세법 시행령 제155조 제2항에 **명문화** 하였다(종전 국세청 예규는 동거봉양목적으로 세대 합가한 경우에는 오히려 상속주택특례규정을 배제하고 별도세대인 경우에만 특례규정을 허용한다는 것으로 누가 보더라도 불합리한 해석이었다).

(10) 따라서 2010. 2. 18. 이후 양도분 부터는 **동거봉양을 위하여 세대합가를 하였다가 상속받은 주택**도 상속주택 특례 규정에 따라 상속주택 외의 일반주택을 양도하는 경우 **기간에 관계없이 비과세를 적용받을 수 있게** 되었다.

(11) 다만, 부모와 동일세대를 구성하면서 1주택을 보유하고 있던 자가 다른 주택을 취득하여 2주택이 된 상태에서 부모의 사망으로 주택을 상속받게 되는 경우에는 동일세대원으로부터 상속받은 경우에 해당하므로 상속주택에 대하여 상속주택 특례규정(상속주택 외 다른 주택 양도 시 상속주택은 주택 수에서 제외)을 적용받을 수 없는 것으로 해석된다.

5. 관련예규 · 심판례 · 판례

문서번호	내 용
재산-1706, 2009. 8. 17. 재재산-938, 2006. 8. 4.	**동일세대원으로부터 상속받은 경우**에는 거주자의 주택 수에서 제외되는 **상속주택으로 볼 수 없어 상속주택 특례규정을 적용할 수 없다** (2010. 2. 18. **법 개정으로 상속주택 특례규정 적용 가능**).
조심 2009서3229, 2010. 3. 10. (조세심판원 합동회의)	1주택 소유자가 동일상속인으로부터 1주택을 상속 받은 후 일반주택을 취득한 경우에 있어서는 상속으로 인하여 1세대2주택자고 되었다고 볼 수 없어 **상속주택 특례규정을 배제함**이 타당하다.
국심 2007중4070, 2007. 12. 31.	상속 개시 당시 1주택을 소유한 자가 동일세대원으로부터 상속을 받아 2주택이 된 경우에는 동일세대원으로부터 주택을 상속받은 경우에는 이를 거주자의 상속받은 주택으로 볼 수 없다는 이유로 **상속주택 특례적용을 배제한 것은 타당**하다.
대법원 2009. 9. 10.선고 2009두9772 판결 (원심 : 의정부지법 2008. 9. 23. 선고 2008구합841 판결)	소득세법 시행령 제155조 제2항에는 상속으로 인하여 1세대 2주택이 된 경우에 그 적용을 배제한다는 명문규정이 없으므로 상속개시 당시 1세대2주택자는 상속으로 인하여 비로소 1세대2주택자가 된 것이 아니므로, 소득세법 시행령 제155조 제2항의 특례를 적용할 수 없다고 해석하는 것은 조세법상 엄격해석의 원칙에 위반되는 것이라고 주장하나, 1세대 1주택의 특례를 규정한 소득세법 시행령 제155조 모든 항을 보면, 1세대1주택을 보유하던 자가 부득이한 사유로 인하여 1세대2주택이 된 경우 예외를 인정하여 1주택을 거주자의 보유주택으로 보지 않도록 하는 특례를 둔 것인바, 이와 같은 취지는 제155조 제2항 소정의 상속주택에 관한 규정에서도 마찬가지임은 일반인도 쉽게 알 수 있다 할 것이고, **상속과 상관없이 이미 1세대2주택이었던 경우에 특례의 적용을 배제하는 것이 합목적적 해석**임은 당연하다.

문서번호	내 용
조심2018중793 2018. 5. 2.	이 건 공동상속주택은 총 3건으로「소득세법 시행령」제155조 제2항 각 호의 우선순위에 따른 1주택을 제외한 나머지 공동상속주택은 주택수에 포함하는 것이 동 시행령의 개정 취지에 부합한다고 보이는 점, **소수지분 보유자의 경우 선순위 우선주택(1주택)에 대해서만 일반주택 양도시 주택수에서 제외하고 나머지 공동상속주택(소수지분)에 대해서는 주택수에 포함하여 1세대 1주택 비과세 특례 적용여부를 판단하는 것이 타당**해 보이는 점 등에 비추어 처분청의 이 건 양도소득세 부과처분은 잘못이 없음
조심2020서806 2020. 6. 1.	처분청이 청구인의 쟁점상속주택 보유지분 양도에 대하여 일반세율 및 장기보유특별공제 적용대상이 아니라고 보아 청구인의 경정청구를 거부한 이 건 처분은 잘못이 있는 것으로 판단됨 (※**공동상속주택 소수지분권자의 보유지분은 주택수에 포함되지 아니하므로 다주택중과세 배제대상임. 따라서 일반세율 및 장기보유특별공제 적용대상이라는 결정**임)

5-10 오피스텔은 공부상 주택은 아니지만 거주목적의 주거용 오피스텔로 확인되는 경우 공부상 용도와는 상관없이 주택으로 보아야 하며 그에 따라 비과세 여부를 판단하여야 함

● 대상판결 : 대법원 2019두49816 (2019. 11. 28.) ➜ 국승

핵심 요지

이 사건 오피스텔의 내부구조 및 현황, 이 사건 아파트 양도시점을 전후하여 이 사건 오피스텔이 각 주거용으로 임대되었던 점 등을 종합하여 보면, 원고는 이 사건 아파트 양도 즈음 이사건 오피스텔이 공부상 용도와는 달리 주거용으로 사용되거나 주거기능이 그대로 유지·관리되고 있어 언제든지 주거용으로 사용될 수 있는 건물, 즉 **주택이라는 점을 인식하거나 인식할 수 있었던 것으로 보이므로,** 원고의 이 부분 주장 받아들일 수 없다.

1. 사실관계

(1) 2017. 4. 3. 원고는 이 사건 아파트를 15억 7천만 원에 양도하였다.

(2) 2017. 6. 30. 원고는 이 사건 아파트 양도가 1세대 1주택의 양도에 해당한다고 보고, 양도가액 중 9억 원 초과분을 기준으로 양도차익을 산정하여 2017년 귀속 양도소득세 26백만 원을 신고·납부하였다.

(3) 2017. 11. 1. 과세관청은 이 사건 아파트 양도당시 원고의 배우자가 서울시 소재 주거용으로 사용하는 오피스텔을 소유하고 있었으므로(오피스텔은 주택이라는 판단) 이 사건 아파트 양도가 1세대1주택의 양도에 해당하지 않는다고 보고 원고에 대하여 2017년 귀속 양도소득세(가산세 포함)를 추가로 결정·고지하였다.

2. 쟁 점

이 사건 아파트 양도당시 원고의 배우자가 소유한 이 사건 오피스텔이 주택에 해당하는지 여부

3. 원·피고 주장 정리

(1) 원 고

소득세법 제88조 제7호는 '주택이란 허가여부나 공부상의 용도구분에 관계없이 사실상 주거용으로 사용하는 건물을 말한다. 이 경우 그 용도가 분명하지 아니하면 공부상의 용도에 따른다.'고 규정하고 있다. 원고의 배우자는 이 사건 오피스텔을 2015. 3. 3.까지 소외 갑에게 임대하였고, 그 이후 2017. 4. 6.까지는 공실로 두었다가 2017. 4. 7. 다시 소외 을에게 임대 하였는바, 1세대 1주택 판단의 기준일이 되는 이 사건 아파트 양도일 (2017. 4. 3.)에는 누구도 이 사건 오피스텔을 주거용으로 사용하고 있지 않았으므로(공실이었다는 주장) 이 사건 오피스텔은 주택이 아니라고 보아야 한다. 나아가 이 사건 아파트 양도일에 이 사건 오피스텔이 주거용으로 사용되었는지 여부가 불분명하다고 보는 경우에도 '건물의 용도가 분명하지 않은 경우에는 공부상의 용도에 따른다.'고 규정한 위 소득세법 제88조 제7호 후문에 따라 이 사건 오피스텔은 '주택'이 아닌 공부상의 용도인 '업무시설(오피스텔)'로 보아야 한다.

(2) 피 고

이 사건 오피스텔 내부에는 냉장고, 세탁기, 가스레인지 등 주거생활을 위한 시설이 설치되어 있고, 임차인과 계약한 임대차계약서에 의하면 '현 시설물 상태'가 기재되어 있어 이 사건 오피스텔을 임차하기 이전부터 주거시설이 설치되어 있음을 알 수 있다.

임차인의 자필확인서에 의하면 임차인은 학업연구를 위한 사무실로 이 사건 오피스텔을 임차하였고, 빠른 시일 내에 사업자등록 및 연구소 등록을 하겠다고 소명하였으나 조사일 현재까지 사업자등록을 한 사실이 없어 임차인의 이 사건 오피스텔 임차목적을 주거용으로 보아야 하므로 이 사건 아파트 양도에 대하여 1세대 1주택 특례적용을 부인하여 양도소득세를 과세한 처분은 잘못이 없다.

4. **대상판결**(심리불속행, 수원지법 2018구단 8836 판결)

주택을 양도한 자가 다른 건물을 소유하고 있는 경우, 그 다른 건물이 소득세법 제89조 제1항 제3호, 구 소득세법 시행령 제154조 제1항에 정한 '주택'에 해당하는지 여부는 **건물**

공부상의 용도구분에 관계없이 실제 용도가 사실상 주거에 공하는 건물인가에 의하여 판단하여야 하고, **일시적으로 주거가 아닌 다른 용도로 사용되고 있다고 하더라도 그 구조·기능이나 시설 등이 본래 주거용으로서 주거용에 적합한 상태에 있고 주거기능이 그대로 유지·관리되고 있어 언제든지 본인이나 제3자가 주택으로 사용할 수 있는 건물의 경우에는 이를 주택으로 보아야** 한다(대법원 2005. 4. 28. 선고 2004두14960 판결 등 참조). 한편 양도소득세 비과세 대상으로서 **1세대 1주택의 양도라는 사실에 관하여는 특별한 사정이 없는 한 납세의무자에게 증명책임**이 있다(대법원 2005. 12. 23. 선고 2005두8443 판결 등 참조).

… 이 사건 오피스텔은 공부상 용도가 '업무시설'로 되어 있기는 하나, 실제로는 샤워시설을 갖춘 화장실, 싱크대, 가스쿡탑, 세탁기, 냉장고, 붙박이장 등이 기본사양으로 설치되어 있는 등, 그 구조 및 형태에 비추어 소유자나 제3자가 언제든지 용도나 구조변경 없이 바로 주거용으로 사용할 수 있었던 것으로 보인다. 이처럼 이 사건 오피스텔이 주거용에 적합한 상태에 있고 주거기능이 그대로 유지·관리되고 있었던 것으로 보인다는 점에서, 원고의 주장과 같이 이사건 아파트 양도일 당시에는 **이 사건 오피스텔에 아무도 거주하지 않고 비어있었다 하더라도 이 사건 오피스텔을 주택으로 볼 수 있다** 할 것이다.

원고는 임차인이 이 사건 오피스텔을 '업무용으로 임대하려는 의사로' 2017. 1. 1. 사업자 등록까지 마쳤다고 주장하지만, 임차인은 원고가 이 사건 아파트를 양도하고 양도소득세 신고까지 마친 후인 2017. 7. 31.에야 비로소 이 사건 오피스텔을 사업장 소재지로 하고 개업 일자를 2017. 1. 1.로 소급하여 사업자 등록 신청을 한 것으로 확인된다.

… 피고가 이 사건 오피스텔이 '주택'에 해당함을 전제로 이 사건 처분을 한 것은 정당하고, 이를 다투는 원고의 주장은 받아들일 수 없다.

5. 평 석

(1) 오피스텔이란 업무와 주거를 함께 할 수 있는 건축물로서 국토해양부장관이 고시하는 것을 말한다. 본래의 오피스텔이란 건축법상으로는 업무용시설로 분류되는 건축물이지만 사람들의 숙박을 인정한다는 점에서 일반 업무용 건물과 차이가 있다. 따라서 1세대 1주택 비과세 판정 시에는 실제 사용 용도에 따라 주택인지 여부를 판단하여야 한다(법

규과-3900, 2006. 9. 19.).

(2) '업무용'이 아닌 '주거용'으로 사용하고 있는 경우, 당해 오피스텔을 보유하고 있는 상태에서 다른 주택을 양도하는 경우에는 당해 오피스텔도 주택 수에 포함되므로 비과세가 배제되고 1세대 다주택자에 해당되면 중과세 과세대상이 된다.

또한 오피스텔은 주택투기지정지역에서의 1세대 다주택자에 대한 중과세 규정을 적용함에 있어 소형주택에 대한 예외규정이 적용되는 주택에 포함되지 않으므로 사실상 사용 용도를 판단함에 있어 신중을 기하여야 한다.

(3) 공실인 오피스텔이 주택인지에 대하여 국세청에서는 "주택 양도일 현재 공실로 보유하고 있는 오피스텔의 경우 내부시설 및 구조 등을 주거용으로 사용할 수 있도록 변경하지 아니하고 **건축법상의 업무용으로 사용승인 된 상태를 유지하고 있는 경우에는 주택으로 보지 않으며**, 내부시설 및 구조 등을 주거용으로 변경하여 항상 주거용으로 사용가능한 경우에는 주택으로 본다."는 입장이다(양도집행기준 89-154-22).

(4) 조세심판원은 이와 관련하여 의미 있는 결정을 하였다. 오피스텔이 ① 구조상 상시 주거용으로 사용될 수 있어 ② 수도요금과 전기요금이 주거용으로 부과되었더라도 임차인의 주민등록 전입을 하지 않기로 한 당사자간의 계약 및 실제 임차인이 보험모집인으로 부정기적으로 업무용으로 사용된 점을 들어 쟁점 오피스텔을 거주목적으로 사용하였다는 명확한 증빙도 제시되지 않은 것으로 보아 당초 과세처분을 잘못된 것으로 보았다(조심 2017중4461, 2018. 1. 25.).

(5) 오피스텔 소유주의 의사와 반하게 임차인이 당초 오피스텔을 '업무용'으로 사용하기로 한 약정을 위반하고 '주거용'으로 오피스텔을 사용한 경우(통상 이런 경우 오피스텔 소유주는 당해 오피스텔이 주택으로 사용된 사실을 모르는 경우가 대부분이다)에는 임차인이 사업목적으로 사업자등록을 하였고, 오피스텔 소유주도 관련법 규정에 따라 임대사업자로서 사업자등록을 하고 부가가치세를 신고·납부하였다면 위 조세심판원의 결정에서와 같이 임대인이 소유한 오피스텔은 업무용으로 보기에 충분한 것으로 보인다.

오피스텔 소유주에게 선량한 주의의무를 부여(매 계약 시마다 임차인이 실제로 오피스텔을 주거용으로 혹은 업무용으로 사용하는지 여부를 확인)하는 것이 타당한지 의문이고, 거래관행상 오피스텔 소유주는 부동산중개인을 통하여 계약을 하고 그 계약대로 본인 소유의 오피스텔이 '업무용'으로 사용되었다고 믿고 있었다면 오피스텔 소유주에게 임차인이 계약내용과 다르게 오피스텔을 '주거용'으로 사용한 사실에 대해서까지 귀책사유를 물을 수는 없다고 보여진다.

6. 관련예규·심판례·판례

문서번호	내 용
심사양도 99-2545, 2001. 1. 21., 재재산 46014-40, 2003. 2. 18.	상시주거용이 아닌 업무용으로 사용한 오피스텔은 주택에 해당하지 않지만 상시 주거용으로 사용하는 오피스텔은 주택으로 본다.
대법원 1998. 5. 15. 선고 98두3891 선고	공부상 용도에 불구하고 사실상 실질에 따라 건물의 용도를 구분하고 있는 점에 비추어 공부상 용도가 점포나 사무실일지라도 상시 주거용으로 사용하면 주택으로 본다. **용도 변경과 관련해서는 적법이나 불법여부에 불구하고 사실상 주거에 공하는 공간으로 구조 변경된 경우에는 주택으로 본다.**
국심 2002중2513, 2002. 11. 1.	당초부터 주거용도로 지어진 건물이 아닌 건물을 주거용으로 용도변경 하였다는 의미는 실제 주거에 공할 수 있는 상태로서 상시 주거용으로 사용하여야 하는 것이다.
대법원 2007. 2. 9. 선고 2006두 17314 판결	주간 영업 시에는 점포로 사용하다 야간에 주거용으로 사용한 경우에는 주된 용도가 주택인 경우에 한하여 주택으로 본다.
대법원 2005. 4. 28. 선고 2004두14960 판결	주택이란 건축물대장 등 공부상의 용도구분이나 건축 또는 용도변경에 대한 당국의 허가 유무 및 등기 유무와 관계없이 상시 주거의 목적을 위하여 사용되는 건축물을 말하는 것이므로, **양도 당시 거주한다는 객관적 사실이나 사용한다는 실질적 행위가 있어야 함을 요건으로 하지 아니하며,** 주택이라는 개념의 기본목적이나 용도에 적합하고 언제라도 주택으로 이용 가능한 상태이면 주택에 해당한다.
심사양도 2009-0210, 2009. 11. 4.	주택이란 상시 주거용으로 사용하는 경우를 말하는 것으로서 임차인 등이 당해 점포에 전입하여 거주하면서 상시 주거용으로 사용함이 없었다면 임차인이 일시적으로 방용도로 사용하였다 하더라도 이를 주택으로 보아서는 안 된다(점포 등에 부수한 방을 일시적으로 주택으로 사용하는 경우에 대한 판단)

5-11 상시 주거용으로 사용하지 않은 이 사건 계쟁주택은 주택이 아닌 별장에 해당하므로 이 사건 아파트 양도가 1세대1주택의 양도에 해당하지 아니한다고 본 피고의 처분은 위법함

● 대상판결 : 대법원 2008두4459 (2008. 5. 29.) ➜ 국패

핵심 요지

이 사건 아파트의 양도 당시 이 사건 계쟁주택은 결국 상시적으로 사용하는 주택이 아닌 별장에 해당한다고 할 것이므로, 이 사건 아파트의 양도가 1세대 1주택의 양도에 해당하지 아니한다고 보고 한 피고의 이 사건 처분은 위법함

1. 사실관계

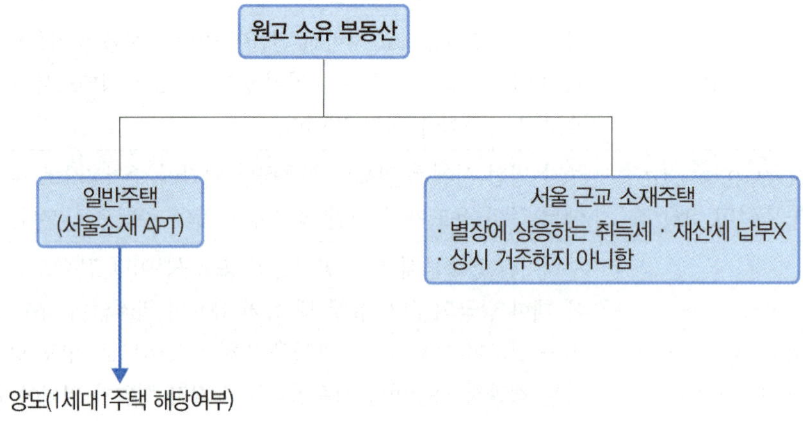

(1) 원고는 서울시 소재 이 사건 아파트를 1983. 6. 23. 경 취득하여 2년 이상 거주하면서 보유하다가 2004. 10. 29. 경 800백만 원에 매도하였다.

(2) 원고는 이 사건 아파트를 양도한 후 그 양도소득세를 신고·납부함에 있어, 원고에게 이 사건 아파트 외에 다른 주택이 없음을 전제로 하여 위 양도가 소정의 고가주택인 "1세대 1주택"의 양도에 해당하는 것으로 보아 양도차익을 142백만 원으로 산정(이 사건 아파트는 고가주택에 해당)한 후, 그에 따른 양도소득세로 21백만 원을 신고·납부하였다.

(3) 한편 원고는 1974. 11. 1.경 그 명의로 성남시 소재 임야 104,510㎡를 매매로 취득하고, 1976. 7. 14. 경 위 지상에 지하 8.25㎡, 1층 69.33㎡의 주택 1동(주택인지 여부에 대한 다툼이 있으므로 계쟁주택이라 함)과 축사 3동 및 부속사 1동을 신축하여 위 양도 당시까지 보유해 오고 있었다.

(4) 이 사건 계쟁주택은 원고의 아버지가 축사, 부속사와 함께 주거용 건물로 신축한 것으로서, 방 2개, 거실, 욕실, 보일러실 등으로 구성되어 있었다.

(5) 원고의 부(父)는 이 사건 계쟁주택을 건립한 후 계쟁주택 주변에 연못을 조성하고, 여러 그루의 관상수와 화초를 심고, 임야 곳곳에 정자를 설치하여 휴양을 겸할 수 있는 장소로 꾸미는 한편, 관리인을 고용하여 위 3동의 축사에서 곰 등을 사육하고, 임야 곳곳에서 농작물을 재배하도록 하면서 때때로 위 농장에 들러 휴식을 취하거나 곰 사육, 농작물 재배 등의 작업을 직접 하기도 하였으나, 원고와 원고의 가족은 모두 서울에서 거주하였고 이 사건 계쟁주택에서 상주하지는 아니하였다.

(6) 피고는 2005. 5. 31. 원고가 이 사건 아파트와 별도로 이 사건 계쟁주택도 보유하고 있었으므로 이 사건 아파트의 양도가 1세대 1주택의 양도에 해당하지 아니한다고 보아, 이 사건 아파트의 양도가액인 800백만 원에서 취득가액인 226백만 원 및 필요경비 3백만 원을 공제한 570백만 원을 양도차익으로 산정하고, 그에 따른 총 결정세액 129백만 원에서 신고에 의해 확정된 세액인 위 21백만 원을 공제한 나머지 108백만 원을 2004년 귀속 양도소득세로 경정·고지하는 이 사건 처분을 하였다.

2. 쟁 점

이 사건 계쟁주택을 상시 주거용으로 사용하지 아니하고 휴양·피서·위락 등의 용도로 사용한 경우, 비록 원고가 이 사건 계쟁주택에 대해 별장에 상응하는 취득세나 재산세를 납부하지 아니하였다고 하더라도 1세대1주택 판정 시 주택에서 제외되는 별장(별장은 주택으로 보지 않는다는 점은 예규로 해석)으로 볼 수 있는지 여부

3. 관련법령

구 지방세법 제112조【세율】

② 다음 각 호의 1에 해당하는 부동산 등을 취득하는 경우(별장 등을 구분하여 그 일부를 취득하는 경우를 포함한다)의 취득세율은 제1항의 세율의 100분의 500으로 한다. 이 경우 골프장은 그 시설을 갖추어 체육시설의 설치 · 이용에 관한 법률의 규정에 의하여 체육시설업의 등록(시설을 증설하여 변경 등록하는 경우를 포함한다. 이하 이 항에서 같다)을 하는 경우뿐만 아니라 등록을 하지 아니하더라도 사실상 골프장으로 사용하는 경우에도 적용하며, 별장·고급오락장에 부속된 토지의 경계가 명확하지 아니한 때에는 그 건축물 바닥면적의 10배에 해당하는 토지를 그 부속토지로 본다.

1. 별장 : **주거용 건축물로서 상시 주거용으로 사용하지 아니하고 휴양·피서·위락 등의 용도로 사용하는 건축물과 그 부속 토지**(지방자치법 제3조제3항 및 제4항의 규정에 의한 읍 또는 면에 소재하고 대통령령이 정하는 범위와 기준에 해당하는 농어촌주택과 그 부속토지를 제외한다). 이 경우 별장의 범위와 적용기준은 대통령령으로 정한다.

주택법 제2조【용어의 정의】

1. "주택"이라 함은 세대의 세대원이 **장기간 독립된 주거생활**을 영위할 수 있는 구조로 된 건축물의 전부 또는 일부 및 그 부속 토지를 말하며, 이를 단독주택과 공동주택으로 구분한다.

4. 사건의 경과

(1) 1심판결(서울행정법원 2007. 06. 28. 선고 2006구단 5703 판결) : 국승

이 사건 계쟁주택에서 상주한 일이 없었다거나 원고의 아버지가 이 사건 계쟁주택을 건립한 후 계쟁주택 주변에 연못을 조성하는 등 이를 휴양을 겸할 수 있는 장소로 꾸민 일이 있었다는 사정만으로 이 사건 계쟁주택의 주거로서의 기능이 상실되었다고 보기 어려운 반면, 이 사건 계쟁주택이 방 2개, 거실, 욕실, 보일러실 등으로 구성되어 있고, 관리인의 자녀들이 이 사건 아파트 양도 당시까지 이 사건 계쟁주택 일부를 공부방 등으로 이용하여 공부를 하거나 컴퓨터를 이용할 경우 그 방을 이용하여 왔으며, 원고회사의 기사가 이 사건 아파트 양도 무렵 이 사건 계쟁주택에서 일시 거주하기까지 한 일이 있었던 점 등에 비추어 보면, 이 사건 아파트의 양도 당시 이 사건 계쟁주택은 그 구조·기능이나 시설 등이 본래 주거용으로서 주거용에 적합한 상태에 있고 주거기능이 그대로 유지·관리되고 있어 언제든지 원고나 제3자가 주택으로 사용할 수 있는 상태에 있었다 할 것이므로 이는 주택으로 봄이 상당하다.

원고는 이 사건 계쟁주택 및 임야에 대하여 별장에 상응한 취득세나 재산세 및 종합토지세를 납부한 적이 없다. 세무관서에서 1세대 1주택 판정 시 별장을 주택에서 제외한다 하더라도, 적어도 그 건축물의 용도가 본래 장기간 독립된 주거생활을 영위할 수 있는 구조로 된 주택법상 주택인 경우에는 그 건축물이 별장에 해당되는지 여부를 판정함에 있어서는 납세자가 당해 건축물에 대해 **"별장에 상응"한 취득세나 재산세를 납부하였는지 여부**, 당해 건물의 취득 목적이나 경위, 이용형태, 휴양 등을 위한 시설의 구비 여부 등을 종합하여 객관적, 합리적으로 판단하여야 한다.

(2) 대상판결(심리불속행; 서울고등법원 2008. 02. 12. 선고 2007누19630판결) **: 국패**

… 원고가 이 사건 계쟁주택에서 상주한 일이 없었다거나 이 사건 계쟁주택을 건립한 후 계쟁주택 주변에 연못을 조성하는 등 이를 휴양을 겸할 수 있는 장소로 꾸민 일이 있었다는 사정만으로 이 사건 계쟁주택의 주거로서의 기능이 상실되었다고 보기 어려운 반면, 이 사건 계쟁주택이 방 2개, 거실, 욕실, 보일러실 등으로 구성되어 있고, 관리인의 자녀들이 이 사건 아파트 양도 당시까지 계쟁주택 일부를 공부방 등으로 이용하기도 하고, 컴퓨터를 사용할 경우 그 방을 이용하여 온 점 등을 고려해 보면, 이 사건 아파트의 양도 당시 이 사건 계쟁주택은 그 구조·기능이나 시설 등이 본래 주거용으로서 주거용에 적합한 상태에 있고 주거기능이 그대로 유지·관리되고 있어 언제든지 원고나 제3자가 주택으로 사용할 수 있는 상태에 있었다 할 것이므로 이는 **소득세법상 주택으로 봄이 상당**하다.

그런데, 소득세법령이 1세대 1주택의 양도로 인한 소득을 비과세 대상으로 규정하면서 1세대 1주택 해당 여부를 정함에 있어 상시 주거용으로 사용하지 않는 별장이 주택에 해당하는지 여부에 대하여는 아무런 규정을 하지 않고 있으므로, 구 지방세법 제112조 제2항 제1호의 별장에 해당한다는 이유만으로 곧바로 소득세법상 1세대 1주택의 양도로 인한 소득에 대한 비과세 여부를 결정하는 데 있어서 주택에 해당하지 않는다고 할 수는 없을 것이나, … 피고가 1997. 6. 25. '지방세법의 규정에 의하여 별장으로 과세되는 건축물은 주택으로 보지 아니한다'는 내용의 예규를 만들어 시행하여 온 사정과, 또한 변론 전체의 취지를 종합하여 인정되는 다음과 같은 사정, 즉 피고가 위 예규 외에도 1996. 5. 14.자 재일46014-1195호 등 여러 건에서 '소득세법상 1세대 1주택으로 양도소득세를 비과세하는 요건을 판단함에 있어서 별장은 주택으로 보지 아니한다'는 내용의 예규를 만들어 시행하여 왔고, 1997. 11. 25.자 국심 97서2125호, 2005. 3. 14.자 국심 2004서3923호 등의 국세심판청구 사건에서 위 예규 내용과 같은 취지의 심판을 하여 온 점(위 각 국세심판에서 과세관청은 별장의 경우 1세대 1주택으로 양도소득세를 비과세하는 요건을 판단함에 있어서 주택으로 보지 아니한다는 전제 아래, 각 사건의 주택들이 별장에 해당하는지 여부에 관하여 다투었을 뿐이다) 등을 종합하여 보면, 이 사건 처분 당시 소득세법상 1세대 1주택으로 양도소득세를 비과세하는 요건을 판단함에 있어서 **별장은 주택으로 보지 아니한다는 피고의 비과세 관행이 형성되어 있다고 볼 여지가 충분**하다 할 것이므로, 결국 이 사건의 주된 쟁점은 이 사건 계쟁주택이 상시 주거용으로 사용되는 건물인지 여부라고 할 것이다. 그러므로 살피건대, 구 지방세법 제112조 제2항 제1호는 **'주거용 건축물로서 상시 주거용으로 사용하지 아니하고 휴양·피서·위락 등의 용도로 사용하는 건축물과 그 부속토지(농어촌주택과 그 부속토지 제외)'를 별장으로 규정**하고 있는바, 어떤 건축물이 여기서 말하는 별장용 건축물에 해당하기 위하여는 그 건축물의 사실상의 현황에 의하여 별장용으로 사용하고 있으면 족하다고 할 것인데(대법원 1994. 11. 11. 선고 94누8280,8297 판결 등 참조), … 원고는 이 사건 계쟁주택을 상시 주거용으로 사용하지 아니하고 휴양·피서·위락 등의 용도로 사용하였다고 볼 것이고, 비록 원고가 **이 사건 계쟁주택에 대해 별장에 상응한 취득세나 재산세를 납부하지 아니하였다고 하더라도, 그러한 사정만으로 계쟁주택이 별장에 해당하지 않는다고 할 수는 없을 것**이다.

… 이 사건 아파트의 양도 당시 농장 관리인이 원고의 승낙을 받고서 이 사건 계쟁주택의 욕실을 사용하기도 하고 그 자녀들이 공부를 하거나 인터넷을 이용하기 위하여 일부 방을 사용하는 등 계쟁주택의 일부를 사용하기도 하였으나, 이는 원고를 대신하여 이 사건 계쟁주택을 비롯한 위 농장의 관리를 하는 과정에서 계쟁주택을 부분적으로 이용하는 것에 불과한 것으로 보이는 점, 이 사건 처분 무렵인 2004. 4.경부터 2005. 4.까지 계쟁주택의 가정용 전기요금이 거의 매월 10,000원 이상 30,000여원에 이르렀으나, 이는 관리인의

자녀들이 계쟁주택에서 인터넷에 접속하거나 공부를 하기도 하는 과정에서 사용하는 전기의 요금으로 볼 여지가 충분한 점 등을 고려해 보면, 관리인과 관련한 위와 같은 사정들만으로 **관리인이 계쟁주택을 상시적으로 사용하였다고 보기는 어렵다.**

따라서, 앞서 본 여러 사정을 종합하면, 이 사건 아파트의 양도 당시 이 사건 계쟁주택은 **결국 상시적으로 사용하는 주택이 아닌 별장에 해당**한다고 할 것이므로, 이 사건 아파트의 양도가 1세대 1주택의 양도에 해당하지 아니한다고 보고서 한 피고의 이 사건 처분은 위법하다.

5. 평 석

(1) 이 사건 1심재판부는 서울 근교의 별장용 주택의 경우 지방세법상의 별장에 불구하고 구조·기능·시설 등이 본래 주거용에 적합한 상태로서 때때로 휴식을 취한다고 하더라도 적극적으로 **휴양목적만을 위한 것이 아니고 주거기능을 유지하고 있으므로 주택에 해당한다**고 보았다.

(2) 이 사건 원심재판부는 소득세법상 1세대 1주택으로 양도소득세를 비과세하는 요건을 판단함에 있어서 **별장은 주택으로 보지 아니한다는 피고의 비과세 관행이 형성되어 있다고 볼 여지가 충분**하다고 판단하였지만, 이와는 달리 본 사례도 있다.

(3) 서울고등법원(서울고등법원 2018. 3. 27. 선고 2017누86271 판결)은 "양도소득세가 비과세되는 1세대 1주택의 주택 수에서 제외된다고 판단하여 양도소득세 부과처분을 취소한 심판결정례는 대부분 '산자락에 위치한 목조 단층주택을 취득하여 별장 용도로 사용하기 위한 인테리어 공사를 마친 후 별장으로 신고하고 여러 해 동안 별장으로 재산세 등이 부과된 사안'에 관한 것이고, 위 질의회신 사례들은 '농촌 지역의 단독주택을 취득하여 주말휴양용 등으로 사용한 사안'이거나 '별장 용도로 콘도와 유사한 형태로 분양된 건축물 지분에 관한 사안' 등에 관한 것이다. 그리고 과세관청은 양도소득세가 비과세되는 1세대 1주택을 판정함에 있어 별장이 주택에 포함되는지에 관한 질의에 대하여 단정적으로 답변하기보다는 대체로 '사실 확인이 필요하다'는 등의 유보적인 답변을 해온 것으로 보인다(2017. 8. 11.자 피고 준비서면 첨부 참고자료2, 4). 한편 주거용 오피스텔을 휴양 목적으로 취득하여 상시주거용으로 사용하지 아니한 경우라고 하

더라도, 구조·기능 등이 주거용에 적합한 상태에 있고 별장으로 재산세 등이 중과된 사실이 없는 점 등을 들어 주택으로 보아야 한다고 판단한 심판결정례(조심2011서2317), **상속받은 농가주택을 상시주거용으로 사용하지 않고 제사, 휴양, 텃밭관리 등의 용도로 사용한 경우에 대하여 취사나 세탁 등이 가능하여 주거에 공할 수 있고 별장으로 취득세나 재산세 등이 중과된 사실이 없는 점 등을 들어 주택으로 보아야** 한다고 판단한 심판결정례 등도 있다(조심2014서0408, 2018. 3. 22.자 피고 참고자료). 위와 같은 심판결정례 및 질의회신 사례 등을 살펴보면, 과세관청이 위 예규들을 만들고 실제 일부 주거용 건축물을 별장으로 보아 주택에 해당하지 않는 것으로 판정하여 왔다고 하더라도, 실제 양도소득세 과세실무에 있어서는 단지 상시주거용으로 사용하지 않고 휴양, 피서, 위락 등 용도로 사용하였다는 점만으로 주택에 해당하지 않는다고 단정적으로 판정한 것이 아니라, **당초 건축 목적, 건축물의 위치와 구조, 주말 휴양 등의 별장 용도에 특유한 시설 등의 존재 여부, 취득세나 재산세 등이 별장으로 중과되었는지 여부** 등을 종합하여 선별적으로 양도소득세 비과세 적용 여부를 결정하여 왔던 것으로 보인다. 따라서 과세관청이 주거용 건축물을 별장으로 보아 양도소득세 비과세를 적용해 온 사안들에 관하여 앞서 본 법리에 따른 비과세관행의 성립을 인정할 여지가 있다고 하더라도, 쟁점주택이 그러한 비과세관행의 적용 대상이 된다고 하기 위하여는 **단지 상시주거용이 아닌 휴양 등 용도로 사용되었다는 정도를 넘어 양도소득세 비과세가 적용된 사안들과의 구체적인 유사성 등이 인정되어야 할 것**이다. 그런데 위 인정사실 및 증거 등에 의하여 인정되는 다음과 같은 사정, 즉 ① 쟁점주택은 주거용 건축물의 전형적인 형태 중 하나인 연립주택의 1세대로서 원래 상시주거용으로 건축되어 언제든지 상시주거용으로 사용될 수 있는 상태이고, 실제 이웃 세대들 다수가 상시주거용으로 사용하고 있는 점, ② 원고들이 쟁점주택을 상시주거용이 아닌 휴양 등 용도로 사용함에 있어 별다른 개조를 한 바 없고 휴양 등을 위한 특별한 시설을 설치한 바도 없으며, 위와 같이 쟁점주택을 타에 임대함에 있어서도 달리 어떠한 개조를 할 필요가 없었던 것으로 보이는 점, ③ 쟁점주택이 별장으로 취급되어 재산세 등이 과세된 바도 없는 점 등을 종합하면, 쟁점주택과 같은 경우를 1세대 1주택의 양도소득세 비과세 적용에 있어 주택에 해당하지 않는 것으로 보는 비과세관행이 존재한다고 할 수 없다"고 판시하였다(이 사건 1심재판부는 원심 재판부와는 달리 쟁점이 되는 연립주택을 원고가 상시주거하지 아니하였다는 사유로 주택이 아니라고 판단하였다).

(4) 과세관청은 1세대 1주택 판정 시 별장을 주택에서 제외한다 하더라도, 적어도 그 건축물의 용도가 본래 장기간 독립된 주거생활을 영위할 수 있는 구조로 된 주택법상 주택인 경우에는 그 건축물이 별장에 해당되는지 여부를 판정함에 있어서는 납세자가 당해 건축물에 대해 **"별장에 상응"한 취득세나 재산세를 납부하였는지 여부,** 당해 건물의 취득 목적이나 경위, 이용형태, 휴양 등을 위한 시설의 구비 여부 등을 종합하여 판단하여야 한다는 것이다(이 사건 1심재판부나 2심재판부도 이 사건 계쟁주택이 소득세법상 주택이라는 점에 대해서는 동일한 판단을 하고 있다).

(5) 별장을 취득하게 되면 별장은 사치성건물로서 일반주택 취득시보다 "5"배 중과를 하게 되고 별장은 재산세가 1000분의40이라는 고율의 과세를 부과하게 되는 반면, 별장이 아닌 일반주택은 1000분의 1.5에서 1000분의 5까지의 저율로 재산세를 부과하게 되며, 별장에 부수된 토지에 대하여도 고율의 중과를 부과하게 되어 있다. 원고가 취득시에는 일반주택으로 신고하여 "5배"의 취득세 중과를 피하고, 보유시에도 일반주택으로 재산세의 중과를 피하며, 양도시에는 1세대2주택에 따른 중과를 피한 사실은 1심재판부가 이 사건 계쟁주택을 주택으로 보아 원고 패소 판결한 이유 중의 하나로 이해된다.

(6) 그러나 서울고등법원 특별1부는 「지방세법」에 따라 별장으로 과세되는 건축물은 주택이 아니라는 관행이 형성된 것이므로 별장을 제외한 양도 주택만으로 1세대 1주택 비과세 판정을 하여야 하는데, 관리인이 가끔 주거용으로 사용 하면서 **소유주는 휴양·피서·위락의 목적으로 사용하는 건물인 경우 비록 언제든지 주거용으로 사용가능하다 하더라도 지속적으로 상시 주거용으로 사용한 것이 아니라면 1세대 1주택 비과세 판정 시 이를 별도의 주택으로 볼 수 없다고 판시하였다.** 대상판결에 따라 종전의 국세청 예규(재산 01254-2842, 1988. 10. 5.), 심사결정례(심사양도 2006-17, 2006. 3. 16.)의 해석은 사실상 변경되었다.

(7) 국세청에서도 서울 근교에 단독주택을 취득하여 상시 주거용으로 사용하지 않고 여름 2~3일/1주일, 겨울 1일/1주일 정도 주말 휴양용으로 사용하고 있는 경우에 대한 질의회신에서 "1세대 1주택 비과세 규정을 적용함에 있어 **상시 주거용으로 사용하지 아니하는 별장은 주택에 포함하지 않는 것**으로서, 해당 건물이 별장에 해당하는지는 건물의 이용 상황 등을 확인하여 판단할 사항이다."(부동산거래-1335, 2010. 11. 9.)라고 답변하였다.

(8) 앞에 살펴본 바와 같이 서울고등법원(2017누86271)은 원고가 서울에 1주택과 제주도에 아파트를 보유하고 있으면서 제주도의 아파트는 상시주거목적이 아닌 휴양목적으로 사용한 사안에 있어서 "아파트를 별장용도로 사용하였다고 하더라도 쟁점주택과 같은 경우를 1세대 1주택의 양도소득세 비과세 적용에 있어 주택에 해당하지 않는 것으로 보는 비과세관행이 존재한다고 할 수 없다."고 판시하였다.

(9) 아파트나 연립주택과 같이 당초 건축목적이 휴양 등 별장의 용도로 사용 한다기 보다는 주거기능이 더 중요시되는 형태의 주택(아파트나 연립주택)은 세법상 주택으로 보지 않는 별장으로 볼 수 없다는 것이 위 고등법원 재판부의 판단이다.

(10) **통상 상시 주거용으로 사용하기에는 불편한 지역에 소재하고 불특정다수인이 주거용으로 취득한다고 보기 곤란한 경우에는 별장으로 볼 수 있지만**, 농어촌주택을 취득하여 휴양시설로 사용하는 경우 주택으로 보기 어렵다는 견해도 있다. 농어촌주택은 지방세법상 별장의 범위(지령28②의 규정에 정한 일정한 요건을 갖춘 경우에 한함)에서도 제외되므로 별장에 해당되지 않는다는 것이다. 물론 거주자가 농어촌지역에 소재한 주택을 휴양시설로 이용할 목적으로 취득한 경우 거주자의 주택에 해당하는지에 대해서는 명문의 규정은 없다. 그래서 어떤 주택이 별장에 해당하는지 여부는 각 사안별로 판단하여야 할 것으로 보이는데(예규, 심판례, 판례 모두 상반된 사례들이 존재한다), 어떤 주택이 거주목적의 주택인지, 휴양 등의 목적으로 보유하고 있는 별장에 해당하는지는 여전히 다툼의 여지가 있을 수 밖에 없다.

(11) 한편, 이 사건에서 관리인이 이 사건 계쟁주택에서 **상시 거주하고 있었다면(피고가 이를 입증하였다면)** 이 사건 계쟁주택도 주택으로 판단될 여지가 있어 보인다. 아파트를 기숙사로 사용한 경우 주택에 해당되는지에 대한 다툼에서 근로자들의 숙소로 사용할 목적으로 취득한 아파트에 대해서 **거주자의 주택**으로 보아 1세대 1주택 비과세 규정을 적용함이 타당하다고 판시하였다(대전 고등법원 2007. 5. 3. 선고 2006누

2464판결). 기숙사 용도로 사용되는 주택의 경우 당초 주택의 신축목적, 취득경위, 일반적인 경우 사용용도 등을 종합적으로 판단하여 처음부터 공장 등의 부속건물로 종업원 숙소에 적합하게 신축되었거나 사원용 복지시설로 신축된 아파트 등은 거주자의 주택과 구별하여 기숙사로 볼 수 있지만, **일반주거용으로 신축된 아파트 또는 단독주택을 구입하여 종업원의 기숙사로 사용된다고 하더라도 언제든지 일반주택으로 사용될 수 있는 경우**에는 거주자의 **주택으로 보는 것이 타당**하다. 가정보육시설(예를 들어 가정어린이집)로 이용되는 주택에 대해서도 주택으로 본 대법원의 판례를 보아도 그렇다(대법원 2005. 4. 28. 선고 2004두14960 판결).

6. 관련예규·심판례·판례

문서번호	내 용
대법원 1995. 4. 28. 선고 93누21224 판결	별장에 대하여 취득세를 중과하는 이유는 별장이 비생산적인 사치성 재산으로 그 취득을 최대한 억제하는 한편 이러한 재산을 취득하는 데에 담세력이 있다고 보기 때문인 바, 별장으로 인정되기 위하여는 **공부상의 용도에 불구하고 주거용으로 공할 수 있도록 된 건축물로서 그 소유자나 임차인 등 그 사용주체가 상시 주거용에 사용하지 아니하고 휴양, 피서, 또는 위락 등의 용도에 사용하여야 한다**고 할 것인데, … 별장 여부를 판단함에 있어서는 위 중과세의 입법취지에 비추어 그 취득목적이나 경위, 당해 건물이 휴양 등에 적합한 지역에 위치하는지의 여부, 주거지와의 거리, 당해 건물의 본래의 용도와 휴양 등을 위한 시설의 구비여부, 건물의 규모, 가액, 사치성 및 관리형태, 취득 후 소유자와 이용자의 관계, 이용자의 범위와 이용목적과 형태, 상시 주거의 주택 소유 여부 등 구체적 사정을 종합적으로 고려하여 객관적·합리적으로 판단하여야 한다.
재일46014-1549, 1997. 6. 25.	• 현행 소득세법상 양도소득세가 비과세되는 1세대1주택을 판정함에 있어 주택부분은 양도당시 사실상 사용하는 용도에 따라 판정하는 것이며, 그 사실상 사용하는 **용도가 불분명한 경우**에는 **공부상의 등재내용에 따라 판정**하는 것임. • **지방세법의 규정에 의하여 별장으로 과세되는 건축물은 주택으로 보지 아니하는 것**이나 이를 상시주거용으로 사용하는 경우에는 지방세 과세여부에 관계없이 주택으로 보는 것임.

문서번호	내 용
대법원 2005. 4. 28. 선고 2004두14960 판결	소득세법상 '주택'이란 실제 용도가 사실상 주거에 제공되는 건물인가에 의하여 판단하여야 하고, 일시적으로 주거가 아닌 다른 용도로 사용되고 있다고 하더라도 그 구조·기능이나 시설 등이 본래 주거용으로서 주거용에 적합한 상태에 있고 주거기능이 그대로 유지·관리되고 있어 **언제든지 본인이나 제3자가 주택으로 사용할 수 있는 건물의 경우에는 이를 주택으로 보아야** 할 것이다.
대법원 1988. 4. 12. 선고 87누932 판결; 1997. 5. 30. 선고 97누4364 판결	주거용 건축물이 상시 주거용이 아닌 별장용으로 사용되고 있는지 여부를 판정하는 기준으로 삼을 사용주체는 반드시 그 건축물의 소유자임을 요하는 것은 아니며 건축물의 **임차인이라도 무방하다**고 할 것이다.
서울고등법원 2018. 3. 27. 선고 2017누86271 판결	**아파트를 별장용도로 사용하였다고 하더라도** 쟁점주택과 같은 경우를 1세대 1주택의 양도소득세 비과세 적용에 있어 주택에 해당하지 않는 것으로 보는 비과세관행이 존재한다고 할 수 없다.
수원지방법원 2017. 9. 8. 선고 2017구단7089 판결	관리사 2층에 비록 관리인이 전입하고 있다고 하더라도 관리인은 가족과 오랜 기간 동안 떨어져 있었고 이는 사회통념상 일반주거용 건축물인 주택이라 할 수 없고 오직 관리사로 보여지며 공부상 용도 또한 주택이 아니라 관리사이며 건물 주위로 축사, 축분장, 우사, 퇴비사 등이 즐비하여 안락한 주거환경의 주택으로 사용하기 부적절한 점 등에 비추어 관리사를 주택으로 볼 수 없다(타 주택 양도 시 주택이 아니어서 타 주택만으로 비과세 판정).
대법원 2017. 10. 31. 선고 2017두55541 판결	방갈로는 통상 음식점의 경우 영업용으로 사용될 목적으로 신축되고 실제 영업용으로 사용된 경우 주거용으로 사용하였다는 특별한 증빙이나 객관적으로 신빙성이 있는 경우가 아니면 주택으로 볼 수 없다.
재산 01254-2842, 1988. 10. 5.	과수원의 관리사는 주택에 해당한다(별장의 부속사에 관리인이 상시 거주한다면 부속사는 주택으로 봄).
대법원 1986. 3. 25. 선고 85누790 판결 ; 재일 46014-2508, 1996. 11. 12.	**주거로 사용하는 주체는 소유자이든지 임차자이든지 모두 포함**된다.
심사양도 2001-2134, 2001. 11. 9.	부동산의 지하는 공부상에는 근린생활시설이나 실지 사용용도는 주택인 경우 실질과세원칙에 따라 주택부분이 건물부분보다 크므로 전체가 1세대 1주택에 해당한다.

문서번호	내 용
양도집행기준 89-154-20	펜션을 숙박용으로만 제공하는 경우 주택에 해당하지 않으나 세대원이 해당 건물로 거소 등을 이전하여 주택으로 사용하는 경우에는 겸용주택으로 본다.
대법원 1998. 5. 15. 선고 98두3891 판결	용도변경과 관련해서는 적법이나 불법여부에 불구하고 사실상 주거에 공하는 공간으로 구조 변경된 경우에는 주택으로 본다.
대법원 2005. 4. 28. 선고 2004두14960 판결	단독주택이나 공동주택으로 건축된 주택에서 주거에 적합한 시설을 갖추고 있으면서 전용 또는 주거겸용으로 가정**어린이집을 운영**하는 경우 언제라도 주택으로 이용 가능한 상태이므로 거주자의 거주 여부에 불구하고 양도일 현재 **거주자의 주택**으로 본다.
국심 2004부2456, 2005. 1. 29.	건물의 일부분이 주택으로 용도 변경된 경우 변경 후 3년 이상 주택으로 사용되어야 1세대 1주택 비과세 적용이 가능함

5-12 임차 주택을 취득한 경우 임차기간의 거주기간이 1세대 1주택의 2년 이상 거주기간에 포함되는지 여부

● 대상판결 : 대법원 2009두18288 (2010. 1. 28.) ➜ 국승

핵심 요지

조세법규가 보유기간 중의 거주기간이 2년 이상일 것을 명시하고 있고, 그 거주기간 2년에 임차인으로서 거주한 기간을 합산하도록 하는 별도의 규정이 없는 이상 임차인으로서 거주한 기간을 1세대1주택의 요건에 해당되는 2년 이상 거주기간에 포함할 수 없음

1. 사실관계

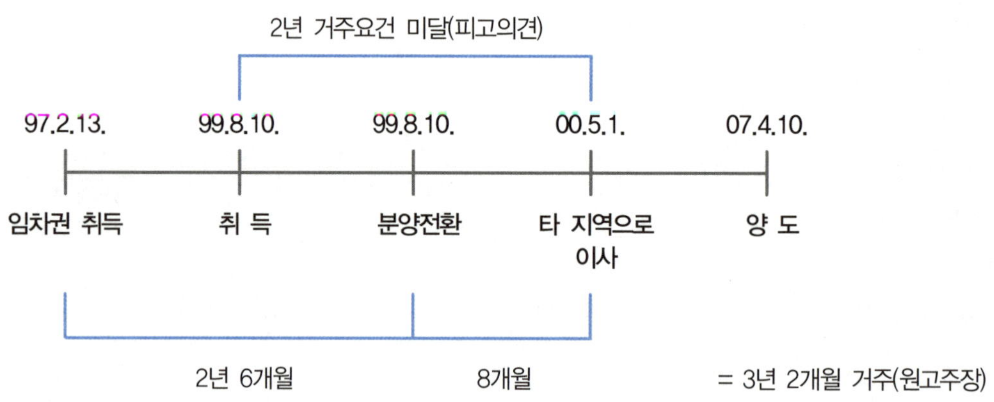

(1) 원고는 1999. 8. 10. 대한주택공사로부터 이 사건 아파트(임대아파트)를 34백만 원에 매수하여 보유하다가 2007. 4. 10. 140백만 원에 양도하였다.

(2) 원고는 1997. 2. 13. 종전 임차인으로부터 이 사건 아파트의 임차권을 양도받아 1997. 2. 19.경부터 이 사건 아파트에 거주해 오다가 1999. 8. 10. 이 사건 아파트를 매수하였고, 그 후 2000. 5. 1. 서울지역으로 이사하였다.

(3) 원고는 2007. 4. 13.경 피고에게 이 사건 아파트의 양도에 대하여 비과세 특례규정이 적용되지 아니함을 전제로 하여 위 양도에 따른 산출세액 19백만 원을 2007년 귀속 양도소득세로 예정신고·납부하였다.

(4) 원고는 그 후 2007. 6. 5. 원고가 1세대 1주택 비과세요건 중 거주기간에 대한 요건을 충족하지 못했다는 이유 하나만으로 양도소득세를 납부해야 한다는 것이 부당하다고 주장하면서 피고에게 경정청구를 하였으나, 피고는 2007. 8. 7. 경정을 거부하는 이 사건 처분을 하였다.

2. 쟁 점

임차 주택을 취득한 경우 임차기간의 거주기간이 1세대1주택의 2년 이상 거주기간에 포함되는지 여부

3. 관련법령

소득세법 시행령 154조【1세대1주택의 범위】

⑤ 제1항에 따른 보유기간의 계산은 법 제95조 제4항에 따른다.

소득세법 제95조【양도소득금액】

④ 제2항에서 규정하는 자산의 보유기간은 그 자산의 취득일부터 양도일까지로 한다.

4. 대상판결(심리불속행 ; 서울행정법원 2008. 12. 18. 선고 2008구단12521 판결)

조세법률주의의 원칙상 과세요건 사실이거나 비과세요건 사실이거나를 막론하고 조세법규의 해석은 엄격하게 하여야 하고 확장해석이나 유추해석은 허용되지 아니한다 할 것이다. … 소득세법 제89조 제1항 제3호의 위임에 따라 1세대 1주택의 범위를 규정한 동법 시행령 제154조 제1항은 그 본문에서 택지개발예정지구로 지정·고시된 분당 신도시지역 내 주택의 경우 당해 주택의 보유기간이 3년 이상일 것과 아울러 그 보유기간 중의 거주기간이 2년 이상일 것을 1세대 1주택의 요건으로 규정하고 있는바, 위와 같이 1세대 1주택의 범위를 규정한 **조세법규가 '보유기간 중의 거주기간'이 2년 이상일 것을 명시**하고 있고,

그 거주기간 2년에 임차인으로서 거주한 기간을 합산하도록 하는 별도의 규정도 없는 이상, 원고가 임차인으로서 거주한 기간을 위 규정에 의한 거주기간에 산입하지 아니하였다는 이유만으로 이 사건 처분이 위법하다고 볼 수는 없다. 따라서 원고의 위 주장은 이유 없다.

… 서울특별시 및 인근 신도시 등에 소재하는 주택의 경우 일정기간 이상 거주하였을 것을 1세대 1주택의 요건으로 규정한 소득세법 시행령 제154조 제1항 본문은 주택시장 안정 등을 도모하기 위한 것으로서, 소형아파트가 소재한 지역이라 하여 반드시 주택가격 상승률이 다른 지역에 비해 낮다고 보기 어려운 점, 시세상승폭이 상대적으로 적을 경우 동일한 조건하에서라면 세액도 적어진다고 볼 수 있는 점 등에 비추어 보면, 택지개발예정지구로 지정, 고시된 분당신도시지역 내에 위치하고 있다는 점에서 서로 공통점이 있는 주택들에 대하여 위 소득세법 시행령 규정이 일률적으로 동일한 취급을 한 것에 어떠한 위법이 있다고 볼 수 없고, 원고가 주장하는 바와 같이 이 사건 아파트가 소재한 지역 내의 아파트 시세 상승폭이 실제로 다른 지역에 비해 미미하였다고 볼 만한 증거도 없으므로 원고의 위 주장은 역시 이유 없다.

5. 평 석

(1) 주택(부수토지 포함)의 보유기간 계산은 취득일로부터 양도일까지 한다(소령154⑤). 기간 계산에 있어서 보유기간을 계산하는 때에는 민법 제157조에서 정하는 초일불산입의 규정에 불구하고 그 기간의 초일을 산입하여 자산의 보유기간 등을 계산한다(대법원 1992. 3. 10. 선고 91누8548판결).

(2) 거주요건은 2003. 10. 1. 주택경기 활성화를 억제하기 위해 비과세규정을 강화하면서 서울과 과천 및 5대 신도시에 1년 이상 거주요건이 제한적으로 도입되었고 2004. 1. 1. 이후 부터는 1년 거주요건이 2년으로 연장되었으나 외환위기에 따른 부동산 경기의 침체로 2011. 6. 13. 거주요건은 폐지되었다가 2017. 8. 3.이후 취득분 부터 다시 추가되었다.

(3) 2017년 서울을 중심으로 아파트 가격이 가파르게 상승하는 등 주택시장의 과열이 심화·확산됨에 따라 2017. 8. 2. 주택시장안정화방안에 따라 비과세요건을 강화하여,

2017. 8. 3. 이후 취득하는 주택부터는 취득당시 조정지역에 있는 주택의 경우 해당 주택의 보유기간이 2년 이상이고 그 보유기간 중 거주기간이 2년 이상 이어야 한다. 다만, 2017. 8. 2. 이전에 매매계약을 체결하고 계약금을 지급한 사실이 증빙서류에 의하여 확인되는 경우로서 해당 거주자가 속한 1세대가 계약금 지급일 현재 주택을 보유하지 아니하는 경우 **종전규정(거주요건 없음)을 적용**한다.

(4) 1세대 1주택의 보유기간을 계산함에 있어 현재는 다주택자가 주택을 매각하고 최종적으로 1주택만 보유한 후 그 1주택을 매각하는 경우 그 주택의 취득시기부터 보유기간 2년을 기산하여 1세대 1주택 비과세 하는 것이나, 2021. 1. 1. 이후 양도하는 분부터(2년간 적용유예)는 **다주택을 보유한 기간은 제외하고 최종적으로 1주택만 보유하게 된 날로부터 보유기간 2년을 기산**하여 1세대 1주택 비과세를 허용 한다는 점에 유의할 필요가 있는데 이 경우 납세자로서는 법 개정 전에 취득한 부동산의 경우 과세관청이 거주요건을 추가한다면 소급과세원칙 위반이라는 주장을 할 수 있다.

(5) 이 사건에서도 원고는 2002. 10. 1. 대통령령 제17751호로 소득세법 시행령 제154조 제1항이 개정되기 전에는 양도소득세가 비과세되는 1세대 1주택의 요건으로서 3년 이상의 보유기간만 갖추면 되었다가 위 개정으로 인하여 2년간의 거주기간 요건이 추가되었는바, 원고는 위 개정 전에 이미 3년 이상의 보유기간 요건을 갖추었으므로 기득권이 있다고 할 것임에도 이를 보호하는 경과규정도 없이 이후에 추가된 거주기간 요건을 갖추지 못하였다는 이유로 1세대 1주택에 해당하지 않는다고 하는 것은 소급과세로서 조세법률주의에 반하여 허용되지 않는다는 취지로 주장하였다.

(6) 그러나 이 사건 원심은 "조세법령불소급의 원칙이라 함은 그 조세법령의 효력발생 전에 완성된 과세요건 사실에 대하여 당해 법령을 적용할 수 없다는 의미일 뿐 **계속된 사실이나 그 이후에 발생한 과세요건 사실에 대한 새로운 법령 적용까지를 제한하는 것은 아니고** (대법원 2002. 7. 26. 선고 2001두11168 판결 등 참조), 더욱이 위 개정 소득세법 시행령은 부칙 제3조에서 1세대 1주택에 대한 경과조치로서 '이 영 시행 후 1년이 되는 날까지 당해 주택을 양도하는 경우에는 제154조 제1항의 개정규정에 불구하고 종전의 규정을 적용한다.'라고 규정하여 종전에 이미 1세대 1주택의 요건을 갖춘 기득권자를 보호하는 장치를 마련하고 있으므로(원고가 위 부칙에서 정한 기간 이후에 이 사건 아 파트를 양도하였음은 앞에서 인정한 바와 같다), **위 개정규정과 그에 따라**

행해진 이 사건 처분을 조세법률주의에 위반되는 소급과세로 볼 수는 없다고 할 것이어서 위 주장도 받아들일 수 없다"고 판시하였다.

(7) 보유기간 요건대상 자산은 주택은 물론 주택의 부수토지도 함께 요건을 충족하여야 한다. 주택의 보유기간 요건은 충족하였으나 부수토지의 보유기간 요건을 충족하지 못한 경우에는 주택은 비과세 대상이 되지만 부수토지는 비과세를 받을 수 없다. 반면에 주택은 보유기간 요건을 충족하지 못하였으나 부수토지는 보유기간 요건을 충족한 경우에 **주택 및 부수토지 모두 비과세를 받을 수 없다.**

(8) 보유기간의 계산은 양도 당시의 주택소유자가 취득한 날을 기산일로 하고 양도한 날을 종료일로 하여 보유기간을 계산하는 것이 원칙이지만 취득시기를 예외로 하는 경우가 있다. ① 배우자·직계존비속간 이월과세 된 자산이 비과세되어 이월과세가 적용되지 않는 경우는 수증자가 증여받은 날, ② 이혼 시 재산분할의 경우는 전 소유자의 당초 취득일, ③ 증여 후 양도로 부당행위계산에 해당되는 경우는 증여자의 취득일이 취득시기가 된다.

6. 관련예규·심판례·판례

문서번호	내 용
서면5팀-2846, 2007. 10. 29.	상속주택의 보유기간 계산은 「소득세법 시행령」제162조 제1항 제5호의 규정에 의한 상속개시일로부터 양도일까지로 한다. 다만, 동일세대원이던 피상속인으로부터 상속받은 주택의 경우에는 **피상속인의 보유기간과 상속인의 보유기간은 통산**한다. 즉 상속인의 보유기간과 상속 개시 전에 상속인과 피상속인이 동일세대로서 보유한 기간을 통산한다.
재산-1176, 2009. 6. 15.	1세대 1주택 판정 시 동일세대원으로부터 증여받은 주택을 양도하는 경우에는 증여자와 수증자의 보유기간을 통산하는 것이나, 양도일 현재 증여자가 수증자와 동일세대원이 아닌 경우에는 증여받은 날부터 보유기간을 산정한다.

문서번호	내 용
대법원 1998. 6. 9. 선고 97누10918 판결	상속주택을 멸실하고 재건축을 한 경우 동일세대원 여부에 불구하고 상속주택의 연장으로 본다. 즉, 상속주택의 보유 및 거주기간의 통산은 동일세대원인 경우에 한하여 적용하지만「소득세법 시행령」제155조 제2항의 규정(상속주택에 대한 특례규정)을 적용함에 있어서는 동일세대 여부에 불구하고 상속주택으로 보아 특례규정을 적용받을 수 있다. 따라서 상속받아 재건축한 주택과 일반주택을 보유하는 경우에 비과세 요건을 갖춘 일반주택을 양도하는 경우에는 비과세 된다.
재일 46014-8, 1997. 1. 6.	국내에 1주택만을 소유한 1세대가 동 주택을 멸실하고 다가구주택을 재건축한 경우 당해 주택을 하나의 매매단위로 1인에게 양도한 경우에는 보유 및 거주기간을 통산한다.
재산 46014-1487, 2000. 12. 4., 재산-1475, 2009. 7. 20.	주택을 주택 이외의 용도로 사용하다가 다시 주택으로 용도를 변경한 경우에는 주택으로 사용한 기간은 보유기간을 통산하여 계산한다.
대법원 2008. 12. 11. 선고 2008두16261 판결	일시적 2주택에 대한 양도소득세 비과세와 관련하여 기존 아파트를 재건축하는 경우 재건축 아파트의 취득시점은 재건축대상인 기존 아파트의 취득시점이다.

5-13 일시적 2주택 보유자는 혼인으로 인하여 1세대2주택이 된 경우에는 먼저 양도하는 주택에 대하여 양도소득세를 비과세하지 아니함

● 대상판결 : 대법원 2007두26544 (2010. 1. 14.) ➜ 국승

핵심 요지

1주택을 소유하다가 그 주택을 양도하기 전에 다른 1주택을 취득함으로써 일시적으로 2주택을 보유하게 된 자가 다른 2주택을 보유하는 자와 혼인함으로써 1세대가 4주택을 보유한 상태에서 그 중 1주택을 양도하는 경우는 구 시행령 제155조 제1항이나 제5항의 규정에 의한 양도소득세 비과세 대상에 해당하지 않는다고 할 것이다.

1. 사실관계

(1) 원고는 혼인 전(前) 2주택을 보유하고 있었다.

(2) 원고는 2주택을 보유한 B와 혼인하여 1세대 4주택이 된 상태에서 원고명의의 먼저 취득한 이 사건 주택을 양도한 후 2002년도 귀속 양도소득세 54 백만 원을 납부하였다.

(3) 원고는 이 사건 주택은 혼인일로부터 2년 이내에 양도한 주택이고, 원고는 일시적 2주택 보유자로서 1세대 1주택 특례조항을 충족한 상태에서 이 사건 주택을 양도하였으므로 소득세법시행령 제154조 제5항에 따라 비과세되어야 한다는 취지의 경정청구를 하였으나, 처분청으로부터 2005. 11. 11. 경정청구 거부통지를 받았다.

2. 쟁 점

일시적으로 2주택을 보유하게 된 자가 다른 2주택을 보유하는 자와 혼인함으로써 1세대가 4주택을 보유한 상태에서 그 중 1주택을 양도하는 경우는 구 시행령 제155조 제1항(일시

적 2주택)이나 제5항(혼인으로 인한 합가)의 규정에 의한 양도소득세 비과세 대상에 해당되는지 여부

3. 관련법령

소득세법 시행령 제155조 제1항 및 제5항

① 국내에 1주택을 소유한 1세대가 그 주택을 양도하기 전에 다른 주택을 취득함으로써 일시적으로 2주택이 된 경우 종전의 주택을 취득한 날부터 1년 이상이 지난 후 신규 주택을 취득하고 다음 각 호에 따라 종전의 주택을 양도하는 경우에는 이를 1세대 1주택으로 보아 제154조 제1항을 적용한다.

⑤ 1주택을 보유하는 자가 1주택을 보유하는 자와 혼인함으로써 1세대가 2주택을 보유하게 되는 경우 그 혼인한 날부터 2년 이내(현행: 5년)에 먼저 양도하는 주택은 이를 1세대 1주택으로 보아 제154조 제1항의 규정을 적용한다.

4. 대상판결

위 각 규정의 문언 내용과 입법 취지 및 조세법률주의의 원칙상 과세요건이거나 비과세요건 또는 조세감면요건을 막론하고 조세법규의 해석은 특별한 사정이 없는 한 법문대로 해석할 것이고, 합리적 이유 없이 확장해석하거나 유추해석 하는 것은 허용되지 아니하는 점 등을 종합하면, 1주택을 소유하다가 그 주택을 양도하기 전에 다른 1주택을 취득함으로써 **일시적으로 2주택을 보유하게 된 자가 다른 2주택을 보유하는 자와 혼인함으로써 1세대가 4주택을 보유한 상태에서 그 중 1주택을 양도하는 경우는 구 시행령 제155조 제1항이나 제5항의 규정에 의한 양도소득세 비과세 대상에 해당하지 않는다**고 할 것이다.

그럼에도 원심은, 이 사건 주택을 보유하고 있던 원고가 2002. 8. 22. 다른 1주택을 취득하고, 2002. 10. 19. 다른 2주택을 보유한 B와 혼인한 후 2002. 11. 27. 이 사건 주택을 양도한 사실을 인정한 다음, 구 시행령 제155조 제5항에서 말하는 '1주택을 보유하는 자'란 구 시행령 제155조 제1항에 의한 일시적 2주택 보유자를 포함한다고 전제하고, 원고와 B는 혼인 당시 각 일시적 2주택 보유자로서 구 시행령 제155조 제5항에 규정된 '1주택을

보유하는 자'에 해당한다는 이유로 이 사건 주택의 양도가 구 시행령 제155조 제1항, 제5항에 의하여 양도소득세의 비과세 대상이 된다고 판단하고 말았으니, 이러한 원심의 판단에는 1세대 1주택의 비과세요건에 관한 법리 등을 오해하여 판결에 영향을 미친 잘못이 있다.

5. 평 석

(1) 대상판결은 **혼인으로 인한 1세대 1주택 비과세 특례에서「1주택을 보유한 자」에는 일시적 2주택 보유자는 포함되지 않으므로** 일시적 2주택자가 다른 2주택을 보유한 자와 혼인하여 4주택을 보유한 상태에서 1주택을 양도한 경우 1세대 1주택 비과세특례에 해당하지 않음을 명확히 하였다.

(2) 이와는 상반되게 이 사건 1심재판부는 소득세법 시행령 제155조 제5항(혼인으로 인한 합가에 따른 특례규정)에서 말하는 '1주택을 보유하는 자'란 구 시행령 제155조 제1항에 의한 일시적 2주택 보유자를 포함한다는 전제하에 이 사건 주택의 양도가 구 시행령 제155조 제1항(일시적 2주택), 제5항(혼인 합가에 따른 특례)에 의하여 양도소득세의 비과세 대상이 된다고 판단하였다.

(3) 일시적으로 2주택을 보유한 자가 부모와 세대를 합가하고서 세대를 합가한 날로부터 1년 내에 본인 명의의 주택을 양도한 경우(일시적 2주택)에 대하여, 1세대 3주택자의 양도소득으로 보아 과세한 처분은 부당(비과세 인정)하다는 심판례가 있다(국심 2002전2580, 2003. 1. 11.).

(4) 일시적인 2주택 보유자로서 1세대 1주택의 특례조항을 충족한 상태에서 동거봉양의 목적으로 세대 합가를 하여 3주택이 되었더라도 종전주택을 양도하는 경우 비과세를 허용한다면 이 사건에서와 같이 혼인으로 인한 합가의 경우에도 일시적 2주택 보유자라 하더라도 동일하게 비과세를 인정 하는게 형평성에 맞다는 생각이 든다.

(5) 그러나, 대법원은 대상판결을 통해 조세법률주의의 원칙상 과세요건이거나 비과세요건 또는 조세감면요건을 막론하고 조세법규의 해석은 특별한 사정이 없는 한 법문대로 해석할 것이고, 합리적 이유 없이 확장해석하거나 유추해석 하는 것은 허용되지 아니하는 점을 들어 원고 패소판결을 하였다.

(6) 한편, **1주택을 보유한 자**와 1주택을 보유한 자가 혼인으로 1세대 2주택이 된 후, 새로운 주택을 취득함으로써 1세대 3주택이 된 경우, 그 새로운 주택을 취득한 날부터 3년 이내(일시적 2주택 특례) 그리고 혼인한 날부터 5년 이내(혼인 합가로 인한 특례)에 **혼인 전(前)에 보유하던 주택을 양도**할 때에는 **비과세를 적용**한다(소령155①, ⑤).

(7) 또한, 2012. 2. 2. 이후 양도하는 분부터 1주택을 보유하고 있는 60세 이상의 직계존속을 동거봉양 하는 무주택자가 1주택을 보유하는 자와 혼인함으로써 1세대 2주택이 되는 경우 5년 내 먼저 양도하는주택(양도일 현재 2년 이상 보유 등)에 대하여는양도소득세를 비과세 한다(2012. 2. 2., 소령 155 ⑤ 개정).

(8) 대상판결에 따른다면 혼인 전(前)에 **1주택을 보유한 자**가 혼인으로 인하여 일시적 1세대 2주택이 된 경우(혼인 前 일시적 2주택자는 제외)에 한하여 혼인한 날부터 5년 이내 양도하는주택(보유기간 등 비과세 요건을 갖춘 주택)에 대하여만 양도소득세를 비과세 한다.

6. 관련예규·심판례·판례

문서번호	내 용
서면5팀-1433, 2007. 5.2.	혼인으로 인한 합가에는 이혼 후에 동일한 배우자와 재혼한 경우는 포함되지 아니한다. ·합가일 : 주민등록전입일 ·혼인일 : 호적신고일
재일 46300-2864, 1997. 12. 5.	부친은 60세 이상이나 모친은 55세 미만인 상태로서 모친명의로 1주택을 소유하고 있는 경우 본인의 세대와 부친의 세대를 합쳐 1세대 2주택이 되었으면, 합친 날로부터 2년(현행 10년)이내 양도하고 양도일 현재 3년 이상 보유하였으면 비과세 됨.
소득세법 통칙 89-14	국내에 1세대 1주택을 소유한 거주자가 그 주택을 양도하기 전에 새로운 주택을 취득하여 일시적으로 2개의 주택을 소유하고 있던 중 상속 또는 소득세법시행령 제154조 제4항 및 제5항의 규정에 의한 **혼인** 또는 직계존속을 봉양하기 위하여 세대를 합침으로써 1세대 3개의 주택을 소유하게 되는 경우에는 새로운 주택을 취득한 날로부터 2년 내에 종전의 주택을 양도하면 1세대 1주택의 양도로 보아 양

문서번호	내 용
소득세법 통칙 89-14	도소득세를 비과세한다(일시적 2주택자가 혼인으로 인하여 3주택을 소유하더라도 먼저 양도하는 주택에 대하여 양도소득세를 비과세한다는 것으로 **조세심판원 결정 및 대법원 판례와 상치**됨).
서면4팀-598, 2008. 3.10.	혼인으로 2주택을 보유한 자가 동거봉양으로 3주택을 보유하게 된 경우 혼인한 날부터 5년 이내에 양도하는 주택은 비과세 규정이 적용된다.
서일 46014-10612, 2003. 5. 16.	일시적으로 2주택을 보유한 거주자가 혼인에 의해 세대를 합침으로써 1세대가 3개의 주택을 소유하게 되는 경우 새로운 주택을 취득한 날부터 1년 내에 종전의 주택을 양도하는 경우에는 1세대 1주택의 양도로 보아 양도소득세를 비과세함

5-14 소득세법상 거주자 요건을 충족하여 1세대1주택 감면대상인지 여부

● 대상판결 : 서울고법 2020누65342 (2021. 7. 21.) ➜ 국패

핵심 요지

원고는 직업 및 자산 상태에 비추어 계속하여 183일 이상 국내에 거주할 것으로 인정되는 때에 해당하므로, 국내에 주소를 가진 거주자에 해당한다.

1. 사실관계

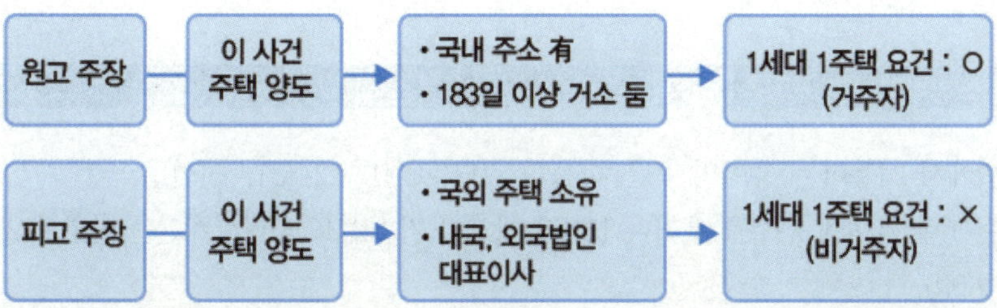

(1) 원고는 2018년도에 그 소유의 서울시 소재 이 사건 아파트를 7억 7,500만 원에 양도하였다.

(2) 원고는 이 사건 양도 당시 자신이 구 소득세법(2018. 12. 31. 법률 제16104호로 개정되기 전의 것) 제1조의2 제1항 제2호가 정한 비거주자에 해당한다는 전제에서, 2018. 6. 4. 피고에게 이 사건 양도와 관련하여 2018년 귀속 양도소득세 107백만 원을 예정신고 · 납부하였다.

(3) 이후 원고는 2018. 11. 15. 원고가 구 소득세법 제1조의2 제1항 제1호가 정한 거주자에 해당하므로, 이 사건 주택이 구 소득세법 제89조 제1항 제3호 가목에서 정한 1세대 1주택 비과세 규정을 적용하여야 한다고 주장하면서, 위 신고 · 납부한 양도소득세 107백만 원의 환급을 구하는 경정청구를 하였다.

(4) 이에 피고는 2019. 2. 1. 원고에 대하여 "원고와 배우자의 거주 및 소득 관련 증빙

등이 부족하여 거주자로 보기 어렵다."는 이유로 원고의 경정청구를 거부하는 결정을 하였다.

(5) 원고는 이에 불복하여 2019. 4. 22. 조세심판원에 심판청구를 하였으나, 2019. 7. 29. 심판청구가 기각되었다.

2. 쟁 점

원고가 소득세법상 거주자 요건을 충족하여 이 사건 아파트가 1세대 1주택 감면대상인지 여부

3. 관련법령

소득세법 제1조의2【정의】

① 이 법에서 사용하는 용어의 뜻은 다음과 같다(2009. 12. 31. 신설).
1. "거주자"란 국내에 주소를 두거나 183일 이상의 거소(居所)를 둔 개인을 말한다(2014. 12. 23. 개정).
2. "비거주자"란 거주자가 아닌 개인을 말한다.

소득세법 시행령 제2조【주소와 거소의 판정】

①「소득세법」(이하 "법"이라 한다) 제1조의2에 따른 주소는 국내에서 생계를 같이 하는 가족 및 국내에 소재하는 자산의 유무 등 생활 관계의 객관적 사실에 따라 판정한다(2010. 2. 18. 개정).
② 법 제1조의2에 따른 거소는 주소지 외의 장소 중 상당 기간에 걸쳐 거주하는 장소로서 주소와 같이 밀접한 일반적 생활 관계가 형성되지 아니한 장소로 한다(2010. 2. 18. 개정).
③ 국내에 거주하는 개인이 다음 각 호의 어느 하나에 해당하는 경우에는 국내에 주소를 가진 것으로 본다(2015. 2. 3. 개정).
1. 계속하여 183일 이상 국내에 거주할 것을 통상 필요로 하는 직업을 가진 때(2015. 2. 3 개정)
2. 국내에 생계를 같이하는 가족이 있고, 그 직업 및 자산 상태에 비추어 계속하여 183일 이상

국내에 거주할 것으로 인정되는 때(2015. 2. 3 개정)

④ 국외에 거주 또는 근무하는 자가 외국 국적을 가졌거나 외국 법령에 의하여 그 외국의 영주권을 얻은 자로서 국내에 생계를 같이하는 가족이 없고 그 직업 및 자산 상태에 비추어 다시 입국하여 주로 국내에 거주하리라고 인정되지 아니하는 때에는 국내에 주소가 없는 것으로 본다(2015. 2. 3. 개정).

소득세법 시행령 제4조【거주기간의 계산】

① 국내에 거소를 둔 기간은 입국하는 날의 다음 날부터 출국하는 날까지로 한다(1994. 12. 31. 개정).

② 국내에 거소를 두고 있던 개인이 출국 후 다시 입국한 경우에 생계를 같이하는 가족의 거주지나 자산소재지 등에 비추어 그 출국목적이 관광, 질병의 치료 등으로서 명백하게 일시적인 것으로 인정되는 때에는 그 출국한 기간도 국내에 거소를 둔 기간으로 본다(2015. 2. 3. 개정).

③ 국내에 거소를 둔 기간이 1 과세 기간 동안 183일 이상인 경우에는 국내에 183일 이상 거소를 둔 것으로 본다(2018. 2. 13. 개정).

④ 「재외동포의 출입국과 법적 지위에 관한 법률」 제2조에 따른 재외동포가 입국한 경우 생계를 같이 하는 가족의 거주지나 자산 소재지 등에 비추어 그 입국목적이 관광, 질병의 치료 등 기획재정부령으로 정하는 사유에 해당하여 그 입국한 기간이 명백하게 일시적인 것으로 기획재정부령으로 정하는 방법에 따라 인정되는 때에는 해당 기간은 국내에 거소를 둔 기간으로 보지 아니한다(2016. 2. 17. 신설).

4. 원 · 피고 주장 요약

(1) 원 고

① 원고는 2016년도에 전입신고를 하여 국내에 주민등록법상 '주소'가 존재하고, 국내에서 자녀와 함께 거주하여 가족과 생활 관계를 형성하였다. 또한 원고는 2000년경부터 현재까지 내국 법인인 주식회사와 미국 법인인 한국영업소에서 연구개발 및 특허 취득 활동을 계속하여 왔으므로, 국내에 '주소'를 가진 것으로 보아야 한다. 결국 원고는 국내에 '주소'를 둔 거주자에 해당한다.

② 설령 '주소'가 존재하지 않는 것으로 본다고 하더라도, 원고는 거소지인 위 주민등록상 주소지에서 일시 출국 기간까지 합산하여 2016년과 2017년 모두 국내에 183일 이상 거주하였으므로, 국내에서 183일 이상의 거소를 둔 거주자에 해당한다.

피고가 위와 같은 사정을 고려하지 아니하고 원고를 구 소득세법상 비거주자로 본 것은 위법하다.

(2) 피 고

① 원고는 이 사건 양도 당시 국외 소재 주택을 소유하고 있었으므로 1세대 2주택자에 해당하여 1세대 1주택 비과세 규정을 적용할 수 없다.

② 원고가 이 사건 양도 당시 국외 소재 대규모 주택을 소유하였고, 모든 특허를 미국 회사 명의로 보유하게 한 사정 등을 감안하면, 조세조약 제3조 제2항에 따라 원고의 항구적 주거는 미국에 있고 중대한 이해관계의 중심지도 미국이므로, 원고는 대한민국의 거주자가 아니어서, 1세대 1주택 비과세 규정을 적용할 수 없다.

5. **대상판결**(서울고등법원 2021. 07. 21. 선고 2020누65342 판결)

소득세법 시행령 제154조 제1항 본문은 '1세대가 양도일 현재 국내에 1주택을 보유하고 있는 경우'라고 규정하여 양도하는 주택 외에 **'국내에' 다른 주택이 없음을 요건**으로 하고 있다. 국외 소재(미국) 주택도 1주택 보유 여부 판단에 감안하여야 한다는 피고의 주장은 조세법률주의의 원칙상 조세 법규의 해석은 특별한 사정이 없는 한 법문대로 엄격하게 해석할 것이고 합리적 이유 없이 확장해석하거나 유추 해석하는 것은 허용되지 아니한다는 원칙에 반한다. 원고가 이 사건 양도 당시 국내에서 이 사건 주택만을 보유하고 있음이 인정되는 이상, 설령 국외에 별도의 주택을 소유하고 있었더라도 1세대 1주택 비과세 규정은 적용된다. 결국 피고의 주장은 받아들일 수 없다.

… ㉠ 원고의 자녀는 2012년경 국내로 입국해서 그 무렵부터 한국영업소가 임차한 주택에 거주하며 직장생활을 하였고, 2016. 9. 22.에는 이 사건 사택을 국내 거소지로 신고하는 등 2012년경부터 원고가 운영하는 한국영업소가 임차한 국내 주택에서 원고와 함께 거주한 것으로 보이는 사정, ㉡ 원고 자녀의 소득금액과 이 사건 사택의 거주 형태에 비추어

원고와 원고의 자녀가 각자의 독립된 계산으로 구분된 공간에서 생활자금을 지출하였다고는 보이지 않고, 원고의 자녀는 원고와 생활자금이나 주거 장소 등을 함께 하는 가까운 친족에 해당하는 사정, ⓒ 원고는 미국회사를 설립한 이후에도 이 사건 양도 당시까지 **국내 은행의 계좌, 국내 이동통신 서비스를 이용**하여 왔고, 원고가 **미국회사 법인카드를 대부분 국내에서 사용한 사정** 등까지 모두 감안하면, 이 사건 양도 당시 원고의 인적 및 경제적 관계가 가장 밀접한 중대한 이해관계의 중심지는 한국이라고 봄이 타당하다.

6. 평 석

(1) 원 고가 1998. 2. 26. 이 사건 주택을 취득하여 1999. 4. 2. 전입신고를 하였고, 1999. 12. 2. 국외 이주 신고를 하였다가 2001. 2. 10. 국외 이주 포기 신고를 하였으며, 2001. 9. 24. 서울 강남구 소재 아파트로 새로 전입신고를 한 사실은 당사자 사이에 다툼이 없다. 원고는 1998. 2. 26. 이 사건 주택을 취득하였으므로, 소득세법 시행령(2017. 9. 19. 대통령령 제28293호로 개정된 것) 부칙 제2조 제2항 제1호에 의하여 구소득세법 시행령(2017. 9. 19. 대통령령 제28293호로 개정되기 전의 것) 제154조 제1항 본문과 제8항 제2호가 적용되어 **보유기간만을 그 요건**으로 하고, 취득일로부터 보유기간 3년이 경과하였음이 역수상 명백한 2018. 6. 4. 이 사건 주택을 양도하였으므로, 이 사건 주택의 양도는 1세대 1주택 비과세 적용 대상에 해당한다.

(2) 어느 개인이 소득세법상의 국내 거주자인 동시에 외국의 거주자에도 해당하여 그 외국법상 소득세 등의 납세의무자에 해당하는 경우에는 하나의 소득에 대하여 이중으로 과세 될 수도 있으므로, 이를 방지하기 위하여 각국 간 조세조약을 체결하여 별도의 규정을 두고 있다. 납세의무자가 이러한 이중거주자에 해당하는 사실이 인정된다면 그 중복되는 국가와 체결된 조세조약이 정하는 바에 따라 어느 국가의 거주자로 간주 될 것인지를 결정하여야 한다(대법원 2015. 2. 26. 선고 2014두13959 판결 등 참조).

(3) 한미조세조약 제3조 제1항은 '일방체약국의 거주자라 함은 조세 목적상 그 체약국에 거주하는 기타의 인을 말한다'고 정하고 있고, 같은 조 제2항은 '상기 제1항의 규정에 의한 사유로 인하여 어느 개인이 양 체약국의 거주자인 경우에는 다음과 같이 결정한다'고 정하면서, (a)호에서 '그가 항구적 주거(permanent home)를 두고 있는 그 체

약국의 거주자로 본다'고 정하고, (b)호에서 '그가 양 체약국 내에 항구적 주거를 두고 있거나 또는 어느 체약국에도 항구적 주거를 두고 있지 아니하는 경우에는 그의 **인적 및 경제적 관계가 가장 밀접한** 그 체약국(**중대한 이해관계의 중심지**, center of vital interests)의 거주자로 본다'고 규정하며, (c)호, (d)호, (e)호에서 순차적으로 (b)호에 의하여 결정할 수 없는 경우에 한미조세조약상 거주자의 지위를 결정하는 기준을 마련하고 있다.

(4) 한미조세조약에서 **항구적 주거(permanent home)**란 개인이 여행 또는 출장 등과 같은 **단기 체류를 위하여 마련한 것이 아니라** 그 이외의 목적으로 계속 머물기 위한 주거 장소로서 **언제든지 계속 사용할 수 있는 모든 형태의 주거를 의미하는 것이므로, 그 개인이 주거를 소유하거나 임차하는 등의 사정은 항구적 주거를 판단하는데 고려할 사항이 아니다.** 이러한 항구적 주거가 양 체약국에 모두 존재할 경우에는 한미조세조약상 이중 거주자의 거주지국에 대한 다음 판단 기준인 **중대한 이해관계의 중심지, 즉 양 체약국 중 그 개인과 인적 및 경제적으로 더욱 밀접하게 관련된 체약국이 어디인지**를 살펴보아야 하고, 이는 **가족관계, 사회관계, 직업, 정치 · 문화 활동, 사업장소, 재산의 관리장소 등을 종합적으로 고려**할 때 양 체약국 중 그 개인의 관련성의 정도가 더 깊은 체약국을 의미한다.

(5) 원고가 국외(미국)에 작지 않은 규모의 주택을 보유한 것은 사실이다. 그러나 ① 원고의 국외 체류기간은 이 사건 양도 직전인 2017년에는 합계 28일에 불과하여 (갑 제6호증의3) 이 사건 양도를 전후한 시점을 기준으로 길지 않은 것으로 보이는 사정, ② 원고는 2014년 240일, 2015년 166일, 2016년 139일, 2017년 141일 국내에 체류한 것을 비롯하여 2000년경부터 이 사건 양도 당시까지 계속하여 매년 자주 국내에 입국하였다가 출국한 내역이 있고 국내에 체류한 기간도 짧지 않은 사정, ③ 원고는 국내에서 출국하여 미국에만 있던 것이 아니라 일본, 중국, 인도 등 다양한 국가에 체류하였던 것으로 보이는 사정 등을 종합하면, 미국에 주택이 있다는 사정만으로 원고의 중대한 이해관계의 중심지를 미국으로 보기는 어렵다(대상판결 본문중).

(6) 거주자와 비거주자의 일반적 판정기준은 아래와 같다.

① 거주자

주소를 둔 경우에는 가족, 자산의 유무, 직업 등 생활관계 등에 따라 판정하는데,

계속하여 183일 이상 거주할 것을 통상 필요로 하는 직업을 가지고 있거나, 생계를 같이하는 가족, 그 직업 및 자산상태에 비추어 계속하여 183일 이상 국내에 거주할 것으로 인정되는 때에는 거주자로 본다.

한편, 국내에 주소가 없더라도 주소지 외의 장소 중 상당 기간에 걸쳐 국내에서 183일 이상의 거소를 둔 경우에도 거주자에 해당한다.

② 비거주자

거주자가 아닌 경우이거나, 거주자가 주소 또는 거소의 국외이전을 위하여 출국한 경우, 또는 국외에 거주, 근무하는 자가 외국 국적 또는 외국의 영주권을 얻은 자로서 국내에 생계를 같이하는 가족이 없고 그 직업 및 자산 상태에 비추어 다시 입국하여 주로 국내에 거주하리라고 인정되지 아니하는 때에는 비거주자로 판정한다.

(7) 해외에 살고 있다고 무조건 비거주자가 되는 것이 아닌 것처럼 우리나라에 주민등록등본이 있다고 해서 항상 거주자로 보는 것은 아니다. 거주자 판정 시의 **주소의 의미**는 단순히 주민등록상의 등록지가 아닌, **국내에서 생계를 같이하는 가족 및 국내에 소재하는 자산의 유무 등 생활 관계의 객관적 사실에 따라 납세자가 항구적으로 주거하는 장소(생활의 근거지)를 의미**하는 것이므로 주민등록상 주소지가 있을지라도 생활의 근거지가 한국이 아니라면 비거주자에 해당될 수 있다는 점에 유의하여야 한다.

(8) 거주자 또는 비거주자에 해당되는지를 결정하게 되는 거주지 국가는 **'중대한 이해관계의 중심지'**를 기준으로 판정하는데, '중대한 이해관계의 중심지'를 판정하는 기준은 가족 및 사회관계 등을 고려하여 **개인과 인적 및 경제적으로 더욱 밀접한 관련 체약국**을 말하는 것이다(기획재정부조세정책-820, 2020. 9. 24.).

7. 관련 판례

문서번호	내 용
대법원 2015. 2. 26. 선고 2014두13959 판결	어느 개인이 소득세법상의 국내 거주자인 동시에 외국의 거주자에도 해당하여 그 외국법상 소득세 등의 납세의무자에 해당하는 경우에는 하나의 소득에 대하여 이중으로 과세될 수도 있으므로, 이를 방지하기 위하여 각국 간 조세조약을 체결하여 별도의 규정을 두고 있다.

문서번호	내 용
	납세의무자가 이러한 이중거주자에 해당하는 사실이 인정된다면 그 중복되는 국가와 체결된 조세조약이 정하는 바에 따라 어느 국가의 거주자로 간주될 것인지를 결정하여야 한다
대법원 2014. 11. 27. 선고 2013두16876 판결	**'국내에 생계를 같이하는 가족'**이란 **우리나라에서 생활자금이나 주거 장소 등을 함께하는 가까운 친족**을 의미하고, **'직업 및 자산상태에 비추어 계속하여 183일 이상 국내에 거주할 것으로 인정되는 때'**란 거주자를 소득세 납세의무자로 삼는 취지에 비추어 볼 때, 183일 이상 우리나라에서 거주를 요할 정도로 **직장관계 또는 근무관계 등이 유지될 것으로 보이거나 183일 이상 우리나라에 머물면서 자산의 관리 · 처분 등을 하여야 할** 것으로 보이는 때와 같이 장소적 관련성이 우리나라와 밀접한 경우를 의미한다.

5-15 오피스텔을 주택으로 보아 주택의 양도에 대하여 1세대 1주택 비과세를 배제한 처분의 당부

● 대상판결 : 대법원 2023두49745 (2023. 11. 16.) ➜ 국패

핵심 요지

이 사건 오피스텔은 싱크대, 가스레인지, 드럼세탁기, 냉장고, 옷장, 신발장 등의 주거용으로 사용할 수 있는 설비가 설치되어 있기는 하다. 그러나 오피스텔 건축 기준에 의하면, 오피스텔의 경우 건축허가 당시부터 업무용 설비만을 갖추도록 요구되지는 않으므로, **이러한 설비가 설치되어 있다는 점만으로 이 사건 오피스텔이 업무용에 해당하지 않는다고 보기 어렵다.**

1. 사실관계

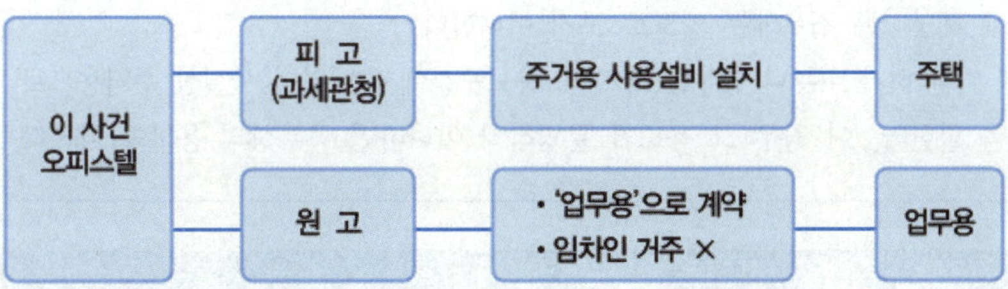

(1) 원0고는 2018. 1. 22.경 이 사건 아파트의 임대보증금 3억 원을 자녀(딸)가 승계하는 조건으로 이 사건 아파트를 자녀에게 증여하였고, 2018. 1. 29. 원고 자녀 명의로 소유권이전등기를 마쳐주었다(부담부증여).

(2) 원고는 이 사건 아파트 양도(채무액 3억 원)와 관련하여, 이 사건 오피스텔이 업무용으로 주택이 아니라고 보아 1세대 1주택 비과세 특례에 해당한다고 보아 양도소득세 신고를 하지 아니하였다(부담부증여의 채무액 3억 원).

(3) 처분청은 원고가 이 사건 아파트 증여 당시 이 사건 아파트 외에 이 사건 오피스텔을 보유하고 있었고, 이 사건 오피스텔이 주택에 해당하는 것으로 보아 이 사건 아파트의 부담부증여에 대하여 「소득세법」 제89조에 따른 1세대 1주택 비과세 적용을 배제하여 2020. 1. 30. 원고에게 2018년 귀속 양도소득세를 결정 · 고지하였다.

(4) 원고는 이에 불복하여 2020. 6. 15. 조세심판원에 심판청구를 하였으나, 2020. 11. 3. 심판청구가 기각되었다.

2. 쟁 점

이 사건 오피스텔이 '주택'인지 여부

3. 관련법령

소득세법 제88조【정의】

1. "양도"란 자산에 대한 등기 또는 등록과 관계없이 매도, 교환, 법인에 대한 현물출자 등을 통하여 그 자산을 유상(有償)으로 사실상 이전하는 것을 말한다. 이 경우 대통령령으로 정하는 부담부증여(負擔附贈與)의 채무액에 해당하는 부분은 양도로 보며, 다음 각 목의 어느 하나에 해당하는 경우에는 양도로 보지 아니한다.
7. "주택"이란 허가 여부나 공부(公簿)상의 용도구분에 관계없이 사실상 주거용으로 사용하는 건물을 말한다. 이 경우 그 용도가 분명하지 아니하면 공부상의 용도에 따른다.

소득세법 시행령 제151조【양도의 범위】

③ 법 제88조 제1호 각 목 외의 부분 후단에서 "대통령령으로 정하는 부담부증여(負擔附贈與)의 채무액에 해당하는 부분"이란 부담부증여 시 증여자의 채무를 수증자(受贈者)가 인수하는 경우 증여가액 중 그 채무액에 해당하는 부분을 말한다. 다만, 배우자 간 또는 직계존비속 간의 부담부증여(「상속세 및 증여세법」 제44조에 따라 증여로 추정되는 경우를 포함한다)로서 같은 법 제47조 제3항 본문에 따라 수증자에게 인수되지 아니한 것으로 추정되는 채무액은 제외한다.

소득세법 시행령 제154조【1세대 1주택의 범위】

① 법 제89조 제1항 제3호 가목에서 "대통령령으로 정하는 1세대 1주택"이란 거주자 및 그 배우자가 그들과 동일한 주소 또는 거소에서 생계를 같이 하는 가족과 함께 구성하는 1세대

> (이하 "1세대"라 한다)가 양도일 현재 국내에 1주택을 보유하고 있는 경우로서 해당 주택의 보유기간이 2년(제8항 제2호에 해당하는 거주자의 주택인 경우는 3년) 이상인 것을 말한다. (단서 생략)

4. 원 · 피고 주장 요약

(1) 원 고

① 이 사건 오피스텔은 2016년 취득 당시 건물의 용도가 업무시설로 되어 있어서 주거용보다 높은 세율로 취득세를 납부하였고, 원고는 이 사건 오피스텔을 본래의 용도에 맞게 임대하기 위하여 부동산중개인에게 업무용으로 사용할 임차인을 의뢰하여 2017. 11. 11. **임차인과 업무용으로 사용할 것을 조건으로 임대차계약**을 체결하였다.

② 이 사건 아파트 증여 당시 이 사건 오피스텔은 임차인에게 업무용으로 사용하는 조건으로 임대되어 있었으며, 임차인은 용역업을 영위하기 위하여 이 사건 오피스텔을 임차하였으나 사업을 준비하는 중에 교통사고로 인하여 사업이 계획대로 이루어지지 않았을 뿐 이 사건 오피스텔을 업무용으로 사용하기 위하여 임대차계약을 체결하였다고 진술하였다. 또한 임차인의 임차기간 동안 이 사건 오피스텔의 가스 사용량이 전혀 없어 이 사건 오피스텔이 단순 주거용으로 사용되지 않은 것이 입증된다.

(2) 피 고

① 「주택법」 제2조 제1호에 의하면 '주택'이란 세대의 세대원이 장기간 독립된 주거생활을 영위할 수 있는 구조로 된 건축물의 전부 또는 일부 및 그 부속 토지를 말하고, 「소득세법」상 '주택'이란 허가 여부나 공부상의 용도 구분에 관계 없이 사실상 주거용으로 사용하는 건물을 말한다.

② 이 사건 오피스텔은 임대차계약서상 씽크대, 가스렌지, 드럼세탁기, 냉장고, 옷장, 쇼파 등이 비치되어 있어 독립된 주거생활을 할 수 있는 구조로 이루어져 있으며, 이 사건 오피스텔의 주민등록 전입 신고 내역을 보면 전 임차인 등은 주민등록 전입 신고한 것이 확인되나, 사업자등록 한 사실이 없어 이 사건 오피스텔은 주거용으로 사용된 것으

로 확인된다.

5. 사건의 경과

(1) 1심판결(수원지방법원 2022. 5. 25. 선고 2021구단6502 판결) : 국승

이 사건 오피스텔은 싱크대, 가스레인지, 드럼세탁기, 냉장고, 옷장, 신발장 등이 설치되어 있는 등 소유자나 제3자가 언제든지 용도나 구조변경 없이 바로 주거용으로 사용할 수 있는 구조와 설비를 갖추고 있다. 이에 대해 원고는 침대가 없고 쇼파가 있는 점을 들어 업무용이라고 주장하나, 주거용 오피스텔로 임대하는 경우 반드시 침대를 갖추고 있어야 하는 것은 아니다.

이 사건 오피스텔 양도 당시 이전에 이 사건 오피스텔을 임차한 임차인 갑과 을은 각각 이 사건 오피스텔을 주민등록상 주소지로 전입 신고를 하였다. 이 사건 오피스텔 전(前)임차인들인 갑과 을은 근로소득자이고 이 사건 오피스텔을 소재지로 한 사업자 등록을 한 적이 없다. 이 사건 양도 당시 임차인 역시 이 사건 오피스텔을 소재지로 하여 사업자 등록을 한 내역이 없다.

… 원고는 2019. 11. 19. 이 사건 오피스텔에서 오피스텔임대업으로 사업자 등록을 하였다. 그러나 이는 이 사건 양도 이후일 뿐만 아니라, 피고가 이 사건 양도에 관해 세무조사를 하고 과세예고통지를 한 후의 일로서, 이로써 이 사건 오피스텔이 업무용이라고 볼 수는 없다.

(2) 대상판결(심리불속행; 수원고등법원 2023. 7. 14. 선고 2022누12339 판결) : 국패

어느 건물이 소득세법상 주택인지는 **'양도 당시'를 기준으로 판단**하여야 하고, 구 소득세법 제88조 제7호에 의하면, 주택을 '사실상 주거용으로 사용하는 건물'이라고만 규정하고 있을 뿐, **반드시 '일정 기간 동안 계속하여' 주거용으로 사용할 것을 요구하지 않고** 있다.

오피스텔은 주거용도 및 업무 용도로 사용할 수 있는 건물이므로, **오피스텔을 사실상 주거용으로 사용해 오다가 양도 당시에 이르러 업무용으로 사용하였다고 하여, '일시적으로' 주거가 아닌 다른 용도로 사용하고 있는 것이라고 평가하기는 어렵다.**

… 이 사건 오피스텔은 싱크대, 가스레인지, 드럼세탁기, 냉장고, 옷장, 신발장 등의 주거

용으로 사용할 수 있는 설비가 설치되어 있기는 하다. 그러나 오피스텔 건축기준에 의하면, 오피스텔의 경우 건축허가 당시부터 업무용 설비만을 갖추도록 요구되지는 않으므로, **이러한 설비가 설치되어 있다는 점만으로 이 사건 오피스텔이 업무용에 해당하지 않는다고 보기 어렵다.**

피고측 공무원이 이 사건 양도에 관해 세무조사를 하면서 2019. 9.경 임차인 A 및 임대차계약서상 임차인의 대리인인 아들 B에게 전화로 이 사건 오피스텔의 임차 목적을 문의하여 거주용이라는 답변을 듣기는 하였다. 그러나 임차인 A는 피고측 공무원으로부터 주거용 사용과 업무용 사용에 대한 설명을 자세히 듣지 못한 채로 답변하였다는 취지로 서면 증언하였고, 임차인의 아들 B는 이 사건 오피스텔의 실사용자에 해당하지 않으므로 B가 임차인 A의 아들로서 임대차계약서상의 대리인에 해당한다고 하더라도 B의 답변이 특별한 의미를 가진다고 보기는 어렵다.

6. 평 석

(1) 이 사건 소송 진행 중에 확인된 사실관계를 정리해 보면 아래와 같다(원 · 피고 다툼 없는 사실).

① 임차인 A가 2017. 11. 11. 이 사건 오피스텔을 임대차기간 2017. 11. 30.부터 2018. 11. 29.까지로 정하여 임차하였는데, 임차인 A는 이 사건 오피스텔로 전입신고를 하지 않았다. A는 당시 주민등록상 주소지는 이 사건 오피스텔이 아닌 다른 장소에 두고 있었고, 그 주소지를 임차하는 내용의 계약서를 작성하고서 확정일자까지 받았다.

② 이 사건 오피스텔은 **공부상으로는 '업무시설'**로 되어 있고, 이에 따라 임차인 A와의 **임대차계약서(갑 제3호증)에도 건물의 용도 표시에도 '업무'라고 기재**되어 있다.

③ 이 사건 오피스텔의 前 및 前前 임차인인 갑과 을은 근로소득자이고 이 사건 오피스텔을 소재지로 한 사업자 등록을 한 적이 없으며, 양도 당시 임차인인 A 역시 이 사건 오피스텔을 소재지로 하여 사업자 등록을 한 내역이 없다.

④ 임차인 A는 '이 사건 오피스텔을 업무용 사무실로 계약하였는데, 교통사고를 당해 그곳에서 사업을 할 수 없게 되었을 뿐이고, 주거는 다른 곳에 있으며, 세무서에서

전화가 왔을 때는 오피스텔 구조가 집처럼 생겨서 거주하고 있다고 답변한 것이다' 라는 내용의 확인서를 작성하였다.

⑤ 이 사건 오피스텔은 싱크대, 가스레인지, 드럼세탁기, 냉장고, 옷장, 신발장 등의 주거용으로 사용할 수 있는 설비가 설치되어 있다.

⑥ 임차인 A가 2017. 11. 11. 이 사건 오피스텔을 임대차 기간 2017. 11. 30.부터 2018. 11. 29.까지로 정하여 임차하였는데, 이 사건 양도 시까지 이 사건 오피스텔의 가스 사용량은 0이다.

⑦ 원고는 2019. 11. 19. 이 사건 오피스텔에서 오피스텔임대업으로 사업자 등록을 하였다. 그러나 이는 이 사건 양도 이후일 뿐만 아니라, 피고가 이 사건 양도에 관해 세무조사를 하고 과세 예고 통지를 한 후의 일이다.

(2) 구 소득세법 제88조 제7호는 '주택'을 공부상의 용도 구분에 관계 없이 사실상 주거용으로 사용하는 건물이라고 정의하고 있다. '주택'에 해당하는지 여부는 **건물 공부상의 용도 구분에 관계 없이 실제 용도가 사실상 주거에 공하는 건물인가에 의하여 판단**하여야 하고(대법원 1987. 9. 8. 선고 87누584 판결 등 참조), 일시적으로 주거가 아닌 다른 용도로 사용되고 있다고 하더라도 그 구조·기능이나 시설 등이 본래 주거용으로서 주거용에 적합한 상태에 있고 주거 기능이 그대로 유지·관리되고 있어 언제든지 본인이나 제3자가 주택으로 사용할 수 있는 건물의 경우에는 이를 주택으로 보아야 할 것이다(대법원 2005. 4. 28. 선고 2004두14960 판결 등 참조).

(3) 조세법률주의의 원칙상 과세요건이거나 비과세 요건 또는 조세감면 요건을 막론하고 조세법규의 해석은 특별한 사정이 없는 한 법문대로 해석할 것이고 합리적 이유 없이 확장해석하거나 유추해석하는 것은 허용되지 아니하며, 특히 감면요건 규정 가운데에 명백히 특혜규정이라고 볼 수 있는 것은 엄격하게 해석하는 것이 조세공평의 원칙에도 부합한다(대법원 1998. 3. 27. 선고 97누20090 판결, 대법원 2003. 1. 24. 선고 2002두9537 판결 등 참조). 한편 양도소득세의 비과세 요건을 충족하고 있다는 사실에 관하여는 특별한 사정이 없는 한 납세의무자에게 입증책임이 있다(대법원 2005. 12. 23. 선고 2005두8443 판결 참조).

(4) 대상판결은 대법원 2019두49816 사건과 대조가 된다. 2019두49816 사건에서 대법원은 "일시적으로 그 구조·기능이나 시설 등이 본래 주거용으로서 주거용에 적합한 상태

에 있고 주거 기능이 그대로 유지 · 관리되어 있어 **언제든지 본인이나 제3자가 주택으로 사용할 수 있는 건물의 경우는 이를 주택으로 보아야** 하며, 오피스텔에 **아무도 거주하지 않고 비어 있었다 하더라도 오피스텔을 주택으로 볼 수 있다.**"고 판단하였다.

(5) 위 49816 사건에서도 임차인은 양도소득세 신고까지 마친 후에 비로소 쟁점이 된 오피스텔을 사업장 소재지로 하고 개업 일자를 소급하여 사업자 등록 신청하였는데, 대법원은 쟁점 오피스텔을 업무용으로 사용하였다는 원고의 주장을 받아들이지 아니 하였다.

(6) 대상 사건에서도 원고는 양도 당시까지 사업자 등록을 하지 않았고, 이 사건 오피스텔에는 싱크대, 가스레인지, 드럼세탁기, 냉장고, 옷장, 신발장 등의 주거용으로 사용할 수 있는 설비가 설치되어 있는데도 주택이 아닌 업무용으로 본 이유는 명확하다. 이 사건 오피스텔에 주거용 시설이 설치되어 있다고 하더라도 주택으로 사용한 사실이 없고 당초부터 이 사건 오피스텔은 공부상 '업무용'으로 등재되어 있었다는 것이다.

(7) 심판례나 판례에서는 오피스텔이 주택인지 아닌지가 쟁점이 된 경우 업무용보다는 주택으로 보는 사례가 더 많았다(오피스텔이 업무용으로 사용된 것이 확인된 경우 과세관청에서 쟁점화할 필요가 없었기 때문으로 보인다). 그러나 대상 사건에서는 양도 당시 임차인인 A가 이 사건 오피스텔이 아닌 다른 장소에 주소지를 주민등록하고 확정일자를 받았고, 이 사건 오피스텔에서 거주한 사실이 없으며, 원고가 임차인 A와 체결한 계약서에는 '업무용'으로 계약한 점 등이 법원이 이 사건 오피스텔을 주택이 아닌 업무용으로 판단하게 된 유리한 이유로 보인다(원고의 설득력 있는 주장).

(8) 이와 유사한 사례로 조심 2017중4461 심판사건에서도 **구조상 주거용**으로 되어 있고 **수도 요금과 전기요금이 주거용으로 부과되었더라도 임차인이 주민등록 전입을 하지 않기로 한 당사자 간의 계약 및 실제 임차인이 보험모집인으로 부정기적으로 쟁점 오피스텔이 업무용으로 사용된 점**을 들어 쟁점 오피스텔을 주택으로 보지 아니하였다.

(9) 대상 사건과 유사 사건에 대한 대법원의 판단을 모두어 보면 일반주택과 오피스텔을 소유하고 있는 경우 오피스텔이 주택이 아닌 업무용으로 사용되었는지 여부에 대한 판단을 함에 있어 **'1세대 1주택의 양도라는 사실에 관하여 납세의무자에게 입증책임**(대법원 2005. 12. 23. 선고 2005두8443 판결 참조)'이 있다는 점에 더하여 납세의무자의 **적극적이고 효율적인 입증 여부에 따라 원고 승소 또는 패소가 된다는 사실에**

유의할 필요가 있다.

(10) 한편, 대상사건에서 피고가 양도 당시가 아닌 前 또는 前前 임차인이 근로소득자이고 임차인들이 주소를 이 사건 오피스텔로 두고 있다는 사실을 들어 이 사건 오피스텔이 주택으로 사용되었다고 주장한 사실(1심재판부도 이 사건 오피스텔을 주택으로 보게된 이유 중 하나임)에 대해 대상 판결은 "어느 건물이 소득세법상 주택인지는 **'양도 당시'를 기준으로 판단**하여야 하고, 구 소득세법 제88조 제7호에 의하면, 주택을 '사실상 주거용으로 사용하는 건물'이라고만 규정하고 있을 뿐, **반드시 '일정 기간 동안 계속하여' 주거용으로 사용할 것을 요구하지 않고** 있다. 오피스텔은 주거용도 및 업무 용도로 사용할 수 있는 건물이므로, **오피스텔을 사실상 주거용으로 사용해 오다가 양도 당시에 이르러 업무용으로 사용하였다고 하여, '일시적으로' 주거가 아닌 다른 용도로 사용하고 있는 것이라고 평가하기는 어렵다.**"라고 설시한 부분은 이해가 되고 수긍이 가는 타당한 판단으로 보인다.

7. 관련 판례

문서번호	내 용
대법원 2005. 12. 23. 선고 2005두8443 판결	양도소득세의 **비과세 요건**을 충족하고 있다는 사실에 관하여는 특별한 사정이 없는 한 **납세의무자에게 입증책임**이 있다.
대법원 1987. 9. 8. 선고 87누584 판결	'주택'에 해당하는지 여부는 건물 공부상의 용도 구분에 관계 없이 실제 용도가 사실상 주거에 공하는 건물인가에 의하여 판단하여야 한다.
대법원 2005. 4. 28. 선고 2004두14960 판결	일시적으로 주거가 아닌 다른 용도로 사용되고 있다고 하더라도 그 구조 · 기능이나 시설 등이 본래 주거용으로서 주거용에 적합한 상태에 있고 주거 기능이 그대로 유지 · 관리되고 있어 언제든지 본인이나 제3자가 주택으로 사용할 수 있는 건물의 경우에는 이를 주택으로 보아야 한다.
대법원 2007. 2. 9. 선고 2006두 17314 판결	주간 영업 시에는 점포로 사용하다 야간에 주거용으로 사용한 경우에는 주된 용도가 주택인 경우에 한하여 주택으로 본다.

문서번호	내 용
대법원 2005. 4. 28. 선고 2004두14960 판결	양도 당시 거주한다는 객관적 사실이나 사용한다는 실질적 행위가 있어야 함을 요건으로 하지 아니하며, 주택이라는 개념의 기본목적이나 용도에 적합하고 언제라도 주택으로 이용 가능한 상태이면 주택에 해당한다.
양도집행기준 89-154-22	**공실인 오피스텔**은 내부시설 및 구조 등을 주거용으로 사용할 수 있도록 변경하지 아니하고 **건축법상의 업무용으로 사용 승인된 상태를 유지하고 있는 경우**에는 **주택으로 보지 아니한다.**

제6절 양도소득 감면

6-1 개 요

1. 관련 법령

「조세특례제한법」 제69조 【자경농지에 대한 양도소득세의 감면】

거주자가 8년 이상 자경하면 양도소득세의 100분의 100에 상당하는 세액을 감면

「조세특례제한법시행령」 제66조 【자경농지에 대한 양도소득세의 감면】

농지소재지에 거주하는 대통령령으로 정하는 거주자

2. 재촌 요건

거주자 요건	양도일 현재 「소득세법」상 거주자(비거주자 된 날로부터 2년 이내의 자) ① 주민등록 여부 불구하고 실제 거주 여부로 판정(국심 2007구739, 2007. 9. 6.) ② 비사업용 토지 범위에서 재촌 요건은 주민등록 & 실제거주 要 (개정 : **실제거주 여부만**)
농지 소재지 요건	주소지 또는 거주지는 농지 소재지에 있어야 함. ① 통작거리 20km (1998. 12. 31.) ② 직선거리 20km (2008. 2. 22. 신설) ③ **직선거리 30km (2015. 2. 3. 개정)**

3. 직접 경작의 범위

(1) 「조세특례제한법시행령」 제66조 제13항(2006. 2. 9. 신설)

⑬ 법 제69조 제1항 본문에서 "대통령령으로 정하는 방법으로 직접 경작"이란 다음 각 호의 어느 하나에 해당하는 것을 말한다.

1. 거주자가 그 소유농지에서 농작물의 경작 또는 다년생식물의 재배에 상시 종사하는 것
2. 거주자가 그 소유농지에서 **농작업의 2분의 1 이상**을 자기의 노동력에 의하여 경작 또는 재배하는 것

(2) 대법원 2009. 1. 30. 선고 2008두21973 판결 : 국패

직접 경작한 토지라 함은 자기가 직접 논, 밭을 가꾸고, 수확하는 경우만을 의미하는 것이 아니라 **자기의 책임과 계산하에 다른 사람을 고용하여 경작하는 경우도 포함**된다고 할 것이고, 직접 영농에 종사하는 이상 **다른 직업을 겸업하더라도 위 자경농민에 해당함에는 지장이 없다**고 할 것이다.

※ 이 판례는 2005년 귀속 양도소득세에 대한 판결임.

(3) 직접 경작이란 **"사실상 전업농에 가까운 자"를 의미한다.**

(4) 대법원 2012. 12. 27. 선고 2012두19700 판결 : 국승

주업인 약국경영과 다른 사업을 함께 하고 있어 토지의 경작에 투입할 수 있는 시간이 제한적일 수밖에 없는 점, 가족들이 경작을 함께 하였고 인부들을 고용하기도 한 점 등에 비추어 토지의 경작에 부분적으로만 종사하여 농작업의 1/2 이상을 자신의 노동력으로 충당하였다고 볼 수 없다(다른 직업, 가족 경작).

「조세특례제한법시행령」 제69조 개정 전(대법원 2008두21973 판결)과 후(대법원 2012두19700 판결) 비교

(5) 소 결

① 상시 재배하거나, 농작업의 2분의 1 이상 노동력 투하

② "순수전업농"이라고 표현하지 아니한 이상 다른 해석이 가능하다.

③ 농업진흥원에서 발표한 농작업시간은 공휴일만 이용하더라도 일정 범위의 농작업이 가능하다.

4. 평 석

(1) **타 직업이 있는 경우 근무형편 및 제반 경작사실을 종합하여 판단할 사항**이며(서사-2483, 2007. 8. 21.; 서사-911, 2008. 4. 8.) 자기의 노동력의 1/2 이상을 투입하여 자경한 경우에는 감면대상이 될 수 있다.

(2) 다른 직업을 가진 경우 자경한 것인지의 여부에 대한 사실판단에 실무상의 어려움이 있어 **2014. 7. 1. 이후 양도하는 분부터는** 다른 직업이 있는 경우 「소득세법」 제19조 제2항에 따른 사업소득금액(농업·임업에서 발생한 소득, 부동산임대소득, 농가부업소득 제외)과 같은 법 제20조 제2항에 따른 총급여액의 합계액이 3천700만 원 이상인 과세기간이 있는 경우 그 기간은 피상속인 또는 거주자가 경작한 기간에서 제외하는 것으로 「조세특례제한법시행령」 제66조가 개정되었다(**2017. 2. 7. 이후 양도분부터** 사업소득금액이 결손인 경우 사업소득금액을 "0"으로 간주하여 소득금액 요건 합리화).

5. 관련 판례

(1) 동일세대원이 자경한 경우

「조세특례제한법」 법 개정 이후 심사·심판 및 판례 등에서는 자경의 의미를 직접 경작한 것으로 한정하면서 **가족 협업의 경우는 직접 자경에 해당하지 않는다**고 판단하는 추세이다.

문서번호	내 용
대법원 2010.9.30. 선고 2010두10860 판결 : 국패	농지 양도 당시 농지소재지에서 거주하지 않았지만 농지를 취득한 후 8년 이상 **농지소재지에서 중학교 재학기간 중 생계를 같이하는 가족과 함께 거주하면서 가족과 함께 상시 벼 등의 경작에 종사**하여 왔다면 이는 8년 이상 해당 농지를 직접 경작한 경우에 해당한다.
서울행정법원 2012.9.5. 선고 2011구단30734 판결 : 국승	토지 취득 당시 만 11세로 초등학교 때부터 대학 졸업 시까지 토지 소재지와 다른 도시에서 학업에 종사하였고 토지는 가족들이 경작하였으므로 8년 이상 재촌 요건을 갖추었다고 볼 수 없다.
서울행정법원 2012.7.6. 선고 2012구단3449 판결 : 국승	생계나 세대를 같이하는 가족으로 하여금 경작하게 한 경우는 자기의 노동력에 의하여 경작한 경우에 해당되지 아니하므로 자경농지에 대한 감면을 부인한다.

(2) 다른 직업이 있는 경우

문서번호	내 용
대법원 2010.1.28. 선고 2009두17807 판결 : 국패	공무원으로 근무하였다고 하여도 토지와 양도인의 주거지 및 근무지 간 거리가 그리 멀지 아니한 점, 재배하였던 작물의 종류나 작업내용에 비추어 볼 때 반드시 일정한 정도의 노동력을 매일 또는 일정한 주기로 상시적으로 투여하여야 하는 것도 아니어서 자기 노동력의 2분의 1 이상으로 경작을 한다는 것이 사회통념상 어려운 것으로 단정할 수 없다.
서울고등법원 2010.2.3. 선고 2009누20078 판결 : 국승	주말 또는 여가시간을 이용하여 자경하였다고 주장하나 농작업의 2분의 1 이상을 자신의 노동력에 의하여 자경하는 경우에 해당한다고 볼 수 없다.
대법원 2010.2.16. 선고 2009두21574 판결 : 국승	다른 직업에 전념하면서 농업을 간접적으로 경영하는 것에 불과한 경우는 자경농민에 해당한다고 볼 수 없다.
대법원 2012.3.29. 선고 2011두30694 판결 : 국승	지역구 국회의원으로 활동하고 양주제조장의 공동사업자로 수년간 사업소득을 낸 점, 비료 등 구입영수증이 8년 자경을 입증하기에는 턱없이 모자란 점 등으로 농작업의 2분의 1 이상을 자기의 노동력에 의하여 직접 경작하였다고 보기 어렵다.
대법원 2012.3.5. 선고 2011두28233 판결 : 국승	토지소재지에서 멀리 떨어진 지역에 거주하면서 개인 택시업에 종사한 점 등으로 미루어 자경을 인정하기 어렵다.
대법원 2012.10.11. 선고 2012두13290 판결 : 국승	토지의 보유기간 중 상당한 기간을 토지와 멀리 떨어진 곳에서 근무하였고 농자재의 구입내역이나 농작물의 거래내역 등을 구체적으로 제시하지 못하고 있으므로 8년 이상 농작물의 경작 또는 다년생 식물 재배에 상시 종사하거나 농작업의 1/2 이상을 자기 노동력으로 경작하였다고 볼 수 없다.

6-2 8년 자경의 '직접경작'의 의미

● 대상판결 : 부산지법 2018구합21614 (2018. 9. 14.) ➜ 국승

핵심 요지

직접경작이란 가족 등을 제외한 자기 노동력의 2분의 1이상을 경작에 투여하여야 하고 농지라는 사실만으로 자경은 추정되는 것은 아니며 입증책임은 주장하는 원고에게 있으며 막연히 자경하였다는 취지의 증언은 믿기 어려움

1. 사실관계

(1) 원고는 1997. 7. 25. 취득한 답 2,311㎡(이 사건 토지)를 2014. 4. 4. 소외인에게 양도하면서 「조세특례제한법」 제69조 제1항에 의한 양도소득세 감면에 해당(8년 자경)하는 것으로 2014년 귀속 양도소득세 신고를 하였다(납부할 세액 없음).

(2) 피고는 원고가 그 소유농지에서 농작물의 경작 또는 다년생 식물의 재배에 상시 종사하거나 농작업의 2분의 1 이상을 자기의 노동력에 의하여 경작 또는 재배하였다고 볼 수 없다며 감면신청을 거부하였다.

2. 쟁 점

쟁점농지를 8년 이상 자경하였다는 원고 주장의 당부

3. 대상판결

조세법률주의의 원칙에서 파생되는 엄격해석의 원칙은 과세요건에 해당하는 경우에는 물론이고 비과세 및 조세감면요건에 해당하는 경우에도 적용되는 것으로서, 납세자에게 유리하다고 하여 비과세요건이나 조세감면요건을 합리적 이유 없이 확장해석하거나 유추해석

하는 것은 조세법의 기본이념인 조세공평주의에 반하는 결과를 초래하므로 허용되어서는 아니된다(대법원 2006. 5. 25. 선고 2005다19163 판결).

한편 양도소득세 감면대상에 해당하는 농지의 **'직접 경작'** 여부에 관하여, **농업에 상시 종사하는 사람에 대하여는 자기 노동력 비율에 관계없이 직접 경작한 것으로 인정**하되, 농업에 상시 종사하는 것이 아니라 다른 직업을 가지는 등의 이유로 **부분적으로 종사하는 사람은 전체 농작업 중 가족 등을 제외한 '자기'의 노동력 투입 비율이 2분의 1 이상인 경우**에 한하여 직접 경작한 것으로 보아야 하고(대법원 2012. 12. 27. 선고 2012두19700 판결), 이 사건 토지가 농지로 경작된 사실이 인정된다고 하더라도 그렇다고 하여 그 소유자인 원고가 자경한 사실까지 추정되는 것은 아니고, 원고가 이 사건 토지를 농지로 자경한 사실은 그와 같은 사실을 주장하는 원고가 입증하여야 한다(대법원 1993. 7. 13. 선고 92누11893 판결; 대법원 2002. 11. 22. 선고 2002두7074 판결).

… 위 인정사실에 의하여 인정되는 다음과 같은 사정, 즉 ① 조세특례제한법 제66조 제13항은 '직접경작'을 거주자가 그 소유농지에서 농작물의 경작 또는 다년생 식물의 재배에 상시 종사하거나 농작업의 2분의 1 이상을 자기의 노동력에 의하여 재배하는 것으로 **그 의미를 명확하게 일의적으로 규정**하였고 조세법령은 과세요건은 물론 비과세 요건이나 감·면세 요건을 막론하고 엄격하게 해석하여야 하므로, 이 사건에서 원고가 8년 이상 자경하였다고 주장하는 기간 중 **원고의 군 복무기간 동안에 원고 부친이 이 사건 토지를 경작하더라도 원고가 자경한 것으로 보아야 한다는 원고의 주장은 위와 같은 법리에 비추어 그대로 수긍하기 어려운 점**, ② … 원고가 당구장운영을 위해서 농업에 종사하지 않았거나 국내 건설현장에서 일용직 근로자로 일한 기간 동안 이 사건 토지를 직접 경작하였다고 보기 어려운 점, ③ 원고도 스스로 전업 농업인이 아니라 사업과 농작물 경작을 병행하였음을 자인하며 주말이나 일정시기에 수시로 아버지를 도와 벼농사를 지었다고 하나, 원거리에 거주하면서 다른 직업에 전념하는 원고가 간헐적으로 벼농사를 도왔다고 하더라도 이 사건 토지에 직접 2분의 1이상의 노동력을 투입하여 경작하였다고 볼 수 없는 점 등을 … 비추어보면, 원고가 제출한 증거들만으로는 원고가 8년 이상 계속하여 이 사건 토지에서 농작물 경작 등에 상시 종사하였다거나 농작업의 2분의 1 이상을 자기의 노동력으로 경작 또는 재배하였다는 점을 인정하기에 부족하고, 달리 이를 인정할 증거가 없다.

4. 평 석

(1) 「조세특례제한법」과 「농지법」상의 "자경"개념

「조세특례제한법」 제69조 제1항의 "직접 경작"의 개념은 논리적으로 「농지법」 제2조 제4호의 "농업 경영"과 **일치하는 것**이며, 오직 위탁경영의 예외를 인정하기 위한 요건인 「농지법」상의 "자경"개념은 그 목적과 취지에서 위 「조세특례제한법」의 "직접 경작"과 분명하게 구별된다.

비판 견해

구 분	판례, 예규, 통칙	이 사건 시행령
내 용	자기의 계산과 책임으로 경작	농작업의 2분의 1 이상을 자기의 노동력에 의하여 경작 또는 재배
「농지법」 규정	농업경영(제2조 제4호) : 자기의 계산과 책임으로 농업을 영위	자경(제2조 제5호) : 농작업의 2분의 1 이상을 자기의 노동력에 의하여 경작 또는 재배

(2) 8년 자경 감면 입법 연혁

① 구 「소득세법」(1974. 12. 24. 법률 제2705호 개정) → 구 「조세감면규제법」 → 「조세특례제한법」(**40년 이상 유지, 1년간 1억, 5년간 다른 감면 합하여 2억원**)

② 신설된 시행령 내용(구 조세특례제한법시행령 §66 ⑫, 2006. 2. 9. 대통령령 제19329호로 신설)

- 농작업의 2분의 1 이상을 자기 노동력으로 경작 또는 재배하여야 한다.
  - 자경의 의미는 종래 판례 및 예규를 통해 입장이 확립되고
  - 이 사건 시행령 신설로 **자경요건의 인정범위가 대폭 축소**되었다.

(3) 8년 자경에 대한 종전 판례의 입장

오래 전부터 농경사회에서는 협업에 의한 경작이 필수적이었던 점, 농경사회의 전통에 따른 우리 사회 가족구조 실태를 위 '직접 경작'의 의미에 반영하고 있다.

> • 손수 경작하는 경우뿐 아니라 **"자기 책임과 계산 하에 다른 사람을 고용하여 경작하는 경우"도 직접 경작에 포함시킨다**(대법원 1985. 12. 24. 선고 85누145 판결; 대법원 1990. 9. 28. 선고 90누6064 판결 등).
> • "농업인이 자기의 계산과 책임으로 농업을 영위하는 것"을 농업 경영으로 규정하고 있음(농지법 §2 3호).

(4) "가족 공동체의 협업"에 의한 경작(대법원 1995. 2. 3. 선고 94누11859 판결)과 "자기의 책임과 계산에 의한 경작(대법원 1985. 12. 24. 선고 85누1145 판결 등)"도 여전히 "자경(직접 경작)"의 범위에 포함된다는 종래의 판례 및 해석이나, 본 건의 경우에는 **가족협업을 인정하지 않는다는 취지의 판결**이다.

(5) 2006. 2. 8. 이전에 양도한 자경농지는 본인이 직접 경작한 경우뿐 아니라 생계를 같이 하는 동일 세대원이 자경한 경우에도 해당이 된다. 그러나 2006. 2. 9. 이후에는 본인이 직접 경작한 경우에 한하여 자경으로 인정되므로 동일 세대원이 자경한 경우에는 자경으로 인정받을 수 없다. 예규는 심지어 부인 소유의 농지를 동일세대원인 남편이 자경한 경우에도 감면받을 수 없다(서면5팀-1280, 2008. 6. 19., 서면5팀-212, 2008. 1.2 9.)는 입장인데, 민법상 부부는 일상 가가의 범위내에서 대리권을 인정하는 것을 감안하면 납득하기 어려운 측면이 있다. 앞으로는 8년 자경 감면에 대해서는 위 판례에서와 같이 전업농이 아닌 경우에는 점점 더 엄격한 잣대를 가지고 자경여부에 대해 판단할 것으로 예상이 된다.

5. 관련 판례·심판례·예규

문서번호	내 용
농지법 §2 1호 및 대법원 1989. 2. 14. 선고 88누6252 판결 참조	양도소득세가 감면되는 토지는 **"공부상의 지목에 관계없이** 양도일 현재 실제로 경작에 사용한 토지"이다.
대법원 2003. 7. 11. 선고 2003두2045 판결	양도소득세 감면의 입법취지는 "육농정책의 일환으로서 농지의 양도에 따른 조세부담을 경감시켜 주는 것에 있다."
대법원 1993. 7. 13. 선고 92누11893 판결	토지를 농지로 경작한 사실은 그와 같은 사실을 주장하는 양도자가 입증하여야 한다.

문서번호	내 용
대법원 2010. 3. 25. 선고 2009두22218 판결	상속받은 농지의 경작기간을 계산함에 있어 피상속인이 경작한 기간은 상속인이 경작한 기간으로 본다고 규정한 점, 피상속인의 경작기간을 인정하는 이유가 피상속인 사망 전에 처분한 경우와 동일한 혜택을 주고자 하는 것인 점에 비추어 직전 피상속인, 전전 피상속인 사이에도 적용된다. ※ 2011. 6. 3. 시행령을 개정하여 피상속인의 범위를 직전 피상속인으로 한정하는 것으로 그 의미를 명확히 하였다.
국심 2006서12343, 2006. 8. 16.	2006. 2. 9. 자경개념의 개정일 이후 양도분은 양도 당시 법을 적용하여 상시농업 종사 혹은 직접 자기 노동력의 2분의 1 이상 제공기간만을 자경기간으로 산정한다. 따라서 **동일세대원이 자경하는 등 자기책임으로 자경한 기간은 2006. 2. 9. 이후 양도분에는 포함하지 아니한다.**
서울행정법원 2012. 9. 5. 선고 2011구단30734 판결	토지 취득 당시 만 11세로 초등학교 때부터 대학 졸업시까지 토지소재지와 다른 도시에서 학업에 종사하였고 토지는 가족들이 경작하였으므로 8년 이상 재촌 요건을 갖추었다고 볼 수 없다.
서울행정법원 2012. 7. 6. 선고 2012구단3449 판결	생계나 세대를 같이 하는 **가족으로 하여금 경작하게 한 경우는 자기의 노동력이 의하여 경작한 경우에 해당하지 아니하므로** 자경농지의 감면을 부인하여야 한다.
조심2012중1737, 2012. 6. 11.	농지 임대 당시 청구인들은 미성년자로서 쟁점농지를 직접 경작할 수 없어 농지대토에 대한 양도소득세 감면을 적용하지 아니한다.
부동산거래관리과-335, 2012. 6. 21.	자경농지에 대한 감면을 적용할 때 8년 재촌 자경 여부는 농지의 취득일부터 양도일까지의 사이에 통산하여 8년 이상이면 족하고 계속하여 8년 이상일 것은 아니다.
조세특례제한법 §129, 소득세법 §104 ③	농지소재지에서 8년 이상 자경한 경우라 하더라도 미등기 양도의 경우에는 감면허용이 안된다.
대법원 2001. 5. 29. 선고 98두13713 판결	2006. 2. 8. 이전의 자경의 개념은 자기책임 하에 자경한 경우를 자경기간으로 계산하였으나 2006. 2. 9. 자경 개념의 개정일 이후 양도분은 양도 당시 법을 적용하여 상시농업 종사 혹은 직접 자기 노동력의 1/2 이상 제공기간만을 자경기간으로 산정한다. 따라서 **동일세대원이 자경하는 등 자기책임 자경한 기간은 2006. 2. 9. 이후 양도분에는 포함하지 않는다.** 조세법령의 효력발생 전에 완성된 과세요

문서번호	내 용
	건 사실에 대한 법령을 적용할 수 없는 것이 불소급의 원칙이며 양도 행위가 과세요건이 감면에 있어서는 감면요건도 양도 당시의 법령을 적용하여야 하기 때문이다.
대법원 2014. 6. 26. 선고 2014두4009판결	8년 자경농지의 판단사항 중 경작을 위한 작업시간이 고려되어야 하는 점에서 배 농사를 위한 표준 노동시간이 549시간으로 휴일을 이용하여 농사를 지었다고 하는 주장은 충분한 시간에 해당되지 아니하므로 주도적으로 경작하였다고 볼 수 없다.
대법원 201. 9. 13. 선고 2018두48854 판결	농지의 '직접 경작'은 다른 직업을 가지는 등의 이유로 **부분적으로 종사하는** 사람에 대하여는 전체 농 작업 중 **가족 등을 제외한 '자기'의 노동력 투입 비율이 2분의 1 이상인 경우에 한하여** 직접 경작한 것으로 인정함이 상당하고, 양도자가 입증하여야 한다.
대구지방법원 2012. 9. 12. 선고 2011구합2790 판결	종중은 일반적으로 농지를 취득할 수 없으나 구 농지개혁법상 위토로 하기 위하여는 농지를 취득할 수 있는 것이고 이를 종중원이 8년 이상 경작하였다면 위토의 특성에 비추어 **종중이 농지를 자경하였다고 봄이 상당**하므로 양도소득세 중 무허가 건물부분에 해당하는 세액 초과분의 부과처분은 위법하다.
대법원 2010. 1. 28. 선고 2009두17087 판결	공무원으로 근무하였다고 하여도 토지와 양도인의 주거지 및 근무지간 거리가 그리 멀지 아니한 점, **재배하였던 작물의 종류나 작업내용** 등에 비추어 볼 때 반드시 일정한 정도의 노동력을 매일 또는 일정한 주기로 상시적으로 투여하여야 하는 것도 아니어서 **자기 노동력의 2분의 1 이상으로 경작을 한다는 것이 사회통념상 어려운 것으로 단정할 수 없다.**
조세특례제한법기본통칙 69-0…1 ③	교환으로 취득한 농지는 교환일 이후 경작한 기간으로 계산한다.
재일 46014-1816, 1999. 10. 13.	**교환 전 농지와 교환 후 농지의 경작기간을 통산하지 아니한다.**
조세특례제한법기본통칙 60-0…3	자경농지는 농지소재지에 거주하면서 자기가 직접 경작한 농지로서 위탁경영하거나 대리경작 또는 이대차한 농지를 제외한다.

6-3 개발사업 시행 전 주거지역 편입 후 3년이 지나 양도되었으므로 감면할 수 없음

● 대상판결 : 대법원 2013두9410 (2015. 5. 29.) ➜ 국승

핵심 요지

개발사업 시행 전에 주거지역에 편입된 후 3년이 지나 양도되어, 개발사업 시행으로 주거지역에 편입된 농지에 해당하지 않으므로 양도소득세 감면대상이 아님

1. 사실관계

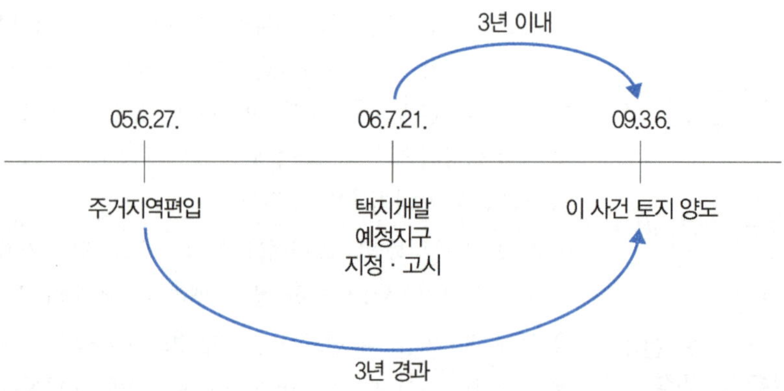

(1) 2005. 6. 27. 이 사건 토지가 국토계획법에 의하여 제1종 일반주거지역으로 편입되었다.

(2) 2006. 7. 21. 건설교통부장관은 사업시행자를 한국토지공사로 하여 이 사건 토지가 속한 지역 일대를 택지개발예정지구로 지정·고시하였다.

(3) 2009. 3. 6. 원고는 일반주거지역으로 편입된 날로부터 3년이 지나서 이 사건 토지를 양도하였다(사업시행자인 한국토지공사에게 양도).

(4) 원고는 이 사건 토지를 양도하고「조세특례제한법」제69조의 규정에 의하여 8년 이상 자경농지에 대한 양도소득세 감면신청을 하였다.

(5) 과세관청은 정기감사에서 이 사건 토지가 주거지역 편입일로부터 3년이 지난 농지로서 8년 이상 자경농지 감면대상에 해당하지 아니한다고 지적하였고, 이를 통보받은 피고

는 이 사건 토지에 대하여 8년 이상 자경농지에 대한 양도소득세 감면을 배제하고 2010. 12. 20. 원고에게 2009년 귀속 양도소득세 138,860천 원을 경정·고지하였다.

2. 쟁 점

주거지역 편입일로부터 3년이 경과한 이 사건토지에 대하여 8년 이상 자경농지에대한 양도소득세 감면을 배제하고 과세한 처분의 당부

3. 관련법령

구 조세특례제한법(2010.1.1. 법률제9921호로 개정되기 전의 것) 제69조(자경농지에 대한 양도소득세의 감면)

① 농지 소재지에 거주하는 자가 8년 이상 직접 경작한 토지 중 대통령령으로 정하는 토지의 양도로 인하여 발생하는 소득에 대해서는 양도소득세의 100분의 100에 상당하는 세액을 감면한다.

구 조세특례제한법시행령(2009.6.26. 대통령령 제21565호로 개정되기 전의 것) 제66조(자경농지에 대한 양도소득세의 감면) 제4항, 제1호, 제1호단서, 같은 호(나)목

④ 제1호 본문에서 '8년 이상 자기가 경작한 농지'가 '양도일 현재 특별시·광역시 또는 시에 있는 농지 중 국토의 계획 및 이용에 관한 법률에 의한 주거지역·상업지역 및 공업지역 안에 있는 농지로서 **이들 지역에 편입된 날부터 3년이 지난 농지'에 해당하는 경우에는 이를 양도소득세 감면대상에서 제외**한다. 다만 다음 각 호의 어느 하나에 해당하는 것을 제외한다.

나. 이와 같이 '주거지역 등에 편입된 후 3년이 지난 농지이더라도' '사업시행자가 국가, 지방자치단체, 그 밖에 기획재정부령으로 정하는 공공기관인 개발사업 지역 안에서 개발사업의 시행으로 인하여 국토계획법에 따른 주거지역·상업지역 또는 공업지역에 편입된 농지로서 기획재정부령으로 정하는 부득이한 사유에 해당하는 경우'에는 이를 양도소득세 감면대상에서 제외하지 아니한다.

4. 원고의 주장

원고가 양도소득세 감면을 받기 위해서는 주거지역편입일로부터 3년이 되는 2008. 6. 27.까지 소유권이전을 하여야 함에도 사업시행자가 이 기간을 약 8개월 경과하여 소유권이전을 함으로써 원고는 양도소득세 감면혜택을 받을 수 없게 된 것이므로, 토지보상을 지연시킨 책임이 사업시행자에게 있으므로 주거지역 편입일로부터 3년이 경과하였더라도 양도소득세 감면대상이 되어야 한다.

5. 대상판결

원심은 이 사건 토지는 **개발사업이 시행되기 전에 이미 주거지역에 편입된 후 그로부터 3년이 지나 양도**되었을 뿐, **개발사업의 시행으로 인하여 주거지역에 편입된 농지에 해당하지 아니하므로**, 구 조특법 시행령 제66조 제4항 제1호에서 규정한 편입된 농지에 해당하지 아니하므로, 구 조특법 시행령 제66조 제4항 제1호에서 규정한 양도소득세 감면대상에서 제외되는 농지로 보아야 한다는 이유로, 구 조특법 제69조 제1항 본문의 양도소득세 감면을 적용하지 아니한 이 사건 양도소득세 부과처분이 적법하다고 판단하였다.
앞서 본 규정과 관련 법리에 비추어 기록을 살펴보면, 원심의 위와 같은 판단은 정당하고, 거기에 상고이유 주장과 같이 구 조특법 시행령 제66조 제4항 제1호의 해석을 그르치거나 조세형평의 원칙에 관한 법리를 오해하여 판단을 누락하는 등 잘못이 없다.

6. 평 석

(1) 이 사건의 경우 원고의 주장대로 사업시행자가 조속히 소유권을 이전하였더라면 이 사건 토지는 감면대상 토지에 해당할 수 있다는 측면에서 보면 원고의 억울한 사정이 이해되기도 한다. 그러나 국세청예규에서도 **사업시행 이후 사업시행으로 주거지역 등에 편입된 경우여야** 하고, **사업시행 전부터 주거지역 등에 편입된 경우는 예외조항이 적용되지 아니하여 감면되지 않는다**는 해석을 한 바 있다(재일46014-1673,1997. 7. 9., 서면1팀 46014-10164,2002. 2. 7.).

(2) 국가 또는 지방자치단체 등이 부득이한 사유로 지연되는 경우란 '사업 또는 보상을 지연시키는 사유로서 그 책임이 사업시행자에게 있다고 인정되는 사유를 말한다'(2008. 4. 29. 신설).

(3) 즉, 부득이한 사유로 지연되는 경우는 「국토의 계획 및 이용에 관한 법률」에 따른 주거지역·상업지역 및 공업지역에 편입된 농지로서 편입된 후 3년 이내에 대규모 개발사업이 시행되고, 대규모개발사업 시행자의 단계적 사업시행 또는 보상지연으로 이들 지역에 편입된 날로부터 3년이 지난 경우로 대규모 개발사업 지역 안에 있는 경우로 한정한다.

(4) 동 규정은 2013. 2. 15. 신설되었으나, 개정 전에도 기획재정부의 예규에 의하여 감면을 적용하여 왔던 것으로 2003. 2. 15. 법령에 명확히 규정하였다(재산세제과 46014-130, 1999. 4. 19. 외). 이는 대규모개발사업의 경우 지방자치단체 등이 도시계획을 수립하면서 사전에 주거지역 등으로 지정하는 경우도 있고, 대규모 개발사업 시행 이후에는 타인 등에 양도가 어려운 현실을 감안한 것이다.

(5) 이 사건으로 돌아와 보면, 이 사건 토지가 개발사업의 시행으로 주거지역에 편입된 토지가 아니라는데 문제가 있다. 조세법률주의 원칙상 확장해석이나 유추해석은 허용되지 않는 것이고, 특히 감면요건 규정 가운데에 명백히 특혜규정이라고 볼 수 있는 것은 엄격하게 해석하는 것이 조세공평의 원칙에도 부합한다(대법원 2009. 8. 20. 선고 2008두11372 판결)는 법리에 기초하여 이 사건 토지는 조세특례법 제69조 제1항, 같은 법 시행령 제66조 제4항 제1호가 정하는 감면요건을 갖추고 있지 않다고 판단한 것이다.

(6) 위 관련규정과 대법원 판례를 모두어 보면, 8년 이상 자경농지로서 양도소득세를 감면받기 위해서는 「국토의 계획 및 이용에 관한 법률」에 의한 주거지역 안에 있는 농지로서 이들 지역에 편입된 날로부터 3년 이내 양도하여야 하고, 다만 '개발사업의 시행으로 인하여 주거지역에 편입된 농지'로서 사업 또는 보상을 지연시키는 사유로서 그 책임이 사업시행자에게 있다고 인정되는 경우에는 이들 지역에 편입된 날부터 3년이 지난 농지에 대하여도 양도소득세를 감면받을 수 있다. 이 사건 토지는 개발사업이 시행되기 전에 이미 주거지역에 편입되었고, 그로부터 3년이 지난 후 양도되었으며, 이 사건 토지가 **개발사업의 시행으로 인하여 주거지역에 편입된 것이 아닌** 이상, 사업시행

자의 토지보상 지연책임을 물어 법이 정한 소정의 감면요건을 갖춘 토지에 해당한다고 할 수 없다.

7. 관련예규 · 심판례 · 판례

문서번호	내 용
법무-2396, 2005. 7. 11.	주거지역 등의 편입일이란 관보 게시일을 말한다.
서면4팀-3676, 2006. 11. 7.	1필지 농지의 일부가 주거지역으로 편입된 후 3년이 경과한 경우에 나머지 농지를 양도하는 경우에도 감면한다.
대법원 2007. 1. 11. 선고 2006두1716 판결 ; 국심 2005광965, 2005. 5. 16.	산업기지개발촉진법에 의거 산업기지개발지역으로 지정된 토지는 구 도시계획법에 따라 일정한 행위가 제한될 뿐 주거·상업지역 또는 공업지역으로 편입된 것은 아니다.
재정부 재산-0164, 2011. 3. 8.	주거지역으로 편입된 지 **3년이 경과하기 전에 대규모개발사업 시행지역으로 편입된 경우 감면을 적용**한다.
재일46014-1673, 1997. 7. 9.; 서면1팀	**대규모사업지구**에 해당하는 경우(주거·상업지역 또는 공업지역으로 편입된 지 3년이 지났더라도 감면대상인 토지)대규모사업지구에 해당되는지 여부는 **단일 사업지구로 판단**해야 하고, 인근 별도 사업지구와 합하여 대규모 개발사업 지역으로 판단해서는 안된다. 또한 **사업시행 이후 사업시행으로 주거지역 등에 편입된 경우이어야** 하고, **사업 시행 전부터 주거지역 등에 편입된 경우**는 본 예외조항이 적용되지 아니하여 **감면되지 않는다.**
서면4팀-1961, 2005. 10. 24	환지예정지(환지예정지 지정일부터 3년 경과한 농지는 감면대상에서 제외됨)의 지정일이란 **당초 지정 고시일**을 의미한다.
대법원 2006. 2. 23. 선고 2005두3899 판결	환지예정지의 지정일은 환지계획의 변경인가일을 기준으로 하는 것은 아니다.
법규재산 2012-151, 2012. 5. 4.	군의 읍·면지역의 농지로서 「산업입지 및 개발에 관한 법률」제7조의 일반산업단지로 지정됨에 따라 「국토의 계획 및 이용에 관한 법률」제42조의 도시지역으로 지정되었으나, **주거지역, 상업지역, 공업지역으로 구분하여 지정되지 아니한 농지는 감면대상에 해당**한다. 도시개발법 등에 의해 농지 외의 환지예정지 지정을 받은 경우에는 감면배제(조특법 제69조 제1항 단서)에 해당한다.

6-4 구 조세특례제한법 제68조 제2항에서 규정한 초지는 초지법상 허가받은 초지만을 한정하여 볼 수 없음

● 대상판결 : 대법원 2015두44424 (2015. 10. 29.) ➜ 국패

핵심 요지

구 조세특례제한법 제68조 제2항에서 대통령령이 정하는 농업인이 2009년 12월 31일 이전에 농지 또는'초지법에 따른 초지'를 농업회사법인에 현물출자 함으로써 발생하는 소득에 대하여는 양도소득세를 면제하는데 이때의 초지는 초지법상 허가 받은 초지만을 한정하여 볼 수 없음

1. 사실관계

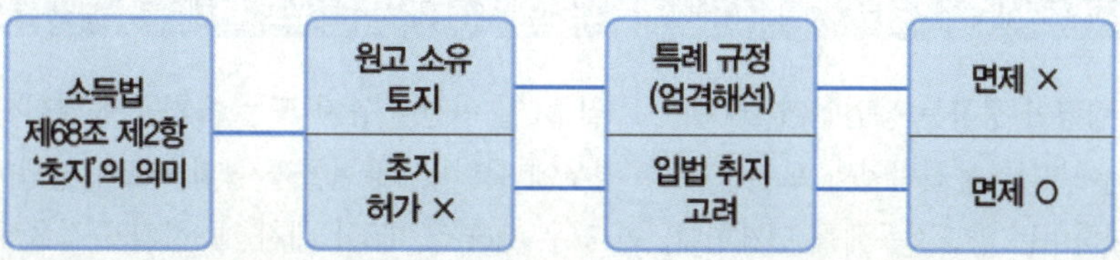

(1) 원 고와 그의 자녀들(원고들)은 이 사건 토지에서 목장을 운영하여 왔다.

(2) 원고들은 2009. 11. 19. 이 사건 토지를 농업회사법인에 현물출자하였다.

(3) 원고들은 피고에게 이 사건 출자 토지의 현물출자로 인한 양도소득세 예정신고와 함께 구 조세특례제한법 제68조 제2항에 근거하여 양도소득세 면제신청을 하였다.

(4) 피고는 “이 사건 출자 토지는 초지법상 초지 조성의 허가를 받지 않았으므로 초지법상 초지로 볼 수 없다.”는 이유로 2009년 귀속 양도소득세를 원고 및 그의 자녀들에게 각각 부과처분하였다.

(5) 이 사건 토지는 구 초지법 제2조 제1호에서 정한 초지에 해당하나, 원고들은 이 사건 토지에 대하여 구 초지법 제5조에 따른 초지 조성 허가를 받은 사실은 없다.

2. 쟁 점

초지 조성 허가를 받지 않은 초지는「초지법」에 의한 초지로 볼 수 없다 하여 조특법 제68조 제2항 적용을 배제하여 과세한 처분의 당부

3. 관련법령

구 조세특례제한법 제66조【영농조합법인 등에 대한 법인세의 면제 등】

④ 대통령령이 정하는 농업인이 2009년 12월 31일 이전에 농지 또는「초지법」에 따른 초지(이하 "초지"라 한다)를 영농조합법인에 현물출자 함으로써 발생하는 소득에 대하여는 양도소득세를 면제한다.

구 조세특례제한법 제68조【농업회사법인에 대한 법인세의 면제 등】

② 대통령령이 정하는 농업인이 2009년 12월 31일 이전에 농지 또는 초지를 농업회사법인(「농지법」에 따른 농업법인의 요건을 갖춘 경우에 한한다)에 현물출자 함으로써 발생하는 소득에 대하여는 양도소득세를 면제한다. 이 경우 제66조 제5항 내지 제8항의 규정을 준용한다.

소득세법 시행령 제168조의7【토지 지목의 판정】

법 제104조의3의 규정을 적용함에 있어서 농지 · 임야 · 목장용지 및 그 밖의 토지의 판정은 이 영에 특별한 규정이 있는 경우를 제외하고는 사실상의 현황에 의한다. 다만, 사실상의 현황이 분명하지 아니한 경우에는 공부상의 등재 현황에 의한다.

4. 원 · 피고 주장 요약

(1) 원 고

① 구 조특법 제68조 제2항의 문언, 입법목적 및 취지, 구 조특법 제68조 제2항의 농지, 제67조 제4항의 어업용 토지와의 균형, 제 · 개정된 초지법의 내용, 조세법률주의의 엄

격해석의 원칙, 사회적 혼란의 야기 가능성 등에 비추어 구 조특법 제66조 제4항, 제68조 제2항의 “초지법에 따른 초지”란 구 초지법 제2조 제1호가 정한 초지의 정의 규정에 해당하면 족하고, 초지 조성의 허가는 필요하지 않다. 이 사건 쟁점 토지는 초지법에 따른 초지이다(**이 사건 토지는 초지에 해당함**).

② 구 조특법 제68조 제2항은 국내 축산업자의 경쟁력을 강화하기 위한 규정이고, 구 초지법 제5조는 초지 조성으로 인한 무분별한 개발을 방지하기 위한 규정인데, 이러한 목적에 비추어 양도소득세 면제에 있어서 초지 조성 허가를 받은 초지를 현물 출자하는 경우와 초지 조성 허가를 받지 않은 초지를 현물 출자하는 경우를 차별할 합리적인 이유가 없다.

농지를 현물 출자하는 자는 농지법상 농지취득 자격 증명을 받았는지 등과 무관하게 실제로 농업에 사용되기만 하면 과세 감면 특혜를 부여하면서 초지를 소유한 자는 실제로 축산업에 사용되더라도 조성 단계에서 허가를 받지 않았다는 이유만으로 과세하는 것은 합리적 이유 없이 농지를 소유한 자와 초지 조성 허가를 받지 않은 초지를 소유한 자를 차별하는 것이다(**조세평등주의 위반**).

③ 실질과세의 원칙에 따라 초지 조성 허가를 받았느냐의 여부와 상관없이 실질적으로 초지로 조성되고 사용되었다면 양도소득세가 감면되는 초지법상의 초지에 해당한다. 이 사건 쟁점 토지는 실질적으로 초지로 조성되고 사용되고 있다(**실질과세 원칙 위반**).

④ 이 사건 쟁점 토지는 농지법상 농지에 해당하므로 구 조특법 제68조 제2항의 농지에 해당한다(**이 사건 토지는 농지에 해당함**).

(2) 피 고

① 조특법 제68조 제2항의 초지는“「초지법」에 따른 초지”를 의미한다. 처분청이 이 사건 토지 관할 시장에게 조회한 결과, 이 사건 토지는 초지 조성 허가를 받은 사실이 없으며, 농림수산식품부 축산정책과에 문의한 바, 「초지법」에 따른 초지는 초지 조성 허가를 받은 초지만을 말하며, 「초지법」상 초지만 조세감면을 받을 수 있다고 답변하였다.

② 국세청 예규(법규과-968, 2011. 7. 22.)에 의하면 “농업인이 2012. 12. 31. 이전에 농지 또는 「초지법」에 의해 초지 조성 허가를 받아 조성된 토지를 영농조합법인에 현물 출자 함으로써 발생하는 소득에 대해서는 「조특법」 제66조에 따라 양도소득세를 면제하

는 것이며, 해당 토지가 「초지법」에 따른 초지인지 여부는 관할 행정기관에 사실관계를 확인하여(이하 생략)"라고 해석하고 있고, 이 건에 대하여도 국세청 법규과에 이 사건 토지를 농업회사법인에 현물 출자한 것이 양도소득세 면제 대상 초지에 해당하는지에 대한 과세기준 자문을 하였는데, 법규과에서는 "조특법 제68조 제2항에 따른 양도소득세 면제 대상이 되는 초지는 「초지법」에 따른 초지를 의미하는 것으로서, 「초지법」에 따른 초지인지 여부는 관할 행정기관에 사실관계를 확인하여 처리하기 바란다."고 회신하였고, 관할 행정기관에 이 사건 토지에 대하여 초지 조성 허가 여부를 확인한바, "초지 조성 허가를 받지 않았으므로 「초지법」에 따른 초지에 해당 되지 않아 면제받을 수 없는 토지"라는 회신문을 받았다.

③ 과세전적부심사 청구 시 이 사건 토지가 양도소득세가 면제되는 초지에 해당하는지에 대하여 기획재정부에 질의하였고, 기획재정부는 "조특법 제68조(같은 법 제66조, 구 조감법 제58조)에서 규정하고 있는 '「초지법」에 따른 초지'의 의미는 「초지법」 제5조(초지 조성의 허가)에 따라 초지 조성의 대상이 되는 토지의 소재지를 관할하는 시장 · 군수로부터 허가를 받아서 조성된 초지를 말한다"고 회신하였다.

④ 조세법률주의의 원칙상 과세요건이거나 비과세 요건 또는 조세감면 요건을 막론하고 조세 법규의 해석은 특별한 사정이 없는 한 법문대로 해석하여야 하고 합리적 이유 없이 확장해석하거나 유추 해석하는 것은 허용되지 않으며, 특히, 감면 요건 규정 가운데 명백히 특혜 규정이라고 볼 수 있는 것은 엄격하게 해석하는 것이 조세 공평의 원칙에 부합한다는 것이 확립된 대법원 판례(대법원 2009. 8. 20. 선고 2008두11372 판결)인바, 조특법상 양도소득세의 면제 대상인 초지의 범위는 엄격하게 해석하여야 한다.

5. 사건의 경과

(1) **원심판결**(대전고등법원 2015. 4. 30. 선고 2014누11425 판결) : **국승**

조세법률주의의 원칙상 과세요건이거나 비과세 요건 또는 조세감면 요건을 막론하고 조세 법규의 해석은 특별한 사정이 없는 한 법문대로 해석할 것이고 합리적 이유 없이 확장해석하거나 유추 해석하는 것은 허용되지 아니하고(대법원 1997. 10. 24. 선고 7누4173 판결 참조), 특히 감면 요건 규정 가운데에 명백히 특혜 규정이라고 볼 수 있는 것은 엄격하게 해석하는 것이 조세 공평의 원칙에도 부합한다(대법원 1998. 3. 27. 선고 97누20090 판결 참조).

… 이 사건 쟁점 토지는 구 초지법 제5조의 초지 조성 허가를 받아 조성된 초지가 아니므로 구 조특법 제68조 제2항의 초지에 해당하지 않는다.

… 입법자가 조세감면 대상을 설정함에 있어 되도록 신중한 입장을 취하여 우선 그러한 조세감면이 가장 절실하거나 시급하다고 생각되는 집단으로 그 범위를 한정하고 그 후의 상황 전개에 따라 이를 점진적으로 변경하는 것이 허용된다. 그러므로 비록 면세 규정의 기본 취지에 비추어 볼 때에는 면세 대상이 다소 포함되었다 하더라도, 입법자가 자신의 재량 범위 내에서 합리적인 기준에 의하여 면세 대상을 선정하고 있는 이상, 이는 정당화된다고 할 것이다(헌법재판소 2012. 2. 23. 선고 2011헌가8 결정 참조).

… 구 조특법 제68조 제2항이 초지 조성 허가를 받지 않고 조성된 초지의 현물출자를 양도소득세의 면제 대상으로 규정하고 있지 않다고 하여 현저하게 비합리적이고 불공정한 조치라 할 수 없다. 따라서 구 조특법 제68조 제2항이 조세평등주의에 반한다고 할 수 없고, 원고들이 법률상 조세감면의 요건을 갖추지 못한 이상 법률상 조세감면의 요건을 갖춘 자와 같이 취급할 수는 없으므로 이 사건 처분이 조세 평등주의에 반한다고 할 수 없다(**조세 평등주의 위반 아님**).

… 구 조특법 제68조 제2항의 초지는 구 초지법 제5조에 의한 초지 조성 허가가 필요하고, 이 사건 쟁점 토지는 초지 조성 허가를 받지 않았으므로 이 사건 쟁점 토지는 구 조특법 제68조 제2항의 초지에 해당하지 아니하여 그 양도소득은 양도소득세 과세 대상이 된다 할 것이어서 실질적으로 초지로 조성되어 이용되고 있다는 사정만으로 이 사건 처분이 실질과세의 원칙에 위반된다고 할 수 없다(**실질과세 원칙 위반 아님**).

(2) 대상판결 : 국패

이 사건 조항에서 양도소득세 면제 대상의 하나로 '초지법에 따른 초지'라고만 규정하고 있을 뿐, 나아가 그 면제 대상을 '초지법 제5조에 따라 초지 조성 허가를 받은 초지'로 제한하고 있지 아니하다. 농업회사법인에 대한 과세 특례를 도입한 구 조세특례제한법 제68조의 입법목적은 농촌지역의 생산 인력 부족 현상 심화에 따른 문제점을 보완하고자 협업적 · 기업적 농업경영을 할 수 있도록 농업회사법인의 설립 · 육성을 적극적으로 지원하는 데에 있으므로, 이 사건 조항에서 정한 **양도소득세 면제 대상인 '초지'에 해당 하는지 여부를 초지 조성 허가 유무에 따라 달리 보아야 할 이유도 없다.** 구 초지법에서도 초지 조성 허가 없이 초지를 조성하는 것을 금지하는 규정이 없고, 다만 구 초지법 제5조에 따른 초지 조성 허가를 받은 경우에는 각종 허가 · 인가 등을 받은 것으로 의제되며 초지의 조성에 필요한 자금의 전부 또는 일부를 보조받을 수 있는 등 여러 혜택을 부여하고 있다. 이러한 이 사건 조항의 문언과 입법목적 및 구 초지법 제5조에서 초지 조성 허가에 관한 규정을 둔 취지 등을 고려하여 보면, **이 사건 조항에서 정한 '초지법에 따른 초지'는 구 초지법 제5조에 따라 토지 조성 허가를 받은 초지로 제한되는 것이 아니라 구 초지법 제2조 제1호에 따른 초지를 의미하는 것으로 보는 것이 타당하다.**

6. 평 석

(1) 구 조세특례제한법(2010. 1. 1. 법률 제9921호로 개정되기 전의 것, 이하 같다) 제68조 제2항은 대통령령이 정하는 농업인이 2009년 12월 31일 이전에 농지 또는 '초지법에 따른 초지'를 농업회사법인에 현물출자 함으로써 발생하는 소득에 대하여는 양도소득세를 면제한다고 규정하고 있다.

(2) 한편 구 초지법(2013. 3. 23. 법률 제11690호로 개정되기 전의 것, 이하 같다) 제2조 제1호는 "초지라 함은 다년생 개량 목초의 재배에 이용되는 토지 및 사료 작물 재배지와 목도 · 진입도로 · 축사 및 농림수산식품부령이 정하는 부대 시설을 위한 토지를 말한다."고 규정하고, 제5조 제1항은 "초지 조성을 하고자 하는 자는 대통령령이 정하는 바에 따라 해당 토지의 소재지를 관할하는 시장 · 군수에게 초지 조성 허가를 신청하여야 한다."고 규정하고 있으며, 같은 조 제2항은 "시장 · 군수는 제1항의 규정에 의하여 초지 조성 허가를 할 때에는 초지 조성 기간 등 농림수산식품부령이 정하는 조건을 붙일 수 있다."고 규정하고 있다.

(3) 원심은 초지 조성 허가를 받지 않은 토지는 구 초지법을 위반하여 조성된 초지로서 구 초지법에 따른 초지로 볼 수 없고, 만약 이 사건 조항에서 정한 '초지법에 따른 초지'에 초지 조성 허가를 받지 않은 초지도 포함된다고 해석하면 이 사건 조항의 입법 취지와 무관하게 조세회피 수단으로 악용될 우려가 있는 점 등을 감안하여 볼 때, 이

사건 조항에서 정한 '초지법에 따른 초지'는 구 초지법 제5조에 따라 초지 조성 허가를 받은 초지를 의미한다는 이유로, 이 사건 토지가 이 사건 조항에서 정한 양도소득세 면제 대상에 해당한다는 원고들의 주장을 배척하였다.

(4) 이와는 달리 대법원은 조세특례제한법 제68조의 입법목적은 농촌지역의 생산 인력 부족 현상 심화에 따른 문제점을 보완하고자 협업적 · 기업적 농업경영을 할 수 있도록 농업회사법인의 설립 · 육성을 적극적으로 지원하는 데에 있으므로, 이 사건 조항에서 정한 **양도소득세 면제 대상인 '초지'에 해당하는지 여부를 초지 조성 허가 유무에 따라 달리 보아야 할 이유도 없다**고 판단하였다.

(5) 1, 2심 재판부는 감면 요건 규정 가운데 특혜 규정이라고 볼 수 있는 것은 엄격하게 해석하는 것이 조세 공평의 원칙에도 부합한다는 것이다(대법원 1998. 3. 27. 선고 97누20090 판결 참조). 이 사건 토지는 양도소득세가 감면되는지 여부를 다투는 특혜 규정에 해당 되는 토지이고, 따라서 특혜 규정은 협의로 해석하는 것이 공평의 원리에 부합한다는 판단이다.

(6) 대법원은 이 사건 토지가 특혜 규정 요건에 부합하는지 여부를 판단한 원심과는 달리 조세특례제한법 제68조의 입법 취지인 농업회사법인에 현물 출자하는 농업인의 입장을 고려한 판결을 한 것으로 보인다.

(7) 대상 판결에서와 같이 이 사건 조항에서 양도소득세 면제 대상의 하나로 '초지법에 따른 초지'라고만 규정하고 있을 뿐, 나아가 그 면제 대상을 '초지법 제5조에 따라 초지 조성 허가를 받은 초지'로 제한하고 있지는 아니하다.

(8) 그렇다고 해서 양도소득이 면제가 되는 토지인지에 대한 다툼이 있는 상황에서 과세관청이 곧바로 납세자의 편을 들어 이 사건 토지를 양도소득세 면제 대상인 토지로 보아 과세를 포기할 수는 없었을 것으로 보이고, 통상 이러한 경우 소송에 이르러 대법원의 판단을 통하여 문제를 해결할 수밖에 없다는 생각이 든다.

7. 관련판례

문서번호	내 용
대법원 2009. 8. 20. 선고 2008두11372 판결	조세법률주의의 원칙상 과세요건이거나 비과세 요건 또는 조세감면 요건을 막론하고 조세법규의 해석은 특별한 사정이 없는 한 법문대로 해석하여야 하고 합리적 이유 없이 확장해석하거나 유추 해석하는 것은 허용되지 않으며, 특히, 감면요건 규정 가운데 **명백히 특혜 규정이라고 볼 수 있는 것은 엄격하게 해석하는 것이 조세 공평의 원칙에 부합**한다.
헌법재판소 2012. 2. 23. 선고 2011헌가8 결정	조세우대조치의 남발은 그에 의하여 조세감면을 받는 특정한 납세자군의 조세부담을 다른 납세자군에게 전가하는 결과를 가져와 조세평등의 이념에 반하고, 따라서 일반 납세자들의 납세의식을 저하시킬 수 있기 때문에, 입법자가 조세감면 대상을 설정함에 있어 되도록 신중한 입장을 취하여 우선 그러한 조세감면이 가장 절실하거나 시급하다고 생각되는 집단으로 그 범위를 한정하고 그 후의 상황 전개에 따라 이를 점진적으로 변경하는 것이 허용된다. 그러므로 비록 면세규정의 기본 취지에 비추어 볼 때에는 면세대상이 과소포함되었다 하더라도, 입법자가 자신의 재량 범위 내에서 합리적인 기준에 의하여 면세대상을 선정하고 있는 이상, 이는 정당화된다고 할 것이다.

제7절 「소득세법」상 시가의 범위

7-1 매매사례가액 등 시가로 인정되는 가액의 범위

● 대상판결 : 대법원 2010두8751 (2010. 9. 30.) ➜ 국패

핵심 요지

양도자산이 상속받은 자산으로서 과세관청이 비록 당해 자산의 상속 당시 시가를 평가하기 어렵다는 이유로 당해 자산의 취득가액을 개별공시지가로 평가하여 과세하였다고 하더라도, 소급감정에 의하여 당해 자산의 상속 당시 시가가 입증된 때에는 그 시가를 기준으로 정당한 양도차익을 산정한다.

1. 관련 규정

「상속세및증여세법시행령」 제49조【평가의 원칙 등】

• "매매사례가액"에 대한 법 개정(2012. 2. 2.)

① 종전 : 면적·위치·용도·종목이 **동일하거나 유사한** 다른 재산 …

② 개정 : 면적·위치·용도·종목 및 **기준시가가 동일하거나 유사한** 다른 재산 …

2. 시가의 비교

구 분	상속 및 증여	양 도
일반원칙	불특정다수인 사이에 자유로이 거래가 이루어지는 경우에 통상 성립된다고 인정되는 가액	
시가로 보는 매매거래가액, 감정가액, 수용·경매가액	평가기준일 전후 6개월(평가기준일 전 6개월부터 평가기준일 후 3개월까지) 이내 기간 중에 이루어진 매매거래가액, 감정가액, 수용·공매가액	양도일 또는 취득일 전후 각 3월 기간 중에 이루어진 매매거래가액, 감정가액, 수용·공매가액(2003. 12. 31. 이전은 양도일 또는 취득일 전후 각 6월)
상장 및 코스닥 주식의 시가	평가기준일 전·후 2월 종가평균액	(좌 동)
할증평가	최대주주 • 50% 이하 : 20%(중소기업 10%) • 50% 초과 : 30%(중소기업 15%)	(좌 동)
시가가 불분명한 경우	보충적 평가가액 (상속세및증여세법 §61~§65)	보충적 평가가액 (상속세및증여세법 §61~§64 준용)
근저당권이 설정된 재산의 평가	「상속세및증여세법」 제66조	준용하지 않음.

3. 시가로 인정되는 매매사례가액

2004. 1. 1. 이후	2005. 1. 1. 이후
당해재산과 면적·위치·용도 등이 동일하거나 유사한 다른 재산에 대하여 평가기간 내(양도일 또는 취득일 전후 3월 내)에 있는 매매사례가액도 시가의 범위에 포함한다.	**평가기간 밖의 매매가액이 있는 경우에도** 양도일 또는 취득일 전 2년 이내의 기간 중에 있는 매매거래가액도 가격변동의 특별한 사정이 없다고 인정되는 경우에는 평가심의위원회의 자문을 거쳐 시가로 인정받을 수 있다.

4. 시가로 인정되는 감정가액

(1) 2 이상의 감정평가법인이 평가한 감정가액의 평균액

다만, 일정한 조건이 충족될 것을 전제로 감정하거나 평가기준일 현재 당해 재산의 원형대로 감정하지 않은 감정가액은 제외한다.

(2) 평가기준일

시가로 인정하는 가액이 2 이상인 경우에는 평가기준일(양도일 또는 취득일)을 전후하여 가장 가까운 날에 해당하는 가액에 의한다(① 매매거래가액은 **매매계약일**, ② 감정가액은 감정평가서 **작성한 날**, ③ 보상가액·경매가액·공매가액은 **그 가액이 결정된 날**).

5. 유상증자 시 불입한 주금납입액

법인이 증자 시에 불입한 1주당 주금납입액은 「상속세및증여세법시행령」 제49조 제1항의 매매거래가액은 아니나, 객관적 교환가치를 적절히 반영한 시가로 인정된다(국심 2004중2933, 2005. 4. 1.).

6. 소급감정가액에 대한 법원의 태도

(1) 원심의 판단(대전고등법원 2010. 11. 25. 선고 2010누1253 판결)

과세관청에 의한 소급감정을 시가로 인정하여 이에 따른 과세를 허용한다면, '시가를 산정하기 어려운 경우'란 있을 수 없게 되어 시가를 산정하기 어려운 경우 보충적 평가방법에 의하도록 한 「상속세및증여세법」 규정이 전혀 준용되지 않는 모순이 발생하고, 납세의무자는 매우 불안정한 법적 지위에 놓이게 되어 부당하다. 다만, 소급감정을 시가로 보는 사례는 **납세자가 소송에서 소급감정가액 등이 시가임을 입증한** 경우라 할 것이다.

(2) 대법원 판단(대법원 2010. 9. 30. 선고 2010두8751 판결; 대법원 2010. 6. 15. 선고 99두1731 판결)

부당행위계산부인 대상인 저가양도의 기준으로 규정하고 있는 '시가'는 원칙적으로 정상적인 거래에 의하여 형성된 교환가격을 의미하지만, 이는 객관적이고 합리적인 방법으로 평가한 가액도 포함하는 개념으로서 공신력 있는 감정기관의 감정가격도 시가로 볼 수 있고, **그 가액이 소급감정에 의한 것이라 하여도 달라지지 않는다.**

7. 관련 판례

(1) 매매사례가액

문서번호	내 용
대법원 1992.11.27. 선고 91누12288 판결	부당행위계산부인은 어떠한 거래가 사회통념이나 관습에 비추어 합리적인 경제인이 취할 정상적인 거래로 볼 수 없어 조세의 부담을 감소시킨 것으로 인정되는 경우에 한하여 부당행위계산부인 규정을 적용한다.
서울고등법원 2007.8.17. 선고 2007누9459 판결	국민은행 등이 제공한 시세는 객관적인 교환가치를 적정하게 반영한 시가이다.
대법원 1991.4.23. 선고 90누7302 판결	금융기관 등이 업무의 일환으로 조사한 가액은 대출신청자와 통모하여 감정가액을 높여 부당대출을 하려는 등의 특별한 사정이 없는 한 시가로 볼 수 있다.

(2) 감정가액

문서번호	내 용
대법원 2015.10.15. 선고 2015두43148 판결	1개의 감정기관이 평가한 감정가액은 「소득세법」상 취득 당시의 실지거래가액을 대체할 수 있도록 정한 **감정가액에 해당하지 아니한다.**
대법원 2001.8.21. 선고 2000두5098 판결	공신력 있는 감정기관의 감정가액도 시가로 볼 수 있다.

문서번호	내 용
대법원 1992.11.24. 선고 91누6856 판결	「상속세및증여세법」 제60조 제2항의 문언상 시가가 수용·공매가격 및 감정가격 등 대통령령이 정하는 바에 의하여 시가로 인정되는 것에 한정되는 것은 아니라고 할 것이므로 위 규정의 위임에 의한 시행령 제49조 제1항 각 호는 상속재산의 시가로 볼 수 있는 대표적인 경우를 예시한 것에 불과하다.

(3) 시 가

문서번호	내 용
대법원 2005.5.12. 선고 2003두15287 판결	시가에 대한 주장·입증책임은 과세관청에 있는 것인데, 피고는 골프장으로 개발된 이후 상태를 기준으로 한 기준시가가 이 사건 토지의 '시가'라는 주장만을 할 뿐 골프장 부지로 개발되기 전 원래의 상태를 기준으로 한 '시가'와 '적정 임대료'에 관하여는 아무런 주장·입증을 하지 않아 위법하다(시가 입증 없이 양도가액이 기준시가보다 낮다는 이유로 부당행위라 단정할 수 없음).

7-2 「소득세법」상 비상장주식 등의 기준시가

● 대상판결 : 대법원 2004두1520 (2005. 5. 13.) ➜ 국패

핵심 요지

이 사건 주식의 양도 당시 기준시가는 '0'이므로 위 산식에 따라 환산가액을 산정하면 그 취득가액은 무한대가 될 것이고, 이와 같이 양도 당시의 기준시가가 취득 당시의 기준시가에 못 미치는 경우에는 양도차익이 없다고 보아야 할 것임에도 피고가 그 취득가액을 액면가액인 1주당 5,000원으로 보고 양도차익을 산정한 것은 위법하다.

1. 사실관계

(1) 원고는,

① 1998. 6. 10. 소외회사 발행주식 29,800주를 양도하였다.

② 이 사건 주식의 양도차익을 계산함에 있어 양도가액은 실지거래가액(1주당 72,000원)으로, 취득가액은 그 가액이 불분명하다는 이유로 환산가액을 적용하여 양도차익을 산정하였다.

취득가액 환산 : [실지거래가액 × (취득기준시가 / 양도기준시가(0)) = ∞] ※ 동일한 사업연도 내에 취득하여 양도

(2) 피고는,

① 이 사건 주식의 양도가액은 실지거래가액으로 하되,

② 취득가액은 액면가액으로 결정하였다(이 사건 부과처분 당시는 액면가액을 취득가액으로 볼 수 있는 규정이 없었음).

2. 관련 법령

「소득세법」 제99조 제1항 제4호, 「상속세및증여세법」 제63조 제1항 제1호 다목

2007. 2. 27.까지 양도분	2007. 2. 28. 이후 양도분
①, ② 중 큰 금액 ① 순손익가치 1주당 순손익액 기획재정부령이 정하는 율 ② 순자산가치 법인순자산가액 발행주식총수	순손익가치와 순자산가치를 3 : 2로 가중평균 (부동산과다보유법인 2 : 3) ① 1주당 순손익가치 직전사업연도 1주당 순손익액 기획재정부장관이 정하는 고시율 ② 순자산가치 직전사업연도 종료일 현재 당해 법인 순자산가치 발행주식총수 예외(순자산가치로만 평가) ① 청산절차 진행·사업자 사망 ② 사업개시 전·후 1년 미만 또는 휴·폐업인 법인 ③ 3년 계속 결손인 법인(양도일 또는 취득일이 속하는 사업연도)

취득가액 특례

장부 분실 등으로 인하여 취득 당시 기준시가를 확인할 수 없는 경우에는 **액면가액을 취득 당시 기준시가**로 한다(소득세법 §99 ① 4호 후단, 2000. 12. 29. 신설).

3. 대상판결

의제취득일에 취득한 것으로 의제된 이 사건 주식은 실지양도가액만 확인되고 의제취득일 현재의 시가나 실지취득가액을 알 수 없으므로 "양도 당시의 실지거래가액 × 취득 당시의 기준시가 / 양도 당시의 기준시가"의 산식에 의하여 환산한 가액으로 취득가액을 정하여야 할 것인데, 이 사건 주식의 양도 당시 기준시가가 '0'원이므로 위 산식에 따라 환산가액을 산정하면 그 취득가액은 무한대가 될 것이고, 이와 같이 양도 당시의 기준시가가 취득 당시의 기준시가에 못 미치는 경우에는 양도차익이 없다고 보아야 할 것임에도, 피고가 그 취득가액을 액면가액인 1주당 5,000원으로 보고 양도차익을 산정한 이 사건 처분은 위법하다

고 판단하였는바, 앞서 본 법리와 관계 규정 및 기록에 비추어 살펴보면, 원심의 위와 같은 인정과 판단은 정당하고, 거기에 상고이유에서 주장하는 바와 같은 비상장주식의 의제취득가액 산정에 관한 법리 등을 오해한 위법이 있다고 할 수 없고, 나아가 비상장주식의 시가라 함은 정상적인 거래에 의하여 형성된 객관적 교환가격을 말하는 것이고, 그 시가에 대한 입증책임은 과세관청에 있다고 할 것인데(대법원 2003. 6. 13. 선고 2001두9394 판결; 2004. 10. 27. 선고 2003두12493 판결 등 참조), 피고가 의제취득일 현재의 시가에 관하여 아무런 주장이나 입증을 하지 않은 이 사건에서, 원심이 이에 관하여 제대로 심리를 하지 아니하였다거나 또는 이 사건 주식의 액면가액을 의제취득일 현재의 시가로 받아들이지 않았다고 하더라도 거기에 어떠한 잘못이 있다고 할 수 없다.

4. 평 석

(1) 이 사건의 경우 2001. 12. 4. 사건 접수분으로(서울행정법원 2001구합48435 사건) 1998년 귀속분이다.

(2) 「소득세법」 제99조 제1항 제4호 단서 규정(**장부 분실 등으로 취득 당시의 기준시가를 확인할 수 없는 경우에는 액면가액을 취득 당시 기준시가로 한다**)은 2000. 12. 29. 신설규정으로 이 사건 양도에 대하여는 적용할 수 없다.

구 「소득세법」 제94조 제4호(1998. 12. 28. 법률 제5580호로 개정되기 전의 것)

의제 취득일 현재 취득가액 : ①, ② 중 많은 금액
① 의제 취득일 현재의 시가
② 실지취득가액 + 보유기간 생산자 물가상승률 곱하여 계산한 금액

(3) 조세법률주의 엄격해석 원칙상 문리해석이 원칙이고 법적미비를 유추나 확장해석으로 메우는 것은 허용되지 않는다는 기존의 판례태도를 그대로 유지한 판결이다.

5. 관련 판례

문서번호	내 용
대법원 1994.12.23. 선고, 94누8013 판결; 대법원 2003.6.13. 선고, 2001두9394 판결 등	시가란 정상적인 거래에 의하여 형성된 객관적 교환가격을 말한다.
대법원 1996.12.10. 선고 95누18602 판결	「상속세및증여세법」의 비상장주식 평가 규정은 매매의 실례가 없고 객관적이고 합리적인 방법으로 평가한 감정가액도 존재하지 않는 경우에 행하는 방법이다.
대법원 2003.6.13. 선고 2001두9394 판결; 대법원 2004.10.27. 선고 2003두12943 판결 등	객관적 교환가치를 반영하였다고 인정되는 매매 실례가 있는 경우에는 그 가액을 시가로 보아야 한다.
대법원 1987.1.20. 선고 86누318 판결 등	비상장주식의 '시가'라 함은 정상적인 거래에 의하여 형성된 객관적 교환가격을 말하는 것이고 그 시가에 대한 입증책임은 과세관청에 있다.

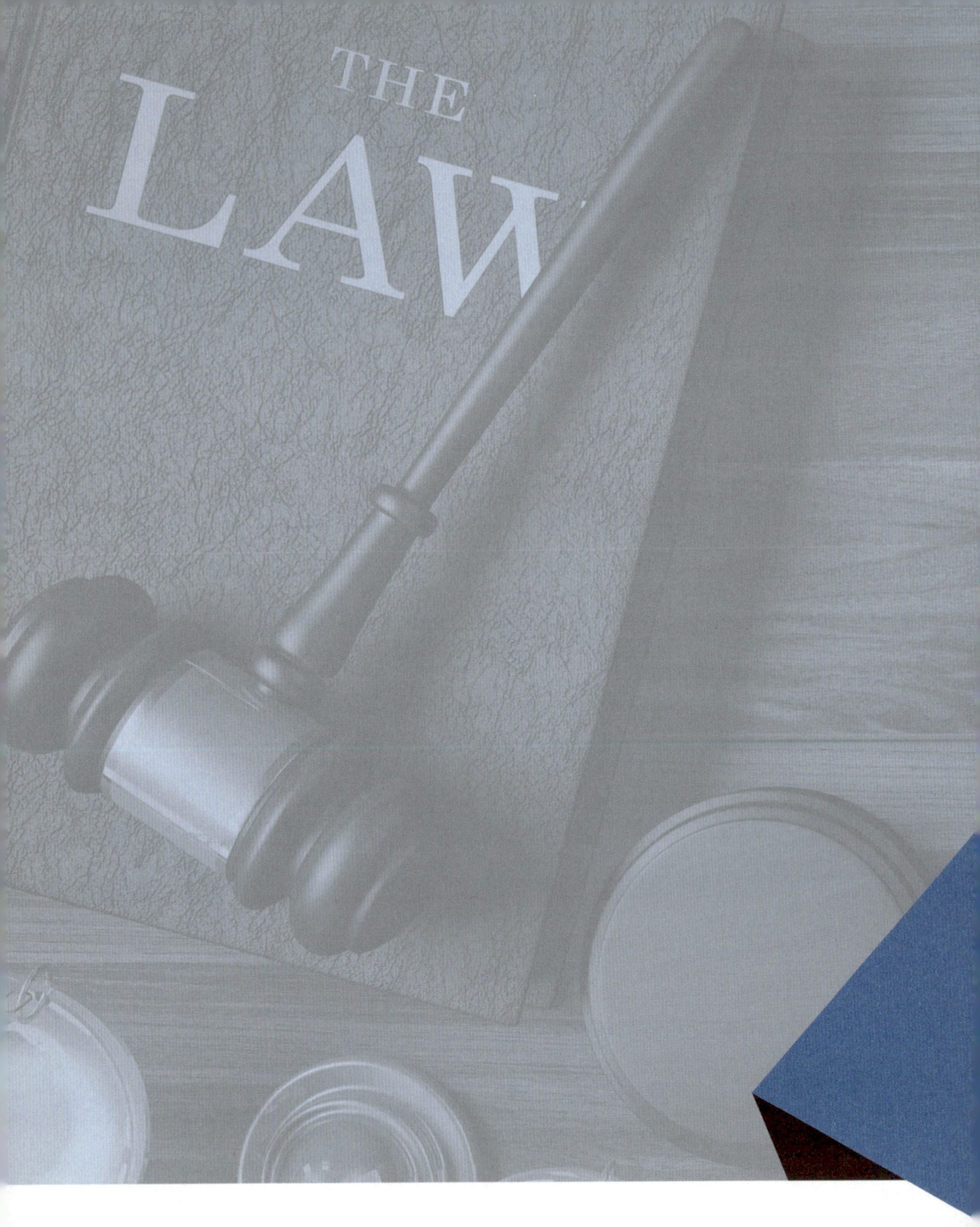

개정5판

핵심이슈별
판례세법

제 3 장

상속세 및 증여세

제1절 과세대상

1-1 부부 간 금전소비대차

● 대상결정 : 국심 2007광3472 (2008. 5. 25.) ➜ 인용

핵심 요지

차용증서 없이 금전소비대차한 경우라도 실제로 상환하였다면 금융거래를 통하여 변제가 된 객관적 사실만큼 구체적인 것은 없다고 할 것이므로, 금전거래를 금전소비대차로 보아야 한다.

1. 사실관계

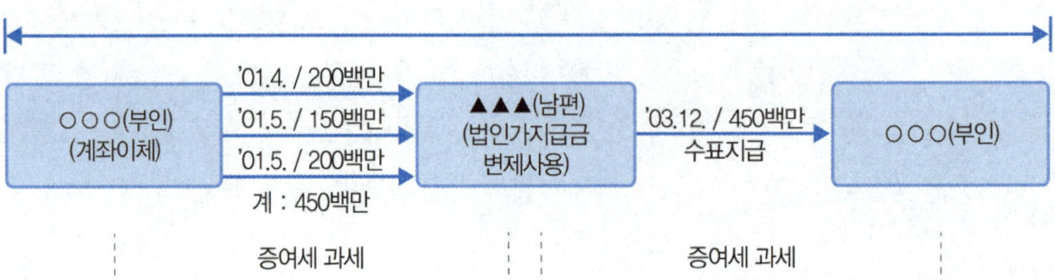

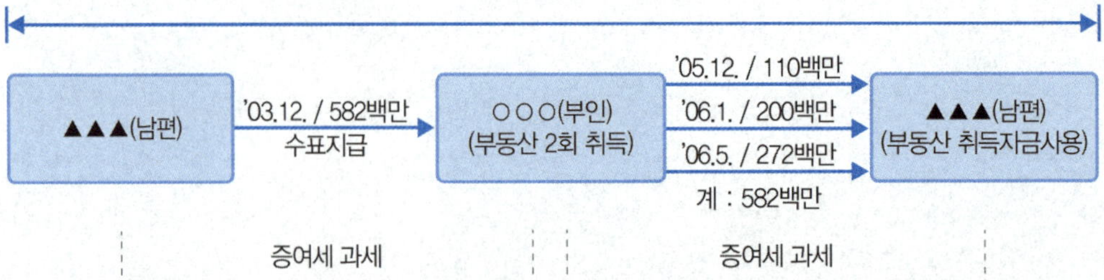

(1) 원고는 원고의 남편과 각각 보유 부동산을 처분하고 받은 금원을 서로 소비대차하였다.

(2) 원고와 원고의 남편은 이 사건 금원을 소비대차함에 있어서 계약서를 작성한 사실도 없었고, 이자를 지급한 사실도 없다.

(3) 원고와 원고남편과의 금전거래는 수회에 걸쳐 반복되었고, 차입금을 반환하였다고 주장하는 일자가 당초 증여일부터 2년 이상 경과되었다.

(4) 피고는 원고와 남편 사이에 계좌이체된 각각의 거래에 대하여 별도의 증여가 이루어진 것으로 보고 증여세를 부과처분하였다.

2. 쟁 점

소비대차를 입증할 구체적인 증빙이 없는 부부간의 금전거래에 대하여 증여세를 과세한 처분의 당부

3. 관련 법령

「민법」 제598조【소비대차의 의의】

소비대차는 당사자 일방이 금전 기타 대체물의 소유권을 상대방에게 이전할 것을 약정하고 상대방은 그와 같은 종류, 품질 및 수량으로 반환할 것을 약정함으로써 그 효력이 생긴다.

4. 대상결정

처분청은 쟁점거래에 대해서는 청구인들 간에 소비대차계약에 의하여 자금을 차입한 후 이를 변제하였다는 채무부담계약서, 이자지급사실 등이 확인되지 않으며, 반환한 일자도 당초 증여일로부터 2년 이상 경과되어 부부간 금전소비대차로 볼 수 없다고 하였으나, 청구인들은 각자 경제적 여력과 독자적인 소득능력이 있으며 조사 당시부터 일관되게 쟁점거래를 금전소비대차로 주장해 왔고, 처분청으로부터 증여세를 과세받을 위험부담이 있음에도 별다른 이유 없이 부부가 반복하여 주기적으로 쌍방증여를 할 이유가 없다는 청구주장 또한 사회통념상 설득력이 있다 할 것이다.

차용증서 없이 금전소비대차한 경우라도 실제로 상환하였다면 금융거래를 통하여 변제가 된 객관적 사실만큼 구체적인 것은 없다고 할 것이므로, 쟁점거래를 금전소비대차로 보아야 한다는 청구주장은 정당한 것으로 판단된다. 다만, 배우자 간 금전무상사용에 대하여 「상속세및증여세법」 제41조의 4의 규정에 따라 특수관계자 간 금전무상대부 등에 따른 이자상당액에 대하여는 증여세를 과세하여야 할 것이다.

5. 평 석

(1) 부부간에 금전소비대차 계약서를 작성하지 않았더라도 반환된 금액은 증여가액에서 제외하는 것이 합리적이다(국심 2006서1075, 2007. 1. 15. 같은 뜻).

(2) 본 건의 경우 쟁점거래가 입·출금 사실이 금융자료에 의해 확인된 이상 차입금을 반환한 일자가 증여일로부터 2년 이상 경과되었다거나, 대여액과 변제액 사이에 다소 차이가 있다는 사실만을 들어 모든 소비대차거래를 증여로 본 피고의 처분은 합리적이라 보기 어렵다.

(3) 즉, 부부 사이의 금전거래는 당초부터 변제를 예측할 수 없는 금전거래로서 이를 입증할 차용증서 등의 제시가 없다 하더라도 부부별산제를 인정하는 우리 「민법」의 정신에 비추어 실제 상환이 이루어졌다면 대여해 준 것을 상환받은 것이라고 보아야 할 것이다(국심 1998부2274, 1999. 3. 31. 같은 뜻).

6. 관련 판례

문서번호	내 용
조심 2014.7.9. 2014서1251 결정	배우자 또는 직계존비속 사이의 금전소비대차거래는 증빙에 의해 거래사실이 객관적으로 확인되는 경우에 한하여 인정할 수 있다.
상속세및증여세법 기본통칙 45-34-1	직계존비속간 금전소비대차거래는 원칙적으로 인정할 수 없다.
서면-2016-상속증여-4496, 2016. 07. 26.	특수관계자 간 자금거래가 금전소비대차 또는 증여에 해당되는지 여부는 당사자 간 계약, 이자지급사실, 차입 및 상환내역, 자금출처 및 사용처 등 당해 **자금거래의 구체적인 사실을 종합하여 판단할** 사항임

문서번호	내 용
서울고등법원 2016.5.18. 선고 2015누57286 판결 : 국패	배우자 간 계좌이체된 금전은 이체되었다는 사실만으로 경험칙에 비추어 타방 배우자에게 증여되었다는 과세요건 사실이 추정된다고 할 수 없으므로, 무상으로 이전되었다는 사실을 과세관청이 입증하여야 한다.
국심 2006서3384, 2007.12.13. : 인용결정	금융기관으로부터 아버지 명의로 대출받은 금전을 자녀의 사업자금으로 사용한 경우로서 그 대출금에 대한 이자지급 및 원금 변제상황과 담보제공사실 등에 의하여 사실상의 채무자가 자녀임이 확인되는 경우 당해 대출금을 아버지로부터 **증여받은 것으로 보지 아니한다.**
국심 2006서3384, 2007.12.13. : 인용결정	모(母)명의로 되어있는 부동산을 은행에 담보로 대출하였고, 담보설정된 이후부터 **그에 따른 대출이자를 청구인들이 모의 예금계좌에 계속 송금해 온 사실**이 금융자료 및 등기부등본 등에 의해 입증되고 있음에 비추어 볼 때, 쟁점대출금은 모명의로 되어있던 쟁점부동산을 담보로 하여 청구인들이 은행으로부터 차입한 것으로 보아야 한다는 주장은 신빙성이 있으므로, 쟁점대출금을 **청구인들이 모로부터 사전증여받은 것으로 과세한 처분은 부당하다.**
대법원 1998.12.22. 선고 98두 15177 판결	「민법」 제830조 제1항 소정의 '특유재산의 추정'을 번복하기 위해서는 다른 **일방배우자가 실제로 당해 부동산의 대가를 부담하여 그 부동산을 자신이 실질적으로 취득하였음을 증명**하여야 한다.
대법원 2015.9.10. 선고 2015두41937 판결	**예금의 인출 및 입금사실이 밝혀졌다는 사정만으로는 해당 예금이 타방 배우자에게 증여되었다는 과세요건 사실이 추정되지 아니한다.**

1-2 증여계약 해제에 대한 과세처분의 적법성

● 대상판결 : 대법원 2003두13465 (2005. 7. 29.) ➜ 국승

핵심 요지

증여세 납세의무자인 수증자 역시 그 취소를 전제로 증여세과세처분의 적법성을 다툰다면, 이는 그 착오의 내용이나 증여의사표시를 취소하는 목적에 비추어 그 실질에 있어서는 과세처분 후 증여계약을 합의해제하는 경우로 본다.

1. 사실관계

(1) 1999. 5. 4. 원고는 父로부터 이 사건 부동산 증여를 원인으로 소유권 이전등기를 경료하였다.

(2) 1999. 8. 2. 원고는 납부세액이 없는 것으로 증여세 신고하였다.

(3) 2011. 6. 4. 피고는 이 사건 부동산 평가금액을 증액하고, 보증금 회수를 부인하여 증여세 과세가액을 추가 산입, 증여세 111백만 원을 부과처분하였다.

(4) 원고는 父를 상대로 소유권이전등기 말소청구의 소를 제기하고 그 판결에 따라 소유권 이전등기가 말소되었으며 따라서 증여효력은 소급력으로 소멸하였다고 주장하였다.

2. 쟁 점

증여세 과세처분 이후 증여자가 착오를 이유로 증여계약을 취소한 경우 과세처분의 적법성 여부

3. 대상판결

증여세 과세처분이 있은 후에 증여계약을 해제하였음을 원인으로 한 소유권이전등기 말소청구 소송이 제기되어 그 승소판결이 확정되었다거나 그로 인하여 등기가 말소되었다는

사유만으로는 증여세 과세처분의 적법성을 다툴 수 없다 할 것인바, 증여자가 재산을 증여하여 수증자 명의로 소유권이전등기까지 적법하게 마친 다음 그에 대한 증여세 과세처분이 있게 되자 그 증여자가 증여세 과세대상이 됨을 알지 못하였다 하여 착오를 이유로 이를 취소하고, 증여세 납세의무자인 수증자 역시 그 취소를 전제로 증여세 과세처분의 적법성을 다툰다면, 이는 그 착오의 내용이나 증여의사표시를 취소하는 목적에 비추어 **그 실질에 있어서는 과세처분 후 증여계약을 합의해제하는 경우로 볼 것**이므로, 그 취소로 인한 증여세 과세처분의 효력에 대하여도 **증여계약의 합의해제에 관한 위 법리가 적용**된다.

4. 평 석

(1) 대법원은 다수 판례를 통하여 "장래 그 소득이 실현될 가능성이 전혀 없게 된 것이 객관적으로 명백한 때에는 그 경제적 이득을 대상으로 하는 소득세는 그 전제를 잃게 되고, 그와 같은 소득을 과세소득으로 하여 소득세를 부과할 수는 없다고 할 것이다(대법원 2003. 12. 26. 선고 2001두7176 판결; 대법원 2002. 10. 25. 선고 2001두1536 판결 참조)."라는 태도를 견지하고 있다. 즉, 뇌물 등에 대하여 납세의무가 성립하였다고 하더라도 그 후 몰수나 추징이 이루어지면 소득이 실현되지 아니하는 것으로 확정됨으로써 당초 성립하였던 납세의무가 그 전제를 잃게 된다는 판결이다.

(2) 뇌물 등에 대하여 몰수나 추징이 이루어진 경우와 당초 기부자에게 기부금을 반환하는 경우 소득이 실현되지 않았다는 경제적 사실은 동일하다. 따라서 「**상속세및증여세법」에서는 반환하더라도 증여세 과세가 가능**하나(「상속세및증여세법」 적용을 받으므로), 「소득세법」에서는 소득의 실현이 없는 것으로 보아 과세할 수 없다.

(3) 계약이 해제된 경우에 대한 법원의 판단

① **양도계약이 해제된 경우**

부과처분의 전후, 해제의 유형, 말소등기의 유무를 묻지 않고 과세대상이 되지 않는다는 입장(대법원 1987. 2. 24. 선고 86누427 판결 외 다수)이다.

② **증여계약이 해제된 경우**

• 1993. 12. 31. 법률 제406호로 개정

증여가 이행된 후의 합의해제는 증여당사자가 전에 맺었던 증여계약을 체결하지 않았던 것과 같은 효과를 발생시킬 것을 내용으로 하는 새로운 증여자와 수증자 사이의 계약으로서, 법정해제권·약정해제권에 기한 해제와는 다르다. 따라서 일단 성립한 조세채무는 원칙적으로 변경되지 않는다는 법리에 바탕을 두고서, 합의해제를 하더라도 적어도 증여세와 관련하여서는 그 내용대로의 소급적 효력발생을 저지하고 장래에 향하여만 효력이 있는 것으로 함으로써 기왕의 증여의 조세법적 효력을 유지하겠다는 것이다(헌법재판소 1999. 5. 27. 선고 97헌바66 결정; 헌법재판소 2015. 12. 23. 선고 2013헌바 117 결정 : 합헌).

• 수증자가 증여계약의 해제 등에 의하여 재산을 증여자에게 반환하거나 재증여하는 경우에는 다음과 같이 과세 여부를 판단한다(상속세및증여세법 4 ④).

반환기간		과세대상 여부	
		당초 증여	반환·재증여
신고기한(3월) 내	반환하기 전 결정	과세	과세 제외
	미결정	과세 제외	과세 제외
신고기한 경과 후	3개월 이내	과세	과세 제외
	3개월 이후	과세	과세

* 다만, 금전은 그 시기에 관계없이 당초 증여·반환 모두 과세함.

• 증여세 과세처분 이전 합의해제되어 목적물을 반환한 경우 부과처분할 수 없다.

• 증여세 부과처분 이후 증여계약 해제로 등기말소하는 경우 부과처분의 적법성을 다툴 수 없다는 판결로, 증여세 과세처분이 가능하다는 것이다(대법원 1995. 11. 24. 선고 95누10006 판결 등).

5. 관련 판례

문서번호	내 용
서울고등법원 2010.6.10. 선고 2009누20818 판결	합의해제에 의한 경우(담합에 의하여 말소등기를 명하는 판결을 받은 경우 등) 당사자 사이에는 그 계약이 처음부터 존재하지 않았던 것이 되므로 계약으로부터 발생하였던 법률효과는 해제(解除)에 의하여 소급적으로 소멸된다고 할 것이지만 그 소급효(遡及效)가 제3자에게 미친다고 볼 수 없기 때문에 이미 발생한 국가의 조세채권에는 영향을 미치지 못함이 원칙이다. 따라서 신고기한 내에 승소판결이 확정되었을 뿐 수증자가 그 승소판결에 기하여 소유권이전등기의 말소절차를 경료하지 아니한 때에는 **증여재산의 반환이 있었다고 인정할 수는 없다.**
대법원 1998.4.24. 선고 98두2164 판결 : 국승	증여를 원인으로 한 소유권이전등기가 경료되었다 하더라도 그 등기원인이 된 **증여행위가 아예 없었거나 무효인 경우라면 그로 인한 소유권이전의 효력이 처음부터 발생하지 아니하므로 판결의 유무와 관계없이 증여세 과세대상이 아니나**(대법원 1995. 11. 24. 선고 95누1006 판결), 당초의 증여가 일단 유효하게 성립하여 그로 인한 소유권이전등기가 적법하게 마쳐졌음에도 당사자 사이에 서로 합의가 이루어져 그 소유권이전등기가 원인무효인 것처럼 제소하여 말소등기를 명하는 판결(의제 자백 등)을 받아 동 등기를 말소한 경우에는 당사자 사이에 기존의 증여계약에 대한 일종의 합의해제가 성립되었다고 봄이 상당하므로, 증여세의 부과처분이 있은 후에 그 소유권이전등기말소청구소송의 승소판결이 확정되었다거나 그로 인하여 등기가 말소되었다 하더라도 국가의 구체적 조세채권이 이미 적법하게 성립한 뒤이므로 그러한 사유만으로는 증여세 부과처분의 적법성을 다툴 수 없다 할 것이다.
대법원 2002.3.29. 선고 2001두9257 판결	증여를 원인으로 한 소유권이전등기가 원인무효라는 이유로 그 말소를 명하는 판결이 확정되었다면 일단 그 증여는 **처음부터 무효**라고 보아야 할 것이므로, 이와 달리 그 증여가 부존재 또는 무효가 아닌데도 당사자 사이에 담합하여 무효인 것처럼 제소하여 판결을 받은 것이라는 점은 **예외적 사유로서 이를 주장하는 과세관청에 입증책임**이 있다.

문서번호	내 용
조심 2014전4866, 2014. 12. 4.	청구인이 수증자의 계좌에 현금을 이체하였다가 되돌려 받은 것은 **금전을 수수하는 방법에 불과할 뿐 금전을 증여하고 증여받은 사실**에는 변함이 없는 점 등에 비추어 청구인에게 증여세를 과세한 처분은 잘못이 없다.
헌법재판소 2015. 12. 23. 선고 2013헌바117 결정	금전의 경우 현실적으로 당초 증여받은 금전과 반환하는 금전의 동일성 여부를 확인할 방법이 없고, 이를 비과세대상에 포함시킬 경우 증여세 회피 우려가 높기 때문에 증여세 회피 기도를 차단하고, 과세행정의 능률을 제고하기 위한 것으로서 그 **입법목적의 정당성이 인정**된다.
헌법재판소 2002. 1. 31. 선고 2000헌바35 결정	증여 후 합의해제에 의하여 증여재산의 반환이 이루어진 경우, 비록 증여세가 동일한 과세물건에 대하여 2회 부과되고 연대납부의무에 따라 당초의 증여자가 위 납세의무를 모두 부담하게 된다 하더라도, 이는 과세대상이 되는 법률행위가 각기 다를 뿐 아니라 납세의무자 역시 어디까지나 **법률적으로 다른 주체인 각 수증자라는 점에서 중복과세에 해당하지 아니함**이 법리상 명백하고, 이러한 법리는 **2회에 걸친 부담세액이 증여재산의 실질적 가치를 상회하게 되는 경우에도 마찬가지**라 할 것이다.
조심 2010서4056, 2014. 4. 14.	대법원에서 「정치자금법」을 위반하여 기부된 정치자금으로 확정되었으므로 「조세특례제한법」 제76조 제3항의 규정에 의하여 증여세 부과대상이 되고, 증여에 해당하는 이상 「상속세및증여세법」의 적용을 받게 되는바, 쟁점금액이 **증여세신고기한 이내에 예금계좌 등을 통하여 당초 기부자에게 반환되었다고 하더라도 그 증여받은 재산이 금전에 해당**하므로 「상속세및증여세법」 제31조(현행 §4) 제4항의 규정에 의하여 **처음부터 증여가 없었던 것으로 볼 수 없다**고 판단된다.
대법원 2015. 7. 16. 선고 2014두5514 판결 : 국패	위법소득의 지배·관리라는 과세요건이 충족됨으로써 일단 납세의무가 성립하였다고 하더라도 그 후 몰수나 추징과 같은 위법소득에 내재되어 있던 경제적 이익의 상실가능성이 현실화되는 후발적 사유가 발생하여 소득이 실현되지 아니하는 것으로 확정됨으로써 **당초 성립하였던 납세의무가 그 전제를 잃게 되었다면, 특별한 사정이 없는 한 납세자는 「국세기본법」 제45조의 2 제2항 등이 규정한 후발적 경정청구를 하여 그 납세의무의 부담에서 벗어날 수 있다고 보아야 한다.**

1-3 사실혼관계가 사망으로 종료된 경우의 재산분할청구권

● 대상판결 : 대법원 2005두15595 (2006. 3. 24.) ➜ 국승

핵심 요지

원고가 망인과 사실혼관계에 있었다고 하더라도 망인이 사망함에 따라 사실혼관계가 해소된 이 사건에서 원고가 망인에 대하여 재산분할청구권을 가질 수는 없다.

1. 사실관계

〈 가계도 〉

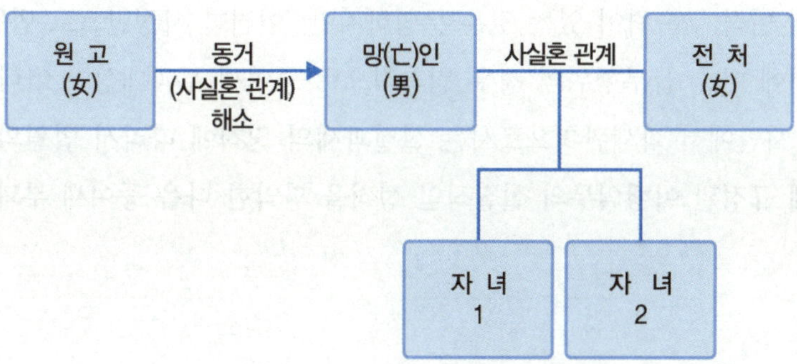

(1) 전처 소생 딸들(자녀1, 2)이 망인과 원고 사이의 사실혼관계의 해소(사망)를 원인으로 한 망인이 원고에게 지불하여야 할 위자료 지급채무와 재산 분할금 지급채무를 상속하였음을 이유로 서울가정법원에 자녀1, 2를 상대로 20억 원의 위자료와 30억 원의 재산분할을 구하는 위자료 및 재산분할청구 소송을 제기하였고,

(2) 이 사건은 임의조정 성립으로 종결되었다.

(3) 조정조서 이행으로 원고는 예금채권(5억1천만 원)을 양수하였다.

(4) 피고는 위 예금채권 양도가 증여에 해당한다고 보아 증여세 88백만 원을 부과처분한 사건이다.

(5) 원고는 망인의 자녀들이 이 사건 예금채권을 자신에게 양도한 것은 재판결과의 이행일 뿐이지 자신의 임의적인 의사에 기한 것이 아니므로 증여에 해당되지 않는다는 주장을 하였다.

2. 쟁 점

법원의 확정판결이나 조정조서에 의하여 당사자에게 일정한 이행의무가 부과된 경우, 그에 따른 급부행위에 대한 증여세의 부과 여부

3. 대상판결

법원의 확정판결이나 조정조서에 의하여 당사자에게 일정한 이행의무가 부과된 경우 이러한 이행의무에 법적 구속력이 있는 것은 분명하지만, 이러한 사정만으로 법원의 확정판결 내지 조정조서에 따른 급부행위의 경우 원칙적으로 증여세 부과대상이 아니라고 볼 수는 없고, 이러한 사안에서 과세관청으로서는 **실질과세의 원칙에 따라서 법원의 확정판결 내지 조정조서에 규정된 이행의무의 실질적인 성격을 파악한 다음 증여세 부과 여부를 결정**해야 한다.

4. 평 석

(1) 사실혼관계가 일방 당사자의 사망으로 인하여 종료된 경우에는 그 상대방에게 재산분할 청구권이 인정되지 아니한다.

① **이 사건 예금채권의 급부는 법률상 의무 없는 지급으로서 증여세 과세대상**이 된다.

② 사실혼 배우자는 상속인에 포함시키지 않는다.

(2) 법원이 지급의무가 있음을 인정한 확정판결의 경우에도 지급의무의 실체를 가려 증여세 과세대상 여부를 판단하여야 한다.

(3) 재산분할 청구는 이혼을 전제로 한다.

(4) 상속권이 인정되는 것은 '법률상 배우자'이므로 사실혼의 배우자에 대한 상속권이 인정되지 않는다(통설, 곽윤직, 「상속법」 2004년판, p.55). 따라서 사실혼 배우자는 재산분할 청구권 및 기여분 제도를 주장할 수 없다.

법률상 사실혼 배우자에 대해 보호하는 법령

① 「주택임대차보호법」
② 「근로기준법」
③ 「공무원연금법」
④ 「군인연금법」
⑤ 「사립학교교원연금법」

(5) 현금으로 지급되는 위자료에 대한 과세 여부 검토

- 쟁점은 증여세 또는 양도소득세를 부과할 수 없는지 여부인데,
- 대상판결에서와 같이 **실질적인 성격을 파악한 다음 증여세 부과 여부가 결정될 것으로 보인다.**
  예) 전업주부의 통상적인 기여도를 훨씬 초과한 현금지급 위자료는 증여세 과세대상으로 판단할 여지가 충분하다.

5. 관련 판례

문서번호	내 용
헌재 1997. 10. 30. 선고 96헌바14 결정; 대법원 1997. 11. 28. 선고 96누4725 판결 등	재산분할의 명목으로 지급되는 자산 및 현금으로 지급되는 위자료는 증여세 과세대상이 아니다.
대법원 1984. 6. 26. 선고 84누153 판결; 대법원 1995. 11. 24. 선고 95누4599 판결 등	이혼의 경우 부동산이나 주식 등 자본자산(Capital Asset)으로 지급되는 위자료는 양도소득세 과세대상에 해당된다. 이는 부동산 양도의 대가로 위자료 및 자녀양육비 지급의무소멸이라는 경제적 이익을 얻은 것이기 때문이다.

1-4 부과제척기간이 만료한 종전증여재산가액을 과세가액에 합산할 수 있는지 여부

● 대상판결 : 대법원 2013두23195 (2015. 6. 24.) ➜ 국패

핵심 요지

개정법 시행 전에 이미 종전 증여 및 재차 증여의 과세요건사실이 완성되어 증여세 납세의무가 성립하였고, 과세관청이 증여세 부과를 결정할 당시에는 종전 증여의 부과제척기간이 만료하여 그 증여재산가액을 재차 증여의 과세가액에 가산할 수 없다.

1. 사실관계

1995.9.27.	1995.10.27.	1996.4.27.	1997.1.1.	2011.4.27.	2011.8.22.
1차 증여	2차 증여	3차 증여	개정법 시행 (상증법 제58조 제1항 단서)	1995년 증여분 부과제척기간 만료	부과처분

(1) 피고는 2011년 증여세 조사시 1995년 증여분(1, 2차 증여)을 1996년 증여분에 가산하여 증여세를 부과하였다.

(2) 1995년 증여분은 부과처분시점에서 국세부과제척기간이 만료되었다.

(3) 3차 증여는 국세부과제척기간 이내분이다.

(4) 피고는 2011. 8. 22. 원고에게 1996년 증여액(3차 증여)에 1995년 증여재산가액(1, 2차 증여)을 합산하여 1996년 증여세 과세가액으로 하여 증여세 약 8억 원을 부과처분하였다.

(5) 피고는 1995년 증여가 이루어진 후 재차 1996년 증여가 이루어져 1995년 증여분은 1996년 증여분에 합산하여 증여세를 부과할 수 있으므로 1996년 증여가 이루어진 1996. 4. 27.부터 6월이 경과하는 날인 1996. 10. 27.이 1995년 증여와 1996년 증여의 합산액에 대한 증여세 부과제척기간의 기산일이 된다는 주장을 하였다(1996. 12. 31. 이전 증여세과세표준 신고기한은 증여일로부터 6개월 이내임).

2. 쟁 점

부과제척기간이 만료한 종전 증여의 증여재산가액을 과세가액에 가산할 수 있는지 여부

3. 관련 법령

「상속세및증여세법」 제58조 【납부세액 공제】

① 증여세과세가액에 가산한 증여재산의 가액(둘 이상의 증여가 있을 때에는 그 합친 금액을 말한다)에 대하여 납부하였거나 납부할 증여세액은 증여세 산출세액에서 공제한다. **다만, 증여세 과세가액에 가산하는 증여재산에 대하여 「국세기본법」 제26조의 2 제1항 제4호 또는 같은 조 제4항에 규정된 기간의 만료로 인하여 증여세가 부과되지 아니하는 경우에는 그러하지 아니하다.** (1996. 12. 30. 법률 제5193호로 전부 개정된 것)

4. 사건의 경과

제(1) 1심판결(서울행정법원 2013. 2. 1. 선고 2012구합32833 판결) : 국승

이 사건의 경우 1995년 증여가 이루어진 후 재차 1996년 증여가 이루어져 1995년 증여분은 1996년 증여분에 합산하여 증여세를 부과할 수 있기 때문에, 1996년 증여가 이루어진 1996. 4. 27.부터 6월이 경과하는 날(이후 3월로 법령이 개정되었다)인 1996. 10. 27.이 1995년 증여와 1996년 증여의 합산액에 대한 증여세 부과제척기간의 기산일이 된다. 따라서 그로부터 15년이 경과하기 이전에 이루어진 이 사건 처분은 부과제척기간이 경과되기 전에 이루어진 것이어서 원고의 이 부분 주장은 이유 없다(1995년 증여분은 1996년 증여분에 합산하여 증여세를 부과할 수 있기 때문에 이 사건 증여에 대한 증여세 부과제척기간의 기산일은 1996년 증여가 이루어진 날을 기준으로 판단하여야 한다).

위와 같이 개정된 「상속세및증여세법」 제58조는 그 부칙 제1조 및 제6조에서 개정된 「상속세및증여세법」의 시행일인 1997. 1. 1. 후 증여세를 최초로 결정하는 것부터 적용된다. 그런데 구 「상속세및증여세법」 제31조의 3이 '독립하여 부과제척기간이 완료된 증여분은 재차증여시에 가산되지 않는다'거나 '가사 위 증여분이 재차증여시에 가산된다 하더

라도 가산된 금액에 대하여 제척기간이 경과되지 않았다면 부과되었어야 할 증여세액을 증여세 기납부세액으로 공제하여야 한다'고 해석되지는 않으므로(오히려 개정된 「**상속세및증여세법**」 **제58조 제1항 단서규정은 새로운 과세요건을 창설한 것이 아니라** 납부하였거나 납부할 세액이 존재하지 않음에도 증여세 결정시 이를 공제하는 것을 방지하기 위한 확인적 의미로 보인다. 그렇기 때문에 개정된 「상속세및증여세법」 부칙 제2조에서 개정된 「상속세및증여세법」을 그 시행 후 최초로 증여하는 것부터 적용하도록 하면서도 제6조에서 별도로 제58조의 개정규정은 그 시행 후 최초로 증여세를 결정하는 것부터 적용하도록 한 것이다), 개정된 「상속세및증여세법」이 이 사건 증여에 관한 증여세 성립 후 새로운 조항을 신설하여 구 「상속세및증여세법」에 의한다면 과세대상이 되지 아니하는 부분에 소급하여 과세하거나 중과세하는 것으로 보기는 어렵다. 따라서 이를 두고 소급과세 금지원칙에 위반된다고 할 수 없으므로, 원고의 이 부분 주장도 이유 없다.

(1) **원심판결**(서울고등법원 2013. 10. 16. 선고 2013누6598 판결) : **국승**

이렇듯 개정된 「상속세및증여세법」 제58조 제1항은 단서를 신설함으로써 증여세 과세가액에 가산하는 증여재산에 대하여 부과제척기간의 만료로 말미암아 증여세가 부과되지 아니하는 경우 이를 공제하지 않도록 하였는바, 「국세기본법」상 제척기간이란 법률관계를 신속히 확정 짓기 위하여 일정한 권리에 관하여 법률이 정한 존속기간으로 조세법상의 법률관계 역시 언제까지나 불확정한 상태로 놓는 것은 바람직하지 않으므로 개별 세법상 과세요건이 충족되어 조세채무가 성립된 상태에서 이를 확정하는 과세관청의 부과권에 관하여 제척기간을 설정하고 그 기간 내에 조세의 부과처분이 없으면 조세채무 자체가 소멸하는 것으로 규정한 것이라는 점을 감안하여 보면, **개정된 「상속세및증여세법」 제58조 제1항 단서는 위 법의 시행일인 1997. 1. 1. 이전에 이미 증여세 과세가액에 가산하는 증여재산에 대하여 부과제척기간이 만료된 경우에 소급하여 적용되는 것이 아니라, 개정된 「상속세및증여세법」의 시행 후에 비로소 부과제척기간의 만료로 증여세가 부과되지 아니하는 경우 이를 공제하지 않도록 하는 '부진정소급효'를 정한 규정**이라고 해석함이 타당하다.

앞서 본 것과 같이 원고의 '1995년 증여'에 대하여는 개정된 「상속세및증여세법」 시행 후에야 부과제척기간이 만료되었고, 이 사건 처분 시 부과제척기간이 경과한 1995년 증여분을 개정된 「상속세및증여세법」 제58조 제1항 단서, 부칙 제6조에 따라 1996년 증여분에 가산하여 증여세를 부과하는 것은 위 법리에 비추어 원칙적으로 허용되며, 뒤에서 언급하는 바와 같이 이러한 이 사건 처분이 평등의 원칙이나 신뢰보호의 원칙에 반한다고 볼 수도 없다.

(2) 대상판결

종전 증여의 증여재산가액을 가산한 재차 증여의 증여세 과세가액이 **종전 증여의 부과제척기간 만료에도 불구하고 영향을 받지 않는다고 하려면 이에 관한 별도의 명시적인 구체적 규정이 있어야 한다**고 할 것이므로, 그러한 규정을 두고 있지 아니한 구 「상속세및증여세법」 제31조의 3에 따라 재차 증여의 증여세 과세가액을 산정하는 경우에는 부과제척기간이 만료한 종전 증여의 증여재산가액을 과세가액에 가산할 수 없다고 해석함이 상당하다. 그런데 한편 공평과세와 조세회피방지 등을 위하여 앞서 본 바와 같이 **개정법 제58조 제1항과 이 사건 부칙규정은 종전 증여에 대한 증여세 부과제척기간이 만료한 경우에도 그 증여재산가액을 재차 증여의 증여세 과세가액에 가산할 뿐만 아니라 종전 증여에 대한 증여세액을 그 산출세액에서 공제하지도 않도록 규정**하고 있는 바, 이들 규정의 취지가, 개정법 시행 전에 이미 종전 증여 및 재차 증여의 과세요건사실이 완성되어 **증여세 납세의무가 성립하였고, 과세관청이 증여세 부과를 결정할 당시에는 종전 증여의 부과제척기간이 만료하여 그 증여재산가액을 재차 증여의 과세가액에 가산할 수 없는 것**이다.

5. 평 석

(1) 개정법 제58조 제1항 단서규정이 신설된 취지는 누진세율 회피를 막고자 하는 취지에서 더 나아가 **부과제척기간이 만료하여 원래 과세할 수 없는 종전 증여에 대해서도 재차증여가 이루어지면 함께 증여세를 과세하겠다**는 것이다.

(2) **1심법원**은 **위 단서 신설 전에도** 부과제척기간이 지난 종전 증여는 납부하였거나 납부할 세액이 아니므로 증여세산출세액에서 공제하지 않는 것일 뿐 **부과제척기간이 지났더라도 합산할 수 있다**는 판단을 하였다(위 단서조항을 확인적 규정으로 해석하였다).

(3) 그러나 「국세기본법」 제26조의 2에서는 부과제척기간이 지난 경우에는 세금을 부과할 수 없다고 규정하고 있는 바, 1심법원의 판단은 「국세기본법」상 부과제척기간 제도와 상충되는 판단을 한 것으로 타당하지 않다고 보아야 한다.

(4) 대상판결은 1심법원과는 달리 위 단서 규정이 신설되기 전의 구 「상속세및증여세법」 하에서는 부과제척기간이 지난 종전 증여는 애초에 증여세 과세가액에 합산할 수 없다고 판단하였다.

(5) 즉 **위 단서규정의 신설로 인하여, 과세관청은 부과제척기간이 만료된 종전 증여에 대해서도 이후 재차 증여가 있음을 기화로 증여세를 과세할 수 있게 되었다.**

(6) 과세관청이 증여세 부과를 결정할 당시에는 종전 증여의 부과제척기간이 만료하여 증여재산가액을 재차증여의 과세가액에 가산할 수 없는 경우에도 과세관청이 개정법 시행 후에 증여세 부과결정을 할 때는 이를 재차증여의 과세가액에 가산하고 그에 대한 세액도 공제하지 않고자 하는 것이라면, 이는 증여세를 부과할 수 없었던 종전 증여에 대하여 증여세를 사실상 소급과세하겠다는 것으로 허용되지 아니한다.

6. 관련 판례

문서번호	내 용
헌법재판소 2012. 12. 27. 2011헌바132 결정	부과제척기간이 진행되기 전의 상속 또는 증여에 대해서 부과제척기간을 연장하는 것은 재산권을 박탈하는 소급입법이 아니다.
대법원 2012. 5. 9. 선고 2012두720 판결	부부 사이에 토지매입자금을 증여받은 아내 甲이 배우자증여공제를 뺀 나머지 금액에 대한 증여세를 납부한 후 남편 乙과 이혼하였는데, 이후 乙이 사망하여 丙 등 자식들이 상속인이 되자, 과세관청이 위 증여가 상속개시일 전 5년 이내 상속인이 아닌 자에게 이루어진 증여라는 이유로 토지매입자금 전체를 상속재산가액에 가산하여 丙 등에게 상속세 부과처분을 한 사안에서, **망인의 상속재산에 가산할 증여재산은 토지매입자금 자체**이고 그 가액은 증여 당시 가액인 4억 6,920만 원 전부라고 보아야 한다는 이유로, 망인이 증여한 토지매입자금에서 배우자증여공제액 3억 원을 뺀 나머지 가액만을 상속재산의 가액에 가산하여야 한다고 본 원심판결에 법리오해의 위법이 있다.
대법원 1997. 7. 25. 선고 96누13361 판결	주식의 저가양도로 법 제35조에 의하여 증여의제된 재산은 상속세 과세가액에 포함된다고 본다.

1-5 사망직전 이혼을 하면서 재산분할 명목으로 받은 재산이 증여세 과세대상에 해당하는지 여부

● 대상판결 : 대법원 2016두58901 (2017. 9. 12.) ➜ 국패

핵심 요지

법률상의 부부관계를 해소하려는 당사자 간의 합의에 따라 이혼이 성립한 경우 그 이혼에 다른 목적이 있다 하더라도 당사자 간에 이혼의 의사가 없다고 말할 수 없고, 이혼이 가장이혼으로서 무효가 되려면 누구나 납득할 만한 특별한 사정이 인정되어야 한다. 그리고 이혼에 따른 재산분할은 부부가 혼인 중에 취득한 실질적인 공동재산을 청산·분배하는 것을 주된 목적으로 하는 제도로서 재산의 무상이전으로 볼 수 없으므로 그 이혼이 가장이혼으로서 무효가 아닌 이상 원칙적으로 증여세 과세대상이 되지 않는다.

1. 사실관계

①

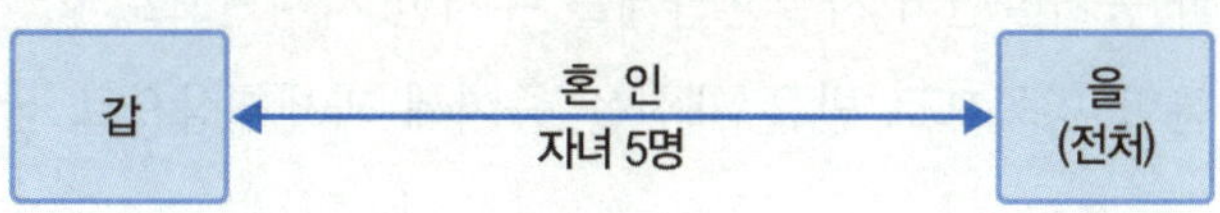

②

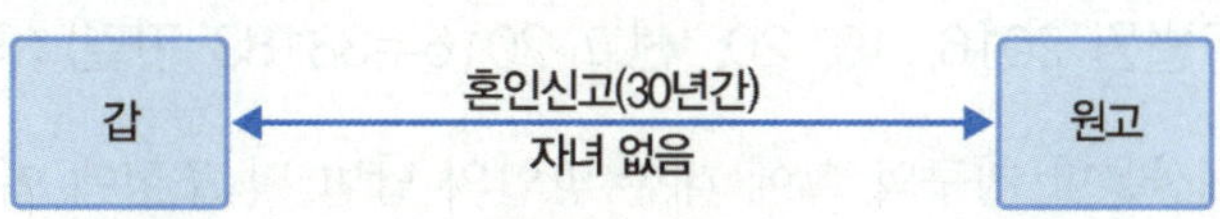

③

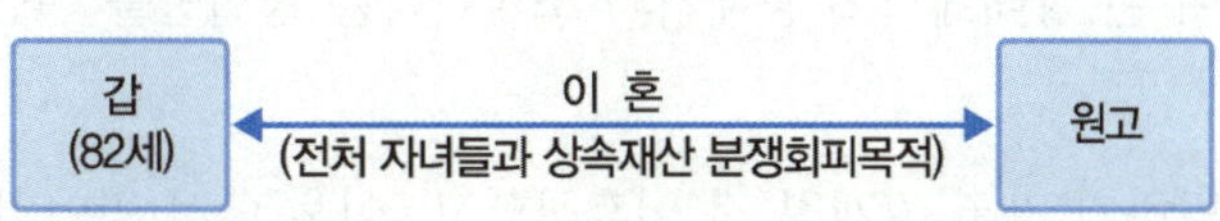

④ 갑 사망

(1) 1982. 5. 24. 갑은 원고와 혼인신고를 한 후 30년간 혼인생활을 해왔다.

(2) 혼인 당시 갑에게는 전처와의 사이에서 낳은 5명의 자녀가 있었다.

(3) 2011. 3. 2. 원고는 전처의 자녀들과의 상속재산분쟁을 회피하기 위하여 당시 만 82세인 갑(망인)을 상대로 이혼 및 재산분할청구소송을 제기하였다.

(4) 2011. 4. 15. 원고와 망인 사이에 "원고와 망인은 이혼하되, 망인이 원고에게 재산분할로 현금 10억 원을 지급하고 액면금 40억 원의 약속어음금 청구채권을 양도한다."는 등의 내용으로 조정이 성립되었고 그에 따라 현금지급 등이 모두 이행되었다.

(5) 원고는 이혼 후에도 갑의 사망 시까지 망인의 수발을 들고 재산을 관리하면서 갑과 함께 종전과 같은 주소지에서 동거하였고, 갑은 이혼 후 약 7개월 경과한 2011. 12. 1. 위암으로 사망하였다.

(6) 2014. 2. 18. 피고는 원고가 망인의 사망 직전 가장이혼을 하고 재산분할 명목으로 재산을 증여받은 것으로 보아 원고에 대하여 증여세를 부과처분하였다.

2. 쟁 점

이혼 후에도 망인과 동거하면서 사실혼관계를 유지한 사정만으로 이 사건 이혼을 가장이혼으로 보아 재산분할 명목으로 받은 재산을 증여세 과세대상으로 삼을 수 있는지 여부

3. 사건의 경과

(1) 원심(서울고등법원 2016. 10. 20. 선고 2016누38183 판결) : 국승

원고의 이혼 및 재산분할 청구와 그에 대한 망인의 답변 및 조정에 이르기까지의 기간이 1달 보름 남짓 정도밖에 소요되지 않았고 합의가 바로 도출되었다는 점에서 당사자 사이에 미리 의견조율이 된 상태에서 소송제기와 조정이라는 형식만을 취한 것이 아닌지 강한 의심이 든다.

원고는 망인이 사망하기 약 6, 7개월 전 이혼하였고, 이혼 당시 망인의 나이는 만 82세로 이미 고령인데다가 오랜 기간 병환 중에 있어 사망이 임박하였음을 충분히 예상할 수 있는 상황이었다. … 원고가 망인과 이혼을 한 이유는 장차 망인이 사망했을 때 전처 소생의

자녀들과 상속재산분쟁을 회피하기 위한 것으로 보이는바, **이혼의 목적이 혼인생활의 청산이 아니라 재산분할의 형식을 빌린 사전증여에 있음**을 알 수 있다.
설령 원고와 망인과 사이의 이혼이 원고의 이혼 및 재산분할청구와 그에 따른 조정으로 인한 것이어서 그 조정조서가 준재심청구 등에 의하여 취소되지 아니하는 이상 혼인해소의 효력에는 영향이 없다고 할지라도, 과세관청으로서는 실질과세의 원칙에 따라서 법원의 조정조서에 규정된 이행의무(이 사건에 있어서는 재산분할)의 실질적인 성격을 파악하여 증여세 부과여부를 결정할 수 있는 것인데(대법원 2006. 3. 24. 선고 2005두15595 판결 참조), 여러 사정에 비추어 볼 때 위 조정조서에 의한 재산분할은 그 실질에 있어서는 증여라 할 것이다.

(2) 대상판결

법률상의 부부관계를 해소하려는 당사자 간의 합의에 따라 이혼이 성립한 경우 **그 이혼에 다른 목적이 있다 하더라도 당사자 간에 이혼의 의사가 없다고 말할 수 없고 이혼이 가장이혼으로서 무효가 되려면 누구나 납득할 만한 특별한 사정이 인정되어야 한다.** 그리고 이혼에 따른 재산분할은 부부가 혼인 중에 취득한 실질적인 공동재산을 청산·분배하는 것을 주된 목적으로 하는 제도로서 재산의 무상이전으로 볼 수 없으므로 **그 이혼이 가장이혼으로서 무효가 아닌 이상 원칙적으로 증여세 과세대상이 되지 않는다.** 다만 「민법」 제839조의 2 제2항의 규정 취지에 반하여 상당하다고 할 수 없을 정도로 **과대하고 상속세나 증여세 등 조세를 회피하기 위한 수단에 불과하여 그 실질이 증여라고 평가할 만한 특별한 사정이 있는 경우에는 그 상당한 부분을 초과하는 부분에 한하여 증여세 과세대상이 될 수 있다.**
설령 그 이혼에 다른 목적이 있다 하더라도 원고와 망인에게 이혼의 의사가 없다고 할 수 없으며, 장차 망인이 사망했을 때 발생할 수 있는 소외인들과의 상속재산분쟁을 회피하기 위하여 원고와 망인이 미리 의견을 조율하여 망인의 사망이 임박한 시점에 이혼을 한 것으로 의심되는 사정이나, 이혼 후에도 원고가 망인과 동거하면서 사실혼 관계를 유지한 사정만으로는 이 사건 이혼을 가장이혼으로 인정하기 어렵다. 따라서 **이 사건 재산분할은 원칙적으로 증여세 과세대상이 될 수 없고,** 다만 그 재산분할이 「민법」 제839조의 2 제2항의 규정 취지에 반하여 상당하다고 할 수 없을 정도로 과대하고 상속세나 증여세 등 조세를 회피하기 위한 수단에 불과하여 그 실질이 증여라고 평가할 수 있는 경우에 해당한다면, 그 상당한 부분을 **초과하는 부분에 한하여 증여세 과세대상이 될 수 있을 뿐**이다.

4. 평 석

(1) 원심은 이 사건 이혼이 일방 배우자의 사망이 임박한 시점에 이루어진 점, 법률상 이혼이 재산분할청구와 그에 따른 조정으로 인한 것이어서 법원의 조정조서에 규정된 재산분할의 실질적인 성격을 파악하여 증여세 부과여부를 결정할 수 있는 점, 이혼의 목적이 혼인생활의 청산이 아니라 재산분할의 형식을 빌린 사전증여로 보이는 점 등을 들어 과세관청으로서는 실질과세원칙에 따라 이 사건 재산분할의 실질적인 성격을 파악하여 증여세를 부과할 수 있다고 보았다.

(2) 대상판결에서는 원심과 다르게 당사자 간의 합의에 따라 이혼이 성립한 경우 **그 이혼에 다른 목적이 있고, 이혼 후에도 원고와 망인이 동거하면서 사실혼 관계를 유지한 사정만으로 함부로 가장이혼으로 판단해서는 안 된다**는 점을 분명히 하였다.

(3) 다만 상속세나 증여세 등 조세를 회피하기 위한 수단으로 이혼한 경우, 그 실질이 증여라고 평가할 수 있는 경우에 해당한다면, 그 **상당한 부분을 초과하는 부분에 한하여 증여세 과세대상이 될 수 있을** 뿐이라고 판시하였다.

(4) 일본의 상속세법기본통칙 9-8을 보면, 대법원의 판시와 일치하고 있음을 알 수 있다. "혼인의 취소 또는 이혼에 의한 재산의 분여에 의하여 취득한 재산에 관하여는 증여에 의하여 취득한 재산으로 되지 않는다는 점을 유의하여야 한다. 다만 그 분여에 관계된 재산의 금액이 혼인 중의 부부의 협력에 의하여 **취득한 재산의 금액 그 밖에 일체의 사정을 고려하여도 지나치게 많다고 인정되는 경우에 그 많다고 인정되는 부분** 또는 **이혼을 수단으로 하여 증여세 또는 상속세를 회피하고자 하는 것으로 인정되는 경우**에 있어서 당해 이혼에 의하여 취득한 재산의 가액은, 증여에 의하여 취득한 재산으로 된다는 것에 유의하여야 한다."고 규정하고 있다.

(5) 헌법재판소는 이혼 시 재산분할과 관련하여 일정부분을 초과하는 부분에 대한 증여세 과세를 규정하고 있던 구 「상속세및증여세법」(1990. 12. 31. 개정되어 1994. 12.

22. 개정되기 전의 것) 제29조의 2 제1항 제1호에 관하여 위헌결정을 내린 바 있고(헌결 1997. 10. 30. 96헌바14) 우여곡절 끝에 1998. 12. 29. 법 개정 시 규정을 완전히 삭제하는 것으로 정리하였다.

(6) 이혼에 따른 재산분할은 혼인생활 중 공동으로 형성된 재산에 대한 청산을 그 본질적 요소로 하면서 여기에 부양적 요소가 추가된 것으로 볼 수 있으므로, **협의분할의 경우에 재산분할의 금액이 지나치게 과다하여 이혼을 수단으로 하여 증여세나 상속세를 포탈하기 위한 경우가 아닌 한 증여세 과세는 이론상 불가능하다.**

5. 관련 판례

문서번호	내 용
대법원 2006. 3. 24. 선고 2005두15595 판결	사실혼관계가 일방 당사자의 사망으로 인하여 종료된 경우에 생존한 상대방에게 상속권도 인정되지 아니하고 재산분할청구권도 인정되지 아니하므로, 망인의 자녀들이 그 상대방에게 법원의 확정판결이나 조정조서에 규정된 이행의무의 이행차원에서 예금채권을 양도한 경우 이를 원칙적으로 증여세 과세대상이 아니라고 할 수 없다.
대법원 1997. 11. 28. 선고 96누47259 판결	이혼 시 위자료의 지급은 양도소득세의 과세대상이 될 뿐 증여세의 과세대상이 되지는 아니한다.
대법원 2006. 3. 24. 선고 2005두15595 판결	조정조서가 준재심청구 등에 의하여 취소되지 아니하는 이상 혼인해소의 효력에는 영향이 없다고 할지라도, 과세관청으로서는 실질과세원칙에 따라서 법원의 조정조서에 규정된 이행의무(재산분할 등)의 실질적인 성격을 파악하여 증여세 부과여부를 결정할 수 있다.

1-6 원고의 아버지 부동산을 취득하면서 원고의 아버지와 임대차계약을 체결하여 매매대금에서 임대차보증금을 공제한 금액을 지급받은 경우 임대차보증금 부분을 무상취득(증여)가 아닌 유상취득으로 볼 수 있는지 여부

● 대상판결 : 대법원 2023두59490 (2024. 2. 28.) ➜ 국패

핵심 요지

배우자 또는 직계존비속의 부동산을 취득하는 경우 증여의제가 되나 부동산 취득을 위해 그 대가를 지급한 사실을 입증하는 경우에는 유상으로 취득한 것으로 보고 있는 바, 아래 내용으로 비추어 볼 때, **쟁점 임대차계약의 경우 증여를 위해 허위로 체결된 것이라고 보기 어려우므로** 원고는 자신의 재산과 임대차보증금 채권으로 대가를 모두 지급한 것으로 보아야 함(부동산 매매에 있어 매매대금 중 임대보증금을 공제한 금액만을 지급하여 임차하는 거래 방식이 통상적으로 이루어지고 있고, 이때 **매매 상대방을 누구로 할지 결정하는 것은 원칙적으로 사적 자치 영역**임)

1. 사실관계

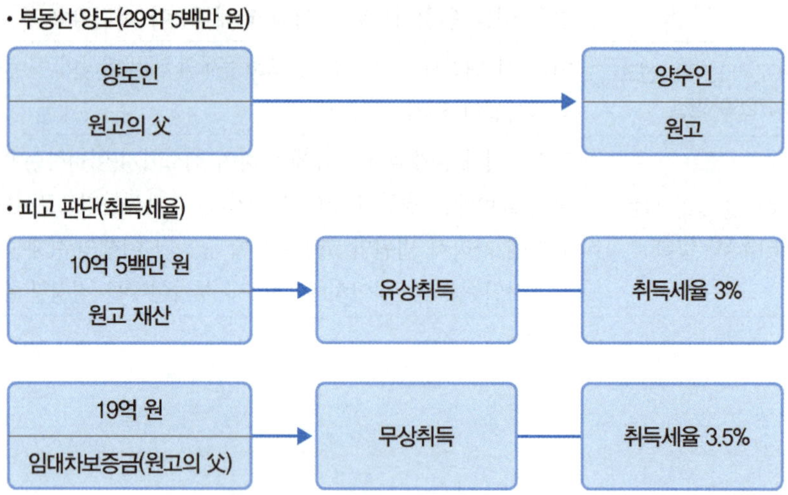

(1) 원고는 자신의 아버지 소유인 서울 용산구 소재 빌라(이 사건 부동산)를 매매대금 29억 500만 원에 매수하는 내용의 매매계약을 체결하였는데, 위 매매계약서의 특약사항 제3항에는 '매도인(원고의 父)이 전세로(임대차보증금 19억 원) 거주하는 조건임', 제

4항에는 '매수인(원고)은 매매대금 중 임대차보증금 19억 원을 공제한 금액 10억 500만 원을 잔금으로 지불한다'라는 내용이 기재되어 있다.

(2) 원고는 이 사건 매매계약에 따라 원고의 父에게 이 사건 부동산을 임대차보증금 19억 원에 임대하는 내용의 임대차계약을 체결하였고, 원고의 父에게 임대차보증금 19억 원을 제외한 10억 500만 원을 지급하였다.

(3) 원고는 2020. 6. 29. 피고에게 이 사건 부동산의 매매대금 중 임대차보증금 부분 19억 원에 대하여는 구 지방세법(2020. 8. 12. 법률 제17473호로 개정되기 전의 것, 이하 같다) 제11조 제1항 제2호의 주택 무상취득의 세율(3.5%)을, 나머지 10억 500만 원에 대하여는 같은 항 제8호 다목의 주택 유상취득의 세율(3%)을 각 적용하여 취득세 96백만 원, 지방교육세 8백만 원, 농어촌특별세 5백만 원 합계 111백만 원을 신고 · 납부하였다.

(4) 이후 원고는 이 사건 임대차계약상 임대차보증금 19억 원에 대하여 주택 유상취득의 세율(3%)을 적용하여야 한다는 이유로 무상취득의 세율(3.5%)을 적용하여 신고 · 납부한 세액과의 차액의 환급을 구하는 경정청구를 하였다.

(5) 피고는 원고에게 구 지방세법 제7조 제11항에 따라 이 사건 부동산의 매매대금 중 임대차보증금에 대해서는 대가를 지급한 사실이 확인되지 아니하므로 증여로 보아 취득세를 부과한 것은 적법하다는 이유로 경정청구를 거부하였다.

(6) 원고는 이에 불복하여 조세심판원에 심판청구를 하였으나, 조세심판원은 청구 기각 결정을 하였다(조심 2021지0497).

2. 쟁 점

원고가 父 소유의 부동산을 취득하면서 원고의 父와 임대차계약을 체결하여 매매대금에서 임대차보증금을 공제한 금액을 지급받은 경우 임대차보증금 부분을 무상취득(증여)이 아닌 유상취득으로 볼 수 있는지 여부

3. 관련법령

구 지방세법(2020. 8. 12. 법률 제17473호로 개정되기 전의 것) 제7조【납세의무자】

⑪ 배우자 또는 직계존비속의 부동산등을 취득하는 경우에는 증여로 취득한 것으로 본다. 다만, 다음 각 호의 어느 하나에 해당하는 경우에는 유상으로 취득한 것으로 본다.

4. 해당 부동산등의 취득을 위하여 그 대가를 지급한 사실이 다음 각 목의 어느 하나에 의하여 증명되는 경우
   가. 그 대가를 지급하기 위한 취득자의 소득이 증명되는 경우
   나. 소유재산을 처분 또는 담보한 금액으로 해당 부동산을 취득한 경우

구 지방세법(2020. 8. 12. 법률 제17473호로 개정되기 전의 것) 제11조【부동산취득의 세율】

2. 제1호 외의 무상취득 : 1천분의 35. 다만, 대통령령으로 정하는 비영리사업자의 취득은 1천분의 28로 한다.

4. 원 · 피고 주장 요약

(1) 원 고

① 원고는 이 사건 부동산 전체를 유상으로 매수하여 취득하였는바, 원고가 이 사건 부동산을 부담부 증여로 취득하였음을 전제로 피고가 한 이 사건 처분은 위법하다.

② 원고의 父는 당시 2주택 보유자로서 다주택자 양도소득세에 관한 혜택이 종료될 예정이었고, 증가하는 종합부동산세 등의 부담까지 가중되어 이를 빨리 매매해야 하는 상황이었기 때문에 부득이 당시 무주택자였던 원고가 매입했다.

③ 이 사건 변론종결일 현재 발생하지 않은 원고의 父 사망 여부와 같은 미래의 사정을 가정하면서 그 재산의 상속 내지 임차보증금 반환채권의 혼동 여부 등을 따져, 이 사건 임대차계약이 편법적 증여를 위해 체결된 허위의 법률행위라고 평가할 수 없다. 더욱이 민법 제507조가 “채권과 채무가 동일한 주체에 귀속한 때에는 채권을 소멸한다.”고 하면서도(본문) “그러나 그 채권이 제3자의 권리의 목적인 때에는 그러하지 아니하다.”는 단서를 명시하는 점, 상속 개시 시점에 피상속인이 가지는 임차보증금 반환채

권은 원칙적으로 상속세 및 증여세법에 따라 조세채권자인 국가가 상속인에게 부과하는 상속세의 '상속재산'에 해당하는 점 등을 고려하면, 상속 시점에 피상속인의 임차보증금 반환채권이 반드시 혼동으로 소멸한다고 섣불리 단정할 수도 없다.

(2) 피 고

① 원고에게 19억 원에 이르는 매매대금을 지급할 자력이 없었던 이상 이 사건 임대차계약은 증여를 위해 허위로 체결되었다.
② 원고는 원고 父의 단독 내지 공동상속인으로서 향후 19억 원의 임차보증금 반환채권이 혼동으로 소멸할 것이므로 이 사건 임대차계약의 실질은 증여로 보아야 한다.
③ 상계가 '실제로 대가를 지급하였음'에 준하는 객관적 사정이 될 수 없다.

5. 사건의 경과

(1) 1심판결(서울행정법원 2023. 5. 3. 선고 2022구단52372 판결) : 국패

원고는 이 사건 매매계약에 따라 원고의 父에게 자신의 계좌에 예치되어 있던 10억 500만 원을 송금하는 방식으로 지급하였고, 원고의 2021년 귀속 사업수입금액이 72백만 원(사업소득금액 34백만 원)으로 확인되며, 원고로서는 이 사건 부동산을 제3자에게 임대하고 임대차보증금을 수령할 수도 있을 것인바, 원고가 이 사건 매매계약 및 임대차계약의 매매대금 등을 지급하기 위한 자력이 없는 것으로 보기 어렵다.

부동산 매매에 있어 매수인이 매도인에게 매매대금 중 임대보증금을 공제한 나머지 금원만을 지급하고, 점유개정의 방식으로 매매목적물을 임차하는 거래 방식이 통상적으로 이루어지고 있고, 이 사건 **부동산의 매매 상대방을 누구로 할지를 결정하는 것은 원칙적으로 사적 자치의 영역에 있는 것**으로 봄이 타당하다.

피고는 원고가 이 사건 임대차계약에 따른 임대차보증금 19억 원을 대가를 지급하지 않고 증여받은 것으로 보았으나, 이 사건 매매계약의 매매대금 29억 500만 원 중 위 임대차계약에 따른 보증금을 제외한 10억 500만 원을 보증금 19억 원과 분리하여 전자는 유상취득이고 후자는 무상취득이라고 보는 것은 합리적이라고 보기 어렵다.

그렇다면 원고의 청구는 이유 있으므로 인용하기로 하여 주문과 같이 판결한다.

(2) 대상판결(심리불속행 : 서울고등법원 2023. 11. 2. 선고 2023누43909판결) : 국패

부동산 매매계약 체결과 동시에 임대차계약이 체결되고 이에 따라 매수인이 받아야 할 매매대금 일부를 매수인(임차인)이 반대로 지급해야 할 임차보증금과 상계하기로 하는 약정이, 그 자체로 상계 제도의 목적이나 기능을 일탈하고 법적으로 보호받을 만한 가치가 없는 경우라고 할 수는 없다. **거래 당사자가 직계존비속인 경우에도, 원칙적으로는 달리 보아야 할 이유가 없다.** 직계존비속 간의 거래라는 특수성 때문에 일어나기 쉬운 비정상적 거래의 징표들, 예컨대 매매 · 임대차계약에서 약정된 급부(매매대금, 임차보증금) 자체가 시가에 비해 상당히 낮다든가, 총 매매대금 중 상계의 대상이 되는 것으로서 임차보증금(전세금)에 해당하는 매매대금의 비중이 통상적인 매매계약에 비해 지나치게 높다는 등의 사정이 없는 한, 그렇다. 이 사건에서는 위와 같은 비정상적 거래의 징표들을 기록에서 찾기 어렵다.

배우자 간 또는 직계존비속 간의 인적 특수성에 비추어 취득세 탈루의 가능성이 높다는 점 등이 지방세법 제7조 제11항의 입법 취지 내지 그 배경이 된 것으로 보인다. 다만 이러한 입법 취지나 목적을 실효적으로 달성하기 위해, 위 조항은 직계존비속 사이의 거래에 대해 "증여로 취득한 것으로 본다."는 간주 규정의 형식을 취하고 있다. 이처럼 **의제적 성격을 지니는 규정을 해석할 때에는, 원칙적으로 당사자가 선택하여 취한 거래 형식을 존중해야 하며, 실질과세의 원칙을 이유로 함부로 그 거래 형식을 부인해서는 안 된다**(대법원 2012. 1. 19. 선고 2008두8499 전원합의체 판결 등 참조).

6. 평 석

(1) 「지방세법」 제7조 제11항 및 제4호에 의하면, 직계존비속으로부터 부동산을 취득하는 경우 원칙적으로 증여로 보되, 실제로 대가를 지급한 사실이 명확하게 증명되는 경우에 한하여 이를 유상취득으로 보고 있는바, 실제로 대가를 지급한 사실이 증명되려면 그러한 거래를 하게 된 배경, 문제가 되는 부분이 거래금액에서 차지하는 비중, 당사자들의 향후 상환 능력 및 가능성, 해당 시기 또는 지역에 통용되는 거래의 관행, 부동산 취득 전 · 후에 있어 당사자의 실제 사용 여부 등을 종합적으로 고려하여 판단하여야 할 것(조심 2018지1133, 2018. 10. 1., 같은 뜻임)이다.

(2) 부동산 매매계약에서 그 매매대금의 일부를 임차보증금과 상계하기로 약정했다는 이유만으로 그 매매계약이나 임대차계약이 (변칙적 증여를 위한) 허위라고 섣불리 단정할 수는 없다. 상계 관련 약정이 당해 취득세 내지 이와 관계되는 상속 · 증여세 면탈을 위한 편법적 증여(내지 변칙적 증여)의 방편으로 체결되었다는 등의 사정이 반증되지 않는 한, 피고의 주장처럼 직계존비속 사이에 임차보증금 반환채권과 매매대금 채권이 상계되었다는 사정만 들어 '취득자의 재산으로 그 대가를 지급'한다는 요건의 범위를 벗어난다고 볼 수는 없다(대상판결 본문 중).

(3) 임차보증금(전세금)을 지급 받은 임대인으로서는, 임대차계약 종료 시에 그 보증금을 다시 반환할 의무도 지게 된다. 원고가 19억 원의 매매대금에 상응하는 부분의 이 사건 부동산을 이전받을 때 원고로서는 이를 '무상'으로 취득한 것이라고 할 수 없다.

(4) 상계약정 시점 내지 원고가 이 사건 부동산을 취득한 시점을 기준으로, 그 시점에 적어도 일정한 가치의 이전, 즉 이 사건 부동산의 소유권을 취득하기 위한 반대급부에 해당하는 일정한 '대가의 지급'이 있었다고 봄이 타당하다. 설령 그 '대가'가 위 시점 기준으로 현실적인 19억 원의 급부에는 미치지 못한다 하더라도, 적어도 19억 원의 매매대금에 상응하는 이 사건 부동산의 소유권은 '유상'으로 취득된 것이라고 볼 수밖에 없다(대상판결 본문 중).

(5) 지방세법은 '유상' 취득에 관해 일률적으로 한 가지의 세율을 정하고 있을 뿐, 그 반대급부의 액수 · 규모에 따라 세율을 다시 조정하는 등의 방식으로 규정되어 있지 않다.

(6) 부동산 매매계약 체결과 동시에 임대차계약이 체결되고 이에 따라 매수인이 받아야 할 매매대금 일부를 매수인(임차인)이 반대로 지급해야 할 임차보증금과 상계하기로 하는 약정이, 그 자체로 상계 제도의 목적이나 기능을 일탈하고 법적으로 보호받을 만한 가치가 없는 경우라고 할 수는 없다. **거래 당사자가 직계존비속인 경우에도, 원칙적으로는 달리 보아야 할 이유가 없다.**

(7) 배우자 간 또는 직계존비속 간의 인적 특수성에 비추어 취득세 탈루의 가능성이 높다는 점 등이 지방세법 제7조 제11항의 입법 취지 내지 그 배경이 된 것으로 보인다. 다만 이러한 입법 취지나 목적을 실효적으로 달성하기 위해, 위 조항은 직계존비속 사이의 거래에 대해 "증여로 취득한 것으로 본다."는 간주 규정의 형식을 취하고 있다. 이처럼 의제적 성격을 지니는 규정을 해석할 때에는, 원칙적으로 당사자가 선택하

여 취한 거래 형식을 존중해야 하며, 실질과세의 원칙을 이유로 함부로 그 거래 형식을 부인해서는 안 된다(대법원 2012. 1. 19. 선고 2008두8499 전원합의체 판결 등 참조).

(8) 상계 관련 약정이 당해 취득세 내지 이와 관계되는 상속 · 증여세 면탈을 위한 편법적 증여(내지 변칙적 증여)의 방편으로 체결되었다는 등의 사정이 반증되지 않는 한, 피고의 주장처럼 직계존비속 사이에 임차보증금 반환채권과 매매대금 채권이 상계되었다는 사정만 들어 '취득자의 재산으로 그 대가를 지급'한다는 요건의 범위를 벗어난다고 볼 수는 없다.

(9) 피고는 2심에 이르러 원고는 양도인(원고의 父)의 단독 내지 공동상속인으로서 향후 19억 원의 임차보증금 반환채권이 혼동으로 소멸할 것이므로 이 사건 임대차계약의 실질은 증여로 보아야 한다고 주장한다.

(10) 이에 대해 2심 재판부는 "이 사건 변론종결일 현재 발생하지 않은 원고 父의 사망 여부와 같은 미래의 사정을 가정하면서 그 재산의 상속 내지 임차보증금 반환채권의 혼동 여부 등을 따져, 이 사건 임대차계약이 편법적 증여를 위해 체결된 허위의 법률행위라고 평가할 수도 없고", "상속 개시 시점에 피상속인이 가지는 임차보증금 반환채권은 원칙적으로 상속세및증여세법에 따라 조세채권자인 국가가 상속인에게 부과하는 상속세의 '상속재산'에 해당하는 점 등을 고려하면, 상속 시점에 피상속인의 임차보증금 반환채권이 반드시 혼동으로 소멸한다고 섣불리 단정할 수도 없다."고 설시하였다.

(11) 요약하면, 아버지 부동산을 취득하면서 아버지와 임대차계약을 체결하여 매매대금에서 임대차보증금을 공제한 금액을 지급받은 경우 임대차보증금 부분을 무상취득(증여)이 아닌 유상취득으로 보아야 한다.

7. 관련판례

문서번호	내 용
조심 2018지935, 2018. 12. 5.	부동산을 직계존비속 또는 제3자로부터 취득하면서 매도자가 입주하기로 하는 임대차계약을 체결하는 것은 사적계약 자유의 원칙에 따라

문서번호	내 용
	이루어질 수 있으나 「지방세법」 제7조 제11항에서 규정하는 증여의제 취득과는 상이한 형태의 거래로 그 특성상 임대보증금 부분은 매매 당시 그 대가를 지급할 수 없고 차후 임대차관계가 종료될 때 관련 금전거래가 발생할 수밖에 없으며, 배우자 또는 **직계존비속 간의 거래라 하여 거래 당시 대가를 지급한 사실이 없다는 이유만으로 실제 유상거래임에도 이를 부인하는 것은 합리적 기준 없이 차별하는 것으로 보인다.**
대법원 1993. 4. 27. 선고 92누15895 판결, 대전지방법원 2023. 9. 7. 선고 2022구합10285 판결 등	「지방세법」 등 관련 법령이 법인의 장부가액을 사실상의 취득가액으로 보고 이를 과세표준으로 한 취지는 객관화된 조직체로서 거래가액을 조작할 염려가 적은 법인의 장부가액은 특별히 취득가액을 조작하였다고 인정되지 않는 한 원칙적으로 실제의 취득가격에 부합하는 것으로 볼 수 있는 신빙성이 있음을 전제로 하는 것이므로 **법인의 장부가액이 사실상의 취득가격에 부합되는 여부에 관계없이 무조건 법인의 장부가액을 취득세의 과세표준으로 하여야 하는 것은 아니다.**
서울세제-14402 (2016. 10. 12.)	부모님 공동명의로 되어 있는 부동산을 증여받으면서 임차보증금 채무를 승계하는 것은 원칙적으로 그 채무액에 상당하는 금액에 대하여 유상으로 취득한 것으로 보아야 하는 것이나, 그러기 위해서 지방세법 제7조 제11항 제4호에서 수증자가 해당부동산을 취득하기 위하여 그 대가를 지급한 사실을 증명하도록 관련 조건을 열거하고 있는바, 귀문과 같이 해당부동산을 취득하기 위하여 그 대가를 지급한 사실을 증명하지 아니한 채 단순히 임차보증금을 승계하는 조건으로 증여받은 것만으로는 임차보증금에 해당하는 금액에 대하여 부담부증여에 따른 유상승계취득을 원인으로 취득한 것으로 볼 수 없다.
부동산세제-1147(2019. 12. 6.)	채무를 상환하는 데 대한 매수인의 소득이 증명되는 점, 금융거래 내역 등으로 대금지급 사실이 입증되는 점, 해당 채무는 특별한 사정이 없는 한 매수인이 상환해야 하는 점 등을 고려했을 때, 유상취득으로 보는 것이 타당함
재산상속46014-727 (2000. 6. 16.)	직계존비속에게 양도한 재산은 그 재산을 양도한 때에 증여한 것으로 추정하는 것이나, 본인이 조성한 자금으로 대가를 지급한 사실이 입증되는 경우에는 그러하지 아니하는 것임

제2절 과세표준

2-1 상속세 신고불성실가산세 산정 시 "신고한 과세표준의 범위"와 신고불성실가산세 부과처분과 납부불성실가산세 부과처분의 소송물

● 대상판결 : 대법원 2003두7064 (2004. 10. 15.) ➜ 국패

핵심 요지

과소신고액을 한도로 하여 최소한 그 범위 내에서는 과다신고한 부분도 신고한 과세표준에 포함시켜 신고불성실가산세를 산출함이 타당하다.

1. 사실관계

(1) 원고는 상속세 신고 시 상속재산가액을 과다신고하였다.

(2) 피고는

① (구 「상속세및증여세법기본통칙」 78－80…1) 신고한 상속재산으로서 그 평가액을 과다하게 신고한 경우 과다신고금액은 신고한 과세표준으로 보지 아니하며, 신고불성실가산세를 산정함에 있어 위 과다신고액을 제외하도록 되어 있어서

② **위 기본통칙을 근거로 과다신고금액은 고려하지 아니하고 가산세를 결정**하였다.

구 분	신고불성실가산세	납부불성실가산세	계	
피고 과세처분(1차)	57,823,320원	29,950,944원	87,774,264원	
정당세액	45,791,211원	33,087,242원	78,878,453원	범위 내
피고 과세처분(2차)	45,791,211원	29,950,944원	75,472,155원	

2. 쟁 점

상속재산에 관하여 과다신고한 금액이 신고불성실가산세의 부과기준이 되는 '신고한 과세표준'에서 제외되는지 여부

3. 대상판결

우리 「상속세법」이 개개의 상속재산이 아니라 분할 이전의 상속재산 전체를 과세대상으로 하는 유산세 방식을 채택하고 있는 점이나, 상속재산 중의 일부에 대한 과소신고가 있다고 하더라도 다른 상속재산에 대하여 과다신고를 한 결과 상속재산 전체에 대한 과세표준신고액이 정당한 과세표준액과 같거나 이를 넘어서는 경우에 과다신고한 부분은 무시하고 과소신고한 부분만을 들어 신고불성실가산세를 부과하는 것은 형평에도 반하는 점 등에 비추어 보면, **과소신고액을 한도로 하여 최소한 그 범위 내에서는 과다신고한 부분도 신고한 과세표준에 포함시켜 신고불성실가산세를 산출함이 타당**하다.

상속세의 신고불성실가산세와 납부불성실가산세는 **별개의 독립된 처분**이므로, 납부불성실가산세의 정당한 세액이 과세관청의 처분액을 초과하고, 그 액수와 신고불성실가산세의 정당한 세액을 합한 액수가 과세관청의 신고불성실가산세와 납부불성실가산세의 처분액을 합한 범위 내라고 하더라도 과세관청의 처분액을 초과하는 납부불성실가산세를 법원이 직권으로 인정할 수 없으므로 **과세관청의 처분액만을 인정**함이 상당하다.

4. 평 석

상속세의 신고불성실가산세와 납부불성실가산세를 별개의 처분으로 보고 납부불성실가산세의 정당한 세액과 신고불성실가산세의 정당한 세액을 합한 액수가 과세관청의 신고불성실가산세와 납부불성실가산세의 처분액을 합한 범위 내라고 하더라도 과세관청의 처분액을 초과하는 납부불성실가산세를 법원이 직권으로 인정하는 것은 '처분권 주의'에 반하는 것이다.

5. 관련 판례

문서번호	내 용
대법원 1994. 12. 22. 선고 94누11347 판결 등	기본통칙은 과세관청 내부의 해석기준 및 집행기준을 정한 행정규칙에 불과하고 법원이나 국민을 기속하는 효력이 없다(**이 사건에서도 대법원은 기본통칙과 상반된 판결을 하고 있다**).
헌법재판소 2015. 2. 26. 선고 2012헌바355 결정	가산세는 「형법」 총칙의 규정이 적용될 수 없고, 따라서 행위자의 고의 또는 과실, 책임능력, 책임조건 등을 고려하지 아니하고 가산세의 과세요건 충족 여부만을 확인하여 과징하게 된다.
대법원 2003. 12. 11. 선고 2002두4761 판결 등	세법상 가산세는 … 납세자의 고의, 과실은 고려되지 아니한다.
대법원 2001. 10. 26. 선고 2000두7520 판결 등	가산세 부과처분은 본세의 부과처분과 별개의 과세처분이다.

2-2 상속세 과세표준 산정 시 적용되는 개별공시지가

● 대상판결 : 대법원 2001두10677 (2003. 9. 2.) ➜ 국승

핵심 요지

구 「상속세및증여세법시행령」(1999. 12. 31. 대통령령 제16660호로 개정되기 전의 것) 제50조 제6항은 시가주의 원칙의 범위 내에서 모법인 구 「상속세및증여세법」(1999. 12. 28. 법률 제6048호로 개정되기 전의 것) 제61조 제1항 제1호 본문에 근거를 두고 그 규정이 예정하고 있는 범위 내에서 토지가액의 적정한 산정방법을 구체화·명확화한 것이라고 할 것이므로 같은 법 시행령 제50조 제6항을 모법의 위임이 없다거나 시가주의 원칙에 위배되어 무효라고 할 수 없다.

1. 사실관계

(1) 갑(피상속인)은 1999. 3. 15. 사망하였는데 상속재산으로는 이 사건 토지가 있었다.

(2) 이 사건 토지는 1998. 1. 1. 기준 개별공시지가는 고시되었으나 1999. 1. 1. 기준 개별공시지가는 미고시되었다.

(3) 1999. 9.경 상속인은 1999년 개별공시지가를 적용하여 이 사건 토지가액을 산정하여 상속세 신고(이때는 1999년 공시지가가 고시되었으나, 그 가액은 IMF 사태 등 지가 하락의 사유로 1998년 공시지가보다 낮았다)를 하였다.

2. 관련 법령

「상속세및증여세법시행령」 제50조 제6항

「상속세및증여세법」 제61조 제1항 제1호의 규정을 적용함에 있어서 **개별공시지가는 평가기준일 현재 고시되어 있는 것을 적용**한다.

3. 쟁 점

상속개시일 현재 고시되어 있는 개별공시지가에 따라 상속재산인 토지를 평가하도록 한 규정이 모법의 규정이나 「상속세및증여세법」의 시가주의 원칙에 위배되어 무효인지 여부(1, 2심판결 : 국패)

4. 대상판결

구 「상속세및증여세법시행령」(1999. 12. 31. 대통령령 제16660호로 개정되기 전의 것) 제50조 제6항은 시가주의 원칙의 범위 내에서 모법인 구 「상속세및증여세법」(1999. 12. 28. 법률 제6048호로 개정되기 전의 것) 제61조 제1항 제1호 본문에 근거를 두고 그 규정이 예정하고 있는 범위 내에서 토지가액의 적정한 산정방법을 구체화·명확화한 것이라고 할 것이므로 **같은 법 시행령 제50조 제6항을 모법의 위임이 없다거나 시가주의 원칙에 위배되어 무효라고 할 수 없다.**

5. 평 석

(1) 이 사건은 1, 2심 모두 국가패소판결을 하였으나, 대법원은 국가승소 판결한 사건이다.
(2) 개별공시지가는 통상 6월~7월경에 고시되는바,
(3) 국세·「지방세법」은 전년도 개별공시지가에 의하도록 하고 있다(지방세법시행령 §80의 2 ① 단서, 소득세법시행령 §164 ③).
(4) 이는 대법원도 일반적으로 인정하고 있으며(위 「지방세법시행령」 규정에 관한 대법원 2001. 11. 9. 선고 2001두5316 판결), 그 취지는 납세자의 법적 안정성, 예측가능성을 보장하자는 데 있다.
(5) 따라서 시가보다 불리한 경우에는 시가를 소급하여 입증해야만 정당한 세액 계산이 가능해질 것이다.

6. 관련 판례

문서번호	내 용
재삼 46014-455, 1997. 2. 27.	증여재산인 토지의 지목·이용 상황 등이 합병 전과 동일한 때에는 토지의 **합병하기 전의 개별공시지가를 기준으로 평가**하는 것이다.
상속세및증여세법 기본통칙 61-50…4	불특정 다수인이 공용하는 사실상 도로 및 하천·제방·구거 등은 상속재산 또는 증여재산에 포함되나, **평가기준일 현재 도로 등 외의 용도로 사용할 수 없는 경우**로서 **보상가격이 없는 등 재산적 가치가 없다고 인정되는 때**에는 그 평가액을 영(0)으로 한다.
국심 2005중3791, 2005. 11. 21.	환지예정지로 지정된 토지를 증여하는 경우로서 증여 당시 환지예정지에 대한 개별공시지가가 고시되어 있지 않아 개별공시지가가 없는 토지로 보아 감정기관의 감정가액을 참작하여 증여재산가액을 평가한다.
서울고등법원 2011. 4. 28. 선고 2010누29125 판결	불특정 다수인이 공공의 도로로 사용하고 있는 토지에 비록 개별공시지가가 공고되어 있고, 도시 개발 사업이 성공적으로 진행될 경우 토지에 대한 보상이 가능하며, 이에 따라 실질적으로 이득을 얻을 수 있더라도 그러한 사정만으로는 토지가 **상속 개시 당시 실질적으로 재산적 가치가 있었다고 단정할 수 없다.** 이와 같은 과세는 미실현 자본이득에 대한 예측과세에 해당한다. ※ **도로의 재산적 가치를 부인한 유사사례 참조**(국심 2000서534; 국심 2002부832; 국심 2006서1413)
국심 2000전2315, 2000. 11. 3.	쟁점토지는 일반 도로 옆에 붙어있는 사도(私道) 내지는 주차장 부속토지로 사용되고 있는 사실이 확인되는바, 특정인의 관리하에 있는 쟁점토지는 사실상의 도로로 사용되고 있더라도 재산적 가치가 있는 것으로 보아야 할 것이므로, 처분청이 쟁점토지를 개별공시지가로 평가하여 상속재산에 산입한 처분은 달리 잘못이 없는 것으로 판단된다. ※ **도로의 재산적 가치를 인정한 유사사례 참조**(국심 2005중1633; 국심 2005전1254; 국심 2002서1412)

<table>
<tr><th>문서번호</th><th>내 용</th></tr>
<tr><td>대법원 2013. 1. 31.
선고 2012두8588 판결</td><td>'취득일로부터 5년이 되는 날의 기준시가'는 취득일로부터 5년이 되는 날이 속한 연도의 기준시가를 적용하는 것이 타당하고, 취득일로부터 5년이 되는 날에 그 연도의 기준시가가 고시되지 아니하였다는 이유로 그 직전연도의 기준시가를 적용할 것은 아니다(이 사건의 경우는 주택의 개별공시지가가 문제된 사건이다).

※ 「소득세법시행령」 제164조 제3항 "새로운 기준시가가 고시되기 전에 취득 또는 양도하는 경우에는 직전의 기준시가에 의한다."는 규정은 '토지'에 대한 것이므로 '주택'에 대한 양도소득금액이 문제되는 이 사건의 경우까지 유추·확장 적용하는 것은 타당하지 않다. 따라서 해당 연도의 기준시가가 공시되지 않았더라도 사후에 알 수 있게(통상 개별주택 및 공동주택가격은 매년 4월 30일까지 공시기준일을 1월 1일로 하여 결정·공시되고 있다) 된 이상 직전의 기준시가에 의할 수는 없다고 보아야 한다.</td></tr>
</table>

2-3 재감정에 의한 증여가액 증가와 가산세 정당사유

● 대상판결 : 대법원 2014두44205 (2015. 3. 12.) ➜ 국패

핵심 요지

과세관청의 재감정가액은 소급감정에 의한 것이라 하더라도 합리적이고 객관적인 방법에 의해 평가한 이상 「상속세및증여세법」 제60조 '시가'에 해당하고 「상속세및증여세법시행령」 제49조에 의해 과세관청의 재감정가액으로 증여재산가액을 결정하여 과세하는 경우 납세자에게 의무해태를 탓할 수 없는 정당한 사유가 있어 가산세 감면 사유에 해당한다.

1. 사실관계

(1) 2011. 3. 23. 원고는 모친으로부터 이 사건 토지와 현금을 증여받아 2011. 6. 30. 과세관청에 증여세를 신고·납부하였다.

- 증여재산가액은 1,495백만 원(이 사건 토지에 대한 2개의 감정기관의 감정가액 평균액)이고
- 이 사건 토지 개별공시지가는 2,144백만 원(원고의 평가액은 개별공시지가의 64.66%에 불과하다)이다.

(2) 피고는 다른 2개의 감정기관 감정가액의 평균액(재감정) 1,689백만 원을 증여재산가액으로 하여 원고에게 증여세를 부과처분하였다(납부불성실가산세 포함).

※피고의 재감정 근거 : 「상속세및증여세법시행령」 제49조 제1항 제2호 단서규정에는 토지의 감정가액이 개별공시지가의 90%보다 적을 경우 과세관청은 재감정할 수 있다고 규정하고 있다.

(3) 이 사건의 경우 재산평가방법의 차이에 관한 경우는 과소신고 가산세를 부과하지 않도록 규정한 「국세기본법시행령」 제27조의 2 제2항 제2호(2012. 1. 6. 대통령령 제23488호로 개정되기 전의 것)에 따라 **과소신고가산세(신고불성실가산세)는 부과되지 않았다.**

2. 쟁 점

과세관청의 재감정가액으로 증여재산가액을 결정하여 과세하는 경우 가산세 감면사유에 해당하는지 여부(납부불성실가산세)

3. 관련 법령

(1) 「상속세및증여세법시행령」 제49조 제1항 제2호

① 해당재산에 대하여 둘 이상의 기획재정부령이 정하는 공신력 있는 감정기관이 평가한 감정가액의 평균액

② 토지의 감정가액이 개별공시지가의 90%보다 적을 경우에는 과세관청이 다른 감정기관에 의뢰하여 감정한 감정가액

(2) 「국세기본법」 제48조 제1항(2006. 12. 30. 신설)

정부는 이 법 또는 세법에 따라 가산세를 부과하는 경우 그 부과의 원인이 되는 사유가 제6조 제1항에 따른 기한 연장사유에 해당하거나 납세자가 의무를 이행하지 아니한데 대한 정당한 사유가 있는 때에는 해당 가산세를 부과하지 아니한다.

4. 사건의 경과

(1) 원심판결(서울고등법원 2014. 10. 16. 선고 2014누49233 판결) : 국승

증여재산가액에 대한 평가상의 차이로 인하여 미납부한 세액이라고 하더라도 **원고가 관련 법령을 확인하였더라면** 원고의 감정가액이 개별공시지가보다 낮을 경우 재감정에 의한 증여세가 부과된다는 사실을 충분히 알 수 있기 때문에 원고가 자신이 **감정기관에 의뢰하여 받은 감정가액을 믿었다는 사정만으로는 원고에게 의무해태를 탓할 수 없는 정당한 사유가 있다고 볼 수 없다.**

(2) 대상판결

세법상 가산세는 과세권의 행사 및 조세채권의 실현을 용이하게 하기 위하여 납세자가 정당한 이유 없이 법에 규정된 신고, 납세 등 각종 의무를 위반한 경우에 개별세법이 정하는 바에 따라 부과하는 행정상 제재로서 **납세자의 고의·과실은 고려되지 않지만**, 납세의무자가 그 의무를 알지 못한 것이 무리가 아니었다고 할 수 있어서 그를 정당시할 수 있는 사정이 있거나 그 의무의 이행을 당사자에게 기대하는 것이 무리라고 하는 사정이 있을 때 등 **그 의무해태를 탓할 수 없는 정당한 사유가 있는 경우에는 이를 부과할 수 없다**(대법원 2014. 2. 27. 선고 2011두13842 판결 참조).

이 사건에서 원고 감정가액이 「상속세및증여세법시행령」 제49조 제1항 제2호 단서에 따른 일정한 기준에 미달하는 경우 과세관청의 의뢰로 재감정이 이루어질 것이 법령상 당연히 예정되어 있기는 하지만, 원고로서는 공신력 있는 감정기관의 감정에 따른 감정가액을 신뢰할 수 밖에 없고, 또 재감정을 의뢰하는 주체는 과세관청일 뿐만 아니라 원고 감정가액이 과세관청의 의뢰에 따른 재감정가액보다 높을 경우에는 추가로 납부할 세액이 존재하지 않을 수도 있으므로, 과세관청의 의뢰로 **재감정을 실시하기 전까지는 추가로 납부할 세액이 얼마인지를 알 수 없는 원고로서는 그 납부기한 당시 공신력 있는 감정기관에 의한 원고 감정가액에 기초하여 산출된 증여세액을 납부할 수밖에 없다.** 따라서 과세관청의 의뢰에 따른 재감정의 결과 비로소 원고가 정당한 증여세액보다 과소하게 납부한 것으로 밝혀졌다고 하더라도 특별한 사정이 없는 한 원고가 추가로 납부할 증여세액을 당초의 납부기한까지 납부할 수 있을 것으로 기대하는 것은 무리라고 보이므로, 원고에게는 **그 의무해태를 탓할 수 없는 정당한 사유가 있다**고 보아야 할 것이다.

5. 평 석

(1) 재산의 평가는 과세가액과 과세표준의 가액을 결정하는 것이므로, 납세자와 과세관청의 이해가 첨예하게 대립되는 중요한 문제이다.

(2) 통상 재산의 평가에 관한 문제는 평가시점과 평가방법의 문제로 대별할 수 있다.

(3) **대법원은 일관되게 소급감정 인정여부는 그 감정시기가 문제가 아니라 감정평가절차와 감정평가 당시 당해재산의 평가기준 현황을 반영하고 있느냐의 여부에 달려있다고**

보고 있다(대법원 2000. 11. 28. 선고 98두18473 판결 등).

(4) 우선 감정가액이 존재하지 아니하는데 과세관청이 감정평가를 의뢰한 결과 나온 평가액을 상속세나 증여세 과세가액으로 할 수 있는지 살펴보면, **과세관청에 의한 소급감정을 시가로 인정하여 이에 따른 과세를 허용한다면** '시가를 산정하기 어려운 경우'란 있을 수 없게 되어 시가를 산정하기 어려운 경우 보충적 평가방법에 의하도록 한 「**상속세및증여세법」 규정이 전혀 준용되지 않은 모순이 발생**하고, **납세의무자는 매우 불안정한 법적 지위에 놓이게 되어 부당**하다. 따라서 **소급감정을 시가로 보는 사례는 납세자가 소송에서 소급감정가액 등을 시가로 입증한 경우**라 할 것이다(대전고등법원 2010. 11. 25. 선고 2010누1253 판결 참조).

(5) 이 사건의 경우는 원고가 감정가액으로 신고하였는데, 그 감정가액이 기준시가보다 현저히 낮아서 과세관청이 재감정을 한 것이다. 재감정의 경우 과세관청은 "감정평가 목적 등을 감안하여 동 가액이 부적정하다고 인정되는 경우에는 세무서장 등이 재감정한 가액에 의할 수 있다"고 재감정사유를 보완하였다(상속세및증여세법시행령 제49조 제2항 제2호 단서).

(6) 감정평가방법의 차이에 따른 증여가액의 차이가 발생하는 경우 신고불성실가산세는 부과하지 않는 것이고 이 사건에서도 과세관청은 규정에 따라 신고불성실가산세는 부과하지 않았으나 납부불성실가산세를 부과하였다. 그러나 대법원은 납세자에게 의무를 탓할 수 없는 정당한 사유가 있으므로 **납부불성실가산세도 부과해서는 안된다**고 판단한 사례이다.

(7) 평가심의위원회의 심의는 구 상속세및증여세법 시행령 제49조 제1항 단서에 따라 시가를 인정하기 위한 하나의 요건일 뿐, 그러한 심의가 있다 하여 앞서 본 것과 같은 가격변동의 특별한 사정이 없다는 점에 관한 증명이 이루어졌다고 볼 수 없다(서울고등법원 2023. 6. 16. 선고 2023누35380 판결).

6. 관련 판례

문서번호	내 용
대법원 2013. 7. 11. 선고 2013두5470 판결	신고불성실가산세와 납부불성실가산세는 그 부과사유나 면제사유(정당한 사유)가 반드시 동일하다고 볼 수 없고, 납부불성실가산세는 납세의무자가 신고납부기한까지 미납부한 금액에 대하여 금융혜택을 받은 것으로 보아 그 납부의무위반에 대하여 가산세는 행정상의 제재로서의 성질을 가지므로, 과세관청이 **가액 평가상의 차이로 인한 미달신고에 대하여 신고불성실가산세를 부과하지 아니하기로 하면서도 납부불성실가산세를 부과하는 것이 위법하다고 할 수는 없다(대상판결과 비교).**
대법원 1976. 9. 14. 선고 75누255 판결; 88누4218 판결; 95누10181 판결	과세관청의 질의회신이나 세무지도에 의하여 또는 과세관청의 공적인 견해표명에 의하여(**비록 그 세무지도나 견해가 잘못되었다 하여도**) 납세의무자가 자신에게 어떤 의무가 없다고 믿은 경우 가산세를 부과할 수 없다(정당한 사유에 해당).
대법원 1999. 8. 20. 선고 99두3515 판결	납세의무자가 대법원과 다른 견해에 선 국세심판소의 결정 취지를 납세자가 그대로 믿어 법에 규정된 신고·납부의무 등을 해태하게 되었다 하더라도 납세의무자에 그 의무의 해태를 탓할 수 없는 정당한 사유가 있다고 할 수는 없다.
대법원 2005. 1. 27. 선고 2003두13632 판결	세법상 가산세는 과세권의 행사 및 조세채권의 실현을 용이하게 하기 위하여 납세자가 정당한 이유 없이 법에 규정된 신고, 납세 등 각종 의무를 위반한 경우에 개별세법이 정하는 바에 따라 부과하는 행정상 제재로서 납세자의 고의·과실은 고려되지 않지만, 납세자가 그 의무를 알지 못한 것이 무리가 아니었다고 할 수 있어서 그를 정당시 할 수 있는 사정이 있거나 그 의무의 이행을 당사자에게 기대하는 것이 무리라고 하는 사정이 있을 때 등 그 의무해태를 탓할 수 없는 정당한 사유가 있는 경우에는 이를 부과할 수 없다.
대법원 2014. 3. 13. 선고 2012두7370 판결	법령의 부지·착오 등은 그 의무위반을 탓할 수 없는 정당한 사유에 해당하지 아니한다.

2-4 '피상속인이 상속재산인 해당 주식을 10년 이상 계속하여 보유할 것'은 구 상속세및증여세법 제18조 제2항 제1호에 따른 가업상속 공제를 적용하기 위한 요건이라고 할 수 없음

● 대상판결 : 대법원 2021두38741 (2021. 8. 26.) ➜ 국패

1. 사실관계

① A 비상장법인 주식 보유흐름도

• 당초

원고 배우자	원고 시모(始母)	합 계
35,000주	15,000주	50,000주

• 증여(2007. 11. 26.) : 원고 시모(始母) → 원고 배우자(4,563주)

원고 배우자	원고 시모(始母)	합 계
39,563주	10,437주	50,000주

② 원고 배우자 사망 : 2017. 6. 10.

(1) 주식회사 A는 1989. 6. 28. 완구 제조 및 판매업 등을 목적으로 설립된 비상장법인이다.

(2) 원고의 배우자는 1995. 8. 20.부터 2017. 6. 10.(사망일)까지 A주식회사의 대표이사로 재직하면서 위 회사를 경영하였다.

(3) 1999년경 실시한 유상증자 이후 A주식회사의 발행주식 총수 50,000주는 원고의 배우자가 35,000주, 원고의 시어머니(始母)가 15,000주를 각 보유하고 있었고, 그 후 원고의 배우자는 원고의 시어머니로부터 2007. 11. 26. 4,563주를 증여받아 합계 39,563주를 보유하게 되었다.

(4) 원고는 1997. 3. 31.부터 2017. 6. 30.까지 주식회사 A의 감사로 재직하였는데, 원고의 배우자가 2017. 6. 10. 사망함에 따라 그 상속재산인 A주식회사 발행주식 39,563주를 상속받았고, 2017. 6. 30. A주식회사의 사내이사이자 대표이사에 취임하였다.

(5) 원고는 2018. 1. 2. 위 상속 주식 중 원고의 배우자가 10년 이상 보유한 35,000주에

대하여만 가업상속 공제를 적용하여 상속세 6,265백만 원을 신고하였다.

(6) 원고는 2018. 12. 11. 배우자로부터 상속받은 A주식회사 발행주식 39,563주 중 나머지 4,563주(이하 '이 사건 주식'이라 한다)도 가업상속 공제의 대상임을 주장하며 상속세 1,482백만 원의 감액을 구하는 경정청구를 하였으나, 피고는 2019. 1. 25. '가업을 경영하는 자가 가업을 경영하지 아니한 자로부터 증여받아 10년이 경과하지 아니한 주식에 대하여는 가업상속 공제가 적용되지 않는다.'는 예규[기획재정부 재산세과-385(2014. 5. 14.)] 등을 근거로 위 경정청구를 거부하였다.

2. 쟁 점

피상속인이 상속재산인 주식을 10년 이상 계속하여 보유할 것이 가업상속 공제를 적용하기 위한 요건에 해당하는지 여부

3. 관련법령

구 상증세법시행령 제19조 제2항

위 시행령조항의 "최대주주 등"은 주주 또는 출자자 1인과 그의 특수관계인의 보유주식 등을 합하여 그 보유주식 등의 합계가 가장 많은 경우의 해당주주 등 1인과 그의 특수관계인 모두를 말한다.

구 상증세법시행령 제15조 제3항 제1호 가목(2018. 2. 13. 대통령령 제28638호로 개정되기 전의 것)

구 상증세법 제18조 제2항 제1호에 따른 가업상속의 적용을 위한 피상속인의 요건중 하나로 '중소기업 등의 최대주주 또는 최대출자자(이하 "최대주주 등"이라 한다)인 경우로서 피상속인과 그의 특수관계인의 주식 등을 합하여 해당기업의 발행주식 총수 등의 100분의 50(거래소에 상장되어 있는 법인이면 100분의 30)이상을 10년 이상 보유할 것'을 정하고 있음

구 상증세법 제18조 제2항 제1호(2017. 12. 19. 법률 제15224호로 개정되기 전의 것)

'가업'을 '대통령령으로 정하는 중견기업(이하 "중소기업 등"이라 한다)으로서 피상속인이 10년 이상 계속하여 경영한 기업'으로 정의하면서 가업상속에 해당하는 경우 가업상속 재산가액에 상당하는 금액을 상속세 과세가액에서 공제한다고 규정하고 있음

※ 상속세 및 증여세법 시행령(2017. 2. 7. 대통령령 제27835호로 개정되기 전의 것) 제15조 제3항 제1호 (가)목은 '피상속인이 최대주주 등인 경우로서 피상속인과 그의 특수관계인의 주식 등을 합하여 해당 기업의 발행주식 총수 등의 100분의 50 이상을 **계속하여 보유할 것**'을 규정하고 있었는데, 2017. 2. 7. 대통령령 제27835호로 개정되면서 계속 보유의 기간에 대해 **'10년 이상'을 명시**하게 되었다.

4. 원·피고의 주장

(1) 원 고

① 구 상증법 관련규정을 모두어 보면, 피상속인이 갖추어야 할 요건으로 '중소기업 또는 중견기업의 최대주주 등인 경우로서 피상속인과 그의 특수관계인의 주식 등을 합하여 해당 기업의 발행주식 총수 등의 100분의 50(상장법인이면 100분의 30) 이상을 10년 이상 계속하여 보유할 것' 등을 정하고 있을 뿐 '피상속인이 상속대상인 해당 주식을 10년 이상 계속하여 보유할 것'을 요구하고 있지 않으므로, 가업에 해당하는 법인의 주식가액은 공제한도 내에서 모두 상속세 공제대상이 된다.

② 설령 가업상속 공제의 요건으로 '피상속인이 상속대상 주식을 10년 이상 계속하여 보유할 것'이 요구된다 하더라도 구 상증세법 시행령 제15조 제3항 제1호 가목은 피상속인이 단독으로 10년 이상 계속 보유할 것을 요구하고 있지 않으므로, 피상속인이 그의 특수관계인의 주식과 합하여 발행주식 총수 등의 50% 이상 계속하여 보유한 주식이라면 해당 주식은 가업상속 재산가액으로서 상속세 과세가액에서 공제되어야 한다.

(2) 피 고

① 조세법률주의의 원칙상 과세요건이나 비과세요건은 특별한 사정이 없는 한 법문대로 해석하여야 할 것이지만 법규 상호간의 해석을 통하여 그 의미를 명백히 할 필요가 있

는 경우에는 조세법률주의가 지향하는 법적안정성 및 예측가능성을 해치지 않는 범위 내에서 입법취지 및 목적 등을 고려하여 합목적적으로 해석하여야 한다.

② ① 가업상속 공제 규정의 입법취지는 가업을 유지하기 어려운 경우에 그 보호를 위하여 마련된 제도로서 탈법적인 가업상속 공제 제도의 이용은 봉쇄되어야 하는 점, ② 구 상증세법 시행령 제15조 제3항 제1호 가목은 '피상속인과 그의 특수 관계인의 주식 등을 합하여 해당 기업의 발행주식 총수 등의 100분의 50 이상을' 부분과 '10년 이상 계속하여 보유할 것' 부분을 나누어 해석할 수 있는 점, ③ 상속세 및 증여세법 시행령이 2017. 2. 7. 대통령령 제27835호로 개정되면서 제15조 제3항 제1호 가목에 '10년 이상' 부분을 추가하여 명시한 취지는 상속재산 중 가업상속 재산가액을 한정하기 위한 것인 점 등에 비추어 보면, "피상속인이 상속재산인 '해당 주식'을 10년 이상 보유할 것"도 가업상속 공제를 위한 요건으로 해석되어야 한다.

5. **대상판결**(서울고등법원 2021. 03. 26. 선고 2020누52889 판결)

아래의 관련 법리, 관련 법령의 내용 및 개정 경위 등에 비추어 보면, 구 상증세법 제18조 제2항, 제4항 및 구 상증세법 시행령 제15조 제3항, 제5항의 문언을 벗어나 **"피상속인이 상속재산인 '해당 주식'을 10년 이상 계속하여 보유할 것"을 가업상속 공제 요건으로 해석할 수 없으므로** 피고의 주장은 이유 없다.

… 구 상증세법이 가업의 승계에 관하여 상속세의 과세특례를 규정한 취지는 중소기업의 영속성을 유지하고 경제 활력을 도모할 수 있도록 일정한 가업의 상속에 대하여 세제지원을 하고자 함에 있는 점, 가업의 승계는 경영승계와 함께 소유승계가 수반될 필요가 있으므로 상속인이 가업에 계속 종사하여야 할 뿐만 아니라 주식 등의 지분도 일정한 정도로 유지되어야 하는 점, 이에 구 상증세법 제18조 제5항 제1호는 주식 등의 지분이 감소된 경우 상속인이 본래 부담하였어야 할 상속세를 부과하도록 명시적으로 규정하고 있는 점, 구 상증세법 시행령 제15조는 제3항 제1호에서 가업상속의 피상속인 요건을, 제3항 제2호에서 가업상속의 상속인 요건을 규정하고 있으며, 제5항에서 가업상속 재산가액에 대하여 규정하고 있는 점 등을 유기적 · 체계적으로 종합하여 보면, 구 상증세법 제18조 제4항의 위임에 따라 구 상증세법 시행령 제18조 제3항 제1호 가목에서 정해질 내용은 '기업을

지배할 수 있을 정도의 주식 등의 지분 보유비율 등과 같은 사항'이라고 할 것이어서 **구 상증세법 제18조 제3항 제1호 가목은 가업에 해당하기 위하여 최대주주 등과 그 특수관계자가 최소한 보유하여야 할 주식 등의 지분 보유비율을 구체적으로 규정한 것일 뿐**(대법원 2014. 3. 13. 선고 2013두17206 판결 참조), 그 문언을 넘어서 '가업상속 재산가액'의 범위에 관한 규정으로 해석할 수는 없다.

상속세 및 증여세법 시행령이 2017. 2. 7. 대통령령 제27835호로 개정되면서 제15조 제3항 제1호 가목에 '10년 이상' 부분을 추가하여 명시한 취지는 피상속인이 최대주주로서 주식을 보유하여야 하는 기간을 10년 이상으로 명시적으로 규정함으로써 가업상속공제를 받기 위하여 가업을 10년 이상 경영하여야 하는 가업의 요건과 기간 측면에서 일치함을 명확히 하기 위한 것일 뿐(상속세 및 증여세법 시행령 개정이유 참조), **피고 주장과 같이 상속재산 중 가업상속 재산가액을 한정하기 위하여 위 규정이 명시적으로 규정된 것이라고 볼 수 없다.**

6. 평 석

(1) 가업상속공제는 중소 · 중견기업의 원활한 가업승계를 지원하고 피상속인이 사망한 이후에도 상속인과 유족의 안정적인 생활을 지원하기 위해 마련된 제도이다.

(2) 거주자의 사망으로 상속이 개시되는 경우로서 피상속인과 상속인의 요건 및 가업의 범위를 충족하는 경우피상속인이 가업 계속 영위기간에 따라 일정금액을 가업상속재산가액의 100% 금액(피상속인이 가업 계속 영위기간이 10년 이상 20년 미만이면 300억 원, 20년 이상 30년 미만이면 400억 원, 30년 이상이면 600억 원 한도)을 공제한다[상속세및증여세법 제18조의2(가업상속공제), 2022. 12. 31. 신설].

(3) 가업상속공제 요건 중에 피상속인의 지분보유 요건 및 대표이사 재직 요건이 있다. 지분보유요건을 보면 피상속인은 해당주식을 50%이상 10년간 보유할 것을 요구하고 있다.

(4) 국세청 예규에 따르면 '가업을 경영하는 자가 가업을 경영하지 아니한 자로부터 증여받아 10년이 경과하지 아니한 주식에 대하여는 가업상속 공제가 적용되지 않는다.'고 한다(기획재정부 재산세과-385, 2014. 5. 14.).

- 가업을 경영하는 자가 기업을 경영하지 아니한 배우자로부터 증여받아 10년이 경과하지 아니한 주식에 대해서는 가업상속 공제를 적용하지 아니한다(재산세과-385, 2014. 5. 14.).
- 가업을 10년 이상 경영한 배우자 또는 자녀로부터 증여받아 10년이 경과하지 아니한 주식에 대하여는 상증법 제18조 제2항에 따른 가업상속공제가 적용되지 아니한다(법령해석과-2531, 2015. 10.1).

(5) 이 사건으로 돌아와 보면, 원고의 배우자가 원고의 시어머니로부터 이 사건 주식을 증여받은 날로부터 10년이 경과하지 않은 상태에서 원고의 배우자가 사망하였고, 원고가 그 가업을 승계하였다.

(6) 이 사건의 쟁점은 가업승계 요건 주식을 피상속인이 10년 이상 계속 보유하여야 하는지 여부이었다. 관련규정을 살펴보면, 구 상증세법 제18조 제4항의 위임에 따른 구 상증세법 시행령 제15조 제3항 제1호 (가)목은 구 상증세법 제18조 제2항 제1호에 따른 가업상속의 적용을 위한 피상속인의 요건 중 하나로 '중소기업 등의 최대주주 또는 최대출자자(이하 "최대주주 등"이라 한다)인 경우로서 피상속인과 그의 특수관계인의 주식 등을 합하여 해당 기업의 발행주식 총수 등의 100분의 50(거래소에 상장되어 있는 법인이면 100분의 30) 이상을 10년 이상 계속하여 보유할 것'을 정하고 있다. 위 시행령 조항의 "최대주주 등"은 주주 또는 출자자 1인과 그의 특수관계인의 보유주식 등을 합하여 그 보유주식 등의 합계가 가장 많은 경우의 해당 주주 등 1인과 그의 특수관계인 모두를 말한다(구 상증세법 시행령 제19조 제2항 참조).

(7) 이 사건의 1심 재판부도 위 각 규정의 문언과 내용 및 형식, 체계 등을 종합하여 보면, **'피상속인이 상속재산인 해당 주식을 10년 이상 계속하여 보유할 것'은 구 상증세법 제18조 제2항 제1호에 따른 가업상속 공제를 적용하기 위한 요건이라고 할 수 없다**고 보았다(원심의 판단과 동일하다).

(8) 즉, 비상장법인의 형태로 기업을 경영한 경우에 있어 가업상속 공제요건 중 피상속인의 주식 보유에 관한 구 상증세법 시행령 제15조 제3항 제1호 (가)목은 '피상속인이 중소기업 등의 최대주주 등인 경우로서 그의 특수관계인의 주식 등을 합하여 발행주식 총수 등의 100분의 50 이상을 10년 이상 계속 보유할 것'을 정하고 있으므로 위 시행령의 요건을 충족하면 되고, 더 나아가 **'피상속인이 상속재산인 해당 주식을 10년**

이상 계속하여 보유할 것'까지 요구된다고 볼 수 없다는 것이다.

(9) 이 사건은 대법원 심리불속행 기각 판결로 종결되었다.

(10) 가업상속공제는 상속인에게 유용한 제도이기는 하나 7년 동안(사후관리 기간) 해당 상속인이 가업에 종사하여야 하고, 고용유지(기준고용인원의 100% 유지), 업종유지(소분류~중분류 내 업종변경만 허용, 기타불가), 자산유지(가업용 자산 20% 이상 처분불가) 등 사후관리 요건을 충족하여야 하고 이를 위반하는 경우 공제받은 금액을 상속개시 당시의 상속세 과세가액에 산입하여 상속세를 부과하게 되므로 상당한 주의를 요하는 제도라고 하겠다.

7. 관련판례

문서번호	내 용
대법원 2014. 3. 13. 선고 2013두17206 판결	부모가 법인의 형태로 기업을 경영하는 경우 장기간 최대주주 등으로서 그 특수관계자의 주식 등을 합하여 당해 법인을 지배할 수 있을 정도로 주식 등의 지분을 보유함과 아울러 법인의 대표기관인 지위를 가지고 있었고 상속인과 수증자가 이를 그대로 유지한다면 개인이 가업을 승계한 경우와 크게 다를 바 없다고 보아 일정한 요건 아래 상속세와 증여세의 과세특례를 부여한다.
대법원 2017. 7. 13. 선고 2018두39713 판결	영업활동과 직접 관련이 없이 보유하고 있는 주식은 그 문언 그대로 **영업활동과 직접 관련이 있는지 여부만으로 판단**하여야 하고, 자의적으로 다른 요건을 부가하여 해석하여서는 아니 된다. 따라서 모회사가 완전자회사의 주식을 영업활동과 관련하여 보유하고 있는지 여부를 살펴보지도 아니한 채 무조건 영업활동과 관련이 없이 보유하는 주식으로 보아야 한다는 피고의 이 부분 주장은 조세법률주의에 정면으로 반하는 위법한 해석으로서 받아들일 수 없다.
대법원 2014. 1. 16. 선고 2011두24651 판결	구 상증세법 제18조 제4항, 같은 법 시행령 제15조 제4항 제2호 나목은 가업상속공제의 요건으로서 상속인이 상속개시일 전에 '2년 이상 직접 가업에 종사'할 것을 규정하고 있는바, 위 조항의 '직접 가업에 종사'와 같은 불확정적인 개념에 해당하는 사실의 존부는 그 문언적 의미의 범위 내에서 입법취지 등을 고려하여 구체적인 사안에 따라 개별적, 합리적으로 판단하여야 한다.

문서번호	내 용
대법원 2014. 12. 11. 선고 2012두20618 판결	과세대상인 재산으로부터의 공제요건에 관한 증명책임은 원칙적으로 이를 주장하는 납세의무자가 부담한다.
서울고등법원 2018. 3. 13. 선고 2017누71125 판결	원고가 **출산을 위하여 미국에 다녀온 2013. 7. 26.부터 2013. 11. 11.까지의 기간**(이는 약 100일 정도로서 출산과 산후조리 등에 적정한 범위를 넘지 않는다)은 구 상증세법 시행령 제15조 제6항 제2호 다목, 구 상증세법 시행규칙 제6조 본문에 규정된 부득이한 사유에 해당한다고 볼 수 있으므로, 이는 구 상증세법 시행령 제15조 제4항 제2호 나목에 의하여 **가업종사기간에 산입**되어야 한다.

2-5 구 상증세법 상속재산분할 신고가 배우자 상속공제의 필수 요건인지 여부

● 대상판결 : 대법원 2023두44061 (2023. 11. 2.) ➜ 국승

핵심 요지

구 상증세법 제19조 제3항에 따른 부득이한 사유로 배우자 상속재산 분할 기한까지 배우자의 상속재산을 분할 할 수 없는 등 특별한 사정이 없는 한, 구 상증세법 제19조 제2항 후문의 상속재산분할 신고는 그 문언 내용과 취지 및 체계, 개정 연혁 등에 비추어, 상속인으로 하여금 배우자 상속재산 분할 기한까지 상속재산의 분할 사실을 신고하도록 **협력의무를 부과**한 것에 불과하고, **배우자 상속공제의 필수적 요건으로 볼 것은 아니다.**

1. 사실관계

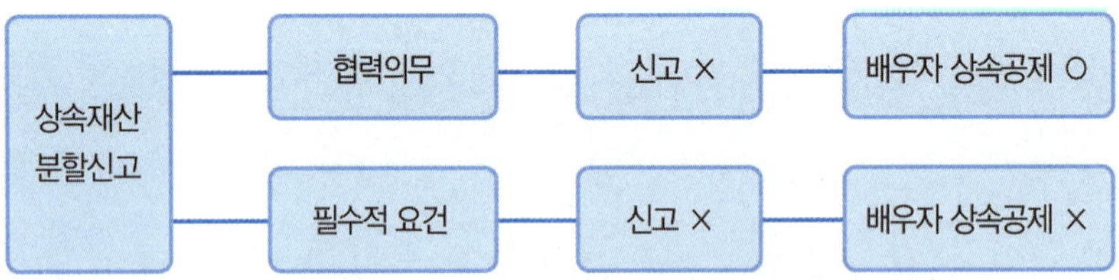

(1) 망인은 2019. 1. 31. 사망하였고, 이에 따라 그 배우자인 원고 A(미국 영주권자)와 자녀인 원고 B(미국 시민권자)가 망인 소유이던 서울 동대문구 전농동 소재 토지 및 그 지상 건물(이 사건 부동산)과 예금을 공동으로 상속하게 되었다.

(2) 원고들은 망인의 공동상속인으로서 이 사건 부동산을 각 1/2 지분으로 상속받았다고 하면서 배우자 상속공제액 2,196백만 원을 적용하여 2019. 7. 31. 상속세 199백만 원을 신고·납부하였다.

(3) 피고는 상속세 세무조사를 실시하여 원고 A에 대한 사전증여재산 149백만 원을 상속세 과세가액에 합산하고, 배우자 상속재산 분할 기한까지 이 사건 부동산에 대한 상속재산 분할을 하지 않았다는 이유로 배우자 상속공제액 2,196백만 원을 5억 원으로 감액하여, 원고들에게 상속세 758백만 원을 부과 처분하였다.

(4) 한편, 망인은 사망 이전인 2018. 9. 12. 이 사건 부동산에 관하여 소외 甲과 사이에 매매대금 40억 원으로 정한 매매계약을 체결하고 계약일에 계약금 4억 원을 수령하였으며, 계약금 및 임대차보증금 2억 7천만 원을 공제한 잔금 33억 3천만 원은 2019. 9. 30.에 수령하기로 하였는데 그 이전인 2019. 1. 31. 사망하였다. 이 사건 부동산에 대하여는 2019. 9. 30. 상속인들을 거치지 아니하고 망인으로부터 甲(매수인) 앞으로 소유권이전등기가 마쳐졌다.

2. 쟁 점

구 상증세법 제19조 제2항 후문의 상속재산 분할 신고가 배우자 상속공제의 필수적 요건인지 여부

3. 관련법령

구 상증세법(2020. 12. 22. 법률 제17654호로 개정되기 전의 것) 제19조 제1항, 제2항

제1항은 거주자의 사망으로 배우자가 실제 상속받은 금액을 일정 한도 내에서 상속세 과세가액에서 공제하도록 규정하고 있고, 제2항은 '배우자 상속공제는 상속세과세표준신고기한의 다음날부터 6개월이 되는 날(이하 '배우자상속재산분할기한'이라 한다)까지 배우자의 상속재산을 분할(등기 · 등록 · 명의개서 등이 필요한 경우에는 그 등기 · 등록 · 명의개서 등이 된 것에 한정한다)한 경우에 적용한다. 이 경우 상속인은 상속재산의 분할 사실을 배우자 상속재산 분할 기한까지 납세지 관할세무서장에게 신고하여야 한다.'고 규정하고 있다.

민법 제187조, 제187조 단서, 부동산등기법 제27조, 민법 제1013조 제1항, 민법 제1015조

상속민법은 상속에 의한 부동산에 관한 물권의 취득은 등기를 요하지 않는다고 정하면서도(제187조 본문), 등기를 하지 아니하면 이를 처분하지 못한다고 규정하고 있다(제187조 단서). 다만 부동산등기법 제27조는 등기원인이 발생한 후에 등기의무자에 대하여 상속이 있는 경우 상속인이 그 등기를 신청할 수 있다고 하여 포괄승계인에 의한 등기신청이 가능함을 규정하고 있다. 한편 민법상 공동상속인은 언제든지 협의에 의하여 상속재산을 분할 할 수 있고(제1013

조 제1항), 상속재산의 분할은 상속이 개시된 때에 소급하여 효력이 있으나(제1015조), 분할 협의의 대상이 된 상속재산에 부동산이 포함 되어 있는 경우 분할 협의의 내용에 따른 물권변동의 효력이 발생하기 위해서 등기가 필요한지에 관해서는 따로 규정을 두고 있지 않다.

4. 원고 주장 요약

① 구 상속세 및 증여세법(2018. 12. 24. 법률 제16057호로 개정되기 전의 것, 이하 '구 상속세및증여세법'이라 한다) 제19조 제2항에 의하면, 상속재산분할에 등기 등이 필요한 경우 그 등기 등이 된 것에 한정하여 제1항이 정하고 있는 배우자상속공제를 적용한다고 규정하고 있는데, 망인은 상속개시 이전에 이 사건 부동산을 甲에게 매도하기로 하는 계약을 체결한 후 계약금까지 지급받았고, 이러한 경우 상속인들을 거치지 않고 피상속인인 망인으로부터 매수인 앞으로 직접 소유권 이전 등기가 가능하므로, 상속재산의 분할에 등기가 필요한 경우에 해당하지 않는다. 만약 이러한 경우까지 배우자 명의로 상속등기를 거쳐야 한다고 해석한다면 상속등기 없이 피상속인으로부터 매수인으로 직접 소유권이전등기를 인정하는 등기실무 및 대법원 판례에 부합하지 않을 뿐 아니라 불필요한 거래비용을 강요하는 것으로서 조세중립성에도 반한다.

② 망인이 사망하기 전 이 사건 부동산에 관하여 제3자와 체결한 매매계약을 이행하기 위하여 상속개시 이후 배우자 상속재산 분할 기한 내에 매수인에게 직접 소유권이전등기를 마쳐 주면서 원고들 명의로의 상속등기를 생략한 것에 불과하다. 이와 같이 상속인들의 이른바 중간생략등기는 부동산등기법 제27조에 따라 민법 제187조 단서에 대한 예외로서 허용되는 점, 등기가 필요한 상속재산에 대하여 상속인들이 등기를 마치지 아니한 채 법정상속분에 따른 배우자 상속공제를 받은 후 신고 내용과 달리 상속재산을 분할함으로써 조세를 회피할 가능성은, 실제로 상속등기가 이루어진 경우에도 여전히 존재하는 점, 원고들은 법정상속분에 따라 이 사건 부동산에 관한 취득세와 양도소득세를 납부하기도 한 점 등을 종합하면, 이 사건 부동산의 경우 구 상증세법 제19조 제2항 제1문의 괄호 규정에 대한 예외로서 상속재산 분할에 등기가 필요한 경우에 해당하지 않는 특별한 사정이 있다고 봄이 타당하다.

5. 대상판결

부동산에 관한 상속재산분할 협의의 사법상 효력 유무나 포괄승계인인 상속인이 직접 등기를 신청할 수 있는지 여부와는 별개로 구 상증세법상 배우자 상속공제를 받기 위해서는 상속재산인 이 사건 부동산에 관하여 **상속재산 분할 협의에 따른 배우자 명의로의 등기가 필요**하다.
상속인인 배우자가 상속재산인 부동산에 관하여 그 명의의 상속등기를 마치지 아니한 채 부동산등기법 제27조에 따라 등기 권리자에게 직접 등기를 마쳐 주었다는 이유만으로 이 사건 부동산이 구 상증세법 제19조 제2항에서 정하는 '분할에 등기가 필요한 상속재산'에서 제외된다고 볼 수는 없다.
구 상증세법 제19조 제2항의 문언, 부동산등기법 제27조의 취지 등에 비추어 볼 때, 원고들이 매수인에게 직접 소유권이전등기를 마쳐 주었다는 사정만으로 이 사건 부동산에 관하여 원고 A(배우자) 명의로 상속재산 분할 협의에 따른 등기가 마쳐진 것과 동일하게 평가할 수 없다.
원심판결 이유를 관련 규정과 법리 및 기록에 비추어 살펴보면, 원심이 구 상증세법 제19조 제2항 후문의 **상속재산 분할 신고를 배우자 상속공제의 필수적 요건으로 설시한 부분은 적절하지 아니하나,** 배우자 상속공제의 요건을 갖추지 못하였다고 본 원심의 판단은 정당하다. 거기에 상고이유 주장과 같이 구 상증세법 제19조 제2항에서 정한 배우자 상속공제의 요건 등에 관한 법리를 오해하여 판결에 영향을 미친 잘못이 없다. 원고들은 원심판단에 금전채권의 상속 · 상속재산분할의 효과, 상속인이 외국에 주소를 둔 경우의 상속세과세표준 신고 기한과 배우자 상속재산 분할 기한, 가산세 면제의 정당한 사유 등에 관한 법리 오해의 잘못이 있다고도 주장하나, 이는 상고심에 이르러 비로소 내세우는 새로운 주장이므로 적법한 상고이유가 되지 못한다. 나아가 **관련 법리와 기록에 비추어 살펴보아도 그 주장을 받아들일 수 없다.**

6. 평 석

(1) 배우자 상속공제는, 배우자 간 상속이 수평적 이전이고 세대 간 이전은 아니므로 이를 감안하여 상속재산 중 일정 비율까지는 과세를 유보한 후 잔존배우자 사망 시 과세하

도록 하는 이른바 '1세대 1회 과세원칙'과 잔존배우자의 상속재산에 대한 기여 인정 및 생활 보장을 반영한 것이다. 특히 구 상증세법 제19조 제2항에 따라 상속개시 후 배우자 상속재산 분할 기한 내 배우자 앞으로 실제 상속재산 분할이 완료되어야 배우자 상속공제를 허용하는 것은 상속재산 미분할 상태로 일단 배우자 상속공제를 받은 다음 추후 협의분할을 거쳐 자녀에게 재산을 이전하는 방법으로 부를 무상 이전하려는 시도를 방지하고 상속세에 관한 조세법률관계를 조속히 확정하기 위한 데 그 입법 취지가 있다.

(2) 구 상속세및증여세법 제19조 제2항 중 '등기 · 등록 · 명의 개서 등이 필요한 경우에는 등기 · 등록 · 명의 개서 등이 된 것에 한정한다'는 부분은 2000. 12. 29. 법률 제6301호로 개정되면서 추가된 것으로서 '**등기 등을 요하는 재산은 배우자 명의로 분할 등기 등을 해야**만이 실제 상속받은 재산가액을 공제받을 수 있음을 명확히 규정하여 법령 해석상 혼란을 해소'하기 위한다는 입법취지에서 개정된 규정이다.

(3) 민법 제187조에 의하면 상속에 의한 물권의 취득은 등기를 요하지 않으므로, 만일 원고들의 주장과 같이 실제 상속인 앞으로의 등기를 거치지 않고 소유권 이전 등기가 가능한 경우, 즉 실제 등기 과정에서 상속등기가 필요하지 않은 경우를 '등기 · 등록 · 명의 개서 등이 필요한 경우'에서 제외하게 되면 사실상 상속으로 물권을 취득하는 경우 전부가 위 규정의 적용을 받지 않게 되는 불합리한 결과가 초래된다.

(4) 구 상증세법 제19조 제1항은 배우자가 '실제' 상속받은 금액을 상속세 과세가액에서 공제하도록 하고 있는데, 등기 등을 요하는 재산에 대한 등기 등이 완료되지 않은 경우에는 단순히 추상적인 법정상속분만이 존재할 뿐 '실제' 상속받은 금액은 확정되지 않는다. 이러한 경우 상속인들이 추상적인 법정상속분에 따른 배우자 상속공제를 받은 후 신고 내용과 달리 상속재산을 분할함으로써 조세를 회피할 가능성이 있다.

(5) 배우자 상속 공제제도가 조세회피의 수단으로 악용되는 것을 효과적으로 방지하기 위해서 상속세에 관한 조세법률관계를 객관적으로 명확하게 확정할 필요가 있다는 점에서 등기 등과 같은 공시방법을 완료할 것을 요구하는 것이 (설령 그 과정에서 추가적인 세금을 부담하게 되더라도) 부당하다고 보이지 않는다(서울행정법원 2022. 10. 28. 선고 2021구합72130 판결 참조).

(6) 한편 구 상증세법 제19조 제3항에 따른 부득이한 사유로 배우자 상속재산 분할기한까

지 배우자의 상속재산을 분할할 수 없는 등 특별한 사정이 없는 한, 구 상증세법 제19조 제2항 후문의 **상속재산 분할 신고는 그 문언 내용과 취지 및 체계, 개정 연혁 등에 비추어, 상속인으로 하여금 배우자 상속재산 분할기한까지 상속재산의 분할 사실을 신고하도록 협력의무를 부과한 것에 불과하고, 배우자 상속공제의 필수적 요건으로 볼 것은 아니다.**

(7) 대법원 2018. 5. 15.자 2018다219451 심리불속행 상고기각 판결의 원심인 서울고등법원 2018. 2. 1. 선고 **2017나2052963 판결**에서는 **상속재산 협의분할을 배우자 상속공제의 요건으로 해석**하였다. 즉, **법정상속에 따른 상속등기는 배우자 상속공제 대상에서 제외**하였다.

(8) 상증세법 제19조의 배우자 상속공제는 배우자 간 상속이 세대 간 이전이 아니고 수평적 이전이므로 이를 감안하여 상속재산 중 일정비율까지는 과세를 유보한 후 잔존배우자 사망 시 과세하도록 하는 이른바 '1세대 1회 과세원칙'과 잔존배우자의 상속재산에 대한 기여 인정 및 생활 보장을 반영한 것이라는 점, 상증세법 제19조 제2항은 '상속재산의 분할'이라고 규정하고 있지 '협의분할'로 한정하지 않고 있는 점, 법정상속분에 의한 상속등기에 의해서도 배우자를 포함한 상속인들의 상속분이 확정되는 점 등을 종합하여 보면, 배우자 상속공제는 협의분할에 따른 상속등기뿐만 아니라, 법정상속에 따른 상속등기도 포함되는 것으로 해석함이 타당하다는 견해도 상존한다.

(9) 대상 판결은 **구 상증세법 제19조 제2항 후문의 상속재산 분할 신고가 상속인으로 하여금 배우자 상속재산 분할 기한까지 상속재산의 분할 사실을 신고하도록 협력의무를 부과한 것에 불과**하고, 배우자 상속공제의 필수적 요건으로 볼 수 없다는 점을 처음으로 밝혔다는 점에 의미가 있다.

(10) 이 사건 부동산은 원고 A(피상속인의 배우자)를 포함한 상속인들을 거치지 않고 피상속인으로부터 직접 매수인인 甲 앞으로 소유권이전등기가 경료됨으로써 원고 A는 상속재산 분할에 등기를 요하는 이 사건 부동산에 대해 배우자 상속재산 분할 기한까지 원고 A 명의의 상속등기를 한 사실이 없다. 이에 대상 판결은 원고들이 배우자 상속공제의 요건을 충족하지 못한 것으로 판단한 것이고, 이는 구 상증세법 제19조 제2항에 부합하는 해석이다.

7. 관련판례

문서번호	내 용
헌법재판소 2012. 5. 31. 선고 2009헌바190 결정	구 상증세법 제19조 제2항에 따라 상속개시 후 배우자 상속재산분할 기한 내 배우자 앞으로 실제 상속재산분할이 완료되어야 배우자 상속공제를 허용하는 것은 상속재산 미분할 상태로 일단 배우자 상속공제를 받은 다음 추후 협의분할을 거쳐 자녀에게 재산을 이전하는 방법으로 부를 무상 이전하려는 시도를 방지하고 상속세에 관한 조세법률관계를 조속히 확정하기 위한 데 그 입법취지가 있다.
대법원 2005. 11. 10. 선고 2005두3592 판결	구 상증세법 제19조 제1항이 배우자 상속공제의 대상을 실제 상속받은 금액이라고 하여 실제를 명시한 것은 **현실적으로 상속받았음이 확인되지 않는 것은 상속공제액으로 인정할 수 없다는 입법취지를 반영**한 것이다.
대법원 2004. 7. 22. 선고 2002두9322, 9339 (병합)판결	'배우자의 실제 상속가액을 공제받기 위하여는 상속재산 신고 기한 내에 배우자의 상속재산가액을 분할하여 신고하여야 하는 것이며, 다만 구 상속세법 시행령 소정의 부득이한 사유로 당초의 신고 기한 내에 배우자의 상속재산 가액을 분할할 수 없는 경우에는 신고 기한을 연장할 수 있는 것이므로, **납세의무자측에 상속재산 신고 기한 내에 상속재산 중 배우자의 상속재산가액을 분할하여 신고할 수 없었던 부득이한 사유가 있었다**는 점이 인정되지 않는 이상 상속재산 신고 기한 경과 후에 배우자의 인적 공제액을 수정하여 추가 공제를 요구할 수는 없다(상속재산 신고 기한 경과 후에 배우자의 인적 공제액을 수정하여 추가 공제를 요구할 수 있는지 여부가 문제된 사안).
대법원 2005. 5. 27. 선고 2003두13298 판결	배우자가 법정신고 기한 내에 상속세를 신고하면서 상속받은 부동산의 면적을 실제보다 적게 신고한 경우, **누락된 상속부동산의 면적에 상응하는 상속재산가액에 대하여는 추가로 배우자 상속공제를 허용할 수 없다**(그러나 구 상증세법 제19조 제2항 후문의 상속재산 분할신고가 배우자 상속공제의 필수적 요건이 아니라 상속인으로 하여금 배우자 상속재산 분할 기한까지 상속재산의 분할 사실을 신고하도록 협력의무를 부과한 것에 불과하다는 대상 판결에 따르면, 위 **2003두13298 판결의 경우 누락된 상속부동산의 면적이 배우자 상속재산 분할 기한까지 배우자 소유로 분할 등기가 되어 있었다면 이 부분도 배우자 상속공제를 허용해야** 할 것임).

문서번호	내 용
대법원 1994. 2. 22. 선고 92누18603 판결, 대법원 2004. 5. 27. 선고 2002두6781 판결	조세법률주의 원칙상 과세요건이거나 비과세 요건 또는 조세감면 요건을 막론하고 조세법규의 해석은 특별한 사정이 없는 한 법문대로 해석하여야 한다.
대법원 2005. 11. 10. 선고 2005두3592 판결	법 제19조 제1항에서 **배우자 상속공제액을 '실제 상속받은 금액'이라고 하여 '실제'를 명시한 것은 현실적으로 상속받았음이 확인되지 않은 것은 상속공제액으로 인정할 수 없다는 입법 취지**를 반영한 것으로 보이는 점, 법 제15조 제1항 소정의 재산은 상속세 회피 목적으로 이루어지는 증여를 방지하기 위하여 전체 상속인들이 이를 '상속받은 것으로 추정'할 뿐이고, 실제 그 재산에 대하여 상속이 이루어졌는지 여부 및 상속인들 중 누가 얼마를 상속하였는지가 분명하지 않고, 나아가 실제로는 배우자 아닌 다른 상속인에게 전부 증여된 경우도 있을 수 있는데 그러한 경우에도 배우자의 법정상속분에 상당하는 가액을 상속세 과세가액에서 공제한다면 법 제15조 제1항의 입법 취지가 몰각될 수 있는 점 등을 종합하여 볼 때, **법 제15조 제1항에 의하여'상속받은 재산으로 추정'되는 재산이 곧바로 법 제19조 제1항에서 규정한 '배우자가 실제 상속받은 금액'에 포함된다거나 그러한 추정을 받는다고 볼 수는 없다(상속개시일 전 처분재산 등의 상속추정에 관한 구 상증세법 제15조 제1항에 의하여 상속받은 재산으로 추정되는 재산이 곧바로 배우자 상속공제의 대상이 되는지 여부가 문제된 사안).**
대법원 2018. 5. 15.자 2018다219451 심리불속행 상고기각 판결 (원심 서울고등법원 2018. 2. 1. 선고 2017나2052963판결)	**상속재산 협의분할을 배우자 상속공제의 요건으로 해석**하였다. 즉, **법정상속에 따른 상속등기는 배우자 상속공제 대상에서 제외**하였다. **조세심판원**도 협의분할에 따른 상속등기를 한 경우에만 배우자 상속공제를 받을 수 있고, **법정상속분에 따른 상속등기는 그 요건을 충족하지 못한다**는 입장이다(조심 2020인2501, 2020. 11. 11., 조심 2021인1768, 2021. 9. 7., 조심 2022인0088, 2022. 7. 12.).

2-6 수익사업에서 발생한 소득금액이라 함은 출연재산으로 영위하는 수익에서 발생한 소득금액만을 의미하고, 출연재산과 무관한 수익사업에서 발생한 소득금액은 포함하지 아니함

● 대상판결 : 대법원 2007두26711 (2010. 5. 27.) ➜ 국패

핵심 요지

이 사건 시행령 조항이 말하는 '수익사업에서 발생한 소득금액'이라 함은 출연재산으로 영위하는 수익사업에서 발생한 소득금액만을 의미하고, 출연재산과 무관한 수익사업에서 발생한 소득금액은 포함하지 아니한다고 해석함이 상당하다 할 것이다.
… 원고가 출연재산으로 영위하는 수익사업은 없고 단지 출연재산에서 발생한 임대료와 이자 수입만 있는 상황에서 그 수입의 전부를 공익목적사업에 사용한 이상, 그 사용 실적이 이 사건 시행령 조항이 정하는 기준 금액에 미달한다고 할 수 없으므로 이 사건 증여세 등 부과처분이 위법하다고 판단한 원심의 결론은 정당하다.

1. 사실관계

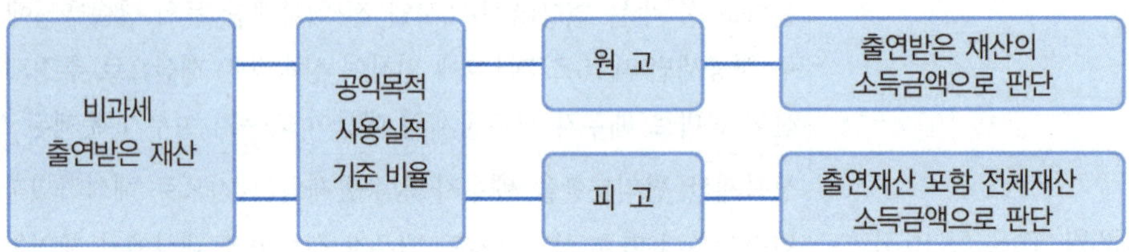

(1) 원 고는 1982. 4. 28. 한국문화의 해외 소개를 위한 연구 및 출판지원, 한국문학 작품의 번역 및 출판지원, 국제적 의사소통 능력의 개발 및 평가, 기타 국제간의 상호 이해 및 문화교류를 위한 제반 기금 조성에 합당하는 부대수익 사업을 목적으로 甲으로부터 현금 70백만 원을 출연 받아 설립된 공익 재단법인이다.

(2) 원고는 1998. 6. 16. TOEIC 및 TOEIC Bridge 시험의 한국 내 독점사용 및 관리의 권한을 가지고 있는 소외 회사와 TOEIC 시험 등의 위임 및 시험자료의 공급계약을 체결하였는데 TOEIC 등의 시험을 시행 관리하면서 얻은 수익금의 일부와 이 사건 출연재산의 운용수익금(임대료 또는 이자)을 공익목적사업에 사용하였는데, 피고는 운

용소득을 직접 공익목적사업에 사용한 실적이 이 사건 시행령 조항에 의하여 당해 사업연도의 수익사업에서 발생한 소득금액(법인세법상 각 사업연도 소득금액을 기준으로 원고가 TOEIC 등의 시험을 관리하면서 얻은 수익금 및 이 사건 출연재산의 수익금도 포함됨)에서 법인세 등을 공제한 금액의 50%(1997년부터 1999년 사업연도의 기준) 또는 70%(2000년 사업연도부터의 기준)에 상당하는 금액(공익목적사업 사용기준 금액)에 미달된다는 이유로 이 사건 증여세 등 부과처분을 하였다.

(3) 피고는, 공익법인인 원고가 1997. 1. 1.부터 2003. 12. 31.까지 사업연도별로 출연재산 운용 소득을 직접 공익목적사업에 사용한 실적이 구 상속세 및 증여세법시행령(1998. 12. 31. 대통령령 제15971호로 개정되기 전의 것과 1999. 12. 31. 대통령령 제16660호로 개정되기 전의 것) 제38조 제4항, 구 상속세 및 증여세법시행령(2005. 8. 5. 대통령령 제18989호로 개정되기 전의 것) 제38조 제5항의 기준 금액에 미달한다는 이유로 구 상속세 및 증여세법(2000. 12. 29. 법률 제6301호로 개정되기 전의 것, 이하 같다.) 제48조 제2항 제3호(증여세 근거 규정) 및 상속세및증여세법 제48조 제2항 제4호의2(가산세 근거 규정)에 의하여 2004. 8. 5. 원고에 대하여 1997년도부터 1999년도 귀속 각 증여세, 2000년도, 2002년도, 2003년도 귀속 각 가산세를 부과하는 처분을 하였다.

(4) 원고는 이 사건 증여세 등 부과처분과 법인세 부과처분에 불복하여 2004. 11.경 감사원에 심사청구를 하여, 2006. 5. 4. 감사원으로부터 법인세 부분에 대한 재조사를 거쳐 세액을 경정하라는 일부 인용 결정을 받았으나, 피고는 2006. 7. 12. 종전 처분을 유지한다는 결정을 하였다.

(※ 과세관청의 법인세 부과 처분도 다툼이 있었으나 여기에서는 논외로 하기로 한다.)

2. 쟁 점

공익목적사업 사용기준 금액의 계산 정당 여부

3. 관련법령

구 상증세법(2000. 12. 29. 법률 제6301호로 개정되기 전의 것) 제48조 【공익법인 등이 출연 받은 재산에 대한 과세가액 불산입 등】

① 공익법인 등이 출연 받은 재산의 가액은 증여세 과세가액에 산입하지 아니한다. (이하 단서 생략)

② 세무서장 등은 제1항 및 제16조 제1항의 규정에 의하여 재산을 출연받은 공익법인 등이 다음 각 호의 1에 해당하는 경우에는 대통령령이 정하는 가액을 공익법인 등이 증여받은 것으로 보아 즉시 증여세를 부과한다. (단서 기재 생략)

3. 출연받은 재산을 수익용 또는 수익사업용으로 운용하는 경우로서 그 운용소득을 직접 공익목적사업 외에 사용하거나 운용소득 중 직접 공익목적사업에 사용한 실적이 대통령령이 정하는 기준금액에 미달하는 경우

구 상증세법 시행령(1999. 12. 31. 대통령령 제16660호로 개정되기 전의 것) 제38조 【공익법인 등이 출연받은 재산의 사후관리】

④ 법 제48조 제2항 제3호에서 "대통령령이 정하는 기준금액"이라 함은 제1호의 규정에 의하여 계산한 금액에서 제2호의 규정에 의한 금액을 차감한 금액의 100분의 50에 상당하는 금액을 말한다.

1. 당해 과세기간 또는 사업연도의 수익사업에서 발생한 소득금액(법 제48조 제2항 제4호의 규정에 의한 출연재산 매각금액을 제외하고, 법인세법 제29조 제1항의 규정에 의한 고유목적사업 준비금을 포함한다)과 출연재산을 수익의 원천에 사용함으로써 생긴 소득금액의 합계액
2. 당해 소득에 대한 법인세 또는 소득세 · 농어촌특별세 · 주민세 및 이월결손금

⑤ 법 제48조 제2항 제3호의 규정에 의한 직접 공익목적사업에 사용한 실적은 그 소득이 발생한 과세기간 또는 사업연도 종료일부터 1년 이내에 직접 공익목적사업에 사용한 실적을 말한다. 이 경우 그 실적 및 기준금액은 각각 당해 과세기간 또는 사업연도와 직전 2 과세기간 또는 사업연도와의 3년간의 평균금액을 기준으로 계산할 수 있다.

상증세법 제40조【공익법인 등에게 부과되는 증여세과세가액의 계산 등】

3. 법 제48조 제2항 제3호 또는 동항 제4호의 규정에 해당하게 되는 경우에는 제38조 제4항 또는 동조 제6항에 규정한 사용기준에 미달되게 사용한 부분에 대하여 다음의 산식에 의하여 계산한 재산가액

재정경제부령에 의한 출연재산(직접 공익목적사업에 사용한 분을 제외한다)의 평가가액 × (사용기준에 미달되게 사용한 금액)사용기준금액

상증세법 제48조【공익법인 등이 출연받은 재산에 대한 과세가액 불산입 등】

② 세무서장 등은 제1항 및 제16조 제1항의 규정에 의하여 재산을 출연받은 공익법인 등이 다음 제1호 내지 제4호 및 제5호의1에 해당하는 경우에는 대통령령이 정하는 가액을 공익법인 등이 증여받은 것으로 보아 즉시 증여세를 부과하고, 제4호의2에 해당하는 경우에는 제78조 제9항의 규정에 의한 가산세를 부과한다. (단서 기재 생략)

3. 출연받은 재산을 수익용 또는 수익사업용으로 운용하는 경우로서 그 운용소득을 직접 공익목적사업 외에 사용한 경우

4의2. 제3호의 규정에 의한 운용소득을 대통령령이 정하는 기준금액에 미달하게 사용하거나 제4호의 규정에 의한 매각대금을 매각한 날부터 3년의 기간 중 대통령령이 정하는 기준금액에 미달하게 사용한 경우

4. 원 · 피고 주장 요약

(1) 원 고

① 이 사건 법률조항이 합헌이라 하더라도 그 위임을 받은 시행령에서는 “대통령령이 정하는 기준 금액”을 정함에 있어서 증여세를 비과세받은 출연재산이 공익목적사업에 사용되지 않은 경우 증여세나 가산세를 사후적으로 추징하고자 하는 이 사건 법률조항의 취지나 문언에 비추어 출연재산 운용소득을 전제로 공익목적사업에 사용하지 못한 금액이 얼마인지를 기준으로 해야 함에도, 구 상속세및증여세법시행령 제38조 제4항(1998. 12. 31. 대통령령 제15971호로 개정되기 전의 것과 1999. 12. 31. 대통령령 제16660호로 개정되기 전의 것)과 구 상속세및증여세법시행령(2005. 8. 5. 대통령령 제18989호로 개정되기 전의 것) 제38조 제5항(이하 이들 조항을 통틀어 ‘이 사건 시행

령 조항'이라 한다)은 "당해 과세기간 또는 사업연도의 수익사업에서 발생한 소득금액"을 포함하여 출연재산 운용소득의 사용기준금액을 정함으로써, 원고의 경우 출연재산 운용소득 이상을 직접 공익목적사업에 사용하고 있으면서도 출연재산과 무관한 소득이 다액이라는 사정만으로 출연재산 운용소득의 사용기준금액에 미달한 것으로 되어 불합리하므로 이 사건 시행령 조항은 모법인 이 사건 법률 조항의 위임 범위를 벗어난 것으로 무효이다. 원고는 이 사건 부동산 전체를 유상으로 매수하여 취득하였는바, 원고가 이 사건 부동산을 부담부 증여로 취득하였음을 전제로 피고가 한 이 사건 처분은 위법하다.

② 출연재산과 무관한 소득까지 사용기준금액에 포함한 이 사건 시행령 조항으로 인하여 원고는 원래 출연받은 재산에 대하여 납부할 증여세액은 물론 심지어 증여재산 가액을 초과하는 액수의 증여세 또는 가산세를 부담하게 되고, 출연재산과 무관한 소득에 대하여는 이미 법인세를 납부하고 있음에도 재차 증여세 등을 부담하게 되는바, 이는 과잉금지 또는 이중과세금지 원칙에 반한다.

(2) 피 고

이 사건 법률 조항은 공익법인의 출연재산을 수익용 또는 수익사업용으로 운용하는 경우 공익목적사업에 사용한 출연재산의 운용소득 사용 실적이 대통령령이 정하는 기준금액에 미달하는 경우 증여세 또는 가산세를 부과함으로써 공익법인의 운용소득마저도 직접 공익목적사업에 사용하도록 유도하여 공익법인의 공익성을 제고하기 위한 규정으로, 조세의 종목, 납세의무자, 과세대상은 위 법률 조항에서 직접 규정하고 있고 다만 운용소득의 사용실적에 따른 과세대상의 구체적인 범위만을 대통령령에 위임한 것이므로, 그 위임의 방법이 포괄적이거나 일반적이라고 할 수 없다. 따라서 이 사건 법률 조항이 포괄위임금지의 원칙을 정한 헌법 제75조나 조세법률주의 원칙을 정한 헌법 제38조 및 제59조에 위배되었다는 원고의 주장은 이유 없다.

5. 사건의 경과

(1) 1심판결(서울행정법원 2007. 4. 10. 선고 2066구합29287 판결) : 국승

… ① 이 사건 시행령상 운용소득은 해당 법인의 법인세법상 각 사업연도 소득금액(법인세법 제14조에 규정된 익금의 총액에서 손금의 총액을 차감하여 계산한 금액)에서 법인세 등을 공제한 금액으로 계산되고, 결과적으로 **단순히 기본재산으로 설정된 출연재산에서 발생한 소득금액만을 기준으로 하는 것이 아니라 비영리 공익법인에서 발생한 각 사업연도 소득금액에서 법인세 등을 공제한 금액의 50% 또는 70% 이상을 공익목적사업에 사용할 것이 요구된다**고 할 것인데, 이는 이 사건 법률조항의 취지가 공익법인의 사후관리 요건을 강화하여 공익법인의 어떠한 소득도 특별한 규정이 없는 한 출연목적 이외에 사용되지 못하도록 함으로써 공익법인의 공익성을 제고하고자 함에 있는 점, ② 공익법인의 경우 출연재산과 무관한 소득이 있기 어렵고 설사 있다고 하여도 이는 결국 출연재산을 수익의 원천에 사용함으로써 생긴 소득금액으로 볼 수 있는 점, ③ 이 사건 법률 조항 및 구 상증세법 시행령 제38조 제5항, 상증세법 시행령 제38조 제6항의 규정에 의하면 공익법인의 운용소득인 이익금은 원칙적으로 1년 이내에 공익목적에 사용하도록 되어 있고 공익법인이 공익목적과 관련 없는 소득을 유보할 필요성은 없는 점, ④ 이 사건 법률 조항이 규정하는 공익목적사업에 사용한 출연재산의 운용소득을 산정할 때 출연재산 자체에서 발생한 운용소득 중 공익목적사업에 사용한 부분을 한정해서 계산하지 아니하는 한 공익목적사업 사용기준금액이 되는 이 사건 시행령상의 운용소득을 출연재산 자체에서 발생한 운용소득으로 한정할 필요는 없는 점(원고가 공익목적사업에 사용하였다는 운용소득도 이 사건 출연재산의 수익금뿐만 아니라 원고가 TOEIC 등의 시험을 관리하면서 얻은 수익금도 포함되어 있음), ⑤ 이 사건 법률조항에 기한 증여세 또는 가산세 부과는 비과세하였던 출연재산에 대한 증여세 부과라기보다는 공익법인의 출연재산을 수익용 사업에 이용함으로써 발생한 과실에 해당하는 운용소득을 과세대상으로 하여 새롭게 발생한 과세요인으로 볼 수 있는 점 등을 고려하여 보면, 이 사건 시행령 조항에서 출연재산 자체의 운용소득뿐만 아니라 공익법인의 당해 사업연도 소득금액을 공익목적사업 사용기준금액으로 규정하였다고 하여 모법의 위임 취지를 벗어났다고 볼 수 없다. 또한, 이 사건 법률조항이 비과세하였던 증여세를 사후에 추징하는 취지에서 규정된 것이라고 하더라도 출연재산 자체나

출연재산의 변형물인 매각대금에 대하여 의무 위반 사항이 있는 경우 비과세하였던 증여세를 부과하는 규정과 달리 출연재산의 과실에 해당하는 운용소득을 과세대상으로 하여 증여세 또는 가산세를 부과하는 규정이라는 점에 비추어 볼 때 과잉금지 및 이중과세금지 원칙에 위배된다고 볼 수도 없다. 따라서 원고의 이 부분 주장도 이유 없다.
따라서 이사건 증여세 등 부과처분은 적법하다.

(2) 대상판결(심리불속행 : 서울고등법원 2007. 12. 5. 선고 2007누11698 판결) **: 국패**

… 이 사건 시행령 조항은 공익법인 등이 출연재산 운용소득을 직접 공익목적사업에 사용한 실적이 어느 정도에 미달할 때 과세요인이 발생한 것으로 보아 증여세 또는 가산세를 부과할 것인가 하는 과세대상의 구체적인 범위를 정한 것이라고 해석된다. 따라서 공익법인 등이 출연재산 운용소득을 전부 직접 공익목적사업에 사용하였다면 이 사건 법률 조항의 취지는 모두 충족된다. 그러나 이 사건 법률 조항의 위임에 따라 과세대상의 구체적인 범위를 정한 이 사건 시행령 조항을 적용함으로써 산정된 출연재산 운용소득의 사용기준금액이 출연재산 운용소득금액 전체를 초과하게 된다면, 이는 **모범인 이 사건 법률 조항의 위임 범위를 벗어나 출연재산 운용소득과는 무관한 수익사업 소득금액에까지 과세대상을 확장하는 것으로 조세법률주의에 위배**된다고 보아야 한다.
그런데, 이 사건에 있어 원고의 출연재산 운용소득과는 무관한 수익사업 소득금액이 다액이라는 사정 때문에 "당해 과세기간 또는 사업연도의 수익사업에서 발생한 소득금액" 및 "출연재산을 수익의 원천에 사용함으로써 생긴 소득금액"의 합계액을 기초로 출연재산 운용소득의 사용기준금액을 설정한 이 사건 시행령 조항에 따르면 출연재산 운용소득의 사용기준금액이 출연재산 운용소득 전체를 초과하게 되고, **원고로서는 출연재산 운용소득 전부를 직접 공익목적사업에 사용하였음에도 증여세 또는 가산세를 부과 받게 되므로, 이러한 경우 이 사건 시행령 조항은 모법인 이 사건 법률조항의 위임 범위를 벗어나 과세대상을 확장하는 것으로 조세법률주의에 위배되어 무효**이다.
따라서 이 사건 증여세 등 부과처분은 무효인 이 사건 시행령 조항에 근거한 것이므로 과잉금지 및 이중과세금지원칙의 위반 여부를 따져 볼 것도 없이 위법하다.

6. 평 석

(1) 원 고는 피고의 이 사건 부과처분이 '포괄위임금지원칙을 위반'하였고,'시행령의 모법 위반' 및 '과잉금지 및 이중과세금지원칙을 위반'하였다고 주장하였다.

(2) 우선 이 사건 피고의 부과처분이 '**포괄위임금지원칙 위반**'이라는 원고의 주장에 대해서는 이 사건 법률조항의 취지는, 공익법인 등으로 하여금 고유목적사업을 원활하게 수행하도록 하기 위하여 공익법인 등이 출연받은 재산에 대하여는 정책적으로 그 가액을 증여세과세가액에 산입하지 않으나, 한편으로 공익사업을 앞세우고 변칙적인 재산출연행위를 하여 공익법인 등을 탈세나 부의 증식 수단으로 악용하는 것을 방지하기 위하여, 공익법인 등이 출연받은 재산을 수익용 또는 수익사업용으로 사용할 경우 그 운용 소득 중 직접 공익목적사업에 사용한 실적이 어느 정도에 미달한 때에는 비과세의 혜택을 계속 부여하지 아니하고 새로운 과세 요인이 발생한 것으로 보아 증여세 또는 가산세를 부과함으로써 공익법인 등의 공익성을 제고하고자 하는 데 있다. 나아가 이 사건 법률 조항은 조세의 종목, 납세의무자, 과세 대상은 위 법률 조항에서 직접 규정하고 있고 다만 운용 소득의 사용 실적에 따른 과세 대상의 구체적인 범위만을 대통령령에 위임한 것이므로, 그 위임의 방법이 포괄적이거나 일반적이라고 할 수 없다. 따라서 이 사건 법률 조항이 포괄위임금지의 원칙을 정한 헌법 제75조나 조세법률주의 원칙을 정한 헌법 제38조 및 제59조에 위배되었다는 원고의 주장은 이유 없다고 **원고의 주장을 배척**하였다.

(3) 두 번째 '**이 사건 시행령 조항의 모법 위반 여부**'에 대해서는 이 사건 시행령 조항은 공익법인 등이 출연재산 운용 소득을 직접 공익목적사업에 사용한 실적이 어느 정도에 미달할 때 과세 요인이 발생한 것으로 보아 증여세 또는 가산세를 부과할 것인가 하는 과세 대상의 구체적인 범위를 정한 것이라고 해석하였다. 따라서 공익법인 등이 출연재산 운용 소득을 전부 직접 공익목적사업에 사용하였다면 이 사건 법률 조항의 취지는 모두 충족된다. 그러나 **이 사건 법률 조항의 위임에 따라 과세 대상의 구체적인 범위를 정한 이 사건 시행령 조항을 적용함으로써 산정된 출연재산 운용소득의 사용기준금액이 출연재산 운용소득금액 전체를 초과하게 된다면, 이는 모법인 이 사건 법률 조항의 위임 범위를 벗어나 출연재산 운용소득과는 무관한 수익사업 소득금액에**

까지 과세대상을 확장하는 것으로 조세법률주의에 위배된다고 보아야 한다고 판시하였다.

(4) 이 사건에 있어 원고의 출연재산 운용 소득과는 무관한 수익사업 소득금액이 다액이라는 사정 때문에 "당해 과세기간 또는 사업연도의 수익사업에서 발생한 소득금액" 및 "출연재산을 수익의 원천에 사용함으로써 생긴 소득금액"의 합계액을 기초로 출연재산 운용 소득의 사용기준 금액을 설정한 이 사건 시행령 조항에 따르면 **출연재산 운용 소득의 사용기준 금액이 출연재산 운용 소득 전체를 초과하게 되고, 원고로서는 출연재산 운용소득 전부를 직접 공익목적사업에 사용하였음에도 증여세 또는 가산세를 부과 받게 되므로, 이러한 경우 이 사건 시행령 조항은 모법인 이 사건 법률조항의 위임 범위를 벗어나 과세 대상을 확장하는 것으로 조세법률주의에 위배되어 무효**라고 설시하면서 원고의 주장을 받아들였다.

(5) 위 판결을 모두어 보면, 항소심의 판단은 타당하고 과세관청이 무리한 과세를 하였다는 생각을 지울 수 없다. 과세대상의 구체적인 범위를 정한 이 사건 시행령 조항을 적용함으로써 산정된 출연재산 운용소득의 사용기준금액이 출연재산 운용소득금액 전체를 초과하게 된다면, 누가 보더라도 쉽게 납득하기 어려울 것이다.

(6) 항소심 재판부가 판결문에 명확하게 적시한 바와 같이 이 사건 법률 조항은 "운용소득"을 단순히 출연받은 재산을 수익용 또는 수익사업용으로 운용하여 얻은 소득으로 개념 정의하고 있는 데 반하여, 이 사건 시행령 조항은 "운용소득"을 이 사건 법률 조항과는 다르게 당해 과세기간 또는 사업연도의 수익사업에서 발생한 소득금액과 출연재산을 수익의 원천에 사용함으로써 생긴 소득금액의 합계액에서 당해 소득에 대한 법인세 등을 차감한 금액으로 개념 정의함으로써, 법률과 시행령 사이에 운용소득에 관한 개념의 혼동을 일으키고 있고, 그 결과 경우에 따라서는 과세대상을 확장하는 등의 불합리한 결과를 가져오고 있었다.

(7) 사견을 전제로 보면, 과세관청은 이 사건 시행령 조항을 이 사건 부과처분에서 한 방법으로 판단하여 과세하는 경우 납세자에게 불리할 수 있다는 판단을 함에 있어 혹여 감사에 지적받는다거나 납세자에게 유리한 판단을 하는 것이 긍정적인 효과보다는 감사자의 의견에 따라 과세를 잘못했다는 문책을 받을 수 있다는 판단을 하게 된 것은 아닌지 의심이 간다(집필자도 국세청 근무시에 그런 딜레마에 빠지는 경우가 많았다).

이 사건에서와 같이 어떤 경우에는 과세관청이 납세자에게 유리한 판단을 하고 그에 따라 과세 여부를 판단하는데 납세자와의 담합에 의한 것이 아니고, 조사자가 보기에 법의 명확성이 결여되었다거나, 과세대상을 불합리하게 확장하여 납세자에게 심히 부당한 결과를 초래하는 것으로 이해되어 부과 처분을 하는 것이 옳지 않다고 판단할 수도 있다.

(8) 이런 경우 조사에 참여한 조사팀이나 당해 처분을 한 부과과의 부과처분 정당 여부를 자체적(세무서장)으로 판단할 수 있는 위원회(가칭)를 두고 그 위원회의 판단을 근거로 과세처분을 하지 않는 경우 조사자나 조사팀의 책임을 면제해 줄 수 있는 제도가 구비되어야 한다고 본다.

(9) 그러기 위해서는 우선 조사공무원의 세법에 대한 명확한 이해가 선행되어야 하고, 과세가 이루어지면 납세자에게 어떤 불이익이 발생하는 것인지, 과세를 하는 것이 과연 조세 정의에 부합하는지를 판단할 수 있는 능력을 갖추어야 할 것이다. 또한, 조사공무원의 합리적인 판단에 의하여 부과처분이 취소되는 경우, 이러한 조사공무원의 태도를 긍정적인 시선으로 이해할 수 있는 관리자의 혜안이 전제되어야 할 것이다.

(10) 법적 미비나 합리적인 법 해석을 긍정적으로 해석하는 풍토가 조성되지 않는 한 불복이나 소송 건수가 증가되어 오히려 불필요한 행정력 낭비가 발생하는 것이 아닌지 다시 한 번 생각해 볼 필요가 있다. 그런 여건이 마련되기까지는 지난한 노력과 국세청의 합리적인 판단을 중요시하는 여건이 마련되어야 할 것으로 보인다. 그래서 법적 미비가 있을 때는 우선 납세자의 주장을 받아들이고 법을 개정하는 것이 납세자들이 조세 행정을 신뢰하는 중요한 계기가 될 것으로 믿는다.

(11) 최근 조세법률주의 위배라는 취지로 국가가 패소하는 사건을 검토해 보면 법적 미비나 과도한 국고주의 해석이 그 원인임을 알 수 있다. 그래서 대법원에서도 '**설령 세법에 미비나 부당함이 있더라도 원칙적으로 입법으로 보완하여야 한다**(대법원1993. 10. 26. 선고 93누 14691 판결)고 판시하고 있다.

(12) 법규 상호간의 해석을 통하여 그 의미를 명백히 할 필요가 있는 경우에만 조세법률주의가 지향하는 법적안정성과 예측가능성을 해치지 않는 범위 내에서 입법취지 및 목적을 고려한 합목적적 해석을 할 수 있다(대법원 2009. 7. 9. 선고 2007두1781 판결 등 다수).

7. 관련판례

문서번호	내 용
대법원 1995. 12. 26. 선고 95누3589 판결	법인세법상의 부당행위계산이라 함은 납세자가 정상적인 경제인의 합리적 거래형식에 의하지 아니하고 우회행위, 다단계행위 그 밖의 이상한 거래형식을 취함으로써 통상의 합리적인 거래형식을 취할 때 생기는 조세의 부담을 경감 내지 배제시키는 행위계산을 말하고, 그 경제적 합리성의 유무에 대한 판단은 제반 사정을 구체적으로 고려하여 그 거래 행위가 건전한 사회통념이나 상관행에 비추어 경제적 합리성을 결한 비정상적인 것인지 여부에 따라 판단하여야 하며(대법원 2004. 2. 13. 선고 2002두11479 판결 등 참조), 경제적 합리성이 없는 부당한 거래라는 점의 입증책임은 과세관청에 있다.
헌법재판소 2001. 9. 27. 선고 2001헌바11 결정	모법의 내재적 한계를 인정할 수 있는 경우 시행령에서 그 한계를 벗어나는 내용을 규정한다면 당해 규정의 모법의 위임취지를 벗어난 무효의 규정이 된다.
대법원 2012. 11. 29. 선고 2010두4810 판결	조세법률주의 원칙상 과세요건이나 비과세요건 또는 조세감면 요건을 막론하고 조세법규의 해석은 특별한 사정이 없는 한 법문대로 해석할 것이고 합리적인 이유없이 확장해석하거나 유추해석하는 것은 허용되지 아니한다.
독일헌법 제80조 제1항	위임입법에 있어서는 위임되는 권한의 내용, 목적 및 정도가 법률에 규정되어야 한다고 규정되어 있다(세법상 위임입법이 불가피하더라도 과세요건 법정주의의 취지에 따라 구체적이고 명확한 범위와 기준을 정하여 하는 개별적, 구체적 위임만 허용되고 포괄적, 백지적 위임은 허용되지 않는다).

제3절 명의신탁 증여 의제

3-1 개 요

1. 명의신탁에 대한 통상적인 원·피고의 주장 정리

원고 주장	피고 주장
① 명의가 도용됨. ② 조세회피목적 없음.	① 묵시적 동의가 있었음. ② 조세회피 가능성

2. 명의신탁 관련 법령 연도별 개정내용

(1) 1996. 12. 31. : 부동산실명제 실시에 따라 **부동산(토지와 건물)**은 명의신탁에 대한 증여의제 **과세대상에서 제외**

(2) 1998. 12. 31. : 명의신탁은 증여의제로 보아 증여세를 과세하되, 납세자가 **조세회피 목적이 없음을 입증하면 증여의제로 보지 아니한다.**

(3) 2002. 12. 31. : 매매에 의하여 주식의 소유권을 취득하였음에도 명의개서를 하지 아니하는 경우 그 실질이 명의를 신탁한 경우와 같으므로 이를 **명의신탁으로 의제하여 과세**하되, 선의의 양도자에게 증여세가 과세되는 것을 방지하기 위해 주식양도에 따른 양도소득세 또는 증권거래세를 신고하는 경우 예외를 인정한다.

(4) 2003. 12. 31. : 주주명부 또는 사원명부 자체가 없는 경우 주식등변동상황명세서 등에 의하여 타인명의로 등재된 사실이 확인됨에도 주주명부 또는 사원명부상 명의개서가 아니어서 증여세를 과세할 수 없다는 대법원 판례(대법원 2004. 2. 27. 선고 2003두13762 판결)에 따라 **법인세 과세표준 신고 시 제출하는 주식등변동상황명세서에 의해 명의개서 여부를 판정한다.**

3. 명의신탁 증여의제에 대한 고찰

(1) 명의신탁 증여의제 제도는 우리 증여세제에 있어서 오랜 역사를 가지고 있는 제도이다.

(2) 1997. 1. 1. 이후(1996. 12. 30. 법률 제5193호로 개정)부터는 명의신탁에 따른 과세대상 재산에서 토지와 건물을 제외하였으므로, 주식만이 과세대상 재산이 된다.

(3) 명의신탁 증여의제에 대하여 최초로 「헌법」적 관점에서 판단이 내려진 헌법재판소 1989. 7. 21. 선고 89헌마38 결정에서 "**무차별한 증여의제로 인한 위헌의 소지가 있으므로 예외적으로 조세회피의 목적이 없음이 명백한 경우에는 이를 증여로 보지 않는다고 해석**하여야 하고, 위와 같이 해석하는 한 조세법률주의 및 조세평등주의에 위배되지 않는다."고 판시한 이래 **'조세회피목적'이 명의신탁 증여의제의 핵심쟁점**이 되었다.

(4) 과세실무는 물론 대법원 판례에서도 **'조세회피목적의 부존재'를 이유로 명의신탁 증여의제의 적용에서 제외된 사례는 거의 없었다.**

(5) '조세회피목적'에 대한 대법원의 전향적인 태도(2006년도)

문서번호	내　용
대법원 2006. 5. 12. 선고 2004두7733 판결	주식의 명의신탁이 「상법」상 요구되는 발기인 수의 충족 등을 위한 것으로서, 단지 장래 조세경감의 결과가 발생할 수 있는 가능성이 존재할 수 있다는 막연한 사정만이 있는 경우, 위 명의신탁에 조세회피목적이 있다고 볼 수 없다.
대법원 2006. 5. 25. 선고 2004두13936 판결	주식의 명의신탁이 회사의 업무처리 절차상의 번거로움을 피하기 위한 것으로서 위 명의신탁 당시 과점주주로서의 제2차 납세의무나 간주 취득세를 회피할 목적이 있었다고 보이지 않으며, 위 명의신탁으로 인하여 회피된 종합소득세가 없는 점 등에 비추어 위 명의신탁에 조세회피목적이 있었다고 볼 수 없다.
대법원 2006. 6. 9. 선고 2005두14714 판결	주식명의신탁이 이루어진 이유가 주식인수를 위한 자격요건인 15년 이상 방송국 경력자가 필요했기 때문인 것으로 보이고, 과점주주에 해당하지 않아 제2차 납세의무나 간주취득세를 회피할 목적이 있었다고 볼 수도 없고, 이익배당을 실시한 적이 없어 명의신탁으로 인하여 회피한 종합소득세도 없다면 조세회피목적이 있다고 볼 수 없다.

위의 판례들은 모두 '조세회피목적의 부존재'에 대한 인정 폭을 다소 넓힌 판결들이다.

4. 명의신탁 증여의제에 대한 헌법재판소 및 대법원 입장

(1) 위헌 여부 판단(헌법재판소)

① "비례의 원칙, 평등의 원칙 및 실질적 조세법률주의, 죄형법정주의 및 무죄추정 원칙"이나 이른바 "체계정당성"에 위배되지 않는다고 결정하여, 이 규정이 합헌이라는 입장을 바꾸지 않는다[헌재 2005. 6. 30. 선고 2004헌바40, 2005헌바24(병합) 전원재판부 결정].

② 이 규정에 관한 헌법재판소 1989. 7. 21. 선고 89헌바38 결정; 헌법재판소 1998. 4. 30. 선고 96헌바87, 97헌바5·29(병합) 결정; 헌법재판소 2004. 11. 25. 선고 2002헌바66 결정에 이은 벌써 **네 번째의 합헌결정이다**.

(2) 조세회피목적(대법원)

명의신탁재산의 증여의제에 있어서 조세회피목적이 없었다는 점에 대한 **입증책임은 명의자인 수탁자**에게 있고, 회피목적의 대상이 되는 '조세'에는 증여세뿐만 아니라 국세, 지방세 등 **모든 조세가 포함**된다는 것이 대법원의 일관된 입장이다(대법원 2004. 12. 23. 선고 2003두13649 판결; 대법원 2005. 1. 27. 선고 2003두4300 판결).

(3) 조세회피목적에 있어서 납세자에게 유리한 판결

① 주식의 명의신탁이 「상법」상 요구되는 발기인 수의 충족 등을 위한 것으로서, 단지 장래 조세경감의 결과가 발생할 수 있는 가능성이 존재할 수 있다는 막연한 사정만이 있는 경우, 위 명의신탁에 구 「상속세법」(1993. 12. 31. 법률 제4662호로 개정되기 전의 것) 제32조의 2 제1항 단서에서 규정하는 '조세회피목적'이 있었다고 볼 수 없다.

② 구 「상속세법」(1990. 12. 31. 법률 제4283호로 개정되기 전의 것) 제32조의 2 제1항의 규정은 권리의 이전이나 행사에 등기 등을 요하는 재산에 있어서 명의신탁제도를 증여세를 회피하기 위한 수단으로 악용하는 것을 방지하려는 데에 입법취지가 있으므로, 그 실질소유자와 명의자를 달리하게 된 데에 증여를 은폐하여 증여세를 회피할 목적이 없는 경우에는 그 적용이 없다.

③ 명의신탁이 조세회피목적이 아닌 다른 이유에서 이루어졌음이 인정되고 그 명의신탁에 부수하여 사소한 조세경감이 생기는 것에 불과하다면 그와 같은 명의신탁에 같은 조항 단서 소정의 '조세회피목적'이 있었다고 볼 수는 없고, 명의신탁에 있어서 조세회피의 목적이 없었다는 점에 관한 입증책임은 이를 주장하는 명의자에게 있다(대법원 2006. 6. 12. 선고 2004두7733 판결).

④ 같은 취지의 **납세자에게 유리한 판결**(대법원 2006. 6. 9. 선고 2005두1714 판결; 대법원 2006. 6. 29. 선고 2006두2909 판결)

(4) 조세회피목적에 있어서 국가에게 유리한 판결

다른 주된 목적과 아울러 조세회피의 의도도 있었다고 인정되면 조세회피의 목적이 없다고 할 수 없다(대법원 2009. 4. 9. 선고 2007두19331 판결).

5. 명의신탁증여의제 납세의무자 변경 및 합산배제증여재산 추가

① 2018. 12. 31. 법률 제16102호로 개정된 현행 상증세법은 제45조의 2에 따른 명의신탁 증여의제의 경우 **증여세 납세의무자를 명의자에서 실제 소유자로 변경**하였다(상증법 제4조의2 제2항).

② 또한 제45조의 2규정에 따른 명의신탁재산을 수증자의 증여세과세가액에서 제외되는 합산배제 증여재산으로 추가 하였다(제47조 제1항). 그러나 위 개정 이전의 사안에 대하여는 현행 상증세법이 적용되지 아니한다.

③ 2018. 12. 31. 법률 제16102호로 개정된 현행 상증세법 제4조의2 제2항은 명의신탁 증여의제의 증여세 납세의무자가 명의수탁자가 아닌 실제 소유자인 명의신탁자로 변경되었는데, **위 개정 규정은 2019. 1. 1. 이후 증여로 의제되는 분부터 적용**된다(부칙 제3조). 따라서 위 개정 전에 명의신탁이 이루어진 사안에 있어서는 명의신탁의 경우 일반증여와 마찬가지로 증여가액을 합산하여야 한다는 법리가 여전히 적용된다(대법원 2019. 6. 13. 선고 2016두50792 판결).

6. 대법원 판례(명의신탁 관련)

국가 승소 사례	국가 패소 사례
① 대법원 2006. 8. 25. 선고 2006두10344 판결	① 대법원 2006. 5. 12. 선고 2004두7733 판결
② 대법원 2006. 9. 22. 선고 2004두11220 판결	② 대법원 2006. 5. 25. 선고 2004두13936 판결
	③ 대법원 2006. 9. 9. 선고 2005두14714 판결

7. 관련 판례

문서번호	내 용
부동산실권리자명의등기에관한 법률 §8	종중 외의 자, 배우자 명의로 부동산에 관한 소유권을 등기한 경우 예외적으로 유효하다.
대법원 2008. 9. 25. 선고 2006두8068 판결	다른 일방 배우자가 당해 부동산을 실질적으로 소유하기 위하여 그 대가를 부담하였는지 여부를 개별적·구체적으로 가려 명의신탁 여부를 판단하여야 하며, **명의자가 아닌 다른 일방 배우자가 매수자금의 출처라는 사정만으로 명의신탁이 있었다고 보기 어렵다.**
대법원 2010. 2. 25. 선고 2009두20120 판결	원고 부부에게 조세포탈, 강제집행의 면탈 또는 법령상 제한을 회피할 정황이 있었다고 볼 자료가 없고 남편이 기업의 임원으로 이직함으로써 명의신탁의 필요성이 발생하였다고 볼 수 있으므로 이는 증여가 아닌 유효한 명의신탁에 해당한다.
대법원 2009. 3. 12. 선고 2007두8652 판결 : 국패	**명의수탁자에게 새롭게 분할주식이나 무상주가 배정되더라도 명의신탁 증여의제 규정 적용대상이 될 수 없다.**
서울고법 2015. 9. 9. 선고 2015누37305 판결 : 일부국패(대법원 2016. 1. 14. 선고 2015두52876 판결 : 심리불속행)	이 사건 명의신탁이 다른 조세의 기초가 되는 사실을 은폐 가장하였어도 이는 그 회피된 조세의 가산세에서 고려될 수 있다는 점은 별론으로 하고, **이 사건 명의신탁의 증여의제로 인한 증여세에 대한 부당무신고가산세(40%)의 근거가 될 수는 없다고 보는 것이 타당**하다. ※ 국세청 의견 : 판결에도 불구하고 신탁자와 수탁자의 담합에 의한 명의신탁이 이루어진 경우 부당무신고가산세 적용이 가능하다(예규 변경하지 않음).
대법원 2017. 2. 21. 선고 2011두10232 판결 : 일부인용	최초 증여의제대상이 되는 명의신탁 주식의 매도대금을 사용하여 동일인 명의로 재취득된 주식에 해당하는 경우까지 증여세를 과세할 수는 없다.

문서번호	내 용
대법원 2008. 2. 14. 선고 2007두15780 판결	구 상증세법 제45조의2 제1항의 증여의제 규정은 권리의 이전이나 행사에 등기 등을 요하는 재산에 있어서 실질소유자와 명의자가 합의 또는 의사소통을 하여 명의자 앞으로 등기 등을 한 경우에 적용되는 것이므로 명의자의 의사와 관계없이 일방적으로 명의자의 명의를 사용하여 등기 등을 한 경우에는 적용될 수 없으며, 이 경우 **과세관청이 실질소유자가 명의자와 다르다는 점만을 입증하면 되고 그 명의자의 등기 등이 명의자의 의사와는 관계없이 실질소유자의 일방적인 행위로 이루어졌다는 입증은 이를 주장하는 명의자가 하여야** 한다.
대법원 2001. 1. 5. 선고 2000다49091 판결	**명의신탁관계**는 반드시 신탁자와 수탁자 간의 명시적 계약에 의하여서만 성립되는 것이 아니라 **묵시적 합의에 의하여서도 성립**될 수 있다.
대법원 2008. 10. 23. 선고 2007도6463 판결	명의신탁에 대한 **묵시적 합의가 있었는지 여부**는 위탁자와 수탁자 사이의 관계, 수탁자가 그 재물을 보관하게 된 동기와 경위, 위탁자와 수탁자 사이의 거래내용과 태양 등 **모든 사정을 종합하여 사회통념에 비추어 합리적으로 판단**하여야 한다.

3-2 사소한 조세경감도 조세회피목적

● 대상판결 : 대법원 2003두13649 (2004. 12. 23.) ➜ 국승

핵심 요지

이 사건 주식 명의신탁으로 이 사건 주식양도에 대한 양도소득세를 산정함에 있어서 원고 명의의 양도소득기본공제가 이루어져 실제로 양도소득세 2,500,000원 상당이 감액된 점 등을 감안하면, 최○○이 원고에게 이 사건 주식을 명의신탁함에 있어 누진세인 종합소득세 등 조세의 부담을 경감시키려는 등의 조세회피목적이 없었다고 단정할 수는 없다.

1. 사실관계

(1) 갑(신탁자)은 소외회사 유상증자 시 발행주식을 원고(수탁자) 명의로 취득하였다.

(2) 원고는 원고 명의 이 사건 주식을 처분(28,000주)하였다.

(3) 피고는 원고를 이 사건 주식의 명의수탁자로 보고 증여세 8억6천3백만 원을 부과처분하였다.

(4) 원고는 이 사건 주식을 코스닥 등록요건을 갖추기 위해 명의신탁한 것으로 조세회피목적은 없으며, 소외회사는 배당을 한 사실이 없는 점, 실제 발생한 조세경감액은 양도소득세 계산 시 공제액 2,500,000원에 불과함을 들어 조세회피목적이 없다는 주장을 하였다.

2. 쟁 점

조세회피목적의 인정범위와 입증책임

3. 대상판결

구 「상속세및증여세법」(2002. 12. 18. 법률 제6780호로 개정되기 전의 것) 제41조의 2 제1항의 입법취지는 명의신탁제도를 이용한 조세회피행위를 효과적으로 방지하여 조세정의를 실현한다는 취지에서 실질과세 원칙에 대한 예외를 인정한 데에 있으므로 명의신탁의 목적에 조세회피의 목적이 포함되어 있지 않은 경우에만 같은 조항 단서의 적용이 가능하고 또한 그 단서 소정의 조세를 증여세에 한정할 수 없으며, **명의신탁에 있어서 조세회피의 목적이 없었다는 점에 관한 입증책임은 이를 주장하는 명의자**에게 있다.

원 심	대법원
조세회피목적 없이 법령상의 제한이나 기타 부득이한 사정으로 인한 명의신탁으로 증여의제 과세할 수 없다(국패).	파기환송(국승)

4. 평 석

(1) 대법원은 사소한 조세경감이나 미래에 있을 막연한 조세경감도 모두 조세회피목적으로 보고 있다.

(2) 명의신탁 증여의제 규정에 의한 증여세는 본질적으로 명의신탁에 대한 제재 또는 벌이라는 입장(헌법재판소 위 결정 등)이다.

(3) 조세회피목적에 대한 입장 변경(대법원)

① 사실상 '조세회피목적'이 없다고 인정한 사례는 거의 없으며, '조세회피 목적' 부존재에 대한 입증을 엄격히 요구하고 있다.

② 대법원은 조세회피목적이 아닌 다른 이유가 있었음이 입증되고, 사소한 액수의 조세경감 내지는 미래의 막연한 조세회피는 조세회피목적으로 볼 수 없다는 납세자에게 유리한 판결을 하였으나,

③ **그 후 아래 판결로 다시 국가에게 유리한 판결로 돌아간 것으로 보인다.**
다른 주된 목적과 아울러 조세회피의 의도도 있었다고 인정되면 조세회피의 목적이 없다고 할 수 없다(대법원 2009. 4. 9. 선고 2007두19331 판결).

(4) 조세회피목적에 대하여는 다음과 같은 반론이 존재한다.

① 이 사건의 경우 조세경감액이 2,500,000원에 불과함에도 8억6천3백만 원의 증여세를 부과한 처분은 "소득 없는 곳에 과세 없다."는 대원칙과 상치된다.

② 그동안 아무런 담세력 증거 없는 명의수탁자에게 막중한 금전적 부담을 지운 것은 비례원칙에 위배된다는 비판을 받아오다가 2018. 12. 31. 상속세및증여세법 제4조의2 제2항을 신설하여 "제 45조의2에 따라 재산을 증여한 것으로 보는 경우에는 실제소유자가 해당재산에 대하여 증여세를 납부할 의무가 있다."고 세법을 개정하기에 이르렀다. 따라서 2019. 1. 1. 이후 명의신탁 증여의제로 의제되는 분부터는 명의신탁자가 납세의무자가 된다.

③ 과징금으로 명의신탁을 규제할 수 있음에도 굳이 조세의 형식을 빌려 납세자에게 가혹한 경제적 부담을 지우는 것은 자의에 의한 차별을 금지한「헌법」에도 위반된다.

5. 관련 판례

(1) 회피목적이 증여세에 한정(95누11443 등)

(2) 다른 조세회피목적이 있어도 증여의제 인정(95누7024, 2003두13649 등) : (1)에서 (2)로 정리되었고, 입법화되었다.

(3) 증여의제로 증여세를 납부한 재산이 신탁자의 사망 후 여전히 상속재산에 포함되어 다시 상속세 부과대상이 된다(2002두12137).

(4) 단지 장래 조세경감의 결과가 발생할 수 있는 가능성이 있는 막연한 사정만으로 조세회피목적이 있다고 할 수 없다(대법원 2006. 5. 12. 선고 2004두7733 판결; 대법원 2006. 5. 25. 선고 2004두12936 판결; 대법원 2006. 6. 9. 선고 2005두14714 판결).

※ 명의신탁 증여의제 범위를 예전보다 축소하고자 하는 대법원의 입장

(5) 특수한 경우의 명의신탁 증여의제 적용사례

문서번호	내 용
대법원 2011. 7. 14. 선고 2009두21352 판결	기존의 명의신탁주식 외에 이익잉여금의 자본전입에 따라 기존의 명의수탁자에게 그 보유주식에 비례하여 배정된 **무상주는 증여의제 적용대상이 아니다.**
대법원 2009. 3. 12. 선고 2007두1361 판결	기존 주주들에게 지분비율대로 무상으로 배분한 경우 종전의 명의수탁주식이 실질적으로 분할된 것에 불과하여 기존의 명의수탁주식과 별도로 **명의신탁받은 것으로 볼 수 없다**(명의신탁주식에 배정된 무상주에 대한 판단).
서울고등법원 2015. 11. 27. 선고 2015누38872 판결 : 국승(대법원 2016두30644 사건 계속 진행 중)	종전 명의신탁관계는 합병에 의하여 합병구주가 소멸됨에 따라 동시에 해소되고, 기존 명의신탁자와 명의수탁자 사이에는 합의 또는 의사소통하에 명의수탁자 명의로 합병신주를 취득하여 명의개서를 마침으로써 새로운 명의신탁을 하였다고 보아야 한다(합병대가로 교부받은 신주에 대한 판단).
대법원 2013. 8. 23. 선고 2013두5791 판결 : 국승	주식의 포괄적 교환계약으로 교부받은 신주에 대하여는 그에 관하여 새로운 조세회피목적이 없다는 등의 특별한 사정이 없는 한 **명의신탁 증여의제 적용대상**이 된다(포괄적 교환계약으로 교부받은 신주에 대한 판단).

3-3 대출한도를 피하기 위한 타인대출도 조세회피목적

● 대상판결 : 대법원 2007두19331 (2009. 4. 9.) ➜ 국승

핵심 요지

주식 명의신탁에 있어 다른 주된 목적과 아울러 조세회피의 의도도 있었다면 조세회피의 목적이 없다고 할 수 없는데 이 사건의 경우 1인당 대출한도를 피하기 위하여 추가로 대출을 받기 위한 주된 목적 이외에도 배당소득에 대한 소득경감이 있었다고 보이므로 증여의제에 해당된다.

1. 사실관계

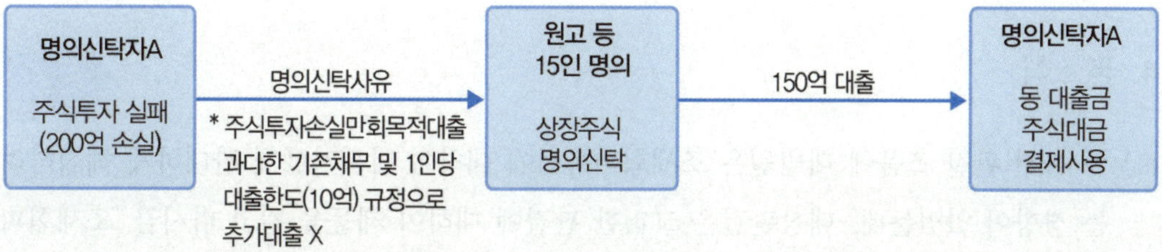

피고는 위 거래내용에 대해 주주명부 폐쇄일 또는 기준일 당시 명의신탁된 주식에 대해서만 명의신탁 증여의제 규정을 적용하여 위 15인에 대하여 증여세 145억 원을 부과처분하였다.

2. 쟁 점

대출제한을 피하여 추가대출을 받기 위한 명의신탁의 경우 조세회피목적이 없다고 볼 수 있는지 여부

3. 대상판결

구 「상속세및증여세법」(2003. 12. 30. 법률 제7010호로 개정되기 전의 것) 제41조의 2 제1항의 입법취지는 명의신탁제도를 이용한 조세회피행위를 효과적으로 방지하여 조세정

의를 실현한다는 취지에서 실질과세 원칙에 대한 예외를 인정한 데에 있으므로, 명의신탁이 조세회피목적이 아닌 다른 이유에서 이루어졌음이 인정되고 그 명의신탁에 부수하여 사소한 조세경감이 생기는 것에 불과하다면 그와 같은 명의신탁에 조세회피목적이 있었다고 단정할 수는 없다. 그러나 위와 같은 입법취지에 비추어 볼 때 명의신탁의 목적에 조세회피목적이 포함되어 있지 않은 경우에만 위 조항 단서를 적용하여 증여의제로 의율할 수 없는 것이므로 **다른 주된 목적과 아울러 조세회피의 의도도 있었다고 인정되면 조세회피목적이 없다고 할 수 없다**. 그리고 이때 조세회피목적이 없었다는 점에 관한 증명책임은 이를 주장하는 명의자에게 있다.

1인당 대출한도를 피하여 타인 명의로 추가대출을 받기 위한 목적으로 주식을 명의신탁한 사안에서 명의신탁으로 회피한 종합소득세액이 상당한 액수에 달한 경우 조세회피목적도 있었다고 보아야 한다.

4. 평 석

(1) **이 사건 판결 즈음에 대법원은 조세회피목적에 대하여 납세자에게 관대하게 해석하려는 경향이 있었는데, 대상판결은 그러한 판결에 대하여 제동을 걸고 다시금 '조세회피목적의 부존재'에 대하여 엄격한 입증을 요구한 판결로서의 의미를 가지고 있다.**

(2) 이 사건 판결에서 대법원은 명의신탁자가 1인당 주식담보 대출한도를 피하여 타인 명의로 추가대출을 받기 위한 목적으로 주식을 명의신탁하였다는 점을 인정하면서도 "회피한 종합소득세액이 상당한 액수에 달한 경우"에는 조세회피목적 역시 부인하기 어렵다고 판단하였다.

(3) 한편, 위 대상판례에 대해서는 다음과 같은 반대의견도 있다.

① 상장주식의 거래는 하루에도 수십·수백 차례 이루어진다. 따라서 단순히 주주명부 폐쇄기준일이라는 한 시점을 기준으로 명의수탁자의 명의로 등재되어 있는 주식만을 조세회피를 위한 명의신탁주식이라고 보는 것은 거래의 실질과 당사자의 의사 어느 것에도 부합하지 않는다(상장주식의 경우 하루에도 수십·수백 차례 거래가 이루어지고 이루어지는 거래마다 새롭게 명의신탁이 이루어졌다고 보는 것이 타당한지가 의문이다.).

② 같은 뜻 판결(서울행정법원 2007. 5. 17. 선고 2006구합44309 판결 : 국패)에 따르면, 피고가 A가 원고 명의로 취득한 수많은 주식 중에서 주주명부폐쇄일 또는 배당기준일에 보유하고 있던 이 사건 주식들에 대하여만 증여재산 의제규정을 적용하여 해당일에 보유하고 있던 주식만이 조세회피 목적으로 취득된 것이라고 의제하는 것은 사후 결과에 따라 조세회피목적을 자의적으로 의제하는 것으로서 **주주명부폐쇄일 또는 배당기준일에 주식을 보유하였다는 우연한 사정에 의하여 증여세의 부과 여부가 달라지는 불합리한 결과**를 야기함은 물론 조세의 형평에도 맞지 아니한 것으로 보이는 점 등을 기초로 조세회피목적을 인정할 수 없다고 판시하고 있다. 이 사건은 2심 국가승소(07누14581) 후 대법원 심리불속행 기각(2009두11836)되어 여전히 국가에 유리한 판결로 마무리되었다.

(4) A가 명의신탁한 주식에 대한 배당금 전액이 A의 종합소득세로 합산과세된다면 A가 추가부담하는 세액이 1억 원이라고 가정할 때, 1억 원이라는 액수가 절대적 의미에서는 '상당한 액수'라고 볼 수 있으나 수백억 원이 넘는 A의 전체 주식거래 규모에 비추어 보면 '사소한 조세경감'으로 볼 여지가 충분하다.

(5) 상장주식 투자목적은 시세차익이며 배당이익이 아니다. 따라서 배당여부를 판단하는 것도 사실상 불가능하다.

5. 관련 판례

문서번호	내　용
대법원 2006. 9. 22. 선고 2004두11220 판결 : 국승	입증책임을 부담하는 명의자로서는 명의신탁에 있어 조세회피목적이 없었다고 인정될 정도로 조세회피와 상관없는 뚜렷한 목적이 있었고, 명의신탁 당시에나 장래에 있어 회피될 조세가 없었다는 점을 객관적이고 납득할 만한 증거자료에 의하여 통상인이라면 의심을 가지지 않을 정도의 입증을 하여야 한다.
대법원 2013. 3. 28. 선고 2010두24968 판결 : 국승	실질소유자에게 조세회피목적이 있는 한 명의자 자신에게 그 목적이 없다는 점만으로 증여추정 규정의 적용을 회피할 수 없다.
수원지방법원 2010. 8. 30. 2008구합3549 판결 : 국패	과세관청은 명의신탁임을 이유로 증여세를 부과할 때에 **명의신탁자가 누구인지를 특정하여야** 과세요건이 성립되는 것이다.

문서번호	내 용
대법원 1990. 3. 27. 선고 88누4997 판결 : 파기환송	조세회피의 목적 없이 실정법상의 제약이나 제3자의 협력거부 등 다른 어떤 사정으로 인하여 실질소유자와 명의자를 다르게 한 경우에는 증여의제 규정이 적용되지 아니하는 것으로 해석되고 **그 주장의 입증책임은 명의자가 진다.**
서울고등법원 2015. 12. 4. 선고 2015누46170 판결 : 국승	특별한 사정이 없으면 조세회피의 목적이 있었는지 여부는 명의신탁에 따른 증여의제 여부가 문제되는 당해 재산을 **명의신탁 할 당시를 기준으로 판단**할 것이고, 그 명의신탁 후에 실제로 어떠한 조세를 포탈하였는지 여부로 판단할 것은 아니라고 보는 것이 타당하다.

3-4 명의신탁주식을 처분하여 증여세 신고기한 내 금전으로 반환한 경우

● 대상판결 : 대법원 2005두10200 (2007. 2. 8.) ➜ 국승

핵심 요지

명의수탁자가 명의신탁재산의 처분 대가 또는 가액 상당의 금전을 명의신탁자에게 반환하는 것을 증여받은 재산의 반환으로 보아 증여세를 부과할 수 없다고 해석한다면 명의신탁행위를 증여로 의제하여 과세함으로써 조세회피목적의 명의신탁을 억제하고자 하는 법의 취지가 몰각되게 된다.

1. 사실관계

(1) 갑과 을은 부부관계이다.

(2) 2000. 12. 31. 갑(코스닥 상장회사의 대주주)이 주식을 을(명의수탁자) 명의로 명의신탁(명의개서)하였다.

(3) 명의수탁자인 을은 명의신탁된 주식을 매각한 후 갑에게 매도대금을 반환하였다(명의신탁일로부터 3개월 이내).

(4) 원고는 증여받은 재산을 당사자의 합의에 따라 신고기한인 3개월 이내에 반환하였으므로 증여세 과세대상이 아니라는 주장인 반면

(5) 피고는 명의신탁된 것은 주식이지 현금이 아니므로 명의신탁자가 3개월 안에 주식을 팔아 현금으로 돌려받았다면 증여세 과세대상이라는 의견이다.

2. 쟁 점

「상속세및증여세법」 제4조 제4항의 '증여재산'의 적용범위

3. 관련 법령

「상속세및증여세법」 제4조 제4항

신고기한(상속세및증여세법 §68, 3개월) 내에 반환하는 경우 처음부터 증여가 없었던 것으로 보며 증여세를 부과하지 않는다.

4. 대상판결

원고가 구 「상속세및증여세법」 제41조의 2 제1항에 의하여 증여받은 것으로 의제되는 재산은 이 사건 명의신탁주식 매수대금이 아닌 이 사건 **명의신탁주식 자체**이고, 명의수탁자가 명의신탁재산을 처분하여 그 대금을 명의신탁자에게 반환하는 것은 조세회피목적의 명의신탁에서 당연히 예정된 행위인데, 명의수탁자가 명의신탁재산의 처분 대가 또는 가액 상당의 금전을 명의신탁자에게 반환하는 것을 증여받은 재산의 반환으로 보아 증여세를 부과할 수 없다고 해석한다면 명의신탁행위를 증여로 의제하여 과세함으로써 조세회피목적의 명의신탁을 억제하고자 하는 법의 취지가 몰각되게 되므로, 원고의 **이 사건 명의신탁주식 매도대금의 반환을 구 「상속세및증여세법」 제31조 제4항에 규정된 '증여받은 재산의 반환'으로는 볼 수 없다.**

5. 평 석

(1) 사례별 검토

구 분	거래내용	증여세 과세 여부
CASE1	갑 ↔ 을 주식 명의신탁 후 3개월 내 주식 반환	×
CASE2	갑 ↔ 을 주식 명의신탁 후 3개월 내 현금 반환	○

(2) 위 CASE2에 대한 국세청과 조세심판원의 입장

① 국세청

'그 증여받은 재산'의 범위를 좁게 해석하여 명의신탁자에게 증여세를 과세해야 한다.

② 조세심판원

증여세를 부과할 수 없다는 기존입장을 바꿔 과세할 수 있다는 입장이다(국심 2005. 5. 23. 선고 2004서4408 결정 → 국심 2004서3011, 2005. 12. 7.). 즉, 명의신탁받은 주식을 처분한 금전은 '그 증여받은 재산'에 포함되지 아니한다.

③ 명의수탁자가 명의신탁재산을 처분하여 그 대금을 명의신탁자에게 반환하는 것은 '조세회피목적'의 명의신탁에서 당연히 예정된 일이다.

④ 만약 명의수탁자가 명의신탁재산의 처분 대가 또는 가액 상당의 금전을 명의신탁자에게 반환하는 것은 증여세 부과대상이 아니라고 한다면, 이는 명의신탁 행위를 증여로 의제하여 과세함으로써 조세회피목적의 명의신탁을 억제하고자 하는 법의 취지가 몰각되기 때문에 허용할 수 없다.

⑤ 이 사건의 경우 명의신탁자인 갑이 코스닥 상장회사의 대주주로서 양도소득세를 부담하여야 함에도 명의신탁 및 처분을 통하여 양도소득세를 회피한 것이 판결에 큰 영향을 미친 것으로 볼 수 있다.

⑥ 명의신탁 증여의제의 경우 배우자공제 적용 배제

- **명의신탁재산 증여의제의 경우 배우자공제 규정을 적용하지 아니하고 당해 명의신탁재산금액 자체를 과세표준으로 한다**(상속세및증여세법 §55 ① 1호).
- 이 사건 법률조항은 과잉금지 원칙 및 조세평등주의에 위배되지 아니한다(헌법재판소 2012. 11. 29. 선고 2010헌바215 결정 : 합헌).
- 만약 이 사건의 경우 부부가 이 사건 주식이 명의신탁된 주식이 아니라 증여한 것이라고 주장하였다면 배우자 간 증여에 따른 배우자공제를 적용하여 조세를 경감할 수도 있었을 것이다.

3-5 명의신탁재산을 3개월 내에 반환한 경우

● 대상판결 : 대법원 2011두8765 (2001. 9. 29.) ➜ 파기환송(국패)

핵심 요지

명의신탁받은 주식을 증여세 과세표준 신고기한인 3개월 내에 명의신탁자에게 반환하였다고 보아야 하고, 3개월 내에 반환한 경우 증여세를 부과할 수 없다.

1. 사실관계

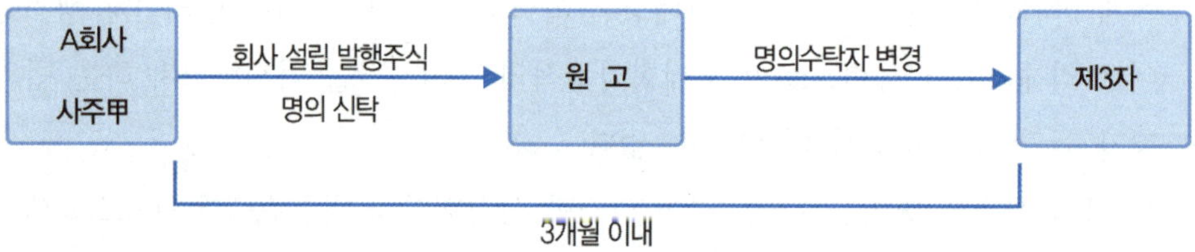

(1) 피고는 명의신탁 증여의제 규정에 따라 증여세를 부과함에 있어서는 구 「상속세및증여세법」 제31조 제4항(현행 §4 ④)이 적용되지 않는다는 전제하에, 원고에게 주식 명의수탁 사실을 이유로 증여세를 부과하였다.

(2) 원고의 주장 변경

원고는 이 사건의 전심절차(심사증여 2008-0018, 2008. 3. 31.)에서 A회사 주식을 자신의 자금으로 취득하였다고 주장하여 명의신탁 사실 자체를 부인하였다. 그 결과 전심절차에서는 원고가 명의신탁받은 주식을 반환함에 따른 이 사건 쟁점이 전혀 문제되지 않았으며, 소송 단계에서 비로소 명의신탁받은 A회사 주식을 반환한 사정을 주장하였다.

2. 쟁 점

과세표준 신고기한 내에 명의신탁받은 재산을 반환하는 경우에도 증여세 부과가 가능한지 여부

3. 관련 법령

비판 견해	구 「상속세및증여세법」 제31조 제4항(현행 §4 ④)
명의신탁재산을 3개월 이내에 반환하는 경우 처음부터 증여가 없었던 것으로 본다.	

4. 사건의 경과

(1) 원심판결(부산고등법원 2011. 4. 6. 선고 2009누72330 판결) : 국승

구 「상속세및증여세법」 제45조의 2 제1항에 의하여 증여한 것으로 의제되는 경우, 증여의제 대상인 주식의 명의신탁이 있은 후 같은 법 제31조 제4항 소정의 기간 내에 그 명의신탁을 해지하고 주주명부상 명의를 실질소유자로 변경하였다 하여도 이로써 그 명의신탁의 효력이 소급하여 소멸하는 것은 아니므로 여전히 증여세의 부과대상이 된다고 봄이 상당하다.

(2) 대상판결

구 「상속세및증여세법」(2007. 12. 31. 법률 제8828호로 개정되기 전의 것)은 제31조 제4항에서 "증여를 받은 후 그 증여받은 재산을 당사자 간의 합의에 따라 제68조의 증여세 과세표준 신고기한(3월) 내에 반환하는 경우에는 처음부터 증여가 없었던 것으로 본다. 다만, 반환하기 전에 과세표준과 세액의 결정을 받은 경우에는 그러하지 아니하다."고 규정하면서, 구 「상속세및증여세법」 제45조의 2에서 증여로 의제되는 명의신탁에 대하여 위 규정의 적용을 배제하는 규정을 따로 두고 있지 않고, 증여세 과세표준 신고기한 내에 당사자들 합의에 의하여 증여재산을 반환하는 경우나 명의신탁 받은 재산을 반환하는 경

우 모두 그 재산을 수증자 또는 명의수탁자가 더 이상 보유하지 않게 된다는 면에서 실질적으로 다르지 아니한 점 등에 비추어 볼 때, **구 「상속세및증여세법」 제31조 제4항은 증여로 의제된 명의신탁재산에 대하여 명의신탁을 해지하고 반환하는 경우에도 적용**된다고 보아야 하고, 이는 명의수탁자가 명의신탁받은 재산을 명의신탁자 명의로 재산을 반환하는 경우뿐 아니라 명의신탁자의 지시에 따라 제3자 명의로 반환하는 경우도 마찬가지라고 보아야 한다.

5. 평 석

(1) 명의수탁자가 신탁받은 재산을 3개월 이내에 반환한 경우, 명의수탁자가 당초 명의신탁을 받은 행위는 증여세 과세대상이 아니다(국심 2007중1582, 2007. 11. 23.; 조심 2008중1823, 2008. 12. 18.).

(2) 이 사건과 같은 쟁점의 사안들은 대부분 행정심판 단계에서 구제가 되었으므로, 이 사건 쟁점이 법원에서 정면으로 다루어진 적은 없다.

(3) 이 사건 판결의 진정한 의미는 「상속세및증여세법」상 명의신탁 증여의제 규정의 확대운용에 대해 그 경계를 선언하였다는 점이다

(4) 명의신탁 증여의제 규정에 대하여 헌법재판소에서 1차례의 한정 합헌 결정(헌법재판소 1989. 7. 21. 선고 89헌마38 결정)과 3차례의 합헌결정이 선고된 바 있고, 대법원도 명의신탁 증여의제 규정이 명의신탁제도를 이용한 조세회피행위를 효과적으로 방지함으로써 조세정의를 실현하기 위하여 실질과세원칙에 대한 예외를 인정한 것이므로, 「헌법」상의 실질적 조세법률주의 및 재산권보장의 원칙에 위배된다고 할 수 없다고 판시한 바 있다(대법원 2009. 3. 12. 선고 2007두8652 판결; 대법원 2004. 12. 23. 선고 2003두13649 판결 등).

3-6 주주명부에 등재되지 아니한 경우 명의신탁 증여의제 적용 여부

● 대상판결 : 대법원 2011두11099 (2011. 5. 6.) ➜ 국패

핵심 요지

주주명부가 작성되어 있는 이상, 주주명부가 존재하지 않아 명의개서가 이루어질 여지가 없는 경우에 예외적으로 주식등변동상황명세서를 기준으로 명의개서 여부를 판단하여 과세처분을 할 수 있도록 규정한 구 「상속세및증여세법」 제45조의 2 제3항(현행 §45의 2 ④)은 이 사건의 경우에는 적용될 여지가 없으므로 명의신탁 증여의제 부과처분은 위법하다.

1. 사실관계

(1) 소외회사 주주명부상 甲, 乙, 丙, 丁만 주주로 등재되어 있다.

(2) 주식등변동상황명세서(법인세신고)상에는 乙, 丙, 丁, 원고1, 원고2가 주주로 되어있다.

(3) 피고가 확인한 사항은 원고1, 2가 소유하고 있는 주식의 **실제소유주는 甲이라는 사실**이다.

(4) 위 내용을 정리하여 보면,

① 원고1, 2는 주식등변동상황명세서상 주주이고
② 원고1, 2는 주주명부상 주주로 등재되어 있지 않다.

2. 쟁 점

주주명부에 등재되지 아니한 원고1, 2에 대하여 명의신탁증여의제 규정을 적용할 수 있는지 여부

3. 사건의 경과

(1) **원심판결**(서울고등법원 2011. 4. 26. 선고 2010누32794 판결) : **국패**

원고1, 2에 대하여 명의신탁 증여의제 규정을 적용하여 증여세를 과세할 수 없다.

(2) 대상판결

이와 같은 입법취지와 이 사건 법률조항이 그 적용대상을 '주주명부 또는 사원명부가 작성되지 아니한 경우'로 명백히 한정하고 있는 점 등을 종합하여 보면, 주주명부가 작성되어 있는 경우에는 설령 주식등변동상황명세서 등에 주식의 소유자 명의가 실제소유주와 다르게 기재되어 있다고 하더라도 **그 명의자 앞으로 주식에 대한 명의개서가 이루어지지 아니하였다면 그 명의자에게 이 사건 법률조항을 적용하여 증여세를 과세할 수는 없다**고 할 것이다.

4. 평 석

(1) 법인세의 과세표준과 세액을 신고할 때 첨부하여 제출하는 서류인 주식이동상황명세서를 주주명부와 동일시할 수 없으므로 주식이동상황명세서에 주식의 이동상황을 기재하여 신고하였다고 하더라도 주식의 명의개서가 되었다고 할 수 없다(대법원 1994. 2. 22. 선고 93누14196 판결).

(2) 주주명부 또는 사원명부가 작성되지 아니한 경우 주식등변동상황명세서에 의해 명의개서 여부를 판정한다(상속세및증여세법 §45의 2 ③). 이는 주주명부나 사원명부 그 자체가 없어 명의개서가 이루어지지 아니한 경우에는「상속세및증여세법」제45조의 2 제1항 본문을 적용할 수 없었던 문제점을 보완하여 과세하려는 데 그 입법취지가 있다.

(3)「상속세및증여세법」제45조의 2 제1항의 문구상으로는 주주명부에 허위로 명의개서한 경우 외에는 위 조항에 해당될 수가 없는 것이다.

(4) 대상판결은「상속세및증여세법」제45조의 2 문언상 타당한 판결이다. 왜냐하면 **「상속세및증여세법」제45조의 2 제4항은 명백히 주주명부 또는 사원명부가 작성되지 않은 경우로 적용대상을 한정**하고 있기 때문이다.

5. 관련 판례

문서번호	내 용
서울고등법원 2016. 9. 21. 선고 2015누66983 판결	「상속세및증여세법」 제45조의 2 제1항을 적용할 때 주주명부 또는 사원명부가 작성되지 아니한 경우에는 「법인세법」 제109조 제1항 및 제119조에 따라 납세지 관할세무서장에게 제출한 주주 등에 관한 서류 및 주식등변동상황명세서에 의하여 명의개서 여부를 판정한다(상속세및증여세법 §45의 2 ④). 2004. 1. 1. 이후 납세의무가 성립되고 주식등변동상황명세서가 제출된 증여분에 대하여는 **위 규정을 적용**할 수 있으나, 그 이전에 납세의무가 성립된 증여분에 대하여는 위 규정을 소급적용할 수 없다.
조심 2010서0310, 2016. 6. 30.	「상법」 제352조에서 회사가 주식을 발행한 경우에는 그 주식이 기명주식이든 무기명주식이든 반드시 주주명부를 작성하여야 하는 것으로 되어 있어, 주주명부의 등재내용을 주식 등 이동상황명세서에 의하여 법인세 과세표준 신고 시 신고한 것으로 볼 수 있으며, 이후 이에 근거하여 주주 등의 확인을 요하는 유상증자도 이루어진 것으로 보아야 할 것이므로 2003. 12. 30.「상속세 및증여세법」 제45조의 2 제3항이 **개정 신설되기 이전에 명의신탁된 주식에 대하여 이루어진 과세처분은 정당하다.** 최근 고등법원에서는 **2004. 1. 1. 이후 명의신탁된 부분에 대해서만 주식등변동상황명세서에 의하여 명의개서 여부가 판단 가능**하다고 판시(서울고법 2017누53233 판결)한 반면, 조세심판원에서는 **2003. 12. 30. 개정 이전의 명의신탁에 대해서도 주식등변동상황명세서에 의하여 명의개서 여부 판단 가능**하다는 결정
대법원 2017. 11. 9. 선고 2017두54562 판결	외국영리법인에 주식을 명의신탁한 경우 페이퍼컴퍼니라 해도 주식을 처분할 수 있는 법률상 지위를 취득함으로써 명의수탁자가 될 수 있으므로 증여의제로 과세할 수 있다.

3-7 명의신탁증여의제 시 주주명부가 없는 경우 증여의제시기

● 대상판결 : 대법원 2017두32395 (2017. 5. 11.) ➜ 국패

핵심 요지

주식등변동상황명세서 등에 주식의 양도일이 기재되어 있다고 하더라도, 그 시점에 주주명부에 명의개서가 이루어진 것과 동등한 효력을 부여할 수는 없다. 다만, 실제소유자와 명의자가 다른 주식의 변동사실이 외부에 분명하게 표시되었다고 볼 수 있는 위 명세서 제출일을 증여의제일로 보아야 한다.

1. 사실관계

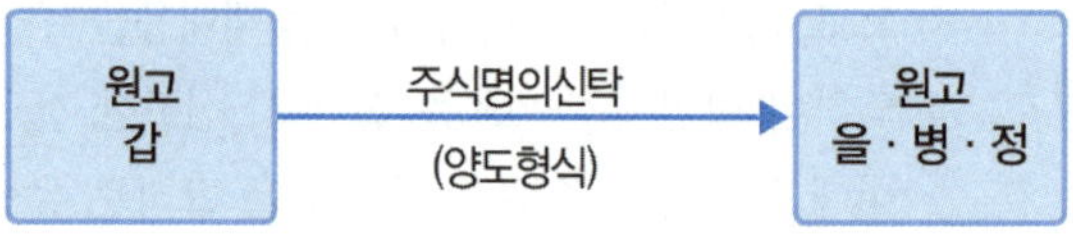

(1) 과세관청은 이 사건 회사에 대한 법인세 통합조사와 주식변동조사를 실시하여 원고가 을 등에게 이 사건 주식을 명의신탁한 사실을 확인하고 피고에게 과세자료를 통보하였다.

(2) 이 사건 회사에서는 주주명부가 작성되지 아니하였다.

(3) 2007. 3. 31. 이 사건 회사는 관할세무서장에게 법인세 과세표준신고서를 제출하면서 주식변동상황명세서를 함께 제출하였다.

(4) 2007. 2. 7. 원고는 이 사건 회사 주식이 양도된 사실이 기재된 양도소득세 신고서를 제출하였는데, 동 신고서에 양도일자는 2006. 12. 27.로 기재되어 있었다.

(5) 피고는 통보받은 과세자료에 의하여 「상속세및증여세법」 제45조의 2에 따라 증여세를 각 부과하였다.

(6) 원고는 이에 불복(심사청구)하였으나, 국세청장은 원고들의 청구를 모두 기각하였다.

2. 쟁 점

이 사건 주식 평가기준일을 언제로 볼 것인지(주식변동상황명세서 제출일인지 아니면 양도소득세 신고서상 양도일자인지)

3. 관련 법령

상속세및증여세법(법률 제16102호, 2018. 12. 31, 일부개정)【명의신탁증여의제】

① 권리의 이전이나 그 행사에 등기 등이 필요한 재산(토지와 건물은 제외한다. 이하 이 조에서 같다)의 실제소유자와 명의자가 다른 경우에는 「국세기본법」 제14조에도 불구하고 그 명의자로 등기 등을 한 날(그 재산이 명의개서를 하여야 하는 재산인 경우에는 소유권취득일이 속하는 해의 다음 해 말일의 다음 날을 말한다)에 그 재산의 가액(그 재산이 명의개서를 하여야 하는 재산인 경우에는 소유권취득일을 기준으로 평가한 가액을 말한다)을 실제소유자가 명의자에게 증여한 것으로 본다.

④ 제1항을 적용할 때 주주명부 또는 사원명부가 작성되지 아니한 경우에는 「법인세법」 제109조 제1항 및 제119조에 따라 납세지 관할세무서장에게 제출한 주주 등에 관한 서류 및 **주식등변동상황명세서에 의하여 명의개서 여부를 판정**한다.

4. 대상판결(국패)

구 「상속세및증여세법」(2007. 12. 31. 법률 제8828호로 개정되기 전의 것, 이하 '상증세법'이라고 한다) 제45조의 2는 명의신탁재산의 증여의제에 관하여 제1항 본문에서 "권리의 이전이나 그 행사에 등기 등을 요하는 재산(토지와 건물을 제외한다)에 있어서 실제소유자와 명의자가 다른 경우에는 「국세기본법」 제14조의 규정에도 불구하고 그 명의자로 등기 등을 한 날에 그 재산의 가액을 명의자가 실제 소유자로부터 증여받은 것으로 본다." 고 규정하고, 제3항(이하 '이 사건 법률조항'이라고 한다)에서 "제1항의 규정을 적용함에 있어서 주주명부 또는 사원명부가 작성되지 아니한 경우에는 「법인세법」 제109조 제1항 및 제119조의 규정에 의하여 납세지 관할 세무서장에게 제출한 주주 등에 관한 서류 및 주식등변동상황명세서에 의하여 명의개서 여부를 판정한다."라고 규정하고 있다.

이 사건 법률조항은 주식등변동상황명세서 등에 주식 등의 소유자 명의를 실제 소유자와 다르게 기재하여 조세를 회피하려고 하였더라도 주주명부나 사원명부 그 자체가 없어 명의개서가 이루어지지 아니한 경우에는 상증세법 제45조의 2 제1항 본문을 적용할 수 없었던 문제점을 보완하여 그러한 경우에도 증여세를 과세하려는 것이다(대법원 2014. 5. 16. 선고 2011두11099 판결 참조). 그런데 이 사건 법률조항은 납세지 관할 세무서장에게 제출한 주식등변동상황명세서 등에 의하여 명의개서 여부를 판정한다고 규정하고 있을 뿐 **구체적으로 어떤 일자를 주식등변동상황명세서 등에 따른 증여의제일로 볼 것인지에 대하여 규정하고 있지 않다.** 한편 과세관청이 주식등변동상황명세서 등을 과세자료로 활용할 수 있다고 하더라도 이는 과세목적상 협력의무 이행의 일환으로 사업연도 중 주식 등의 변동 상황을 기록하는 문서에 불과한 것이어서, **주주권 행사 등의 기초가 되는 주주명부와는 본질적으로 차이가 있다.** 또한 주식등변동상황명세서에는 주주명부의 명의개서일과 같이 당해 회사가 주식양도사실을 확인한 일자가 별도로 나타나 있지도 않다. 따라서 이러한 주식등변동상황명세서 등에 **비록 주식의 양도일이나 취득일이 기재되어 있다고 하더라도, 바로 그 시점에 다수의 주주와 관련된 법률관계를 처리할 목적에서 마련된 주주명부에 명의개서가 이루어진 것과 동등한 효력을 부여할 수는 없다.** 다만 주식등변동상황명세서 등이 제출되면 그때 비로소 주식 등의 변동상황이 회사를 비롯한 외부에 명백하게 공표되어 명의신탁으로 인한 증여의제 여부가 판정될 수 있는 것이므로, 그와 같이 실제소유자와 명의자가 다른 주식의 변동사실이 외부에 분명하게 표시되었다고 볼 수 있는 위 **명세서 등의 제출일을 증여세 목적에 따른 증여의제일로 보아야 한다.**

5. 평 석

(1) 이 사건은 원고와 피고간에 2가지 쟁점을 두고 다투었다. 명의신탁증여의제 사건에서 통상적으로 다투었던 “명의신탁 해당여부 및 조세회피 목적 인정여부”에 대해서는 명의신탁에 조세회피와 상관없는 별도의 뚜렷한 목적이 있었고, 명의신탁 당시에나 장래에 있어 회피될 조세가 없었다는 점을 인정하기에 부족하고 달리 이를 인정할 증거가 없다는 논지로 원고의 청구를 받아들이지 않았다.

(2) 두 번째 쟁점이 주식평가방법의 위법여부이다. 이 사건 회사주식의 1주당 가액을 평가하기 위한 전제로서 먼저 평가기준일(증여일)을 특정하여야 하는데, 이에 대하여 원고는 이 사건 회사의 주식등변동상황명세서가 제출된 2007. 3. 31.이 평가기준일이 되어야 한다고 주장하는 반면, 피고는 소외 장○○이 2007. 2. 7. 제출한 양도소득세 과세표준 신고서에 주식양도일자로 기재된 2006. 12. 27.을 평가기준일로 해야 한다고 주장하였다.

(3) 대상판결에서 대법원은 원심과 같이 주식등변동상황명세서가 주주권 행사 등의 기초가 되는 주주명부와는 본질적으로 차이가 있다는 점을 중시하였다. 따라서 **주식등변동상황명세서 등에 비록 주식의 양도일이나 취득일이 기재되어 있다고 하더라도, 바로 그 시점에 다수의 주주와 관련된 법률관계를 처리할 목적에서 마련된 주주명부에 명의개서가 이루어진 것과 동등한 효력을 부여할 수는 없다**고 판단하였다.

6. 관련 판례

문서번호	내 용
대법원 2014. 5. 16. 선고 2011두11099 판결	이 사건 법률조항은 주식등변동상황명세서 등에 주식 등의 소유자 명의를 실제 소유자와 다르게 기재하여 조세를 회피하려고 하였더라도 주주명부나 사원명부 그 자체가 없어 명의개서가 이루어지지 아니한 경우에는 「상속세및증여세법」 제45조의 2 제1항 본문을 적용할 수 없었던 문제점을 보완하여 그러한 경우에도 증여세를 과세하려는 것이다("제1항의 규정을 적용함에 있어서 주주명부 또는 사원명부가 작성되지 아니한 경우에는 「법인세법」 제109조 제1항 및 제119조의 규정에 의하여 납세지 관할 세무서장에게 제출한 주주 등에 관한 서류 및 주식등변동상황명세서에 의하여 명의개서 여부를 판정한다"라는 규정에 대한 설시).
대법원 2005. 1. 27. 선고 2003두4300 판결	「상속세및증여세법」 제45조의 2 제1항 규정의 입법 취지는 명의신탁제도를 이용한 조세회피 행위를 효과적으로 방지하여 조세정의를 실현한다는 취지에서 실질과세원칙에 대한 예외를 인정한 데에 있으므로 명의신탁의 목적에 조세회피의 목적이 포함되어 있지 않은 경우에만 같은 조항 단서의 적용이 가능하고 또한, 그 단서 소정의 조세를 증여세에 한정할 수 없으며, 명의신탁에 있어서 조세회피의 목적이 없었다는 점에 관한 증명책임은 이를 주장하는 명의자에게 있다.

문서번호	내 용
대법원 2006. 5. 12. 선고 2004두7733 판결; 대법원 2006. 5. 25. 선고 2004두13936 판결	조세회피의 목적이 없었다는 점에 대하여는 조세회피의 목적이 아닌 다른 목적이 있었음을 증명하는 등의 방법으로 입증할 수 있다.
대법원 2006. 9. 22. 선고 2004두11220 판결	입증책임을 부담하는 명의자로서는 명의신탁에 있어 조세회피 목적이 없었다고 인정될 정도로 조세회피와 상관없는 뚜렷한 목적이 있었고, 명의신탁 당시에나 장래에 있어 회피될 조세가 없었다는 점을 객관적이고 납득할 만한 증거자료에 의하여 통상인이라면 의심을 가지지 않을 정도의 입증을 하여야 할 것이다.

3-8 취득세 납세의무를 부담하는 과점주주 해당 여부는 주주명부상의 주주명의가 아닌 주주권을 실질적으로 행사하는 자를 기준으로 판단하여야 함(명의신탁 해지와 관련하여)

● 대상판결 : 대법원 2018두49376 (2018. 11. 9.) ➜ 국패

핵심 요지

구 지방세법 제7조 제5항 전문에 따라 취득세 납세의무를 부담하는 과점주주에 해당하는지는 주주명부상의 주주명의가 아니라 주주권을 실질적으로 행사하여 법인의 운영을 지배하는지를 기준으로 판단하여야 한다. 따라서 … 과점주주의 **주식비율이 증가되었는지 여부 역시 주주권을 실질적으로 행사하는 주식을 기준으로 판단**하여야 한다.

1. 사실관계

(1) 주식보유 흐름도

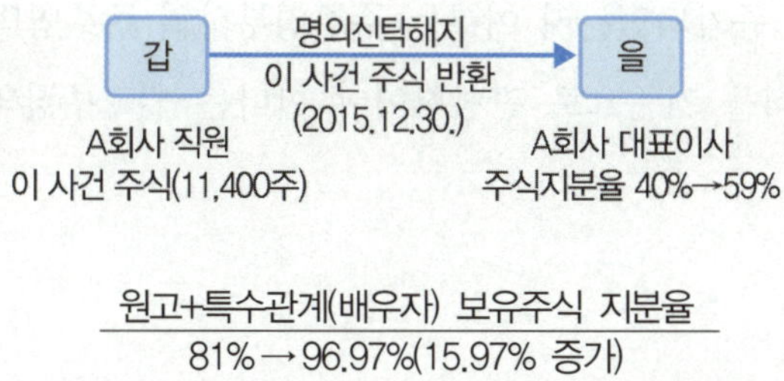

(2) 원고는 A회사의 대표이사인데 당초 원고의 A회사 주식지분율은 40.0%이었다.

(3) 2015. 12. 30. 원고는 이 사건주식(11,400주)을 취득하여 원고의 주식지분은 59.0%로 증가하였고, 원고와 특수관계자인 배우자와 함께 보유한 주식지분율 합계가 81.0%에서 96.97%로 15.97% 증가되었다.

(4) 원고가 직원 갑을 상대로 제기한 인천지방법원(2015가단000000호) 주주확인청구소송에서 원고는 이 사건 주식의 주주가 원고임을 확인하는 내용의 무변론 승소판결이 선고되었고, 위 판결은 그대로 확정되었는데, 이와 관련하여 이 사건 인증서에는 이사건 주식이 명의신탁된 것이므로 갑 명의 위 소송에서 다투지 않았다고 진술한 부분이 포함되어 있다.

(5) 원고는 판결이 확정되자 2016. 2. 13. 서인천세무서장에게 갑에 대한 이 사건 명의신탁으로 인하여 부담하게 된 증여세를 자진 신고·납부 하였다.

(6) 2017. 6. 28. 피고는 원고에게 A회사 소유의 취득세 과세물건의 장부가액에 원고의 지분율 증가분 15.97%를 곱한 금액을 과세표준으로 하여 원고에게 취득세 및 농어촌특별세를 부과하였다(가산세포함 11,223천 원).

(7) 원고의 주장을 요약하면, 이 사건 주식은 직원인 갑에게 명의신탁 한 것이고, 2015. 12. 30. 원고와 갑 사이에 명의신탁계약을 해지하고 이 사건 주식을 반환받은 것에 불과하므로 원고가 보유한 A회사 주식지분은 실질적으로 증가하지 않았는데도 원고가 이 사건 주식을 취득하였음을 전제로 한 이 사건 처분은 위법하다는 것이다(이 사건 주식은 당초부터 원고가 소유하여 권리행사를 해 온 주식으로 명의신탁해지로 인한 주식 수 변동은 없었다는 주장임).

2. 쟁 점

과점주주의 주식비율이 증가되었는지 여부는 주주명부상의 주주명의가 아닌 주주권을 실질적으로 행사하는 주식을 기준으로 판단하여야 한다는 원고주장의 당부

3. 관련법령

구 지방세법(2015.12.29. 법률 제13636호로 개정되기 전 의 것) 제7조【납세의무자 등】

⑤ 법인의 주식 또는 지분을 취득함으로써 지방세기본법 제47조 제2호에 따른 과점주주가 되었을 때에는 그 과점주주가 해당 법인의 부동산 등을 취득(법인 설립 시에 발행하는 주식 또는 지분을 취득함으로써 과점주주가 된 경우에는 취득으로 보지 아니한다)한 것으로 본다 이 경우 과점주주의 연대납세의무에 관하여는 지방세법 제44조를 준용한다.

구 지방세법시행령(2015.12.31. 대통령령 제26836호로 개정되기 전의 것)
제11조【과점주주의 취득 등】

② 이미 과점주주가 된 주주 또는 유한책임사원이 해당 법인의 주식 등을 취득하여 해당 법인의 주식 등의 총액에 대한 과점주주가 가진 주식 등의 비율이 증가된 경우에는 그 증가분을 취득으로 보아 법 제7조 제5항에 따라 취득세를 부과한다. 다만, 증가된 후의 주식 등의 비율이 그 증가된 날을 기준으로 그 이전 5년 이내에 해당 과점주주가 가지고 있던 주식 등의 최고비율보다 증가되지 아니한 경우에는 취득세를 부과하지 아니한다.

4. 사건의 경과

(1) 원심판결(서울고등법원 2018. 6. 20. 선고 2018누36365 판결) : 국승

주식을 양수하였으나 아직 주주명부에 명의개서를 하지 아니하여 주주명부에는 양도인이 주주로 기재되어 있는 경우뿐 아니라, 주식을 인수하거나 양수하려는 자가 타인의 명의를 빌려 회사의 주식을 인수하거나 양수하고 타인의 명의로 주주명부에의 기재까지 마치는 경우에도 회사에 대한 관계에서는 주주명부상 주주만이 주주로서 의결권 등 주주권을 적법하게 행사할 수 있고, 이러한 법리는 주주에 대하여만 아니라 회사에 대하여도 마찬가지로 적용되므로 회사는 특별한 사정이 없는 이상 주주명부에 기재된 자의 주주권 행사를 부인하거나 주주명부에 기재되지 아니한 자의 주주권 행사를 인정할 수 없다(대법원 2017. 3. 23. 선고 2015다248342 전원합의체 판결 참조).

… 간주취득세의 과세요건 충족여부는 …주식의 취득당시를 기준으로 판단하여야 하므로(대법원 2015. 1. 15. 선고 2011두28714 판결 참조) 주식의 양수인이 그러한 지위에 있다고 볼 수 있는지도 그 주식의 거래당시를 기준으로 객관적으로 판단되어야 하지, 명의를 빌린 사람이 사후 주주의 자격으로 실제 의결권 등을 행사하였는지 등의 후발적 사정에 따라 소급하여 문제의 주식거래 당시에 그러한 지위에 있었는지에 대한 판단이 좌우될 수는 없다 할 것이다.

… 따라서 이상과 다른 전제에서 이 사건 간주취득세 등의 부과와 관련하여 원고가 2015. 12. 30. 경이 아니라 1997. 1. 13. 이미 이 사건주식을 취득한 것으로 보아야 하므로 그 부과대상자가 아니라는 취지의 원고주장은 이유 없고, 이 사건 처분은 적법하다.

(2) 대상판결

실질과세의 원칙 중 **구 지방세기본법 제17조 제1항이 규정하고 있는 실질귀속자 과세의 원칙**은 소득이나 수익, 재산, 거래 등의 과세대상에 관하여 귀속명의와 달리 실질적으로 귀속되는 자가 따로 있는 경우에는 형식이나 외관을 이유로 귀속 명의자를 납세의무자로 삼을 것이 아니라 **실질적으로 귀속되는 자를 납세의무자로 삼겠다는 것**이다. 그리고 구 지방세법 제7조 제5항 전문이 법인의 과점주주에 대하여 그 법인의 재산을 취득한 것으로 보아 취득세를 부과하는 것은 과점주주가 되면 해당 법인의 재산을 사실상 임의처분하거나 관리·운용할 수 있는 지위에 서게 되어 실질적으로 그 재산을 직접 소유하는 것과 크게 다를 바 없다는 점에서 담세력이 있다고 보기 때문이므로, 위 조항에 의하여 **취득세의 납세의무를 부담하는 과점주주에 해당하는지 여부**는 **주주명부상의 주주 명의가 아니라 그 주식에 관하여 의결권 등을 통하여 주주권을 실질적으로 행사하여 법인의 운영을 지배하는지 여부를 기준으로 판단**하여야 한다.

따라서 구 지방세법 제7조 제5항 전문, 구 지방세법 시행령 제11조 제2항 본문에 의하여 **과점주주의 주식비율이 증가되었는지 여부 역시 주주권을 실질적으로 행사하는 주식을 기준으로 판단**하여야 한다(대법원 2016. 3. 10. 선고 2011두26046 판결 등 참조).

… 소외인은 이 사건 주식의 인수과정에서 명의를 대여해 준 자에 불과하고, 위 주식에 관한 **권리를 실질적으로 행사하는 지위에 있었던 것은 원고**라고 할 것이므로, 위 주식에 관하여 원고 명의로 명의개서를 마친 2015. 12. 30. 전후로 원고의 주식 소유비율은 동일하여, **위 명의개서가 구 지방세법 시행령 제11조 제2항 본문에서 말하는 과점주주의 주식비율이 증가된 경우에 해당한다고 할 수 없다.**

… 원심의 판단에는 간주취득세 납세의무를 부담하는 과점주주에 관한 법리를 오해하여 판결에 영향을 미친 잘못이 있다. 이를 지적하는 상고이유 주장은 이유 있다.

5. 평 석

(1) 이 사건은 원고가 직원명의로 명의신탁 하였던 주식을 소송을 통하여 환원하는 과정에서 원고의 이 사건 주식지분율이 증가함에 따라 구 지방세법 시행령 제11조 규정에 의하여 증가된 주식비율만큼 취득세를 부담해야 하는지가 쟁점이 되었다.

(2) 피고는 원심의 판단과 같이 주식지분율이 증가되었는지 여부는 주주명부상 주식수를 판단의 기준으로 삼아야 한다는 의견이다. 주주명부상 주주만이 주주로서 의결권 등 주주권을 적법하게 행사할 수 있으므로 타인의 명의를 빌려 회사의 주식을 인수하거나 양수하고 타인의 명의로 주주명부에의 기재까지 마치는 경우에는 특별한 사정이 없는 한 주주명부에 기재된 자의 주주권 행사를 부인하거나 주주명부에 기재되지 아니한 자의 주주권 행사를 인정할 수 없다는 것이다(이 사건에서 원고는 명의신탁자이므로 대내적으로는 이 사건 주식에 관한 모든 권리와 이익을 향유하더라도 명의수탁자인 갑의 명의로 등재된 이상 주주권을 행사할 수 없다는 것이다).

(3) 이러한 논리를 바탕으로 원심은 원고 명의로 주식의 명의개서가 이루어진 2015. 12. 30.에 이르러서야 원고는 비로소 이 사건 주식에 대한 주주권을 행사할 수 있는 자가 되는 것이므로 그에 따라 증가된 주식지분율만큼 취득세를 추가로 부담해야 한다고 보았다.

(4) 그러나 대법원은 대상판결에서 원심이 간주취득세 납세의무를 부담하는 주주에 관한 법리를 오해한 판결에 영향을 미친 잘못이 있다고 지적하였다. 실질과세원칙에 따라 이 사건주식에 관한 권리를 실질적으로 행사하는 지위에 있었던 것은 명의신탁자인 원고이고 갑(직원)은 명의를 대여해 준 자에 불과하다는 것이다. 따라서 원고 앞으로 **명의개서가 이루어진 2015. 12. 30. 전후로 원고의 주식 소유비율은 동일하여(당초부터 이 사건 주식의 실질적 권리 행사자는 원고이므로) 과점주주의 주식비율이 증가되지 아니하였다고 판단**하였다.

(5) 이 사건에서는 직접 다루어지지 않았지만, 어떤 주식을 명의신탁 하였다가 과세관청의 조사가 아닌 납세자의 자발적 의사에 의하여 환원하는 경우를 상정해 볼 수 있다. 주식을 명의신탁 하였다면(통상 상당한 시간이 경과하였거나, 회사 설립 시에 명의신탁이 이루어지는 관행을 감안하여 보면) 명의신탁에 따른 증여의제 규정에 의한 증여세의 과세는 일반적인 주식의 거래보다 조세부담이 적어질 수 밖에 없다(명의신탁시점에는 통상 주식가치가 낮게 평가되기 때문이다).

(6) 소송을 통하여 명의신탁 해지라는 법률효과를 발생시키지만, 무변론 승소판결인 경우가 대부분 일 터인데 과세관청에서 이를 용인할 수 있는지가 의문시 된다.

(7) 사건을 전제로 비록 무변론 승소판결에 기하여(명의수탁자는 명의신탁 된 주식이 본인 소유가 아닌 이상 별다른 주장을 할 수 없을 것으로 보인다) 명의신탁 된 주식을 본래의 소유자 명의로 환원하였다면(이로 인한 증여세 부담은 없다) 이를 부인할 수 있는 이론적 근거는 없는 것으로 보인다. 다만, 명의신탁자로서는 당초 주식취득 시 명의신탁자의 금원으로 주식을 취득한 사실 등을 구체적으로 밝혀야 할 필요가 있을 것이다.

6. 관련 판례

문서번호	내 용
대법원 2016. 3. 10. 선고 2011두26046 판결	• 설립당시 실질적 지배자가 **타인 명의로 명의신탁 약정한 주식**의 취득은 주주명부상 명의에도 불구하고 과점주주 비율증가에 따른 **간주취득세 과세대상에 해당되지 아니한다.** • 취득세의 납세의무를 부담하는 과점주주에 해당하는지는 주주명부상의 주주명의가 아니라 그 주식에 관하여 의결권 등을 통하여 **주주권을 실질적으로 행사하여 법인의 운영을 지배하는 자를 기준으로 판단**하여야 한다.
대법원 2017. 5. 31. 선고 2014두13706 판결	'양도담보'로 주식을 취득한 경우에는 주식취득(과점주주 취득세 과세하기 위한)에는 해당되지 않는다.
대법원 2017. 3. 23. 선고 2015다248342 전원합의체 판결	특별한 사정이 없는 이상 주주명부에 기재된 자의 주주권 행사를 부인하거나 주주명부에 기재되지 아니한 자의 주주권 행사를 인정할 수 없다.
대법원 2015. 1. 15 선고 2011두28714 판결	신탁재산의 경우 위탁자가 사실상 임의처분하거나 관리 운용할 수 있는 지위에 있다고 보기 어렵기 때문에 과점주주 간주취득세 과세대상에 포함할 수 없다. 소유권 이전 말소등기가 경료되지 아니하였다 하더라도 합의해제의 효력이 있다면 과점주주 간주취득세 과세대상에 포함할 수 없다.

문서번호	내 용
대법원 2008. 10. 23. 선고 2006두19501 판결	취득세 납세의무를 부담하는 과점주주는 당해 과점주주가 법인의 운영을 실질적으로 지배할 수 있는 지위에 있음을 요하지만(대법원 1994. 5. 24. 선고 92누11138 판결 참조), 이 때 법인의 운영을 실질적으로 지배할 수 있는 지위라 함은, 실제 법인의 경영 지배를 통하여 법인의 부동산 등의 재산을 사용·수익하거나 처분하는 등의 권한을 행사하였을 것을 요구하는 것은 아니고, 소유하고 있는 주식에 관하여 의결권 행사 등을 통하여 **주주권을 실질적으로 행사할 수 있는 지위에 있으면 족하다**고 할 것이다.

3-9 명의자의 의사와 관계없이 일방적으로 명의자의 명의를 사용하여 등기 등을 한 경우에는 명의신탁증여의제규정을 적용할 수 없음

● 대상판결 : 대법원 2015두39316 (2015. 6. 24.) ➜ 국패

핵심 요지

형사재판에서 원고의 명의를 도용하여 주식양도 양수증 등을 작성하고 임의로 원고를 주주로 등재하였다는 범죄사실이 인정되어 유죄판결이 확정된 점 등에 비추어보면, 명의신탁자가 일방적으로 원고 명의를 도용하여 이사건 주식의 주주로 등재해 놓은 것이라고 봄이 타당하므로 이와 다른 전제에서 한 이 사건 처분은 위법하다.

1. 사실관계

(1) 명의신탁 주식 흐름도

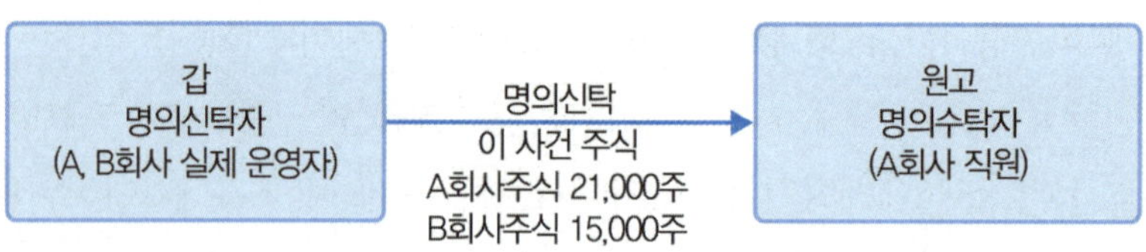

(2) 원고는 A회사에 직원으로 채용된 직후 새로 설립된 B회사의 주식 15,000주 인수인으로, A회사 주식 21,000주의 양수인으로 각 주주명부에 등재되었다(A, B 회사 실제운영자는 갑이다).

(3) 피고는 실제소유자인 갑(명의신탁자)이 원고에게 이 사건 주식을 명의신탁 하였다고 보아 명의신탁재산의 증여의제 규정을 적용하여 원고에게 증여세를 부과 처분하였다.

2. 쟁 점

명의자의 의사와 관계없이 일방적으로 명의자의 명의를 사용하여 등기 등을 한 경우 명의신탁증여의제 규정을 적용하여 증여세를 부과할 수 있는지 여부

3. 관련법령

비판 견해 **상속세및증여세법 제45조의2【(명의신탁재산의 증여의제)】**

① 권리의 이전이나 그 행사에 등기 등이 필요한 재산(토지와 건물은 제외한다. 이하 이 조에서 같다)의 실제소유자와 명의자가 다른 경우에는 「국세기본법」 제14조에도 불구하고 그 명의자로 등기 등을 한 날(그 재산이 명의개서를 하여야 하는 재산인 경우에는 소유권취득일이 속하는 해의 다음 해 말일의 다음 날을 말한다)에 그 재산의 가액(그 재산이 명의개서를 하여야 하는 재산인 경우에는 소유권취득일을 기준으로 평가한 가액을 말한다)을 실제소유자가 명의자에게 증여한 것으로 본다. 다만, 다음 각 호의 어느 하나에 해당하는 경우에는 그러하지 아니하다.

1. 조세 회피의 목적 없이 타인의 명의로 재산의 등기 등을 하거나 소유권을 취득한 실제소유자 명의로 명의개서를 하지 아니한 경우

4. 대상판결

원심은 ① 원고는 갑이 회사 임원등재용으로만 사용하겠다고 부탁하여 인장 및 인감증명서를 교부하였다고 주장하는데, 원고가 A회사 등 법인의 이사 및 감사로 등재된 시점과 이 사건 주식의 양도시점 또는 주주명부 등재 시점이 일치하는 사정에 비추어 당초 원고가 임원 등재용으로 교부한 인장 등이 주주명부 등재용으로도 사용되었을 가능성이 높은 점, **② 갑은 형사재판에서 원고의 명의를 도용하여 주식양도 양수증 등을 작성하고 임의로 원고를 B회사의 주주로 등재하였다는 범죄사실이 인정되어 유죄판결이 확정된 점**, ③ 갑은 세무조사 과정에서 원고의 동의를 받아 이 사건 주식의 주주로 등재하였다고 진술하였으나, 과세관청이 납세의무자인 원고로부터 세무조사 과정에서 이 사건 주식의 명의신탁에 대하여 동의한 적이 있다는 취지의 확인서를 받은 사실이 없으므로, 원고가 아닌 갑의 **일방적 진술을 다른 특별한 사정이 없이 원고에 대한 과세자료로 삼을 수 없는 점**, ④ 갑의 진술내용 또한 자신이 실제 운영하는 A, B회사 등 주식을 친척과 회사 직원들의 동의를 받아 명의신탁 하였다고 포괄적으로 답변한 것에 불과한 점, ⑤ 원고는 2011. 7. 경 피고로부터 2009. 3. 31. 자 주식양수에 대하여 저가양도로서 증여세를 부과한다는 예고를 받자 갑에게 이를 항의하여 부과된 세액에 상당한 돈을 송금 받고, 피고로부터 징수유예를

받아 증여세를 모두 납부하였으나, 원고로서는 당시에 추가로 이 사건 처분이 있을 것을 알지 못하였고, 갑으로부터 세금으로 납부할 돈을 모두 지급받은 이상 이를 문제 삼을 이유가 없었으며 이후 갑을 사문서 위조 등 혐의로 형사고소 하였고 그 재판과정에서 다른 고소인들과 달리 끝까지 합의서를 제출하지 아니한 사정 등에 비추어 보면 **원고가 이 사건 주식의 명의신탁에 대하여 묵시적으로 승인하였다고 보기도 어려운** 점등을 종합하여, **갑이 일방적으로 원고 명의를 도용하여 이 사건 주식의 주주로 등재해 놓은 것이라고 봄이 타당**하다고 보아, 이와 다른 전제에서 이 사건 처분은 위법하다고 판단하였다.

원심판결 이유를 앞서 본 법리와 기록에 비추어 살펴보면 원심의 판단은 정당한 것으로 수긍이 가고, 거기에 상고이유의 주장과 같은 이유모순, 채증법칙의 위반, 심리미진 등의 위법이 없다.

5. 평 석

(1) 이 사건은 명의신탁자인 갑이 직원인 원고명의로 명의신탁 한 이 사건주식에 대한 세무조사과정에서 과세관청이 당초 이 사건 주식을 저가로 양도하였다는 혐의를 가지고 조사하다가 명의신탁 한 사실이 확인되어 명의신탁증여의제 규정을 적용하여 증여세를 부과한 것으로 보인다.

(2) 소송실무상 필자의 경험에 의하면 과세관청이 실질소유자가 명의자와 다르다는 점만을 입증하면(주주명부에 그러한 사실이 확인되면) 그 명의자에로의 등기 등이 명의자의 의사와는 관계없이 실질소유자의 **일방적인 행위로 이루어졌다는 입증은 이를 주장하는 명의자가 하여야 한다**는 것이 대법원의 일관된 입장이다(대법원 1990. 2. 27 선고 89누3465 판결, 대법원 1990. 10 . 10. 선고 90누 5023 판결 등 참조).

(3) 따라서 실질소유자와 명의자가 합의 또는 의사소통 하에 명의자 앞으로 등기 등을 한 경우에 명의신탁증여의제 규정을 적용할 수 있고 명의자의 의사와는 관계없이 일방적으로 명의자 명의를 사용하여 등기한 경우에는 적용될 수 없다고 할 것이지만(대법원 1985. 3. 26. 선고 84누748 판결, 대법원 1996. 5. 31. 선고 95누13531 판결 등 참조) **과세관청이 실질소유자와 명의자 사이의 합의나 의사소통이 있었음을 입증할 입증책임은 없다**고 보아야 한다. 오히려 법원은 명의신탁자와 수탁자간 암묵적 내지

는 묵시적 동의가 있는 것으로 보는 것이 일반적이므로 명의신탁증여의제 적용에 따른 증여세 부과처분의 쟁점은 대부분 '조세회피목적'이 있었는냐의 문제로 귀결된다.

(4) 조세회피목적 유무에 관한 판례의 입장은 한마디로 일관되지 못하다는 것이 일반적인 평가다. 2006년 이전에는 매우 엄격하게 운용되다가(대법원 2005. 1. 27. 선고 2003두4300 판결, 대법원 2004. 12. 23. 선고 2003두13649 판결), 2006년 이후 명의신탁이 조세회피목적이 아닌 다른 이유에서 이루어졌음이 인정되고 그 명의신탁에 부수하여 사소한 조세경감이 생기는 것에 불과하다면 조세회피목적이 있다고 볼 수 없다는 판단이 이루어지기도 하였다(대법원 2006. 5. 12. 선고 2004두7733판결, 대법원 2006. 5. 25. 선고 2004두13936 판결, 대법원 2006. 6. 9. 선고 2005두 14714 판결).

(5) 그러다가 다시 비슷한 사안에서 과세를 지지하는 판결로 돌아선 것으로 보인다(대법원 2006. 9. 22. 선고 2004두11220 판결, 대법원 2009. 4. 9. 선고 2007두19331 판결).

(3) 결국 명의신탁에 있어서 조세회피목적이 없다고 하기 위해서는 납세의무자가 ① 조세회피목적이 없었다고 인정될 정도로 조세회피와 상관없는 뚜렷한 다른 목적이 있고, ② 명의신탁 당시에나 장래에 있어 회피될 조세가 없었다는 점을 객관적이고 납득할 만한 증거자료에 의하여 통상인이라면 의심을 가지지 않을 정도로 입증하여야 한다(대법원 2006. 09. 22. 선고 2004두11220 판결 ; 대법원 2013. 3. 28. 선고 2010두24968 판결 ; 대법원 2014. 1. 16. 선고 2013두16982 판결).

(4) 이 사건의 경우는 명의가 도용되었다는 사실을 전제로 명의신탁증여의제에 따른 증여세 부과처분을 취소하라는 판결을 한 사안이다. 일반적으로 명의신탁자와 수탁자간에는 암묵적 내지는 묵시적 동의가 있었던 것으로 보는 법원의 입장에서 보면 이례적인 판결로 볼 수 있다. 이 사건에서는 명의수탁자인 원고가 명의신탁자인 갑을 형사고발하였고, 관련형사판결에서 갑이 명의를 도용한 사실을 인정한 점이 크게 작용한 것으로 보인다(판결에서도 **원고가 이 사건 주식의 명의신탁에 대하여 묵시적으로 승인하였다고 보기도 어렵다고 설시하고 있다**).

(5) 이 사건은 원고가 명의신탁자와 치열한 법정공방을 통하여 이 사건 주식의 명의를 도용당하였다는 점이 객관적으로 입증되었고, 관련 형사판결에서 이 사건주식이 명의신

탁 되었다고 인정한 이상, 그 사실을 함부로 배척할 수 없다는 대법원의 판단과 아울러 아무리 명의신탁자인 갑이 명의수탁자의 동의를 받아 명의신탁 하였다고 주장하더라도 명의수탁자인 원고에 대한 사실 확인 등 보완조사가 이루어지지 않으면 납세의무자 아닌자(여기서는 명의신탁자인 갑이다)의 일방적 진술을 기재한 것에 불과하여 과세자료로 삼을 수 없다는 여러 사실들을 종합하여 이 사건주식이 원고의 의사에 반하여 주주명부에 기재된 것으로 결론짓고 그에 따른 증여세 부과처분을 취소하도록 한 것이다(대법원 판결을 보면 원고에게 명의수탁사실에 대한 확인서를 받지 아니하고 명의신탁자인 갑의 진술에 기초하여 과세하였다고 하였다).

(6) 위 사실관계와 관련 판례를 모두어 보면, 명의신탁증여의제 규정은 계속되는 위헌논의에도 불구하고 그에 따른 증여세 부과처분에 대하여 대법원은 대체적으로 과세를 긍정하는 태도를 견지하고 있는 것으로 보인다. 그러나 명의신탁증여의제 규정은 증여의 실질이 아닌 것에 대하여 증여세를 부과한다는 점에서 '조세'가 아닌 일종의 '제재'의 성격을 가지고 있다는 점은 부인하기 어렵다.

6. 관련 판례

문서번호	내 용
대법원 2008. 2. 14. 선고 2007두15780 판결	명의신탁증여재산의 증여의제 규정은 권리의 이전이나 행사에 등기 등을 요하는 재산에 있어서 실제소유자와 명의자가 합의 또는 의사소통을 하여 명의자 앞으로 등기 등을 한 경우에 적용되는 것이므로, **명의자의 의사와 관계없이 일방적으로 명의자의 명의를 사용하여 등기 등을 한 경우에는 적용될 수 없다.**
대법원 2012. 8. 17. 선고 2010두23378 판결	조세소송에서 형사재판에서 인정된 사실에 구속을 받는 것은 아니더라도 이미 확정된 관련 **형사판결에서 인정된 사실**은 이를 채용할 수 없는 특별한 사정이 나타나 있지 아니하는 한 **유력한 자료가 되어서 이를 함부로 배척할 수 없다.**

문서번호	내 용
대법원 2009. 7. 9. 선고 2009두5022 판결	수사기관 또는 과세관청의 조사과정에서 작성된 납세의무자가 아닌 자의 진술이 기재된 서류 등은 그 진술내용에 부합하는 증빙자료가 있거나 납세의무자에 대한 사실 확인 등의 보완조사가 이루어지지 아니하였다면 납세의무자 아닌 자의 일방적 진술을 기재한 것에 불과하여 다른 특별한 사정이 없는 한 이를 **납세의무자에 대한 과세자료로 삼을 수 없다**.

제4절 명의신탁 증여의제

4-1 개 요

● 대상판결 : 대법원 2008두20598 (2010. 7. 22.) ➜ 파기환송(국패)

핵심 요지

재산취득자금의 증여추정 규정에 있어서는 증여자에게 재산을 증여할 만한 재력이 있다는 점 등을 과세관청이 증명하여야 한다.

1. 사실관계

원고가 이 사건 부동산을 취득한 사실에 대하여 피고는 원고에 대한 증여세 조사를 실시하여 취득가액 중 일부의 자금출처가 불분명하다고 하여 원고에게 증여세를 결정·고지한 사건이다.

2. 관련 법령

직업·성별·연령·소득 및 재산상태 등으로 보아 재산을 자력으로 취득하였다고 인정하기 어려운 경우로서 당해재산을 취득한 때에 당해재산의 취득자가 **다른 자로부터** 취득자금을 증여받은 것으로 추정한다(구 「상속세및증여세법」 제45조【재산취득자금 등의 증여추정】: 개정 전).

※ "다른 자로부터" 삭제 : 2003. 12. 30. 법률 제7010호로 일부 개정된 것

3. 사건의 경과

(1) 원심판결(광주고등법원 2008. 10. 23. 선고 2008누1152 판결) : 국승

2004. 1. 1.부터 시행된 「상속세및증여세법」 제45조 제1항은 "직업·연령·소득 및 재산 상태 등으로 보아 재산을 자력으로 취득하였다고 인정하기 어려운 경우로서 대통령령이 정하는 경우에는 당해 재산을 취득한 때에 당해 재산의 취득자금을 그 재산의 취득자가 증여받은 것으로 추정하여 이를 그 재산취득자의 증여재산가액으로 한다."고 규정하여 구법과는 달리 **'다른 자로부터'라는 문구를 삭제**하였다. 한편 「상속세및증여세법」의 개정이유는 '현행 「상속세및증여세법」상 증여세 과세대상은 당사자 간 계약을 전제로 한 일반적인 증여 외에도 열거방식의 증여의제 및 이와 유사한 것이 있으나 열거되지 아니한 새로운 유형에 대하여는 과세하지 못하는 문제가 있어서 과세유형을 일일이 열거하지 아니하더라도 사실상 재산의 무상이전에 해당하는 경우에 증여세를 과세할 수 있도록 하고, 현행 증여의제 규정을 증여재산가액의 계산에 관한 예시규정으로 전환하는 등 완전포괄주의를 도입하기 위하여 법률체계를 정비하는 것'인 바, 이러한 개정이유에 비추어보면 「상속세및증여세법」 제45조 제1항에서 **'다른 자로부터'라는 문구의 삭제는 증여자를 특정하여야만 과세를 할 수 있던 것을 법률적으로 해결한 것**이라고 할 것이다.

(2) 대상판결(국패)

종래 대법원은 개정 전 규정에 따른 과세요건 판단기준과 증명책임의 소재나 범위에 관하여, 증여세의 부과요건인 재산의 증여사실은 원칙적으로 과세관청이 증명할 사항이므로 재산 취득 당시 일정한 직업과 상당한 재력이 있고, 또 그로 인하여 실제로도 상당한 소득이 있었던 자라면, 그 재산을 취득하는 데 소요된 자금을 일일이 제시하지 못한다고 하더라도 특별한 사정이 없는 한 재산의 취득자금 중 출처를 명확히 제시하지 못한 부분이 다른 사람으로부터 증여받은 것이라고 인정할 수 없다고 할 것이나, 일정한 직업 또는 소득이 없는 사람이 당해 재산에 관하여 납득할 만한 자금출처를 대지 못하고, 그 직계존속이나 배우자 등이 증여할 만한 재력이 있는 경우에는 그 취득 자금을 그 재력 있는 자로부터 증여받았다고 추정함이 옳다고 할 것인데, 이와 같이 증여를 추정하기 위하여는 수증자에게 일정한 직업이나 소득이 없다는 점 외에도 증여자에게 재산을 증여할 만한 재력이 있다는 점을 과세관청이 증명하여야 한다고 판시하여 왔는바(대법원 1995. 8. 11. 선고 94누14308 판결; 대법원 2004. 4. 16. 선고 2003두10732 판결 등 참조), 개정 후 법은 증여세에 있어서 이른바 완전포괄주의 과세방식을 채택하였으나 이와 같은 완전포괄주의 과세제도와 재산 취득자금의 증여추정 규정에 따른 과세요건에 관한 증명책임의 소재나 범위와는 직접 관련이 있다고 보기 어려운 점, 개정 후 법 제2조 제1항은 개정 전 법과 마찬가지로 "타인의 증여로 인하여 증여재산이 있는 경우에는 그 증여재산에 대하여 증여세를 부과한다."고 규정하고 있을 뿐만 아니라 개정 후 법 제4조 제4항 단서도 개정 전 법과 마찬가지로 증여자의 연대납세의무 제외대상에 개정 후 규정을 포함시키지 아니함으로써 개정 후 규정이 적용되는 경우에도 여전히 증여자의 존재를 전제로 하고 있는 점 등을 고려하면, 위와 같은 **개정이 있었다고 하여 재산 취득자의 직계존속이나 배우자 등에게 재산을 증여할 만한 재력이 있다는 점에 관한 과세관청의 증명책임이 소멸되었다고 볼 것은 아니다.**

(3) 원심과 대법원의 판단 요약

원 심	대법원
개정 후 규정이 '다른 자로부터'라는 문구를 삭제한 것과 증여세에 있어서 완전포괄주의가 도입된 취지를, **종래 증여자를 특정하여 증여자 요건을 충족하여야만 과세할 수 있던 제한을 법률적으로 해소한 것으로 판단하였다.**	대법원은 완전포괄주의와 위 추정규정상의 증여자 요건 입증책임은 논리필연적인 관계가 없는 점을 지적하였다. 또한 "증여"라는 것은 개념적으로 증여자와 수증자 사이의 의사합치를 전제로 하므로, **"다른 자로부터"라는 문구가 삭제되었다고 하여 증여자의 특정도 없이 단순한 자산의 증가를 증여로 보아 증여세를 과세할 수 있다는 해석론은 받아들일 수 없다고 판단하였다.**

4. 평 석(과세관청 입장)

(1) 증여추정에 대한 과세요건(대법원의 태도)

대법원은 증여추정에 대한 과세요건으로 ① 수증자의 무자력 및 ② 증여자 특정을 요구하고 있다(대법원 1981. 5. 26. 선고 80누521 판결).

① 수증자의 무자력

일정한 직업, 소득이 있더라도 그 소득이나 재력으로는 그 재산을 마련할 수 없음이 객관적으로 명백한 경우에도 적용 가능(대법원 1996. 10. 26. 선고 90누6071 판결; 서울행정법원 2014. 3. 28. 선고 2013구합17220 판결)

② 증여자 특정

증여를 추정하기 위해서는 수증자에게 일정한 직업이나 소득이 없다는 점 외에도 **증여자에게 재산을 증여할 만한 재력이 있다는 점**을 과세관청이 입증하여야 한다(대법원 2004. 4. 16. 선고 2003두10732 판결 외).

③ 2003년 말 세법 개정하면서 "다른 자"라는 문구를 삭제하였다.

(2) 대상판결에 대한 과세관청의 반론

① 재산취득자금의 증여추정 규정은 증여세 과세요건에 대한 과세관청의 **입증책임 완화를 위하여 도입된 제도이다.**

② 증여가 이루어지는 경우 증여자와 수증자는 증여세를 회피하기 위하여 증여사실을 은폐하게 되고 과세관청이 은폐된 증여사실을 발견하기 쉽지 않다.

③ 이를 방치하면 '부의 무상이전'에 대한 과세가 이루어지지 않게 되는데 이는 조세정의 차원이나 "소득이 있는 곳에 과세가 있다."는 일반적 조세법 논리에 어긋나게 되므로 과세관청의 입증책임을 완화할 필요가 있다.

④ 과세실무상 증여재산과 증여사실을 확인하였는데도 증여자를 특정할 수 없는 경우가 종종 발생(대부분 납세자의 비협조에 기인)한다.

⑤ 대상판결에 따른다면 증여재산, 증여사실이 존재함에도 재산을 증여할 만한 재력이 있는 증여자를 특정하지 못한다면 과세할 수 없다.

⑥ 증여자가 부(父)와 배우자(모두 충분한 재력을 가진 자로 가정) 중 누구인지 불분명한 경우 과세관청이 임의로 선택할 수 있다면(**과세관청은 대상판결과 같이 과세하기 위해서는 누가 증여하였는지 알 수 없지만 증여자를 특정할 수밖에 없다**) 과세관청의 선택에 따라 증여재산공제로 5천만원(직계존비속 간), 또는 6억원(배우자 간)을 공제할 수 있다는 것으로 과세관청에게 그러한 선택적 재량을 부여하는 것이 타당한지에 대해 의문이 제기된다.

⑦ 결국 증여자를 특정하지 못하는 경우에는 위 규정을 적용하지 못한다는 대상판결은 조세정의에 부합하지 않을 뿐 아니라 과세형평에도 어긋나는 것이다.

5. 관련 판례

문서번호	내 용
서울가정법원 2013. 8. 29.선고2012드합 11419호 판결	부부가 이혼을 하게 될 경우에는 나이, 직업, 결혼생활 기간, 상대방의 기여도 등에 따라 재산분할의 정도가 다르겠지만, **'15~20년 결혼 생활한 전업주부에게 재산분할의 비율은** 30%임
대법원 1993. 6. 11.선고 92므1054 판결	결혼 전 남편이 소유하던 재산의 유지에 처의 가사노동이 기여한 경우에는 재산분할 대상이 된다.
조심 2015중2361, 2015. 10. 29.)	12년간 **사실혼 관계를 유지한 동거인과 동거 기간의 가사노동과 간병에 대한 노동력을 인정**하여, 동거인으로부터 생활비 및 가사노동의 명목으로 수령한 금액에 대하여 증여세를 과세할 수 없다(※부부가 아닌 사실혼관계임에 유의).
상증법 기본통칙 46-35…1	**생활비 명목으로 취득한 재산이라 하더라도 그 재산을 부동산 취득 또는 예금·적금 등에 사용한 경우에는 비과세되는 증여재산에서 제외**되므로 채무상환에 사용한 금원은 증여재산가액에 해당하는 것이다.
상증법 집행기준 31-23-2	쟁점계좌에 생활비 등 입금당시 증여목적 및 증여사실이 확실하지 아니하므로 당해 금전을 인출하여 채무상환 사용한 날에 증여한 것으로 보는 것이다.
대법원 2017. 9. 12. 선고 2016두58901 판결	재산분할청구권을 민법 제839조의2[재산분할청구권]에 따라 이혼한 부부 일방이 다른 일방에게 혼인 중 취득한 재산의 일부를 청구하는 권리이자 혼인 중 취득한 실질적인 공동재산을 청산·분배하는 것을 목적으로 하는 제도이며, **만일 이혼이 가장행위로 판명되면** 이혼의 법적효력이 부인되고 재산분할은 혼인상태에서 배우자에게 재산을 무상 이전한 것으로 보아 **이전된 재산은 증여세 과세대상에 해당**된다.

문서번호	내 용
상속세및증여세법 집행기준 31-23-2【예금계좌에 입금된 현금의 증여시기】	증여목적으로 타인명의의 예금계좌를 개설하여 현금을 입금한 경우 그 입금시기에 증여한 것으로 보는 것이나, 입금시점에 타인이 증여받은 사실이 확인되지 않는 경우 혹은 단순히 예금계좌로 예치되는 경우에는 타인이 당해 금전을 인출하여 사용한 날에 증여한 것으로 본다.
상속세및증여세법 기본통칙 46-35…1 【 비과세 증여재산의 범위 】	법 제46조 제5호에 따른 증여세가 비과세되는 생활비 또는 교육비는 필요시마다 직접 이러한 비용에 충당하기 위하여 증여로 취득한 재산을 말하는 것이며, **생활비 또는 교육비의 명목으로 취득한 재산의 경우에도 그 재산을 정기예금·적금 등에 사용하거나 주식, 토지, 주택 등의 매입자금 등으로 사용하는 경우에는 증여세가 비과세되는 생활비 또는 교육비로 보지 아니한다.**
조심2017중3958, 2018. 06. 29.	통장사본 및 일자별 거래내역서에 나타나는 배우자의 입출금 규모 및 회수, 지출내역 등으로 보아 부부간에 공동생활의 편의를 위하여 입금한 것은 증여재산으로 볼 수 없다.
서울고등법원 2007. 12. 28. 선고 2007누16983 판결	원고가 적극적인 재산증식의 노력이 있었다는 등의 실질적인 사유가 증명된 때에는 쌍방의 공유라고 보아야 할 것이지만, 단순히 원고의 협력이 있었다거나 혼인생활에 있어 내조의 공이 있었다는 것만으로는 이를 원고 부부 쌍방의 공유라고 인정할 수 없다.
상증법 기본통칙 46-35…1	청구인 부부의 생활비 등 명목으로 형성된 쟁점계좌잔액이라 하더라도 청구인 소유의 쟁점부동산 전세보증금 반환 자금으로 사용하는 경우에는 증여세가 비과세되는 생활비로 보지 아니하는 것이다.

4-2 소득 없는 가정주부에 대한 증여추정(주부의 가사노동 기여분 평가)

● 대상판결 : 대법원 2007두9549 (2003. 10. 24.) ➜ 국승

핵심 요지

직업, 소득, 재산관계 등에 비추어 볼 때 가정주부가 본인 명의의 통장에서 쟁점 금액과 같이 인출한 돈은 자력으로 취득한 것이 아니라고 봄이 상당하다.

1. 사실관계

(1) 피고는 소외법인 주식변동조사 결과 유상증자 시 배우자 명의로 등재된 주식에 대하여 남편이 배우자에게 증자대금을 증여한 것으로 추정하여 증여세를 부과처분하였다.

(2) 원고는 유상증자 시 증자대금의 자금원천은 남편으로부터 받은 생활비를 절약한 것이고, 남편 명의의 예금은 부부의 공유재산으로 적어도 그 절반은 원고 재산이라는(**가사노동 기여분**) 주장을 하였다.

2. 쟁 점

주식인수대금에 대한 증여추정의 적정 여부

3. 관련 법령

「상속세및증여세법」 제45조【재산취득자금 등의 증여추정】

① 직업·연령·소득 및 재산상태 등으로 보아 재산을 자력으로 취득하였다고 인정하기 어려운 경우로서 대통령령이 정하는 경우에는 당해 재산을 취득한 때에 당해 재산의 취득자금을 그 재산의 취득자가 증여받은 것으로 추정하여 이를 그 재산취득자의 증여재산가액으로 한다.

③ 제1항 및 제2항의 규정은 당해 취득자금 또는 상환자금이 직업·연령·소득·재산상태 등을 감안하여 대통령령이 정하는 금액 이하에 해당하는 경우와 당해 취득자금 또는 상환자금의 출처에 관한 충분한 소명이 있는 경우에는 이를 적용하지 아니한다.

「민법」 제830조 · 제831조

① 부부의 일방이 혼인 전부터 가진 고유재산과 혼인 중 자기의 명의로 취득한 재산은 그 특유재산으로 한다.
② 부부는 그 특유재산을 각자 관리, 사용, 수익한다.

4. 대상판결

「상속세및증여세법」 제45조 제1항에서는 **"직업 · 연령 · 소득 및 재산상태 등으로 보아 재산을 자력으로 취득하였다고 인정하기 어려운 경우로서 대통령령이 정하는 경우에는 당해 재산을 취득한 때에 당해 재산의 취득자가 다른 자로부터 취득자금을 증여받은 것으로 추정한다."**고 규정하고 있고, 이를 구체화한 「상속세및증여세법시행령」 제24조 제1항에서는 신고하였거나 과세(비과세 또는 감면받은 경우를 포함한다)받은 소득금액(제1호), 신고하였거나 과세받은 상속 또는 수증재산의 가액(제2호), 재산을 처분한 대가로 받은 금전이나 부채를 부담하고 받은 금전으로 당해 재산의 취득 또는 당해 채무의 상환에 직접 사용한 금액의 합계액(제3호)이 취득재산의 가액에 미달하는 경우에 그 취득자금을 다른 자로부터 증여받은 것으로 추정하고 있다.

원고는 2001. 12. 3. 30,957,000원, 같은 달 26. 10,000,000원을 박○○ 명의의 ○○은행 예금통장에서 각각 인출하여 주식인수대금으로 납입하였고, 위 통장은 박○○의 월급통장으로서, 위 통장의 예금은 원고가 통장에 입금된 돈 중의 일부를 가족의 생활비로 사용하고 나머지를 저축하여서 모은 재산이므로 그 절반은 원고의 몫이라 할 것이어서, 결국 원고는 자신의 재산으로 위 주식대금을 납부한 것이라고 주장하나, 원고가 주장하는 바에 의하더라도 처인 원고가 남편의 월급이 입금된 남편 명의의 통장에서 생활비 등을 인출하여 사용하였던 것에 불과한 이상 위 예금채권의 귀속주체는 남편인 박○○이라 할 것이고, 이를 부부 공유의 재산으로 볼 수는 없다 할 것이어서 원고의 위 주장은 이유 없다.

5. 평 석

(1) 주식인수대금의 자금원천을 원고가 자력으로 취득한 것이라는 입증이 없다.

(2) 소송실무상 가정주부의 가사노동 기여분을 인정한 사례를 발견하기가 어렵다.

6. 관련 판례

문서번호	내 용
서울행정법원 2005. 5. 17. 선고 2004구합2994 판결	증여자를 변경하여 경정처분을 한 것이 처분의 동일성을 벗어난 것으로 위법한 것인지에 관하여 보건대, 과세관청이 당초의 부과처분 당시 인정한 사실의 일부에 착오나 오류가 있다 하여도 그 후 인정된 사실이 당초의 과세원인 사실과 동일한 사실의 범위 내로서 과세의 기초의 사실이 달라지는 것이 아니라면 처분의 동일성은 유지된다 할 것이다(대법원 1997. 2. 11. 선고 96누3272 판결 참조). 증여자가 달라져도 과세의 기초사실이 달라졌다 할 수 없다.
서울고등법원 2006. 4. 14. 선고 2005누19933 판결	배우자 일방의 명의로 취득한 재산에 대하여 상대방 배우자에게 공유적 권리를 인정해 준다 하여도 그 재산이 부동산이라면 이는 혼인의 해소에 따라 재산분할의 단계에 이르렀을 때에 재산분할의 대상으로 할 수 있을 뿐 공유로 변경등기함이 없이 **혼인 중에 대외적인 관계에서 공유적 권리를 인정하거나 인정받을 수 있는 방법은 없다.** 다만, 명의자가 상대방 배우자에게 자산의 일부를 양도하여 공유재산으로 할 수는 있으나 … 양도받은 재산 그 자체나 취득자금은 증여받은 것으로 추정하게 되어있으므로 **상대방 배우자는 증여세 부과를 면하기는 어렵다고 할 것이다.** … (가사, 원고의 가사활동이 남편의 재산증가에 도움을 주었다고 하더라도 이는 **원고 부부의 결혼이 해소되는 경우 원고와 남편 사이에 성내동 부동산이 재산분할의 대상이 되는 재산으로서 원고에게 공유적 권리를 인정할 수 있을지 여부를 판단하는 근거가 될 뿐** 대외적으로 성내동 부동산에 대하여 권리를 가지게 되는 것은 아니다)

문서번호	내 용
대법원 2010. 7. 22. 선고 2008두20598 판결	증여세의 부과요건인 재산의 **증여사실은 원칙적으로 과세관청이 입증할 사항**이므로, 재산취득 당시 일정한 직업과 상당한 재력이 있고, 또 그로 인하여 실제로도 상당한 소득이 있었던 자라면 그 재산을 취득하는 데 소요된 자금을 일일이 제시하지 못하더라도 특단의 사정이 없는 한, 재산취득자금 중 **출처를 명확히 제시하지 못하는 부분이 다른 사람으로부터 증여받은 것이라고 추정할 수 없다**고 할 것이나, 일정한 직업 또는 소득이 없는 사람이 당해 재산에 관하여 납득할 만한 자금출처를 대지 못하고, 그 직계존속 등이 증여할 만한 재력이 있는 경우에는 그 취득자금을 그 재력 있는 자로부터 증여받았다고 추정함이 옳다.

4-3 자금원천 입증(신고, 과세받은 소득이 아닌 경우)

● 대상결정 : 서울청 이의 2007서180 (2007. 10. 23.) ➔ 인용

핵심 요지

「상속세및증여세법시행령」 제34조에서 재산취득의 자금으로 인정할 수 있는 소득은 신고 및 과세된 소득이라고 규정되어 있으나, 「국세기본법」 제14조 실질과세 원칙에 의거 실제 청구인의 소득이 맞다면 이를 쟁점보험료의 납입 자금원천으로 인정하는 것이 타당하고, 청구인이 사업을 영위하던 당시 수입금액에 대한 신고 등을 하지 않은 것은 분명한 청구인의 의무불이행이나, 과세권을 가지고도 무신고자에 대한 경정 등 처분을 하지 않은 처분청에게도 귀책사유가 있는 것으로 보인다.

1. 사실관계

(1) 부인 명의로 일시에 불입된 보험료 및 수령한 보험금 중 일부를 배우자로부터 증여받은 것으로 보아 증여세를 과세한 사건이다.

(2) 청구인은 미용실 운용소득을 세무상 신고하지 않았으나 객관적인 금융자료에 의해 확인된 이상 자금원천으로 인정하여야 한다는 주장인 반면(미용실 사업소득은 부과제척기간 만료),

(3) 피고는 정상적인 신고가 이루어지지도 않은 미용실 사업소득을 취득자금 원천으로 인정할 수 없다는 의견이다.

2. 관계 법령

「상속세및증여세법」 제45조【재산취득자금 등의 증여추정】

재산을 자력으로 취득하였다고 인정하기 어려운 경우에는 … 그 재산의 취득자금을 그 재산취득자가 증여받은 것으로 추정하여 재산취득자의 증여재산가액으로 한다.

「상속세및증여세법시행령」 제34조 【재산취득자금 등의 증여추정】

① 신고, 과세받은 소득
② 상속, 수증재산
③ 재산을 처분하고 받은 금전

「국세기본법」 제14조 【실질과세】

귀속이 명의일 뿐이고 사실상 귀속되는 자가 따로 있을 때에는 사실상 귀속되는 자를 납세의무자로 하여 세법을 적용한다.

3. 대상결정

(1) 미용실에서 발생한 소득이 금융자료 등에 의해서 확인된 이상 미용실 운용수익을 쟁점보험금의 자금원천으로 인정하지 않고 배우자로부터 쟁점보험금을 증여받은 것으로 추정하여 과세한 것은 잘못이다.

(2) 청구인의 무신고(미용실운용수익)에 대한 제세결정을 하고 이를 자금원천으로 인정함이 타당하나, 이미 부과제척기간이 만료된 시점에서 조사가 이루어졌으므로 제세결정 없이 자금원천으로 인정하는 것은 별론으로 한다.

4. 평 석

(1) 청구인은 본인의 과거 사업소득으로 마련된 재원으로 쟁점보험료를 부담하였다고 주장하나, 과거 소득금액의 원천인 미용실의 사업자등록상 명의자가 청구인의 모(母)로 되어있는 사실, 정상적인 세무신고가 이루어지지 않아 국세통합전산망에서 미용실에서 발생한 소득을 발견할 수 없는 사실이 인정되고,

(2) 청구인 명의의 계좌에 미용실 수입금액으로 추정되는 수입금액을 입금하였다가 출금한 사실만으로는 동 수입금액이 쟁점보험료 불입액으로 사용되었는지 여부를 확인할 수 없으며, 조사관서의 조사내용과 같이 미용실 운영은 모(母)가 하면서 장부와 수입의 관리만을 청구인이 하였을 가능성도 배제할 수 없는 것으로 보인다.

(3) 그럼에도 불구하고 국세심사위원회는 미용실운용소득이 청구인의 모가 아닌 청구인의 소득임을 명확하게 입증한 이상(매일의 수입금액 및 은행입금내역이 적힌 장부 제시) 청구인의 소득으로 인정하는 것이 「국세기본법」 제14조의 실질과세 원칙에 부합하다는 결정이다.

(4) 다만, 이 건에 대하여 청구인의 무신고에 대한 제세결정을 하고 이를 자금원천으로 인정함이 타당하나, 이미 부과제척기간이 만료된 시점에서 조사가 이루어졌으므로 제세결정 없이 자금원천으로 인정하는 것은 별론으로 한다는 결정을 하였다.

5. 관련 판례

문서번호	내 용
상속세및증여세법기본통칙 45-34…1	「상속세및증여세법시행령」 제34조 제1항 각호의 규정에 의하여 입증된 금액은 "기타 **신고하였거나 과세받은 소득금액은 당해 소득에 대한 소득세 등 공과금 상당액을 차감한 금액이다.**"
국심 2004중2834, 2005. 10. 17.	재산의 자력취득 능력 여부는 **당해재산을 취득한 때를 기준으로 판단**하는데, 부동산의 경우 등기접수일(또는 잔금청산일)로 보는 것이 타당하다. ※ 같은 뜻 처분청이 쟁점부동산 중 일부에 대하여 소유권이전등기접수일 이전인 계약금 또는 중도금 지급일을 기준으로 그 지급금액의 자금출처가 부족하다고 본 것은 잘못임(국심 2004중2430, 2005. 2. 14.).
대법원 2003. 10. 10. 선고 2003두6290 판결	부부 일방의 금원이 다른 일방의 배우자에게 예금계좌로 예치된 사실이 밝혀진 이상 그 금원의 인출과 다른 일방의 예금계좌로의 입금 등이 증여가 아닌 다른 목적으로 행하여진 것이라는 등 특별한 사정이 없다면 이에 대한 입증의 필요는 납세자에게 있다.
대법원 2006. 10. 26. 선고 2005두8139 판결	증여자로 인정된 자의 예금에서 납세자 명의의 예금계좌 등으로 예치된 사실이 나타나고 있어 증여가 아닌 다른 목적으로 행하여진 사정이 없다면 증여로 봄이 타당하다.

문서번호	내 용
대법원 2005. 4. 14. 선고 2004두8958 판결	**부동산을 담보로 부동산의 취득자금 상당액을 대출받아 부모에게 상환한 경우에도 원고가 위 취득자금 상당액을 대출받아 계좌에 입금하였다는 사실만으로 증여추정을 면할 수 없다.**
서울고등법원 2005. 5. 11. 선고 2004누2518 판결	재산취득 당시 상당한 수입이 예상되는 직업과 상당한 재력이 있었고 또 그로 인하여 실제로도 상당한 소득이 있었던 자라면 그 재산을 취득하는 데 소요된 자금을 일일이 제시하지 못한다고 하더라도 특별한 사정이 없는 한 재산의 취득자금 중 출처를 명확히 제시하지 못한 부분이 다른 사람으로부터 **증여받은 것이라고 추정할 수 없다.**
대법원 1994. 11. 8. 선고 94누9603 판결	납세자는 이러한 추정을 번복하기 위해서는 위 증여받은 것으로 추정되는 별도의 재산취득자금 출처를 밝혀 **그 자금의 존재와 아울러 그 자금이 당해 재산의 재산취득자금으로 사용되었다는 점에 대한 입증**까지 필요하다고 할 것이다.

4-4 증여추정 배제기준

1. 개 요

증여추정 배제기준을 요약하면 다음과 같다(국세청 훈령 제1344호, 2020. 7. 20. 개정).

구 분	취득재산		채무상환	총액한도
	주택	기타자산		
세대주인 경우 가. 40세 이상인 자 나. 30세 이상인 자	 3억 1억5천만	 1억 5천만	 5천만 5천만	 4억 2억
세대주가 아닌 경우 가. 40세 이상인 자 나. 30세 이상인 자	 1억5천만 7천만	 1억 5천만	 5천만 5천만	 2억5천만 1억2천만
30세 미만인 경우	5천만	5천만	5천만	1억

2. 증여추정 배제기준의 입법취지

(1) 과세원인 및 과세표준 금액 등 과세요건이 되는 사실의 존재는 과세관청에서 주장·입증함이 원칙이다(대법원 1989. 10. 24. 선고 87누285 판결).

(2) 배우자·직계존비속 등에게 재산을 무상이전하는 경우 미성년자나 소득원이 없는 배우자 등이 부동산 등을 구입하게 되면 증여로 추정하여 증여세를 과세한다.

(3) 대법원은 "증여세의 부과요건인 재산의 증여사실은 원칙적으로 과세관청이 증명할 사항이므로, 재산취득 당시 일정한 직업과 상당한 재력이 있고, 또 그로 인하여 실제로도 상당한 소득이 있었던 자라면, 그 재산을 취득하는 데 소요된 자금을 **일일이 제시하지 못한다고 하더라도 특별한 사정이 없는 한 재산의 취득자금 중 출처를 명확히 제시하지 못한 부분이 다른 사람으로부터 증여받은 것이라고 인정할 수 없다**고 할 것이다."라고 일관되게 판시하고 있다(대법원 2010. 7. 22. 선고 2008두20598 판결;

대법원 2009. 2. 26. 선고 2008두23344 판결; 대법원 2004. 4. 16. 선고 2003두10732 판결 등 참조).

3. 차명계좌의 증여추정

(1) 차명계좌에 대한 취득규정을 명문화하여 차명계좌에도 증여추정 규정을 적용 가능하도록 하였다(2013. 1. 1. 이후 신고 또는 결정하는 분부터 적용). 이는 **추정 규정이므로 명의자가 차명재산임을 입증하면 증여세 과세 대상에서 제외된다.**

(2) 부부 사이에서 일방 배우자 명의의 예금이 인출되어 타방 배우자 명의의 예금계좌로 입금되는 경우에는 증여 외에도 단순한 공동생활 편의, 일방 배우자 자금의 위탁관리, 가족을 위한 생활비 지급 등 여러 원인이 있을 수 있으므로, 그와 같은 예금의 인출 및 입금사실이 밝혀졌다는 사정만으로는 경험칙에 비추어 해당 예금이 타방 배우자에게 증여되었다는 과세요건 사실이 추정된다고 할 수 없다(대법원 2015. 9. 10. 선고 2015두41937 판결 : 국패).

4. 결 어

(1) **증여의 개연성이 상당한 경우에만 적용**

「상속세및증여세법」 제45조 제1항은 "직업, 연령, 소득 및 재산상태 등으로 볼 때 재산을 자력으로 취득하기 어렵다고 인정하기 어려운 경우"에 한해서만 제한적으로 취득자금의 증여추정이 가능하다는 점을 분명히 하고 있다.

(2) **실질증여와 증여추정은 구분된다.**

과세관청이 증여일·증여자·수증자·증여재산 등 '처분사유'를 입증하여 과세하는 경우, 증여추정 규정이 적용될 여지는 없다.

(3) 따라서 국세청 훈령에 따른 증여배제기준에 해당하여 '증여추정'을 할 수 없다 하더라도 **과세관청이 처분사유를 입증하여 과세하는 것은 별론으로 한다.**

5. 유사판례

문서번호	내 용
서울고등법원 2010. 2. 10. 선고 2008누22831 판결 : 국승	결혼축의금이란 우리 사회의 전통적인 미풍양속으로 확립되어 온 사회적 관행으로서, 혼사가 있을 때 일시에 많은 비용이 소요되는 혼주인 부모의 경제적 부담을 덜어주려는 목적에서, 대부분 그들과 친분관계에 있는 하객들이 혼주인 부모에게 성의의 표시로 조건 없이 무상으로 건네는 금품을 가리킨다고 할 것이어서, 그 중 신랑·신부인 결혼당사자의 친분관계에 기초하여 결혼당사자에게 직접 건네진 것이라고 볼 부분을 제외한 나머지는 전액 **혼주인 부모에게 귀속된다고 봄이 상당하다**(이 사건의 경우 결혼축의금은 부모의 자금으로 결혼당사자인 子의 자금원천으로 인정할 수 없다는 취지의 판결이다).
서면4팀-1995, 2006. 6. 27.; 서면4팀-2535, 2007. 8. 30.	타인 명의로 대출받았으나 이자지급 및 원금변제 상황과 담보제공 사실 등에 의하여 사실상의 채무가 그 재산취득자임이 확인되는 경우 **당해 대출금은 재산취득자금의 출처로 인정**받을 수 있다.
국심 2006광3138, 2007. 2. 7.	장인 명의의 차명계좌에 입금하였다가 출금한 금액으로 부동산을 취득하는 데 사용하였다고 보이므로 증여세를 부과한 처분은 부당하다.
서면4팀-2119, 2004. 12. 28.	양도소득의 부당행위계산규정이 적용되어 증여세 과세가 취소된 재산의 처분가액으로 다른 재산을 취득한 경우에도 취득자금의 출처로서 인정되는 것이다(양도소득의 부당행위계산 규정이 적용되어 양도소득세를 계산하고 당초 증여받은 재산에 대하여 증여세를 부과하지 아니한 경우).

4-5 일방배우자의 예금이 인출되어 타방배우자 계좌에 입금된 사정만으로는 증여되었다는 과세요건 사실이 추정되지 아니함

● 대상판결 : 대법원 2015두41937 (2015. 9. 10.) ➜ 국패

핵심 요지

예금인출 및 입금사실이 밝혀졌다는 사정만으로는 경험칙에 비추어 해당예금이 타방배우자에게 증여되었다는 과세요건 사실이 추정된다고 할 수 없음

1. 사실관계

(1) 원고는 가정주부이고 원고의 배우자인 갑은 회계법인 등에서 약 40여년간 근무해온 자이다.

(2) 갑은 2년간 총35회에 걸쳐 1,338백만 원(이 사건 금액)을 원고명의 계좌로 자기앞수표입금이나 계좌이체의 방법으로 입금하였다.

(3) 원고는 원고의 계좌에 입금된 금액 중 일부를 원고의 자금을 포함하여 금융투자 상품에 가입하였다가 환매하였고, 환매한 금액을 다른 입금액과 함께 재투자한 다음 다시 원고 명의의 계좌에 재입금 하였다. 원고계좌에는 이 사건 금액을 송금받기 전에 약 29억 원의 금융자산이 예치되어 있었다.

(4) 원고는 이 사건 금액을 투자하여 이자 및 배당소득을 취득하고, 원고명의로 종합소득세를 신고·납부하였다.

(5) 피고는 배우자인 갑이 원고에게 이 사건금액을 증여하였다는 이유로 원고에게 증여세를 결정·고지하였다.

(6) 원고의 이 사건 처분에 대한 불복에 대하여 조세심판원장은 기각결정 하였고, 원고는 이 사건 소송에 이르게 되었다.

2. 쟁 점

부부 사이에서 일방 배우자 명의의 예금이 인출되어 타방 배우자 명의의 예금계좌로 입금되는 경우, 해당예금이 타방배우자에게 증여되었다고 추정하여 증여세를 과세한 처분의 당부

3. 사건의 경과

(1) **원심판결**(서울고등법원 2015. 04. 03. 선고 2014누59872 판결) : **국승**

증여세 부과처분 취소소송에서, 과세관청에 의하여 증여자로 인정된 자 명의의 예금이 인출되어 납세자 명의의 예금계좌 등으로 예치된 사실이 밝혀진 이상 그 예금은 납세자에게 증여된 것으로 추정되므로, 그와 같은 예금의 인출과 납세자 명의로의 예금 등이 증여가 아닌 다른 목적으로 행하여진 것이라는 등 특별한 사정이 있다면 이에 대한 입증의 필요는 납세자에게 있다(대법원 2001. 11. 13. 선고 99두4082 판결 참조). 따라서 이 사건 금액이 원고 계좌로 입금된 이상 위 법리에 따라 원고에게 증여된 것으로 추정되므로, **원고는 투자목적이었음을 입증하여야한다.**

…「금융실명거래 및 보장에 관한 법률」에 따라 실명확인 절차를 거쳐 예금계약을 체결하고 그 실명확인 사실이 예금계약서 등에 명확히 기재되어 있는 경우에는, 일반적으로 그 예금계약서에 예금주로 기재된 예금명의자 및 금융기관의 의사는 예금명의자를 예금계약의 당사자로 보려는 것이라고 해석하는 것이 경험법칙에 합당하다. …따라서 금융기관으로서는 특별한 사정이 없는 한 실명확인을 한 예금명의자만을 예금주로 인정할 수 밖에 없으므로, **예금계좌에 입금된 금전은 명의자만이 법률상 지배·처분할 수 있다.**

(2) 대상판결

조세부과처분 취소소송의 구체적인 소송과정에서 경험칙에 비추어 과세요건사실이 추정되는 사실이 밝혀진 경우에는 과세처분의 위법성을 다투는 납세의무자가 문제된 사실이 경험칙을 적용하기에 적절하지 아니하다거나 해당 사건에서 그와 같은 경험칙의 적용을 배제하여야 할 만한 특별한 사정이 있다는 점 등을 증명하여야 하지만, **그와 같은 경험칙**

이 인정되지 아니하는 경우에는 원칙적으로 돌아가 과세요건사실에 관하여 과세관청이 증명하여야 한다. 부부 사이에서 일방 배우자 명의의 예금이 인출되어 타방 배우자 명의의 예금계좌로 입금되는 경우에는 **증여 외에도 단순한 공동생활의 편의, 일방 배우자 자금의 위탁 관리, 가족을 위한 생활비 지급 등 여러 원인이 있을 수 있으므로,** 그와 같은 예금의 인출 및 입금사실이 밝혀졌다는 사정만으로는 경험칙에 비추어 해당 예금이 타방 배우자에게 증여되었다는 과세요건 사실이 추정된다고 할 수 없다.

4. 평 석

(1) 이 사건은 2심까지 국가가 승소하였다가 대법원에서 파기환송 되어 고등법원(2015누57286)에서 심리결과 원고 승소판결 하였고, 피고가 다시 대법원에 상고하였으나 대법원(2016두41590) 심리불속행으로 확정되었다. 피고로서는 이 사건의 국가패소로 인하여 유사한 쟁점의 다른 사건의 소송에서나 과세실무에 큰 영향을 미칠 것으로 판단되어 파기 환송심 결과에 승복하지 아니하였으나 결국 국가패소로 종결되었다.

(2) 과세관청으로서는 상속세및증여세법 제45조 제4항을 신설하면서까지 **실명이 확인된 계좌에 보유하고 있는 재산은 명의자가 취득한 것으로 추정**하도록 한 사실만 보아도 이 사건과 유사한 사인간의 금융거래에 대하여 과세의 정당성을 확보하는 것이 절실하기도 한 것으로 보인다(파기 환송심에서 국가패소 한 경우에는 이를 받아들이는 것이 통상적인데도 피고가 다시 상고한 것을 보아도 그렇게 추정된다).

(3) 그러나 이 사건과는 달리 부부사이가 아닌 사인간의 금융거래의 경우에는 달리 판단한 사례가 있다. 이 사건 원심재판부가 들고 있는 사안으로 호텔경영을 위한 원고들의 공동사업용 계좌에서 인출되어 원고 중 1인의 예금계좌로 입금된 사안에서 "그와 같은 예금의 인출과 납세자 명의로의 예금 등이 증여가 아닌 다른 목적으로 행하여진 것이라는 등 특별한 사정이 있다면 **이에 대한 입증의 필요는 납세자에게 있다**"고 판시한 것이 그것이다(대법원 2001. 11. 13. 선고 99두4082 판결 참조). 그러나 대상판결은 99두4082 판결과 사안이 달라 이 사건에 원용하기에 적절하지 아니하므로 이 사건 예금이 원고에게 무상으로 이전되었다는 입증은 여전히 과세관청이 부담하여야 한다고 판단하였다(부부간의 금융거래와 사업자간의 금융거래를 달리 보고 있는 것으로 보인다).

(4) 경험칙에 비추어 과세요건 사실이 추정되는 사실이 소송과정에서 밝혀지면 경험칙 적용의 대상이 되지 아니하는 사정을 주장하는 편에서 그러한 사정을 입증하여야 하고(이 사건의 경우는 피고가 경험칙 적용의 대상이 된다는 점에 대한 충분한 입증을 하지 않았으므로 추정규정을 적용할 수 없고 피고가 증여사실에 대한 입증책임을 부담한다는 것임), 납세자가 그러한 사정을 입증하지 못하는 한 그 세금부과처분에 대하여 과세요건을 충족시키지 못한 위법이 있는 처분이라고 할 수 없는 것이다(대법원 1989. 9. 12. 선고 89누183판결).

(5) 소송실무상 이러한 사례가 드물지 않게 발생한다. 과세관청에서도 현금거래보다는 금융거래가 일반화되어 있는 현실에서 금융계좌를 분석하여 과세에 활용하는 것은 일반화된 과세기법 중의 하나이다. 필자의 소송경험에 의하면 통상 재판부는 이 사건 원심이 일부 지적한 바와 같이 예금명의자에게 입금된 금전의 처분권한이 누구에게 있느냐에 따라 판단을 달리 하는 것으로 보인다. 예를 들어 어머니가 단기투자목적으로 아들명의로 예금을 한 경우, 동 금원을 예금명의자인 아들이 사용하지 아니하고 다시 어머니 명의의 계좌로 전액 이체된 경우에는 예금명의자인 아들은 동 금원의 처분권한이 없는 것으로 보아 증여세를 부과할 수 없으나, 예금명의자인 아들이 자기 명의계좌에 입금된 금원의 일부라도 사용 소비한 경우에는 예금명의자에게 처분권한이 있는 것으로 보아 증여세 과세가 적법하다는 판단을 한 사례가 있다.

5. 관련 판례

문서번호	내 용
대법원 2009. 3. 19. 선고 2008다45828 판결	예금명의자의 예금반환청구권을 배제하고 출연자 등에게 예금반환청구권을 귀속시키기 위해서는 실명확인 절차를 거쳐 작성된 예금계약서 등의 증명력을 번복하기에 충분할 정도의 명확한 증명력을 가진 구체적이고 객관적인 증거에 의하여 매우 엄격하게 인정하여야 한다(즉 **금융기관은 특별한 사정이 없는 한 실명확인을 한 예금명의자만을 예금주로 인정할 수 밖에 없다는 것임**).
대법원 1997. 2. 11. 선고 96누3272 판결	예금의 인출과 원고들 명의로의 예금 등의 증여가 아닌 다른 목적으로 행하여진 것이라는 등 특별한 사정이 있다면 이에 대한 **입증의 필요는 원고들(납세자)에게 있다** 할 것이다.

문서번호	내　　용
대법원 1990. 4. 27. 선고 89누6006 판결	과세요건사실의 존재에 대한 입증책임은 과세관청인 피고에게 있음은 논지가 지적하는 바와 같지만, 경험칙에 비추어 과세요건사실이 추정되는 사실이 소송과정에서 밝혀지면 **경험칙 적용의 대상이 되지 아니하는 사정을 주장하는 편에서 그러한 사정을 입증하여야 하고,** 그렇지 않은 한 그 세금부과처분에 대하여 과세요건을 충족시키지 못한 위법이 있는 처분이라고 할 수 없는 것이다.

제5절 주식 평가

5-1 비상장주식 평가방법

● 대상결정 : 서울청 이의 2008서117 (2008. 10. 13.) ➜ 인용

핵심 요지

「상속세및증여세법시행령」 제54조 제4항의 청산과 사망 등은 사업의 계속이 곤란하다고 인정되는 경우에 대한 예시적 규정으로 보고 구체적 적용에 있어서는 「국세기본법」 제14조 및 제18조의 규정에 따라 실질적인 사업실상에 따라 과세의 형평과 당해 조항의 합목적성에 비추어 납세자의 재산권이 부당히 침해되지 아니하도록 해석 적용하여야 할 것이므로 「상속세및증여세법시행령」 제54조 제4항의 규정을 둔 입법취지에 따라 쟁점주식의 경우는 앞의 첫 번째 예외규정을 적용하여 순자산가치로만 평가하는 것이 타당하다고 판단된다.

1. 사실관계

(1) 유상증자 및 주식양수도 흐름도

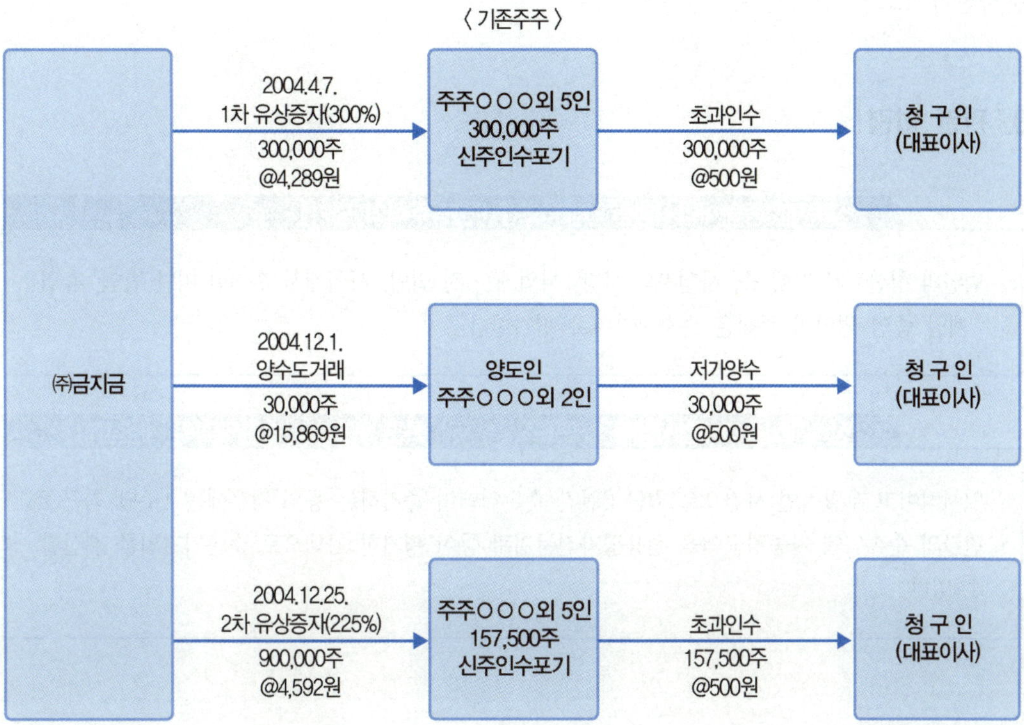

(2) 쟁점법인은 검찰조사 등으로 매출이 급감, 폐업하고자 하였으나 투자전문회사의 일시적 요청에 따라 형식적인 증자 및 주식 양·수도가 이루어졌다.

(3) 피고는 쟁점주식을 평가함에 있어 「상속세및증여세법」상 보충적 평가방법으로 평가하면서 순손익가치와 순자산가치를 가중평균하여 평가하였다.

(4) 피고는 청구법인이 "청산절차의 진행 중 등으로 인하여 사업의 계속이 곤란하다고 인정되는 경우"에 해당하지 아니하여 순손익가치를 배제하고 순자산가치로 평가하도록 하는 예외규정을 적용할 수 없다는 의견이다(청구법인은 순손익가치가 크고 순자산가치는 평가액이 미미하다).

2. 쟁 점

대표자가 사망하거나 법인이 청산되지 않았지만 매출액 감소로 **폐업 직전에 있는 법인**도 순자산가치로만 평가할 수 있는지 여부

3. 관련 법령

「상속세및증여세법시행령」 제54조【비상장주식의 평가】

법인의 청산절차 진행 중, 사업자의 사망, 사업개시 전 법인, 사업개시 후 3년 미만 법인, 휴업·폐업 중인 법인의 주식은 순자산가치로 평가한다.

「상속세및증여세법시행령」 제56조【1주당 최근 3년간의 순손익액의 계산방법】

일시적이고 우발적인 사건으로 최근 3년간 순손익액이 증가하는 등의 경우에는 1주당 최근 3년간의 순손익액 가중평균액을 신용평가전문기관 등이 평가한 가액으로 순손익가치를 계산할 수 있다.

4. 대상결정

(1) 「상속세및증여세법시행령」 제54조 제4항의 청산과 사망 등은 사업의 계속이 곤란하다고 인정되는 경우에 대한 예시적 규정이다.

(2) 구체적 적용에 있어서는 「국세기본법」 제14조 및 제18조의 규정에 따라 실질적인 사업실상에 따라 과세의 형평과 당해 조항의 합목적성에 비추어 납세자의 재산권이 부당히 침해되지 않도록 해석하여야 한다.

(3) 쟁점법인이 청산되거나 대표자가 사망하는 등의 사유는 발생하지 않았지만 **사실상 사업의 계속성이 상실된 상태이므로 순자산가치로만 평가**하는 것이 타당하다.

5. 평 석

(1) 먼저 관련법 규정을 살펴보면, 쟁점주식 평가기준일 현재의 「상속세및증여세법」상 비상장주식의 평가는 과거 3년간의 순손익에 의해 계산한 순손익가치와 순자산가치를 3과 2의 비율로 가중평균한 가액으로 평가하는 것을 원칙(상속세및증여세법시행령 §54 ①)으로 하면서 2가지의 예외규정을 두고 있는바,

(2) 첫 번째 예외규정(상속세및증여세법시행령 §54 ④)은 순손익가치를 배제하고 순자산가치로만 주식을 평가하도록 하는 규정이고,

(3) 두 번째 예외규정(상속세및증여세법시행령 §56 ① 후단)은 순손익가치와 순자산가치를 3과 2의 비율로 가중평균한 가액으로 주식을 평가하되 순손익가치 평가액이 불합리한 경우에 순손익가치를 달리 계산할 수 있도록 규정하고 있다.

(4) 두 번째 예외규정은 당해법인이 사업개시 후 3년 미만이거나 일시우발적 사건에 의하여 최근 3년간의 순손익이 비정상적으로 증가하는 등의 사유로 이를 기준으로 계산한 순손익가치가 불합리한 경우에는 신용평가기관 등(상속세및증여세법시행령 §56 ① 2호)이 산출한 추정이익을 순손익가치로 하여 순자산가치와 3과 2의 비율로 가중평균하여 주식의 시가를 평가하도록 한 규정으로서, 이는 사업을 계속하고 있지만 과거의 순손익이 비정상적이어서 공인된 전문가에 의하여 미래의 추정이익을 달리 계산하도록 하는 규정인 반면에,

(5) 첫 번째 예외규정은 사업의 중단으로 과거 순손익이 더 이상 계속되지 아니하여 과거 순손익이 정상적 또는 비정상적인지의 여부에 관계없이 단순히 순자산가치로만 주식을 평가하도록 한 규정으로, 동 규정이 신설된 2004년 재정경제부 개정세법해설(2004. 5. 13.)에 따르면 "순손익가치에 의한 평가는 계속기업을 전제하여 평가하는 것이므로 상속·증여세 신고기한 내 사업부진에 의한 청산이 진행 중이거나 관계법령에 의하여 기술사 등 자격사만이 사업을 영위할 수 있는 경우로서 자격사인 피상속인이 사망함으로써 계속사업이 곤란한 경우 등 계속사업이 곤란하다고 인정되는 경우에는 순자산가치로만 평가한다."고 해설하고 있고, 이와 관련한 국세청의 해석에서도 "사업의 계속이 곤란하다고 인정되는 법인에 해당하는지 여부는 당해 법인의 경영상태 등 구체적인 사실관계를 확인하여 판단하는 것"(서면4팀-1433, 2006. 5. 19.; 서면4팀-775, 2005. 5. 19.; 서면4팀-1969, 2004. 12. 3.)으로 하고 있다.

(6) 쟁점주식 최초 평가기준일(2004. 4. 7.) 전후의 쟁점법인의 사업실상을 보면 2004. 4. 2. 본연의 사업을 완전히 중단하고 기타의 부수적인 수입만 극히 일부 발생하여 이후의 매출액은 폐지 전 매출액의 1%에도 미치지 못하는 상황으로 사실상 사업의 계속성을 상실한 상태로서 사업의 계속이 곤란하여 계속기업을 전제하는 과거 순손익가치는 완전히 상실하였다고 보여진다.

(7) 관련법령 및 이러한 사실관계에 기초하여 살펴보면, 「상속세및증여세법시행령」 제54조 제4항의 청산과 사망 등은 사업의 계속이 곤란하다고 인정되는 경우에 대한 예시적 규정으로 보고 구체적 적용에 있어서는 「국세기본법」 제14조 및 제18조의 규정에 따라 실질적인 사업실상에 따라 과세의 형평과 당해 조항의 합목적성에 비추어 납세자의 재산권이 부당히 침해되지 아니하도록 해석 적용하여야 할 것이므로 「상속세및증여세법시행령」 제54조 제4항의 규정을 둔 입법취지에 따라 쟁점주식의 경우는 앞의 첫 번째 예외규정을 적용하여 순자산가치로만 평가하는 것이 타당하다.

(8) 따라서, 개정된 법령을 2005. 1. 1. 이후 적용한다는 부칙규정을 엄격히 적용하는 것보다는 오히려 개정된 규정의 입법취지를 감안하여 볼 때, 쟁점주식의 평가는 이미 계속기업으로서의 의미를 상실한 쟁점법인의 상황에 비추어 청산기업의 가치인 순자산가치로만 평가하여야 한다는 청구인의 주장이 이유 있으므로 "채택" 결정한다.

(9) 비상장주식 연도별 평가방법 요약표

구 분	평가원칙	예외규정
1997년 ~ 1999년	$\left\{ \frac{\text{법인의 순자산가액}}{\text{발행주식총수}} + \frac{\text{1주당 순손익액의 가중}}{\text{평균액 수익환원율(15\%)}} \right\} \div 2$ *순자산가액은 공신력 있는 감정기관의 시가감정서에 의할 수 있음. *1주당 순손익액의 가중평균액은 신용평가전문기관의 1주당 추정이익으로 계산할 수 있음.	사업개시 전, 개시 후 3년 미만, 휴·폐업 및 청산 중인 법인, 3년 계속 결손 법인 → 순자산가치로 평가
2000년 ~ 2003년	1주당 순손익가치와 순자산가치 중 큰 금액 *1주당 순손익액의 가중평균액은 신용평가전문기관의 1주당 추정이익으로 계산할 수 있음.	예외규정 삭제
2004년	**순손익가치와 순자산가치의 가중치를 3 : 2로 적용** **{(순손익가치×3)+(순자산가치×2)}÷5**	**청산, 대표자 사망의 경우에만 순자산가치로 평가**

구 분	평가원칙	예외규정
2005. 1. 1. 이후	상 동	사업개시 전, 개시 후 3년 미만, 휴·폐업 및 청산 중인 법인, 3년 계속 결손 법인 → 순자산가치로 평가

6. 관련 판례

문서번호	내 용
서울고등법원 2011. 8. 19. 선고 2011누8460 판결	구 「증권거래법」의 절차에 따라 **회계법인이 산정한 주식평가액은 어떤 법률에서 정하고 있는 평가방법보다 시가로 봄이 상당하다.**
서면4팀-1969, 2004. 12. 3.	골프장 부지의 수용으로 인하여 골프장 사업의 허가가 취소된 법인이 주주 간의 분쟁으로 인하여 청산이 지연되는 경우로서 보유자산 및 경영상태 등으로 보아 소송이 종료된 후에는 **청산할 것이 확실하다고 인정되는 경우에는 사업의 계속이 곤란한 경우로 볼 수 있다**(청산이 되지는 않았지만 청산할 것이 확실하다고 인정되는 경우에는 순자산가치로만 평가 가능하다).
조심 2008중659, 2008. 9. 1.	증자일 직전 1개 사업연도가 비록 1년 미만일지라도 이를 1년으로 환산하여 평가한 순손익액으로 실권주의 증자 전 1주당 평가가액을 산정할 수 있는 것이다.
국심 2006구3329, 2007. 4. 19.	직전사업연도가 1개인 비상장법인의 주식이라 하더라도 순손익가치에 의해 평가할 수 있다.
국심 2005구4098, 2006. 5. 3.	최근 3년간 순손익액이 비정상적으로 증가하였다 하더라도 **순자산가치에 의해 비상장주식을 평가할 수 없다.**
국심 2003전3284, 2004. 5. 13.	화재로 인하여 당기순손실이 발생하고 자본금이 잠식되었다고 하더라도 폐업을 하거나 청산과정에 있는 경우 등에 해당하지 않으며 미래 기대수익가치가 없다고 할 수 없으므로 순자산가치보다 큰 순손익가치로 주식을 평가한 처분은 타당하다(2003년도에는 둘 중 큰 금액으로 평가한다).
서면4팀-1639, 2007. 5. 16.	평가기준일 전 3년이 되는 날이 속하는 사업연도 개시일부터 평가기준일까지의 기간 중 주요업종이 바뀐 경우 추정이익의 평균가액으로 할 수 있다.

문서번호	내 용
서면4팀-1210, 2005. 7. 14.	순자산가치로만 평가하는 사업개시 후 3년 미만의 법인의 판정 시 사업개시일은 업종변경 여부에 관계없이 당해 법인이 처음으로 재화 또는 용역의 공급을 개시한 때를 말한다. ※ 질의요약 도소매업만을 5년 이상 영위하던 비상장법인이 기존의 도소매업을 포괄양도하고 6개월 후에 새롭게 부동산임대업으로 업종전환하고 부동산임대업을 개시한 지 3개월 시점에서 주식매매가 발생한 경우 순자산가치로만 평가 가능한지 여부
서면4팀-671, 2005. 4. 29.	비상장주식의 순손익가치를 계산함에 있어 평가대상기간 중 특정사업부분을 양수 또는 양도하더라도 양수 또는 양도하기 전 사업연도를 평가대상기간에서 제외하여 평가할 수 없다.
서면4팀-671, 2005. 4. 29.	비상장주식의 순손익가치를 계산함에 있어 평가대상기간 중 특정사업부분을 양수 또는 양도하더라도 양수 또는 양도하기 전 사업연도를 평가대상기간에서 제외하여 평가할 수 없다.
서면4팀-1676, 2005. 9. 16.	비상장주식 평가 시 '추정이익'은 상속세 및 증여세 **과세표준신고기한 내에 신고한 경우로서 산정기준일과 평가서작성일이 신고기한 내에 속하고 상속개시일 또는 증여일이 동일연도에 속해야** 하는 것이다.
수원지방법원 2006. 5. 10. 선고 2005구합7069 판결	순손익가치의 계산식은 최근 3년간 순손익에 각 연도별로 가중치를 두어 평균액을 계산하는 방식으로 **그 계산식의 형식상 사업개시 후 3년 이상 되는 법인의 경우에만 적용될 수 있는 것**인데, 6개월의 사업실적에 터 잡은 피고의 계산식은 객관성과 합리성을 결여한 것이어서 위법하다. 비록 2000년 귀속 비상장주식의 보충적 평가는 순손익가치와 순자산가치 중 큰 금액으로 평가하도록 되어 있으나, 6개월 사업실적에 터 잡은 순손익가치는 객관성과 합리성을 결여하였다고 보고 순자산가치의 방식에 따른 세액을 인정한다는 재판부의 조정권고에 따라 경정된다.

5-2 비상장주식의 시가 산정

● 대상판결 : 대법원 2011두21539 (2011. 12. 27.) ➜ 국패

핵심 요지

주식거래에 참여한 자가 13명에 이르는 점, 거래자들 사이는 특수한 관계가 있다는 등 주식거래가액이 객관적으로 부당하다고 인정할 만한 사정을 입증할 증거가 없는 점 등으로 보아 주식 매매사례가액을 시가로 인정함이 타당하다.

1. 사실관계

(1) 주식거래내역은 아래표와 같다.

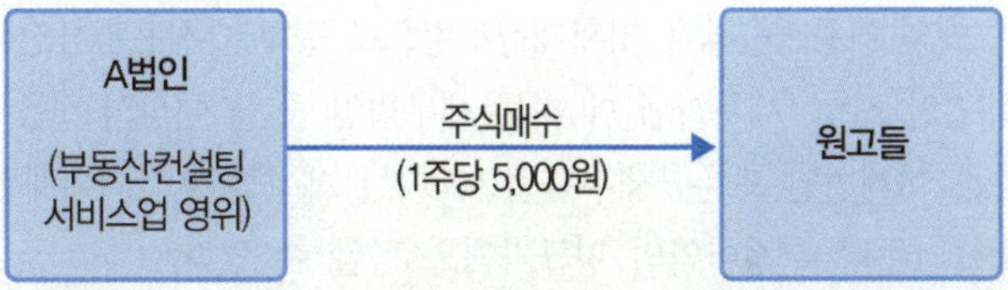

(2) 원고는 이 사건 주식을 평가함에 있어 2개의 회계법인에게 평가를 의뢰하였는데 평가액은 1주당 "0원"이었다.

(3) 피고는 이 사건 주식을 「상속세및증여세법」상 보충적 평가방법으로 평가한 결과, 1주당 1,068,979원으로 산정하였다.

* 「상속세및증여세법시행령」 제56조 제1항 제1호에 따라 최근 3년간의 1주당 순손익액을 가중 평균한 금액을 '1주당 순손익액'으로 계산한 후, 이를 기초로 하여 이 사건 주식을 1주당 1,068,979원으로 계산

(4) 피고는 위 거래에 대해 「상속세및증여세법」 제35조 제2항 비특수관계인 간 저가양수로 보고 다음과 같이 증여이익을 계산하였다.

증여이익 = (시가 - 대가) - 3억원

2. 쟁 점

(1) 원고는 이 사건 주식에 관한 매매사례가액이 존재한다고 주장하였는바, 그럼에도 불구하고 피고들이 「상속세및증여세법」 제63조 소정의 보충적 평가방법을 적용한 행위가 적법한지 여부

(2) 이 사건 사업개시 후 3년 미만의 법인에 해당하므로 「상속세및증여세법시행령」 제56조 제1항에 따라 계산한 1주당 순손익액을 기준으로 이 사건 주식의 가치를 평가할 수는 없다고 주장하였는바, 비상장주식에 대한 보충적 평가방법의 적정성 여부

(3) 원고는 피고가 매매사례가액을 이 사건 주식의 시가로 인정하지 못하는 경우 「상속세및증여세법시행령」 제56조 제2항에 따라 추정이익의 평균액을 이 사건 주식의 평가액으로 하여야 한다는 이 사건 주식의 평가액으로 하여야 한다는 주장의 당부

「상속세및증여세법시행령」 제56조【1주당 최근 3년간의 순손익액의 계산방법】제2항

제1항에도 불구하고 다음 각 호의 요건을 모두 갖춘 경우에는 제54조 제1항에 따른 1주당 최근 3년간의 순손익액의 가중평균액을 기획재정부령으로 정하는 신용평가전문기관, 「공인회계사법」에 따른 회계법인 또는 「세무사법」에 따른 세무법인 중 둘 이상의 신용평가전문기관, 「공인회계사법」에 따른 회계법인 또는 「세무사법」에 따른 세무법인이 기획재정부령으로 정하는 기준에 따라 산출한 1주당 추정이익의 평균가액으로 할 수 있다.

3. 대상판결

(1) 주식의 교환가치란 회사의 자산과 손익을 기준으로 한 실질가치뿐 아니라 회사의 앞으로의 전망, 수익성, 주식의 거래 가능성 등 다양한 요소들에 의하여 결정되는 것인데, 매매사례가액은 그러한 다양한 요소가 복합적으로 반영된 결과인 반면, 「상속세및증여세법」 제63조 제1항 다목 및 같은 법 시행령 제54조 내지 제56조에 규정된 비상장주식의 평가방법은 가격결정에 관여하는 모든 요소들을 총체적으로 반영할 수 있는 방법이 아니고, 주식의 교환가치를 밝히는 것을 목적으로 한다기보다는 회사의 순자산(또는 순손익)을 기준으로 한 **특정시점에서의 주식의 실질가치를 계산하는 데에 초점**이 맞춰져 있으므로, 자산(또는 손익)을 기준으로 한 실질가치 이외의 요소들까지 반영되어 결정되는 주식의 교환가치와는 상당한 괴리가 발생할 수 있다.

따라서 실제 매매사례가 다수 존재하고 그것이 객관적으로 부당하다고 인정될 만한 특별한 사정이 없는 이상 그 가액을 시가로 봄이 상당하고, 어떠한 비상장주식의 가격이 「상속세및증여세법」 제60조 제3항 소정의 '시가를 산정하기 어려운 경우'에 해당하여 보충적 평가방법을 사용할 수 있는 경우에 해당하는지 여부는 엄격하게 판단하여야 한다.

(2) 회사의 순손익액을 계산하여 비상장주식의 시가를 평가하는 것은 회사의 정상적인 사업을 통하여 장래 얻을 수 있는 수익을 기초로 그 회사의 내재적인 가치를 평가하여 그 회사 주식의 가치를 산출하는 것이므로, 그 주식가치를 평가하는 기초가 되는 **회사의 수익은 정상적이고 지속적인 사업활동을 통해 얻어지는 것만을 포함**하여야 하고, 사업을 개시한 지 단기간이 경과하여 정상적인 수익가치를 산정하기 곤란하거나 회사의 일시 우발적인 사건에 의해 발생한 수익은 회사의 내재적 가치를 나타내는 것이라고 할 수 없어 이에 포함시켜서는 안 된다. 구 「상속세및증여세법시행령」 제56조 제1항 후단(현행 §56 ②)은 이와 같은 법리를 입법화한 것이므로, 제1호 산식에 의하는 것이 불합리하다고 인정되면 그 가액은 비상장주식의 시가로 인정하여서는 안 되는 것이지, **증여세 과세표준신고가 없었다고 하여 불합리한 가액을 시가로 인정할 수는 없다.**

4. 평 석

(1) 증여재산의 가액은 매매사례가액 등을 통해 우선적으로 파악함이 원칙이고(상속세및증여세법 §60 참조), 특히 특수관계 없는 자 사이의 매매사례가액은 달리 특별한 사정이 없는 한 시가로 추정 가능하다.

(2) 보충적 평가방법에 의한 가액이 인정되기 위해서는 매매사례가액이 객관적인 교환가치를 정당하게 반영하지 못한다는 점이 입증되어야 하고, 이에 대한 **입증책임은 과세관청에서 부담**하여야 한다(대법원 2008. 11. 13. 선고 2007두24173 판결 등 참조).

(3) 「상속세및증여세법」은 매매사례가액 등을 통해 시가를 확인할 수 없는 경우에 과세관청이 해당 주식의 가치를 용이하게 파악할 수 있도록 보충적 평가방법을 마련하고 있다.

(4) 보충적 평가방법이란 매매사례가액 등을 통해 시가를 발견할 수 없는 경우에 담세력을 포착하기 위해서 마련된 일응의 합리적인 기준에 불과하다. 따라서 그 자체로 대상물의 객관적인 교환가치를 담보하기는 어렵다.

(5) 증여세 과세표준 신고가 없더라도 회계법인 등이 평가한 가액으로 순손익가치를 산정할 수 있다. 다만, 이에 대해 과세관청은 비상장주식 평가 시 '추정이익'은 상속세 및 증여세 **과세표준신고 기한 내에 신고한 경우로서 산정기준일과 평가서작성일이 신고기한 내에 속하고 상속개시일 또는 증여일이 동일연도에 속해야** 하는 것으로 한정하고 있다.

(6) 그러나 다수의 판례는 반드시 과세표준신고기한 내에 신고한 경우만 시가로 인정하는 것은 아닌 것으로 보인다. 즉, **증여세 과세표준신고가 없었다고 하여 불합리한 가액을 시가로 인정할 수는 없다는 것이 대법원의 일관된 입장이다.**

(7) 대상판결이 「상속세및증여세법」 및 동법 시행령에 따른 보충적 평가방법의 기계적인 산출을 부정하고, 과세관청으로 하여금 이 사건 주식의 진실된 가치를 반영하도록 요구한 것은 '시가'의 개념에 한층 더 부합하고, 과세관청의 전횡을 방지하여 납세자의 지위를 더욱 보호하는 판단으로 보인다.

5. 관련 판례

문서번호	내 용
서울고등법원 2015. 3. 31. 선고 2014누49844 판결	비상장주식의 매매가격 등에 관한 시가 논쟁은 매매가격 등이 '보충적 평가방법에 의한 가격'보다 저가로 형성되는 경우가 많고, 과세관청으로서는 높은 가격인 '보충적 평가방법에 의한 가격'을 선호함으로써 발생하는데, 매매가격 등은 대부분 상대방과의 가격상담과정에서 정상가격과 달리 낮게 형성되는 것이 보통인 점, 시가는 정상가격과 다른 개념으로서 그 차이가 발생함이 일반적인 점, **'보충적 평가방법에 의한 가격'은 회사의 실제가치보다 높게 산정**되는 점 등에 비추어 **보충적 평가방법은 최후의 수단으로만 사용**하여야 한다.
대법원 2016. 2. 18. 선고 2015두53558 판결	**비상장주식**에 대하여는 이 사건 시행령 규정에서 정한 **감정가액이라 하더라도** 특별한 사정이 없는 한 상증세법 제60조 제2항에서 정한 **시가에 해당하지 아니하도록 규정한 것**으로 해석된다(대법원 2011. 5. 31. 선고 2008두1849판결 ; 대법원 2013. 12. 12. 선고 2013두13723 판결 등 참조).

5-3 주금 가장납입액과 주식 평가

● 대상판결 : 대법원 2005두5574 (2007. 8. 23.) ➜ 국승

핵심 요지

소외회사는 원고 보조참가인에 대하여 가장납입금을 대여하였거나 원고 보조참가인을 위하여 주금을 체당납입한 것으로 볼 수 있는바, 명의신탁에 의한 증여추정 당시 명의차용자인 원고 보조참가인이 무자력이어서 그 채권을 회수할 수 없게 되었다는 점에 대한 원고의 입증이 없는 이 사건에서는 소외회사의 원고 보조참가인에 대한 대여금채권이나 체당납입금반환채권은 소외회사의 순자산가액에 포함된다고 봄이 상당하므로, 같은 취지의 원심판단은 정당하며, 비상장주식의 보충적 평가방법에 관한 법리를 오해하거나 실질과세 원칙을 위반한 잘못이 없다.

1. 사실관계

(1) 1998. 11. 26. A회사(대표이사 : 甲)는 유상증자를 실시하였는데, 甲은 유상증자과정에서 타인으로부터 증자대금 29억을 차용하여 주금 **가장**납입한 후 납입금액을 인출하여 차용금을 변제하였다.

(2) 2002. 2. 15. 원고는 A회사를 제3자에게 양도(4억 원)하였다.

(3) 피고가 A회사 주식변동에 대한 세무조사를 실시한 결과 甲이 A회사 주식 24만 주를 원고에게 명의신탁한 사실을 확인하였다.

(4) 2002. 12. 3. 피고는 구「상속세및증여세법」제43조【명의신탁재산의 증여 추정】(현행 §45의 2【명의신탁재산의 증여의제】) 규정에 따라 甲이 A회사의 주식 24만 주를 원고에게 증여한 것으로 추정하여 원고에게 1998년 귀속 증여세 4억6천3백만 원을 부과처분하였다(A회사 주식을 보충적 평가방법으로 평가).

(5) 원고는 피고의 처분에 대하여 비상장주식 평가 시 A회사 주식을 매매한 사례가액(4억 원)으로 결정하여야 하며, 보충적 평가방법으로 평가할 경우 이 사건 유상증자 시 가장납입금(자산)을 제외하여 계상하여야 한다는 주장을 하였다.

2. 쟁 점

주금을 가장납입한 경우 동 금원이 소외회사의 순자산가액에 포함되는지 여부

3. 대상판결

주식회사 이사이자 주주인 자가 제3자로부터 금원을 차용하여 주금을 가장납입한 후 납입은행으로부터 납입금액을 반환받아 제3자에게 변제한 경우, 회사가 주주나 이사에게 그 가장납입금을 무상으로 대여한 것이거나, 일시 차입금을 가지고 주주의 주금을 체당납입한 것과 같이 볼 수 있다. 주식을 경영권과 함께 양도하는 경우, 회사가 주주에 대해 가지는 **가장납입금 관련 채권을 자산으로 산입하지 아니한 채 산정한 양도가액은 회사 주식에 대한 객관적 교환가격으로서의 시가로 볼 수도 없고, 회사 주식 평가액의 당부를 판단할 기준으로 삼을 수도 없다.**

4. 평 석

(1) 주주가 제3자로부터 금원을 차용하여 주금을 납입한 후 납입은행으로부터 납입금액을 반환받아 제3자에게 변제한 경우, 회사가 주주에게 그 가장납입금을 무상으로 대여한 것이거나, 일시 차입금을 가지고 주주의 주금을 체당* 납입한 것과 같이 볼 수 있다(대법원 82누522 판결 외 다수). 즉, **주금의 가장납입도 현실의 불입이 있으므로 주금납입으로 유효**하다.

* 체당(替當) : 나중에 상환받기로 하고 금전이나 재물 따위를 대신 지급하는 일

(2) 채권의 회수불능은 증여세 과세가격 결정에 있어 예외적인 사유에 속하는 것이므로 이러한 **특별한 사유에 대한 입증책임은 이를 다투는 납세의무자**에게 있다(대법원 94누9717 판결 외 다수).

- 증여 추정 당시 갑이 무자력이어서 채권회수 불능 입증책임은 원고에게 있다.
- 원고가 이를 입증하지 못하면 그 채권은 A회사의 순자산가액에 포함된다.

(3) 시가란 원칙적으로 정상적인 거래에 의하여 형성된 객관적인 교환가격을 말하는 것으로서 객관적으로 보아 그 거래가액이 일반적이고도 정상적인 교환가치를 적정하게 반영하고 있다고 볼 사정이 있어야 한다(대법원 97누10765 판결 외 다수). 이는 **시가의 의미에 대한 대법원의 태도이다**.

(4) 회사의 발행주식을 경영권과 함께 양도하는 경우 그 거래가액은 주식만을 양도하는 경우의 **객관적 교환가치를 반영하는 일반적인 시가로 볼 수 없다**(대법원 80누543 판결 외 다수). 따라서 이 사건 거래는 A회사 주식의 객관적 교환가치를 반영하는 일반적인 시가로 볼 수 없다(회사가 주주에 대하여 가지는 채권을 자산으로 산입하지 않고 주식을 평가한 것은 객관적 교환가격으로서의 시가로 볼 수 없다는 취지).

(5) 피고가 '명의신탁 증여추정' 규정에 의하여 원고에게 증여세 부과처분 시 매매사례가액을 적용할 수 없다면 A회사 주식은 시가를 산정하기 어려운 경우에 해당(입증책임 : 과세관청)하므로 보충적 평가방법에 의하여야 한다.

5-4 상장주식 시가산정방법과 최대주주 할증평가 규정

● 대상판결 : 대법원 2008두9140 (2011. 1. 13.) ➜ 국승(파기환송)

핵심 요지

> 상장 또는 협회등록법인 주식 양도에 있어 거래시가는 거래 당시의 시장가격이 아닌 「상속세및증여세법」 제63조의 보충적평가방법에 따라 산정된 양도일 전·후 각 2개월 사이에 공표된 매일의 증권업협회 기준가격의 평균액이라고 봄이 상당하고 이때 양도주식 시가는 최대주주 등이 보유하는 주식인 경우 할증을 가산한 금액이다.

1. 사실관계

(1) 소외회사의 주식보유현황은 아래와 같다.

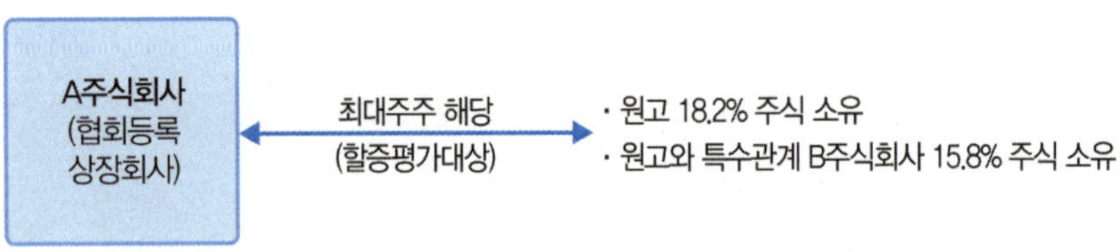

※ 최대주주 : 주주 1인과 그 특수관계인의 주식을 합하여 가장 많은 경우의 해당 주주 등 1인과 그의 특수관계인 모두를 말함.

※ 할증률

구 분	대기업	중소기업
지분율 50% 이하	20% 할증	10% 할증
지분율 50% 이상	30% 할증	15% 할증

(2) 원고는 이 사건 주식을 특수관계자에게 양도하였다.

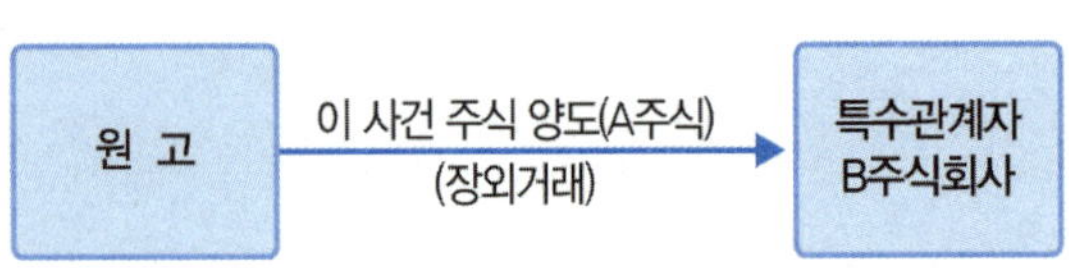

(3) 원고는 이 사건 주식양도에 대하여 아래와 같이 신고하였다.

① 원고는 거래일 직전일의 협회중개시장의 종가인 9,900원에 양도하고 그 가액을 1주당 양도가액으로 하여 양도소득세 신고·납부

② 근거 : 「상속세및증여세법」 제60조 제2항(또는 법인세법 §52, 동법 시행령 §89 ①)

> • 시가는 불특정 다수인 사이에 자유로운 거래가 이루어지는 경우 통상적으로 성립된다고 인정되는 가액
> • 불특정 다수인과 계속적으로 거래한 가격 또는 특수관계인이 아닌 제3자 간에 일반적으로 거래된 가격이 있는 경우에는 그 가격
> ⇒ 거래일(또는 그 전일) 거래시장의 종가

(4) 피고는 원고의 이 사건 주식 양도에 따른 신고에 대하여 부당행위계산 부인을 적용하여,

① 이 사건 주식의 시가는 양도일 이전·이후 각 2월간에 공표된 매일의 증권협회 기준가격 평균액 9,949원에 할증률 20%의 최대주주할증가액을 가산한 11,938원으로 평가한 후 그 차액에 대해 양도소득세를 과세하였다.

② 근거

> • 「상속세및증여세법」 제60조 제1항 후단에 따라 「상속세및증여세법」 제63조 제1항 제1호 가목 적용
> • 「상속세및증여세법」 제60조 제1항 후단
> "제63조 제1항 제1호 가목 및 나목에 규정된 평가방법으로 평가한 가액을 시가로 본다."
> • 「상속세및증여세법」 제63조 제1항 제1호 가목 및 나목
> "주권상장법인의 주식 및 출자 지분은 평가기준일 이전·이후 각 2개월 동안 공표된 매일의 거래소 최종 시세가액의 평균액"
> ⇒ 양도일 전·후 2개월간 거래종가의 평균액

2. 쟁 점

상장 또는 협회등록법인 양도주식의 시가 산정 및 최대주주 할증규정 적용 여부

3. 대상판결

협회등록법인 주식의 양도가 부당행위계산 부인의 대상인지 여부를 판단함에 있어 그 양도하는 주식의 시가는, 특별한 사정이 없는 한 구 「상속세및증여세법」 제60조 제1항 후문에 의하여 법 제63조 제1항 제1호 나목의 보충적 평가방법에 따라 산정된 **양도일 전·후 각 2개월 사이에 공표된 매일의 증권업협회 기준가격의 평균액**이라고 봄이 상당하고, 이때 양도하는 주식이 최대주주 등이 보유하는 협회등록법인의 주식인 경우 그 시가는 위 평균액에 법 제63조 제3항에 의한 할증률을 가산한 금액이 된다고 할 것이다. …… 이와 달리 원심은, 법 제61조 내지 제65조에 규정된 보충적 평가방법에 의하여 재산의 가액을 평가하는 것은 평가기준일 현재의 시가를 산정하기 어려운 경우에 한정되고, 또한 같은 법 제63조 제3항의 최대주주 할증규정은 같은 조 제1항 제1호 등에 따라 보충적 평가방법에 의하여 주식의 가액을 평가하는 경우에 한하여 적용된다는 전제 아래 이 사건 양도가격이 양도 당시의 이 사건 주식의 1주당 시가에 해당한다고 판단하였으니, 이러한 원심의 판단에는 양도소득의 부당행위계산에 있어 협회등록법인 주식의 시가에 관한 법리를 오해함으로써 판결에 영향을 미친 위법이 있고, 이 점을 지적하는 상고이유는 이유 있다.

4. 평　석

(1) 종전 판례 입장

① 매매사례가액을 객관적 교환가치가 적정하게 반영된 시가로 인정하는 이상 이것이 「상속세및증여세법」 제60조 제1항 전단에서 말하는 "시가"에 해당하며, 달리 후단을 적용하여 별도로 보충적 평가방법에 의존할 것도 없다고 판시하면서, 최대주주 할증 또한 보충적 평가방법을 전제로 하고 있는 것이므로 보충적 평가방법에 따르지 않는 이상 이를 적용할 수 없다고 판시하였다(대법원 2006. 12. 7. 선고 2005두7228 판결).

② 상장주식의 시가산정이 문제된 사안에서도 위 비상장주식의 판례를 이용하여 매매사례가액(거래일 종가 등)을 인정하여 왔다(서울행정법원 2009. 7. 14. 선고 2007구단9573 판결; 서울고등법원 2008. 5. 15. 선고 2007누33148 판결 등 참조).

(2) 「상속세및증여세법」 제60조 제1항 후단(이 경우 제63조 제1항 제1호 가목 및 나목에 규정된 평가방법으로 평가한 가액은 이를 시가로 본다)을 문언에 따라 해석하여, 적어도 "협회등록법인 주식의 양도가 부당행위계산 부인의 대상인지 여부"를 판단함에 있어서는 위 규정이 상장주식의 시가 산정에 관한 특칙(의제규정)으로서 상장주식 등의 시가를 평가할 때 우선으로 적용될 수 있다.

(3) 시가의 개념

「상속세및증여세법」	「법인세법」, 「소득세법」
평가기준일 전후 2월간의 종가 평균액	평가기준일 현재의 종가(매매사례가액) → 거래일의 한국거래소 최종시세가액

① 개인이 양도하는 경우(「상속세및증여세법」)

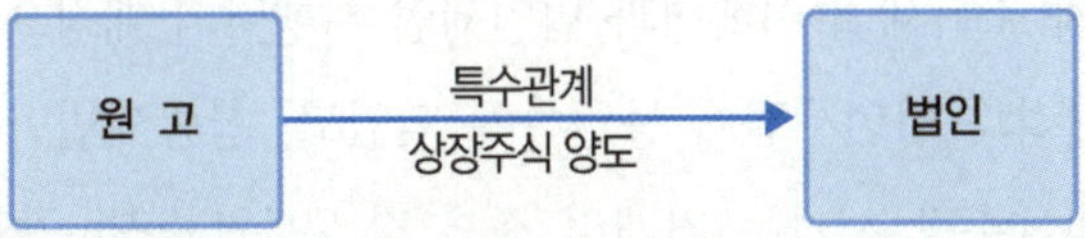

「소득세법시행령」 제167조 제5항 : 평가기준일 전·후 각 2월의 기간의 종가 평균액을 시가로 인정

② 법인이 양도하는 경우

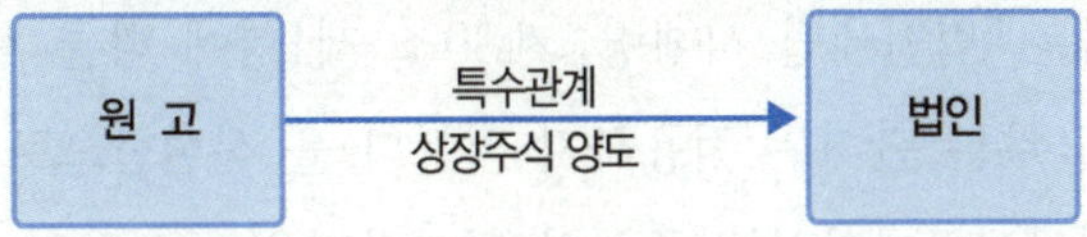

「법인세법시행령」 제89조 제1항 : 거래일의 종가를 시가로 인정

③ 문제점

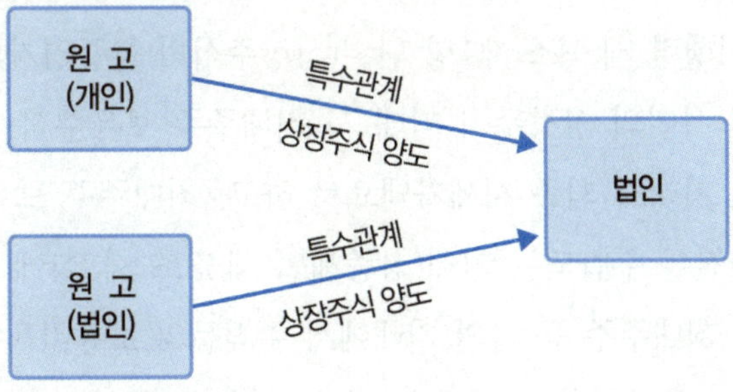

• 만약 동일 날짜에 상장주식을 매도하였다면 법인이 매도하는 경우와 개인이 매도하는 경우 상장주식의 시가가 달리 결정되는 문제점이 야기된다.

• 상장주식의 시가를 종전 평가기준일 전후 2월 최종시세가액의 평균액에서 「법인세법 시행령」 제89조 제1항에 따른 시가로 개정하고 시가 외 거래에 대해 부당행위 계산부인을 적용한다(이 영 시행일 이후 양도분부터 적용함).

(4) 구 소득세법 시행령의 상장주식 평가규정은 동일한 취지의 부당행위계산부인 규정인 법인세 법령과 일치하지 않는 등 입법론상 문제가 있었다(만약 동일 날짜에 상장주식을 매도하였다면 법인이 매도하는 경우와 개인이 매도하는 경우 상장주식의 시가가 달리 결정되는 문제점이 야기된다). 이에 정부는 2021. 2. 17.자 소득세법 시행령의 개정 시 소득세법상 상장주식의 시가를 법인세법 시행령 제89조 제1항에 따르도록 함으로써(소득세법 시행령 제167조 제7항) 상장주식 평가 방법은 소득세법과 법인세법에서 동일하게 되었고, 상장주식에 대한 할증평가도 가능하게 되었다.

(5) 즉, 2021. 2. 17.자 소득세법 시행령과 법인세법 시행령의 개정으로 인하여 상장주식의 평가방법은 소득세법과 법인세법이 동일하게 되었고, 상증세법만 다르게 되었다. 상증세법상 상장주식의 1주당 시가는 거래일 전후 각 2개월 동안 공표된 한국거래소 최종시세가액의 평균액으로 하되, 최대주주의 경우 20% 할증평가를 한 가액으로 한다.

(6) 2016두43411 전원합의체 판결이 선고된 이후인 2021. 2. 17. 대통령령 제31442호로 개정된 소득세법 시행령은 제167조 제7항(제5항에도 불구하고 주권상장법인이 발행한 주식의 시가는 「법인세법 시행령」 제89조 제1항에 따른 시가로 한다. 이 경우 제3항 각 호 외의 부분 단서는 적용하지 않는다)을 신설함으로써 부당행위계산부인 시 소득세법과 법인세법에서 상장주식의 평가방법을 통일하였다.

(7) 최대주주 할증평가규정

2021. 2. 17.자 소득세법 시행령 제167조 제7항(법인세법 시행령 제89조 제1항 준용)과 법인세법 시행령 제89조 제1항 단서(상장주식의 할증평가)의 신설 이후 사안에서는, 특수관계인 사이의 상장주식 거래 시 최대주주 보유주식 거래가 아니라면 **1주당 시가는 거래일 거래소 최종 시세가액**으로 하고, 최대주주 보유주식의 경우에는 사실상 경영권의 이전이 수반되는 거래(상증세법 제63조 제3항에 따른 ① 최대주주 등이 변경되거나 ② 최대주주 등 간의 거래에서 주식등의 보유비율이 1% 이상 변동되는 경우)의 경우 20% 할증평가한 가액을 시가로 하게 된다.

5. 관련 판례

문서번호	내 용
헌법재판소 2016. 2. 25. 선고 2014헌바363, 2014헌바364(병합) 결정	코스닥시장 상장주식 평가도 평가기준일 이전·이후 각 2개월 동안 공표된 매일의 거래소 최종 시세가액의 평균액으로 하는 것이다(최종시세가액 조회 : http://www.krx.co.kr).
대법원 2010. 6. 9. 선고 2013두23058 판결	평가기준일 이전에 시작된 매매거래정지가 증여일 후에 해제되고 그 동안에 유상증자와 증여가 순차로 이루어진 때에도 특별한 사정이 없는 한 **권리락 조치일인 매매거래정지 해제일부터 증여일 이후 2개월이 되는 날까지의 기간**을 상장주식의 평가기간으로 삼아야 하고, 매매거래정지 해제일을 평가기준일로 보아 그때부터 이후 2개월이 되는 날의 기간을 평가기간으로 삼을 것은 아니다.

5-5 주식의 포괄적 교환을 통한 우회상장 시 비상장법인의 주식평가

● 대상판결 : 대법원 2011두22075 (2011. 12. 22.) ➜ 국패

핵심 요지

비상장주식의 증여 당시 시가를 산정하기 어려워서 보충적인 평가방법을 택할 수밖에 없었다는 점에 관한 증명책임은 과세관청에 있고, 원고가 주식교환계약의 방법으로 비상장주식을 정당한 사유 없이 시가보다 현저히 높은 가액으로 양도하였다고 볼 수 없다.

1. 사실관계

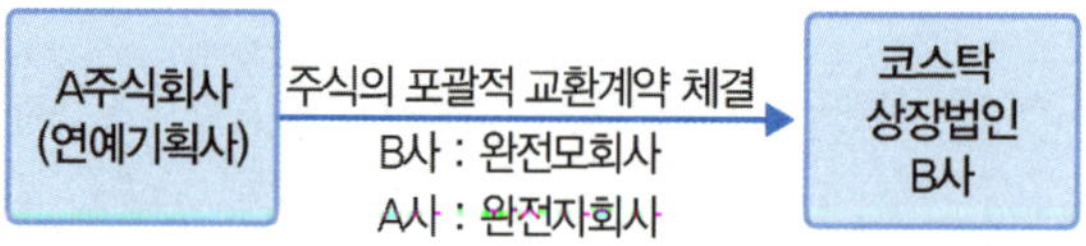

(1) 원고는 A사 지분비율 6.7%를 보유한 소수지분 보유 지주이다.

(2) 주식교환비율은 C회계법인의 A, B사에 대한 주식평가(각 사의 1주당가액 산정)에 따라 주식교환비율을 결정하였다.

(3) 이 사건 주식교환계약은 「상법」 소정의 주주총회 특별결의 등의 절차를 거친 후 이행하였다.

(4) 원고는 A사 주식 160,000주(이 사건 주식)를 이전하고 신주 451,785주를 취득하였다.

(5) B사는 A사를 흡수합병하였다.

(6) 피고는 원고 소유 이 사건 주식에 대한 회계법인의 평가액(16,822원)은 객관적 교환가치가 반영된 시가로 볼 수 없다며 「상속세및증여세법」상 보충적 평가방법으로 평가하고(1주당 1,004원), 이 사건 주식은 1주당 1,004원인데도 B사의 1주당가액을 8,390원으로 평가하여 교환비율을 정한 것은 「상속세및증여세법」 제35조 제2항 규정에 의한 특수관계 없는 자에게 정당한 사유 없이 현저히 높은 가액으로 양도(고가양도)한 경우에 해당한다고 보아 증여세를 부과처분하였다.

2. 쟁 점

(1) 이 사건 주식의 교환비율을 정함에 있어, 외부평가기관인 C회계법인이 구 「증권거래법시행령」 및 관련 감독규정에 따라 산정한 이 사건 주식과 교환주식의 평가액이 과연 객관적인 교환가치를 반영한 시가로 볼 수 있는지 여부

(2) 이 사건 주식교환비율로 교환한 것이 「상속세및증여세법」 제35조 제2항의 특수관계에 있는 자가 아닌 자 간에 거래의 관행상 정당한 사유 없이 시가보다 현저히 높은 가액으로 재산을 양도한 경우로서 증여세 과세대상에 해당되는지 여부

3. 사건의 경과

(1) 1심 및 원심판결

서울행정법원 2011. 1. 27. 선고 2010구합31287 판결; 서울고등법원 2011. 8. 19. 선고 2011누8460 판결 참조

(2) 대상판결

원고가 기존 주식을 ㅇㅇ미디어에 이전하고 교환주식을 교부받은 것은 '거래의 관행상 정당한 사유 없이 시가보다 현저히 높은 가액으로 재산을 양도한 경우'에 해당하지 않는다. …… ㅇㅇ미디어와 A기획은 증권거래법령이 규정한 주식가액의 산정방법에 따라 포괄적 교환대상인 각 주식의 가격을 평가하였고, 이에 대하여 외부평가기관인 C회계법인의 적정의견을 받아 교환비율을 산정하였다. …… 주식교환의 적정비율 산정, 이사회 및 주주총회의 승인 및 이에 반대하는 주주들에게 주식매수 청구권의 부여 등 증권거래법령에 따른 공정하고 투명한 절차를 모두 거쳤음에도 주식의 포괄적 교환에 따라 완전모회사의 주식을 배정받은 원고가 완전모회사로부터 증여를 받은 것은 선뜻 수긍하기 어렵다. …… 구 **「증권거래법」의 절차에 따라 외부평가기관이 산정한 주식의 평가액은 당해 증권거래에 관한 한 다른 어떤 법률에서 정하고 있는 평가방법보다 교환 당시의 시가에 근접한다고 봄이 상당하다.** …… 시가가 분명하지 아니한 사안에서는 가격 등 거래조건이 특수관계에 있지 아니한 당사자 간의 자유로운 협상에 의하여 결정된 것임이 입증되는 한 그것

이 '거래의 관행상 정당한 사유가 없는 고가 내지 저가의 양도행위'라고 쉽게 단정하여서는 아니 될 것이다. …… 주식의 포괄적 교환은 그 요건을 충족하는 경우 주주 개인의 의사와 관계없이 주식이 강제적으로 이전된다. …… 기업의 수익가치를 판단함에 있어서는 앞서 본 증권거래법령 및 관련 감독규정은 향후 2년의 추정이익을, 「상속세및증여세법」은 최근 3년의 이익을 각각의 기준으로 삼도록 서로 달리 정하고 있는데, **과거에 초점을 맞춘 「상속세및증여세법」상의 판단방식이 현금흐름 할인방식(Discounted Cash Flow Method)처럼 미래에 초점을 맞춘 방식에 비하여 주당 수익가치를 더 적정하게 반영하는 우월한 것이라고 단정할 수도 없다.**

4. 평 석

(1) 우회상장 시 비상장주식 평가방법의 차이와 과세관청의 태도

기 업	과세관청
「증권거래법」이 위임한 유가증권의 발행 및 공시 등에 관한 규정에 따라 평가한다(**향후 2년의 추정이익, 즉 기업의 미래가치를 중시하여 평가한다**).	• 「상속세및증여세법」이 정하는 보충적 평가방법에 의한 평가액(**과거 3년간의 순손익가치를 중시하여 평가함**)과 30% 이상 차이가 나면, 비특수관계인 사이의 거래에 대해서도 이를 증여로 보아 증여세를 과세한다. • '증여세 완전포괄주의'가 도입되기 전에는 특수관계 없는 자 사이의 고가양도·저가양수에 대하여는 증여의제 규정을 적용하지 않았다. – 개정된 「상속세및증여세법」 제35조 제2항은 **특수관계에 있는 자가 아닌 자 사이의 재산 양·수도 거래에 대하여도 '거래의 관행상 정당한 사유 없이'** 고가양도·저가양수한 경우에는 증여세를 과세할 수 있도록 규정하였다(2003. 12. 30. 개정).

(2) 2003. 12. 30. 법률 제7010호로 개정된 「상속세및증여세법」의 개정이유는 "특수관계가 없는 자 간의 거래에 있어서는 그 거래가액이 정상가액임을 입증하는 경우 과세대상에서 제외할 수 있도록" 하기 위함이다. 그 취지는 특수관계가 없는 자 사이의

일반적이고 정상적인 거래에서 형성된 가격은 비록 「상속세및증여세법」상 '보충적 평가액'과 다르다고 하더라도 그 점만으로 시가가 아니라고 볼 수 없다는 데 있다.

(3) 「상속세및증여세법」 제60조 제1항·제2항 또는 「법인세법시행령」 제89조 소정의 **'시가(時價)'**라 함은 일반적으로 **정상적인 거래에 의하여 형성된 객관적 교환가치**를 의미한다(대법원 2004. 10. 27. 선고 2003두12493 판결; 대법원 2003. 6. 13. 선고 2001두9394 판결 등 참조).

(4) 시장성이 적은 자산의 시가는 객관적 교환가치를 적정하게 반영하였다고 인정되는 실례가 있다면 그 거래사례가액을 시가로 인정할 것이고, 그러한 실례가 없더라도 당해 거래가 일반적이고 정상적인 방법으로 이루어져 당시의 객관적 교환가치를 적정하게 반영하고 있다고 볼 수 있는 등의 사정이 있다면, 당해 거래가격은 그대로 시가로 인정된다(대법원 1994. 12. 22. 선고 93누22333 판결 등).

(5) 「증권거래법」이 정한 절차와 방법에 따라 교환대상 주식이 평가되고, 이를 기초로 거래당사자가 교환비율에 합의한 후 주주총회의 특별결의를 거쳐 포괄적 주식교환을 이행하였다면, 설령 교환대상 주식의 평가액이 「상속세및증여세법」상 '보충적 평가액'과 다르다고 하더라도 **'정당한 사유'가 있는 것으로 보아야** 한다. 만일, 주식교환계약 체결 시 「상속세및증여세법」상 평가액으로 교환하였다면 주주총회에서 승인하지 않을 것이기 때문이다.

(6) 비특수관계자 간 거래가액이 「상속세및증여세법」상 보충적 평가방법에 따른 평가액과 상이하다는 이유로 이를 과세대상으로 삼는 것은 당사자의 사적 자치를 침해하고, 주식매수청구권의 부여 등 증권거래법령에 따른 공정하고 투명한 절차를 거친 **외부회계법인의 유가증권 발행 및 공시규정에 따른 주식평가액을 임의로 부인할 수 없다**. 이는 「상속세및증여세법」상 보충적 평가방법보다는 외부회계법인 등이 평가한 주식평가액이 시가에 근접한다는 의미이다.

5-6 해외 비상장법인의 주식평가 시 상증법에서 정한 보충적 평가방법에 의하여 평가하는 것이 부적당하지 않은지에 대한 인정할 증거가 없으므로 보충적 평가방법에 의한 것은 위법함

● 대상판결 : 대법원 2014두43226 (2015. 2. 12.) ➜ 국패

핵심 요지

원고가 수증한 해외 비상장주식 가액 산정 시 상속세 및 증여세법 시행령 제54조 등에서 정한 보충적 평가방법을 적용하는 것이 부적당하지 아니하다는 점을 인정할 만한 증거가 부족하여 보충적 평가방법으로 주식가액을 산정한 것은 위법함

1. 사실관계

◎ 이 사건 주식 보유 흐름도

• 당초(2005. 7. 21. 이전)

원 고	합 계
0 주	0 주

• 증여(2005. 8. 25.) : 원고의 부(父) 및 형(兄) → 원고

원고의 부(父)	원고의 형(兄)	원 고
(△)60,000 주	(△)1,080,000 주	(+)1,140,000 주

(1) 주식회사 A는 플라스틱 금형의 핵심 소재 부품인 핫러너시스템(hot runner system)을 전문적으로 제조 및 판매하는 내국법인이다.

(2) 원고 및 그 가족은 홍콩에 지주회사(이 사건 회사)를 설립하였고 이 사건회사가 주식회사 A와 관련된 홍콩 및 중국 등의 여러 계열사를 소유하도록 하였다.

(3) 서울지방국세청장은 원고와 관련인들에 대한 세무조사를 실시하였다.

(4) 서울지방국세청으로부터 조사 결과를 수보 받은 안양세무서장은 원고가 2005. 7. 21. 이전에는 이 사건 회사 주식을 보유하지 않았는데, 2005. 8. 25. 지분 변동으로 이 사건 회사 주식 지분이 1,140,000주 증가한 사실을 확인하였다.

(5) 피고 안양세무서장은 원고가 원고의 형으로부터 1,080,000주, 원고의 아버지로부터 60,000주를 증여받은 것으로 판단하였다.

(6) 피고 안양세무서장은 2005. 8. 25.자 증여와 관련하여, 평가기준일 당시 이 사건회사가 사업개시 후 3년 미만의 법인에 해당되므로 구 상속세 및 증여세법(2010. 1. 1. 법률 제9916호로 개정되기 전의 것, 이하 '상증세법'이라 한다) 제54조 제2항에 따라 순자산가치만으로 이 사건 회사의 1주당 가치를 2,662원으로 평가하여 증여세를 부과하였다.

(7) 원고는 세무조사 종결 이후인 2012. 3. 9. 2005년 거래와 관련하여 홍콩 과세당국에 주식매매일로부터 2개월 내의 관리 회계자료를 근거로 이 사건 회사의 자회사 주식을 장부가액에 기초하여 이 사건 주식의 1주당 가액을 계산하여 인지세를 납부하였다.

(8) 원고는 홍콩 소재 회계법인으로부터 받은 인지세 납부를 위한 주식평가보고서를 근거로 동 회계법인이 평가한 주식평가액을 기준으로 증여소득을 계산할 것을 주장하였는데, 동 보고서는 이 사건 주식에 대한 증여 당시(2005. 8. 25.) 작성된 보고서가 아니고 원고 및 관련인들에 대한 세무조사가 종결(2011. 12. 26.)된 이후인 2012. 3. 9. 작성된 보고서로 이 사건 주식의 이전 당시 인지세 납부를 위하여 주식을 평가하기 위한 보고서였다.

2. 쟁 점

이 사건 해외 비상장법인의 주식을 보충적 평가 방법을 적용하여 과세한 처분의 당부

3. 관련법령

상속세및증여세법 제60조 제1항~제3항

상속세 또는 증여세가 부과되는 재산의 가액은 상속개시일 또는 증여일 현재의 시가에 의하며, 시가는 불특정다수인 사이에 자유로이 거래가 이루어지는 경우에 통상 성립된다고 인정되는 가액으로 하고 수용・공매가격 및 감정가격 등 대통령령이 정하는 바에 의하여 시가로 인정되는

것을 포함하고, 시가를 산정하기 어려운 경우에는 당해 재산의 종류 · 규모 · 거래상황 등을 감안하여 제61조 내지 제65조에 규정된 방법에 의하여 평가한 가액에 의하도록 규정하고 있다.

상속세및증여세법 시행령 제49조 제1항

「법 제60조 제2항에서 "수용 · 공매가격 및 감정가격 등 대통령령이 정하는 바에 의하여 시가로 인정되는 것"이라 함은 평가기준일 전후 6월(증여재산의 경우에는 3월로 한다) 이내의 기간 중 매매 · 감정 · 수용 · 경매 또는 공매가 있는 경우에 다음 각 호의 1의 규정에 의하여 확인되는 가액을 말한다」라고 규정하고 있고, 같은 항 제1호 및 제3호에 "당해 재산에 대한 매매 사실이 있는 경우에는 그 거래가액" 및 "당해 재산에 대하여 수용 · 경매 또는 공매 사실이 있는 경우에는 그 보상가액 · 경매가액 또는 공매가액"으로 각각 규정하고 있다.

상속세및증여세법 시행령 제58조의3 제1항

외국에 있는 상속 또는 증여재산으로서 법 제60조 내지 법 제65조의 규정을 적용하는 것이 부적당한 경우에는 당해 재산이 소재하는 국가에서 양도소득세 · 상속세 또는 증여세 등의 부과 목적으로 평가한 가액을 평가액으로 한다.

4. 원 · 피고 주장 요약

(1) 원 고

① 처분청이 이 사건 회사의 주식 지분 변동을 증여로 보고 증여세를 과세함에 있어 증여재산인 이 사건회사 주식의 가치를 보충적 평가 방법에 따라 평가하였으나, 대법원(2010. 1. 14. 선고 2007두 5646 판결)에 의하면 해외 비상장주식의 평가에 관하여 "평가대상 주식이 외국에 있는 비상장법인의 주식인 경우 보충적 평가 방법을 그대로 적용하는 것이 부적당하지 아니한 때에 한하여 위 보충적 평가 방법을 적용할 수 있고, 위 **보충적 평가방법을 적용하는 것이 부적당하지 아니하다는 점에 대한 입증책임은 과세관청에게 있다**"고 판시하였다. 위 판결은 비상장주식의 평가 기준은 원칙적으로 우리나라에 있는

비상장법인의 주식을 적용 대상으로 하므로 해외 비상장법인 주식에 적용하기 위해서는 그 적용이 적당하다는 점을 과세관청이 추가로 입증해야 한다는 것으로 이해되고, **보충적 평가방법은 우리나라 비상장법인의 주식가치 평가에 보충적으로 적용되는 방법**일 뿐 해외 비상장법인의 평가에 일반적으로 적용될 수 있는 것이 아니다.

② 해외 비상장법인인 이 사건 회사의 주식 거래에 대하여 외국의 과세관청이 당해 증여자산에 관하여 평가한 금액이 있는 경우에는 이러한 평가 방법이 타당하지 않다는 점을 처분청이 입증하여야 한다. 홍콩에는 자본이득세, 증여세는 없으나 자산의 증여 시 증여재산의 공정가액을 평가하여 이에 대한 인지세를 부과하므로 인지세 부과를 위한 평가가액이 있다면 이를 기준으로 증여재산이 평가되어야 한다. 이 사건 회사의 주식에 대한 적정 가액은 2012. 3. 9. 홍콩 소재 회계법인이 순자산가치(Adjusted net asset value)로 평가하고 이에 따라 인지세를 신고 납부하였으므로 1주당 183.09원으로 보아야 한다.

(2) 피 고

① 원고는 홍콩 소재 회계법인으로부터 받은 인지세 납부를 위한 주식평가보고서를 근거로 동 회계법인이 평가한 주식평가액을 기준으로 증여소득을 계산할 것을 주장하고 있으나, 동 보고서는 이 사건 주식에 대한 증여 당시(2005. 8. 25.) 작성된 보고서가 아니고 원고 및 관련인들에 대한 세무조사가 종결(2011. 12. 26.)된 이후인 2012. 3. 9. 작성된 보고서로 이 사건 회사 주식의 이전 당시 인지세 납부를 위하여 주식을 평가하였다는 원고의 주장은 납득 할 수 없다.

② 또한 주식평가보고서 작성 시 사용된 주요 순자산가치(Adjusted net asset value)에 의한 증여 당시의 주식평가액(주당 HK$ 1.39)은 양도나 상속 · 증여 목적의 평가가 아니고, 지분 변동에 대한 등기 · 등록을 목적으로 하는 단순한 인지세 납부를 위한 평가액으로 증여 당시 자산에 대한 실질적인 가치평가 없이 장부가액에 의한 주당가치를 산정한 것으로 인정될 수 없으며, 원고가 이 사건 회사 주식을 증여할 당시 검토된 적정 주식평가액 및 산출 근거는 전혀 없다. 따라서 불특정 다수인간에 거래되는 시가가 존재하지 않고 있어 보충적 평가 방법에 따라 이 사건 회사 주식을 평가하여 과세한 이 건 처분은 정당하다.

5. 대상판결(서울행정법원 2013. 11. 14. 선고 2013구합5401 판결)

상증세법 시행령 제58조의3은 '외국에 있는 상속 또는 증여재산으로서 법 제60조 내지 제65조의 규정을 적용하는 것이 부적당한 경우에는 당해 재산이 소재하는 국가에서 양도소득세 · 상속세 또는 증여세 등의 부과 목적으로 평가한 가액을 평가액으로 하되 **평가액이 없는 경우에는 세무서장 등이 2 이상의 국내 또는 외국의 감정기관에 의뢰하여 감정한 가액을 참작하여 평가한 가액에 의한다**'고 규정하고 있다.

살피건대, 해외 비상장법인인 이 사건 회사의 1주당 가액을 산정함에 있어 '상증세법 시행령 제54조에 따른 **보충적 평가방법에 의하여 평가하는 것이 부적당하지 않은지' 인정할 만한 아무런 증거가 없다.** 그런데 피고 안양세무서장은 이 사건 회사의 1주당 가액을 산정함에 있어 해외 자회사의 1주당 가액을 국내 비상장법인의 보충적 평가 방법에 관한 상증세법 시행령 제54조에 따라 산정하였는바, **위와 같은 산정 방법은 그 자체로 위법**하다. 또한, 상증세법 시행령 제58조의3 제1항에 비추어 볼 때 원고들이 홍콩 당국에 평가기준일인 2005. 8. 25.을 기준으로 이 사건 회사의 1주당 가액에 기초하여 인지세를 납부하였으므로, 그 **인지세 산정에 특별히 문제가 있지 않는 한 그 가액을 따라야** 할 것이다. 따라서 이와 다른 전제에선 이 사건 증여세 부과 처분은 위법하고, 당사자들이 제출한 자료만으로는 정당한 세액을 계산할 수 없으므로, 결국 이 사건 증여세 부과 처분을 모두 취소할 수 밖에 없다.

6. 평 석

(1) 상속세 및 증여세법 제60조 제1항부터 제3항까지에서 상속세 또는 증여세가 부과되는 재산의 가액은 상속개시일 또는 증여일 현재의 시가에 의하며, 시가는 불특정다수인 사이에 자유로이 거래가 이루어지는 경우에 통상 성립된다고 인정되는 가액으로 하고 수용 · 공매가격 및 감정가격 등 대통령령이 정하는 바에 의하여 시가로 인정되는 것을 포함하고, 시가를 산정하기 어려운 경우에는 당해 재산의 종류 · 규모 · 거래상황 등을 감안하여 제61조 내지 제65조에 규정된 방법에 의하여 평가한 가액에 의하도록 규정하고 있다.

(2) 같은 법 제63조 제1항 제1호 다목에서 비상장주식은 당해 법인의 자산 및 수익 등을

감안하여 대통령령이 정하는 방법에 의하여 평가하도록 규정하고 있으며, 같은 법 시행령 제49조 제1항에 법 제60조 제2항에서 “수용 · 공매가격 및 감정가격 등 대통령령이 정하는 바에 의하여 시가로 인정되는 것”이라 함은 「평가기준일 전후 6월(증여재산의 경우에는 3월로 한다) 이내의 기간 중 매매 · 감정 · 수용 · 경매 또는 공매가 있는 경우에 다음 각 호의 1의 규정에 의하여 확인되는 가액을 말한다.」라고 규정하고 있고, 같은 항 제1호 및 제3호에 “당해 재산에 대한 매매 사실이 있는 경우에는 그 거래가액” 및 “당해 재산에 대하여 수용 · 경매 또는 공매 사실이 있는 경우에는 그 보상가액 · 경매가액 또는 공매가액”으로 각각 규정하고 있다.

(3) 상속세 및 증여세법 시행령 제58조의3 제1항에 “외국에 있는 상속 또는 증여재산으로서 법 제60조 내지 법 제65조의 규정을 적용하는 것이 부적당한 경우에는 **당해 재산이 소재하는 국가에서 양도소득세 · 상속세 또는 증여세 등의 부과 목적으로 평가한 가액**을 평가액으로 한다”고 규정되어 있다.

(4) 피고 안양세무서장은 이 사건회사의 세무대리인인 회계법인이 제출한 2004년 말 기준 재무제표를 기초로 1주당 가액을 산출한 반면 원고는 2005년 거래와 관련하여 홍콩 과세당국에 이 사건 조사가 종결된 이후 제출한 인지세 납부 목적의 1주당 가액을 기초로 주식가액을 산정하여야 한다는 의견이다.

(5) 원고는 인지세 납부를 위한 주식평가보고서를 근거로 평가한 주식평가액을 기준으로 증여소득을 계산하여야 한다고 주장하고 있으나 피고는 원고가 세무조사가 종결된 이후에 인지세 납부 목적으로 평가한 1주당 가액을 신뢰할 수 없다는 입장이다. 과세관청 입장에서 보면 원고가 주장하는 이 사건 회사 주식의 평가액은 양도나 상속 · 증여 목적의 평가가 아니고, 지분 변동에 대한 등기 · 등록을 목적으로 하는 단순한 인지세 납부를 위한 평가액으로 증여 당시 자산에 대한 실질적인 가치평가 없이 장부가액에 의한 주당 가치를 산정한 것으로 인정할 수 없다는 것이다.

(6) 그러나 대상 판결은 외국에 있는 비상장법인의 주식은 보충적 평가 방법을 적용하는 것이 부적당하지 아니한 때에 한하여 그 보충적 평가 방법에 따라 평가할 수 있다고 전제한 다음, 이 사건 회사의 홍콩 자회사로서 비상장법인의 주식을 보충적 평가 방법에 따라 평가하는 것이 부적당하지 아니하다는 점을 인정할 만한 증거가 부족하다는 이유로, 피고가 보충적 평가 방법에 따라 이 사건 회사의 해외 자회사 주식의 1주당

가액을 평가한 것은 위법하다고 판단하였다.

(7) 한국거래소에 상장되지 아니한 주식 및 출자지분은 1주당 순손익가치와 1주당 순자산가치를 각각 3과 2의 비율로 가중평균한 가액에 의한다. 이때 순손익가치는 최근 3년간 순손익액의 가중평균액을 금융기관이 보증한 3년 만기 회사채의 유통수익률을 감안하여 기획재정부장관이 정하여 고시하는 이자율로 나누어 계산한다.

(8) 대상사건과 유사한 해외비상장법인의 주식평가가 쟁점인 사건을 다루는 유사한 사안에서 원고들은 **국내에서 유통되는 이자율로 계산하는 순손익가치는 해외비상장법인에게 적용하는 것이 부적당**하다고 주장하였다(대상 사건은 순자산가치로만 평가하였는데도 국가패소 판결하였다).

(9) 대법원은 이사건 원심의 판결에 대하여 "원심판결 이유를 관련 법리와 기록에 비추어 살펴보면 원심의 판단은 정당한 것으로 수긍이 가고, 거기에 상고이유의 주장과 같은 **국외 비상장주식에 대한 보충적 평가방법의 적용에 관한 법리오해 등의 위법이 없다.**"고 판단하였다.

(10) 대법원은 **일관되게 회계법인이 산정한 주식평가액은 어떤 법률에서 정하고 있는 평가 방법보다 시가로 봄이 상당**하다고 판시하고 있다(대법원 2011. 12. 22. 선고 2011두22075 판결 외 다수).

(11) 이 사건의 경우와 같이 해외 비상장 법인의 경우 과세관청이 보충적 평가 방법으로 주식을 평가하려면 보충적 평가 방법에 의한 평가 방법이 부적당하지 않다는 것을 과세관청이 입증하여야 한다는 것이 대법원의 입장이다.

(12) 과세실무상 과세관청이 해외 비상장법인의 주식평가 시 보충적평가방법에 의한 주식평가 방법이 부적당하지 않다는 점을 입증하기는 상당히 어렵다. 보충적평가 방법이란 매매사례가액 등을 통해 시가를 발견할 수 없는 경우에 담세력을 포착하기 위해서 마련된 일응의 합리적인 기준에 불과하다. 따라서 그 자체로 대상들의 객관적인 교환가치를 담보하기는 어렵다.

(13) 국내비상장법인의 경우 매매사례가액 등이 없어 상증법상 소정의 시가를 산정하기 어려운 경우에는 최후의 수단으로 주식가액 평가 시 보충적 평가방법을 사용하도록 되어 있다(이 경우에도 대법원은 '시가를 산정하기 어려운 경우'에 해당하여 보충적 평가방법을 사용할 수 있는 경우에 해당하는지 여부는 엄격하게 판단하여야 한다고

한다).

(14) 국내 비상장법인이 아닌 평가대상 주식이 외국에 있는 비상장법인의 주식인 경우는 **과세관청이 보충적평가방법을 사용하는 것이 부적당하지 않다는 입증책임을 부담**하는 것으로 해외 비상장법인의 주식평가 시 보충적평가방법을 사용하는 것에 대하여는 국내 비상장법인의 경우보다 더욱더 신중하게 적용 여부를 검토하여야 할 것으로 보인다.

(15) 보충적 평가방법을 적용하는 것이 부적당하지 아니하다는 점에 대한 입증책임은 과세관청에게 있다(대법원 2010. 1. 14. 선고 2007두 5646 판결)는 대법원 판례에 따른다면 과세관청으로서는 **외부에 있는 회계법인 등이 평가하는 주식평가방법 외에는 해외 비상장 법인 주식을 평가할 수 있는 현실적인 대안이 없다**는 결론에 이르게 된다.

(16) 보충적 평가방법이 부적당하지 아니하다는 입증은 과세실무상 어려울 뿐 아니라 앞서 기술한 바와 같이 국내 비상장법인의 경우 국내에서 유통되는 이자율을 적용하여 순손익가치를 계산하고 있는데, **국내 시장에서 통용되는 이자율을 해외비상장법인의 주식평가에 적용하는 것이 타당한지에 대한 의문**이 상존하기에 더욱 그렇다.

(17) 대법원은 소급감정에 있어서도 그 감정 시기가 문제가 아니라 감정평가 절차와 감정평가 당시 당해 재산을 평가 기준 현재의 현황을 반영하였는지 여부에 달려있다고 한다(대법원 2000. 11. 28. 선고 98두18473 판결 등). 부언한다면 감정가액의 경우 소급 여부나 특정 감정 목적 여부를 묻지 않는다.

7. 관련판례

문서번호	내 용
대법원 2010. 1. 14. 선고 2007두 5646 판결	평가대상 주식이 외국에 있는 비상장법인의 주식인 경우 보충적 평가방법을 **그대로 적용하는 것이 부적당하지 아니한 때에 한하여 위 보충적 평가방법을 적용할 수 있고,** 위 보충적 평가방법을 적용하는 것이 **부적당하지 아니하다는 점에 대한 입증책임은 과세관청에게 있다.**

문서번호	내 용
광주고등법원 2016. 12. 9. 선고 2015누6346 판결	**외국에 소재한 법인 주식의 가액을 산정**함에 있어 구 상증세법시행령 제54조에 따른 보충적 평가방법에 의해 평가하는 것이 부적당하지 않다는 점을 인정할 만한 증거가 없고, 세무서장 등의 의뢰에 따라 감정기관이 이 사건 회사 주식의 가액을 평가한 바도 없으므로 **이 사건회사 주식의 가액을 산정할 수 없어 주식 1주당 순자산가치를 산정할 수 없다**(주식 1주당 순자산가치를 산정할 수 없어 이 사건 주식과 관련한 원고의 법인세액을 산정할 수 없으므로, 이 사건 처분은 위법하여 취소되어야 한다).
대법원 2006. 6. 15. 선고 2004두3823 판결	과세처분의 취소를 구하는 소송에서 그 과세처분의 위법 여부는 그 과세처분에 의하여 인정된 세액이 정당한 세액을 초과하는지 여부에 의하여 판단하여야 할 것이므로, 과세관청이 과세표준과 세액의 산출·결정과정에서 잘못을 저질러 과세처분이 위법한 경우라도 그와 같이 하여 부과고지된 세액이 정당한 산출 세액의 범위를 넘지 아니하고 잘못된 방식이 과세단위와 처분사유의 범위를 달리하는 정도의 것이 아니라면 **정당세액 범위 내의 부과고지처분이 위법하다 하여 이를 취소할 것이 아니다.**
대법원 2013. 11. 14. 선고 2011두31253 판결	상속세및증여세법 시행규칙 제17조의3 제1항 각 호에 규정된 사유가 있다면, 특별한 사정이 없는 한 같은 법 시행령 제56조 제1항 제1호에서 정한 '1주당 최근 3년간의 순손익액의 가중평균액'(제1호 가액)을 기초로 1주당 순손익가치를 산정할 수 없고, 나아가 같은 항 제2호에서 정한 가액(제2호 가액)이 산정되지 아니하였다거나 제2호 가액이 적용될 수 있는 요건을 갖추지 못하여 제2호 가액을 적용할 수 없는 경우라 하더라도 제1호 가액에 의하는 것이 불합리한 이상 마찬가지라 할 것이며, 이러한 경우에는 순자산가치만에 의하여 평가할 수 있도록 한 같은 법 시행령 제54조 제4항의 방법 등 상증세법이 마련한 보충적 평가방법 중에서 객관적이고 합리적인 방법을 준용하여 평가할 수 있을 것이다.

5-7 비상장주식을 상속세및증여세법상 순자산가치에 따라 평가할 경우 개발비를 자산가액에서 차감하여야 함

● 대상판결 : 대법원 2022두50908 (2022. 11. 17.) ➜ 국패

핵심 요지

구 상속세및증여세법 시행규칙 제17조의2 제2호가 개발비의 가액을 법인의 자산에서 차감하도록 명시적으로 규정하고 있고, 그에 대하여 어떠한 예외도 두고 있지 않음에도, … 구체적 타당성을 따져서 이 사건과 같은 경우에는 차감하지 않아야 한다고 해석할 만한 근거를 찾을 수 없을 뿐만 아니라, 그와 같은 해석은 조세법률주의의 원칙에 반한다고 할 것이다.

1. 사실관계

• 보충적평가방법(순자산가치)

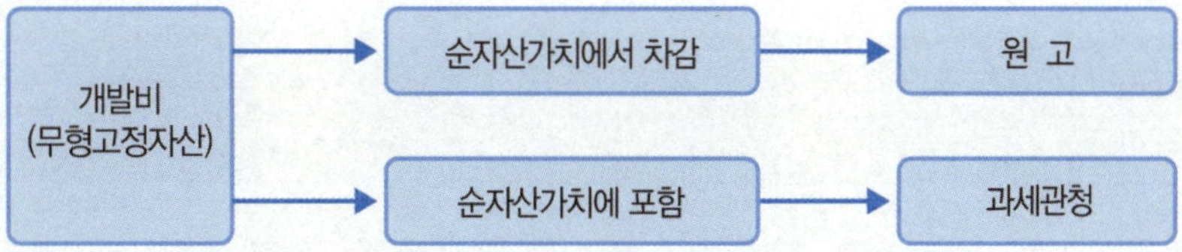

(1) 원고는 학습지 · 생활가전 판매업 등을 영위하는 법인으로, 2013년경 원고의 스마트 학습 사업부(이 사건 사업부)에서 영어 디지털 학습 프로그램 상품의 개발을 위해 지출한 비용을 자산(개발비)으로 계상하였다.

(2) 원고는 2016. 9. 1. 이 사건 사업부를 물적 분할 하여 주식회사 A(이 사건 법인)를 설립하고, 이 사건 사업부의 자산 및 부채를 이 사건 법인에게 이전하였으며, 분할대가로 순자산가액 8,428백만 원에 해당하는 이 사건 법인 발행 주식 40,000주를 1주당 210,705원에 취득하여 완전 모회사가 되었다. 이 사건 법인의 자산에는 원고가 영어디지털 학습 프로그램 개발을 위하여 지출한 개발비 8,681백만 원(이 사건 개발비)이 포함되어 있다.

(3) 한편 원고는 2016. 10. 11. 물적 분할로 취득한 이 사건 주식 40,000주 중 28,000주(70%)를 사주의 장남 甲에게, 나머지 12,000주(30%)를 장녀인 乙에게 1주당 650원(총 26,000,000원)에 각각 양도하였다. 이 과정에서 원고는 구 상속세 및 증여세법 제63조에서 정한 비상장주식의 보충적 평가방법에 따라 이 사건 주식을 평가하면서 구 상속세 및 증여세법 시행령 제55조 제2항, 구 상속세 및 증여세법 시행규칙 제17조의2 제2호를 적용하여 순자산가치 산정시 이 사건 개발비를 자산가액에서 제외하였다.

(4) 이에 대해 관할지방국세청장은 구 상속세및증여세법 제63조에서 정한 비상장주식의 보충적 평가 방법으로 이 사건 주식을 평가하되, 순자산가치 산정 시 이 사건 개발비를 자산가액에 포함하여야 한다고 보아 양도일 당시 평가액을 1주당 282,785원, 총 11,311백만 원으로 계산하고, 원고가 이 사건 주식을 그 평가액보다 11,285백만 원만큼 저가로 양도하였다는 등의 이유로 2019. 6. 24. 그 상당액을 양수자의 상여로 소득처분하여(장남 갑에 대해 7,899백만 원, 장녀 을에 대해 3,385백만 원) 원고에게 소득금액 변동통지를 하였고, 피고 세무서장은 2019. 7. 1. 원고에게 2016 사업연도 법인세 3,942백만 원(가산세 포함)을 경정 · 고지하였다.

2. 쟁 점

이 사건 해외 비상장법인의 주식을 보충적 평가 방법을 적용하여 과세한 처분의 당부

3. 관련법령

상속세및증여세법 시행령 제54조【비상장주식등의 평가】

제1항의 규정에 의한 1주당 순자산가치는 다음의 산식에 의하여 평가한 가액으로 한다.
1주당 가액 = 당해법인의 순자산가액 ÷ 발행주식총수(이하 "순자산가치"라 한다)
④ 다음 각 호의 어느 하나에 해당하는 경우에는 제1항에도 불구하고 제2항에 따른 순자산가치에 따른다.
2. 사업개시 전의 법인, 사업개시 후 3년 미만의 법인 또는 휴업 · 폐업 중인 법인의 주식등

상속세 및 증여세법 시행규칙 제17조의2【순자산가액의 계산방법】

2. 선급비용(평가기준일 현재 비용으로 확정된 것에 한한다)과 「법인세법 시행령」 제24조 제1항 제2호 바목의 규정에 의한 무형고정자산의 가액은 이를 자산에서 차감하여 계산할 것

법인세법 시행령 제24조【감가상각자산의 범위】

① 법 제23조 제3항에서 "건물, 기계 및 장치, 특허권 등 대통령령으로 정하는 자산"이란 다음 각 호의 고정자산(제3항의 자산을 제외하며, 이하 "감가상각자산"이라 한다)을 말한다.

2. 다음 각 목의 어느 하나에 해당하는 무형고정자산

바. 개발비 : 상업적인 생산 또는 사용 전에 재료 · 장치 · 제품 · 공정 · 시스템 또는 용역을 창출하거나 현저히 개선하기 위한 계획 또는 설계를 위하여 연구 결과 또는 관련 지식을 적용하는데 발생하는 비용으로서 당해 법인이 개발비로 계상한 것(「산업기술연구조합 육성법」에 의한 산업기술연구조합의 조합원이 동 조합에 연구개발 및 연구시설 취득 등을 위하여 지출하는 금액을 포함한다.)

상증세및증여세법 시행령 제55조【순자산가액의 계산방법】

② 제1항의 규정을 적용함에 있어서 기획재정부령이 정하는 무형고정자산 · 준비금 · 충당금 등 기타 자산 및 부채의 평가와 관련된 금액은 이를 자산과 부채의 가액에서 각각 차감하거나 가산한다.

4. 원 · 피고 주장 요약

(1) 원 고

① 원고가 계상한 이 사건 개발비는 구 법인세법 시행령(2017. 3. 29. 대통령령 제27972호로 개정되기 전의 것, 이하 같다) 제24조 제1항 제2호 바목의 '개발비'에 해당하고, 구 상속세및증여세법 시행령 제55조 제2항 및 구 상속세및증여세법 시행규칙 제17조의2 제2호는 비상장주식의 가치를 평가할 때 위 '개발비'를 자산에서 차감하도록 하고 있으며, 이에 대한 예외를 규정하고 있지 않으므로, 이 사건 개발비를 자산에서 차감하지 않은 채 주식 평가한 것을 전제로 한 이 사건 처분은 조세법률주의에 반하여 위법하다.

② 기업이 연구개발을 위해 지출하는 비용을 회계상 반영하는 방식은 상용화 전에는 개발비 또는 당기 비용으로 계상하거나, 상용화 후에는 매출 원가로 계상할 수 있는 방법이 있는데, 어느 경우에도 기업이 지출한 연구개발 비용이 주식평가에 반영되는 경우는 존재하지 않는다. 구 상속세및증여세법 시행규칙 제17조의2 제2호가 개발비를 자산에서 차감하도록 한 이유는 연구개발 비용을 동일하게 지출하고도 자산 계상 여부에 따라 평가액이 달라지지 않게 하여 공정한 주식평가를 하기 위한 것이므로, 피고들이 법문에 반하는 방식으로 주식평가 규정을 적용한 것은 위법하다.

(2) 피 고

① 구 법인세법 시행령 제24조는 '감가상각자산의 범위'를 규정한 조항으로 구 상속세및증여세법 시행규칙 제17조의2 제2호가 법인세법 시행령 제24조 제1항 제2호 바목을 자산에서 차감하여 계산하라고 규정한 것은 개발비의 정의를 차용한 것에 불과하다. 구 상속세및증여세법 시행령 제55조 제2항 및 구 상속세및증여세법 시행규칙 제17조의2 제2호에 따라 자산에서 차감하는 무형자산은 '**상업적인 생산 또는 사용 전**에 당해 법인이 개발비로 계상한 것'에 한정된다. 이 사건 개발비는 원고가 물적 분할 과정에서 유상으로 승계한 무형자산으로, 단지 계정과목의 명칭이 개발비로 되어있을 뿐이고, **이미 상업적인 생산 또는 사용이 이루어졌기 때문에** 위와 같은 '개발비'의 개념에 포섭되지 않는다.

② 순자산가치 평가의 핵심은 기업회계기준 또는 법인세법에서 자산과 부채로 인정하고 있으나 상속세및증여세법상 비상장주식 평가에 있어서는 자산과 부채로 볼 수 없는 것들을 정확히 구분하여 내는 것이므로, 기업가치평가를 목적으로 하는 자산과 부채의 평가는 그 자산과 부채가 평가기준일 현재 주식의 실질적인 가치를 나타내느냐가 판단기준이 되어야 한다. 만약 원고의 주장처럼 이 사건에서 구 상속세및증여세법상 순자산가치를 평가할 때 이 사건 개발비의 자산성을 인정하지 않는다면, 개발비가 많이 계상될 수밖에 없는 게임업체, 제약업체 등에서 수익이 예상되는 특정사업부를 물적 분할한 후 특수관계인에게 주식을 양도하면서 저가로 부를 이전하는 부당한 결과를 초래할 것이다.

5. 대상판결(서울행정법원 2021. 10. 22. 선고 2020구합86118 판결)

사업개시 후 3년 미만인 비상장법인 주식의 시가는 순자산가치 평가 방법에 따라 평가하고, 법인의 순자산가액은 평가기준일 당시 당해 법인의 자산을 법 제60조 내지 제66조의 규정에 의하여 평가한 가액에서 부채를 차감한 금액으로 산정하는데, 평가기준일 당시 지급 받을 권리가 확정된 가액은 자산에 가산하고, 평가기준일 당시 비용으로 확정된 선급비용, 법인세법 시행령 제24조 제1항 제2호 바목의 규정에 해당하는 **무형고정자산인 '개발비'는 자산에서 차감**한다. 구 법인세법 시행령 제24조 제1항 제2호 바목의 규정에 의하면, 여기서 말하는 '개발비'란 **상업적인 생산 또는 사용 전에 재료 · 장치 · 제품 · 공정 · 시스템 또는 용역을 창출하거나 현저히 개선하기 위한 계획 또는 설계를 위하여 연구 결과 또는 관련 지식을 적용하는 데 발생하는 비용**으로서 당해 법인이 개발비로 계상한 것을 의미한다.

위와 같은 규정 내용과 개정 과정, 앞서 본 법리 등에 비추어 알 수 있는 다음과 같은 사정을 종합하여 보면, 피고들이 이 사건 주식을 구 상속세및증여세법상 보충적 평가 방법에 의하여 평가함에 있어서 이 사건 개발비를 이 사건 법인의 자산에서 차감하지 아니한 채 그 가액을 산정한 다음, 위와 같은 평가가액을 기준으로 이 사건 처분을 한 것은 위법하다.

6. 평 석

(1) 비상장주식은 그 거래가 통상 내부자 사이에 회사 지배나 부의 이전 등 별도의 동기에서 이루어지는 것이지 공개시장에서 경쟁을 통하여 자유로이 가격이 형성되는 것이 아니고, 그 가치가 수시로 변화하는 특성을 갖고 있기 때문에 시가의 판정이 매우 어려우므로, 비상장주식의 객관적인 교환가치가 없는 경우에는 객관적이고 합리적인 방법으로 평가하여 가액을 결정할 수밖에 없다. 이 때 비상장주식의 가액은 결국 자산가치, 수익가치 등을 결합하여 객관적이고 합리성을 담보할 수 있는 가액을 도출하는 보충적 평가방법으로 산출해야 하고, 그 평가 방법에 절대적인 기준이 있다고 보기 어려운 측면이 있다는 점을 아울러 고려하면, 구 상속세및증여세법상의 보충적 평가 방법은 기업가치를 객관적이고 합리적으로 반영할 수 있는 시가를 적정하게 산정하기 위하여 조세 정책적 고려에 따라 비상장주식의 시가를 반영할 수 있는 여러 방법 중

입법자가 하나의 방법을 선택한 것이라고 볼 수 있다.

(2) 피고가 보충적 평가방법에 의한 주식평가시 자산에 개발비를 포함하여야 한다는 주장의 근거는 명확하다. 순자산가치 평가의 핵심은 기업회계기준 또는 법인세법에서 자산과 부채로 인정하고 있으나 상속세및증여세법상 비상장주식 평가에 있어서는 자산과 부채로 볼 수 없는 것들을 정확히 구분하여 내는 것이므로, 기업가치평가를 목적으로 하는 자산과 부채의 평가는 그 자산과 부채가 평가기준일 현재 주식의 실질적인 가치를 나타내느냐가 판단 기준이 되어야 한다는 것이다. 만약 원고의 주장처럼 이 사건에서 구 상속세및증여세법상 순자산가치를 평가할 때 이 사건 개발비의 자산성을 인정하지 않는다면, 개발비가 많이 계상될 수밖에 없는 게임업체, 제약업체 등에서 수익이 예상되는 특정사업부를 물적 분할한 후 특수관계인에게 주식을 양도하면서 저가로 부를 이전하는 부당한 결과를 초래할 것이므로 그와 같이 평가할 수 없다는 것이다.

(3) 이에 대해 대상 판결은 "조세법률주의의 원칙상 조세법규의 해석은 특별한 사정이 없는 한 법문대로 해석하여야 하고 합리적 이유 없이 확장 해석하거나 유추 해석하는 것은 허용되지 않는다. 다만 법규 상호간의 해석을 통하여 그 의미를 명백히 할 필요가 있는 경우 조세법률주의가 지향하는 법적 안정성 및 예측 가능성을 해치지 않는 범위 내에서만 입법취지 및 목적 등을 고려하여 합목적적 해석할 수 있을 뿐이다(대법원 2020. 7. 29. 선고 2019두56333 판결 등 참조)."라고 판시하고 있다.

(4) 이 사건은 구 상속세및증여세법 시행규칙 제17조의2 제2호가 **개발비의 가액을 법인의 자산에서 차감하도록 명시적으로 규정**하고 있고, 그에 대하여 **어떠한 예외도 두고 있지 않음**에도, 피고가 이 사건 주식의 가액을 산정하면서 이 사건 개발비의 가액을 이 사건 법인의 자산에서 차감하지 아니한 것이 적법한지가 쟁점이다. 대상 판결은 피고의 주장처럼 구 상속세및증여세법 시행규칙 제17조의2 제2호에서 개발비를 법인의 자산에서 차감하도록 명확하게 규정하고 있음에도 구체적 타당성을 따져서 이 사건과 같은 경우에는 차감하지 않아야 한다고 해석할 만한 근거를 찾을 수 없을 뿐만 아니라, 그와 같은 해석은 조세법률주의의 원칙에 반한다고 보았다.

(5) 피고의 주장과 같이 비상장주식을 평가함에 있어 상속세 및 증여세법이 정한 보충적 평가방법에 의할 경우 구체적인 사안에 따라 다소 불합리한 결과가 발생할 여지가 있다. 특히 유형고정자산이 아닌 무형고정자산을 기초로 막대한 수익을 창출할 수 있는

게임산업, 제약산업 등에서 사업을 영위하는 법인이 늘어가는 실정을 고려하면 구 상속세및증여세법이 정한 보충적 평가 방법에 따른 주식의 평가가 기업의 가치를 정확히 반영하지 못할 개연성은 더 커진다. 그러나 이러한 문제는 원칙적으로 입법 개정을 통해서 해결되어야 한다는 것이 법원의 판단이다.

(6) 조세 행정은 어느 행정영역에서보다 명확성이 요구된다고 할 것인데, 법률의 명확한 근거 없이 구체적 타당성을 추구하기 위해 축소·유추 해석을 허용할 경우, 과세관청의 자의적 판단이 개입될 여지가 많아 법적 안정성을 해칠 수 있으므로, 조세법률주의의 원칙을 위반하여 과세하는 것은 허용될 수 없다는 것이다.

7. 관련판례

문서번호	내 용
대법원 2020. 7. 29. 선고 2019두56333 판결	조세법률주의의 원칙상 조세 법규의 해석은 특별한 사정이 없는 한 법문대로 해석하여야 하고 합리적 이유 없이 확장해석하거나 유추 해석하는 것은 허용되지 않는다. 다만 법규 상호간의 해석을 통하여 그 의미를 명백히 할 필요가 있는 경우 조세법률주의가 지향하는 법적 안정성 및 예측 가능성을 해치지 않는 범위 내에서만 입법 취지 및 목적 등을 고려하여 합목적적으로 해석할 수 있을 뿐이다.
대법원 2013. 10. 31. 선고 2011두18427 판결	주가가 과대평가된 2개 이상의 합병당사법인에 관한 주식을 보유하고 있던 대주주가 그 합병으로 얻은 이익의 합산액이 3억원 이상이더라도 합병당사법인별로 계산한 대주주 합병차익이 3억 원에 미달하는 경우에는 그 3억 원에 미달하는 합병당사법인의 대주주 합병차익에 대하여 증여세를 과세할 수 없다.
서울행정법원 2022. 11. 10. 선고 2021구합4927 판결	조세심판원은 중국 소재 법인의 주식에 대하여 상속세및증여세법상 보충적 평가 방법 적용이 부적당하다고 판단한 다음, 상속세및증여세법 시행령 제58조의3 제2항에서 정하는 방법으로 국외 재산에 대한 평가액을 재조사하라는 결정을 한 것이므로, 상속세및증여세법 시행령 제58조의3에 따라 그 평가액을 재조사하지도 아니한 채 당초 처분을 유지한 것은 재조사 결정의 기속력에 저촉된다.

제6절 부동산 평가

6-1 감정가액의 시가성

● 대상판결 : 대법원 2004두2356 (2005. 9. 30.) ➜ 국패

핵심 요지

거래를 통한 교환가격이 없는 경우에는 소급감정가격도 시가로 볼 수 있고 복수의 감정평가 중 어느 것을 취하는가는 사실심 법원의 재량에 속한다.

1. 사실관계

(1) 원고들은 이 사건 부동산(토지 2필지 및 그 지상건물)에 대한 2개 감정평가법인의 감정가액 평균액을 상속재산 과세가액에 포함하여 상속세 신고하였다.

(2) 피고는 이 사건 부동산의 감정평가액은 '상속세 납부목적'으로 평가된 것으로 시가로 볼 수 없어 보충적 평가방법인 개별공시지가를 적용한 금액으로 산정하였다.

2. 관련 법령

「상속세및증여세법시행령」 제49조 제1항 제2호 개정내용(신·구 조문 비교)

현 행 (2000. 12. 29. 개정)	구 조문 (1999. 12. 31.)	구 조문 (1998. 12. 31.)	구 조문 (1996. 12. 31.)
제49조 제1항 제2호 당해 재산에 대하여 2 이상의 … 공신력 있는 감정기관의 평가액의 평균액 다음 각 목의 1에 해당하는 것은 제외 가. **일정한 조건이 충족될 것을 전제로 당해 재산을 평가하는 등 상속세 및 증여세 납부목적에 적합하지 아니한** 감정가액 (2000. 12. 29.)	좌 동 가. **상속세 및 증여세 목적에 적합하지 아니한 감정가액**	제49조 제1항 제2호 당해 재산에 대하여 2 이상의 감정기관이 **상속세 및 증여세 납부 외의 목적으로 평가한** 감정가액이 있는 경우 그 평균액	좌 동

3. 쟁 점

거래를 통한 교환가격이 없는 경우에는 소급감정가격도 시가로 볼 수 있는지 여부

4. 대상판결

상속세를 부과함에 있어 과세관청이 비록 상속재산의 상속 당시의 시가를 평가하기 어렵다는 이유로 상속재산의 가액을 개별공시지가로 평가하여 과세처분을 하였다고 하더라도 그 과세처분 취소소송의 사실심 변론 종결 시까지 상속재산의 시가를 입증한 때에는 그

상속재산의 시가에 의한 정당한 상속세액을 산출한 다음 과세처분의 세액이 정당한 세액을 초과하는지 여부에 따라 과세처분의 위법 여부를 판단하여야 하고, 여기서 '시가'라 함은 원칙적으로 정상적인 거래에 의하여 형성된 객관적 교환가격을 의미하지만 이는 객관적이고 합리적인 방법으로 평가한 가액도 포함하는 개념이므로 **거래를 통한 교환가격이 없는 경우에는 공신력 있는 감정기관의 감정가액도 '시가'로 볼 수 있고, 그 가액이 소급감정에 의한 것이라 하여도 달라지지 않는다.**

5. 평 석

(1) 소급감정에 대한 심판례와 판례의 입장

조세심판원 심판례 및 예규	판 례	국세청의 법 개정 (상속세및증여세법시행령 §49 ① 단서, 2003. 12. 30. 개정)
시가로 인정할 수 없다. • 국심 2003. 4. 23. 선고 2003부196 결정; 국심 2004. 11. 26. 선고 2004서2531 결정 외 다수 • 국세청 예규(감심 2003-94, 2003. 8. 26. 등)	그 가액이 소급감정에 의한 것이라도 시가로 볼 수 있다(대법원 2003. 5. 30. 선고 2001두6029 판결 등).	평가기간에 해당하지 않더라도 평가심의위원회 자문을 거쳐 확인되는 가액에 포함시킬 수 있다. • 상속일로부터 6월(증여 3월) 이내의 시가라는 의미는 6월의 기간에만 한정할 필요가 없다. • 해당 개정규정은 2005. 1. 1. 부터 시행(부칙 §1)

(2) 시가의 개념 정리

① 불특정 다수인 간 자유로운 거래의 경우 통상 성립된다고 인정되는 가액(상속세및증여세법 §60 ②)

② 시가란 일반적이고 정상적인 거래에 대해 형성된 객관적 교환가격(대법원 1994. 12. 22. 선고 93누22333 판결)

- 주관적인 요소가 배제된 객관적인 것
- 거래에 의하여 형성된 것
- 그 거래가 일반적이고 정상적인 것
- 객관적 교환가치를 적정하게 반영할 것

(3) 소송실무상 소급감정은 인정되는 것이다.

① 상속세 신고 당시 감정평가액(대부분 피고가 부인하는 경우)과 **1심 법원의 촉탁에 의하여 이루어진 감정평가액**을 비교하여 후자가 보다 객관적이고 합리적인 평가방법에 의하여 평가된 가액으로 판단하였다.

② 소급감정을 인정하는 대법원의 일관된 입장에 대하여 과세관청은 법을 개정하면서(일부 소급감정 인정) 폭넓게 소급감정을 인정하고 있는(감정목적, 시기에 불문하고 합리적으로 평가된 가액이면 시가로 인정) 판례를 변경하고자 하나, 소급감정을 인정하는 것은 법 규정이 아닌 판례에 의해 확립된 견해이므로 향후 관련 법 개정이 있다 하더라도 대법원은 소급감정을 용인하는 태도를 견지할 것으로 보인다.

(4) 최근 과세관청에서는 부동산 거래가 이루어진 사례가 없고 감정평가를 거친 적도 없어 시가를 산정하기 어려운 부동산에 대하여 감정평가를 하고 국세청의 재산평가심의위원회의 심의를 거친 감정가액 평균액을 시가로 보아 상속세나 증여세를 결정 · 고지하는 경우가 있었다.

(5) 감정가액이 존재하지 아니하는데 과세관청이 감정평가를 의뢰한 결과 나온 평가액을 상속세나 증여세 과세가액으로 할 수 있는지 살펴보면, **과세관청에 의한 소급감정을 시가로 인정하여 이에 따른 과세를 허용한다면** '시가를 산정하기 어려운 경우'란 있을 수 없게 되어 시가를 산정하기 어려운 경우 보충적 평가방법에 의하도록 한 「**상속세및증여세법」 규정이 전혀 준용되지 않은 모순이 발생**하고, **납세의무자는 매우 불안정한 법적 지위에 놓이게 되어 부당하다. 따라서 소급감정을 시가로 보는 사례는 납세자가 소송에서 소급감정가액 등을 시가로 입증한 경우**라 할 것이다(대전고등법원 2010. 11. 25. 선고 2010누1253 판결 참조)라고 판시한 판례를 주목할 필요가 있다.

(6) 최근 감정가액이 없는 부동산에 대하여 과세관청이 감정을 하여 그 감정가액을 시가로 보아 과세처분 한 사안에 대하여 법원에서는 연달아 국가 패소판결을 하였다(서울행정법원 2023. 3. 10. 선고 2021구합80889판결, 수원지방법원 2023. 1. 18. 선고 2021구합73530 판결).

6. 관련 판례

문서번호	내　용
대법원 2015. 3. 12. 선고 2014두44205 판결 : 일부국패	과세관청의 **재감정가액**으로 증여재산가액을 결정하여 과세하는 경우 납세자에게 의무해태를 탓할 수 없는 정당한 사유가 있어 가산세 감면사유에 해당한다.
서일 46014-10631, 2002. 5. 14.	상속개시일로부터 6월 이내에 상속재산에 대하여 3개의 감정평가법인으로부터 감정을 받았으나, 그 중 1개가 부실감정기관으로 지정된 경우 나머지 2개의 감정가액 평균액은 시가로 볼 수 있는 것이다.
서울행정법원 2012. 10. 26. 선고 2012구합8304 판결	1개의 감정기관의 감정가액도 시가로 인정될 수 있다.
대법원 2012. 11. 29. 선고 2010다93790 판결	감정인의 감정 결과는 그 감정방법 등이 경험칙에 반하거나 합리성이 없는 등의 현저한 잘못이 없는 한 이를 존중하여야 한다.

6-2 소급감정에 의한 상속재산 취득가액 산정

● 대상판결 : 대법원 2010두8751 (2010. 9. 30.) ➜ 국패

핵심 요지

양도자산이 상속받은 자산으로서 과세관청이 비록 당해 자산의 상속 당시 시가를 평가하기 어렵다는 이유로 당해 자산의 취득가액을 개별공시지가로 평가하여 과세하였다고 하더라도, 소급감정에 의하여 당해 자산의 상속 당시 시가가 입증된 때에는 그 시가를 기준으로 정당한 양도차익을 산정한다.

1. 사실관계

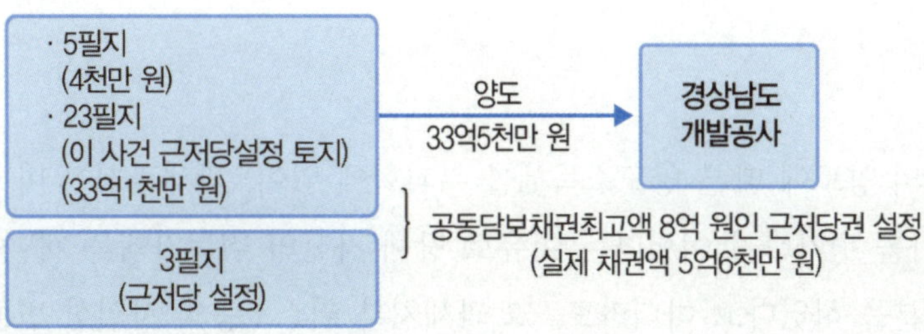

(1) 원고의 취득가액 산정은 아래와 같다.

① 이 사건 근저당설정 토지(23필지) : 근저당권 채권최고액 8억 원을 이 사건 근저당 토지의 개별공시지가 비율로 안분계산하여 7억2백만 원으로 산정하였다. ② 근저당 설정 안된 5필지 : 개별공시지가로 산정

(2) 피고의 취득가액 산정은 아래와 같다.

① 근저당권이 설정된 재산의 가액은 채권최고액이 아니라 평가기준일 현재 **당해 재산이 담보하는 실제 채권액**으로 평가해야 하므로 위 근저당권의 실제 채권액 5억6천만 원을 기준으로 안분계산하여야 한다(4억9천1백만 원으로 산정). ② 위 취득가액 재산정에 따라 추가로 경정하여 양도소득세 7천6백만 원을 부과처분하였다.

(3) 원고는 소 제기 시 청구취지를 추가하였는데, 소급감정 후 ①의 주장과 더불어 소급감정가액을 취득가액으로 인정하여 달라는 취지의 소를 제기하였다.

2. 쟁 점

(1) 근저당권이 설정된 부동산을 상속받아 이를 양도한 경우, 그 취득가액 산정방법으로 「상속세및증여세법시행령」 제63조 제1항 제3호에서 상속재산의 평가액 기준으로 정해진 '당해 재산이 담보하는 채권액'이 실제 채권액을 의미하는 것인지, 혹은 채권최고액을 의미하는 것인지 여부

(2) 납세자가 취득가액에 관하여 사실심 변론종결 전까지 소급감정으로 당해 자산의 상속당시 시가를 입증한 경우 이를 취득가액으로 인정할 수 있는지 여부

3. 대상판결

상속받은 재산의 양도에 따른 양도소득세를 부과함에 있어, 과세관청이 비록 당해 자산의 상속 당시 시가를 평가하기 어렵다는 이유로 당해 자산의 취득가액을 개별공시지가로 평가하여 과세처분을 하였다고 하더라도, 그 과세처분 취소소송의 **사실심 변론 종결 시까지 당해 자산의 상속 당시 시가가 입증된 때**에는 **그 시가를 기준**으로 정당한 양도차익과 세액을 산출한 다음 과세처분의 세액이 정당한 세액을 초과하는지 여부를 판단하여야 한다. 여기서 '시가'라 함은 원칙적으로 정상적인 거래에 의하여 형성된 객관적 교환가격을 의미하지만 이는 객관적이고 합리적인 방법으로 평가한 가액도 포함하는 개념이므로 거래를 통한 교환가격이 없는 경우에는 **공신력 있는 감정기관의 감정가격도 '시가'**로 볼 수 있고, 그 가액이 **소급감정에 의한 것이라 하여도 달라지지 않는다**(대법원 1999. 4. 27. 선고 99두1595 판결; 대법원 2005. 9. 30. 선고 2004두2356 판결 등 참조).

이 사건 근저당 부동산의 상속 당시 시가(감정평가액을 말함)는 공동저당된 재산의 평가기준일 현재의 가액으로 안분하여 계산한 이 사건 근저당 부동산이 담보하는 실제 채권액보다 크다고 할 것이어서, 이 경우 양도소득세 산정 시 **이 사건 근저당 부동산의 상속 당시 시가(감정평가액)를 그 취득가액으로 보아**야 하므로, 이와 다른 전제에서 이루어진 이 사건 처분은 위법하다.

4. 평 석

(1) 소급감정에 대한 과세관청 및 대법원의 견해

과세관청의 입장	대법원의 입장
• 상속재산의 경우 상속개시일로부터 6개월, 증여재산의 경우 증여일로부터 3개월이 **경과한 후에 작성된 감정가액은 당해재산의 시가로 적용하지 아니하는 것이다**(재삼 46014-585, 1996. 3. 2.; 서면4팀-2876, 2007. 10. 8.; 조심 2009중3451, 2010. 5. 20.). • 사유 : 소급감정가액은 법적 안정성을 해치고 조세행정 집행상 혼란을 초래한다.	• 행정소송에 있어서 소급감정 인정 여부는 그 **감정시기가 문제가 아니라 감정평가절차와 감정평가 당시 당해재산을 평가기준 현재의 현황을 반영하여 평가**하였는지 여부에 달려있다(대법원 2000. 11. 28. 선고 98두18473 판결 등). • **대법원은 감정가액의 경우 소급 여부나 특정 감정목적 여부를 묻지 않는다.**

(2) 쟁점 '(1)'과 관련

① 「소득세법」 제97조 제1항 제1호 및 「소득세법시행령」 제163조 제9항은 상속 받은 자산의 양도차익을 계산함에 있어서 상속개시일 현재 「상속세및증여세법」 제60조 내지 제66조 규정에 의하여 평가한 가액을 취득 당시의 실제 거래가액으로 보아 이를 양도가액에서 공제하도록 규정하고 있다.

② 「상속세및증여세법」 제66조 제1호는 저당권이 설정된 토지의 경우 「상속세및증여세법」 제60조의 규정에 의하여 평가한 가액과 당해 토지가 담보하는 채권액 등을 기준으로 대통령령이 정하는 바에 의하여 평가한 가액을 비교하여 **그 중 큰 금액**을 그 재산의 가액으로 한다고 규정하고 있다.

③ 「상속세및증여세법시행령」 제63조 제1항 제3호가 '평가기준일 현재 당해 재산이 담보하는 채권액'이라 규정하고 있을 뿐, '담보하는 채권의 최고액'이라고 규정하고 있지 않으며, 「상속세및증여세법시행령」 제63조 제2항에서는 당해 재산에 설정된 근저당권의 '채권최고액'이 '담보하는 채권액'보다 적은 경우에는 채권최고액으로 한다고 규정하고 있는 점, 통상 근저당권의 채권최고액은 기업의 신용을 감안하여 시가보다 높게 평가될 수 있다는 점을 고려하면, 「상속세및증여세법시행령」 제63조 제1항 제3호의 **당해 재산이 '담보하는 채권액'은 채권최고액이 아닌, 실제 채권액을 의미**하는 것으로 해석된다.

(3) 쟁점 '(2)'와 관련

① 양도차익을 계산할 때 양도가액을 실지거래가액(매매사례가액·감정가액이 적용되는 경우 그 매매사례가액·감정가액 등을 포함한다)에 따를 때에는 취득가액도 실지거래가액(매매사례가액·감정가액·환산가액이 적용되는 경우 그 매매사례가액·감정가액·환산가액 등을 포함한다)에 따르고, 양도가액을 기준시가에 따를 때에는 취득가액도 기준시가에 따르는 것으로 규정하고 있는 동일기준의 원칙이 적용된다(소득세법 §100 ①).

② 상속·증여재산에 대한 양도차익 산정 시 양도가액은 실지거래가액에 의하는 반면, 취득가액은 기준시가에 의할 수밖에 없는 경우가 대부분이므로 동일기준의 원칙에 위배된다.

③ 종래 대법원이 상속재산의 시가평가에 있어, 시가의 범위를 객관적이고 합리적인 방법으로 평가한 가액을 포함하는 개념으로 보고, 거래를 통한 교환가격이 없는 경우에는 공신력 있는 감정기관의 감정가액 특히 소급감정에 의한 것도 시가로 인정하고 있는 판례 이론을 상속재산에 대한 양도차익 산정 시 취득가액 산정방법으로 수용하였다.

④ 상속재산 양도차익 산정에 있어, 통상적인 경우 보충적 평가방법을 통한 기준시가(혹은 이 사건의 경우 '실제 채권액')가 그대로 시가로 취급됨으로써 납세자가 입게 되는 불이익을 조세소송을 통하여 시가를 납세자가 소급감정의 방법으로 입증함으로써 그 소급감정액을 취득가액으로 인정받을 수 있게 되었다.

(4) 실지거래가액 과세 시 상속·증여재산의 취득가액 계산(소득세법시행령 §163 ⑨)

자산구분	구분기준일 (적용시기)*	구분기준일 전 양도	구분기준일 후 양도
토지	2001. 1. 1.	「상속세및 증여세법」상 평가액	Max(①, ②) ① 「상속세및증여세법」상 평가액 ② 1990. 1. 1. 공시지가로 환산한 가액 1990. 1. 1. 공시지가 취득 당시 시가표준액 (1990. 8. 30.+직전)시가표준액/2
건물	2004. 1. 1.	「상속세및 증여세법」상 평가액	Max(①, ②) ① 「상속세및증여세법」상 평가액 ② 2001. 1. 1. 건물기준시가×산정기준율

자산구분	구분기준일 (적용시기) *	구분기준일 전 양도	구분기준일 후 양도
아파트·연립주택	2005. 8. 5.	「상속세및증여세법」상 평가액	Max(①, ②) ① 「상속세및증여세법」상 평가액 ② 최초 고시가액에 의한 환산가액 최초 고시가액 × 상속·증여 당시(토지+건물) 기준시가 / 최초 고시 당시(토지+건물) 기준시가
오피스텔·상업용건물			
개별주택·공동주택			

* 구분기준일은 양도시기를 말함.

(5) 재감정 시 재감정사유 보완(상속세및증여세법시행령 §49 ① 2호 단서)

감정평가목적 등을 감안하여 동 가액이 부적정하다고 인정되는 경우에도 세무서장 등이 재감정한 가액에 의할 수 있다.

2000. 1. 1. 이후	2005. 1. 1. 이후	2011. 1. 1. 이후(현행 규정)
① 감정가액이 보충적 평가가액의 80%에 미달하는 경우	① 감정가액이 보충적 평가가액의 80%에 미달하는 경우 ② 80% 이상인 경우에도 평가위원회 자문을 거쳐 평가목적 등에 비추어 당해 감정가액이 부적당하다고 인정되는 경우	① 감정가액이 "기준금액"에 미달하는 경우 ② "기준금액" 이상인 경우로서 부적정한 경우 ※ 기준금액 : 보충적 평가 가액과 매매사례가액의 90% 중 적은 금액

(6) 「상속세및증여세법」상 감정가액

평가기준일 전후 일정기간과 시가(상속세및증여세법시행령 §49 ②, 2002. 12. 30. 개정)는 다음과 같이 판단한다.

기본통칙 60-49…2

평가기준일 전후 6월(증여재산인 경우 3월) 이내 판단함에 있어 매매사실이 있는 경우에는 거래가액이 확정되는 **계약일**, 감정가액이 있는 경우에는 감정가액평가서 **작성일**, 수용·경매·공매 사실이 있는 경우 보상가액이 **결정된 날**을 기준으로 판단한다.

(7) 소득세법 시행령 제163조 제9항이 개정되면서 소급감정가액을 취득가액으로 인정할 수 없다는 법원 판결이 나왔다.

(8) 개정 소득세법 시행령 제163조 제9항 본문은 상속세 및 증여세법 제76조에 따라 세무서장 등이 결정 · 경정한 가액이 있는 경우 이를 양도차익 계산에 있어 필요경비로 공제되는 취득가액과 일치하도록 정하고 있다. 이는 상속세 및 증여세 신고 · 납부시에는 상속 · 증여재산의 가액을 신고하지 않거나 낮은 기준시가로 신고한 후 양도 소득세 신고 · 납부시에만 소급감정 등을 통하여 상속 · 증여재산의 가액을 높이는 방법으로 양도소득세의 부담을 회피하는 것을 막고, 세액 산정의 일관성을 유지하기 위한 것이다.

(9) 최근 부산지방법원에서는 " 개정 소득세법 시행령 제163조 제9항 본문 중 '상속세 및 증여세법 제76조에 따라 세무서장 등이 결정 · 경정한 가액이 있는 경우에는 그 결정 · 경정한 가액으로 한다'는 부분이 **취득당시의 감정평가액과 다르게 결정되는 경우**는, 납부의무가 있는 상속인 또는 수유자가 구 상속세 및 증여세법 제67조 제1항에 따른 **신고의무를 해태하거나 동일한 과세 대상 재산에 관하여 세목에 따라 다른 액수를 주장하는 경우에 한정되는 것**이어서 조세형평에 반한다고 볼 수 없다."고 판시하면서 원고 패소판결 하였다(부산지방법원 2022. 11. 3. 선고 2021구합24972 판결). 이 사건은 원고 항소로 부산고등법원에 진행중이다(2022누23296).

5. 관련 판례

문서번호	내 용
대법원 2013. 2. 14. 선고 2012두21009 판결 : 국패	시가라 함은 원칙적으로 정상적인 거래에 의하여 형성된 객관적 교환가격을 의미하지만 이는 객관적이고 합리적인 방법으로 평가한 가액도 포함하는 개념이므로 거래를 통한 교환가격이 없는 경우에는 공신력 있는 감정기관의 감정가액도 시가로 볼 수 있고, **그 가액이 소급감정에 의한 것이라도 달라지지 않는다**.
대법원 2010. 5. 27. 선고 2010두4247 판결 : 국승	비교아파트의 거래가액이 당해 재산과 유사한 다른 재산에 대한 거래가액으로 보기 어려워 비교아파트의 거래가액을 시가로 볼 수 없지만 피고(과세관청)의 신청에 의하여 **법원이 소급감정을 한 감정평가액을 시가로 볼 수 있다**(이 사건의 경우 과세관청이 소급감정을 신청하였다).

문서번호	내 용
대법원 1997. 7. 22. 선고 96누18038 판결	위와 같은 기간(6월, 3월)을 일률적으로 적용하지 아니하고 납세자에게 유리하다거나, 가격변동이 없었다는 사유를 들어 상속개시일로부터 4년 전의 감정가액을 시가로 인정한 판례(대법원 1993. 10. 8. 선고 93누10293 판결)와 상속개시일로부터 3개월 후의 매매가격에 대하여 상속개시일과 매매일 사이에 시가변동이 없었다는 사실을 입증하지 못한다는 사유로 동 매매가격을 시가로 인정하지 아니한다.
대법원 2001. 9. 14. 선고 2000두406 판결	시가를 산정하기 어려워서 보충적인 평가방법을 택할 수밖에 없었다는 입증책임은 과세관청에 있다.
대법원 1999. 4. 27. 선고 99두1596 판결	상속재산의 가액을 개별공시지가로 평가하여 과세처분을 하였더라도 그 과세처분 취소소송의 사실심 변론 종결 시까지 상속재산의 시가를 입증하면 된다.
서울행정법원 2012. 10. 26. 선고 2012구합8304 판결 : 국승	처분청이 시가로 본 쟁점주택에 대한 감정평가액은 원고가 자금을 대출받을 목적으로 담보를 제공한 데 대하여 **감정평가기관 1곳**에 의뢰하여 감정평가한 금액으로서 감정평가서 작성일(2010. 5. 6.)이 상속개시일(2010. 1. 13.)로부터 6월 이내이고, 상속개시 당시의 쟁점주택 주변의 시세 등에 대하여도 감정평가에 반영되었다고 보아야 할 것이므로, 이 건 감정평가액은 객관적이고 합리적인 방법으로 평가한 가액으로서 시가로 인정될 수 있다고 판단된다. 이는 **1개의 감정기관의 감정가액을 시가로 본 사례로** 상속개시일 전·후 6개월 이내의 기간 중에 **2 이상의 감정기관의 감정가액**이 있는 경우 그 감정가액의 평균액은 「상속세및증여세법」 제60조 제2항 및 같은 법 시행령 제49조 제2호의 규정에 의하여 '시가'에 포함되는 것으로서, 상속인들이 당해 감정가액의 존재 여부를 알았는지 여부에 관계없이 시가로 볼 수 있다(재삼 46014-1225, 1999. 6. 25.)는 예규와 상치(相馳)된다.
대법원 2010. 9. 30. 선고 2010두8751 판결 : 국패	소급감정에 의하여 상속 당시 시가가 입증된 때에는 그 시가를 기준으로 정당한 양도차익을 산정한다.

6-3 평가기준일에 타인이 근저당을 설정한 경우 담보하는 채권액 해당 여부

● 대상판결 : 대법원 2013두1850 (2013. 6. 13.) ➜ 국승

핵심 요지

증여 이후에 증여재산에 관하여 제3자에 의해 근저당권이 설정된 경우에는 그것이 증여와 같은 날 설정되었더라도 그 근저당권의 피담보채권액은 '평가기준일 현재 당해 재산이 담보하는 채권액'에 해당된다.

1. 사실관계

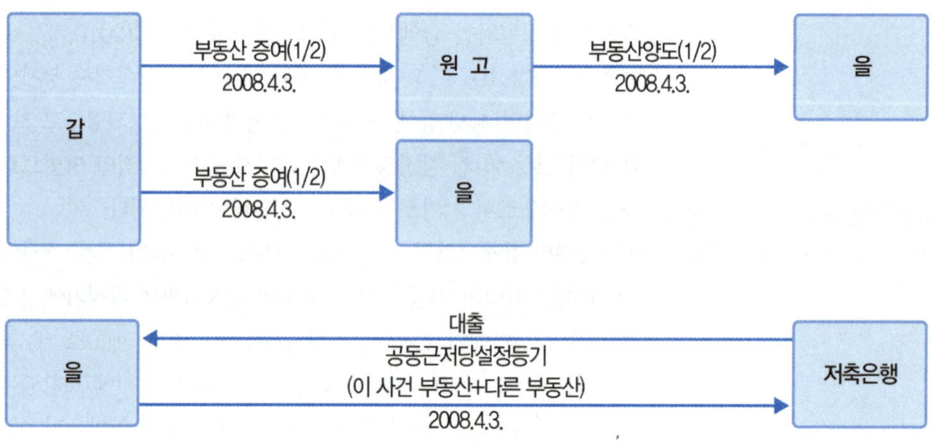

(1) 2008. 4. 3. 원고와 을은 갑으로부터 이 사건 부동산을 증여받았다.

(2) 2008. 4. 3. 원고는 증여받은 이 사건 부동산(지분1/2)을 을에게 양도하였다.

(3) 한편 을은 2008. 4. 3. 저축은행으로부터 금원을 대출받으면서 위 부동산에 대하여 근저당권 설정등기를 마쳐주었다.

(4) 피고는 이 사건 대출금액을 이 사건 각 부동산의 각 개별공시지가로 안분하여 이 사건 증여재산의 가액을 계산한 다음 증여세를 부과하였다.

2. 쟁 점

당해 자산에 관하여 증여일 당일에 근저당권이 설정된 경우에도 당해자산이 「상속세및증여세법」 제66조 제1호가 정하는 '저당권 또는 질권이 설정된 재산'에 해당하는지 여부

3. 대상판결

구 「상속세및증여세법」(2010. 1. 1. 법률 제9916호로 개정되기 전의 것. 이하 '상증세법'이라고 한다) 제60조는 증여세가 부과되는 재산의 가액은 증여일(이하 '평가기준일'이라고 한다) 현재의 시가에 의하되, 그 시가를 산정하기 어려운 경우에는 상증세법 제61조 내지 제65조에 규정된 보충적 평가방법에 의하도록 정하고 있다. 한편 상증세법 제66조는 "다음 각 호의 1에 해당하는 재산은 제60조의 규정에 불구하고 당해 재산이 담보하는 채권액 등을 기준으로 대통령령이 정하는 바에 의하여 평가한 가액과 제60조의 규정에 의하여 평가한 가액 중 큰 금액을 그 재산의 가액으로 한다."고 정하면서, 그 제1호에서 '저당권 또는 질권이 설정된 재산'을 들고 있다. 이를 받은 구 「상속세및증여세법시행령」(2010. 2. 18. 대통령령 제22042호로 개정되기 전의 것. 이하 '상증세법시행령'이라고 한다) 제63조 제1항 제3호는 근저당권이 설정된 재산의 경우 상증세법 제66조 소정의 '대통령령이 정하는 바에 의하여 평가한 가액'으로 '평가기준일 현재 당해 재산이 담보하는 채권액'을 정하고 있다. 담보로 제공된 재산에 관한 평가의 특례를 규정한 상증세법 제66조는 증여재산의 평가에 관하여 시가주의 원칙을 정한 상증세법 제60조 제1항의 규정을 보충하여 시가에 보다 근접한 가액을 산정하려는 취지에서 마련된 것인 점, 증여일 당일에 설정된 근저당권에 의하여 담보되는 채권액은 통상 당해 재산에 관한 증여시점의 시가를 정확히 반영할 가능성이 크므로 증여와 근저당 사이의 선후관계를 분명히 가려 증여 이전에 설정된 근저당권에 의해 담보되는 채권액만이 증여재산의 시가를 제대로 반영하는 것으로 한정하여 볼 필요가 없는 점 등을 종합하여 보면, **당해 재산에 관하여 증여일 당일에 근저당권이 설정되었다면 다른 특별한 사정이 없는 한 이는 상증세법 제66조 제1호에서 정하는 '저당권 또는 질권이 설정된 재산'에 해당한다**고 할 것이고, 결국 그 근저당권이 담보하는 채권액은 상증세법시행령 제63조 제1항 제3호 소정의 '평가기준일 현재 당해 재산이 담보하는 채권액'에 해당된다고 할 것이다.

이와 같은 사실관계를 앞서 본 규정과 법리, 그리고 상증세법시행령 제63조 제1항 제2호가 공동저당권이 설정된 재산의 가액은 당해 재산이 담보하는 채권액을 공동저당된 재산의 평가기준일 현재의 가액으로 안분하여 계산하도록 정하고 있는 점 등에 비추어 살펴보면, 이 **사건 증여재산에 관하여 증여일인 2008. 4. 3.에 공동근저당권이 설정되었으므로 다른 특별한 사정이 없는 한 이 사건 증여재산이 담보하는 채권액, 즉 이 사건 제1부동산과 제2부동산이 담보하는 채권액 중 증여일 현재의 각 부동산 가액으로 안분하여 계산한 금액을 상증세법시행령 제63조 제1항 제3호 소정의 '평가기준일 현재 당해 재산이 담보하는 채권액'으로 볼 수 있다.** 그럼에도 원심은 이와 달리 증여 이후에 증여재산에 관하여 제3자에 의해 근저당권이 설정된 경우에는 그것이 증여와 같은 날 설정되었더라도 그 근저당권의 피담보채권액은 상증세법시행령 제63조 제1항 제3호 소정의 '평가기준일 현재 당해 재산이 담보하는 채권액'에 해당하지 아니한다는 등의 이유로 이 사건 처분이 위법하다고 판단하였다. 원심의 이러한 판단에는 상증세법 제66조, 상증세법시행령 제63조 제1항 제3호에서 정하는 저당권 등이 설정된 재산의 평가에 관한 법리를 오해하여 판결에 영향을 미친 위법이 있다. 이 점을 지적하는 상고이유의 주장은 이유 있다.

4. 평 석

(1) 원심은 이 사건과 같이 증여로 인한 소유권이전등기와 근저당권설정등기가 같은 날 이루어졌으나, 수증자 및 근저당권설정자가 서로 다를 뿐만 아니라 증여로 인한 소유권이전등기의 접수번호가 앞서서 그 소유권이전등기 경료 당시에는 당해 재산에 근저당권이 설정되어 있지 않은 경우에는 개별공시지가에 의해 안분계산하여야 한다고 보았다.

(2) 즉, 이 사건 대출금액은 이 사건 부동산의 개발행위로 인한 지목변경 및 지가상승 가능성 등 미래가치를 반영하여 결정된 것으로서 증여일 현재 이 사건 증여재산가액을 적정하게 반영하지 못할 가능성이 있다고 판단한 것이다(국패).

(3) 이에 대해 대법원은 **"증여일 당일에 설정된 근저당권에 의하여 담보되는 채권액은 통상 당해 재산에 관한 증여시점의 시가를 정확히 반영할 가능성이 크므로 증여와 근저당 사이의 선후관계를 분명히 가려 증여 이전에 설정된 근저당권에 의해 담보되는 채**

권액만이 증여재산의 시가를 제대로 반영하는 것으로 한정하여 볼 필요가 없다."는 입장이다.

(4) 따라서 **당해 재산에 관하여 증여일 당일에 근저당권이 설정되었다면** 다른 특별한 사정이 없는 한 이는 「상속세및증여세법」 제66조 제1호에서 정하는 '저당권 또는 질권이 설정된 재산'에 해당한다고 할 것이고, 결국 그 근저당권이 담보하는 채권액은 구 「상속세및증여세법시행령」(2010. 2. 18. 대통령령 제22042호로 개정되기 전의 것) 제63조 제1항 제3호 소정의 **'평가기준일 현재 당해 재산이 담보하는 채권액'에 해당된다**는 것이다.

(5) 시가주의를 표방하고 있는 「상속세및증여세법」 입장에서 보면 대법원의 판단이 수긍이 간다.

5. 관련 판례

문서번호	내 용
대법원 1992. 9. 25. 선고 92누3922 판결	임대부분의 가액은 임대료환산가액과 기준시가 평가액 중 큰 금액으로 평가하고 미임대부분은 기준시가에 의하여 평가한다.
서울행정법원 2015. 10. 22. 선고 2014구합16075 판결	갑법인이 2009. 10. 23. 병법인으로부터 120억 원을 차용한 사실, 이를 담보하기 위하여 주식 420만 주와 임대차보증금 반환채권 120억 원이 담보로 제공된 사실이 인정되므로 을법인에 대한 채무 84억 원에 관한 120만 주 질권설정만을 근거로 한 이 사건 처분은 위법하다.

제7절 완전포괄주의

7-1 부동산 무상사용에 따른 증여이익(상속세및증여세법 §37 ①)

● 대상판결 : 대법원 2004두1261 (2005. 3. 1.) ➜ 국패

핵심 요지

공동사업의 경우에는 소득이 발생한 공동사업장별로 그 소득금액을 계산한 다음 소득분배비율에 따라 각 공동사업자별로 계산하면 된다고 할 것이어서, 원고가 이 사건 토지 일부를 백○○에게 무상으로 임대한 것으로 보아 「소득세법」 제41조 제1항 소정의 부당행위계산부인 규정을 적용하고 그에 대한 임대소득을 원고의 종합소득에 가산한 이 사건 처분은 위법하다.

1. 사실관계

(1) 토지지분 및 출자현황

구 분	토 지	토지+건물 임대
원고(A)	100%	1/2
동생	0%	1/2

(2) 처분내용

원고가 특수관계인인 동생에게 이 사건 토지 중 1/2을 무상으로 사용하게 한 것은 「소득세법」 제41조 제1항 소정의 부당행위계산에 해당(토지 무상사용에 따른 이익의 증여)하는 것으로 보아 증여세를 결정·고지하였다.

(3) 원·피고 주장

원 고	피 고
원고가 공동사업자인 동생에게 임대함으로써 얻은 임대소득에 대하여 공동지분비율에 따라 소득세를 신고·납부하였으므로 토지 무상사용에 따른 이익증여로 과세할 수 없다.	원고가 특수관계인인 동생에게 토지와 건물의 지분차이(1/2)만큼 대가를 받지 않고 토지를 무상으로 사용하게 한 것은 부당행위계산에 해당된다.

2. 쟁 점

원고가 이 사건 토지 일부를 백○○에게 무상으로 임대한 것으로 보아 「소득세법」 제41조 제1항 소정의 부당행위계산부인 규정을 적용한 처분의 당부

3. 대상판결

원고가 그 소유의 이 사건 토지 지상에 건물을 신축하여 동생과 각 1/2지분으로 소유권보존등기를 마친 다음 동생과 공동으로 이 사건 토지와 건물을 일괄하여 임대하는 사업을 영위함에 있어 원고가 특수관계자인 동생에게 이 사건 토지 중 1/2을 무상으로 사용하게 한 것은 「소득세법」 제41조 제1항 소정의 부당행위계산에 해당한다는 피고의 주장에 대하여, 「소득세법」 제87조는 부동산임대소득이 있는 공동사업을 경영하는 장소(공동사업장)에 대하여는 당해 소득이 발생한 공동사업장별로 그 소득금액을 계산한다고 규정하고 있고, 「소득세법」 제43조 제1항, 제2항은 위 공동사업장에 대한 소득금액 계산에 있어서는 당해 공동사업장을 1거주자로 보고 사업자가 자산을 공유 또는 합유하거나 공동으로 사업을 경영하는 경우에는 그 지분 또는 손익분배의 비율에 의하여 분배되었거나 분배될 소득금액에 따라 각 거주자별로 그 소득금액을 계산한다고 규정하고 있으므로, 공동사업의 경우에는 소득이 발생한 공동사업장별로 그 소득금액을 계산한 다음 소득분배비율에 따라 각 공동사업자별로 계산하면 된다고 할 것이어서, **원고가 이 사건 토지 일부를 동생에게 무상으로 임대한 것으로 보아 「소득세법」 제41조 제1항 소정의 부당행위계산부인 규정을 적용하고 그에 대한 임대소득을 원고의 종합소득에 가산한 이 사건 처분은 위법하다.**

4. 평　석

(1) **토지지분이 없는 자**가 토지를 소유한 배우자 및 자녀와 함께 당해 토지에 건물을 신축하여 「소득세법」의 규정에 의한 공동사업자로서 부동산임대업을 영위하는 경우에는 특수관계 있는 자의 **부동산을 무상으로 사용하는 경우에 해당하지 아니하는 것이다**(서면4팀 – 791, 2004. 6. 4.). 즉, **증여세 과세는 할 수 없다.**

(2) 「상속세및증여세법」 제37조의 규정에 의하여 특수관계에 있는 자의 부동산을 무상으로 사용함에 따라 이익을 얻은 경우에는 당해 이익상당액을 부동산 무상사용자의 증여재산가액으로 하는 것이나, 귀 질의의 경우 토지를 공동소유하고 있는 자가 **당해 토지 위에 토지소유지분과 다르게 건물을 신축**하여 「소득세법」의 규정에 의한 공동사업자로서 부동산임대업을 영위하는 경우에는 같은 법 제37조 제1항의 규정에 의한 특수관계에 있는 자의 **부동산을 무상으로 사용하는 경우에 해당하지 아니하는 것이다**(서면4팀 – 1922, 2004. 11. 29.). 즉, **증여세 과세는 할 수 없다.**

(3) 특수관계자 간(父와 子)에 부동산임대업을 공동으로 영위하면서 토지지분이 없는 자(父)의 임대소득을 건물소유지분(父 1/3, 子 2/3)에 따라 분배한 경우 동 건물소유지분에 해당하는 토지를 무상으로 사용함으로써 발생한 이익을 증여(子→父)받은 것으로 보아 과세한 처분은 정당하다(조심 2009서118, 2009. 5. 11.). 즉, **증여세 과세가 가능하다.**

(4) 토지소유자(갑 : 80%, 을 : 10%, 병 : 10%)와 함께 그 토지 위에 건물을 신축(갑, 을, 병 각각 1/3)하여 「소득세법」 규정에 따른 공동사업자로서 부동산임대업 등을 영위하면서 정당한 손익분배비율에 따라 이익을 분배하거나 토지의 사용에 대한 정상적인 대가를 토지소유자에게 지급하는 경우에는 「상속세및증여세법」 제37조의 규정에 의한 특수관계자의 부동산을 무상으로 사용하는 경우 등에 해당하지 아니한다(재산 – 37, 2012. 2. 3.). → 정당한 손익분배비율에 따라 이익을 분배하지 않거나 토지 사용에 대한 정상적인 대가를 지급하지 않은 경우에는 **증여세 과세가 가능하다.**

(5) 소　결

① 부동산임대업을 공동으로 영위하는 경우로서 토지지분과 건물지분이 다른 경우(어느 한쪽의 토지지분이 전혀 없는 경우 포함) **「소득세법」상 부당행위계산부인 규정을 적용할 수 없다.**

② 이 경우 「상속세및증여세법」 제37조의 규정에 의한 특수관계자 간의 부동산을 무상으로 사용하는 경우에 해당하는지에 대하여는 **질의회신 및 예규가 상반된 입장이다.**

③ '정당한 손익분배비율'이 계약상 분배비율을 의미하는 것인지, 아니면 토지지분을 고려한 손익분배비율을 의미하는 것인지가 불분명하다.

④ 토지사용에 대한 정상적인 대가를 지급한 경우라면 **부동산 무상사용에 따른 증여이익 규정을 적용하여 과세할 수 없다.**

5. 관련 예규

문서번호	내 용
재산 상속 46014-1950, 1999. 11. 10.; 서면4팀-455, 2005. 3. 29.	토지 무상사용에 따라 증여세가 과세된 당해 토지를 증여받은 경우(재차증여) 당해 토지 무상사용 권리의 증여의제 가액은 「상속세및증여세법」 제47조 제2항의 규정을 적용하여 **합산하여 과세**한다.
재삼 46014-2457, 1997. 10. 16.	무상사용에 따른 이익의 수증자가 영리법인인 경우에는 **증여세를 면제한다.**
서면4팀-555, 2006. 3. 14.	공익법인에 해당하지 아니한 비영리법인이 「상속세및증여세법」 제37조의 규정에 의한 부동산 무상사용에 따른 이익을 얻은 경우에는 **증여세 납부의무**가 있다.
부가-641, 2013. 7. 12.	토지지분이 없는 자가 토지를 소유한 특수관계자와 함께 당해 토지에 건물을 신축하여 「소득세법」의 규정에 의한 공동사업자로서 부동산임대업을 영위하는 경우 토지소유자와 특수관계자의 관계는 **과세대상 거래에 해당하지 아니한다.**

7-2 저가양수·고가양도에 따른 이익의 증여 (특수관계인이 아닌 자 간의 거래)

● 대상판결 : 대법원 2011두22075 (2011. 12. 22.) ➜ 국패

핵심 요지

비상장주식의 증여 당시 시가를 산정하기 어려워서 보충적인 평가방법을 택할 수밖에 없었다는 점에 관한 증명책임은 과세관청에 있고, 원고가 주식교환계약의 방법으로 비상장주식을 정당한 사유 없이 시가보다 현저히 높은 가액으로 양도하였다고 볼 수 없다.

1. 사실관계

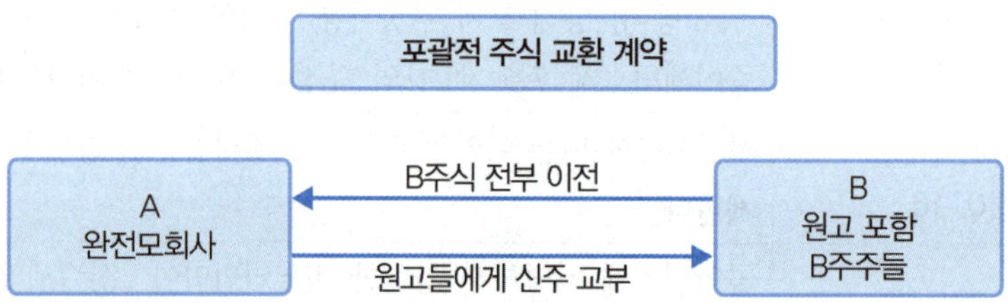

(1) 이 사건 주식은 원고의 의뢰로 갑(甲)회계법인이 평가하였는데, A주식 1주당 5,958원, B주식 1주당 16,822원으로 하여 주식교환비율을 산정하였다.

(2) 피고의 주식평가 및 부과처분

① B주식에 대한 甲회계법인 평가액은 객관적 교환가치가 반영된 시가로 볼 수 없다고 보아 「상속세및증여세법」상 보충적 평가방법을 적용하여 1주당 1,004원으로 평가하였고,

② A주식은 주식교환일의 코스닥시장 종가 8,390원으로 평가하였다.

③ 원고의 주식교환비율은 "특수관계 없는 자에게 정당한 사유 없이 현저히 높은 가액으로 재산을 양도한 경우"에 해당하는 것으로 보아 증여세를 부과처분하였다.

2. 관련 법령

(1) 특수관계인 간의 거래

구 분	과세대상	증여이익
저가양수	(시가 − 대가) ≧ 시가의 30% or (시가 − 대가) ≧ 3억	(시가 − 대가) − Min(시가의 30%, 3억)
고가양도	(대가 − 시가) ≧ 시가의 30% or (대가 − 시가) ≧ 3억	

(2) 특수관계인이 아닌 자 간의 거래(2004년부터 적용)

구 분	과세대상	증여이익
저가양수	(시가 − 대가) ≧ 시가의 30%	(시가 − 대가) −3억
고가양도	(대가 − 시가) ≧ 시가의 30%	

3. 쟁 점

이 사건 주식을 고가양도하였다고 볼 수 있는지 여부

4. 대상판결

일반적으로 과세처분 취소소송에서 과세요건사실에 관한 증명책임은 과세관청에 있는 점, 「상속세및증여세법」 제35조 제2항의 문언내용 및 규정형식 등에 비추어 보면, 「상속세및증여세법」 제35조 제2항에 의한 증여세 부과처분이 적법하기 위해서는 **양도자가 특수관계에 있는 자 외의 자에게 시가보다 현저히 높은 가액으로 재산을 양도하였다는 점뿐만 아니라 거래의 관행상 정당한 사유가 없다는 점도 과세관청이 증명**하여야 한다.

(1) 코스닥상장법인인 A주식회사(이하 'A')와 비상장법인인 B주식회사(이하 'B')는 증권거래법령이 규정한 주식가액의 산정방법에 따라 포괄적 교환 대상인 각 주식의 가격을 평가하였고, 이에 대하여 **외부평가기관인 甲회계법인의 적정의견을 받아 교환비율을

산정한 점,

(2) 주식교환의 적정비율 산정, 이사회 및 주주총회의 승인 및 이에 반대하는 주주들에 대한 주식매수 청구권의 부여 등 법령에 따른 공정하고 투명한 절차를 모두 거쳤음에도 주식의 포괄적 교환에 따라 완전모회사의 주식을 배정받은 원고가 완전모회사로부터 증여를 받았다는 것은 선뜻 수긍하기 어려운 점,

(3) 이 사건 교환계약에 따라 A에게 B의 주식을 이전한 B의 주주는 모두 A와 '특수관계에 있는 자'에 해당하지 않고 달리 A 또는 A의 주주들이 이 사건 교환계약을 통하여 원고를 비롯한 B의 주주들에게 이익을 분여하여 줄 만한 사정을 찾을 수도 없는 점,

(4) 이 사건 교환계약을 전후하여 A의 주가가 급등하였던 사정에 비추어 보면 B의 기업가치 내지 주가가 과대평가되고 주식 교환비율이 A의 주주들에게 불리한 것이었다고 단정할 수 없는 점 등을 종합하여 보면,

원고가 이 사건 교환계약에 따라 보유하던 B의 주식 160,000주를 A에 이전하고 그 대가로 A의 신주 451,758주를 교부받은 것이 **거래의 관행상 정당한 사유 없이 시가보다 현저히 높은 가액으로 재산을 양도한 경우에 해당한다고 볼 수 없다.**

5. 평 석

(1) 「상속세및증여세법」 제35조 제2항에 의한 증여세 부과처분이 적법하기 위해서는 과세관청이 고가양도 사실뿐만 아니라 거래의 관행상 정당한 사유가 없다는 점을 증명하여야 한다.

(2) 특수관계 없는 자 사이에서 「상속세및증여세법」상의 시가와 현저한 차이가 있는 가격으로 거래를 하더라도 당해 조항에 의하여 무차별적으로 증여세 과세가 가능한 것이 아니라, 이익을 분여할 만한 실체적인 사정이 있다는 점을 과세관청이 입증하는 경우에 한하여 과세가 가능하다.

(3) 실무상 과세관청은 증여세 포괄주의의 채택을 계기로 하여 이익을 분여하여 줄 만한 동기나 사정이 있는지 여부를 불문하고 비특수관계자 사이의 거래에 관하여 「상속세및증여세법」상 형식적인 과세요건을 갖추기만 하면 증여세를 부과하는 경향이 있다.

6. 관련 판례

문서번호	내 용
재재산-873, 2007. 7. 18.	「상속세및증여세법」 제35조 제1항 및 제2항의 규정에 의하여 특수관계 없는 자에게 정당한 사유 없이 비상장법인의 주식을 시가보다 현저히 높은 가액으로 양도함으로써 얻은 이익에 대하여 증여세를 과세하는 경우 양도소득세는 시가에 상당하는 금액(같은 법 시행령 제26조 제7항의 규정에 따라 증여재산에서 차감하는 금액)을 양도가액으로 하여 과세하는 것이다.
대법원 2004. 12. 10. 선고 2003두11575 판결	원고가 특수관계자에게 이 사건 주식을 양도 당시 시가평가액의 30% 이상 높은 가격으로 양도한 것이 특수관계자로부터 양도가액과 시가평가액의 차액만큼 증여받은 것으로 의제되어 증여세의 부과요건에 해당하고, 이에 따라 과세관청이 위 차액부분을 증여가액으로 보아 증여세를 부과하는 한편, 위 시가평가액을 양도가액으로 보아 당초의 양도소득세액을 감액경정한 이상, **이 사건 처분과 위와 같이 최종 경정된 양도소득세 부과처분**은 **각각 그 과세의 대상을 달리하고 있는 적법한 처분**이라 할 것이므로, 이 사건 처분은 이중과세에 해당한다고 볼 수 없다.
구 상속세및증여세법 기본통칙 35-26…1 ①	법인이 소유자산을 특수관계인에게 시가에 미달하는 가액으로 양도하거나 시가를 초과하는 가액으로 양수함에 따라 「법인세법」 제52조(부당행위계산 부인)의 규정에 해당하는 경우로서 그 차익에 대하여 그 자산의 양수자 또는 양도자에게 「소득세법」에 의하여 소득세가 과세(과세미달, 감면, 비과세 포함)되는 때에는 「상속세및증여세법」 제2조(현행 §4의 2) 제2항의 규정에 의하여 증여세를 부과하지 않는다.
대법원 2011. 12. 22. 선고 2011두22075 판결	특수관계 없는 자와의 거래에 대해 **관행상 정당한 사유에 대한 입증책임은 처분청**에게 있다.
대법원 1996. 10. 29. 선고 96누9423 판결; 대법원 1997. 9. 26. 선고 97누8502 판결 등	비상장주식의 경우 「상속세및증여세법」 제63조 제1항 제1호 다목, 「상속세및증여세법시행령」 제54조가 규정하는 방법에 의한 평가는 증여 당시 시가를 산정하기 어려울 때에 한하여 택할 수 있는 보충적인 평가방법이고, 시가를 산정하기 어려워서 **보충적인 평가방법을 택할 수밖에 없었다는 점에 관한 입증책임은 과세관청**에 있다.

문서번호	내 용
대법원 2013. 1. 15. 선고 2012두20687 판결	특수관계가 없는 양도인과 서로 각자의 이익을 최대화하기 위해 수차례에 걸친 협의 끝에 결정된 것일 뿐만 아니라, 회계법인에게 회사에 대한 재무실사를 의뢰하여 그 실사 결과 산정된 회사의 순자산가액을 기초로 결정된 것인 점 등에 비추어 … **객관적인 교환가치를 적정하게 반영하는 정상적인 거래로 인하여 형성된 가격**이다.
대법원 2011. 12. 22. 선고 2011두22075 판결	「상속세및증여세법」 제35조 제2항에 따른 과세처분이 적법하기 위해서는 양도자가 특수관계가 없는 자에게 시가보다 현저히 높은 가액으로 재산을 양도하였다는 점뿐만 아니라 **거래의 관행상 정당한 사유가 없었다는 점도 과세관청이 증명**하여야 한다.
대법원 2013. 8. 23. 선고 2013두5081 판결	「상속세및증여세법」 제35조 제2항은 특수관계자 사이의 거래와는 달리 특수관계자가 없는 자 사이의 거래에 대하여는 **'거래의 관행상 정당한 사유가 없을 것'이라는 과세요건을 추가**하고 있음. 재산을 고가로 양도·양수한 거래당사자들이 그 거래가격을 객관적 교환가치가 적절하게 반영된 정상적인 가격으로 믿을 만한 합리적인 사유가 있었던 경우는 물론, 그와 같은 사유는 없더라도 양수인이 그 거래가격으로 재산을 양수하는 것이 합리적인 경제인의 관점에서 비정상적이었다고 볼 수 없는 객관적인 사유가 있었던 경우에도 「상속세및증여세법」 제35조 제2항에서 말하는 **'거래의 관행상 정당한 사유'가 있다**고 보는 것이 바람직함. 따라서 대등한 당사자들이 각자 충분한 정보를 갖춘 상태로 자유로이 거래한 것, 대등한 당사자 사이에서 법무법인 또는 회계법인 등의 정상적인 자문을 받아 이루어진 계약의 경우라면 거래관행상 정당한 사유에 해당한다.

7-3 특정법인과의 거래를 통한 이익의 증여의제

1. 개 요

(1) 특정법인과의 거래를 통한 이익에 대한 증여세 과세는 1996. 12. 30. 「상속세및증여세법」을 전면개정하면서 신설된 것으로서, 영리법인에게 증여하는 경우에는 증여세가 과세되지 않는다는 점을 악용하여 누적된 결손금이 있는 특정법인에게 재산을 증여하여 그 증여가액을 결손금과 상쇄시킴으로써 증여가액에 대한 법인세를 부담하지 아니하면서 증여자와 특수관계가 있는 특정법인의 주주 등에게 이익을 주는 변칙증여에 대하여 증여세를 과세하는 데 그 입법취지가 있다(대법원 2011. 4. 14. 선고 2008두6813 판결).

(2) 2014. 1. 1. 세법개정 시 법인세와 증여세의 세율차이를 이용한 변칙증여 악용 우려가 있어 특정법인의 범위에 흑자 영리법인을 추가하였다. 다만, 흑자영리법인의 경우에는 법인세가 정상과세되는 점을 감안하여 증여세 과세대상을 지배주주의 배우자 또는 직계존비속 간의 거래로 제한하고 법인세와의 이중과세를 조정하도록 하였다.

(3) 2015. 12. 15. 법 개정 시 종전의 증여 예시규정인 「상속세및증여세법」 제41조에서 증여의제 규정인 「상속세및증여세법」 제45조의 5로 이관하여 증여의제로 증여세가 과세된다.

2. 관련 법령

흑자영리법인도 특정법인에 포함(2014년)

① 종전규정 「상속세및증여세법」 제41조
"결손금이 있거나 휴업 또는 폐업 중인 법인의~" (2011. 12. 31. 개정)

② **개정규정**
"결손금이 있거나 휴업 또는 폐업 중인 법인 또는 제45조의 3 제1항에 따른 지배주주와 그 친족이 지배하는 법인의~" (2014. 1. 19. 개정)

「상속세및증여세법」 제45조의 5 제1항[종전 제41조(예시규정)에서 의제규정으로 전환]

다음의 어느 하나에 해당하는 법인(이하 이 절에서 "특정법인"이라 한다)에 대통령령으로 정하는 주주 등(이하 이 절에서 "특정법인의 주주 등"이라 한다)과 대통령령으로 정하는 특수관계에 있는 자가 그 특정법인과 일정한 거래를 하는 경우에는 그 특정법인의 이익에 특정법인의 주주 등의 주식보유비율을 곱하여 계산한 금액을 그 특정법인의 주주 등이 증여받은 것으로 본다.

① 대통령령으로 정하는 결손금이 있는 법인

② 증여일 현재 휴업 또는 폐업 상태인 법인

③ 증여일 현재 ① 및 ②에 해당하지 아니하는 법인으로서 제45조의3 제1항에 따른 지배주주와 그 친족의 주식보유비율이 100분의 50 이상인 법인

3. 거래대상

특정법인의 최대주주 등과 특수관계인이 해당 특정법인과 다음과 같이 예시된 일정한 거래를 하여 그 특정법인에 이익을 제공하여야 한다(상속세및증여세법 §45의 5 ②, 동법 시행령 §34의 4 ④).

(1) 재산이나 용역을 무상으로 제공하는 거래
(2) 재산이나 용역을 통상적인 거래관행에 비추어 볼 때 현저히 낮은 대가로 양도·제공하는 거래
(3) 재산이나 용역을 통상적인 거래관행에 비추어 볼 때 현저히 높은 대가로 양도·제공받는 거래
(4) 그 밖에 (1)~(3)의 거래와 유사한 거래로서 대통령령이 정하는 다음의 거래
　① 당해 법인의 채무를 면제·인수 또는 변제하는 것
　② 시가보다 낮은 가액으로 해당 법인에 현물출자하는 것(상속세및증여세법시행령 §31 ②)

4. 증여세 과세표준 신고기한

특정법인의 「법인세법」 제60조 제1항에 따른 과세표준 신고기한이 속하는 달의 말일부터 3개월이 되는 날(상속세및증여세법 §68 ①)

5. 결손법인의 주식가치가 부수인 경우 증여세 과세 여부

(1) 거래를 전후하여 1주당 가액이 부수로 산정되는데도 증여재산가액이나 채무면제액 등 거래로 인한 가액만을 주식 수로 나누거나 단순히 부수의 절대치가 감소하였다는 이유로 주식 등의 1주당 가액이 증가된 것으로 보는 것은 부과되는 재산의 가액평가에 관한 관계 규정을 전혀 감안하지 아니하는 결과가 되어 관계 규정의 해석상 허용될 수 없다(대법원 2003. 11. 28. 선고 2003두4249 판결). 그러므로 결손법인의 특성상 증여 등에도 불구하고 주식의 가치가 여전히 부수라면 증여세를 부과할 수 없다.

(2) 즉, 비상장주식에 대한 보충적 평가방법에 따라 1주당 가액을 산정한 결과 그 가액이 증여 등 거래를 전후하여 모두 부수(負數)인 경우에는 증가된 주식 등의 1주당 가액은 없는 것으로 보는 것이 합리적이라 할 것이며, 거래를 전후하여 1주당 가액이 부수로 산정되는데도 증여재산가액 또는 채무면제액 등 거래로 인한 가액만을 주식 수로 나누어 산정하거나 단순히 부수의 절대치가 감소하였다는 이유로 주식 등의 1주당 가액이 증가된 것으로 보는 것은 증여세가 부과되는 재산의 가액평가에 관한 관계 규정을 전혀 감안하지 아니하는 결과가 되어 관계 규정의 해석상 허용될 수 없다.

> ※ 법 개정으로 주식가치가 부수(負數)인 경우에도 과세가능하나 논란의 여지 있음.
> 재산을 증여하거나 해당법인의 채무를 면제 · 인수 또는 변제하는 경우 : 증여재산가액 또는 그 면제·인수 또는 변제로 인하여 해당법인이 얻는 이익에 상당하는 금액(「상속세및증여세법시행령」 제34조의 4 제4항 제1호 가목)
> ※ 2015. 12. 15. 세법개정 시 증여의제 규정으로 전환하면서 증여의제 이익이 1억원 이하인 경우에도 과세

6. 2013. 1. 1. 이후에 증여한 경우

(1) 세법의 개정으로 2013. 1. 1. 이후 증여분부터는 흑자법인에게 재산을 증여한 경우에도 그 **흑자법인의 주주의 주식가치증가분에 대하여 증여세 과세가 가능하다.**

(2) 증여재산의 범위에 "금전으로 환산할 수 있는 모든 경제적 이익"을 추가하였으며, 또한 증여재산가액 계산의 일반원칙을 신설하여 "타인의 기여에 의하여 재산가치가 증가하는 경우에는 재산가치 증가 사유가 발생하기 전과 후의 시가의 차액으로 일정한

기준 이상의 이익을 얻은 경우에는 그 해당 금액을 증여재산가액으로 하는 것"으로 개정하였다.

7. 2014년 이후에 증여한 경우

(1) 세법의 개정으로 2013. 1. 1. 이후 증여분부터는 흑자법인도 「상속세및증여세법」 제41조에 따른 특정법인의 범위에 포함되었으므로 동 법령에 따른 일정한 요건을 모두 충족하는 경우에는 그 흑자법인의 주주들에게 동 법령에 따라 증여세를 과세하고 있다.

(2) 법 개정으로 흑자법인의 주주의 주식가치 증가분에 대하여 증여세 과세가 가능하게 되었다.

8. 2015년 이후에 증여한 경우

(1) 2015년 증여분에 대한 증여세 부과처분에 대해서 여전히 개정 시행령은 주주 등이 실제로 얻은 이익의 유무나 다과와 무관하게 증여세 납세의무를 부담하도록 하고 있어, 대법원은 이 사건에서 다시 한 번 같은 취지로 **2014년 개정 상증세법 시행령 제31조 제6항이 무효라고 선언**하였다(대법원 2021. 9. 9. 선고 2019두35695 판결).

(2) 결과적으로 2015년 증여분까지는 여전히 2014년 개정 상증세법 시행령 제31조 제6항 역시 모법인 2014년 개정 상증세법 제41조 제1항의 규정 취지에 반할 뿐만 아니라 그 위임범위를 벗어나 조세법률주의 원칙에 따라 마땅히 국회가 법률로 정하여야 할 사항인 과세요건을 창설한 것으로서 무효라고 봄이 타당하다.

(3) 그 때문에 2014년 개정 상증세법 제41조 제1항의 '대통령령으로 정하는 이익'인 특정법인의 주주 등이 보유한 특정법인 주식 등의 가액 증가분 산정방법은 대통령령에 구체적으로 정함이 없는 공백상태가 된다. 이에 대해 대법원은 이러한 경우 상증세법상 보충적 평가방법 등을 적용할 수 없고 조세법률주의 원칙에 따라 증여세를 과세할 수 없다고 본 것으로 타당한 결론으로 보인다.

9. 2016년 이후 증여한 경우

2016년 이후 증여분에 대해서는 과세관청이 상증법을 보완하여 흑자법인에게 재산을 증여한 경우 증여세 과세가 가능하도록 하였으나 이에 대한 대법원 판결은 아직 이루어지지 않았다.

※ 상증법 제4조 제6항 제2호 : 제45조의2부터 제45조의5까지의 규정에 해당하는 경우에는 그 재산 또는 이익을 증여받은 것으로 보아 그 재산 또는 이익에 대하여 증여세를 부과한다.

7-4 주식 등의 상장 등에 따른 이익의 증여

1. 개 요

(1) 입법 취지(상속세및증여세법 §41의 3)

2000. 1. 1.부터 주식 등 상장에 따른 이익에 대해 증여세를 과세하게 되었으며, 이는 주식 등 상장 등에 따른 이익의 증여규정은 기업의 내부정보를 이용하여 한국거래소 상장 또는 한국증권업협회 등록에 따른 거액의 시세차익을 얻게 할 목적으로 최대주주 등이 자녀 등 특수관계에 있는 자에게 비상장주식을 증여하거나 유상으로 양도함으로써 변칙적인 부의 세습을 가능하게 하거나 또는 수증자 내지 취득자가 이를 양도하지 아니하고 계속 보유하면서 사실상 세금부담 없이 계열사를 지배하는 문제를 규율하기 위해 그 차익에 대하여 과세하기 위해서 마련된 제도이다(대법원 2012. 5. 10. 선고 2010두11559 판결).

(2) 대상 범위 확대 및 증여세 포괄주의 도입에 따른 개정(2003년부터 시행)

① 특수관계자로부터 증여받은 재산(현금으로 특수관계자가 최대주주인 비상장법인의 주식을 특수관계가 없는 자로부터 유상 취득한 경우를 추가)

개정이유

최대주주 등과 특수관계자에 있는 자가 자금을 증여 받아 주식을 취득하는 것은 특수관계자가 주식을 취득하여 증여한 것과 경제적 실질이 동일하다. 이에 대하여 특수관계자로부터 비상장주식을 증여받거나 직접 취득하는 경우뿐만 아니라(**종전**) 특수관계자로부터 재산(금전, 부동산 등)을 제공받아 이를 특수관계가 없는 자로부터 해당 비상장법인의 주식을 우회 취득하는 경우를 과세대상에 **추가**

② 비상장주식 취득일 전 3년 이내에 증여받은 재산에 한정

개정이유

비상장주식 취득에 사용할 재산의 사전증여기간을 너무 길게 할 경우 과세범위가 지나치게 넓어지고 수증자의 기업 활동이 과도하게 제한될 우려가 있어 비상장주식 취득 등을 한 날부터 소급하여 3년으로 한정

③ 증여받은 재산과 증여받지 않은 재산이 혼재되어 어느 재산으로 비상장주식을 취득하였는지 여부가 불분명한 경우 증여받은 재산을 사용한 것으로 추정한다. 다만, 증여받은 재산을 담보로 기채한 자금으로 주식을 취득한 경우는 증여받은 재산으로 취득한 것으로 의제(상속세및증여세법 §41의 3 ⑥)한다.

④ 증여세과세대상 상장시한을 **3년에서 5년으로 연장**하였다.

2. 적용대상 주식 등의 범위

(1) 최대주주 등으로부터 해당 법인의 주식 등을 증여받거나 유상으로 취득한 경우에 적용한다. 이 경우에 해당 주식 등의 취득에는 법인이 자본(출자액을 포함)을 증가시키기 위하여 신주를 발행함에 따라 인수하거나 배정 받은 신주를 포함한다(상속세및증여세법 §41의 3 ⑦).

(2) '신주'에는 당초 증여나 양도로 취득한 주식에 기초한 **무상신주는 물론 유상신주도 포함**된다고 보아야 하며(대법원 2015. 10. 29. 선고 2012두25194 판결), 구 「상속세및증여세법」 제41조의 3 제6항의 '인수·배정받은 신주' 중 '유상증자에 의하여 인수·배정 받은 신주'부분은 「헌법」에 위반되지 아니한다(헌법재판소 2015. 9. 24. 선고 2012헌가5 결정 등 참조).

(3) 주식회사의 설립 시에 발기인이나 주식 인수인으로서 주식을 인수하는 경우 「상속세및증여세법」 제41조의 3 제1항이 적용될 여지가 없다(대전지법 2014. 8. 13. 선고 2013구합101066 판결).

(4) 주식 등으로 전환할 수 있는 전환사채, 신주인수권부사채(신주인수권증권이 분리된 경우에는 신주인수권증권) 또는 그 밖의 주식으로 전환·교환하거나 주식을 인수할 수

있는 권리가 부여된 사채를 증여받거나 유상으로 취득(발행법인으로부터 직접 인수·취득하는 경우를 포함한다)한 경우에도 해당된다(상속세및증여세법시행령 §31의 6 ⑧).

3. 최대주주 등의 범위

최대주주 또는 최대출자자	지분율 25% 이상 보유한 자
「상속세및증여세법」 제41조의 3 제1항의 최대주주 등이라 함은 주주 등 1인과 그의 특수관계인(「상속세및증여세법시행령」 제2조의 2 제1항 각호 어느 하나에 해당하는 관계가 있는 자를 말한다)의 보유주식 등을 합하여 그 **보유주식 등의 합계가 가장 많은 경우의 해당 주주 등 1인과 그의 특수관계인 모두**를 말한다(상속세및증여세법 §41의 3 ①).	「상속세및증여세법시행령」 제2조의 2 제1항 각호의 어느 하나에 해당하는 관계에 있는 자의 소유주식 등을 합하여 **내국법인의 발행주식총수 또는 출자총액의 25% 이상을 소유한 경우의 해당 주주 등**을 말한다(상속세및증여세법시행령 §31의 3 ②).

4. 거짓 또는 그 밖의 부정한 방법으로 부당행위를 한 경우

주식 또는 출자지분의 상장 등에 따른 이익의 증여규정을 적용할 때 거짓 그 밖의 부정한 방법으로 상속세 또는 증여세를 감소시킨 것으로 인정되는 경우에는 특수관계인이 아닌 자 간의 증여에 대하여도 적용하며, **또한 기간(5년)에 관한 규정은 이를 없는 것으로 본다**(상속세및증여세법 §41의 3 ⑨).

5. 관련 판례

문서번호	내 용
대법원2016. 10. 27. 선고 2016두39726 판결	구 상증세법 제41조의3 제1항에서 **유상으로 취득한 경우**란 주식의 취득이 대가관계에 있는 반대급부의 이행으로서 이루어진 경우를 의미하므로, 최대주주 등과 특수 관계에 있는 자가 **최대주주 등으로부터 근로제공에 대한 대가로 주식을 취득**하였다면 이 역시 **유상으로 취득한 경우에 해당**한다고 봄이 타당하다.

문서번호	내 용
대법원 2015. 10. 29. 선고 2012두25187 판결	구 상증세법 시행령 제19조 제2항 각호의 1의 관계에 있는 자의 소유 주식 모두를 합하여 구 상증세법 제41조의 3 제1항 제2호의 최대주주 등에 해당하는지 여부를 판단하도록 규정한 구 상증세법 시행령 제31조의6 제2항은 위임입법의 한계를 벗어난 무효라고 할 수 없다(**구 상증법 시행령 제31조의 6에 규정되어 있는 주식 또는 출자지분의 상장 등에 따른 이익의 계산방법 등이 위임입법의 한계를 벗어난 무효라는 주장에 대한 판단**).
대법원 2013. 12. 12. 선고 2013두13723 판결	상증세법 제63조 제1항 제1호 (가)목이 규정하는 상장주식은 특별한 사정이 없는 한 상증세법 제60조 제1항 후문에 의하여 제63조 제1항 제1(가)목에 규정된 평가방법에 따라 산정한 **양도일 이전·이후 각 2개월 동안 공표된 매일의 한국거래소 최종시세가액의 평균액만이 시가로 간주**된다고 봄이 상당하다.

7-5 최대주주와 임원 간 주식거래의 경우 증여의제 규정 적용

● 대상판결 : 서울고등법원 2008누31583 (2009. 7. 3.) ➜ 국승

핵심 요지

주식거래 후 나중에 이루어진 상장 내지 등록의 평가차익에 대해서 증여의제하여 과세하는 것이 그 입법목적의 정당성 및 수단의 적정성을 침해하여 「헌법」상 비례의 원칙을 위배하는 입법이라고는 볼 수 없다.

1. 사실관계

(1) 원고의 주식상장 내역

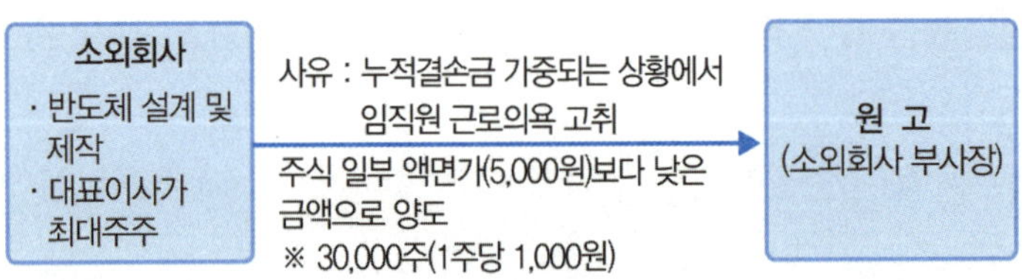

① 2002. 11. 주식양도
② 2004. 8. 13. 소외회사 경영실적 개선되어 주식상장됨.

(2) 피고(과세관청)의 처분

「상속세및증여세법」 제41조의 3 제1항의 규정에 따라 원고가 최대주주인 대표이사로부터 회사의 상장에 따른 이익을 증여받은 것으로 보아 증여세를 결정·고지하였다.

(3) 원고는 「상속세및증여세법」 제41조의 3이 고액재산가의 변칙적인 부의 세습을 방지하기 위한 목적을 가지고 있는 점에 비추어, 이러한 부의 세습과 무관한 회사 최대주주와 임원과의 주식거래에 대해서까지 일률적으로 증여세를 과세하는 것은 「헌법」상의 과잉금지원칙에 반하고, 또한 당시 회사의 사정상 상장을 미처 예견할 수 없었음에도 불구하고 위 규정을 적용한 것은 부당하다고 주장하였다.

2. 쟁 점

(1) 이 사건 주식을 취득한 후 원고를 포함한 소외회사의 임·직원들이 노력한 결과 소외회사의 주식이 등록됨으로써 이 사건 주식의 가치가 증가한 것이므로 이러한 경우에도 「상속세및증여세법」 제41조의 3의 규정을 적용하여 이에 대해 증여세를 부과하는 것은 부당하다는 주장의 당부

(2) 최대주주의 의미

3. 대상판결

원고 등에게 그 소유의 주식을 양도함에 있어서 기존에 주식매수선택권을 부여받아 있던 9명 전부로 하여금 주식매수선택권 중 일부를 포기하도록 하였는데, 그 포기 비율은 일정하지 않지만 새로 취득하는 주식과 남은 주식매수선택권의 합계는 대체로 소외회사 내에서의 직위나 기여도에 비례하는 것으로 보이는 점, 원고가 이 사건 주식을 취득한 때로부터 얼마 지나지 않은 2003. 3. 31. 소외회사의 주식 1,000주를 주당 4만 원에 양도한 것에 비추어 황@@가 원고를 비롯한 임직원들에게 이 사건 주식 등을 양도하면서 정한 주당 1,000원은 당시의 시가에 비하여 현저히 저렴한 것으로 보이는 점, 황@@와 원고 등의 임직원들 사이에 체결된 주식양도계약서 또는 주식매수선택권 포기서의 어디에도 양자가 조건 또는 대가관계에 있다는 것을 드러내는 문구는 없는 점 등에 비추어 보면, 황@@는 그 소유의 주식을 원고를 비롯한 임직원들에게 양도함에 있어서 그들이 기존에 가지고 있던 주식매수선택권 및 포기하는 주식매수선택권의 수를 고려하여 양도하는 주식의 수 및 그 대금을 정하였고, **원고 등의 임직원들 또한 기존의 주식매수선택권을 포기한다는 것보다는 그보다 더 많은 주식을 새로 취득한다는 것에 의미를 두고 이에 응하였다고 봄이 상당하다.**

「상속세및증여세법」 제41조의 3 제1항에 규정된 '기업의 경영 등에 관하여 공개하지 아니한 정보를 이용할 수 있는 지위에 있다고 인정되는 자'라 함은 그 사람의 직위와 업무, 주주현황, 회사의 지배구조 등에 비추어 기업의 경영 등에 관한 기업 내부의 정보를 지득하여 이를 이용할 수 있는 지위에 있었음을 요할 뿐, 실제로 당시 기업 내부에 그러한 정보가 있었는지, 또는 실제 그 사람이 그러한 정보를 실제로 지득하여 이용하였는지 등을 요구하는 것은 아니다.

원고에게 이 사건 주식을 양도한 자가 당시 소외회사의 최대주주이자 대표이사로서 **회사의 경영에 직접 관여한 사실이 인정**되는 이상, 가사 당시 소외회사의 경영실적이 악화되어 회사의 상장을 쉽게 예상할 수 없는 상황이었다고 하더라도 위 주식 양도인이 「상속세및증여세법」 제41조의 3 제1항의 규정에 의한 최대주주 등에 해당하지 아니한다고 볼 수 없다.

4. 평 석

(1) 종래 대주주가 기업의 내부정보를 이용하여 회사 주식의 상장 등에 따른 거액의 시세차익을 얻게 할 목적으로 자녀 등 특수관계인에게 비상장 주식을 미리 증여하거나 저가로 매도하고,

(2) 비상장주식인 까닭에 특수관계에 있지 않은 사람들은 이 주식을 취득하는 것이 사실상 어려운 반면, 상장 등 경영 정보를 이용할 수 있는 최대주주와 그 자녀들은 증여 등을 통하여 회사의 경영권을 여전히 동일한 지배력 아래에 두면서 동시에 상장으로 인한 시세차익까지 얻게 되지만,

(3) 주식을 취득한 자가 독자적으로 또는 위 최대주주와 함께 회사를 계속하여 지배하기만 할 뿐 달리 그 주식을 처분하지 않는다면 주식의 보유 자체와 관련하여 달리 조세를 부담시킬 수 있는 근거는 없었으나,

(4) 이러한 경우 최대주주가 위 자녀들에게 장래의 시세차익 상당을 사실상 미리 증여한 것으로 보아, 위 주식이 처분되지 아니한 상태에서도 조세(증여세)를 부과하기 위한 근거를 마련하였다. 즉, 「상속세및증여세법」 제41조의 3은 **변칙적인 증여를 규율할 목적**으로 제정되었다.

(5) 다만, 회사의 상장 준비에 통상적으로 소요되는 기간을 감안하여 실제 상장일로부터 **5년 내의 거래로 대상을 한정**하고 주식의 증여자(양도하는 경우 포함)도 '기업의 경영 등에 관하여 공개되지 아니한 정보를 이용할 수 있는 지위에 있다고 인정'되는 최대주주 등으로 한정하였다.

(6) 대상판결과 원심은 "당시 대표이사가 원고에게 이 사건 주식을 양도할 당시 소외회사의 최대주주이자 대표이사로서 회사의 경영에 직접 관여하여 그 누구보다도 소외회사 내부의 정보를 쉽게 지득하여 이용할 수 있었던 지위에 있었다."는 점을 판단에 중요한 기준으로 삼았다.

(7) 문제점(일부 세법학자 및 법률전문가 의견)

「상속세및증여세법」 제41조의 3 제1항, 같은 법 시행령 제31조의 6 제1항, 제19조 제2항은 주주 1인과 그 각 호에 규정된 자와의 보유주식을 합하여 합계가 가장 많은 경우의 당해 주주를 최대주주로 규정하고 있는데, 예컨대, 1%의 주식을 가지고 있는 위 각 호의 자와 50%의 주식을 가지고 있는 위 각 호의 자 사이의 거래는 그 증여자가 누구이든 간에 「상속세및증여세법」 제41조의 3의 적용을 피할 수 없게 되어 있다. 그런데 이러한 결과는 위 「상속세및증여세법」의 입법목적이 변칙적인 부의 세습(또는 이전)이라는 점에 있다고 할 때, 이와 무관한 거래까지도 모두 상장 이익의 증여로 의제한다는 문제가 있다.

※ 특수관계자의 범위를 '일방관계설' 입장에서 판단하여야 한다는 일부 세법학자들의 견해가 있다(김완식, "세법상 특수관계인의 문제점과 개선방안", 중앙법학 제7집 제1호 참조).

5. 관련 판례

문서번호	내 용
서면4팀-681, 2007. 2. 22.	「상속세및증여세법」 제41조의 3의 규정을 적용함에 있어 A법인과 B법인이 「독점규제및공정거래에관한법률시행령」 제3조 각호의 1에 해당하는 기업집단에 속하는 계열회사인 경우에는 같은 법 시행령 제19조 제2항(현행 §2의 2 ①) 제3호의 규정에 의하여 A법인의 임원과 B법인은 특수관계가 있는 것이다.
법규재산 2014-152, 2014. 7. 2.	최대주주 등으로부터 **증여 등으로 취득한 주식을 상장되기 전에 양도한 경우**는 **주식 등의 상장 등에 따른 이익의 증여에 해당하지 아니하는** 것이다. 다만, 주식을 증여 받은 후 5년 이내에 해당 법인의 주식이 상장되고, 상장 등의 사유로 인하여 해당 법인 주식의 가치가 증가한 경우로서 직업·연령·소득·재산 상태로 보아 자신의 계산으로 재산 가치를 증가시키는 행위를 하지 아니하였다고 인정되는 경우에는 해당 주식을 양도한 날을 재산 가치증가사유 발생일로 보아 **「상속세및증여세법」 제42조 제4항(타인의 기여에 의한 재산가치 증가에 따른 이익의 증여)이 적용되는 것이다.**

문서번호	내 용
조심 2010부 3679, 2011. 6. 30.	특수관계자로부터 증여·양수받은 주식을 모태로 하여 코스닥 상장 이전에 유상증자 시 주주배정방식으로 취득한 유상증자주식도 상장에 따른 이익의 과세범위에 포함된다.

7-6 제3자배정으로 신주를 인수한 경우 주식 또는 출자지분의 상장 등에 따른 이익의 증여 규정 적용 여부

● 대상판결 : 대법원 2017두35691 (2017. 9. 21.) ➜ 국패

핵심 요지

구 「상속세및증여세법」 제41조의 3 제6항은 제1항이 적용됨을 전제로 하므로 유상으로 취득한 주식에 기초하지 아니하고 증여받은 재산과도 관계없이 인수하거나 배정받은 신주는 포함되지 아니하므로 상장이익을 얻었다 하더라도 법에 정한 증여재산가액으로 볼 수 없으며, 해당 규정은 증여세 과세범위와 한계를 설정한 것으로 법 제2조 제3항에 근거하여 증여세를 과세할 수 없다.

1. 사실관계

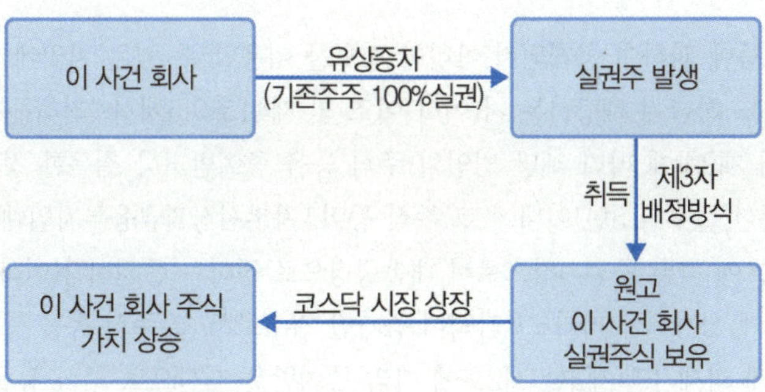

(1) 2009. 7. 31. 이 사건 회사는 이사회를 개최하여 보통주를 주주배정에 의하여 발행하기로 의결하였다.

(2) 원고와 특수관계에 있는 이 사건 회사 주주들(계열회사, 이사 등)은 신주인수권을 모두 포기하였고, 같은 날 원고와 특수관계에 있지 아니한 이 사건 회사 주주들도 나머지 신주인수권을 포기하였다.

(3) 이 사건 회사는 실권주 모두를 원고에게 배정하였고, 원고는 그 주식 인수대금을 전액 납입하였다.

(4) 이 사건 회사는 2010. 11. 26. 코스닥 상장에 성공하였고, 원고는 주주들의 신주인수권포기로 특수관계자인 원고에게 배정되어 인수하게 된 이 사건주식의 상장에 따른 가액증가분에 대하여 증여세를 신고·납부하였다가 그 전액을 환급하여달라는 경정청구를 하였으나, 피고가 이를 거부하였다.

2. 쟁 점

제3자배정으로 신주를 인수한 경우에도「상속세및증여세법」제41조의 3 제1항, 제6항(주식 등의 상장 등에 따른 이익의 증여)을 적용하여 과세할 수 있는지 여부

3. 관련 법령

「상속세및증여세법」 제41조의 3【주식등의 상장 등에 따른 이익의 증여】

① 기업의 경영 등에 과하여 공개되지 아니한 정보를 이용할 수 있는 지위에 있다고 인정되는 다음 각 호의 어느 하나에 해당하는 자(이하 이조 및 제41조의5에서 “최대주주 등”이라 한다)의 특구관계인이 제2항에 따라 해당 법인의 주식 등을 증여받거나 취득한 경우 그 주식 등을 증여받거나 취득한 날부터 5년 이내에 그 주식 등이「자본시장과금융투자업에관한법률」제8조의 2 제4항 제1호에 따른 증권시장으로서 대통령령으로 정하는 증권시장(이하 이조에서 “증권시장”이라 한다)에 상장됨에 따라 그 가액이 증가한 경우로서 그 주식 등을 증여받거나 취득한 자가 당초 증여세 과세가액(제2항 제2호에 따라 증여받은 재산으로 주식 등을 취득한 경우는 제외한다)또는 취득가액을 초과하여 이익을 얻은 경우에는 그 이익에 상당하는금액을 그 이익을 얻은 자의 증여재산가액으로 한다. 다만, 그 이익에 상당하는 금액이 대통령령으로 정하는 기준금액 미만인 경우는 제외한다(2016. 12. 20.개정).

구「상속세및증여세법」 제41조의 3 제6항

제1항을 적용할 때 주식 등의 취득에는 법인이 자본(출자액을 포함한다)을 증가시키기 위하여 신주를 발행함에 따라 인수하거나 배정받은 신주를 포함한다. (2011. 12. 31. 법률 제11130호로 개정되기 전의 것)

4. 대상판결(파기환송 : 국패)

구「상속세및증여세법」(2011. 12. 31. 법률 제11130호로 개정되기 전의 것. 이하 '법'이라 한다) 제41조의 3은 제1항에서 "최대주주 등과 특수관계에 있는 자가 최대주주 등으로부터 해당 법인의 주식 등을 증여받거나 유상으로 취득한 경우에는 증여받거나 취득한 날, 증여받은 재산으로 최대주주 등이 아닌 자로부터 해당 법인의 주식 등을 취득한 경우에는 취득한 날부터 5년 이내에 그 주식 등이 증권시장에 상장됨에 따라 그 가액이 증가한 경우로서 그 주식 등을 증여받거나 유상으로 취득한 자가 당초 증여세 과세가액 또는 취득가액을 초과하여 일정한 이익을 얻은 경우에는 이를 그 이익을 얻은 자의 증여재산가액으로 한다."고 규정하고 있다. 그리고 그 제6항에서는 "제1항을 적용할 때 주식 등의 취득에는 법인이 자본을 증가시키기 위하여 신주를 발행함에 따라 인수하거나 배정받은 신주를 포함한다."고 규정하고 있다. 이와 같이 법 제41조의 3 제1항은 특수관계에 있는 자가 그 주식을 최대주주 등으로부터 증여받거나 유상으로 취득한 경우 또는 증여받은 재산으로 취득한 경우를 그 적용요건으로, 제6항은 제1항이 적용됨을 전제로 하여 법인이 발행한 신주를 그 적용대상으로 하고 있다. 위 규정들의 내용 및 취지와 아울러 그 문언과 체계에 비추어 보면, **법 제41조의 3 제6항에서 정한 '신주'에는 최대주주 등으로부터 증여받거나 유상으로 취득한 주식에 기초하지 아니하고 또한 증여받은 재산과도 관계없이 인수하거나 배정받은 신주가 포함되지 아니하므로,** 이러한 신주에 의하여 상장이익을 얻었다 하더라도 법 제41조의 3 제1항에서 정한 증여재산가액에 해당한다고 볼 수 없다(대법원 2017. 3. 30. 선고 2016두55926 판결 참조).

한편 법 제2조 제1항은 타인의 증여로 인한 증여재산에 대하여 증여세를 부과하도록 하면서, 제3항에서 '증여'를 포괄적으로 규정하고 있다. 그렇지만 증여재산가액의 계산에 관한 법의 개별 규정이 특정한 유형의 거래·행위 중 일정한 거래·행위만을 증여세 과세대상으로 한정하고, 그 과세범위도 제한적으로 규정함으로써 증여세 과세의 범위와 한계를 설정한 것으로 볼 수 있는 경우에는, **그 개별 규정이 규율하는 과세대상 내지 과세범위에서 제외된 거래·행위는 법 제2조 제3항의 '증여'의 개념에 들어맞더라도 그에 대하여 증여세를 과세할 수 없다**(대법원 2015. 10. 15. 선고 2013두13266 판결 등 참조).

따라서 법 제41조의 3 제1항 및 제6항이 '최대주주 등과 특수관계에 있는 자가 최대주주 등으로부터 해당 법인의 신주를 포함한 주식을 증여받거나 유상으로 취득한 경우'만을 적용대상으로 정하고 있는 것은 최대주주 등의 특수관계자가 주식을 증여받거나 취득하고 이후 상장 등에 따른 이익을 얻는 거래의 유형 중 **위와 같이 특정한 유형의 거래·행위만을 증여세 과세대상으로 제한적으로 규정함으로써 증여세 과세의 범위와 한계를 설정한 것**으로 볼 수 있다. 그러므로 위 개별 규정의 과세대상에서 제외된 주식의 상장이익에 대하여는 특별한 사정이 없는 한 법 제2조 제3항에 근거하여 증여세를 과세할 수는 없다.

5. 평 석

(1) 이 사건의 원심은 「상속세및증여세법」 제41조 제3항은 최대주주의 특수관계인에 대한 변칙적인 증여를 차단하고 수증자 또는 취득자가 그 보유를 통하여 사실상 세금 없이 계열사를 지배하는 것을 규율함으로써 조세정의와 조세평등을 실현하고자 하는 데 그 입법취지가 있다고 하면서 이 사건 주식에 대한 신주인수권의 포기와 그 특수관계인인 원고의 재배정을 통한 이 사건 주식의 취득과 그에 따른 상장차익의 보유는, 구 「상속세및증여세법」 제2조 제3항과 제4항의 규정까지 더하여 볼 때, 증여세의 과세대상이 된다고 볼 수 있다. 즉 「상속세및증여세법」 제41조의 3 제1항 및 제6항이 상장차익에 대한 증여세 과세에서 **특정한 유형의 거래·행위만을 과세대상으로 한정하여 과세의 범위와 한계를 설정한 규정에 해당하지 않는다**고 보고, 이 사건 주식의 취득과 그에 따른 상장차익의 보유가 법 제2조 제3항 등에 의한 증여세의 과세대상이 된다고 판단한 것이다.

(2) 대법원은 이에 대하여 「상속세및증여세법」 제41조의 3 제6항에서 정한 '신주'에는 최대주주 등으로부터 증여받거나 유상으로 취득한 주식에 기초하지 아니하고 또한 증여받은 재산과도 관계없이 인수하거나 배정받은 신주가 포함되지 아니하므로, 이러한 신주에 의하여 상장이익을 얻었다 하더라도 법 제41조의 3 제1항에서 정한 증여재산가액에 해당한다고 볼 수 없는데도 원심의 판단에는 법 제2조 제3항의 적용범위와 법 제41조의 3의 가액 산정규정과의 관계에 관한 법리를 오해하여 판결에 영향을 미친 잘못이 있다고 판시하였다. 법인으로부터 제3자배정 방식으로 직접 신주를 인수하는

경우까지 과세를 하는 것은 최대주주 등으로부터의 부의 이전에 대하여 과세하려는 「상속세및증여세법」 제41조의 3 제1항의 입법취지를 벗어난다는 것이다.

(3) 또한, **그 개별 규정이 규율하는 과세대상 내지 과세범위에서 제외된 거래·행위는 법 제2조 제3항의 '증여'의 개념에 들어맞더라도 그에 대하여 증여세를 과세할 수 없다**는 점을 분명히 하였다(예시규정 우선적용설).

(4) 완전포괄주의에 대한 대법원의 판단을 다시 확인할 수 있는 판결이다. 「상속세및증여세법」상 예시규정은 그 개별규정이 규율하는 과세범위에서만 과세가 가능하다는 것이다(종전의 대법원 판결도 동일한 입장을 고수하고 있는 것으로 보인다). 본 사건에서도 제3자배정으로 신주를 인수하였더라도 그 주식이 상장되어서 법이 정하는 이익을 얻었다면, 유상으로 취득한 경우나 증여로 취득한 경우와 달리 볼 이유가 없다는 논리도 일응 설득력이 있는 것으로 보인다. 그러나 대법원은 증여세의 과세범위와 한계를 설정한 범위내에서만 과세가 가능하다고 천명하고 있다.

6. 관련 판례

문서번호	내 용
대법원 2015. 10. 15. 선고 2013두13266 판결; 대법원 2015. 12. 23. 선고 2014두40722 판결	구 「상속세및증여세법」의 규정은, 세법 고유의 포괄적인 증여개념을 도입하고 종전의 증여의제규정을 일률적으로 증여재산가액의 계산에 관한 규정으로 전환하여 이른바 증여세 완전포괄주의를 도입한 것으로서, 원칙적으로 어떤 거래·행위가 위 조항에서 규정한 증여의 개념에 해당하는 경우에는 제1항에 의하여 증여세의 과세가 가능하다고 보아야 하고, 다만 납세자의 예측가능성을 보장하고 조세법률관계의 안정성을 도모하기 위하여 개별가액산정이 특정한 유형의 거래·행위를 규율하면서 그 중 일정한 거래·행위만을 증여세 과세대상으로 한정하고 그 과세범위도 제한적으로 규정함으로써 증여세 과세의 범위와 한계를 설정한 것으로 볼 수 있는 경우에는 **개별가액산정규정에서 규율하고 있는 거래·행위 중 증여세 과세대상이나 과세범위에서 제외된 거래·행위가 위 조항 소정의 증여의 개념에 들어맞더라도 그에 대한 증여세를 과세할 수 없다.**

문서번호	내 용
대법원 2015. 10. 29. 선고 2012두25620 판결	제41조의 3에서 비상장주식의 상장이익에 대하여 증여세를 부과하여 증여나 양도 당시 그 실현이 예견되는 부의 무상이전에 대하여까지 과세함으로써 조세평등을 도모하려는 것이다.
대법원 2016. 3. 24. 선고 2013두15385 판결	제41조의 3 제1항 제2호에서 내국법인의 발행주식 총수의 100분의 25 이상을 소유한 자로서 대통령령이 정하는 자라는 규정 역시 단독으로 100분의 25 이상을 소유한 자만을 최대주주로 보거나, 보유주식수를 합산하여 100분의 25 이상을 소유하는 자의 범위에 속하는 자 중에서 가장 많은 주식을 보유한 자만을 최대주주로 본다는 것이 아니라, 증여자인 주주를 중심으로 그 주주와 특수관계인에 속하는 자가 보유한 주식수를 모두 합산할 때 발행주식 총수의 100분의 25 이상을 소유한 자가 되면 언제나 최대주주가 된다는 규정으로 풀이된다.

7-7 재산사용 및 용역제공 등에 따른 이익의 증여

● 대상판결 : 대법원 2013두15224 (2015. 10. 29.) ➜ 국패

핵심 요지

이 사건 부동산 증여는 결손금 없는 법인에 재산을 증여한 경우에 해당하고 법인이 그 자산수증이익에 대한 법인세를 부담하였으므로, 그로 인하여 원고가 얻은 이익에 대하여는 「상속세및증여세법」 제2조 제3항 등에 의하여 증여세를 부과할 수 없다.

1. 사실관계

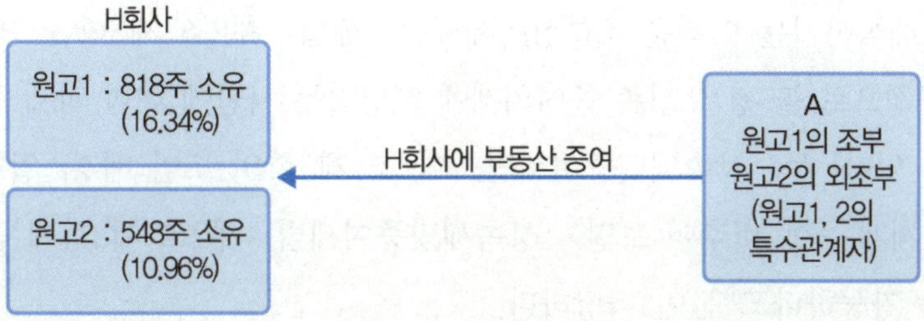

(1) 부동산을 증여받은 H회사는 자산수증이익 익금 산입하여 법인세를 신고·납부하였다.

(2) 피고는 부동산 증여로 H회사 주식가치 증가분을 원고1, 2가 A로부터 증여받은 것으로 보아 원고1, 2에게 증여세를 부과처분하면서, 이 사건 증여가 「상속세및증여세법」 제42조 제1항 제3호의 "사업양수도·사업교환 및 법인의 조직변경 등에 의하여 소유지분 또는 그 가액이 변동된 경우"와 유사한 것으로 보고 부동산의 증여 전·후의 H회사의 주식가액 차액 상당액을 증여재산가액으로 산정하였다(즉, 「상속세및증여세법」 제42조 제1항 제3호를 적용 증여세 과세).

2. 쟁 점

이 사건 부동산 증여에 대하여 「상속세및증여세법」 제2조 제3항 등에 의하여 증여세를 부과한 처분의 당부

3. 대상판결(서울행정법원 2012. 7. 26. 선고 2012구합4722, 4777 판결 참조)

(1) 미처 예측하지 못한 다양한 형태의 재산의 무상이전이나 재산가치 증가분에 대하여도 증여세를 과세하기 위하여 구 「상속세및증여세법」(2006. 12. 30. 법률 제8139호로 개정되기 전의 것) 제2조 제3항에서 완전포괄주의에 의한 증여개념을 도입하게 된 점, 기존의 증여의제 규정이 증여재산 가액의 계산규정으로 바뀌는 등 다른 조문과의 체계에 비추어 보더라도 「상속세및증여세법」 제2조 제3항을 단순히 확인적·선언적 규정으로 해석하기는 어려운 점(「상속세및증여세법」 제2조 제3항을 단순히 확인적·선언적 규정으로 볼 경우 기존 증여의제에 해당하는 사안에 대한 과세 근거가 사라지는 문제가 있다) 등 「상속세및증여세법」 제2조 제3항의 도입 배경, 입법 취지, 다른 조문과의 체계 등에 비추어 보면, **「상속세및증여세법」 제2조 제3항에 근거한 증여세의 과세는 가능**하다고 봄이 타당하다.

(2) A는 원고들과 특수 관계에 있는 자로서 H회사에 부동산을 증여하는 방법으로 부동산 증여 후 H회사 주식 가치와 부동산 증여 전 H회사주식 가치의 차액 상당 이익을 무상으로 이전하거나 기여에 의하여 원고 소유의 H회사 주식 가치를 증가시켰으므로 이는 「상속세및증여세법」 제2조 제3항의 '증여'에 해당하나, 위 증여는 「상속세및증여세법」 제42조 제1항 제3호에서 정한 과세요건이나 거래유형과 유사한 거래형태라기보다는 「상속세및증여세법」 제41조에서 정한 거래유형과 유사하고, 「상속세및증여세법」 제41조(현행 §45의 5)에 의할 경우 H회사가 증여가액에 대한 법인세를 부담하지 아니한 부분에 대하여만 증여세를 부과함에도 「상속세및증여세법」 제42조 제1항 제3호를 적용하여 H회사가 부담한 법인세를 전혀 고려하지 않은 점 등에 비추어 볼 때, 과세관청이 「상속세및증여세법」 제42조 제1항 제3호를 준용하여 증여재산 가액을 계산한 것은 객관적이고 합리적인 방법에 의한 것이라고 볼 수 없을 뿐만 아니라 납세자의 예측 가능성이나 과세형평에도 반하므로, 위 처분은 위법하다.

판결 요약

① 「상속세및증여세법」 제2조 제3항에 근거한 증여세 과세가 가능하다.
- 단순한 확인적·선언적 규정이 아니다.
- 미처 예측하지 못한 다양한 형태의 재산의 무상이전이나 재산가치 증가분에도 증여세를 과세하기 위해 완전포괄주의 개념을 도입한 것이다.

② 이 사건 증여는 증여세 과세대상에 해당되나 과세관청의 증여재산가액 산정이 위법하여 증여세 부과처분 전부를 취소하였다.

③ 「상속세및증여세법」 제33조~제42조(예시규정)의 규정 중 그 과세요건이나 거래유형, 경제적 실질 등이 같거나 유사한 것을 준용하여 증여재산가액 산정이 필요하다.

④ 이 사건의 경우 「상속세및증여세법」 제45조의 5(특정법인과의 거래를 통한 이익의 증여)와 유사하다.

⑤ 「상속세및증여세법」 제42조 제1항 제3호 적용 : 증여재산가액 30억원
「상속세및증여세법」 제45조의 5 적용 : 결손금 상쇄시킨 금액 7백만원
적용 조문에 따른 차이가 현저히 불합리하므로 과세형평에 반한다.

⑥ 이 사건 증여에 의한 이들은 간접적인 미실현 이득이므로 정확한 계산방법이 요구된다(법적 안정성 및 예측 가능성).

4. 평 석

(1) 「상속세및증여세법」 제42조의 입법 취지

① 2004. 1. 1. 이후 증여세 완전포괄주의 과세제도 도입에 따라 법적안정성과 예측가능성을 도모하기 위하여 증여의 유형과 증여재산가액의 계산에 관한 예시규정으로 전환하고 「상속세및증여세법」 제33조부터 제39조까지, 제39조의 2, 제39조의 3, 제40조, 제41조, 제41조의 3부터 제41조의 5까지, 제44조 및 제45조에 예시되지 아니한 재산의 무상이전이나 가치증가분에 대하여도 증여세를 과세할 수 있도록 포괄규정 성격인 "기타 이익의 증여 등"규정을 「상속세및증여세법」 제42조에 신설하였다.

② 2015. 12. 15. 세법개정 시 같은 「상속세및증여세법」 제42조를 세분화하여 "재산사용 및 용역의 제공 등에 따른 이익의 증여"규정으로 개정하고 같은 법 제42조의 2를 신설하여 "법인의 조직 변경 등에 따른 이익의 증여"규정으로, 같은 법 제42조

의 3을 신설하여 "재산 취득 후 재산가치 증가에 따른 이익의 증여"규정으로 구성하여 각각 예시적 성격의 규정임을 명확히 하였다.

(2) 「상속세및증여세법」 제2조 제3항에 근거한 증여세 과세에 대한 논란

「상속세및증여세법」 제2조 제3항이 신설되면서 가장 크게 논란이 된 것은 위 「상속세및증여세법」 제33조부터 제45조에 해당하지 않는 유형에 대하여 「상속세및증여세법」 제2조 제3항만을 근거로 증여세를 과세할 수 있는가, 또 과세할 수 있다면 「상속세및증여세법」 제33조부터 제45조에 예시된 거래유형의 요건은 아무런 의미가 없는 것과 마찬가지가 되는 결과가 발생되는 것이 아닌가 하는 점이다.

(3) 조세법률주의의 관점에서 「상속세및증여세법」 제2조 제3항에 근거한 과세가 가능하다고 보는 것이 과연 타당한 것인지, 또 납세자의 거래형태와 가장 유사한 증여 예시규정이 무엇인지를 **판단하는 구체적인 기준과 그에 따른 증여재산가액을 어떻게 산정하여야 하는지**는 명확하지 않다.

(4) 일부 원고대리인들은 「상속세및증여세법」 제2조 제3항에 관하여 조세법률주의와의 충돌, 납세자의 법적안정성과 예측가능성의 침해, 과세관청의 자의적인 남용의 우려 등을 이유로 위헌론을 제기하고 있다.

5. 관련 예규

문서번호	내 용
재산-3954, 2008. 11. 25.	「상속세 및 증여세법 시행령」 **제27조(부동산 무상사용에 따른 이익의 계산방법)에서 특수관계에 있는 자의 부동산을 무상으로 사용함에 따라 이익을 얻을 경우, 당해 이익에 대하여는 「상속세 및 증여세법」 제42조(그 밖의 이익의 증여 등)의 규정이 적용되지 아니하는 것이다.** ※ 질의내용 「상속세 및 증여세법」 제37조(부동산 무상사용에 따른 이익의 증여)의 규정에 의하여 계산한 재산가액이 1억 원 미만으로 동 규정에 의한 과세요건이 충족되지 않은 경우에도, 「상속세 및 증여세법」 제42조 제1항 규정에 의하여 임대용역이 1천만 원 이상이면 동 규정을 적용하여 증여가액을 산정할 수 있는지 여부

7-8 특수관계 없는 자 간 고가양도

● 대상판결 : 대법원 2013두5081 (2013. 8. 23.) ➜ 국패

핵심 요지

재산을 고가로 양도·양수한 당사자들이 거래가격을 객관적 교환가치가 적절하게 반영된 합리적인 사유가 있었던 경우는 물론, 양수인이 그 거래가격으로 재산을 양수하는 것이 합리적인 경제인의 관점에서 비정상적이었다고 볼 수 없는 객관적인 사유가 있었던 경우에도 '거래의 관행상 정당한 사유'가 있다고 봄이 타당하다.

1. 사실관계

• 1차 거래

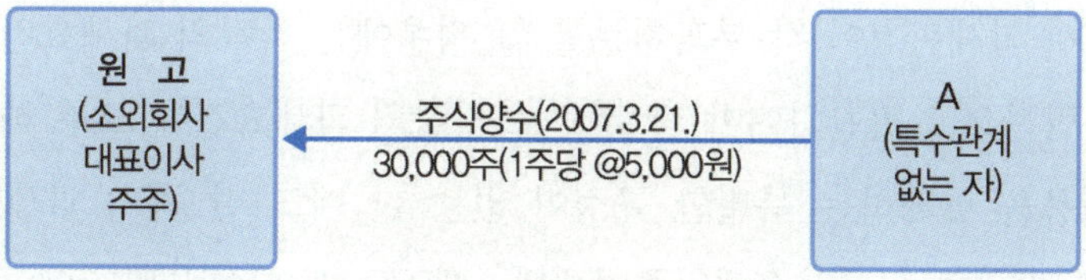

• 2차 거래

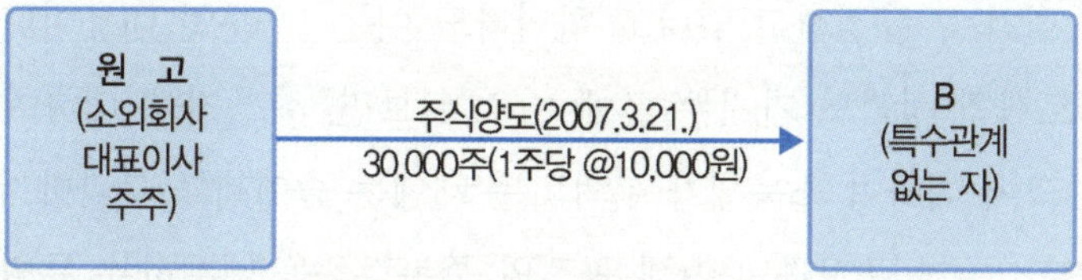

※ 소외회사 : 주식 투자업을 주업으로 하는 비상장회사

피고는 1차거래의 양수가격인 주당 5,000원을 소외회사 주식의 시가로 보고 2차거래 시 원고가 B에게 소외회사 주식을 주당 10,000원에 양도하여 차익을 얻은 사실에 대하여 정당한 사유없이 시가보다 고가로 주식을 양도한 것으로 보아, 원고에게 증여세를 부과처분하였다.

2. 쟁 점

(1) 고가양도 시 소득세 우선과세원칙의 적용 여부

(2) 특수관계 없는 자 간 고가양도 거래에 있어서 정당한 사유와 그 입증책임

3. 사건의 경과

(1) 고가양도 시 소득세 우선과세원칙 적용에 대한 판단

① 1심판결(서울행정법원 2012. 5. 3. 선고 2011구합35118 판결) : 국패

소득세의 과세대상이 되는 주식의 고가양도에 대하여는 양도소득세가 과세될 뿐, 증여세를 과세할 수 없다.

② 2심판결(서울고등법원 2013. 1. 24. 선고 2012누15700 판결) : 국승

증여세와 양도소득세는 납세의무의 성립요건과 시기 및 납세의무자를 서로 달리 하는 것이어서 과세관청이 각 부과처분을 할 경우에는 각각의 과세요건에 따라 실질에 맞추어 독립적으로 판단하여야 할 것으로 각각의 과세요건에 모두 해당할 경우 양자의 중복적용을 배제하는 특별한 규정이 없는 한 어느 한 쪽의 과세만 가능한 것은 아니라 할 것이다. 구 「상속세및증여세법」 제2조 제2항이 '제1항에 규정된 증여재산에 대하여 수증자에게 「소득세법」에 따른 소득세가 부과되는 때에는 증여세를 부과하지 아니 한다'고 규정하고 있다고 하더라도 이는 그 문언 내용이나 증여세가 소득의 보완세로서의 성격도 가지는 점에 비추어 보면, 수증자에 대하여 증여세를 부과하는 경우 그에 대하여 소득세가 부과되는 때에는 증여세를 부과하지 아니한다는 뜻으로서 양도소득세 규정과 증여세 규정의 중복적용을 배제하는 특별한 규정에 해당하지 않는다(대법원 2012. 6. 14. 선고 2012두3200 판결 참조).

… 위 인정사실을 위 법리에 비추어 살펴보면, 이 사건 처분은 이 사건 주식의 양도대가와 시가와의 차액 부분에 대하여 증여세를 부과한 것으로서, 그 과세가액을 제외한 나머지 가액(이 사건 주식의 시가를 기준으로 한 가액)을 양도가액으로 하여 산정한 양도소득세는 과세대상을 달리하는 것이라고 할 것이므로, 이중과세에 해당한다고 볼 수 없다.

따라서 이 사건 처분은 구「상속세및증여세법」제2조 제2항에 위배된다고 할 수 없으므로, 원고의 주장은 이유 없다.

(2) 특수관계 없는 자 간 고가양도 시 정당한 사유와 입증책임에 대한 판단

① 원심판결(서울고등법원 2013. 1. 24. 선고 2012누15700 판결) : 국승

- 위 매매는 이 사건 양도와 같은 날 이루어졌으므로(그 밖에 이 사건 양도일 전후 3개월 이내의 기간의 이사건 주식이 매매된 사례가 있었다는 자료가 없다) 위 매매가액(1차거래 가액)은 시가로 인정할 수 있다.
- 원고가 이 사건 주식을 매수하여 같은 날 B에게 그 2배의 가격에 매도한다는 사정을 알면서 이 사건 주식의 1주당 매매대금을 정하기 위하여 원고와 B는 진지하게 교섭하지 않았다.
- 경영권 인수거래도 아니고 단지 단순히 일부 경영에 불완전하게 참여한다는 이유만으로 원고로부터 같은 날 시가의 2배에 해당하는 가격으로 이 사건 주식을 양수한 것이 정당한 가격이라고 선뜻 인정하기 어렵다.
- 이 사건 주식의 시가 및 B자신의 이익에 기초하여 정해진 것이 아니라 원고의 고생에 대한 보상차원에서 정해졌다는 것이고, 이는 B가 이 사건 주식의 매매대금 중 위와 같은 고려에서 정해준 부분을 원고에게 증여하겠다는 의사에 다름 아니다.
- 결국 원고의 B에 대한 이 사건 주식의 양도는 '거래의 관행상 정당한 사유 없이 시가보다 현저히 높은 가액으로 재산을 양도한 경우'에 해당한다고 볼 수밖에 없다.

② 대상판결

구「상속세및증여세법」제35조 제2항의 입법취지는 거래 상대방의 이익을 위하여 거래가격을 조작하는 비정상적인 방법으로 대가와 시가의 차액에 상당하는 이익을 사실상 무상으로 이전하는 경우에 그 거래 상대방이 얻은 이익에 대하여 증여세를 과세함으로써 변칙적인 증여행위에 대처하고 과세의 공평을 도모하려는 데 있다. 그런데 특수관계가 없는 자 사이의 거래에서는 서로 이해관계가 일치하지 않은 것이 일반적이어서 대가와 시가 사이에 차이가 있다는 사정만으로 그 차액을 거래 상대방에게 증여하였다고 보기 어려우므로,「상속세및증여세법」제35조 제2항은 특수관계자 사이의 거래와는 달리 특수관계가 없는 자 사이의 거래에 대하여는 '거래의 관행

상 정당한 사유가 없을 것'이라는 과세요건을 추가하고 있다. 이러한 점들을 종합하여 보면, 재산을 고가로 양도·양수한 거래 당사자들이 그 거래가격을 객관적 교환가치가 적절하게 반영된 정상적인 가격으로 믿을 만한 합리적인 사유가 있었던 경우는 물론, 그와 같은 사유는 없더라도 양수인이 그 거래가격으로 재산을 양수하는 것이 합리적인 경제인의 관점에서 비정상적이었다고 볼 수 없는 객관적인 사유가 있었던 경우에도 「상속세및증여세법」 제35조 제2항에서 말하는 **'거래의 관행상 정당한 사유'**가 있다고 봄이 타당하다.

4. 평 석

(1) 고가양도 시 소득세 우선과세원칙 적용에 대하여

① 이 사건 진행 중(2심 소송)에 고가양도에 대하여 소득세 과세에 우선하여 증여세를 과세할 수 있다는 이른바, 소득세 우선과세원칙을 깨뜨리는 대법원 판결(대법원 2012두3200 판결)이 나오자, 2심 소송에서는 이 사건 2차거래 시 원고와 B 간의 주식거래가 정당한 사유 없이 양도가액을 정한 것인지가 주요 쟁점이 되었다.

② 한편, 대법원 판결(대법원 3022 판결)의 원심인 서울고등법원(2012. 1. 11. 선고 2011누21623 판결)에서는 "「상속세및증여세법」 제4조의 2 제2항은 증여재산에 대하여 수증자에게 소득세가 부과되는 경우에는 증여세를 부과하지 않는다고 하여 소득과세 우선원칙을 규정하고 있으므로, 이 사건 양도가액과 취득가액의 차이에 대하여는 법률이 정한 방법에 따라 양도소득세가 부과될 것이지, **과세관청이 임의로 구간을 나누어 고율의 증여세를 부과하는 식으로 다른 방법을 선택하여 과세하는 것은 위법하다.**"라는 취지의 판결(국가패소)을 한 바 있다.

③ 그러나 관련대법원 판결은 원심판결을 뒤집어 '소득세 우선과세원칙을 형해화' 하였다는 일부 비판을 받고 있으나, 어찌됐든 **소득세에 우선하여 증여세를 과세할 수 있다는 판결**이 이루어졌고, 당해 사건에서도 2심판결에서 관련 대법원 판결을 원용한 이상 앞으로도 고가양도 시 일정한 경우에는 증여세가 우선 과세되는 경우(시가 초과금액에 대하여 양도소득세 부당행위계산 부인규정을 적용하지 아니하고 증여세를 과세하는)도 가능한 것으로 보인다.

(2) 특수관계 없는 자 간 고가양도 시 정당한 사유와 입증책임에 대하여

① 대법원은 특수관계 없는 자 간 거래에 있어서는 대가와 시가 사이에 차이가 있다는 사정만으로 그 차액을 거래 상대방에게 증여하였다고 보기 어렵다고 하면서 재산을 고가로 양수도한 거래당사자들이 그 거래가격을 객관적 교환가치가 적정하게 반영된 정상적인 가격으로 믿을만한 합리적인 사유가 있었던 경우는 물론이거니와 그와 같은 사유가 없더라도 양수인이 그 거래가격으로 재산을 양수하는 것이 합리적인 경제인의 관점에서 비정상적이었다고 볼 수 없는 객관적인 사유가 있었던 경우에도 정당한 사유가 있는 것으로 보아야 한다고 판시하였다.

② 당초 특수관계인 간의 거래에 있어서만 고·저가 양도에 해당하는지 판단하여 과세하던 과세관청이 완전포괄주의를 도입했던 2003년 세법개정을 하면서 특수관계 없는 자 간의 거래에 대하여도 일정한 경우 과세할 수 있는 법 규정을 마련하였다.

③ 그러나 대법원에서는 거래가액이 「상속세및증여세법」상 보충적 평가방법에 의한 평가액보다 높거나 낮다는 이유만으로 특수관계 없는 자 간 거래에 대하여 증여세를 과세하는 것은 타당하지 않다는 입장을 견지하고 있고, 이 경우 정당한 사유에 대한 입증책임도 과세관청에 있다는 점을 분명히 해왔다.

④ 과세실무상, 과세관청에서는 정당한 사유 유무에 대한 판단은 하지 아니하고 거래가액과 「상속세및증여세법」상 평가액과의 차이가 3억 이상이 나면 과세하고 있다.

5. 관련 판례

문서번호	내 용
대법원 2013. 9. 12. 선고 2011두11990 판결	위 조항 소정의 특수관계인의 '사용인'이나 '출자에 의하여 지배하고 있는 법인의 임원'은 증여세 납세의무자인 고가양도에서의 양도자 또는 저가양수에서의 양수자를 기준으로 하여 그의 사용인이나 그가 출자에 의하여 지배하고 있는 법인의 임원을 말한다.
대법원 2011. 12. 22. 선고 2011두22075 판결	「상속세및증여세법」 제35조 제2항 소정의 거래의 관행상 **정당한 사유가 없다는 점은 과세관청이 입증**하여야 한다.

문서번호	내 용
대법원 1997. 5. 7. 선고 96누13194 판결	과세처분 이전에 매매대금의 증감이 있는 경우 위 저가양도 해당 여부의 판단기준은 최종적으로 정하여진 매매대금을 기준으로 판단한다.
대법원 2005. 10. 28. 선고 2004두9494 판결	재산양도의 대가에 금전으로 환산하기 어려운 부분이 있는 경우에는, 단순히 산술적 계산 외에 당사자들이 해당 재산의 양도에 이르게 된 경위 등 제반사정을 참작하여, 위 조항 소정의 '현저히 저렴한 가액'에 해당하는지 여부를 판단한다.
서울고등법원 2012. 8. 31. 선고 2011누34209 판결	사적 자치 및 계약자유의 원칙을 근간으로 하는 법질서하에서 각자 경제적 이익을 추구하는 대등한 관계에 있는 거래당사자들이 거래에 관한 사실 및 정보에 관하여 합리적인 지식을 갖추고 자유로운 상태에서 거래를 한 것이라면, 사후에 객관적으로 평가하여 거래 당시의 시가와 거래당사자가 합의한 가격에 상당한 차이가 있다고 하여 그 거래가 일반적이고 정상적인 거래가 아니라고 인정하는 데에는 신중을 기하여야 하는바, 위 「상속세및증여세법」 제35조 제2항의 적용 여부가 문제되었을 때, 거래당사자가 합의한 가격이 시가와 상당한 차이가 있다는 점을 중요표지로 삼아 거래의 관행상 정당한 사유가 없음을 쉽게 인정하여서는 아니된다.

7-9 특수관계자 간 저가양도

● 대상결정 : 서울청 과적 2007－160 (2007. 10. 11.) ➜ 인용결정

핵심 요지

과세관청에서 3월을 벗어난 1개의 감정가액을 시가로 본 것은 신의성실의 원칙에 위배된다.

1. 사실관계

(1) 청구인이 동생들에게 부동산을 양도하고 기준시가를 약간 상회하는 가액으로 신고하였다.

> ① 신고가액 : 3,469백만 원
> ② 기준시가 : 3,322백만 원
> ③ 감정가액 : 4,949백만 원
> (3월 벗어난 1개의 감정기관 감정평가액)

(2) 피고의 세무조사결과

> ① 양도인에게는 1개 감정기관의 평가액을 시가로 보고 부당행위계산부인 규정을 적용하여 양도소득세를 과세하고(소득세법 §101),
> ② 양수인에게는 저가양수에 따른 증여세를 과세하였다(상속세및증여세법 §35).

2. 쟁 점

양도일 3월 이전 1개 감정기관이 평가한 감정가액을 시가로 볼 수 있는지 여부

3. 대상결정(적부심사 "인용"결정)

(1) 과세관청에서는 3월을 벗어난 1개의 감정가액을 시가로 보아 부당행위 계산부인 규정을 적용하였는바, "하나의 감정기관이 평가한 감정가액은 시가가 아니다."라는 국세청 예규는 대외적인 표방을 거쳐 불특정 다수의 납세자가 그러한 과세관청의 해석이나 관행을 신뢰한 것이므로 신의성실의 원칙 위배된다.

(2) 따라서 특수관계자 간 거래라 하더라도 거래가액이 기준시가를 상회하고 있으며, 달리 시가로 볼 수 있는 가액이 없는 경우 기준시가도 시가로 볼 수 있다.

4. 평 석

(1) 부당행위계산부인 규정 적용요건

① 특수관계인과의 거래일 것(증여의 경우는 비특수관계인 간 거래도 적용 가능) ② 시가와 거래가액의 차액이 3억원 이상이거나 시가의 100분의 5에 상당하는 금액 이상일 것

(2) 부당하게 감소시킬 목적의 의미

「소득세법」 제101조 제2항은 양도소득세를 회피하기 위하여 증여의 형식을 거쳐 양도하는 경우 이를 부인하고 실질소득의 귀속자인 증여자에게 양도소득세를 부과하려는 데 그 목적이 있으므로(같은 뜻 : 대법원 1989. 5. 9. 선고 88누5228 판결; 대법원 1997. 11. 25. 선고 97누13979 판결) **증여할 상당한 이유가 있고 양도대금이 증여자에게 귀속되었다고 볼 수 없다면** 부당하게 감소시킬 목적에 해당하지 아니한다(대법원 2003. 1. 10. 선고 2001두4146 판결).

(3) 감정기관 평가액에 대한 「법인세법」과 「상속세및증여세법」의 차이

「법인세법」	「상속세및증여세법」
「법인세법」에서는 1개의 감정가액도 시가(법인세법시행령 §89)로 보고 있다.	개인에게 적용되는 「상속세및증여세법」에서는 2개의 감정가액 평균액(상속세및증여세법시행령 §49)을 시가로 보고 있다.

(4) 「상속세및증여세법시행령」 제49조가 열거 규정인지 예시 규정인지 여부에 대하여 국세청과 대법원은 상반된 의견을 보이고 있다.

국세청	대법원
국세청은 열거규정으로 보고 있으며, 소급감정가액 등은 원칙적으로 인정할 수 없다는 입장이다.	대법원은 예시규정으로 보고 있으며, 소급감정가액 등도 합리적인 가액이라면 인정할 수 있다는 일관된 입장을 견지하고 있다.

(5) 2017. 12. 19. 법 개정으로 개인의 경우에도 **기준시가 10억 이하인 경우에 한하여 1개의 감정가액을 시가로 볼 수 있도록** 하였다(상속세및증여세법 제60조 제5항 전단). 부칙에 의하면 시행은 2018. 4. 1.부터 시행하도록 하고 있다(상속세및증여세법 시행령 부칙, 2018. 2. 13. 대통령령 제28638호).

5. 관련 판례

문서번호	내 용
감심 2006-138, 2006. 12. 7.	1개의 감정가액도 시가로 볼 수 있다.
국심 2005광3065, 2006. 2. 22.	1개의 감정가액도 시가로 볼 수 있다.
재재산-582, 2007. 5. 18.	1개의 감정기관 평가액은 시가가 아니다.
헌재 2006. 6. 29. 선고 2004헌바76; 2004헌가16(병합); 소득세법 제101조 제1항 위헌소원 등; 대법원 2003. 5. 12. 선고 2002두12458 판결 등	증여세와 양도소득세는 소정의 요건에 모두 해당할 경우 어느 한 쪽의 과세만 가능한 것은 아니다.

7-10 거래관행상 정당한 사유의 입증책임

● 대상판결 : 대법원 2013두24495 (2015. 2. 12.) ➜ 국승

핵심 요지

합리적인 경제인이라면 거래 당시의 상황에서 그와 같은 거래조건으로는 거래하지 않았을 것이라는 객관적인 정황 등에 관한 자료를 제출함으로써 '거래의 관행상 정당한 사유'가 없다는 점을 증명할 수 있으며, 이에 대해 납세의무자는 정상적인 거래로 보아야 할 만한 특별한 사정이 있음을 증명할 필요가 있다.

1. 사실관계

(1) 원고는 2007년경 코스닥상장법인(A법인)이 발행한 신주인수권증서 등을 특수관계 없는 자들로부터 매입한 다음 동 신주인수권증서 등을 행사하여 A법인 주식을 취득하였다.

(2) 피고는 원고가 특수관계 없는 자들로부터 매입한 신주인수권 등을 행사함으로써 이익을 얻었다고 보아 원고에게 증여세를 부과처분하였다.

※증여가액=행사일의 A법인주식가액－행사금액－신주인수권 등 매입가액

2. 쟁 점

신주인수권 취득 및 행사 과정에서 「상속세및증여세법」 제42조 제3항에서 정한 '거래의 관행상 정당한 사유'가 있었는지 여부

3. 대상판결

과세처분의 위법을 이유로 그 취소를 구하는 행정소송에서 과세처분의 적법성과 과세요건 사실의 존재에 대한 증명책임은 과세관청에게 있으므로, 특수관계가 없는 자 사이의 거래에 있어서 「상속세및증여세법」 제42조 제3항에서 정한 **'거래의 관행상 정당한 사유'가 없**

다는 점에 대한 증명책임도 과세관청이 부담함이 원칙이다(대법원 2011. 12. 22. 선고 2011두22075 판결 등 참조). 다만 과세관청으로서는 앞서 본 바와 같이 합리적인 경제인이라면 거래 당시의 상황에서 그와 같은 거래조건으로는 거래하지 않았을 것이라는 객관적인 정황 등에 관한 자료를 제출함으로써 '거래의 관행상 정당한 사유'가 없다는 점을 증명할 수 있으며, **만약 그러한 사정이 상당한 정도로 증명된 경우**에는 이를 번복하기 위한 증명의 곤란성이나 공평의 관념 등에 비추어 볼 때 거래경위, 거래조건의 결정이유 등에 관한 구체적인 자료를 제출하기 용이한 **납세의무자가 정상적인 거래로 보아야 할 만한 특별한 사정이 있음을 증명할 필요가 있다**고 보아야 할 것이다.

4. 평 석

(1) 원고의 이 사건 거래에 '거래의 관행상 정당한 사유'가 없어야 증여세를 과세할 수 있을 것인데, 대상판결은 이러한 '거래의 관행상 정당한 사유'에 대한 **입증책임이 과세관청에 있음**을 명확히 하였다.

(2) 대상판결과는 다르게 납세자에게 '거래 관행상 정당한 사유'가 있다는 입증책임이 있다는 하급심 판결이 있으나(서울고등법원 2011. 4. 12. 선고 2010누29620 판결인데, 대법원 심리불속행 기각으로 사건이 종결되었음), 처분의 적법성은 과세관청이 부담하여야 한다는 일반론에 비추어 볼 때, 동 하급심 판결은 쉽게 받아들이기 어려운 것으로 보인다.

(3) 다만 이 사건의 경우와 같이 **과세관청이 객관적인 정황 등에 관한 자료를 제출**함으로써 '거래의 관행상 정당한 사유'가 없다는 점을 **상당한 정도로 증명한 경우**에는 오히려 **납세자가 정상적인 거래로 보아야 할 만한 특별한 사정이 있음을 증명할 필요가 있다**고 판시한 점에 유의할 필요가 있다.

(4) 대상판결은 특수관계 없는 자 간의 거래라 하더라도 불특정 다수인간 형성될 수 있는 객관적 교환가치를 반영하여 거래를 하지 아니한 특별한 이유도 없고, 통상인이라면 거래조건을 유리하게 하거나 자신의 이익을 극대화하기 위한 노력을 하였을 터인데, 그러한 노력도 전혀 하지 아니하고, 자신이 쉽게 이익을 얻을 수 있는 기회를 포기하고 오히려 거래상대방이 이익을 얻게 하는 등 **합리적인 경제인이라면 그와 같은 거래**

조건으로 거래하지 않았을 것이라는 객관적인 사유가 있는 경우에는 '거래의 관행상 정당한 사유'가 있다고 보기 어렵다는 것이다.

(5) 이 사건의 경우와 같이 예외적인 경우에 거래의 관행상 정당한 사유에 관한 입증책임이 납세자에게 있을 수 있다는 판시는 구체적인 과세자료가 대부분 납세자가 지배하는 영역에 있어서 과세관청으로서는 납세자의 협력 없이 과세자료를 파악하기가 어렵다는 점 등을 고려한 판결이다.

5. 관련 판례

문서번호	내 용
대법원 2014. 6. 12. 선고 2012두20915 판결	법 제35조 제2항에 따른 과세처분이 적법하기 위해서는 양도자가 특수관계가 없는 자에게 시가보다 현저히 높은 가액으로 재산을 양도하였다는 점뿐만 아니라 **거래의 관행상 정당한 사유가 없다는 점도 과세관청이 증명**하여야 한다(대법원 2011. 12. 22. 선고 2011두22075 판결 참조).
대법원 2013. 8. 23. 선고 2013두5081 판결	재산을 고가로 양도·양수한 거래 당사자들이 그 거래가격을 객관적 교환가치가 적절하게 반영된 정상적인 가격으로 믿을 만한 합리적인 사유가 있었던 경우는 물론, 그와 같은 사유는 없더라도 **양수인이 그 거래가격으로 재산을 양수하는 것이 합리적인 경제인의 관점에서 비정상적이었다고 볼 수 없는 객관적인 사유가 있었던 경우**에도 법 제35조 제2항에서 말하는 **'거래의 관행상 정당한 사유'가 있다**고 봄이 타당하다.

7-11 이 사건 공장을 완공한 것은 제품생산을 위하여 개별적으로 공장 건축을 신축한 것에 불과하므로 그것이 구 개발이익환수법 제2조 제2호 소정의 개발사업에 해당한다고 볼 수는 없음

● 대상판결 : 대법원 2019두31921 (2023. 6. 1.) ➜ 국패

핵심 요지

개발사업의 시행과 달리 공장이 완공되었다는 사유만으로는, 그 자체의 경제적 효과로서 장차 그 공장을 이용한 사업으로 발생할 기대이익이 객관적으로 예상된다거나, 그 기대이익이 현실화 되어 완공 시점에서 그 공장 부지의 가치 증가분 등과 무관하게 해당 법인의 주식가치가 증가하게 된다고 볼 수 없다.

… 이 사건 공장의 완공이 구 상증세법 제42조 제4항의 재산가치 증가 사유에 해당하지 않는다는 원심의 결론은 정당하다.

1. 사실관계

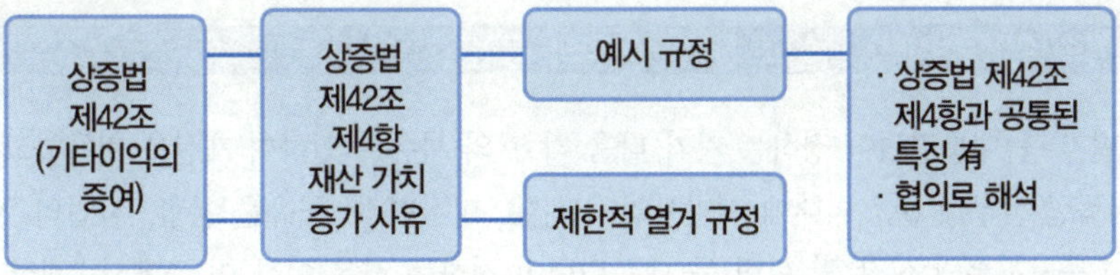

(1) 싱가포르에 투자 목적으로 설립된 주식회사 A는 2003. 12. 19. 중국 청도시에 설립된 B 회사의 주식 90%(10%는 중국 국영기업이 소유)를 취득하였다.

(2) 원고들(당시 만 17~19세, 만 1~2세)은 조부(祖父)나 부(父) 등으로부터 현금과 상장주식을 증여받았고, 동 자금을 원천으로 삼아 주식회사 A가 2004년 실시한 유상증자에 참여하여 주식회사 A의 주식(이 사건 주식)을 취득하였다.

(3) 중국 청도시에 소재하는 주식회사 B는 2006년 7월 무렵 석유화학 공장을 완공하고 2006. 9. 19. 청도시 당국으로부터 공장 시운전에 대한 동의를 받아 석유화학제품 생산을 시작하였다.

(4) 서울지방국세청장은 원고들에 대한 세무조사를 실시하여 이 사건 주식의 가치가 '이 사건 공장의 완공'으로 인하여 증가하였고 이는 구 상증법(2010. 1. 1. 법률 제9916호로 개정되기 전의 것) 제42조 제4항이 정한 재산가치 증가 사유인 '개발사업의 시행'에 해당한다고 보아, 피고들에게 과세자료를 통보하였고, 과세자료를 수보한 피고들은 2014. 9. 11. 원고들에게 증여세(가산세 포함)를 각각 결정 · 고지하였다.

2. 쟁 점

① 공장의 완공이 구 상증세법 제42조 제4항에서 정한 재산가치 증가사유 중 '개발사업의 시행'에 해당하는지 여부

② 구 상증세법 제42조 제4항에서 정한 재산가치 증가 사유가 예시적 규정인지 아니면 제한적 열거규정인지 여부

3. 관련법령

상속세및증여세법 제42조【기타 이익의 증여】

④ 미성년자 등 대통령령이 정하는 자가 다음 각 호의 사유로 인하여 재산을 취득하고 그 재산을 취득한 날부터 5년 이내에 개발사업의 시행, 형질변경, 공유물 분할, 사업의 인 · 허가, 주식 · 출자지분의 상장 및 합병 등 대통령령이 정하는 사유(이하 이 조에서 "재산가치증가사유"라 한다)로 인한 당해 재산가치의 증가에 따른 이익으로서 대통령령이 정하는 기준 이상의 이익을 얻은 경우에는 당해 이익을 그 이익을 얻은 자의 증여재산가액으로 한다.

1. 타인으로부터 재산을 증여받은 경우
2. 특수관계에 있는 자로부터 기업의 경영 등에 관하여 공표되지 아니한 내부정보를 제공받아 당해 정보와 관련한 재산을 유상으로 취득한 경우
3. 특수관계에 있는 자로부터 차입한 자금 또는 특수관계에 있는 자의 재산을 담보로 차입한 자금으로 재산을 취득한 경우

상속세및증여세법 시행령 제31조의9(대통령령 제22042호로 개정되기 전의 것) 【기타이익의 증여 등】

④ 법 제42조 제4항 각 호 외의 부분에서 "대통령령이 정하는 자"라 함은 그 직업 · 연령 · 소득 · 재산 상태로 보아 자신의 계산으로 당해 행위를 할 수 없다고 인정되는 자를 말한다.

⑤ 법 제42조 제4항 각 호 외의 부분에서 "대통령령이 정하는 사유"라 함은 비상장주식에 있어서는 한국증권업협회에의 등록, 생명보험 또는 손해보험에 있어서는 보험사고의 발생, 지하수개발 · 이용권 등에 있어서는 그 인 · 허가 등을 말한다.

⑥ 법 제42조 제4항 각 호 외의 부분에서 "대통령령이 정하는 기준 이상의 이익"이라 함은 제7항 각 호 외의 부분의 규정에 의하여 계산된 금액(이하 이 항에서 "재산가치 상승금액"이라 한다)이 3억 원 이상이거나 동 재산가치 상승금액이 동 항 제2호 내지 제4호의 금액의 합계액의 100분의 30 이상인 경우의 당해 재산가치 상승금액을 말한다.

개발이익 환수에 관한 법률(2005. 12. 7. 법률 제7709호로 개정된 것) 제2조【정의】

2. "개발사업"이란 국가나 지방자치단체로부터 인가 · 허가 · 면허 등(신고를 포함하며, 이하 "인가 등"이라 한다)을 받아 시행하는 택지개발사업 · 공업단지개발사업 등 제5조의 규정에 의한 사업을 말한다.

4. 원 · 피고 주장 요약

(1) 원 고

① 상증법 제42조 제4항이 적용되기 위해서는 미성년자 등 그 직업 · 연령 · 소득 · 재산 상태로 보아 자신의 계산으로 해당 행위를 할 수 없다고 인정되는 자("주체 요건")가 타인으로부터 재산을 증여받거나, 특수관계자로부터 기업 경영 등과 관련하여 공표되지 않은 내부 정보를 제공받아 그 정보와 관련된 재산을 유상취득하거나 특수관계자로부터 직접 자금을 차입하거나 담보를 제공받아 차입한 자금으로 재산을 취득("재산취득 요건")하고, 5년 이내에 개발사업의 시행, 형질변경, 공유물 분할, 사업의 인 · 허가, 주식 · 출자지분의 상장 및 합병 등의 사유로 재산 가치가 증가할 것("재산가치 증가요건")이 요구되는데, 원고들은 재산취득 요건 및 재산가치 증가 요건을 충족하고

있지 않으므로 이 건 처분은 위법한 처분이다.

② 상증법 제42조 제4항 제2호에서 말하는 '기업의 경영 등에 관하여 공표되지 아니한 내부정보'는 실제 대외비로 분류된 정보이거나 내부정보로서의 가치, 즉, 외부에 공표될 경우 경영에 차질을 준다고 인정할 만한 사정이 있거나, 향후 개발가능성이 높은 예정지구 내 토지를 매각할 예정이라는 등 재산 가치 증가 발생이 객관적으로 예정되어 있는 수준의 정보를 의미한다 할 것인바, 원고들이 이 사건 주식을 취득한 것은 이익이 발생할 것이라는 객관적이고 명백한 보장이 없는 일반적인 투자 의사 결정이고, 그 이후 주식회사 B가 공장을 신축하여 제품을 생산 · 판매할 것이라는 사실은 일반적인 경영활동에 불과할 뿐, 제품과 관련한 특별한 신기술 및 특허가 없으며 토지(임차사용) 및 공장의 자유로운 매각도 불가능하여 재산가치 증가 발생이 객관적으로 예정되어 있지 않았다.

③ 상증법 제42조 제4항에는 재산가치 증가사유로 개발사업의 시행, 형질변경, 공유물 분할, 사업의 인 · 허가, 주식 · 출자지분의 상장 및 합병 등을 열거하고 있는바, '개발사업의 시행'은 세법에서 별도로 그 개념을 정의하고 있지 않고 유일하게 '개발사업'을 정의하고 있는 「개발이익 환수에 관한 법률」(2008. 3. 28. 법률 제9045호로 개정되기 전의 것, 이하 "개발이익환수법"이라 한다) 제2조 제2호에서는 '개발사업'을 국가나 지방자치단체로부터 인가 · 허가 · 면허 등을 받아 시행하는 택지개발 사업 · 공업 단지 개발사업 등을 말한다고 규정하고 있는 문언 내용에 비추어 '개발사업'이란 토지의 개발을 전제로 재산 가치가 증가 되는 경우를 의미한다고 보아야 할 것이므로, 주식회사 B의 공장 건설은 이미 개발된 토지 위에 공장만을 건설하였을 뿐이므로 원천적으로 개발사업에 해당한다고 볼 수 없다.

(2) 피 고(과세관청)

① 원고 1은 2001년에 출생하여 A 회사 주식을 취득한 2004년에는 3세에 불과한 유아였고, 원고 2는 1983년 출생하여 A 회사 주식을 취득한 2004년에는 21세에 불과해 학생 신분이었던 것으로 보이며 직업이 없어 어떤 재산을 유상으로 취득하기 위해서는 사전에 증여받은 자금을 사용할 수밖에 없는바, 증여받은 자금으로 A 회사 주식을 취득한 것으로 보는 것이 합리적이고, 미성년자 등에 해당하는 자녀에게 금전을 증여하

여 그 금전으로 자녀가 재산을 취득한 경우, 어떤 재산을 직접 증여하는 것이나 현금을 증여해 그 현금으로 당해 재산을 취득하게 하는 것이나 실질적인 차이가 없기 때문에, 이 건의 경우 상증법 제42조 제4항 제1호가 적용될 수 있는 것으로 해석하는 것이 타당하다.

② 또한 개발이익환수법은 토지에 대한 투기를 방지하고 토지의 효율적인 이용을 촉진하여 국민경제의 건전한 발전에 이바지하는 것을 목적으로 제정된 법률로서, 동 법률에서는 '개발사업'에 대해서도 '국가나 지방자치단체로부터 인가 · 허가 · 면허 등을 받아 시행하는 택지개발사업이나 산업단지개발사업 등'으로 규정하여 동 법률 목적을 실현하는데 필요한 범위 내에서 제한적으로 정의하였는바, 세법 해석에 있어서의 '차용개념'문제와 무관한 개발이익환수법상의 '개발사업' 정의 규정을 차용한 것으로 오인하여 상증법상의 '개발사업'을 해석하려는 원고들의 견해는 타당하지 않으며, '개발'이란 어떤 것을 유용하게 만들거나, 발달 · 발전하게 하는 사전적인 의미를 갖고 있으므로, '개발사업'에 대해서도 '토지를 개발하거나 새로운 건축물, 시설 등을 설치함으로써 경제적인 가치를 상승시키는 사업'이라는 일반적인 통념에 맞게 상증법상 '개발사업'의 개념을 해석하여야 할 것이므로, 경제적인 가치 상승을 도모하기 위해 기존에 없던 시설인 공장을 준공한 B 회사의 일련의 행위는 당연히 상증법상의 '개발사업'에 포함된다 할 것이다.

5. 대상판결

가. 재산가치증가사유 중 개발사업의 시행의 의미 등에 관하여(상고이유 제1점)

구 상증세법 제42조 제4항은 미성년자 등 대통령령이 정하는 자가 일정한 사유로 인하여 재산을 취득하고 그 재산을 취득한 날부터 5년 이내에 개발사업의 시행, 형질변경, 공유물 분할, 사업의 인 · 허가, 주식 · 출자지분의 상장 및 합병 등 대통령령이 정하는 사유(이하 재산가치 증가사유라 한다)로 인한 당해 재산가치의 증가에 따른 이익으로서 대통령령이 정하는 기준 이상의 이익을 얻은 경우에는 당해 이익을 그 이익을 얻은 자의 증여재산가액으로 한다고 규정하고 있다.

원심은, 구 상증세법 제42조 제4항에서 규정한 개발사업이 구「개발이익환수에 관한 법률」(2008. 3. 28. 법률 제9045호로 개정되기 전의 것, 이하 구 개발이익환수법이라 한다) 제2조 제2호에서 정의하고 있는 개발사업을 의미한다고 전제한 후, 그 판시와 같은 이유로 B 회사가 이 사건 공장을 완공한 것은 기업이 제품생산을 위하여 개별적으로 공장 건물을 신축한 것에 불과하여 구 개발이익환수법 제2조 제2호에서 정한 개발사업이라고 볼 수 없고, 따라서 이는 구 상증세법 제42조 제4항에서 정한 개발사업의 시행에 해당한다고 볼 수 없다고 판단하였다.

구 상증세법 제42조 제4항의 개발사업을 원심과 같이 **구 개발이익환수법 제2조 제2호에서 정의하고 있는 개발사업과 완전히 동일한 의미라고 볼 수는 없다.** 구 개발이익환수법은 토지에 대한 투기를 방지하고 토지의 효율적인 이용을 촉진하여 국민경제의 건전한 발전에 이바지하기 위하여 제정된 법률(구 개발이익환수법 제1조)로서 변칙증여에 대하여 증여세를 과세하려는 데 그 취지가 있는 구 상증세법 제42조 제4항과는 그 입법목적이나 취지를 달리하기 때문이다.

그러나 구 상증세법 제42조 제4항의 개발사업이 구 개발이익환수법의 개념을 차용한 것이 아니라고 하더라도 이는 적어도 행정청의 개발구역 지정·고시가 수반된 것으로서 그 대상 토지를 개발하여 그 토지 가치를 증가시키는 사업을 의미한다고 볼 수 있다. 따라서 이 **사건 공장의 완공은 기업이 제품생산을 위하여 개별적으로 공장 건물을 신축한 것에 불과**하고 여전히 구 상증세법 제42조 제4항에서 정한 개발사업의 시행에 해당한다고 볼 수 없다.

… 위와 같은 사정들을 종합하면, 구 상증세법 제42조 제4항이 개발사업의 시행을 재산가치증가사유로 규정한 것은 어떤 토지가 개발구역으로 지정·고시되면 그 자체의 경제적 효과로서 아직 개발사업의 시행이 완료되지 않았더라도 **장차 개발사업이 이루어져 발생할 것으로 예상되는 기대이익이 현실화되어 그 시점에서 토지의 가치가 상승하게 된다는 전제**에 있다고 해석된다.

… **이 사건 공장의 완공이 구 상증세법 제42조 제4항의 개발사업의 시행에 해당하지 않는다**고 판단한 원심의 결론은 정당하다. 상고이유 주장과 같이 구 상증세법 제42조 제4항의 재산가치 증가 사유에 관한 법리를 오해하여 판결에 영향을 미친 잘못이 없다.

나. 재산가치증가사유가 제한적으로 열거된 것인지 등에 관하여(상고이유 제2점)

그러나 구 상증세법 제42조 제4항 및 그 위임에 따른 구 상증세법 시행령 제31조의9 제5항은 **재산가치 증가사유를 예시적으로 규정**하고 있다고 봄이 타당하다.

… 구 상증세법 제42조 제4항은 재산가치 증가사유를 개발사업의 시행, 형질변경, 공유물 분할, 사업의 인 · 허가, 주식 · 출자지분의 상장 및 합병 등 대통령령으로 정하는 사유라고 규정하고 있다. 이는 재산가치 증가사유의 유형을 열거한 다음 이와 유사한 것을 대통령령으로 정하라는 취지로서 **재산가치 증가사유를 예시적으로 보는 전제에서 규정**되어 있다.

… **위 법령조항이 변칙 증여에 대응하기 위하여 입법되었다는 점에 비추어 보더라도 재산가치증가사유를 예시하고 있다고 봄이 타당**하다.

다만 구 상증세법 제42조 제4항 및 구 상증세법 시행령 제31조의9 제5항이 재산가치 증가 사유를 예시한 것으로 보는 전제에서도, 공장 부지를 소유하고 있지 않은 B 회사가 이 사건 공장을 완공한 것은 위 각 규정이 예정하고 있는 재산가치 증가사유에 해당한다고 볼 수 없다.

구 상증세법 제42조 제4항 및 구 상증세법 시행령 제31조의9 제5항에서 열거하고 있는 재산가치 증가 사유들이 공통적으로 해당 사유로 인하여 장래 재산 가치가 증가할 것이 객관적으로 예정된 경우라는 특징을 가지고 있는 점, … **열거되지 않은 어떤 사유가 구 상증세법 제42조 제4항의 재산 가치 증가 사유에 포섭되기 위해서는 열거된 재산 가치 증가 사유와 유사한 것으로서 위와 같은 공통된 특징을 가진 사유**여야 한다.

그런데 이 사건 공장의 완공은 일정한 토지에 대한 개발과 그로 인한 토지 가치 상승분을 예정하고 있는 개발사업의 시행이라는 재산 가치 증가 사유와 유사하다고 보기 어렵다.

개발사업의 시행과 달리 공장이 완공되었다는 사유만으로는, 그 자체의 경제적 효과로서 장차 그 공장을 이용한 사업으로 발생할 기대이익이 객관적으로 예상된다거나, 그 기대이익이 현실화 되어 완공 시점에서 그 공장 부지의 가치 증가분 등과 무관하게 해당 법인의 주식가치가 증가하게 된다고 볼 수 없다.

6. 평 석

(1) 과세관청은 구 상증세법 제42조 제4항(2023. 6. 현행 상증세법 제42조의3 제1항)의 재산 가치 증가 사유를 **폭넓게 해석**하여 증여세를 과세해 왔다. 위 규정과 관련한 다수의 증여세 과세 사례에서 과세관청은 **그 원인이 무엇이든 결과적으로 주식발행법인의 주식 가치가 상승한 경우**에는 구 상증세법 제42조 제4항(2023. 6. 현행 상증세법 제42조의3 제1항)을 과세 근거로 하여 적극적으로 증여세를 과세해 오고 있고, 납세의무자들은 증여세 과세 대상이 되는 재산 가치 증가 사유에 해당되지 아니한다는 이유로 과세처분에 불복해 다투어 오고 있다.

(2) 이 사건 공장의 건설이 재산 가치 증가 사유에 해당하는지, 그 증여재산의 취득 시기는 언제인지 등은 구 상증세법 제42조 제4항의 적용 여부에 따라 판단될 수 있을 뿐이고, 구 상증세법 제42조 제4항의 적용이 배제되는 경우에까지 구 상증세법 제2조 제3항에 근거하여 증여세를 과세할 수는 없다(서울고등법원 2018 12. 12. 선고 2017누86721 판결). 즉, **일반규정 우선적용설이 아닌 예시규정 우선적용설이 적용**되기 때문이다〔이창희, 세법강의(제9판), 2011, 1098〕.

(3) 대상판결은 원심과 다르게(원심은 제한적 열거규정으로 보았다) 구 상증세법 제42조 제4항 및 그 위임에 따른 구 상증세법 시행령 제31조의9 제5항은 재산가치증가사유를 **예시적으로 규정**하고 있다고 보았다.

(4) 다만 구 상증세법 제42조 제4항 및 구 상증세법 시행령 제31조의9 제5항이 재산가치증가사유를 예시한 것으로 보는 전제에서도, **열거되지 않은 어떤 사유가 구 상증세법 제42조 제4항의 재산 가치 증가 사유에 포섭되기 위해서는 열거된 재산 가치 증가 사유와 유사한 것으로서 위와 같은 공통된 특징을 가진 사유여야 한다**고 판시하였다.

(5) 즉, 구 상증세법 제42조 제4항에 따른 증여세 납세의무가 성립하기 위해서는 ① 수증자가 미성년자 등 직업 · 연령 · 소득 · 재산상태로 보아 자신의 계산으로 해당행위를 할 수 없다고 인정되는 자일 것(이하 '주체요건'이라 한다), ② 특수관계인으로부터 기업의 경영 등에 관하여 공표되지 아니한 내부 정보를 제공받아 그 정보와 관련된 재산을 유상으로 취득하였을 것(2호)(이하 '재산취득 요건'이라 한다), ③ 재산을 취득한 날로부터 5년 이내에 개발사업의 시행, 형질변경 등의 사유로 재산가치가 증가하였을

것('재산가치 증가사유 요건'), ④ 재산가치 상승금액이 일정액 이상일 것이 요구된다.

(6) 구 상증세법 제42조 제4항이 일정한 주체요건, 재산취득요건, 재산가치증가사유요건 등을 모두 갖춘 경우에 한하여 그 증가한 재산가치에 대해 증여세를 과세하도록 규정하고 있는 것은, 타인의 기여에 의해 재산의 가치가 증가한 경우 위와 같이 **특정한 유형의 거래행위만을 증여세 과세대상으로 제한적으로 규정**함으로써 증여세 과세의 범위와 한계를 설정한 것으로 볼 수 있다.

(7) 다만, 이 사건 조항의 문언, 입법취지 및 관련 시행령 조항과의 관계 등에 비추어 보면, 이 사건 조항에서 정한 재산가치 증가 사유로 인하여 법인의 재산가치가 증가함에 따라 해당 법인의 주주가 주식가치 증가의 이익을 얻은 경우라도 재산가치 증가 사유와 주식가치 증가분 사이에 인과관계가 인정된다면 그 이익도 이 사건 조항의 과세대상 이익에 해당한다고 보아야 하고, 취득한 재산과 재산가치 증가 사유의 **직접적 대상이 되는 재산이 동일하지 않다는 이유만으로 이 사건 조항의 과세대상에서 배제된다고 볼 것은 아니다**(대법원 2023. 6. 29. 선고 2018두41327 판결).

(8) 대상 판결이 위와 같이 "개발사업"의 **의미를 좁게 해석**함에 따라 향후 과세관청이 위 상증세법 제42조 제4항을 근거로 재산가치 증가 사유를 폭넓게 해석하여 과세하는 경우 국가 패소로 이어질 가능성을 배제할 수 없을 것으로 보인다.

7. 관련판례

문서번호	내 용
대법원 2013. 1. 17. 선고 2011다83431 전원합의체 판결	법해석의 목표는 어디까지나 법적 안정성을 저해하지 않는 범위 내에서 구체적 타당성을 찾는 데 두어야 한다. 나아가 그러기 위해서는 가능한 한 법률에 사용된 문언의 통상적인 의미에 충실하게 해석하는 것을 원칙으로 하면서, 법률의 입법 취지와 목적, 그 제·개정 연혁, 법질서 전체와의 조화, 다른 법령과의 관계 등을 고려하는 체계적·논리적 해석방법을 추가적으로 동원함으로써, 위와 같은 법 해석의 요청에 부응하는 타당한 해석을 하여야 한다.

문서번호	내 용
대법원 2010. 6. 24. 선고 2010두3978 판결	당해 법령 자체에 그 법령에서 사용하는 용어의 정의나 포섭의 구체적인 범위가 명확히 규정되어 있지 아니한 경우 법령상 용어의 해석은 그 법령의 전반적인 체계와 취지·목적, 당해 조항의 규정 형식과 내용 및 관련 법령을 종합적으로 고려하여 해석하여야 한다.
대법원 2015. 10. 15. 선고 2013두13266 판결	납세자의 예측가능성 등을 보장하기 위하여 개별 가액산정규정이 특정한 유형의 거래·행위를 규율하면서 그중 일정한 거래·행위만을 증여세 과세 대상으로 한정하고 그 과세 범위도 제한적으로 규정함으로써 증여세 과세의 범위와 한계를 설정한 것으로 볼 수 있는 경우에는, **개별 가액산정규정에서 규율하고 있는 거래·행위 중 증여세 과세 대상이나 과세범위에서 제외된 거래·행위가 법 제2조 제3항의 증여의 개념에 들어맞더라도 그에 대한 증여세를 과세할 수 없다.**
대법원 2023. 6. 29. 선고 2018두41327 판결	이 사건 조항의 문언, 입법취지 및 관련 시행령 조항과의 관계 등에 비추어 보면, 이 사건 조항에서 정한 재산가치 증가 사유로 인하여 법인의 재산가치가 증가함에 따라 해당 법인의 주주가 주식가치 증가의 이익을 얻은 경우라도 재산가치 증가 사유와 주식가치 증가분 사이에 인과관계가 인정된다면 그 이익도 이 사건 조항의 과세대상 이익에 해당한다고 보아야 하고, **취득한 재산과 재산가치 증가 사유의 직접적 대상이 되는 재산이 동일하지 않다는 이유만으로 이 사건 조항의 과세대상에서 배제된다고 볼 것은 아니다.**

7-12 제3자 직접배정방식의 유상증자 시 신주인수대금을 직접 부담하여 취득한 주식의 우회상장으로 발생한 상장 차익에 대한 증여세 과세처분은 부당함

● 대상판결 : 대법원 2016두55926 (2017. 3. 30.) ➜ 국패

핵심 요지

상장차익 증여에 있어 신주는 기존 수증 주식에 기초하여야 하므로, 제3자 배정방식에 의한 유상증자에서 최대주주와 관계없이 직접 신주 인수 대금을 부담하여 주식을 인수한 경우에는 상장차익 증여로 과세할 수 없고, 개별 가액산정규정에서 규율하고 있는 거래 · 행위 중 증여세 과세대상이나 과세범위에서 제외된 거래 · 행위가 상속증여세법 제2조 제3항의 증여의 개념에 해당할 수 있더라도 그에 대하여 증여세를 과세할 수 없다고 할 것이므로, 이 사건 합병에 따른 이 사건 주식의 상장이익에 대하여는 특별한 사정이 없는 한 상속증여세법 제2조 제3항에 근거하여서도 과세할 수 없으므로 이와 다른 전제에서 이루어진 피고들의 이 사건 처분은 위법하다.

1. 사실관계

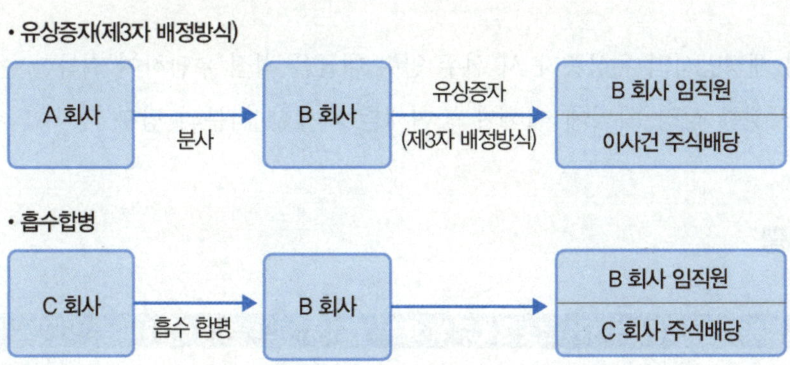

(1) A 주식회사는 2004. 10. 26. 게임사업 부문을 분사하여 비상장법인인 B 주식회사를 설립하였다.

(2) A 주식회사는 B 주식회사가 2006년 유상증자 시까지 그 발행 주식을 모두 소유한 단독 주주였다.

(3) B 주식회사는 상법 제418조 제2항이 정한 제3자 배정방식으로 그 임직원인 원고들에

게 이 사건 유상 증자를 실시하였고 원고들은 이 사건 주식을 취득하였다.

(4) 한편 B 주식회사는 코스닥상장법인인 C 주식회사의 주식 3,080,565주를 매수하여 C 주식회사의 최대주주(지분율 23.74%)가 되었는데, 당시 위 주식 매수 자금을 마련하기 위하여 이 사건 전환사채를 발행하였고, A 주식회사는 이를 인수하였다.

(5) 그 후 C 주식회사는 2010. 7. 7. 최대주주이던 B 주식회사를 흡수합병하였는데, 위 흡수합병 당시 B 주식회사의 주식 1주당 C 주식회사의 주식 1.5726주를 배정하기로 하였고, 그에 따라 원고들은 C 주식회사의 주식 9,779,773주를 배정받았다.

(6) 서울지방국세청장은 C 주식회사에 대하여 주식변동조사를 실시한 뒤 원고들이 A 주식회사가 B 주식회사의 최대주주일 당시 실시된 이 사건 유상증자에서 이 사건 주식을 인수한 후 5년 이내에 이 사건 흡수합병에 따라 합병법인인 C 주식회사의 주식을 배정받아 그 가액이 증가된 것은 구 상속세 및 증여세법 제41조의5 제1항 또는 상증세법 제2조 제3항이 정한 과세요건에 해당한다고 보아, 원고들에게 증여세 부과 처분을 하였다.

2. 쟁 점

제3자 직접 배정방식의 유상증자 시 신주 인수 대금을 직접 부담하여 취득한 주식의 우회상장으로 발생한 상장 차익에 대하여 증여세를 과세한 처분의 당부

3. 관련법령

상속세및증여세법 제41조의3【주식 또는 출자지분의 상장 등에 따른 이익의 증여】

① '최대주주 등과 특수관계에 있는 자가 최대주주 등으로부터 해당 법인의 주식 등을 증여받거나 유상으로 취득한 경우에는 증여받거나 취득한 날, 증여받은 재산으로 최대주주 등이 아닌 자로부터 해당 법인의 주식 등을 취득한 경우에는 취득한 날부터 5년 이내에 그 주식 등이 증권시장에 상장됨에 따라 그 가액이 증가한 경우로서 그 주식 등을 증여받거나 유상으로 취득한 자가 당초 증여세 과세가액 또는 취득가액을 초과하여 일정한 이익을 얻은 경우에는 이를 그 이익을 얻은 자의 증여재산가액으로 한다.'

⑥ "제1항을 적용할 때 주식 등의 취득에는 법인이 자본(출자액을 포함한다)을 증가시키기 위하여 신주를 발행함에 따라 인수하거나 배정받은 신주를 포함한다."

상속세및증여세법 제41조의5【합병에 따른 상장 등 이익의 증여】

① 최대주주 등과 특수관계에 있는 자가 최대주주 등으로부터 해당 법인의 주식 등을 증여받거나 유상으로 취득한 경우 또는 증여받은 재산으로 최대주주 등이 아닌 자로부터 해당 법인의 주식 등을 취득하거나 다른 법인의 주식 등을 취득한 경우로서 그 주식 등을 증여받거나 취득한 날부터 5년 이내에 그 법인이나 다른 법인이 특수관계에 있는 주권상장법인과 합병됨에 따라 그 가액이 증가한 경우로서 그 주식 등을 증여받거나 유상으로 취득한 자가 당초 증여세 과세가액 또는 취득가액을 초과하여 대통령령으로 정하는 기준 이상의 이익을 얻은 경우에는 그 이익에 상당하는 금액을 그 이익을 얻은 자의 증여재산가액으로 한다.

4. 원 · 피고 주장 요약

(1) 원 고

① 원고들은 최대주주가 아닌 주식발행법인에 불과한 B 주식회사로부터 제3자 직접 배정방식으로 지분을 취득하였는바, 이 사건거래는 상증법 제41조의5에 의한 합병에 따른 상장 등 이익의 증여 대상에 해당하지 않는다.

② 상증법 제41조의5는 과세 대상을 최대주주의 특수관계인이 당해 주식을 최대주주로부터 취득하거나 최대주주로부터 증여받은 재산으로 취득한 경우로 한정하고 있는바, 원고들은 B 주식회사 발행주식을 최대주주로부터 취득하지 않았으므로 원고들의 주식 취득은 상증법 제41조의5의 적용 대상이 되지 않는다.

③ 상증법 제41조의3 제6항은 "취득"의 범위를 증자로 확장하여 규정한 것에 불과하므로, 수증 받은 주식을 모태로 배정받은 주식이 아닌 제3자 직접배정방식의 유상증자에 의하여 취득한 경우에는 상증법 제41조의5 제1항의 "최대주주로부터의 취득" 또는 "최대주주로부터 증여받은 재산으로 취득"이라는 요건이 충족된 경우에 한하여 과세 대상으로 삼을 수 있다.

④ 원고들은 B 주식회사의 임직원들로서 회사의 운영자금 마련 및 회사를 살리기 위한 목적으로 유상증자에 참여한 후 회사 정상화 노력의 결과로 이 사건 주식 인수 및 합병에 이르게 되어 얻은 이익에 대하여 증여세를 부과하는 것은 상증법 제41조의5의 제정 취지에 부합하지 않는다.

(2) 피 고(과세관청)

① 상증법 제41조의5 제3항에서 준용하고 있는 상증법 제41조의3 제6항의 문언은 단지 제1항의 규정을 적용함에 있어서 주식 등의 취득에는 법인이 자본(출자액을 포함한다)을 증가시키기 위하여 신주를 발행함에 따라 인수 · 배정받은 신주를 포함한다고 규정하고 있을 뿐, 그 신주가 유상증자 또는 무상증자에 의한 것인지 여부와 유상증자의 경우에도 주주배정인지 또는 제3자 배정인지 여부에 대해 구별하지 아니하며, 기업의 경영 등에 관하여 공개되지 아니한 정보를 이용할 수 있는 지위에 있는 최대주주 등의 특수관계인이 최대주주 등으로부터 얻은 주식 등으로 인해 상증법 시행령이 정하는 기준 이상의 상장 차익을 얻은 실질은 위 상장 차익을 얻게 하여 준 주식을 최대주주로부터 직접 증여 또는 양수받은 경우와 무상증자 또는 유상증자로 취득한 경우가 모두 동일하므로 위와 같은 법규의 문언 및 입법 취지에 비추어 보면 주식의 상장 차익(합병에 따른 상장 차익)에 대한 증여세 과세 대상에 최대주주 등의 특수관계인이 제3자 직접 배정 방식으로 인수한 경우도 포함되는 것으로 해석함이 타당하다고 할 것이다(조심 2013서3772, 2014. 3. 26., 같은 뜻임).

② 원고들의 이 사건 주식 인수 및 합병이라는 일련의 과정이 최대주주의 제3자배정 결정과 최대주주의 인수 자금의 지원이 아니었다면 유상증자 및 합병을 통한 상장 차익을 얻을 수 있는 원천적인 기회가 없었을 것인바, 이 사건 거래는 원고가 재산상의 이익을 얻을 기회를 분여 받은 사실이 있어 상증법 제2조 제3항의 '증여'의 개념과 일치한다. 또한, 이 사건 주식의 유상증자부터 C 주식회사와의 합병에 이르기까지의 과정이 사전에 치밀하게 계획된 우회상장으로 볼 수 있으므로, 상증법 제2조 제3항 및 제42조에 따른 증여에 해당되지 않는다는 원고들의 주장은 타당하지 아니하고, 처분청의 이 건 증여세 과세처분은 정당하다.

5. 대상판결

상속증여세법 제41조의3 제1항의 입법취지는 최대주주 등과 특수관계에 있는 자가 얻은 비상장주식의 상장 이익에 대하여 증여세를 부과하여 증여나 취득 당시 실현이 예견되는 부의 무상 이전까지 과세함으로써 조세 평등을 도모하려는 데에 있고, 제41조의5 제1항은 합병을 통한 상장 역시 비상장주식을 직접 상장하는 것과 실질적으로 차이가 없다는 점을 고려하여 제41조의3 제1항과 같은 취지에서 합병에 따른 상장 이익에 대하여 증여세를 과세하도록 하고 있다. 그리하여 **상속증여세법 제41조의3 제1항과 제41조의5 제1항은 특수관계에 있는 자가 그 주식을 최대주주 등으로부터 증여받거나 유상으로 취득한 경우 또는 증여받은 재산으로 취득한 경우를 그 적용 요건으로 규정**하고 있고, 제41조의5 제3항 본문에서 준용하는 제41조의3 제6항은 제41조의3 제1항이 적용됨을 전제로 하여 법인이 발행한 신주를 그 적용 대상에 포함시키고 있다.

이러한 위 규정들의 내용과 취지와 아울러 그 문언과 체계에 비추어 보면, 상속증여세법 제41조의3 제6항에서 정한 '신주'에는 **최대주주 등으로부터 증여받거나 유상으로 취득한 주식에 기초하지 아니하고 또한 증여받은 재산과도 관계없이 인수하거나 배정받은 신주가 포함되지 아니하며**, 이러한 신주에 의하여 합병에 따른 상장 이익을 얻었다 하더라도 위 조항이 준용되는 제41조의5 제1항에서 정한 증여재산가액에 해당한다고 해석할 수 없다.

따라서 원심이 이와 같은 취지에서 비록 원고들이 **주식회사의 최대주주와 특수관계에 있지만 위 회사의 제3자 배정 방식에 의한 유상증자 절차에서 최대주주와 관계없이 직접 신주 인수 대금을 부담하여 이 사건 주식을 인수**하였으므로 상속증여세법 제41조의5 제1항 및 제3항이 정한 **적용 요건을 충족하지 아니한다**는 취지로 판단한 것은 앞에서 본 법리에 기초한 것으로서, 거기에 상고이유 주장과 같이 제41조의5 제3항 본문에서 준용하는 제41조의3 제6항의 해석 등에 관한 법리를 오해한 위법이 없다.

6. 평 석

(1) 2002. 12. 18. 개정으로 신설된 상증법 제41조의3 제6항은 종래에 상증법 제41조의3이 최대주주로부터 직접 증여받거나 유상으로 취득한 주식의 상장 차익만을 과세대상으로 삼던 것에서 나아가 기업의 경영에 관하여 비공개 정보를 이용할 수 있는 지위

에 있다고 인정되는 최대주주가 주식취득 자금을 그 특수관계인에게 증여하거나(이 부분은 위 개정 시 상증법 제41조의3 제1항을 개정함으로써 과세 대상으로 추가되었다), 경영권 행사를 통하여 특수관계인에게 신주를 배정함으로써 최대주주 등으로부터 직접 증여받거나 유상으로 취득한 경우와 동일한 경제적 효과가 있음에도 과세 대상에서 제외되어 조세 회피 수단으로 악용되는 경우를 방지하기 위하여 증여세 과세 대상으로 추가한 것이다.

(2) 상증세법 제41조의5 제1항을 근거로 과세처분을 하려면 다음과 같은 요건이 충족되어야 한다.

① 수증자가 최대주주 등과 특수관계에 있는 자일 것

② 수증자가 최대주주 등으로부터 해당 법인의 주식 등을 증여받거나 유상으로 취득하거나, 증여받은 재산으로 최대주주 등이 아닌 자로부터 해당 법인의 주식 등을 취득하거나 다른 법인의 주식 등을 취득한 경우일 것

③ 수증자가 그 주식 등을 증여일 등으로부터 5년 이내에 해당 법인 또는 다른 법인이 특수관계에 있는 주권상장법인과 합병됨에 따라 그 가액이 증가하였을 것

④ 그 주식 등을 증여받거나 유상으로 취득한 자가 당초 증여세 과세가액 또는 취득가액을 초과하여 대통령령으로 정하는 기준 이상의 이익을 얻었을 것

(3) 구 상증세법 제41조의5 제1항, 시행령 제19조 제2항 제3호 가목의 '**최대주주 등**'이 되려면, ① 재정경제부령이 정하는 기업집단의 소속 기업 또는 당해 기업의 임원일 것, ② 그가 보유하고 있는 주식과 위 기업집단에 소속된 다른 기업의 보유 주식을 합하여 그 합계가 가장 많을 것, ③ 기업의 경영 등에 관하여 공개되지 아니한 정보를 이용할 수 있는 지위에 있을 것이라는 세 가지 요건이 갖추어져야 한다.

(4) **특수관계인**에 대하여 상증세법 제41조의5 제1항은 "최대주주 등과 특수관계에 있는 자"라고 규정하고 있고, 시행령 제31조의8 제2항, 제31조의6 제1항도 "주주 등 1인과 시행령 제19조 제2항 각 호의 1의 관계에 있는 자"라고 규정하고 있으므로, 그 문언상 **최대주주 등을 기준으로 하여 그와 시행령 제19조 제2항 각 호의 1의 관계에 있는 자만이 특수관계자에 해당**한다고 보아야 한다(대법원 2011. 7. 21. 선고 2008두150 판결 취지 참조). 한편, 시행령 제19조 제2항은 제2호에서 특수관계인의 하나로 '사용인'을 정하고 있는데, 그 **사용인**에는 **최대주주 등이 30% 이상 출자하고 있는**

회사의 사용인도 포함된다고 봄이 타당하다(대법원 2012. 10. 11. 선고 2011두6899 판결 참조).

(5) 상증세법 제41조의3 제6항에서의 '신주의 취득'은 제1항에서 규정하고 있는 경우(최대주주로부터 주식을 증여받거나 유상으로 취득한 경우 또는 최대주주로부터 증여받은 자금으로 취득한 경우)와 그 실질에 있어 동일하다고 평가할 수 있는 경우에 한하여 적용되어야 하고, 최대주주와 특수관계에 있는 자가 해당법인이 **제3자 배정방식으로 실시한 유상증자 절차에서 직접 신주 인수 대금을 부담하여 신주를 인수한 경우에는 적용되지 않는 것**이 원칙이라고 봄이 타당하다(서울행정법원 2015. 5. 1. 선고 2014구합68355 판결).

(6) 상증세법 제41조의3의 입법취지는 기업 경영에 관하여 공개되지 않은 내부정보를 이용하여 증권시장 상장에 따른 막대한 시세차익을 얻게 할 목적으로 최대주주 등이 자녀 등 특수관계인에게 비상장주식을 증여하거나 유상으로 양도하는 경우 그 상장 차익에 대하여 과세를 함으로써 고액 재산가의 변칙적인 부의 세습이나 이전을 방지하기 위하여 주식의 상장으로 인하여 증가한 이익 자체를 과세 대상으로 포착하여 증여세를 부과하기 위함에 있다. 그리고 상증세법 제41조의3 제6항은 "제1항을 적용할 때 주식 등의 취득에는 법인이 자본(출자액을 포함한다)을 증가시키기 위하여 신주를 발행함에 따라 인수하거나 배정받은 신주를 포함한다."고 각 규정하고 있는데, 위 규정은 2002. 12. 18. 개정으로 신설되었다. 이는 종래에 법 제41조의3이 최대주주로부터 직접 증여받거나 유상으로 취득한 주식의 상장차익만을 과세대상으로 삼던 것에서 나아가 그와 동일한 경제적 효과가 있음에도 과세 대상에서 제외됨으로써 조세 회피 수단으로 악용될 수 있는 경우를 과세 대상으로 추가하고자 한 것이다. 즉, 기업의 경영에 관하여 비공개 정보를 이용할 수 있는 지위에 있다고 인정되는 최대주주는 그 특수관계인에게 자신의 주식을 직접 증여하거나 양도하지 않더라도, 주식취득 자금을 증여하거나(이 부분은 위 개정 때 과세 대상으로 추가되었다), 경영권 행사를 통하여 특수관계인에게 신주발행을 하도록 함으로써 특수관계인이 상장 차익을 얻게 하면서도 그에 대한 증여세 부과는 회피할 수 있으므로, 이와 같이 조세 회피 수단으로 악용되는 경우를 증여세 과세 대상으로 추가하고자 함에 입법 취지가 있다.

(7) 그런데 최대주주와 특수관계에 있는 자라고 하더라도 해당 법인이 실시한 제3자 배정

방식의 유상증자 절차에서 **최대주주와 무관하게 자신이 직접 출연한 자금으로 주식을 취득한 경우**에는 최대주주로부터 직접 취득한 주식 또는 최대주주로부터 이전받은 부를 토대로 취득한 주식의 상장 차익에 대하여 과세하려는 상증세법 제41조의3 제1항의 입법 취지와는 큰 관련이 없다. 만일 위와 같은 경우에도 상장차익에 대하여 증여세를 부과하면, 최대주주 이외의 자로부터 구주를 취득하는 경우에 상증세법 제41조의3 제1항에 따라 과세할 수 없는 것과 비교할 때 형평에 반하고, 기업집단 소속 기업의 사용인이 기업집단 소속의 다른 기업의 신주를 인수하는 모든 경우에 있어 그 상장 차익을 증여세로 과세할 여지가 있게 되어 그 범위가 지나치게 확대될 수 있다고 대상 판결은 적시하고 있다.

7. 관련판례

문서번호	내 용
대법원 2012. 10. 11. 선고 2011두6899 판결	시행령 제19조 제2항은 제2호에서 특수관계인의 하나로 '사용인'을 정하고 있는데, 그 사용인에는 최대주주 등이 30% 이상 출자하고 있는 회사의 사용인도 포함된다.
대법원 2002. 7. 26. 선고 2000두4378 판결, 대법원 2014. 4. 24. 선고 2012두14897 판결	조세법률주의의 원칙상 조세에 관한 법률 규정은 과세요건이거나 비과세 요건 또는 조세 감면 요건을 막론하고 특별한 사정이 없는 한 법문대로 해석하여야 하며, 합리적 이유 없이 확장 또는 유추하여 해석하는 것은 허용되지 않는다.
대법원 2015. 10. 15. 선고 2013두13266 판결, 대법원 2015. 10. 29. 선고 2014두1864 판결	납세자의 예측 가능성 등을 보장하기 위하여 개별 가액산정규정이 특정한 유형의 거래·행위를 규율하면서 그중 일정한 거래·행위만을 증여세 과세 대상으로 한정하고 과세 범위도 제한적으로 규정함으로써 증여세 과세의 범위와 한계를 설정한 것으로 볼 수 있는 경우에는, 개별 가액산정규정에서 규율하고 있는 거래·행위 중 증여세 과세 대상이나 과세 범위에서 제외된 거래·행위가 **상증세법 제2조 제3항의 증여의 개념에 들어맞더라도 그에 대한 증여세를 과세할 수 없다.**
대법원 2011. 12. 22. 선고 2011두22075 판결, 대법원 2015. 2. 12. 선고 2013두24495 판결	과세처분의 위법을 이유로 그 취소를 구하는 행정소송에서 **과세요건 사실의 존재에 대한 증명 책임은 과세관청**에게 있다.

7-13 가업상속공제 적용 요건은 지나치게 축소하거나 자의적으로 다른 요건을 부가하여 해석하여서는 아니됨

● 대상판결 : 대법원 2018두39713 (2018. 7. 13.) ➜ 국패

핵심 요지

- 가업상속공제 적용 대상 주식은 영업활동과 직접 관련이 있는지 여부만으로 판단하여야 함
- 가업에의 종사를 반드시 급여의 지급과 연계할 것은 아니고, 후계자로서의 경영수업 등이 이루어졌다고 하여 이를 가업 종사 기간에서 배제할 것도 아님
- 원고가 출산을 위하여 미국에 다녀온 기간은 가업 종사 기간에 산입되어야 함

1. 사실관계

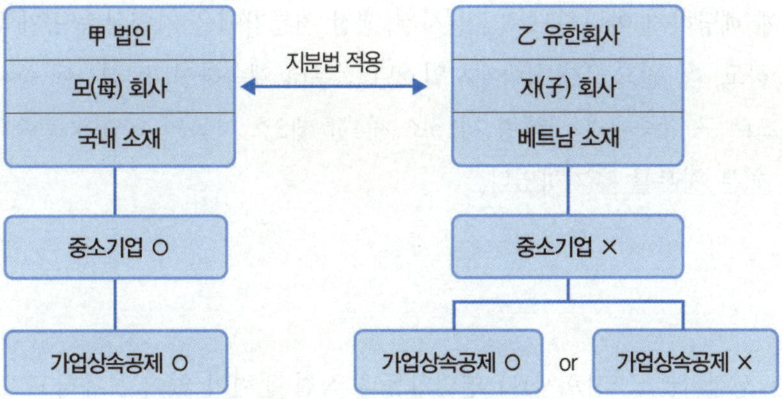

(1) 피상속인 A는 주방용품 제조 · 판매업 등을 목적으로 하는 甲 주식회사를 약 20년 동안 가업으로 경영하다가 사망하였다.

(2) 피상속인이 사망함에 따라 피상속인의 배우자인 원고 B, 피상속인의 딸인 원고 C, D는 피상속인 소유의 甲 주식회사 주식 62,100주 등을 상속 받았다.

(3) 원고들은 甲 주식회사 주식 62,100주에 관하여 구 상속세 및 증여세법(2015. 12. 15. 법률 제13557호로 개정되기 전의 것, 이하 '구 상증세법'이라 한다) 제18조 제2항 제1호의 가업상속공제를 적용하여 산정한 상속세를 신고 · 납부하였다.

(4) 서울지방국세청장은 위 상속재산에 관한 세무조사를 실시한 후 甲 주식회사(모회사)가 보유하고 있는 베트남 법인 乙(甲 법인의 자회사)의 지분이 구 상속세 및 증여세법 시행령(2015. 2. 3. 대통령령 제26069호로 개정되기 전의 것, 이하 '구 상증세법 시행령'이라 한다) 제15조 제5항 제2호 마목의 '법인의 영업활동과 직접 관련이 없이 보유하고 있는 주식, 채권 및 금융상품'에 해당한다는 이유로 피고에게 이 사건 쟁점 지분 가액을 甲 주식회사의 총자산가액에서 제외한 후 가업상속 공제액을 다시 산정하라고 통보하였다. 이에 따라 피고는 이 사건 자회사 乙 지분가액을 甲 주식회사의 총자산가액에서 제외한 후 가업상속 공제액을 다시 산정하여 2015. 9. 2. 원고들에게 상속세를 결정 · 고지하였다.

(5) 한편 피고는 이 사건 처분 이후 ① 베트남 법인 乙은 외국법인으로서 구 조세특례제한법(2014. 12. 23. 법률 제12853호로 개정되기 전의 것, 이하 '구 조세특례제한법'이라 한다) 제5조 제1항, 구 조세특례제한법 시행령(2015. 2. 3. 대통령령 제26070호로 개정되기 전의 것, 이하 '구 조세특례제한법 시행령'이라 한다) 제2조에 규정된 중소기업에 해당하지 아니하므로, 이 사건 쟁점 지분가액을 가업상속 공제액에서 제외하여야 하고, ② 원고 C가 상속개시일 2년 전부터 계속하여 甲 회사에 종사하지 아니하였으므로 구 상증세법 시행령 제15조 제4항 제2호 나목의 요건이 충족되지 아니하였다는 처분 사유를 추가하였다.

2. 쟁 점

(1) 이 사건 쟁점지분(乙·자회사)이 영업활동과 직접 관련이 없이 보유하고 있는 주식에 해당하는지 여부

(2) 원고 C가 상속개시일 2년 전부터 상속개시일까지 계속하여 甲 회사에 종사하였는지 여부

3. 관련법령

구 상증세법 시행령 제15조【가업상속】제5항 제2호 마목

중소기업이 가업상속의 외관을 꾸며 가업과 무관한 재산에 관해서도 상속공제 혜택을 받는 것을 방지하기 위하여 가업상속 공제액을 산정함에 있어 '영업활동과 직접 관련이 없이 보유하고 있는 주식'은 그 법인의 총자산가액에서 제외하도록 규정하고 있다.

구 상증세법 시행령 제15조【가업상속】제3항 제2호 나목

상속개시일 전에 제1호 나목에 따른 영위기간 중 2년 이상 직접 가업에 종사(상속개시일 2년 전부터 가업에 종사한 경우로서 상속개시일부터 소급하여 2년에 해당하는 날부터 상속개시일까지의 기간 중 제8항 제2호 다목에 따른 사유로 가업에 종사하지 못한 기간이 있는 경우에는 그 기간은 가업에 종사한 기간으로 본다)하였을 것. 다만, 피상속인이 65세 이전에 사망하거나 천재지변 및 인재 등 부득이한 사유로 사망한 경우에는 그러하지 아니하다.

구 상증세법 시행령 제15조【가업상속】제4항 제2호 나목, 제6항 제2호 다목

구 상증세법 시행령 제15조 제4항 제2호 나목은 '제6항 제2호 다목에 따른 사유로 가업에 종사하지 못한 기간이 있는 경우에는 그 기간은 가업에 종사한 기간으로 본다'고 규정하고, 제6항 제2호 다목은 "상속인이 법률에 따른 병역의무의 이행, 질병의 요양 등 기획재정부령으로 정하는 부득이한 사유에 해당하는 경우"라고 규정하며, 구 상속세 및 증여세법 시행규칙(2016. 3. 21. 기획재정부령 제557호로 개정되기 전의 것, 이하 '구 상증세법 시행규칙'이라 한다) 제6조 본문은 '기획재정부령으로 정하는 부득이한 사유란 상속인이 법률의 규정에 의한 병역의무의 이행, 질병의 요양, 취학상 형편 등으로 가업에 직접 종사할 수 없는 사유가 있는 경우를 말한다'고 규정하고 있다.

근로기준법 제74조 제1항, 제60조 제6항 제2호,
남녀고용평등과 일·가정 양립 지원에 관한 법률 제19조 제3항

근로기준법 제74조 제1항은 '사용자는 임신 중의 여성에게 출산 전과 출산 후를 통하여 90일의 출산 전후 휴가를 주어야 한다'고 규정하고, 제60조 제6항 제2호는 '임신 중의 여성이 제74조 제1항의 규정에 따른 휴가로 휴업한 기간은 출근한 것으로 본다'고 규정하며, 남녀고용평등과 일 · 가정 양립 지원에 관한 법률 제19조 제3항은 '사업주는 육아휴직을 이유로 해고나 그 밖의 불리한 처우를 하여서는 아니 된다'고 규정하고 있다.

4. 원 · 피고 주장 요약

(1) 원 고

① 베트남 법인 乙은 甲 주식회사의 생산조직 일부로서 甲과 하나의 조직이라고 보아야 하므로, 甲이 자회사인 乙의 지분을 영업활동과 직접 관련이 없이 보유하고 있다고 볼 수 없다. 또한 조세법률주의의 원칙상 구 상증세법 시행령 제15조 제5항 제2호 마목의 '주식'은 합자회사 등의 출자지분을 제외한 오로지 주식회사의 주식만을 의미한다고 보아야 하므로, 1인 유한책임회사(Single-Member Limited Liability Company)인 乙 자회사의 출자지분은 위 규정의 '주식'에 해당하지 아니한다. 따라서 이 사건 쟁점 지분은 구 상증세법 시행령 제15조 제5항 제2호 마목의 '법인의 영업활동과 직접 관련이 없이 보유하고 있는 주식, 채권 및 금융상품'에 해당하지 아니하므로, 가업상속 공제액을 산정함에 있어 이 사건 쟁점 지분가액을 甲 법인의 총자산가액에서 제외하는 것은 위법하다.

② 구 상증세법 제18조와 구 상증세법 시행령 제15조는 법인이 보유하고 있는 주식이 영업활동과 관련이 있는지 여부만을 따질 뿐 당해 주식이 구 조세특례제한법 제5조 제1항, 구 조세특례제한법 시행령 제2조에서 규정한 중소기업의 주식일 것을 요구하고 있지 아니하다. 따라서 당해 주식이 위 각 규정에서 정한 중소기업의 주식에 해당하지 아니한다는 이유만으로 가업상속공제액에서 제외하는 것은 명문의 법적 근거 없이 과세 대상을 자의적으로 확대하는 것으로서 허용될 수 없다.

③ 원고 C는 2012. 4.경부터 2013. 6.경까지는 甲 법인 본사에서 근무하였고, 2013. 6. 경부터는 甲 소속 직원으로서 乙 자회사에 파견되어 근무하였다. 따라서 원고 C는 상속개시일 2년 전부터 상속개시일까지 계속하여 甲 회사에 종사하였다고 보아야 한다.

(2) 피 고(과세관청)

① 모회사(甲)와 완전자회사(乙)는 별개의 법인이므로, 모회사가 완전자회사의 주식을 보유하고 있는 경우에는 모회사와 완전자회사가 같은 업종을 영위하는지 여부와 상관없이 그 주식은 무조건 영업활동과 직접 관련이 없는 것으로 보아야 한다.

② 투자자산은 기업이 투자수익 등의 목적으로 보유하는 자산이지 영업활동을 위해 보유하는 자산이 아니다. 甲 회사 스스로 이 사건 쟁점 지분을 투자자산인 지분법 적용 투자주식으로 분류하고 乙 자회사로부터 배당금을 지급받아온 이상 이 사건 乙 자회사 지분은 영업활동과 직접 관련이 없는 것으로 보아야 한다.

③ 법정에서 이루어진 원고 C가 甲 회사에서 근무하였다는 진술은 진술인들이 甲 회사의 임직원 또는 거래업체의 진술로 그 신빙성을 인정할 수 없다.

④ 원고 C가 자녀 교육 문제로 해외로 이주한 이후 급여를 지급받지 않았으므로 그 기간은 원고 C가 甲 회사에서 종사한 기간에서 제외하여야 한다.

⑤ 원고 C가 출산을 위하여 미국에 다녀온 기간(약 100일 정도)은 원고 C의 가업 종사기간에서 제외하여야 한다.

5. 대상판결

가. 이 사건 쟁점지분(乙 자회사)이 영업활동과 직접 관련이 없이 보유하고 있는 주식에 해당하는지 여부(서울행정법원 2017. 8. 25. 선고 2016구합80595 판결)

가업상속공제제도는 상속인이 과도한 상속세 부담으로 인하여 피상속인이 생전에 영위하던 가업의 상속을 포기하는 것을 방지함으로써 경제의 근간이 되는 중소기업의 원활한 승계를 지원하고 이를 통하여 경제발전과 고용유지의 효과를 도모하기 위하여 도입된 제도인바, 구 상증세법 시행령 제15조 제5항 제2호 마목의 **영업 활동의 의미를 지나치게 축소해석할 경우** 가업상속공제제도 본래의 취지와 다르게 종속기업과 관계기업 및 공동 지배기업을 통하여 영업활동을 하는 **중소기업은 종속기업과 관계기업 및 공동 지배기업을 통하여 영업활동을 하였다는 이유만으로 가업상속공제를 받을 수 없는 부당한 결과가 초래**될 수 있다.

또한 자유시장 경제 질서하에서 기업들이 해외 진출과 사업다각화 등으로 성장을 도모하기 위하여 자회사 설립, 물적분할, 타 기업 인수합병을 하는 것은 보편적인 현상인바, 구 상증세법 시행령 제15조 제5항 제2호 마목의 **영업 활동의 의미를 지나치게 축소 해석할 경우 중소기업들의 해외 진출과 사업다각화를 통한 성장을 방해하는 결과**가 초래될 수도 있다.

… 중소기업이 국내에 공장을 신축할 경우 당해 공장은 유형자산으로 인식되어 가업상속공제의 혜택을 받을 수 있게 된다. 그런데 중소기업이 해외에 공장을 신축하려는 경우 해당 국가의 법령상 제약 등으로 인하여 현지법인을 신설하는 방법 이외에는 공장을 신축하는 것이 사실상 불가능한 경우가 많다. 이와 같은 상황에서 이 사건 처분과 같이 해외에 공장을 신축하기 위해 설립한 현지법인의 출자지분을 영업활동과 직접 관련이 없이 보유하는 주식으로 볼 경우, 해외에 진출하여 성장을 도모하려는 중소기업을 차별하는 불합리한 결과가 초래될 수 있다.

결국 구 상증세법 시행령 제15조 제5항 제2호 마목의 영업활동과 직접 관련이 없이 보유하고 있는 주식은 **그 문언 그대로 영업활동과 직접 관련이 있는지 여부만으로 판단**하여야 하고, 영업활동의 의미를 지나치게 축소해석하거나 자의적으로 다른 요건을 부가하여 해석하여서는 아니된다.

… 위와 같은 가업 범위의 제한은 가업상속공제 대상인 **가업 자체에 관한 제한이지 그 가업인 중소기업이 보유하고 있는 주식에 관하여 적용되는 제한이 아니다.**

나. 원고 C가 상속개시일 전 2년 이상 직접 가업에 종사하였는지 여부(서울고등법원 2018. 3. 13. 선고 2017누71125 판결)

… 구 상증세법 시행령 제15조 제4항 제2호 나목은 '제6항 제2호 다목에 따른 사유로 가업에 종사하지 못한 기간이 있는 경우에는 그 기간은 가업에 종사한 기간으로 본다'고 규정하고, 제6항 제2호 다목은 '상속인이 법률에 따른 병역의무의 이행, 질병의 요양 등 기획재정부령으로 정하는 부득이한 사유에 해당하는 경우'라고 규정하며, 구 상증세법 시행규칙(2016. 3. 21. 기획재정부령 제557호로 개정되기 전의 것, 이하 같다) 제6조 본문은 '기획재정부령으로 정하는 부득이한 사유란 상속인이 법률의 규정에 의한 병역의무의 이행, 질병의 요양, 취학상 형편 등으로 가업에 직접 종사할 수 없는 사유가 있는 경우를 말한다'고 규정하고 있다. 그런데 근로기준법 제74조 제1항은 '사용자는 임신 중의 여성에

게 출산 전과 출산 후를 통하여 90일의 출산 전후 휴가를 주어야 한다'고 규정하고, 제60조 제6항 제2호는 '임신 중의 여성이 제74조 제1항의 규정에 따른 휴가로 휴업한 기간은 출근한 것으로 본다'고 규정하며, 남녀고용평등과 일 · 가정 양립 지원에 관한 법률 제19조 제3항은 '사업주는 육아휴직을 이유로 해고나 그 밖의 불리한 처우를 하여서는 아니 된다'고 규정하고 있다.

이들 규정을 종합하면, 원고 C가 **출산을 위하여 미국에 다녀온 기간**(이는 약 100일 정도로서 출산과 산후조리 등에 적정한 범위를 넘지 않는다)은 구 상증세법 시행령 제15조 제6항 제2호 다목, 구 상증세법 시행규칙 제6조 본문에 규정된 **부득이한 사유에 해당**한다고 볼 수 있으므로, 이는 구 상증세법 시행령 제15조 제4항 제2호 나목에 의하여 가업 종사 기간에 산입되어야 한다.

甲 회사가 피상속인 사망 후 위와 같이 원고 C의 근로소득세 원천징수 신고 내용 및 감사 등기 기간 등을 수정한 것은 가업상속공제의 요건으로서 원고 C의 근무 기간을 2년 이상이 되도록 맞추기 위한 조치였다고 볼 여지가 있기는 하다. 그러나 원고 C의 실제 가업 종사 기간을 위와 같이 2년 이상으로 볼 수 있는 이상, 이러한 행위가 있었다고 하여 가업상속공제 자체를 부정할 것은 아니다.

6. 평 석

(1) 구 상증세법 제18조 제2항 제1호는 가업의 범위를 '대통령령으로 정하는 중소기업' 등으로 한정하고 있고, 구 상증세법 시행령 제15조 제1항 본문은 '법 제18조 제2항 제1호에서 대통령령으로 정하는 중소기업이란 상속개시일이 속하는 과세연도의 직전 과세연도 말 현재 조세특례제한법 제5조 제1항에 따른 중소기업을 말한다'고 규정하고 있다.

(2) 그러나 위와 같은 **가업 범위의 제한은 가업상속공제 대상인 가업 자체에 관한 제한**이지 그 **가업인 중소기업이 보유하고 있는 주식에 관하여 적용되는 제한이 아니다.** 따라서 모회사인 甲 회사가 아닌 자회사인 베트남에 소재하는 乙 회사가 구 조세특례제한법 제5조 제1항에 규정된 중소기업인지 여부는 문제가 되지 않는다.

(3) 나아가 관계 법령 어디에도 **가업인 중소기업이 보유하고 있는 주식이 구 조세특례제

한법 제5조 제1항에 규정된 중소기업의 주식에 해당하지 않을 경우 가업상속공제액에서 제외하여야 한다는 규정을 두고 있지 아니하다. 따라서 가업인 중소기업이 보유하고 있는 주식이 구 조세특례제한법 제5조 제1항에 규정된 중소기업의 주식에 해당하지 않을 경우 가업상속공제액에서 제외하여야 한다고 해석하는 것은 조세법률주의에 정면으로 반하는 해석으로서 허용될 수 없다.

(4) 과세관청은 모회사와 완전자회사는 별개의 법인이므로, 모회사가 완전자회사의 주식을 보유하고 있는 경우에는 모회사와 완전자회사가 같은 업종을 영위하는지 여부와 상관없이 그 주식은 무조건 영업활동과 직접 관련이 없는 것으로 보아야 한다고 주장한다.

(5) 구 상증세법 시행령 제15조 제5항 제2호 마목의 영업활동과 직접 관련이 없이 보유하고 있는 주식은 그 문언 그대로 **영업활동과 직접 관련이 있는지 여부만으로 판단하여야** 하고, 자의적으로 다른 요건을 부가하여 해석하여서는 아니된다. 따라서 모회사가 완전자회사의 주식을 영업활동과 관련하여 보유하고 있는지 여부를 살펴보지도 아니한 채 무조건 영업활동과 관련이 없이 보유하는 주식으로 보아야 한다는 피고의 이 부분 주장은 조세법률주의에 정면으로 반하는 위법한 해석으로서 받아들일 수 없다.

(6) 또한 피고는 투자자산은 기업이 투자수익 등의 목적으로 보유하는 자산이지 영업활동을 위해 보유하는 자산이 아니므로, 甲 회사가 스스로 이 사건 쟁점지분(乙 회사지분)을 투자자산인 지분법 적용 투자주식으로 분류하고 乙 회사로부터 배당금을 지급 받아 온 이상 乙 회사의 지분은 영업활동과 직접 관련이 없는 것으로 보아야 한다고 주장한다.

(7) 그러나 구 상증세법 시행령 제15조 제5항 제2호 마목의 영업활동과 직접 관련이 없이 보유하고 있는 주식은 그 문언 그대로 영업활동과 직접 관련이 있는지 여부만으로 판단하여야 하고, 그 주식이 재무상태표에 어떠한 계정과목으로 분류되었는지 여부와 같은 다른 요건을 부가하여 해석하여서는 아니된다.

(8) 구 상증세법 제18조 제4항, 같은 법 시행령 제15조 제4항 제2호 나목은 가업상속공제의 요건으로서 상속인이 상속개시일 전에 '2년 이상 직접 가업에 종사'할 것을 규정하고 있는바, 위 조항의 문언과 가업상속공제의 입법취지 등에 비추어 보면, 집안의 사업에 일부 관여하였다는 단편적인 사정만으로는 직접 가업에 종사하였다고 할 수 없

다고 할 것이고, 반면 **가업에의 종사를 반드시 급여의 지급과 연계할 것은 아니고, 후계자로서의 경영수업 등이 이루어졌다고 하여 이를 가업 종사 기간에서 배제할 것도 아니다**(서울고등법원 2018. 3. 13. 서녹 2017누71125 판결).

7. 관련판례

문서번호	내 용
대법원 2014. 1. 16. 선고 2011두24651 판결	'직접 가업에 종사'와 같은 불확정적인 개념에 해당하는 사실의 존부는 그 문언적 의미의 범위 내에서 입법취지 등을 고려하여 구체적인 사안에 따라 개별적, 합리적으로 판단하여야 한다.
대법원 2014. 12. 11. 선고 2012두20618 판결	과세대상인 재산으로부터의 공제요건에 관한 증명책임은 원칙적으로 이를 주장하는 납세의무자가 부담한다.
대법원 1994. 2. 22. 선고 92누18603 판결, 대법원 2004. 5. 27. 선고 2002두6781 판결	조세법률주의 원칙상 과세요건이거나 비과세요건 또는 조세감면요건을 막론하고 조세법규의 해석은 특별한 사정이 없는 한 법문대로 해석하여야 한다.

7-14 개별 가액산정 규정에서 과세대상 제외한 거래 · 행위로 인한 이익은 상증세법 제4조 제1항 제6호에 따른 경제적 실질의 유사성을 이유로 해당 규정을 준용할 수 없음

● 대상판결 : 대법원2021두44951 (2024. 4. 16.) ➜ 국패

핵심 요지

상증세법 제4조 제1항 제6호는 새로운 금융 기법 등 변칙적 증여에 대처하기 위해 경제적 실질이 개별 가액 산정 규정과 유사한 경우 이를 준용하여 증여세를 부과하기 위한 규정으로 **상증세법 제40조 제1항 제2호 나목의 과세 대상에서 제외된 거래 · 행위로 인한 이익에 대하여 상증세법 제4조 제1항 제6호를 근거로 증여세를 과세할 수 없음**

1. 사실관계

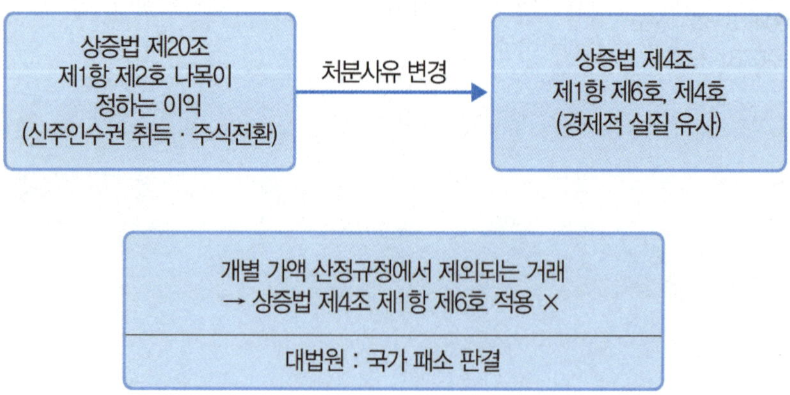

(1) A 주식회사는 2013. 7. 31. B 홀딩스 유한회사와 권면액 500억 원의 이 사건 신주인수권부사채를 발행하는 계약을 체결하고, 2013. 8. 2. B 홀딩스에 이 사건 신주인수권부사채를 발행하였다(A 회사 공장 신축 자금 재원 마련 목적).

(2) B 홀딩스는 2014. 2. 11. 원고 및 C 홀딩스 주식회사와 각 이 사건 신주인수권부사채로부터 분리한 권면액 125억 원의 신주인수권증권을 각 5억 원에 양도하는 계약을 체결하였다. 당시 C 홀딩스는 A 주식회사의 최대주주이고, 원고는 C 홀딩스의 임원이자 A 주식회사의 주주였다.

(3) 원고는 2017. 10. 11. 위와 같이 양수한 이 사건 신주인수권 일부를 행사하여 A 주식회사의 신주 4,310주를 취득하였다.

(4) 원고는 이 사건 신주인수권을 행사하여 이 사건 주식으로 전환함으로써 상증세법 제40조 제1항 제2호 나목이 정하는 이익을 얻었음을 전제로, 2017. 12.경 증여세를 신고·납부하였다.

(5) 원고는 2018. 2. 21. B 홀딩스가 구「자본시장과 금융투자업에 관한 법률」제9조 제12항에 따른 인수인에 해당하지 않아 이 사건 이익은 증여세 과세대상이 아니라고 주장하며, 피고에게 위 증여세의 환급을 구하는 경정청구를 하였으나, 피고는 이 사건 이익은 이 사건 조항 등에 따른 증여세 과세 대상에 해당한다는 이유로 이를 거부하였다.

(6) 피고는 이 사건 1심 패소 후 원심에 이르러 이 사건 이익은 이 사건 조항이 규정한 경우와 경제적 실질이 유사하여 구 상증세법 제4조 제1항 제6호의 증여세 과세 대상에 해당한다고 처분 사유를 변경하였다.

2. 쟁 점

상증세법 제40조 제1항 제2호 나목의 과세 대상에서 제외된 거래·행위로 인한 이익에 대하여 상증세법 제4조 제1항 제6호를 근거로 증여세를 과세할 수 있는지 여부

3. 관련법령

상속세및증여세법 제4조 제1항 제6호, 제4호

① 다음 각 호의 어느 하나에 해당하는 증여재산에 대해서는 이 법에 따라 증여세를 부과한다.

6. **제4호 각 규정의 경우와 경제적 실질이 유사한 경우** 등 제4호의 각 규정을 준용하여 증여재산의 가액을 계산할 수 있는 경우의 그 재산 또는 이익(2015. 12. 15. 개정)

4. 제33조부터 제39조까지, 제39조의2, 제39조의3, 제40조, 제41조의2부터 제41조의5까지, 제42조, 제42조의2 또는 제42조의3에 해당하는 경우의 그 재산 또는 이익

구 상속세및증여세법(2015. 12. 15. 법률 제13557호로 개정되어 2016. 12. 20. 법률 제14388호로 개정되기 전의 것) 제40조 제1항 제2호 나목

① 전환사채, 신주인수권부사채(신주인수권증권이 분리된 경우에는 신주인수권증권을 말한다) 또는 그 밖의 주식으로 전환·교환하거나 주식을 인수할 수 있는 권리가 부여된 사채(이하 이 조 및 제41조의3에서 "전환사채 등"이라 한다)를 인수·취득·양도하거나, 전환사채등에 의하여 주식으로 전환·교환 또는 주식의 인수(이하 이 조에서 "주식전환 등"이라 한다)를 함으로써 다음 각 호의 어느 하나에 해당하는 이익을 얻은 경우에는 그 이익에 상당하는 금액을 그 이익을 얻은 자의 증여재산가액으로 한다. 다만, 그 이익에 상당하는 금액이 대통령령으로 정하는 기준금액 미만인 경우는 제외한다.

2. 전환사채 등에 의하여 주식전환 등을 함으로써 주식전환 등을 한 날에 얻은 다음 각 목의 어느 하나에 해당하는 이익

나. 전환사채 등을 발행한 법인의 최대주주나 그의 특수관계인인 주주가 그 법인으로부터 전환사채 등을 그 소유 주식 수에 비례하여 균등한 조건으로 배정받을 수 있는 수를 초과하여 인수 등을 한 경우로서 전환사채 등에 의하여 교부받았거나 교부받을 주식의 가액이 전환가액 등을 초과함으로써 얻은 이익

4. 원·피고 주장 요약

(1) 원 고

① 구 상증세법 제40조 제1항 제2호 나목에 따라 이 사건 신주인수권증권 행사에 따른 이익에 증여세를 과세하기 위하여는 원고가 이 사건 신주인수권증권을 발행법인인 B 홀딩스 또는 자본시장과 금융투자업에 관한 법률에서 규정하는 인수인으로부터 취득하였어야 하는데, 원고에게 이를 양도한 B 홀딩스는 위 법률의 인수인에 해당하지 않는다.

② A 주식회사, B 홀딩스는 각자의 사업상 목적을 위해 이 사건 신주인수권부사채를 발행 및 취득한 것이어서, 이 사건 신주인수권부사채 발행부터 원고의 이 사건 신주인수권증권의 취득 및 행사에 이르기까지의 일련의 행위를 연속된 하나의 행위 또는 거래라고 할 수 없으므로, 상증세법 제4조 제1항 제6호를 적용하여 증여세를 부과할 수 없다.

(2) 피 고(과세관청)

① 원고가 구 자본시장과 금융투자업에 관한 법률 제9조 제12항의 인수인으로부터 신주인수권증권을 인수 · 취득한 경우에 해당하므로 피고의 경정청구 거부처분은 정당하다(당초 피고의 주장).

② 이 사건 신주인수권증권의 행사 시점을 기준으로 원고가 B 홀딩스로부터 위 신주인수권증권을 취득하여 행사함으로써 얻은 이익이 개정 상증세법(2016. 12. 20. 법률 제14388호로 개정된 것을 말한다) 제40조 제1항 제2호 나목에 해당하는 경우의 이익과 그 경제적 실질이 유사하여 개정 상증세법 제4조 제1항 제6호에 따른 증여세 부과대상에 해당하므로 결국 이 사건 처분은 적법하다(원심에 이르러 피고의 주장 변경).

5. 대상판결

납세자의 예측가능성 등을 보장하기 위하여 개별 가액산정규정이 특정한 유형의 거래 · 행위를 규율하면서 그중 일정한 거래 · 행위만을 증여세 과세대상으로 한정하고 그 과세범위도 제한적으로 규정함으로써 증여세 과세의 범위와 한계를 설정한 것으로 볼 수 있는 경우에는, 개별 가액산정규정에서 규율하고 있는 거래 · 행위 중 **증여세 과세대상이나 과세범위에서 제외된 거래 · 행위가 구 상증세법 제2조 제6호의 증여 개념에 들어맞더라도 그에 대한 증여세를 과세할 수 없다**(대법원 2015. 10. 15. 선고 2013두13266 판결 참조). … 구 상증세법 제40조 제1항은 "전환사채, 신주인수권부사채(신주인수권증권이 분리된 경우에는 신주인수권증권을 말한다) 또는 그 밖의 주식으로 전환 · 교환하거나 주식을 인수할 수 있는 권리가 부여된 사채(이하 '전환사채 등'이라 한다)를 인수 · 취득 · 양도하거나, 전환사채 등에 의하여 주식으로의 전환 · 교환 또는 주식의 인수(이하 '주식전환 등'이라 한다)를 함으로써 다음 각 호의 어느 하나에 해당하는 이익을 얻은 경우에는 그 이익에 상당하는 금액을 그 이익을 얻은 자의 증여재산가액으로 한다."라고 규정하고 있고, 이 사건 조항은 '전환사채 등을 발행한 법인의 최대주주나 그의 특수관계인인 주주가 그 법인 또는 구 자본시장법 제9조 제12항에 따른 인수인으로부터 전환사채 등을 그 소유주식 수에 비례하여 균등한 조건으로 배정받을 수 있는 수를 초과하여 인수 · 취득한 경우로서, 전환사채 등에 의하여 주식전환 등을 함으로써 교부받았거나 교부받을 주식의 가액이 전환가액 등을 초과함으로써 얻은 이익'을 증여세 과세대상으로 규정하고 있다. 즉, 이 사건 조항은 전환사채 등의 주식전환 등에 따른 **모든 이익을 증여세 과세대상으로 규율한 것이 아니라**, 전환사채 등을 인수 · 취득한 주주와 발행법인 간에 특수관계가 존재할 것과 발행법인 또는 구 자본시장법 제9조 제12항에 따른 인수인으로부터 전환사채 등을 인수 · 취득할 것을 요구하는 등 **과세대상과 과세범위를 한정함으로써 증여세 과세의 범위와 한계를 설정한 것**으로 보아야 한다. 따라서 **이 사건 조항의 과세대상이나 과세범위에서 제외된 거래 · 행위, 즉 이 사건에서와 같이 발행법인이나 구 자본시장법 제9조 제12항에 따른 인수인으로부터 신주인수권증권을 취득한 것이 아닌 거래 · 행위로 인하여 얻은 이익에 대하여는 이를 증여세 과세대상으로 하는 별도의 규정이 있는 등의 특별한 사정이 없는 한 구 상증세법 제2조 제6호 등을 근거로 하여 증여세를 과세할 수 없다.**

6. 평 석

(1) 2003. 12. 30. 법률 제7010호로 개정된 「상속세 및 증여세법」은 변칙적인 상속 · 증여에 사전적으로 대처하기 위하여, 세법 고유의 포괄적인 증여 개념을 도입하고, 종전 증여의제규정을 일률적으로 증여재산가액의 계산에 관한 규정(이하 '가액산정규정'이라 한다)으로 전환하는 등 이른바 증여세 완전포괄주의 과세제도를 도입하였다. 그러나 다른 한편으로 **종전의 증여의제규정에서 규율하던 과세대상과 과세범위 등 과세요건과 관련된 내용을 가액산정규정에 그대로 남겨 두어** 납세자의 예측가능성과 조세법률관계의 안정성을 도모하고자 하였다.

(2) 그 후 2015. 12. 15. 법률 제13557호로 개정된 구 상증세법은 증여세 완전포괄주의 관련 규정을 정비하였다. 당시 여러 조항에 분산되어 있던 증여세 과세 대상을 제4조 제1항 각 호에 열거하면서, 제4호에서 '구 상증세법의 개별 가액산정규정(제33조부터 제39조까지, 제39조의2, 제39조의3, 제40조, 제41조의2부터 제41조의5까지, 제42조, 제42조의2 또는 제42조의3)에 해당하는 경우의 그 재산 또는 이익'을 규정하는 한편, 이와 별도로 **제6호에서 "제4호 각 규정의 경우와 경제적 실질이 유사한 경우 등 제4호의 각 규정을 준용하여 증여재산의 가액을 계산할 수 있는 경우의 그 재산 또는 이익"을 규정**하였다. 그와 같이 증여세 완전포괄주의를 강화하는 내용의 규정

정비를 하면서도 종전의 개별 가액산정규정에서 요구하던 과세대상이나 과세범위에 관한 사항을 개정하였고, 제42조, 제42조의2 및 제42조의3의 개별 가액산정규정을 추가로 신설하는 등의 정비도 함께 이루어졌다.

(3) 증여세 완전포괄주의 관련 법령의 문언, 체계, 개정 경과, 입법 취지 및 개별 가액산정규정이 설정한 증여세 과세의 범위와 한계에 따라 증여세 과세 대상에서 제외된 거래 · 행위에 대하여 구 상증세법 제4조 제1항 제6호를 근거로 증여세를 과세할 경우 납세자의 예측 가능성과 법적 안정성을 현저히 침해하게 되는 점 등을 종합하여 보면, **구 상증세법 제4조 제1항 제6호는 새로운 금융기법이나 자본거래 등의 방법으로 부를 무상 이전하는 변칙적인 증여에 대처하기 위하여** 그 거래 · 행위의 **경제적 실질이 개별 가액 산정규정과 유사한 경우 개별 가액 산정규정을 준용하여 증여세를 부과하기 위한 규정**으로 봄이 상당하고, 개별 가액 산정규정이 설정한 증여세 과세의 범위와 한계에 들어맞지 않아 **증여세 과세대상에서 제외되는 거래 · 행위도 특별히 과세대상으로 삼기 위한 별도의 규정으로 볼 수는 없다(대상 판결).**

(4) 구 상증세법 제40조 제1항에서 정하고 있는 '인수인'은 전환사채 등의 발행법인을 위하여 제3자에게 취득의 청약을 권유하여 전환사채 등을 취득시킬 목적으로 이를 취득하는 자를 의미할 뿐이고, 이러한 목적 없이 **단순한 투자 목적으로 취득하는 자는 특별한 사정이 없는 한 인수인에 해당하지 않는다**고 보아야 한다(대법원 2019. 5. 30. 선고 2017두49560 판결, 대법원 2019. 7. 25. 선고 2018두33449 판결 등 참조).

(5) B 홀딩스는 이자수익 및 매도 차익을 얻고자 하는 투자자의 지위에서 이 사건 신주인수권부사채를 취득하였을 뿐, 처음부터 제3자에게 신주인수권증권의 취득의 청약을 권유하여 위 증권을 취득시킬 목적을 가지고 이 사건 신주인수권부사채를 취득하였다고는 보기 어려우므로, 구 상증세법 제40조 제1항에서 정한 '인수인'에 해당한다고 볼 수 없다.

(6) 피고는 구 상증세법 제40조 제1항은 전환사채 등의 발행을 전제로 하면서도 실질적으로 사모의 방법에 의한 경우만을 과세대상으로 하는 이상, 사모의 특수성을 고려하여 위 규정의 '인수인'에 대해 완화된 개념을 적용하여야 하고, 구두에 의한 경우에도 '청약의 권유'가 있었던 것으로 보아 "제3자인 최대주주 등에게 전환사채 등을 취득시킬 목적으로 신주인수권을 취득한 자"도 '인수인'에 해당한다고 주장한다. 그러나 조세법

률주의의 원칙상 과세요건이거나 비과세 요건 또는 조세감면 요건을 막론하고 조세법규의 해석은 특별한 사정이 없는 한 법문대로 해석할 것이고, 합리적 이유 없이 확장해석하거나 유추 해석하는 것은 허용되지 아니한다(대법원 1994. 2. 22. 선고 92누18603 판결, 대법원 2004. 5. 27. 선고 2002두6781 판결).

(7) 구 상증세법 제4조의2에서 2 이상의 행위 또는 거래를 거치는 방법에 의하여 증여세를 부당하게 감소시킨 것으로 인정되는 경우에 그 경제적 실질 내용에 따라 연속된 하나의 행위 또는 거래로 보아 과세하도록 규정한 것은, 증여세의 과세대상이 되는 행위 또는 거래를 우회하거나 변형하여 여러 단계의 거래를 거침으로써 증여의 효과를 달성하면서도 부당하게 증여세를 감소시키는 조세회피행위에 대처하기 위하여 그와 같은 여러 단계의 거래 형식을 부인하고 실질에 따라 증여세의 과세대상인 하나의 행위 또는 거래로 보아 과세할 수 있도록 한 것으로서, 실질과세 원칙의 적용 태양 중 하나를 증여세 차원에서 규정하여 조세 공평을 도모하고자 한 것이다. 그렇지만 한편 납세의무자는 경제활동을 할 때 동일한 경제적 목적을 달성하기 위하여 여러 가지의 법률관계 중의 하나를 선택할 수 있고 과세관청으로서는 특별한 사정이 없는 한 당사자들이 선택한 법률관계를 존중하여야 하며, 또한 여러 단계의 거래를 거친 후의 결과에는 손실 등의 위험 부담에 대한 보상뿐 아니라 외부적인 요인이나 행위 등이 개입되어 있을 수 있으므로, **그 여러 단계의 거래를 거친 후의 결과만을 가지고 그 실질이 증여 행위라고 쉽게 단정하여 증여세의 과세대상으로 삼아서는 아니 된다**(대법원 2017. 1. 25. 선고 2015두3270 판결, 대법원 2019. 4. 11. 선고 2017두57899 판결 등 참조).

(8) 구 상증세법 제4조의2에 의하여, 당사자가 거친 여러 단계의 거래 등 법적 형식이나 법률관계를 재구성하여 직접적인 하나의 거래에 의한 증여로 보고 증여세 과세대상에 해당한다고 하려면, 납세의무자가 선택한 거래의 법적 형식이나 과정이 **처음부터 조세회피의 목적을 이루기 위한 수단에 불과**하여 그 재산 이전의 실질이 직접적인 증여를 한 것과 동일하게 평가될 수 있어야 하고, 이는 당사자가 그와 같은 거래 형식을 취한 목적, 제3자를 개입시키거나 단계별 거래 과정을 거친 경위, 그와 같은 거래 방식을 취한 데에 조세부담의 경감 외에 사업상의 필요 등 다른 합리적 이유가 있는지 여부, 각각의 거래 또는 행위 사이의 시간적 간격, 그러한 거래형식을 취한 데 따른

손실 및 위험 부담의 가능성 등 관련 사정을 종합하여 판단하여야 한다(대법원 2017. 2. 15. 선고 2015두46963 판결 등 참조).

(9) 개정 상증세법 제4조 제1항 제6호는 "제4호 각 규정의 경우와 경제적 실질이 유사한 경우 등 제4호의 각 규정을 준용하여 증여재산의 가액을 계산할 수 있는 경우의 그 재산 또는 이익"이라고 규정하고 있는바, 여기서 경제적 실질의 유사성이란 법적인 측면에서 그 외관이나 형식을 기준으로 삼지 않고 제4호 각 규정의 입법 취지와 경제적인 효과나 이해관계를 바탕으로 그 실질을 따져 유사한지를 판단해야 한다는 의미이다. 이는 제4호의 각 규정과 유사한 새로운 금융기법이나 자본거래라는 거래 · 행위 요건만을 기준으로 삼을 것이 아니라 개정 상증세법 제40조 제1항에서 규정하고 있는 것과 같은 최대주주의 특수관계인이라는 인적 요건까지 포함하여 해당 거래 · 행위의 경위와 목적, 변칙적인 부의 무상 이전 또는 재산 가치의 증가에 대한 증여세 과세의 필요성, 각 개별 가액산정규정에서 인적 요건을 규정한 취지 등을 종합하여 경제적 실질의 유사성을 판단하여야 할 것이다.

(10) 대법원은 "결국 이 사건 신주인수권부사채 발행부터 그 양도, 행사에 이르기까지의 일련의 과정은 A 주식회사, B 홀딩스 및 원고가 각자의 사업목적 및 이익 실현을 위하여 행한 거래로서 이루어진 것일 뿐, 처음부터 A 주식회사의 주가 상승을 예정하고 A 주식회사의 특수관계인인 원고에게 주가 상승으로 인한 이익을 과다하게 분여하기 위한 목적을 가지고 그 수단으로 이용된 연속된 하나의 행위 또는 거래라고 보기 어려우므로, 구 상증세법 제4조의2를 적용하여 구 상증세법 제40조 제1항 제2호에 따라 증여세를 과세할 수 없다"고 판단하였다.

7. 관련 판례

문서번호	내　용
대법원 2019. 5. 30. 선고 2017두49560 판결, 대법원 2019. 7. 25. 선고 2018두33449 판결 등	개정 상증세법 제40조 제1항에서 정하고 있는 인수인은 전환사채 등의 발행법인을 위하여 제3자에게 취득의 청약을 권유하여 전환사채 등을 취득시킬 목적으로 이를 취득하는 자를 의미할 뿐이고, 이러한 목적 없이 **단순한 투자 목적으로 취득하는 자는 특별한 사정이 없는 한 인수인에 해당하지 않는다**고 보아야 한다.

문서번호	내 용
대법원 2017. 1. 25. 선고 2015두3270 판결, 대법원 2019. 4. 11. 선고 2017두57899 판결	납세의무자는 경제활동을 할 때 동일한 경제적 목적을 달성하기 위하여 여러 가지의 법률관계 중의 하나를 선택할 수 있고 과세관청으로서는 특별한 사정이 없는 한 당사자들이 선택한 법률관계를 존중하여야 하며, 또한 여러 단계의 거래를 거친 후의 결과에는 손실 등의 위험 부담에 대한 보상뿐 아니라 외부적인 요인이나 행위 등이 개입되어 있을 수 있으므로, **그 여러 단계의 거래를 거친 후의 결과만을 가지고 그 실질이 증여 행위라고 쉽게 단정하여 증여세의 과세대상으로 삼아서는 아니 된다.**
대법원 2017. 2. 15. 선고 2015두46963 판결	당사자가 거친 여러 단계의 거래 등 법적 형식이나 법률관계를 재구성하여 직접적인 하나의 거래에 의한 증여로 보고 증여세 과세대상에 해당한다고 하려면, 납세의무자가 선택한 **거래의 법적 형식이나 과정이 처음부터 조세회피의 목적을 이루기 위한 수단에 불과**하여 그 재산 이전의 실질이 직접적인 증여를 한 것과 동일하게 평가될 수 있어야 하고, 이는 당사자가 그와 같은 거래 형식을 취한 목적, 제3자를 개입시키거나 단계별 거래 과정을 거친 경위, 그와 같은 거래 방식을 취한 데에 조세부담의 경감 외에 사업상의 필요 등 다른 합리적 이유가 있는지 여부, 각각의 거래 또는 행위 사이의 시간적 간격, 그러한 거래 형식을 취한 데 따른 손실 및 위험 부담의 가능성 등 관련 사정을 종합하여 판단하여야 한다.
대법원 1994. 2. 22. 선고 92누18603 판결, 대법원 2004. 5. 27. 선고 2002두6781 판결	조세법률주의 원칙상 과세요건이거나 비과세 요건 또는 조세감면 요건을 막론하고 **조세법규의 해석**은 특별한 사정이 없는 한 **법문대로 해석**하여야 한다.

7-15 배우자주식증여로 인한 절세라는 결과만을 보고 이 사건 증여 및 양도가 실질 없는 의제배당소득 회피목적의 비합리적 거래라고 보기 어려움

● 대상판결 : 대법원 2024두42659 (2024. 9. 12.) ➜ 국패

핵심 요지

부부 간 증여에 대해 6억 원의 범위에서 증여세를 부담하지 않으면서 이월과세 규정이 적용되지 않음으로써 증여 당시 가액을 취득금액으로 보아 의제배당 소득이 없게 된다는 사정이 있다고 하여 이 사건 주식의 증여행위를 "실질과 괴리되는 비합리적인 형식이나 외관"에 불과한 가장행위로 보아 부인하는 것은 위와 같은 입법 태도와도 맞지 않아 부당하다.
또한, 이 사건 증여로 B의 배우자 증여재산 공제 한도 6억 원은 모두 소진됨으로써 B는 향후 10년 내 A로부터 증여를 받는다면 그에 대한 증여세를 면할 수 없다. A와 B가 이러한 손실을 감수하면서도 이 사건 거래 방식을 택하였다는 점에서도 이 사건 거래가 단지 "실질과 괴리되는 형식이나 외관"에 불과한 것이라고 섣불리 단정할 수는 없다.

1. 사실관계

• 거래흐름도

• 절세효과

구 분	내 용
배우자에게 주식증여	증여재산공제 6억원 공제혜택
배우자 → 주식 법인양도	양도금액 = 취득금액 → 의제배당, 양도소득세×
법인자금907만원 외부유출	가지급금상환 및 상속세 절감

(1) 원고는 주식회사 甲의 사내이사이자 2018. 1. 1. 기준으로 이 사건 회사의 총발행주식수 40,000주 중 13,600주(지분율 34%)를 보유한 주주이고, A는 이 사건 회사의

대표이사이자 원고의 배우자로 2018. 1. 1. 기준으로 이 사건 회사의 총발행주식수 40,000주 중 14,400주(지분율 36%)를 보유한 주주이다.

(2) 원고는 2018. 3. 1. 배우자인 A에게 자신이 보유한 이 사건 회사 주식 13,600주 중 3,600주를 증여하였다.

(3) A는 2018. 6.경 증여받은 이 사건 주식의 증여가액을 상속세 및 증여세법에 따른 보충적 평가방법으로 평가한 907백만 원(1주당 252,207원 × 3,600주)으로 산정하고, 그 중 같은 법에 의한 배우자 증여재산 공제 한도 6억 원을 공제한 307백만 원(= 907백만 원 - 6억 원)을 과세표준으로 하여 이 사건 증여에 관한 증여세로 49백만 원을 신고 · 납부하였다.

(4) 이 사건 회사인 甲주식회사는 2018. 4. 2. 임시주주총회를 개최하여 자기주식 3,600주를 취득가액 총액의 한도 907백만 원(1주당 가액 252천 원)에 취득하기로 하는 결의를 하였고, 2018. 5. 8. A로부터 이 사건 주식을 907백만 원(증여 당시 가액과 동일)에 매입한 후 2018. 5. 25. 이를 소각하였다.

(5) 과세관청은 이 사건 증여가 원고의 의제배당 소득을 회피하기 위한 가장거래로서 국세기본법 제14조 제3항에 따라 실질과세 원칙상 A가 아닌 원고가 이 사건 회사에 이 사건 주식을 직접 양도한 것으로 보아야 하므로 원고에게 의제배당 소득이 발생하였다고 판단하고, 2021. 12. 1. 원고에게 2018년 귀속 종합소득세 및 가산세 합계 420백만 원을 부과 · 고지하였다.

(6) 원고는 2022. 1. 4. 이 사건 처분에 불복하여 국세청장에게 심사청구를 하였으나, 국세청장은 2022. 4. 6. 원고의 심사청구를 기각하였다.

2. 쟁 점

주식을 증여받은 배우자가 이를 발행회사에 양도한 후 소각한 경우 거래의 재구성에 관한 국세기본법 제14조 제3항의 실질과세 원칙을 근거로 소득이 귀속되지 아니한 증여자에게 의제배당으로 과세할 수 있는지 여부

3. 관련법령

구 국세기본법(2020. 6. 9. 법률 제17339호로 개정되기 전의 것) 제14조【실질과세】

① 과세의 대상이 되는 소득, 수익, 재산, 행위 또는 거래의 귀속이 명의일 뿐이고 사실상 귀속되는 자가 따로 있을 때에는 사실상 귀속되는 자를 납세의무자로 하여 세법을 적용한다.
② 세법 중 과세표준의 계산에 관한 규정은 소득, 수익, 재산, 행위 또는 거래의 명칭이나 형식에 관계없이 그 실질 내용에 따라 적용한다.
③ 제3자를 통한 간접적인 방법이나 둘 이상의 행위 또는 거래를 거치는 방법으로 이 법 또는 세법의 혜택을 부당하게 받기 위한 것으로 인정되는 경우에는 그 경제적 실질 내용에 따라 당사자가 직접 거래를 한 것으로 보거나 연속된 하나의 행위 또는 거래를 한 것으로 보아 이 법 또는 세법을 적용한다.

상속세 및 증여세법[구 소득세법(2020. 12. 29. 법률 제17757호로 개정되기 전의 것)] 제53조【증여재산 공제】

④ 거주자가 다음 각 호의 어느 하나에 해당하는 사람으로부터 증여를 받은 경우에는 다음 각 호의 구분에 따른 금액을 증여세 과세가액에서 공제한다. 이 경우 수증자를 기준으로 그 증여를 받기 전 10년 이내에 공제받은 금액과 해당 증여가액에서 공제받을 금액을 합친 금액이 다음 각 호의 구분에 따른 금액을 초과하는 경우에는 그 초과하는 부분은 공제하지 아니한다.
1. 배우자로부터 증여를 받은 경우 : 6억원

구 소득세법(2020. 12. 29. 법률 제17757호로 개정되기 전의 것) 제17조【배당소득】

① 배당소득은 해당 과세기간에 발생한 다음 각 호의 소득으로 한다.
3. 의제배당
② 제1항 제3호에 따른 의제배당이란 다음 각 호의 금액을 말하며, 이를 해당 주주, 사원, 그 밖의 출자자에게 배당한 것으로 본다.
1. 주식의 소각이나 자본의 감소로 인하여 주주가 취득하는 금전, 그 밖의 재산의 가액 또는 퇴사·탈퇴나 출자의 감소로 인하여 사원이나 출자자가 취득하는 금전, 그 밖의 재산의 가액이 주주·사원이나 출자자가 그 주식 또는 출자를 취득하기 위하여 사용한 금액을 초과하는 금액

4. 원 · 피고 주장 요약

(1) 원 고

이 사건 증여와 이 사건 양도는 모두 상법 등 관련 법률에서 정한 바에 따라 적법하게 이루어진 것으로 거래의 형식과 실질이 일치하는 것이다. 그로 인하여 배우자 증여재산 공제가 적용된다고 하더라도 이는 원고가 납세자로서 선택 가능한 여러 가지 거래 방식 중 가장 합리적인 방식을 선택한 것으로 볼 것이지, 이 사건 증여 및 이 사건 양도가 오로지 조세회피 목적에서 기인하였다고 볼 수는 없다. 그러므로 국세기본법 제14조 제3항을 근거로 원고가 이 사건 회사에게 이 사건 주식을 직접 양도한 것이라고 보고 종합소득세를 부과한 이 사건 처분은 위법하여 취소되어야 한다.

(2) 피 고

이 사건 증여와 이 사건 양도는 그 목적이 원고가 이 사건 회사에게 이 사건 주식을 직접 양도할 경우 발생하는 의제배당 소득을 회피하기 위하여 비합리적인 형식이나 외관을 취한 것이다. 그러므로 이 사건은 국세기본법 제14조 제3항에서 규정한 실질과세의 원칙에 따라 원고가 이 사건 주식을 이 사건 회사에게 직접 양도한 다음 그 주식이 소각됨으로써 원고에게 의제배당 소득이 발생하였고, 그 후 원고가 배우자인 A에게 주식양도 대금을 증여한 것으로 재구성되어야 하는바, 이 사건 처분은 적법하다.

5. 대상판결(수원지방법원 2023. 7. 13. 선고 2022구합1586 판결)

… 원고가 이 사건 주식을 A에게 증여함에 따라 원고가 보유하고 있던 이 사건 회사의 주식이 3,600주 감소하고 그만큼 A가 보유하는 이 사건 회사의 주식이 증가하여 이 사건 회사의 주주 현황이 변경되었다. 아울러 이 사건 증여로 인하여 A의 상속세 및 증여세법상 배우자 증여재산 공제한도 600,000,000원도 전부 감소하였고, 공제 한도를 초과하는 부분에 대하여는 증여세를 신고 · 납부하였다.

이 사건 회사는 임시주주총회 결의 등을 거쳐 A로부터 이 사건 주식을 매입하여 이를 소각함으로써 이 사건 회사의 발행주식 수를 감소시켰는바, 이는 상법에서 정하는 절차에 따른 것으로 달리 그러한 절차가 위법하다고 볼 만한 사정을 찾아보기 어렵다. 또한 A는 이 사건 주식의 양도대금 907백만 원을 자신의 이 사건 회사에 대한 가지급금 채무의 변제에 사용(상계)한 것으로 보이고, 달리 이 사건 주식의 양도대금이 원고에게 귀속되었다고 볼 만한 자료가 없다.

위의 사정들을 고려하면, **이 사건 증여나 이 사건 양도는 독립한 경제적 실질이 존재하는 것**으로 봄이 상당하다.

배우자에게 '주식'을 증여할 것인지 '현금'을 증여할 것인지에 대해서는 기본적으로 당사자인 원고가 선택할 수 있는 것이고, 배우자 증여재산 공제 한도는 상속세 및 증여세법상 인정되고 있는 상황에서, 이 사건 증여 및 이 사건 양도로 배우자증여공제 제도를 통하여 절세를 하고, 상속세 및 증여세법상 보충적 평가방법으로 평가한 증여가액과 이 사건 주식의 양도가액이 동일하여 A가 양도소득세를 부담하지 않게 되었다는 사정만으로 이 사건 증여 및 이 사건 양도가 그 실질이 없이 오로지 의제배당소득세의 부담을 회피할 목적으로 비합리적인 형식이나 외관을 형성한 것이라고 단정할 수 없다. 원고와 A가 이 사건 증여 및 이 사건 양도에 관하여 외부 전문가의 조언을 받은 점, 원고가 이 사건 주식을 이익 소각한 후 현금을 A에게 증여하는 등 간편한 방법이 있음에도 위와 같은 번거로운 절차를 거친 점, 이 사건 증여부터 이 사건 주식의 소각에 이르기까지 일련의 절차가 단기간에 이루어진 점 등 피고가 주장하는 사정들을 고려하더라도 마찬가지다.

피고는 국세기본법 제14조 제3항을 근거로 ① 이 사건 증여, ② 이 사건 양도를 모두 부인하고, 이를 ① 원고가 이 사건 회사에 이 사건 주식을 직접 양도, ② 원고가 이 사건 주식의 양도 대금을 A에게 증여한 것으로 재구성 하였다. 위 규정은 여러 단계의 거래 형식을 부인하고 실질에 따라 과세 대상인 하나의 행위 또는 거래로 보아 과세할 수 있도록 한 것이다. 이 사건과 같이 여러 단계의 거래 형식을 모두 부인하고, 이를 다시 복수의 거래로 재구성하는 경우까지 허용된다고 보기 어렵다.

6. 평 석

(1) 피고는 원고의 주식증여 행위부터 회사의 자기주식 취득결의까지가 한 달 남짓한 짧은 기간 내에 이루어졌고, 임시주주총회에서 결의한 자사주 매입 수량 및 가격이 증여

내용과 일치하며, A는 이 사건 주식 외에도 별도로 회사 주식을 소유하고 있었다는 사정 등을 내세워 위와 같은 거래 방식은 '실질과 괴리되는 비합리적인 형식이나 외관'에 불과한 것이고, 원고의 이 사건 회사에의 주식양도 및 소각(의제배당 소득 발생), 원고의 A에 대한 주식양도 대금 증여, A의 가지급금채무 변제 순서로 진행되는 것이 '정상적이고 자연스러운 경로'라고 주장한다.

(2) 그러나 이는 원고의 A에 대한 주식증여 행위와 회사에 대한 주식양도 행위의 순서만 바꾼 것일 뿐으로, A의 가지급금 채무 변제라는 **동일한 경제적 목적을 달성하기 위하여 선택할 수 있는 여러 거래 방식에 해당**한다. 즉 원고가 A에게 자산을 증여하고자 할 당시 이미 회사의 자기주식 취득 및 소각이 예정된 것이었다 하더라도 반드시 원고가 먼저 회사에 주식을 양도하고 그 대금을 A에게 증여하여야 하는 것만이 합리적인 것이고, 주식을 증여하여 A로 하여금 회사에 주식을 양도하고 대금을 받도록 하는 것은 비합리적인 것이라고 단정할 근거는 없다. 오히려 그중 보다 조세부담이 적은 거래 방식을 선택하여 동일한 경제적 효과를 거두고자 하는 것은 납세의무자의 합리적 이유가 있는 통상적인 행태에 부합한다.

(3) 여기에 주식 증여 및 자기주식 취득결의까지가 한 달 남짓에 불과하다거나 증여내용과 자기주식 취득결의 내용이 일치한다는 것은 피고 주장처럼 이 사건 거래의 순서를 바꿔 원고의 주식양도 및 A에게의 양도 대금 증여로 재배열한다 하더라도 마찬가지로 한 달 이내에 이루어질 수 있고 그 금액도 일치할 수 있으며, 가지급금 변제를 위해 반드시 자신이 소유하던 주식을 우선 소각해야 하는 것은 아닌 점과 함께 앞서 본 것처럼 주식양도 대금이 모두 A에게 실질적으로 귀속된 점(이는 피고도 명백히 다투지 아니한다)까지 아울러 고려하여 보면, 피고가 주장하는 사정만으로 전자의 거래방식은 '실질과 괴리되는 비합리적인 형식이나 외관'에 불과한 것이고 후자의 거래방식만이 '정상적이고 자연스러운 경로'에 해당한다고 단정할 수는 없고 달리 그와 같이 볼 아무런 근거가 없다(원심인 수원고등법원 2024. 4. 5. 선고 2023누14332판결 내용 중).

(4) 피고가 이 사건 거래를 앞서와 같이 재구성하고자 하는 이유는 원고가 회사에 주식을 양도한 것으로 볼 경우 원고에게는 주식 취득가액과 주식 양도가액의 차액에 해당하는 의제배당 소득이 발생하여 그에 대해 소득세를 부과할 수 있지만, A가 회사에 주식을 양도한 것으로 볼 경우에는 A의 주식 취득가액과 주식양도가액이 모두 증여 당시

가액으로 동일하여 그 차액에 해당하는 의제배당 소득이 발생하지 않아 소득세를 부과할 수 없기 때문이다.

(5) 이처럼 A의 주식 양도 행위와 관련하여 의제배당 소득이 없게 된 것은 소득세법에서 의제배당 소득을 주주의 주식 취득대금과 주식 양도대금 사이의 차액으로 산정하는 것에서 기인한 것일 뿐, 배우자 증여재산 공제제도나 주식양도 대금을 양도소득이 아닌 배당소득으로 보는 것과는 직접 관련이 없다. 소득세법은 주식과 달리 토지 등 다른 자산을 이 사건처럼 증여받은 후 일정 기간 내에 양도하는 경우에, 피고 주장처럼 증여 행위 자체를 가장행위로 보아 부인하는 것이 아니라, 증여에 의한 자산 이전은 인정하되 다만 증여자의 취득가액을 수증자의 취득가액으로 간주하는 이른바 이월과세 방식을 채택함으로써, 증여 당시 가액을 취득가액으로 함으로 인한 취득가액(필요경비) 상승을 부인하고 있을 뿐이다. 이 사건과 같은 **주식의 양도에 관하여도 2020년 개정된 소득세법에서는 이월과세방식을 도입하여 2023. 1. 1. 이후 증여된 부분부터 적용**하고 있다.

(6) 이 사건 증여로 A의 배우자 증여재산 공제한도 6억 원은 모두 소진되었다. A는 향후 10년간 원고로부터 증여받을 경우 그에 대한 증여세를 면할 수 없다. 원고와 A가 이러한 손실을 감수하면서도 이 사건 거래 방식을 택하였다는 점에서도 이 사건 거래가 단지 '실질과 괴리되는 형식이나 외관'에 불과한 것이라고 섣불리 단정할 수는 없다.

(7) 주로 배우자 증여를 통한 이익소각으로서 이러한 행위에 대해 국세청은 2021년에 기획조사를 통해 배우자 증여를 통한 이익소각을 조세회피 행위로 판단하여 증여행위 자체를 부인하여 증여자에게 배당소득으로 과세하였다. 이에 대한 조세 불복 및 조세소송을 제기한 사안에서 대상판결은 대법원이 심리불속행으로 과세처분을 취소함으로써 최종 국세청 패소로 확정되었다.

(8) 이익소각이란 자기주식을 취득하여 주주에게 배당할 이익으로 그 주식을 소각하는 것을 말한다. 이는 주식의 발행주식 총수가 줄어 기존 주주의 이익을 높일 수 있고, 법정자본금이 그대로 유지됨으로써 기업의 본질적 가치가 그대로 유지된다. 즉, 감자가 아니더라도 기업이 주주의 배당 재원으로 주식을 소각할 수 있는 것으로서 기업의 이익잉여금을 재원으로 하여 기존 주식을 취득해 소각하는 것이다. 다만, 기업이 주식소각을 위해 자기주식을 취득함으로써 그 대가를 받는 주주에게는 의제배당에 대한 과세

문제가 발생한다. 이를 회피하기 위해 배우자에게 주식을 증여한 후 그 주식을 기업이 자기주식으로 취득한 후 이익잉여금으로 주식을 소각하는 것이다. 즉, 배우자 공제제도를 활용하여 기업의 자금을 외부로 유출하면서 세금을 부담하지 않는 것이다.

(9) 대상 판결과 같은 사안에서 만약 증여자에게 주식양도 대금이 환원되었다면(즉, 증여자에게 소득이 귀속되었다면) 배우자에게로의 주식 증여와 발행회사로의 주식양도 및 주식소각은 증여자가 부담할 의제배당 소득에 대한 소득세를 회피하기 위한 수단에 불과한 것으로 볼 수 있으므로 국세기본법 제14조 제3항의 거래 재구성에 관한 실질과세 원칙을 적용할 수 있을 것이다.

7. 관련판례

문서번호	내 용
대법원 2017. 12. 22. 선고 2017두57516 판결 등	국세기본법에서 이와 같이 제14조 제3항을 둔 취지는 과세대상이 되는 행위 또는 거래를 우회하거나 변형하여 여러 단계의 거래를 거침으로써 부당하게 조세를 감소시키는 조세회피행위에 대처하기 위하여 그와 같은 여러 단계의 거래 형식을 부인하고 실질에 따라 과세대상인 하나의 행위 또는 거래로 보아 과세할 수 있도록 한 것으로서, 실질과세의 원칙의 적용 태양 중 하나를 규정하여 조세공평을 도모하고자 한 것이다. 그렇지만 한편 납세의무자는 경제활동을 할 때에 동일한 경제적 목적을 달성하기 위하여 여러 가지의 법률관계 중의 하나를 선택할 수 있고 과세관청으로서는 특별한 사정이 없는 한 당사자들이 선택한 법률관계를 존중하여야 하며, 또한 여러 단계의 거래를 거친 후의 결과에는 손실 등의 위험 부담에 대한 보상뿐 아니라 외부적인 요인이나 행위 등이 개입되어 있을 수 있으므로, 그 여러 단계의 거래를 거친 후의 결과만을 가지고 그 실질이 하나의 행위 또는 거래라고 쉽게 단정하여 과세대상으로 삼아서는 아니 된다.

문서번호	내 용
대법원 2012. 1. 19. 선고 2008두8499 전원합의체 판결 등	실질과세의 원칙은 헌법상의 기본이념인 평등의 원칙을 조세법률관계에 구현하기 위한 실천적 원리로서, 조세의 부담을 회피할 목적으로 과세요건 사실에 관하여 실질과 괴리되는 비합리적인 형식이나 외관을 취하는 경우에 그 형식이나 외관에 불구하고 실질에 따라 담세력이 있는 곳에 과세함으로써 부당한 조세회피행위를 규제하고 과세의 형평을 제고하여 조세정의를 실현하고자 하는 데 주된 목적이 있다.
대법원 2017. 2. 15. 선고 2015두46963 판결	당사자가 거친 여러 단계의 거래 등 법적 형식이나 법률관계를 재구성하여 직접적인 하나의 거래에 의한 증여로 보고 증여세 과세대상에 해당한다고 하려면, **납세의무자가 선택한 거래의 법적 형식이나 과정이 처음부터 조세회피의 목적을 이루기 위한 수단에 불과하여 재산 이전의 실질이 직접적인 증여를 한 것과 동일하게 평가될 수 있어야 하고,** 이는 당사자가 그와 같은 거래 형식을 취한 목적, 제3자를 개입시키거나 단계별 거래 과정을 거친 경위, 그와 같은 거래 방식을 취한 데에 조세부담의 경감 외에 사업상의 필요 등 다른 합리적 이유가 있는지 여부, 각각의 거래 또는 행위 사이의 시간적 간격, 그러한 거래 형식을 취한 데 따른 손실 및 위험부담의 가능성 등 관련 사정을 종합하여 판단하여야 한다.
대법원 2017. 2. 15. 선고 2015두46963 판결	이 사건 교차증여로써 증여자들은 자신의 직계후손에게 소외 회사 주식을 직접 증여하는 것과 동일한 효과를 얻으면서도 합산과세로 인한 증여세 누진세율 등의 적용을 회피하고자 하였고, 이러한 목적이 아니라면 굳이 교차증여 약정을 체결하고 직계후손이 아닌 조카 등에게 주식을 증여할 이유가 없었다. 이 사건 교차증여는 구 상증세법 제2조 제4항에 따라 그 실질에 맞게 재구성하여 … 소외 2의 원고 8, 원고 9에 대한 각 증여분은 소외 3, 소외 1이 위 원고들에게 직접 추가로 증여한 것으로 보아 증여세를 과세할 수 있다. (※거래의 재구성을 인정한 사례)

제8절 기 타

8-1 거주자인지 여부

● 대상결정 : 서울청 과적 2007-178 (2007. 8. 19.) ➜ 채택결정

핵심 요지

세법상 거주자, 비거주자의 구별은 국적에 관계없이 생활근거지를 기준으로 판단하여야 할 것인바, 피상속인이 비록 처분청이 조사한 바와 같이 1997~2004년(사망연도) 사이에 200일 이상을 국외에서 생활하여 국외체류기간이 국내체류기간보다 많은 것은 사실이나, 그 사유가 피부암 치료를 위한 것이고, 피상속인이 사망 후 장지를 국내로 한 사실, 피상속인의 처도 피상속인 사망 이후 미국에서 귀국하여 국내에서 계속 거주하고 있는 사실 등에 비추어 보면 피상속인은 거주자에 해당한다.

1. 사실관계

구 분	CASE 1	CASE 2
가족상황	배우자, 1남1녀 국내 거주	배우자, 1남2녀 해외거주 (상속인 중 1인 국내거주)
재산상황	APT 매각 후 해외반출 피상속인 국내재산 없음	국내에서 유명 갈비집 운영 피상속인 국내재산 있음(음식점건물소유)
해외체류 기간	연간 200일 이상 해외 거주(葬地 : 국내)	좌 동(葬地 : 국외)
해외체류 목적	신병 치료(부부만 영주권 취득)	신병 치료 및 거주 (부부 및 가족 시민권 취득)
불복심리 결과	인용 (거주자)	기각 (비거주자)

(1) 피상속인과 피상속인의 처는 국내에 거주하다가 국외이주신고를 하고 출국 이후 한 번도 국내에 입국한 사실이 없이 1년 11개월간 미국에서 생활하다가, 미국 워싱턴주 시애틀에서 사망하였다(위 CASE 1에 해당하는 사건).

(2) 피상속인은 국내건설업체로부터의 근로소득이 있다.

(3) 장기간 해외건설에 참여하다가 피부암이 발생하여 국내 귀국하였다가 미국에서 치료하던 중 사망하였다.

(4) 청구인(상속인)은 피상속인을 거주자로 보고 상속공제 시 배우자 상속공제와 일괄공제를 적용하여 상속세 과세표준을 산정하였다.

(5) 과세관청은 피상속인이 비거주자에 해당한다고 보아

① 기초공제만 허용(비거주자의 경우)하고,

② 「상속세및증여세법」 제14조【상속재산가액에서 차감하는 공과금 등】, 제19조【배우자 상속공제】, 제21조【일괄공제】를 배제하는 결정을 하였다.

2. 쟁 점

피상속인이 상속개시일 현재 거주자인지 비거주자인지 여부

3. 대상결정

거주자라 함은 국내에 주소를 두거나 1년 이상 거소를 둔 개인을 말하는 것이며 거주자·비거주자의 구분은 거주기간·직업·국내에서 생계를 같이하는 가족 및 국내 소재 자산의 유무 등 생활관계의 객관적 사실에 따라 종합적으로 조사·확인하여 판단할 사항이라 할 것이다. 피상속인은 배우자와 함께 미국영주권을 소유하고 있었으나, 질병치료를 위하여 미혼인 자녀들만 국내에 남겨둔 채 미국으로 해외 이주한 사실, 지병인 피부암이 악화되어 미국으로 출국하고, 피상속인의 처는 간병을 위하여 출국한 사실, 미국에 소재한 여러 병원을 전전하다가 2004. 10. 4. 워싱턴소재 병원에서 사망한 사실, 피상속인의 유해를 경기도에 안장하고 피상속인의 처는 출국 전부터 거주하던 구리시 소재 주택에서 거주한 사실이 청구이유 및 청구인이 제시한 증빙서류에 의해 확인된다.

위 사실관계와 관계법령을 종합해 보면, 세법상 거주자, 비거주자의 구별은 국적에 관계 없이 생활근거지를 기준으로 판단하여야 할 것인바, 피상속인이 비록 처분청이 조사한 바와 같이 1997년~2004년(사망연도) 사이에 200일 이상을 국외에서 생활하여 국외체류기간이 국내체류기간보다 많은 것은 사실이나, 그 사유가 피부암 치료를 위한 것이고, 피상속인이 사망 후 장지를 국내로 한 사실, 피상속인의 처도 피상속인 사망 이후 미국에서 귀국하여 국내에서 계속 거주하고 있는 사실 등에 비추어 보면 피상속인은 거주자에 해당한다 할 것이고 따라서 감사관이 피상속인을 「소득세법」상 비거주자에 해당한다고 하여 「상속세및증여세법」상 배우자공제 및 일괄공제를 부인하고 기초공제만을 인정하여 과세예고 통지한 처분은 잘못이 있다고 판단된다.

4. 관련 판례

문서번호	내 용
소득세법 §1의 2 (2014. 12. 23. 개정)	**"거주자"란 국내에 주소를 두거나 183일 이상의 거소(居所)를 둔 개인**을 말한다(종전 '1년 이상').
상속세및증여세법 기본통칙 1-1…2	내국인으로서 「해외이주법」에 의하여 해외이주신고를 하고 출국한 자는 국내에 주소가 없는 것으로 본다.
소득 46011-1610, 1998. 6. 17.	국외 이주 후 2년 경과되고 국내에 생계를 같이 하는 가족이 없는 상태에서 사망한 경우 국내에 주소를 두거나 1년 이상 거소를 둔 거주자에 해당하지 않는다.
국심 2001서2323, 2002. 1. 9.	피상속인이 미국영주권자로서 미국에서 1년 이상 살다가 사망한바, 연로한 나이와 인적 관계 및 기타 생활관계로 보아 '거주자'로 볼 수 없어 장례비 및 채무공제를 배제한다.
재재산 46014-184, 1998. 7. 13.	「상속세및증여세법」 제1조의 규정에 의하여 거주자와 비거주자를 구분함에 있어 내국인이 「해외이주법」에 의하여 해외이주신고를 하고 출국한 경우, 당해 해외이주신고가 생업 및 생활관계의 이주가 아니라 단순히 신병치료를 목적으로 이루어진 경우에는 해외이주신고 여부에 불구하고 피상속인의 거주기간·직업·국내에서 생계를 같이하는 가족 및 국내소재 자산의 유무 등 생활관계의 객관적 사실에 따라 거주자 여부를 판단하는 것이다.

문서번호	내 용
재산상속 46014-725, 2000. 6. 16.	「상속세및증여세법」 제2조 및 같은 법 제53조 제1항에 규정하는 거주자는 국내에 주소를 두거나 1년 이상 거소를 둔 자를 말하는 것이며, 외국법령에 의하여 그 외국의 영주권을 얻은 자가 국내에 생계를 같이하는 가족이 있고 그 직업 및 재산상태에 비추어 계속하여 국내에 거주할 것으로 인정되는 때에는 국내에 주소를 가진 것으로 보는 것이나, 귀 질의의 경우가 이에 해당하는 지의 여부는 소관세무서장이 구체적인 사실을 조사하여 판단하는 것이다(같은 뜻 : 재삼 46014-2207, 1998. 11. 16.).
소득 46011-1610, 1998. 6. 17.	국외이주 후 2년 경과되고 국내에 생계를 같이하는 가족이 없는 상태에서 사망한 경우 국내에 주소를 두거나 1년 이상 거소를 둔 거주자에 해당하지 않는다.
서면4팀-901, 2005. 6. 7.	「상속세및증여세법」 제1조에 규정하는 거주자는 상속개시일 현재 국내에 주소를 두거나 1년 이상 거소를 둔 자를 말하며, 국내에서 거주한 기간이 1년 이상인지에 대해서는 상속개시일이전 국내 입국일을 출입국관리사무소 등에서 확인하여 판단하는 것이다. 이 경우 주소는 국내에 생계를 같이하는 가족 및 국내에 소재하는 자산의 유무 등 생활관계의 객관적 사실에 따라 판단하는 것이며, 국내에 거주하는 개인이 계속하여 1년 이상 국외에 거주할 것을 통상 필요로 하는 직업을 가지고 가족과 함께 주소 또는 거소를 국외로 이전한 경우로서 국내에 생계를 같이하는 가족이 없고 그 직업 및 자산상태에 비추어 국내에 다시 입국하여 주로 국내에 거주하리라고 인정되지 아니하는 경우에는 비거주자로 보는 것이나, 귀 질의의 경우가 이에 해당하는지는 사실 판단할 사항이다.
서면4팀-3098, 2006. 9. 11.	「상속세및증여세법」에서 규정하는 거주자는 상속개시일 현재 국내에 주소를 두거나 1년 이상 거소를 둔 자를 말한다.
상속세및증여세법 기본통칙 1-1…1	주소는 국내에서 생계를 같이 하는 가족 및 국내에 소재하는 재산의 유무 등 객관적 사실에 의해 판정하되, 그 객관적 사실의 판정은 원칙적으로 「주민등록법」의 규정에 의한 **주민등록지를 기준**으로 한다.

문서번호	내　용
국심 2001서2323, 2002. 1. 9.	피상속인은 1986년에 미국영주권을 취득하여 사망 시까지 동 영주권을 포기하지 아니하였고, 영주권 취득 이전에 피상속인의 자녀 6인 중 5인이 미국으로 이민하였으며, 피상속인이 미국에서 1년 이상 거주하다 사망한 점 등으로 보아 피상속인의 인적관계 및 기타 생활관계가 한국보다 미국이 더 밀접한 것으로 판단되고, 연로한 피상속인이 홀로 여생을 한국에서 보내기 위해 1992. 6월에 영구귀국 하였다는 청구인들의 주장은 신뢰하기 어려우므로 피상속인은 상속개시일 현재 미국거주자로 보는 것이 타당하다 할 것이고, 따라서 처분청이 비거주자인 피상속인의 상속재산가액에서 「상속세법」 제4조 제1항의 공제항목에 해당하는 장례비와 채무(병원치료비)의 공제를 배제하고 상속세를 과세한 처분은 잘못이 없다고 판단된다.
국심 2002부3100, 2003. 2. 5.	피상속인은 해외이주를 하면서도 국내의 부동산을 처분하지도 아니하였고 이주 후의 현지생활비도 국내에 소재한 부동산임대소득으로 충당해 온 점, 이주 후에도 매년 100여일 내외의 기간을 이주 전의 국내주거지인 아파트에 기거하면서 국내병원에서 치료를 받거나 당해 아파트의 자치회장직을 실질적으로 수행하여 온 점 등을 감안하여 보면, 피상속인이 이주 당시 고령(64세)의 나이임에도 해외이주를 신청하게 된 동기가 현실적으로 미국의 경우 자녀와의 동반 비자가 허용되지 아니하는 관계로 생활에 필요한 모든 경제적 기반은 국내에 둔 채 오로지 나이 어린 딸(××: 미국 L.A 소재의 ○○○ School에 재학 중)의 교육목적상 불가피하게 해외이주라는 방법을 선택한 것이라는 청구인의 주장에 수긍이 가는 점에서 피상속인의 해외이주는 영구적인 이민이 아닌 사실상 생활근거지를 국내에 둔 상태에서 외형상 이민의 형태를 갖춘 일시적인 이주에 해당한다고 인정되므로 피상속인은 거주자에 해당하는 것으로 봄이 타당하다(대법원 2002. 8. 23. 선고 2001두8629. 판결 등 같은 뜻임).
서울고등법원 2008. 1. 11. 선고 2007누6511 : 국승	어떤 개인이 국내에 주소나 거소를 두었는지를 판단함에 있어 국내에서의 가족관계나 자산 등 생활관계에 비추어 판단할 것으로, 국외에서의 활동과 자산 보유 등 생활관계를 고려하여 판단할 것은 아니다.

문서번호	내 용
대법원 1984. 3. 27. 선고 83누548 판결 외 다수	「소득세법」상 거주자라 함은 대한민국 내에 주소를 두거나 1년 이상 거소를 둔 사람을 말하고 주소는 **생활의 근거가 되는 곳으로 국내에서 생계를 같이 하는 가족 및 국내에 소재하는 자산의 유무 등 생활관계의 객관적 사실에 따라 판정**할 것이며, 거소는 주소지 이외의 장소에 상당기간에 걸쳐 거주하여도 주소와 같이 밀접한 일반적 생활관계가 발생하지 아니하는 장소를 말하는 것이다.
대법원 2001. 8. 23. 선고 2001두8629 판결	피상속인은 국내에 생계의 근간이 되는 사업장이 있고, 단지 신병치료를 위하여 해외로 출국하여 장기입원하면서 해외에 오래 체류하면서 사업활동을 위해 틈틈히 국내에 입국하게 된 사실(국내 거주기간이 연간 13일에서 78일)이 인정되며, 이러한 사정에 비추어 위 망인은 **국내에 주소를 둔 자**로 보아야 할 것이다(같은 뜻 : 재재산 46014－184; 서면4팀－901; 재산상속46014－725; 재삼 46014－2207).

개정5판

핵심이슈별 판례세법

제 4 장

법인세

제1절 과세표준

제2절 소득처분

제3절 부당행위계산부인

제4절 손　금

제1절 과세표준

1-1 「법인세법」상 교환거래 시 자산의 취득가액 산정과 부외자산 익금산입 시기

● 대상판결 : 대법원 2011두29250 (2013. 6. 14.) ➜ 국패

핵심 요지

1997사업연도 보유자산은 기초와 기말에 같은 형태와 내용의 자산이 보유·관리되었던 것이므로, 주식의 실명전환거래는 실질적으로 1997사업연도의 법인세 과세표준인 소득에 아무런 영향이 없다고 할 것이므로 이 사건 부외자금을 자산누락으로 보아 익금산입한 과세처분은 위법하다.

1. 사실관계

• 원고 : A일보(신문업)

① 1999. 8. 1.

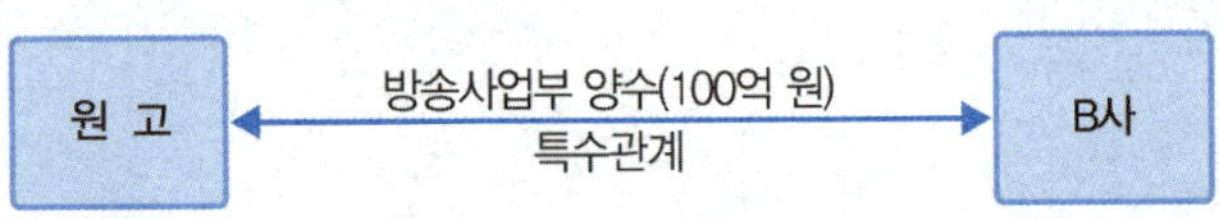

② 1999. 11. 18.

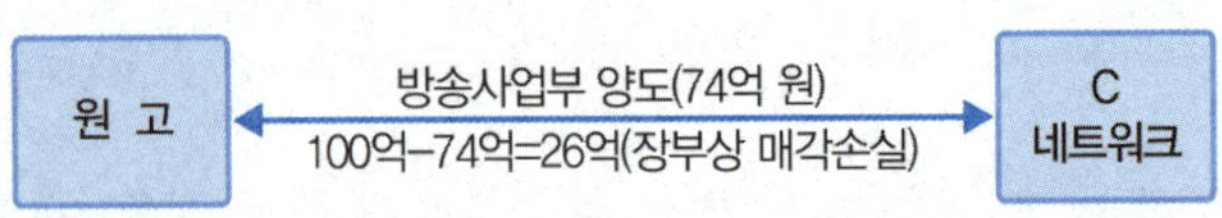

③ 1999. 11. 23.

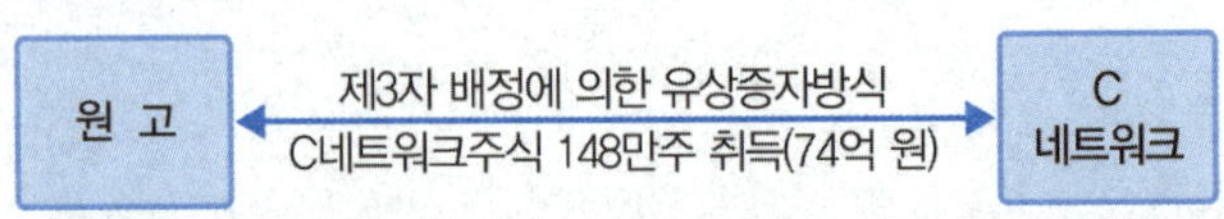

(1) 원고는 교환거래에 의하여 B사에 C사업부를 양도하고 이 사건 주식을 취득하면서 방송사업부 양도 시 발생한 매각손실을 손금산입하였다.

(2) 원고는 1997년도 이 사건 주식(리조트 주식)의 명의신탁을 해지하여 자기명의로 환원시키기로 하고 수탁자들로부터 명의신탁 주식 39만 주를 주당 6,000원에 매수(총 23억4천만 원)하고 그 지출대금은 다시 회수하여 비자금 관리계좌에 입금한 후 부외자산으로 관리하였다.

(3) 원고는 이 사건 명의신탁주식을 D사에 10억 원에 양도하고 양도가액과 취득가액의 차이 13억4천만 원을 주식처분손실로 계상하였다.

(4) 위 원고의 매각손실 손금산입과 주식처분손실을 손금으로 계상한 사실에 대하여 피고는

① 원고의 이 사건 C네트워크 주식 취득 및 이 사건 방송사업부 양도가 실질적으로 교환거래에 해당한다고 보아 이 사건 C네트워크 주식 취득가액은 이 사건 방송사업부의 장부상 가액 100억 원과 동일한 것으로 보아 원고의 이 사건 방송사업부 처분손실 26억 원을 손금부인하고

② 원고가 1997년 중 부외로 유출한 현금(재무제표 누락) 23억4천만 원을 원고의 자산(예금)누락으로 보아 1997사업연도에 익금산입하였다.

2. 쟁 점

해당 사업연도 기초와 기말에 같은 형태와 내용의 자산이 보유·관리된 것을 자산누락으로 볼 수 있는지 여부

3. 사건의 경과

(1) 1심 판단(서울행정법원 2006. 8. 18. 선고 2003구합31692 판결)

① 원고의 매각손실 손금산입에 대한 판단

원고의 방송사업부 양수 및 양도경위, C네트워크 주식의 취득경위 및 거래시기, 당사자의 관계 등의 제반사정을 고려할 때 이 사건 거래는 상호 별개의 거래라기보다는 실질적으로 교환거래로 파악하는 것이 상당하다.

자산을 교환하는 경우 실지양도가액을 인정받기 위해서는 교환대상 목적물에 대한 시가감정을 하여 그 감정가액의 차액에 대한 정산절차를 수반하였어야 하는데(대법원 1997. 2. 11. 선고 96누860 판결 참조), 원고가 이와 같은 절차를 거친 바 없으므로 원고주장의 자산처분손실을 양도손실로 인정받을 수 없다.

② 피고가 부외자산을 자산누락으로 익금산입한 부분에 대한 판단

법인세의 과세표준과 관련하여 세법은 법인의 순자산을 증가시키는 거래로 인하여 발생하는 수익의 금액에서 법인의 순자산을 감소시키는 거래로 인하여 발생하는 손비의 금액을 공제한 금액에 의하여 소득을 계산하도록 규정하고 있는바, 이는 당기에 속하게 될 수익에서 당기에 속하게 될 비용을 공제하여 당기의 순이익을 산정한다는 의미이기도 하고, 기초의 순자산과 기말의 순자산을 비교하여 재산증감에 따라 손익을 산정한다는 의미이기도 한 것으로 … 원고의 1997사업연도 보유자산은 기초와 기말에 동일한 형태와 내용의 자산(장부에 기장하였는지 여부에 차이가 있을 뿐 주식자산과 현금자산을 실질로 보유하는 현황에는 아무런 변화가 없다)이 보유·관리되었던 것이므로, 이 사건 주식의 실명전환거래는 실질적으로 원고의 1997사업연도의 법인세 과세표준인 소득에 아무런 영향도 미치지 않았다 할 것이다. 따라서 이 사건 부외자금을 자산누락으로 보아 익금산입한 피고의 처분은 위법하다.

(2) 대상판결

위 각 규정의 내용과 그 입법취지 등에 비추어 보면, 자산의 교환으로 발생하는 수익으로서 익금에 산입하여야 할 '자산의 양도금액'은 특별한 사정이 없는 한 구 「법인세법」 제72조 제1항 제5호에서 교환으로 취득한 자산의 취득가액으로 정한 '그 취득 당시의 시가'에 의하여 산정하여야 한다고 봄이 타당하다(대법원 2011. 7. 28. 선고 2008두5650 판결 등 참조). 한편 구 「법인세법시행령」 제72조 제1항 제5호에서 말하는 '시가' 역시 구 「법인세법」 제52조의 규정에 의한 시가를 의미한다고 봄이 타당하므로, 원칙적으로는 구 「법인세법」 제52조 제2항의 규정에 따라 '건전한 사회통념 및 상관행과 특수관계자가 아닌 자 간의 정상적인 거래에서 적용되거나 적용될 것으로 판단되는 가격'에 의하여야 하고, 그 가격이 불분명한 경우에는 구 「법인세법」 제52조 제4항의 위임을 받은 구 「법인세법시행령」 제89조 제2항의 규정에 따라 구 「상속세및증여세법」 제61조 내지 제64조에서

규정한 보충적 평가방법으로 평가한 가액에 의하여야 한다. 그리고 이 경우 시가에 대한 증명책임은 과세관청인 피고에게 있다(대법원 2004. 10. 27. 선고 2003두12493 판결 등 참조).

원고가 교환거래에 의하여 주식회사 C네트워크에 이 사건 방송사업부를 양도하고 이 사건 주식을 취득한 사실을 인정한 다음, 이 사건 주식의 취득당시 시가가 이 사건 방송사업부의 장부가액과 같다고 단정할 수 없고, 달리 피고가 이 사건 주식의 취득 당시 시가에 관하여 아무런 증명을 하지 못하고 있으므로, 이 사건 법인세 부과처분 중 이 사건 주식의 취득 당시 시가가 이 사건 방송사업부의 장부가액과 같다는 전제에서 원고가 당초 신고한 처분손실의 손금산입을 부인한 처분은 그 전부가 위법하여 취소되어야 한다는 원심의 판단은 정당하고, 거기에 상고이유에서 주장하는 바와 같은 교환으로 취득한 주식의 시가 산정이나 그 증명책임에 관한 법리오해 등의 위법이 없다.

4. 평 석

(1) 교환거래부분에 대한 판단

① 대상판결은 이 사건 방송사업부 매각과 이 사건 C네트워크 주식 취득은 하나의 교환거래라고 보았는데, 비록 동일시점에 거래가 이루어지지 않았지만 방송사업부 매각과 이 사건 주식 취득이 5일 만에 체결된 점, 양 거래대금이 동일한 가격으로 거래된 사정 등을 들어 「국세기본법」 제14조 실질과세 원칙을 적용하여 교환거래라고 판단하였다.

② 이에 대해 원심은 교환대상 목적물에 대한 시가 감정을 하고 그 결과에 따라 감정가액에 관한 정산절차를 거친 경우에만 취득하는 자산을 시가로 볼 수 있다고 보았는데 **자산의 감정이 이루어지지 않은 본 사건에서 양도, 취득가액을 산정할 수 없으므로 원고주장의 자산손실을 인정할 수 없다**고 보았다.

③ 원심의 이러한 법리는 부동산 교환거래에 따른 양도소득세 과세표준을 산정할 때 기준시가가 아닌 실지거래가액을 양도가액으로 볼 수 있는 요건에 해당하는 것으로 C네트워크 주식을 평가할 수 없으므로 이 사건 원고의 방송사업부 자산손실을 인정할 수 없다는 것이고,

④ 대법원은 이 사건 거래가 교환거래라는 점은 원심의 판단과 같았지만, 이 사건 주식 취득가액은 그 시가에 의하여야지 양도소득세 과세표준 산정 시 교환거래에 적용되는 실지거래가액이 개입할 여지는 없다고 보았으며, 거기에 더하여 시가에 대한 입증책임은 과세관청에 있으므로 과세관청이 이 사건 거래 시가를 입증하지 못하는 이상 이 사건 방송사업부 장부가액과 이 사건 주식의 취득 당시 시가가 동일하다는 전제하에서 이루어진 **원고의 처분손실을 부인할 수는 없다는 판단**을 하였다.

(2) 부외자산 익금산입부분에 대하여

① 부외자산이 있다면, 법인의 부외자산이 발생한 사업연도의 과세소득이 부당하게 감소된 것이므로, 이를 익금에 산입하여 과세소득을 증가시키고 동 부외자산 가액을 유보로 소득처분하여 이른바, 회계상 순자산과 세무상 순자산 간 차이를 조정하는 세무조정이 이루어져야 한다.

② 그런데, 대법원은 이 사건의 경우와 같이 법인이 차명주식(부외자산)을 새로 매수하는 것처럼 회계처리하고 금원을 인출하여 법인의 비자금 관리계좌에 입금하였다면 이러한 행위가 법인세 과세표준에 영향을 미칠 수 없어 당해 사업연도의 법인세를 포탈한 것으로 볼 수 없다는 기존의 입장을 분명히 한 것으로(대법원 2005. 1. 14. 선고 2002도5411 판결) 이러한 형태의 거래에는 세무조정이 필요하지 않은 것으로 보았다(원고의 1997사업연도 기초장부에 계상되어 있던 현금 23억4천만원이 1997사업연도 기말장부에는 이 사건 주식으로 전환되었으나, 원고가 현금 23억4천만 원과 이 사건 주식을 기초와 기말에 보유하고 있는 점에는 변환이 없으므로 **이 사건 실명전환 거래는 법인의 순자산 및 과세표준에 아무런 영향을 미치지 않은 것이다**).

③ 따라서 대상판결에 따른다면, 부외자산에 대한 세무조정은 수익의 누락 또는 가공비용의 계상으로 과세표준이 감소한 해당 사업연도에 이루어져야 할 것으로 보인다.

④ 한편, 조세심판원에서는 세무조사를 통하여 부외자산이 발견되는 경우 그 익금산입 시기는 **부과제척기간이 경과하지 아니한 사업연도 중 최초 사업연도라는 결정**을 한 바 있는데(조심 2011서1894, 2012. 3. 15.) 조세심판원의 이러한 결정은 합리적인 근거가 있는 것으로 보이지 않고 **부외자산이 처음 발생한 사업연도에 대한 법인세 부과제척기간이 경과하였다면 부외자산에 대해 과세할 수 없다고 보는 것이 타당**하다.

⑤ 추가 검토사항

대법원 판결과 같이 이 사건 방송사업부 장부가액과 이 사건 주식 취득당시 시가가 동일하다고 본다면, 원고는 이 사건 방송사업부를 고가매입(74억 원인데 100억 원에 매입)에 해당한 것으로 보아 부당행위계산부인 규정을 적용할 수 있었을 것으로 보이는데, 이 사건 소송에 대한 판결이 확정적으로 이루어진 2013년도에는 부과제척기간이 만료되어 고가매입에 대한 부당행위계산부인 규정을 적용한 과세가 이루어질 수 없었을 것으로 보인다.

1-2 과소신고가산세 산정 시 '신고하여야 할 과세표준금액'의 의미

● 대상판결 : 대법원 2002두10643 (2004. 4. 26.) ➜ 국승

핵심 요지

구 「법인세법」(1998. 12. 28. 법률 제5581호로 전문 개정되기 전의 것) 제41조 제1항 제2호 소정의 과소신고가산세의 부과대상이 되는지 여부를 판단하는 기준이 되는 '신고하여야 할 과세표준금액'이라 함은, 과세관청이 납세의무자가 신고한 과세표준금액을 기초로 「법인세법」 등 관련 법령이 정하는 바에 따라 가산하여야 할 금액을 가산하고 공제하여야 할 금액을 공제한 다음 최종적으로 산정된 정당한 과세표준금액을 가리키는 것이므로, 과세관청이 같은 법 제24조의 3 제4항의 규정에 따른 이른바 간접외국납부세액을 공제하여 법인세를 감액경정하는 과정에서 같은 법 제19조 제6호의 규정에 따라 당해 간접외국납부세액을 배당금으로 보고(의제배당금) 이를 익금에 산입한 다음 새로 과세표준금액을 산정함에 있어서, 납세의무자인 내국법인이 처음에 과세표준을 신고하면서는 이러한 간접외국납부세액의 공제와 이를 위한 익금산입을 하지 않았었기 때문에 그 신고한 과세표준금액이 위와 같이 정당하게 계산된 과세표준금액에 미달하였다면, 그 미달금액은 과소신고가산세의 부과대상이 된다고 보아야 한다.

1. 사실관계

(1) 원고는 당초 법인세 신고 당시 간접외국납부세액공제를 하지 않고 과세표준을 신고하였다가, 피고로부터 증액경정처분을 받고 불복과정에서 간접외국납부세액 공제를 주장하였다.

(2) 피고는 원고의 주장을 수용하면서 간접외국납부세액을 의제배당금으로 익금산입하여 과세표준과 세액을 경정한 후 간접외국납부세액공제를 적용하였다.

(3) 피고는 원고가 당초 신고한 과세표준에 위 의제배당금이 포함되어 있지 않다는 이유로 원고에게 과소신고가산세를 부과처분하였다.

(4) 원고는 피고의 처분에 대하여

① 간접외국납부세액이 의제배당금으로 익금산입되는 것은 당해 금액이 세액공제됨을 전제로 하는 것으로, 당초 과세표준 신고 시 세액공제를 신청하지 않았으므로 과세표준 과소신고가 아니며

② 가사, 과소신고사실이 인정된다고 하더라도 법령의 무지 또는 착오에 의한 것으로 '정당한 사유'에 해당하므로 가산세를 부과해서는 안 된다는 주장을 하였다.

2. 쟁 점

구 「법인세법」 제41조 제1항 제2호 소정의 과소신고가산세의 부과대상이 되는지 여부를 판단하는 기준이 되는 '신고하여야 할 과세표준금액'의 의미 및 납세의무자인 내국법인이 처음에 과세표준을 신고하면서 간접외국납부세액의 공제와 이를 위한 익금산입을 하지 않아 그 신고한 과세표준금액이 과세관청에 의하여 정당하게 계산된 과세표준금액에 미달한 경우, 그 미달금이 과소신고가산세의 부과대상이 되는지 여부

3. 관련 법령

「법인세법」 제15조 제2항 제2호

외국에 자회사를 가지고 있는 내국법인이 간접외국납부세액을 세액공제받고자 하는 경우 그 간접외국납부세액을 익금에 산입한 후 세액공제하여야 한다.

※ Gross-up제도(배당세액공제 제도)와 유사

4. 대상판결

구 「법인세법」 제41조 제1항 제2호 소정의 과소신고가산세 부과대상이 되는지 여부를 판단하는 기준이 되는 **'신고하여야 할 과세표준금액'**이라 함은, 과세관청이 납세의무자가 신고한 과세표준금액을 기초로 「법인세법」 등 관련 법령이 정하는 바에 따라 **가산하여야 할 금액을 가산하고 공제하여야 할 금액을 공제한 다음 최종적으로 산정된 정당한 과세표준**을 가리키는 것이다.

세법상 가산세는 과세권의 행사 및 조세채권의 실현을 용이하게 하기 위하여 납세자가 정당한 이유 없이 법에 규정된 신고, 납세 등 각종 의무를 위반한 경우에 법이 정하는 바에

따라 부과하는 행정상의 제재로서 **납세자의 고의·과실은 고려되지 아니하고 법령의 부지 등은 그 의무위반을 탓할 수 없는 정당한 사유에 해당하지 아니한다**(대법원 2011. 11. 13. 선고 20200두3788 판결, 대법원 2002. 11. 13. 선고 2001두4689 판결 등 참조).

5. 평 석

(1) 대법원은 과세표준을 산정함에 있어 가산하여야 할 금액을 가산하고 공제하여야 할 금액을 공제한 다음 최종적으로 산정된 정당한 과세표준금액을 가리키는 것임을 명확히 하였다.

(2) 이는 과세표준의 법리상 너무나 당연한 판결로 보인다.

(3) 원고는 이러한 과세표준의 법리를 도외시한 채 당초 간접납부세액공제를 신청하지 않았고 그에 따라 외국에서 가득한 소득도 신고하지 않았기 때문에(의제배당금을 넣었다가 세액공제받으나 처음부터 세액공제도 신청하지 않고 동 배당금을 과세표준에 포함하지 않아도 결과는 같다는 논리) 가산세를 부과하는 것이 부당하다는 논리는 설득력이 부족한 것으로 보인다.

(4) 가산세와 관련해서는 고의나 과실이 인정되지 않는다는 종전의 대법원의 판례를 따른 것으로 보인다.

6. 관련 판례

문서번호	내 용
서이 46012-10141, 2001. 9. 10.	개인이 영위하던 사업을 포괄적으로 현물출자하여 법인으로 전환하는 경우 **개인사업에서 발생한 결손금**은 당해 법인의 각 사업연도 소득에 대한 법인세의 **과세표준 계산 시 공제할 수 없다.**
법인 46012-1768, 1994. 6. 17.	소득금액이 있음에도 불구하고 미공제한 이월결손금은 그 이후 사업연도의 법인세 과세표준 계산 시 **공제할 수 없으며**, 「국세기본법」 제45조의 2에 따른 **경정청구를 통하여 소득금액이 발생한 사업연도의 과세표준 계산 시 공제할 수 있다.**

문서번호	내 용
대법원 2012. 11. 29. 선고 2012두16121 판결	자산수증이익 및 채무면제이익이 발생한 당해 연도에 이를 특별이익으로 계상하였다거나 그 금액을 자본금과 적립금조정명세서에 이월결손금의 보전에 충당한다는 뜻을 표시하지 아니하였다고 하더라도, 추후 **경정청구를 통해 이월결손금의 보전에 충당할 수 있다.**
서면2팀-1778, 2005. 11. 4.	폐업 후 사업을 재개하는 경우 각 사업연도 소득에 대한 법인세의 과세표준을 계산함에 있어서 **폐업 전 회사의 미공제 이월결손금은 재개한 사업의 각 사업연도 소득금액에서 공제 가능하다.**

1-3 골프장 진입도로를 개설하여 국가 등에 공여한 경우 영업권인지 토지의 자본적 지출액인지 여부

● 대상판결 : 대법원 2006두5502 (2008. 4. 11.) ➜ 국승

핵심 요지

골프장 진입도로의 부지매입비용 및 도로개설비용은 이 사건 골프장 부지의 이용 편의에 제공되어 그 자산가치를 현실적으로 증가시키는 데에 소요된 비용으로서 이 사건 골프장 부지에 대한 자본적 지출에 해당한다고 봄이 상당하다.

1. 사실관계

원 고	피 고
① 1989. 9. 28. 골프장 사업계획 승인받고 골프장을 취득(승인조건 : 골프장 진입도로를 건설하여 지방자치단체에 무상 귀속조치)하였다. ② 골프장 진입도로 부지의 매입비용, 도로공사비용, 기타부대비용(이 사건 금액)을 투입하여 진입도로를 개설한 후 지방자치단체에 귀속시켰다. ③ 이 사건 금액을 무형고정자산인 영업권금액으로 계상한 후 5년 동안 감가상각비를 손금산입하였다.	이 사건 금액은 골프장부지에 대한 자본적 지출액에 해당한다고 보고 동 감가상각비를 손금불산입하였다.

2. 쟁 점

이 건 도로개설용 부지매입 및 도로개설 비용이 '영업권을 취득하기 위하여 지출한 금액'으로 손금산입대상인지, 또는 '골프장 부지에 대한 자본적 지출'로서 손금불산입대상인지 여부

3. 관련 법령

「법인세법시행령」 제24조

감가상각의 대상이 되는 고정자산을 열거하고 있으며, 무형고정자산으로서 '영업권'도 감가상각대상 자산에 포함한다.

「법인세법시행규칙」 제12조 제1항 제2호

'영업권'에는 설립인가, 특정사업의 면허, 사업의 개시 등과 관련하여 부담한 기금·입회금 등으로서 **반환청구를 할 수 없는 금액과 기부금 등이 포함된다.**

「법인세법」 제23조 제3항

토지는 감가상각의 대상이 되는 고정자산에서 제외한다.

4. 사건의 경과

(1) 원심판결(서울고등법원 2006. 2. 10. 선고 2004누26552 판결) : 국패

이 사건 진입도로의 개설과 기부채납은 특정사업의 면허 또는 사업의 개시와 관련하여 이루어진 것이고, 이 사건 진입도로 개설로 골프장 부지의 개별공시지가가 상승하였다는 사정만으로는 이 사건 금액이 골프장 부지의 자산가치에 포함된 것으로 단정할 수는 없으므로 토지의 자본적 지출에 해당하지 않는다.

(2) 대상판결

토지에 대한 자본적 지출은 토지의 가치를 현실적으로 증가시키는 데 소요된 비용을 말하고, 통상 진입도로의 개설은 특별한 사정이 없는 한 그 진입도로에 의하여 이용편의를 받는 토지의 효용가치를 증가시키는 데 기여한다. 따라서 토지의 이용편의를 위하여 당해 토지에 이르는 진입도로를 개설하여 국가 또는 지방자치단체에 무상으로 공여한 경우, 그 도로로 된 토지의 가액 및 도로개설비용은 당해 토지의 가치를 현실적으로 증가시키는 데 소요된 것으로서 당해 **토지에 대한 자본적 지출**에 해당하고, 그 소요비용이 특정 사업의 면허 또는 사업의 개시 등과 관련하여 지출된 것이라고 하여 다르지 않다.

골프장 사업계획변경승인 및 사도설치허가의 조건에 따라 골프장 진입도로를 개설하여 지방자치단체에 무상으로 공여한 경우, 그 부지매입비용 및 도로개설비용은 골프장 부지에 대한 자본적 지출에 해당하여 「법인세법」상 감가상각에 의한 손금산입의 대상이 될 수 없다.

5. 평 석

(1) 이 사건 진입도로 개설과 영업권의 취득과의 직접적인 관련성을 배제할 수는 없다.

(2) 대법원은 일부 영업권을 취득하기 위한 지출의 성격이 있다고 하더라도 **토지와 직접 관련되는 지출의 경우는 토지와의 관련성을 더 본질적인 요소로 파악**하고 있다. 이는 토지 자체가 경제적으로는 생산요소인 면세재화라는 점을 중시한 것으로 보인다.

(3) 그러나 골프장 조성공사에 있어 '골프라는 체육을 위한 설치비'라고 볼 수도 있다는 **잔디·수목 식재공사와 그린·티·벙커 조성공사는 토지의 조성을 위한 자본적 지출**에 해당한다고 판시한 바 있다(대법원 2006. 7. 28. 선고 2004두13844 판결).

6. 관련 판례

문서번호	내 용
대법원 2004. 4. 9. 선고 2003두7804 판결 등	영업권이란 "그 기업의 전통, 사회적 신용, 그 입지조건, 특수한 제조기술 또는 특수거래관계의 존재 등을 비롯하여 제조 판매의 독점성 등으로 동종의 사업을 영위하는 다른 기업이 올리는 수익보다 큰 수익을 올릴 수 있는 **초과수익력이라는 무형의 재산가치를 말하는 것**이다."

1-4 고유목적사업준비금을 고유목적사업에 사용하지 아니한 경우 익금산입시기

● 대상판결 : 대법원 2016두59249 (2017. 3. 9.) ➜ 국승

핵심 요지

비영리내국법인이 5년의 유예기간 중에 고유목적사업준비금을 다른 용도에 사용한 이상 5년의 유예기간에도 불구하고 사용금액 상당을 그 사유가 발생한 사업연도의 익금에 곧바로 산입할 수 있다.

1. 사실관계

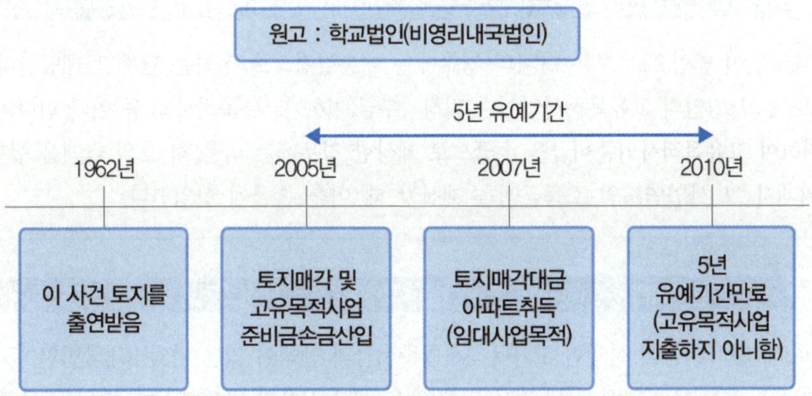

(1) 원고는 1962년 3월경 중등교육과 실업에 관한 전문교육을 실시함을 목적으로 설립된 비영리내국법인으로서, 설립 당시 이 사건 토지를 출연받아 보유하다가 2005. 4. 21. 매도하였다.

(2) 원고는 2005사업연도에 이 사건 토지매각대금을 고유목적사업준비금으로 손금산입하였다.

(3) 원고는 2007년도에 이 사건 토지매각대금으로 임대사업을 목적으로 이 사건 아파트를 취득하였고, 5년의 유예기간이 지나도록 위 금액 상당액을 고유목적사업에 지출하지 아니하였다.

(4) 피고는 원고가 5년의 유예기간 중에 고유목적사업준비금을 다른 용도에 사용한 이상 5년의 유예기간에도 불구하고 사용금액 상당액을 그 사유가 발생한 사업연도인 2007사업연도 익금에 산입하였고, 원고는 이에 불복하였다.

2. 쟁 점

고유목적사업준비금을 손금산입 유예기간이 경과하기 전이라도 다른 용도에 사용하였다면 그 사유가 발생한 사업연도의 익금에 곧바로 산입할 수 있는지 여부

3. 관련 법령

구 「법인세법」(2010. 12. 30. 법률 제10423호로 개정되기 전의 것) 제29조 제1항

비영리내국법인(법인으로 보는 단체의 경우에는 대통령령으로 정하는 단체만 해당한다)이 각 사업연도에 그 법인의 고유목적사업이나 지정기부금(이하 "고유목적사업 등"이라 한다)에 **지출하기 위하여 고유목적사업준비금을 손금으로 계상한 경우**에는 다음 각 호의 금액을 합한 금액의 범위에서 그 사업연도의 소득금액을 계산할 때 이를 **손금에 산입**한다.

구 「법인세법」(2010. 12. 30. 법률 제10423호로 개정되기 전의 것) 제29조 제4항 제4호

④ 제1항에 따라 손금에 산입한 고유목적사업준비금의 잔액이 있는 비영리내국법인이 다음 각 호의 어느 하나에 해당하게 된 경우 그 잔액은 **해당 사유가 발생한 날이 속하는 사업연도의 소득금액을 계산할 때 익금에 산입**한다.

4. 고유목적사업준비금을 손금으로 계상한 사업연도의 종료일 이후 **5년이 되는 날까지 고유목적사업 등에 사용하지 아니한 경우**(5년 내에 사용하지 아니한 잔액으로 한정한다)

4. 대상판결(파기환송 : 국승)

구 「법인세법」(2010. 12. 30. 법률 제10423호로 개정되기 전의 것) 제29조 제1항, 제3항 제4호 규정들은 비영리내국법인이 고유목적사업준비금으로 계상한 부분에 대하여 고유목적사업 등에 지출하기 전이라도 미리 손금에 산입할 수 있도록 허용하는 대신 고유목

적사업준비금을 손금에 계상한 사업연도의 종료일 이후 5년이 되는 날까지는 고유목적사업 등에 지출이 이루어져야 한다는 점을 전제로 하여 위 기간 동안 과세를 이연함으로써 비영리내국법인이 공익사업을 원활하게 수행할 수 있도록 하기 위한 것이다. 따라서 비영리내국법인이 5년의 유예기간 중에 고유목적사업준비금을 고유목적사업 등이 아닌 다른 용도에 사용하여 **더 이상 고유목적사업에 지출할 수 없다는 점이 분명하게 드러남으로써** 앞서 본 바와 같은 과세혜택을 부여할 전제가 상실된 경우라면, **5년의 유예기간에도 불구하고 사용금액 상당을 사유가 발생한 사업연도의 익금에 곧바로 산입**할 수 있다.

5. 평 석

(1) 원심(서울고등법원 2016. 10. 5. 선고 2016누35924 판결)은 원고가 이 사건 토지 매각대금을 고유목적사업이 아닌 임대사업에 사용하였더라도 아직 손금에 계상한 사업연도 종료일부터 5년이 되는 날에 도달하지 아니하였으므로 이 사건 토지 매각대금을 이 사건 아파트 매입일이 속한 사업연도의 익금에 산입할 수 없다고 판단하였다.

(2) 원심의 판단은 조세법률주의의 엄격해석원칙에 입각하여 법문대로 해석하고 판단한 것으로 이해할 수 있다.

(3) 그러나 대법원은 이러한 원심의 판단에는 고유목적사업준비금의 익금산입시기에 관한 법리를 오해하여 판결에 영향을 미친 잘못이 있다고 판시하였다. 비록 5년의 유예기간이 지나지 않았더라도 고유목적사업준비금을 고유목적사업이 아닌 다른 용도에 사용하여 **더 이상 고유목적사업에 지출할 수 없다는 점이 분명하게 드러난 경우**라면 5년의 유예기간에도 불구하고 그 사유가 발생한 사업연도의 익금에 산입할 수 있다고 본 것이다.

(4) 구 「법인세법」 제29조 제1항 및 제3항 제4호 입법취지는 비영리내국법인이 고유목적사업준비금으로 계상한 부분에 대하여 고유목적사업 등에 지출하기 전이라도 미리 손금에 산입할 수 있도록 허용하는 대신 고유목적사업준비금을 손금에 계상한 사업연도의 종료일 이후 5년이 되는 날까지는 고유목적사업 등에 지출이 이루어져야 한다는 점을 전제로 하여 위 기간 동안 과세를 이연함으로써 비영리내국법인이 공익사업을 원활하게 수행할 수 있도록 하기 위한 것이다.

(6) 따라서 5년의 유예기간중이라도 고유목적사업준비금을 타용도로 사용하여 **더 이상 고유목적사업에 지출할 수 없다는 점이 분명하게 드러난다면,** 5년의 유예기간 동안 과세를 이연하는 특혜를 부여할 필요가 없다고 본 것이다.

6. 관련 판례

문서번호	내 용
인천지방법원 2017. 8. 18. 선고 2017구합505 33 판결(국승)	의료법인이 고유목적사업준비금을 사용하기 위하여는 의료발전회계로 구분경리하여야 하고, 과세표준신고 이후에 사용실적을 변경하는 경정청구는 할 수 없다.
대법원 2017. 8. 18. 선고 2017두48611 판결 (일부국패)	고유목적사업준비금은 실제 고유목적사업에 사용하도록 강제하는데 그 취지가 있는 것으로 고유목적사업준비금을 고유목적이 아닌 수익사업에 전용하여 더 이상 고유목적사업에 사용할 수 없음이 분명해진 이상, 수익사업에 전용한 사업연도의 익금에 산입한 것은 정당하다.
대법원 2012. 10. 25. 선고 2012두12006 판결; 대법원 2013. 9. 27. 선고 2013두10335 판결	부당행위계산 부인의 적용기준이 되는 '시가'에 대한 주장·증명책임은 부당행위계산 부인을 주장하는 과세관청에 있다.
대법원 2016. 8. 18. 선고 2016두31173 판결 (국패)	사립학교법인인 원고가 학교 운영시설로 사용하기 위하여 고유목적사업에 전입한 이 사건 부동산의 시가와 장부가액의 평가차익은 과세대상이 되는 고정자산의 처분이익에 해당하지 아니하고, 이때 고유목적사업준비금과 상계하는 자산가액은 기타의 사업에 속하는 자산을 수익사업에 지출 또는 전입한 경우와 마찬가지로 시가에 의하여야 하는 것이므로, 구 「법인세법」(2008. 12. 26. 법률 제9267호로 개정되기 전의 것) 제113조 제4항 후문을 근거로 이 사건 부동산의 평가차익을 고정자산의 처분이익으로 보아 법인세 부과처분을 한 피고의 처분은 위법하다.
대법원 2016. 7. 7. 선고 2016두36154 판결 (국승)	학교법인의 고정자산처분익으로 수익사업용 부동산을 취득하는 것은 고유목적사업준비금의 사용범위에 포함되지 않는 것으로 규정되어 있는 점 등으로 보아 이 건 처분은 달리 잘못이 없는 것으로 판단된다.

문서번호	내 용
서울고등법원 2016. 4. 27. 선고 2015누51813 판결(국패)	사회복지법인이 고유목적사업준비금으로 손금계상한 후 고유목적사업에 사용하고 잔액이 있는 경우 그 잔액은 고유목적에 사용되지 않음이 명백하지 않은 한, 손금으로 계상한 사업연도 종료일 이후 5년이 되는 날까지 익금산입할 수 없다.
서울고등법원 2016. 3. 18. 선고 2015누48862 판결(국승)	학교법인의 고정자산처분익으로 수익사업용 부동산을 취득하는 것은 고유목적사업준비금의 사용범위에 포함되지 않는 것으로 규정되어 있는 점 등으로 보아 이 건 처분은 달리 잘못이 없는 것으로 판단된다.
서울행정법원 2015. 1. 30. 선고 2014구합660 45 판결(국패)	수익사업의 임대용 부동산을 비영리사업부문으로 지출시 「법인세법 시행규칙」의 지출의 의미는 자본원입액의 반환으로 해석되며, 자산처분이익으로 볼 경우 실제 처분하지 않은 미실현이익에 대한 과세가 되므로 익금에 산입하지 않는 것이다.
대법원 2016. 4. 15. 선고 2015두52784판결	**명목에 그친** 비영리사업회계로의 **전입**이나 고유목적사업준비금 계상 사실만을 가지고 '고유목적사업준비금'으로 **손금에 산입할 수 없다.**

1-5 3년 이상 고유목적에 직접 사용하다가 처분한 고정자산의 양도로 인한 소득은 법인세 과세소득에서 제외됨

● 대상결정 : 조심2018부2226 (2018. 7. 31.) ➜ 인용

핵심 요지

법인으로 보는 종중이 분묘가 소재한 종중의 임야를 양도한 경우에 해당 부동산을 고유목적사업에 직접 사용하였는지 여부는 부동산의 용도·면적 등 사용현황, 임대차여부 등의 제반 사항을 고려하여 판단하여야 할 것인 바, 청구종중의 정관에 선묘 관리보존 및 종묘 시제 봉형을 목적으로 하고 있고, 쟁점임야는 오랜 기간 동안 청구종중의 선산으로서 선조 분묘를 포함하고 있으며 임대 또는 다른 용도로 사용하지 아니하여 쟁점임야가 조상 분묘의 유지·보존에 공하는 선산으로서의 기능을 상실하지 아니한 것으로 나타나 처분일 현재 3년 이상 계속하여 청구종중의 고유목적에 사용하였다고 봄이 타당하므로 처분청이 쟁점임야의 처분 수입을 과세소득으로 보아 법인세를 과세한 이 건 처분은 잘못이 있는 것으로 판단됨

1. 사실관계

(1) 2016. 9. 29. 청구종중은 쟁점임야(26,942㎡)를 매수인에게 양도하였다.

(2) 2016. 11. 15. 청구종중은 스스로 1거주자로 판단하여 쟁점임야 양도에 따른 2016년 귀속 양도소득세를 신고·납부하였다.

(3) 2016. 12. 27. 청구종중은 처분청으로부터 선조문중 묘소 관리 및 친목도모를 목적으로 「국세기본법」 제13조 제2항에 의하여 "법인으로 보는 단체"로 승인받았다.

(4) 2017. 5. 11. 청구종중은 쟁점임야는 청구종중이 법인으로 승인받기 전에 취득하여

처분일 현재 3년 이상 계속하여 정관에 규정된 고유목적사업에 직접 사용하던 토지를 양도한 경우에 해당한다고 하여 쟁점임야에 대한 양도차익을 「법인세법」 제3조 제3항 제5호 및 같은 법 시행령 제2조 제2항에 열거된 과세소득에서 제외되는 소득에 해당한다고 보아 양도소득세 환급 경정청구를 하였다.

(5) 2018. 2. 12. 처분청은 기 신고·납부한 양도소득세를 환급결정하면서 쟁점임야에는 청구종중 7대 선조 묘 2기만 존재하고 있어 상당한 규모의 쟁점임야에 일부분묘가 있다는 사유만으로는 고유목적사업에 직접 사용한 것으로 볼 수 없다 하여 쟁점임야의 처분수입을 「법인세법」상 과세소득에 해당하는 것으로 보아 청구종중에게 2016 사업연도 법인세를 결정·고지하였다.

2. 쟁 점

쟁점임야가 청구종중이 3년 이상 계속하여 고유목적사업에 직접 사용한 고정자산이므로 그 처분 수입이 법인세 과세소득에서 제외된다는 청구주장의 당부

3. 관련 법령

법인세법 제3조【과세소득의 범위】

① 법인세는 다음의 각호의 소득에 대하여 부과한다. 다만, 비영리내국법인과 외국법인에 대하여는 제1호 및 제3호의 소득에 대하여만 법인세를 부과한다.

1. 각 사업연도의 소득
2. 청산소득(清算所得)
3. 제55조의 2 및 제95조의 2에 따른 토지 등 양도소득
4. 제56조에 따른 미환류소득

③ 비영리내국법인의 각 사업연도의 소득은 다음 각 호의 사업 또는 수입(이하 “수익사업”이라 한다)에서 생기는 소득으로 한다.

5. 고정자산의 처분으로 인하여 생기는 수입. 다만, 고유목적사업에 직접 사용하는 고정자산의 처분으로 인하여 생기는 대통령령으로 정하는 수입은 제외한다.

비판 견해 **법인세법 시행령 제2조【수익사업의 범위】**

> ② 법 제3조 제3항 제5호 단서에서 "대통령령으로 정하는 수입"이란 해당 고정자산의 처분일 현재 3년 이상 계속하여 법령 또는 정관에 규정된 고유목적사업(제1항에 따른 수익사업은 제외한다)에 직접 사용한 고정자산의 처분으로 인하여 생기는 수입을 말한다.

4. **대상결정**(결정취소)

청구종중의 양도소득세 경정청구에 대하여 처분청(재산세과장)은 "청구종중이 법인으로 보는 단체의 승인 받기 전 1거주자로 양도소득세를 신고·납부하였고, 처음부터 법인으로 보는 단체의 승인을 받았다면 양도소득세 납세의무가 없었을 것이며, 쟁점임야에 대한 손익이 법인에게 귀속시키는 결과가 되어 「법인세법」상 고유목적사업에 사용된 고정자산으로 과세제외 되므로 조세포탈의 우려가 없는 점, 과세기준자문을 신청한 결과'국세청 서면-2016-법령해석법인 384'에서 법인의 소득으로 보고 있는 점 등을 감안하여 쟁점임야의 양도로 인한 소득이 법인에 귀속되는 것으로 청구종중이 신고·납부한 양도소득세를 전액 환급하고 「법인세법」상 과세여부에 대하여는 법인세과로 통보한 것으로 나타난다.

… 청구종중의 정관 제3조에서 본회는 후손들의 친목도모와 단합하여 선조위상 및 종친회 자산을 보호하고 선조 봉형을 목적으로 한다고 되어 있고, 제4조에서 본 회는 전조의 목적을 달성하기 위하여 다음 사업을 수행한다고 하면서 본 회 선묘 관리보존 및 종묘 시제 봉형사업, 위토매수 관리운영 및 공동묘지 설치 운영, 기타 선조 및 본 회원과 후손의 공익사업을 정하고 있으며 쟁점임야를 기본재산으로 구성하고 있다.

… 법인으로 보는 종중이 분묘가 소재한 종중의 임야를 양도한 경우에 해당 부동산을 고유목적사업에 직접 사용하였는지 여부는 부동산의 용도·면적 등 사용현황, 임대차여부 등의 제반 사항을 고려하여 판단하여야 할 것인 바, 청구종중의 정관에 선묘 관리보존 및 종묘 시제 봉형을 목적으로 하고 있고, 쟁점임야는 오랜 기간 동안 청구종중의 선산으로서 선조 분묘를 포함하고 있으며 **임대 또는 다른 용도로 사용하지 아니하여** 쟁점임야가 조상 분묘의 유지·보존에 공하는 **선산으로서의 기능을 상실하지 아니한 것**으로 나타나 처분일 현재 3년 이상 계속하여 청구종중의 고유목적에 사용하였다고 봄이 타당하므로

처분청이 쟁점임야의 처분 수입을 과세소득으로 보아 법인세를 과세한 이 건 처분은 잘못이 있는 것으로 판단된다.

5. 평 석

(1) 처분청(법인세과장)은 쟁점임야에 대한 현장 확인조사를 하였는데, 쟁점임야는 토지의 위치 및 형태가 사람과 차량이 왕래하기 어렵고 토지개발이 전혀 이루어지지 않은 자연림 및 초지로 남아있는 등 인위적으로 종중의 선산을 관리하기 위한 시설이 전혀 없으며 7대 선조묘 2기만 존재하였던 것으로 나타나며, 청구종중의 분묘 소재지는 선조묘 대부분이 다른 곳에 소재하여 쟁점임야를 청구종중의 고유목적에 직접 사용한 것으로 볼 수 없다고 판단하였다.

(2) 처분청의 의견이 일응 수긍이 가는 면이 있기는 하나, 선산으로 사용되는 임야는 개발이 어렵고(오히려 개발되어 다른 목적으로 사용하면 선산관리라는 고유목적사업 범위를 벗어난 것으로 볼 수 있다), 선조묘가 선산 면적에 비하여 적게 안치되어 있다는 사유만으로 쟁점임야가 고유목적에 직접 사용된 것으로 볼 수 없다는 논리는 받아들이기 힘든 것으로 보인다(묘는 계속 늘어날 것이 분명하므로).

(3) 다른 심판례에서와 같이 임대사업 등 다른 목적으로 사용되지 않았다면, **임야면적에 비해 다소 선조묘가 적게 안치되었다 하더라도 고유목적에 직접 사용한 것으로 보는 것이 사회통념에 부합**하는 것으로 볼 수 있다. 다만, **종중정관에 반드시 선영의 묘소관리 및 봉제사에 관한 규정 등이 명시되어 있어야** 할 것이다.

(4) 이와는 달리, 조상대대로 내려오는 묘답(또는 위토)으로서 농지 수확물 또는 경작수입을 조상의 제사, 묘제, 조상숭배 등 고유목적사업에 경비로 사용한 경우의 농지 양도에 대해서는 비영리 내국법인에게 자경농지 감면규정을 적용할 수 없으며, **묘답을 고유목적사업에 직접 사용하였다고 볼 수 없다는 대법원 판결**을 유의할 필요가 있다(정관에 위토관리규정을 명시한 경우는 달리 볼 여지도 있는 것으로 보이나 법원의 판단은 원칙적으로 농업이 고유목적사업에 포함되지 않는다는 입장이다). 즉 선산은 고유목적사업에 직접 사용한 것으로 보지만, **묘답(위토)의 경우는 고유목적사업 수행에 간접적으로 기여한 것**으로 보아 비과세소득으로 볼 수 없다는 것이다(서울고등법원 2017. 05. 25. 선고 2016누78693 판결, 대법원 심리불속행 확정).

(5) 대부분 조세심판원에서는 분묘가 소재한 종중임야에 대해서는 고유목적에 사용하였다고 보아 법인세 과세처분을 취소하는 결정을 하여왔다. 그런데 최근 법원 판례에서는 이를 부인하는 판결이 나와 주시할 필요가 있어 보인다. 비록 1심판결이지만 추후 동 사건에 대한 대법원의 판결까지 기다려 봐야 할 것 같다. 1심판결을 요약하면 다음과 같다.

"구 법인세법 제3조 제3항 제5호에 의하면, '해당 고정자산의 처분일 현재 3년 이상 계속하여 고유목적사업에 직접 사용한 고정자산'의 처분으로 인하여 생기는 수입은 과세소득의 범위에서 제외하는 것으로 규정하고 있는바, 해당 고정자산이 과세소득의 범위에서 제외된다는 점은 납세의무자가 증명해야 하고, 분할 전 토지 중 전체 면적에서 차지하는 비율이 4.7%에 불과한 점, **분묘나 시설물 등이 존재하지 않고**, 잡목과 수풀이 우거진 자연림 상태이며, 가장 가까이 위치한 분묘와도 어느 정도 거리가 떨어져 있는 점, 토지를 어떤 방식으로 관리하였는지에 관하여는 아무런 구체적인 설명이 없는 점 등 토지를 처분할 당시 3년 이상 위 토지를 고유목적사업에 직접 사용하였다는 점이 충분히 증명되었다고 보기 어렵다"(대전지방법원 2021. 10. 27. 선고 2020구합105929 판결).

(6) 이 사건 항소심재판부도 1심재판부와 동일한 판단을 하였다. 원고가 제출한 증거만으로 원고가 이 사건 토지를 처분할 당시 3년 이상 이 사건 토지를 고유목적사업에 직접 사용하였다는 점이 충분히 증명되었다고 보기는 어렵고, 달리 이를 인정할 증거가 없다는 취지의 제1심 사실인정과 판단은 정당하다고 판시하였다(대전고등법원 2022. 8. 25. 선고 2021누13429 판결).

6. 관련 판례

문서번호	내 용
국심 2007광2823, 2008. 9. 22.	종중규약 내용에 고유목적사업 범위를 공동시조 분묘 보존 및 관리에만 한정되는 것으로 보기 어려운 점, 쟁점임야 양도당시 청구종중 일족의 분묘가 다수 소재하고 있었던 점 등에 비추어 쟁점임야는 **선산으로서 비영리법인인 청구종중이 3년 이상 고유목적사업에 직접**

문서번호	내 용
	사용하다가 처분한 고정자산이라 할 것임
국심 2005광4157, 2006. 11. 1.	당해 고정자산의 처분일 현재 3년 이상 계속하여 법령 또는 정관에 규정된 고유목적 사업에 직접 사용한 고정자산이므로 과세제외 소득으로 보아야 할 것임
대법원 2017. 11. 29. 선고 2017두57523 판결	비영리내국법인인 원고에게 자경농지 감면 규정을 적용할 수 없고, **농지(위토)를 고유목적사업에 직접 사용하였다고 볼 수 없음**
조심 2015중2337, 2015. 9. 7.	청구종중은 「법인세법」 제62조의2 규정에 따라 양도소득과세표준예정신고를 하고 법인세로 세액을 납부한 점, 청구종중 정관상 선영의 묘소관리 및 봉제사에 관한 일, 전래되어 온 종중재산의 유지관리 및 수호보존에 관한 일 등이 명시되어 있는 점, 청구종중의 족보·개장 신고증명서 및 항공사진 등에 의하면 쟁점임야를 3년 이상 계속하여 고유목적사업을 수행한 것으로 보이므로 처분청이 청구종중의 경정청구를 거부한 이 건 처분은 잘못이 있음
조심 2015중2023, 2015. 7. 16.	청구종중이 법인으로 보는 단체로 승인을 받은 이후 쟁점토지를 양도하고 있고, 청구종중 정관 등에서 묘소를 보전·관리하고, 묘제를 지내는 것을 목적으로 하고 있고, 쟁점토지 양도당시 다수의 분묘가 있었던 것으로 보아 청구종중이 3년 이상 고유목적사업에 직접 사용하다가 처분한 고정자산에 해당되는 것으로 보이는 점 등에 비추어 경정청구를 거부한 처분은 잘못이 있음
부동산-383, 2011. 5. 9.	종중이 종중회원 등 수인(數人)명의로 등기되어 있던 종중재산을 단순히 관리 편의를 위하여 다른 종중회원 등의 명의로 등기하는 경우에는 **증여세가 과세되지 아니하는** 것이다.
징세 -1173, 2011. 11. 22.	법인으로 보는 단체인 종중이 수익을 구성원에게 분배하는 경우 법인으로 보는 단체의 취소사유에 해당되나, 종중의 고유목적사업의 일환인 종중원에 대한 **“경로복지금”**과 **“장학금”으로 지급하는 경우 사회통념상 인정되는 범위 내에서는 수익의 분배로 보지 않는다.**

1-6 비영리내국법인이 고유목적사업에 미사용한 고정자산의 처분이익에 대하여는 정당한 사유의 유무에 상관없이 법인세를 과세함

● 대상판결 : 대법원 2013두1829 (2013. 5. 23.) ➜ 국승

핵심 요지

고정자산의 처분일 현재 3년 이상 계속하여 고유목적사업에 직접 사용한 경우 비영리법인의 과세소득에서 제외되는 것이나, 원고는 이 사건 토지 처분 당시 3년 이상 계속 고유목적사업에 직접 사용하지 않은 이상 직접사용하지 못한 데 '정당한 사유'있는지 여부를 따질 필요 없이 그 처분으로 생긴 수입을 비과세소득으로 볼 수 없음

1. 사실관계

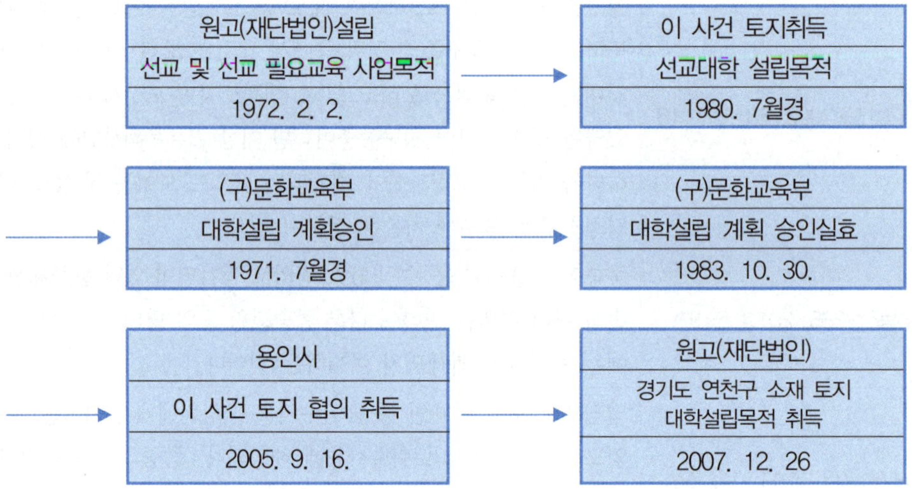

(1) 원고는 선교 및 선교에 필요한 교육사업 등을 목적으로 하여 1972. 2. 2. 설립된 재단법인(비영리법인)이다.

(2) 원고는 대한민국 정부의 지원으로 1980. 7.경 용인시 모현면 소재 임야 외 430,170㎡와 진입로 2.4km(이 사건 토지)를 대학 설립을 목적으로 취득하였다.

(3) 원고는 1981. 7.경 (구)문화교육부로부터 대학 설립계획승인을 받았으나, 건축비용을

조달하지 못하여 대학의 설립인가신청 기한인 1983. 10. 30.이 경과함으로써 위 설립계획승인이 실효되었다.

(4) 이 사건 토지는 1990. 7. 19.부터 팔당호 상수원 수질보전 특별대책지역으로 편입되었고, 2003. 1. 22.「국토의 계획 및 이용에 관한 법률」에 의한 보전녹지지역으로 지정되면서 건축물의 건축이 불가능하게 되었다.

(5) 이 사건 토지는 2005. 3.경 산림청 지정고시로 휴양림 조성사업부지로 지정되었고, 용인시는 2005. 9. 16. 원고에게 보상금을 지급하고 이 사건 토지를 협의취득 하였다.

(6) 원고는 이 사건 토지의 수용보상금을 재원으로 2007. 12. 26. 대학교 설립부지 용도로 경기 연천군 신서면 소재 임야 285,884㎡를 매입하여 취득하였다.

(7) 피고는 원고가 이 사건 토지를 용인시에 양도(수용)함으로써 발생한 양도차익을 법인세법 제3조 제2항 제5호에 의한 고정자산의 처분으로 인하여 발생한 수입이라고 보아 2010. 10. 4. 원고에게 2005 사업연도 법인세(신고불성실 가산세 납부불성실 가산세 포함)를 부과처분 하였다.

2. 쟁 점

비영리내국법인이 고정자산 처분일 현재 3년 이상 계속하여 고유목적 사업에 직접사용하지 아니하고 고정자산을 처분하는 경우 직접사용하지 못한데 '정당한 사유'가 있는 경우 법인세를 비과세 하여야 하는지 여부

3. 관련법령

법인세법 시행령(2006.2.9. 대통령령 제19328호, 개정되기 전의 것) 제2조【수익사업의 범위】

② 법 제3조 제2항 제5호에서 "대통령령이 정하는 것"이라 함은 당해 **고정자산의 처분일 현재 3년 이상 계속하여 법령 또는 정관에 규정된 고유목적사업(제1항의 규정에 해당하는 수익사업을 제외한다)에 직접 사용한 것**을 말한다.

4. 원·피고의 주장

(1) 원고의 주장

① 법인세법 시행령(2006. 2. 9. 대통령령 제19328호로 개정되기 전의 것) 제2조 제2항은 문언상 비영리법인이 고정자산을 고유목적사업에 제공하지 못한 이유, 고정자산을 처분하게 된 사유 등을 불문하고 처분일 현재 3년간 고유목적사업에 직접 사용하지 아니하였으면 일률적으로 법인세를 과세하도록 규정하고 있어 불합리하므로, 이를 합목적적으로 해석하여 비영리법인이 고유목적 사업에 고정자산을 사용하지 못하였더라도 이에 대하여 정당한 사유가 있으면 고유목적 사업에 사용한 것으로 간주하여 고정 자산의 처분으로 인한 수입에 대하여 비과세하여야 한다.

② 정부가 약속한 대학의 건축비 지원을 이행하지 아니 하였던 점, 원고가 독자적으로 다른 고유목적사업을 위하여 이 사건 토지를 사용할 수도 없었던 점, 이후 이 사건 토지에 대한 법령상 제한으로 건축 자체가 불가능한 상태에서 원고의 의사와 무관하게 토지수용권자인 용인시에게 이 사건 토지를 이전할 수밖에 없었던 점 등의 제반 사정을 고려해 보면, 원고가 이 사건 토지를 고유목적 사업에 사용하지 못한 것에 대하여 정당한 사유가 있다고 보아야 한다. 따라서 이 사건 토지의 처분으로 인한 수입은 법인세법 시행령 제2조 제2항 소정의 비과세대상이 된다.

(2) 피고의 주장

① 「법인세법」 제3조 제2항 제5호 및 같은 법 시행령 제2조 제2항에서 고유목적사업에 직접 사용할 것을 명시하였고, '고유목적사업에 직접 사용한'시점은 건물이 준공되어 정관상의 고유목적사업에 실질적으로 공한 때를 말하는 것인데 이 사건 토지는 고유목적사업에 사용되지 아니하였다.

② 「법인세법」 제3조 제2항 제5호에 규정된 비영리법인의 과세소득에서 제외되는 '고유목적사업에 직접 사용한 자산'을 판단함에 있어서 고유목적사업에 사용하지 아니한 정당한 사유(건축제한 및 수용 등)가 있는 경우에도 '고유목적사업에 직접 사용한 자산'에 해당하는 것으로 확대 해석할 수 없고, 고유목적사업에 직접 사용하지 아니한 토지를 처분하는 경우에는 정당한 사유 유무에 관계없이 처분으로 인하여

얻는 수입에 대하여는 법인세가 부과되는 것이므로, 고유목적사업에 사용하지 아니한 이 사건 토지의 처분이익에 대하여 과세한 당초 처분은 정당하다.

5. 사건의 경과

(1) 원심판결(서울고등법원 2012. 12. 20. 선고 2012누17997 판결) : 국승

이 사건 규정에서는 비영리 내국 법인이 고정자산의 처분일 현재 3년 이상 계속하여 고유목적 사업에 직접 사용하지 아니하는 고정자산의 처분으로 인하여 생기는 수입에 관하여 법인세를 부과한다고 규정하고 있을 뿐이고, **고유목적 사업에 직접 사용하지 못한 데 대하여 정당한 사유가 있는지 여부에 따라 달리 본다는 규정을 두고 있지 아니한 이상** 이 사건에서 이 사건 토지의 처분대금을 원고의 법인세 과세소득으로 보아야 하는지에 관하여 원고가 이 사건 토지를 직접 사용하지 못한데 **'정당한 사유'가 있는지 여부를 따질 필요가 없다**고 판단되는 점(대법 2006. 7. 27. 선고 2005두14370 판결), 또한 비과세 요건 또는 조세감면요건에 관한 조세법규 의 해석은 특별한 사정이 없는 한 법문대로 해석하여야 할 것이고 **합리적 이유 없이 확장해석하거나 유추 해석하는 것은 허용되지 아니하며,** 특히 감면요건 규정 가운데 명백히 특혜규정이라고 볼 수 있는 것은 **엄격하게 해석하는 것이 조세 공평의 원칙에 부합**한다고 볼 것인데, 원고가 주장하는 바와 같이 법령상 명문의 규정이 없음에도 구체적 타당성을 위하여 '정당한 사유'가 존재하는지를 고려하여야 한다고 본 대법 판결들은, 그 대부분이 원칙적으로 유추해석이나 확장해석이 허용되지 않는 위 시행령 제2조 제2항의 규정과 같은 비과세 또는 감면 규정에 관한 사안으로는 보이지 아니할 뿐만 아니라, 그 사안의 구체적 내용도 이 사건과 동일한 것으로 단정하기도 어려운 사정 등을 앞서 인용한 여러 사정과 종합해 볼 때, 원고가 이 법원에서 추가로 주장하는 사정을 모두 고려한다고 하더라도, 이 사건 규정을 적용함에 있어 원고의 주장과 같이 **'정당한 사유'가 존재하는 경우에는 법인세를 부과할 수 없다고 해석하기는 어렵다**고 판단된다.

(2) 대상판결

법인세법 제3조 제2항 제5호 괄호 규정의 위임에 의하여 대통령령에서 정하여질 내용은 고정자산의 처분 당시 그 고유목적사업에 직접 사용한 기간 등과 같은 사항이 될 것임을 충분히 예측할 수 있고, 이 사건 시행령 조항도 그러한 위임의 범위 내에서 비과세소득의 대상이 될 수 있는 고정자산의 요건 등을 규정하고 있으므로, **이 사건 시행령 조항은 위임의 범위와 한계를 벗어난 무효의 규정이라고 할 수 없다.** 원심이 이 사건 시행령 조항이 유효함을 전제로 하여, 비영리내국법인인 원고가 고정자산인 이 사건 토지를 처분할 당시 3년 이상 계속하여 고유목적사업에 직접 사용하지 아니하였으므로 그 처분으로 인하여 생긴 수입을 비과세소득으로 볼 수 없다는 이유로 원고에게 그 수입에 관하여 법인세를 부과한 이 사건 처분이 적법하다고 판단한 것은 정당하고, 거기에 상고이유로 주장하는 바와 같은 위임입법의 한계에 관한 법리오해 등의 위법이 없다.

6. 평 석

(1) 고정자산의 처분일 현재 **3년 이상** 계속하여 법령 또는 정관에 규정된 **고유목적사업에 직접 사용**한 고정자산을 매각하여 생기는 수입은 비영리내국법인의 수익사업에서 제외된다. 따라서 법인으로 보는 교회가 부동산을 3년 이상 교회시설로 사용하거나 담임목사의 사택으로 사용한 경우에도 법인세가 과세되지 않는다(서면2팀-1009, 2006. 6. 5.).

(2) 해당 규정 적용에 있어서 3년 이상 사용 여부 판단의 기산일은 **실제 고유목적사업에 사용한 때**를 말하는 것으로, 법인으로 보는 교회가 법인으로 승인받기 전에 취득하여 처분일 현재 3년 이상 계속하여 고유목적사업에 사용하였다면 승인일로부터 양도일까지의 기간이 3년이 되지 않았다 하더라도 법인세가 비과세 된다(법인-2642, 2008. 9. 26., 서면2팀-78, 2007. 1. 11.).

(3) 한편 3년 이상 고유목적사업에 사용하지 못한 사유가 있는 경우를 비과세 요건으로 볼 수 있는지에 관하여 대상판결은 비영리내국법인이 고정자산의 처분일 현재 3년 이상 계속하여 고유목적사업에 직접 사용하지 아니하는 고정자산의 처분으로 인하여 생기는 수입에 관하여 법인세를 부과한다고 규정하고 있을 뿐이고, **고유목적사업에 직**

접 사용하지 못한 데 대하여 정당한 사유가 있는지 여부에 따라 달리 본다는 규정을 두고 있지 아니한 이상 이 사건에서 이 사건 토지의 처분대금을 원고의 법인세 과세소득으로 보아야 하는지에 관하여 원고가 이 사건 토지를 직접 사용하지 못한 것에 '정당한 사유'가 있는지 여부를 따질 필요가 없다고 설시하고 있다(이 사건 담당 재판부 1,2,3심 모두 국가승소 판결하였다).

7. 관련예규 · 심판례 · 판례

문서번호	내 용
부동산거래-0854, 2011. 10. 11.	양도일 현재 거주자가 아닌 당해 자산의 양도일까지 계속 5년 이상 거주자가 아닌 경우 국외자산에 대한 양도소득세는 비과세된다(국외자산에 대해서는 국내에 5년 이상 주소 또는 거소를 둔 거주자에 한하여 납세의무를 부여하고 있음).
법인-3549, 2008. 11. 24.	교회의 부동산을 3년 이상 고유목적사업에 사용하여 각 사업연도소득에 대한 법인세가 과세되지 않는 경우에도 주택이나 비사업용 토지를 양도하였다면 당해 **양도소득에 대한 10%를 법인세로 납부**하여야 한다.
법인-2642, 2008. 9. 26.	개인인 교회가 부동산을 취득하여 3년 이상 당해 부동산을 고유목적사업에 사용하였을 경우 양도하기 전에 법인으로 승인받는다면「법인세법」의 규정을 적용받아 양도소득세가 과세되지 않을 수 있다. 즉 비영리법인으로서 과세대상인 수익사업에 해당하지 아니한다.
대법원 2006. 7. 27. 선고 2005두14370 판결	법문 자체가 비영리법인이 고유목적사업에 직접 사용하지 못한 데 대하여 정당한 사유가 있는지 여부에 따라 달리 본다는 규정을 두고 있지 아니하므로 정당한 사유 유무를 법인세법 시행령 제2조 제2항의 적용기준으로 삼기는 어렵다.
대법원 2008. 11. 27. 선고 2006두19570 판결	어느 시행령의 규정이 모법의 위임범위를 벗어난 것인지 여부를 판단함에 있어서 중요한 기준 중 하나는 예측가능성인바, 이는 당해 시행령의 내용이 이미 모법에서 구체적으로 위임되어 있는 사항을 규정한 것으로서 누구라도 모법 자체로부터 그 위임된 내용의 대강

문서번호	내 용
	을 예측할 수 있는 범위 내에 속한 것이어야 함을 의미하고, 이러한 예측가능성의 유무는 당해 특정조항 하나만을 가지고 판단할 것은 아니고 법률의 입법 취지 등을 고려하여 관련 법조항 전체를 유기적·체계적으로 종합하여 판단하여야 한다.
대법원 2006. 10. 26. 선고 2005두3714 판결	세법상 가산세는 과세권의 행사 및 조세채권의 실현을 용이하게 하기 위하여 납세자가 정당한 사유 없이 법에 규정된 신고·납세의무 등을 위반한 경우에 법이 정하는 바에 의하여 부과하는 행정상의 제재로서, 납세자의 **고의·과실은 고려되지 아니하고, 법령의 부지 또는 오인은 그 정당한 사유에 해당한다고 볼 수 없다.**

1-7 비영리법인이 수익사업의 자산을 비수익사업으로 전출 시 이를 처분으로 볼 수 없으며 평가익은 미실현이익으로 익금이 아님

● 대상판결 : 대법원 2016두31173 (2016. 8. 18.) ➜ 국패

핵심 요지

사립학교법인인 원고가 학교 운영시설로 사용하기 위하여 고유목적사업에 전입한 이 사건 부동산의 시가와 장부가액의 평가차익은 과세대상이 되는 고정자산의 처분이익에 해당하지 아니하고, 이때 고유목적사업준비금과 상계하는 자산가액은 기타의 사업에 속하는 자산을 수익사업에 지출 또는 전입한 경우와 마찬가지로 시가에 의하여야 하는 것이므로, 구 법인세법 시행규칙 제76조 제4항 후문을 근거로 이 사건 부동산의 평가차익을 고정자산의 처분이익으로 보아 법인세 부과처분을 한 피고의 처분은 위법함

1. 사실관계

• 고유목적사업전입

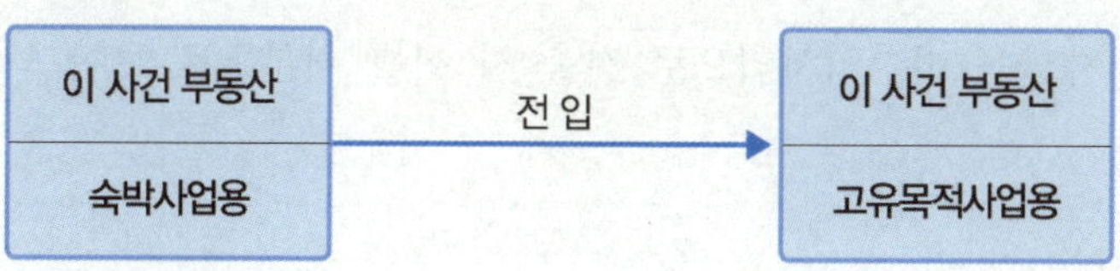

• 부동산평가

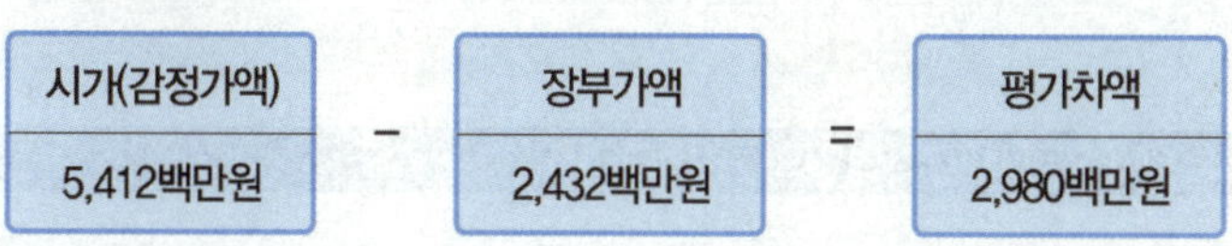

• 원 · 피고 주장

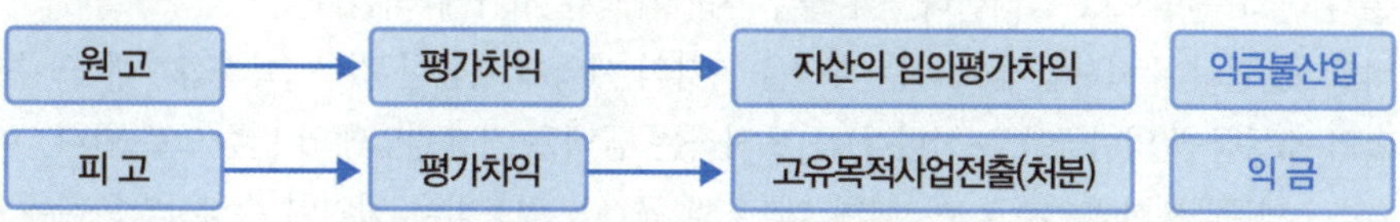

(1) 원고는 1964. 1. 24. 사립학교법에 의하여 설립된 학교법인으로, 중등교육과 고등교육을 고유목적사업으로 하고 있다.

(2) 원고는 「사립학교법」에 따른 학교법인으로 고유목적사업과 수익사업을 병행하고 있었다.

(3) 원고는 주무관청의 허가를 받아 부동산 임대사업(수익사업)으로 사용하던 서울시에 소재하는 이 사건 부동산(대지 1,607.5㎡, 건물 5,062.78㎡)을 대학교 운영시설의 목적으로 고유목적사업에 전입하였다.

(4) 원고는 이 사건 부동산을 고유목적사업에 전입할 때 이 사건 부동산의 시가를 5,412백만 원으로 평가하여 시가와 장부가액(2,432백만 원)의 차이인 2,980백만 원을 법인세법상 '자산의 임의평가차익'으로 보아 익금불산입 하였다.

(5) 피고는 원고의 회계처리에 대한 신고분석 결과, 원고에게 기획재정부의 질의회신(기획재정부 법인세과-364, 2012. 5. 16.)과 법인세법 시행규칙 제76조 제4항 후문을 근거로 이 사건 부동산의 평가이익을 '고정자산처분이익'으로 보아 2007 사업연도 법인세 5,192백만 원(가산세 포함)을 부과·고지하였다.

2. 쟁 전

비영리법인이 수익사업의 자산을 비수익사업으로 전출 시 이를 처분으로 보아 익금으로 과세한 처분의 당부

3. 관련법령

법인세법 시행규칙 제76조【비영리법인의 구분경리】

③ 비영리법인이 기타의 사업에 속하는 자산을 수익사업에 지출 또는 전입한 경우 그 자산가액은 자본의 원입으로 경리한다. 이 경우 자산가액은 시가에 의한다.

④ 비영리법인이 수익사업에 속하는 자산을 기타의 사업에 지출한 경우 그 자산가액 중 수익사업의 소득금액(잉여금을 포함한다)을 초과하는 금액은 자본원입액의 반환으로 한다. 이 경우 「조세특례제한법」 제74조 제1항 제1호의 규정을 적용받은 법인이 수익사업회계에 속하는 자산을 비영리회계에 전입한 경우에는 비영리사업에 지출한 것으로 한다.

조세특례제한법 제74조 제1항 제1호【고유목적사업준비금의 손금산입특례】

법인세법 시행규칙 제76조 후문에서 '조세특례제한법 제74조 제1항 제1호의 규정을 적용받는 법인이 수익사업회계에 속하는 자산을 비영리사업회계에 전입한 경우에는 이를 비영리사업에 지출한 것으로 한다.'고 규정하고 있으며, 구 조세특례제한법(2008. 12. 26. 법률 제9272호로 개정되기 전의 것) 제74조 제1항 제1호는 그 적용법인 중 하나로 사립학교법에 의한 학교법인(이하 '사립학교법인'이라 한다)을 들고 있다.

법인세법 제113조【구분경리】

① 비영리법인이 수익사업을 하는 경우에는 자산·부채 및 손익을 그 수익사업에 속하는 것과 수익사업이 아닌 그 밖의 사업에 속하는 것을 각각 다른 회계로 구분하여 기록하여야 한다.

4. 원·피고 주장 요약

(1) 원 고

법인세법 시행규칙 제76조 제4항을 근거로 평가이익을 '고정자산처분이익'으로 의제하거나 규정의 취지상 '비영리법인의 고정자산처분이익'에 대한 과세요건으로 볼 수 없는 점, 이 사건 부동산은 제3자에게 처분된 것이 아니라 구분경리에 따라 비영리사업회계에 전입한 것에 불과하므로, 이 사건 부동산의 평가이익은 미실현이익에 해당하는 점, 이 사건 부동산의 평가이익을 익금불산입함으로써 부당하게 조세를 회피한 사실이 없는 점 등을 고려할 때, 이 사건 처분은 법령상 근거가 없으므로 위법하다.

(2) 피고(과세관청)

비영리내국법인 중 「조세특례제한법」 제74조 제1항 제1호에 따른 학교법인이 수익사업회계에 속하는 금전외의 자산을 비영리사업회계에 전입한 경우 이는 「법인세법 시행규칙」 제76조 제4항 후단에 비영리사업에 지출한 것으로 본다고 규정하고 있고, 비영리사업에 지출한다함은 처분을 의미하므로 원고가 평가차익이라고 주장하는 쟁점평가증액은 처분이익에 해당하고, 처분된 자산의 가액이 명확하지 아니할 경우 「법인세법 시행령」 제89조에 의거 시가로 평가하는 것이며, 시가와 장부가액과의 차액은 처분이익으로 「법인세법」 제3조 제2항 제5호에 규정된 수익사업에서 생기는 수입에 해당한다.

5. 대상판결

① 이 사건 쟁점 조항 후문(법인세법 시행규칙 제76조 제4항)은 사립학교법인이 수익사업회계에 속하는 자산을 비영리사업회계에 전입한 경우에는 이를 비영리사업에 지출한 것으로 본다는 것인데, 여기서의 **'지출'은 그 문언 해석상 손익거래와 관계없는 자본원입액의 반환 등으로 해석**함이 상당한 점, ② 이 사건 부동산을 비영리사업회계에 전입한 것이 그 자체로 수익성을 가지거나 수익을 목적으로 한 것이라고 할 수 없고, 이 사건 평가차익을 고정자산의 처분이익으로 볼 경우 실제 처분하지 아니한 **미실현이익에 대하여 과세가 되는 결과**가 발생하는 점, ③ 그 평가이익을 자본조정 등의 항목으로 계상하여 당기의 손익에 반영하지 않더라도 향후 제3자에게 처분할 때에 이를 익금으로 산입할 수 있어 조세회피의 문제가 발생하지 아니하는 점, ④ **이 사건 쟁점 조항은 구분경리를 위한 규정일 뿐 미실현이익에 대한 과세의 근거 규정이 될 수 없는 점** 등을 종합하여 보면, 이 사건 평가차익은 과세대상이 되는 고정자산의 처분이익에 해당하지 아니하고, 이때 고유목적사업준비금과 상계하는 자산가액은 기타의 사업에 속하는 자산을 수익사업에 지출 또는 전입한 경우와 마찬가지로 시가에 의하여야 한다는 이유로, 이와 다른 전제에서 피고가 한 이 사건 처분은 위법하다.

6. 평 석

(1) 사립학교법인인 원고가 부동산 임대사업으로 사용하던 이 사건 부동산을 학교운영시설로 사용하기 위하여 고유목적사업에 전입하면서 이 사건 부동산의 시가와 장부가액의 평가차익을 자산의 임의평가차익으로 보아 익금불산입하였는데, 이에 대하여 피고는 법인세법 시행규칙 제76조 후문을 근거로 이 사건 평가차익을 고정자산의 처분이익으로 보아 이 사건 법인세 부과처분을 한 사건이다.

(2) 법인세법은 법인을 영리법인과 비영리법인으로 구분하여 영리법인에 대하여는 소득

발생 원천을 가리지 아니하고 모든 소득에 대하여 법인세 납세의무를 지우지만 비영리법인에 대하여는 법인세법 제3조 제2항 각 호에서 정한 특정한 발생원천에서 생긴 소득에 한하여 납세의무를 지우고 있다. 수익사업에는 '임대업(제1호)', '고정자산 처분으로 인하여 생기는 수입(제5호)'이 포함되어 있다. 법인세법 제113조는 비영리법인이 영위하는 수익사업에서 생긴 소득에 대한 과세를 위하여 비영리법인으로 하여금 자산 · 부채 및 손익을 수익사업에 속하는 것과 비수익사업에 속하는 것으로 구분경리하도록 요구하고 있다.

(3) 수익사업구분경리 원칙에 의하면 수익사업과 비수익사업 간 거래는 비영리법인 내부거래이기는 하나 제3자 간 거래와 같이 인식하여야 한다. 이와 관련하여 '비영리사업 → 수익사업 자산 이전'에는 '전입'만 있더라도 거래를 인식하여 '자본원입'(원시출자)으로 경리하나(법인세법 시행규칙 제76조 제3항), '수익사업 → 비영리사업 자산 이전'에는 단순한 '전입'에서 나아가 실제 '지출'이 있는 경우에 한하여 거래를 인식하여 '고유목적사업(준비금) 지출, 소득금액(잉여금 포함) 지출, 자본원입액 반환' 중 하나로 경리하여야 한다(법인세법 제29조 제2항, 제1항, 법인세법 시행규칙 제76조 제4항 전문). 이와 같이 자산 이전 방향에 따라 거래 인식 시점에 차이를 둔 것은 법인세 과세대상이 되는 수익사업에 속하는 자산이 비과세 대상인 비영리사업에 이전되는 것을 최대한 보수적으로 파악하여 국가 조세권 행사를 관철하기 위한 것이다(서울행정법원 2015. 01. 30. 선고 2014구합66045 판결).

(4) 쟁점이 된 법인세법 시행규칙 제76조 제4항에 대하여 과세관청과 원고의 해석이 다르다. 법인세법 시행규칙 제76조 제4항은 "비영리법인이 수익사업에 속하는 자산을 기타의 사업에 지출한 경우 그 자산가액 중 수익사업의 소득금액(잉여금을 포함한다)을 초과하는 금액을 자본원입액의 반환으로 한다. 이 경우 조세특례제한법 제74조 제1항 제1호의 규정을 적용받는 법인(학교법인 등)이 수익사업회계에 속하는 자산을 비영리사업회계에 전입한 경우에는 이를 비영리사업에 지출한 것으로 한다."고 규정하고 있다.

(5) 기획재정부의 질의회신에 의하면 "학교법인이 수익사업회계에 속하는 금전 외의 자산을 비영리사업회계에 전입한 경우 그 자산의 가액은 시가로 평가하는 것이며, 자산의 평가이익(장부가액과 시가와의 차액)은 전입일이 속하는 사업연도의 수익사업의 익금에 해당한다."고 되어 있다(피고의 과세처분 근거가 되는 법 조항에 대한 기획재정부

의 해석이다).

(6) 1심재판부는 피고의 의견과는 달리 법인세법 시행규칙 제76조 제4항에 대하여 다음과 같이 해석하였다.

"… 법인세법 시행규칙 제76조 제4항 전문은 '자산을…비영리사업에 지출'이라고 규정하고 있으므로, 지출을 '고정자산의 처분'과 동일한 의미라고 해석할 수 없다.

… 비영리법인이 수익사업에서 비수익사업으로 자산 이전할 때 발생한 평가이익에 대하여 과세할 경우 외부에서 새로 고유목적사업으로 취득하는 자산이나 기부하는 경우와 달리 과세를 인정하게 되는 결과가 되므로, 이는 '비영리법인의 고유목적사업 고정자산에 대한 비과세'라는 법인세법령의 규정에 반한다.

… 만일, 사립학교법에 의한 학교법인 등 조세특례제한법 제74조 제1항 제1호의 비영리법인에 대하여만 수익사업회계에서 비영리사업회계로 자산을 전입할 경우 **시가와 장부가액의 차액을 '고정자산처분이익'으로 보아 처리할 경우 실제 처분하지 아니한 미실현이익에 대한 과세가 되는 점**, 이 사건 부동산의 평가이익을 제3자에게 매각될 때 고정자산처분이익으로 과세하더라도 조세회피문제가 발생하지 아니하는 점, **법인세법 시행규칙 제76조는 구분경리를 위한 규정이고, 과세 근거 조항이 아닌** 점, 미실현이익에 대한 과세는 법인세법 제42조 제1항과 같이 보험업법에 의한 자산 평가 등에 한정되어 있고, 원칙적으로 평가이익은 법인세법 제18조 제1호에 의하여 익금불산입 되는 점 등을 고려할 때, 법인세법 시행규칙 제76조 제4항은 미실현이익에 관한 과세 근거 조항으로 보기 어렵다.

… **질의회신은 과세근거가 될 수 없고, 그 법적 근거를 확인할 수 없다**"(서울행정법원 2015 01. 30. 선고 2014구합66045판결).

(7) 이 사건 항소심 재판부도 1심재판부와 같이 원고 승소판결 하였다. 즉, **비영리내국법인에 대하여는 소득이 있더라도 그 소득이 수익사업으로 인한 것이 아닌 이상 법인세를 부과할 수 없다**는 것이다(서울고등법원 2015. 12. 10. 선고 2015누36449 판결).

(8) 자산의 평가차익은 자산의 시가가 장부가액을 초과하는 경우 그 시가와 장부가액의 차이를 말하는 것으로서 원칙적으로 익금에 산입하지 않고 법인세법 제18조 제1호 단서, 법인세법 제42조 제1항에서 규정하고 있는 예외적인 경우(보험업법 기타 법률에 의한 고정자산의 평가차익, 재고자산 등 특정 자산 및 부채의 평가차익의 경우)에

한하여 익금에 산입한다. 어떠한 자산의 보유상태에서 발생한 가치의 증가 즉, 자산의 평가차익에 관한 과세는 실현된 소득만이 과세된다는 실현주의에 반하므로 원칙적으로 익금에 산입하지 않는다. 현행 법인세법상 자산의 평가차익은 과세되지 않음이 원칙이다.

(9) 대상판결에서 이 사건 부동산을 수익사업에서 고유목적사업에 전입한 것이 **그 자체로 수익성을 가진 것이라거나 수익을 목적으로 한 것이라고 할 수는 없으므로, 설령 이 사건 부동산의 전입으로 그 평가이익 상당의 이익이 발생하였다고 가정하더라도, 그 것이 법인세법 제3조 제2항에서 규정하는 법인세 과세소득의 범위에 포함되는 소득이라고 할 수는 없다**는 판결은 정당하고 수긍이 간다.

7. 관련예규 · 판례

문서번호	내 용
대법원 1980. 11. 11. 선고 80누278 판결, 대법원 1996. 6. 14. 선고 95누14435 판결, 대법원 2005. 9. 9. 선고 2003두12455 판결, 대법원 2013. 11. 28. 선고 2013두12645 판결 등	법인세법 제3조 제2항은 '비영리내국법인의 각 사업연도의 소득은 다음 각 호의 사업 또는 수입(이하 "수익사업"이라 한다)에서 생기는 소득으로 한다'고 규정하고 있으므로, **비영리내국법인에 대하여는 소득이 있더라도 그 소득이 수익사업으로 인한 것이 아닌 이상 법인세를 부과할 수 없는 것이고,** 어느 사업이 수익사업에 해당하는지의 여부를 가림에 있어 그 사업에서 얻는 수익이 당해 법인의 고유목적을 달성하기 위한 것인지의 여부 등 목적사업과의 관련성을 고려할 것은 아니나 그 사업이 수익사업에 해당하려면 적어도 그 사업 자체가 수익성을 가진 것이거나 수익을 목적으로 영위한 것이어야 할 것이다.
국세청 서이46012-10843, 2003. 4. 22., 서면인터넷방문상담2팀-1376, 2006. 7. 20, 기획재정부의 질의회신 (법인세제과-364, 2012. 5. 16.)	수익사업용 자산을 고유목적사업에 전입하는 경우 **고유목적사업준비금과 상계하는 자산가액은 시가에 의하여야** 한다.

문서번호	내 용
법인세법 기본통칙 113-156…3	수익사업용 자산을 비수익사업으로 지출하는 경우에는 다음의 순서에 따라 상계처리 하여야 한다. ① 손금산입 된 고유목적사업준비금(직전 사업연도 종료일 현재 고유목적사업준비금의 잔액을 초과하여 당해 사업연도에 고유목적사업 등에 지출한 금액을 포함한다) ② 손금부인 된 고유목적사업준비금 ③ 법인세 과세 후의 수익사업소득금액(잉여금을 포함한다) ④ 자본의 원입액

제2절 소득처분

2-1 대표자 인정상여 처분 시 '대표자'의 기준

● 대상판결 : 대법원 2013두4231 (2013. 6. 27.) ➜ 국승

핵심 요지

원고는 발행주식 총수의 100분의 30 이상을 사실상 소유한 주주로서 회사의 경영을 사실상 지배한 실질적인 임원으로 보여지므로, '주주 등인 임원'으로 보아 인정상여로 과세한 처분은 적법하다.

1. 사실관계

〈주식소유현황〉
- 주주명부상 : 타인
- 사실상 : 원고 50%, 갑(동업자) 40%
- 원고와 갑은 법인등기부상 임원으로 등재되지 아니함.

(1) 피고는 A사 자금 60억 원 중 일부가 대표자 가지급금 명목으로 수시로 인출되어 변제되지 아니한 사실에 대하여 2005사업연도 과세표준 계산 시 회수되지 않은 가지급금 및 인정이자를 익금산입하여 법인세 경정결정하고, 동 익금산입액을 귀속이 불분명한 것으로 보아 원고에게 상여로 소득처분 후 소득금액변동통지를 하였다.

(2) 법인이 원천징수납부를 이행하지 아니하고 원고도 소득세 추가신고 자진납부하지 않자, 피고는 원고에게 2005사업연도 귀속 종합소득세 11억 원을 경정·고지하였다.

2. 쟁 점

법인등기나 정관에 기재된 임원이 아니라고 하더라도 사실상 경영전반의 의사결정과 집행에 적극적으로 참여하거나 회계와 업무에 관한 감독권을 행사하는 자를 임원으로 보아 인정상여처분할 수 있는지 여부

3. 대상판결

법인등기나 정관에 기재된 임원이 아니라고 하더라도 사실상 경영에 참여하여 경영전반의 의사결정과 집행에 적극적으로 참여하거나 회계와 업무에 관한 감독권을 행사하는 자는 구 「법인세법시행령」 제106조 제1항 제1호 단서 괄호 규정 소정의 '임원'에 포함된다고 전제한 다음, 그 판시와 같은 사정 등에 비추어 원고가 갑과 함께 소외회사의 운영권을 양수한 후 타인명의로 소외회사의 총발행주식 중 60%를 사실상 소유하면서 소외회사의 금융관련업무, 세금관련업무, 자금관리 등 제반 업무를 총괄한 사실을 인정할 수 있으므로 원고는 위 괄호 규정 소정의 '주주 등인 임원'으로서 소외회사의 경영을 사실상 지배하는 대표자에 해당한다는 이유로, 사외유출된 금액 중 귀속이 불분명한 액수의 60%가 원고에게 귀속되었음을 전제로 한 이 사건 처분은 적법하다.

4. 평 석

(1) 대법원은 대표자 인정상여 소득처분에서 귀속이 불분명한 경우에는 대표자에게 귀속한 것으로 보는 취지는 대표자에게 징벌적으로 소득세를 부과함으로써 그 귀속자를 밝히도록 강제하기 위한 데 있다는 입장을 표명해왔다.

(2) 대상판결도 법인등기나 정관에 기재된 임원이 아니라고 하더라도 사실상 경영에 함께하여 경영전반의 의사결정과 집행에 적극적으로 참여하거나 회계와 업무에 관한 감독권을 행사하는 자는 구 「법인세법시행령」 제106조 제1항 제1호 단서 괄호 규정 소정의 '임원'에 포함된다고 해석하고 있다.

(3) 대법원도 대표자 상여처분에 해당하는 대표자는 징벌적이고 정책적인 목적에서 행하여지는 것이라면(대법원 2010. 12. 23. 선고 2008두10461 판결 등) 그 범위를 엄격

하고 제한적으로 해석하여야 한다는 기본원칙은 변함이 없지만 이 사건에서와 같이 법인의 경영을 사실상 지배하고 있다면 그 자를 대표자로 보아 상여처분하여야 한다는 것이다.

5. 관련 판례

문서번호	내 용
대법원 2010. 12. 23. 선고 2008두10461 판결	대표자 인정상여 소득처분은 그 대표자에게 그러한 소득이 발생한 사실에 바탕을 두는 것이 아니라 법인에 의한 세법상의 부당행위를 방지하기 위하여 그러한 행위로 인정될 수 있는 일정한 사실에 대해 그 실질에 관계없이 무조건 대표자에 대한 상여로 간주하는 것이다(즉, 대표자 인정상여 소득처분 취지는 법인 대표자에게 징벌적으로 소득세를 부과할 수 있는 근거를 마련하여 둠으로써 대표자가 소득세 과세의 위험을 벗어나기 위하여서는 스스로 그 귀속자를 밝히도록 간접강제하기 위한 데 있다).
대법원 1992. 7. 14. 선고 92누3120 판결	인정상여 소득처분의 대상이 되는 법인의 대표자는 그 문면에 좇아 제한적으로 엄격히 해석하는 것이 타당하다.
대법원 1984. 3. 27. 선고 83누333 판결	비록 회사의 대표이사로 법인등기부상 등재되어 있더라도 그것이 본인의 의사에 기하지 아니한 부실한 것이면 그는 대표자에 해당하지 아니한다.
대법원 1988. 3. 27. 선고 87누128 판결	회사의 대표이사로 등기부상 등재되어 있었다고 하더라도 회사를 실질적으로 운영한 사실이 없었다면 인정소득을 그 대표자에게 귀속시킬 수 없다.
대법원 1994. 3. 8. 선고 93누1176 판결	법인의 공동대표이사 직무대행자로 선임되었다가 1개월 만에 그 지위를 상실하였을 뿐 아니라 그 기간 동안에도 회사 노동조합 측의 방해로 실질적으로 직무대행자로서의 권한을 제대로 행사하지 못한 경우에는 대표에 해당하지 아니한다.
대법원 2010. 10. 28. 선고 2010두11108 판결	대표자가 아니면서 예외적으로 대표자로 간주할 수 있는 경우를 「법인세법시행령」 제106조 제1항 제1호 단서의 괄호 안의 사유로 제한하고 있는 점에 비추어보면 법인등기부상 대표자로 등재되어 있지 아니하고 괄호 안의 주주 등인 임원으로서의 요건도 갖추지 못한 자

문서번호	내 용
	의 경우에는 설령 그 자가 법인의 경영을 사실상 지배하고 있다고 하더라도 위 규정에서 말하는 대표자에 해당한다고 할 수 없다(쟁점 규정의 괄호 부분이 단순한 예시적 규정이 아니라 「상법」상 대표자가 아님에도 불구하고 대표자로 취급할 수 있는 경우를 제한적으로 규정한 것).
대법원 2011. 3. 11. 선고 2007다51505 판결	일반적으로 주주명부에 주주로 등재되어 있는 사람은 그 회사의 주주로 추정되지만, 그 주주권을 부인하는 측이 이를 입증하면 그 추정은 번복되는 것이다.
대법원 2012. 9. 13. 선고 2012두11799 판결	법인등기나 정관에 기재된 임원은 아니나 사실상 경영전반의 의사결정과 집행에 적극적으로 참여하거나 회계와 업무에 관한 감독권을 행사하는 자는 구 「법인세법시행령」 제106조 제1항 제1호 단서 소정의 "임원"에 포함된다(대법원 2011. 7. 28. 선고 2011두8802 판결).
대법원 2015. 6. 24. 선고 2015두38290 판결	장부에 기재되지 않고 사외유출 된 법인의 수입금은 그 귀속이 분명하지 않은 한 과세관청이 법인세법 제67조, 법인세법시행령 제106조 제1항 제1호 단서의 규정에 의하여 대표자에 대한 상여로 소득처분 할 수 밖에 없고, 이 경우 그 **귀속이 분명하다는 점**에 관한 **증명책임**은 이를 주장하는 **납세자**에게 있다(대법원 2013. 3. 28. 선고 2010두20805 판결 등 참조).
대법원 2016. 11. 10. 선고 2014두4764 판결	대표자는 실질적으로 그 회사를 사실상 운영하는 대표자여야 하고, 비록 **회사의 대표이사로 법인등기부상 등재되어 있었다고 하더라도 회사를 실질적으로 운영한 사실이 없었다면 이와 같은 인정소득을 그 대표자에게 귀속시킬 수 없다**고 보아야 한다.

2-2 인정상여처분의 상대방인 대표자는 실질적으로 그 회사를 사실상 운영하는 대표자를 의미함

● 대상판결 : 대법원 2014두4764 (2016. 11. 10.) ➜ 국패

핵심 요지

법인세의 과세표준을 결정 또는 경정할 때 익금에 산입한 금액이 사외에 유출된 것이 분명하나, 다만 그 귀속이 불분명한 경우에는 대표자에게 귀속된 것으로 보아야 하고, 여기서 대표자는 실질적으로 그 회사를 사실상 운영하는 대표자이어야 함

1. 사실관계

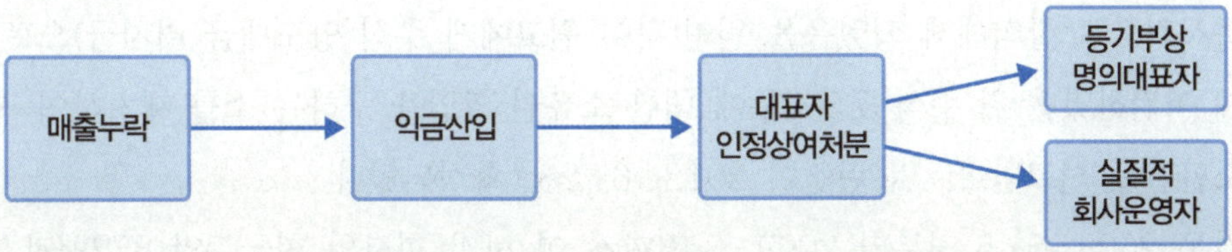

(1) 원고와 갑은 2007. 7.경 웨딩사업을 동업하기로 약정하고 2007. 12. 7. 결혼예식 준비대행, 출장연회 등을 목적으로 하는 '이 사건 회사'를 설립하여 원고와 갑이 공동대표이사로 취임하고 공동대표이사로 등기하였다.

(2) 원고와 갑은 2008. 5. 27. 운영계약서를 작성하였는데, 이에 따르면 ① 2008. 7.경부터 2012. 12.경까지 이 사건 회사의 운영에 관하여 원고와 갑은 55 : 45의 지분으로 공동대표로 진행하기로 합의하고, ② **원고가 위 기간 동안 이 사건 회사를 운영하고**, 운영상 발생하는 문제에 대하여 원고와 갑이 공동대처하여 해결하며, ③ 3개월마다 회사 수익을 지분별로 배당, 정산하되 정산 시 지출 및 운영에 대하여 갑이 의견을 제기할 수 있다고 정하였다.

(3) 갑은 이 사건 운영계약서 작성 이후에도 여전히 법인등기부상 공동대표이사로 등재되어 있었고 원고에게 보낸 내용증명우편 등에서 이 사건 회사의 공동대표이사라는 직함을 사용하였다. 갑은 이 사건 회사의 운영과 관련하여 세금신고와 드레스실 등의

안건에 관한 회의록, 예식장 계약서 등의 서류에 원고와 함께 서명을 하였고, 지출결의서, 조리부 및 아르바이트 직원 현황 등 일부 서류에는 원고의 서명 없이 단독으로 서명하기도 하였다.

(4) 이 사건 회사의 주식보유 비율은 회사 설립 이후 2009. 5. 22.까지 원고 52.5~55%, 갑 47.5~45%였다. 그런데 갑은 원고가 약정한 투자금을 투자하지 않았고 회사 자금을 횡령하였다는 이유로 원고에 대하여 형사고소를 하는 한편, 2009. 5. 7. 이사회를 개최하여 원고를 공동대표이사에서 해임하고 갑을 단독 대표이사로 선임하여, 2009. 5. 8. 위 이사회 결의에 따른 해임 및 선임등기를 경료하였다. 원고와 갑은 2009. 5. 23. 이 사건 회사 운영과 관련한 분쟁을 종식시키고 갑이 이 사건 회사 경영권을 안정적으로 확보하는 방법으로 원고의 주식 전부인 5,500주를 750,000 천 원에 갑에게 양도하기로 하여 쌍방 간의 분쟁을 원만히 해결하기로 합의를 하였고, 이에 따라 갑은 이 사건 회사의 주식 100%를 보유하게 되었다. 그 후 원고는 갑을 상대로 위 합의가 묵시적으로 합의해제 되었음을 원인(갑이 원고에게 주식 양도대금 미지급)으로 갑에게 이전하였던 위 주식 5,500주에 대한 소유권 확인을 구하는 소를 제기하여 전부승소판결을 선고받아, 위 판결이 2012. 6. 28. 확정되었다.

(5) 갑은 2008. 5. 5.경부터 2009. 3.경까지 이 사건 회사의 현금수입 872백만 원 중 402백만 원을 분배받았다.

(6) 마포세무서장은 이 사건 회사에 대하여 2008년~2009년도 법인세 통합조사를 실시하였는데, 누락된 매출액을 각 사업연도에 익금산입 하고, 가공경비는 각 사업연도에 손금불산입 하였다. 마포세무서장은 원고가 이 사건 계약서 작성 이후에 이 사건 회사를 단독 운영하였다고 보아 2008. 7. 1.부터 2009. 6. 30.까지 발생한 이 사건 회사의 매출 누락금 전액을 원고의 인정상여로 소득처분 하였다(갑은 배당만 받는 주주지위의 있는 자에 불과하므로, 원고를 대표자로 봄이 타당하다는 것임).

2. 쟁 점

원고를 2008. 7. 1. ~ 2009. 6. 30. 기간 중 이 사건 회사의 사실상 대표자로 보아 인정상여로 소득처분 하여 종합소득세를 부과한 처분의 당부

3. 관련법령

법인세법 제67조【소득처분】(2018. 12. 24. 제목개정)

각 사업연도의 소득에 대한 법인세의 과세표준을 신고하거나 법인세의 과세표준을 결정 또는 경정할 때 익금에 산입한 금액은 그 귀속자 등에 게 상여 · 배당 · 기타 사외유출 · 사내유보 등 대통령령으로 정하는 바에 따라 처분한다.

법인세법시행령 제106조【소득처분】

① 익금에 산입한 금액이 사외에 유출된 것이 분명한 경우에는 그 귀속자에 따라 배당, 이익처분에 의한 상여, 기타소득, 기타 사외유출로 하고, 다만 귀속이 불분명한 경우에는 대표자(대표자가 2인 이상인 경우에는 사실상의 대표자로 한다)에게 귀속된 것으로 본다.

4. 원 · 피고 주장 요약

(1) 원 고

원고는 갑과 이 사건 회사의 공동대표이사로 되어 있는 점, 원고의 출자지분율은 2008. 7. 1.부터 55%인 점, 2008. 5. 27.자 운영계약서에 의하면 이 사건 회사 운영상 발생하는 문제에 관하여 공동으로 대처하여 해결하도록 되어 있는 점 등을 고려할 때, 원고와 갑은 2008. 7. 1.부터 2009. 6. 30.까지도 이 사건 회사를 공동 운영한 것으로 보아야 하므로, 이 사건 처분(인정상여 소득처분) 중 원고의 지분율을 초과하는 부분은 위법하다.

(2) 피고(과세관청)

원고와 갑이 2008. 5. 27. 작성한 운영계약서에 의하면 원고가 이 사건 회사를 단독으로 운영한 사실이 확인되고, 갑은 당시 매월 일정 금원을 급여로 받기로 합의한 사실이 확인되는 등 원고가 이 사건 회사를 운영한 사실이 객관적으로 확인되므로 원고를 실질적인 운영자로 보아 소득처분 한 것은 타당하다.

5. 대상판결

구 법인세법 시행령(2016. 2. 12. 대통령령 제26981호로 개정되기 전의 것) 제106조 제1항 제1호는 과세관청이 법인세의 과세표준을 결정 또는 경정할 때 익금에 산입한 금액이 사외에 유출된 것이 분명한 경우에는 그 귀속자에 따라 배당, 이익처분에 의한 상여, 기타소득, 기타 사외유출로 하되, 다만 그 귀속이 불분명한 경우에는 대표자에게 귀속된 것으로 보도록 규정하고 있다. 여기서 **대표자는 실질적으로 그 회사를 사실상 운영하는 대표자이어야** 하고, 비록 **회사의 대표이사로 법인등기부상 등재되어 있었다고 하더라도 회사를 실질적으로 운영한 사실이 없었다면 이와 같은 인정소득을 그 대표자에게 귀속시킬 수 없다**고 보아야 한다(대법원 2010. 12. 23. 선고 2008두10461 판결 참조).

갑은 이 사건 계약서 작성 이후에 종전과 달리 이 사건 회사의 일상적인 운영에 관한 부분은 주로 원고에게 맡기면서도, 여전히 공동대표이사로서 이 사건 회사의 운영상 발생하는 문제를 공동으로 대처하여 해결하고 3개월마다 회사 수익을 배당, 정산하기로 약정하였을 뿐만 아니라 실제 공동대표이사의 자격과 권한을 유지하면서 회사 운영에 참여하고 회사의 현금수입 중 상당한 금액을 분배받았으며, 2009. 5.경에는 이 사건 회사의 단독대표이사로 행세하기도 하고 원고의 주식을 전부 이전받아 단독으로 회사를 운영하기까지 하였으므로, 갑이 원고와 함께 공동대표이사로서 이 사건 회사를 실질적으로 운영하였다고 볼 여지가 충분하다.

… 원심의 판단에는 인정상여 소득처분의 대상이 되는 대표자 등에 관한 법리를 오해하거나 논리와 경험의 법칙을 위반하여 자유심증주의의 한계를 벗어나 판결에 영향을 미친 잘못이 있다.

6. 평 석

(1) 대법원은 법인등기나 정관에 기재된 임원이 아니라고 하더라도 사실상 경영에 함께하여 경영전반의 의사결정과 집행에 적극적으로 참여하거나 회계와 업무에 관한 감독권을 행사하는 자는 구 「법인세법시행령」 제106조 제1항 제1 단서 괄호규정 소정의 '임원'에 포함된다고 해석하고 있다(대법원 2013. 6. 27. 선고 2013두4231 판결).

(2) 장부에 기재되지 않고 사외유출 된 법인의 수익금은 그 귀속이 분명하지 않은 한 과세

관청이 법인세법 제67조, 법인세법시행령 제106조 제1항 제1호 단서의 규정에 의하여 대표자에 대한 상여로 소득처분 할 수 밖에 없고, 이 경우 그 **귀속이 분명하다는 점에 관한 증명책임은 이를 주장하는 납세자에게 있다**(대법원 2015. 6. 24. 선고 2015두38290 판결 등).

(3) 등기부상 대표이사로 등재되었거나 과점주주로 등재되어 있다면 과세관청에서는 **법인 등기부에 등재된 자를 대표이사나 과점주주로 추정**할 수 있고, 실질이 그와 다르다면 대표이사나 주주가 아님을 주장하는 그 명의자가 입증하여야 한다(대법원 2004. 7. 9. 선고 2003두1615 판결).

(4) 원심은 원고가 이 사건 계약서 작성 이후에 이 사건 회사를 실질적으로 단독 운영하였다고 보아, 2007. 7. 1.~2009. 6. 30.까지 발생한 이 사건 회사의 매출 누락금 전액이 원고의 인정상여로 소득처분 되어야 함을 전제로 한 이 사건 과세처분이 적법하다고 판단하였다(서울고등법원 2014. 2. 7. 선고 2013누18966판결). 그러한 판단근거에는 이 사건 1심 재판부가 확인한 사실관계에 기초한 것이고 대부분 1심재판부의 판단을 그대로 수용하였다.

(5) 장부에 기재되지 않고 사외유출 된 법인의 수입금은 그 귀속이 분명하지 않은 한 대표자에 대한 상여로 소득처분 할 수밖에 없는 것이고, 이 경우 그 **귀속이 분명하다는 점에 관한 증명책임은 이를 주장하는 납세의무자에게 있다**는 것이 일관된 대법원의 입장이다.

(6) 대상판결은 원심에서 확인한 사실관계를 그대로 인용하면서 ① 원고와 갑이 작성한 2008. 5. 27. 운영계약서에서 이 사건 회사의 운영에 관하여 원고와 갑이 55 : 45의 지분으로 공동대표로 진행하기로 합의하고, 원고가 위 기간 동안 이 사건 회사를 운영하고, 운영상 발생하는 문제에 대하여 원고와 갑이 공동대처하여 해결하며, 3개월마다 회사 수익을 지분별로 배당, 정산하되 정산 시 지출 및 운영에 대하여 갑이 의견을 제기할 수 있다고 정하였고, ② 갑이 이 사건 계약서 작성 이후에도 여전히 법인등기부상 공동대표이사로 등재되어 있었고 원고에게 보낸 내용증명우편 등에서 이 사건 회사의 공동대표이사라는 직함을 사용하였던 점, 갑이 이 사건 회사의 운영과 관련하여 세금신고와 드레스실 등의 안건에 관한 회의록, 예식장 계약서 등의 서류에 원고와 함께 서명을 하였고, 지출결의서, 조리부 및 아르바이트 직원 현황 등 일부 서류에는

원고의 서명 없이 단독으로 서명하기도 하였던 점을 중시하였다.

(7) 귀속이 불분명한 경우에는 대표자에게 귀속된 것으로 보도록 규정하고 있는데 여기서 대표자는 **실질적으로 그 회사를 사실상 운영하는 대표자**이어야 하고, 비록 회사의 **대표이사로 법인등기부상 등재되어 있었다고 하더라도 회사를 실질적으로 운영한 사실이 없었다면 이와 같은 인정소득을 그 대표자에게 귀속 시킬 수 없다**고 보아야 한다(대법원 201. 12. 23. 선고 2008두10461 판결).

(8) 대상 사건의 사실관계를 살펴보면, 조사과정에서 갑은 실질적 운영자가 아니라고 주장한 사실, 운영계약서상 원고가 이 사건 회사를 운영하도록 되어 있는 점, 소송결과 원고에게 이 사건 주식이 전부 귀속된 점 등을 종합적으로 검토한 결과 원고가 이 사건회사의 실질적 운영자로 판단한 것으로 보인다. 그러나 원고와 갑이 누가 실질적 운영자인지 첨예하게 다투는 사안일 경우 재판부는 원, 피고가 제출한 증빙서류에 기초하여 판단할 수밖에 없고, 대상사건에서는 항소심재판부와 대법원의 판단이 다름을 알 수 있다. 결국 원, 피고 중 누가 더 신빙성 있게 관련증빙과 함께 인정상여 소득처분의 대상이 되는 법인의 대표자인지를 입증하느냐에 따라 판결의 결과가 달라진다는 것을 알 수 있다.

7. 관련예규 · 판례

문서번호	내용
대법원 2010. 12. 23. 선고 2008두10461 판결	과세관청이 법인세의 과세표준을 결정 또는 경정할 때 익금에 산입한 금액이 사외에 유출된 것이 분명한 경우에는 그 귀속자에 따라 배당, 이익처분에 의한 상여, 기타소득, 기타 사외유출로 하되, 다만 그 귀속이 불분명한 경우에는 대표자에게 귀속된 것으로 보도록 규정하고 있다. 여기서 대표자는 실질적으로 그 회사를 사실상 운영하는 대표자이어야 하고, 비록 회사의 대표이사로 법인등기부상 등재되어 있었다고 하더라도 회사를 실질적으로 운영한 사실이 없었다면 이와 같은 인정소득을 그 대표자에게 귀속시킬 수 없다고 보아야 한다.

문서번호	내용
대법원 2013. 3. 28. 선고 2010두20805 판결, 대법원 1992. 8. 14. 선고 92누6747 판결	장부에 기재되지 않고 사외유출 된 법인의 수입금은 그 귀속이 분명하지 않은 한 과세관청이 법인세법 제67조, 같은 법 시행령 제106조 제1항 제1호 단서의 규정에 의하여 대표자에 대한 상여로 소득처분할 수밖에 없는 것이고, 이 경우 그 귀속이 분명하다는 점에 관한 증명책임은 이를 주장하는 납세의무자에게 있다.
대법원 1988. 3. 27. 선고 87누128 판결	회사의 대표이사로 등기부상 등재되어 있었다고 하더라도 **회사를 실질적으로 운영한 사실이 없었다면 인정소득을 그 대표자에게 귀속시킬 수 없다.**
대법원 1984. 3. 27. 선고 83누333판결	비록 회사의 대표이사로 **법인등기부상 등재되어 있더라도** 그것이 **본인의 의사에 기하지 아니한** 부실한 것이면 그는 대표자에 해당하지 아니한다.
국세기본통칙39-0-2	법인의 주주에 대하여 제2차 납세의무를 지우기 위해서는 과점주주가 주금을 납입하는 등 출자한 사실이 있거나 주주총회에 참석하는 등 운영에 참여하여 **그 법인을 실질적으로 지배할 수 있는 위치에 있음을 요하며, 형식상 주주명부에 등재되어 있는 것만으로는 과점주주라 할 수 없다.**

제3절 부당행위계산부인

3-1 부당행위계산 부인의 판단기준

● 대상판결 : 대법원 2007두14978 (2010. 5. 13.) ➜ 국승

핵심 요지

고가매입으로 인한 부당행위계산 부인의 경우 토지 등의 취득이 부당행위에 해당하는지 여부 결정시기는 거래 당시(매매계약체결일)이고, 그 익금에 산입하여 소득처분할 금액 산정의 기준시기는 특별한 사정이 없는 한 그 취득시기이다.

1. 사실관계

(1) 원고의 이 사건 토지 거래내역

① 1994. 11. 원고(법인)는 연구소 건립목적으로 원고 대표이사 소유 토지(지목상 대지·전·답·임야 혼재)에 대하여 사용승낙을 받았다.

② 1995. 8. 원고의 비용으로 보전임지전용허가와 농지전용허가를 받은 후 이 사건 토지 매수계약을 체결하였다(매매대금은 원고가 부지조성공사를 마친 후 감정평가를 거쳐 결정되는 금액으로 약정).

- 원고는 6억6천만 원을 투입하여 부지조성공사를 완료하였다(지목은 모두 대지로 변경).
- 이 사건 토지의 감정평가법인 평가액은 87억 원(1㎡당 50만 원)이다.

③ 1996. 6. 대금 청산과 소유권이전등기를 경료하였다.

(2) 피고(과세관청)의 처분

① 이 사건 토지의 시가를 20억 원으로 평가하였다.

- 공부상 지목에 따라 대지·전·답·임야로 구별하여 평가하였는데, 이는 부지조성 공사 전을 기준으로 평가하였다.
- 이 사건 토지의 매매계약 체결 당시 시세는
  - 대지 : 평당 130만원~180만원,
  - 전·답(나대지로 방치) : 30만원~40만원이었는데,
- 주변 개발 붐으로 지가가 급등하는 중이었다.

② 원고가 대표이사로부터 이 사건 토지를 고가매입(87억 : 20억)한 것으로 보아 그 차액을 익금산입하고 토목공사비들을 차감한 금액을 대표이사에게 상여처분하였다.

2. 쟁 점

(1) 이 사건 토지에 대한 원고와 그 대표이사 사이의 매매계약이 정상적인 경제인의 합리적인 거래형식이 아닌 비정상적인 거래로서 부당행위계산 부인의 대상이 되는지 여부

(2) 적정한 시가는 언제를 기준으로 산정하여야 하는지

3. 대상판결

법인의 대표이사가 자기 소유의 토지에 대하여 법인의 비용을 들여 보전임지전용허가와 농지전용허가를 받은 후 법인과 그 토지에 관한 매매계약을 체결하고, 법인의 비용을 들여 조성한 대지의 현황을 기준으로 매매대금을 산정한 행위는 「상법」상 이사의 충실의무에 위배된 행위이고, 그 매매계약은 시가를 초과하여 법인의 노력과 비용으로 이루어진 지가 상승분까지 대표이사 개인에게 귀속시킨 것으로서 경제적 합리성이 결여된 비정상적인 행위이므로, 「법인세법」상의 부당행위계산 부인대상에 해당한다.

4. 평 석

이 사건 토지의 매매계약이 특수관계자 사이의 '비정상적'인 거래가 아니라고 보는 견해도

존재한다. 그 이유는 다음과 같다.

(1) "정상적이고 합리적인 경제인"이라면, 반드시 공부상의 지목 여하에 따라 토지를 거래하지 않는다는 것도 또한 통상적이다.

(2) 이 사건 토지의 주변 현황에 비추어 본다면, 최소한 미리 전용허가를 받아 부지조성공사를 완료한 다음에 그 잠재된 개발가치를 고려하여 매매대금을 정하는 것이 오히려 합리적인 경제인의 선택이다.

그러므로 만약, 공부상의 지목대로 매매대금을 정하였다면, 오히려 과세관청은 저가매입을 문제 삼았을 개연성이 충분하다.

(3) 따라서 이 사건 거래 전체를 비정상적인 거래로 보기는 어려움이 있다(거래관행상 양도인이 부담하여야 할 조세조차 당사자 사이의 약정으로 양수인이 부담하는 경우도 많다).

(4) 중요한 것은 그 매매대금 자체의 적정성이라고 할 것인데, 부지 조성공사 등 이후의 지가 상승분 또는 그 이후 장래의 개발가치는 매도인과 매수인이 합리적인 범위 내에서 서로 나누어 가질 뿐이고, 가사 매도인이 부담하여야 할 거래비용을 매수인이 부담하도록 한 것이 특수관계에 의한 부당한 행위라면 이 한도 내에서만 그 계산을 부인하는 것이 타당하다 할 것이다.

판결내용과 같이 매매계약에 따르는 전체의 이익구조를 재구성하는 것은 가상적인 경제적 효과를 부당하게 확대시키는 결과가 될 것이기 때문이다.

(5) 조세회피 행위에 대한 고찰

① 조세회피행위란 세법이 과세요건으로 삼고 있는 민사법상의 어떠한 행위를 하지 않고 다른 어떠한 우회적인 행위를 통하여 동일한 결과를 얻는 경우 이러한 법률행위는 사법상으로는 적법·유효하기 때문에 그대로의 법률효과가 부여되나, 반면 그만큼의 세수는 줄어들 수밖에 없다.

② 경제적으로 관찰(경제적 실질)하여 법이 예정한 행위로 재구성한 뒤 사법상 법률효과는 그대로 둔 채 세금만 부과할 수 있는지가 문제 된다.

이에 대해서는 조세법률주의와 실질과세 원칙과의 관계에서 **법적 실질설이 통설이고 판례의 입장이다**(법이 예정한 행위로 재구성할 수 없다는 다수의 판례 존재).

③ 이 경우 어디까지 사법상의 형식을 존중하고 다시 어디서부터 경제적 실질에 따라

과세할 것인가의 경계는 분명하지 않으나, 미국과 우리나라의 세법의 입장을 비교해 보면 다음과 같다.

미 국	우리나라
① 명문 규정 없지만 조세회피행위는 부인할 수 있다는 입장 ② 기준 －사업상의 목적 없이 절세를 유일한 목표로 삼는 행위는 무시한다. －다단계 행위는 이를 묶어서 평가한다.	① 「국세기본법」은 "세법 중 과세표준의 계산에 관한 규정은 소득·수익·재산·행위 또는 거래의 명칭이나 형식에 불구하고 그 실질내용에 따라 적용한다."고 규정하고 있는데(국세기본법 §14 ②), 이 조항만으로 가장행위 또는 법적 실질의 발견이라는 이름으로 거래를 재구성할 수 있다고 보기는 어렵다. ② **판례는 법에 구체적인 근거 규정이 없으면 실질과세의 원칙을 들어 거래를 재구성할 수 없다**고 한다(대법원 1996. 5. 10. 선고 95누5301 판결 등). → 그러한 이유로 「법인세법」은 특정한 조세회피행위를 구체적으로 명시하여 부인의 대상으로 삼는데 부당행위계산의 부인이라는 규정이 나오게 된 것이다(법인세법 §52).

(6) 부당행위계산 부인의 효과 및 입증책임

「법인세법」상 부당행위계산의 부인은 법인의 특수관계자와의 거래에 있어 정상적인 경제인의 합리적인 방법에 의하지 아니하고 조세부담을 부당하게 회피하거나 경감시켰다고 하는 경우에 과세권자의 입장에서 이를 부인하고 객관적이고 타당하다고 보이는 소득이 있는 것으로 의제하는 제도로서 당사자 사이에 유효·적법하게 성립된 행위계산 자체의 사법상 효력을 부인하는 것은 아니므로, 그 **부인의 효과는 당해 법인의 과세소득금액 계산에 국한**되어 행위계산이 부인될 뿐 다른 법률관계에는 영향을 미치지 아니하고 **거래상대방인 특수관계자의 과세소득금액 계산에도 그 부인의 효과가 미치는 것은 아니며**(대응조정의 불인정, 대법원 1998. 9. 18. 선고 97누8960 판결 참조), 법인과 특수관계자 사이의 거래가 「법인세법」상 부당행위계산 부인 사유에 해당한다는 사실의 **입증책임은 과세관청**에 있다(대법원 1995. 12. 26. 선고 95누3589 판결 등 참조).

3-2 특수관계자에 대한 채권회수 지연과 업무무관 가지급금 해당 여부

● 대상판결 : 대법원 2008두15541 (2010. 10. 28.) ➜ 국패

핵심 요지

당초 거래 시부터 해외 자회사들의 변제자력이 불충분하였는지 아니면 거래 도중에 변제자력이 불충분해진 것인지 여부, 원고에게 해외 자회사들과 D/A조건으로 계속 거래를 해야 할 특별한 사정이 있었는지 여부, 해외 자회사들에 대한 매출채권 중 회수지연된 채권의 비율은 어느 정도였는지 등을 심리하여 과연 원고가 해외 자회사들에 대한 D/A 연장이자 및 연체수수료의 회수를 지연한 것이 정당한 사유가 있거나 경제적 합리성에 따른 것인지 여부를 판단하였어야 했다.

1. 사실관계

(1) 원고는 의료기 제조 및 판매업을 영위하는 회사로 해외판매 자회사에 의료기기 등을 D/A조건(어음인수서류인도조건)으로 수출하면서, 해외판매 자회사가 결제하지 못한 D/A대금 및 D/A만기 연장이자·연체수수료를 원고 법인이 대신 지급하고 자회사로부터 장기간 미회수상태에 있었다.

(2) 피고는 원고의 행위가 그 실질이 해외 자회사에 대한 자금대여로서 업무무관 가지급금 및 부당행위계산 부인대상에 해당한다고 보아 해당 가지급금에 대한 지급이자를 손금불산입(82억 원)하고 인정이자 계상분(63억 원)을 익금산입한 처분사건이다.

(3) 전심절차에서 조세심판원은 ① 원고가 거래은행에 D/A대금을 해외자회사 대신 상환하고 이를 장기간 해외자회사에게 회수하지 않은 점은 해외자회사의 경영사정에 따라 매출채권 만기를 연장한 행위로 경제적 합리성이 있으며(인용) ② D/A 연장에 따른 이자 및 연체수수료를 대납한 것은 해당 비용이 해외자회사가 부담할 비용으로 원고와 무관하고, 따라서 원고가 이를 대납하고 장기간 미회수한 것은 실질적 자금대여와 같으므로 이는 업무무관가지급금 및 부당행위계산에 해당한다(기각)는 일부 인용결정을 하였다.

2. 쟁 점

해외자회사의 D/A 연장에 따라 연장이자 및 연체수수료를 원고가 대납한 후 이를 미수금으로 처리한 것이 업무관련성 및 경제적 합리성 있는지 여부

3. 대상판결

(1) 법인이 특수관계자로부터 지급받아야 할 채권의 회수를 정당한 사유 없이 지연시키는 것은 실질적으로 그 채권 상당액이 의무이행기간 내에 전부 회수되었다가 다시 가지급된 것과 같은 효과를 가져온다는 점에서 그 미회수채권 상당액은 '업무와 관련 없이 지급한 가지급금 등'에 해당하여 그에 상당하는 차입금의 지급이자가 손금에 산입되지 않는다. 또한 그와 같은 **채권의 회수 지연이 건전한 사회통념이나 상관행에 비추어 경제적 합리성이 결여되어 조세의 부담을 부당하게 감소시킨 것으로 인정되는 경우에는 …… 부당행위계산 부인에 의하여 그에 대한 인정이자가 익금에 산입**된다.

(2) …… 원고가 해외매출의 대부분을 의존하고 있는 해외 자회사들은 1999 내지 2001사업연도 당시 대부분 자본잠식 상태로서 변제자력이 충분하지 않았던 점, 원고는 당시 해외 자회사들뿐만 아니라 재무구조가 악화된 국내 자회사나 특수관계가 없는 거래처에 대해서도 동일하게 지급기한을 연장하여 주었던 것으로 보이는 점 등에 비추어 보면, 원심으로서는 당초 거래 시부터 해외 자회사들의 변제자력이 불충분하였는지 아니면 거래 도중에 변제자력이 불충분해진 것인지 여부, 원고에게 해외 자회사들과 D/A조건으로 계속 거래를 해야 할 특별한 사정이 있었는지 여부, 해외 자회사들에 대한 매출채권 중 회수지연된 채권의 비율은 어느 정도였는지 등을 심리하여 과연 원고가 해외 자회사들에 대한 D/A 연장이자 및 연체수수료의 회수를 지연한 것이 정당한 사유가 있거나 경제적 합리성에 따른 것인지 여부를 판단하였어야 했다.

4. 평 석

(1) 법인의 자금조달방법으로 자기자본에 의한 조달방법보다 외부차입금(타인자본 조달)에 의할 경우, 주식의 액면증자(자기자본 조달)에 비해 수속절차가 간이하고 자본비용

이 낮으며, 세제상으로도 차입금에 대한 지급이자가 손익계산상 손금으로 인정되고, 예금과 같이 물가상승에 의한 차입원금이 감소하는 경제적 효과가 있는 등 법인의 입장에서는 타인자본에 의한 자금의 조달방법을 자기자본에 의한 자금의 조달방법보다 선호하게 되어 조세중립성의 관점에서 문제가 발생한다.

(2) 이 사건에 대하여 조세심판원은 위 일련의 판례를 반영하여, 국내 수출상 거래은행에 D/A대금을 상환하고 이를 장기간 해외 자회사에게 회수를 하지 아니한 것이 해외 자회사의 경영사정에 따라 매출채권의 만기를 연장한 행위로 경제적 합리성이 있다고 보았다.

(3) 따라서 대법원은 원고가 D/A 연장에 따른 연장이자 내지 연체수수료에 대해서도 추가로 그 경제적 합리성 여부를 판단하지 않고 단순히 산술적으로만 비교한 것은 타당하지 않은 판결이다.

(4) **대상판결이 제시한 외상매출금 회수지연의 정당한 사유 판단기준**을 살펴보면 다음과 같다.

① 변제자력이 불충분하게 된 시점(거래 개시시점 vs 거래 도중) ② 해외 자회사들과 D/A 조건으로 계속 거래를 해야 할 특별한 사정이 있었는지 여부 ③ 매출채권 중 회수지연된 비율 등

5. 관련 판례

문서번호	내　　용
대법원 2007. 9. 20. 선고 2006두1647 판결 및 헌법재판소 2007. 1. 17. 선고 2005헌바75 결정	「법인세법」은 업무무관 가지급금 등에 관한 지급이자 손금불산입 규정을 두고 있는바, 그 입법목적은 차입금을 보유하고 있는 법인이 특수관계자에게 업무와 관련 없이 가지급금 등을 지급한 경우에는 이에 상당하는 차입금의 지급이자를 손금불산입하도록 하는 조세상의 불이익을 주어, 차입금을 생산적인 부분에 사용하지 아니하고 계열사 등 특수관계자에게 대여하는 비정상적인 행위를 제한함으로써 타인자본에 의존한 무리한 기업확장으로 기업의 재무구조가 악화되는 것을 방지하고, 기업자금의 생산적 운용을 기하는 데 있다.

문서번호	내 용
대법원 2003. 3. 11. 선고 2002두4068 판결	가지급금의 업무관련성 여부는 당해 **법인의 목적사업이나 영업내용을 기준**으로 객관적으로 판단한다.
대법원 1992. 11. 10. 선고 91누8302 판결	법인의 업무와 직접적인 관련이 없거나 주된 수익사업으로 볼 수 없는 자금대여를 말하므로 **자금을 대여하고 이자를 받는지 여부와 관계가 없다.** ※ 그러므로 특수관계자인 대표이사에게 정상적인 이자를 받고 자금을 대여한 경우 업무무관 가지급금으로 보아 지급이자 손금불산입을 하되, 인정이자 계산대상은 아니다.
대법원 2000. 1. 18. 선고 98두13102 판결	업무무관 가지급금에 대한 지급이자 부인규정은 업무무관 가지급금을 지급하는 것뿐만 아니라, **이미 지급한 업무무관 가지급금을 회수하지 아니하고 있는 것도 규제**하려는 것으로 보아야 할 것이므로, 법인이 차입금으로 업무무관 가지급금을 지급한 경우나(적극성), 자기자본으로 업무무관 가지급금을 지급하였으나 이를 계속 회수하지 아니함으로(소극성) 인하여 다른 비용을 차입금으로 대신 충당한 경우나 당해 법인에 미치는 효과가 동일하다고 볼 수밖에 없다.
대법원 2006. 10. 26. 선고 2005두1558 판결	지급받아야 할 매매대금의 회수를 정당한 사유 없이 지연시키는 것은 실질적으로 매매대금이 계약상의 의무이행기간 내에 전부 회수된 후 다시 가지급금으로 지출된 것과 같은 효과를 가져온다는 점에서, 그 매매대금을 회수하여야 할 시점에 업무와 무관하게 그 미회수 매매대금 상당액을 가지급금으로 지출된 것으로 보아야 한다.
대법원 2006.5.12. 선고 2003두7651 판결	지급받아야 할 공사대금의 회수를 정당한 사유 없이 지연시키는 것은 **업무무관 가지급금**에 해당한다.
대법원 2008. 7. 10. 선고 2006두1098 판결	인쇄비 선급금 명목으로 선급금 5억 원을 지급한 후 인쇄비로 대체하지 않은 채 장기간 회수하지 않은 경우는 업무무관가지급금에 해당한다.
대법원 2003. 3. 11. 선고 2002두4068 판결	순수한 의미의 대여금은 물론 구상금 채권 등과 같이 채권의 성질상 대여금에 준하는 것도 포함되고, **적정한 이자율에 의하여 이자를 받으면서 가지급금을 제공한 경우도 포함**된다 할 것이며, 가지급금의 업무관련성 여부는 당해 **법인의 목적사업이나 영업내용을 기준**으로 객관적으로 판단하여야 한다.

문서번호	내 용
대법원 2002. 5. 10. 선고 2000두4989 판결	비업무용 부동산을 취득하였다가 매매계약을 합의해제하여 이를 반환하였다 하더라도 그 취득일부터 반환 시까지 소유권을 취득하여 실질적으로 이를 사용·수익할 수 있었던 이상 비업무용 부동산을 취득, 보유하고 있었던 것이므로 **그 취득과 관련된 차입금의 지급이자는 손금불산입**된다.
대법원 1990. 5. 11. 선고 89누8095 판결; 대법원 1996. 7. 26. 선고 95누8751 판결; 대법원 2000. 11. 14. 선고 2000두5494 판결; 대법원 2001. 11. 27. 선고 99두10131 판결; 대법원 2004. 9. 23. 선고 2002두1588 판결 등	원고 법인이 특수관계에 있는 자에 대한 외상매출금 회수를 지연시킨 것은 구 「법인세법시행령」 제46조 제2항 제9호 소정의 이익분여에 일응 해당된다고 하더라도, 원고의 대량 거래처일뿐더러 생산제품의 유일한 수요자로서 그 경영상태 및 변제능력을 감안할 수밖에 없는 경우라면, 그 경영실적이 악화되었을 때에는 외상매출금 회수를 적게 하고 경영상태가 호전됨에 따라 그 회수를 강화하는 것은 거래처의 효율적인 관리를 통한 매출물량의 확대를 기하고자 하는 경제적 합리성에 따른 것으로 보아야 할 것이므로, 원고의 요구를 수용할 수밖에 없는 다른 군소 거래처들에 대한 외상매출금의 회수사정과 **단순히 산술적으로만 비교하여 원고의 외상매출금의 회수가 경제적 합리성을 무시한 부당행위계산에 해당한다고 할 수 없다**고 판시하여 구체적 타당성을 고려한 바 있다.
대법원 1990. 11. 27. 선고 90다카10862판결	(부당행위계산 부인규정은) 거래행위는 단독행위, 계약, 합동행위를 불문하나 동 규정은 특수관계인과의 거래를 부인하는 것이므로 그 성격상 **상대방 없는 단독행위에는 적용이 없다.** 자본거래이든 손익거래이든, 경상거래이든 비경상거래이든 불문한다. 작위 뿐 아니라 부작위도 포함하나, 부기상 거래에 해당하는 화재, 도난, 유실 등은 법률행위가 아니므로 포함되지 않는다(법인이 그 기본재산으로 출연된 채권 및 이자의 추심이 가능함에도 불구하고 무상대여와 같은 상태로 방치하거나 특수관계자에 대한 외상매출금의 회수를 지연시키는 것 등의 **부작위도 부당행위계산부인의 대상이 됨**).

3-3 회수불능 채권에 대한 인정이자 계산

● 대상판결 : 대법원 2002두7227 (2003. 12. 11.) ➜ 파기환송(국승)

핵심 요지

「법인세법」에서는 채무자의 무자력으로 인한 회수불능 채권은 대손금으로서 법인의 각 사업연도 소득을 계산함에 있어 익금에서 공제되는 손금에 해당함을 알 수 있는바, 이에 비추어 보면 구 「법인세법」 제20조, 같은 법 시행령 제46조 제2항 제7호, 제47조 제1항에 의하여 익금에 산입되는 인정이자도 회수불능 여부와 관계없이 먼저 익금에 산입된 다음 위 규정 소정의 대손금에 해당되는 경우에는 손금에 산입되어 익금에서 공제된다고 할 것이고, 다만 대손금의 형태가 위와 같이 회수불능을 사유로 한다면 그 채권 자체는 존재하고 있으므로 법인이 회수불능이 명백하게 되어 대손이 발생하였다고 회계상 처리를 하였을 때에 한하여 이것이 세무회계상 법인세 법령에 따른 대손의 범위에 속하는지 여부를 가려 그 대손이 확정된 사업연도의 손금으로 산입할 수 있다. 결산 당시에 대손이 발생하였다고 회계상 처리를 하지 아니한 이상, 그 후에 회계상의 잘못을 정정하였다는 등의 이유로 구 「국세기본법」(2000. 12. 29. 법률 제6303호로 개정되기 전의 것) 제45조의 2 제1항 소정의 경정 청구를 할 수도 없다.

1. 사실관계

(1) 원고는 특수관계자 乙에게 금전을 무이자 또는 저리 대여하였는데, 乙이 무자력상태에 이르게 되어서, 이자와 원금 모두 회수불능 상태에 이르게 되었다.

(2) 피고는 원고가 특수관계인에게 금전을 무이자 또는 저리로 대여해 준 사실에 대하여 「법인세법」상 부당행위계산 부인 규정에 의거 인정이자 계산, 익금에 산입한 후 법인세를 부과처분하였다.

(3) 피고는 乙이 무자력상태에 빠진 후에도 계속하여 부당행위계산 부인 규정을 적용하여 부과처분한 사건이다.

(4) 원고는 乙이 무자력상태에 빠져 원금조차 회수할 수 없는 상황에서 인정이자라는 가공의 소득을 계산하여 과세하는 것은 위법하다고 주장하였다.

2. 관련 법령

「법인세법」 제52조, 「법인세법시행령」 제88조 제1항 제6호·제7호

3. 대손에 관한 법리

(1) 대손처리사유

① 법률상 채권이 소멸한 경우 ② 채권이 회수불능인 경우 : 결산조정사항이므로 **결산에 반영되지 않으면 경정청구 등의 방법으로 다툴 수 없다.**

(2) 1998년 말 「법인세법」 개정

특수관계자 사이의 업무무관 대여금 채권(가지급금 등)은 대손처리가 불가능하다.

4. 사건의 경과

(1) 원심판결(대구고등법원 2002. 7. 19. 선고 2001누2288 판결) : 국패

인정이자를 익금에 산입할 때에는 이자상당액이 추심 가능함을 전제로 하는 것인데 채무자의 무자력으로 원금조차 받을 수 없게 된 때에는 대여금의 대손처리 여부에 관계없이 익금에 산입할 수 없는 것이다.

(2) 대상판결

① 「법인세법」에서는 채무자의 무자력으로 인한 회수불능 채권은 대손금으로 법인의 각 사업연도 소득을 계산함에 있어 손금에 해당하며, 따라서 **부당행위계산 부인에 의하여 익금에 산입되는 인정이자도 회수불능 여부와 관계없이 먼저 익금에 산입된 다음 대손금에 해당되는 경우에는 손금에 산입**되는 것이다.

② 대손의 형태가 회수불능을 사유로 한다면 법인이 회수불능이 명백하게 되어 대손이 발생하였다고 회계상 처리를 하였을 때에 한하여(결산조정) 그 대손이 확정된 사업

연도의 손금으로 산입할 수 있고, **결산 당시에 이러한 회계처리를 하지 아니한 이상, 그 후에 회계상의 잘못을 정정하였다는 등의 이유로 「국세기본법」상의 경정청구를 할 수 없다.**

5. 평 석

(1) 대손이란 일단 발생한 채권 상당액을 손금산입하는 세법상 장치이며, 처음부터 발생한 채권 상당액을 익금으로 계산할 수 없다는 의미는 아니다(대상판결의 판단).

(2) 권리가 발생하였다고 하더라도 그 권리가 '성숙'되지 않았을 때는 그 권리 상당액을 소득으로 인식할 수 없다는 대법원의 확립된 판례이다. 여기서 '성숙'의 판단기준은 권리의 **'회수 가능성'**(채무자의 도산으로 채권이 회수 불능인 경우 이를 소득으로 과세할 수 없음, 대법원 2000. 2. 25. 선고 98두9387 판결 참조) 여부이다.

(3) 이 사건에서 (2)의 법리를 적용하면, 대여금 채권이 회수불능이면 이자 채권도 회수불능이고 따라서 쟁점이 된 인정이자는 소득으로서 충분히 '성숙'되지 않아 익금산입할 수 없다는 논리도 성립할 수 있다.

6. 관련 판례

문서번호	내 용
대법원 1990. 3. 13. 선고 88누3123 판결	대손금은 그 대손금의 **요건을 갖춘 사실이 객관적으로 밝혀지면 되는 것이지** 법원의 강제집행결과 무재산, 행방불명 등을 원인으로 한 강제집행불능조서 등의 구비서류가 갖추어져야만 하는 것은 아니다. 법인의 약속어음금 채권 및 선급금 채권의 소멸시효가 완성한 경우에는 법인의 회수불능이라는 회계적 인식을 한 여부와 관계없이 그 청구권이 법적으로 소멸한 것이므로 그 **소멸된 날이 속하는 사업연도의 손금으로 산입**되고, 법인이 **그 후 회계상 손금으로 처리를 한 사업연도의 손금에는 산입될 수 없다.**

3-4 과세관청이 용역의 시가를 적정하게 산정하였음을 입증하지 못한 과세처분은 적법하다고 볼 수 없음

● 대상판결 : 대법원 2012두25491 (2013. 2. 28.) ➜ 국패

핵심 요지

비교 대상 거래가 특수관계자 간의 거래인 점, 이 사건 용역거래와 비교 대상 거래의 제공연도가 다르고 제공 내용에 차이가 있는 점 등에 비추어, 이 사건에서 피고가 적용한 시가가 '이 사건 용역거래와 유사한 상황에서 원고가 불특정 다수인과 계속적으로 거래한 가격' 등에 해당한다고 보기에 부족함

1. 사실관계

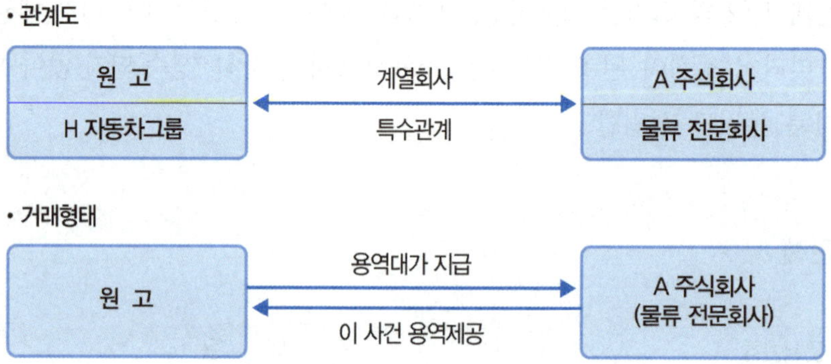

(1) 원 고는 1967년경 설립되어 차량 및 그 부속품의 제조 · 판매를 주된 사업으로 영위하고 있는 법인이고, A 주식회사는 40여개 계열회사들로 구성된 기업집단인 H 자동차그룹(원고)의 물류 업무를 통합할 목적으로 2001. 2. 22. 설립한 물류 전문회사로서 역시 H 자동차그룹의 계열회사이다.

(2) 원고는 A 주식회사로부터 ① 수출용 완성차 운송용역, ② 자체 제작부품 운송용역, ③ 장비 임대용역, ④ 출고 전 검사용역(이 사건 용역)을 제공받고 용역대가를 제공하였다.

(3) 서울지방국세청장은 2009년경 원고에 대하여 세무조사를 실시한 결과, 원고가 2004~2006사업연도에 걸쳐 법인세법상 특수관계에 있는 주식회사 A로부터 이 사건 용역을 제공받으면서 시가보다 높은 가격으로 용역대가를 지급함으로써 부당하게 조세를 감소시킨 것으로 보아 구 법인세법(2010. 12. 30. 법률 제10423호로 개정되기 전의 것, 이하 같다) 제52조 제1항, 같은 법 시행령(2007. 2. 28. 대통령령 제19891호로 개정되기 전의 것, 이하 같다) 제88조 제1항 제7호에 의한 부당행위계산 부인 대상으로 판단하고, 구 법인세법 시행령 제89조 제4항 제2호, 제5항에 따라 이 사건 용역의 시가를 산정한 다음 그 차액 상당을 익금에 산입하여 법인세를 경정하도록 피고에게 통보하였다.

(4) 피고는 이에 따라 원고에게 2004~2007사업연도 법인세(가산세 포함) 및 농어촌특별세의 부과 처분을 하였다.

2. 쟁 점

과세관청이 이 사건 용역의 시가를 적법하게 산정하였는지 여부

3. 관련법령

법인세법 제52조【부당행위계산의 부인】

① 납세지 관할 세무서장 또는 관할 지방국세청장은 내국법인의 행위 또는 소득금액의 계산이 대통령령이 정하는 특수관계에 있는 자(이하 "특수관계자"라 한다)와의 거래로 인하여 그 법인의 소득에 대한 조세의 부담을 부당히 감소시킨 것으로 인정되는 경우에는 그 법인의 행위 또는 소득금액의 계산(이하 "부당행위계산"이라 한다)에 관계 없이 그 법인의 각 사업연도의 소득금액을 계산할 수 있다.

② 제1항의 규정을 적용함에 있어서는 건전한 사회통념 및 상관행과 **특수관계자가 아닌 자 간의 정상적인 거래에서 적용되거나 적용될 것으로 판단되는 가격**(요율 · 이자율 · 임대료 및 교환비율 기타 이에 준하는 것을 포함하며, 이하 이 조에서 "시가"라 한다)을 기준으로 한다

법인세법 시행령 제88조【부당행위계산의 유형 등】

① 법 제52조 제2항의 규정을 적용함에 있어서 당해 거래와 유사한 상황에서 당해 법인이 **특수관계자 외의 불특정다수인과 계속적으로 거래한 가격 또는 특수관계자가 아닌 제3자 간에 일반적으로 거래된 가격이 있는 경우에는 그 가격**에 의한다.

④ 제88조 제1항 제6호 및 제7호의 규정에 의한 자산(금전을 제외한다) 또는 용역의 제공에 있어서 제1항 및 제2항의 규정을 적용할 수 없는 경우에는 다음 각 호의 규정에 의하여 계산한 금액을 시가로 한다.

2. 건설 기타 용역을 제공하거나 제공 받는 경우에는 당해 용역의 제공에 소요된 금액(직접비 및 간접비를 포함하며, 이하 이 호에서 "원가"라 한다)과 원가에 당해 사업연도 중 **특수관계자 외의 자에게 제공한 유사한 용역 제공거래**에 있어서의 수익률(기업회계기준에 의하여 계산한 매출액에서 원가를 차감한 금액을 원가로 나눈 율을 말한다)을 곱하여 계산한 금액을 합한 금액

4. 원 · 피고 주장 요약

(1) 원 고

① 원고는 H 자동차그룹 전체의 물류 조직 및 관리의 통합 · 일원화 계획에 따라 2001사업연도부터 주식회사 A에게 이 사건 용역의 제공을 위탁하였고, 이에 따라 종전의 운송주선업체들이 제공하던 용역에 비하여 양질의 용역을 제공받아 왔으며, 특히 A의 통합물류시스템이 완성된 2004 사업연도부터는 물류공동화, 물류표준화, 물류의 네트워크화, 물류 자동화 등 H 자동차그룹 전체의 물류 프로세스 전반에 걸쳐 혁신적인 용역을 제공받음으로써 2004~2006 사업연도에 합계 약 429억 원의 비용 절감의 효과가 발생하였으므로 비록 종전의 용역 대가에 비하여 고가의 용역대가를 지급하였다고 하더라도, 원고와 주식회사 A의 이 사건 용역거래는 경제적으로 합리성이 있는 정상적 거래이다.

② 한편, 원고는 주식회사 A로부터 과세 대상인 이 사건 용역 이외에 다른 용역 분야까지 포괄하여 통합물류 서비스를 제공받고 있고, 주식회사 A 전체 사업부문의 2004~2006 사업연도 매출 총이익률은 평균 7.08% 정도로서 다른 국내 물류회사들의 수익

률에 비하여 높지 아니함에도, 전체 용역거래 중 매출 총이익률이 10%를 넘는 이 사건 용역 부분만을 따로 떼어 법인세법 소정의 부당행위계산 부인 대상으로 보고 이 사건 부과 처분을 한 것은 부당하다.

(2) 피 고(과세관청)

① 원고가 사업 능력이 검증되지 않은 주식회사 A에 물류 업무 대부분을 몰아준 점, A가 이 사건 용역을 수행하는 과정에서 규모의 경제에 따라 단가 할인 요소, 정비 감소 효과 등이 발생하였음에도 원고는 이러한 경제적 효과를 반영하지 않은 채 A에게 용역대가를 인상하여 지급한 점, A 설립 이전에 다른 물류회사가 원고에게 제공한 용역과 A가 종전의 다른 물류회사를 인수한 후 이루어진 이 사건 용역이 실질적으로 동일함에도 불구하고 원고는 별다른 이유 없이 A에게 용역단가를 인상해 준 점, 원고는 단가 인상의 산정 근거 및 관련 자료를 제시하지 아니하여 정확한 인상 사유를 알 수 없는 점 등을 고려할 때, 이 사건 용역거래는 건전한 사회통념이나 거래 관행에 비추어 경제적 합리성을 결한 비정상적인 거래라 할 것이다.

② 세법 해석의 원칙상 과세의 형평과 해당 조항의 합목적성에 비추어 법 규정을 해석하여야 할 것이고, 이 사건 용역의 시가의 입증은 유사한 용역거래에 대한 거래 가능 가격을 조사·검토하는 등의 합리적인 방법으로 산정한 가격을 기준으로 삼으면 족하다고 할 것이다. 이 사건의 경우 A는 대부분 H 자동차그룹 계열사에 대하여 용역을 제공하고 있고 원고 또한 운송용역 100%를 A에게 위탁하고 있어 원고와 A의 용역거래는 **특수관계가 없는 제3자와의 비교 대상 거래가 없는 사실상 독과점적 거래**이기 때문에 구 법인세법 시행령 제89조 제1항 소정의 거래가격을 찾을 수 없어 보충적 평가 방법인 구 법인세법 시행령 제89조 제4항 규정에 근거하여 산정한 시가를 기준으로 이루어진 이 사건 부과 처분은 적법하다.

③ 이 사건 용역에 관하여 피고가 산정한 시가는 원고가 이 사건 용역거래의 단가를 부당하게 인상하기 전에 불특정 다수인을 상대로 적용한 용역거래의 단가를 기준으로 산정한 것으로서 이 사건 부과 처분에 적용되는 구 「법인세법 시행령」(2007. 2. 28. 대통령령 제19891호로 개정되기 전의 것, 이하 '이 사건 시행령'이라 한다) 제89조 제1항이 정한 시가에 직접 해당한다고 볼 수 있다.

④ 이 사건 용역거래는 원고와 그 특수관계자인 A 사이의 독점적인 거래만이 존재한다는 특수성에 비추어 볼 때, 이 사건 시행령 제89조 제4항 제2호를 적용함에 있어서 당해 사업연도가 아닌 전년도 사업연도에 이루어진 용역거래 또한 유사한 용역거래라고 볼 수 있고, 피고가 유사한 용역거래라고 삼은 거래가 특수관계자 A와 사이의 거래라는 이유만으로 이를 배제할 수 없으며, 특히 이 사건 수출용 운송 용역과 내수용 운송 용역은 그 용역의 내용이 본질에서 다르지 않다고 볼 수 있으므로, 이 사건 부과 처분 당시에 피고가 산정한 시가는 이 사건 시행령 제89조 제4항 제2호의 요건을 충족한다.

5. **대상판결**(서울고등법원 2012. 10. 18. 선고 2011누46165판결)

(1) 이 사건 시행령 제89조 제1항 적용 주장에 대하여

… 주식회사 A는 원고와 특수관계가 있는 자에 해당할 뿐만 아니라, 이 사건 자체제작부품 운송용역, 장비 임대용역(자사 장비임대용역은 제외), 출고 전 검사 용역거래와의 비교대상인 주식회사 A가 원고에게 제공한 용역거래의 제공 연도인 2001년도와 이 사건 부과처분의 과세기간인 2004년 이후에는 물가지수, 경제상황, 시장환경 변화 등에 차이가 있고, 나아가 이 사건 수출용 운송 용역거래와 내수용 운송 용역거래는 수출시장과 내수시장으로 분리되어 시장별 수급 상황에 따라 운송용역 자체 수급 상황도 다르고, 시장별 가격경쟁 상황 또는 가격전략에 따라 원가절감 압력 또는 가격 책정 여력을 달리함과 아울러 내수용 운송용역인 경우 소비자 선택에 따라 출고지, 영업소 또는 소비자 지정 장소까지 운송하는 데 반하여 수출용 운송용역인 경우 수출선적항 야적장까지 운송되어 운송 거리와 운송 규모, 형태 등에 있어서 차이가 있다고 보이는 점, 또한 피고는 이 사건 부과처분 당시부터 제1심에 이르기까지 이 사건 용역에 대하여는 시가가 존재하지 아니하는 경우에 해당하여 이 사건 시행령 제89조 제4항 제2호를 적용하여 사가를 산정한 것이라는 취지로만 주장하다가, 당심에 이르러 비로소 이 사건 용역에 대한 시가는 이 사건 시행령 제89조 제1항에 의하여 시가가 존재하는 경우에도 해당한다고 주장하고 있는 점, ③ … 피고는 이 법원의 입증 촉구에도 불구하고 **이 사건 용역거래에 적용될 시가의 존부나 이를 산출함에 필요한 사항에 관하여 구체적이고 합리적인 주장 · 입증을 아니 하고 있는 점**[부당행위계산 부인 여부를 판단함에 있어 법원이 **시가에 대한 증명 책임을 부담하는**

과세관청에게 적극적으로 입증을 촉구하거나 직권으로 시가를 산정하여 과세처분의 당부를 판단할 의무까지는 없다(대법 1996. 5. 10. 선고 95누5301 판결 등 참조)] 등을 앞서 인용한 여러 사정 및 위 법리와 종합해 볼 때, 피고가 제출한 모든 증거 및 이 법원에서 추가로 주장하는 사유를 고려한다고 하더라도, 이 사건에서 **피고가 적용한 시가가 '이 사건 용역거래와 유사한 상황에서 원고가 불특정 다수인과 계속적으로 거래한 가격' 등에 해당한다고 보기에 부족**하고, 달리 이를 인정할 만한 증거가 없다. 결국, 위와 다른 전제에 기초한 펴고의 위 주장은 더 나아가 살필 필요 없이 이유 없다.

(2) 이 사건 시행령 제89조 제4항 제2호 적용 주장에 대하여

비록 이 사건 부과 처분의 과세 기간에 원고가 특수관계자인 주식회사 A 외의 자와 이 사건 용역과 유사한 용역거래를 한 사례를 찾을 수 없어 이 사건 시행령 제89조 제4항 제2호에서 **시가 산정의 기준으로 삼고 있는 '당해 사업연도 중 특수관계자 외의 자에게 제공한 유사한 용역제공 거래에 있어서의 수익률'을 적용하여 시가를 산정하는 것은 사실상 불가능**한 것이라고 하더라도, 피고의 주장과 같이 원고가 특수관계자인 주식회사 A와의 사이에 이루어진 용역거래나 이 사건 법인세가 부과되는 해당 사업연도가 아닌 그 이전 사업연도에 이루어진 용역거래에 기초하여 이 사건 시행령 제89조 제4항 제2호에 근거한 수익률을 산정하기 위하여는, 비교의 대상이 되는 용역거래 사이에 있어 거래 조건, 거래의 기능, 경제 상황이나 시장 여건의 변화 등과 같은 제반 요소들에 대한 차이가 존재하는지를 분석하여 그에 따른 차이를 합리적으로 조정할 필요가 있고, 나아가 그와 같은 조정이 이루어졌다고 하더라도 가장 진실에 가까운 수익률을 반영할 수 있도록 합리적이고 타당성 있는 근거에 기초하여 시가를 산정할 필요가 있다고 할 것인데, 앞서 인용한 여러 사정 등에 비추어 볼 때, 피고가 제출한 증거들 및 이 법원에서 추가로 주장하는 사정들만으로는 피고가 이 사건 부과 처분을 함에 있어 산정한 시가가 위와 같은 합리적인 조정과정을 거친 것임과 아울러 가장 진실에 가까운 수익률을 반영할 수 있도록 객관적이고 타당성 있는 근거에 의하여 결정된 시가라고 단정하기에 부족하고, 달리 이를 인정할 만한 객관적 자료도 발견할 수 없다. 따라서 **피고가 산정한 이 사건 용역거래의 시가가 적정한 시가에 해당한다는 점을 충분히 입증하지 못한 이상**, 원고가 주식회사 A로부터 고가로 용역을 제공 받았음이 인정되지 않는다는 이유로, 이 사건 부과 처분이 위법하다고 판단한 제1심의 판단은 수긍할 수 있고, 결국 피고의 이 부분 주장도 받아들일 수 없다.

6. 평 석

(1) 본안심리에 앞서 피고는 원고가 조세심판원에 이 사건 부과 처분 중 각 사업연도의 법인세 본세 부분에 대하여만 불복하여 심판청구를 제기하였을 뿐이므로, 이 사건 소 중 각 사업연도 **법인세의 가산세 및 농어촌특별세 부과처분에 대한 부분은 적법한 전심절차를 거치지 아니한 채 제기되어 부적법**하다고 항변하였다(본안 전 항변).

(2) 조세소송에서는 국세기본법 제56조 제2항에 의하여 행정소송법 제18조 제2항, 제3항 및 제20조의 규정이 적용되지 아니되나, 다만 2개 이상의 행정처분이 같은 목적을 위하여 단계적으로 진행되는 일련의 발전적 과정에서 이루어진 것으로서 서로 내용상 관련이 있는 경우에 선행처분에 대하여 적법한 전심절차를 거친 때와 같이 행정기관으로 하여금 기본적 사실관계와 법률 문제에 대하여 다시 판단할 수 있는 기회를 부여하였을 뿐더러 납세의무자로 하여금 굳이 또 전심절차를 거치게 하는 것이 가혹하다고 보이는 등 정당한 사유가 있는 때에는 납세의무자가 **전심절차를 거치지 아니하고도 과세처분의 취소를 청구하는 행정소송을 제기할 수 있다**고 보아야 할 것이다(대법원 1989. 11. 10. 선고 88누7996 판결, 대법원 2000. 9. 26. 선고 99두1557 판결 등 참조).

(3) 가산세는 본세의 세액에 연동하여 본세가 유효하게 성립 · 확정되는 것을 전제로 하고 있어 본세와 기본적 사실관계와 위법 사유가 공통된다고 볼 수 있으므로, **본세인 법인세 부과처분에 대하여 적법한 전심절차를 거친 이상, 위 가산세 부과처분에 대하여 따로이 전심절차를 거치지 않았다 하더라도 행정소송으로 다툴 수 있다**고 봄이 상당하다. 또한, 법인세 감면세액이 늘어남에 따라 이 사건 농어촌특별세가 부과된 것으로서, 위 농어촌특별세 또한 당해 사업연도의 법인세 감면세액의 증감에 연동하여 법인세가 유효하게 확정됨을 전제로 하고 있어 본세인 법인세와 기본적 사실관계와 위법 사유가 공통된다고 볼 수 있으므로, 원고가 앞서 본 바와 같이 **법인세 부과처분에 대하여 적법한 전심절차를 거친 이상, 농어촌특별세 부과처분에 대하여 따로이 전심절차를 거치지 않았다 하더라도 행정소송으로 다툴 수 있다**고 봄이 상당하다. 따라서

피고의 이 부분 본안 전 항변은 이유 없다(서울행정법원 2011. 11. 24. 선고 2011구합570 판결).

(4) 이 사건으로 돌아와 보면, 이 사건 부과 처분의 과세 기간에 원고가 특수관계자인 A 외의 자와 이 사건 용역과 유사한 용역거래를 한 사례를 찾을 수 없어 이 사건 시행령 제89조 제4항 제2호에서 시가 산정의 기준으로 삼고 있는 '당해 사업연도 중 **특수관계자 외의 자에게 제공한 유사한 용역제공거래**에 있어서의 수익률'을 적용하여 시가를 산정하는 것은 사실상 불가능하다.

(5) 그럼에도 대상판결은 피고가 제출한 증거들 및 이 법원에서 추가로 주장하는 사정들만으로는 피고가 이 사건 부과처분을 함에 있어 산정한 시가가 위와 같은 합리적인 조정과정을 거친 것임과 아울러 가장 진실에 가까운 수익률을 반영할 수 있도록 객관적이고 타당성 있는 근거에 의하여 결정된 시가라고 단정하기에 부족하고, 달리 이를 인정할 만한 객관적 자료도 발견할 수 없다는 것이고, 피고가 산정한 이 사건 용역거래의 시가가 적정한 시가에 해당한다는 점을 충분히 입증하지 못한 이상, 원고가 A로부터 고가로 용역을 제공받았음이 인정되지 않는다는 이유로 이 사건 부과처분이 위법하다고 판단하였다(원고와 주식회사 A 사이의 거래가 부당한지 여부에 앞서 피고가 산정한 시가가 적정한 시가에 해당한다는 점을 입증하지 못한 것이 패소 이유이다).

(6) 법원의 판단 중 유의할 대목이 있다. "부당행위계산 부인 여부를 판단함에 있어 법원이 **시가에 대한 증명책임을 부담하는 과세관청**에게 적극적으로 입증을 촉구하거나 직권으로 시가를 산정하여 과세처분의 당부를 판단할 의무까지는 없다(대법 1996. 5. 10. 선고 95누5301 판결 등 참조)."고 설시한 부분이다.

(7) 종래 행정행위는 공정력을 지니고 있어 적법 · 유효하다는 추정을 받으므로 그 효력을 다투기 위하여는 원고가 위법 사유를 주장 · 증명하여야 한다는 견해가 주장되었으나, 현재 그러한 이론은 통용되지 않고 처분 행정청이 그 처분의 적법성은 주장 · 증명하여야 한다는 견해가 대세를 이루고 있다. 판례도 과세처분의 실체적 · 절차적 위법 사유에 관하여 특별한 사정이 없는 한 **과세관청이 그 과세요건 사실의 존재 및 절차의 적법성을 증명할 책임**이 있다고 하여 원칙적인 **피고귀속설(被告歸屬設)**을 취하고 있다고 한다(대법원 1981. 5. 26. 선고 80누521판결, 대법원 1987. 7. 7. 선고 85누393 판결, 대법원 1989. 10. 24. 선고 97누285 판결, 대법원 1984. 12. 11. 선고

84누225 판결).

(8) 조세 법규는 과세관청이 일정한 경우에 납세자가 신고한 과세표준을 부인하고 정당한 과세표준을 다시 산출할 수 있는 부당행위계산 부인 규정을 두고 있는바, 이 규정은 엄격하게 해석하여야 할 뿐 아니라 **부당행위**라는 불확정개념이 법적안정성을 해치게 될 소지가 있다는 점을 고려하면, 위 규정에 해당한다는 점은 **과세관청이 주장 · 증명** 하여야 한다(대법원 1995. 12. 26. 선고 95누3589 판결).

(9) 따라서 **부당행위계산 부인의 적용 기준이 되는 '시가'에 대한 주장 · 증명책임은 과세관청에 있고**(대법원 2013. 9. 27. 선고 2013두10335 판결), 과세관청이 양도 당시가 아닌 어느 시점의 가액을 양도 당시의 시가와 같다고 주장하려면 두 시점 사이에 시가의 변동이 없었다는 점을 증명하여야 한다(대법원 1986. 2. 25. 선고 85누715판결, 1988. 2. 9. 선고 87누671 판결).

(10) 부당행위계산 부인 규정에 있어서 부당성의 판단기준은 납세자의 어느 행위가 경제적 합리성을 결여한 것인지의 여부에 있다는 것이 판례의 입장이다(대법원 1985. 5. 28. 선고 84누337 판결, 대법원 1986. 11. 11. 선고 85누986 판결, 대법원 1987. 10. 13. 선고 87누357 판결).

(11) 법인세법 제52조 소정의 부당행위 계산 부인제도는 경제인의 입장에서 볼 때 부자연스럽고 불합리한 행위 계산을 함으로 인하여 경제적 합리성을 무시하였다고 인정되는 경우에 한하여 적용되는 것이고, 경제적 합리성의 유무에 대한 판단은 **당해 거래행위 대가관계만을 따로 떼어 내어 단순히 특수관계자가 아닌 자와의 거래형태에서는 통상 행하여지지 아니하는 것이라 하여 바로 이에 해당되는 것으로 볼 것이 아니라**, 거래 행위의 제반 사정을 구체적으로 고려하여 과연 그 거래행위가 건전한 사회통념이나 상관행에 비추어 견제적 합리성을 결한 비정상적인 것인지의 여부에 따라 판단하여야 하는 것이다(대법원 2004. 9. 23. 선고 2002두1588판결, 대법원 2006. 5. 11. 선고 2004두7993 판결).

(12) 원고가 특수관계인 주식회사 A에게 시가보다 높은 가격으로 용역대가를 지급하여 조세를 부당하게 감소시켰는지가 쟁점인 본 사건과 유사한 사건에서 국가 패소한 사례가 있다. 대법원은 특수관계 있는 자에게 용역을 제공하면서 다른 거래업체에 비하여 10% 가량 할인된 요율을 적용하여 지급한 행위가 부당하게 낮은 대가를 받은

경우에 해당하지 아니한다고 판결하였다(대법원 2003. 9. 5. 선고 2002두1892 판결 참조). 단순하게 제공된 용역수익률만을 가지고 부당' 또는 '현저하게 높은 대가'로 거래가 이루어졌는지를 판단하지 말고, 거래상황, 그러한 거래가 이루어진 특별한 사정 등은 없었는지를 전반적으로 검토하여 경제적 합리성에 부합하는지 여부를 '부당'의 판단기준으로 삼아야 한다는 것이 대법원의 입장이다.

(13) "비교의 대상이 되는 용역거래 사이에 있어 거래 조건, 거래의 기능, 경제 상황이나 시장 여건의 변화 등과 같은 제반 요소들에 대한 차이가 존재하는지를 분석하여 그에 따른 차이를 합리적으로 조정할 필요가 있다"는 법원의 판단대로 이 사건 거래에 적용될 시가를 산정한다는 것은 현실적으로 대단히 어려운 것이 사실이므로 그러한 면에서 과세관청이 억울하다는 생각을 지울 수는 없다.

(14) 그러나 **특수관계자 외의 자와의 거래를 발견할 수 없어 법인세법 시행령이 요구하는 시가 산정에 어려움이 있더라도**(이 사건의 경우 원고와 특수관계자인 A 회사와의 거래밖에 존재하지 않는다) 과세관청이 정당한 시가를 산정하지 못하면 과세처분을 허용하지 않겠다는 법원의 판단을 유의할 필요가 있어 보인다.

7. 관련 판례

문서번호	내 용
대법원 2007. 12. 13. 선고 2005두14257 판결	부당행위계산 부인이란 법인이 특수관계에 있는 자와의 거래에 있어 정상적인 경제인의 합리적인 방법에 의하지 아니하고 같은 법 시행령 제88조 제1항 각 호에 열거된 제반 거래형태를 빙자하여 남용함으로써 조세부담을 부당하게 회피하거나 경감시켰다고 하는 경우에 과세권자가 이를 부인하고 법령에 정하는 방법에 의하여 객관적이고 타당하다고 보이는 소득이 있는 것으로 의제하는 제도로서, 경제인의 입장에서 볼 때 부자연스럽고 불합리한 행위계산을 함으로 인하여 경제적 합리성을 무시하였다고 인정되는 경우에 한하여 적용되는 것이고, 경제적 합리성의 유무에 대한 판단은 거래 행위의 여러 사정을 구체적으로 고려하여 과연 그 거래 행위가 건전한 사회통념이나 상관행에 비추어 경제적 합리성을 결한 비정상적인 것인지의 여부에 따라 판단하여야 한다.

문서번호	내 용
대법원 2005. 5. 12. 선고 2003두15287 판결	시가는 객관적이고 합리적인 방법으로 평가한 가액도 포함하는 개념이므로 위와 같은 방법에 의하여도 그 시가의 산정이 어려운 경우에는 객관적이고 합리적인 방법에 의하여 명가한 가액도 시가로 볼 수 있고, 한편 시가보다 고가의 용역제공 대가를 지급하였다고 하더라도 그러한 거래 행위가 건전한 사회통념이나 상관행에 비추어 경제적 합리성을 결한 것이 아니라면 부당행위계산 부인의 적용대상에 해당하지 않으며, 부당행위계산 부인의 적용기준이 되는 **'시가'에 관한 입증책임은 부당행위 계산 부인을 주장하는 과세관청에게 있다**고 할 것이다.

제4절 손 금

4-1 위장거래 매입액의 법인세 손금 인정 여부

● 대상판결 : 대법원 2011두23443 (2012. 1. 26.) ➔ 일부국패

핵심 요지

> 구리 매입에 대한 세금계산서의 명의위장사실을 알지 못한 데 과실이 없다고 할 수 없으므로 사실과 다른 세금계산서로 보고 매입세액 불공제한 부가가치세 부과처분은 적법하나, 가공거래로 보아 손금불산입한 법인세 부과처분은 위법하다.

1. 사실관계

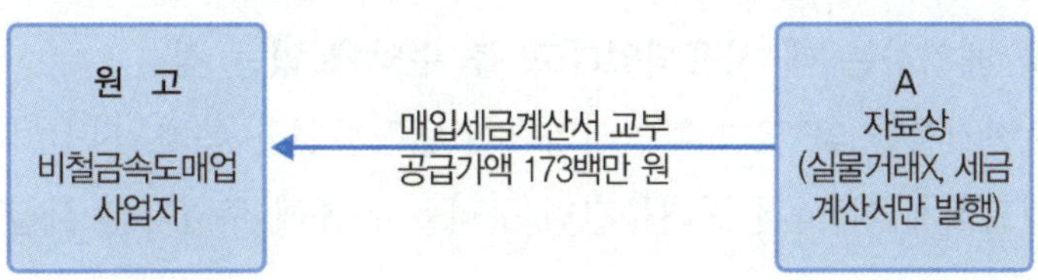

(1) 원고는

① 이 사건 관련 매입세액을 공제하여 부가가치세를 신고하고,

② 이 사건 매입액을 손금산입하여 법인세를 신고하였다.

(2) 피고는 이 사건 세금계산서를 실물거래 없는 가공세금계산서로 보아 매입세액 불공제 및 법인세 계산 시 손금불산입하여 부가가치세 경정 부과처분 및 법인세 경정 부과처분한 사건이다.

2. 쟁 점

위장거래 매입액을 「법인세법」상 손금으로 인정받을 수 있는지 여부

3. 대상판결

(1) 이 사건 세금계산서는 A가 구리를 공급하지 않았음에도 마치 A가 이를 공급한 것처럼 작성된 허위의 세금계산서에 해당한다. 한편 원고가 이 사건 거래를 하면서 좀 더 주의를 기울였더라면 A가 이 사건 거래물건인 구리의 실제 공급자가 아니고 이 사건 세금계산서가 실제 거래와 달리 작성된 허위의 세금계산서라는 점을 알 수 있었을 것으로 보이므로, 원고에게 이 사건 세금계산서의 명의위장사실을 알지 못한 데 과실이 없다고 할 수 없다. 따라서 해당 **매입세액의 공제를 부인**한 이 사건 부가가치세 부과처분은 적법하다.

(2) 이 사건 세금계산서가 실제 거래와 달리 작성된 허위의 세금계산서이기는 하나,

① 원고가 실제 비철금속 도매업을 영위하는 사업자인 점,

② 원고가 2008. 9. 4. A의 계좌로 191,041,290원(공급가액 173,673,900원 + 세액 17,367,390원)을 송금하였는바, 피고가 위와 같이 이체된 금원이 다시 원고에게 반환되었는지 여부를 밝히지 못하고 있으므로 위 이체금액이 이 사건 거래 물건인 **구리를 매입하는 데 사용되었다고 볼 수밖에 없는 점,**

③ 화물차 운전기사인 임XX가 확인서와 1심 법정증언을 통해, 자신이 직접 2008. 9. 초순경 원고에게 이 사건 거래물건인 구리를 운송해 주었다는 사실을 확인하고 있는 점,

④ 원고가 A측 박○○의 입회하에 이 사건 거래물건을 계근한 후 발급한 계량증명서 6장 중 원고가 보관하고 있는 3장의 계량증명서상 계근 중량이 이 사건 세금계산서상 구리의 중량과 일치하여 실제 거래가 있었음을 뒷받침하는 점을 종합하여 보면, 원고가 A가 아닌 다른 업체로부터 2008. 9. 초순경 이 사건 거래물건인 구리를 실제로 공급받고 그 대금을 실제 공급받은 업체가 아닌 A명의의 법인계좌를 통해 지급한 것으로 보인다. 따라서 원고가 지출한 이 사건 거래물건의 매입액은 원고의 사업과 관련하여 통상적으로 지출된 비용으로서 손금처리되어야 하고, 이를 손금에 산입하지 않은 이 사건 법인세 부과처분은 위법하다.

4. 평 석

(1) 대상판결은 위장거래에 대한 대법원의 판단으로, **위장거래의 경우 「법인세법」상 해당 매입액의 손금성을 인정**하고 있는 것으로 기존의 관련규정 및 대법원 판례를 재차 확인한 것이다.

(2) 과세관청의 유권해석(조심 2011. 3. 10. 선고 2010중1284 결정 등 다수)도 위장거래의 경우 해당 **매입액은 「법인세법」상 손금**이라는 다수의 심판례가 있다.

(3) 실무상 과세관청이 전심단계에서 처분사유로 가공거래를 주장하다가 행정소송 중 그 처분사유를 위장거래로 변경하면서도 법인세(또는 소득세) 부과처분의 적법성 주장은 그대로 유지하는 경우가 있고, 하급심 판결 중에서는 과세관청의 가공거래 주장을 인정하지 않으면서도 법인세(또는 소득세) 부과처분의 취소를 하지 않은 경우도 있다(서울고등법원 2009. 9. 8. 선고 2009누1756 판결 등 참조).

(4) 대상판결은 추후 위장거래에 대한 법원의 일관성 있는 판단을 하는 기준이 될 것으로 보인다.

5. 관련 판례

문서번호	내 용
부가가치세법 기본통칙 21-0-1	사업자가 거래상대방의 사업자등록증을 확인하고 거래에 따른 세금계산서를 발급하거나 발급받은 경우, 거래상대방이 관계기간의 조사로 인하여 명의위장사업자로 판정되었다 하더라도 해당 사업자를 선의의 거래당사자로 볼 수 있는 때에는 경정 또는 「조세범처벌법」에 따른 처벌 등 **불이익한 처분을 받지 아니한다.**
대법원 2002. 6. 28. 선고 2002두2277 판결 등 다수	실제 공급자와 세금계산서상의 공급자가 다른 세금계산서는 공급받는 자가 세금계산서의 명의위장사실을 알지 못하였고 알지 못한 데에 과실이 없다는 특별한 사정이 있는 경우에는 그 **매입세액을 공제 내지 환급**받을 수 있다. 공급받는 자가 위와 같은 명의위장사실을 알지 못한 데에 과실이 없다는 점은 매입세액의 공제 내지 환급을 **주장하는 자가 이를 입증**하여야 한다.

<table>
<tr><th>문서번호</th><th>내 용</th></tr>
<tr><td>대법원 1993. 10. 8. 선고 93누14400 판결; 대법원 1989. 7. 11. 선고 88누10589 판결 등</td><td>사실과 다른 세금계산서는 가공거래에 따른 것과 위장거래에 따른 것으로 구분되며, 양자는 세무상의 취급에 차이가 있다.
① 가공거래는 실물거래 없이 세금계산서만 주고받는 경우로 해당 금액을 손금불산입 및 매입세액 불공제(VAT)한다.
② 위장거래는 실물거래는 존재하되 세금계산서의 필요적 기재사항인 공급자를 사실과 다르게 기재한 경우로서 부가가치세 매입세액불공제하나 매입관련 손금산입은 인정되어 법인세가 부과되지 않는다.

※ 이유
「법인세법」 제19조 제1항 및 제2항은 「법인세법」상 손금불산입 항목으로 특별히 열거되어 있지 않은 이상 당해 법인의 순자산을 감소시키는 거래로 인하여 발생하는 손비는 '사업관련성'과 '통상성'이 인정되면 손금으로 인정된다고 해석(대법원 2009. 6. 23. 선고 2008두7779 판결 참조)</td></tr>
</table>

4-2 접대비 판단기준 및 관련 예규·판례

1. 접대비 판단기준

(1) 접대비의 정의(법인세법 §25 ⑤, 소득세법 §35 ②)

세법상 접대비란 접대비 및 교제비·사례금 기타 명목여하에 불구하고 이와 유사한 성질의 비용으로서 법인이 업무와 관련하여 지출한 금액을 말한다.

(2) 접대비의 구분(법인세법집행기준 25-0-4)

접대비, 광고선전비, 판매부대비용의 구분기준을 규정하고 있다. 실무상 자주 문제가 되는 것은 접대비와 판매부대비용으로 아래의 기준에 따라 구분되며, 판매부대비용은 전액 손금에 산입된다는 점이 접대비와 다르다.

구 분	판매부대비용	접대비
수익과 관련성	수익과 직접적인 관련이 있음.	장래의 수익실현 기대
지출의무	**사전약정에 따른 지출의무 있음.**	지출의무 없음.
지출 상대방	모든 거래상대방	**특정 거래상대방**

(3) 판매부대비용의 범위(법인세법기본통칙 19-19…3)

「법인세법시행규칙」 제10조의 **판매부대비용의 범위**를 예시하면 다음 각 호와 같다(2001. 11. 1. 개정).

① 사전약정에 따라 협회에 지급하는 판매수수료
② 수탁자와의 거래에 있어서 실제로 지급하는 비용
③ 관광사업 및 여행알선업을 영위하는 법인이 고객에게 통상 무료로 증정하는 수건, 모자, 쇼핑백 등의 가액
④ 용역대가에 포함되어 있는 범위 내에서 자가시설의 이용자에게 동시설의 이용 시에 부수하여 제공하는 음료 등의 가액
⑤ 일정액 이상의 자기상품 매입자에게 자기출판물인 월간지를 일정기간 무료로 증정하는 경우의 동 월간지의 가액 상당액

⑥ 판매촉진을 위하여 경품부 판매를 실시하는 경우 경품으로 제공하는 제품 또는 상품 등의 가액
⑦ 기타 1호 내지 6호와 유사한 성질이 있는 금액

(4) 소 결

① 법령, 즉 「법인세법시행규칙」은 **"건전한 사회통념과 거래관행에 비추어 정상적인 거래라고 인정될 수 있는 범위 안의 금액"**이라는 제한만을 설정하였으나,

② 법규적 효력도 없는 기본통칙이 법령의 제한보다 과도한 제한규정을 둔 것은 **조세법률주의 위반이라는 비판**이 제기될 수 있다.

2. 접대비 예규의 문제점

(1) 일부 거래처에만 지급하면 접대비이다.

① 특정거래처에만 지급하거나, 사전약정 없이 지급하는 판매장려금은 **접대비**에 해당된다(법인 46012-2246, 1996. 8. 10. 등).

② 사회통념상 견본품으로 인정할 만한 수량을 초과하거나 특정거래처에만 제공하는 때에는 **접대비**로 보며, 판매활성화를 위한 광고선전 목적으로 무상제공하는 것은 광고선전비이다(법인 46012-2964, 1996. 10. 24.).

③ 일반적으로 채무자부담인 근저당설정 비용을 특정고객에 대하여만 금융기관이 부담하는 경우 동 비용은 접대비 시부인계산대상인 **접대비**로 본다(법인 46012-3081, 1996. 11. 6.).

※ 시장점유율을 높이기 위해 대규모 거래처나 특정지역의 거래처들에 대해서 공격적 영업을 하기로 하여 이들에 대해서만 장려금을 지급하는 것은 현행 예규상 접대비에 해당된다. 그러나 이는 "특수관계가 있는 자에게 다른 거래업체에 비하여 10%가량 할인된 요율을 적용한 행위가 **부당하게 낮은 대가를 받는 경우에 해당하지 아니한다**(대법원 2002두1892 판결)."는 판결과 비교된다.

(2) 사전약정이 없으면 접대비이다.

① 사전약정에 의하여 지급하는 판매장려금으로서 상관행상 적정한 금액 이내의 것이면 접대비로 보지 아니한다(법인 46012-3053, 1997. 11. 28.).

② 아파트 신축분양업자가 분양대금 조기회수를 위해 금융기관 대출을 알선하고 그 이자의 일정액을 대신 부담하는 경우 **접대비**에 해당하나, 모든 피분양자에게 사전공시에 의하는 경우는 판매부대비용이며, 이 경우 '손금불산입 계산대상 지급이자'에 해당되지 않는다(법인 46012-3780, 1998. 12. 5.).

③ 사전약정이 있어야 판매부대비용이 된다는 세법규정은 없다. → 계약의 자유는 계약변경의 자유 포함

※ 이 기준이 일관되게 적용되는 것은 아니며, 법인 46012-3125(1999. 8. 10.)는 자동차 판매법인이 구매고객에게 무상제공하는 소모품가액은 건전한 사회통념과 상관행에 비추어 정상적인 거래라고 인정될 수 있는 범위 안에선 판매부대비용이라고 하여 **사전약정 여부를 문제 삼지 않고** 있다.

(3) **거래처가 지급할 것을 납세자가 지급하면 접대비이다.**

① 건설업자와 분양대행계약에 의해 상가 등을 분양대행함에 있어 할인하여 분양하고 그 할인액을 그 건설업자로부터 받는 수수료수입에서 부담하는 것은 '접대비'에 해당한다(법인 46012-3488, 1998. 11. 14.).

② 제품을 안정적으로 납품하기 위하여 거래처의 부실채권을 그 채무자를 대신하여 변제하기로 함으로써 발생하는 부채의 증가액은 접대비에 해당한다(법인 46012-2787, 1998. 9. 28.).

③ 통신기 판매법인이 가입자가 이동통신회사에 납입할 청약금의 일부를 부담하는 경우 동 금액은 접대비이다(법인 46012-3583, 1995. 9. 20.).

상반되는 예규

1. 법인 46012-3029(1996. 10. 30.)
보험료와 내용상품 간 본질적 차이에 대한 해명 없이 자의적으로 접대비 여부를 판단하고 있다.
2. 법인 46012-3029(1996. 10. 30.)
가. 법인이 자동판매기를 판매함에 있어 판매촉진을 위해 자동판매기를 구입하는 모든 거래처에게 자동판매기의 최초 가동을 위한 내용상품을 무상으로 제공하는 경우에, 동 내용상품의 가액상당액은 판매부대비용에 해당하는 것이며,
나. 자동판매기를 판매하고 거래처에서 부담해야 할 자동판매기에 대한 보험료를 대신 납부해 주는 것은 접대비로 보는 것이다.

4-3 위법비용의 손금산입 여부

● 대상판결 : 대법원 2012두7608 (2015. 1. 15.) ➔ 일부국패

핵심 요지

「약사법시행규칙」 개정규정 시행일인 2008. 12. 14.부터 도매상과 약국 등 개설자 간에 의약품 판매 촉진 목적의 '금전' 제공행위까지 금지되었는바, 소매상에게 지급한 사례금은 사회질서에 위반하여 지출된 비용에 해당하여 손금에 산입할 수 없다.

1. 사실관계

① 1번 거래

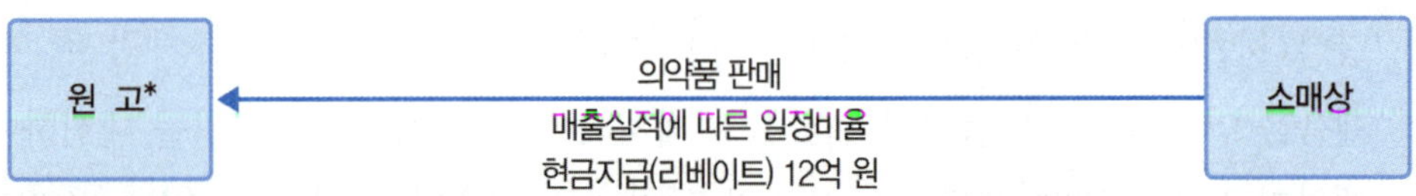

② 2번 거래

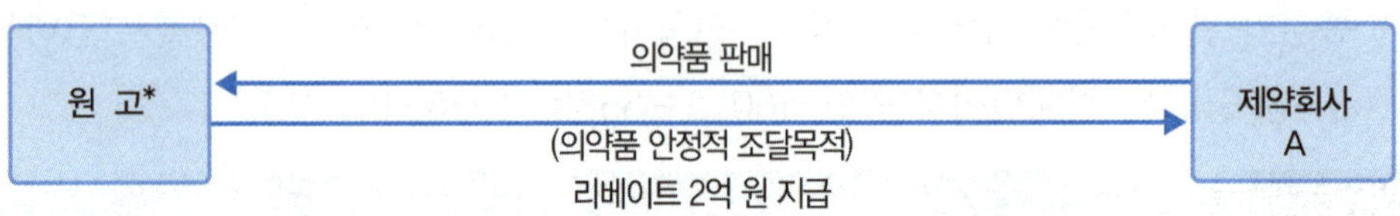

③ 3번 거래

* 원고 : 의약품 도매업자

** B사 : 대학종합병원이 우회 설립한 의약품도매상

피고는 원고가 손금으로 계상한 위 ①~③번 거래에서 발생한 비용을 손금불산입하고 대표자에게 상여처분한 사건이다.

2. 쟁 점

위법비용을 손금으로 계상한 처분의 당부

3. 사건의 경과

(1) 1심판결(서울행정법원 2011. 4. 21. 선고 2010구합15643 판결) : 국승

① 1번 거래에 대한 판단(국승)

'일반적으로 용인되는 통상적'인 비용이라 함은 납세의무자와 같은 종류의 사업을 영위하는 다른 법인도 동일한 상황 아래에서는 지출하였을 것으로 인정되는 비용을 의미하고 그러한 비용에 해당하는지 여부는 지출의 경위와 목적, 형태, 액수, 효과 등을 종합적으로 고려하여 객관적으로 판단하여야 하는데, 특별한 사정이 없는 한 사회질서를 위반하여 지출된 비용은 여기에서 제외된다고 할 것이다(대법원 2009. 11. 12. 선고 2007두12422 판결).

의약품 도매업체의 리베이트 제공은 궁극적으로 의약품가격 상승의 원인이 되어 의약품 선택권이 없는 소비자에게 리베이트비용을 전가하게 되는 등 사회적 폐해가 매우 심각하다. … 이와 같은 리베이트 제공이 건전한 사회통념에 비추어 정상적으로 소요되는 판매부대비용이라고 보기는 어렵다.

② 2번 거래에 대한 판단(국승)

원고가 제약회사에게 의약품 공급계약의 유지와 판로개척 등을 위하여 금원을 지급하였다고 인정하기에 부족하고 달리 이를 인정할 만한 증거가 없다.

③ 3번 거래에 대한 판단(국승)

원고가 B사에 금원을 지급하였다고 인정하기에 부족하고 달리 이를 인정할 만한 증거도 없다. 더구나 원고가 제약회사의 요청에 따라 의약품 도·소매업을 직접 할 수 없는 대형병원이 우회적으로 설립한 법인에게 리베이트 비용을 제공하였다는 것이므로 … 이를 사회적으로 용인되는 통상적인 비용으로 보기 어렵다.

(2) 원심판결(서울고등법원 2012. 2. 22. 선고 2011누17938 판결) : 일부국패

1번 거래비용 중 일부와 2, 3번 거래비용은 실제 지급된 사실이 확인되고 이는 일반적으로 용인되는 통상적인 것으로서 의약품 판매장려를 목적으로 의약품업계의 특수한 사정 등을 감안하여 거래상대방에게 지급된 **판매부대비용에 해당하여 손금산입**되어야 한다.

(3) 대상판결

의약품도매상이 약국 개설자에게 금전을 제공하는 것이 「약사법」 등 관계법령에 따라 금지된 행위가 아니라고 하여 곧바로 사회질서에 위반하여 지출된 비용이 아니라고 단정할 수는 없고, 그것이 **사회질서에 위반하여 지출된 비용에 해당하는지 여부는 그러한 지출을 허용하는 경우 야기되는 부작용, 그리고 국민의 보건과 직결되는 의약품의 공정한 유통과 거래에 미칠 영향, 이에 대한 사회적 비난의 정도, 규제의 필요성과 향후 법령상 금지될 가능성, 상관행과 선량한 풍속 등 제반 사정을 종합적으로 고려하여 사회통념에 따라 판단**하여야 한다. 의약품도매상이 약국 등 개설자에게 의약품 판매촉진의 목적으로 이른바 '리베이트'라고 불리는 금전을 지급하는 것은 「약사법」 등 관계법령이 이를 명시적으로 금지하고 있지 않더라도 사회질서에 위반하여 지출된 것에 해당하여 그 비용은 손금에 산입할 수 없다고 보아야 한다.

4. 평 석

(1) 대법원은 1번 거래에 대해서는 손금불산입, 2, 3번 거래에 대해서는 손금에 산입할 수 있다고 보았다. 요약하면 1번 거래에서 발생하는 비용은 사회질서에 위반하여 지출된 비용이라는 것이고, 2, 3번 거래에서 발생하는 비용은 사회질서에 반하는 정도가 아니며 법인의 순자산을 감소시키는 비용이라고 판단하였다.

(2) 그러나 1번 거래에서 발생한 비용이 사회질서에 반하는 비용이고, 2, 3번 거래에서 발생한 비용은 손금산입을 허용할 수 있는 정도의 차별성이 있는 것인지 의문이라는 견해도 있다.

(3) 「법인세법」은 "손금은 해당 법인의 순자산을 감소시키는 거래로 인하여 발생하는 손비의 금액으로 한다(§19 ①)."고 규정하고 있고, 손비의 요건으로는 "그 법인의 사업

과 관련하여 발생하거나(직접관련성) 지출된 손실 또는 비용으로서 일반적으로 인정되는 통상적인 것(통상성)이거나 수익과 직접 관련된 것(§19 ②)"을 들고 있다.

(4) 우리 「법인세법」에서는 어느 하나의 요건만 충족하면 손비로 인정받을 수 있는 반면, 미국의 내국세입법에서는 통상적이고 필요한 경비일 것을 요구하고 있다.

여기서 **'통상성'이란 해당사업에 종사하는 다른 법인 또는 개인이라 하더라도 유사한 상황에서 지출하였으리라고 인정되어야 한다**는 것이다. 다만, 사회질서에 위반하여 지출된 비용은 여기에서 제외된다고 대법원은 판시하고 있다.

(5) 이 사건으로 돌아와 보면, 원심과 대법원 모두 "사회질서에 위반하여 지출된 비용은 일반적으로 용인되는 통상적인 비용에 해당하지 않는다."고 판단하였다. 한걸음 더 나아가 대법원은 관계법령에 따라 금지된 것이 아니라도 "사회질서에 위반하여 지출된 것인지 여부"는 다시 판단하여야 한다고 보았다.

(6) 각종 규제법령에 위반되어 지출된 비용을 '위법비용'이라고 하는데, 종래 **대법원이나 통설은 위법비용이라도 원칙적으로는 손금으로 인정되는 것이고, 사회질서에 심하게 반하는 등 특별한 사정이 있는 경우에만 불산입**한다는 입장이었다.

(7) 결론적으로 법인세의 과세물건은 순소득이므로 위법소득을 얻기 위하여 지출한 비용이나 지출 자체에 위법성이 있는 비용도 그 지출이 사회질서에 심히 반하는 등의 특별한 사정이 없는 한 손금으로 산입함이 원칙이고, 그 지출이 사회질서나 공공정책(public policy)에 심히 반하는 비용은 통상적이 아니라고 할 수 있다.

5. 관련 판례

문서번호	내 용
대법원 2009. 6. 23. 선고 2008두7779 판결	「법인세법」은 익금과 손금의 범위를 완결적으로 규정한 것이 아니라 그 범위를 예시하면서 포괄적으로 규정하고, 그 특례규정으로서 손금불산입과 손금산입의 각 사항을 열거하여 규정하고 있으므로, 원칙적으로 자산총액을 감소시킨 것은 손금불산입 등으로 열거되어 있지 않는 한 손금이 된다고 보아야 한다.

문서번호	내 용
대법원 2009. 11. 12. 선고 2007두12422 판결	손금으로 인정되는 '일반적으로 용인되는 통상적인 비용'에 관하여 납세의무자와 같은 종류의 사업을 영위하는 다른 법인도 동일한 상황 아래에서는 지출하였을 것으로 인정되는 비용을 의미한다.
대법원 2015. 6. 24. 선고 2015두38290 판결	과세관청이 실지조사방법에 의하여 법인의 소득에 대한 과세표준과 세액을 결정하면서 해당 법인의 당초 신고에서 누락된 수입금액을 발견한 경우에 이에 대응하는 매입원가 등의 손금이 별도로 지출되었음이 장부 기타 증빙서류에 의하여 밝혀지는 등 **특별한 사정이 없는 이상 이는 총수입금에 대응하는 총손금에 이미 포함되어 있는 것으로 볼 것**이고, 이 경우 누락수입에 대응하는 비용에 관한 신고를 누락하였다고 하여 그 공제를 받고자 한다면 그 비용의 누락사실을 주장하는 납세의무자 측에서 이를 증명하여야 한다.

4-4 하수급인이 도급인과 특약에 의하여 전액 책임을 진 사고보상비의 접대비 해당 여부

● 대상판결 : 대법원 2010두14329 (2012. 9. 2.) ➜ 국패

핵심 요지

공상처리비 약정은 하도급계약의 일부를 이루는 것으로서, 원고가 거래처를 대신하여 산업재해를 입은 근로자에게 사고보상비 등을 지급하는 것은 이 사건 하도급계약상의 공사대금과 일정한 대가관계에 있다고 할 것이므로 공상처리비는 이 사건 하도급계약에 따른 원고의 수익과 직접 관련된 비용으로서, 이를 원고가 거래처와 사이에 친목을 두텁게 하여 거래관계의 원활한 진행을 도모하기 위하여 지출한 접대비로 볼 수는 없다고 할 것이다.

1. 사실관계

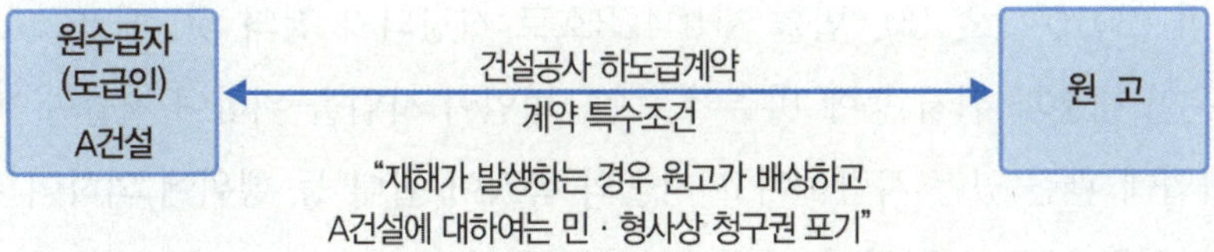

(1) 원고는 공사현장에서 업무상 사고가 발생하자, 약정에 따라 피해자에게 치료비 4억원을 지급하고 이를 공상처리비로 회계처리하여 손금산입하였다.

(2) 피고는 원고가 손금으로 계상한 공상처리비 전부를 접대비 한도초과액으로 보아 손금불산입하고 법인세를 부과처분한 사건이다.

2. 쟁 점

공상처리비 약정에 따라 원고가 지급한 비용이 수익과 직접 관련된 비용으로서 손금인지 아니면 접대비인지 여부

3. 사건의 경과

(1) 원심판결(대구고등법원 2010. 6. 11. 선고 2009누2123 판결) : 국승

하도급계약에서는 '원수급자인 A건설이 산업재해보상보험에 가입하고 보험료를 납부'한 후 산업재해가 발생하면 재해근로자 등 수급권자가 「산업재해보상보험법」에 따라 근로복지공단에 청구하여 보험급여를 지급받아야 하므로 공상처리비는 A건설이 부담해야 한다. 그럼에도 하수급자인 원고가 A건설과의 거래관계를 유지하기 위하여 계약특수조건을 약정하고 **지급의무가 없는 사고보상비 등을 지급**하게 되었다. 따라서 원고가 지출한 공상처리비는 지급의무가 없는 비용을 약정에 의하여 지급하고, A건설로부터 받아야 할 채권을 포기한 것에 해당하므로, 피고가 이를 접대비로 보고 손금불산입한 것은 적법하다.

즉, 원심은 원고에게 공상처리비 지급의무가 없음에도 지출한 점을 들어 접대비로 판단하였다.

(2) 대상판결

구 「법인세법」(2010. 12. 30. 법률 제10423호로 개정되기 전의 것) 제25조 제1항, 제5항 규정의 문언 내용과 취지 등에 비추어 보면, 법인이 사업을 위하여 지출한 비용 가운데 상대방이 사업에 관련 있는 사람들이고 **지출의 목적이 접대 등 행위에 의하여 사업관계자들과 사이에 친목을 두텁게 하여 거래관계의 원활한 진행을 도모하는 데 있는 것이라면 그 비용은 접대비**라고 할 것이지만, **법인이 수익과 직접 관련하여 지출한 비용은 섣불리 이를 접대비로 단정하여서는 아니 된다**.

갑 주식회사가 원수급자 을 주식회사와 하도급계약을 체결하면서 "갑 회사가 재해 발생 시 자기 비용으로 피해자와 합의하여 배상한다."는 공상처리비 약정을 체결하고 위 약정에 따라 재해근로자에게 지급한 사고보상비 등을 공상처리비로 회계처리하여 손금산입하였으나 과세관청이 지급의무가 없는 비용으로 보아 그 전부를 접대비 한도초과액으로서 손금불산입한 사안에서, 갑 회사가 **공사를 수주받기 위하여 어쩔 수 없이 위 약정에 동의**한 점 등에 비추어 위 공상처리비는 하도급계약에 따른 갑회사의 수익과 직접 관련된 비용으로서 **접대비로 볼 수는 없다**는 이유로, 이와 달리 본 원심판결에 법리오해의 위법이 있다.

4. 평 석

(1) 공상처리비 약정은 원고가 하도급계약을 체결하기 위해 불가피하게 승낙할 수밖에 없었던 것이므로, 이를 단순히 지출의무가 없음에도 장래 수익의 실현을 위해 사용한 접대비라고 볼 수 없다.

(2) 따라서 공상처리비 약정은 하도급계약의 일부분으로서 하도급계약상 원고가 지급받게 될 공사대금과 밀접한 관련이 있고, 원고의 **수익과 직접 관련하여 지출한 비용이므로 손금에 산입**함이 타당하다.

5. 관련 판례

문서번호	내 용
대법원 2011. 11. 24. 선고 2009두13955 판결	화의채권의 조기회수를 위하여 그 중 일부를 정당한 사유로 포기한 금액을 접대비로 보아 손금불산입한 것은 위법하다.
대법원 2010. 6. 24. 선고 2007두18000 판결	법인의 취재기자들이 취재활동을 위해 지출한 취재비를 모두 접대비로 보고 손금불산입한 것은 위법하다.
대법원 2002. 4. 12. 선고 2000두2990 판결	접대비가 상대방이 사업에 관련 있는 자들이고 지출의 목적이 접대 등의 행위에 의하여 사업관계자들과의 사이에 친목을 두텁게 하여 거래관계의 원활한 진행을 도모하는 데 지출되는 비용임에 반하여, 광고선전비는 불특정 다수인을 상대로 하여 당해 기업, 그 상표 또는 상품 등을 소개하거나 성과를 올리기 위한 활동 등 구매의욕을 자극한 데 지출되는 비용으로서 지출의 상대방과 목적이 다르다.
대법원 1987. 4. 14. 선고 86누378 판결	콘도미니엄 분양을 위하여 지출한 현지답사비용 일체는 접대비가 아니라 광고선전비에 해당한다.
대법원 1988. 12. 6. 선고 88누933 판결	주유소가 불특정 다수의 주유고객에게 사은품을 제공한 경우 그 구입비용은 광고선전비이다.
대법원 1993. 1. 19. 선고 92누8293 판결	외판원들이 불특정 다수를 호별 방문하여 제공하는 시식용 상품의 구입 배포에 소요된 비용은 광고선전비이다.

문서번호	내 용
대법원 1993. 9. 14. 선고 92누16249 판결	예식장 개업광고 시 예식장 이용고객에게 개업기념품으로 벽시계를 증정한다는 광고를 하고 일정 기간 동안 불특정 다수의 고객에게 증정한 벽시계의 구입비용은 광고선전비이다.
대법원 2002. 4. 12. 선고 2000두2990 판결	백화점 경영자가 판촉활동의 일환으로 거래실적이 우수한 불특정 고객에게 선물을 증정한다고 사전홍보하고 사은품을 지급하여 온 경우 그 구입에 소요된 비용은 접대비가 아니라 광고선전비이다.

4-5 인건비 중 손금불산입 대상이 되는 '과다하거나 부당하다고 인정되는 임원보수'의 판단 기준

● 대상판결 : 대법원 2015두60884 (2017. 9. 21.) ➜ 국승

핵심 요지

해당 보수가 임원의 직무집행에 대한 정상적인 대가라기보다는 주로 법인에 유보된 이익을 분여하기 위하여 대외적으로 보수의 형식을 취한 것에 불과하다면, 이는 이익처분으로서 손금불산입 대상이 되는 상여금과 그 실질이 동일하므로 「법인세법시행령」 제43조에 따라 손금에 산입할 수 없다고 보아야 한다. 또한 증명의 어려움이나 공평의 관념 등에 비추어, 위와 같은 사정이 상당한 정도로 증명된 경우에는 보수금 전체를 손금불산입의 대상으로 보아야 하고, 위 보수금에 직무집행의 대가가 일부 포함되어 있어 그 부분이 손금산입의 대상이 된다는 점은 보수금 산정 경위나 그 구성내역 등에 관한 구체적인 자료를 제출하기 용이한 납세의무자가 이를 증명할 필요가 있다.

1. 사실관계

(1) 원고는 2002. 11. 27. 설립되어 대부업을 영위하고 있고, 갑은 원고의 1인주주 겸 대표이사이다.

(2) 원고는 갑에게 월 3,000만 원 이하의 보수를 지급하다가 2005사업연도부터는 월 3억 원으로 인상하여 2005사업연도에는 30억 7,000만 원을, 2006사업연도부터 2009사업연도까지는 매년 36억 원을 지급하였다.

(3) 피고는 원고가 갑에게 지급한 보수가 과다하다는 이유로 동종대부업체 12개 중 대표이사의 급여가 높은 상위 3개업체의 대표이사 급여 평균액을 초과하여 지급된 급여를 손금에 산입하지 아니하여 법인세를 경정·결정하였다.

2. 쟁 점

대표이사의 보수를 상여금으로 보아 구 「법인세법시행령」 제43조에 의하여 손금불산입할 수 있는지 여부

3. 관련 법령

「법인세법」 제19조 【손금의 범위】

① 손금은 자본 또는 출자의 환급, 잉여금의 처분 및 이 법에서 규정하는 것은 제외하고 해당 법인의 순자산을 감소시키는 거래로 인하여 발생하는 손비(損費)의 금액으로 한다.
② 제1항에 따른 손비는 이 법 및 다른 법률에서 달리 정하고 있는 것을 제외하고는 그 법인의 사업과 관련하여 발생하거나 지출된 손실 또는 비용으로서 일반적으로 인정되는 통상적인 것이거나 수익과 직접 관련된 것으로 한다.

「법인세법」 제26조 【과다경비 등의 손금불산입】

다음 각 호의 손비 중 대통령령으로 정하는 바에 따라 과다하거나 부당하다고 인정하는 금액은 내국법인의 각 사업연도의 소득금액을 계산할 때 손금에 산입하지 아니한다.
1. 인건비
2. 복리후생비
3. 여비(旅費) 및 교육·훈련비

「법인세법시행령」 제43조 【상여금 등의 손금불산입】

① 법인이 그 임원 또는 사용인에게 이익처분에 의하여 지급하는 상여금은 이를 손금에 산입하지 아니한다. 이 경우 합명회사 또는 합자회사의 노무출자사원에게 지급하는 보수는 이익처분에 의한 상여로 본다.
② 법인이 임원에게 지급하는 상여금 중 정관·주주총회·사원총회 또는 이사회의 결의에 의하여 결정된 급여지급기준에 의하여 지급하는 금액을 초과하여 지급한 경우 그 초과금액은 이를 손금에 산입하지 아니한다.
③ 법인이 지배주주 등(특수관계에 있는 자를 포함한다. 이하 이 항에서 같다)인 임원 또는 사용인에게 정당한 사유없이 동일직위에 있는 지배주주 등 외의 임원 또는 사용인에게 지급하는 금액을 초과하여 보수를 지급한 경우 그 초과금액은 이를 손금에 산입하지 아니한다.

4. 사건의 경과

(1) 원심판결(서울고등법원 2015. 12. 10. 선고 2015누46552 판결) : 국패

① 손금의 범위를 정하는 '일반적으로 용인되는 통상의 비용' 해당 여부

구 「법인세법」은 원고와 같은 법인의 이익을 「법인세법」상의 소득으로 보아 과세하는 것인데, 기본적으로 법인이 그 임직원에게 지급한 보수는 해당 법인의 사업이나 거래 활동 등을 위하여 지급되는 것이기 때문에 사업경비의 성격을 갖게 되어 「법인세법」상 손금에 산입하는 것이 원칙이라 할 것이고, 예외적으로 그 성질상 비용성을 갖지 않거나 조세정책적 또는 기술적 이유 등에 의하여 손금에 산입함이 바람직하지 않아 「법인세법시행령」이 특별히 정한 경우에만 손금산입이 부정되는 것으로 보는 것이 소득에 대한 과세로서의 「법인세법」의 본질 및 구조에 부합한다고 할 것인 점, ② 구 「법인세법시행령」 등 관계 규정들에서 구체적으로 설정한 손금불산입 대상인 법인의 임직원에 대한 보수에 해당되는지 여부가 애매한 보수나 그에 해당한다고 볼 수 없는 보수까지도 구 「법인세법시행령」의 일반 조항만을 근거로 손금불산입이 허용될 수 있다고 해석한다면, 이는 손금불산입을 통한 법인세 과세의 한계로 설정한 기준들이 형해화될 수 있어 조세법률주의에 반하는 결과에 해당될 뿐만 아니라 납세자의 예측가능성과 법적안정성을 침해할 수 있게 될 것인 점, ③ 나아가 비록 과세공평을 위한 조세정책상의 이유나 사실에 반하는 내용의 조정과 같은 기술적인 이유로 구 「법인세법」 제19조 제2항 등과 같은 일반 조항을 근거로 법인의 임직원에 대한 보수 지급에 관하여 손금을 부인할 필요가 있는 경우가 있다 하더라도, 이 경우에는 당해 임직원의 수행임무의 성질과 책임의 경중, 동일 회사 내의 임직원에 대한 급여 지급상황, 임무수행에 소요되는 시간, 유사한 임무에 대한 다른 기업에서의 보수수준, 보수액이 기업이익에 따라 좌우되는지 여부, 보수와 기업지분과의 관련성, 건전한 사회통념이나 상관행 등에 비추어 경제적 합리성의 유무의 기준으로 그 손금 부인 여부와 그 부인의 정도를 신중히 판단하여야 할 것인 점 등을 종합하여 보면, 피고가 제출한 모든 증거 및 주장하는 사유를 고려한다고 하더라도 이 사건 기준이 구 「법인세법」 제19조 제2항이 정한 '일반적으로 용인되는 통상의 비용'에 해당한다고 보기 어렵고, 달리 이를 인정할 만한 증거가 없다.

② 상여금으로서 손금불산입 대상인지 여부

구 「법인세법시행령」 제43조 제1항에 의하면, 법인이 임원 또는 사용인에게 이익처분에 의하여 지급하는 상여금은 손금에 산입하지 아니하는데, 여기서 '이익처분'이라 함은 「상법」 제449조, 제1462조 등에 따라 법인의 주주들이 정기주주총회에 제출된 재무제표를 승인한 다음 이익잉여금이 있는 경우 주주총회 결의에 따라 이를 처분하는 것을 의미한다.

위 법리에 비추어 보면, 이 사건 급여는 주주총회의 결의에 따른 이익잉여금의 처분을 통하여 지급된 것이 아니므로, 구 「법인세법시행령」 제43조 제1항을 적용하여 쟁점 보수액을 손금에 산입하지 아니할 수는 없다.

③ 서울고등법원은 1심판결을 그대로 원용하면서, 위와 같은 피고의 상여금 산정방식은 아무런 근거 없이 피고의 독자적인 기준에 의하여 상여금을 인정한 것으로서(동종업종 대표이사의 보수액을 평균하여 시가를 산정한 방식) 그러한 방법으로 산정된 금액이 이 사건 급여 중에 포함된 상여금이라고 인정할 수 없다고 보았다.

(2) 대상판결

법인이 지배주주인 임원(그와 특수관계에 있는 임원을 포함한다)에게 보수를 지급하였더라도, 그 보수가 법인의 영업이익에서 차지하는 비중과 규모, 해당 법인 내 다른 임원들 또는 동종업계 임원들의 보수와의 현저한 격차 유무, 정기적·계속적으로 지급될 가능성, 보수의 증감 추이 및 법인의 영업이익 변동과의 연관성, 다른 주주들에 대한 배당금 지급 여부, 법인의 소득을 부당하게 감소시키려는 주관적 의도 등 제반 사정을 종합적으로 고려할 때, **해당 보수가 임원의 직무집행에 대한 정상적인 대가라기보다는 주로 법인에 유보된 이익을 분여하기 위하여 대외적으로 보수의 형식을 취한 것에 불과하다면, 이는 이익처분으로서 손금불산입 대상이 되는 상여금과 그 실질이 동일하므로 「법인세법시행령」 제43조에 따라 손금에 산입할 수 없다**고 보아야 한다. 또한 증명의 어려움이나 공평의 관념 등에 비추어, 위와 같은 사정이 상당한 정도로 증명된 경우에는 보수금 전체를 손금불산입의 대상으로 보아야 하고, 위 보수금에 직무집행의 대가가 일부 포함되어 있어 그 **부분이 손금산입의 대상이 된다는 점은 보수금 산정 경위나 그 구성내역 등에 관한 구체적인 자료를 제출하기 용이한 납세의무자가 이를 증명할 필요**가 있다.

5. 평 석

(1) 법인이 그 임원 또는 사용인에게 이익처분에 의하여 지급하는 상여금은 손금에 산입하지 아니하는데(법인세법시행령 제43조 제1항), 여기서 이익처분에 의하여 지급하는 상여금이란 명목은 상여금이지만 그 실질이 이익처분, 즉 법인의 이익에 대한 배당 성격인 상여금을 말한다. 「법인세법」은 비록 임원에게 상여금이라는 형식으로 금전을 지급하였다고 하더라도 그 실질이 배당(잉여금처분)으로 볼 수 있는 경우 손금으로 인정하지 않겠다는 것이다(법인세법시행령 제43조 제2항).

(2) 원심은 이 사건 보수는 주주총회의 결의에 따른 이익잉여금 처분을 통하여 지급된 것이 아니고, 위 보수 중 실질적으로 이익처분에 의하여 지급되는 상여금이 포함되었다고 하더라도 그 **금액이 얼마인지를 인정할 증거가 없다**는 이유로 전부 손금에 산입하여야 한다고 판단하였다. 얼마만큼의 급여가 통상적인지에 대한 기준이 없는 상황에서 일률적으로 회사마다 성격이 다르게 지급되는 보수에 대해 손금불산입을 허용한다면, 조세법률주의가 구현하고자 하는 납세자의 예측가능성과 법적안정성을 침해하게 될 것이라고 판단하였다.

(3) 대법원은 법인이 임원에게 지급한 보수의 형식보다는 그 보수의 성격이 무엇인지에 대한 실질에 따라 판단하였다. 즉, 보수의 형식을 갖추었다고 하더라도 그 실질이 이익처분의 성격이라면 그 보수는 손금불산입 대상이라고 본 것이다.

(4) 최근 대법원은 퇴직급여의 경우에도 형식보다는 실질을 기준으로 손금불산입 여부를 판단하는 판결을 하였다. 정관이나 정관에서 위임된 퇴직급여 지급규정에 따라 지급하였다고 하더라도 지나치게 과도하게 지급되었다면 그와 같은 임원퇴직급여 규정은 실질적으로 근로 등의 대가를 지급하기 위한 것이 아니라 퇴직급여의 형식을 빌려 특정임원에게 법인의 자금을 분여하기 위한 일시적 방편에 불과한 것으로서 손금산입 대상이 아니라고 판단하였다(대법원 2016. 2. 18. 선고 2015두53398 판결 참조).

(5) 원고가 갑에게 지급한 보수는 통상적인 범위를 벗어난 것이고, 원고는 갑의 보수를 전액 손금으로 인정받아 법인세를 회피하고자 하는 의도가 있었음은 부인할 수 없다.

(6) 어느 정도가 통상적인 범위에 속하는 보수인지(부당행위계산 부인을 위한 시가가 얼마인지)에 대한 명확한 규정이 없는 이상, 비록 그 보수가 통상의 범위를 초과하였더

라도 모두 손금으로 보아야 한다는 것이 원심의 판단인데, 조세법률주의 입장에서 보면 일응 수긍이 가는 판단이라고 볼 수 있다.

(7) 그러나 대법원은 원고가 갑에게 지급한 보수는 이익처분으로서 손금불산입 대상이 되는 상여금과 실질이 동일하다고 판단하였다. 아울러 **그 보수가 손금산입 대상이라는 점은 납세자가 입증하도록 하고 입증하지 못할 경우 전액을 손금불산입할 수 있다**는 판단을 하였다.

(8) 앞으로 이와 유사한 방법으로 특정임원에게 과다한 보수를 지급하고자 하는 경우 주의를 요하는 사안이라 하겠다. 즉, 대상판결은 **지급규정 등 형식만 갖추면 임원 등에게 과다한 보수를 지급하여도 된다는 관례에 경종을 울리는 판결**로 의미가 있다. 다만 통상적으로 임원에게 지급할 수 있는 보수의 범위에 대해서는 좀더 구체적인 입법적 보완이 필요한 사안으로 보인다.

6. 관련 판례

문서번호	내 용
대법원 2013. 7. 12. 선고 2013두4842 판결	당해 법인의 취업규칙에서 "경영실적에 따라 상여금을 지급할 수 있다."라고 규정하였고, 주주총회에서 임원 보수 한도를 정하였다고 하여 「법인세법시행령」 제43조 제2항에 따른 급여지급기준이 있었다고 볼 수 없고, 실제로 해당 상여금이 산정된 근거도 알 수 없으며, 지급된 상여금이 당기순이익의 42%에 달하는 거액이고, 상여금을 지급받은 자가 법인 발행주식의 71%를 보유한 대주주이므로 지급한 상여금을 손금산입할 수 없다.
대법원 2009. 11. 12. 선고 2007두12422 판결	'일반적으로 용인되는 통상적인 비용'이라 함은 납세의무자와 같은 종류의 사업을 영위하는 다른 법인도 동일한 상황 아래에서는 지출하였을 것으로 인정되는 비용을 의미하고, 그러한 비용에 해당하는지 여부는 지출의 경위와 목적, 형태, 액수, 효과 등을 종합적으로 고려하여 객관적으로 판단하여야 할 것이다.
대법원 2012. 10. 25. 선고 2012두12006 판결; 대법원 2013. 9. 27. 선고 2013두10335 판결	부당행위계산 부인의 적용기준이 되는 '시가'에 대한 주장·증명책임은 부당행위계산 부인을 주장하는 과세관청에 있다.

문서번호	내 용
대법원 2013. 2. 28. 선고 2012두25491 판결	피고가 적용한 시가가 사건 용역거래와 유사한 상황에서 원고가 불특정 다수인과 계속적으로 거래한 가격 등에 해당한다고 볼 수 없다.
대전고등법원 2013. 1. 23. 선고 2012누554 판결	상여금은 유보된 이익을 배분하기 위하여 상여금의 형식을 취한 것으로 실질적으로는 이익이여금의 처분방법을 정한 것에 불과하다.
대법원 2016. 2. 18. 선고 2015두50153 판결	일시적인 방편에 불과한 임원퇴직급여 규정을 만든 법인이 특정임원에게 퇴직급여형식으로 법인의 자금을 분여하기 위하여 임원의 퇴직 직전에 퇴직급여의 산정기초가 되는 월 급여를 아무런 합리적인 이유 없이 인상한 경우에는 **인상되기 전의 월 급여를 기초로 하여 산정되는 금액**만이 퇴직급여로 손금산입대상이 된다.
서울고등법원 2018. 11. 23. 선고 2018누45369 판결	법인세법 제26조 제1호는 대통령령으로 정하는 과다하거나 부당하다고 인정하는 인건비는 손금에 산입하지 아니한다고 규정하고 있다. …위와 같은 관계법령의 규정을 종합하면, 법인의 사업과 관련한 통상적인 지출비용 또는 수익과 직접 관련된 것만을 손금에 산입하고자 하는 취지로 보일 뿐 임원에게 지급한 보수를 가급적 손금으로 인정하고자 하는 취지의 규정으로 해석되지 아니하므로 원고의 주장을 받아들일 수 없다(주주총회에서 결의한 임원의 보수한도를 초과하였다고 하여 그 초과액을 이익처분에 의한 상여로 볼 수 있는 근거가 없다는 원고의 주장에 대한 판결).
서울고등법원 2020. 09. 10. 선고 2020누37484 판결	근로기준법상의 근로자에 해당하는지 여부는 계약의 형식이 고용계약인지 도급계약인지보다 그 실질에 있어 근로자가 사업 또는 사업장에 임금을 목적으로 종속적인 관계에서 사용자에게 근로를 제공하였는지 여부에 따라 판단하여야 하고, 위에서 말하는 종속적인 관계가 있는지 여부는 업무 내용을 사용자가 정하고 취업규칙 또는 복무(인사)규정 등의 적용을 받으며 **업무 수행 과정에서 사용자가 상당한 지휘 · 감독을 하는 지, 사용자가 근무시간과 근무장소를 지정하고 근로자가 이에 구속을 받는지, 노무제공자가 스스로 비품 · 원자재나 작업도구 등을 소유하거나 제3자를 고용하여 업무를 대행케 하는 등 독립하여 자신의 계산으로 사업을 영위할 수 있는지, 노무 제공을 통한 이윤의 창출과 손실의 초래 등 위험을 스스로 안고 있는지와 보수의 성격이 근로 자체의 대상적 성격인지, 기본급이나 고정급이 정하여졌는지 및 근로소득세의 원천징수 여부 등 보수에 관한 사항, 근로 제공 관계의 계속성과 사용자에 대한 전속성의 유무와 그 정도, 사회보장제도에 관한 법령에서 근로자로서 지위를 인정받는지**

문서번호	내 용
	등의 경제적 · 사회적 여러 조건을 종합하여 판단하여야 한다(대법원 2006. 12. 7. 선고 2004다29736판결 등 참조).
대법원 2016. 4. 15. 선고 2015다252891 판결	근로자성이 다투어지는 개별 사건에서 근로자에 해당하는지 여부는 개별 근무지에서의 업무형태 등 구체적인 사실관계 및 증명의 정도에 따라 달라질 수밖에 없다. 사실심의 심리 결과 **근로자성을 인정하기 어려운 사정들이 밝혀지거나, 근로자성을 증명할 책임이 있는 당사자가 소송과정에서 근로자성을 인정할 수 있는 구체적인 사실을 증명할 증거를 제출하지 않는 등의 경우에는 근로자성이 부정될 수 있다(이 사건에서는 원고가 이 사건 교회로부터 지급받은 성직비에 대하여 근로소득세를 납부하지 않은 것으로 보이고, 산업재해보상보험이나 고용보험에도 가입되어 있지 않은 점 등이 고려됨).**

4-6 담합사례금이 손금에 해당되는지 여부

● 대상판결 : 대법원 2017두51310 (2017. 10. 26.) ➜ 국승

핵심 요지

담합행위는 공정거래법 위반행위로 지급한 담합사례금은 「법인세법」 제19조 제2항에서 규정한 사업 관련 일반적으로 용인되는 통상적인 비용이라고 할 수 없고, 사업과 직접 관련된 비용도 아니므로 손금에 산입할 수 없다.

1. 사실관계

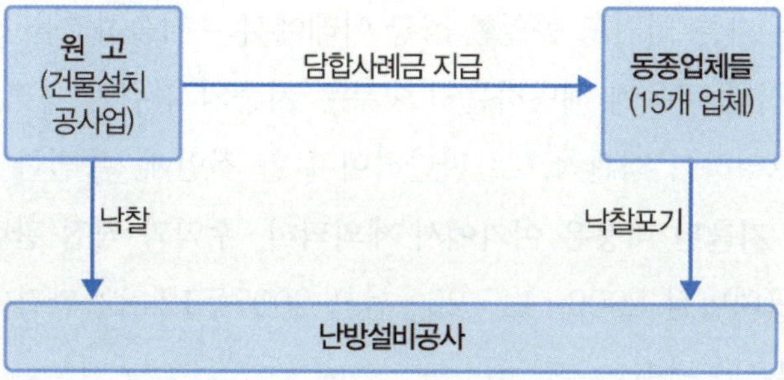

(1) 원고는 건물설비설치공사업을 목적으로 설립된 회사이다.

(2) 원고는 보일러연도공사를 낙찰함에 있어 동종업체들에게 공사대금 일부를 담합사례금으로 분배하는 대신 원고가 낙찰받을 수 있도록 낙찰예정 업체의 투찰 금액 이상으로 입찰에 참여하기로 하였고 동종업체들은 원고로부터 담합사례금을 수수하였다.

(3) 공정거래위원회로부터 이 사건 담합사실을 통보받은 피고는 현장확인을 한 이후 원고가 동종업체들에게 지급한 담합사례금을 손금불산입하여 법인세를 경정·고지하였다.

2. 쟁 점

입찰에 참가한 다른 법인에게 지급한 입찰포기 대가를 「법인세법」상 손금으로 인정할 수 있는지 여부

3. 대상판결

「법인세법」 제19조 제1항은 원칙적으로 "손금은 당해 법인의 순자산을 감소시키는 거래로 인하여 발생하는 손비의 금액으로 한다."라고, 제2항은 원칙적으로 "손비는 그 법인의 사업과 관련하여 발생하거나 지출된 손실 또는 비용으로서 일반적으로 용인되는 **통상적인 것이거나 수익과 직접 관련된 것**으로 한다."라고 각 규정하고 있다.

여기에서 말하는 '일반적으로 용인되는 통상적인 비용'이라 함은 납세의무자와 같은 종류의 사업을 영위하는 다른 법인도 동일한 상황 아래에서는 지출하였을 것으로 인정되는 비용을 의미하고, 그러한 비용에 해당하는지 여부는 지출의 경위와 목적, 형태, 액수, 효과 등을 종합적으로 고려하여 객관적으로 판단하여야 할 것인데, 특별한 사정이 없는 한 **사회질서에 위반하여 지출된 비용은 여기에서 제외되며, 수익과 직접 관련된 비용에 해당한다고 볼 수도 없다**(대법원 2009. 11. 22. 선고 2007두12422 판결; 대법원 2015. 1. 29. 선고 2014두4306 판결 등 참조).

이러한 사실관계를 앞서 본 규정과 관련 법리에 비추어 살펴보면, 원고가 동종 업체들에게 지출한 이 사건 지급금은 「독점규제및공정거래에관한법률」 제19조 제1항 제8호에 위반하여 다른 사업자와 공동으로 부당하게 입찰에서의 자유로운 경쟁을 제한하기 위하여 지출된 담합금에 해당하므로 **그 지출 자체가 사회질서에 반하는 것**으로서 「법인세법」 제19조 제2항에서 말하는 '일반적으로 용인되는 통상적인 비용이나 수익과 직접 관련된 비용'에 해당한다고 볼 수 없고, 따라서 이를 손금에 산입할 수 없다고 보아야 한다.

4. 평 석

(1) 「법인세법」 제19조 제2항에서는 손금산입범위에 대하여 규정하고 있는데 이른바 '사업관련성'과 '수익관련성'을 들고 있다.

(2) 위법비용이라 하더라도 그 비용이 법인의 수익을 창출하기 위하여 지출되었다거나, 통상적으로 지출한 비용이라면 손금에 산입할 수 있다. 우리 「법인세법」에서는 이 중 하나의 요건만 충족하면 된다(미국 내국세입법에서는 양자의 요건을 모두 충족할 것을 요구하고 있다). 다만 대법원은 위법비용의 경우 사회질서에 반하는 비용은 허용할 수 없다는 입장이다.

(3) 즉, 법인세의 과세물건은 순소득이므로 위법소득을 얻기 위하여 지출한 비용도 그 지출이 사회질서에 심히 반하는 등의 특별한 사정이 없는 한 손금산입이 원칙이다.

(4) 대법원은 이 사건에서도 2012두7608 사건에서와 같은 동일선상에서 판단한 것으로 보인다. 즉, 위법비용도 손금에 산입할 수 있는데 사회질서에 심하게 반하는 경우에는 손금불산입하여야 한다는 것이고 담합사례금은 통상의 범위를 벗어나 사회질서에 반하는 비용이라고 판단한 것이다.

5. 관련 판례

문서번호	내 용
대법원 2015. 1. 29. 선고 2014두4306 판결	'일반적으로 용인되는 통상적인 비용'이라 함은 납세의무자와 같은 종류의 사업을 영위하는 다른 법인도 동일한 상황 아래에서는 지출하였을 것으로 인정되는 비용을 의미하고, 그러한 비용에 해당하는지 여부는 지출의 경위와 목적, 형태, 액수, 효과 등을 종합적으로 고려하여 객관적으로 판단하여야 할 것인데, 특별한 사정이 없는 한 사회질서에 위반하여 지출된 비용은 여기에서 제외되며, 수익과 직접 관련된 비용에 해당한다고 볼 수도 없다.
대법원 2015. 1. 15. 선고 2012두7608 판결	사회질서에 위반하여 지출된 비용에 해당하는지 여부는 그러한 지출을 허용하는 경우 야기되는 부작용, 그러한 지출이 거래에 미칠 영향, 이에 대한 사회적 비난의 정도, 규제의 필요성과 향후 법령상 금지될 가능성, 상관행과 선량한 풍속 등 제반 사정을 종합적으로 고려하여 사회통념에 따라 합리적으로 판단하여야 한다.
대법원 2009. 6. 23. 선고 2008두7779 판결	「법인세법」은 익금과 손금의 범위를 완결적으로 규정한 것이 아니라 그 범위를 예시하면서 포괄적으로 규정하고, 그 특례규정으로서 손금불산입과 손금산입의 각 사항을 열거하여 규정하고 있으므로, **원칙적으로 자산총액을 감소시킨 것은 손금불산입 등으로 열거되어 있지 않는 한 손금이 된다**고 보아야 한다.

문서번호	내 용
대법원 2013. 9. 13. 선고 2010두27288 판결	구 소득세법 제21조 제1항 제17호 기타소득의 하나로 정한 '사례금'은 사무처리 또는 역무의 제공 등과 관련하여 사례의 뜻으로 지급되는 물품을 의미하고, 여기에 해당하는지는 **당해 금품 수수의 동기·목적, 상대방과의 관계, 금액 등을 종합적으로 고려하여 판단**하여야 한다.
대법원 2015. 1. 15. 선고 2013두3818 판결	그 금품이 외견상 사무처리 등에 대한 사례의 뜻으로 지급되는 것처럼 보일지라도 그중 **실질적으로 사례금으로 볼 수 없는 성질을 갖는 것이 포함되어 있다면 그 전부를 '사례금'으로 단정할 것은 아니다.**

4-7 임원퇴직금지급규정에 따라 지급한 퇴직금을 손금불산입 할 수 있는지 여부

● 대상판결 : 대법원 2015두53398 (2016. 2. 18.)➜ 국승

핵심 요지

회사의 특수관계자로서 법인의 자금을 분여하기 위한 목적으로 퇴직 전 과다하게 급여를 인상하여 과다한 급여를 지급하고, 이를 바탕으로 산정된 퇴직급여는 통념상 인정되는 부분만 손금에 산입됨

1. 사실관계

(1) 원고는 이 사건 부동산을 2000년도에 취득하였다가 2001년도에 다른 회사에게 매도하였다.

(2) 원고는 이 사건 부동산을 매도한 후 임시주주총회를 개최하여 임원퇴직금규정을 변경하는 한편, 임원퇴직금규정을 신설하여 임원인 갑, 을에게 2011년 지급할 보수를 각 1억 2,000만원으로 정하며, 갑과 을이 이 사건 부동산을 성공적으로 매각하여 큰 수익을 올렸음을 이유로 갑에게는 월보수액의 100배인 10억 원을, 을에게는 월보수액의 50배인 5억 원을 특별상여로 지급하고, 임원의 보수를 2012년부터 연봉제로 전환하기로 의결하였다(그에 따라 갑, 을의 퇴직금을 정산하게 되었는데 퇴직금은 지급한 보수를 기초로 산정하였다).

(3) 피고는 원고가 갑, 을에게 퇴직금을 지급하고 이를 손금 산입한 것이 부동산의 처분이익을 임원들에게 배분하기 위한 것이라고 보아, 2012. 10. 2. 이들에 대한 퇴직금을 손금에 불산입하여 2011사업연도 법인세 17억 원(가산세포함)을 경정·고지하고, 이들에 대한 퇴직금을 상여로 소득처분하면서 소득금액 변동통지를 하였다.

2. 쟁 점

퇴직 전의 임원에게 과다한 급여를 지급했을 경우 이를 바탕으로 산정된 퇴직급여의 손금산입이 타당한지 여부

3. 관련 법령

법인세법 시행령 제44조【퇴직급여의 손금불산입】

④ 법인이 임원에게 지급한 퇴직급여 중 다음 각 호의 어느 하나에 해당하는 금액을 초과하는 금액은 손금에 산입하지 아니한다.

1. 정관에 퇴직급여(퇴직위로금 등을 포함한다)로 지급할 금액이 정하여진 경우에는 정관에 정하여진 금액
2. 제1호 외의 경우에는 그 임원이 퇴직하는 날부터 소급하여 1년 동안 해당 임원에게 지급한 총급여액[「소득세법」 제20조 제1항 제1호 및 제2호에 따른 금액(같은 법 제12조에 따른 비과세소득은 제외한다)으로 하되, 제43조에 따라 손금에 산입하지 아니하는 금액은 제외한다]의 10분의 1에 상당하는 금액에 기획재정부령으로 정하는 방법에 의하여 계산한 근속연수를 곱한 금액. 이 경우 해당 임원이 사용인에서 임원으로 된 때에 퇴직금을 지급하지 아니한 경우에는 사용인으로 근무한 기간을 근속연수에 합산할 수 있다.

⑤ 제4항 제1호는 정관에 임원의 퇴직급여를 계산할 수 있는 기준이 기재된 경우를 포함하며, 정관에서 위임된 퇴직급여지급규정이 따로 있는 경우에는 해당 규정에 의한 금액에 의한다.

4. 사건의 경과

(1) 1심 및 원심판결(서울행법 2014구합6715, 서울고법2014누73076판결) : 국패

법인세법시행령 제44조 제4항은 ① 정관에 퇴직급여로 지급할 금액이 정하여진 경우에는 정관에 정하여진 금액을, ② 그 외의 경우에는 그 임원이 퇴직하는 날로부터 소급하여 1년 동안 해당임원에게 지급한 총급여액의 1/10에 상당하는 금액에 근속연수를 곱한 금액을 각 손금에 산입하고 이를 초과하는 금액은 손금 불산입하도록 규정하고 있으며, 같은 조 제5항은 이 사건과 같이 정관에서 위임된 퇴직급여지급규정에 따로 있는 경우에는 그

규정에 의한 금액을 손금에 산입하고 이를 초과하는 금액은 손금 불산입 하도록 규정하고 있다.

위 각 규정에 의하면, 이 사건 퇴직금 규정이 유효한 이상 이 사건 퇴직급여는 손금산입 대상이 된다 할 것이고, 이와 다른 전제에서 이루어진 이 사건 처분은 위법하다.

(2) 대상판결(파기환송) : 국승

법인이 지배주주인 임원(그와 특수 관계에 있는 임원을 포함한다)에게 보수를 지급하였더라도, 그 보수가 법인의 영업이익에서 차지하는 비중과 규모, 해당 법인 내 다른 임원들 또는 동종업계 임원들의 보수와의 현저한 격차 유무, 정기적, 계속적으로 지급될 가능성, 보수의 증감 추이 및 법인의 영업이익 변동과의 연관성, 다른 주주들에 대한 배당금 지급 여부, 법인의 소득을 부당하게 감소시키려는 주관적 의도 등 제반 사정을 종합적으로 고려할 때, **해당보수가 임원의 직무집행에 대한 정상적인 대가라기보다는 주로 법인에 유보된 이익을 분여하기 위하여 대외적으로 보수의 형식을 취한 것에 불과하다면, 이는 이익처분으로서 손금불산입 대상이 되는 상여금과 그 실질이 동일하므로 법인세법 시행령 제43조에 따라 손금에 산입할 수 없다**고 보아야 한다. 또한 증명의 어려움이나 공평의 관념 등에 비추어, 위와 같은 사정이 상당한 정도로 증명된 경우에는 보수금 전체를 손금불산입의 대상으로 보아야 하고, 위 보수금에 직무집행의 대가가 일부 포함되어 있어 그 **부분이 손금산입의 대상이 된다는 점은 보수금 산정 경위나 그 구성내역 등에 관한 구체적인 자료를 제출하기 용이한 납세의무자가 이를 증명할 필요**가 있다.

5. 평 석

(1) 대상판결은 '특별한 사정'이 있는 경우에는 임원퇴직금지급규정이 실질적으로 근로 등의 대가를 지급하기 위한 것이 아니라 퇴직 급여의 형식을 빌려 특정 임원에게 법인의 자금을 분여하기 위한 일시적 방편에 불과하다면 이는 법인세법 제44조 제4항 제1호 또는 제5항에서 정한 임원 퇴직급여 지급규정에 해당하지 아니한다고 본 것이다.

(2) 한편, 법인세법상 부당행위계산부인 규정을 적용할 때에는 건전한 사회 통념 및 상거래 관행과 특수관계인이 아닌 자 간의 정상적인 거래에서 적용되거나 적용될 것으로 판단되는 가격(요율·이자율·임대료 및 교환 비율과 그 밖에 이에 준하는 것을 포함), 이른바 시가를 기준으로 실제거래가액과의 차액을 익금에 산입하여야 할 것이다(법인세법 제52조 제1항, 제2항).

(3) 이 경우 **부당행위계산부인의 적용기준이 되는 '시가'에 대한 입증책임은 과세관청**에 있으므로(대법원 2013. 9. 27. 선고 2013두10335 판결), 과**세관청이 동일하거나 유사한 직위에 있는 임원 등에게 지급하는 퇴직금이 얼마인지를 증명하고 특정임원들에게 지급한 퇴직급여가 이를 현저히 초과한다는 점을 증명**하여야 할 것이다.

(4) 이 사건으로 돌아와 보면 원고의 임원은 갑과 을밖에 없는 바, 이 사건 퇴직금규정은 모든 임원들(결국 2인이다)에게 공평하게 적용된 것이고(관련판례의 판결들은 모두 특정 임원에게 다른 임원들과 차별적으로 고액의 퇴직금을 지급한 것이 문제가 된 사안으로 대상판결 사안과는 다르다), 다른 임원들과 차별하여 특정임원에게 법인의 자금을 분여했다고 볼 수 없다는 논리도 일응 설득력을 얻을 수 있다. 더욱이 원고와 같이 소규모의 가족회사이거나 사실상의 1인 회사의 경우 설립이후 처음으로 퇴직금을 지급하는 경우가 대부분이라고 보면, **비교대상이 없어 기준이 되는 시가(적정한 퇴직금이 얼마인지)를 산정할 수 없는데도** 과세관청은 부당행위계산부인규정을 적용하여 이 사건 퇴직금을 손금 불산입한 것은 1,2심 판결(국가패소)이 지적한 바와 같이 **조세법률주의를 위반한 처분**이라는 생각을 지울 수 없다.

(5) '정관에서 위임된 퇴직급여지급규정'을 합리적 이유 없이 제한적으로 해석한 대상판결의 해석이 조세법률주의의 하부원칙인 과세요건법정주의에 위배되고 국민의 재산권을 침해할(시가에 대한 입증책임을 다하지 못한 점과 함께) 소지가 크다고 할 것이다.

(6) 대상판결은 대법원 2015두60884사건의 판결과 어느 면에서 상당히 닮아있다.
대법원 2015두60884판결이 얼마만큼의 급여가 통상적인지에 대한 기준이 없는 상황에서 일률적으로 회사마다 성격이 다르게 지급되는 보수에 대해 손금불산입을 허용하므로써 조세법률주의가 구현하고자 하는 납세자의 예측가능성과 법적안정성을 침해하게 될 것이라는 비판을 받고 있는 점과 대상판결은 상당히 유사하다. 더구나 어느 정도가 통상적인 범위에 속하는 보수인지(부당행위계산 부인을 위한 시가가 얼마인지)에 대한 명확한 규정이 없음에도 이를 이익처분으로 보아 손금불산입하고 아울러 **그 보수가 손금산입 대상이라는 점은 납세자가 입증하도록 하고 입증하지 못할 경우 전액을 손금불산입 할 수 있다고** 설시한 부분은 지나치게 보수적으로 판단한 측면이 있다.

(7) 과다하게 지급한 인건비나 퇴직급여를 손금불산입 하여야 한다는 당위성에 대해서는 전적으로 동감하지만 그렇다고 하여 과세관청이 시가에 대한 입증을 명확히 하지 않고 부당행위계산부인규정을 적용하여 손금불산입 한 처분은 아쉬움이 남을 수 밖에 없다. 어찌 됐든 대상판결은 **임원의 경우 인건비나 퇴직급여를 지급함에 있어 지급규정이 있는 경우 과다여부를 문제 삼을 수 없다는 지금까지의 관례에 경종을 울리는 판결로 앞으로는 임원에게 지급하는 인건비나 퇴직급여에 대해서는 세심한 주의를 요하는 사례**로 보인다.

6. 관련 판례

문서번호	내 용
대법원 2016. 2. 18. 선고 2015두50153 판결	합병 전 회사들의 임원퇴직금 규정의 신설과 임원 등의 퇴직 전 월급여의 인상은 모두 위 회사들의 임원 등에게 **퇴직급여의 형식으로 법인 자금을 분여하기 위한 것**일 가능성이 크다(임원퇴직금규정에 따라 지급한 퇴직급여를 손금에 산입할 수 없다).
부산고등법원 205. 4. 22. 선고 2014누21400판결	원고의 임원들 중 000을 제외한 나머지 임원들은 위와 같이 퇴직금을 미리 지급받음으로써 이 사건 퇴직금 규정의 적용이 배제되거나 적어도 이 사건 퇴직금 규정의 정률표상 근속연수가 낮아지게 되어, 000의 경우와 같이 높은 액수의 퇴직금을 지급받는 것이 원천적으로 봉쇄되었는바, 이는 **합리적 이유 없이 000과 다른 임원들을 차별하는 것**이다(결국 임원퇴직금규정에 따라 지급한 퇴직급여를 손금 불산입).
서울고등법원 2015. 7. 16. 선고 2014누6888 판결	이 사건 퇴직금 규정 중 퇴직금 지급에 관한 부분은 특정 임원에게 **임의로 고액의 퇴직금을 지급하기 위한 수단 일 뿐 원고가 계속적·반복적으로 적용하여 온 일반적이고 구체적인 규정이라고 볼 수 없다**(임원퇴직금규정에 따라 지급한 퇴직급여를 손금에 산입할 수 없다).

문서번호	내 용
대법원 1985. 11. 26. 83누230 판결 및 환송 후의 1986. 12. 9. 86누469 판결	국내지점을 설치하고 영업을 해온 외국법인이 그 퇴직직원의 지점설립준비에 대한 공로에 관하여 지점설립 준비기간까지 포함한 기간을 근속기간으로 하여 퇴직금을 지급한 경우, 그 퇴직직원에게 초과 지급된 금액은 퇴직금이 아닌 갑종근로소득에 해당하여 퇴직급여충당금 부인액의 손금추인사유로 될 수 없지만 **갑종근로소득으로서 손금에 해당**한다.

4-8 주식매수선택권 보전액은 인건비로서 손금에 해당함

● 대상판결 : 대법원 2012두3491 (2015. 11. 17.) → 국패

핵심 요지

임직원들이 주식매수선택권을 행사함에 따라 부담하게 된 비용은 사업상 수익활동을 하기 위하여 업무와 관련하여 지출한 인건비에 해당하는데도 그와 반대되는 전제로 경정청구 거부한 처분은 위법함

1. 사실관계

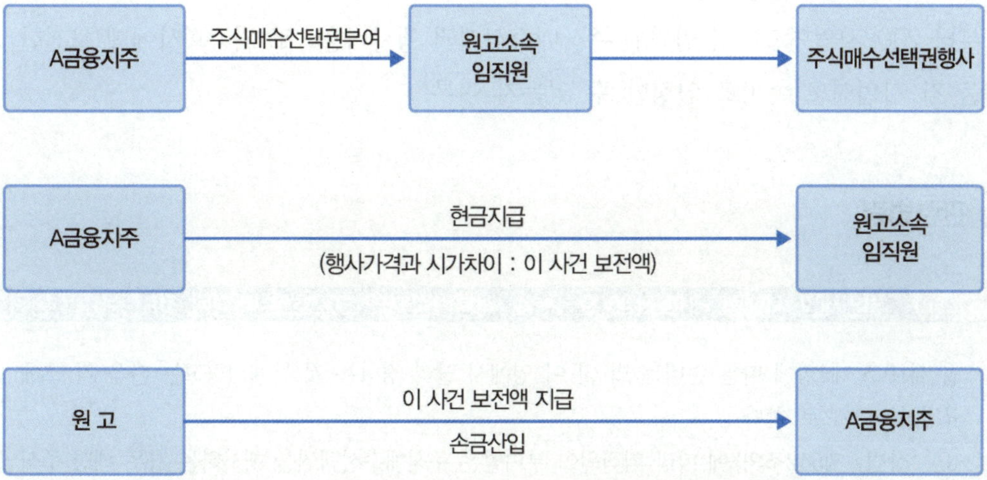

(1) 원고는 은행업을 영위하는 법인으로서 종래 상장법인이었는데, 2005. 12. 1. 주식의 포괄적 이전에 의하여 주식회사 A금융지주의 완전 자회사로 편입되었고, 2005. 12. 12. A금융지주의 주권이 신규상장 되면서 원고의 주권은 상장폐지 되었다.

(2) 원고는 임직원들에게 주식매수선택권을 부여하였는데, 원고의 주권이 상장폐지된 이후부터는 A금융지주의 주식에 대한 매수선택권을 부여하였다.

(3) 원고의 임직원들이 2006년부터 2008년에 걸쳐 주식매수선택권을 행사함에 따라, A금융지주는 차액정산방식에 따라 이들에게 현금을 지급하였고, 원고는 A금융지주에

게 2006 사업년도 128억 원, 2007 사업년도 63억 원, 2008 사업년도 51억 원(이 사건 보전액)을 보전해주었으나, 법인세 신고를 할 때는 이를 손금에 산입하지 아니하였다.

(4) 원고는 2009. 9. 28. 피고에 대하여 이 사건 보전액은 원고의 업무와 관련하여 지출한 인건비 성격의 비용이므로 손금에 산입하여야 한다는 취지의 경정청구를 제기하였으나, 피고는 이 사건 보전액은 구 조세특례제한법 제15조에 의한 과세특례규정의 적용대상이 아닌 것으로 보아 경정청구를 거부하였다.

2. 쟁 점

상장이 폐지되고 A금융지주의 완전자회사로 전환한 주권상장법인인 원고가 2006사업연도부터 2008사업연도까지 임직원 주식매수선택권 행사비용으로 지주회사에게 보전한 금액을 각 사업연도 손비로 인정할 수 있는지 여부

3. 관련법령

법인세법 시행령 제19조(2009. 2. 4. 대통령령 제21302호로 개정된 것)【손비의 범위】

법 제19조 제1항에 따른 손비는 법 및 이 영에서 달리 정하는 것을 제외하고는 다음 각 호에 규정하는 것으로 한다.

19. 「상법」 제542조의3에 따라 임직원이 부여받은 주식매수선택권을 행사하는 경우 해당 주식매수선택권을 부여한 법인에 그 행사비용으로서 보전하는 금액 및 임직원에게 부여된 기획재정부령으로 정하는 해외모법인의 기획재정부령으로 정하는 주식매수선택권이 행사되는 경우 해당 해외 모법인에 그 행사비용으로서 보전하는 금액

부 칙(2009. 2. 4. 대통령령 제21302호)

제1조【시행일】 이 영은 공포한 날부터 시행한다. (단서 생략)

제6조【주식매수선택권 행사에 따른 보전비용의 손금산입에 관한 적용례】 제19조 제19호 및 제129조 제1항 제7호의 개정규정은 이 영 시행 후 최초로 행사비용을 보전하는 분부터 적용한다.

구 조세특례제한법 제15조(2008. 12. 26. 삭제)【주식매수선택권에 대한 과세특례】

> ① 창업자, 신기술사업자, 벤처기업 또는 「부품 · 소재전문기업 등의 육성에 관한 특별조치법」 제2조 제2호의 규정에 의한 부품 · 소재전문기업(이하 "부품 · 소재전문기업"이라 한다)으로서 대통령령이 정하는 내국법인과 「증권거래법」에 의한 주권상장법인 또는 코스닥상장법인으로서 대통령령이 정하는 요건을 갖춘 법인이 해당 법인의 종업원에게 주식매수선택권을 부여하고 이를 행사하게 함에 따라 그 주식을 시가보다 낮은 가액으로 양도하는 경우에는 법인세법 제52조의 규정에 불구하고 해당 법인에 대하여는 부당행위계산의 부인을 적용하지 아니한다.

4. 원 · 피고 주장 요약

(1) 원 고

이 사건 보전액은 원고가 임직원들에게 현물(주식) 상여를 지급하기 위해 소요된 일종의 '인건비'로서 구 법인세법 시행령(2010. 2. 18. 대통령령 제22035호로 개정되기 전의 것) 제19조 제3호, 제19호, 제20호에 해당하여 법인세법상 손금으로 산입하여야 하고, 피고가 주장하는 구 조세특례제한법 제15조는 부당행위계산 부인규정의 적용여부에 관한 규정으로서 이 사건 보전액의 손금산입 여부와는 무관하다.

(2) 피고(과세관청)

법인세법 시행령 제19조 제19호의 규정은 부칙 제6조에 의하여 2009. 2. 4. 이후 최초로 행사비용을 보전하는 분부터 적용하므로 그 이전에 지급된 이 사건 보전액은 위 규정을 적용할 수 없고, 당해 법인의 종업원이 지주회사로부터 부여받은 주식매수선택권에 대하여는 구 조세특례제한법 제15조가 적용되지 않으므로 법인세법상 손금에 해당하지 않는다.

5. 대상판결

… 나아가 원심은, 법인이 그 임직원들에게 부여하는 **주식매수청구권은 근로제공에 대한 대가로서 법인의 수익창출에 기여**하는 점, 법인이 사전약정에 따라 모회사에 보전하는 주

식매수선택권 행사비용은 결국 **해당 법인의 부담으로 귀속**되는 점, 2009. 2. 4. 대통령령 제21302호로 개정된 법인세법 시행령 제19조가 제19호에서 상법 제542조의3에 따라 임직원이 부여받은 주식매수선택권을 행사하는 경우 해당 주식매수선택권을 부여한 법인에 그 행사비용으로서 보전하는 금액 등을 구 법인세법 제19조 제1항에 따른 손비로 하는 **규정을 신설한 것도 이를 확인하는 취지**인 점 등에 비추어, 원고가 부담한 이 사건 보전액은 구 법인세법 시행령 제19조 제3호가 규정한 인건비로 볼 수 있다는 이유로, 원고의 경정청구를 거부한 이 사건 처분은 위법하다고 판단하였다.

…한편 구 법인세법 제19조 제1항, 제20조 제1호, 구 법인세법 시행령 제43조 제1항이 일정한 성과급을 제외하고 잉여금의 처분을 손비로 계상한 금액 또는 법인이 그 임원 또는 사용인에게 이익처분에 의하여 지급하는 상여금을 원칙적으로 손금에 산입하지 않도록 규정하고 있는데, 여기서 말하는 이익처분이란 이익잉여금처분계산서에 처분항목으로 기재되어 주주총회의 승인을 얻어 지급되는 것을 의미하는바, 원심판결 이유와 기록에 의하더라도 이 사건 근로계약 등에 따라 지급된 성과급이 이익처분에 의한 상여금으로 보이지는 않는 점 등에 비추어 보면, 이 사건 보전액이 구 법인세법 시행령 제19조 제3호가 규정한 인건비에 해당하여 손금에 산입되어야 한다고 본 원심의 판단은 정당하다.

6. 평 석

(1) A금융지주가 자회사인 원고의 임직원들에게 A금융지주 주식에 대한 주식매수선택권을 부여하였고, 원고의 임직원들이 2006년부터 2008년에 걸쳐 주식매수선택권을 행사하여 A금융지주로부터 행사가격과 시가와의 차액을 현금으로 지급받자(차액산정방식), 원고는 사전약정에 따라 A금융지주에 주식매수선택권 행사비용을 보전해 준 사안에서 과세관청이 법인세법 시행령 제19조 제19호의 규정은 부칙 제6조에 의하여 2009. 2. 4. 이후 최초로 행사비용을 보전하는 분부터 적용하므로 그 이전에 지급된 이 사건 보전액은 위 규정을 적용할 수 없고, 당해 법인의 종업원이 지주회사로부터 부여받은 주식매수선택권에 대하여는 구 조세특례제한법 제15조가 적용되지 않으므로 법인세법상 손금에 해당하지 않는다는 이유로 피고의 경정청구를 거부한 사건이다.

(2) 구 법인세법(2008. 12. 26. 법률 제9267호로 개정되기 전의 것) 제19조는 제1, 2항에서 **손금**을 자본 또는 출자의 환급, 잉여금의 처분 및 이 법에서 규정하는 것을 제외하고 당해 **법인의 순자산을 감소시키는 거래로 인하여 발생하는 손비의 금액**으로, 손비를 이 법 및 다른 법률에 달리 정하고 있는 것을 제외하고는 그 법인의 사업과 관련하여 발생하거나 지출된 손실 또는 비용으로서 **일반적으로 용인되는 통상적인 것이거나 수익과 직접 관련된 것**으로 한다고 하면서, 제3항에서 그 손비의 범위 및 구분 등에 관하여 필요한 사항은 대통령령으로 정하도록 하고 있고, 이에 근거한 구 법인세법 시행령(2009. 2. 4. 대통령령 제21302호로 개정되기 전의 것) 제19조는 손비는 법 및 이 영에서 달리 정하는 것을 제외하고는 다음 각 호에 규정하는 것으로 한다고 하면서, 제3호에서 '인건비'를, 제18호에서 '그 밖의 손비로서 그 법인에 귀속되었거나 귀속될 금액'을 들고 있다.

(3) ① 주식매수선택권은 회사 경영과 기술혁신 등에 기여하거나 기여할 수 있는 회사 임직원들에게 미리 정한 가액으로 신주를 인수하거나 자기 주식을 매수할 수 있도록 부여한 권리로서, 장래의 주식매수로 인한 이득을 유인으로 삼아 업무성과를 극대화하기 위해 마련된 제도인 점, ② 구 소득세법 시행령(2009. 2. 4. 대통령령 제21301호로 개정되기 전의 것) 제38조 제1항 제17호도 "법인의 임원 또는 종업원이 당해 법인 또는 당해 법인과 법인세법 시행령 제87조의 규정에 의한 특수관계에 있는 법인으로부터 부여 받은 주식매수선택권을 당해 법인 등에서 근무하는 기간 중 행사함으로써 얻은 이익"을 근로소득의 하나로 규정하고 있는바, **주식매수선택권 등은 그 임직원들에게 근로 제공에 대한 대가의 일환으로서 지급**하는 것으로 보이는 점, ③ 이 사건 보전액의 지급에 따른 부담이 최종적으로 원고에게 귀속된 점, ④ **구 조세특례제한법 제15조는 임직원에게 주식매수선택권을 부여한 법인에 대하여 부당행위계산부인 규정을 적용할 것인지를 규정한 것으로서 법인세법상 손금성 여부와는 직접적인 관련이 없는** 점, ⑤ 법인세법 시행령 제19조 제19호에서 "임직원이 부여받은 주식매수선택권을 행사하는 경우 해당 주식매수선택권을 부여한 법인에 그 행사비용으로서 보전하는 금액"을 손금으로 보는 명문의 규정이 생겼으나, 이는 자회사가 업무와 관련하여 지출한 인건비 성격의 비용에 대하여 손비가 인정됨을 명확히 하기 위한 주의적 규정으로 볼 수 있는 점(기획재정부에서 발간한 '2008 간추린 개정세법'도 위 규정의 개정

이유를 손비가 인정됨을 명확화하기 위한 것이라고 설명하고 있는 사실이 인정된다) 등을 종합하면, 원고의 임직원들이 주식매수선택권을 행사함에 따라 원고가 부담하게 된 비용은 **사업상 수익활동을 하기 위하여 업무와 관련하여 지출한 인건비**로 볼 수 있고, 가사 그렇지 않더라도 최소한 구 시행령 제19조 제18호의 **'그 밖의 손비로서 그 법인에 귀속되었거나 귀속될 금액'으로 볼 수 있어 법인세법상 손금에 해당**한다고 할 것이므로, 그와 반대되는 전제에서 이루어진 이 사건 처분은 위법하다(서울행정법원 2011. 06. 10. 선고 2011구합4503판결).

(4) 법인세법 제19조 제2항에서는 손금산입 범위에 대하여 규정하고 있는데 이른바 '사업관련성'과 '수익관련성'을 들고 있다. 위법비용이라고 하더라도 그 비용이 법인의 수익을 창출하기 위하여 지출되었거나, 통상적으로 지출한 비용이라면 손금에 산입할 수 있다. 미국 내국인세법에서는 양자의 요건을 모두 충족할 것을 요구하고 있는 반면, 우리 법인세법에서는 이중 하나의 요건만 충족하면 된다.

(5) 이 사건은 인건비(성과급)성격인 주식매수선택권 행사에 따른 이 사건 보전액을 자회사인 원고가 지주회사에게 보전해준 것으로 당연히 손금 산입 대상인데도 **법인세법 시행령 신설이전의 보전액이므로 손금에 산입할 수 없다는 과세관청의 판단**은 앞서 이 사건 1심법원이 판결문에 적시한 바와 같이 손금에 대한 **법리를 오해한 것**으로 보인다.

(6) 구 조세특례제한법 제15조는 임직원에게 주식매수선택권을 부여한 법인에 대하여 부당행위계산부인 규정을 적용할 것인지 여부를 규정한 것에 불과하고, 법인의 수익과 관련하여 발생한 것이 분명한 이 사건 보전액을 법인세법 시행령 제19조 제19호의 규정은 부칙 제6조에 의하여 2009. 2. 4. 이후 최초로 행사비용을 보전하는 분부터 적용하므로 그 이전에 지급된 이 사건 보전액은 위 규정을 적용할 수 없다고 보아 손금산입을 부인한 것은 설득력이 없어 보인다.

(7) 대상판결을 요약하면, 이 사건 보전액은 법인세법에서 열거하고 있는 손금이 분명한 이상 법인세법 시행령 제19조 제19호의 규정이 부칙 제6조에 의하여 2009. 2. 4. 이후 최초로 행사비용을 보전하는 분부터 적용되는 것에 관계없이 손금으로 인정되어야 한다는 것이다.

7. 관련예규 · 판례

문서번호	내 용
서면법령해석소득2021-175 (2021.08.05)	법인의 임원이 해당 법인으로부터 받은 주식매수선택권을 해당 법인에서 근무하는 기간 중 행사하였고 해당 법인이 행사이익을 금전으로 지급한 경우, 「소득세법 시행령」 제38조 제1항 제17호에 따라 근로소득에 포함되는 소득은 **실제 지급받은 금전**이 되는 것임
사전법령해석소득2020-505 (2020.08.28)	주식매수선택권을 행사하였으나 주식매수선택권의 존부와 관련된 다툼이 발생하고 그 다툼이 소송으로 진행된 경우 분쟁의 경위, 성질 등에 비추어 부당한 분쟁이라고 보이지 아니한 이상 주식매수선택권의 행사이익(주식매수선택권 행사로 취득할 주식에 대해 법원 확정 판결일 기준으로 평가한 시가와 행사가액의 차액)은 **법원의 확정 판결일에 확정되는 것**임
사전법령해석법인2018-519 (2019.02.28)	「법인세법 시행규칙」 제10조의4에 규정된 주식매수선택권 부여 법인에 해당하지 아니하는 내국법인이 2018. 1. 1. 전에 「상법」 제340조의2에 따라 주식매수선택권을 부여한 경우로서, 해당 내국법인의 주식매수선택권을 부여받거나 지급받은 자가 2018. 1. 1. 이후 행사하는 경우에는 그 행사시점에 「법인세법」 제19조 및 같은 법 시행령 제19조 제19호의2에 따라 손금산입하는 것임
대법원 2009. 6. 23. 선고 2008두7779 판결	「법인세법」은 익금과 손금의 범위를 완결적으로 규정한 것이 아니라 그 범위를 예시하면서 포괄적으로 규정하고, 그 특례규정으로서 손금불산입과 손금산입의 각 사항을 열거하여 규정하고 있으므로, 원칙적으로 **자산총액을 감소시킨 것은 손금불산입 등으로 열거되어 있지 않는 한 손금이 된다**고 보아야 한다.
대법원 2015. 1. 29. 선고 2014두4306 판결	'일반적으로 용인되는 통상적인 비용'이라 함은 납세의무자와 같은 종류의 사업을 영위하는 다른 법인도 동일한 상황 아래에서는 지출하였을 것으로 인정되는 비용을 의미하고, 그러한 비용에 해당하는지 여부는 지출의 경위와 목적, 형태, 액수, 효과 등을 종합적으로 고려하여 객관적으로 판단하여야 할 것인데, 특별한 사정이 없는 한 사회질서에 위반하여 지출된 비용은 여기에서 제외되며, 수익과 직접 관련된 비용에 해당한다고 볼 수도 없다.

4-9 보험업법을 위반하여 지출한 비용이 법인세법상 손금에 해당하는지 여부

● 대상판결 : 서울고등법원 2022누38139 (2022. 12. 9.) ➜ 국패

핵심 요지

보험업법을 위반하여 지출한 비용이 사회적 비난 가능성과 위법성의 정도가 중하다고 볼 수 없고, 구 보험업법의 입법 취지를 중대하게 훼손할 정도에 이른다고 단정하기 어려우며, 의약품 리베이트, 성매매 수당, 담합 사례금 등 대법원 판례가 인정한 반사회질서 비용에 준할 정도로 사회질서에 심히 반한다고 단정하기 어려우므로 손금 산입함이 타당함

1. 사실관계

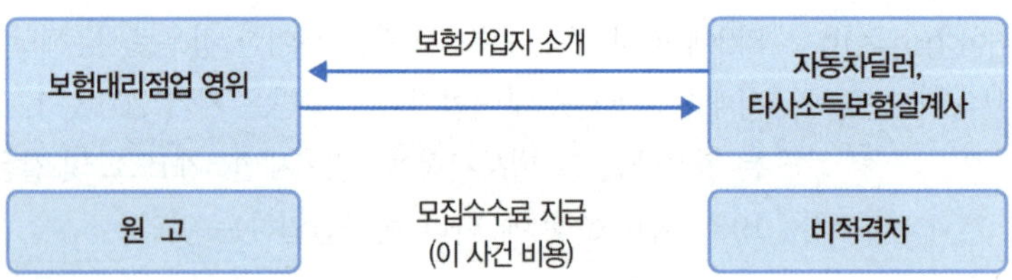

(1) 원 고는 보험대리점업을 영위하는 내국법인으로서, 복수의 손해보험사와 생명보험사의 보험상품을 판매하고 모집 업무를 수행하는 독립대리점이다.

(2) 서울지방국세청장은 원고에 대하여 법인통합 조사를 실시한 결과, 원고가 조사 대상기간 중 「보험업법」을 위반하여 당사 소속 보험설계사가 아닌 자동차딜러와 타사 소속 보험설계사 등(비적격자)에게 보험가입자 소개, 모집 등의 대가로 일정 금원(이 사건 비용)을 지급하고 이를 손금산입한 사실 등을 확인하여 관할 세무서장에게 과세자료로 통보하였다.

(3) 금융감독원도 원고에 대하여 보험모집 질서 위반 여부에 대하여 검사한 결과, 원고가 보험계약을 모집하면서 소속 보험설계사가 아닌 비적격자 897명(보험 8,151건)에게 모집수수료를 지급하고, 보험계약자 3,126명(보험 3,754건)에게 특별이익 명목으로 금원을 각 지급한 사실을 확인하고, 원고에게 업무정지 30일(손해보험 신계약 모집업

무) 및 과태료를 부과하는 제재 조치를 하였다.

(4) 처분청은 조사청으로부터 수보 받은 과세자료에 따라 이 사건 비용(비적격자의 보험모집에 따라 지급한 모집수수료)을 손금불산입하고, 사업소득 지급명세서를 미제출 또는 과소 제출한 금액과 과다 제출한 금액에 대하여 지급명세서제출불성실가산세를 각 적용하고 그 외 조사 내용을 반영하여 각 사업연도별 법인세 및 관련 가산세를 부과처분하였다.

2. 쟁 점

보험업법을 위반하여 지출한 이 사건 비용을 법인세법상 손금으로 인정할 수 있는지 여부

3. 관련법령

법인세법 시행령 제19조【손금의 범위】

① 손금은 자본 또는 출자의 환급, 잉여금의 처분 및 이 법에서 규정하는 것은 제외하고 해당 법인의 순자산을 감소시키는 거래로 인하여 발생하는 손비의 금액으로 한다.

② 제1항에 따른 손비는 이 법 및 다른 법률에서 달리 정하고 있는 것을 제외하고는 그 법인의 사업과 관련하여 발생하거나 지출된 손실 또는 비용으로서 일반적으로 인정되는 통상적인 것이거나 수익과 직접 관련된 것으로 한다.

보험업법 제99조【수수료 지급 등의 금지】

② 모집에 종사하는 자는 다음 각 호의 어느 하나에 해당하는 경우 이외에는 타인에게 모집을 하게 하거나 그 위탁을 하거나, 모집에 관하여 수수료·보수나 그 밖의 대가를 지급하지 못한다.

1. 보험설계사 : 같은 보험회사 등에 소속된 다른 보험설계사에 대한 경우
2. 보험대리점 : 같은 보험회사와 모집에 관한 위탁계약이 체결된 다른 보험대리점이나 소속 보험설계사에 대한 경우
3. 보험중개사 : 다른 보험중개사나 소속 보험설계사에 대한 경우

4. 원 · 피고 주장 요약

(1) 원 고

① 동종업계의 현황을 고려할 때, 이 사건 비용은 **통상적인 지출**에 해당한다. 타법인 보험대리점에 대한 금융감독원의 제재 내용과 비교하면 원고의 이사건 비용 지급은 통상적이라고 인정되어야 한다. 법인보험대리점에 대한 금융감독원의 제재결과를 살펴보면, 다수의 법인보험 대리점들 역시 비적격자에게 알선수수료를 지출하고 있는 사실이 확인된다. 즉, 이 사건 비용은 치열한 경쟁 상황에 놓인 보험모집시장에서 보험대리점들이 매출을 얻기 위하여 부득이하게 지출하는 비용이다.

② 이 사건 비용은 사회질서에 반하는 것으로 볼 수도 없다. 조세심판원 및 법원은 유사한 사례에서 비록 법인의 **비용지출이 위법하더라도**, 당해 비용이 법인의 소득을 얻기 위하여 지출된 것으로 법인의 순자산을 감소시켰다면 손금으로 인정되는 것이라고 판단하였다(대법원 2016. 4. 12. 선고 2015두4082 판결, 대법원 2009. 6. 23. 선고 2008두7779 판결, 대법원 1998. 5. 8. 선고 96누6158 판결, 대법원 2011. 2. 10. 선고 2010두23538 판결, 광주고등법원 2006. 11. 9. 선고 2005누1267 판결, 조심 2016중3784, 2017. 1. 9.).

③ 위 사례를 요약 · 정리하면 취급수수료의 수수 관행에 따른 사회적 해악이 일부 인정된다고 하더라도 경쟁이 치열한 상황에서 거래처의 요구 등에 의해 부득이 지급하게 되었고 현실적으로 이를 거부하면 업계에서 도태되어 퇴출될 수 있는 점, 수수료의 지급이 수익과도 연결된 것으로 보이는 점, 의약품 거래에서의 리베이트와 비교하여 그 해악이 크지 않은 점 등을 모두어 보면, 모집수수료 등 이 사건 비용의 지급은 사업관련성 · 통상성 · 수익관련성이 모두 인정되어 전액 손금산입되어야 한다.

(2) 피 고(과세관청)

이 사건 비용은 사회질서에 반하는 행위에 따른 비용으로서 통상성이 없으므로 손금산입 대상으로 볼 수 없다. 법인의 손금과 관련된 판례 등을 보면 선량한 풍속 기타 사회질서에 반하여 무효에 해당하거나 「민법」 및 기타 개별 법률에서 명시적으로 금지된 비용을 지출하는 경우 손금으로 인정받지 못하는 반면, 개별 법률에서 금지된 사항이 아니거나 불법

비용 지출의 필요성이 인정되는 경우 손금으로 인정되고 있는바, 원고가 「**보험업법**」**에서 금지하는 비용을 지출**한 이상 원고에게만 손금을 부인하는 처분이 행하여졌다는 사정만으로 이 건 처분이 위법하다고 볼 수는 없다.

5. 대상판결

… 보험업법을 위반하여 지출한 비용이 사회적 비난 가능성과 위법성의 정도가 중하다고 볼 수 없고, 구 보험업법의 입법 취지를 중대하게 훼손할 정도에 이른다고 단정하기 어려우며, 의약품 리베이트, 성매매 수당, 담합 사례금 등 대법원 판례가 인정한 반사회질서 비용에 준할 정도로 사회질서에 심히 반한다고 단정하기 어려우므로 손금 산입함이 타당하다.

6. 평 석

(1) 위법 비용을 손금에 산입 할 수 있는지에 대하여 대법원은 선량한 풍속 기타 사회질서에 반하여 무효에 해당하거나 「민법」 및 기타 개별 법률에서 명시적으로 금지된 비용을 지출하는 경우 손금으로 인정받지 못하는 반면, 개별 법률에서 금지된 사항이 아니거나 불법비용 지출의 필요성이 인정되는 경우 손금으로 인정된다고 판시하고 있다.

(2) 법인세법은 "손금은 해당 법인의 순자산을 감소시키는 거래로 인하여 발생하는 손비의 금액으로 한다(법인세법 제19조 제1항)."고 규정하고 있고 손비의 요건으로서는 직접관련성(법인의 사업과 관련하여 발생)과 통상성(지출된 손실 또는 비용으로서 일반적으로 인정되는 통상적인 것)과 수익과 직접 관련된 것(법인세법 제19조 제2항)을 들고 있다.

(3) 우리 법인세법은 미국의 내국세입법(통상적이고 필요한 경비인 경우에만 손비로 인정함)에서와는 달리 어느 하나의 요건만 충족하면 손비로 인정받을 수 있다. 여기서 **'통상성'이란 해당 사업에 종사하는 다른 법인 또는 개인이라 하더라도 유사한 상황에서 지출하였으리라고 인정되는 것**을 말한다.

(4) 이 사건으로 돌아와 보면, 1, 2심 모두 이 사건에서 원고가 지출한 이 사건 비용은

사회적 비난 가능성과 위법의 정도가 중하지도 않고 보험업법의 취지를 중대하게 훼손할 정도에 이르지 않는다고 보았다.

(5) 대상판결은 의약품 리베이트 사건, 담합사례금 사건(본서에서 두 사건 모두 검토하였음), 성매매 수당 사건 등은 반사회질서 비용에 해당 하지만 이 사건 비용은 반사회질서 비용에 준할 정도로 사회질서에 심히 반한다고 단정하기 어렵다는 것이다.

(6) 법인세의 과세물건은 순소득이므로 지출 자체에 위법성이 있는 비용도 그 지출이 사회질서에 심히 반하는 것이 아닌 이상 원칙적으로 손금으로 인정되어야 하고 그 지출이 사회질서나 공공정책에 심히 반하는 비용의 경우에만 통상적이 아니라고 할 수 있다.

(7) 법인세법 각 규정을 검토해 보면, 일반적으로 위법소득을 얻기 위하여 지출한 비용이나 지출 자체에 위법성이 있는 비용의 손금산입을 부인하는 내용의 규정이 없을 뿐만 아니라, 법인세는 원칙적으로 다른 법률에 의한 금지의 유무에 관계 없이 담세력에 따라 과세되어야 하고 순소득이 과세 대상으로 되어야 하는 점 등을 종합하여 보면, 위법소득을 얻기 위하여 지출한 비용이나 지출 자체에 위법성이 있는 비용에 대하여도 사회질서에 심히 반하는 등의 특별한 사정이 없는 한 손금으로 산입함이 타당하다(대법원 1998. 5. 8. 선고 96누6158 판결 참조).

(8) 대법원은 다른 사례에서도 위법소득을 얻기 위하여 지출한 비용이나 지출 자체에 위법성이 있는 비용에 대하여도 사회질서에 심히 반하는 등의 특별한 사정이 없는 한 손금으로 산입함이 타당하다는 일관된 판단을 하고 있다(대법원 2011. 2. 10. 선고 2010두23538 판결).

(9) 이동통신대리점이 대납한 가입비 등을 접대비로 본 처분의 당부에 대해서도 “이 사건 가입비 등은 판매부대비용으로서 일반적으로 용인되는 통상적인 것이거나 수익과 직접 관련되는 것이므로 이를 손금에 산입하여야 할 것인데, 이를 접대비로 본 처분은 위법하다.”고 판시하였다(광주고등법원 2006. 11. 9. 선고 2005누1267 판결).

(10) 조세심판원에서도 청구법인이 **불법체류 외국인 근로자에게 지급한 인건비**를 **손금**으로 인정하고 상여처분 대상에 제외할 수 있는지 여부에 대해서 “청구법인이 영위하는 나염 등의 위탁가공업은 이른바 3D업종으로서 내국인의 취업 기피 현상이 심하여 모자라는 인력을 외국인 근로자로 대체할 수밖에 없었던 것이 현실인 점, 쟁점 인건비 내역상 근로자는 아니나 청구법인이 외국인 근로자 불법 체류로 인해 단속을

당하여 과태료를 부과받은 사실이 확인되는 점, 외국인 근로자들이 쟁점 인건비를 수취한 바 있다고 확인서 및 여권을 제시하고 있는 점 등에 비추어 **쟁점 인건비를 손금**에 **산입**하여 그 과세표준과 세액 및 소득금액변동통지 금액을 경정함이 타당하다."고 결정하였다.

(11) 대상판결은 보험사 간 경쟁이 치열한 상황에서 매출 신장을 위하여 이 사건 비용을 부득이하게 지급한 것으로서 손금 인정 요건으로서의 사업관련성, 통상성 및 수익관련성이 인정되고, 사회질서에 위반하여 지출된 것으로도 볼 수 없다는 이유로, 피고가 이를 손금불산입한 것은 위법하다고 판단하였다.

(12) 대상판결을 요약하면, 이 사건 비용은 법인세법에서 열거하고 있는 손금이 분명한 이상 위법비용이라고 하더라도 손금으로 인정되어야 한다는 것이다.

7. 관련예규 · 판례

문서번호	내 용
대법원 2009. 11. 12. 선고 2007두12422 판결	손금으로 인정되는 '일반적으로 용인되는 통상적인 비용'에 관하여 납세의무자와 같은 종류의 사업을 영위하는 다른 법인도 동일한 상황 아래에서는 지출하였을 것으로 인정되는 비용을 의미한다.
대법원 2009. 6. 23. 선고 2008두7779 판결	「법인세법」은 익금과 손금의 범위를 완결적으로 규정한 것이 아니라 그 범위를 예시하면서 포괄적으로 규정하고, 그 특례규정으로서 손금불산입과 손금산입의 각 사항을 열거하여 규정하고 있으므로, 원칙적으로 **자산총액을 감소시킨 것은 손금불산입 등으로 열거되어 있지 않는 한 손금이 된다**고 보아야 한다.
대법원 2015. 1. 29. 선고 2014두4306 판결	'일반적으로 용인되는 통상적인 비용'이라 함은 납세의무자와 같은 종류의 사업을 영위하는 다른 법인도 동일한 상황 아래에서는 지출하였을 것으로 인정되는 비용을 의미하고, 그러한 비용에 해당하는지 여부는 지출의 경위와 목적, 형태, 액수, 효과 등을 종합적으로 고려하여 객관적으로 판단하여야 할 것인데, 특별한 사정이 없는 한 사회질서에 위반하여 지출된 비용은 여기에서 제외되며, 수익과 직접 관련된 비용에 해당한다고 볼 수도 없다.

문서번호	내 용
대법원 2016. 4. 12. 선고 2015두4082 판결	선사 환급금은 선사 화물을 유치하기 위해 부득이하게 지급한 것으로서 손금 인정 요건으로서의 **사업관련성, 통상성 및 수익관련성이 인정**되고, 사회질서에 위반하여 지출된 것으로 볼 수 없다.

4-10 이 사건 손해배상금은 회사의 사업과 관련하여 지출된 비용으로서 일반적으로 인정되는 통상적인 것이므로 손금에 해당함

● 대상판결 : 대법원 2021두35308 (2024. 9. 12.) ➜ 국패

핵심 요지

어떠한 비용을 손금불산입 대상으로 규정할 것인지는 입법정책의 문제이다. 구 법인세법은 제19조에서 손금의 범위에 대하여 규정하는 한편, 이와 별도로 제19조의2 내지 제38조 등의 특례 규정에서 손금불산입 항목과 손금산입 항목을 열거하고 있는데, **손해배상금은 손금불산입 항목으로 규정하고 있지 않다.** 그런데도 원심은 판시와 같은 이유만으로 이 사건 손해배상금이 사회질서에 위반하는 행위에 대한 손해배상금으로서 구 법인세법 제19조 제2항에 따른 사업관련성, 통상성 및 수익관련성이 인정되지 아니한다고 판단하였다. 이러한 원심의 판단에는 손금의 요건 등에 관한 법리를 오해하여 판결에 영향을 미친 잘못이 있다.

1. 사실관계

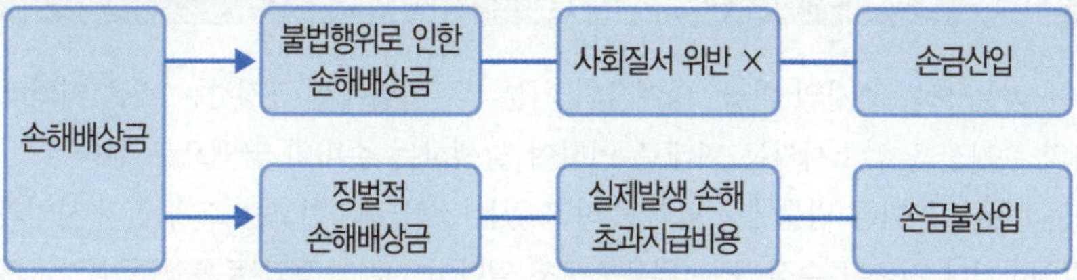

(1) 원 고 A는 금융지주회사이고 주식회사 B의 완전 모법인으로 B주식회사(은행) 등을 연결자법인으로 하는 연결 납세방식을 적용하여 법인세를 납부하고 있다.

(2) 소외인 갑은 '주식회사 B 등의 공동불법행위로 인하여 C 제지주식회사의 경영권을 상실함에 따라 약 902억 원의 손해를 입었다'고 주장하면서 주식회사 B 등을 상대로 불법행위에 기한 손해배상청구의 소(민사소송)를 제기하였다.

(3) 항소심 법원은 주식회사 B(은행)에 대하여 '갑에게 150억 원 및 그 지연손해금을 지급하라'는 판결을 선고하였고, 위 판결은 2016. 11. 10. 갑 및 주식회사 B의 상고가 모두 기각되어 그대로 확정되었다.

(4) 주식회사 B는 위 항소심 판결의 취지에 따라 갑에게 손해배상금 및 지연손해금(이 사건 손해배상금)을 지급하였고, 원고는 관련 민사사건 판결이 확정된 2016사업연도 법인세 신고 시 이 사건 손해배상금을 손금에 산입하였다.

(5) 서울지방국세청장은 원고에 대하여 법인통합 조사를 실시한 결과, 2018. 11. 28. 이 사건 손해배상금을 손금에 산입할 수 없다는 등의 사유로 원고에게 2016사업연도 법인세를 경정 · 고지하였다.

2. 쟁 점

불법행위를 이유로 확정판결에 따라 지출한 손해배상금을 법인세법 제19조의 손금요건 중 '일반적으로 인정되는 통상적인 비용'의 요건을 충족하지 못한다는 이유로 손금 부인할 수 있는지 여부

3. 관련법령

법인세법 시행령 제19조【손금의 범위】

① 손금은 자본 또는 출자의 환급, 잉여금의 처분 및 이 법에서 규정하는 것은 제외하고 해당 법인의 순자산을 감소시키는 거래로 인하여 발생하는 손비의 금액으로 한다.
② 손비는 이 법 및 다른 법률에서 달리 정하고 있는 것을 제외하고는 그 법인의 사업과 관련하여 발생하거나 지출된 손실 또는 비용으로서 일반적으로 인정되는 통상적인 것이거나 수익과 직접 관련 된 것으로 한다. (2018. 12. 24. 개정)

법인세법 제21조의2【징벌적 목적의 손해배상금 등에 대한 손금불산입】

내국법인이 지급한 손해배상금 중 실제 발생한 손해를 초과하여 지급하는 금액으로서 대통령령으로 정하는 금액은 내국법인의 각 사업연도의 소득금액을 계산할 때 손금에 산입하지 아니한다. [본조신설 2017. 12. 19.(2018. 1. 1.부터 시행)]

구 법인세법 제21조【세금과 공과금의 손금불산입】

다음 각 호의 세금과 공과금은 내국법인의 각 사업연도의 소득금액을 계산할 때 손금에 산입하지 아니한다.

3. 벌금, 과료(통고처분에 따른 벌금 또는 과료에 상당하는 금액을 포함한다), 과태료(과료와 과태금을 포함한다), 가산금 및 체납처분비

5. 법령에 따른 의무의 불이행 또는 금지 · 제한 등의 위반에 대한 제재로서 부과되는 공과금

4. 원 · 피고 주장 요약

(1) 원 고

① 법인세법은 기본적으로 법원의 확정판결에 의한 손해배상금을 손금으로 인정하고 있는 바, 손해배상금이 손금불산입되는 경우는 극히 예외적으로만 인정되어야 한다.

② 법인세법은 제19조 제1항에서 "손금은 자본 또는 출자의 환급, 잉여금의 처분 및 이 법에서 규정하는 것을 제외하고는 해당 법인의 순자산을 감소시키는 거래로 인하여 발생하는 손비의 금액으로 한다."고 규정하고 있고, 제19조의2부터 제28조까지 순자산의 감소 항목임에도 불구하고 손금산입을 허용하지 않는 항목을 열거하고 있다. 따라서 법인의 순자산을 감소시키는 거래로 인하여 발생한 금액은 법인세법 제19조의2부터 제28조까지 규정된 손금불산입 항목에 해당되지 않는 한 원칙적으로 손금으로 인정되어야 한다. 그런데 법인세법은 사회질서에 위반하여 지출한 비용을 손금 부인 항목으로 명시적으로 규정하고 있지 아니하므로, 위법소득을 얻기 위하여 지출한 비용이나 지출 자체에 위법성이 있는 비용이라고 하더라도 대법원 2009. 6. 23. 선고 2008두7779 판결에서 판시한 것처럼 손금산입을 인정하는 것이 사회질서에 심히 반하는 등의 특별한 사정이 없는 한 손금으로 산입되어야 한다.

③ 법인세법이 2017. 12. 29. 법률 제1552호로 개정되면서 제21조의2에 징벌적 목적의 손해배상금에 대하여 실제 발생한 손해를 초과하여 지급한 금액은 손금불산입한다는 규정을 신설하였다. 위와 같이 신설된 제21조의2의 취지에 비추어 보더라도 원칙적으로 사회질서에 위반한 행위로 인해 지출한 손해배상금도 실제 발생한 손해를 초과하지

않는 한 손금으로 산입되어야 한다.

④ 주식회사 B는 대출금의 원활한 회수를 위하여 경영진의 교체가 필요하다고 판단하여 그 수단으로 채무자 회사의 주식의 매수 및 매도, 의결권 행사를 선택하였으므로, 주식회사 B(은행)의 이러한 행위는 은행법상 은행 업무의 범위에 속하는 추심행위에 해당되어 사회질서에 위반되는 행위에 해당하지 않거나 적어도 사회질서에 심히 반하는 행위에 해당되지 않으므로, 이 사건 손해배상금은 손금에 산입되어야 한다.

⑤ 사회질서에 위반하여 지출된 비용으로 판단되어 손금불산입되는 지출은 그 지출 자체가 범죄행위이거나 법령을 위반한 행위 그 자체로 지출된 비용만을 의미하는 것일 뿐, 위법한 가해행위로 인하여 지출된 손해배상금을 의미하는 것이 아니므로, 이 사건 손해배상금은 손금으로 산입되어야 한다.

⑥ 이 사건 손해배상금 지급의 원인행위가 사회의 보편적 가치를 현저히 해함으로써 사회질서 위반의 정도에 이르렀다고 보기 어렵다.

⑦ 이 사건 손해배상금 지급행위 자체에 위법성이 없는 이상, 손해배상금은 손금으로 인정되어야 한다.

(2) 피 고(과세관청)

① 손해배상금은 위법행위가 전제되어야 하나, 「법인세법」상 손금으로 인정되기 위해서는 그 위법행위가 수익과 관련된 것인지, 그 결과 손해배상금이 통상적인 것인지, 손해배상의 원인이 된 행위가 고의 또는 중과실이 있는지 등 종합적으로 판단하여야 하고, 「법인세법」 제19조 제2항에서 '손비는 이 법 및 다른 법률에서 달리 정하고 있는 것을 제외하고는 그 법인의 사업과 관련하여 발생하거나 지출된 손실 또는 비용으로서 일반적으로 인정되는 통상적인 것이거나 수익과 직접 관련된 것으로 한다'고 규정하고 있는바, 주식회사 B가 일반기업에 대한 불법적 경영권 침탈에 가담함으로써 지출하게 된 손해배상금은 「법인세법」 제19조의 수익과 관련되지도 통상적인 비용에도 해당하지 않으며, 위와 같은 불법적 경영권 침탈 가담행위는 사회상규에 반하는 행위로 평가할 수 있다.

② 손해배상의 원인이 된 일반기업의 경영권 침탈은 사회통념상 일반적인 은행업무와도 아무런 관련성이 없고, 정상적으로 은행업을 영위하는 법인에게는 그 지출을 기대하기

어려우므로 수익과 관련되지 않으며, 통상적인 비용은 같은 종류의 사업을 영위하는 다른 법인도 동일한 상황 아래에서는 지출하였을 것으로 인정되는 비용을 의미하는바, 불법적인 경영권 침탈로 인한 쟁점 손해배상금은 이에 해당하지 않는다.

③ 「법인세법 기본통칙」 19-19…14【법인이 지출한 임원 등의 손해배상금】에서는 "법인이 임원 또는 사용인의 행위 등으로 인하여 타인에게 손해를 끼침으로써 법인이 손해배상금을 지출한 경우에는 그 손해배상의 대상이 된 행위 등이 법인의 업무수행과 관련된 것이고 또한 고의나 중과실로 인한 것이 아닌 경우에는 그 지출한 손해배상금은 각 사업연도의 소득금액 계산상 손금에 산입한다."고 규정하고 있는바, 이 사건의 경우 경영권 침탈의 공동불법행위로 고의성이 인정되어 법원이 손해배상 책임을 인정한 것으로 손금산입 대상이 아니다.

④ 주식회사 B는 국내 대형 금융기관으로 일반 국민의 예금으로 대규모 자금을 운용하면서 그 자금을 이용하여 일반기업들의 경영권 불법 침탈에 가담할 경우 그 효과가 크고, 경제질서를 혼란하게 하는 등 사회에 미치는 영향이 크며, 반사회적인 행위에도 해당한다.

5. 사건의 경과

(1) 2심판결(서울고등법원 2021. 1. 15. 선고 2020누46051 판결) : 국승

… 주식회사 B가 소외인으로부터 C 제지주식회사 주식을 매수하여 의결권을 행사한 것은 사회질서에 위반되는 행위이고 그로 인하여 갑에게 지급한 손해배상금도 사회질서에 위반되어 지출된 비용이라고 할 것이다.

주식회사 B(은행)의 대표이사가 횡령 피의사실에 대하여 검찰에서 증거불충분으로 불기소처분을 받은 사실은 인정되나, 행정재판은 반드시 검사의 불기소처분 사실에 대하여 구속받는 것은 아니고 법원은 증거에 의한 자유심증으로써 그와 반대되는 사실을 인정할 수 있는바(대법원 1987. 10. 26. 선고 87누493 판결 참조), 위와 같은 불기소처분 이후에 제기된 민사소송에서는 불기소처분 당시와는 달리 추가적인 증거들이 제출되어 법원이 이를 토대로 주식회사 B(은행)의 C 제지회사 주식매수 행위와 의결권 행사가 위법하다는 판단을 한 점에 비추어 보면 검찰에서 증거불충분으로 불기소처분되었다는 이유만으로 주식회사 B의 행위가 사회질서에 위반되는 행위가 아니라거나 그로 인하여 지출된 비용이 사회질서에 반하여 지출된 비용이 아니라고 단정할 수 없다.

(2) 대상판결 : 파기환송(국패)

이 사건 손해배상금은 관련 민사사건의 확정판결에 따라 갑에게 실제 발생한 손해를 배상하기 위하여 지급된 것으로서, 그 지출 자체가 사회질서에 위반한다고 볼 수 없고, 액수 또한 실손해의 범위를 벗어나는 과도한 금액이라고 단정하기 어렵다.
주식회사 B와 같은 종류의 사업을 영위하는 다른 법인도 동일한 상황 아래에서는 주식회사 B와 마찬가지로 이 사건 손해배상금을 지출하였을 것으로 보인다.
… 어떠한 비용을 손금불산입 대상으로 규정할 것인지는 입법정책의 문제이다. 구 법인세법은 제19조에서 손금의 범위에 대하여 규정하는 한편, 이와 별도로 제19조의2 내지 제38조 등의 특례규정에서 손금불산입 항목과 손금산입 항목을 열거하고 있는데, **손해배상금은 손금불산입 항목으로 규정하고 있지 않다.** 그런데도 원심은 판시와 같은 이유만으로 이 사건 손해배상금이 사회질서에 위반하는 행위에 대한 손해배상금으로서 구 법인세법 제19조 제2항에 따른 사업관련성, 통상성 및 수익관련성이 인정되지 아니한다고 판단하였다. 이러한 원심의 판단에는 손금의 요건 등에 관한 법리를 오해하여 판결에 영향을 미친 잘못이 있다. 이를 지적하는 상고이유 주장은 이유 있다.

6. 평 석

(1) 대법원은 손금의 범위와 관련하여 "개정 전 법인세법은 익금과 손금의 범위를 완결적으로 규정한 것이 아니라 그 범위를 예시하면서 포괄적으로 규정하고, 그 특례규정으로서 손금불산입과 손금산입의 각 사항을 열거하여 규정하고 있으므로, 원칙적으로 자산총액을 감소시킨 것은 손금불산입 등으로 열거되어 있지 않은 한 손금이 된다고 보아야 한다. 또한 위 각 규정에 따르면 일반적으로 위법소득을 얻기 위하여 지출한 비용이나 지출 자체에 위법성이 있는 비용의 손금산입을 부인하는 내용의 규정이 없을 뿐만 아니라, 법인세는 원칙적으로 다른 법률에 의한 금지의 유무에 관계없이 담세력에 따라 과세되어야 하고 순소득이 과세 대상으로 되어야 하는 점 등을 종합하여

보면, 위법소득을 얻기 위하여 지출한 비용이나 지출 자체에 위법성이 있는 비용에 대하여도 그 손금산입을 인정하는 것이 사회질서에 심히 반하는 등의 특별한 사정이 없는 한 손금으로 산입함이 타당하다"(대법원 2009. 6. 23. 선고 2008두7779 판결 참조)고 판시하였다.

(2) 이후 손금의 범위에 관한 규정이 개정 법인세법의 내용과 같이 개정되자 그 내용을 반영하여 사회질서에 위반하여 지출된 비용의 손비 해당 여부에 관하여, "법인세법 제19조 제1항은 원칙적으로 '손금은 당해 법인의 순자산을 감소시키는 거래로 인하여 발생하는 손비의 금액으로 한다'라고, 제2항은 원칙적으로 '손비는 그 법인의 사업과 관련하여 발생하거나 지출된 손실 또는 비용으로서 일반적으로 용인되는 통상적인 것이거나 수익과 직접 관련된 것으로 한다'라고 각 규정하고 있다. 여기에서 말하는 '일반적으로 용인되는 통상적인 비용'이란 납세의무자와 같은 종류의 사업을 영위하는 다른 법인도 동일한 상황 아래에서는 지출하였을 것으로 인정되는 비용을 의미하고, 그러한 비용에 해당하는지 여부는 지출의 경위와 목적, 형태, 액수, 효과 등을 종합적으로 고려하여 객관적으로 판단하여야 할 것인데, 특별한 사정이 없는 한 사회질서에 위반하여 지출된 비용은 여기에서 제외되며, 수익과 직접 관련된 비용에 해당한다고 볼 수도 없다"(대법원 2017. 10. 26. 선고 2017두51310 판결 참조)고 판시하였다.

(3) 이 사건으로 돌아와 보면, 대법원은 이 사건 손해배상금은 관련 민사사건의 확정판결에 따라 갑에게 실제 발생한 손해를 배상하기 위하여 지급된 것으로서, 그 지출 자체가 사회질서에 위반한다고 볼 수 없고, 액수 또한 실손해의 범위를 벗어나는 과도한 금액이라고 단정하기 어려우며, B 은행과 같은 종류의 사업을 영위하는 다른 법인도 동일한 상황 아래에서는 B 은행과 마찬가지로 이 사건 손해배상금을 지출하였을 것으로 보인다고 판단하였다.

(4) 대상 판결은 법인의 불법행위가 인정됨으로써 확정판결에 따라 지출한 손해배상금을 법인세법 제19조의 손금 요건 중 '일반적으로 인정되는 통상적인 비용'의 요건을 충족하지 못한다는 이유로 손금 부인할 수 있는지 여부에 관하여 판단한 최초의 판결로서 의미가 있다.

(5) 법인세 집행기준 19-19-18(국세청 2022. 10. 28)은 임원 등의 손해배상금의 손금산입에 관하여, "법인이 임원 또는 사용인의 행위 등으로 인하여 타인에게 손해를 끼

침으로써 법인이 손해배상금을 지출한 경우에는 그 손해배상의 대상이 된 행위 등이 법인의 업무수행과 관련된 것이고, 또한 고의나 중과실로 인한 것이 아닌 경우에는 그 지출한 손해배상금은 각 사업연도의 소득금액 계산상 손금에 산입한다"고 규정하여 **고의나 중과실로 인한 손해배상금은 손금불산입 대상으로 보고 있다.**

(6) 그러나 **대상 판결에 따른다면, 위 법인세 집행기준과는 달리** 법인이 징벌적 목적의 손해배상금이 아닌 일반 불법행위를 이유로 지급하는 손해배상금의 경우에는 특별한 사정이 없는 한 손금에 산입되는 것으로 보아야 한다.

(7) 2017. 12. 19. 법률 제15222호로 개정된 법인세법 제21조의2는 손해배상금 중 징벌적 손해배상금의 손금산입과 관련하여, "내국법인이 지급한 손해배상금 중 실제 발생한 손해를 초과하여 지급하는 금액으로서 대통령령으로 정하는 금액"을 손금불산입한다는 규정을 신설하여 2018. 1. 1.부터 시행하고 있다.

(8) 징벌적 목적의 손해배상금은 다음 각 호의 금액을 말한다.

1. 각 호의 어느 하나에 해당하는 법률의 규정에 따라 지급한 손해배상액 중 실제 발생한 손해액을 초과하는 금액

① 「가맹사업거래의 공정화에 관한 법률」 제37조의2 제2항, ② 「개인정보 보호법」 제39조 제3항, ③ 「공익신고자 보호법」 제29조의2 제1항, ④ 「기간제 및 단시간근로자 보호 등에 관한 법률」 제13조 제2항, ⑤ 「남녀고용평등과 일 가정 양립 지원에 관한 법률」 제29조의2 제2항, ⑥ 「농수산물 품질관리법」 제37조 제2항, ⑦ 「대규모유통업에서의 거래 공정화에 관한 법률」 제35조의2 제2항, ⑧ 「대리점거래의 공정화에 관한 법률」 제34조 제2항, ⑨ 「중소기업 상생협력 촉진에 관한 법률」 제40조의2 제2항, ⑩ 「독점규제 및 공정거래에 관한 법률」 제109조 제2항, ⑪ 「디자인보호법」 제115조 제7항, ⑫ 「부정경쟁방지 및 영업비밀보호에 관한 법률」 제14조의2 제6항, ⑬ 「산업기술의 유출방지 및 보호에 관한 법률」 제22조의2 제2항, ⑭ 「상표법」 제110조 제7항, ⑮ 「식물신품종 보호법」 제85조 제2항, ⑯ 「신용정보의 이용 및 보호에 관한 법률」 제43조 제2항, ⑰ 「실용신안법」 제30조, ⑱ 「자동차관리법」 제74조의2 제2항, ⑲ 「제조물 책임법」 제3조 제2항, ⑳ 「중대재해 처벌 등에 관한 법률」 제15조 제1항, ㉑ 「축산계열화사업에 관한 법률」 제34조의2 제2항, ㉒ 「특허법」 제128조 제8항, ㉓ 「파견근로자 보호 등에 관한 법률」 제21조 제3

항, ㉔「하도급거래 공정화에 관한 법률」 제35조 제2항, ㉕「환경보건법」 제19조 제2항

2. 외국의 법령에 따라 지급한 손해배상액 중 실제 발생한 손해액을 초과하여 손해배상금을 지급하는 경우 실제 발생한 손해액을 초과하는 금액

(9) 앞으로는 불법행위로 인한 민사상 손해배상금 중 징벌적 목적의 손해배상금의 경우에는 일정 한도 내에서만 손금산입이 허용된다. 다만, 위 규정은 법인세법 시행령 제23조에 열거된 징벌적 목적의 손해배상금에 대해서만 적용되는 것이므로 일반 손해배상금의 손금산입 여부에 대해서는 (8)항에서 적시하고 있는 기존의 법리가 그대로 적용될 것이다.

(10) '법인세법 및 같은 법 시행령 각 규정에 따르면 일반적으로 위법소득을 얻기 위하여 지출한 비용이나 지출 자체에 **위법성이 있는 비용의 손금산입을 부인하는 내용의 규정이 없을 뿐만 아니라,** 법인세는 원칙적으로 다른 법률에 의한 금지의 유무에 관계없이 담세력에 따라 과세되어야 하고 순소득이 과세대상으로 되어야 하는 점 등을 종합하여 보면, 위법소득을 얻기 위하여 지출한 비용이나 지출 자체에 위법성이 있는 비용에 대하여도 그 손금산입을 인정하는 것이 **사회질서에 심히 반하는 등의 특별한 사정이 없는 한 손금으로 산입함이 타당**하다'(대법원 1998. 5. 8. 선고 96누6158 판결).

7. 관련예규 · 판례

문서번호	내 용
대법원 2009. 11. 12. 선고 2007두12422 판결 등	'일반적으로 인정되는 통상적인 비용'이란 납세의무자와 같은 종류의 사업을 영위하는 다른 법인도 동일한 상황 아래에서는 지출하였을 것으로 인정되는 비용을 뜻하고, 그러한 비용에 해당하는지 여부는 지출의 경위와 목적, 형태, 액수, 효과 등을 종합적으로 고려하여 객관적으로 판단하여야 할 것인데, 특별한 사정이 없는 한 사회질서에 위반하여 지출된 비용은 여기에서 제외된다.
대법원 1998. 5. 8. 선고 96누6158 판결	불법폐기물처리업자에게 산업폐기물의 매립을 위탁하면서 지출한 비용은 손금산입 대상이다.

문서번호	내 용
대법원 2009. 6. 23. 선고 2008두7779 판결	외환위기 상황에서 주택은행이 수탁고 격감, 기존 신탁계약의 대규모 해지, 인출사태 등을 방지하기 위하여 다른 시중은행들과 협의를 거쳐 고객에 대하여 관계법령을 위반하여 손실보전금을 지출한 경우 손금산입 대상이다.
대법원 2015. 1. 15. 선고 2012두7608 판결	의약품도매상이 약국 등 개설자에게 금전을 제공하는 것이 약사법 등 관계 법령에 따라 금지된 행위가 아니라고 하여 곧바로 사회질서에 위반하여 지출된 비용이 아니라고 단정할 수는 없고, 그것이 사회질서에 위반하여 지출된 비용에 해당하는지 여부는 그러한 지출을 허용하는 경우 야기되는 부작용, 그리고 국민의 보건과 직결되는 의약품의 공정한 유통과 거래에 미칠 영향, 이에 대한 사회적 비난의 정도, 규제의 필요성과 향후 법령상 금지될 가능성, 상관행과 선량한 풍속 등 제반 사정을 종합적으로 고려하여 사회통념에 따라 합리적으로 판단하여야 한다.
대법원 2015. 2. 26. 선고 2014도16164 판결	유흥주점을 운영하는 자가 유흥주점의 유흥접객원과 영업상무 등에게 지급한 성매매 수당 내지 성매매 손님 유치 수당은 성매매 및 그것을 유인하는 행위를 전제로 지급된 것으로서 그 비용의 지출은 선량한 풍속 기타 사회질서에 심히 반하므로 필요경비로 인정할 수 없다.
대법원 2016. 4. 12. 선고 2015두4082 판결	화물운송업을 영위하는 회사가 수출입 물량을 확보하기 위하여 선사들로부터 지급받은 선내하역비 등의 일부를 리베이트로 돌려준 사안에서, '선사환급금은 선사 환적화물을 유치하기 위한 경쟁이 치열한 상황에서 각 선사의 요구나 업무편의를 받기 위해 부득이하게 지급한 것으로서 손금 인정요건으로서의 사업관련성, 통상성 및 수익관련성이 인정되고, 사회질서에 위반하여 지출된 것으로도 볼 수 없다는 이유로, 피고들이 이를 손금불산입한 것은 위법하다.
기획재정부 법인세제과-623, 2016. 6. 22., 국세청 법령해석과-2045, 2016. 6. 23.	내국법인이 공정거래 관련 문제로 국외에서 구매자집단으로부터 민사소송을 제기당하여 합의금 지급으로 민사소송을 종결한 경우, 당해 지급한 민사합의금 및 관련 법률비용은 「법인세법」상 손금에 해당하는 것이다.

제 5 장

종합소득세

제1절 과세대상과 납세의무자

1-1 손해배상금이 '기타소득'인지 여부

● 대상판결 : 대법원 2002두3942 (2004. 4. 9.) ➜ 국패

핵심 요지

매수인 측의 채무불이행으로 매매계약을 합의해제하면서 매도인이 매수인으로부터 손해배상금 명목으로 금원을 지급받은 경우, 그 금원이 '본래 계약의 내용이 되는 지급 자체에 대한 손해를 넘는 손해에 대하여 배상하는 금전'으로 '기타소득'에 해당한다기보다는 매도인이 입은 현실적인 손해를 전보하기 위하여 지급된 손해배상금으로 보는 것이 상당하다.

1. 사실관계

(1) 원고의 이 사건 거래내역

날 짜	거래내역
1995. 5. 4.	매매계약 체결
1995. 7. 19.	계약금 + 중도금 합계 18억 원 수령
1995. 9. 28.	매수인 요청에 따라 소유권이전등기서류 먼저 교부하고 매수인은 1995.10. 20.까지 잔금 11억 원 중 5억 원을 지급하고 나머지 6억 원은 명도완료 즉시 지급하기로 약정
1995. 9. 28.	매수인은 자금사정 악화로 등기비용이 부족하여 이전등기를 하지 못하고, 약정 기일에 잔금을 지급하지 않았다.
1995. 5. 4.	① 이 사건 부동산 임차인들에게 임대보증금 + 이사비용 지급 ② 일부 임차인, 명도소송 ③ 매수인 요청으로 이 사건 부동산 건물 2채 철거(원고 비용부담)

날 짜	거래내역
1997. 7. 14.	① 이 사건 매매계약 해제 합의 ② 원고는 682백만 원 요구(위 손해배상금에는 가옥철거비용과 임대차 관련 손해액 등 포함) ③ 매수인의 반대로 계약금 상당액 3억 원만 손해배상금으로 지급받기로 약정 ④ 나머지 15억 원은 매수인에게 반환

(2) 피고의 부과처분

원고가 수령한 3억 원을 기타소득으로 보아 소득세를 과세한 사건이다.

2. 쟁 점

매수인 측의 채무불이행으로 매매계약을 합의해제하면서 매도인이 매수인으로부터 손해배상금 명목으로 금원을 지급받은 경우, 그 금원이 구 「소득세법」상의 '기타소득'에 해당하는지 여부

3. 관련 법령

「소득세법」 제21조 제1항 제10호

계약의 위약 또는 해약으로 인하여 받는 위약금과 배상금

4. 대상판결

원고들이 지급받은 3억 원은 본래 계약의 내용이 되는 지급 자체에 대한 손해를 넘는 손해에 대하여 배상하는 금전으로 기타소득에 해당한다기보다는 원고들이 입은 **현실적인 손해를 전보하기 위하여 지급된 손해배상금**으로 보는 것이 상당하다고 볼 것이다.

원고가 이 사건 매매계약의 이행과 관련하여 입게 된 재산상의 손해내역 등에 비추어 보면 위 합의금 3억 원이 **특별히 부당하다고 보이지 아니한다.**

5. 평 석

원고가 수령한 금원의 성격, 사실관계 등을 종합적으로 검토한 후 쟁점금원이 기타소득에 해당하는지 여부를 판단하여야 한다는 취지의 판결이다.

6. 관련 판례

문서번호	내 용
대법원 1997. 3. 28. 선고 95누7406 판결 (약정지연손해금에 대한 판결), 대법원 1997. 9. 5. 선고 96누16315 판결 (법정지연손해금에 대한 판결)	금전채무의 이행지체로 인한 지연손해금은 기타소득에 해당한다.
대법원 1991. 7. 27. 선고 92누19613 판결	매도인이 매수인으로부터 매매대금 지급지체에 따른 대가금을 받은 경우 기타소득에 해당한다.
대법원 1997. 3. 28. 선고 95누7406 판결	부동산 매매계약의 당사자가 이행이 지체된 중도금 및 잔금을 이자부 소비대차의 목적으로 할 것을 약정하여 소비대차의 효력이 생긴 경우 그 소비대차의 변제기가 지난 다음에 지급받은 약정이자율에 의한 금원은 이자가 아니라 일종의 지연손해금이므로 기타소득에 해당한다(그러나 이자부 소비대차의 경우 묵시적으로 변제기가 연장되었다고 볼 만한 사정이 있는 경우에는 이자소득으로 보아야 함).

1-2 기타소득인 "계약의 위약 또는 해약으로 인하여 받은 위약금과 배상금"의 의미

● 대상판결 : 대법원 2005다37543 (2007. 5. 11.) ➜ 국패

핵심 요지

> 손해배상금 및 그에 대한 지연손해금이 고의에 기하여 사회질서를 위반한 불법행위에 의하여 발생한 것이어서 계약의 위약으로 인하여 받는 배상금이라 할 수 없으므로 기타소득이 아니다.

1. 사실관계

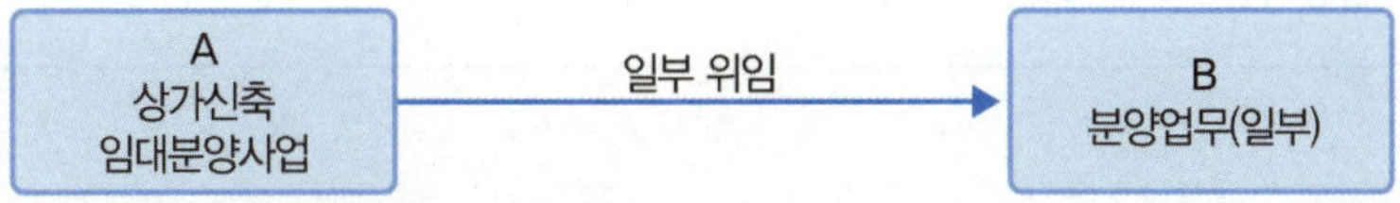

(1) A는 B와 상인들에게 입주권의 명의변경이 가능하다는 의사표시를 하였다.

(2) B는 분양경기가 좋지 않아 미분양을 예상하고 직접 자신 명의로 분양받은 후 다른 상인들에게 이 사건 상가들을 전매하였다.

(3) 당초 예상과 달리 이 사건 상가입주권에 고액 프리미엄이 붙어 전매되었다.

(4) A는 당초 약속과 달리 입주권을 전매금지하고, 전매인들에게 B를 상대로 손해배상청구소송을 제기하도록 하였다.

(5) B는 전매인들에게 프리미엄 상당액 461백만 원을 배상하고, 그 후 다시 A를 상대로 자신이 배상한 위 금액만큼의 손해배상금을 청구하는 소를 제기하였다.

(6) 소송결과 B의 승소로 판결 확정되었다.

(7) A는 B에게 손해배상금 등을 지급하면서 동 금원을 기타소득으로 보고 소득세 등을 제외한 나머지를 지급하였다.

2. 쟁 점

위 손해배상금 등이 「소득세법」상 기타소득에 해당하는지 여부

3. 관련 법령

「소득세법」 제21조 제1항 제10호

계약의 위약 또는 해약으로 인하여 받는 위약금과 배상금

「소득세법」 제21조 제1항 각호

기타소득을 한정적으로 열거하고 있으므로 개별적 요건을 충족하지 않는 경우 과세할 수 없다.

「소득세법시행령」 제41조 제7항

재산권에 관한 계약의 위약 또는 해약으로 받는 손해배상(보험금 지급 지체 손해배상 포함)으로서 그 명목 여하에 불구하고 본래의 계약의 내용이 되는 **지급 자체에 대한 손해를 넘는 손해에 대하여 배상**하는 금전 또는 그 밖의 물품의 가액

4. 사건의 경과

(1) 원심판결(서울고등법원 2005. 6. 8. 선고 2005나9229 판결) : 국승

이 사건 손해배상금을 계약의 위약으로 받는 손해배상금으로 보아 기타소득에 해당한다고 판시하였다.

즉, 원심은 A가 입주권의 전매를 허용하는 계약상 의무를 부담해야 하는데 그 계약을 위약하였다는 것이다.

(2) 대상판결

「소득세법」 제21조 제1항 제10호에 의하면 기타소득의 하나로 "계약의 위약 또는 해약으로 인하여 받는 위약금과 배상금"을 들고 있는바, 조세법규의 해석은 엄격히 해석하여야 하고 확장해석 내지 유추해석은 금지된다고 할 것이므로 **위 법 조항에서 말하는 위약 또는 해약의 대상이 되는 '계약'이라 함은 엄격한 의미의 계약만을 의미**한다.

피신청인이 신청인으로부터 받는 위 손해배상금 및 그에 대한 지연손해금은 고의에 기하여 사회질서를 위반한 불법행위에 의하여 발생한 것이어서 위 법조항에서 말하는 '계약'의 위약으로 인하여 받는 배상금이라 할 수 없으므로 기타소득에 해당되지 아니한다.

5. 평 석

(1) "계약" 내지는 "재산권에 관한 계약"을 의미한다.

> ① 엄격한 의미의 계약만을 의미한다(대상판결).
> ② 조세법규의 해석은 조세법률주의 원칙상 엄격히 해석하여야 하고 확장해석 내지 유추해석이 금지된다.

(2) 대법원은 B가 받은 손해배상금은 A가 약속을 어긴 **불법행위**(사회질서에 반하는)에 기하여 받은 것으로 「소득세법」상 열거되어 있는 위약금 내지는 배상금으로 볼 수 없다는 것이다.

(3) "이 사건 손해배상금의 지급 자체가 손해를 넘는 손해인지 여부"에 대한 판단을 하지 않고 '엄격한 의미의 계약'에 해당되지 않는다는 이유를 들어 기타소득에 해당하지 않는다는 취지의 판결을 한 것이다. 즉, B는 전매인들에게 배상한 손해배상금만큼 자신이 입은 손해에 대하여 A에게 배상을 구한 것이므로 B의 순자산을 증가시키는 것으로 볼 수 없다. 따라서 쟁점금원이 **현실적인 손해를 전보하기 위하여 지급된 손해배상금에 해당하여 기타소득으로 볼 수 없다는 판결을 하였다면** 더욱 설득력이 있었을 것이라는 견해도 있다.

6. 관련 판례

문서번호	내 용
대법원 1993. 6. 22. 선고 91누8180 판결	여기서 말하는 '계약' 내지 '재산권에 관한 계약'이라 함은 엄격한 의미의 계약만을 가리키고, 합자회사 사원의 탈퇴로 발생하는 지분 환급금의 지연손해금은 계약의 위약으로 받는 배상금이라 할 수 없으므로 기타소득에 해당하지 아니한다.
대법원 2006. 1. 12. 선고 2004두3984 판결	퇴직금 지급채무의 이행지체로 인한 지연손해금은 계약의 위약으로 받은 배상금을 말한다.

1-3 회수불능 채권과 비영업대금의 이익

● 대상판결 : 대법원 2010두9433 (2012. 6. 28.) ➜ 국패

핵심 요지

비영업대금의 이자소득에 대한 과세표준 확정신고 또는 과세표준과 세액의 결정·경정 전에 그 원금을 회수할 수 없는 일정한 사유가 발생하여 그때까지 회수한 금액이 원금에 미달하는 때에는 회수불능사유가 발생하기 전의 과세연도에 실제로 회수한 이자소득이 있다고 하더라도 이자소득세의 과세대상이 될 수 없다.

1. 사실관계

(1) 원고의 이 사건 거래내역

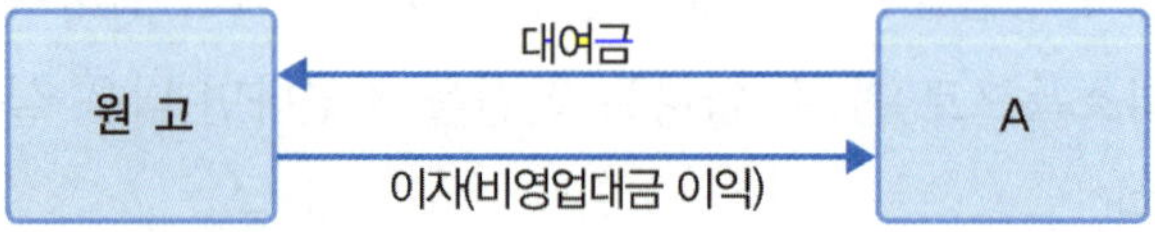

① 2004. 12. 13. 원고는 A에게 15억 원을 대여하면서 3개월 선이자 1억3천5백만 원을 공제하고 13억6천5백만 원을 지급하였다.

② 2004. 12. 23. 원고는 다시 A에게 4억5천만 원을 대여하면서 5개월 선이자 6천7백5십만 원을 공제하고 3억8천2백5십만 원을 지급하였다.

③ 따라서 원고가 A에게 대여한 총액은 1,950백만 원이다.

④ 2005. 8. 4.까지 A가 원고에게 이자 1억2천5백만 원 및 원금 중 일부 7억6천5백만 원을 변제하였다.

⑤ 나머지 금액은 2005년경 A의 부도로 인해 변제가능성이 낮아졌다.

(2) 피고는 위 사실에 대하여

2007. 9. 18. 선이자 2억2백5십만 원(1억3천5백만 원 + 6천7백5십만 원)을 원고의 2004년 총수입금액에 산입하고 신고·납부불성실가산세(이 부분 무신고하였음) 포함하여 부과처분하였다.

2. 쟁 점

2005년경 A의 부도로 인하여 사실상 원고가 원금을 회수하는 것이 불가능해진 경우에도 이 사건 선이자를 2004년의 이자소득으로 귀속시킬 수 있는지 여부

3. 사건의 경과

(1) 원심판결(서울고등법원 2010. 4. 13. 선고 2009누25691 판결) : 국승

① 「소득세법시행령」 제51조 제7항에 대한 해석

「소득세법」 제16조 제1항 제11호에 따른 비영업대금의 이익의 총수입금액을 계산할 때 해당 과세기간에 발생한 비영업대금의 이익에 대하여 같은 법 제79조에 따른 과세표준 확정신고 전에 해당 비영업대금이 「법인세법시행령」 제19조의 2 제1항 제8호에 따른 채권에 해당하여 채무자 또는 제3자로부터 **원금 및 이자의 전부 또는 일부를 회수할 수 없는 경우에는 회수한 금액에서 원금을 먼저 차감하여 계산**한다. 이 경우 **회수한 금액이 원금에 미달하는 때에는 총수입금액은 이를 없는 것**으로 한다.

② 비영업대금의 이익이 총수입금액에서 제외되는 경우는 과세표준 확정신고 또는 과세표준과 세액의 결정·경정 전에 당해 비영업대금이 회수할 수 없는 채권에 해당하는 경우에 한정하여 이를 적용한다.

③ 소득세는 매년 1. 1.부터 12. 31.까지 1년분의 소득금액에 대하여 과세하는 이른바 '기간과세'이고, 또 비영업대금의 이익으로 발생한 이자소득금액은 당해 연도의 총수입금액으로 산정되는 것이므로, 채권의 일부 회수가 있는 경우 그 회수 당시를 기준으로 나머지 채권의 회수가 불가능함이 객관적으로 명백하게 된 경우에는 위 규정에 따라 그 회수 금원이 원금에 미달하는 한 당해 과세연도에는 과세요건을 충족시키는 이자소득의 실현이 없는 것으로 보아야 할 것이지만, 회수불능사유가 발생하기 이전에 이미 구체적으로 실현된 이자소득의 납세의무에 대하여는 어떠한 영향을 미칠 수 없다고 할 것이다.

④ 이 사건에서 A의 부도로 인하여 대여금 채권의 회수불능사유가 발생한 것은 2005년경이므로, 그 이전 사업연도인 2004년도에 원고가 이미 이자소득을 수령한 것으로 보는 이상 비록 그 이후의 사업연도에 채권 원리금을 회수할 가능성이 없게 되었다고 하더라도 여전히 이자소득세의 과세대상이 된다고 보아, 피고의 이 사건 종합소득세 부과처분이 적법하다.

(2) 대상판결

비영업대금의 이자소득에 대한 과세표준 확정신고 또는 과세표준과 세액의 결정·경정 전에 그 원리금 채권을 회수할 수 없는 일정한 사유가 발생하여 그때까지 회수한 금액이 원금에 미달하는 때에는 그와 같은 **회수불능사유가 발생하기 전의 과세연도에 실제로 회수한 이자소득이 있다고 하더라도 이는 이자소득세의 과세대상이 될 수 없다**고 보아야 할 것이다.

4. 평 석

(1) 이자소득 수입시기

① 비영업대금 이익의 수입시기는 약정에 의한 이자지급일이다. 다만, 약정이 없거나, 이자지급일 전에 지급하는 경우는 실제 지급일이다(소득세법시행령 §45 9호의 2).

② 법률이 허용하는 범위 내에서 공제되는 선이자는 대여원금에 관한 이자가 지급된 것으로 보는 것이 타당하다(대법원 1993. 11. 23. 선고 93다23549 판결).

③ 그러므로 약정에 의한 이자지급일 또는 실제 이자지급일에 해당하는 선이자공제일이 선이자의 수입시기가 되며, 이 사건의 경우도 선이자공제일이 속하는 2004년 선이자 상당액을 원고가 수입한 것이다.

(2) 회수불능 채권 관련 대법원의 입장

2005년경 A의 부도로 인하여 사실상 원고가 원금을 회수하는 것이 불가능해진 경우에도 이 사건 선이자를 2004년의 이자소득으로 귀속시킬 수 있는지 여부가 이 사건의 쟁점이다. 즉, 원금의 회수불능사유가 발생하기 이전의 과세연도에 이자 명목으로 회수한 금원이 있다면, 원금의 회수불능과 무관하게 그 금원은 그 과세연도의 이자소득으로 확정적으로 귀속되는 것으로 보아 과세가 가능한지 여부에 관한 관련규정과 대법원의 입장을 살펴보면 다음과 같다.

① 사업소득 : 소득실현 불가능이 확정된 때 대손금 처리에 대한 필요경비 산입규정이 있다(소득세법 §27, 동법 시행령 §55 ① 16호). 다만, 장부에 계상(결산조정사항)을 요한다.

② 이자소득 : 필요경비의 개념이 존재하지 않는다. 따라서 사후 소득실현이 불가능한 것으로 확정되더라도 필요경비 등으로 조정할 수 없다.

③ 대법원은 다수의 판례를 통하여 "소득의 원인이 되는 채권이 발생된 때라 하더라도 그 과세대상이 되는 채권이 채무자의 도산으로 인하여 회수불능이 되어 장래 그 소득이 실현될 가능성이 전혀 없게 된 것이 객관적으로 명백한 때에는 경제적 이득을 대상으로 하는 소득세의 과세는 그 전제를 잃게 되므로 이러한 경우에는 그 소득을 과세소득으로 하여 **소득세를 부과할 수는 없다** 할 것이다."라고 판시한 바 있다(대법원 1984. 3. 13. 선고 83누720 판결; 대법원 2002. 10. 11. 선고 2002두1953 판결 등 다수).

④ 소결 : 약정한 이자지급일 또는 실제 이자지급일이 도래하더라도 회수불능으로 소득실현 가능성이 없음이 객관적으로 명백한 경우에는 소득세를 부과할 수 없다.

(3) 회수불능 시점 판단

① 「법인세법」과는 달리 「소득세법」에서는 비영업대금에 대하여 나중에 원금조차 회수하지 못하여 결손이 발생하더라도 이를 이자소득의 차감항목으로 반영할 수 있는 제도적 장치가 마련되어 있지 않아 궁극적으로 이자소득이 있다고 할 수 없음에도 이자에 대해 소득세를 과세한다면, '소득이 없는 곳에 과세'하는 부당한 결과를 가져온다.

② 과세표준 확정신고 또는 과세표준과 세액의 결정·경정 전에 일정한 회수불능사유가 발생할 때까지 회수한 전체금액이 원금에 미달하는 경우를 그 적용대상으로 하고 있으며 특별한 예외를 두지 않았다고 하여, 위 시행령 규정의 문언에 충실한 해석을 하였다.

③ 따라서 「소득세법」상 이자소득의 발생 여부는 그 소득 발생의 원천이 되는 원금채권의 회수 가능성 여부에 대한 판단이 우선 이루어지고, 비영업대금의 이자소득에 대한 과세표준 확정신고 또는 과세표준과 세액의 결정·경정 전에 그 원리금 채권을 회수할 수 없는 일정한 사유가 발생하여 그때까지 회수한 금액이 원금에 미달하는 때에는 그와 같은 회수불능사유가 발생하기 전의 과세연도에 실제로 회수한 이자소득이 있다고 하더라도 이는 이자소득세의 과세대상이 될 수 없다고 보아야 한다고 판단된다.

(4) 결 론

① 「소득세법시행령」 제51조 제7항

회수한 금액이 원금에 미달하는 때에는 총수입금액은 없는 것으로 한다.

② 위 시행령 규정에 대한 대법원의 해석

회수불능사유가 발생하였다면(객관적으로 입증) 회수불능사유가 발생하기 전에 실제로 회수한 이자소득이 있더라도 소득세 과세는 불가능하다.

③ 이 사건의 경우 비영업대금 이자소득에 대한 결정·경정이 이루어지기 전(2007년)에 회수불능사유가 발생하기 전의 과세연도(2004년)에 실제로 회수한 이자소득이 있더라도 이자소득세 과세대상이 될 수는 없다.

5. 관련 판례

문서번호	내 용
대법원 1989. 10. 24. 선고 89누2554 판결	금전을 대여할 때에 채권자가 채무자로부터 받은 금전대여에 관한 수수료는 비영업대금의 이익으로서 이자에 포함된다.
대법원 1993. 7. 27. 선고 92누19613 판결	부동산의 매수인이 대금지급기일을 어겨서 추가로 지급한 지연손해금은 기타소득이다.
대법원 2006. 1. 12. 선고 2004두3984 판결	금전채무의 이행지체로 인한 약정지연 손해금은 기타소득이 되는 위약금 또는 배상금에 포함된다.

문서번호	내 용
대법원 2004. 2. 13. 선고 2002두5931 판결	「소득세법」 제16조 제1항 제11호 소정의 '비영업대금의 이익'이라 함은 금전의 대여를 영업으로 하지 않는 자가 일시적·우발적으로 금전을 대여함에 따라 지급받는 이자 또는 수수료를 말한다.
대법원 1991. 3. 27. 선고 90누9230 판결	물품을 장기할부조건으로 판매함에 있어서 장기할부조건에 대한 반대급부로서 현금거래 또는 통상의 대금결제방법에 의한 거래의 경우보다 추가로 지급받은 금액이나, 계약을 체결하는 과정에서 이자상당액을 가산하여 매도가액을 확정하고 할부방법에 따라 이자를 포함한 가액을 매도대금으로 지급받은 경우에 있어서의 **그 이자상당액 등은 비영업대금의 이익에 해당하지 아니한다.** 따라서 위 금원은 해당 물품의 매도가액에 포함되어 사업소득·양도소득을 구성한다.

1-4 반복적으로 거래한 대여금의 이자소득 과세방법

● 대상판결 : 대법원 2014두35010 (2014. 5. 29.) ➜ 국승

핵심 요지

여러 건의 대여일과 회수일이 있는 대여금거래에 대하여 이미 회수되어 소멸한 대여원리금 채권이 있다면 특별한 사정이 없는 한 그 채권에 대하여는 이자소득이 있다고 보아야 하고 총회수금과 대여한 총원금을 비교하여 이자소득 발생 여부를 판정하는 것은 위법하다.

1. 사실관계

(1) 원고의 거래내역

① 원고가 갑에게 대여한 대여금 대여 및 회수 내역은 다음과 같다.

구 분	내 역
제1대여금	•대여 : 2007. 1. 31.~2007. 3. 2.(총 3회) 4억 원 대여 •회수 : 2007. 7. 6.~2007. 8. 2.(총 5회) 원금 4억 원 + 이자 170백만 원 회수
제2대여금	•대여 : 2007. 8. 31.~2009. 11. 25.(총 59회) 49억 원 대여 •회수 : 2008. 2. 29.~2009. 11. 17.(총 50회) 42억 원 회수

② 원고는 갑을 상대로 대여금 지급을 구하는 소를 제기하여 다음과 같이 일부 승소판결받았다.

"갑이 변제한 돈을 대여일의 순서에 따라 변제충당하면 최종대여일인 2009. 11. 25.을 기준으로 잔여원금은 12억 원이고, 제1대여금 및 제2대여금 중 2009. 5. 29.까지의 대여금에 대한 원금과 이자는 모두 변제된 것으로 계산된다."

(2) 피고는 2012. 3. 15. 원고가 갑과의 금전거래를 통해 2007년~2009년까지 얻은 이자소득에 대하여 원고에게 2007년~2009년 귀속 각 종합소득세를 부과처분하였다.

2. 쟁 점

비영업대금의 이자소득이 있는지는 개개 대여금 채권별로 구 「소득세법시행령」 제51조 제7항을 적용하여 판단하여야 하는지 여부

3. 사건의 경과

(1) 원심판결(대구고등법원 2013. 12. 6. 선고 2013누10107 판결) : 국패

① 2007년 귀속 종합소득세 부과처분
원고가 갑으로부터 제1대여금 채권의 원금 4억 원을 모두 회수하고 170백만 원의 이자를 받았으므로, 위 이자소득에 대하여 종합소득세 부과처분은 적법하다.

② 2008년, 2009년 귀속 각 종합소득세 부과처분
원고가 제2대여금 중 42억 원만을 변제받고 나머지 대여금이 회수불능됨으로써 변제받은 금액을 모두 원금에 충당하더라도 제2대여금 채권 원금 중 약 670백만 원을 회수하지 못하게 된 이상, 제2대여금은 「소득세법시행령」 제51조 제7항에 따라 이자소득이 없는 것으로 보아야 하므로 2008년 및 2009년 귀속 종합소득세를 부과한 처분은 위법하다.

③ 이 사건 제2대여금 거래횟수가 60여 회에 달하므로 대여금 채권별로 「소득세법시행령」 제51조 제7항 적용 여부를 따져야 한다는 주장에 대하여 원고가 제2대여금 중 **변제받은 합계액이 대여금 원금에 미달하는 이상 제2대여금 전부에 대하여 이자소득이 있다고 볼 수 없다**는 이유로 피고의 주장을 배척하였다.

(2) 대상판결

① 구 「소득세법시행령」 제51조 제7항에 대한 해석
구 「소득세법시행령」 제51조 제7항은 「법인세법」과 달리 「소득세법」에서는 비영업대금에 대하여 나중에 원금조차 회수하지 못하여 결손이 발생하더라도 이를 이자소득의 차감항목으로 반영할 수 있는 제도적 장치가 마련되어 있지 않아 궁극적으로 이자소득이 있다고 할 수 없음에도 이자소득세를 과세하는 부당한 결과를 방지

하기 위한 규정으로 보이는 점, 위 규정은 그 문언에서 과세표준 확정신고 또는 과세표준과 세액의 결정·경정 전에 일정한 회수불능사유가 발생할 때까지 회수한 전체금액이 원금에 미달하는 경우를 그 적용대상으로 하고 있으며 특별한 예외를 두고 있지 않은 점, 「소득세법」상 이자소득의 발생 여부는 그 소득발생의 원천이 되는 원금 채권의 회수 가능성 여부를 떠나서는 논하기 어려운 점을 종합하면, 비영업대금의 이자소득에 대한 과세표준 확정신고 또는 과세표준과 세액의 결정·경정 전에 대여원리금 채권을 회수할 수 없는 일정한 사유가 발생하여 그때까지 회수한 금액이 원금에 미달할 때에는 그와 같은 **회수불능사유가 발생하기 전의 과세연도에 실제로 회수한 이자소득이 있다고 하더라도 이는 이자소득세의 과세대상이 될 수 없다**고 할 것이다(대법원 2012. 6. 28. 선고 2010두9433 판결; 대법원 2013. 9. 13. 선고 2013두6718 판결 등 참조).

그리고 **비영업대금의 이자소득이 있는지는 개개 대여금 채권별로** 구 「소득세법시행령」 제51조 제7항을 적용하여 **판단**하여야 하므로 여러 개의 대여원리금 채권 중 과세표준 확정신고 또는 과세표준과 세액의 결정·경정 당시 이미 회수되어 소멸한 대여원리금 채권이 있다면 특별한 사정이 없는 한 그 채권에 대하여는 이자소득이 있다고 보아야 하고, 이는 그 **여러 개의 대여원리금 채권이 동일한 채무자에 대한 것이라 하여도 마찬가지**이다.

② 2007년 귀속 종합소득세 부과처분

원고가 원금을 모두 회수하고 이자소득을 얻었으므로, 원고가 위와 같은 이자소득을 얻었음을 이유로 한 2007년 귀속 종합소득세 부과처분은 적법하다.

(3) 2008년 및 2009년 귀속 각 종합소득세 부과처분

그러나 원심이 개개 대여금 채권별로 구 「소득세법시행령」 제51조 제7항의 적용 여부를 따져야 한다는 취지의 피고 주장을 배척한 부분은 다음과 같은 이유에서 수긍할 수 없다. … 이와 같은 변제충당의 결과에 의하면, 제1대여금 및 제2대여금 중 2009. 5. 29.까지의 대여금에 대한 원금과 이자가 모두 변제된 것으로 계산되는 사실 등을 알 수 있다.

이러한 사실관계를 앞서 본 법리에 비추어 살펴보면, 피고가 원고에게 2008년 및 2009년 귀속 종합소득세 부과처분을 한 2012. 3. 5. 당시 이미 제2대여금 중 2009. 5. 29.까지의 대여금에 대한 원금과 이자가 전부 회수됨으로써 그 대여원리금 채권이 소멸하여 적어도 그에 대하여는 **구 「소득세법시행령」 제51조 제7항이 적용될 수 없다**고 볼 여지가 있다.*

* 2009. 5. 29.까지의 대여금은 원금 및 이자를 회수하였으므로 이자소득세 과세대상이 될 수 있다는 의미이다.

4. 평 석

(1) 이자소득의 수입시기, 회수불능 채권 및 회수불능 판단시점에 관해서는 '제4장 1-3. 회수불능 채권과 비영업대금의 이익'의 평석란에서 다룬 바 있다.

(2) 판결문에 적시되지 않았지만 변제금이 수개의 대여금 채권 중 어떤 채권이 변제에 충당되었는지 여부에 대하여는 「민법」 제477조의 법정변제충당 규정이 적용되어야 한다는 견해가 유력하다.

> **「민법」 제477조【법정변제충당】**
>
> 당사자가 변제에 충당할 채무를 지정하지 아니한 때에는 다음 각 호의 규정에 의한다.
> 1. 채무 중에 이행기가 도래한 것과 도래하지 아니한 것이 있으면 이행기가 도래한 채무의 변제에 충당한다.
> 2. 채무 전부의 이행기가 도래하였거나 도래하지 아니한 때에는 채무자에게 변제이익이 많은 채무의 변제에 충당한다.
> 3. 채무자에게 변제이익이 같으면 이행기가 먼저 도래한 채무나 먼저 도래할 채무의 변제에 충당한다.
> 4. 전2호의 사항이 같은 때에는 그 채무액에 비례하여 각 채무의 변제에 충당한다.

(3) 2013년 말 소득세법시행령 제51조 제7항이 개정되었다. 종전에는 "확정신고 또는 결정·경정 전 회수불능 사유가 발생한 경우 이자소득으로 회수한 금액에서 원금을 먼저 차감"하도록 되어 있던 것을 **"해당 과세기간에 발생한 비영업대금의 이익에 대하여** … 채무자 또는 제3자로부터 원금 및 이자의 전부 또는 일부를 회수할 수 없는 경우에는 회수한 금액에서 원금을 먼저 차감하여 계산한다."**라고 개정하여 회수불능사유가 발생한 과세기간 중의 이자소득에 대해서만 동법 시행령 제51조 제7항을 적용**하도록 하였다.

(4) 그러한 과세관청의 논리는 이 사건 2심 재판부의 판단과 일치한다(서울 고등법원 2010. 4. 13. 선고 209누25691 판결 참조). 소득세는 이른바 기간과세이고, 회수불

능사유가 발생하기 이전에 이미 구체적으로 실현된 이자소득의 납세의무에 대하여는 어떠한 영향을 미칠 수 없다는 것이다. 국세청에서 발간한 책자에서도 개정이유를 "기간과세를 원칙으로 하고 있는 소득세법 취지에 부합하도록 계산방법을 명확화"하기 위한 것이라고 적시하고 있다.

(5) 과세관청의 법 개정은 "소득세는 소득을 전제로 하는 것이고 소득을 잃게 되면 과세할 수 없다"는 논리를 바탕으로 회수불능사유가 발생하기 전에 실제로 회수한 이자소득이 있더라도 과세할 수 없다는 대법원의 논리에 반하는 것이다. 대법원에서는 계속 관련사건에서 패소 판결함에도 불구하고 과세관청은 판례를 수용하는 입장이 아니라 기존 과세관청의 입장을 강화하는 방향으로 시행령을 개정하였다. 추후 대법원의 판단을 지켜볼 필요가 있어 보인다.

5. 관련 판례

문서번호	내 용
광주고등법원 2020. 11. 27. 선고 2020누11113 판결	여러 개의 대여원리금 채권 중 과세표준 확정신고 또는 과세표준과 세액의 결정 · 경정 당시 이미 회수되어 소멸한 대여원리금채권이 있다면 특별한 사정이 없는 한 그 채권에 대하여는 이자소득이 있다고 보아야한다.

1-5 동업관계에서 탈퇴하면서 지분에 따라 받은 부동산의 소득구분

● 대상판결 : 대법원 2012두8977 (2015. 12. 23.) ➜ 파기환송

핵심 요지

탈퇴한 조합원이 다른 조합원들에게 잔존 조합재산에 관한 자신의 지분을 양도하고 받은 소득은 탈퇴 당시 조합재산의 구성내역에 따라 탈퇴한 조합원의 사업소득 또는 양도소득이 된다.

1. 사실관계

(1) 2003. 5. 30. 원고 외 4인은 동업계약을 체결한 후 동업계약에 따라 한국자산관리공사로부터 건물을 취득하여 분양 등의 사업을 영위하였다.

(2) 2004. 2. 5. 원고는 동업관계에서 탈퇴하고 탈퇴에 관한 동업해지계약을 체결하였다.

(3) 2004. 2. 5. 원고는 동업해지계약에 따라 이 사건 부동산에 관하여 공유물 분할을 원인으로 한 원고 단독명의의 소유권이전등기를 경료하였다.

(4) 2010. 5. 17. 피고는 원고가 동업관계에서 탈퇴하면서 취득한 이 사건 부동산의 가액 중 원고의 출자금액을 초과하는 부분이 배당소득에 해당한다고 보아 원고에게 종합소득세를 부과하였다.

(5) 피고는 이 사건에 대하여 당초 사업소득으로 부과처분하였고 이에 대해 원고는 소송을 제기하였는데 1심에서는 사업소득이 아닌 배당소득이라는 이유로 국가패소 판결하였다.

(6) 피고는 처분사유를 변경하지 아니하고 항소를 포기하여 그 즈음에 위 판결이 확정되었다(수원지방법원 2006구합7899).

(7) 그 후 피고는 이 사건에 대하여 부과제척기간 내에 있으므로 다시 배당소득으로 과세하였고 원고는 이에 불복하여 이 사건 소송에 이르게 되었다(피고는 이 사건이 부과제척기간 내에 있어서 배당소득으로 과세하기 위하여 항소를 포기한 것이다).

(8) 이 사건의 소송진행상황은 다음과 같다.

① 1심 수원지방법원 2011구합1727(국승, 배당소득) ② 원심 서울고등법원 2011누32777(국승, 배당소득) ③ 대상판결 2012두8977(파기환송, 사업소득 또는 양도소득) ④ 파기환송 후 판결 2016누126(국패, 사업소득 또는 양도소득) ⑤ 대법원 피고 상고기각(2016두513판결, 쟁점 : 확정판결과 저촉되는 행정처분인지 여부) ※ 결국 이 사건 처분사유 변경을 허용할 수 없다는 취지의 판결

2. 쟁 점

동업관계에서 탈퇴하면서 지분에 따라 받은 부동산이 배당소득인지 사업소득인지 여부

3. 사건의 경과

(1) 원심판결(서울고등법원 2012. 3. 30. 선고 2011누32777 판결) : 국승

① 과세대상 소득인지 여부에 대한 판단

원고가 동업관계에서 탈퇴하면서 취득한 이 사건 부동산 가액 중 원고의 출자금액을 초과하는 부분(513백만 원)은 과세대상 소득이 된다(관련 판례 참조).

② 배당소득인지 여부에 대한 판단

이 사건 동업관계로부터 탈퇴한 조합원인 원고가 위와 같이 과세대상 소득이 되는 이 사건 부동산을 취득한 것은 그 실질에 있어서 구 「소득세법」 제17조 제1항 제7호에서 말하는 제1호 내지 제6호의 소득과 유사한 소득으로서 수익분배의 성격이 있는 것에 해당하여 **배당소득에 해당**한다.

(2) 대상판결

어느 조합원이 조합체에서 탈퇴하면서 지분의 계산으로 일부 조합재산을 받는 경우에는 마치 합유물의 일부 양도가 있는 것처럼 그 개별 재산에 관한 합유관계가 종료하므로(민법 §274 ①), 이와 같은 지분의 계산은 세법상 탈퇴한 조합원과 공동사업을 계속하는 다

른 조합원들이 조합재산에 분산되어 있던 지분을 상호 교환 또는 매매한 것으로 볼 수 있다. 그런데 공동사업을 목적으로 한 조합체가 조합재산인 부동산을 양도함으로써 얻는 소득은, 그것이 사업용 재고자산이라면 사업소득이 되며(구 소득세법 §87·§43) 사업용 고정자산으로서 양도소득세 과세대상이라면 양도소득이 된다(구 소득세법 §118). 탈퇴한 조합원이 다른 조합원들에게 잔존 조합재산에 관한 자신의 지분을 양도하고 일부 조합재산을 받음으로써 얻는 소득의 성질도 이와 다르지 않으므로, 탈퇴 당시 조합재산의 구성내역에 따라 탈퇴한 조합원의 사업소득 또는 양도소득 등이 된다고 할 것이다.

구 「소득세법」 제17조 제1항 제7호는 '제1호 내지 제6호의 소득과 유사한 소득으로서 수익분배의 성격이 있는 것'을 배당소득으로 규정하고 있다. 그런데 조합체가 공동사업을 통하여 얻는 일정한 소득금액은 각 조합원의 지분 또는 손익분배비율에 따라 분배되어 조합원들 각자에게 곧바로 귀속되고 개별 조합원이 직접 납세의무를 부담하므로(구 소득세법 §87·§43·§118) 개별 조합원들이 조합체에서 수익분배를 받는다고 할 수 없으며, 조합원이 탈퇴하면서 지분의 계산으로 일부 조합재산을 받은 경우에도 그로 인한 소득은 곧바로 탈퇴한 조합원에게 귀속할 뿐이다. 따라서 **탈퇴한 조합원이 탈퇴 당시 지분의 계산으로 얻는 소득은 구 「소득세법」 제17조 제1항 제3호·제7호, 제2항 제1호가 정한 배당소득에 해당한다고 할 수 없다.**

4. 평 석

(1) 원심은 원고가 자신의 동업지분을 반환·분배받았다는 점을 중시하여 그 실질은 수익분배의 성격이 있다고 보아 의제배당소득으로 판단하였다.

(2) 대법원은 "이와 같은 지분의 계산은 세법상 탈퇴한 조합원과 공동사업을 계속하는 다른 조합원들이 조합재산에 분산되어 있던 지분을 상호 교환 또는 매매한 것으로 볼 수 있다."고 판시하여 이 사건 부동산 지분을 취득한 행위 자체는 조합재산을 양도하는 경우와 같다고 보았다.

(3) 파기환송심(2016누126)에서도 대법원의 판단과 같이 이 사건 원고의 소득을 배당소득이 아닌 사업소득 또는 양도소득으로 판단하였다.

(4) 다만, 이 사건 부동산에 관하여 원고가 얻은 소득을 사업소득으로 보아 2006. 4. 1. 이 사건 종전처분에 관한 취소판결이 확정되었는데도 피고가 환송 후 다시 이 사건 부동산에 관하여 원고가 얻은 소득이 배당소득이 아닌 사업소득에 해당한다는 이유로 이 사건 처분의 처분사유를 변경한 것은 허용되지 아니한다고 판시하였다(확정된 이 사건 전소판결과 저촉됨).

(5) 이 사건 처분사유 변경이 허용[사업소득(확정)→배당소득→사업소득]되는지 여부에 대하여 대법원은 피고의 상고를 기각하여 이 사건 처분사유변경이 허용되지 아니한다고 판결하였다(대법원 2019. 01. 17. 선고 2016두513 판결).

5. 관련 판례

문서번호	내 용
대법원 1995. 11. 10. 선고 94누8884 판결	공동사업으로 인한 소득은 그 각 지분 또는 손익분배비율에 의하여 분배되거나 분배될 금액에 따라 소득금액을 계산하여야 하고, **동업관계에서 탈퇴할 때 수령한 금전 기타 재산의 가액 중 출자금을 초과하는 부분은 과세대상 소득**이 된다.
대법원 1991. 3. 12. 선고 90누7289 판결	상여소득에 대한 갑종근로소득세와 배당소득에 대한 배당소득세는 과세요건과 과세율을 달리하여 어느 하나의 부과처분에 다른 하나의 부과처분이 포함되어 있다고 볼 수 없으므로 법인이 출자자인 임원의 인정상여소득에 대한 갑종근로소득세 부과처분의 취소를 구하고 있는 사건에 있어서 **그 부과처분이 위법하면 이를 전부 취소**하여야 할 것이고, 이와는 달리 그에게 귀속된 사외유출금액에 대하여 **정당한 배당소득세를 산출하여 이를 초과하는 범위 내에서만 위 부과처분을 취소하여야 할 것은 아니다.** 따라서 이 사건의 경우 사업소득으로 과세한 부과처분을 전부 취소하여야 하고, 정당한 배당소득세를 산출하여 이를 초과하는 범위 내에서 위 부과처분을 취소할 수 없는 것이라면 과세관청은 처음부터 배당소득으로 과세하지 않는 한 위법한 처분이 된다는 결론에 이르게 된다.

문서번호	내 용
대법원 1989. 11. 14. 선고 89누1520 판결	이자소득이라고 과세된 경우에 그것이 이자소득이 아니라 과세표준이 다른 사업소득이라고 하여 당해 과세처분이 위법한 것으로 판단될 경우에는 당해 처분 전부를 취소해야 하는 것이지 재판대상이 아닌 다른 소득에 관하여 그 조사결정권도 없는 법원이 나서서 세액을 결정하여 그 초과부분을 취소할 수는 없다. **이 판결에 따른다면 이 사건의 경우 과세관청으로서는 억울한 측면이 있다.**

1-6 기타소득으로 정한 '사례금'의 의미와 판단기준

● 대상판결 : 대법원 2016두30637 (2016. 5. 24.) ➜ 국승

핵심 요지

기타소득의 하나로 규정한 '사례금'은 사무처리 또는 역무의 제공 등과 관련하여 사례의 뜻으로 지급되는 금품을 의미하고, 여기에 해당하는지는 금품수수의 동기, 목적, 상대방과의 관계, 금액 등을 종합적으로 고려하여 판단하여야 한다.

1. 사실관계

① 연구개발공동약정 → ② 연구개발실패로 약정합의 해제 → ③ A회사 독자개발 → ④ B회사가 A회사 연구결과물 절취 → ⑤ A회사는 B회사 및 대표이사를 상대로 소제기, 보전신청, 형사고소 및 손해배상청구

(1) 원고는 A회사의 대표이사인데, B회사와 유해가스를 저감 정화할 수 있는 전자기계장치를 공동으로 개발하기로 약정하였다.

(2) 거듭된 실험실패로 A회사와 B회사 간 위 약정은 합의해지 되었다.

(3) A회사는 위 개발사업을 단독으로 추진하였다.

(4) 한편, B회사는 A회사 소유의 연구결과물을 절취하였고, A회사는 B회사가 특허권에 관한 기술개발에 성공하고도 A회사 몰래 특허권을 등록하였다고 판단하였다.

(5) A회사는 B회사와 동 대표이사를 상대로 소제기, 보전처분신청, 형사고소 등(손해배상 등 청구의 소 포함)을 하였다.

(6) 그 후, A회사의 대표이사인 원고는 B회사와 이 사건 각 합의에 따라 이 사건 쟁점금원을 지급받았다.

(7) 피고는 이 사건 쟁점금원이 원고가 이 사건 각 합의에 따라 A회사의 대표이사로서 관련 손해배상 등 청구의 소를 취하하는 등의 사무 처리와 관련하여 개인자격에서 지급받은 것으로 소득세법 제21조 제1항 제17호 소정의 '사례금'에 해당하다고 보아 소득세를 부과처분 하였다.

2. 쟁 점

이 사건 금원이 정신적 고통에 대한 위자료인지 아니면 사례금에 해당하는지 여부

3. 대상판결(서울행법 2014구합17470 판결)

소득세법 제21조 제1항은 '기타소득은 이자소득·배당소득·부동산임대소득·사업소득·근로소득·연금소득·퇴직소득 및 양도소득 외의 소득으로 다음 각 호에 규정하는 것으로 한다'라고 규정하면서, 제17호에서 사례금을 들고 있는데, 여기에서 말하는 '사례금'이란 사무처리 또는 역무의 제공 등과 관련하여 사례의 뜻으로 지급되는 금품을 의미하고, 이에 해당하는지의 여부는 당해 금품수수의 동기·목적, 상대방과의 관계, 금액 등을 종합적으로 고려하여 판단하여야 한다(대법원 2013. 9. 13. 선고 2010두27288 판결 등). 또한 소득세법상 어떠한 종류의 소득에 해당하는가의 문제는 간접사실에 의한 추인의 여지를 배제하는 것은 아니다(대법원 1997. 10. 24. 선고 97누2429 판결 등).
한편 과세처분취소소송에서 과세요건에 관한 입증책임은 과세관청에 있으나, 구체적인 소송과정에서 경험칙에 비추어 과세요건이 추정되는 사실이 밝혀지면, 상대방이 그 사실이 경험칙 적용의 대상적격이 되지 못한다는 것을 입증하지 않는 한 당해 과세처분이 과세요건을 구비하지 못한 위법한 처분이라고 단정할 수 없다(대법원 1998. 7. 10. 선고 97누13894 판결, 대법원 2002. 11. 13. 선고 2002두6392 판결 등).
… 일반적으로 타인의 채무불이행이나 불법행위로 재산권이 침해된 경우에는 그 재산적 손해의 배상에 의하여 정신적 고통도 회복된다고 보아야 하므로 이를 이유로 위자료를 청구하는 것은 허용되지 아니하고, 다만 재산상의 손해 이외에 명예나 신용의 훼손 등으로 재산적 손해의 배상만으로는 회복할 수 없는 정신적 손해가 남은 경우에 한하여 그로 인

한 정신적 고통에 대한 위자료를 청구할 수 있다고 할 것인 바(대법원 1997. 2. 14. 선고 96다36159 판결 참조), 설령 B회사가 어떠한 위법행위를 하였다고 하더라도 그로 인하여 이 사건 공동 약정당사자인 A회사가 아니라 원고 개인에게 어떠한 손해가 발생하였다고 인정할 만한 증거가 없고, 설령 원고 개인에게 재산적 손해가 발행하였다고 하더라도 재산적 손해의 배상만으로는 회복할 수 없는 정신적 손해를 입었음을 인정할 만한 자료도 없다.

… 따라서 이 사건 처분이 소득세 과세대상이 되지 않는 소득에 대한 과세처분에 해당한다는 원고의 주장은 이유 없다.

4. 평 석

(1) 원고는 이 사건 쟁점금원은 B회사의 대표이사의 배신행위로 인하여 받게 된 정신적 고통에 대한 위자료로서 지급받은 것이므로 소득세법 제21조 제1항 각 호가 정한 기타소득에 해당하지 아니하고, 소득의 원천에 관하여 열거주의를 취하고 있는 현행 소득세법상 과세대상 소득으로 볼 수 없다는 주장을 하였다.

(2) 그러나, 재판부(1,2심 및 대법원 모두)는 **법인 간 분쟁을 해결한 대가로 법인대표자가 상대방으로부터 지급받은 금액은 사례금에 해당**한다는 판단을 하였다.

(3) 어떤 금원이 사례금에 해당하는지, 위자료에 해당하는지는 사실 분명하지 않다. 다른 사례를 보면, 부동산 컨설팅 대가로 지급한 금원이 전문 인적용역에 대한 대가인지, 사례금에 해당하는지 다투는 사안도 있었다. 소득세법은 기타소득 중 하나로 사례금과 인적용역을 일시적으로 제공하고 받는 대가로 규정하고 있고, 양자는 필요경비 산정에 차이가 있다. 사례금에 대해서는 일반원칙(필요경비가 인정되지 아니하고, 실제로 기타소득을 받는 때가 수입시기가 됨)에 따르도록 하고 있고, 인적용역은 최소한 100분의 80을 필요경비로 산입할 수 있도록 하고 있으므로 **제공받은 용역이 사례금인지 인적용역인지에 따라 부담하여야 할 세액의 차이가 클 수 밖에 없다.**

(4) 대법원은 "일시적 인적용역을 제공하고 지급받는 금품이, 제공한 역무나 사무 처리의 내용, 당해 금품수수의 동기와 실질적인 목적, 금액의 규모 및 상대방과의 관계 등을 고려해 보았을 때, 용역제공에 대한 보수 등 대가의 성격 뿐 아니라 사례금의 성격까

지 함께 가지고 있어 **전체적으로 용역에 대한 대가의 범주를 벗어난 것으로 인정될 경우에는 제19호가 아니라 제17호의 소득(사례금)으로 분류하는 것이 타당하다**"고 판시하고 있다(대법원 2017. 4. 26. 선고 2017두30214 판결).

(5) 즉, 인적용역을 일시적으로 제공하고 지급받은 금품이 용역제공에 대한 보수 등 대가의 성격 뿐 아니라 사례금의 성격까지 함께 가지고 있어 **전체적으로 용역에 대한 대가의 범주를 벗어난 것으로 인정될 경우에는 사례금으로 분류하는 것이 타당**하다는 취지의 판결을 한 것이다(이 판결은 아래 관련 판례에 적시한 2013두3818 판결과는 다소 차이가 있는데, 이에 대해 1심재판부는 2013두3818 판결은 개인 대 개인의 동업 청산과정에서 이루어진 합의에 따라 지급받은 금원에 대한 것이고 이 사건은 원고 개인이 아니라 A회사와 B회사의 대표이사 간에 법률적 분쟁이 있었을 뿐이므로 이 사건에 원용하기 적절하지 않다고 설시하고 있다).

(6) 따라서 필요경비로 공제받기 위하여 인적용역을 제공하고 지급받은 금원이 **제공한 역무의 객관적 가치에 비하여 지나칠 정도로 거액인 경우**(인적용역의 대가라기보다는 양자 간의 친분관계가 더 큰 영향을 미친 것으로 보이는 경우) 그 대가가 사례금으로 분류되어 과다한 세금을 부담하여야 하므로 주의를 할 필요가 있겠다.

5. 관련 판례

문서번호	내 용
대법원 2015. 2. 26. 선고 2014두44335 판결	소외회사의 대표이사이자 대주주가 소외 회사의 경영권 및 주식양도대금을 수령한 300억 원 중 21억 원을 원고에게 지급한 것은 소외 회사의 경영권을 양도하는 과정에서 원고가 **소외회사의 임원직에서 사임하고 경영권 양도에 적극적으로 협조한 것에 대한 대가**로 지급받은 것으로서 기타소득 중 하나인 사례금에 해당한다고 봄이 상당하다.
대법원 2016. 3. 24. 선고 2015두55684 판결	쟁점금액의 실질은 주식의 매매대금이 증액된 것이 아니라 소외회사의 책임 있는 사유로 잔금지급이 늦어져 매매계약에서 정한 위약금의 지급사유가 발생하자 원고와 소외회사가 협상을 통하여 그 1/3에 해당하는 금액을 감액하여 정한 **위약금에 해당**하므로 피고가 이를 기타소득으로 보아 원고에게 종합소득세를 부과한 것은 적법하다.

문서번호	내 용
대법원 2016. 4. 28. 선고 2015두59042 판결	임직원들의 초고속인터넷 서비스 신규가입자 유치 인센티브는 구 소득세법 제21조 제1항 제17호의 사례금이나 같은 항 제16호의 재산권에 관한 알선수수료로 볼 수 없으므로 이와 다른 전제에 선 사건 처분은 위법하다고 판단한 것은 정당하다.
대법원 2013. 9. 13. 선고 2010두27288 판결	구 소득세법 제21조 제1항 제17호가 기타소득의 하나로 규정한 **사례금**은 사무처리 또는 역무의 제공 등과 관련하여 사례의 뜻으로 지급되는 금품을 의미하고, 여기에 해당하는지는 **해당 금품수수의 동기·목적, 상대방과의 관계, 금액 등을 종합적으로 고려하여 판단**하여야 한다.
대법원 2015. 1. 15. 선고 2013두3818 판결	구 소득세법 제21조 제1항 제17호가 기타소득의 하나로 정한 '사례금'은 사무처리 또는 역무의 제공 등과 관련하여 사례의 뜻으로 지급되는 금품을 의미하고, 여기에 해당하는 지는 해당 금품수수의 동기·목적, 상대방과의 관계, 금액 등을 종합적으로 고려하여 판단하여야 하고(대법원 2013. 9. 13. 선고 2010두27288 판결 등 참조), **그 금품이 외견상 사무처리 등에 대한 사례의 뜻으로 지급되는 것처럼 보일지라도 그 중 실질적으로 사례금으로 볼 수 없는 성질을 갖는 것이 포함된다면 그 전부를 사례금으로 단정할 것은 아니다.**

1-7 해고 무효확인 소송에서 화해권고결정에 따라 회사로부터 받은 돈이 소득세법상 원천징수 대상인 기타소득의 하나인 '사례금'인지 여부

● 대상판결 : 대법원 2018다286390 (2022. 3. 31.) ➜ 국패

핵심 요지

> 이 사건 화해금은 사무처리 또는 역무제공 등과 관련하여 이에 대한 사례 내지 대가의 의미로 지급한 금품이라고 보기 어려움

1. 사실관계

• 해고무효분쟁

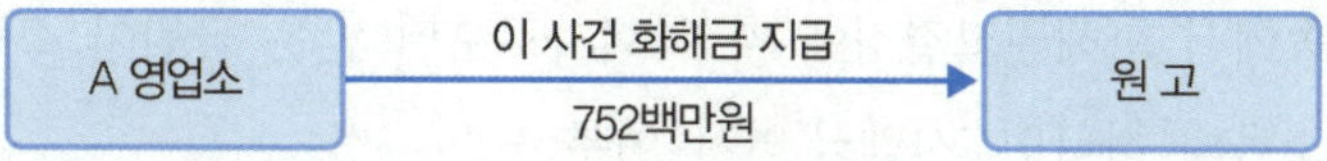

• 판단

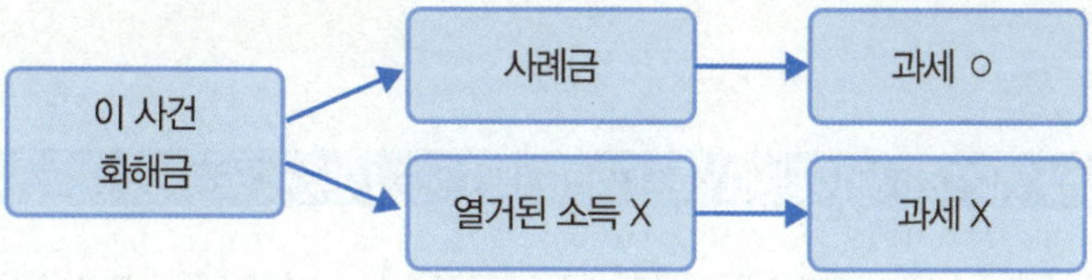

(1) 원고는 A 영업소(외국법인의 국내영업소)가 원고를 해고한 사건과 관련하여, 서울중앙지방법원에 해고무효확인 및 복직 시까지 임금의 지급을 구하는 소를 제기하였으나 원고 청구 기각판결을 선고받았다(1심에서 원고는 근로기준법상 A 영업소의 근로자에 해당하지 않는다는 사유로 패소).

(2) 원고는 이에 불복하여 서울고등법원에 항소하였는데, 위 법원은 A 영업소가 원고에게 화해금 752백만 원을 지급하라는 내용(원고의 나머지 청구는 포기)의 화해권고 결정을 하였고 쌍방이 이의하지 않아 위 결정이 그대로 확정되었다.

(3) A 영업소는 이 사건 화해금이 과세대상소득이라고 주장하면서 위 화해금 중 소득세법에 따른 세율(기타소득 원천징수세율 20% + 지방세 2%)을 적용한 원천징수 금액을

공제한 나머지 금액을 원고에게 지급하겠다는 의사를 표시하였다.

(4) 이에 대하여 원고는 이 사건 화해금은 소득세법상 과세대상이 아니므로, A 영업소가 세금을 원천 징수하지 않은 위 화해금 전액을 원고에게 지급하여야 한다고 주장하였다. 결국 원고와 A 영업소 사이에 이에 관한 합의가 이루어지지 않았다.

(5) 이에 A 영업소는 이 사건 화해금이 과세대상소득에 해당하는지 여부를 과실 없이 알 수 없다고 하면서 향후 피공탁자인 원고와 대한민국(강남세무서)이 협의에 따라 적법한 권리자가 위 화해금 중 원천징수금액을 지급받아 가라는 취지로 서울동부지방법원에 위 화해금 중 원천징수세액 해당 금액 165백만 원을 민법 제487조에 의하여 변제공탁(상대적 불확지)하였다.

2. 쟁 점

해고무효확인소송에서 화해권고결정에 따라 회사로부터 받은 금원이 소득세법상 원천징수 대상인 기타소득의 하나인 '사례금'인지 여부

3. 관련법령

소득세법 제21조 제1항 제17호【기타소득】

① 기타소득은 이자소득 · 배당소득 · 사업소득 · 근로소득 · 연금소득 · 퇴직소득 및 양도소득 외의 소득으로서 다음 각 호에서 규정하는 것으로 한다.

17. 사례금

4. 원 · 피고 주장 요약

(1) 원 고

이 사건 화해금은 소득세법상 과세대상이 아니므로, A영업소가 세금을 원천 징수하지 않은 위 화해금 전액을 원고에게 지급하여야 한다.

(2) 피고(과세관청)

① 이 사건 화해금은 A 영업소가 원고와의 일체의 분쟁을 조기에 신속하고 원만하게 해결하기 위한 목적으로 원고에게 사무처리 또는 역무제공 등과 관련하여 그에 대한 사례 내지 대가의 뜻으로 지급하기로 한 것인바, 이는 소득세법 제21조 제1항 제17호 소정의 사례금으로서 기타소득에 해당한다.

② A 영업소가 1심에서 승소했다고 하더라도, A 영업소와 원고는 해고무효확인의 소의 종국적인 승패를 장담할 수 없는 상황에서 이 사건 화해금 지급을 통하여 계속되는 분쟁을 조기에 종결하는 이익을 얻었다고 할 것이므로, 이 사건 화해금은 사례금으로서 기타소득 과세대상에 해당한다.

5. 대상판결

소득세법은 과세대상 소득을 그 원천 또는 성격에 따라 구분하여 열거하고 있으므로 **소득세법이 열거하지 않은 소득은 과세대상이 아니다.** 따라서 어느 개인에게 소득이 발생하였더라도 그 소득이 소득세법에 열거된 소득에 해당하지 않으면 소득세 납세의무가 성립하지 않는다. 어느 소득이 소득세 과세대상인지 여부가 다투어지는 경우 특별한 사정이 없는 한 **과세를 주장하는 자가 해당 소득이 소득세법에 열거된 특정과세대상 소득에 해당한다는 점까지 주장 · 증명**하여야 한다.

… 원심의 판단은 원고와 A 영업소 사이에 발생한 분쟁의 내용과 소송에 이른 경위, 화해권고결정 이전에 진행된 재판의 경과, **화해권고결정금액의 규모** 등을 종합하여 고려한 결과 **'사례금'에 해당한다는 증명이 부족하다는 취지**로 판단한 것으로 볼 수 있어, 이러한 원심의 판단에 상고이유 주장과 같이 소득세법 제21조 제1항 제17호가 정한 사례금에 관한 법리를 오해하는 등의 잘못이 없다.

6. 평 석

(1) 해고무효확인 소송의 계속 중 사용자가 근로자에게 일정 금액을 지급하되 근로자는 그 나머지 청구를 포기하기로 하는 내용의 소송상 화해가 이루어졌다면 이러한 **화해**

금의 성질은 근로자가 해고무효확인 청구를 포기하는 대신 받기로 한 분쟁 해결금으로 보아야 하고 비록 그 화해금액을 산정함에 있어 근로자의 임금 등을 기초로 삼았다 하더라도 이를 **임금 또는 퇴직금 등으로 볼 수는 없으며**, 유추해석이나 확장해석을 불허하는 조세법규의 엄격한 해석상 이를 구 소득세법 제25조 제1항 제9호 소정의 계약의 위약 또는 해약으로 인하여 받는 위약금과 배상금이라고 보기 어려울 뿐더러 이에 관한 구 소득세법 시행령 제49조 제3항의 규정취지에 비추어 위 법조 소정의 계약은 재산권에 관한 계약을 의미하고 근로계약은 이를 포함하지 않는 것으로 보아야 하는 것이므로 결국 위 **화해금은 분쟁해결금으로서 소득세법상 과세대상이 되는 근로소득, 퇴직소득, 기타소득 중의 어느 것에도 해당되지 아니한다**(대법원 1991. 6. 14. 선고 90다11813 판결 참조).

(2) 구 소득세법 제21조 제1항 제17호가 기타소득의 하나로 규정한 '사례금'은 사무처리 또는 역무의 제공 등과 관련하여 사례의 뜻으로 지급되는 금품을 의미하고, 여기에 해당하는지는 금품 수수의 동기 · 목적, 상대방과의 관계, 금액 등을 종합적으로 고려하여 판단하여야 하고(대법원 2013. 9. 13. 선고 2010두27288 판결, 대법원 2017. 2. 9. 선고 2016두55247 판결 등 참조), 그 금품이 외견상 사무처리 등에 대한 **사례의 뜻으로 지급되는 것처럼 보일지라도 그중 실질적으로 사례금으로 볼 수 없는 성질을 갖는 것이 포함되어 있다면 그 전부를 '사례금'으로 단정할 것은 아니다**(대법원 2015. 1. 15. 선고 2013두3818 판결 참조).

(3) 대법원은 아래 관련판례에서 보는 바와 같이 **단순하게 분쟁해결을 위해 지급된** 화해금은 사례금으로 보았으나 대상판결에서와 같이 화해금을 **지급하게 된 동기**나 **화해금의 규모, 소송에서 다투게 된 내용** 등을 종합적으로 고려하여 사례금으로 보기 어렵다고 판시하는 등 사안별로 판단이 다르다는 것을 알 수 있다.

(4) 이 사건으로 돌아와 보면, 1심 재판부는 이 사건 화해금은 A 영업소가 원고에게 사무처리 또는 역무제공 등과 관련하여 이에 대한 사례 내지 대가의 의미로 지급한 금품이라고 보기 어려운 점, **사무처리 또는 역무제공 등이 무엇인지 피고의 주장 증명이 없는 점 등**, 결국 이 사건 화해금은 A 영업소가 원고에게 사무처리 또는 역무제공 등과 관련하여 이에 대한 사례 내지 대가의 의미로 지급한 금품이라고 보기 어렵다고 판단하였다.

(5) 또한 이 사건 화해금이 752백만 원이라는 **거액이란 점**도 이를 단순한 사례의 뜻으로 지급하는 금품으로 볼 수 없다는 입장이다(치열한 법정공방을 통해 화해가 이루어졌음을 감안하여 보면, 이 사건 화해금을 상대방에게 이유 없이 과다하게 지급할 이유가 없다는 것이다).

(6) 대상 판결은 해고무효분쟁 과정에서 지급된 화해금이 기타소득인 사례금에 해당하는지 여부와 관련하여, **근로자와 회사 사이에 발생한 해고무효분쟁의 내용과 소송에 이른 경위, 화해권고결정 이전에 진행된 재판의 경과(승소가능성, 화해시점 등), 화해금의 지급 동기 내지 목적(분쟁의 신속한 해결 등), 화해금의 규모(사례금으로 보기에는 금액이 과다한지 등)** 등을 종합적으로 고려하여 이 사건 화해금을 소득세법상 기타소득인 사례금으로 보기 어렵다고 판단하였다. 향후 해고무효분쟁 과정에서 지급된 화해금이 기타소득인 사례금에 해당되는지 여부를 판단함에 있어서도 대상 판결은 하나의 기준을 제시한 것으로 볼 수 있다.

7. 관련예규 · 판례

문서번호	내 용
대법원 2013. 9. 13. 선고 2010두27288 판결; 대법원 2017. 2. 9. 선고 2016두55247 판결	소득세법 제21조 제1항 제17호가 기타소득의 하나로 규정한 '사례금'은 사무처리 또는 역무의 제공 등과 관련하여 사례의 뜻으로 지급되는 금품을 의미하고, 여기에 해당하는지는 해당 금품 수수의 동기 · 목적, 상대방과의 관계, 금액 등을 종합적으로 고려하여 판단하여야 한다.
대법원 2015. 1. 15. 선고 2013두3818 판결	그 금품이 외견상 사무처리 등에 대한 사례의 뜻으로 지급되는 것처럼 보일지라도 그중 실질적으로 사례금으로 볼 수 없는 성질을 갖는 것이 포함되어 있다면 그 전부를 '사례금'으로 단정할 것은 아니다
대법원 2018. 7. 20. 선고 2016다17729 판결	피고는 원고가 복직 및 급여 청구 등을 포기하고 향후 일체의 이의를 제기하지 않기로 하는 등 부당해고 구제신청과 관련한 분쟁을 신속하고 원만히 해결할 수 있도록 협조하여 준 데 대한 사례의 뜻으로 이 사건 화해금을 지급한 것으로 봄이 타당하므로, **이 사건 화해금**은 구 소득세법 제21조 제1항 제17호가 기타소득으로 정한 **'사례금'**에 해당하고, 따라서 피고는 원고에게 기타소득 원천징수세액 상당액을 공제한 나머지 분쟁조정금만 지급하면 된다.

문서번호	내 용
대법원 2017. 2. 9. 선고 2016두55247 판결	이 사건 프로모션 지급액은 키맨들이 제공한 판매촉진용역 등 인적 용역에 대한 대가라고 보기는 어렵고, 오히려 키맨들이 주류 판매에 대한 계약상 의무 부담을 지지 않는 상태에서 실제 판매된 주류의 양에 비례하여 지급받은 금품으로 사례금의 성격을 갖고 있다.
대법원 2015. 1. 15. 선고 2013두3818 판결	소외인이 원고에게만 일방적으로 회사를 동업으로 운영하면서 제공한 사무 또는 역무처리와 동업관계에서 탈퇴하는 것 등에 대한 위로와 감사에 따른 사례의 뜻으로 선뜻 거액을 지급한다는 것은 경험칙상 매우 이례적이라고 할 수 있고, … 따라서 원심이 들고 있는 사정만으로는 위 금액이 전부 사례의 뜻으로 지급된 것이라고 단정하기는 어려우므로, … 원심으로서는 **동업 청산의 구체적인 경위, 청산의 대가를 15억 원으로 합의한 이유 등을 추가적으로 심리하여 위 금액 전부가 사례금에 해당하는지를 판단하였어야 한다.**
민사소송법 제225조 제1항	화해권고결정은 법원이 소송 계속 중 직권으로 당사자의 이익, 그 밖의 모든 사정을 참작하여 청구취지에 어긋나지 않는 범위에서 사건의 공평한 해결을 위하여 하는 결정이다.
민사소송법 제231조	화해권고결정이 확정된 경우 재판상 화해와 같은 효력을 가진다.
대법원 2014. 4. 10. 선고 2012다29557 판결	화해권고결정은 종전의 법률관계를 바탕으로 한 권리 · 의무관계는 소멸함과 동시에 화해권고결정에 따른 새로운 법률관계가 유효하게 형성되는 것이다.
대법원 2013. 9. 13. 선고 2010두27288 판결	소득세법 제21조 제1항 제17호가 기타소득의 하나로 규정한 '사례금'은 사무처리 또는 역무의 제공 등과 관련하여 사례의 뜻으로 지급되는 금품을 의미하고, 여기에 해당하는지는 해당 금품 수수의 동기 · 목적, 상대방과의 관계, 금액 등을 종합적으로 고려하여 판단하여야 한다.

1-8 어느 개인이 이중거주자에 해당하는 경우 조세조약이 정하는 바에 따라 어느 국가의 거주자로 간주될 것인지를 결정하여야 함

● 대상판결 : 대법원 2019두52935 (2020. 1. 16.) ➜ 국패

핵심 요지

어느 개인이 소득세법상의 국내 거주자인 동시에 외국의 거주자에도 해당하여 그 외국법상 소득세 등의 납세의무자에 해당하는 경우에는 그 중복되는 국가와 체결된 조세조약이 정하는 바에 따라 어느 국가의 거주자로 간주될 것인지를 결정하여야 함

1. 사실관계

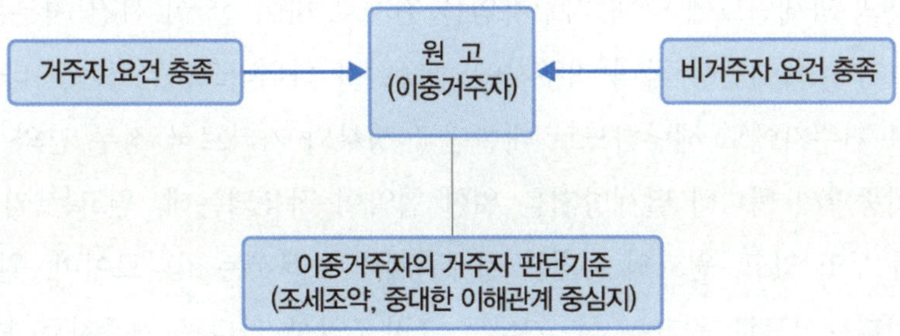

(1) 원고는 2005. 7. 25.부터 카타르국에서 B회사의 총괄관리자로 근무하였다.

(2) 중부지방국세청장은 원고에 대하여 개인통합조사를 실시한 결과, 원고는 소득세법에서 정하는 거주자에 해당하고, 2008년부터 2013년까지 국내로 송금한 금액 합계 1,783백만 원(원고가 카타르에서 수령한 급여)이 카타르현지법인으로부터 수취한 급여에 해당함에도 이에 대한 종합소득세 신고를 누락하였다는 내용의 과세자료를 처분청인 피고에게 통보하였다.

(3) 피고는 중부지방국세청장의 조사내용을 토대로 원고가 카타르 현지급여에 대한 종합소득세 신고를 누락한 것으로 보아 2016. 4. 8. 원고에 대하여 2008년~2013년 귀속 종합소득세 728백만 원(가산세 포함)을 각 결정·고지하였다.

2. 쟁 점

어느 개인이 이중거주자에 해당하는 경우 그 개인이 거주자인지 비거주자인지 판단 기준

3. 원·피고의 주장

가. 원고의 주장

(1) 원고는 2005. 7. 25. 이 사건 회사의 총괄관리자로 근무하기 시작한 이래 이 사건 처분의 과세연도인 2008년 내지 2013년의 대부분을 카타르에서 생활하였으므로, 구 소득세법 시행령(2015. 2. 3. 대통령령 제26067호로 일부개정되기 전의 것, 이하 구 소득세법 시행령이라 한다) 제2조 제4항 제1호의 계속하여 1년 이상 국외에 거주할 것을 통상 필요로 하는 직업을 가진 때에 해당하는 비거주자이다. 따라서 원고가 이 사건 처분의 과세연도에 국내 거주자임을 전제로 하여 한 이 사건 처분은 위법하다.

(2) 가사 원고가 소득세법상 국내 거주자에 해당한다 하더라도, 원고는 카타르 소득세법상 카타르 거주자에도 해당하므로 대한민국 정부와 카타르국 정부 간의 소득에 대한 조세의 이중과세 회피와 탈세방지를 위한 협약이 적용되는데, 원고는 카타르에 항구적 주거를 두고 있고, 원고의 중대한 이해관계의 중심지는 카타르이며, 원고의 일상적 거소는 카타르이므로 원고는 한·카타르 조세조약상 카타르 거주자로 보아야 한다.

나. 피고(과세관청)의 주장

(1) 국내에서 생계를 같이하는 가족 및 국내에 소재하는 자산의 유무 등 생활관계의 객관적 사실에 비추어 원고는 소득세법상 국내 거주자에 해당한다.

(2) 가사 원고가 카타르 소득세법상 카타르 거주자에 해당한다 하더라도, 원고는 우리나라에 항구적 주거를 두고 있고, 원고의 중대한 이해관계의 중심지는 우리나라이므로 원고는 한·카타르 조세조약상 국내 거주자로 보아야 한다.

4. 대상판결(서울고등법원 2019누30647판결)

구 소득세법에 의한 주소는 **국내에서 생계를 같이하는 가족 및 국내에 소재하는 자산의 유무 등 생활관계의 객관적 사실에 따라 판정**하여야 하는데, ① 원고는 처, 딸, 차남 등과 함께 국내에 의정부시 B아파트 C호(이하 이 사건 아파트라 한다)를 주소로 하여 주민등록을 마쳤고, 이 사건 아파트도 원고가 소유하고 있는 점, ② 원고는 이 사건 처분의 과세기간인 2008년부터 2013년까지 25회에 걸쳐 국내에 입국하였는데, 국내에 체류하는 동안에는 이 사건 아파트에서 거주하는 가족들과 함께 생활한 것으로 보이는 점, ③ 원고는 국내에 이 사건 아파트 이외에도 양주시 D 대 354㎡, 이천시 E 임야 2,624㎡ 등을 소유하고 있는 점, ④ 원고는 카타르에서 지급받은 급여 대부분을 국내로 송금하여 관리하고 있는 점 등에 비추어 보면, 원고는 소득세법상 국내 거주자에 해당한다고 봄이 상당하다. … 또한 원고는 다음과 같은 사정 등을 보태어 보면, 카타르 소득세법상 카타르 거주자에 해당한다고 봄이 상당하다.

① 원고는 이 사건 회사에 근무하면서 2008년부터 2013년까지 카타르에서 매년 12개월 동안 183일 이상 거주하였으므로, 원고는 카타르 소득세법상 카타르 거주자로서 납세의무가 있는 개인에 해당한다.

② 피고는, 카타르 소득세법상 급여, 임금, 수당 등은 그 적용 대상에서 제외되어 원고가 소득세의 납세의무가 없고 실제로 납부한 세액도 없으므로, 원고는 카타르 거주자에 해당하지 아니하다고 주장한다. 그러나 조세조약은 거주지국에서 주소, 거소, 본점이나 주사무소, 관리장소 또는 그 밖의 유사한 기준에 의한 포괄적 납세의무를 지는 자를 전제하고 있으므로, 조세조약의 적용과 관련하여 체약국의 법에 따라 **납세의무를 부담하는지는 현실적으로 과세되는지가 아니라 추상적·포괄적 납세의무가 성립하는지에 따라 판단**하여야 한다(대법원 2015.3.26.선고 2013두7711 판결, 2017.7.11.선고 2015두55134, 55141 판결 참조).

어느 개인이 소득세법상의 국내 거주자인 동시에 외국의 거주자에도 해당하여 그 외국법상 소득세 등의 납세의무자에 해당하는 경우에는 하나의 소득에 대하여 이중으로 과세될 수도 있으므로, 이를 방지하기 위하여 각국 간 조세조약을 체결하여 별도의 규정을 두고 있다. **납세의무자가 이러한 이중거주자에 해당하는 사실이 인**

정된다면 그 중복되는 국가와 체결된 조세조약이 정하는 바에 따라 어느 국가의 거주자로 간주될 것인지를 결정하여야 한다(대법원 2015. 2. 26. 선고 2014두13959 판결 참조).

… 항구적 주거란 개인이 여행 또는 출장 등과 같은 단기체류를 위하여 마련한 것이 아니라 그 이외의 목적으로 계속 머물기 위한 주거장소로서 언제든지 계속 사용할 수 있는 모든 형태의 주거를 의미하는 것이므로, 그 **개인이 주거를 소유하거나 임차하는 등의 사정은 항구적 주거를 판단하는 데 고려할 사항이 아니다.** 이러한 항구적 주거가 양 체약국에 모두 존재할 경우에는 한·카타르 조세조약상 이중거주자의 거주지국에 대한 다음 판단 기준인 **중대한 이해관계의 중심지**, 즉 양 체약국 중 그 개인과 인적 및 경제적으로 더욱 밀접하게 관련된 체약국이 어디인지를 살펴보아야 하고, 이는 가족관계, 사회관계, 직업, 정치·문화 활동, 사업장소, 재산의 관리장소 등을 종합적으로 고려할 때 양 체약국 중 그 개인의 관련성의 정도가 더 깊은 체약국을 의미한다(대법원 2019.3.14.선고 2018두60847 판결 참조).

이 사건에 관하여 보건대, 다음과 같은 사정 등에 비추어 보면, 원고는 우리나라와 카타르 모두에 항구적 주거를 두고 있으나, 원고와 인적 및 경제적 관계가 더욱 밀접하게 관련된 체약국은 우리나라가 아닌 카타르이므로 한·카타르 조세조약상 카타르 거주자로 봄이 상당하다.

① 원고는 2005년에 카타르로 출국한 다음 2005년 7월경 토목공사 등을 목적으로 하는 이 사건 회사를 설립하고 총괄관리자로 취임한 이후 2019년 현재까지 이 사건 회사의 총괄관리자로 근무하고 있고, 이 사건 카타르 주거는 원고의 단기체류를 위한 곳이 아니라 원고가 이 사건 회사에서 근무하는 동안 계속 머물기 위한 주거 장소로서 원고와 원고의 장남인 F는 장기간 계속하여 실제 사용하였다. ② 원고는 이 사건 처분의 과세기간인 2008년부터 2013년까지 국내에서 2008년 25일, 2009년 31일, 2010년 38일, 2011년 45일, 2012년 32일, 2013년 51일을 체류하였는데, 위 기간 동안 원고의 국외 체류일수는 평균 328일에 이르는 반면 국내 체류일수는 37일에 지나지 아니하였다. 원고의 국내 체류일수도 대부분 설날, 한식, 추석 등에 제사나 벌초 목적 등으로 입국하여 체류한 것에 불과하였고, 원고가 **국내에서 사회 활동이나 사업 활동을 하였다고 볼 만한 자료도 없다.** ③ 원고는 국내에 이 사건 아파트, 양주시 D 대 354㎡, 이천시 E 임야 2,624㎡ 등을 소유

하고 있었을 뿐이므로 국내원천소득은 원고가 카타르에서도 충분히 관리할 수 있었던 것으로 보인다.

5. 평 석

(1) 소득세법 적용에 있어 주소의 판정기준에 관하여, 구 소득세법 시행령 제2조 제1항은 주소는 국내에서 생계를 같이하는 가족 및 국내에 소재하는 자산의 유무 등 생활관계의 객관적 사실에 따라 판정한다고 규정하고 있고, 같은 **구 소득세법 시행령 제4항 제1호는 국외에 거주 또는 근무하는 자가 계속하여 1년 이상 국외에 거주할 것을 통상 필요로 하는 직업을 가진 때에는 국내에 주소가 없는 것으로 본다**고 규정하고 있다.

(2) 구 소득세법 시행령 제2조 제4항 제1호(계속하여 1년 이상 국내에 거주할 것을 통상 필요로 하는 직업을 가진 때)에 대한 1심과 2심 재판부의 판단이 달랐다. 1심재판부는 이 규정이 간주규정으로 소득세법상 거주자를 결정하는 하나의 요소인 주소를 판정함에 있어서 일응 국내에서 생계를 같이하는 가족 및 국내에 소재하는 자산의 유무 등 생활관계의 객관적 사실에 따라 판정하되, 이와는 별도로 **국외에 거주 또는 근무하는 자가 계속하여 1년 이상 국외에 거주할 것을 통상 필요로 하는 직업을 가진 때에는 생활관계의 객관적 사실과 무관하게 국내에 주소가 없는 것으로 판정**하여야 한다는 의미로 해석된다고 판시하고 있다.

(3) 이 사건 원심재판부(서울고법 2019누30647 판결)는 구 소득세법 시행령 제2조 제4항 제1호는, 구 소득세법에 의한 주소는 국내에서 생계를 같이하는 가족 및 국내에 소재하는 자산의 유무 등 생활관계의 객관적 사실에 따라 판정한다는 구 소득세법 시행령 제2조 제1항의 주소에 관한 **추상적 기준을 구체화한 규정(간주규정이 아님)**이라고 봄이 상당하고, 구 소득세법 시행령 제2조 제4항 제1호에 해당하면(**국외에 거주 또는 근무하는 자가 계속하여 1년 이상 국외에 거주할 것을 통상 필요로 하는 직업을 가진 때) 생활관계의 객관적 사실과 무관하게 비거주자로 의제하는 규정이라고 볼 수 없으므로,** 원고의 주장과 같이 원고가 국외에 거주 또는 근무하는 자로서 계속하여 1년 이상 국외에 거주할 것을 통상 필요로 하는 직업을 가진 경우에 해당한다고 하더라도 곧바로 국내에 주소가 없는 것으로 볼 수 없다는 것이다.

(4) 원심은 어느 개인이 이중거주자에 해당하는 경우 그 중복되는 국가와 체결된 조세조약이 정하는 바에 따라 어느 국가의 거주자로 간주될 것인지를 결정하여야 한다고 판단하였다.

(5) 항구적 주거가 양 체약국에 모두 존재할 경우에는 한·카타르 조세조약상 이중거주자의 거주지국에 대한 다음 판단 기준인 **중대한 이해관계의 중심지**, 즉 양 체약국 중 그 개인과 인적 및 경제적으로 더욱 밀접하게 관련된 체약국이 어디인지를 살펴보아야 하고, 이는 가족관계, 사회관계, 직업, 정치·문화 활동, 사업장소, 재산의 관리장소 등을 종합적으로 고려할 때 양 체약국 중 그 개인의 관련성의 정도가 더 깊은 체약국의 거주자로 보아야 한다는 것이다.

(6) 쟁점이 되었던 소득세법 시행령 제2조 제4항 제1호 규정은 2015. 2. 3. 삭제되고 동법 시행령 제2조 제4항 제2호에 있었던 규정을 제4항에 보강하여 "**국외에 거주 또는 근무하는 자가 외국국적을 가졌거나 외국법령에 의하여 그 외국의 영주권을 얻은 자로서 국내에 생계를 같이하는 가족이 없고 그 직업 및 자산상태에 비추어 다시 입국하여 주로 국내에 거주하리라고 인정되지 아니하는 때에는 국내에 주소가 없는 것으로 본다.** 〈개정 2015. 2. 3.〉"라고 개정하였다.

(7) 결국 위 대법원의 판례에서와 같이 일정기간 동안 국외에 거주할 것을 통상 필요로 하는 직업을 가진 때에는 다른 사정을 고려함이 없이 무조건 비거주자로 보는 것이 아니라 어느 개인의 경우에는 이중거주자에 해당할 수도 있으므로, 조세조약 및 납세자의 가족관계, 사회관계, 직업, 정치·문화 활동, 사업장소, 재산의 관리장소 등을 종합적으로 고려하여 **중대한 이해관계의 중심지가 어디인지에 따라** 거주자인지 여부를 판정하여야 할 것으로 보인다.

(8) 기획재정부는 양국의 거주자인 경우 **거주자 또는 비거주자 판단기준**에 대한 질의에 대하여 아래와 같이 회신하였다(기획재정부조세정책 - 820(2020. 9. 24.).

"한국과 중국의 국내법에 따라 각각 한 · 중 **양국의 거주자인 경우**에는 「한 · 중 조세조약」 제4조 제2항에 따라 우선 항구적 주거(Permanent Home)를 기준으로 거주지 국가를 판정하며, 양 국가에 항구적 주거를 두고 있는 경우에는 **중대한 이해관계의 중심지를 기준**으로 거주지 국가를 판정합니다.

'항구적 주거(Permanent Home)'란 단기체류 목적이 아닌 계속적으로 언제든 사용

가능한 장소를 말하는 것으로서, 개인이 소유하는 주택의 경우 임대 등을 이유로 계속 하여 머무를 가능성이 없는 기간 중에는 이에 해당하지 않습니다.

또한 **'중대한 이해관계의 중심지'를 판정하는 기준은 가족 및 사회관계 등을 고려하여 개인과 인적 및 경제적으로 더욱 밀접한 관련 체약국**을 말하는 것입니다.

다만 신청인이 질의한 내용이 이에 해당하는지는 위의 판단 기준을 종합적으로 고려 하여 사실 판단할 사항입니다. 끝."

(9) 참고로 비거주자에 해당하는 경우 납세의무 범위, 1세대1주택 비과세, 조세특례제한 법상 감면 등 여러 가지 면에서 거주자와 다르므로 주의를 요한다.

가. 비거주자에게는 국내원천소득에 대해서만 과세되며, 국외에 있는 자산의 양도에 대한 양도소득세 납세의무는 없다. 즉, 국외자산 양도에 대한 양도소득의 납세의 무는 거주자(해당 자산의 양도일까지 계속 5년 이상 국내에 주소 또는 거소를 둔 자만 해당)에게만 있다.

나. 비거주자가 보유한 주택에 대해서는 비과세 요건 충족 여부와 무관하게 원칙적으 로 1세대 1주택 비과세 규정을 적용하지 않는다. 다만, 다음 중 어느 하나에 해당 하는 경우에는 양도일 현재 비거주자인 경우에도 1세대 1주택 비과세를 적용받을 수 있다.

① 「해외이주법」에 따른 해외이주로 세대전원이 출국하는 경우. 다만, 출국일 현재 1주택을 보유하고 있는 경우로서 **출국일부터 2년 이내에 양도하는 경우에 한함**

② 1년 이상 계속하여 국외거주를 필요로 하는 취학 또는 근무상의 형편으로 세대 전원이 출국하는 경우. 다만, 출국일 현재 1주택을 보유하고 있는 경우로서 출 국일부터 2년 이내에 양도하는 경우에 한함

다. 조정대상지역 내 다주택 중과 및 중과배제 규정은 비거주자에게도 거주자와 동일 하게 적용된다. 즉, 비거주자도 다주택자 중과세율을 적용받으며, 중과배제 규정 도 적용받는다.

라. 비거주자는 원칙적으로 비과세나 감면을 적용받을 수 없다. 다만, 다음의 「조세특 례제한법」상 감면규정은 비거주자도 적용받을 수 있으며, 이 중, **자경농지 감면의 경우 비거주자가 된 날로부터 2년 이내 양도한 경우에 한하여 적용**한다는 점 주의 하여야 한다.

① 제66조(자경농지에 대한 감면)

② 제77조(공익사업용 토지에 대한 감면)

③ 제97조의4(장기임대주택 장기보유특별공제 특례)

④ 제98조의3(미분양주택 취득자에 대한 특례)

⑤ 제98조의5(수도권 밖의 미분양주택 취득자에 대한 특례)

⑥ 제98조의6(준공 후 미분양주택 취득자에 대한 특례)

⑦ 제99조의2(신축주택 등 취득자에 대한 특례)

마. 비거주자로부터 부동산을 양수하는 자가 법인(내국법인 및 외국법인)인 경우에는 양도가액의 10%(양도한 자산의 취득가액 및 양도비용이 확인되는 경우에는 양도차익의 20%와 비교하여 적은 금액)을 원천징수 · 납부하여야 하며, 해당 원천징수세액은 비거주자의 양도소득세 예정(확정)신고 시 기 납부세액으로 공제받을 수 있다. 다만, 양도하는 비거주자가 소득세를 미리 납부하였거나 그 소득이 비과세 또는 과세미달 되는 것임을 증명하는 경우에는 원천징수하지 않는다.

바. 비거주자는 1세대 1주택만을 보유한 경우로서 10년 이상 보유하다가 양도하더라도 최대 80%의 장기보유특별공제율을 적용하는 것이 아니라 최대 30%를 적용한다. 다만, 다음에 해당하는 경우에는 최대 40%, 80%의 공제율을 적용받을 수 있다.

① 최대 40% : 「조세특례제한법」 제97조의4(장기임대주택 장기보유특별공제 특례)

② 최대 80% : 「조세특례제한법」 제98조의3(미분양주택 취득자에 대한 특례), 제98조의5(수도권 밖의 미분양주택 취득자에 대한 특례), 제98조의6(준공 후 미분양주택 취득자에 대한 특례)

5. 관련 판례

문서번호	내　용
대법원 2019. 3. 14. 선고 2018두60847 판결	항구적 주거(permanent home)란 개인이 여행 또는 출장 등과 같은 단기체류를 위하여 마련한 것이 아니라 그 이외의 목적으로 계속 머물기 위한 주거 장소로서 언제든지 계속 사용할 수 있는 모든 형태의 주거를 의미하는 것이므로 그 **개인이 주거를 소유하거나 임차하**

문서번호	내 용
	는 등의 사정은 항구적 주거를 판단할 때 고려할 사항이 아니다. 이러한 항구적 주거가 양 체약국에 모두 존재할 경우에는 쟁점조세조약상 이중거주자의 거주지국에 대한 다음 판단기준인 **중대한 이해관계의 중심지**(centre of vital interests), 즉 양 체약국 중 그 개인과 인적 및 경제적으로 더욱 밀접하게 관련된 체약국이 어디인지를 살펴보아야 하고, 이는 가족관계, 사회관계, 직업, 정치·문화 활동, 사업장소, 재산의 관리장소 등을 종합적으로 고려할 때, 양 체약국 중 그 개인의 관련성의 정도가 더 깊은 체약국을 의미한다
기획재정부조세정책-820 (2020. 09. 24)	한국과 중국의 국내법에 따라 각각 한·중 양국의 거주자인 경우에는 「한·중 조세조약」 제4조 제2항에 따라 우선 항구적 주거(Permanent Home)를 기준으로 거주지 국가를 판정하며, 양 국가에 항구적 주거를 두고 있는 경우에는 중대한 이해관계의 중심지를 기준으로 거주지 국가를 판정함
소득세법 기본통칙1-3…1 【국외사업장 등에 파견된 임원 또는 직원의 거주자·비거주자 판정】	① 거주자 또는 내국법인의 국외사업장 또는 해외현지법인(100% 직·간접 출자법인)에 파견된 임원 또는 직원이 생계를 같이 하는 가족이나 자산상태로 보아 파견기간의 종료 후 재입국할 것으로 인정되는 때에는 파견기간이나 외국의 국적 또는 영주권의 취득과는 관계없이 거주자로 본다.
소득세법 기본통칙2-2…1 【주소우선에 의한 거주자와 비거주자와의 구분】	소득세법 시행령 제2조 제3항 및 제4항의 규정을 적용함에 있어 계속하여 1년 이상 국외에 거주할 것을 통상 필요로 하는 직업을 가지고 출국하거나, 국외에서 직업을 갖고 1년 이상 계속하여 거주하는 때에도 국내에 가족 및 자산의 유무 등과 관련하여 생활의 근거가 국내에 있는 것으로 보는 때에는 거주자로 본다.
대법원1993. 5. 27. 선고 92누11695 판결	소득세법은 개인의 거주자성을 판정할 경우 국내에서의 객관적 생활관계를 종합적으로 고려하도록 정하고 있을 뿐 타국에서의 생활관계는 비교판정요소로 들고 있지 않은 점, 양국의 거주자성이 모두 인정될 경우를 대비하여 국가 간에는 조세조약 등을 통한 해결을 도모하고 있는 점 등을 고려할 때, 국내에서의 생활관계를 토대로 국내거주자인지를 판정하여야 할 것이고, 국외에서의 활동과 자산보유 등 생활관계를 주로 고려하여 판단할 것은 아니다

제2절 귀속시기

2-1 소득처분과 납세의무 성립시기

● 대상판결 : 대법원 2004두9944 (2006. 7. 27.) ➜ 국승

핵심 요지

종합소득 과세표준 확정신고기한 경과 후에 소득처분에 의하여 변동이 생긴 소득금액에 대한 세액의 추가납부 불이행에 대한 제재로서 부과되는 납부불성실가산세는 그 법정추가납부기한인 소득금액변동통지서를 받은 날이 속하는 달의 다음 달 말일의 다음 날부터 기산하여 산정하는 것이 타당하다.

1. 사실관계

(1) 피고는 2002. 4월경 소외회사에 대하여 세무조사를 실시하였다.

(2) 매출액 신고누락을 확인하고 이 사건 소득금액을 익금산입하였다(법인세, 부가가치세 부과처분).

(3) 이 사건 소득금액의 귀속이 불분명하여 이를 원고(소외회사 대표이사)의 상여로 소득처분하였다.

(4) 2002. 5. 4. 피고는 소외회사 폐업으로 통지서를 송달받을 수 없다고 보아 원고에게 소득금액 변동통지를 하였다.

(5) 2002. 7. 2. 피고는 원고에게 종합소득세를 부과처분하였다(신고·납부불성실가산세 포함).

(6) 원고는 이 사건 소득금액 변동통지는 소외회사에 대한 법인세 부과처분 고지서가 적법하게 송달됨을 전제로 성립한 것으로 원고가 법인세 고지서를 송달받지 못하였으므

로 법인세 부과처분의 효력이 없다고 주장하며, 이 사건 소득금액 변동통지를 무효라고 주장하는 반면,

(7) 피고는 종합소득세 과세표준 확정신고기한 다음 날이 납부불성실가산세 기산일이라는 의견이었다.

2. 쟁 점

(1) 상여로 소득처분하는 경우 종합소득세(근로소득세) 납세의무 성립시기

(2) 납부불성실가산세의 산정시점

3. 사건의 경과

(1) 원심판결(대구고등법원 2004. 7. 30. 선고 2004누375 판결) : 국승

① 구 「소득세법시행령」 제192조에 의하면 법인이 소득금액 변동통지를 받은 날에 법인 소득금액이 지급된 것으로 보도록 규정되어 있을 뿐 법인세고지서 송달을 소득처분에 의한 소득발생요건으로 규정하고 있지 않으므로 법인세 고지서를 송달받지 못하였어도 이 사건 소득금액 변동통지가 무효가 되는 것은 아니다.

② 소득금액 변동통지를 받은 거주자가 추가신고·자진납부하지 아니한 경우 신고누락한 소득에 대한 납부불성실가산세는 종합소득과세표준 확정신고기한 다음 날부터 기산하는 것이다.

(2) 대상판결

① 쟁점 '1'에 대한 판단

그 소득의 귀속자에 대하여는 법인에 대한 소득금액 변동통지가 송달되었는지 여부와 상관없이 소득처분이 있게 되면 「소득세법」 제20조 제1항 제1호 다목 소정의 「법인세법」에 의하여 상여로 처분된 금액에 해당하여 근로소득세의 과세대상이 되고, 당해 소득금액은 부과처분의 대상이 되는 당해 사업연도 중에 근로를 제공한 날이 수입시기가 되므로(소득세법 §39 ①, 동법 시행령 §49 ① 3호), 소득의 귀속자의 종합

소득세(근로소득세) 납세의무는 「국세기본법」 제21조 제1항 제1호가 정하는 바에 따라 당해 소득이 귀속된 과세기간이 종료하는 때에 성립한다고 할 것이다.

② 쟁점 '2'에 대한 판단

"납부불성실가산세는 납세의무자가 법정납부기한까지 그 납부를 게을리 한 데 대한 행정상의 제재로서 부과되는 것인 점 등에 비추어 보면, 종합소득 과세표준 확정신고기한 경과 후에 소득처분에 의하여 변동이 생긴 소득금액에 대한 세액의 추가납부 불이행에 대한 제재로서 부과되는 납부불성실가산세는 그 **법정추가납부기한인 소득금액변동통지서를 받은 날이 속하는 달의 다음 달 말일의 다음 날부터 기산**하여 산정하는 것이 타당하다."

4. 평 석

(1) 종합소득세 납세의무는 「국세기본법」 제21조 제1항 제1호가 정하는 바에 따라 당해 소득이 귀속된 과세기간이 종료하는 때 성립한다.

(2) 납부불성실가산세는 납세자 입장에서 납부를 게을리 하였다고 볼 수 없는(정당한 사유 기인) 기간에 대하여는 부과할 수 없다.

5. 관련 판례

문서번호	내 용
대법원 1989. 10. 27. 선고 80누2830 판결	신뢰보호 원칙에 입각하여 과세관청이 납세지도 또는 예규 등을 통하여 특정한 납세자에게 어떤 의무가 없거나 또는 의무를 이행할 필요가 없다고 **공적인 의사표시를 한 경우**에는 **그 의사표시의 범위 안에서 정당한 사유**를 이룬다.
대법원 1994. 8. 26. 선고 93누20467 판결	법령의 무지는 가산세의 책임이 조각되는 정당한 사유에 해당되지 아니한다.

2-2 미확정된 필요경비의 귀속시기

● 대상판결 : 대법원 2011두33020 (2012. 5. 24.) ➜ 국승

핵심 요지

필요경비는 총수입금액에 대응하는 비용으로서 당해연도에 확정된 것에 대하여는 당해연도 전에 필요경비로 계상하지 아니한 것에 한하여 당해연도 필요경비로 인정되는바, 취득세 등이 부과처분을 한 2009사업연도에 확정되었으므로 2005년 귀속일지라도 2009사업연도의 필요경비로 보아야 한다.

1. 사실관계

(1) 원고는 2005. 1. 28.~2005. 3. 27. 사이에 이 사건 토지를 매수하면서 매매대금 중 일부만 지급한 상태에서 400억 원에 미등기전매하였다.

(2) 원고는 2005. 10. 24.~2007. 6. 11. 이 사건 토지 매매대금 400억 원을 지급받은 뒤 2008. 5. 31. 그 중 120억 원을 2007년 귀속 이자소득으로 하여 2007년 귀속 종합소득세를 신고·납부하였다.

(3) 중부지방국세청장의 세무조사 결과 이 사건 토지 전매는 양도소득에 해당된다며 이자소득 신고분을 환급하고 2005년 귀속 양도소득세를 부과하도록 결정하였으며, 이에 따라 2008. 12. 12. 피고는 이 사건 토지 전매에 대하여 양도소득세를 부과처분하였다.

(4) 원고는 이의신청(양도소득이 아니라 사업소득이라는 신청 취지) 결과 인용결정(중부지방국세청장)을 받았다.

(5) 피고는 2005년 귀속 양도소득세를 취소하고 종합소득세를 부과처분하였다.

(6) 이 사건 토지 관할 구청장은 원고가 이 사건 토지를 미등기전매하였다며, 2009년도에 토지 취득세 등 6억원을 부과처분하였다.

(7) 원고는 이 사건 토지의 취득세를 2005년 귀속 종합소득세 산정 시 필요경비에 산입하였다.

(8) 원·피고의 주장을 요약하면 아래와 같다.

원고의 주장	피고의 주장
2005년 귀속 종합소득세 산정 시 필요경비에 산입해야 한다. <주장근거> 1. 2005년경 이 사건 토지를 사실상 취득하였으므로 취득세 납세의무는 2005년 성립하였다. (1) 토지에 대한 취득세는 토지 양도 시 필요경비에 산입하는 것이다(소득세법기본통칙 27－55…8). (2) 사업자가 매매목적으로 취득한 토지 등에 부과되는 재산세 등은 각 과세기간의 소득금액 계산상 필요경비 에 산입하는 것이다. 2. 이 사건 토지 양도 때까지 쟁점 취득세 신고 또는 부과처분이 없었으므로 취득세가 미확정되어 2005년 귀속 소득세 계산 시 필요경비 공제를 받지 못하였을 뿐이다. 3. 관할 구청은 2009년도에서야 이 사건 토지 취득세를 부과처분하였고, **쟁점 취득세는 2005년 귀속 총수입금액에 대응하는 비용이므로** 2005년 귀속 소득세 계산 시 필요경비에 산입하여야 한다.	쟁점 취득세는 쟁점 취득세가 확정된 2009년 귀속 소득세에 대한 필요경비로 산입해야 한다. <주장근거> 「소득세법」 제27조 제2항 “해당 과세기간 전의 총수입금액에 대응하는 비용으로서 그 과세기간에 확정된 것에 대해서는 그 과세기간 전에 필요경비로 계상하지 아니한 것만 그 과세기간의 필요경비로 한다.”

2. 쟁 점

2005년 귀속 취득세가 2009년에 확정된 경우 어느 사업연도의 필요경비에 해당하는지 여부

3. 사건의 경과

(1) 원심판결(서울고등법원 2011. 11. 18. 선고 2011누5300 판결) : 국패

취득세는 과세물건을 취득하는 때에 납세의무가 발생하는 것이므로 과세관청이 2009년도에 취득세를 부과처분하였더라도 이는 2005년에 이미 발생사실이 확정된 취득세의 납세의무를 뒤늦게 고지한 것에 불과하고,

「소득세법기본통칙」에 의하더라도 취득세는 당해 토지의 취득가액에 산입한다고 규정하고 있으므로 당연히 비용으로 반영해 주어야 하며,

구 「소득세법」 제27조 제2항의 취지는 경정절차의 번거로움을 피하기 위한 것인데, 이 사건의 경우 그러한 절차의 번거로움이 없고,

처분청도 문제된 처분을 하기 전에 조사관청의 과세통보를 받아본 이상 미등기전매로 인한 취득세의 고지·부과 예정사실을 알았다고 보인다는 이유로 이 사건 취득세 등을 양도일이 속하는 2005년도 과세기간의 필요경비에 산입하여야 한다고 판시하였다.

(2) 대상판결

구 「소득세법」 제27조 제1항은 사업소득금액의 계산에 있어서 필요경비에 산입할 금액은 당해 연도의 총수입금액에 대응하는 비용으로서 일반적으로 용인되는 통상적인 것의 합계액으로 한다고 규정하고, 제2항은 당해 연도 전의 총수입금액에 대응하는 비용으로서 당해 연도에 확정된 것에 대하여는 당해 연도 전에 필요경비로 계상하지 아니한 것에 한하여 당해 연도의 필요경비로 본다고 규정하였다.

구 「소득세법」 제27조 제1항을 과세기간에 관한 같은 법 제5조, 총수입금액과 필요경비의 귀속연도 등에 관한 같은 법 제39조의 규정과 관련하여 볼 때, 필요경비에 산입할 금액은 총수입금액과 같은 기간에 확정된 비용 중 총수입금액에 대응하는 비용으로 한다는 이른바 기간손익계산의 원칙 및 수익비용대응의 원칙을 **아울러 규정**한 것으로 해석되고, 같은 법 제27조 제2항은 당해 연도에 확정된 비용은 당해 연도 전의 수입에 대응하는 비용이라도 이를 수입 귀속연도의 비용이 아닌 당해 연도의 필요비용으로 본다는 뜻으로 해석된다(대법원 1992. 7. 14. 선고 91누8814 판결 참조).

4. 평 석

(1) 총수입금액은 권리가 확정되어 인식할 수 있는 상태에 이르렀음에도 그에 대응하는 비용이 아직 확정되지 아니하여 인식할 수 없는 상태인 경우 추후 확정되면 그 비용의 귀속시기를 수익비용대응의 원칙에 따라 대응하는 총수입금액이 산입된 과세기간의 소득에 반영되어야 하는 것인지 문제가 된다.

(2) 「소득세법」은 이를 해결하고자 아직 의무가 확정되지 않은 비용은 그에 대응하는 수익이 인식되었다고 하더라도 권리의무 확정주의에 비추어 이를 수익의 인식시점과 동일하게 인식할 수는 없고, 그 이후 의무가 확정되어 인식이 가능한 상태에 이르렀을 때의 과세연도의 필요경비로 산입하도록 하고 있다(소득세법 §27 ②).

(3) 대상판결은 「소득세법」상 수익과 비용의 인식시기 및 수익비용의 귀속시기를 구별하여 「소득세법」 제27조 제2항이 단순한 절차적 번잡성을 피하기 위한 편의규정이 아니라 **수익에 대응하는 비용의 필요경비 산입시기를 정한 규정**이므로, 수익의 발생에 기여한 비용의 필요경비 산입시기는 수익비용대응의 원칙뿐만 아니라 「소득세법」 제27조 제2항에 따라 정해져야 함을 확인하는 판결이다.

(4) **구체적으로 어느 경우에 권리·의무가 확정되었다고 볼 것인가는 개별적인 사안별로 다르게 판단하여야 한다(개별적 고찰 필요).**

5. 관련 판례

문서번호	내 용
대법원 2013. 5. 24. 선고 2012두29172 판결	구 「소득세법」 제24조 제1항, 제39조 제1항 규정과 그 입법취지, 그리고 「소득세법」상 수입의 귀속시기는 소득에 대한 관리·지배와 그 소득의 객관화 정도, 납세자금의 확보시기 등을 함께 고려하여 그 소득의 실현 가능성이 상당히 높은 정도로 성숙·확정되었는지 여부를 기준으로 판단하여야 하는 점, 「국세기본법」 제45조의 2 제2항에서 후발적 경정청구제도를 규정하고 있는 점 등을 고려하여 보면, 위 **보상금 수입의 귀속시기는 그 수입금액이 확정되어 지급받은 날이 속하는 2008년도**이므로 보상금의 수입귀속시기를 폐업시점인

문서번호	내 용
	2009년 또는 축산영업금지의무 종료일인 2010년으로 보아야 한다는 갑의 주장을 배척한 원심판결은 정당하다. 이는 양돈업을 영위하던 갑이 자신의 사업장 토지가 공익사업으로 양돈업을 할 수 없게 되자 공익사업 시행자인 을 개발공사로부터 2008년 폐업보상금을 지급받았는데 과세관청이 2008년 종합소득세 확정신고 당시 위 보상금을 누락하였다는 이유로 종합소득세 부과처분을 한 사안에 대한 판결이다.
대법원 1993. 6. 22. 선고 91누8180 판결	채권이 발생하였다 하더라도 **그 존부 및 범위에 관하여 다툼**이 있어 소송에서 판결로 그 채권의 범위가 확정되었으며 그 분쟁의 경위 및 성질에 비추어 납세의무자에게 귀책할 수 있는 부당한 분쟁이 아닌 이상, 위 채권의 확정은 그 판결이 확정된 때로 봄이 상당하다. 이는 합자회사 사원이 퇴사하면서 출자지분환급청구소송을 제기하여 1심에서 일부 승소 후 상대방의 항소로 항소심에 계류 중 항소취하로 확정된 사안이다.
대법원 1995. 11. 28. 선고 94누11446 판결	소득이 현실적으로 없다 하더라도 그 원인이 되는 권리가 확정적으로 발생한 때에는 그 소득의 실현이 있는 것이고, 공사가 완공되고 대금지급시기가 도래하였으며 **일부 대금을 어음으로 지급받기**까지 한 이상 채권이 확정적으로 발생하였다고 할 것이므로 소득세를 납부할 의무가 있다.
대법원 1994. 8. 12. 선고 94누4608 판결	변리사가 외국의뢰인에게 비용과 보수액이 기재된 차변표(Debit Note)를 송부하여 외국의뢰인으로부터 금액의 전부 또는 일부의 지급을 약속받거나 실제로 송금받으면 그때마다 소득이 발생할 권리가 실현의 가능성에 있어 상당히 높은 정도로 성숙·확정되었다고 보아야 한다.
대법원 2011. 6. 24. 선고 2008두20871 판결	이자소득의 수입시기는 대여원리금 청구소송이 확정되어 배당금이 갑에게 확정적으로 귀속된 2005년이 아니라 **배당금을 받은 날이 속하는 2004년도**라고 본 원심판단을 수긍한다(대법원 91누8180 판결과 비교됨).

제3절 추계결정

3-1 추계과세의 위법성 여부

● 대상판결 : 대법원 2005두6737 (2007. 6. 1.) ➜ 국승

핵심 요지

원고 주장의 부도 수표·어음상의 채권이 대손금에 해당하지 아니함은 앞서 본 바이고, 원심이 적법하게 채택한 증거에 의하면 원고가 그 주장의 대손금 이외에 대금업의 필요경비에 관한 장부와 증빙서류를 제출하지 아니한 사실을 알 수 있는바, 이는 과세표준을 계산함에 있어서 필요한 장부나 증빙서류가 없거나 중요한 부분이 미비 또는 허위인 경우에 해당하여 이러한 경우 소득금액을 추계조사결정할 수 있다 할 것이므로, 원심이 같은 취지에서 추계조사결정으로 표준소득률을 적용하여 소득금액을 산정한 피고의 조치를 적법하다고 판단한 것은 정당하고, 거기에 추계조사결정에 관한 법리오해 등의 위법이 없다.

1. 사실관계

(1) 원고는 대금업을 영위하는 자로 1997년~1999년까지 매년 1억 원이 넘는 사업소득을 신고하지 않았다.

(2) 피고는 실지조사 결과 원고의 사업소득 누락금액을 확인하였다.

(3) 원고는 대금업 관련 필요경비를 인정받기 위해 약속어음이 부도처리 된 내역을 담고 있는 어음장을 피고에게 제출하였다(원고는 장부상 부도처리된 어음채권을 필요경비로 계상하지 않았다).

(4) 피고는 제출한 어음장만으로는 자금대여 수단으로 수취한 약속어음의 대손금 해당 여부를 파악할 수 없으므로 추계결정하여 소득세를 부과처분한 사건이다.

2. 쟁 점

(1) 근거자료를 제시하였으므로 실지조사 결정하여야 함에도 추계조사 결정한 처분이 부당하다는 원고주장의 당부

(2) 부도발생일로부터 6월 경과한 수표 또는 어음상의 채권을 필요경비로 인정해야 하는지 여부

3. 대상판결

과세관청은 납세자가 과세표준과 세액을 신고하면서 제출한 장부 기타의 증빙이 불성실한 것으로 보일 경우 새로운 자료를 제출받아 실지조사를 하고, 그 자료에 의하더라도 과세표준과 세액을 결정할 수 없을 때 비로소 추계조사결정을 하여야 하지만, 과세관청이 실지조사를 하더라도 과세표준과 세액을 결정할 수 없음이 명백한 경우에는 **그러한 절차를 취하지 아니하고 추계조사결정에 의한 과세처분을 할 수 있다**(같은 뜻 : 대법원 1996. 7. 30. 선고 94누15202 판결).

사업소득금액의 계산에 있어서 필요경비에 해당하는 대손금은 당해 채권이 법적으로 소멸된 경우와 법적으로는 소멸되지 아니하였으나 채무자의 자산상황, 지급능력 등에 비추어 자산성의 유무에 대하여 회수불능이라는 회계적 인식을 한 경우로 구분할 수 있고, 부도발생일로부터 6월 이상 경과한 수표 또는 어음상의 채권은 후자의 대손금에 해당한다 할 것인데, 전자는 당연히 회수할 수 없게 된 것이므로 사업자가 이를 대손으로 **회계상의 처리를 하건 안하건 간에** 그 소멸된 날이 속하는 과세연도의 필요경비로 산입되는 것이고, 후자는 채권 자체는 그대로 존재하고 있으므로 사업자가 회수불능이 명백하게 되어 **대손이 발생했다고 장부에 필요경비로 계상하였을 때에 한하여** 당해 과세연도의 필요경비에 산입할 수 있다.

4. 평 석

(1) 사업연도의 총수입금액에 대응하는 필요경비에 산입되는 대손금은 그 필요경비로 산입하는 연도에 회수불능의 사실이 객관적으로 확정된 채권에 한한다.

(2) “부도발생일로부터 6월 이상 경과한 수표 또는 어음상의 채권”은 장부에 필요경비로 산입할 수 있다. 이와 관련하여 「법인세법」상 대손금의 손금산입 관련하여 판시한 내용과 동일하다(대법원 1998. 7. 10. 선고 97누13894 판결).

(3) 법인이 회수불능이 명백하게 되어 대손이 발생했다고 회계상의 처리를 하였을 때에 한하여 당해 사업연도의 손금에 산입할 수 있다(대법원 1988. 9. 27. 선고 87누465 판결).

5. 관련 판례

문서번호	내 용
대법원 1999. 1. 15. 선고 97누20304 판결 등(95누2708, 83누305, 80누101)	납세지관할 세무서장 또는 지방국세청장은 해당 과세기간의 과세표준과 세액을 결정 또는 경정하는 경우에는 장부나 그 밖의 증명서류를 근거로 하여야 한다(소득세법 §80 ③). 따라서 납세자가 일기장 등 장부를 비치·기장한 바 없다고 하더라도 **계약서 등 다른 증빙서류를 근거로 소득실액(과세표준)을 계산할 수 있다면 실지조사 방법에 의하여 결정하여야** 한다.
대법원 1995. 11. 21. 선고 95누10556 판결	분양한 연립주택이 모두 면적이 같고 분양시기도 2개월 사이로서 같은 층의 경우 분양대금이 서로 다를 특별한 사정이 없는 이상, 과세관청이 각 층별로 조사된 1세대의 분양대금에 분양세대 수를 곱한 금액을 위 분양으로 인한 총수입금액으로 결정한 것은 적법하다.
과세표준을 계산함에 있어 필요한 장부와 증빙서류가 없거나 소득금액을 계산할 수 없는 경우(**추계사유에 해당한다고 본 판례**)	① 임대인이 보증금에 의한 수입 내지 소득계산에 필요한 장부와 증빙서류를 구비하지 않고 있거나, 구비하더라도 보증금과 임료의 기장이 누락된 경우(대법원 1985. 11. 26 선고 83누400 판결) ② 필요경비에 산입한 고철매입대금에 관한 각 세금계산서가 허위인 것이고, 매입에 관한 비치서류와 증빙서류 역시 허위의 세금계산서에 맞추어 작성된 경우(대법원 1986. 6. 24. 선고 84누584 판결) ③ **기장비율의 64%에 불과**한 경우(대법원 1986. 9. 9. 선고 86누24 판결) ④ 납세의무자가 발행한 **세금계산서 중 84.16%(거래금액 대비 74.08%)가 실제 매출처와 다르게 발행**한 사실이 확인된 경우(대법원 1995. 12. 22. 선고 95누5929 판결)

문서번호	내 용
대법원 1995. 1. 12. 선고 94누10337 판결 등(79누408, 83누305, 85누833, 86누184, 85누859)	과세관청으로서는 납세의무자가 제시하는 제반서류 등의 부당성을 지적하고 새로운 자료를 제시받아 실지조사를 한 연후에 그렇게 하더라도 과세표준과 세액을 결정할 수 없을 때 비로소 추계조사방법에 따른 결정을 하여야 한다.
대법원 1982. 9. 14. 선고 82누36 판결 등(83누444, 83누528, 84누788, 84누49)	추계사유결정의 필요성에 대한 입증책임은 과세관청에게 있다.
대법원 1987. 3. 10. 선고 86누721 판결 등 (95누2241, 97누20304)	납세자 스스로 추계방법에 의한 조사결정을 희망·원용하고 있다는 사유만으로는 추계조사의 요건이 갖추어진 것으로 볼 수 없다.
대법원 1986. 4. 8. 선고 86누67 판결 등(86누516)	과세관청이 처분 당시 장부 등의 미비로 추계과세를 하였다 하더라도 처분의 취소소송에서 장부 기타의 증빙서류가 나타났을 때에는 그 장부 등에 의한 실지조사의 방법으로 수입금액이나 과세표준을 결정하여야 한다. 즉, **추계사유 판단의 기준시는 처분 시가 아니고 사실심의 변론종결 시이다.**
대법원 1995. 7. 28. 선고 94누12807 판결	추계과세의 적법 여부는 직권조사사항이 아니다.
대법원 1995. 12. 8. 선고 95누2777 판결	납세의무자에게 아무런 귀책사유 없이 장부와 증빙서류가 멸실되었다 하더라도 실지조사결정 등을 할 수 없는 이상 추계사유인 '장부와 증빙서류가 없는 때'에 해당하고, 다만 장부 등이 **멸실된 원인이 불가항력에 해당하는지 여부에 따라 추계의 방법만을 달리할 수 있을 뿐이다.**
대법원 1996. 1. 26. 선고 95누6809 판결	우리 「소득세법」이 소득세과세표준의 결정은 실지조사결정에 의하는 것을 원칙으로 하고 실지조사결정이 불가능할 경우에만 예외적으로 추계조사결정의 방법에 의하도록 하고 있음에 비추어 실지조사방법에 의하여 결정된 소득세액이 추계조사방법에 의하여 결정된 소득세액보다 많은지 적은지에 따라 그 과세표준의 결정방법의 적법 여부가 결정되는 것은 아니다(납세자가 추계과세방법을 적용하라고 주장한 사안).

문서번호	내 용
대법원 1996. 1. 26. 선고 95누8058 판결	납세자에게 별도로 자료제출의 기회를 제공하였을 뿐 아니라 납세자는 종합소득세 등 부과처분을 구한 소송에 이르러서도 필요경비를 산출할 수 있는 관련 장부와 증빙서류를 전혀 제출하지 아니하고 있으므로 납세자의 소득금액에 관한 **추계조사결정은 적법하다.**
대법원 1995. 7. 25. 선고 95누2708 판결	양도 및 취득의 실지거래가액이 모두 확인되는 이상 취득과 관련하여 지출한 부대비용의 실액을 확인할 만한 증빙서류가 없다고 하더라도 관계법령과 조례 등이 그와 같은 비용 등에 관한 기준 등을 정하고 있다면 그러한 법령 등에 의하여 그 비용의 범위를 확정할 수 있고 또한 과세대상이 되는 토지에 관한 소득 등을 어떠한 방법으로 조사, 결정할 것인가 하는 문제는 각각 그 조사, 결정방법에 관한 법정사유 중 어느 것에 해당하는가에 따라 각별로 결정되어야 하고, 하나의 사업장에서 여러 필의 토지가 동시에 매매되었다고 하여 **반드시 같은 방법에 의하여 그 소득 등이 조사, 결정되어야 하는 것은 아니다.**
대법원 1995. 8. 22. 선고 95누2241 판결 등(2006두16137)	추계과세는 실지조사가 불가능하여 추계의 방법에 의할 수밖에 없는 경우에 한하여 할 수 있고 **실지조사에 의한 부과처분이 결과적으로 추계과세에 의한 부과처분보다 불리하다거나 납세자 스스로 추계의 방법에 의한 조사결정을 원하고 있다는 사유**만으로는 **추계과세의 요건이 갖추어진 것으로 볼 수 없다.**
대법원 1994. 7. 29. 선고 94누5175 판결	소득표준율을 적용하여 과세표준을 추계조사의 방법으로 결정한 경우라도 총지출(수입)금액에 관하여 그 실지조사가 가능하다면 그 금액은 실지조사의 방법으로 결정하여야 하고, 증빙이 있는 비용 이외에 **막연히 확인되지 아니한 비용이 더 있을지도 모른다고 하여서 이를 추계조사결정할 사유로 삼을 수 없다.**

3-2 처분당시 장부 등의 미비로 추계과세를 하였더라도, 그 처분의 취소소송에서 장부나 증빙서류가 나타나면, 실지조사방법으로 결정하여야 함

● 대상판결 : 대법원 2015두1076 (2015. 7. 9.) ➜ 일부패소

핵심 요지

과세관청이 그 처분 당시 장부 등의 미비로 추계과세를 하였다고 하더라도, 그 처분의 취소소송에서 장부나 그 밖의 증명서류가 나타났을 때에는 그 장부 등에 의한 실지조사의 방법으로 수입금액이나 과세표준을 결정하여야 한다.

1. 사실관계

(1) 원고는 유흥주점을 운영하는 사업자이고 피고는 이 사건 사업장에 대한 세무조사결과 원고의 수입금액 누락을 확인하고 **매출액을 추계한 후, 추계로 계산된 매출누락액에 대하여** 종합소득세, 부가가치세, 개별소비세, 교육세를 부과처분 하였다.

(2) 원고는 조세심판원에 심판을 청구하였는데 조세심판원장은 일부 과세표준 및 세액을 감액경정 한다는 결정을 하였고, 피고는 위 결정취지에 따라 부가가치세 등을 일부 감액경정·결정하였다.

(3) 원고는 전심 및 소송단계에서 피고의 이 사건 사업장 매출액 추계는 합리성과 타당성을 결(缺)하였고, 필요경비를 인정하지 않아 위법하다고 주장하였다.

2. 쟁 점

당초 실지조사가 불가능하여 추계조사결정 하였더라도 사실심 변론 종결일까지 장부나 그 밖의 증명서류를 제시하면 실지조사방법으로 수입금액이나 과세표준을 결정하여야 하는지 여부

※ 사실심 변론종결일이란 소송물에 대하여 법원에서 사실을 심리할 수 있는 마지막 시기인 변론종결일을 말하는데 만일 1심판결이 확정되었다면 1심의 변론종결일, 항소되어 2심판결이 확정되었다면 2심의 변론종결일을 의미한다.

3. 대상판결

소득세법상 추계과세는 수입금액이나 과세표준결정의 근거가 되는 납세자의 장부나 증명서류 등이 없거나 그 내용이 미비 또는 허위여서 실지조사가 불가능한 경우에 한하여 인정되므로, 실지조사가 가능한 장부나 증명서류 등이 있을 경우에는 추계과세를 할 수 없다. 그리고 과세처분의 취소소송에서 소송당사자는 **그 취소소송의 변론종결 시까지 모든 자료를 제출하고 그때까지 제출한 자료에 의하여 과세처분의 적법여부를 심판할 것을 주장할 수 있다.** 따라서 과세관청이 그 처분 당시 장부 등의 미비로 추계과세를 하였다고 하더라도, 그 처분의 취소소송에서 장부나 그 밖의 증명서류가 나타났을 때에는 그 장부 등에 의한 실지조사의 방법으로 수입금액이나 과세표준을 결정하여야 한다(대법원 1986. 12. 9. 선고 86누516판결 등 참조).

… 그런데 원심은 변론에 나타난 증거들만으로는 정당한 필요경비를 반영한 종합소득세액을 계산할 수 없다는 이유로 이 사건 처분은 전부 취소되어야 한다고 판단하였다.

위와 같은 사실관계를 앞서 본 법리와 적법하게 채택된 증거들에 비추어 살펴보면, 위와 같은 이 사건 외상장부 및 원고의 수입금액과 종업원 봉사료가 구분 기재 된 이 사건 매출자료가 제출되어 있는 이상, 원심으로서는 위 자료 들을 기초로 실지조사방법에 의하여 산출될 수 있는 정당한 세액이 얼마인지 심리하여 본 후, 만일 그 세액이 피고 주장과 같이 **이사건 처분 세액보다 오히려 많다고 인정되는 경우에는 이사건 처분이 비록 위법한 추계의 방법에 의한 것이었다고 하더라도 이를 취소하여서는 아니 될 것**이고, 반대로 이 사건 처분세액이 정당한 세액을 초과하는 것으로 인정되는 경우에는 그 초과부분을 취소하여야 할 것이다.

그럼에도 원심은 이와 달리 판단하였으니(처분을 전부취소 하라는 판단), 이러한 원심의 판단에는 추계과세처분의 취소소송 중에 장부 기타 증빙서류가 제출된 경우의 과세표준 등의 결정방법 및 조세소송에서의 과세처분 취소범위에 관한 법리를 오해하여 필요한 심리를 다하지 아니함으로써 판결에 영향을 미친 위법이 있다.

4. 평 석

(1) 피고는 원고에게 매출액 확인을 위한 장부제출을 요구하였으나 원고가 이를 제시하지 않아 추계에 의한 방법으로 과세표준을 결정하였는데, 1심재판부는 원고가 매출처원장만을 제출하였으므로 여전히 원고가 제출한 자료만으로는 실지조사 결정이 불가능하고, 따라서 추계방법에 의하여 매출액을 산정할 수 밖에 없다고 판단하였다.

(2) 원고는 원심(2심)에 이르러서 수기로 작성한 외상장부(여기에는 거래상대방, 거래일시, 거래금액, 수금여부 등이 상세하게 수기로 기재되어 있음) 및 신용카드자료를 제출하였는데, 원심재판부는 원고의 그러한 자료만으로는 여전히 실지조사결정이 불가능하다고 판단을 하였다. 그러나 대법원은 이 사건 외상장부와 원고의 수입금액과 종업원 봉사료가 구분기재 된 이 사건 매출 자료가 제출된 이상 실지조사결정을 하여야 한다고 보았다.

(3) 원심은 매출액은 추계로 결정하여야 한다고 하면서 정당한 필요경비를 반영한 종합소득세액을 계산할 수 없다는 이유로 이 사건 처분을 전부 취소하여야 한다고 판단하였는데, 대법원은 원심이 정당세액이 얼마인지 심리한 후 정당세액을 초과하는 부분만 취소하여야 한다고 하였다.

(4) 대상판결 설시 내용 중에 **이사건 처분 세액보다 오히려 많다고 인정되는 경우에는 이 사건 처분이 비록 위법한 추계의 방법에 의한 것이었다고 하더라도 이를 취소하여서는 아니 될 것** 이라고 판단한 것은 국세기본법 제79조 불이익변경금지원칙에 따른 것으로 보인다.

(5) 소송실무상 재판부가 피고가 제출한 자료에 의하여 적법하게 부과될 정당한 세액을 계산하기 곤란하다고 판단되면, 처분전체를 취소하는 판결을 하는 경우가 종종 발생한다(피고에게 정당세액 계산을 요구하면 대부분 그에 응하여 정당세액을 제출하는데 어떤 재판부는 아무런 조치 없이 전체를 취소하는 경우도 있다). 원심은 그러한 논리로 전체세액을 취소하라고 하였지만(원심은 원고가 제출한 매출 관련자료가 실지조사결정에 필요한 정도에 이르지 않아 추계결정 하여야 한다고 본 사실에 영향을 받은 바 큰 것으로 보인다), 대법원은 원고가 제출한 외상장부 등으로 충분히 매출액을 실지조사방법으로 산출할 수 있다고 판단하였다.

(6) 한편, 회수하지 못한 대손금을 필요경비로 인정해달라는 취지의 원고의 주장이 있었는데, 이는 원고가 결산조정(대손이 발생한 사실을 장부에 필요경비로 계상한 경우에 한하여 필요경비 산입이 가능하다)의 법리를 오해한 것으로 보이고 이 사건 환송심에서도 그러한 논리를 토대로 원고의 청구를 기각하였다.

5. 관련 판례

문서번호	내 용
대법원 1997. 6. 27. 선고 96누15756 판결	추계과세를 함에 있어 그 추계의 방법과 내용이 가장 진실에 가까운 합리성과 타당성이 있어야 한다.
대법원 2010. 10. 14. 선고 2008두7687 판결	수입금액의 추계를 정당한 것으로 인정하려면 수입금액을 추계할 수 있는 요건을 갖춘 것만으로는 부족하고, 추계의 내용과 방법이 구체적인 사안에서 가장 진실에 가까운 수입금액의 실액을 반영할 수 있도록 합리적이고 타당성이 있어야 하며, **추계방법의 적법여부가 다툼의 대상이 되는 경우에 합리성과 타당성에 대한 증명책임은 과세관청에 있다.**
대법원 1995. 4. 28. 선고 94누13527 판결	**당사자는 사실심 변론 종결시까지 객관적인 과세표준과 세액을 뒷받침하는 주장과 자료를 제출할 수 있고,** 이러한 자료에 따라 적법하게 부과할 정당한 세액을 산출할 수 있는 때에는 그 정당한 세액을 초과하는 부분만 취소하여야 하나, 그렇지 않은 경우에는 과세처분 전부를 취소할 수밖에 없으며, 그 경우 법원이 직권에 의하여 적극적으로 합리적이고 타당성 있는 산정방법을 찾아내어 부과할 정당한 세액을 계산할 의무까지 지는 것은 아니다.
대법원 1986. 12. 9. 선고 86누516 판결	소득세법상 추계과세는 수입금액이나 과세표준결정의 근거가 되는 납세자의 장부나 증명서류 등이 없거나 그 내용이 미비 또는 허위여서 실지조사가 불가능한 경우에 한하여 인정되므로, 실지조사가 가능한 장부나 증명서류 등이 있을 경우에는 추계과세를 할 수 없다. 그리고 과세처분의 취소소송에서 소송당사자는 **그 취소소송의 변론종결 시까지 모든 자료를 제출하고 그때까지 제출한 자료에 의하여 과세처분의 적법여부를 심판할 것을 주장 할 수 있다.** 따라서 과세관청이 그 처분 당시 장부 등의 미비로 추계과세를 하였다고 하더라

문서번호	내 용
	도, 그 처분의 취소소송에서 장부나 그 밖의 증명서류가 나타났을 때에는 그 장부 등에 의한 실지조사의 방법으로 수입금액이나 과세표준을 결정하여야 한다.
대법원 2007. 6. 1. 선고 2005두6737 판결	채무자의 자산상황, 지급능력 등에 비추어 자산성의 유무에 대하여 회수불능이라는 회계적 인식을 하는 경우에는 채권자체는 그대로 존재하고 있으므로 사업자가 회수불능이 객관적으로 명백하게 되어 대손이 발생했다고 **장부에 필요경비로 계상하였을 때에 한하여** 당해 과세연도의 필요경비에 산입할 수 있다 할 것이다.

3-3 주택신축판매업자의 소득금액 추계 시 단순경비율적용에 있어서 소득세법상 사업개시일은 부가가치세법을 준용함

● 대상판결 : 대법원 2020두40914 (2020. 5. 8.) ➜ 국승

핵심 요지

소득세법상 사업 개시일은 부가가치세법을 준용하며, 이 사건 오피스텔은 '업무시설(오피스텔)'로 건축허가 및 사용승인을 받았으므로 조세특례제한법 제106조 제1항 제4호에서 정한 '국민주택'에 해당한다고 할 수 없다.

1. 사실관계

〈원고1〉

공동주택 8세대, 오피스텔 4세대 (주상복합건물)	오피스텔 4세대 분양 (2015년 제1기 과세기간)
2014년 주택신축판매업 사업자등록 및 사용승인	2015년 분양

〈원고2〉

공동주택 26세대, 오피스텔 15세대 (주상복합건물)	오피스텔 15세대 분양 (2016년 제1기~2기)
2015.5.26. 주택신축판매업 사업자등록 및 사용승인	2016년 분양

가. 원고들의 주상복합건물 신축·분양사업

(1) 원고 1은 2014년 A라는 상호로 주택신축판매업의 사업자등록을 한 다음, 관할관청의 건축허가를 받아 공동주택 8세대와 오피스텔 4세대로 이루어진 주상복합건물을 신축하여 사용승인을 받고 이를 2015년에 분양하였다. 그중 공부상 업무시설인 오피스텔 4세대의 분양은 2015년 제1기 부가가치세 과세기간에 이루어졌다.

(2) 원고 2는 2015. 5. 26. B라는 상호로 주택신축판매업의 사업자등록을 한 다음, 관할관청의 건축허가를 받아 공동주택 26세대와 오피스텔 15세대로 이루어진 주상복합건

물을 신축하여 사용승인을 받고 이를 2016년에 분양하였다. 그중 공부상 업무시설인 오피스텔 15세대의 분양은 2016년 제1기와 제2기 각 부가가치세 과세기간에 이루어졌다.

나. 이 사건 부가가치세 부과처분

(1) 원고 1,2는 각각 오피스텔 4세대와 오피스텔 15세대(이하 통틀어 이 사건 오피스텔이라 한다)의 공급이 조세특례제한법 제106조 제1항 제4호(이하 이 사건 면세조항이라 한다)에 따른 부가가치세 면제대상이라고 보고, 이에 대한 부가가치세를 면세로 신고하였다.

(2) 부산지방국세청장은 이 사건 오피스텔의 공급이 이 사건 면세조항에 따른 부가가치세 면제대상에 해당하지 않는다는 이유로 피고 동래세무서장과 피고 부산진세무서장에게 과세자료를 통보하였다. 피고 동래세무서장은 2018. 5. 4. 원고 1에게 2015년 제1기 부가가치세 61백만 원(가산세 포함)을 경정·고지하였고, 피고 부산진세무서장은 같은 날 원고 2에게 2016년 제1기 부가가치세 252백만 원과 2016년 제2기 부가가치세 128백만 원(각 가산세 포함)을 경정·고지하였다

다. 이 사건 종합소득세 부과처분

(1) 원고 1은 분양수입이 발생한 2015년의 직전 과세기간인 2014년의 수입금액이 구 소득세법 시행령(2018. 2. 13. 대통령령 제28637호로 개정되기 전의 것, 이하 같다) 제143조 제4항 제2호 (나)목이 정한 기준금액인 36백만 원에 미달한다는 이유로 단순경비율에 의한 추계방법으로 소득금액을 산정하여 2015년 귀속 종합소득세를 신고·납부하였다(A상호의 주택신축판매업에 대하여).

(2) 원고 2는 분양수입이 발생한 2016년의 직전 과세기간인 2015년의 수입금액이 구 소득세법 시행령 제143조 제4항 제2호 (나)목이 정한 기준금액인 36백만 원에 미달한다는 이유로 단순경비율에 의한 추계방법으로 소득금액을 산정하여 2016년 귀속 종합소득세를 신고·납부하였다(B상호의 주택신축판매업에 대하여).

(3) 부산지방국세청장은 원고들에 대한 개인통합조사를 한 다음, 피고 김해세무서장과 피고 서부산세무서장에게, 원고 1과 원고 2가 각각 A사업체와 B사업체의 분양수입이 발생한 2015년과 2016년에 신규로 사업을 개시한 사업자로서 해당 과세기간의 수입금액이 구 소득세법 시행령 제143조 제4항 제1호, 제208조 제5항 제2호 (나)목이 정한 기준금액인 1억 5,000만 원을 초과하므로 단순경비율이 아닌 기준경비율을 적용하여 소득금액을 추계경정 하여야 한다는 내용의 과세자료를 통보하였다.

(4) 피고 김해세무서장은 2018. 5. 4. 원고 1에게 2015년 귀속 종합소득세 35백만 원과 2016년 귀속 종합소득세 320백만 원을 경정·고지하였고, 피고 서부산세무서장은 같은 날 원고 2에게 2015년 귀속 종합소득세 35백만 원을 경정·고지하였다.

2. 쟁 점

가. 이 사건 오피스텔의 공급이 이 사건 면세조항에 따른 부가가치세 면제대상인지 여부
나. 주택신축판매업의 단순경비율 적용대상인지를 판단함에 있어 사업개시일은 언제인지

3. 원고의 주장

(1) 조세특례제한법 제106조 제1항 제4호 등에 의하면 국민주택규모 이하의 주택 공급은 부가가치세 면제대상에 해당하는데, 조세특례제한법 시행령 제106조 제4항 제1호에서 위임하고 있는 범위는 주택의 '규모'에 한정되므로, '주택'의 의미는 부가가치세법령에 따라 실질적인 사용 용도를 기준으로 판단하여야 한다.

(2) 그런데 이 사건 오피스텔은 공부상 구분만 업무시설로 되어 있을 뿐, 당초부터 주거용으로 설계 및 건축되어 다세대주택과 실질적인 차이가 존재하지 않고, 준공 이후 현재까지 주거 용도로 사용되고 있으므로, 조세특례제한법에 따라 부가가치세가 면제되는 '주택'에 해당 한다.

(3) 원고들은 주택신축판매업을 영위하는 사업자로서 그 사업개시일은 분양을 한 때가 아니라, 사업자등록을 마치고 신축행위를 하거나 할 수 있는 상태로 된 때(토지의 취득일 또는 공사 착공일)로 보아야 한다.

(4) 원고 1은 2014년 A라는 상호로 사업자등록을 하고 주택신축판매업을 개시하였는데, 2014년에는 준공 및 분양이 이루어지지 않은 관계로 수입금액이 전혀 없고, 이는 구 소득세법 시행령 제143조 제4항 제2호 (나)목의 수입금액 합계액 36백만 원 미만에 해당하여 2015년 과세기간은 단순경비율 적용 대상자에 해당한다.

(5) 원고 2는 2015년 B라는 상호로 사업자등록을 하고 주택신축판매업을 개시하였는데, 2015년 에는 준공 및 분양이 이루어지지 않은 관계로 수입금액이 전혀 없고, 이는 구 소득세법 시행령 제143조 제4항 제2호 (나)목의 수입금액 합계액 36백만 원 미만에 해당하여 2016년 과세기간은 단순경비율 적용 대상자에 해당한다.

4. 대상판결

가. 이 사건 오피스텔의 공급이 이 사건 면세조항에 따른 부가가치세 면제대상인지 여부

(1) 위 법령의 문언·내용과 체계, 이 사건 면세조항이 국민주택 규모 이하의 주택공급에 대하여 부가가치세를 면제하는 취지, 주택과 오피스텔에 대한 각종 법적 규율의 차이, 특히 조세특례제한법령의 다른 규정에서 이 사건 면세조항과 달리 오피스텔 또는 주거에 사용하는 오피스텔이 주택에 포함된다고 명시하고 있는 점과의 균형 등을 종합하면, 특별한 사정이 없는 한 **공급 당시 공부상 용도가 업무시설인 오피스텔은 그 규모가 주택법에 따른 국민주택 규모 이하인지 여부와 관계없이 이 사건 면세조항의 국민주택에 해당한다고 볼 수 없다.**

(2) 공급하는 건축물이 관련 법령에 따른 오피스텔의 요건을 적법하게 충족하여 **공부상 업무시설로 등재되었다면,** 그것이 공급 당시 사실상 주거의 용도로 사용될 수 있는 구조와 기능을 갖추었다고 하더라도 이를 건축법상 오피스텔의 용도인 업무시설로 사용할 수 있다. 위와 같은 경우 **이 사건 면세조항의 적용대상이 될 수 없는 오피스텔에 해당하는지는 원칙적으로 공급 당시의 공부상 용도를 기준으로 판단**하여야 한다. 나아가 해당 건축물이 공급 당시 공부상 용도가 업무시설인 오피스텔에 해당하여 이 사건 면세조항에 따른 부가가치세 면제대상에서 제외된 이상 **나중에 실제로 주거 용도로 사용되고 있더라도 이와 달리 볼 수 없다.**

나. 단순경비율이 적용되는지 여부

원심은 구 소득세법 시행령 제143조 제4항에 따른 **단순경비율 적용 여부와 관련해서는 주택신축판매업의 사업 개시일을 주택의 분양을 개시한 시점으로 보아야 한다**는 전제에서, 원고들의 주택 분양수입에 관한 소득금액을 기준경비율에 의한 추계방법으로 산정한 이 사건 종합소득세 부과처분이 적법하다고 판단하고, 단순경비율이 적용되어야 한다는 원고들의 주장을 배척하였다.

원심판결 이유를 관련 규정과 기록에 비추어 살펴보면, 원심판결에 상고이유 주장과 같이 소득세법상 사업 개시일에 관한 법리를 오해한 잘못이 없다.

5. 평 석

(1) 주택신축판매업자가 신축주택의 판매로 발생한 수입금액을 추계의 방법으로 종합소득세를 신고하는 경우 직전과세기간에 분양수입 없이 신축과정에서의 부산물 매각이나 준공된 신축주택이 미분양으로 인한 일시적 주택임대수입이 발생하여 그 수입금액이 36백만 원에 미달하였다는 이유를 들어 당해 과세기간에 발생한 분양수입에 대하여 단순경비율을 적용하여 추계소득금액을 계산하는 경우가 많다.

(2) 소득세법에 따라 사업자등록을 하는 사업자에 대하여 사업자등록의 신규신청 및 변경신청의 방법에 관하여 부가가치세법 제8조가 준용된다고 규정하고 있을 뿐, 사업소득에 있어서의 '사업개시일'에 관하여는 부가가치세법 시행령 제6조와 같이 사업개시일을 명시적으로 확정하는 규정을 두거나 그와 같은 규정을 준용한다는 규정을 두고 있지는 않다.

(3) 만일 건물신축판매업의 사업개시일을 사업 준비행위가 시작된 시점인 토지 취득 시점 혹은 건물의 착공 또는 준공시점까지 앞당기게 된다면, 준비행위의 시점에 따라서 구 소득세법 시행령 제143조 제4항 제2호가 규정하는 단순경비율 적용의 전제가 되는 직전 과세기간의 수입금액이 달라지게 되어, 사업자가 자신의 편의에 따라 임의의 날을 선택하여 납세의무를 회피함으로써 국가의 정당한 조세징수권 행사에 장애를 야기하거나 납세의무자들 사이에서 불평등을 초래할 수 있다(부산지방법원 2019. 9. 5. 선고 2019구합20779판결).

(4) 부가가치세법과 소득세법에서 정하고 있는 사업자의 의미가 크게 다르지 않은바, 소득세법상 사업소득과 관련된 사업개시일을 구 부가가치세법상의 사업개시일과 통일적으로 해석할 필요성이 있고, 이는 하나의 사업과 관련하여 동시에 부가가치세의 납세의무자와 소득세의 납세의무자가 되기 쉬운 사업자들에 대하여 법적 안정성이 부여되어야 한다는 측면에서도 그러하다.

(5) 주택신축판매업의 사업개시일은 사업의 준비가 끝나고 본래의 사업목적을 수행하거나 수행할 수 있는 상태로 된 때를 기준으로 실질적으로 판단하여야 할 것인데(대법원 1995. 12. 8. 선고 94누15905 판결 참조), 원래 주택신축판매업은 그 속성상 부동산매매업에 포함되는 것으로서(대법원 2010. 7. 22. 선고 2008두21768 판결 참조), 그 목적은 결국 주택을 판매하고자 하는 데 있는 것으로, 주택이 준공되었다는 사실만으로는 판매행위를 개시했다고 보기 어렵다.

(6) 소득세법상의 사업소득에 해당하는지 여부는 그 사업의 수익목적 유무와 사업의 규모, 횟수, 태양 등에 비추어 사업 활동으로 볼 수 있을 정도의 계속성과 반복성이 있는지 여부 등을 고려하여 사회통념에 따라 가려야 한다(대법원 1991. 11. 26.선고 91누6559 판결 등 참조). 분양을 개시하기 이전에는 수익을 목적으로 주택신축판매업을 영위하겠다는 의사가 객관적으로 드러났다고 볼 만한 아무런 증거가 없고, 위 주택들을 착공하였거나 준공하였다는 사실만으로는 영리를 목적으로 계속적, 반복적으로 행하는 활동이 이루어져 주택신축판매사업자로서의 객관적인 실체를 갖추었다고 보기 어렵다.

(7) 따라서 단순경비율 적용여부와 관련해서는 **주택신축판매업의 사업 개시일을 주택의 분양을 개시한 시점으로 보아야 한다**는 것이 판례의 태도이고 이는 타당한 것으로 보인다.

(8) 분양개시 전 일시적 주택임대소득이 있는 경우 해당 사업자에 대하여 단순경비율을 적용할 지의 여부를 판단할 때 소득세법 시행령 제143조 제4항 각호의 수입금액에는 비과세 수입금액을 포함하지 아니하는 것이 타당하다.

(9) 따라서 직전연도에 주택임대수입금액이 비과세 대상 소득(주택임대수입금액 2천만 원 이하)만 발생하였거나, 주택임대수입금액이 2천만 원을 초과하는 경우에도 사업개시일은 분양사업의 개시일을 사업개시일로 보아야 하고, 직전연도에 기존 건물의 철거

과정에서 발생한 부산물을 매각하여 36백만 원 미만의 수입금액이 발생한 경우에도 법원은 **주택신축판매업의 사업개시일을 여전히 분양이 개시된 때**로 보아 단순 경비율을 적용할 수 없다는 취지로 반복 판결하고 있다(서울고등법원 2020. 10. 08. 선고 2019누65162 판결).

(10) 한편, 조세특례제한법령에서 정한 면세요건인 '주택법에 따른 국민주택규모 이하의 주택의 공급'에 해당하는지 여부는 다른 특별한 사정이 없는 한 건축허가서, 사용승인서, 건축물관리대장, 부동산등기부 등 공부상 용도에 따라 객관적으로 판단하여야 한다. 따라서 '주택법에 따른 국민주택 규모 이하의 주택'은 그 용도를 주택의 용도로 적법하게 건축허가를 받아 그에 따라 건축된 건물만 해당한다고 보아야 하고, 이와 달리 어떠한 건축물이 오피스텔 등 업무시설의 용도로 건축허가와 사용승인을 받고, 건축물관리대장에도 같은 취지로 기재되어 있음에도 단지 그 현황이 주거의 용도에 적합하여 다수의 입주민들이 **사실상 주거의 용도로도 사용하고 있다는 사정만으로는 이를 '주택법에 따른 국민주택 규모 이하의 주택'에 해당한다고 볼 수는 없다**(부산지방법원 2019. 9. 5. 선고 2019구합20779판결).

(11) **주택신축판매업은 부동산 판매(인도)일을 사업 개시일(수입시기)로 보아 단순경비율 적용대상자를 판정하여야** 하는 것으로 이러한 사업개시일 전의 과세연도에 발생한 부산물 매각액이나 미분양 주택의 주택임대소득 발생 여부는 직전 과세연도의 주택신축판매업의 총수입금액으로 보지 아니한다는 것이 과세관청과 법원의 일치된 입장이다.

6. 관련 판례

문서번호	내 용
대법원 1999. 9. 17. 선고 98두16705 판결	'사업상 독립적으로 재화 또는 용역을 공급하는 자'란 부가가치를 창출하여 낼 수 있을 정도의 사업형태를 갖추고 계속적이고 반복적인 의사로 재화 또는 용역을 공급하는 자를 말한다.

문서번호	내 용
대법원 1995. 12. 8. 선고 94누15905 판결	주택신축판매업의 사업개시일은 사업자등록일 등 형식적 요건으로 판단할 것이 아니라 사업의 준비가 끝나고 본래의 사업목적을 수행하거나 수행할 수 있는 상태로 된 때를 기준으로 실질적으로 판단하여야 할 것이다.
대법원 1991. 11. 26.선고 91누6559 판결	소득세법상의 사업소득에 해당하는지 여부는 그 사업의 수익목적 유무와 사업의 규모, 횟수, 태양 등에 비추어 사업 활동으로 볼 수 있을 정도의 계속성과 반복성이 있는지 여부 등을 고려하여 사회통념에 따라 가려야 한다.
대법원 1996. 10. 11. 선고 96누8758 판결	조세특례제한법 제106조 제1항 제4호에서 정한 부가가치세가 면제되는 국민주택은 그 법의 목적 등에 비추어 적어도 **주택의 용도로 적법하게 건축허가를 받아 그에 따라 건축된 건물만 해당**되고, 근린생활시설로 건축허가를 받아 준공검사까지 마친 다음 용도변경의 허가를 받음이 없이 주택으로 개조한 경우에는, 설사 그 면적이 국민주택 규모에 해당한다고 하더라도 위 규정에서 정한 부가가치세가 면제되는 국민주택에 해당한다고 할 수 없다.
서울행정법원 2019. 07. 19. 선고 2018구합87934판결	부가가치세법상 사업자로 인정되면 영리의 목적이 있는 한 일응 소득세법상 사업자로 볼 수 있는 점과 이에 따라 개인사업자의 경우 부가가치세법과 소득세법의 규율을 받을 수밖에 없는데, 납세의무자들의 혼란을 방지하고 과세관청의 효율적인 과세행정을 위해서라도 **소득세법상 사업개시일과 부가가치세법상 사업개시일을 통일적으로 해석할 필요성**이 있다.
부산고등법원 2020. 10. 23. 선고 2020누21029 판결 ; 의정부지방법원 2020. 10. 20. 선고 2019구합2102 판결	건물신축판매업의 개시일은 사업의 준비가 끝나고 본래의 사업목적을 수행할 수 있는 상태가 된 때를 기준으로 하고, **사업준비 행위를 근거로 사업개시일을 판단할 수 없는** 바. 소득세법 또는 부가가치세법의 규정에 비추어 보더라도 분양계약을 통하여 그 신축주택의 전부 또는 일부에 대한 소유권이전등기일 또는 잔금청산일 중 빠른 날을 사업개시일로 보아야 한다.
수원고등법원 2020. 12. 23. 선고 2020누13161 판결	주택신축판매업의 사업개시일은 사업자등록일 등을 기준으로 형식적으로 판단할 것이 아니라 사업의 준비가 끝나고 본래의 사업목적을 수행하거나 수행할 수 있는 상태로 된 때를 기준으로 실질적으로 판단하여야 하므로 분양을 개시하거나 할 수 있는 상태에 사업을 개시하였다고 보아야 함

3-4 단일한 과세목적물에 대하여 실지조사와 추계조사를 혼합하여 과세표준을 산정할 수 있는지 여부

● 대상판결 : 대법원 2024두49469 (2024. 12. 12.) ➜ 국패

핵심 요지

피고가 실지조사와 추계조사를 혼합하여 원고의 수입금액 누락액을 산정하면서 같은 항목을 중복하여 과다 산정하였고, 그 추계조사방법 자체도 시술단가표상 금액을 확인할 수 없는 시술에 대하여 임의의 가격을 적용하여 계산한 경우가 다수 포함되어 있는 등 합리적이고 타당성이 있다고 보기 어렵다는 이유로 피고의 이 부분 과세표준 산정 방식이 위법하다고 판단하였다. 원심판결 이유를 앞에서 본 법리와 기록에 비추어 살펴보면, 원심 판단에 상고이유 주장과 같이 과세요건 사실 및 추계조사 방법의 합리성에 대한 증명 책임에 관한 법리를 오해하여 판결에 영향을 미친 잘못이 없다.

1. 사실관계

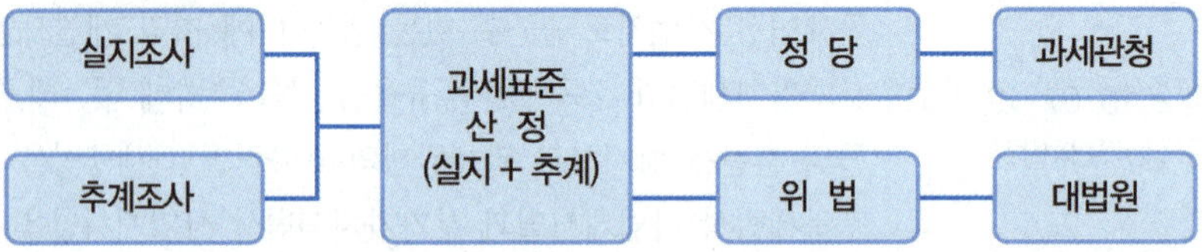

(1) 원고는 화장품 제조업, 줄기세포 연구 및 마케팅업, 생명공학 관련 제품 등의 생산 및 판매업을 사업목적으로 하는 법인으로서, 원고의 대표이사인 甲이 지배하고 있는 A그룹의 계열회사이다. A그룹은 원고를 비롯하여 주식회사 B, C, D 등으로 구성되어 있다.

(2) 서울지방국세청은 A그룹 및 계열사와 대표이사가 타인 명의로 운영하고 있던 F사에 대하여 세무조사를 실시한 결과, ① 원고가 2010년부터 2014년까지 줄기세포 시술, 미용 시술을 하면서 신고를 누락한 수입금액을 익금에 산입하고, ② 실질적으로 원고가 운영하고 있는 F사와 A그룹의 다른 계열사가 2012년경 이후 인식한 수입금액 및 손금을 원고의 수입금액 및 손금으로 보아 합산하며, ③ 원고와 A그룹 계열사(B, C)

간에 실질적인 물품공급 거래가 없음에도 불구하고 가공 매출을 인식하였던 부분을 부인하고, ④ 원고가 2010년경 D사의 주식을 가장매매하면서 인식했던 지분법 주식 처분 손실을 손금불산입하며, ⑤ 원고 대표이사 A의 개인적인 소송을 수행하기 위해 원고가 2011년경부터 2014년경까지 지출했던 변호사 선임 비용을 손금불산입하고, ⑥ 주식회사 k로부터 2010년 제2기부터 2012년 제1기까지 사실과 다른 세금계산서를 수취하여 신고한 부분을 정정하여야 하며, ⑦ 그 밖에 대손충당금, 신주인수권부 사채 관련 세무조정을 경정하여야 한다는 내용의 조사 결과를 피고들에게 통보하였다.

(3) 피고들은 이를 반영하여 2010년부터 2014년까지 원고에 대한 법인세와 부가가치세를 다시 계산한 후, 2015. 6. 10. 원고에 대하여, 피고 관할 세무서장들은 각 부가가치세를 결정·고지하였고, 그 소득처분에 따라 관련인에게 상여처분된 금액에 대한 소득금액 변동통지를 하였다(이 과정에서 일부 감액 결정이 있었다).

(4) 원고는 조세심판원에 조세심판 청구를 하였고, 조세심판원은 처분사유와 관련하여 피고들이 인정한 무료 시술 외에 추가적인 무료 시술 부분이나 현금결제 할인 금액이 있는지에 관하여 재조사한 후 그에 따라 과세표준과 세액을 경정하라는 취지의 재조사 결정을 하면서, 원고의 나머지 청구를 기각하였다.

(5) 피고 세무서장은 재조사를 실시한 후 이 사건 처분에 대한 감액 경정 결정 및 그에 따른 소득금액 변동통지를 감액하였다.

(※ 가공거래 및 처분사유 등에 대한 논의는 제외하기로 한다)

2. 쟁 점

단일한 과세 목적물에 대하여 실지조사와 추계조사를 혼합하여 과세표준을 산정할 수 있는지 여부

3. 관련법령

국세기본법 제16조【근거과세】

① 납세의무자가 세법에 따라 장부를 갖추어 기록하고 있는 경우에는 해당 국세 과세표준의 조사와 결정은 그 장부와 이에 관계되는 증거자료에 의하여야 한다.
② 제1항에 따라 국세를 조사·결정할 때 장부의 기록 내용이 사실과 다르거나 장부의 기록에 누락된 것이 있을 때에는 그 부분에 대해서만 정부가 조사한 사실에 따라 결정할 수 있다.
③ 정부는 제2항에 따라 장부의 기록 내용과 다른 사실 또는 장부 기록에 누락된 것을 조사하여 결정하였을 때에는 정부가 조사한 사실과 결정의 근거를 결정서에 적어야 한다.
④ 행정기관의 장은 해당 납세의무자 또는 그 대리인이 요구하면 제3항의 결정서를 열람 또는 복사하게 하거나 그 등본 또는 초본이 원본과 일치함을 확인하여야 한다.
⑤ 제4항의 요구는 구술(口述)로 한다. 다만, 해당 행정기관의 장이 필요하다고 인정할 때에는 열람하거나 복사한 사람의 서명을 요구할 수 있다.

4. 원·피고 주장 요약

(1) 원 고

피고가 원고가 시술한 횟수에 시술단가표상 금액을 적용하여 수입금액을 산정한 부분은 추계조사 방법에 해당하는데, 이는 단일한 과세목적물에 대하여 실지조사와 추계조사를 혼합하여 과세표준을 산정한 것으로서 위법할 뿐만 아니라, 추계조사 자체만 보더라도 객관성과 합리성을 결여하여 위법하다. 설령 원고가 행한 각 시술에 시술단가표상 금액을 적용하여 수입금액을 산정한 것이 추계조사가 아닌 실지조사 방법에 해당한다고 보더라도, 그 중 객관적 근거를 결여한 부분은 위법하다고 보아야 한다.

(2) 피 고

① 이 사건 담당 조사공무원은 관련 형사사건의 제2회 검찰조사에서 "저희는 확인된 시술건에 대해서 시술가액이 확인되는 경우에는 확인되는 금액으로 산정하고, 확인되지 않는 건은 가격표에 따라 산정하였습니다. 그리고 여러 번 시술을 받은 환자의 경우에도 할인 등을 반영하지 않고 한 번 시술을 받은 환자와 동일하게 산정하였습니다."라고

진술하였다.

② 원고의 환자들 중에는 패키지 상품을 구매하여 최초 1회 결제 이후에는 추가 결제 없이 수차례 시술을 받은 경우가 있는 점, 피고 또한 재조사를 통해 원고가 환자들에게 할인 가격으로 시술을 제공하거나 무료로 시술을 제공한 경우를 일부 인정해 감액경정을 하기도 하였다(이 사건 추계조사 방법은 여러 번 시술을 받은 경우의 시술가액을 한 번 시술을 받은 경우와 동일하게 산정한 점에 있어서도 합리성이 결여되었다).

5. 대상판결

실지조사결정에 의한 과세표준과 세액의 결정이 불가능하여 추계조사 결정할 사유가 있는 경우라 하더라도 합리적이고 타당성 있는 방법에 의하여야 하며, 그와 같은 **추계 방법의 합리성과 타당성에 관하여는 처분의 적법성을 인정받고자 하는 과세관청이 이를 주장·증명할 책임**이 있다(대법원 2008. 9. 11. 선고 2006두11576 판결 참조).

원심은, 시술 횟수에 시술단가표상 금액을 적용하여 수입금액 누락액을 산정한 부분은 추계조사 방법에 해당하는데, **피고가 실지조사와 추계조사를 혼합하여 원고의 수입금액 누락액을 산정하면서 같은 항목을 중복하여 과다 산정**하였고, 그 추계조사 방법 자체도 시술단가표상 금액을 **확인할 수 없는 시술에 대하여 임의의 가격을 적용하여 계산한 경우가 다수 포함**되어 있는 등 합리적이고 타당성이 있다고 보기 어렵다는 이유로 피고의 이 부분 **과세표준 산정 방식이 위법**하다고 판단하였다. 원심판결 이유를 앞에서 본 법리와 기록에 비추어 살펴보면, 원심 판단에 상고이유 주장과 같이 과세요건 사실 및 추계조사 방법의 합리성에 대한 증명 책임에 관한 법리를 오해하여 판결에 영향을 미친 잘못이 없다.

6. 평 석

(1) 근거과세의 원칙상 과세관청은 과세표준의 결정을 납세의무자가 비치·기장한 장부와 증빙서류 등의 객관적인 자료에 의하여야 한다(국세기본법 제16조). 추계과세는 납세의무자가 과세표준을 확정할 수 있는 장부 기타 증빙서류 등을 작성, 비치하지 않거나 그 기재가 불비하여 신뢰할 수 없고 다른 증빙자료도 없는 경우 공평과세 및 부당한

조세회피를 방지하기 위하여 장부 기타 증빙서류 등의 직접자료에 의하지 아니하고 납세의무자의 재산이나 채무의 증감 상태, 수입이나 지출의 상황, 생산량·판매량 기타의 거래량, 종업원 수, 사업의 규모와 같은 간접자료에 의하여 소득을 추정하여 과세표준 및 세액을 결정하는 것을 말한다.

(2) 추계과세의 근거 규정은 소득세법 제80조 제3항 단서, 법인세법 제66조 제3항 단서, 부가가치세법 제57조 제2항 단서, 개별소비세법 제11조 제2항 단서, 증권거래세법 제11조 제2항 단서 등이 있다.

(3) 종합소득세의 과세표준과 세액은 실지조사의 방법에 의하여 밝혀진 실액에 의하여 결정하는 것이 원칙이고 추계조사 방법에 의하여 이를 결정하려면 납세자의 장부나 증빙서류 등이 없거나 그 중요 부분이 미비 또는 허위로 기재되어 신뢰성이 없고 달리 과세관청이 그 소득의 실액을 밝힐 수 있는 방법이 없는 때에 한하여 **예외적으로 허용되는 것**이므로, 납세자가 **소득세법이 정하는 장부를 비치·기장한 바 없다고 하더라도 계약서 등 다른 증빙서류를 근거로 과세표준을 계산할 수 있다면 과세표준과 세액은 실지조사 방법에 의하여 결정**하여야 하고 추계조사 방법에 의해서는 아니되고, 납세자 스스로 추계의 방법에 의한 조사 결정을 원하고 있다는 사유만으로는 추계조사의 요건이 갖추어진 것으로 볼 수 없다(대법원 1999. 1. 15. 선고 97누20304 판결).

(4) 과세관청은 납세자가 과세표준과 세액을 신고하면서 제출한 세금계산서·장부 기타의 증빙이 불성실한 것으로 보여질 경우 그 부당성을 지적하고 새로운 자료를 제출받아 실지조사를 하고, 그 자료에 의하더라도 과세표준과 세액을 결정할 수 없을 때 비로소 추계조사 결정을 하여야 하며, **이러한 절차를 취함이 없이 한 추계조사 결정에 의한 과세처분은 추계과세의 요건을 결한 것으로서 위법**하지만, 그와 같은 절차를 취하는 이유가 근거과세의 원칙상 추계조사 결정이 실지조사 결정을 할 수 없는 때에 예외적으로 허용된다는 점에 있음에 비추어 보면, 과세관청이 납세자로 하여금 그 제출된 세금계산서·장부 기타 증빙의 부당성을 지적하고 새로운 자료를 제출하게 하여 실지조사를 하더라도 과세표준과 세액을 결정할 수 없음이 명백한 경우까지 그러한 절차를 취하지 아니하고 추계조사 결정에 의한 과세처분을 하였다 하여 이를 위법하다고 볼 수는 없다(대법원 1996. 7. 30. 선고 94누15202 판결).

(5) 종합소득세의 과세표준과 세액은 실지조사의 방법에 의하여 밝혀진 실액에 의하여 결

정하는 것이 원칙이고 추계조사 방법에 의하여 이를 결정하려면 납세자의 장부나 증빙서류 등이 없거나 그 중요 부분이 미비 또는 허위로 기재되어 신뢰성이 없고 달리 과세관청이 그 소득의 실액을 밝힐 수 있는 방법이 없는 때에 한하여 예외적으로 허용되는 것이므로, **납세자가 비치 · 기장한 장부나 증빙서류 중 일부 허위로 기재된 부분이 포함되어 있다고 하더라도 그 부분을 제외한 나머지 부분이 모두 사실에 부합하는 자료임이 분명하여 이를 근거로 과세표준을 계산할 수 있다면 그 과세표준과 세액은 실지조사의 방법에 의하여 결정하여야지 추계조사 방법에 의해서는 아니 되고**(대법원 1996. 1. 26. 선고 95누6809 판결), 또한 실지조사에 의한 부과 처분이 결과적으로 추계과세에 의한 부과 처분보다 불리하다거나 납세자 스스로 추계의 방법에 의한 조사 결정을 원하고 있다는 사유만으로는 추계과세 요건이 갖추어진 것이라고 볼 수 없다(대법원 1995. 8. 22. 선고 95누2241 판결, 대법원 1997. 9. 26. 선고 96누8192 판결).

(6) 소득세법 시행령 제143조 제1항, 법인세법 시행령 제104조 제1항에 의하면 ① 과세표준을 계산할 때 필요한 장부와 증빙서류가 없거나 한국표준산업분류에 따른 동종업종 사업자의 신고 내용 등에 비추어 수입금액 및 주요 경비 등 중요한 부분이 미비 또는 허위인 경우, ② 기장의 내용이 시설 규모 · 종업원 수 · 원자재 · 상품 또는 제품의 시가 · 각종 요금 등에 비추어 허위임이 명백한 경우, ③ 기장의 내용이 원자재사용량 · 전력사용량 기타 조업 상황에 비추어 허위임이 명백한 경우에 추계결정할 수 있다.

(7) 그러나 납세자가 비치 · 기장한 장부나 증빙서류 중 일부 허위로 기재된 부분이 포함되어 있더라도 그 부분을 제외한 나머지 부분이 모두 사실에 부합하는 자료임이 분명하여 이를 근거로 과세표준을 계산할 수 있는 경우(대법원 1997. 9. 26. 선고 96누8192 판결), 원고가 간이장부 의무자로서 기장 · 비치하여야 할 상품 수불부를 전혀 기장하지 아니하여 상품의 재고 등을 파악하기는 어렵다 하더라도 **금전등록기를 설치 · 사용함으로써 금전등록기에서 매일매일 항목별로 찍혀 나오는 정산표의 합계액으로 매출총액을 산출할 수 있는 경우**(대법원 1987. 7. 7. 선고 87누32 판결)에는 추계결정할 수 없다고 한다.

(8) **추계사유가 있는지 여부를 판단하는 시점은 처분 시가 아니라 사실심 변론 종결 시이다**(대법원 1988. 9. 13. 선고 85누988 판결). 추계의 방법으로 소득금액을 결정할

경우에 그 추계과세의 적법성에 대한 입증책임은 과세관청에게 있고, 한편, 과세처분의 위법을 다투는 행정소송에 있어서 그 처분의 적법 여부는 과세액이 정당한 세액을 초과하느냐의 여부에 따라 판단되는 것으로서 당사자는 소송변론 종결 시까지 객관적인 조세 채무액을 뒷받침하는 주장과 증거를 제출할 수 있으므로(대법원 1984. 10. 23. 선고 84누394 판결, 대법원 1985. 12. 10. 선고 85누418 판결 등), **과세처분 당시는 장부 또는 증빙서류가 존재하지 아니하여 추계과세를 할 수밖에 없었다고 하더라도 그 과세처분의 취소를 구하는 소송의 심리 중 법인의 장부 또는 증빙서류가 현존하는 것으로 밝혀졌다면**, 과세관청은 그 장부 또는 증빙서류에 의하더라도 실지소득금액을 계산할 수 없음을 입증할 책임이 있고 이 **입증을 하지 못하는 한 추계에 의한 과세처분은 위법한 것으로서 취소**될 수밖에 없다(대법원 1986. 12. 9. 선고 86누516 판결).

(9) 소득세법상 총소득금액과 과세표준은 모두 세액 산출의 기초가 되는 것이나 양자는 각각 그 산출 근거와 단계를 달리하므로 그 조사 방법은 반드시 동일한 방법에 따라야 하는 것이 아니다. 따라서 과세표준을 추계의 방법으로 결정하는 경우에도 총소득금액을 계산할 수 있는 서류가 있다면 총소득금액은 실지조사 결정해야 한다(대법원 1990. 1. 25. 선고 89누5799 판결, 대법원 1987. 3. 10. 선고 85누859 판결, 대법원 1998. 7. 10. 선고 97누13894 판결 등).

(10) **단일의 과세 대상 내지 동일한 단계에 있어서의 총소득금액이나 과세표준의 결정에 대하여는 실지조사와 추계조사를 혼합하여 과세표준액을 정할 수 없으므로**, 과세관청이 실지조사방법에 의하여 법인의 소득에 대한 과세표준액과 세액을 결정하는 경우 총손금의 결정방법과는 달리 **그 수입 누락 부분에 대응하는 손금만을 실지조사가 아닌 추계조사 방법에 의하여 산출 · 공제할 수 없다**(대법원 1999. 11. 12. 선고 99두4556 판결).

(11) 대법원은 '과세관청이 실지조사방법에 의하여 법인의 소득에 대한 과세표준과 세액을 결정하면서 당해 법인의 **당초 신고에서 누락된 수입금액을 발견한 경우에 이에 대응하는 매입원가 등의 손금이 별도로 지출되었음이 장부 기타 증빙서류에 의하여 밝혀지는 등 특별한 사정이 없는 이상 이는 총수입금에 대응하는 총손금에 이미 포함되어 있는 것으로 볼 것**이고, 이 경우 누락 수입에 대응하는 비용에 관한 신고를

누락하였다고 하여 그 공제를 받고자 한다면 그 비용의 손금 산입을 구하는 납세의무자가 스스로 그 누락 사실을 주장 · 입증하여야 하며, 이 경우 총손금의 결정방법과는 달리 그 수입 누락 부분에 대응하는 손금만을 실지조사가 아닌 추계조사방법에 의하여 산출 · 공제할 수는 없다.'고 판시하였다(대법원 2003. 11. 27. 선고 2002두2673 판결).

7. 관련판례

문서번호	내 용
대법원 1978. 12. 26. 선고 78누381 판결, 대법원 1992. 5. 12. 선고 90누3140 판결	**단일한 과세 목적물에 대하여 실지조사와 추계조사를 혼합하여 과세표준액을 결정하는 것은 법인세법, 부가가치세법이 인정하는 과세 방식이 아니다.**
대법원 1992. 4. 10. 선고 91누12721 판결	법인세의 총수입금액이나 부가가치세의 공급가액 등에 대한 추계 사유가 있어 추계의 방법으로 그 금액을 산정하는 경우라도 그 금액을 결정함에 있어서는 가장 합리적이고 타당성 있는 근거에 의하여 이를 결정하여야 하는 것이고, 이러한 근거에 의하지 아니한 **자의적인 수입금의 추계는 위법한 것으로서 허용될 수 없다.**
대법원 1988. 3. 8. 선고 87누588 판결	추계과세의 적법 여부가 문제된 경우 과세관청이 그 합리성, 타당성에 관하여 입증책임을 지기 때문에 과세관청이 소송에서 그 추계 방법과 내용이 합리적이고 타당하다는 데 대하여 입증하거나 달리 합리적이거나 타당성 있는 별개의 추계 방법을 제시 입증한 경우를 제외하고는 법원은 과세관청이 한 추계과세가 위법하다 하여 이를 전부 취소할 수밖에 없고 과세관청이 그와 같은 주장입증을 하지 아니하고 있다면 법원이 적극적으로 합리적이고 타당성 있는 추계의 방법을 찾아내어 과세관청이 납세의무자에게 부과할 세액을 계산할 의무까지 지는 것은 아니다.
대법원 2008. 9. 11. 선고 2006두11576 판결	실지조사결정에 의한 과세표준과 세액의 결정이 불가능하여 추계조사 결정할 사유가 있는 경우라 하더라도 합리적이고 타당성 있는 방법에 의하여야 하며, 그와 같은 **추계 방법의 합리성과 타당성에 관하여는 처분의 적법성을 인정받고자 하는 과세관청이 이를 주장 · 증명할 책임**이 있다.

문서번호	내 용
대법원 2000. 2. 25. 선고 98두1826 판결	과세처분의 적법성에 대한 입증책임은 과세관청에 있다.
대법원 2017. 12. 22. 선고 2017두57516 판결	납세의무자가 경제활동을 함에 있어서는 동일한 경제적 목적을 달성하기 위하여 여러 가지의 법률관계 중 하나를 선택할 수 있으므로, 과세관청으로서는 특별한 사정이 없는 한 당사자들이 선택한 법률관계를 존중하여야 한다.
대법원 2001. 8. 21. 선고 2000두963 판결, 대법원 2011. 4. 28. 선고 2010두3961 판결	납세자가 선택한 법률관계는 가장행위에 해당한다고 볼 특별한 사정이 없는 이상 유효하다고 보아야 한다.
대법원 1997. 6. 27. 선고 96누15756 판결	건물의 1, 2층은 일반 미용실로, 3, 4층은 신부예복 대여점 및 신부미용실로 각 구분하여 영업을 하면서 회계장부도 일반미용영업과 신부 예복 대여 및 신부 미용 영업으로 구분하여 기장하고 그 중 신부 예복 대여 및 신부 미용 영업에 관한 장부만 전부를 보관하여 온 경우, **일반미용 영업에 관한 수입금액은 추계조사방법으로, 나머지는 실지조사방법으로 결정한 것은 적법**하다.
대법원 1999. 1. 15. 선고 97누20304 판결	납세자가 소득세법이 정하는 장부를 비치·기장한 바 없다고 하더라도 계약서 등 다른 증빙서류를 근거로 과세표준을 계산할 수 있다면 과세표준과 세액은 실지조사 방법에 의하여 결정하여야 하고 추계조사 방법에 의해서는 아니되고, **납세자 스스로 추계의 방법에 의한 조사결정을 원하고 있다는 사유만으로는 추계조사의 요건이 갖추어진 것으로 볼 수 없다.**
대법원 1996. 7. 30. 선고 94누15202 판결	과세관청은 납세자가 과세표준과 세액을 신고하면서 제출한 세금계산서·장부 기타의 증빙이 불성실한 것으로 보여질 경우 그 부당성을 지적하고 새로운 자료를 제출받아 실지조사를 하고, 그 자료에 의하더라도 과세표준과 세액을 결정할 수 없을 때 비로소 추계조사 결정을 하여야 하며, 이러한 절차를 취함이 없이 한 추계조사 결정에 의한 과세처분은 추계과세의 요건을 결한 것으로서 위법하지만, 그와 같은 절차를 취하는 이유가 근거과세의 원칙상 추계조사 결정이 실지조사 결정을 할 수 없는 때에 예외적으로 허용된다는 점에 있음에 비추어 보면, 과세관청이 납세자로 하여금 그 제출된 세금계산서·장부 기타 증빙의 부당성을 지적하고 새로운 자료를 제출하게 하여 실지조사를

문서번호	내 용
	하더라도 과세표준과 세액을 결정할 수 없음이 명백한 경우까지 그러한 절차를 취하지 아니하고 추계조사 결정에 의한 과세처분을 하였다 하여 이를 위법하다고 볼 수는 없다.
대법원 1996. 1. 26. 선고 95누8058 판결	부과처분 당시 원고가 기장 · 신고한 장부로는 매출누락분에 대응하는 원가성 비용을 산출할 수 없었을 뿐더러 위와 같이 필요경비 산출에 있어야 할 원부재료 매입장 등은 물론 재고자산평가서, 금전출납부, 자산장, 부채장 등과 이에 관련된 일체의 증빙서류가 구비되어 있지 아니하여 끝내 필요경비를 산출할 수 없는 사정이었다면, 이는 곧 구 소득세법 시행령 제169조 제1항 제1호 소정의 "과세표준을 계산함에 있어서 필요한 장부와 증빙서류가 없거나 중요한 부분이 미비 또는 허위인 때"에 해당한다고 할 것이다.

3-5 추계방법으로 신고하였다고 하더라도 실지조사방법에 의한 과세 정당함

● 대상판결 : 대구고등법원 2013누1813 (2014. 9. 19.) → 국승

핵심 요지

증빙서류가 불비하다는 이유로 추계방법으로 소득금액을 신고하였다고 하더라도 실지조사에 의하여 필요경비를 반영하였고, 달리 반영되지 못한 필요경비가 존재한다고 볼 만한 사정이 없으므로 실지조사방법에 의하여 과세한 처분은 적법함

1. 사실관계

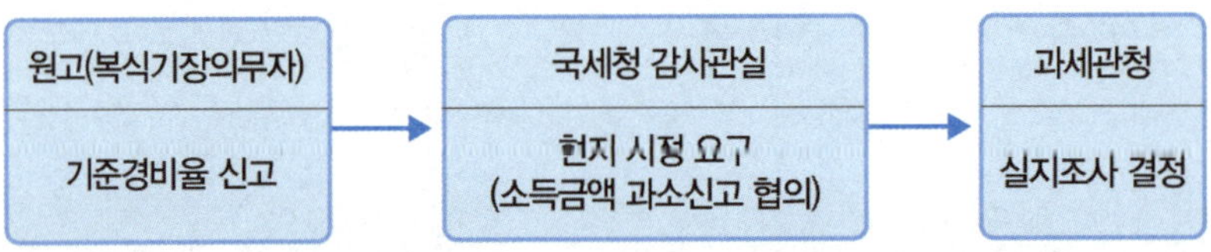

(1) 원고는 1998. 5. 16.부터 대구광역시 소재지에서 신장 투석을 전문으로 하는 A 내과의원을 운영하는 개인사업자로서, 주요경비는 증빙서류에 의해 확인되는 금액을 공제하고 그 외 기타경비는 국세청장이 정한 기준경비율을 적용한 금액을 공제하는 추계신고 방법에 따라 2007년 내지 2009년 귀속 종합소득세를 신고·납부하였다(기준경비율에 의한 신고).

(2) 피고는 원고가 복식부기의무자임에도 기준경비율에 의하여 추계신고함으로써 소득금액을 과소신고한 혐의가 있다는 대전지방국세청장의 감사지적(현지시정)에 따라 원고의 2007년~2009년 귀속분에 대한 개인사업자 조사를 실시하였다.

(3) 피고는 원고의 사업장은 수입금액 및 주요경비 등에 의하여 실제 소득금액을 산정할 수 있으므로 실지조사가 가능하여 추계과세를 할 수 없는 경우라는 이유로, 2011. 6. 2.부터 같은 달 15.까지 원고의 사업장에 대한 실지조사를 한 후, 2011. 7. 1. 원고에 대하여 2007년, 2008년, 2009년 귀속 종합소득세를 각 경정 고지하였다.

(4) 원고는 2011. 9. 23. 조세심판원에 심판청구를 하였으나, 2011. 12. 6. 기각결정을 받았다.

(5) 피고는 이 사건 소송 계속 중 원고가 주장하는 추가 기타 경비 지출 내역 가운데 중복되거나 사업 관련 경비가 아님이 명백한 경우만을 제외하고 대부분을 인정하여 2007년, 2008년, 2009년 귀속 종합소득세 중 일부를 감액 결정하였다.

2. 쟁 점

기준경비율에 의하여 종합소득세 과세표준과 세액을 추계 신고한 것을 장부 등에 의해 경정하여 과세한 처분의 당부

3. 관련법령

소득세법 제80조【결정과 경정】

② 납세지 관할세무서장 또는 지방국세청장은 제70조 · 제71조 및 제74조의 규정에 따른 과세표준확정신고를 한 자(제1호의2 및 제1호의3의 경우에는 제73조의 규정에 따라 과세표준확정신고를 하지 아니한 자를 포함한다)가 다음 각 호의 어느 하나에 해당하는 경우에는 당해 연도의 과세표준과 세액을 경정한다.

1. 신고 내용에 탈루 또는 오류가 있는 때

③ 납세지 관할세무서장 또는 지방국세청장은 제1항 및 제2항의 규정에 의하여 당해 연도의 과세표준과 세액을 결정 또는 경정하는 경우에는 장부 기타 증빙서류를 근거로 하여야 한다. 다만, 대통령령이 정하는 사유로 장부 기타 증빙서류에 의하여 소득금액을 계산할 수 없는 경우에는 대통령령이 정하는 바에 의하여 소득금액을 추계조사결정할 수 있다.

④ 납세지 관할 세무서장 또는 지방국세청장은 과세표준과 세액을 결정 또는 경정한 후 그 결정 또는 경정에 탈루 또는 오류가 있는 것이 발견된 경우에는 즉시 그 과세표준과 세액을 다시 경정한다.

소득세법 제160조【장부의 비치 · 기장】

① 사업자는 소득금액을 계산할 수 있도록 증빙서류 등을 비치하고 그 사업에 관한 모든 거래 사실이 객관적으로 파악될 수 있도록 복식부기에 의하여 장부에 기록 · 관리하여야 한다.
② 업종 · 규모 등을 고려하여 대통령령이 정하는 업종별 일정 규모 미만의 사업자가 대통령령이 정하는 간편장부(이하 "간편장부"라 한다)를 비치하고 그 사업에 관한 거래 사실을 성실히 기재한 경우에는 제1항의 규정에 따른 장부를 비치 · 기장한 것으로 본다.
③ 제2항의 규정에 따른 대통령령이 정하는 업종별 일정 규모 미만의 사업자는 이를 "간편장부대상자"라 하고, 간편장부대상자 외의 사업자는 이를 "복식부기 의무자"라 한다.

소득세법 시행령 제142조【과세표준과 세액의 결정 및 경정】

① 법 제80조의 규정에 의한 과세표준과 세액의 결정 또는 경정은 과세표준확정신고서 및 그 첨부서류에 의하거나 실지조사에 의함을 원칙으로 한다.

소득세법 시행령 제143조【추계결정 및 경정】

① 법 제80조 제3항 단서에서 "대통령령이 정하는 사유"라 함은 다음 각 호의 1에 해당하는 경우를 말한다.
1. 과세표준을 계산함에 있어서 필요한 장부와 증빙서류가 없거나 중요한 부분이 미비 또는 허위인 경우
2. 기장의 내용이 시설 규모 · 종업원 수 · 원자재 · 상품 또는 제품의 시가 · 각종 요금 등에 비추어 허위임이 명백한 경우
3. 기장의 내용이 원자재사용량 · 전력 사용량 기타 조업 상황에 비추어 허위임이 명백한 경우

소득세법 시행령 제208조【장부의 비치 · 기장】

① 법 제160조 제1항의 장부는 사업의 재산 상태와 그 손익거래 내용의 변동을 빠짐없이 이중으로 기록하여 계산하는 부기 형식의 장부를 말한다.
⑤ 법 제160조 제2항 및 제3항에서 "업종별 일정 규모 미만의 사업자"라 함은 다음 각 호의 어느 하나에 해당하는 사업자를 말한다. 다만, 제147조의3 및 「부가가치세법 시행령」 제74조 제2항 제7호에 따른 사업자를 제외한다.
2. 직전 연도의 수입금액(결정 또는 경정에 의하여 증가된 수입금액을 포함한다)의 합계액이

> 다음 각 목의 금액에 미달하는 사업자
> 다. 부동산임대업, 사업서비스업, 교육서비스업, 보건 및 사회복지사업, 오락·문화 및 운동 관련 서비스업과 기타 공공·수리 및 개인서비스업, 가사서비스업 : 7천500만 원

4. 원·피고 주장 요약

(1) 원 고

① 원고는 기준경비율이 도입된 2002년경 관할 세무서에 추계신고에 대하여 문의하여 적법하다는 회신을 받아 2002년 귀속 종합소득세부터 약 10년 동안 기준경비율에 의한 추계신고를 하여 왔고, 그 과정에서 2007. 8.경 종합소득세 실지조사를 받았으나 과세관청으로부터 기준경비율에 의한 추계신고에 관하여 아무런 지적을 받지 않았으며, 해당 과세관청 역시 대전지방국세청 감사관의 지적이 있기 전까지 원고의 기준경비율에 의한 신고가 복식부기 의무자의 의무를 위반한 것에 해당한다는 사실을 인식하지 못하였다. 즉, 원고의 기준경비율에 의한 종합소득세 신고·납부는 단순히 원고의 법령의 부지 또는 오인에만 기인한 것이 아니라 과세관청의 질의회신 및 과세관청의 명시적 또는 묵시적인 세무 지도에 의한 공적 견해 표명을 근거로 하여 이루어진 것이므로, 가산세 면제의 정당한 사유가 있다. 따라서 이 사건 처분 중 가산세 부과 처분은 위법하다.

② 또한 기준경비율은 국세청장이 동일한 업종에 종사하는 사업자들의 평균적인 경비율을 조사하여 정한 것인데, 이 사건 처분에 의하면 원고의 경비율이 기준경비율과 현격한 차이가 나므로 실제 경비를 제대로 반영하지 못하였음이 인정된다.

(2) 피 고

원고는 추계신고와 관련하여 질의·회신받은 자료를 제출하지 못하고 있고, 원고가 신고한 주요경비 외에 원고의 사업용 계좌를 통해 지출된 금액을 필요경비로 인정하였으며, 조사 대상 기간 중 시설투자와 관련한 지출이 없는 것으로 확인되고, 주요경비 외의 경비가 필요경비에서 차지하는 비중이 0.9%에 불과한 점에 비추어 실지 소득금액을 알 수 없

어 추계신고하였다는 원고 주장을 인정하기 어려우므로 장부와 증빙에 의해 과세표준과 세액을 산정하여 과세한 처분은 정당하다.

5. 대상판결(대구지방법원 2013. 10. 25. 선고 2012구합609 판결)

종합소득세의 과세표준과 세액은 실지조사의 방법에 의하여 밝혀진 실액에 의하여 결정하는 것이 원칙이고, 추계과세의 방법은 과세표준과 세액 결정의 근거가 되는 납세자의 장부와 증빙서류 등이 없거나 그 내용이 미비 또는 허위여서 근거과세의 방법으로 사용할 수 없는 경우에 예외적으로 인정되는 것이므로, 납세자가 비치, 기장한 장부나 증빙서류 중 **일부 허위로 기재된 부분이 포함되어 있다고 하더라도** 그 부분을 제외한 나머지 부분은 모두 사실에 부합하는 자료임이 분명하여 이를 근거로 과세표준을 계산할 수 있다면 그 과세표준과 세액은 실지조사의 방법에 의하여 결정하여야지 추계조사 방법에 의해서는 아니되며, 실지조사가 불가능하여 추계의 방법에 의할 수밖에 없는 경우에 한하여 추계과세할 수 있고, **실지조사에 의한 부과 처분이 결과적으로 추계과세에 의한 부과 처분보다 불리하다거나 납세자 스스로 추계의 방법에 의한 조사결정을 원하고 있다는 사유만으로는 추계조사의 요건이 갖추어진 것으로 볼 수 없다**(대법 1995. 8. 22. 선고 95누2241 판결, 대법 1996. 1. 26. 선고 95누6809 판결 등 참조).

또한 과세관청은 납세자가 과세표준과 세액을 신고하면서 제출한 세금계산서 · 장부 기타의 증빙이 불성실한 것으로 보일 경우 그 부당성을 지적하고 새로운 자료를 제출받아 실지조사를 하고, 그 자료에 의하더라도 과세표준과 세액을 결정할 수 없을 때 비로소 추계조사 결정을 하여야 하고(대법원 1996. 7. 30. 선고 94누15202 판결 등 참조), 과세처분의 위법을 이유로 그 취소를 구하는 행정소송에서 과세처분의 적법성 및 과세요건 사실의 존재에 대한 입증책임은 원칙적으로 과세관청에게 있으므로 과세소득 확정의 기초가 되는 필요경비도 원칙적으로 과세관청이 그 입증책임을 부담하나, **필요경비의 공제는 납세의무자에게 유리한 것일 뿐 아니라 필요경비의 기초가 되는 사실관계는 대부분 납세의무자의 지배영역 안에 있는 것이어서 과세관청으로서는 그 입증이 곤란한 경우가 있으므로** 그 입증의 곤란이나 당사자 사이의 형평을 고려하여 납세의무자로 하여금 입증케 하는 것이 합리적인 경우에는 입증의 필요를 납세의무자에게 돌려야 한다(대법 2005. 4. 14. 선고

2005두647 판결 참조).

위 인정 사실에 의하여 알 수 있는 다음과 같은 사정들에 비추어 보면, 피고는 이 사건 처분의 중요 부분을 이루는 필요경비의 산정에 있어 적법한 실지조사를 거쳐 원고가 세무조사를 받을 당시 및 그 이후에 주장 · 입증한 모든 내역을 검토하여 필요경비에 반영한 후 이 사건 처분을 하였고, 달리 이 사건 처분에 반영되지 못한 필요경비가 존재하는 등으로 실지조사가 불가능한 경우에 해당한다고 볼 만한 사정이 없다. 따라서 원고의 위 주장은 이유 없다.

6. 평 석

(1) 원고는 보건업(일반내과) 사업자로서, 이 사건 과세기간 직전 과세기간의 수입 금액 합계액을 살펴보면 소득세법 제160조 제3항 및 같은 법 시행령 제208조 제5항 제2호 다목에 따른 복식부기의무자에 해당한다.

(2) 세무조사 결과 피고는 원고가 총수입금액을 신고 누락한 사실은 없고, 계정별 원장을 근거로 당초 신고한 주요경비의 확인이 가능하며, 사업용 계좌(전화료, 의사회 회비, 병원 신문구독료) 및 신용카드 사용명세서(사무용품비, 복리후생비, 차량유지비) 등을 통하여 기타경비의 확인이 가능하므로 실지 소득금액을 계산할 수 있다고 보아 일부 필요경비를 인정하여 당초처분을 하였다.

(3) 원고는 이 사건 소송 계속 중인 2012. 6. 19. 이 사건 과세기간 동안 지출한 지급수수료, 소모품비 수선비, 도서인쇄비, 광고선전비, 이 사건 과세기간에 지출한 기타 경비를 입증하기 위하여 약품비 등 지출에 관한 신용카드 사용 내역, 건강보험료, 국민연금 사업자부담분 영수증 등의 자료를 추가로 제출하였고, 피고는 위 자료에 대한 검토를 거쳐 당초 처분 시 이미 필요경비로 산입된 것으로 밝혀진 금원을 제외하고 추가로 필요경비로 인정하였다.

(4) 원고는 시일이 오래 지나 기타지출을 증빙할 만한 자료를 제대로 갖추고 있지 못하다고 주장하나, 원고가 사업과 관련하여 지출한 내역은 대부분 신용카드 또는 사업용 계좌를 통하여 지출된 것으로 보이고, 기타경비로 산정할 만한 지출 항목은 이미 이 사건 소송 과정에서 대부분 주장 · 제출되었으며, 원고는 증빙이 없어 그 지출을 입증하지 못하고

있는 항목을 구체적으로 특정하여 주장하고 있지도 아니하다(1심 재판부 판단).

(5) 원고는 **복식부기의무자로서 사업의 재산 상태와 그 손익거래 내용의 변동을 빠짐없이 기록하여야 할 의무가 있으므로, 기타경비의 지출을 제대로 기장하지 않았다고 하더라도 이는 기본적으로 원고의 책임**이다.

(6) 원고는 피고가 그 동안 원고에게 추계신고를 해도 된다는 신뢰를 부여하였으므로, 이 사건 처분은 신의성실의 원칙에도 위배된다는 주장을 하였다.

(7) 이에 대하여 재판부는 "행정상의 법률관계에 있어서 행정청의 행위에 대하여 신뢰 보호의 원칙이 적용되기 위해서는, 첫째 행정청이 개인에 대하여 신뢰의 대상이 되는 공적인 견해 표명을 하여야 하고, 둘째 그 개인이 그 견해 표명을 신뢰하고 이에 상응하는 어떠한 행위를 하였어야 하며, 셋째 행정청의 견해 표명이 정당하다고 신뢰한 데에 대하여 그 개인에게 귀책 사유가 없어야 하고, 넷째 행정청이 그 견해 표명에 반하는 처분을 함으로써 그 견해 표명을 신뢰한 개인의 이익이 침해되는 결과가 초래되어야 하며, 마지막으로 위 견해 표명에 따른 행정처분을 할 경우 이로 인하여 공익 또는 제3자의 정당한 이익을 현저히 해할 우려가 있는 경우가 아니어야 한다(대법 2006. 6. 9. 선고 2004두46 판결 등 참조)."라고 설시하면서,

(8) 사업자는 소득세법 제160조 제1항에 따라 소득금액을 계산할 수 있도록 증명서류 등을 갖춰 놓고 그 사업에 관한 모든 거래 사실이 객관적으로 파악될 수 있도록 장부에 기록·관리할 의무가 있는데, 1998년경부터 병원을 운영해 온 원고가 자신이 증빙서류가 없는 납세의무자의 신고·납부의 편의를 위하여 마련한 제도인 추계소득금액 계산방법에 따라 종합소득세를 신고·납부할 수 있다고 생각하였다거나, 그러한 이유로 기타 비용의 지출에 관하여는 장부를 작성하지 않았다는 것은 납득하기 어렵고, 설사 원고의 주장과 같이 피고가 이 사건 처분 이전에는 원고가 종합소득세 신고를 하면서 기준 경비율에 의한 추계신고를 하는 것을 문제 삼은 적이 없다고 하더라도, 그러한 사정만으로는 피고가 원고에게 이 사건 처분과 관련하여 신뢰의 대상이 되는 **공적인 견해를 표명하였다고 보기 어려우며,** 달리 피고가 원고에게 추계신고가 적법한 것이라는 공적인 견해를 표명하였다거나 행정권의 불행사에 관하여 신뢰를 주는 공적인 견해 표명을 하였음을 인정할 증거가 없다는 이유로 원고의 주장을 배척하였다.

(9) 대법원은 "구 소득세법(1994. 12. 22. 법률 제4803호로 전문 개정되기 전의 것) 제

119조 소정의 서면조사 결정 대상자가 세무사 등의 조정계산서를 첨부하여 과세표준 확정신고를 한 경우에도 서면조사 결정 대상자의 신고 내용 자체를 부인하고 임의로 실지조사에 나간 것이 아니라 조정계산서가 증빙서류 등의 근거 없이 전혀 허위 · 가공으로 작성되었음이 명백하거나, 수입금액이 전혀 신고 내용에 포함되지 아니하고 처음부터 탈루되었음이 명백하여 혹은 수입금액이 신고되었으나 그 신고 내용 자체에 의하여 탈루 또는 오류를 범한 것임이 객관적으로 명백하여 과세표준과 세액을 서면조사만으로 결정하도록 하는 것이 부당하다고 인정되는 경우에는 그 과세표준 및 세액을 실지조사 또는 추계조사에 의하여 결정 또는 경정할 수 있다고 판단한 사례도 있다(대법원 2002. 9. 10. 선고 2002두 3980 판결).

(10) 추계과세의 필요성을 인정한다고 하더라도 근거과세의 원칙, 공평과세의 이념이나 국민의 재산권 보호라는 측면에서 추계과세를 허용하는 범위와 추계를 하는 절차의 양면에서 엄격한 제한과 규제를 가하는 것이 긴요하다. 그렇지 않다면 제도 본래의 목적에 반하고 조세법률주의의 이념은 달성될 수 없다.

추계의 의하여 결정된 금액은 아무리 정밀한 방법에 의하더라도 실금액에 가까울지언정 실금액 자체일 수는 없다. 추계에 의한 과세가 실금액을 초과하는 경우 그 차액은 위법한 과세가 되고 만다. 추계조사 결정이 과세표준 결정의 최후의 선택수단으로서 엄격한 요건하에서만 허용되고 합리성에 의하여 밑받침되지 않으면 안 되는 이유가 여기에 있다(사법연수원 2015 소득세법 p183).

7. 관련판례

문서번호	내 용
대법원 2005. 4. 14. 선고 2005두647 판결	필요경비도 원칙적으로 과세관청이 그 입증책임을 부담하나, 필요경비의 공제는 납세의무자에게 유리한 것일 뿐 아니라 필요경비의 기초가 되는 사실관계는 대부분 납세의무자의 지배 영역 안에 있는 것이어서 과세관청으로서는 그 입증이 곤란한 경우가 있으므로 그 입증의 곤란이나 당사자 사이의 형평을 고려하여 **납세의무자로 하여금 입증케 하는 것이 합리적인 경우에는 입증의 필요를 납세의무자에게 돌려야** 한다.

문서번호	내 용
대법원 2005. 11. 25. 선고 2004두930 판결	세법상 가산세는 과세권의 행사 및 조세채권의 실현을 용이하게 하기 위하여 납세자가 정당한 이유 없이 법에 규정된 신고, 납세 등 각종 의무를 위반한 경우에 법이 정하는 바에 따라 부과되는 행정상 제재로서, 그 의무의 이행을 납세의무자에게 기대하는 것이 무리인 사정이 있을 때 등 그 의무 해태를 탓할 수 없는 정당한 사유가 있는 경우에는 이를 부과할 수 없다.
대법 2013. 5. 23. 선고 2013두1829 판결	**가산세 부과에 있어 납세자의 고의·과실은 고려되지 아니하고, 법령의 부지 또는 오인은 그 정당한 사유에 해당한다고 볼 수 없다.**
대법원 1995. 8. 22. 선고 95누2241 판결, 대법원 1996. 1. 26. 선고 95누6809 판결	과세표준과 세액은 실지조사의 방법에 의하여 결정하여야지 추계조사방법에 의해서는 아니되며, 실지조사가 불가능하여 추계의 방법에 의할 수밖에 없는 경우에 한하여 추계과세할 수 있고, 실지조사에 의한 부과 처분이 결과적으로 추계과세에 의한 부과 처분보다 불리하다거나 **납세자 스스로 추계의 방법에 의한 조사 결정을 원하고 있다는 사유만으로는 추계조사의 요건이 갖추어진 것으로 볼 수 없다.**
대법원 1996. 7. 30. 선고 94누15202 판결	과세관청은 납세자가 과세표준과 세액을 신고하면서 제출한 세금계산서·장부 기타의 증빙이 불성실한 것으로 보일 경우 그 부당성을 지적하고 새로운 자료를 제출 받아 실지조사를 하고, 그 자료에 의하더라도 과세표준과 세액을 결정할 수 없을 때 비로소 추계조사 결정을 하여야 한다.

3-6 추계과세를 함에 있어서는 그 추계의 방법과 내용에 있어 가장 진실에 가까운 실액을 반영할 수 있도록 합리적이고 타당성이 있어야 함

● 대상판결 : 대법원 94누15202 (1996. 7. 30.) ➜ 국패

핵심 요지

추계과세를 함에 있어서는 그 추계의 방법과 내용에 있어 가장 진실에 가까운 실액을 반영할 수 있도록 합리적이고 타당성이 있어야 하고, 추계과세 대상 납세자에게 특수한 사정이 있는 경우에는 그러한 사정까지 고려되어야 하므로, 과세관청이 법령에서 정한 방법으로 추계과세를 하였다 하더라도 그 추계방법에 의한다면 불합리하게 된다고 볼 만한 특수한 사정이 있는 경우에는, 그러한 특수한 사정을 참작하지 아니하고 행하여진 추계과세는 그 추계방법과 내용에 있어 합리성과 타당성을 인정할 수 없어 위법함

1. 사실관계

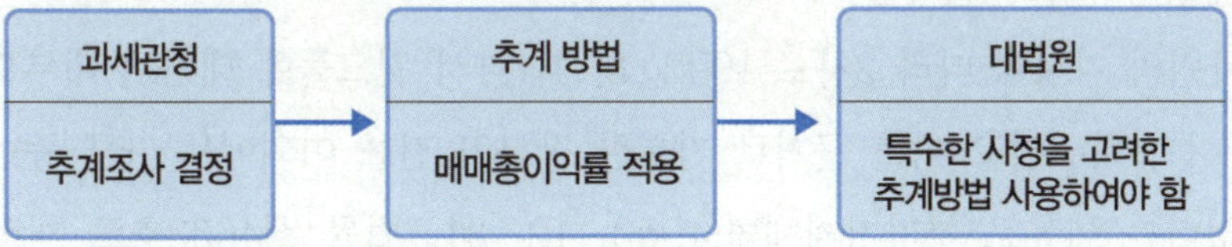

(1) 원고들은 대구 광역시 소재지에서 A 석유라는 상호로 석유도·소매업을 경영하여 왔으며 정유회사의 일반대리점으로부터 유류를 매입하여 중간도매상 등에게 유류를 판매하거나 대리점에의 출하요청서 자체에 이윤을 붙여 매매하는 방식으로 석유 도·소매업을 경영하여 왔는바(소매업소에 직접 매출한 것은 미미한 액수이다), 1988년도 제2기분부터 1990년도 제2기분까지의 부가가치세 과세표준을 합계 금 8,567백만 원으로 신고하였다.

(2) 이에 대하여 피고는 1991. 9.경, 원고들이 과세자료로 제출한 매입세금계산서는 진정하게 작성된 것으로 인정되나 매출세금계산서는 위 신고 과세표준액의 약 80%가량인 합계 금 6,993백만 원 상당하는 금액에 대하여 제출한 매출세금계산서가 그 공급받는 자의 사업자등록번호 및 작성 연월일이 허위로 기재되어 있는 사실을 밝혀내고 위 A

석유의 장부 및 거래처의 장부 등을 조사하였다.

(3) 원고들이 신고한 부가가치세의 과세표준 중 약 80여% 상당액에 대하여 작성, 비치하거나 피고에게 제출한 매출세금계산서는 실제 매입자들이 발행을 기피한다는 이유로 그들로부터 매출세금계산서를 받지 아니하고 대신 자료중개상에게 용지를 교부하고 다시 그들로부터 그들이 기재한 공급자 보관분 세금계산서를 교부받아 보관, 비치하였다.

(4) 피고는 1991. 7.경 원고들이 경영하는 위 A 석유에 대하여 조사하여 위 매출 세금계산서의 대부분이 허위인 사실을 적발하고 위 A 석유의 장부 및 거래처의 장부 등을 조사하였는바 당시 원고들은 실지 매매에 관하여 작성한 장부로 인하여 매입자들에게 피해가 있을 것을 우려하여 실지 장부를 폐기하였고 그 무렵 피고에게, 허위 세금계산서에 의하여 기록된 장부 및 전표 일부 이외에는 일체의 증빙이나 장부 등의 기록이 없음을 확인한다는 취지의 확인서를 제출하였으며 피고는 이에 따라 6,993백만 원 상당이 공급받는 자 및 작성 연월일 등이 실지와 달리 기재되어 있는 허위의 세금계산서라는 이유로 세금계산서 불명가산세 금 69백만 원을 가산한 증액 경정 결정을 하였다.

(5) 그 후 감사원에서의 감사에서 위 허위세금계산서는 매출 금액의 증빙이 될 수 없으므로 추계경정하여야 한다는 지적을 받았다.

(6) 위 감사원의 지적에 따라 2차로 1992. 3. 1. 다시 원고들에 대하여 대부분의 매출세금계산서가 허위이고 이를 근거로 기록한 장부와 전표 이외에는 다른 증빙이나 장부 등이 없다는 이유로 부가가치세법(1993. 12. 31. 법률 제4663호로 개정되기 전의 것) 제21조 제3항, 같은 법 시행령(1991. 12. 31. 대통령령 제13542호로 개정되기 전의 것), 제69조 제1항 제4호 라목의 규정에 의하여 원고들이 신고한 액수 내지는 매입세금계산서의 합산 금액에 상당한 금 8,449백만 원을 매입총액으로 하고 매매총이익률에 의한 추계결정 방법으로 매출총액을 산정하고 위 과세기간에 대한 부가가치세의 과세표준을 경정하여 1992. 3. 2. 원고들에 대하여 부가가치세를 부과처분하였다.

(7) 원고들은 원심변론종결일에 이르기까지 위 허위 매출세금계산서 부분에 관한 실지 매출액을 입증하는 세금계산서 · 장부 기타의 증빙을 제출하지 못하였다.

2. 쟁 점

매입금액 총액은 진정한 세금계산서에 의하여 확인되어도 매출액을 입증할 대부분의 매출 세금계산서가 허위라면, 매입 금액을 기초로 하여 매매총이익률의 방법으로 매출액을 산정하는 것이 정당한 추계결정 방법인지 여부

3. 관련법령

구 부가가치세법(1993. 12. 31. 법률 제4663호로 삭제되기 전의 것) 제22조 제2항 제2호【가산세】

② 사업자가 다음 각 호의 어느 하나에 해당하는 경우에는 그 공급가액에 대하여 100분의 1(제3호에 해당하는 경우에는 1천분의 5)에 해당하는 금액을 납부세액에 더하거나 환급 세액에서 뺀다. 다만, 제3호 및 제4호는 법인사업자에 대해서는 2010년 12월 31일까지 적용하지 아니하고 2011년 1월 1일부터 2013년 12월 31일까지는 각각 1천분의 1, 1천분의 3을 적용하며, 대통령령으로 정하는 개인사업자에 대해서는 2011년 12월 31일까지 적용하지 아니하고 2012년 1월 1일부터 2014년 12월 31일까지는 각각 1천분의 1, 1천분의 3을 적용한다. (2013. 1. 1. 단서 개정)

2. 제16조에 따라 발급한 세금계산서의 필요적 기재 사항의 전부 또는 일부가 착오 또는 과실로 적혀 있지 아니하거나 사실과 다른 경우 (2011. 12. 31. 신설)

구 부가가치세법(1994. 12. 31. 대통령령 제14471호로 개정되기 전의 것) 제21조 제2항 제1호【결정 및 경정】

② 사업장 관할 세무서장 등은 제1항에 따라 각 과세기간에 대한 과세표준과 납부세액 또는 환급 세액을 결정 또는 경정하는 경우에는 세금계산서 · 장부 또는 그 밖의 증명 자료를 근거로 하여야 한다. 다만, 다음 각 호의 어느 하나에 해당하는 경우에는 대통령령으로 정하는 바에 따라 추계(추계)할 수 있다.

1. 과세표준을 계산할 때 필요한 세금계산서 · 장부 또는 그 밖의 증명 자료가 없거나 그 중요한 부분이 갖추어지지 아니한 경우

4. 원고 주장 요약

① 원고들은 매입세금계산서 및 장부를 비치하고 있었고 피고가 이 사건 처분을 할 당시 허위 내용의 매출계산서를 작성한 거래분에 대하여도 실매입자를 상대로 실지조사를 하면 매출금액을 파악할 수 있는 상태에 있었으며 원고들도 사실조사가 행하여질 경우 이에 응하려 하였는바 피고는 최초 세금계산서 불명가산세를 부과할 당시 원고들이 위 가산세 부과의 자료로 사용될 것으로 믿고 제출한 확인서만을 근거로 새로운 자료의 제시 요구나 실지조사 등의 절차를 거치지 아니하고 곧바로 추계과세에 이르렀는바 이는 추계과세의 요건을 결(缺)한 처분으로서 위법하다.

② 가사 추계조사의 결정이 정당한 것이라 하더라도 추계의 방법은 합리적이고 타당성 있는 것이라야 할 것인바, 원고들이 행한 주된 거래는 출하요청서 자체의 매매방식(소위 오더거래)에 의한 것이어서 결국 원고들이 위 석유 도·소매업으로 인하여 얻은 이익률은 매입액의 2% 정도에 불과함에도 피고는 만연히 국세청장이 정한 개인사업자인 석유류도매업자의 매매 총이익률인 9.31%를 적용하여 과세표준을 과다하게 산정하는 등 합리성을 결한 추계의 방법을 사용하였으므로 위법하다.

5. 사건의 경과

(1) 원심 판결(서울고등법원 1994. 11. 9. 선고 93구8599 판결) : 국승

원고들의 경우는 과세표준을 계산함에 있어서 필요한 세금계산서, 장부, 기타의 증빙이 없거나 중요한 부분이 미비한 경우에 해당하고 1차 경정 시 자료를 제출토록 요구하였음에도 달리 제출할 자료가 없다 하여 이를 거부하고 자료가 없음을 확인하는 서면까지 제출하였으며 이 사건 변론종결일에 이르기까지도 실지조사방법에 의하여 실지의 과세표준을 확인할 만한 자료의 제출이 불가능한 것으로 판단되므로 추계과세의 요건을 충족하고 있는 것으로 보여져 결국 이 사건 추계조사 결정은 적법하게 이루어진 것으로 인정되고 비록 **위 확인서가 세금계산서 불명가산세만 부과될 것으로 믿고 제출된 것이라 하더라도** 위에서 본 사정에 비추어 그러한 사유만으로 이 사건 추계조사 결정이 그 요건을 결한 것으로서 위법하다 할 수 없다 할 것이다.

… 위에서 본 바와 같이 원고들이 경영한 위 A 석유의 매입금액 총액은 진정한 세금계산서 등에 의하여 입증되나 매출액을 입증할 대부분의 매출세금계산서의 대부분이 허위이고 달리 전체 매출액 및 이익률을 입증할 만한 충분한 증빙자료를 이 사건 변론종결일 현재까지 제출하지 못하고 있는 이 사건에 있어서는 위 영업으로 인한 매출액 등을 산정할 수 있는 다른 합리적인 방법을 발견할 수 없으므로 법상 규정되어 허용되는 산정 방법의 하나로서 진정한 매입금액을 기초로 하여 위 매매총이익률의 방법으로 매출액 등을 산정함은 정당한 추계방법이라 할 것이다.

(2) 대상판결

… 과세관청이 납세자로 하여금 그 제출된 세금계산서 · 장부 기타 증빙의 부당성을 지적하고 새로운 자료를 제출하게 하여 실지조사를 하더라도 과세표준과 세액을 결정할 수 없음이 명백한 경우까지 그러한 절차를 취하지 아니하고 추계조사 결정에 의한 과세처분을 하였다 하여 이를 위법하다고 볼 수는 없다고 할 것이다.

… 대부분의 매출세금계산서가 허위이고 이를 근거로 작성된 장부와 전표 이외에는 장부 기타의 증빙이 없다는 이유로, 부가가치세법 제21조 제3항, 제2항 제1호, 같은 법 시행령(1994. 12. 31. 대통령령 제14471호로 개정되기 전의 것, 이하 같다) 제69조 제1항 제4호 라목에 의하여 매매총이익률에 의한 추계조사방법으로 각 과세기간별 과세표준인 매출총액을 결정하여 이 사건 부과처분을 하였던바, 원고들은 원심변론종결일에 이르기까지 위 허위 매출세금계산서 부분에 관한 실지매출액을 입증하는 세금계산서 · 장부 기타의 증빙을 제출하지 못하였다는 것이다. 사정이 이와 같다면, 피고가 원고들로 하여금 위 허위 매출세금계산서 부분의 부당성을 지적하고 새로운 자료를 제출하게 하는 등 실지조사를 하더라도 그 과세표준과 세액을 결정할 수 없음이 명백하므로, 가사 피고가 이러한 절차를 취하지 아니하고 위 추계조사 결정에 의하여 이 사건 부과처분을 하였다 하더라도 이를 위법하다고 볼 수는 없다고 할 것이다.

… **추계과세를 함에 있어서는 그 추계의 방법과 내용에 있어 가장 진실에 가까운 실액을 반영할 수 있도록 합리적이고 타당성이 있어야** 하고, **추계과세 대상 납세자에게 특수한 사정이 있는 경우에는 그러한 사정까지 고려되어야 하므로**(당원 1987. 3. 10. 선고 86누328 판결 참조), 과세관청이 법령에서 정한 방법으로 추계과세를 하였다 하더라도 그 추

계방법에 의한다면 불합리하게 된다고 볼 만한 특수한 사정이 있는 경우에는, 이러한 특수한 사정을 참작하지 아니하고 행하여진 추계과세는 그 추계방법과 내용에 있어 **합리성과 타당성을 인정할 수 없어 위법**하다고 할 것이다.

… 위 매매총이익률 9.31%는 국세청장이 조사한 자료를 기초로 업종별로 정한 평균적 이익률로서 법령에서 정한 추계 방법의 하나이기는 하나, 이를 적용하여 원고들의 매출액을 추계한다면 불합리하게 된다고 볼 만한 특수한 사정이 있다고 봄이 상당하므로, 원고들에게 이와 같은 **특수한 사정이 있음을 고려하지 아니하고 위 매매총이익률을 적용하여 행하여진 이 사건 부과처분은 그 추계 방법과 내용에 있어 합리성과 타당성을 인정할 수 없어 위법**하다고 할 것이다.

그럼에도 불구하고 피고가 구 부가가치세법시행령 제69조 제1항 제4호 라목 소정의 매매총이익률에 의한 방법에 의하였다는 이유만으로 그 추계 방법이 정당하다고 보아 원고들의 위 주장을 배척한 원심의 조치는, 추계 방법의 합리성에 관한 법리를 오해한 위법을 저지른 것이라 아니할 수 없고, 이는 판결 결과에 영향을 미쳤음이 명백하므로, 이 점을 지적하는 논지는 이유 있다. 이 점을 지적하는 논지는 이유 있다.

6. 평 석

(1) 추계조사결정이란 소득세 또는 법인세 등을 과세관청이 결정 또는 경정하는 경우에 그 과세표준을 장부나 증빙 기타 직접적인 과세자료에 의하여 결정하지 않고 납세의무자의 재산이나 채무의 증감상태, 수입이나 지출의 현황, 생산량, 판매량, 기타의 거래량, 종업원 수 기타 사업의 규모, 해당 업종의 경비율 등의 간접자료에 기하여 과세표준을 결정하는 과세방법을 말한다. 그 과세방법은 동업자권형, 기준경비율 등 통계적 · 경험적 근거에 의하여 정형화되어 있다(사법연수원 2015 소득세법 p.162).

(2) 납세의무자의 장부나 증빙이 불비 · 부실하다고 하여 과세를 포기할 수는 없다. 이러한 경우 납세의무자에게 소득이나 기타의 경제적 거래가 있다고 볼 객관적 사정이 명백하다면 과세관청은 가능한 적당한 자료를 구하여 이를 근거로 삼아 합리적인 추측을 토대로 소득 등을 추계하여 과세하는 방법을 취할 수밖에 없는데 이를 추계과세라고 부른다. 그 취지는 공평과세를 기하고 부당한 조세회피를 방지하고자 함에 있다.

(3) 소득세법이 소득세 과세표준의 결정은 실지조사결정에 의하는 것을 원칙으로 하고 실지조사결정이 불가능할 경우에만 예외적으로 추계조사결정의 방법에 의하도록 하고 있음에 비추어 실지조사방법에 의하여 결정된 소득세액이 추계조사방법에 의하여 결정된 소득세액보다 많은지 적은지에 따라 그 과세표준의 결정방법의 적법 여부가 좌우되는 것은 아니다(대법원 1996. 1. 26. 선고 95누6809 판결).

(4) 양도 및 취득의 실지거래가액이 모두 확인되는 이상 취득과 관련하여 지출한 부대비용의 실액을 확인할 만한 증빙서류가 없다고 하더라도 관계법령과 조례 등이 그와 같은 비용 등에 관한 기준 등을 정하고 있다면 그러한 법령 등에 의하여 그 비용의 범위를 확정할 수 있고 또한 과세 대상이 되는 토지에 관한 소득 등을 어떠한 방법으로 조사, 결정할 것인가 하는 문제는 각각 그 조사, 결정방법에 관한 법정사유 중 어느 것에 해당하는가에 따라 각별로 결정되어야 하고, **하나의 사업장에서 여러 필의 토지가 동시에 매매되었다 하여 반드시 같은 방법에 의하여 그 소득 등이 조사, 결정되어야 하는 것은 아니다**(대법원 1995. 7. 25. 선고 95누2708 판결 참조).

(5) 추계과세는 실지조사가 불가능하여 추계의 방법에 의할 수밖에 없는 경우에 한하여 할 수 있고 실지조사에 의한 부과처분이 결과적으로 추계과세에 의한 부과처분보다 불리하다거나 납세자 스스로 추계의 방법에 의한 조사 결정을 원하고 있다는 사유만으로는 추계과세의 요건이 갖추어진 것으로 볼 수 없다(대법원 2007. 10. 26. 선고 2006두16137 판결).

(6) 소득표준율을 적용하여 과세표준을 추계조사의 방법을 결정할 경우라도 총지출(수입)금액에 관하여 그 실지조사가 가능하다면 그 금액은 실지조사의 방법으로 결정하여야 하고, **증빙이 있는 비용 이외에 막연히 확인되지 아니한 비용이 있을지도 모른다고 하여서 이를 추계조사 결정할 사유로 삼을 수는 없다**(대법원 1994. 7. 29. 선고 94누5175 판결).

(7) 동업자 권형에 의한 방법은 기준경비율 등이 결정되지 아니하거나 천재 · 지변 기타 불가항력으로 장부 기타 증빙서류가 멸실 된 때에 기장이 가장 정확하다고 인정되는 동일 업종의 다른 사업자의 소득금액을 참작하여 그 소득금액을 결정 또는 경정하는 방법이다.

(8) 이 사건에서도 피고는 법령에 규정된 추계방법 중의 하나인 매매총이익률의 방법으로

매출액 등을 산정하는 것은 정당하는 주장이었고, 원심도 이를 수긍하였다.

(9) 그러나 대법원은 과세관청이 법령에서 정한 방법으로 추계과세를 하였다 하더라도 그 추계방법에 의한다면 불합리하게 된다고 볼 만한 특수한 사정이 있는 경우에, **이러한 특수한 사정을 참작하지 아니하고 행하여진 추계과세는 그 추계방법과 내용에 있어 합리성과 타당성을 인정할 수 없어 위법**하다고 판단하였다.

(10) 원고들은 이른바 오더거래방식에 의한 매출의 경우 그 거래량은 대규모이나 그 이익률은 국세청장이 정한 위 매매총이익률인 9.31%에 훨씬 미치지 못하는 2% 정도에 불과한데도 9.31%는 국세청장이 조사한 자료를 기초로 업종별로 정한 평균적 이익률로서 이를 적용하여 원고들의 매출액을 추계한다면 불합리하게 된다고 볼 만한 특수한 사정이 있다고 지적하였다.

(11) 아무리 법령의 규정에 의한 추계방법에 의하여 소득금액을 결정하더라도 이 사건의 원고들과 같이 일반적이고 평균적인 매매총이익률을 적용할 수 없는 특수한 사정이 있음을 고려하지 아니하고 행하여진 이 사건 부과처분은 그 추계방법과 내용에 있어 합리성과 타당성을 인정할 수 없어 위법하다는 대법원의 판결은 수긍이 간다.

7. 관련판례

문서번호	내 용
대법원 1987.3.10. 선고 86누328 판결	추계과세를 함에 있어서는 그 추계의 방법과 내용에 있어 가장 진실에 가까운 실액을 반영할 수 있도록 합리적이고 타당성이 있어야 하고, **추계과세 대상 납세자에게 특수한 사정이 있는 경우에는 그러한 사정까지 고려되어야 한다.**
대법원 1992.7.24. 선고 91누8203 판결	과세관청이 과세표준을 조사에 의하여 경정함에 있어 관계장부나 증빙서류의 일부가 미비되거나 허위로 된 것이 있다고 하여 곧바로 추계과세에 나아갈 수는 없고 납세자로 하여금 미비 또는 부당한 부분에 관한 새로운 자료를 제출케 하여 이를 조사한 후 그 자료에 의하더라도 과세표준과 세액을 계산할 수 없을 때에 비로소 추계조사결정을 할 수 있다 할 것이고 일단 추계조사결정을 한 후라도 그 과세처분의 취소소송에서 관계 장부 등이 제출되는 등 실지조사 방법에 의하여 과세

문서번호	내 용
	표준 등의 실지액을 결정하는 것이 가능한 경우에는 당초의 추계조사 결정을 유지할 수 없다 할 것이나 이는 제출된 장부 등이 진실하거나 종전의 자료를 보완하여 실액 조사가 가능한 경우라야 할 것이다.
대법원 1996. 1. 26. 선고 95누6809 판결	소득세법이 소득세 과세표준의 결정은 실지조사결정에 의하는 것을 원칙으로 하고 실지조사결정이 불가능 할 경우에만 예외적으로 추계조사결정의 방법에 의하도록 하고 있음에 비추어 실지조사 방법에 의하여 결정된 소득세액이 추계조사 방법에 의하여 결정된 소득세액보다 많은지 적은지에 따라 그 과세표준 결정방법의 적법 여부가 좌우되는 것은 아니다.
대법원 1986. 4. 8. 선고 86누67 판결; 대법원 1986. 12. 9. 선고 86누516 판결	과세관청이 처분 당시 장부 등의 미비로 추계과세를 하였다 하더라도 처분의 취소소송에서 장부 기타의 증빙서류가 나타났을 때에는 그 장부 등에 의한 실지조사 방법으로 수입금액이나 과세표준을 결정하여야 한다.
대법원 1995. 7. 28. 선고 94누12807 판결	추계과세의 적법 여부는 직권조사사항이 아니다.
대법원 1995. 12. 8. 선고 95누2777 판결	**납세의무자에게 아무런 귀책 사유 없이 장부와 증빙서류가 멸실되었다 하더라도** 실지조사결정 등을 할 수 없는 이상 추계사유인 '장부나 증빙서류가 없는 때'에 해당하고, 다만 장부 등이 멸실된 원인이 불가항력에 해당하는지 여부에 따라 **추계의 방법만을 달리 할 수 있을 뿐이다.**

제4절 소득금액과 필요경비

4-1 매출이나 수입에 관한 주된 계좌라 하더라도 그 전체금액이 누락된 매출이나 수입에 해당된다고 단정할 수는 없음

● 대상판결 : 대법원 2012두7776 (2009. 11. 26.) ➜ 국패

핵심 요지

개별입금액 내지는 입금액 유형별로 원고가 밝힌 입금경위, 입금자와 원고의 관계, 입금액수 등에 비추어 그 입금액이 수임료가 아니거나 이미 수입신고한 금액에 해당할 개연성의 유무 및 정도에 관하여 충분히 심리·판단하지 아니하였으므로, 원심의 판단에는 납세의무자의 수입과 신고누락에 대한 증명 등에 관한 법리를 오해하거나 논리와 경험의 법칙을 위반하여 자유심증주의의 한계를 벗어나 필요한 심리를 다하지 아니하므로써 판결에 영향을 미친 위법이 있다.

1. 사실관계

(1) 원고는 변호사이고 피고는 원고에 대하여 일반통합조사(4개 과세연도)를 실시하였다.

(2) 피고는 원고의 업무관련계좌(이 사건 계좌)에 입금된 금액 중 원고가 소명하지 못한 금액을 수입금액 누락액으로 보아 종합소득세 767백만 원을 부과처분 하였다.

(3) 원고는 전심 및 소송단계에서 이 사건계좌에는 피고가 수임료 누락이 아닌 부분도 수입금액으로 보아 과세하였다는 주장을 하였고, 피고는 원고의 주장을 일부 받아들여 이 사건 수입금액 누락금액으로 결정한 금액 중 일부를 취소하고 해당세액을 환급하였다.

(4) 원고는 감액되고 남은 부분에 대하여도 수임료와는 무관하게 지인간의 금전거래로 입금된 것임에도 불구하고 **누락수입금액이 아니라는 점에 대한 원고의 입증이 없다는**

이유로 종합소득세를 부과한 이 사건 처분은 위법하다는 주장을 하였다.

2. 쟁 점

주된 수입계좌라는 사실과 원고의 소명내용이 불분명하다는 이유로 계좌에 입금된 금액을 신고누락 된 금액으로 보아 종합소득세를 과세한 처분의 당부

3. 대상판결

조세부과처분 취소소송에서 **과세요건사실에 대한 증명책임은 과세관청**에 있으므로, **납세의무자의 금융기관 계좌에 입금된 금액이 매출이나 수입(收入)에 해당하고, 그것이 신고에서 누락된 금액이라는 과세요건 사실은 과세관청이 증명하여야 하는 것이 원칙**이다. 다만 납세의무자의 금융기관 계좌에 입금된 금액이 매출이나 수입에 해당한다는 것은 구체적인 소송과정에서 경험칙에비추어 이를 추정할 수 있는 사실을 밝히거나 이를 인정할 만한 간접적인 사실을 밝히는 방법으로도 증명할 수 있는데(대법원 2004. 4. 27. 선고 2003두14284판결 등 참조), 이 경우 그와 같이 추정할 수 있는지 여부는 ① 해당 금융기관 계좌가 과세대상 매출이나 수입에 관한 **주된 입금·관리계좌로 사용되었는지, ② 입금일자나 상대방 및 금액 등에 비추어 매출이나 수입에 해당하는 외형을 가지고 있는지, ③ 그 계좌의 거래 중에서 매출이나 수입 관련 거래가 차지하는 비중, ④ 반대로 매출이나 수입이 아닌 다른 용도의 자금이 혼입될 가능성** 및 그 정도 등 해당 금융기관 계좌에 입금된 금액에 관한 여러 사정들을 종합하여 판단하여야 한다.

그리고 위와 같은 여러 사정을 종합한 결과 납세의무자의 금융기관 계좌가 매출이나 수입에 관한 주된 입금·관리계좌로서 그에 입금된 금액이 매출이나 수입에 해당한다고 추정할 수 있는 경우라 하더라도, 개별적인 입금이나 일정한 유형의 입금이 그 일자, 액수, 거래 상대방 및 경위 등과 아울러 경험칙에 비추어 이미 신고한 매출이나 수입과 중복되는 거래이거나 매출이나 수입과 무관한 개인적인 거래로 인정될 수 있는 **특별한 사정이 있는 경우에는, 이를 신고가 누락된 매출이나 수입에 해당한다고 쉽게 단정할 수는 없다고 봄이 타당**하다.

4. 평 석

(1) 피고는 세무 조사과정에서 원고의 이 사건 수임료관련 예금계좌에 입금된 금액에 대하여 원고에게 소명을 요구하여 원고가 제출한 자료를 검토한 결과 계좌에 입금된 금액의 상당부분을 원고의 사적용도의 금액으로 보아 소명내용을 수용하였다.

(2) 원고는 여전히 수임료 누락분이 아닌 입금액까지 수임료 누락으로 보아 경정한 처분은 부당하다는 주장을 하였으나, 1심은 구체적인 소송과정에서 경험칙에 비추어 과세요건사실이 추정되는 사실이 밝혀지면(이 사건의 경우 이 사건계좌가 업무관련계좌임이 확인되면), 상대방이 문제로 된 당해사실이 경험칙 적용의 대상적격이 되지 못하는 사정을 입증하지 않으면, 당해 처분을 위법한 처분이라고 단정할 수 없다는 입장이었다(대법원 1998. 7 10. 선고 97누13894판결 등 참조).

(3) 원심도 경험칙 상 이 사건 계좌에 입금된 금원이 수임료에 해당됨을 전제로 하여 원고가 위 계좌에 입금된 금액이 수임료와 관련이 없다는 특별한 사정을 증명하지 못할 경우 피고의 이 사건 처분은 잘못이 없다고 보았다. 그러면서도 일부 원고의 주장을 수용(감액)하여 정당세액을 계산하였다.

(4) 이와 더불어 원고가 직원인건비를 허위로 계상한 사실에 대하여 손금으로 인정하지 않은 피고의 처분이 정당하다고 판단하였다.

(5) 대상판결은 **이 사건 계좌가 원고의 수임료에 해당할 개연성이 높다고 하더라도 관련성을 뒷받침 할 수 있는 자료가 제출되었다면, 그 입금액이 모두 수입신고에서 누락된 수임료라고 쉽게 단정할 수 없다**는 이유로 파기환송하였다.

(6) 또한, 허위 계상하였다는 직원 인건비에 대해서도 지출한 사실이 확인된 이상, 피고가 제출한 자료만으로는 허위임이 입증되었다고 볼 수 없으며, 그 직원인건비 지급에 대한 증명의 필요를 돌릴 수 없다고 보았다(즉, **과세관청이 허위에 대한 증명을 하지 못한 경우에는 납세의무자가 신고한 비용을 함부로 부인할 수 없고 그 사용처에 대한 입증을 원고가 할 필요도 없다**는 것이다).

(7) 이 사건의 파기환송심(서울고법2015누1375)에서는 계좌에 입금된 금액 중 일부가 이 사건 수임과 관계없이 입금된 사정이 증명되었다 하여 일부 원고의 주장을 수용하였고, 직원인건비도 피고가 제출한 증거만으로는 직원인건비가 허위라고 단정할 수 없다고 판단하였다.

(8) 원고의 업무관련계좌에 입금된 금액이 수입금액 누락이라는 전제하에 과세가 이루어지는 경우, 경험칙 상 **그 계좌가 원고의 수입금 관련계좌라는 것이 간접적으로 입증되면 그 과세는 정당한 과세로 인정**된다. 따라서 원고는 계좌에 입금된 금액이 **수입금액과 관련이 없는 사적인 거래임을 적극적으로 소명**하는 것이 최선의 방법이다. 이 사건에서도 원고는 대상판결이 있기까지 적극적으로 수입금액과 무관한 금액이 계좌에 포함되었다는 주장과 입증자료를 제시하므로써 상당부분 피고의 과세처분을 취소하도록 하였다.

(9) 한편, 직원인건비에 대해서는 **피고가 상당한 정도로 허위임을 입증하지 못하는 경우 그 필요경비가 어떻게 사용되었는지에 대하여는 원고에게 입증책임이 전환되지 않는다**(또한, 지출한 사실이 확인된 이상 함부로 이를 부인할 수 없다).

5. 관련 판례

문서번호	내 용
대법원 1998. 7. 10. 선고 97누13894 판결; 대법원 2006. 9. 22. 선고 2006두6383 판결, 대법원 2007. 2. 22. 선고 2006두6604 판결	일반적으로 세금부과처분취소소송에 있어서 과세요건사실에 관한 입증책임은 과세권자에게 있다고 할 것이나, 구체적인 소송 과정에서 경험칙에 비추어 과세요건사실이 추정되는 사실이 밝혀지면, 상대방이 문제로 된 당해 사실이 경험칙 적용의 대상적격이 되지 못하는 사정을 입증하지 않는 한, 당해 과세처분을 과세요건을 충족시키지 못한 위법한 처분이라고 단정할 수 없다.
대법원 1999. 1. 15. 선고 97누15463 판결	사업소득자의 소득금액을 산정할 때에 공제하여야 할 필요경비의 구체적인 항목에 대한 증명에 관하여 그 증명의 난이도라든가 당사자의 형평 등을 고려하여 납세의무자에게 그 증명의 필요를 돌리는 경우가 있으나, 그와 같은 경우란 과세관청에 의하여 납세의무자가 신고한 어느 비용의 용도와 그 지급의 상대방이 허위임이 상당한 정도로 증명된 경우 등을 가리키는 것으로서, **그러한 증명이 전혀 없는 경우에까지 납세의무자에게 곧바로 필요경비에 대한 증명의 필요를 돌릴 수는 없다.**

문서번호	내 용
대법원 1998. 3. 24. 선고 97누9895 판결	납세의무자의 **금융기관 계좌에 입금된 금액을 조사하는 방법으로 납세의무자의 총수입금액을 결정한 것은 객관성이 있는 적법한 실지조사방법**에 속한다 할 것이다.
대법원 2013. 06. 13. 선고 2012두11577 판결	정부가 장부와 다른 내용으로 과세할 경우 납세의무자의 절차적 권익을 보호하기 위해 '기장의 내용과 상이한 사실'이나 '기장에 누락된 것'을 조사하여 결정한 때에는 조사한 사실과 결정의 근거를 결정서에 부기하도록 하고 있으나 **납세의무자가 장부를 비치·기장하지 않은 경우에는 국세기본법 제16조 제3항이 적용되지 않는다.**
대법원 2015. 6. 24. 선고 2015두38290 판결	과세관청이 실지조사방법에 의하여 법인의 소득에 대한 과세표준과 세액을 결정하면서 해당법인의 당초신고에서 **누락된 수입금액을 발견한 경우**에 **이에 대응하는 매입원가 등의 손금**이 별도로 지출되었음이 장부 기타 증빙서류에 의하여 밝혀지는 등 특별한 사정이 없는 이상 이는 총수입금에 대응하는 **총손금에 이미 포함되어 있는 것으로 볼 것**이다.
대법원 1992. 7. 28. 선고 91누 10909 판결	경험칙상 필요경비의 발생이 명백한 경우에는 납세의무자의 입증이 없거나 불충분하다고 하여 필요경비를 영으로 보는 것은 경험칙에 반한다.
대법원 2020. 01. 06. 선고 2019두52829 판결	기준경비율제도 하에서는 주요경비의 존재를 객관적인 증빙에 의하여 증명하지 않고 **통계에 의한 평균치나 추정치로 증명하는 것은 원칙적으로 허용되지 않음.** **(※원고의 매출누락에 상응하는 재료비등을 평균치로 계상하여 경비로 인정하여달라는 주장에 대하여)**

4-2 원고가 지출한 판매촉진비는 그 전액이 부동산을 양도하기 위하여 지출한 소개비로서 양도자산의 필요경비에 해당함

● 대상판결 : 대법원 2014두14198 (2015. 3. 12.) ➜ 국패

핵심 요지

텔레마케터들이 불특정 다수인을 상대로 판매 업무를 수행한 데 대한 대가로 지급한 수당 등은 부동산매매업을 위한 필수적으로 소요되는 비용으로서 부동산을 양도하기 위해 직접 지출한 비용으로 열거된 소개비에 해당하므로 양도가액에서 공제하여야 함

1. 사실관계

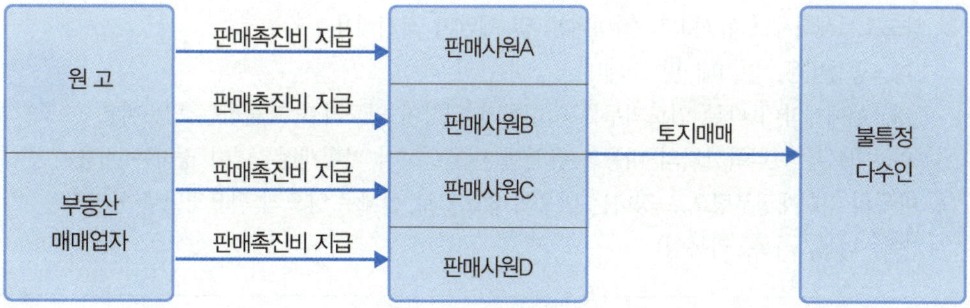

(1) 원고는 전 · 답 등을 매입하여 상가 등 신축부지를 판매하는 부동산매매업자인데, 중부지방국세청 조사국에서는 세무조사를 실시하여 원고가 원고와 타인명의로 전 · 답을 취득하여 주로 1년 이내에 단기 양도하면서 종합소득세 신고 시 부동산매매차익을 과소신고 한 사실을 발견하고, 「소득세법」 제64조에 따라 주택 등 매매차익을 산출한 과세자료를 처분청에 통보하였다.

(2) 이에 따라 처분청은 위 토지매매차익을 총수입금액에 합산하여 2012. 4. 27. 원고에게 2009년 및 2010년 귀속 종합소득세를 경정 · 고지하였다(피고는 타인명의 사업장의 실제사업자도 원고인 사실이 밝혀져 모두 원고의 소득으로 보아 과세하였다).

(3) 원고는 이에 불복하여 심판청구를 제기하였으나 기각되었다.

2. 쟁 점

부동산매매업자 비교과세 시 원고가 고용한 판매원에게 지급한 판매수당(판매촉진비)은 필요경비로 공제할 수 없는 비용에 해당하고, 더구나 지출한 판매촉진비가 과다(양도가액의 52%)한 경우 통상적으로 지출되는 필요경비로 볼 수 없는지 여부

3. 관련법령

「소득세법 제97조 제1항【양도소득의 필요경비 계산】

① 거주자의 양도차익을 계산할 때 양도가액에서 공제할 필요경비는 다음 각 호에서 규정하는 것으로 한다.

자산을 양도하기 위하여 직접 지출한 비용으로서 다음 각목의 비용

1. 「증권거래세법」에 따라 납부한 증권거래세
2. 양도소득세과세표준 신고서 작성비용 및 계약서 작성비용

다. 공증비용, 인지대 및 소개비

라. 매매계약에 다른 인도의무를 이행하기 위하여 양도자가 지출하는 명도비용

마, 가목부터 라목까지의 비용과 유사한 비용으로서 기획재정부령이 정하는 비용

(※ 마목의 기획재정부령으로 정하는 비용이 없으므로 실제로 양도의 필요경비로 인정되는 것은 가목, 나목, 다목, 라목임)

4. 원 · 피고 주장 요약

(1) 원 고

① 「소득세법」 제97조 제1항 4호 및 같은 법 시행령 제163조 제5항 제1호 다목에서 '토지 등 부동산을 양도하기 위하여 지출하는 양도비 등으로서 직접 지출한 공증비용, 인지대, 소개비는 양도소득 필요경비에 해당 된다'고 하고 있고, 원고가 부동산매매업을 영위하면서 약정에 따라 판매 사원에게 지급한 판촉비는, 불특정다수인을 매수인으로 유인하기 위하여 불가피하게 판매사원을 고용하고 용역대가를 지급한 것이어서, 「소득세법 시행령」 제163조 제5항 제1호 다목의 소개비에 해당되므로 판매 사원에게 지급

한 판매촉진비를 필요경비로 인정하지 아니한 것은 부당하다.

② 판매사원들에게 지급한 판매촉진비에 관하여 이미 사업소득으로 원천징수한 후 신고·납부하였으므로 이를 공제하지 아니하고 다시 종합소득세를 부과한 이 사건 처분은 이중과세에 해당할 뿐만 아니라, 원고에게 실제 귀속되는 소득을 초과하여 양도소득세를 부담시킴으로써 과세부담의 공평과 응능부담의 원칙을 내용으로 하는 조세실질주의에도 반하는 것이다.

(2) 피고(과세관청)

「소득세법 시행령」 제122조 제2항 및 제163조 제5항을 보면, 부동산매매차익계산 시 자산양도를 위하여 직접 지출한 비용이라 하여 모두 부동산매매차익에 대한 필요경비로 인정받는 것은 아니고, 자산양도를 위하여 직접 지출한 비용이면서 동시에 시행령 제163조 제5항에서 **열거한 범주의 비용**(증권거래세, 계약서 작성비용, 공증비용, 인지대, 소개비) **에 해당하여야 하는 것**으로 규정하였는바, 원고가 주장하는 판매촉진비는 여기에 열거된 비용으로 볼 수 없어 부동산매매차익에 대한 필요경비로 공제될 수 없다.

5. 사건의 경과

(1) 1심판결(수원지방법원 2013. 08. 22. 선고 2013구합322 판결) : 국승

소득세법 제64조 및 같은 법 시행령 제122조 제2항은 부동산매매업자의 부동산 매매차익은 해당 토지의 매매가액에서 같은 법 시행령 제163조 제1항 내지 제5항의 규정에 따른 양도자산의 필요경비와 양도소득기본공제 250만 원을 차감한 가액으로 한다고 규정하고 있고, 동법 시행령 제163조 제5항 제1호는 자산을 양도하기 위하여 직접 지출한 비용으로서 증권거래세법에 따라 납부한 증권거래세, 양도소득세과세표준 신고서 작성비용 및 계약서 작성비용, 공증비용, 인지대 및 소개비를 규정하고 있다.

살피건대, 관계법령 및 앞서 본 증거들에 의하여 알 수 있는 다음과 같은 사정 즉, ① 부동산매매차익 계산에 있어 필요경비로 공제할 수 있는 비용은 '자산을 양도하기 위하여 직접 지출한 비용'을 말하는 것이나, 이 사건에서 원고가 지출한 판매촉진비는 불특정 다수에 대한 매매계약 유인에 사용한 돈이어서, 위 시행령 제163조 제5항 제1호 소정의 '소개비'

와는 성격이 다르고, 이를 자산양도에 직접 대응하는 비용이라고 보기 어려운 점, ② 공인중개사의 업무 및 부동산 거래신고에 관한 법률 제32조, 같은 법 시행규칙 제20조에 의하면 토지에 대한 중개수수료는 양도가액의 0.9%가 넘지 않도록 하고 있으나, 원고가 지출한 판매촉진비는 2009년도의 경우 부동산 양도가액의 약 52%, 2010년도의 경우 부동산 양도가액의 약 24%에 이르러 도저히 통상적으로 지출되는 필요경비라고 보기는 어려운 점 등을 종합하여 보면, 판매촉진비를 소개비로 보아 공제하여야 한다는 원고의 주장은 이유 없다.

(1) 2심판결(서울고등법원 2014. 10. 16. 선고 2013누27793 판결) **: 국패**

① 원고가 지출한 판매촉진비는 잠재적 매수자에 대해 원고 소유 토지의 매도계획, 입지조건 및 향후 개발가능성 등을 설명하고 매수를 유도하기 위하여 지출한 비용인 점, ② 이 사건 토지와 같이 큰 규모의 토지를 여러 필지로 분할하여 매도하는 경우 원매자를 찾아 매매계약을 성사시키기가 어려우므로 다수의 판매직원을 통하여 위와 같은 판매촉진활동을 할 필요가 있고, 이를 위하여는 판매촉진비로 많은 비용이 소요될 수밖에 없으며, 이러한 점에서 단순한 부동산 중개와는 실질적으로 거래의 본질이 다르다고 할 수 있는 점, ③ 위와 같은 설명 및 **매수유인의 상대방이 특정인이 아니라 불특정 다수인이라 하더라도 원고가 지출한 판매촉진비가 원고 소유 토지에 대한 설명 및 매수유인에 사용된 이상 원고 소유 토지를 양도하기 위하여 직접 지출한 비용에 포함**되는 점, ③ 원고가 **지출한 판매촉진비가 부동산 취득에 따른 통상의 중개수수료에 비하여 많다고 하더라도** 이는 판매사원들에 의한 판매촉진활동이 부동산 중개와 실질적으로 거래의 본질이 다르기 때문인 점, ④ 원고가 지출한 판매촉진비에 대하여 판매사원들로부터 사업소득세를 원천징수·납부하는 등 판매촉진비의 지출사실이 객관적인 증빙에 의하여 확인되고 그 지출금액에 관하여도 원고와 피고 사이에 다툼이 없는 점 등을 종합하여 보면, 원고가 지출한 **판매촉진비는 그 전액이 부동산을 양도하기 위하여 지출한 소개비로서 양도자산의 필요경비에 해당한다고 봄이 타당**하다(대법원 2013. 2. 15. 선고 2012두942 판결 참조).

6. 평 석

(1) 컨설팅 비용에 대한 견해

① 국세청

소득세법상 **열거된 비용만을 필요경비로 인정**한다는 원칙적인 입장을 고수하고 있다. 실지거래가액에 의하여 양도차익을 산정함에 있어 비상장주식의 양도가액을 결정하기 위한 주식평가비용(주식실사비용), 법률 및 재정자문비용 및 최대주주 지위를 고수하기 위한 제반비용은 소득세법 제97조 제1항 제4호 및 같은 법 시행령 제163조 제5항의 규정에 의한 양도비 등에 포함되지 아니하는 것이다(상담4팀-1590, 2004. 10. 08.).

요약하면 국세청은 양도소득세 계산 시 공제되는 필요경비의 범위를 엄격해석 하여 소득세법 제97조 제1항에 규정되지 않은 비용에 대하여는 필요경비로 인정하지 않는다. 양도소득세 계산 시 과세소득의 범위 및 규정방식과 관련하여 **열거주의를 채택**하고 있다는 고등법원의 판결과도 일응 같은 견해이다(서울고등법원 2012. 5. 18. 선고 2011누35509 판결 참조).

② 조세심판원

조세심판원은 실제로 매도와 관련하여 필수적으로 소요되는 컨설팅 비용에 대해서는 대체적으로 필요경비로 인정하고 있는 것으로 보인다(조심 2016서1293, 2016. 08. 16. 등).

그러나 매매대금의 23.5%에 달하는 컨설팅비용은 사회통념에 비하여 과다하다는 이유로 필요경비로 인정하지 않고(조심2016구2899, 2016. 10. 24.), 주식매매대금의 5% 정도에 해당하는 컨설팅 수수료에 대해서는 필요경비로 인정한다는 입장이다.

조세심판원은 컨설팅 비용은 열거되지 않았으므로 필요경비로 인정할 수 없다는 국세청의 입장보다는 진일보하여 컨설팅비용을 필요경비로 인정하였지만 그 지출되는 컨설팅 비용이 사회통념에 부합하는 범위의 지출액이어야 한다는 것이다.

③ 대법원

대법원은 양도소득의 필요경비 공제에 있어서 이를 부인하는 별도의 규정이 없는 이상 실제로 양도와 관련하여 비용이 지출되었음을 납세의무자가 입증한다면 비용으로 공제해야 한다는 입장이다.

법원은 자문비 등이 양도와 관련하여 부득이하게 지출되었다면 비록 소득세법상 열거되지 않은 비용에 대해서도 원칙적으로 필요경비로 인정하여야 한다고 한다(대법원 2015. 3. 12. 선고 2014두14198 판결 등).

즉, **소득세법 제97조 제1항에 규정된 사항은 예시규정일 뿐 법령에 규정되어 있지 않더라도 양도와 관련하여 직접 발생한 필요경비는 그 금액이 다소 과다하다 하더라도 양도소득에서 차감되는 필요경비로 인정**되어야 한다는 것이다.

(2) 본 사건에서 1심재판부는 "원고가 지출한 판매촉진비는 2009년도의 경우 부동산 양도가액의 약 52%, 2010년도의 경우 부동산 양도가액의 약 24%에 이르러 도저히 통상적으로 지출되는 필요경비라고 보기는 어렵다."는 점을 들어 필요경비로 인정하지 않았다.

(3) 그러나 대상판결에서는 이 사건 판매촉진비가 합리적 · 경제적 관점에서 과다하더라도, 실제로 수수료가 지급되었다면 필요경비로 인정해야 한다는 기존의 판례와 유사한 태도를 유지하였다(대법원 2013. 2. 15. 선고 2012두942 판결 참조).

7. 관련판례

문서번호	내 용
대법원 1992. 9. 8. 선고 92누7399 판결; 대법원 1992. 10. 27. 선고 92누8781 선고	기존 **건물 취득 후 10년이나 거주**하다가 건물이 노후하여 이를 철거하고 새 건물을 신축하여 양도한 경우에는 **기존건물 취득가액을 필요경비에 산입할 수 없다.**
대법원 1992. 8. 18. 선고 91누2472 판결; 91누8067 판결; 91누8890 판결	아파트 입주권을 취득하기 위하여 **무허가 건물을 매수**한 경우에는 그 매수비용은 입주권 취득에 소요된 실질적 경비에 해당하므로 **취득가액으로 공제**된다.
소득 22601-481, 1986. 6. 12, 재무부장관	양도한 자산의 매입, 제작, 건설에 소요된 차입금의 이자, 즉 **건설자금이자**는 해당 자산의 **취득가액에 포함**된다(그 이자의 계산은 소득세법시행령 제75조를 준용한다).

4-3 자금조달의 실패로 대금을 지급하지 못하여 부동산 매매계약 해제에 따라 몰취된 계약금 중 원고에게 반환되지 않은 금액은 필요경비에 해당함

● 대상판결 : 대법원 2021두46513 (2021. 11. 11.) ➜ 일부 국패

핵심 요지

몰취된 계약금 중 원고에게 반환되지 않은 금액은 이 사건 매매계약상 위약금 약정 내지 손해배상의 예정에 기하여 지급된 것으로서 채무불이행에 기한 손해배상금의 성격을 가지고, 사업자가 채무불이행에 기한 손해배상금을 지출하는 경우 일반적으로 용인되는 통상적인 비용이라고 볼 수 있다면 필요경비로 인정될 수 있음

1. 사실관계

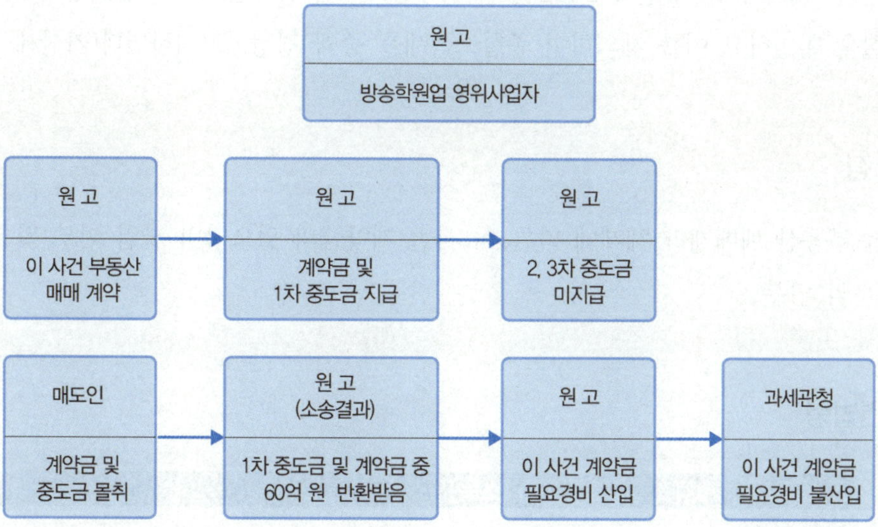

(1) 원고는 개인 및 법인 명의로 사업자 등록을 하여 방송학원업을 영위하였다.

(2) 원고는 서울 서초구 소재의 토지 및 그 지상 건물 등을(교육시설로 활용할 예정) 매수하기로 하는 매매계약을 체결하였다.

(3) 원고는 이 사건 매매계약에 따라 계약금 및 1차 중도금을 각 지급하였으나, 약정기한 내에 2차 및 3차 중도금을 지급하지 못하였다(원고가 형사사건으로 기소되고 이 사건

관련 법인세 및 소득금액변동통지 등 조세부과처분과 그에 따른 채권가압류 등이 잇따르자, 금융기관은 나머지 중도금 대출을 거부하였다).

(4) 이 사건 부동산 매도인은 원고에게 2차 및 3차 중도금 지급의무의 이행지체를 이유로 이 사건 매매계약을 해제하고, 이 사건 계약금을 몰취한다는 통보를 하였다.

(5) 원고는 반환받지 못한 이 사건 계약금과 관련하여 매도인을 상대로 계약금반환 소송(2013가합6761)을 제기하였고, 그 결과 법원의 조정결정에 따라 1차 중도금 및 이 사건 계약금 중 60억 원을 반환받았다(결국 원고는 13억 원을 손해배상금으로 매도인에게 지급한 결과가 되었다).

(6) 원고는 2012년 귀속 종합소득세를 신고하면서 법원의 조정결정에 따라 이 사건 계약금 중 60억 원을 반환받았음에도 이 사건 계약금 전액을 영업외비용에 해당하는 사업소득의 필요경비로 계상하였다.

(7) 과세관청은 이 사건 계약금의 익금산입 여부와 관련한 세무조사를 실시한 결과, 원고가 이 사건 계약금 73억 원을 2012년 귀속 종합소득세의 사업소득의 필요경비로 계상한 사실을 확인하고 이를 제외하여 종합소득세를 증액 경정 · 고지하였다(가산세 포함).

2. 쟁 점

이 사건 부동산 매매계약 해제에 따른 이 사건 계약금의 필요경비 산입 여부 및 가산세 부과처분의 당부

3. 관련법령

「소득세법 제21조 제10항【기타소득】

① 기타소득은 이자소득 · 배당소득 · 사업소득 · 근로소득 · 연금소득 · 퇴직소득 및 양도소득 외의 소득으로서 다음 각 호에서 규정하는 것으로 한다.

10. 계약의 위약 또는 해약으로 인하여 받는 소득으로서 다음 각 목의 어느 하나에 해당하는 것
    가. 위약금
    나. 배상금
    다. 부당이득 반환 시 지급받는 이자

「소득세법 시행령 제55조 제7항【사업소득의 필요경비 계산】

① 사업소득의 각 과세기간의 총수입금액에 대응하는 필요경비는 법 및 이 영에서 달리 정하는 것 외에는 다음 각 호에 규정한 것으로 한다.

7. 사업용 자산에 대한 비용

가. 사업용 자산(그 사업에 속하는 일부 유휴시설을 포함한다)의 현상유지를 위한 수선비

나. 관리비와 유지비

다. 사업용 자산에 대한 임차료

라. 사업용 자산의 손해보험료

※ 소득세법 시행령 제55조 제1항 각 호는 필요경비에 대한 열거규정이 아니라 예시규정이라고 볼 것임 : 대상판결 일부

4. 원 · 피고 주장 요약

(1) 원 고

① 원고는 이 사건 부동산을 원고 사업체의 교육시설로 활용할 목적으로 취득하려고 하였으나 자금조달 실패로 취득할 수 없었다. 이 사건 매매계약의 해제로 몰취된 이 사건 계약금은 이 사건 사업과 관련한 채무 불이행으로 인한 손해배상금의 성격을 가지고 있다. 따라서 이 사건 매매계약의 해제로 몰취된 이 사건 계약금 73억 원은 소득세법 제27조 제1항에 따라 필요경비로 인정되어야 한다.

② 설령 위 73억 원 상당의 금원이 필요경비로 인정되지 않더라도, 과세관청이 2016. 3. 2. 경부터 원고에게 여러 차례에 걸쳐 이 사건 계약금에 대한 소명을 요청하였고 원고가 매번 성실하게 응하였던 점, 그럼에도 피고가 최초 소명일부터 수년이나 지체하여 뒤늦게 이 사건 처분을 하였던 점(과세관청도 이 사건 계약금 관련 세무처리에 대한 확신이 없었음) 등을 종합하면 원고에게 종합소득세 신고 · 납부 지연을 탓할 수 없는 정당한 사유가 있으므로, 적어도 가산세 부분은 위법하다.

(2) 피고(과세관청)

① 이 사건 부동산은 원고의 사업용 자산에 편입되지 않았고, 원고는 이 사건 매매계약의

해제로 인하여 이 사건 계약금 상당의 위약금을 지출한 것에 불과하여, 이 사건 계약금은 원고의 2012 사업연도 방송학원업 사업소득과 업무관련성이 없고, 이 사건 매매계약의 해제 경위에 비추어 위 위약금이 사업 운영에 따라 통상적으로 지출되는 비용이라고 볼 수도 없다. 따라서 이 사건 계약금 상당의 위약금을 필요경비로 인정할 수 없다.

② 원고는 2012년 귀속 종합소득세 성실신고대상자임에도 성실하게 납세의무를 다하지 않았다. 세법상 가산세는 원고의 고의 · 과실과 무관하게 인정되는 것이고, 원고가 들고 있는 사정만으로는 가산세 감면의 정당한 사유가 인정될 수 없다.

③ 원고가 이 사건 부동산을 취득하지 못한 이상 원고가 지출한 손해배상금은 사업용 자산과 직접적인 관련이 없어 사업관련성을 인정할 수 없고, 소득세법 시행령 제55조 제1항 제7호에 따른 필요경비로도 볼 수 없다.

④ 소득세법 제21조 제1항 제10호에서 계약의 위약 또는 해약으로 인하여 받는 위약금 및 배상금을 사업소득이 아니라 기타소득으로 분류하고 있으므로, 위약금 및 배상금의 지출에 대하여 사업관련성을 인정할 여지가 없다

5. 대상판결(서울고등법원 2021. 06. 16. 선고 2020누53813 판결) : 일부 국패

(1) 필요경비 인정 여부

종합소득세의 과세대상인 사업소득금액은 해당 과세기간의 총수입금액에서 이에 사용된 필요경비를 공제한 금액으로 하며(소득세법 제19조 제2항), 사업소득금액을 계산할 때 필요경비에 산입할 금액은 해당 과세기간의 총수입금액에 대응하는 비용으로서 일반적으로 용인되는 통상적인 것의 합계액으로 한다(소득세법 제27조 제1항). 여기에서 일반적으로 용인되는 통상적인 비용이라 함은 납세의무자와 같은 종류의 사업을 영위하는 다른 사업자도 동일한 상황 아래에서는 지출하였을 것으로 인정되는 비용을 의미하고, 그러한 비용에 해당하는지 여부는 지출의 경위와 목적, 형태, 액수, 효과 등을 종합적으로 고려하여 객관적으로 판단하여야 한다(대법원 2009. 11. 12. 선고 2007두12422 판결 등 참조). … 아래와 같은 사정을 종합하여 위 법리에 비추어 살펴보면, 원고가 매도인에게 지급한 이 사건 계약금 73억 원 중 이 사건 조정에서 위약금으로 인정되어 매도인에게 몰취된

금원은 원고의 사업소득에 대한 필요경비에 해당하고, 몰취되지 않고 원고(또는 이 사건 회사)에게 반환된 나머지 금원은 필요경비에 해당하지 않는다고 봄이 타당하다. 따라서 원고의 이 부분 주장은 위 인정범위 내에서 이유 있다.

… 한편, 위약금은 민법 제398조 제4항에 의하여 손해배상액의 예정으로 추정되는바, **사업자가 채무불이행에 기한 손해배상금을 지출하는 경우**, 해당 채무가 사업과 관련하여 부담하는 계약상 채무로서 손해배상에 이르게 된 경위와 목적, 액수 등 을 고려하여 **일반적으로 용인되는 통상적인 비용이라고 볼 수 있다면**, 이는 사업과 관련하여 타인의 권리를 침해하여 지급하게 된 손해배상금으로서(소득세법 시행령 제55조 제1항 28호), 업무와 관련하여 **고의 또는 중대한 과실로 타인의 권리를 침해한 경우에 해당하지 않는 이상**(소득세법 제33조 제1항 제15호) 필요경비로 인정될 수 있다.

앞서 본 원고의 사업 내용, 이 사건 매매계약의 체결 경위, 이 사건 부동산의 현황, 이 사건 매매계약이 해제된 원인 및 이 사건 조정의 성립 경위 등에 비추어 보면, 원고는 **원고의 사업장을 설치하기 위하여 이 사건 매매계약을 체결한 것**으로 이 사건 매매계약상 매매대금 지급의무는 원고의 사업과 관련성이 인정되고, **자금조달의 실패로 매매대금을 지급하지 못한 것을 두고 사업상 이례적인 것이라 볼 수는 없으며**, 매매계약에서 매매대금의 10%를 위약금으로 약정하는 것은 일반적인 거래관행에 속한다. 나아가 당초 이 사건 매매계약에 기한 중도금을 대출해 주기로 한 금융기관이 갑자기 원고에 대한 중도금 대출을 거부하게 된 주된 원인인 이 사건 법인세 및 소득금액변동통지가 이 사건 매매계약 해제통지 이후 취소되었고, **이 사건 형사사건의 공소사실 중 상당 부분에 대하여 원고에게 무죄판결이 선고된 사정**까지 고려하여 보면, 원고의 이 사건 매매계약에 따른 채무불이행에 고의 또는 중과실이 있다고 보기는 어렵다.

이러한 사정에 비추어 보면, 원고가 매도인에게 지급한 이 사건 계약금 73억 원 중 이 사건 조정 성립 당시 원고의 채무불이행에 따른 위약금으로 인정되어 매도인에게 몰취된 금원(13억 원)은 원고가 **사업상 부담하는 채무를 고의 또는 중대한 과실 없이 불이행함으로써 지출한 손해배상금**으로서 일반적으로 용인되는 통상적인 비용에 해당한다고 볼 것이다.

이에 대하여 피고는, 원고가 이 사건 부동산을 취득하지 못한 이상 원고가 지출한 손해배상금은 사업용 자산과 직접적인 관련이 없어 사업관련성을 인정할 수 없고, 소득세법 시행령 제55조 제1항 제7호에 따른 필요경비로도 볼 수 없다는 취지로 주장한다. 그러나 원고가 당초 사업과 관련된 이 사건 매매계약상 채무를 불이행함에 따라 손해배상금을 지출하게 된 이상, 원고가 **실제로 이 사건 부동산의 취득에는 이르지 못하였다고 하더라도 위 손해배상금의 지출을 원고의 사업과 무관하다고 볼 수는 없다.** 또한 위약금 약정에 따라 몰취된 계약금은 자산의 취득대가가 아니라 채무불이행에 기한 손해배상금의 성격을 가지므로, 이에 대한 필요경비 인정 여부는 소득세법 시행령 제55조 제1항 제7호와는 무관하다(더욱이 **소득세법 시행령 제55조 제1항 각 호는 필요경비에 대한 열거규정이 아니라 예시규정**이라고 볼 것이다). 따라서 피고의 위 주장은 받아들일 수 없다.

피고는, 소득세법 제21조 제1항 제10호에서 계약의 위약 또는 해약으로 인하여 받는 위약금 및 배상금을 사업소득이 아니라 기타소득으로 분류하고 있으므로, 위약금 및 배상금의 지출에 대하여 사업관련성을 인정할 여지가 없다는 취지로도 주장한다. 그러나 사업소득 또는 사업소득에 대한 필요경비에 해당하는지 여부는 각 소득이나 비용의 귀속자의 관점에서 사업소득 또는 필요경비의 요건을 구비하고 있는지에 따라 달리 판단하여야 하는 것인바, 원고의 채무불이행으로 이 사건 매매계약이 해제됨으로써 **매도인이 원고로부터 지급받은 위약금 또는 배상금이 매도인에게 있어서 소득세법 제21조 제1항 제10호의 기타소득에 해당한다고 하더라도,** 그러한 사정만으로 곧바로 원고의 위 위약금 지출에 대하여 사업관련성을 배척하거나 필요경비에 해당하지 않는다고 단정할 수는 없다. 따라서 이와 다른 전제에 선 피고의 위 주장은 받아들일 수 없다.

(2) 가산세 감면사유 인정여부

세법상 가산세는 과세권의 행사 및 조세채권의 실현을 용이하게 하기 위하여 납세의무자가 정당한 이유 없이 법에 규정된 신고, 납세 등 각종 의무를 위반한 경우에 법이 정하는 바에 따라 부과하는 행정상의 제재이다. 따라서 단순한 법률의 부지나 오해의 범위를 넘어 **세법 해석상 의의로 인한 견해의 대립이 있는 등으로 납세의무자가 의무를 알지 못하는 것이 무리가 아니었다고 할 수 있어서 그를 정당시할 수 있는 사정**이 있을 때 또는 의무의 이행을 당사자에게 기대하는 것이 무리라고 하는 사정이 있을 때 등 의무를 게을리 한 점을 탓할 수 없는 정당한 사유가 있는 경우에는 이러한 제재를 과할 수 없다(대법원 2016. 10. 27. 선고 2016두44711 판결 참조).

앞선 인정한 사실 및 갑 제17 내지 20호증의 각 기재에 변론 전체의 취지를 종합하여 인정할 수 있는 다음과 같은 사정들, 즉 ① 매도인은 원고에게 이 사건 계약금을 몰취한다는 취지의 해제통지를 한 후 계속해서 이 사건 계약금 전액의 반환을 거부하다가 이 사건 조정이 이루어지자 이 사건 계약금 중 13억 원을 제외한 나머지를 반환하여, 그때 비로소 이 사건 필요경비의 구체적인 액수가 확정되었던 점, ② 이 사건 필요경비가 2013 사업연도에 확정되기는 하였으나, 이 사건 필요경비는 2012 사업연도의 사업소득금액에 대응하는 비용으로 2012 사업연도에 귀속되어 2012 사업연도의 사업소득에서 공제되어야 하는 점, ③ 원고는 이 사건 필요경비가 확정되지 않은 상태에서 매도인의 2013. 1. 18.자 해제통지에 따라 이 사건 계약금 전액을 2012 사업연도의 필요경비로 계상하였는바, 그 무렵 원고에게 향후 이 사건 조정에 의해 이 사건 계약금 중 일부가 채무불이행에 따른 손해배상금에서 제외될 것을 예상하여 2012 사업연도의 필요경비에서 이를 제외한 후 종합소득세를 신고 · 납부할 것까지 기대하기는 사실상 불가능한 것으로 보이는 점, ④ 더구나 과세관청은 2016. 3. 2., 2017. 10. 20., 2018. 2. 5. 등 여러 차례에 걸쳐 원고로부터 이 사건 계약금과 관련한 해명자료를 요구하여 제출받고도 2018. 6. 14.에 이르러 이 사건 처분에 이르렀는바, **과세관청으로서도 이 사건 계약금의 법적 성격 및 그 중 필요경비로 확정될 범위나 귀속 사업연도 등에 대한 사실관계나 법적 입장을 쉽게 확정하지 못했던 것으로 보이는 점** 등을 앞선 법리에 비추어 살펴보면, 원고가 이 사건 필요경비가 확정되지 않은 상태에서 이 사건 매매계약 제6조 및 매도인의 2013. 1. 18.자 해제통지 등을 근거로 이 사건 계약금 전액이 채무불이행에 따른 손해배상금에 해당한다고 보아 2012 사업연도 사업소득의 필요경비에 산입한 후 종합소득세를 신고 · 납부한 것은, 납세의무자인 원고로서도 그 의무를 알지 못하는 것이 무리가 아니었거나 또는 그 의무의 이행을 당사자인 원고에게 기대하는 것이 무리라고 볼 만한 사정이 있는 경우로서 원고에게 그 의무를 게을리 한 점을 탓할 수 없는 정당한 사유에 해당한다고 봄이 타당하다. 따라서 원고의 이 부분 주장은 이유 있다.

6. 평 석

(1) 필요경비 인정여부

① 원고는 원고가 운영하는 사업체의 홈페이지 및 그 당시 언론기사 등을 증빙자료로 제

출하여 이 사건 부동산 취득이 원고가 운영하는 방송 사업을 영위하기 위한 목적의 일환이었음을 충분히 입증하였고 재판부는 이를 받아들였다.

② 이에 대하여 과세관청은 사업용 자산에 대한 비용은 총수입금액을 얻기 위하여 사업을 영위하는 데에 필요한 사업용 자산에 투입되는 직접적인 비용을 의미하는 것으로 해석된다면서 이 사건 계약금은 해당 자산의 취득이 원고의 귀책사유로 무산됨에 따라 지출된 것으로서 사업소득의 필요경비에 해당하지 않는다는 입장이었다.

③ 과세관청의 주장을 요약하면, 이 사건 계약금은 이 사건 부동산이 결과적으로 원고의 사업용 자산에 편입되지 못하였고 그 과정에서 원고가 이 사건 계약에 따라 지출하게 된 비용에 불과할 뿐 원고가 방송학원업 등을 영위하는 데에 공여된 사업용 자산에 직접 투입된 비용으로 보기 어려우므로 「소득세법 시행령」 제55조 제1항 제7호의 경비와 유사한 성질의 것이라고 볼 수 없다는 것이다.

④ 이에 대하여 1심법원은 사업자가 채무불이행에 기한 손해배상금을 지출하는 경우, 해당 채무가 사업과 관련하여 부담하는 계약상 채무로서 손해배상에 이르게 된 경위와 목적, 액수 등을 고려하여 일반적으로 용인되는 통상적인 비용이라고 볼 수 있다면, **'업무와 관련하여 고의 또는 중대한 과실로 타인의 권리를 침해한 경우'에 해당하지 않는 이상 필요경비로 인정될 수 있다**(서울행정법원 2020. 7. 21. 선고 209구합55392 판결)고 판시하였다.

⑤ 즉, 원고는 원고의 교육사업 영위목적으로 이 사건 사업장을 취득하기 위하여 이 사건 매매계약을 체결한 것이므로, 위 계약상 매매대금 지급의무는 원고의 사업과 관련성이 인정되고, 자금조달의 실패로 대금을 지급하지 못한 것을 두고 사업상 이례적인 것이라 보기는 어렵고, 매매계약에서 매매대금의 10%를 위약금으로 약정하는 것은 일반적인 거래관행에 속한다고 하면서, 금융기관이 원고에 대한 중도금 대출을 거부한 주된 원인이 된 것으로 보이는 이 사건 법인세 및 소득금액변동통지가 이 사건 해제통지 이후 취소되고, 이 사건 형사사건의 공소사실 상당부분에 대하여 원고에게 무죄판결이 선고된 사정을 고려하면 원고의 채무불이행에 고의 또는 중과실이 있다고 보기도 어렵다고 하였다.

⑥ 만약 이 사건에서와는 달리 **원고의 고의 또는 중과실에 의하여 위 손해배상금을 지급하게 되었다면 이를 필요경비로 인정하기는 어려울 것으로 보인다.**

⑦ 손해배상금은 필요경비로 인정할 수 없다는 피고의 주장에 대하여 대상판결은 "위약금은 민법 제398조 제4항에 의하여 손해배상액의 예정으로 추정되는바, 사업자가 채무불이행에 기한 손해배상금을 지출하는 경우, **해당 채무가 사업과 관련하여 부담하는 계약상 채무로서 손해배상에 이르게 된 경위와 목적, 액수 등을 고려하여 일반적으로 용인되는 통상적인 비용이라고 볼 수 있다면, 이는 사업과 관련하여 타인의 권리를 침해하여 지급하게 된 손해배상금으로서(소득세법 시행령 제55조 제1항 28호), 업무와 관련하여 고의 또는 중대한 과실로 타인의 권리를 침해한 경우에 해당하지 않는 이상(소득세법 제33조 제1항 제15호) 필요경비로 인정될 수 있다.**"고 설시하였다.

(2) 가산세 감면사유 인정 여부

① 과세관청은 2016. 3. 2. 2012년 귀속 종합소득세와 관련하여 손익계산서 항목 중 일정금액 이상 계정과목에 대한 근거서류를 제출하여 줄 것을 요청하였고, 원고는 이에 따라 관련 서류를 모두 제출하였으며, 과세관청은 이때 이 사건 계약금에 대하여 아무런 이의를 제기하지 아니하였다.

② 그 후 과세관청은 담당직원이 변경되자 2017. 10. 20. 이 사건 계약금에 대한 해명자료를 제출하여 줄 것을 요구하였고, 원고가 이에 대하여 성실히 해명한 결과 과세관청은 이를 모두 수긍하고 별도의 처분을 하지 아니하였다.

③ 그 후 다시 담당직원이 변경되자 2018. 2. 5. 또 다시 이 사건 계약금에 대한 계정별원장 및 관련 지출 등 증빙자료 일체를 제출하여 줄 것을 요구하였고, 원고는 이에 대한 자료를 다시 제출하였으며 이번에도 추가적인 처분은 없었다.

④ 그 후 담당직원이 다시 변경되면서 이 사건 계약금에 대한 소명을 요구한 후에 이 건 처분에 이르렀다.

⑤ 위 사실관계를 모두어 보면, 담당 세무공무원들도 이 사건 계약금의 필요경비 산입여부에 대하여 세법해석상 의의(疑意)를 가졌고, 이로 인하여 4회에 걸쳐 원고에게 이 사건 계약금의 회계처리에 관한 자료를 요구한 사실, 원고의 2012년 귀속 종합소득세에 대하여 최초 소명을 요청한 2016. 3. 2.로부터 2년 4개월이 지난 2018. 6.이 되어서야 이 사건 계약금을 필요경비 불산입하여 이 건 처분을 하였다는 것은 과세관청으로서도 이 사건 계약금의 성격, 명확한 세무처리에 대한 확신이 없었던 것으로 보인다.

⑥ 과세관청이 이 사건 관련 수회에 걸쳐 근거자료 제출을 요구한 관련 자료를 법원에 제출함으로써 재판부는 과세관청에서도 이 사건 계약금의 법적 성격 및 그 중 필요경비로 확정될 범위나 귀속 사업연도 등에 대한 사실관계나 법적 입장을 쉽게 확정하지 못했던 것으로 볼 여지가 있다고 보았고, 그 결과 이 사건 계약금 관련 과세관청의 가산세 부과처분은 원고에게만 귀책사유를 묻는 것으로 그 처분이 부당하다고 판시한 것으로 보인다.

⑦ 원고가 이 사건 계약금을 필요경비에 산입하여 신고한 것은 단순한 법률의 부지나 오해를 넘어 이를 기대하기 어려운 사정이 있는 것이라 하지 않을 수 없으므로 과소신고가산세 및 무납부가산세를 부과한 것은 지나친 것이라 할 수 있다.

⑧ 이 점에 대하여 대상판결은 "납세의무자인 원고로서도 그 의무를 알지 못하는 것이 무리가 아니었거나 또는 그 의무의 이행을 당사자인 원고에게 기대하는 것이 무리라고 볼 만한 사정이 있는 경우로서 원고에게 그 의무를 게을리한 점을 탓할 수 없는 정당한 사유에 해당한다." 판시한 것은 충분한 수긍이 가는 판결이다.

⑨ 특히 가산세 부과처분을 취소하고자 한다면 이 사건에서와 같이 관련 자료를 충분히 확보하여 원고에게 그 의무의 이행을 기대하는 것이 무리라고 볼 만한 사정이 있음을 적극적으로 주장할 필요가 있다. 소송실무상 재판부가 가산세의 부과처분 취소소송에서 납세자의 손을 들어주는 경우가 매우 드물다는 점에 유의할 필요가 있다.

7. 관련 예규 · 판례

문서번호	내 용
법인 46012-1261, 1997.5.6.	법인이 매도인과 토지매매계약을 체결하고 계약조건에 따라 1년 이내에 토지대금을 완납하지 못하여 매매계약이 해지됨에 따라 계약금이 위약금으로 매도인에게 귀속된 후 행정처분상의 하자가 없어 행정소송을 포기하고 이를 손금 처리하여 법인세 과세표준 신고를 하였으나, 이후 민사소송절차에 의한 부당이득반환청구의 소를 제기한 경우에 그 위약금의 손금산입 시기는 계약해지로 인하여 동 금액이 매도인에게 귀속된 날이 속하는 사업연도가 된다.

문서번호	내 용
대법원 2009. 11. 12. 선고 2007두12422 판결	'일반적으로 용인되는 통상적'인 비용이라 함은 납세의무자와 같은 종류의 사업을 영위하는 다른 사업자도 동일한 상황 아래에서는 지출하였을 것으로 인정되는 비용을 의미하고, 그러한 비용에 해당하는지 여부는 지출의 경위와 목적, 형태, 액수, 효과 등을 종합적으로 고려하여 객관적으로 판단하여야 한다.
대법원 1991. 11. 26. 선고 91누6559 판결	소득세법상의 사업소득에 해당하는지의 여부는 그 사업의 수익목적 유무와 사업의 규모, 횟수, 태양 등에 비추어 사업활동으로 볼 수 있을 정도의 계속성과 반복성이 있는 지의 여부에 따라 결정되어야 하는 것이다.
대법원 2016. 10. 27. 선고 2016두44711 판결	세법상 가산세는 과세권의 행사 및 조세채권의 실현을 용이하게 하기 위하여 납세의무자가 정당한 이유 없이 법에 규정된 신고, 납세 등 각종 의무를 위반한 경우에 법이 정하는 바에 따라 부과하는 행정상의 제재이다. 따라서 단순한 법률의 부지나 오해의 범위를 넘어 세법해석상 의의로 인한 견해의 대립이 있는 등으로 납세의무자가 그 의무를 알지 못하는 것이 무리가 아니었다고 할 수 있어서 그를 정당시할 수 있는 사정이 있을 때 또는 의무의 이행을 당사자에게 기대하는 것이 무리라고 하는 사정이 있을 때 등 의무를 게을리 한 점을 탓할 수 없는 정당한 사유가 있는 경우에는 이러한 제재를 과할 수 없다.

개정5판

핵심이슈별
판례세법

제 6 장

부가가치세

제1절 납세의무자

1-1 수탁자가 위탁자로부터 이전받은 신탁재산을 관리·처분하면서 재화를 공급하는 경우 부가가치세의 납세의무자

● 대상판결 : 대법원 2012두22485 (2017. 5. 18.) ➜ 국패

핵심 요지

수탁자가 위탁자로부터 이전받은 신탁재산을 관리·처분하면서 재화를 공급하는 경우 부가가치세 납세의무자가 위탁자인지 수탁자인지가 쟁점이 된 사건이다. 이에 대하여 대법원은 수탁자가 신탁계약을 원인으로 위탁자로부터 신탁재산을 이전받은 다음 신탁재산의 관리·처분권한에 기초하여 이를 담보권자에게 공급함에 따라 발생하는 부가가치세 납세의무를 부담하여야 하는 자는 수탁자인데도 위탁자인 원고가 이 사건 건물의 공급으로 인한 부가가치세 납세의무자라고 부과한 처분은 위법하다.

1. 사실관계

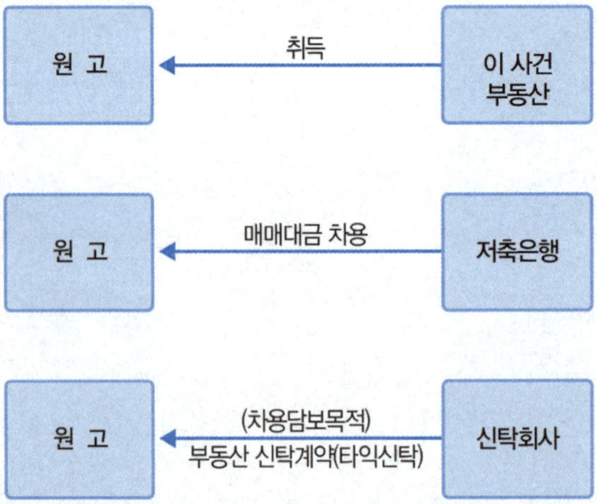

(1) 원고는 이 사건 부동산을 취득하였다(75억 원).

(2) 원고는 매매대금을 저축은행으로부터 차용하였다(42억 원).

(3) 원고는 차용을 담보하기 위해 케이비신탁과 신탁계약을 체결하였다(위탁자 : 원고, 우선수익자 : 저축은행, 수탁자 : 신탁회사).

2. 쟁 점

부동산 신탁의 경우 부가가치세 납세의무자는 누구인지(위탁자, 수익자, 수탁자) 여부

3. **대상판결**(전원합의체 판결)

그런데 구 「신탁법」(2011. 7. 25. 법률 제10924호로 전부 개정되기 전의 것) 제1조 제2항은 "신탁이라 함은 위탁자와 수탁자가 특별한 신임관계에 기하여 위탁자가 특정의 재산권을 수탁자에게 이전하거나 기타의 처분을 하고 수탁자로 하여금 수익자의 이익을 위하여 또는 특정의 목적을 위하여 그 재산권을 관리·처분하게 하는 법률관계를 말한다."고 규정하고 있다. 이와 같이 「신탁법」상의 신탁은 위탁자가 수탁자에게 특정한 재산권을 이전하거나 기타의 처분을 하여 수탁자로 하여금 신탁목적을 위하여 그 재산권을 관리·처분하게 하는 것이다. 이는 위탁자가 금전채권을 담보하기 위하여 금전채권자를 우선수익자로, 위탁자를 수익자로 하여 위탁자 소유의 부동산을 「신탁법」에 따라 수탁자에게 이전하면서 채무불이행 시에는 신탁부동산을 처분하여 우선수익자의 채권 변제 등에 충당하고 나머지를 위탁자에게 반환하기로 하는 내용의 담보신탁을 체결한 경우에도 마찬가지이다. 따라서 수탁자가 위탁자로부터 이전받은 신탁재산을 관리·처분하면서 재화를 공급하는 경우 수탁자 자신이 신탁재산에 대한 권리와 의무의 귀속주체로서 계약당사자가 되어 신탁업무를 처리한 것이므로, 이때의 **부가가치세 납세의무자는 재화의 공급이라는 거래행위를 통하여 그 재화를 사용·소비할 수 있는 권한을 거래상대방에게 이전한 수탁자**로 보아야 하고, 그 신탁재산의 관리·처분 등으로 발생한 이익과 비용이 거래상대방과 직접적인 법률관계를 형성한 바 없는 위탁자나 수익자에게 최종적으로 귀속된다는 사정만으로 달리 볼 것은 아니다. 그리고 세금계산서 발급·교부 등을 필수적으로 수반하는 다단계

거래세인 부가가치세의 특성을 고려할 때, 위와 같이 신탁재산 처분에 따른 공급의 주체 및 **납세의무자를 수탁자로 보아야 신탁과 관련한 「부가가치세법」상 거래당사자를 쉽게 인식할 수 있고, 과세의 계기나 공급가액의 산정 등에서도 혼란을 방지할 수 있다.**
이와 달리 신탁재산의 공급에 따른 부가가치세의 납세의무자는 그 처분 등으로 발생한 이익과 비용이 최종적으로 귀속되는 신탁계약의 위탁자 또는 수익자가 되어야 한다는 취지로 판시한 대법원 2003. 4. 22. 선고 2000다57733, 57740 판결; 대법원 2003. 4. 25. 선고 99다59290 판결; 대법원 2003. 4. 25. 선고 2000다33034 판결; 대법원 2006. 1. 13. 선고 2005두2254 판결; 대법원 2008. 12. 24. 선고 2006두8372 판결 등은 이 판결의 견해에 저촉되는 범위에서 이를 변경한다.

4. 평 석

(1) 이 사건은 대법원이 신탁재산의 공급에 따른 납세의무자는 신탁계약의 위탁자 또는 수익자라는 당초 입장에서 수탁자로 보아야 한다는 것으로 판례를 변경하였다는 점에서 의미가 있다. 대법원은 신탁재산의 관리·처분 등으로 발생한 이익과 비용이 위탁자나 수익자(이 사건의 타익신탁의 수익자인 상호저축은행)에게 귀속되었다고 하더라도 부가가치세의 납세의무자가 될 수 없다는 것이다.

(2) 과거의 대법원의 판결을 보면, 신탁재산의 공급에 따른 납세의무자는 이익과 비용이 최종적으로 귀속되는 신탁계약의 위탁자 또는 수익자가 되어야 한다는 입장이었다(대법원 2003. 4. 25. 선고 99다59290 판결). 이는 부가가치세를 부담하는 자는 신탁재산 공급에 따라 그 이익이 귀속되는 자가 되어야 한다는 것으로 과세대상의 귀속에 관한 실질주의를 택하고 있는 「국세기본법」상 일응 납득할 수 있는 판결이었다.

(3) 위 판결이후 국세청은 2017. 12. 19. "신탁재산을 수탁자의 명의로 매매할 때에는 「신탁법」 제2조에 따른 위탁자가 직접 재화를 공급하는 것으로 본다. 다만, 위탁자의 채무이행을 담보할 목적으로 대통령령으로 정하는 신탁계약을 체결한 경우로서 수탁자가 그 채무이행을 위하여 신탁재산을 처분하는 경우에는 수탁자가 재화를 공급하는 것으로 본다."라는 규정을 신설하였다(부가가치세법 제10조 제9항 참조).

(4) 일반적인 신탁재산의 매매에 있어서 부가가치세법상 납세의무자는 종전과 같이 신탁

계약의 위탁자가 납세의무자라는 것이다.

(5) 2020. 12. 20. 부가가치세법 개정으로 신탁 관련 납세의무자가 다시 수탁자로 전환되었다. 다만 해당 개정조문인 부가치세세법 제3조는 부칙 규정에 의하여 2022. 1. 1.부터 시행된다. 또한 동 부칙 제5조에서는 경과규정을 두어 2022. 1. 1. 전에 설정한 신탁의 경우에는 개정 전(前)과 동일하게 담보신탁의 경우에는 수탁자, 그 외의 신탁인 경우에는 위탁자를 납세의무자로 규정하고 있다.

5. 관련 판례

문서번호	내 용
대법원 2003. 4. 25. 선고 99다59290 판결 (대법원 2017. 5. 18. 선고 2012두22485 판결로 납세의무자는 수탁자로 변경됨)	신탁재산의 관리·처분 등으로 발생한 이익과 비용은 최종적으로 위탁자에게 귀속하게 되어 실질적으로는 위탁자의 계산에 의한 것이라 할 것이므로…. 신탁재산의 관리·처분 등 신탁업무를 처리함에 있어서의 사업자 및 이에 따른 부가가치세 납세의무자는 원칙적으로 위탁자라고 보아야 한다. 신탁계약에 있어서 위탁자 이외의 수익자가 지정되어 신탁의 수익이 우선적으로 수익자에게 귀속하게 되어있는 타익신탁의 경우 부가가치세 납세의무자는 위탁자가 아닌 수익자로 보아야 한다.

1-2 본인의 책임과 계산아래 독립하여 이를 판매하였으므로, 그 거래로 인한 소득은 실질적으로 귀속된 자에게 부과하여야 함

● 대상판결 : 대법원 2011두9935 (2014. 5. 16.) ➜ 국패

핵심 요지

'거래 등의 실질이 명의자에게 귀속된다는데 대한 궁극적인 증명책임은 여전히 과세관청이 부담한다.' 라고 전제하면서, 정제유를 공급받아 본인의 책임과 계산 아래 독립하여 이를 판매하였으므로 이 사건 영업소의 거래와 그로 인한 소득은 실질적으로 귀속된 자에게 부과하여야 하므로, 명의자에게 한 부과 처분은 실질과세의 원칙에 위배되어 위법하다.

1. 사실관계

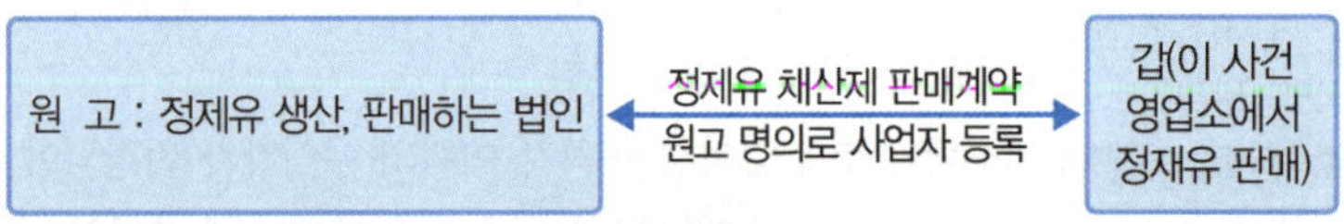

(1) 원고는 정제유를 생산, 판매하는 법인으로서, 2004. 3. 1. 갑과 정제유에 관한 독립채산제 판매계약을 체결하고, 갑은 원고의 대전영업소(이하 '이 사건 영업소'라고 한다)에서 정제유 판매를 하였다.

(2) 원고에 대한 유류 유통과정 세무조사(1차 세무조사)당시 갑은 "본인이 원고의 명의만 빌려 개인 사업을 영위한 것"이라고 진술하였다(갑은 신용불량자로 본인 명의로 사업자등록을 할 수 없어 원고의 명의만 빌린 것이고, 이 사건 영업소는 갑이 실질사업자라는 진술).

(3) 그러나 이 사건 영업소의 거래에 관하여 유류 유통과정 추적조사(2차 세무조사)가 재개되자, 갑은 기존의 입장을 번복하여 자신이 독립된 지위에서 영업을 한 것이 아니라 단지 원고의 영업 이사로서 정제유를 판매하고 그 대가로 판매수당을 받은 것에 불과하다고 변소하기 시작하였다(이 사건 영업소의 실질사업자는 원고라고 변소).

(4) 대전지방국세청장은 이 사건 2차 세무조사를 마친 후 이 사건 영업소의 영업이 갑의 개인 사업이 아니라 원고의 사업인 것으로 보아(원고가 실질사업자라는 판단) 관련계좌를 통한 거래 중 세금계산서가 없는 무자료 거래에서 확인된 매출누락 1,592백만 원, 매입누락 501백만 원을 원고의 거래분으로 확정하여 피고에게 통지하였고, 피고는 그에 따른 과세기간 별 각 부가가치세 및 법인세를 원고에게 부과처분 하였다.

2. 쟁 점

거래 등의 실질이 명의자에게 귀속된다는 데 대한 궁극적인 증명책임이 과세관청에게 있는지 아니면 납세자에게 있는지 여부

3. 관련법령

국세기본법 제14조 제1항【실질과세】

① 과세의 대상이 되는 소득·수익·재산·행위 또는 거래의 귀속이 명의일 뿐이고 사실상 귀속되는 자가 따로 있는 때에는 사실상 귀속되는 자를 납세의무자로 하여 세법을 적용한다.
② 세법 중 과세표준의 계산에 관한 규정은 소득, 수익, 재산, 행위 또는 거래의 명칭이나 형식에 관계없이 그 실질 내용에 따라 적용한다.

4. 사건의 경과

(1) 1심 판단(대전지방법원 2010. 6. 3. 선고 2009구합1353 판결) : 국승

국세기본법 제14조가 천명하고 있는 실질과세 원칙에 비추어 과세의 대상이 되는 소득, 수익, 재산, 행위 또는 거래의 귀속이 명의일 뿐이고 사실상 귀속되는 자가 따로 있을 때에는 사실상 귀속되는 자를 납세의무자로 하여 세법을 적용하여야 하고, 사실상의 사업자 외에 따로 명의자에게 과세하는 것은 허용되지 않는다. 그러나 명의대여는 실사업자와 합의 하에 탈세를 조장하는 행위로서 외부에서는 그 실체를 파악하기 어려우므로 **과세관청**

은 특별한 사정이 없는 한 사업명의자를 실사업자로 보아 과세를 하면 되는 것이고, 이것이 실체관계와 다르다는 이유로 **사업명의자가 아닌 별개의 실사업자에게 실질과세가 가능하다는 점에 대한 주장, 입증책임은 명의자 과세를 다투는 자에게 있다**(대법원 1988. 12. 13 선고 88누25 판결, 대법원 1984. 6. 26. 선고 84누68 판결 등 참조).
… 이런 모든 사정들을 종합할 때 이 사건 영업소의 업무에 관하여 원고는 단순히 명의만 대여한 것이 아니라 실제로 과세의 대상이 되는 소득, 수익, 재산, 행위 또는 거래가 원고에게 귀속되었던 것으로 보아야 하고, 따라서 이 사건 영업소의 사업자는 명목뿐만 아니라 실질에 있어서도 갑이 아닌 원고이다.

(2) 대상판결

과세요건사실의 존부 및 과세표준에 관하여는 원칙적으로 과세관청이 증명할 책임을 부담하는바, 이는 거래 등의 귀속 명의와 실질적인 귀속주체가 다르다고 다투어지는 경우에도 증명책임을 전환하는 별도의 법률 규정이 있는 등의 특별한 사정이 없는 한 마찬가지이다. 다만 과세관청이 사업명의자를 실사업자로 보아 과세를 한 이상 거래 등의 귀속 명의와 실질이 다르다는 점은 그 과세처분을 받은 사업명의자가 주장·증명할 필요가 생기는데, 이 경우에 증명의 필요는 법관으로 하여금 과세요건이 충족되었다는 데 대하여 상당한 의문을 가지게 하는 정도면 족하다. 그 결과 **거래 등의 실질이 명의자에게 귀속되었는지 여부가 불분명하게 되고 법관이 확신을 가질 수 없게 되었다면 그로 인한 불이익은 궁극적인 증명책임을 부담하는 과세관청에 돌아간다.** 이와 달리 사업명의자가 아닌 사실상의 사업자에게 실질과세가 가능하다는 점에 대한 주장·증명책임은 명의자 과세를 다투는 자에게 있다고 한 대법 1984. 6. 26. 선고 84누68 판결, 대법 1987. 10. 28. 선고 86누635 판결 등은 구 소득세법(1994. 12. 22. 법률 제4803호로 전문개정되기 전의 것) 제7조 제1항 및 그 시행령(1994. 12. 31. 대통령령 제14467호로 전문개정되기 전의 것) 제21조에서 규정하였던 **명의자 과세 제도가 1996. 1. 1. 폐지되기 전까지 시행될 당시의 소득세 사건에 대한 것으로서 이와 다른 사건에서는 적용될 수 없다.**
… 원심(대전고등법원 2010누468판결 ; **국패**)은 이 사건 대전영업소의 거래와 그로 인한 소득이 실질적으로 갑에게 귀속되었다고 적극적으로 인정하고 이를 기초로 이 사건 부과처분의 당부를 판단하였는데, 그와 같은 사실인정에 결과적으로 잘못이 없으므로, 위와 같이 증명책임에 관한 법리를 오해한 것이 판결결과에 영향을 미치지는 않았다고 할 것이다.

5. 평 석

(1) 본 사건에서 원고는 피고의 2차 세무조사가 국세기본법 제81조의4에 위배되는 부당한 재조사에 해당하며, 대전지방국세청장이 이 사건 1차 세무조사에서 원고에 대한 과세표준을 확정하고 납세고지서를 송달함으로써 공적 견해를 표명하였는데, 피고는 이에 반하여 이 사건 처분을 하였는바, 이는 신뢰보호 원칙에 위배되어 위법하다는 주장을 하였다. 그러나 이 사건 2차 세무조사에서 갑이 종전 입장을 번복하자(1차 세무조사 시는 원고의 명의만 빌려 갑이 실질사업자라는 진술을 하였다) 재조사를 시행한 것인 바, 이는 거래상대방에 대한 조사가 필요한 경우(국세기본법에서는 재조사가 가능한 경우로 거래상대방 조사를 들고 있다)에 해당한다 하여 원고의 주장을 배척하였다.

(2) 이 사건의 주 쟁점인 갑이 실질사업자인지 아니면 원고가 실질사업자인지에 대한 판단은 원심과 대법원 모두 갑이 실질사업자이므로 이 사건 영업소의 거래가 원고에게 실질적으로 귀속됨을 전제로 한 이 사건 처분은 실질과세의 원칙에 위배되어 위법하다고 판단하였다.

(3) 누가 실질사업자인지에 대하여는 이 사건 판매약정서가 중요한 근거자료로 인정되었고, 그 외에 거래형태, 계좌이용내역 등의 사정을 종합적으로 검토한 것으로 보인다.

(4) 그런데 본 사건에 대한 판결에 있어서 원심과 대법원의 입증책임에 대한 논리가 차이가 있다는 점을 유의할 필요가 있다. 대법원은 원심이 거래 등의 귀속에 관하여 명의와 실질이 다르다는 점이 다투어지는 경우 그에 대한 증명책임이 과세처분의 상대방에게 전환된다는 종전 판례의 법리를 원용한 것은 잘못이라는 입장이다.

원심은 "과세관청은 특별한 사정이 없는 한 **사업명의자를 실사업자로 보아 과세를 하면 되는 것이고,** 이것이 실체관계와 다르다는 이유로 사업명의자가 아닌 **별개의 실사업자에게 실질과세가 가능하다는 점에 대한 주장, 입증책임은 명의자 과세를 다투는 자에게 있다.**"고 보았지만, 대법원은 "거래 등의 실질이 명의자에게 귀속되었는지 여부가 불분명하게 되고 법관이 확신을 가질 수 없게 되었다면 그로 인한 불이익은 **궁극적인 증명책임을 부담하는 과세관청에 돌아간다.**"고 판단하였다.

(5) 누가 실질사업자인지 여부는 실질사업자임을 입증하는 증빙자료를 토대로 치열한 다툼을 통하여 밝혀질 수 있지만, 누가 실질사업자인지 법관이 확신을 가질 수 없게 되었다면(전심인 조세심판원장도 실질거래행위의 귀속자가 누구인지 여부를 **재조사**하여 그 결과에 따라 과세표준과 세액을 경정하라고 결정하였다), 궁극적인 입증책임(명의사업자가 실질사업자가 아니라는 점에 대하여)은 과세관청에게 있다는 본 사건의 판결은 과세관청 입장에서 숙고할 필요가 있다.

6. 관련 판례

문서번호	내 용
대법원 1988. 12. 13 신고 88누25 판결, 대법원 1984. 6. 26. 선고 84누68 판결	국세기본법 제14조가 천명하고 있는 실질과세 원칙에 비추어 과세의 대상이 되는 소득, 수익, 재산, 행위 또는 거래의 귀속이 명의일 뿐이고 사실상 귀속되는 자가 따로 있을 때에는 **사실상 귀속되는 자를 납세의무자로 하여 세법을 적용하여야 하고, 사실상의 사업자 외에 따로 명의자에게 과세하는 것은 허용되지 않는다.** 그러나 명의대여는 실사업자와 합의 하에 탈세를 조장하는 행위로서 외부에서는 그 실체를 파악하기 어려우므로 과세관청은 특별한 사정이 없는 한 사업명의자를 실사업자로 보아 과세를 하면 되는 것이고, 이것이 실체관계와 다르다는 이유로 사업명의자가 아닌 별개의 실사업자에게 실질과세가 가능하다는 점에 대한 주장·입증책임은 **명의자 과세를 다투는 자에게 있다.**

1-3 부가가치세법상 사업자란 계속적, 반복적으로 재화 또는 용역을 공급하는 자를 말함

● 대상판결 : 대법원 2015두58287 (2016. 3. 10.) ➜ 국승

핵심 요지

부가가치세법에서는 영리목적의 유무에 불구하고 사업상 독립적으로 재화, 용역을 공급하는 자를 사업자라 하여 납세의무자로 규정하고 있는데, 사업상 독립적으로 재화, 용역을 공급하는 자란 부가가치를 창출하여 낼 수 있는 정도의 사업형태를 갖추고 계속적, 반복적으로 재화 또는 용역을 공급하는 자를 뜻함

1. 사실관계

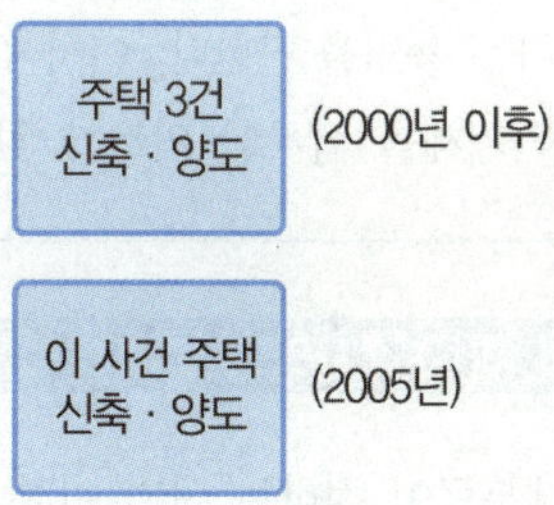

(1) 원고는 2005년도에 이 사건 토지를 매수하여 그 지상에 단독주택을 신축하고 위 단독주택에 관하여 원고 명의의 소유권보존등기를 마친 후 그로부터 채 6개월이 지나지 않은 시점(건물 사용승인일 10일 前)에 위 대지와 주택을 제3자에게 매도하였다.

(2) 원고와 배우자는 2000년 이후 3건의 주택을 신축하여 양도하였고, 이 사건 주택은 단독주택지구에 지하1층 및 지상 2층으로 신축한 국민주택 규모 초과 고가주택이며, 원고는 이 사건 주택 양도 이전에도 주택을 신축하여 단기간에 양도한 사실이 확인되며, 이 사건 주택을 양도하자마자 원고의 배우자도 이 사건 주택과 동일한 단독주택지구에서 2층 주택을 신축하여 사용승인 전에 양도한 사실이 확인되었다.

(3) 양수인은 이 사건 토지에 관하여 소유권이전등기를 마쳤고, 같은 달 건축 관계자(건축주)변경신고를 한 후 같은 해 이 사건 주택에 관한 사용승인을 받아 소유권보존등기를

마쳤다.

(4) 원고는 피고에게 양도소득세 과세표준 신고를 하면서 이 사건 주택에 관한 부분은 제외한 채 이 사건 토지만 양도한 것처럼 신고하여 이 사건 토지에 대한 양도소득세만 신고·납부하였다.

2. 쟁 점

원고가 주택신축판매업을 영위하였는지 여부

3. 관련법령

부가가치세법 제2조【납세의무자】

① 영리목적의 유무에 불구하고 사업상 독립적으로 재화(제1조에 규정하는 재화를 말한다. 이하 같다) 또는 용역(제1조에 규정하는 용역을 말한다. 이하 같다)을 공급하는 자(이하 "사업자"라 한다)는 이 법에 의하여 부가가치세를 납부할 의무가 있다.

부가가치세법시행규칙 제1조【사업의 범위】

② 영 제2조 제2항에서 "재정경제부령이 정하는 사업"이라 함은 부동산의 매매(주거용 또는 비거주용 및 기타 건축물을 자영 건설하여 분양·판매하는 경우를 포함한다) 또는 그 중개를 사업목적으로 나타내어 부동산을 판매하거나, 사업상의 목적으로 1과세기간 중에 1회 이상 부동산을 취득하고 2회 이상 판매하는 사업을 말한다.

4. 원·피고 주장

(1) 원 고

원고는 원고와 원고의 가족들이 거주하기 위하여 이 사건 주택을 건축할 것일 뿐 사업성을 가지고 위 주택을 건축한 것이 아니므로 이 사건 주택의 양도와 관련하여 부가가치세 납세의무가 있는 '사업자'가 아니고, 같은 이유로 이 사건 주택 매도로 인하여 원고에게 발생한 소득은 사업소득이 아니다. 따라서 원고에게 부가가치세 및 종합소득세를 부과한 이 사건 처분은 위법하다.

구 부가가치세법 시행규칙(2008. 4. 22. 기획재정부령 제12호로 개정되기 전의 것) 제1조 제2항이 정한 바에 따라 사업상의 목적으로 1 과세기간 중에 1회 이상 부동산을 취득하고 2회 이상 판매하는 사업이어야 부동산 매매업에 해당하는데 원고의 경우에는 위 요건을 충족하지 못하였으므로 부가가치세 납세의무가 있는 사업자에 해당하지 않는다.

(2) 피 고

원고 및 배우자는 2000년 이후 3건의 주택을 신축하여 양도하였고, 이 사건주택은 단독주택지구에 지하1층 및 지상 2층으로 신축한 국민주택 규모 초과 고가주택이며, 원고는 이 사건 주택 양도 이전에도 주택을 신축하여 단기간에 양도한 사실이 확인되며, 이 사건 주택을 양도하자마자 원고의 배우자도 이 사건 주택과 동일한 단독주택지구에서 2층 주택을 신축하여 사용승인 전에 양도한 사실이 확인되는 점으로 보아 원고는 사업목적으로 주택을 신축하여 판매하였으므로 주택 신축판매업자에 해당한다.

5. 대상판결(의정부지방법원 2015. 04. 28. 선고 2014구합9054선고)

구 부가가치세법(2010. 1. 1. 법률 제9915호로 개정되기 전의 것) 제2조 제1항은 영리목적의 유무에 불구하고 사업상 독립적으로 재화 또는 용역을 공급하는 자를 사업자라 하여 부가가치세 납세의무자로 규정하고 있는데, 여기서 '사업상 독립적으로 재화 또는 용역을 공급하는 자'란 부가가치를 창출하여 낼 수 있는 정도의 사업형태를 갖추고 계속적이고 반복적인 의사로 재화 또는 용역을 공급하는 자를 뜻한다. 또한 소득세의 과세대상인 사업소득은 영리를 목적으로 **독립된 지위에서 계속·반복적으로 행해지는 사회적 활동**인 사업에서 발생하는 소득을 말한다.

… 또한 사업소득에는 주택을 건설하여 판매하는 주택신축판매업에서 발생하는 소득이 포함되는바, 이때 부동산의 양도로 인한 소득이 소득세법상 사업소득인지 혹은 양도소득인지는 양도인의 부동산 취득 및 보유현황, 조성의 유무, 양도의 규모, 횟수, 태양, 상대방

등에 비추어 그 양도가 수익을 목적으로 하고 있는지 여부와 사업 활동으로 볼 수 있을 정도의 **계속성과 반복성이 있는지 등을 고려**하여 사회통념에 따라 판단하여야 하고, 그 판단을 할 때에는 단지 **당해 양도 부동산에 대한 것뿐만 아니라, 양도인이 보유하는 부동산 전반에 걸쳐 당해 양도가 행하여진 시기의 전후를 통한 모든 사정을 참작**하여야 한다. 구 부가가치세법 시행규칙 제1조 제2항이 정한 바에 따라 사업상의 목적으로 1 과세기간 중에 1회 이상 부동산을 취득하고 2회 이상 판매하는 사업이어야 부동산 매매업에 해당한다는 규정은 부동산매매업으로 볼 수 있는 경우를 예시적으로 규정한 것에 불과하여 그 부동산 거래가 전체적으로 사업목적 하에 계속성과 반복성을 가지고 이루어진 이상 위 **규정상의 판매횟수에 미달하는 거래가 발생하였다고 하더라도 그 과세기간 중에 있는 거래의 사업성이 부정되는 것이 아닌 점**(대법 2013. 2. 28. 선고 2010두29192 판결 등 참조) 등을 종합하여 보면, 원고가 이 사건 주택을 신축하여 매도한 행위는 수익을 목적으로 한 사업 활동으로 볼 수 있을 정도의 계속성과 반복성을 가지고 행하여진 것으로 볼 수 있으므로, 원고는 부가가치세법상 납세의무가 있는 사업자로서 이 사건 토지를 취득한 후 그곳 지상에 이 사건 주택을 신축하여 이를 매도하였고, 그로 인하여 발생한 소득은 소득세법상 주택신축판매업에서 발생한 것으로 볼 수 있다고 할 것이니, 이와 다른 전제의 원고의 이 부분 주장은 이유 없다.

6. 평 석

(1) 부가가치세 납세의무자는 사업자 또는 재화를 수입하는 자인데 여기서 「사업자」란 사업목적이 영리이든 비영리이든 관계없이 **사업상 독립적으로 과세대상인 재화 또는 용역을 공급하는 자**를 말한다.

(2) 「부가가치세법」상 사업자가 아닌 개인 또는 면세사업자가 우발적 또는 일시적으로 재화 또는 용역을 공급하는 경우에는 **부가가치세 납세의무자에 해당되지 아니한다.**

(3) 부가가치세법상 사업을 정의하는 규정은 없으나 대법원은 부가가치세법에서 규정하는 사업에 대하여 부가가치를 창출해 낼 수 있는 정도의 사업형태를 갖추고 계속적, 반복적인 의사로 재화 또는 용역을 공급하는 경우를 말한다고 판시하고 있다(대법원 1986. 12. 9. 선고 86누555판결).

(4) 따라서 부가가치를 창출해 낼 수 있는 정도의 사업형태를 갖추고 계속적·반복적으로 재화 또는 용역을 공급하는 자는 사업자등록을 했든 안했든, 재화 또는 용역을 공급하면서 부가가치세를 징수했든 안했든 관계없이 부가가치세 납세의무자로 보는 것이다.

(5) 여기에서 재화나 용역을 계속적, 반복적으로 공급한다는 것은 계속 반복성이 없다하더라도 그 거래가 전체적으로 사업목적 하에 계속성과 반복성을 가지고 이루어 졌다면 부가가치세법 시행규칙 규정상의 **판매횟수에 미달하는 거래가 발생하였다고 하더라도 그 과세기간 중에 있는 거래의 사업성이 부정되는 것이 아니다.**

(6) 사회통념상 단순히 1회 정도의 재화 또는 용역의 공급이 있다고 해서 사업성이 있다고 보기는 어렵고 부가가치를 창출해 낼 수 있는 정도의 사업형태를 갖추고 계속 반복적인 의사로 재화 또는 용역을 공급하는 경우이어야 사업에 해당될 수 있다(대법원 1986. 12. 9. 선고 86누555판결 ; 대법원 1993. 5. 11. 선고 93누1053 판결).

(7) 그러나 반복성이 없이 재화 또는 용역의 공급행위가 단1회인 경우에도 사업성이 있다고 판단되면 부가가치세법상 사업자로서 납세의무를 지울 수 있다.

(8) 특히 부동산을 양도하는 경우 그 소득이 양도소득인지 아니면 사업소득인지를 판단함에 있어서는 위 대상판결에서 적시한 바와 같이 양도인의 부동산 취득 및 보유현황, 조성의 유무, 양도의 규모, 횟수, 태양, 상대방 등에 비추어 그 양도가 수익을 목적으로 하고 있는지 여부와 사업 활동으로 볼 수 있을 정도의 계속성과 반복성이 있는지 등을 고려하여 사회통념에 따라 판단하여야 하고, 그 판단을 할 때에는 **단지 당해 양도 부동산에 대한 것뿐만 아니라, 양도인이 보유하는 부동산 전반에 걸쳐 당해 양도가 행하여진 시기의 전후를 통한 모든 사정을 참작**하여야 한다.

7. 관련 판례

문서번호	내 용
대법원 2002. 12. 10. 선고 2002두1274 판결, 대법원 1999. 9. 17. 선고 98두16705 판결	부가가치세법 제2조 제1항 제1호에서 사업상 독립적으로 재화 또는 용역을 공급하는 자란 부가가치를 창출하여 낼 수 있는 정도의 사업형태를 갖추고 계속적이고 반복적인 의사로 재화 또는 용역을 공급하는 자를 뜻한다.

문서번호	내 용
대법원 2017. 5. 18. 선고 2012두22485 전원합의체 판결	부가가치세의 과세원인이 되는 재화의 공급으로서 인도 또는 양도는 재화를 사용·소비할 수 있도록 소유권을 이전하는 행위를 전제로 하므로, 재화를 공급하는 자는 위탁매매나 대리와 같이 부가가치세법에서 별도의 규정을 두고 있지 않는 한 계약상 또는 법률상의 원인에 의하여 재화를 사용·소비할 수 있는 권한을 이전하는 행위를 한 자를 의미 한다
대법원 1989. 07. 25. 선고88누11339 판결	부가가치세의 납세의무자를 규정한 부가가치세법 제2조 제1항 소정의 사업상 독립하여 재화 또는 용역을 공급하는 자라 함은 부가가치를 창출해낼 수 있을 정도의 사업형태를 갖추고 계속 반복적인 의사로 재화 또는 용역을 공급하는 자로서 자기의 영위하는 사업에서 생산한 재화 또는 용역의 공급 자체를 사업으로 하는 자 뿐만 아니라 **그 사업의 범위 내에서 이와 관련 또는 부수하여 생산한 재화 또는 용역을 공급하는 자를 포함**한다.
대법원1991. 05. 28. 선고 90누8442 판결	부가가치세법 제2조 제1항 소정의 부가가치세 납세의무자인 "사업상 독립하여 재화 또는 용역을 공급하는 자"라 함은 부가가치를 창출해 낼 수 있는 정도의 사업형태를 갖추고 계속적이고 반복적인 의사로 재화 또는 용역을 공급하는 사업자를 가르키고, 여기서 계속적이고 반복적으로 재화 또는 용역을 공급한다 함은 여러 차례의 재화 또는 용역의 공급이 계속 반복된다는 뜻이고 **시간적 경과가 요구되는 단 한번의 용역을 공급할 의사로 용역을 제공하는 경우에까지 계속적으로 용역을 공급할 의사가 있었다고 할 수는 없다(건축 설계사무소에 근무하면서 종합건설회사의 명의만을 빌려 다른 회사와 노무도급계약을 체결하여 용역을 제공하고 대가를 받은 자는 부가가치를 창출해 낼 수 있는 정도의 사업형태를 갖추고 계속적이고 반복적인 의사로 재화 또는 용역을 공급하는 사업자에 해당하지 아니한다).**
대법원1997. 6. 27. 선고 96누16193 판결, 대법원 1998. 9. 18. 선고 97누20625 판결	부가가치세법상 사업의 개시, 폐지 등은 법상의 등록, 신고 여부와는 관계없이 그 해당 사실의 실질에 의하여 결정된다.

문서번호	내 용
대법원 2013. 2. 28. 선고 2010두29192 판결	구 부가가치세법 시행규칙 제1조 제2항이 정한 바에 따라 사업상의 목적으로 1 과세기간 중에 1회 이상 부동산을 취득하고 2회 이상 판매하는 사업이어야 부동산 매매업에 해당하는데 원고의 경우에는 위 요건을 충족하지 못하였으므로 부가가치세 납세의무가 있는 사업자에 해당하지 않는다고 주장하나, 위 규정은 부동산매매업으로 볼 수 있는 경우를 **예시적으로 규정**한 것에 불과하여 그 부동산 거래가 전체적으로 사업목적 하에 계속성과 반복성을 가지고 이루어진 이상 위 규정상의 **판매횟수에 미달하는 거래가 발생하였다고 하더라도 그 과세기간 중에 있는 거래의 사업성이 부정되는 것이 아니다.**
대법원 1992. 07. 24. 선고 92누5225 판결	원고들이 건물을 단 1회 양도처분 하였을 뿐이고 그 밖에 다른 건물을 신축하여 판매하는 등 부동산 매매거래를 한 실적이 일체 없으며, 위 건물을 양도처분 함에 있어서도 그 거래를 위한 광고를 행하거나 사무실의 설치운영 또는 판매중개인 등의 활용 등과 같은 영업적인 활동을 수행한 바가 전혀 없는 등의 제반사정들에 비추어 볼 때, 원고들이 일정한 정도의 사업형태를 갖추고 계속적이고 반복적인 의사로써 부동산매매업을 영위하였다고 보기 어렵다.

제2절 과세대상

2-1 임대차계약 해지 후에도 「부가가치세법」상의 과세대상인 용역의 공급에 해당하는지 여부

● 대상판결 : 대법원 2002두8534 (2003. 11. 28.) ➜ 국승

핵심 요지

> 계약종료 후 점유·사용하는 도중에 연체임료 등을 공제하면 임차보증금 잔액이 남지 않게 된다든가, 계약 종료 이후에 임료 등을 받을 가능성이 별로 없다는 등의 사정이 그대로 인정된다 하더라도, 임대차기간 만료 후 소외회사가 원상회복하지 않는 등 의무에 위반하는 경우 통상 임료 및 관리비의 2배액 등을 지급하기로 약정함으로써 그 기간 만료 이후에도 임차인이 목적물을 계속 점유·사용한다면 원고가 그에 대한 대가를 지급받기로 하였다는 점을 넉넉히 알 수 있는 이 사건에서, 원심이 드는 것과 같은 사정만으로 소외회사의 점유가 계약상 또는 법률상 원인이 없는 불법점유가 되어 부가가치세 과세대상인 용역의 공급에 해당하지 않게 된다고 볼 수 없다.

1. 사실관계

(1) 갑(건물주)은 을(임차인)과 이 사건 건물에 대한 임대차계약을 체결하였고, 약정내용은 아래와 같다.

> ① 기간 : 1998. 2. 21.~1999. 2. 20.
> ② 임차보증금과 월 임료
> ③ 임대차기간 만료 후 이 사건 임대목적물은 원상회복 반환조건으로 위반하는 경우 명도 또는 복구일까지 통상 임료 및 관리비의 2배액과 임차보증금의 3% 상당액 지급 약정

(2) 을은 임대차기간이 지나고도 이 사건 임대목적물을 계속 점유·사용하고 임대료를 갑에게 미지급하였다.

(3) 갑은 미지급받은 임대료 상당액을 보증금에서 공제하였으며, 1999. 6. 1.경에는 공제할 보증금마저 모두 소멸하였다.

(4) 갑은 을을 상대로 수회에 걸쳐 그 명도와 약정된 월 임료의 2배 상당액 등 약정된 금원 지급을 요구하였고, 법원에 명도 및 손해배상을 구하는 소송을 제기하여 승소하였다.

(5) 피고는 갑이 이 사건 임대목적물을 통한 임대용역을 제공한 것으로 보아 부가가치세를 부과처분하였다.

(6) 원고는 을의 1999. 6. 1.부터의 점유는 점유권원 없이 행한 불법점유이고 위 일시부터는 보증금 공제방식으로도 임료를 수령한 바 없으므로 임대용역을 제공하였다고 볼 수 없다는 주장이다.

2. 사건의 경과

(1) 원심판결(2001. 7. 11. 선고 2001구1214 판결) : 국패

① 1996. 6. 1.경에는 보증금 잔액이 남지 아니하여 을 회사에 점유를 정당화 할 법률상 권원이 존재하지 않는다.

② 원고(갑)가 명도소송 외에는 을을 퇴거시킬 합법적 방법이 없었고,

③ 계약 종료 이후에는 임료를 수령할 가능성이 없었다.

④ 을이 1999. 6. 1.부터 이 사건 임대목적물을 점유한 것은 계약상 또는 법률상의 원인을 결한 불법점유이었으며, 갑이 을에게 부가가치세 과세대상인 임대용역이나 관리용역을 공급하였다고 볼 수 없다.

(2) 대상판결

임대인의 해지통고로 건물임대차계약이 해지되어 임차인의 점유가 불법점유가 된다고 하더라도, 임차인이 건물을 명도하지 아니하고 계속 사용하고 있고 임대인 또한 임차보증금을 반환하지 아니하고 보유하면서 향후 월 임료 상당액을 보증금에서 공제하는 관계에 있다면, 이는 부가가치세의 과세대상인 용역의 공급에 해당하고(대법원 1995. 7. 14. 선고 95누4018 판결, 2002. 11. 22. 선고 2002다38828 판결 등 참조), **대가를 받기로 하고**

타인에게 용역을 공급한 이상 실제로 그 대가를 받았는지의 여부는 부가가치세 납부의무의 성립 여부를 결정하는 데 아무런 영향을 미칠 수 없다(대법원 1995. 11. 28. 선고 94누11446 판결 등 참조).

이러한 법리를 기록에 비추어 살펴보면, 원심이 드는 바와 같이 소외회사가 계약종료 후 점유·사용하는 도중에 연체임료 등을 공제하면 임차보증금 잔액이 남지 않게 된다든가, 계약 종료 이후에 임료 등을 받을 가능성이 별로 없다는 등의 사정이 그대로 인정된다 하더라도, 임대차기간 만료 후 소외회사가 원상회복하지 않는 등 의무에 위반하는 경우 통상 임료 및 관리비의 2배액 등을 지급하기로 약정함으로써 그 기간 만료 이후에도 임차인이 목적물을 계속 점유·사용한다면 원고가 그에 대한 대가를 지급받기로 하였다는 점을 넉넉히 알 수 있는 이 사건에서, 원심이 드는 것과 같은 사정만으로 소외회사의 점유가 계약상 또는 법률상 원인이 없는 불법점유가 되어 부가가치세 과세대상인 용역의 공급에 해당하지 않게 된다고 볼 수 없고, 원심이 설시한 그 밖의 사정을 감안하더라도 달리 볼 수는 없다 할 것이다.

3. 평 석

(1) 「부가가치세법」 제12조 제2항은 대가를 받지 아니하고 타인에게 용역을 공급하는 것은 용역의 공급으로 보지 아니한다고 규정하고 있고 원고는 이 사건 부동산 임대에 대해 1999. 6. 1. 이후는 무상의 용역공급으로 부가세 과세대상이 아니라고 주장하나,

(2) **대가를 받는다고 함은 현실적으로 그 금전을 수령하는 것을 의미하는 것이 아니라 대가를 받기로 약정하면 충분하다**(대상판결의 취지).

(3) 대법원은 갑과 을 사이에 임대차기간 만료 후 불법점유에 대한 손해배상금 지급약정의 존재를 중시하여, “대가에 관한 약정”은 **대가를 받기로 하고 타인에게 용역을 공급한 이상 실제로 대가를 지급받았는지 여부는 부가가치세 납부의무 성립 여부 결정에 영향 없다**고 판시하였다.

(4) 그러나, 실무상 임차인의 채무 불이행 시 배상조항이 계약서에 삽입되는 것이 관례인 점을 감안하면, 대법원의 판결이 쉽게 수긍이 가지 않는 면이 있다.

4. 관련 판례

문서번호	내 용
부가-641, 2013. 7. 12.	토지지분이 없는 자가 토지를 소유한 특수관계자와 함께 당해 토지에 건물을 신축하여 「소득세법」의 규정에 의한 공동사업자로서 부동산임대업을 영위하는 경우 토지소유자와 특수관계자의 관계는 **과세대상 거래에 해당하지 아니하는 것이다**(토지를 소유한 특수관계자와 공동사업자로서 건물을 신축하여 임대업을 영위하는 경우).
법규부가 2012-486, 2012. 12. 18.	아버지가 아들과 공유한 토지 위의 건물을 단독으로 소유하여 건물임대업을 영위하면서 아들 소유지분의 사업용 토지의 사용대가를 지급하지 아니하는 경우 그 아들의 신청인에 대한 **사업용 토지의 무상임대는 과세대상**이며 그 과세표준은 시가로 하는 것이다[부(父)가 자(子)와 공유한 토지 위의 건물을 부(父)가 단독으로 건물임대업을 영위하면서 자(子)에게 토지 사용대가를 지급하지 않은 경우].
소비 46015-7, 2001. 1. 5.	부동산임대업을 영위하던 사업자가 당해 사업에 사용하던 건물의 전부 또는 일부를 특수관계자에게 무상으로 임대하는 경우에는 용역의 무상공급에 해당하여 **부가가치세가 과세되지 않으나 「소득세법」 제41조의 규정에 의한 부당행위계산은 할 수 있는 것이다**(즉, 특수관계자에게 한 부동산 무상임대는 과세대상이 아니다).

2-2 재화의 공급으로 보지 아니하는 '사업의 양도'

● 대상판결 : 대법원 2004두8422 (2006. 4. 28.) ➜ 국패

핵심 요지

건물의 매매와 관련된 거래행위는 소외회사가 영위하던 부동산임대사업에 관한 권리의무가 그 동일성을 유지하면서 포괄적으로 양도된 것이라기보다는 그 사업에 제공되던 건물만을 특정하여 양도의 대상으로 삼았다고 봄이 거래통념이나 경험칙에 부합한다고 할 것이다.

1. 사실관계

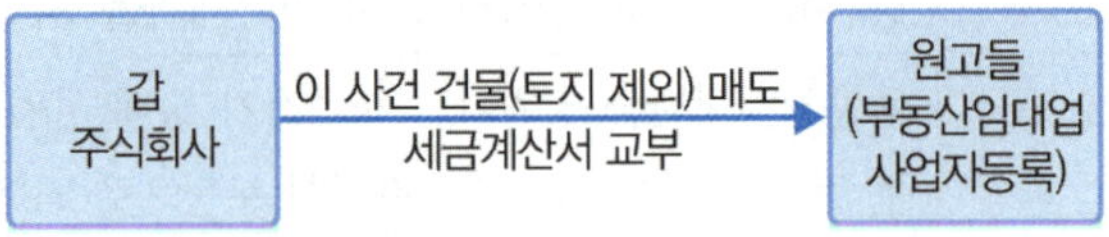

(1) 원고들은 부가가치세 확정신고 시 교부받은 세금계산서 상당액을 매입세액으로 신고하면서 매출세액 초과 매입세액에 대하여 환급을 요청하였다(이 사건 건물의 양도는 사업의 양도에 해당하지 않는다는 주장이다).

(2) 피고는 원고들의 이 사건 건물 취득은 부동산매매계약에 의한 재화의 공급이 아니라 갑 주식회사로부터 부동산임대업을 포괄적으로 양수한 것(사업의 양도)이라 보고 관련 매입세액 불공제 및 환급신청을 거부하고 고지 처분한 사건이다.

2. 쟁 점

「부가가치세법」상 재화의 공급으로 보지 아니하는 **'사업의 양도'**의 요건

3. 대상판결

「부가가치세법」 제6조 제6항 및 같은 법 시행령 제17조 제2항 소정의 재화의 공급으로 보지 아니하는 사업의 양도라 함은 사업용 재산을 비롯한 물적·인적 시설 및 권리의무 등을 포괄적으로 양도하여 **사업의 동일성을 유지하면서 경영주체만을 교체시키는 것**을 뜻한다고 할 것이므로, 그 사업은 인적·물적 시설의 유기적 결합체로서 경영주체와 분리되어 사회적으로 독립성을 인정받을 수 있는 것이어야 한다.

부동산임대사업의 목적물인 건물의 매매와 관련된 거래행위가, 매도인이 영위하던 부동산임대사업에 관한 권리의무가 그 동일성을 유지하면서 매수인에게 포괄적으로 양도된 것이라기보다는 그 사업에 제공되던 건물만을 특정하여 양도의 대상으로 삼았다고 보아야 하므로 위 거래행위는 부가가치세법령상 **재화의 공급으로 보지 아니하는 '사업의 양도'에 해당하지 아니한다.**

4. 평 석

(1) 「부가가치세법」상 재화의 공급으로 보지 아니하는 사업의 양도가 되기 위한 조건은 아래와 같다.

① 사업장별 사업의 양도여야 하고, ② 그 사업에 관한 모든 권리와 의무의 승계여야 하며, ③ 승계가 포괄적이어야 한다는 등의 요건이 갖추어져야 한다.

(2) '사업의 양도'를 재화의 공급으로 보지 않는 이유

① 사업의 양도는 성질상 개개 재화로서 공급하는 것이 아니라 사업을 전체로서 평가하여 사업자의 지위를 그대로 승계시키는 것이기 때문에 특정재화의 공급을 과세대상으로 하는 **「부가가치세법」상의 과세거래로 보기 어렵고,**

생산조직이나 재고재화가 그대로 유지되고 경영주체만 바뀌었으므로 **부가가치를 창출하는 거래가 있다고 보기도 어려우며,**

또한 사업시설을 이루는 개개 재화에 대하여 과세하더라도 사업양수인은 이를 매입세액으로 공제받게 되므로 과세관청으로서는 실질적인 세수가 되지 않는 반면 사업

자로서는 일단 세액을 징수당하고 다시 환급받아야 하기 때문에 불필요한 자금압박을 받게 된다는 점 등을 고려한 것이다(대법원 1983. 6. 28. 선고 82누86 판결 참조).

② 사업양도는 일반적으로 그 거래금액과 그에 관한 부가가치세액이 커서 그 양수자는 거의 예외 없이 매입세액을 공제받을 것이 예상되므로 이와 같은 거래에 대하여도 매출세액을 징수하도록 하는 것은 **사업양수자에게 불필요한 자금압박을 주게 되어 피하여야 한다는 조세 내지 경제정책상의 배려**에 연유한다 할 것이다(대법원 2008. 8. 21. 선고 2007두2395 판결 참조).

(3) 이 사건 건물의 매매와 관련된 거래행위는 소외회사가 영위하던 부동산임대사업에 관한 권리의무가 그 동일성을 유지하면서 포괄적으로 양도된 것이라기보다는 **그 사업에 제공되는 건물만을 특정하여 양도의 대상으로 삼았다**고 봄이 거래통념이나 경험칙에 부합하므로 사업의 양도가 아니라는 판시이다.

(4) 원고들은 소외회사로부터 이 사건 건물을 특정하여 매수한 것이 아니라 이 사건 건물에서 임대사업에 관한 모든 권리와 의무를 그 동일성을 유지하면서 포괄적으로 승계받은 것이다. 따라서 **1심과 원심은 대법원의 판단과는 달리 사업의 양도로 보았다(국승).**

(5) 소 결

① 납세자의 법적 안정성을 담보하기 위해 구체적인 기준 제시가 필요하다. 이 사건에서도 1심과 원심은 사업의 양도로 보았고 대법원은 그와 상반되는 결론을 도출한 사실만 보아도 어떤 거래를 사업의 양도로 보아야 할 것인지는 과세실무상 명확하지가 않다(불복사례나 판례가 다양한 것도 그러한 사유에 기인한 것으로 보인다).

② '사업의 양도'를 재화의 공급으로 보지 않는 이유가 사업자의 필요한 자금압박을 해소하기 위한 것인데도 과세관청에서 지나치게 엄격한 잣대를 가지고 판단하는 것이 타당한지 여부(징수, 환급)에 대한 논란이 많다.

③ 어느 정도 판례가 축적되어 있지만 여전히 각 사안별로 구체적 사실관계를 살펴 판단하여야 한다. 이로 인해 납세자의 법적 안정성을 해칠 수 있다.

5. 관련 판례

(1) 사업의 양도로 보는 경우와 사업의 양도로 보지 않는 경우

사업의 양도로 보는 경우	사업의 양도로 보지 않는 경우
① 사업의 동일성을 유지하면서 경영주체만을 교체하기 위하여 사업 전체에 대한 지분을 양도한 경우(대법원 1987. 7. 21. 선고 87누139 판결) ② 사업에 관한 모든 권리와 의무를 포괄 승계시키면서 양도인이 종전 사업의 폐업신고를 하고 양수인이 신규로 사업허가를 받거나 신규 사업의 상호를 변경한 경우(대법원 1985. 10. 8. 선고 84누640 판결) ③ 동일 사업장 내에서의 구분된 사업의 양도(대법원 1983. 10. 25. 선고 83누104 판결) ④ 원고는 이 사건 거래로 소유자의 변동만을 가져온 채 부동산 임대사업장과 영업형태를 그대로 승계하였다 할 것이므로, 이는 구 「부가가치세법」(2006. 12. 30. 법률 제8142호로 개정되기 전의 것) 제6조 제6항 제2호 소정의 재화의 공급으로 보지 아니하는 이른바 포괄적인 사업양도에 해당한다.	① 양도 전·후의 업종이 다르다거나 물적 시설의 양도만 있고 사업자의 지위 양도가 없는 경우(대법원 1983. 1. 19. 선고 92누15420 판결) ② 부동산임대업자가 임대건물을 임차인에게 양도하면서 다른 임차인에 대한 임대인으로서의 지위까지 양도한 경우(대법원 1990. 7. 24. 선고 89누4574 판결)

(2) 기타의 경우

문서번호	내 용
부가가치세법기본통칙 6-17…1 제1항	재화의 공급으로 보지 아니하는 사업의 양도라 함은 사업용 자산을 비롯한 물적·인적 시설 및 권리(미수금에 관한 것을 제외한다), 의무(미지급에 관한 것을 제외한다) 등을 포괄적으로 양도하여 **사업의 동일성을 유지하면서 경영주체만을 교체시키는 것**을 말한다.
부가가치세법기본통칙 6-17…3	2 이상의 사업장이 있는 사업자가 그 중 한 사업장에 관한 모든 권리와 의무를 포괄적으로 양도하는 경우와 과세사업과 면세사업을 겸영하는 사업자가 사업장별로 과세사업에 관한 모든 권리를 포괄적으로 양도하는 경우도 포함된다.

문서번호	내 용
대법원 2003. 1. 10. 선고 2002두8800 판결	부동산 거래행위가 인적·물적 시설의 유기적 결합체로서 경영주체와 분리되어 사회적으로 독립성을 인정받을 수 있어야 하고, 양도대상이 단순한 물적 시설이 아니라 이러한 유기적 결합체라는 사실은 부가가치세에 있어서 과세장해사유로 그에 대한 입증책임은 납세의무자가 진다(**사업양도 입증책임은 납세의무자에게 있다**).
서면인터넷방문상담3팀-1697, 2007. 06. 08.	사업양도는 사업장별로 모든 권리와 의무를 포괄적으로 승계시키는 것을 말하는 것으로, **사업의 동일성을 상실하지 않는 범위 내에서 일부 자산과 부채를 제외하는 경우에도 사업양도로 보는 것**이나 해당여부는 사실판단 사항임

2-3 장례식장에서의 음식물 공급이 부가가치세 면세대상인 장의용역의 공급에 부수되고 있는지 여부

● 대상판결 : 대법원 2013두932 (2013. 6. 28.) ➜ 국패

핵심 요지

장례식장에서의 음식물 제공용역의 공급은 일반인이 아니라 특정 조문객만을 대상으로 빈소 바로 옆 공간이라는 제한된 장소에서 이루어지는 것이 일반적인 점 등에 비추어 보면, 거래의 관행상 장례식장에서의 음식물 제공용역의 공급이 부가가치세 면세 대상인 장의용역의 공급에 통상적으로 부수되고 있음을 충분히 인정할 수 있다.

1. 사실관계

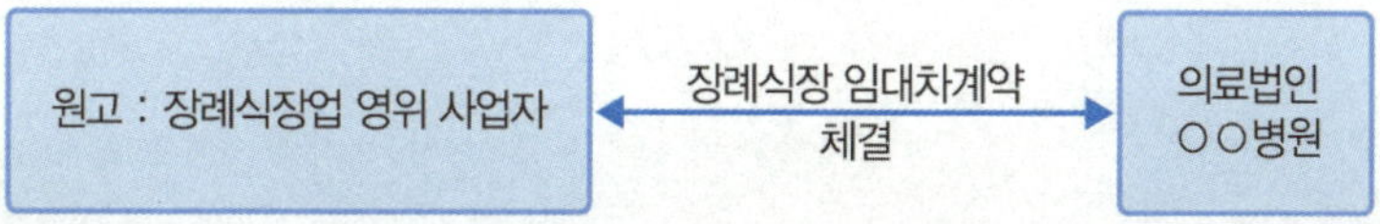

(1) 원고는 2004년 제1기부터 2009년 제2기 부가가치세 과세기간 동안 상주 및 문상객에게 공급가액 5,771백만 원 상당의 음식물을 제공하고 이에 대한 부가가치세를 면세로 신고하였다.

(2) 피고는 서울지방국세청장으로부터 위 공급가액이 부가가치세 과세대상이라는 자료 통보를 받고 2010. 1. 6.과 2010. 2. 8. 원고에 대하여 각 부가가치세 본세 및 가산세를 결정·고지하였다.

(3) 원고는 조세심판원장에게 심판청구를 하면서 이 사건 처분 중 부가가치세 본세의 취소는 구하지 않고 가산세 부분만의 취소를 구하다가 이 사건 소를 제기하면서 비로소 본세의 취소까지 구하고 있고, 피고는 이 사건 소의 예비적 청구 중 각 부가가치세 본세의 취소를 구하는 부분은 전심절차를 거치지 아니한 것으로서 부적법하다는 본안전 항변을 하였다.

2. 쟁 점

이 사건 장례식장에서의 음식물 공급은 주된 거래인 장의용역의 공급에 부수하여 공급되는 것으로서 부가가치세가 면제되어야 하는지 여부

3. 관련 법령

구 「부가가치세법」 제12조 【면세】(현행 부가가치세법 제26조)

① 다음 각 호의 재화 또는 용역의 공급에 대하여는 부가가치세를 면제한다.

4. 의료보건용역(수의사의 용역을 포함한다)으로서 대통령령이 정하는 것과 혈액

③ 제1항의 규정에 의하여 면세되는 재화 또는 용역의 공급에 필수적으로 부수되는 재화 또는 용역의 공급은 면세되는 재화 또는 용역의 공급에 포함되는 것으로 본다.

4. 대상판결

원심은 ① 구 「부가가치세법시행령」 제3조 제2호의 문언 내용, 국민의 복지후생 차원에서 장례의식을 위한 비용의 부담을 가볍게 하기 위한 부가가치세 면세제도의 취지 등에 비추어 볼 때, 부수성 인정 여부의 핵심은 거래 관행상 장의용역 공급 과정에서 누구에 의해서건 음식물 제공용역의 공급이 부수되어 이루어지고 있는 것인지에 있을 뿐, 음식물 제공용역의 공급이 장의용역 공급자에 의해 직접 이루어져야만 부수성을 인정할 수 있는 것으로 제한하여 해석할 아무런 이유가 없는 점, ② 원심법원의 ○○○장례식장 등 다수의 장례식장들에 대한 각 사실조회결과에 의하면, 위 각 장례식장에서는 장의용역을 제공하면서 동시에 빈소를 찾는 조문객들에게 조문에 필요한 범위 내에서 음식물(밥, 반찬, 약간의 다과 등) 등을 공급하고 있는 사실을 인정할 수 있는 점, ③ 장례식장에서의 음식물 제공용역의 공급은 일반인이 아니라 특정 조문객만을 대상으로 빈소 바로 옆 공간이라는 제한된 장소에서 이루어지는 것이 일반적인 점 등에 비추어 보면, 거래의 관행상 장례식장에서의 음식물 제공용역의 공급이 부가가치세 면세 대상인 장의용역의 공급에 통상적으로 부수되고 있음을 충분히 인정할 수 있다고 판단하였다.

앞서 본 규정과 관련 법리 및 기록에 비추어 살펴보면 원심의 판단은 정당하고 거기에 상고이유에서 주장하는 바와 같은 구 「부가가치세법시행령」 제3조의 적용범위나 제3조 제2호 소정의 '거래 관행'의 성립에 관한 법리 오해 등의 위법이 없다.

5. 평 석

(1) 원고는 전심단계에서 본세의 취소를 구하지 않고 가산세 부분만의 취소를 구하였다. 쟁점이 되고 있는 장례식장에서의 음식물용역 공급은 면세에 부수되는 용역이 아니라는 지침이 국세청으로부터 하달되어(내부적으로 법률적 검토를 거쳤을 것으로 보인다) 피고는 장례식업을 영위하는 사업자들에게 수정신고 안내문을 통하여 장례식장에서의 음식물을 제공하는 용역이 과세대상임을 안내하였다. 그러자 원고는 본세는 다투지 아니하고 5년 6개월 동안 면세용역으로 신고를 받았는데, 과세관청이 명시적인 언급이 없더라도 일정기간에 걸쳐서 특정 과세대상에 대해서 세금을 부과하지 않음으로써 이러한 사실관계를 믿고 납세하지 않은 자에게 소급하여 과세할 수 없도록 보호하는 것이 적절하다는 논리를 전개하면서 원고가 신고·납부하지 않은 것은 정당한 사유에 해당되므로 가산세를 취소하여 달라는 주장을 펴다가, 이 사건 소를 제기하면서 비로소 본세의 취소를 구하는 소를 제기하였다.

(2) 그러나 과세대상이 되는 재화 또는 용역을 면세로 신고한 사실만을 가지고 과세관청의 비과세 관행이 성립되었다고 볼 수는 없다(같은 뜻 대법원 2003. 5. 30. 선고 2001두4795 판결). 대법원은 면세사업자등록과 사업자등록증 교부만으로 과세관청의 '공적견해표명'이 있던 것으로 볼 수 없다고 하였다(대법원 2002. 9. 4. 선고 2001두9370 판결).

(3) 대상판결에서 **가산세는** 본세와 별도로 납세의무가 성립하는 별개의 세목으로서 **본세와는 독립한 불복대상**이 되며 수 개의 과세처분에 대한 전심절차는 원칙적으로 당해 과세처분마다 따로 거쳐야 하므로, 납세의무자가 과세처분에 대한 심사청구 또는 심판청구를 하면서 **본세에 관하여는 불복하지 않고 가산세의 취소만을 구하다가 그 청구가 기각된 후 항고소송을 제기하여 본세와 가산세 전부의 취소를 구하는 경우 본세에 관한 소는 전심절차를 거치지 아니한 것이어서 부적법**하다는 종래의 판단을 그대로 유지하였다(대법원 1982. 12. 14. 선고 82누315 판결 등 참조).

(4) 다음으로 구 「부가가치세법」 제12조 제3항에 따른 면세 대상 여부를 결정함에 있어서도 구 「부가가치세법시행령」 제3조 제2호의 규정을 적용하여야 하는데, 이 사건 **음식물 제공용역의 공급이 장의용역**(시신의 보관, 염습 및 매장과 그 과정에서 망인에 대한 예를 갖추기 위한 빈소와 제단 설치, 조문을 위한 장례식장의 임대 등 노무 제공 등)**에 해당하지 않는 것**은 사실이나, 어떤 재화 또는 용역의 공급이 위와 같은 「부가가치세법시행령」의 규정에 의하여 면세 대상인지를 가릴 때에는 관련 규정을 바탕으로 여러 사정을 종합하여 결정하여야지 **면세 대상인 주된 재화 또는 용역 본래의 의미에 해당하지 않는다는 이유만으로 어떤 재화 또는 용역의 공급의 부수성을 함부로 부정할 것은 아니라고** 하면서 위 대상판결과 같이 장례식장에서 제공되는 음식물 제공용역은 면세에 부수되는 용역의 공급이라고 판시하였다.

(5) 사견을 전제로 보면, 면세와 과세에 대한 구분 및 그에 부수되는 공급인지에 대한 논란은 「부가가치세법」이 가지고 있는 필연적인 논쟁의 대상이 되어왔다. 실무적으로도 어떤 재화나 용역의 공급이 면세인지 과세인지, 부수되는 공급인지, 혹은 별도의 공급으로 보아야 하는지 수많은 다툼이 되어왔다. 그리고 대부분 그러한 논쟁의 귀결은 법원의 판단에 따라 이루어졌다.

(6) 이 사건에서는 원고가 전심단계에서 면세에 부수되는 용역의 공급인지에 대한 쟁점을 불복의 대상으로 삼았더라면 당연히 본세도 취소될 수 있었을 것이나, 불복단계에서 쟁점화하지 않은 오류를 범한 것은 아쉬움으로 남는다.

(7) 최근에 「국세기본법」이 개정되어 과세표준신고서의 법정신고기한이 지난 후 5년 이내 경정청구가 가능하고, 대법원은 경정청구도 불복수단으로 인정하고 있으므로 현재라면 경정청구를 통하여 다투어 볼 여지가 있는 것으로 보인다.

(8) 한편, 원고는 이 사건 처분은 법령을 위반한 것으로 그 하자가 중대·명백하여 무효라는 주장을 하였으나, 법원은 아래 관련 판례에서와 같이 인정하지 않는 경우가 대부분이다.

6. 관련 판례

문서번호	내 용
대법원 1998. 6. 26. 선고 96누12634 판결; 대법원 2002. 9. 4. 선고 2001두7268 판결	과세처분이 당연무효라고 하기 위해서는 그 처분에 위법사유가 있다는 것만으로는 부족하고, 그 하자가 중요한 법규에 위반한 것이고, 객관적으로 명백한 것이어야 하며, 하자가 중대하고도 명백한 것인가의 여부를 판별하는 데에는 그 과세처분의 근거가 되는 법규의 목적, 의미, 기능 등을 목적론적으로 고찰함과 동시에 구체적 사안 자체의 특수성에 관하여도 합리적으로 고찰할 필요가 있는 것인바, 이러한 관점에서 볼 때 과세대상이 되는 법률관계나 사실관계가 전혀 없는 사람에게 한 과세처분은 그 하자가 중대하고도 명백하나, 과세대상이 되지 아니하는 어떤 법률관계나 사실관계에 대하여 이를 과세대상이 되는 것으로 오인할 만한 객관적인 사정이 있어 그것이 과세대상이 되는지의 여부가 그 사실관계를 정확히 조사하여야 비로소 밝혀질 수 있는 경우라면, 그 하자가 중대한 경우라도 외관상 명백하다고는 할 수 없으므로 이처럼 과세요건 사실을 오인한 과세처분을 당연무효라고는 할 수 없다.
대법원 2002. 8. 23. 선고 2002두66 판결	가산세는 과세의 적정을 기하기 위하여 납세의무자로 하여금 성실한 과세표준의 신고 및 세액의 납부의무를 지우고 이를 확보하기 위하여 그 의무이행을 게을리 하였을 때 가해지는 일종의 행정상의 제재라고 할 것이고, 이와 같은 제재는 단순한 법률의 부지나 오해의 범위를 넘어 세법해석상 견해의 대립이 있는 등으로 인해 납세의무자가 그 의무를 알지 못하는 것이 무리가 아니었다고 할 수 있어서 그를 정당시할 수 있는 사정이 있을 때 또는 그 의무의 이행을 그 당사자에게 기대하는 것이 무리라고 하는 사정이 있을 때 등 그 의무를 게을리 한 점을 탓할 수 없는 정당한 사유가 있는 경우에는 이를 부과할 수 없다.

문서번호	내 용
대법원 2014. 2. 27 선고 2013두19516 판결	납세자가 허위의 계약서에 따라 교부받은 허위의 세금계산서에 의하여 매입세액의 공제 또는 환급을 받은 경우 그러한 행위가 국세기본법에서 규정한 '사기 기타 부정한 행위로써 국세를 포탈하거나 환급·공제 받은 경우'에 해당하여 10년의 부과제척기간이 적용되기 위하여는, ① 납세자에게 허위의 세금계산서에 의하여 매입세액의 공제 또는 환급을 받는다는 인식 외에, ② **허위의 세금계산서를 발급한 자가 그 세금계산서상의 매출세액을 제외하고 부가가치세의 과세표준 및 납부세액을 신고·납부하거나 또는 그 세금계산서상의 매출세액 전부를 신고·납부한 후 경정청구를 하여 이를 환급 받는 등의 방법으로 그 세금계산서상의 부가가치세 납부의무를 면탈**함으로써 납세자가 그 매입세액의 공제를 받는 것이 결과적으로 국가의 조세수입 감소를 가져오게 될 것이라는 점에 대한 인식이 있어야 한다.

2-4 수개의 재화를 하나의 공급단위로 하는 거래에 있어, 그중 어느 재화가 주된 재화이고 어느 재화가 부수된 것인지에 대한 판단기준

● 대상판결 : 대법원 93누17744 (1993. 12. 24.) ➔ 국승

핵심 요지

부가가치세 과세재화인 비디오 · 오디오테이프와 함께 면세재화인 도서를 통상 하나의 공급단위로 하여 공급하는 경우, 비디오 · 오디오테이프가 도서에 부수되어 공급되는 것인지 혹은 도서가 비디오 · 오디오테이프에 부수되어 공급되는 것인지 여부는 그 재화의 주 기능, 가격, 독립적 재화의 가치, 구매자의 구매목적 등을 종합하여 판단하여야 할 것임

1. 사실관계

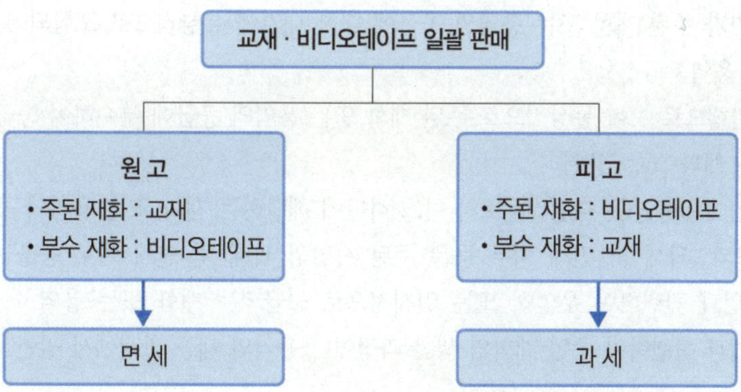

(1) 원고는 서적도매업을 영위하면서 일본어회화가 수록된 "NHK 비디오 일본어"(비디오테이프 10개와 그 해설도서 5권 및 오디오테이프 10개와 그 해설도서 2권을 하나의 공급단위로 함)를 단위당 200,000원에 판매하였다.

(2) 원고는 비디오 · 오디오테이프를 그에 딸린 해설서와 함께 전체를 하나의 단위로 하여 공급 · 판매하였고, 비디오 · 오디오테이프는 면세재화인 도서에 부수되는 재화로 보아 부가가치세 신고를 하지 아니하였다.

(3) 과세관청은 비디오테이프와 도서 전체가 부가가치세 과세재화에 해당되는 공급임에도

불구하고 부가가치세 신고를 누락하였다고 하여 원고에게 부가가치세를 경정 · 결정 하였다.

2. 쟁 점

수개의 부가가치세 면세재화 및 과세재화를 통상 하나의 공급단위로 하여 공급하는 경우 주된 재화와 부수 재화 구분 기준

3. 관련 법령

부가가치세법 제14조【부수재화 및 부수용역의 공급】

① 주된 재화 또는 용역의 공급에 부수되어 공급되는 것으로서 다음 각 호의 어느 하나에 해당하는 재화 또는 용역의 공급은 주된 재화 또는 용역의 공급에 포함되는 것으로 본다.
1. 해당 대가가 주된 재화 또는 용역의 공급에 대한 대가에 통상적으로 포함되어 공급되는 재화 또는 용역
2. 거래의 관행으로 보아 통상적으로 주된 재화 또는 용역의 공급에 부수하여 공급되는 것으로 인정되는 재화 또는 용역

② 주된 사업에 부수되는 다음 각 호의 어느 하나에 해당하는 재화 또는 용역의 공급은 별도의 공급으로 보되, 과세 및 면세 여부 등은 주된 사업의 과세 및 면세 여부 등을 따른다.
1. 주된 사업과 관련하여 우연히 또는 일시적으로 공급되는 재화 또는 용역
2. 주된 사업과 관련하여 주된 재화의 생산 과정이나 용역의 제공 과정에서 필연적으로 생기는 재화

부가가치세법 제26조【재화 또는 용역의 공급에 대한 면세】

① 다음 각 호의 재화 또는 용역의 공급에 대하여는 부가가치세를 면제한다.
8. 도서(도서대여 용역을 포함한다), 신문, 잡지, 관보(官報), 「뉴스통신 진흥에 관한 법률」에 따른 뉴스통신 및 방송으로서 대통령령으로 정하는 것. 다만, 광고는 제외한다.

② 제1항에 따라 면세되는 재화 또는 용역의 공급에 통상적으로 부수되는 재화 또는 용역의 공급은 그 면세되는 재화 또는 용역의 공급에 포함되는 것으로 본다.

부가가치세법 시행령 제38조【면세하는 도서, 신문, 잡지 등의 범위】

① 법 제26조 제1항 제8호에 따른 도서에는 도서에 부수하여 그 도서의 내용을 담은 음반, 녹음테이프 또는 비디오테이프를 첨부하여 통상 하나의 공급단위로 하는 것과 기획재정부령으로 정하는 전자출판물을 포함한다.

4. 원 · 피고 주장 요약

(1) 원 고

부가가치세법 제12조 제1항 제7호 및 같은 법 시행령 제32조 제1항에서 도서와 그 도서에 부수하여 그 도서의 내용을 취입한 음반 또는 녹음테이프를 첨부하여 통상 하나의 공급단위로 하는 것은 부가가치세가 면제된다고 규정되어 있는 바, 원고의 경우 주된 재화인 도서를 판매하면서 그 이해를 돕기 위하여 부수적으로 비디오테이프와 오디오테이프를 함께 하여 공급한 것으로서 위 법령의 규정에 따라 부가가치세가 면제되어야 한다.

(2) 피고(과세관청)

부가가치세 면세 · 과세 재화를 하나의 공급단위로 함께 공급하는 경우 주된 재화의 판단문제는 각 재화의 기능, 가격, 가치, 구매자의 구매목적 등을 종합하여 판단할 것으로, 이 사건 거래의 주된 공급재화는 동영상강의가 담긴 비디오테이프(일반 과세재화)로 봄이 타당하다.

5. 대상판결(서울고등법원 1993. 7. 8. 선고 93구8117판결)

부가가치세 과세재화인 비디오 · 오디오테이프와 함께 면세재화인 도서를 통상 하나의 공급단위로 하여 공급하는 경우, 비디오 · 오디오테이프가 도서에 부수되어 공급되는 것인지 혹은 도서가 비디오 · 오디오테이프에 부수되어 공급되는 것인지 여부는 **그 재화의 주기능, 가격, 독립적 재화의 가치, 구매자의 구매목적 등을 종합하여 판단**하여야 할 것인바, 원고가 공급한 이 사건 "NHK 비디오 일본어"는 그 구입자의 입장에서 볼 때 영상 ·

음성매체를 통하여 실연되는 비디오 · 오디오테이프가 주된 학습 자료이고 그 해설서는 보조적인 학습 자료에 불과하다 할 것이며 **가격 면에서도 비디오 · 오디오테이프가 그 해설서에 비하여 월등히 고가**인 점 등 위에서 인정한 이 사건 제품의 기능, 구매자의 구매목적, 가격 등을 종합 고려하여 볼 때 주된 재화는 부가가치세 과세재화인 비디오테이프 · 오디오테이프이고 도서가 부수적인 것이라고 보아야 할 것이므로, 원고가 비디오 · 오디오테이프 및 도서를 각각 분리하여 판매하지 않고 전체를 하나의 공급단위로 판매하고 있는 이 사건에 있어 피고가 전체를 부가가치세 과세재화로 보고 한 이 사건 처분은 적법하다 할 것이다.

6. 평 석

(1) 대법원은 수개의 재화를 하나의 공급단위로 하는 거래에 있어, 그중 어느 재화가 주된 재화이고 어느 재화가 부수된 것인지는 당해 구체적 거래의 태양에 비추어 거래당사자 사이의 공급의 목적과 의도가 어디에 있는지를 보아서 판단하여야 할 것이라고 판시하고 있다.

(2) 그와 같은 거래태양을 파악하기 위하여 **구성재화의 가격을 참작한 것도 수긍**되므로 거기에 지적하는 바와 같은 법리오해의 위법은 없다고 하면서, 음반이나 녹음테이프 등이 도서의 보조 자료로서 공급되는 거래가 있을 수 있을 것임은 소론과 같지만 모든 음반이나 녹음테이프가 항상 도서의 부수공급에 불과한 것으로 보아야 한다고 하는 원고의 주장은 배척하였다.

(3) 수개의 재화를 하나의 공급단위로 공급하는 경우 어떤 재화가 주된 재화인지 아니면 부수재화인지에 대한 논란은 의외로 판례에서는 쉽게 찾아볼 수 없었다. 쟁점이 법리문제가 아니고 사실판단인 경우가 많으므로 대부분 전심 불복단계에서 결정이 이루어지고(대부분 원고의 청구를 기각하는 결정이 이루어졌다), 추가적으로 소송에까지 다툼이 계속되는 경우는 없었던 것으로 보인다.

(4) 부가가치세 면세재화 및 과세재화를 통상 하나의 공급단위로 하여 공급하는 경우, 어떤 것이 주된 재화이고 부수되는 재화인지 여부는 그 재화의 주 기능, 가격, 독립적 재화의 가치, 구매자의 구매목적 등을 종합하여 판단하여야 한다는 대상판결의 원론

적 판단이다.

(5) 이 사건으로 돌아와 보면, 도서가 주된 재화인지(이렇게 보는 경우 비디오테이프는 주된 재화에 부수되는 면세재화로 취급될 것임), 비디오테이프가 주된 재화인지에 대한 원, 피고의 주장을 살펴보면, 피고(과세관청)의 주장이 설득력 있어 보이고, 특히 구성재화의 가격도 중요한 판단의 잣대가 된다는 대상 판결에 유의할 필요가 있다.

(6) 원고가 쟁점이 되고 있는 비디오테이프는 쟁점도서와 하나의 공급단위로 제공될 때에 비로소 그 가치가 인정되는 것이고 그렇게 함으로써, 공급의 목적이 달성되는 것임을 조금 더 설득력 있게 주장하였다면 결론이 달라졌을지 모른다는 아쉬움은 남는다. 어차피 재판부는 원, 피고가 주장하며 제출한 자료나 증빙으로 판단을 할 수 밖에 없으므로 재판부에 제출되는 자료 또는 증빙이 주요한 변수로 작용하게 될 것이다.

7. 관련판례

문서번호	내 용
부가46015-59, 2001. 03. 20. 등 다수	면세되는 재화의 공급에 통상적으로 부수되는 재화의 공급은 면세되는 재화의 공급에 포함되는 것으로 보며, 주된 재화와 부수 재화가 별도로 독립적으로 활용이 불가능한 경우 면세되는 재화의 공급에 포함된다.
부가 22601-600, 1987. 03. 31.	도서의 내용과 음반의 내용이 서로 일치하는 것은 아니므로, 즉 도서에 악보가 수록된 것이 아니므로 음반과 도서는 각각 별개의 재화로 간주되며, 도서는 과세되는 음반에 부수하여 공급되는 재화를 보는 것임
서울고등법원 1993. 09. 14. 선고 93구8230 판결	비디오테이프와 오디오 테이프가 주된 재화이고 도서는 부수적인 것으로 보아 주된 재화가 부가가치세 과세대상이므로 전체를 부가가치세 과세대상이 되는 재화로 보고 과세한 처분은 적법함

제3절 부가가치세 과세표준

3-1 개별적인 입금이 수입과 무관한 거래로 인정되므로, 이를 원고의 매출누락액이라고 볼 수 없음

● 대상판결 : 대법원 2019두39123 (2019. 7. 11.) ➜ 국패

핵심 요지

금융기관 계좌에 입금된 금액이 매출이나 수입에 해당한다고 추정할 수 있는 경우라 하더라도, 개별적인 입금이 그 일자, 액수, 거래 상대방 및 경위에 비추어 수입과 무관한 개인적인 거래로 인정될 수 있는 특별한 사정이 있는 경우에는, 이를 신고가 누락된 매출이나 수입에 해당한다고 단정할 수는 없음

1. 사실관계

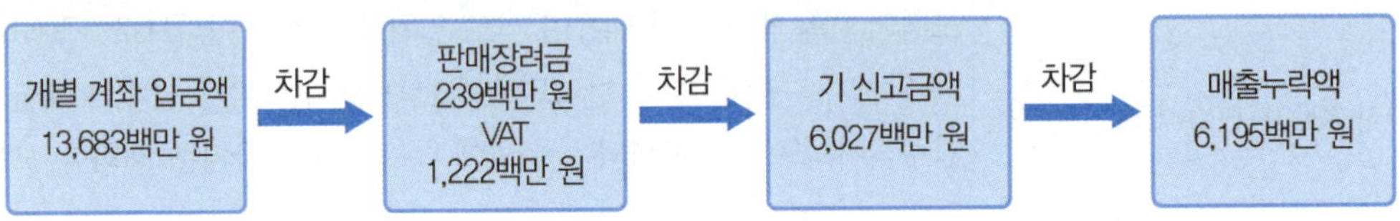

(1) 원고는 PC방 등에 음료수, 과자, 휴지 등의 잡화를 공급하는 사업(이하 '이 사건 사업'이라고 한다)을 영위하였다.

(2) 피고는 원고에 대한 세무조사를 실시하여 원고 및 원고 누나 명의의 계좌로 이 사건 사업과 관련하여 13,683백만 원이 입금되었다고 판단하고, 위 금원에서 판매장려금 239백만 원과 부가가치세액 1,222백만 원을 차감하고 남은 입금액 12,222백만 원(이하 '이 사건 입금액'이라고 한다)을 이 사건 사업장의 매출액으로 확정하였다.

(3) 이에 피고는 이 사건 입금액과 원고의 부가가치세 기 신고금액과의 차액 6,195백만

원을 이 사건 사업장의 매출누락금액으로 보아 원고에게 2009년 제2기 내지 2014년 제1기 부가가치세 합계액 1,061백만 원을 경정·고지(이하 '이 사건 처분'이라고 한다)하였다.

2. 쟁 점

원고와 원고누나 명의의 계좌로 입금된 금원을 매출액으로 보아 부가가치세를 과세한 처분의 당부

3. 관련법령

비판 견해 「부가가치세법」 제57조【결정과 경정】

① 납세지 관할 세무서장, 납세지 관할 지방국세청장 또는 국세청장(이하 이 조에서 "납세지 관할 세무서장등"이라 한다)은 사업자가 다음 각 호의 어느 하나에 해당하는 경우에만 해당 예정신고기간 및 과세기간에 대한 부가가치세의 과세표준과 납부세액 또는 환급세액을 조사하여 결정 또는 경정한다.

② 납세지 관할 세무서장등은 제1항에 따라 각 예정신고기간 및 과세기간에 대한 과세표준과 납부세액 또는 환급세액을 조사하여 결정 또는 경정하는 경우에는 세금계산서, 수입세금계산서, 장부 또는 그 밖의 증명 자료를 근거로 하여야 한다.

4. 대상판결(부산고등법원 2019. 4. 3. 선고 2018누20917 판결)

… 그와 같이 추정할 수 있는지 여부는 해당 금융기관 계좌가 과세 대상 매출이나 수입에 관한 주된 입금·관리계좌로 사용되었는지, 입금 일자나 상대방 및 금액 등에 비추어 매출이나 수입에 해당하는 외형을 가지고 있는지, 그 계좌의 거래 중에서 매출이나 수입 관련 거래가 차지하는 비중, 반대로 매출이나 수입이 아닌 다른 용도의 자금이 혼입될 가능성 및 그 정도 등 해당 금융기관 계좌에 입금된 금액에 관한 여러 사정들을 종합하여 판단하여야 한다. 그리고 위와 같은 여러 사정들을 종합한 결과 납세의무자의 금융기관 계좌가

매출이나 수입에 관한 주된 입금·관리계좌로서 그에 입금된 금액이 매출이나 수입에 해당한다고 추정할 수 있는 경우라 하더라도, 개별적인 입금이나 일정한 유형의 입금이 그 일자, 액수, 거래 상대방 및 경위 등과 아울러 경험칙에 비추어 **이미 신고한 매출이나 수입과 중복되는 거래이거나 매출이나 수입과 무관한 개인적인 거래로 인정될 수 있는 특별한 사정이 있는 경우에는, 이를 신고가 누락된 매출이나 수입에 해당한다고 쉽게 단정할 수 는 없다**고 봄이 타당하다(대법원 2015. 6. 23. 선고 2012두7769 판결 참조).

원심 및 당심에 제출된 증거만으로는 원고 또는 원고 누나명의의 계좌에 입금된 금액 중 피고가 과세대상으로 삼은 입금액 전부가 이 사건 사업장의 매출이나 수입에 해당한다고 단정하기 부족하고 달리 이를 인정하기에 족한 증거가 없다. 나아가 위의 법리에 비추어 위 각 계좌에 입금된 금액 중 피고가 과세대상으로 삼은 입금액 전부가 원고의 매출이나 수입에 해당한다고 추정할 수 있을 정도의 사실이나 이를 인정할 만한 간접사실이 **충분히 증명되었다고도 볼 수 없다.**

… 피고는 과세대상 기간 중 원고 또는 원고누나 명의 통장에 입금된 돈이 입금일자, 상대방, 금액 등에 비추어 원고의 매출로 볼 수 있는 외형을 갖추었는지를 구체적으로 살피지 아니한 채(즉, **입금 상대방을 대상으로 입금 이유 및 경위 등을 확인하거나 입금 상대방의 세무신고내역과 대조하는 등의 충분한 조사를 거치지 아니한 채**) 막연히 그 대부분을 원고의 매출로 파악하였다.

… 피고가 위와 같은 방법에 따라 원고의 매출로 추정한 거래내역은 6개년에 걸쳐 8,000건이 넘는 것으로 그 액수와 규모가 매우 광범위한바 **다른 객관적인 자료 없이 계좌 거래내역만으로 그 입금액이 전부 원고의 매출이나 수입에 해당한다고 추정하는 것은 오류를 포함할 가능성**이 높다. 그러나 위 계좌내역 자체를 제외하면 이 사건 입금액이 원고의 매출이라는 사정을 추정할 수 있는 다른 직접적인 자료가 아무것도 없다.

과세요건사실은 과세관청이 증명하는 것이 원칙이므로 계좌내역만을 근거로 매출이나 수입을 추정함에는 신중할 것이 요구되고, 섣불리 **그와 같은 추정을 허용할 경우 실질적인 입증책임의 부담이 일반 국민에게 전가되고 행정편의 주의적 과세가 허용되는 결과를 초래**할 수도 있다. 추정의 법리에 기초하여 과세처분이 행해지고 그 적법 여부가 행정소송에서 다투어진 경우 법원으로서는 위와 같은 사정을 종합적으로 고려하여 추정의 법리를 엄격히 적용하여야 한다.

그렇다면 이 사건 처분은 원고의 나머지 주장에 관하여 살펴볼 필요 없이 위법하므로 원고가 취소를 구하는 범위 내에서 취소되어야 할 것이어서 원고의 이 사건 청구는 이유 있어 인용하여야 한다.

5. 평 석

(1) 조세부과처분 취소소송에서 **과세요건사실에 대한 증명책임은 과세관청**에 있으므로, **납세의무자의 금융기관 계좌에 입금된 금액이 매출이나 수입(收入)에 해당하고, 그것이 신고에서 누락된 금액이라는 과세요건 사실은 과세관청이 증명하여야 하는 것이 원칙**이다.

(2) 본 사건은 종합소득세 부과처분 소송에서 이루어진 대법원 2012두7776 판결과 매우 유사하다. 금융기관 계좌는 추계경정 등의 과세기법에서 활용할 수 있는 증명자료가 될 수 있다는 것이 대법원의 일치된 판단이다.

(3) 다만 매출이나 수입에 관한 주된 계좌라 하더라도 **그 전체금액이 매출이나 수입에 해당된다고 단정할 수 없으므로** 과세관청이 그러한 금융계좌를 과세자료로 사용하기 위해서는 충분한 조사를 통해서 그 금원이 매출누락액에 해당한다는 입증을 하여야 함에도 그러한 명확한 입증 없이 단순히 원고의 계좌에 입금되었다는 사실만으로 모든 금원을 매출누락액으로 보아서는 안된다는 것이 본 사건에 대한 대법원의 입장이다.

(4) 원고의 업무관련계좌에 입금된 금액이 수입금액 누락이라는 전제하에 과세가 이루어지는 경우, 경험칙 상 **그 계좌가 원고의 수입금 관련계좌라는 것이 간접적으로 입증되면 그 과세는 정당한 과세로 인정**된다. 따라서 원고는 계좌에 입금된 금액이 **수입금액과 관련이 없는 사적인 거래임을 적극적으로 소명**하는 것이 최선의 방법이다.

(5) 이 사건으로 돌아와보면, 원고는 원고와 원고누나 명의계좌에 입금된 금원 중 일부는 원고의 사업으로 인한 것이 아니라는 주장을 하였으나, 그 내용을 살펴보면 신빙성이 없고 입증자료도 부족하여 법원에서는 이를 모두 받아들이지 아니하였다.

(6) 그럼에도 불구하고 계좌내역만을 근거로 매출이나 수입을 추정함에는 신중할 것이 요구되고, 섣불리 그와 같은 추정을 허용할 경우 실질적인 입증책임의 부담이 일반 국민에게 전가되고 행정 편의주의적 과세가 허용되는 결과를 초래할 수도 있다고 대법원은 판단한 것이다. 입금 상대방을 대상으로 입금 이유 및 경위 등을 확인하거나 입금

상대방의 세무신고내역과 대조하는 등의 조사를 거치지 아니한 자의적인 분류에 불과한 경우는 **금융계좌를 활용한 부과처분을 허용할 수 없다**는 법원의 판단에 따른다면, 과세관청으로서도 금융기관의 계좌를 과세로 활용하는 데 있어서는 입금자에 대한 입금 이유 및 경위 확인, 채권채무관계에 따른 금원은 없는지 등에 대한 충분한 조사가 이루어져 누가 보더라도 설득력 있는 조사결과를 보여줄 때, 비로소 과세처분이 유지될 수 있다는 사실에 유의할 필요가 있다.

6. 관련 판례

문서번호	내 용
대법원 2004. 4. 27. 선고 2003두14284 판결	조세부과처분 취소소송에서 과세요건사실에 대한 증명책임은 과세관청에 있으므로, 납세의무자의 금융기관 계좌에 입금된 금액이 매출이나 수입에 해당하고, 그것이 신고에서 누락된 금액이라는 과세요건사실은 과세관청이 증명하여야 하는 것이 원칙이다. 다만 납세의무자의 금융기관 계좌에 입금된 금액이 매출이나 수입에 해당한다는 것은 구체적인 소송과정에서 경험칙에 비추어 이를 추정할 수 있는 사실을 밝히거나 이를 인정할 만한 간접적인 사실을 밝히는 방법으로도 증명할 수 있다.
대법원 2015. 6. 23. 선고 2012두7769 판결	납세의무자의 금융기관 계좌가 매출이나 수입에 관한 주된 입금·관리계좌로서 그에 입금된 금액이 매출이나 수입에 해당한다고 추정할 수 있는 경우라 하더라도, 개별적인 입금이나 일정한 유형의 입금이 그 일자, 액수, 거래 상대방 및 경위 등과 아울러 경험칙에 비추어 이미 신고한 매출이나 수입과 중복되는 거래이거나 매출이나 수입과 무관한 개인적인 거래로 인정될 수 있는 특별한 사정이 있는 경우에는, 이를 신고가 누락된 매출이나 수입에 해당한다고 쉽게 단정할 수는 없다고 봄이 타당하다.
대법원 1995. 4. 28. 선고 94누13527 판결	당사자가 변론 종결 시 까지 객관적인 과세표준과 세액을 뒷받침하는 주장과 자료를 제출하지 아니하여 적법하게 부과될 정당한 세액을 산출할 수 없는 경우에는 과세처분 전부를 취소할 수밖에 없고, 그 경우 법원이 직권에 의하여 적극적으로 납세의무자에게 귀속될 세액을 찾아내어 부과될 정당한 세액을 계산할 의무까지 지는 것은 아니다.

3-2 종업원들의 횡령금액은 신고하여야 할 과세표준에 포함하여야 하며, 신고 · 납부기한 이후에 종업원들의 횡령사실을 알게 된 원고들에게는 신고 · 납부불성실가산세를 부과할 수 없음

● 대상판결 : 대법원 2017두41108 (2022. 1. 14.) ➜ 일부국패

핵심 요지

- 원고들이 종업원들에게 입장권을 판매하고 그 대가를 수령할 수 있는 권한을 부여한 이상, 종업원들이 일부 위조된 입장권을 판매하였더라도 그 대금 수령의 효과는 원고들에게 귀속되었으므로 종합소득세, 개별소비세 및 교육세 각 본세 부과처분은 적법하다.
- 가산세 감면의 정당한 사유에 대한 판단기준시점은 신고 · 납부기한 당시이므로, 종합소득세 등 신고 · 납부기한 이후에 종업원들의 횡령사실을 알게 된 원고들에게는 신고 · 납부불성실가산세를 부과할 수 없음

1. 사실관계

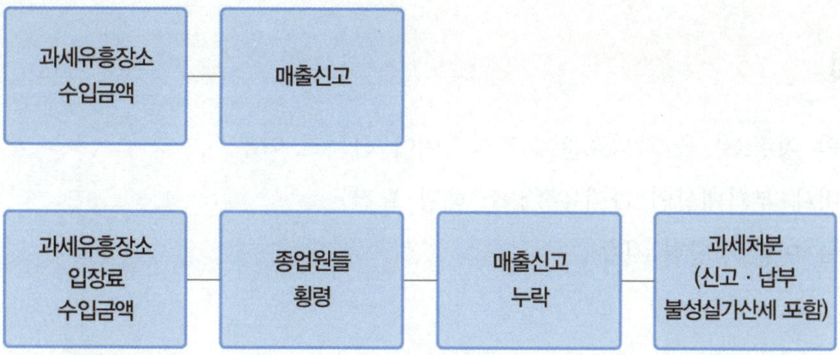

(1) 원고들은 일반음식점으로 신고하고 각 사업장을 운영하고 있었는데, 그 직원들이 위조 입장권을 판매하여 그 대금을 횡령하였다.

(2) 이 사건 각 사업장에는 무대장치, 음향 및 반주시설, 특수조명 시설 등을 갖추고 있고, 그 영업시간에는 손님들이 음악을 들으면서 술을 마시거나 춤을 출 수 있다.

(3) 원고들 중 일부는 서울특별시 마포구청장으로부터 이 사건 사업장에 식품위생법 시행령이 정하고 있는 유흥시설(손님이 춤을 출 수 있는 무도장)을 설치하여 식품위생법을

위반하였다는 이유로 영업정치 처분을 받았다. 위 원고들은 이에 불복하여 영업정지 처분의 취소를 구하였으나 기각되어 그 무렵 확정되었다(서울행정법원 2009구합 54901).

(4) 원고들 중 1인은 유흥주점업 허가를 받지 아니하고, 사업장에 조명시설, 음향시설 등을 설치한 후 업장을 찾아온 불특정 손님들에게 술을 제공하고 음악에 맞춰 춤을 추게 하는 유흥주점업 영업을 하였다는 사실로 식품위생법 위반으로 벌금을 부과 받았다(서울서부지방법원 2012고정0000).

(5) 서울지방국세청장의 원고들에 대한 세무조사 과정에서 원고들의 종업원들이 위 각 클럽의 입장권을 위조 · 판매하여 그 대금을 빼돌린 사실이 밝혀졌다. 원고들은 그 종업원들을 횡령 등 혐의로 고소하였고, 그중 일부는 유죄판결을 받았다.

(6) 피고들은 원고들의 직원들이 횡령한 대금이 매출액에서 누락되었음을 이유로, 원고들에게 부가가치세 및 종합소득세(가산세 포함)를 부과하고, 원고들의 각 사업장이 개별소비세법에서 정하고 있는 과세유흥장소에 해당한다고 보아 개별소비세(가산세 포함)를 부과처분 하였다.

2. 쟁 점

• 종업원의 횡령소득을 과세표준에 포함하여야 하는지 여부
• 개별소비세 부과대상인 과세유흥장소 해당 요건
• 가산세를 면할 정당한 사유

3. 원고 주장 요약

① 직원들이 위조 입장권의 대가로 받은 금원은 원고들에게 귀속되지 않은 금원이다.

② 원고들은 직원들의 횡령배임행위에 따른 피해자일 뿐 부가가치세법에서 정하고 있는 용역을 공급한 적이 없다.

③ 이 사건 각 사업장은 건전한 문화공간이며 관광지로서, 입장한 손님들의 1인당 평균 소비액이 3만원에 불과하여 개별소비세법상의 사치성 행위의 억제와는 무관하다. 또

이 사건 각 사업장에는 조리장이 설치되어 있지 아니하여 과세유흥장소의 요건인 '주로 주류를 판매하면서 음식물을 조리 · 판매하는 영업'에 해당하지 아니한다.

④ 원고들은 직원들이 수취한 위조 입장권의 판매대금 조차 알 수 없었으므로 납세의무를 이행하지 못한 정당한 사유가 인정된다.

4. 관련 법령

개별소비세법시행령 제2조【용어의 정의】제8항

"유흥음식요금"이란 음식료, 연주료, 그 밖에 명목이 무엇이든 상관없이 과세유흥장소의 경영자가 유흥음식행위를 하는 사람으로부터 받는 금액을 말한다. 다만, 그 받는 금액 중 종업원(자유직업소득자를 포함한다)의 봉사료가 포함되어 있는 경우에는 「부가가치세법」에 따른 세금계산서 · 영수증 · 신용카드매출전표 또는 직불카드영수증에 봉사료 금액을 구분하여 기재하고, 봉사료가 해당 종업원에게 지급된 사실이 확인되는 경우에는 그 봉사료는 유흥음식요금에 포함하지 아니하되, 과세유흥장소의 경영자가 그 봉사료를 자기의 수입금액에 계상(計上)하는 경우에는 이를 포함하는 것으로 한다.

5. 대상판결

(1) **부가가치세, 종합소득세 부과처분에 관하여**(서울행정법원 2016. 4. 8.선고 2015구합68208 판결)

원고들은 직원들을 횡령죄로 고소하고, 그 직원들로부터 **횡령으로 인한 피해액을 대부분 변제 받았으며,** 직원들을 상대로 횡령금의 반환을 구하는 지급명령도 받았다.
따라서 위조 입장권을 구매한 손님들로부터 받은 **판매 대가가 원고들에게 귀속되었음을 전제**로 이루어진 이 사건 부가가치세 및 종합소득세 부과처분은 적법하다.

(2) **이 사건 개별소비세 부과처분에 대하여**(서울행정법원 2016. 4. 8.선고 2015구합68208 판결)

이 사건 사업장에는 무대장치, 음향 및 반주시설, 특수조명시설 등을 갖추고 손님들이 술을 마시면서 춤을 출 수 있도록 하고 있고, 원고들은 이 사건 각 사업장에서 유흥시설을 설치하고 영업을 하다가 식품위생법 위반으로 영업정지 처분이나 벌금을 받았다.
이러한 사정들에 비추어 보면, 이 사건 각 사업장에서 이루어지는 영업행위는 개별소비세 과세대상인 유흥음식행위에 해당한다(원고들은 이 사건 각 사업장에 조리장이 없어 유흥주점영업에 해당하지 아니한다고 주장하나, '주류를 조리 · 판매하는 영업'에는 주류를 조리하여 판매하는 경우뿐 아니라 **판매만 하는 경우도 포함**될 수 있어 그러한 사정만으로 원고들의 사업장이 개별소비세 과세대상인 과세유흥장소에 해당하지 아니한다고 볼 수 없다). 나아가 **유흥음식행위에 해당함을 판단함에 있어 요금의 많고 적음은 그 기준으로 규정하고 있지 아니하여 손님이 1인당 사용하는 금액에 따라 개별소비세 과세대상 여부가 달라지지는 아니한다.**

(3) 가산세 부과처분에 대하여

가산세는 세법에서 규정한 신고 · 납세 등 의무 위반에 대한 제재인 점, 구 국세기본법이 세법에 따른 신고기한이나 납부기한까지 과세표준 등의 신고의무나 국세의 납부의무를 이행하지 않은 경우에 가산세를 부과하도록 정하고 있는 점 등에 비추어 보면, 가산세를 면할 정당한 사유가 있는지 여부는 특별한 사정이 없는 한 개별 세법에 따른 **신고 · 납부기한을 기준으로 판단**하여야 한다.
… 원심이 인정한 사실관계에 의하더라도 원고들은 2013. 2. 6.경 비로소 종업원들의 횡령 사실을 알게 되었다는 것이고, 누락된 원고들의 매출에 관한 종합소득세, 부가가치세, 개별소비세 및 교육세의 신고 · 납부기한은 모두 그 이전이므로, 위 각 신고 · 납부기한 당시 원고들에게는 가산세를 면할 정당한 사유가 있다고 봄이 타당하다. 따라서 피고들은 원고들에게 2013. 2. 6. 이전까지 발생한 **납부불성실가산세뿐만 아니라 신고불성실가산세와 2013. 2. 7. 이후에 발생한 납부불성실가산세도 부과할 수 없다**고 보아야 한다.
이 부분 원심 판단에는 가산세를 면할 정당한 사유에 관한 법리를 오해하여 판결에 영향을 미친 위법이 있다. 이 점을 지적하는 원고들의 상고이유 주장은 이유 있다.

6. 평 석

(1) 먼저 종합소득세, 개별소비세 및 교육세 각 본세 부과처분과 관련하여, 원심은 원고들이 종업원들에게 입장권을 판매하고 그 대가를 수령할 수 있는 권한을 부여하였으므로 종업원들이 일부 위조된 입장권을 판매하였더라도 그 **대금 수령의 효과는 원고들에게 귀속**되는 점, 원고들이 일부 종업원들로부터 **피해금액을 대부분 변제받고 횡령금액의 반환을 구하는 지급명령을 받은 점** 등을 이유로 위 각 본세 부과처분은 적법하다고 판단하였고, 대법원 역시 그와 같은 판단을 지지하였다.

(2) 그런데 이 사건에서 원고들의 종업원들이 횡령한 금원을 원고들이 회수할 수 없었다면 종합소득세, 개별소비세 및 교육세 각 본세 부과처분의 위법성도 인정될 가능성이 있었을 것으로 보인다.

(3) 대리인이 위임의 취지에 반하여 자산을 저가에 양도한 것처럼 본인을 속여 양도대금의 일부를 횡령하고, 나아가 본인의 대리인에 대한 횡령금액 상당의 손해배상채권이 대리인의 자산상황, 지급능력 등에 비추어 회수불능이 되어 장래 그 소득이 실현될 가능성이 전혀 없게 된 것이 객관적으로 명백한 때에는 그 소득을 과세소득으로 하여 본인에게 양도소득세를 부과할 수 없다(대법원 2015. 9. 10. 선고 2010두1385 판결 참조)는 판례를 보더라도 그렇다.

(4) 다만 이 사건 판결문에 설시된 내용을 보면 원고들은 그 직원들로부터 **횡령으로 인한 피해액을 대부분 변제 받았으며,** 직원들을 상대로 횡령금의 반환을 구하는 지급명령도 받았다는 점을 주목할 필요가 있어 보인다.

(5) 세법상 가산세는 과세권의 행사 및 조세채권의 실현을 용이하게 하기 위하여 납세의무자가 정당한 이유 없이 법에 규정된 신고, 납세 등 각종 의무를 위반한 경우에 법이 정하는 바에 따라 부과하는 행정상의 제재다.

(6) 따라서 단순한 법률의 부지나 오해의 범위를 넘어 세법해석상 의의(疑意)로 인한 견해의 대립이 있는 등으로 인해 납세의무자가 그 의무를 알지 못하는 것이 무리가 아니었다고 할 수 있어서 그를 정당시할 수 있는 사정이 있을 때 또는 그 의무의 이행을 그 당사자에게 기대하는 것이 무리라고 하는 사정이 있을 때 등 그 의무를 게을리 한 점을 탓할 수 없는 정당한 사유가 있는 경우에는 이러한 제재를 과할 수 없다.

(7) 또한 가산세는 세법에서 규정한 신고 · 납세 등 의무 위반에 대한 제재인 점, 구 국세기본법이 세법에 따른 신고기한이나 납부기한까지 과세표준 등의 신고의무나 국세의 납부의무를 이행하지 않은 경우에 가산세를 부과하도록 정하고 있는 점 등에 비추어 보면, **가산세를 면할 정당한 사유가 있는지 여부는 특별한 사정이 없는 한 개별 세법에 따른 신고 · 납부기한을 기준으로 판단**하여야 한다.

(8) 법인의 대표자나 해당 법인을 실질적으로 경영하면서 사실상 대표하고 있는 자가 아닌 납세자의 대리인이나 사용인, 그 밖의 종업원의 부정한 행위가 납세자 본인의 이익이나 의사에 반하여 자기 또는 제3자의 이익을 도모할 목적으로 납세자를 피해자로 하는 사기, 배임 등 범행의 일환으로 행하여지고, 거래 상대방이 이에 가담하는 등으로 인하여 **납세자가 이들의 부정한 행위를 쉽게 인식하거나 예상할 수 없었던 특별한 사정이 있는 경우**라면, **사용인 등의 부정한 행위로 납세자의 과세표준이 결과적으로 과소신고 되었을지라도** 이들의 배임적 부정행위로 인한 과소신고를 구 국세기본법 제47조의3 제2항 제1호의 '납세자가 부당한 방법으로 과소신고 한 경우'에 포함된다고 볼 수는 없으므로, **이때에는 납세자에게 부정한 행위를 이유로 중과세율을 적용한 부당과소 신고가산세의 제재를 가할 수 없다**(대법원 2021. 2. 18. 선고 2017두38959 전원합의체 판결 참조).

(9) 같은 취지에서 종합소득세, 부가가치세, 개별소비세 및 교육세의 **신고 · 납부기한 이후에 비로소 종업원들의 횡령 사실을 알게 된** 위 사안에서 원고들에게 가산세를 면할 정당한 사유가 있다고 본 것은 수긍이 가는 판결이라고 할 것이다.

(10) 추가적으로 고려할 점은 이 사건에서 납부불성실 가산세도 부과할 수 없다는 대상판결에 주목할 필요가 있어 보인다. 납세자에게 그 의무를 게을리 한 점을 탓할 수 없는 정당한 사유가 있는 경우 신고불성실가산세를 부과할 수 없다는 것은 당연한 것인데, 이에 더하여 대법원은 납부불성실 가산세도 부과할 수 없다는 판단이다. 납부불성실가산세는 일종의 이자성격 가산세이므로 정당한 사유 여부가 문제가 될 수 없다는 견해도 존재한다. 통상적으로 가산세의 부과는 신고불성실가산세를 부과하느냐 마느냐의 문제로 귀착되고 있었다. 그러나 대상판결에서는 납부불성실가산세도 부과할 수 없다고 명백하게 판시하고 있다. 이는 대법원 2014두44205판결에서도 납세자에게 의무해태를 탓할 수 없는 정당한 사유가 있어 가산세 감면사유가 있는 경우

신고불성실 가산세는 물론 납부불성실 가산세도 부과할 수 없다고 설시한 것과 동일한 판단이다(대법원 2015. 3. 12.선고 2014두44205판결 참조).

7. 관련판례

문서번호	내 용
대법원 2002. 8. 23. 선고 2002두66 판결, 대법원 2016. 10. 27. 선고 2016두44711 판결	단순한 법률의 부지나 오해의 범위를 넘어 **세법해석상 의의(疑意)로 인한 견해의 대립이 있는 등으로 인해 납세의무자가 그 의무를 알지 못하는 것이 무리가 아니었다고 할 수 있어서 그를 정당시할 수 있는 사정이 있을 때** 또는 그 의무의 이행을 그 당사자에게 기대하는 것이 무리라고 하는 사정이 있을 때 등 그 의무를 게을리 한 점을 탓할 수 없는 정당한 사유가 있는 경우에는 이러한 제재를 과할 수 없다.
대법원 1997. 6. 13. 선고 96누19154판결	그와 같은 권리확정주의에서 '확정'의 개념은 소득의 귀속시기에 관한 예외 없는 일반원칙으로 단정하여서는 안 되고, 구체적인 사안에 관하여 소득에 대한 관리 · 지배와 발생소득의 객관화 정도, 납세자금의 확보시기 등까지도 함께 고려하여 그 소득의 실현가능성이 상당히 높은 정도로 성숙 · 확정되었는지 여부를 기준으로 귀속시기를 판단하여야 한다.
대법원 2015. 9. 10. 선고 2010두1385 판결	대리인이 위임의 취지에 반하여 자산을 저가에 양도한 것처럼 본인을 속여 양도대금의 일부를 횡령하고, 나아가 본인의 대리인에 대한 횡령금액 상당의 손해배상채권이 대리인의 자산상황, 지급능력 등에 비추어 회수불능이 되어 장래 그 소득이 실현될 가능성이 전혀 없게 된 것이 객관적으로 명백한 때에는 그 소득을 과세소득으로 하여 본인에게 양도소득세를 부과할 수 없다.
대법원 2021. 2. 18. 선고 2017두38959 전원합의체 판결	법인의 대표자나 해당 법인을 실질적으로 경영하면서 사실상 대표하고 있는 자가 아닌 납세자의 대리인이나 사용인, 그 밖의 종업원의 부정한 행위가 납세자 본인의 이익이나 의사에 반하여 자기 또는 제3자의 이익을 도모할 목적으로 납세자를 피해자로 하는 사기, 배임 등 범행의 일환으로 행하여지고, 거래 상대방이 이에 가담하는 등으로 인하여 **납세자가 이들의 부정한 행위를 쉽게 인식하거나 예상할 수 없었던 특별한 사정이 있는 경우**라면, 사용인 등의 부정한 행위로 납세자의 과세표준이 결과적으로 **과소신고 되었을지라도** 이들의 배임

문서번호	내 용
	적 부정행위로 인한 과소신고를 구 국세기본법(2011. 12. 31. 법률 제11124호로 개정되기 전의 것) 제47조의3 제2항 제1호의 '납세자가 부당한 방법으로 과소신고 한 경우'에 포함된다고 볼 수는 없으므로, 이때에는 납세자에게 부정한 행위를 이유로 **중과세율을 적용한 부당 과소 신고가산세의 제재를 가할 수 없다.**

제4절 공급시기

4-1 「부가가치세법」상 역무제공 완료와 공급시기

● 대상판결 : 대법원 2008두5117 (2008. 8. 21.) ➜ 국패

핵심 요지

원심은 이 사건 건물의 보수공사에 대한 역무제공의 완료일을 원고가 소방공사검사필증을 교부받은 2001. 11. 23.로 봄이 상당하다고 하여 원고가 2001년 제2기에 이 사건 건물의 보수공사 용역을 제공하고도 과세기간을 달리하여 2002년 제1기에 위 보수공사비 37억 원에 관한 세금계산서를 발급함으로써 2001년 제2기에 위 공사비를 매출누락하였다고 보고 위 매출누락액을 부가가치세 과세표준에 가산하고, 원고가 2002년 제2기에 성심○○ 등 19개 업체로부터 교부받은 위 1,700,910, 000원 상당의 세금계산서는 공급시기 이후에 발급받은 것으로 실제 용역의 공급시기와 동일한 과세기간 내에 있지 아니한 사실과 다른 세금계산서라는 이유로 위 세금계산서의 매입세액을 공제하지 아니한 피고의 처분이 적법하다고 판단하였는바, 이러한 원심의 판단에는 「부가가치세법」 제9조, 같은 법 시행령 제22조에 관한 법리를 오해한 위법이 있고 이는 판결결과에 영향을 미쳤다고 하지 않을 수 없다. 이 점을 지적하는 상고이유의 주장은 이유 있다.

1. 사실관계

(1) 원고는 토목공사업 등을 목적으로 설립된 법인이다.

① 2000. 11. 20.(2000년 제2기) 이 사건 건물 보수공사를 도급받았다.

② 2001. 11. 23.(2001년 제2기) 소방시설 완공검사필증을 받아 공사를 완료하였다(피고 주장 공급시기).

③ 2002. 1. 30.(2002년 제1기) 이 사건 건물에 대하여 사용검사승인을 받았다(원고 주장 공급시기).

④ 2002년 제1기에 원고는 위 보수공사에 관한 세금계산서를 발행하고, 부가가치세 환급신고를 하였다.

(2) 피고는 원고가 이 사건 건물보수 공사용역을 제공한 시기(공급시기)는 2001년 제2기인데도 과세기간을 달리하여 2002년 제1기에 세금계산서를 발행하고, 2001년 제2기에 위 공사비를 매출누락한 것으로 보아 매출누락액을 부가가치세 과세표준에 포함하여 부가가치세를 경정한 사건이다.

2. 쟁 점

이 사건 용역공급시기가 사용검사승인일(원고)인지 소방검사 신고필증 교부일(피고)인지 여부

3. 관련 법령

비판 견해 「부가가치세법」 제16조 【용역의 공급시기】

용역이 공급되는 시기는 역무가 제공되거나 재화, 시설물 또는 권리가 사용되는 때

「부가가치세법시행령」 제29조

① 통상적 공급의 경우 : 역무의 제공이 완료되는 때
② 완성도기준지급·중간지급·장기할부 또는 기타 조건부로 용역을 공급하거나 공급단위 구획할 수 없는 용역을 계속적으로 공급하는 경우 : 그 대가의 각 부분을 받기로 한 때
③ 역무제공 완료 또는 대가를 받기로 한 때를 공급시기로 볼 수 없는 경우 : 역무제공이 완료되고 그 공급가액이 확정되는 때

4. 사건의 경과

(1) 원심판결(서울고등법원 2008. 2. 15. 선고 2007누15744 판결) : 국승

① '역무의 제공이 완료되는 때'는 역무가 현실적으로 제공되거나 재화·시설물 또는 권리가 사용되는 때를 의미하는 것으로, 건설공사의 경우 건설공사가 완료되면 족

하지 하자보수공사까지 완료되었음을 의미하는 것은 아니다.

따라서 이 사건 건물 보수공사에 대한 역무제공 완료일인 원고가 소방검사필증을 교부받은 2001. 11. 23.로 봄이 상당하다.

② 이 사건 용역은 사실상 건설공사의 완료로 종료되었고 지엽적인 하자보수 등의 여부는 역무제공 완료와 무관하다고 보는 것이 사실적 측면에 부합한다.

(2) 대상판결

구 「부가가치세법」 제9조 제2항·제4항, 같은 법 시행령 제22조에 의하면, 용역제공의 완료 시 공급가액이 확정되는 통상적인 용역공급의 경우에는 '역무제공의 완료 시'가 일반적인 공급시기가 되고, 여기에서 '역무제공의 완료 시'는 거래사업자 사이의 계약에 따른 역무제공의 범위와 계약조건 등을 고려하여 역무제공 사실을 가장 확실하게 확인할 수 있는 시점, 즉 역무가 현실적으로 제공됨으로써 역무를 제공받는 자가 역무제공의 산출물을 사용할 수 있는 상태에 놓이게 된 시점을 말한다.

건물 보수공사의 제공범위와 계약조건에 비추어 보수공사의 역무제공이 완료되는 용역의 공급시기는 사용검사 승인일이다.

5. 평 석

(1) 대법원은 역무제공 완료 시의 기준은 **"거래사업자 사이의 계약"**을 근거로 규범적으로 판단하여야 한다는 점을 명확히 하였다.

(2) 이 사건 계약상 원고에게는 사용검사승인을 받게 할 책임이 있으므로 '역무가 현실적으로 제공됨으로써 역무를 제공받는 자가 역무제공의 산출물을 사용할 수 있는 상태에 놓이게 된 시점'은 **'공사의 완료'라는 사실적 측면이 아니라 계약내용의 이행이라는 규범적 측면에서 볼 때 '사용검사승인일'인 역무제공 완료시점이다.**

(3) 이 판례를 근거로 건설용역에 있어 역무제공 완료시점이 사용검사승인일 내지는 준공검사 시점이라고 단정할 수는 없고, 구체적 사안에 따라 검토할 필요가 있다.

Case1	Case2
실질적인 공사완료일이 사용검사승인일 이후인 경우에는 실질적인 **공사완료일이 역무제공 완료시기**가 되는 것이다(심사부가 2004-93, 2004. 5. 31. 참조).	준공검사일 전에 가사용승인으로 인하여 건물이 사용가능하게 된 때에는 그 **가사용승인일이 공급시기**가 되는 것이다(부가 46015-601, 1997. 3. 19. 참조).

(4) 결 론

① 1차적 기준은 거래사업자 사이의 계약에 따라야 하며,

② 규범적으로 계약의 주요부분이 이행되어 상대방이 그 산출물을 사용할 수 있게 되는 시점이 용역의 공급시기가 된다.

6. 관련 판례

문서번호	내 용
서삼-1412, 2005. 8. 30.	건설공사를 도급받은 사업자가 선수금을 받고 일부 공사를 진행하던 중에 공사중지 및 공사무효 확인소송이 제기되어 법원에 계류 중인 경우에도 계약내용에 따라 **거래시기가 도래된 부분에 대하여는 각각의 거래시기에 세금계산서를 발급**하여야 하는 것이며 법원판결에 의하여 당초내용이 변경되는 경우 법원의 **확정판결이 있는 때에 당초내용을 변경하는 수정세금계산서를 발급**하는 것이다.
서삼-2054, 2007. 7. 24.	기성금 등에 대한 다툼이 있어 법원의 판결에 의하여 대가가 확정되는 경우 해당 건설용역의 공급시기는 **법원의 판결에 의하여 해당 대가가 확정되는 때이다.**
국심 2007서222, 2007. 8. 28.	계약에 의하여 받기로 한 대금이 정해진 상태에서 이 건 공사가 완료되어 사용승인까지 받은 이상, 그 후 청구인과 청구외법인 사이에 공사대금 정산에 관한 분쟁으로 소송까지 제기되어 그에 관한 법원의 조정으로 공사잔금이 확정되었다고 하더라도, 이는 공급이 완료된 용역의 공사지연으로 인한 손해배상에 관한 문제이거나 별도의 추가공사용역에 관한 문제일 뿐이라고 판단된다.
서삼-1089, 2005. 7. 12.	사업자가 부동산을 매매하는 경우 공급시기는 「부가가치세법」 제15조에 규정하는 때인 것이며, 부동산 매매계약을 하고 인도 전에 그 대가를 분할하여 지급받는 경우 계약금지급일부터 잔금지급일까지의 기간이 6월 이상인 경우로서 중간지급조건부 거래에 해당하는 경우에는 대가의 각 부분을 받기로 한 때가 공급시기이며, 대가의 지연지급 등으로 인하여 당초 계약의 지급일을 변경한 경우 당초 계약상 공급시기가 도래하지 않은 분에 대하여는 **변경된 계약내용에 따라 대가의 각 부분을 받기로 한 때가 공급시기**가 되는 것이다.

문서번호	내 용
서삼-1009, 2005. 7. 1.	당초 재화의 공급계약이 중간지급조건부에 해당하지 아니하여 계약금 지급 시 세금계산서를 발급하지 아니하였으나, 당사자 간에 계약조건을 변경하여 중간지급조건부 계약으로 변경된 경우, 계약변경 이전에 이미 지급한 계약금은 **변경계약일**을, 변경계약일 이후에는 **변경된 계약에 의하여 대가의 각 부분을 받기로 한 때를 각각 공급시기**로 한다.
대법원 2015. 8. 19. 선고 2015두1588 판결	중간지급조건부 용역의 공급의 경우 원칙적으로 당사자 사이의 약정에 의하여 대가의 각 부분을 분할지급받기로 한 때에 용역의 공급시기와 익금의 귀속시기가 도래하고, **각 분할지급시기가 도래하기 전**에 당사자가 별도 약정으로 대가의 지급시기를 늦추기로 합의하였다면 그에 따라 용역의 공급시기와 익금의 귀속시기가 변경될 수 있지만, **분할지급시기가 도래한 이후**에는 **그와 같은 합의를 하더라도 원칙적으로 이미 발생한 부가가치세와 법인세 납세의무에 영향을 미칠 수 없다**(해지 시까지 이미 공급한 부분에 관한 용역의 공급시기와 익금의 귀속시기는 계약 해지 시에 도래한다).
대법원 2004. 11. 18. 선고 2002두5771 판결(변경 판결)	**과세기간이 경과한 후에 작성한 세금계산서**는 작성일자를 공급시기로 소급하여 작성하였다 하더라도 필요적 기재사항의 일부가 사실과 다르게 기재된 세금계산서에 해당하므로 이 경우의 **매입세액은 매출세액에서 공제되어서는 아니 된다. 즉, 세금계산서 작성일이 속하는 과세기간과 사실상의 거래시기가 속하는 과세기간이 동일한 경우에 한한다.**
대법원 1989. 3. 28. 선고 88누1745 판결	재화가 이용가능하게 되는 때라 함은 재화를 실지로 사용할 수 있게 되는 때를 말하는 것이므로 공급받는 재화가 **부동산인 경우에는 원칙적으로 그 부동산을 명도받기로 한 때**를 의미한다.
대법원 2013. 1. 31. 선고 2012두23024 판결 : 심리불속행	일반분양 아파트를 공사비로 대물변제한 경우, **건물을 대물변제하는 경우 건물의 공급시기는 사용승인일**로 본다.

4-2 재화가 인도되었더라도 매매계약이 완성되지 않을 경우 재화의 공급 여부

● 대상판결 : 대법원 2008두8673 (2008. 8. 21.) ➜ 국패

핵심 요지

재화를 인도받은 시점에서는 매매대금이 정해져 있지 아니하므로 재화의 인도시 재화의 공급이 있는 것이 아니라 재화의 매매대금이 정해짐으로써 매매계약이 완성된 때 재화의 공급이 이루어졌다고 할 것이다.

1. 사실관계

① 1번거래

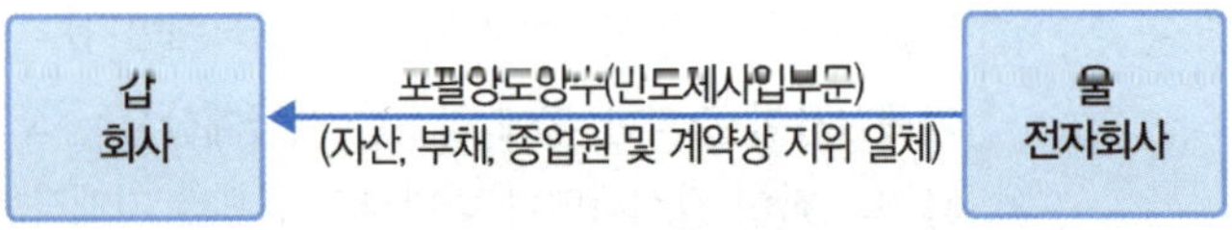

② 2번거래

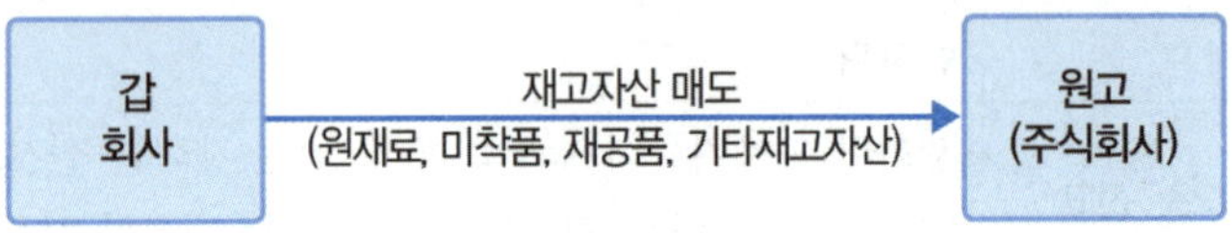

(1) 갑회사는 을전자회사의 반도체 사업부문을 포괄적으로 양수하기로 하였으나, 매매대금은 합의가 이루어지지 아니하다가 2001. 12.에 매매대금이 확정되었다.

(2) 원고는 갑회사가 을전자회사로부터 양수받은 재고자산을 매수하기로 하고 2001. 7. 2. 갑회사로부터 이 사건 재고자산을 인도받았다.

(3) 원고는 2001. 12. 14. 갑회사로부터 세금계산서를 수취하여 매입세액을 공제하여 2001. 제2기 부가가치세 신고를 하였다.

(4) 피고는 원고가 2001. 7. 2. 갑회사로부터 이 사건 재고자산을 인도받았으므로 이 사

건 재고자산의 공급시기는 2001. 7. 2.임에도 불구하고 그 이후인 2001. 12. 14.에 야 비로소 이 사건 세금계산서를 교부받아 매입세액을 공제받았다는 이유로 2006. 6. 7. 원고에 대하여 2001. 제2기 부가가치세(가산세) 65백만 원을 경정·고지하는 이 사건 처분을 하였다.

2. 쟁 점

재고자산을 인도받은 시점이 아니라 재화의 매매대금이 정해진 시점에 재화의 공급이 이루어졌다고 보아야 하는지 여부

3. 관련 법령

「부가가치세법」 제32조【세금계산서 등】 「부가가치세법시행령」 제70조【수정세금계산서 또는 수정전자세금계산서의 발급사유 및 발급절차】

4. 대상판결(심리불속행 기각)

「부가가치세법」 제6조 제1항은 "재화의 공급은 계약상 또는 법률상의 모든 원인에 의하여 재화를 인도 또는 양도하는 것으로 한다."고 규정하고 있는바, 여기에서 '계약상의 원인에 의하여 재화를 인도 또는 양도하는 것'이라 함은 **계약의 주요 요소를 모두 갖춘 '완성된' 계약에 의해 재화를 인도 또는 양도하는 경우만을 가리킨다** 할 것이고, 계약의 중요한 요소를 갖추지 못하여 그 자체로서 완성된 계약으로 볼 수 없는 원인에 의하여 재화가 인도 또는 양도된 경우는 위 조항이 정하는 '재화의 공급'에 해당하는 것으로 볼 수 없다 할 것이다.

… 이 사건 재고자산을 인도받은 2001. 7. 2.에는 원고가 갑회사로부터 이 사건 재고자산을 매수하기로 하는 잠정적인 합의가 있기는 하였으나 당시에는 매매계약의 가장 중요한 요소인 매매대금이 전혀 정해져 있지 않은 상태였으므로 위와 같은 잠정적인 합의는 그 자체로서 **'완성된 계약상의 원인'에 해당한다고 볼 수 없어** 2001. 7. 2. 이 사건 재고자산

의 공급이 있었다고 볼 수 없다 할 것이고, 그 후 2001. 12. 14. 갑회사와 을전자회사 사이에 확정된 이 사건 재고자산의 가액에 따라 이 사건 재고자산의 매매대금이 정해짐으로써 비로소 원고와 갑회사 사이의 매매계약이 완성되어 그때 이 사건 재고자산의 공급이 이루어졌다고 볼 것이다(매매대금이 정해진 시기인 2001. 12. 14.이 「부가가치세법」 제9조 제1항 제3호가 정하는 '재화의 공급이 확정되는 때'에 해당한다 할 것이다).

5. 평 석

(1) 1심재판부(2007구합20706 판결)는 재화의 공급이란 소유권을 이전하는 행위를 전제로 하는 것이므로 이 사건 재고자산의 경우 재화의 공급을 위하여 재화의 이동이 필요한 경우로서 원고는 재화를 인수받은 시점인 2001. 7. 2.부터 이 사건 재고자산을 사용·소비할 수 있었다고 할 것이므로 그 때를 재화의 공급시기로 보아야 한다고 판단하였다.

(2) 비록 매매대금을 후에 정산하기로 하였다고 하더라도 세금계산서를 교부한 후 그 기재사항에 관하여 착오 또는 경정사유가 발생한 경우에는 수정세금계산서의 발행이 허용되므로 매매대금의 차이부분은 수정세금계산서를 발행하면 충분하다고 보아 **매매대금이 정하여진 시점을 재화의 공급시기로 보아야 한다는 원고의 주장을 배척**하였다.

(3) 그러나 원심(2007누28771 판결)은 1심재판부와 다른 판단을 하였다. 원고가 2001. 7. 2. 갑회사로부터 이 사건 재고자산을 매수하기로 하여 인도받기는 하였으나, 당시 갑회사와 을전자회사 사이에 이 사건 재고자산의 가액이 확정되지 않아 원고와 갑회사도 이 사건 재고자산에 대한 매매대금을 정하지 못하고 추후 실사를 통해 갑회사와 을전자회사 사이에 확정되는 이 사건 재고자산의 가액에 따라 매매대금을 정하기로 약정한 사실, 그 후 2001. 12. 14. 갑회사와 을전자회사 사이에 이 사건 재고자산의 가액이 확정되자 갑회사는 이를 공급가액으로 하여 이 사건 세금계산서를 발행한 사실을 들어 2001. **7. 2.에는 매매계약의 가장 중요한 요소인 매매대금이 전혀 정해져 있지 않은 상태**였으므로 위와 같은 잠정적인 합의는 그 자체로서 '완성된 계약상의 원인'에 해당한다고 볼 수 없다고 보았다.

(4) 세금계산서란 부가가치세를 거래징수하고 그 사실을 증명하기 위한 서류라는 점을 감

안하면, 공급시기의 차이로 인하여 세금계산서의 본래의 기능을 상실할 정도에 이르지 않는 경우라면, 원심의 판단과 같이 재화의 공급시기를 합리적으로 보는 것도 국가와 납세자 사이의 조세법상 간극을 줄이는 하나의 방법이 될 수도 있을 것으로 보인다.

6. 관련 판례

문서번호	내 용
대법원 2006. 10. 13. 선고, 2005두2926 판결	재화의 공급이란 계약상 또는 법률상의 모든 원인에 의하여 재화를 인도 또는 양도하는 것을 말하는 것으로서 부가가치세의 성질에 비추어 보면 그 인도 또는 양도는 재화를 사용, 소비할 수 있도록 소유권을 이전하는 행위를 전제로 하는 것이라고 할 것이다.
대법원 2004. 5. 27. 선고, 2002두1717 판결	당초의 공급시기에 세금계산서가 교부되었으나 착오 등에 의하여 당해 과세기간에 대한 과세표준과 세액의 경정 등이 필요한 경우에 예외적으로 수정세금계산서의 발행이 허용된다고 보아야 한다.

4-3 폐업 전에 공급한 재화의 공급시기가 폐업일 이후에 도래하더라도 '폐업 전에 공급한' 경우에 해당함

● 대상판결 : 대법원 2005두10453 (2006. 1. 13.) ➔ 국승

핵심 요지

"폐업 전에 공급한"의 의미는 재화의 인도 또는 양도의 전부 또는 일부가 폐업 전에 이루어진 경우에만 한정되는 것이 아니라, 그와 같은 재화의 인도 또는 양도의 원인이 되는 행위 즉 그 공급의 상대방, 시기, 가액을 확정할 수 있는 계약 등 법률상의 원인이 폐업 전에 발생한 경우에는 위 시행령 제21조 제1항 본문 각호에 의하여 공급시기로 정해지는 시기가 폐업일 이후에 도래하더라도, 위 "폐업 전에 공급한" 경우에 해당한다고 할 것이다.

1. 사실관계

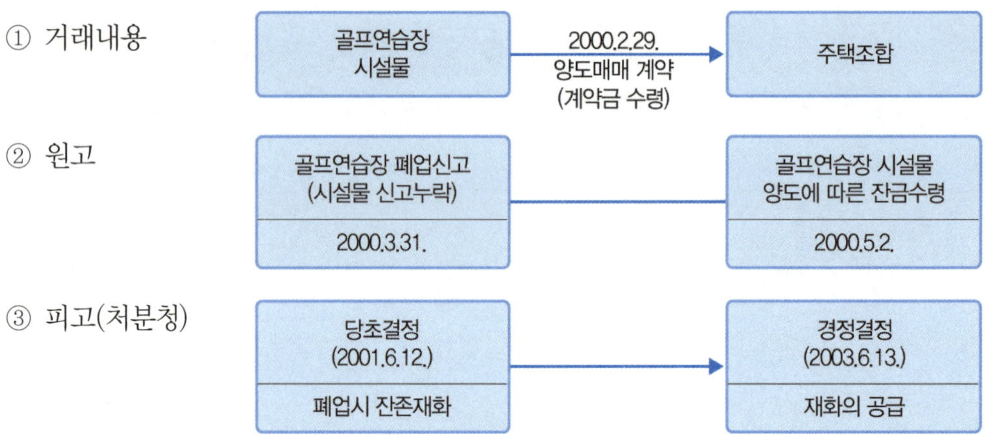

(1) 원고는 이 사건 골프연습장시설을 이용하여 사업을 하다가 2000. 2. 29. 위 시설물을 이 사건 주택조합에 매매하는 계약을 체결하면서 계약금을 받고, 2000. 3. 31. 폐업신고를 한 후 2000. 5. 2.경까지 이 사건 주택조합으로부터 잔금을 수령하고 위 시설물을 넘겨주었다.

(2) 원고는 이 사건 골프연습장 시설물을 양도한 것이 아니고 시설물 철거에 따른 보상금

을 수령하는 절차로 양도형식을 취하였을 뿐이라는 주장을 토대로 2000. 3. 31. 이 사건 사업장을 폐업 신고하면서 이 사건 골프연습장 시설물의 양도에 대하여는 신고하지 아니하였다.

(3) 처분청은 당초 이 사건 골프연습장 시설 양도와 관련하여 이 사건 골프연습장 시설물의 공급가액을 폐업 시 잔존재화로 평가하여 2001. 6. 12. 원고에게 2000년 제1기분 부가가치세를 결정·고지하였다.

(4) 그 후 처분청은 2003. 6. 13. 원고가 이 사건 골프연습장 시설물을 양도한 것은 폐업 시 잔존재화가 아닌 재화의 공급에 해당한다는 판단을 근거로 공급가액을 달리하여 부가가치세를 경정·고지하였다.

2. 쟁 점

이 사건 골프연습장시설물의 양도가 재화의 공급에 해당하는지 아니면 폐업 시 잔존재화에 해당하는지 여부

3. 원·피고 주장

가. 원 고

원고가 주택조합에게 이 사건골프연습장시설물을 양도한다는 매매계약을 체결한 것은 위 시설물의 양도가 아닌 "영업 손실에 대한 보상금 계약"에 지나지 않으며, 위 시설물의 양도일인 2000. 2. 29. 골프연습장사업을 사실상 폐업하였으나 2000. 4. 30.까지 전기료 등을 납부한 것은 선납회비 및 보관 장비를 반납하기 위한 기간 동안의 경비일 뿐 2000. 2. 29. 이후에는 영업한 사실이 없음에도 2000년 제1기 부가가치세 예정신고 시 세무사가 착오로 2000. 3. 31을 폐업일로 하여 신고하였다 하여 처분청이 위 시설물의 양도를 폐업 전 양도로 보는 것은 부당하다.

설령, 처분청 주장대로 폐업일을 2000. 4. 30.로 보더라도 재화의 공급시기는 "재화가 이용가능한 때" 이므로 위 시설물 양도대금의 잔금 수령일인 2000. 5. 2.이 공급시기가 되어 폐업 후 거래에 해당한다.

나. 피고

원고는 이 사건골프연습장시설물의 매입자가 동 시설물을 매입하여 철거하였으므로 재화의 공급이 아니라고 주장하나, 재화의 공급에 해당하는지 여부는 공급자의 정황으로 판단하여야 할 사항으로 원고는 위 시설물에 대한 매매계약서 이외에 사업 손실 보상금에 대한 별도의 약정이나 위 시설물의 손실보상에 대한 감정평가를 한 사실이 없어 원고가 수령한 금원이 위 시설물의 양도금액이 아닌 손실보상액이라고 보기 어렵다.
또한, 원고의 매출 및 비용장부에는 2000. 3. 31.까지의 수입금액과 2000. 4. 30.까지의 전기료 등을 계상하고 있으며, 보관 장비와 회비반환을 위하여 추가회비를 받지 아니하고 계속 사업장을 운영하였다고 진술한 바 있으므로, 위 시설물의 양도 계약일까지 사업에 공하던 고정자산을 양도한 후 폐업한 것으로 사업용 고정자산의 양도에 해당하므로 이 건 처분(재화의 공급으로 본)은 정당하다.

4. 대상판결

부가가치세법 시행령 제21조 제1항 단서는 "폐업 전에 공급한 재화의 공급시기가 폐업일 이후에 도래하는 경우에는 그 폐업일을 공급시기로 본다"고 규정하고 있는바, 위 단서 규정의 입법취지 및 문맥에 비추어 볼 때, 위 규정 중 **"폐업 전에 공급한"의 의미는 재화의 인도 또는 양도의 전부 또는 일부가 폐업 전에 이루어진 경우에만 한정되는 것이 아니라, 그와 같은 재화의 인도 또는 양도의 원인이 되는 행위 즉 그 공급의 상대방, 시기, 가액을 확정할 수 있는 계약 등 법률상의 원인이 폐업 전에 발생한 경우에는 위 시행령 제21조 제1항 본문 각호에 의하여 공급시기로 정해지는 시기가 폐업일 이후에 도래하더라도, 위 "폐업 전에 공급한" 경우에 해당한다**고 할 것이다.
… 재화의 인도 또는 양도의 전부 또는 일부가 폐업 전에 이루어진 경우라야 폐업 전 공급에 해당함을 전제로 이 사건 시설 양도는 폐업 후 비사업자 지위에서의 양도이므로 폐업 시 잔존재화의 자기공급 의제에 따라 부가가치세 부과대상이 될 수 있을 뿐 재화의 양도로서 부가가치세 부과대상이 되지는 아니한다는 상고이유의 주장은 독자적 견해로서 받아들일 수 없다.

5. 평 석

(1) 조세심판원에서는 이 사건에 대하여 "국가 등으로부터 수용 등의 사유로 지급받는 손실보상금은 재화의 공급으로 보지 아니하는 것이나, 청구인은 쟁점시설물에 대한 매매계약서 이외에 사업 손실 보상금에 대한 별도의 약정을 한 사실이 없고, 쟁점시설물의 철거비, 이전비, 재설치비 등에 대한 증빙자료를 제시하지 아니하여 쟁점시설물의 양도가 손실보상금에 해당한다고 보기 어려운 것으로 판단된다."는 이유를 들어 청구인의 청구를 기각하였다.

(2) 폐업 전에 공급한 재화의 공급시기가 폐업일 이후에 도래하는 경우에는(예 : 장기할부판매) 그 폐업일을 공급시기로 본다(부가가치세법 시행령 제28조 제9항).

여기에서 **"폐업 전에 공급한"의 의미**는 위 대법원 판결에서와 같이 재화의 인도 또는 양도의 전부 또는 일부가 **폐업 전에 이루어진 경우에만 한정되는 것이 아니라, 그와 같은 재화의 인도 또는 양도의 원인이 되는 행위, 즉 그 공급의 상대방, 시기, 가액을 확정할 수 있는, 계약 등 법률상의 원인이 폐업 전에 발생한 경우를 포함**한다.

(3) 부동산임대업을 영위하던 사업자가 오피스텔을 신축하여 분양하려는 사업자에게 4. 1. 부동산매매계약을 체결하면서 계약금을 받고, 4. 30. 임차인들을 내보내고 폐업신고를 한 후 5. 31. 잔금을 받고 당해 부동산(토지 및 건물)의 소유권을 이전해 준 경우 거래상대방 즉, 취득자가 동 부동산을 이용가능하게 되는 날은 폐업일 이후인 5. 31. 이 되는 것이나 **부가가치세법상 건물의 공급시기는 폐업일인 4. 30.**이 된다.

(4) 이 경우 건물의 부가가치세 공급가액은 「부가가치세법 시행령」 제66조에 따라 계산하는 것이 아니라 거래당사자간에 실질적으로 거래된 건물의 가액(토지와 건물의 가액이 구분되지 아니하였다면 「부가가치세법 시행령」 제64조에 따라 안분 계산한 가액)이 되는 것이다.

(5) 이 사건으로 돌아와 보면, 재화의 공급시기는 원칙적으로 "재화가 인도되거나 이용가능하게 되는 때" 또는 "폐업하는 때"가 되지만 "폐업 전에 공급한 재화의 공급시기가 폐업일 이후에 도래하는 경우에는 폐업일을 공급시기로 본다"는 규정을 적용하여 보면, 이 사건의 경우 폐업(2000. 3. 31)전인 2000. 2. 29. 이 사건골프연습장시설물의 양도계약을 체결한 후 잔금지급일(2000. 5. 2.)이 폐업일 이후에 도래한 경우이므로 위 규정에 의하여 **폐업일인 2000. 3. 31.이 부가가치세법상 공급시기**가 된다 할 것이다.

6. 관련 예규·판례

문서번호	내 용
대법원 2008. 9. 25. 선고 2008다29895 판결	부가가치세는 재화나 용역이 생산·제공되거나 유통되는 모든 단계에서 창출된 부가가치를 과세표준으로 하여 과세되는 조세로서 재화 또는 용역을 구입·소비하는 사실에 담세력을 인정하여 과세하는 이른바 소비세에 해당하므로, 개별 거래의 특성을 고려함에 있어서는 재화나 용역이 생산·제공되거나 유통되는 모든 단계를 구체적으로 고려하여야 하고 **어떤 재화나 용역의 공급이 주된 재화나 용역의 공급에 필수적 또는 통상적으로 포함되는 것인지를 판단함에 있어서도 구체적 사실관계에 따라 거래내용, 생산과정 등을 종합적으로 고려하여 판단**하여야 한다.
대법원 1994. 10. 25. 선고 93누22258 판결	어떠한 행위가 재화의 공급인지 용역의 공급인지, 수 개의 재화를 하나의 공급단위로 하는 거래에 있어, 그 중 어느 재화가 주된 재화이고 어느 재화가 부수된 것인지에 대하여는 개별 거래의 태양과 특성, 당사자 사이의 관계 등을 종합적으로 고려하여 **거래당사자 사이의 공급의 목적과 의도가 어디에 있는지를 보아서 판단**하여야 한다
제도 46015-12252, 2001. 7. 19.【재화의 이동이 필요하지 아니한 경우, 재화가 「이용 가능하게 되는 때」】	사업용 건물을 양도함에 있어 매매대금이 청산되거나 양수인 명의로 소유권이전 등기를 완료하기 전이라도 양수인으로 하여금 사실상 소유자로서 당해 건물에 대한 **배타적인 이용 및 처분**을 할 수 있도록 그 점유를 이전하여 양수인이 건물을 이용하고 있는 경우에는 **양수인이 그 건물을 실질적으로 이용한 때가 공급시기**가 되는 것이다.
재경부 소비 46015-259, 2000. 8. 19.【재화의 이동이 필요하지 아니한 경우, 재화가 「이용 가능하게 되는 때」】	**소유권 이전 등기가 완료되었다 하더라도** 매매잔금 미지급 등의 사유로 양도인과 양수인 당사자간의 특약에 의하여 잔금지급 이전까지 양수인의 사용·수익 등 이용을 제한하고 있는 경우에는 양수인이 잔금을 지급하여 **실제로 사용·수익이 가능한 날이 공급시기**가 되는 것이다.
집행기준 15-28-4【완성도기준지급 및 중가지급조건부의 공급시기】	완성도기준지급 및 중간지급조건부로 재화를 공급하거나 용역을 제공함에 있어 그 대가의 일부로 계약금을 거래상대자로부터 받는 경우에는 해당 계약조건에 따라 **계약금을 받기로 한 때를 그 공급시기**로 본다. 이 경우 착수금 또는 선수금 등의 명칭으로 받는 경우에도 해당 **착수금 또는 선수금이 계약금의 성질이 있는 때에는 계약금으로 본다.**

문서번호	내 용
법규부가 2009-441, 2010. 1. 13.【잔금청산일 이전에 사용·수익한 경우 공급시기】	오피스텔을 분양받으면 잔금지급일 또는 소유권이전등기일 전에 분양업자로부터 해당 오피스텔에 대한 사전사용승낙을 받아 다른 사업자에게 임대를 개시하는 등 배타적인 이용 및 처분을 할 수 있도록 점유권을 이전받은 경우 오피스텔 분양에 대한 공급시기는 **신청인이 실제로 사용·수익이 가능한 날**로 보는 것임
법규과-1167, 2011. 9. 1.【중간지급조건부 계약에 따른 계약상 잔금지급일 이후에 실제공급이 이루어진 경우 잔금에 대한 공급시기】	부동산매매업을 영위하는 사업자가 건물 신축중에 중간지급조건부로 건물을 공급하면서 잔금을 받기로 한 때가 계약서에 표시되어 있으나 해당 잔금에 대하여는 건물을 준공한 후 입주통보를 하여 입주지정기간에 잔금을 받기로 한 경우 **잔금의 공급시기는 입주통보에 의한 입주지정일**이고, **입주기간 종료인 전에 잔금을 받은 경우에는 그 잔금을 받은 때**로 하는 것임
집행기준 15-28-3【부동산 양도에 따른 공급시기】	부동산을 양도하는 경우의 공급시기는 해당부동산이 이용가능하게 되는 때이며, 이용가능하게 되는 때란 원칙적으로 소유권이전등기일을 말하지만, 당사자 간 특약에 따라 소유권이전등기일 전에 실제 양도하여 사용·수익하거나 잔금 미지급 등으로 **소유권이전등기일 이후에도 사용·수익할 수 없는 사실이 객관적으로 확인되는 때에는 실제로 사용·수익이 가능한 날**을 말한다.
법규부가 2013-548, 2014. 1.2.【계약서를 중간지급조건부로 변경하지 아니하는 한 중간지급조건부로 보아 공급시기를 적용할 수 없는 것임】	부동산을 양도하는 사업자가 부가가치세법 시행규칙 제18조 제1호에 따른 중간지급조건부에 해당하지 아니하는 부동산 공급계약을 체결하였으나 계약의 변경 없이 공사지연 등의 이유로 계약금을 받기로 한 날의 다음날부터 부동산을 이용가능하게 하는 날(잔금지급일)까지의 기간이 6개월 이상이 되는 경우, 해당부동산의 **공급시기**는 부가가치세법 제15조 제1항 제2호에 따라 **수분양자가 부동산을 이용가능하게 되는 때**가 되는 것임
대법원 2004. 11. 26. 선고 2004두4796 판결	도급계약을 체결하고 그에 따라 **건물신축공사를 한 경우**에는 통상적인 공급에 해당하므로 **역무의 제공이 완료되는 때인 준공일을 용역의 공급시기**로 보아야 할 것이고 완성된 이 사건 상가에 대한 하자보수비와 지체상금 문제로 분쟁이 발생하여 소송까지 한다음 공사대금을 정산하였다 하더라도 이는 **공급이 완료된 용역의 하자에 관한 문제이거나 용역의 공급시기에 영향을 미칠 수 없는 대가의 지급시기에 관한 문제일 뿐이므로 그로써 역무제공의 완료시 공급가액이 확정되지 아니한 경우라 할 수는 없음**

제5절 사실과 다른 세금계산서

5-1 사실과 다른 세금계산서 금액의 손금산입 여부

● 대상결정 : 서울청 이의 2008서0307 (2008. 6. 26.) ➜ 인용결정

핵심 요지

세금계산서가 실물거래 없이 작성된 가공의 세금계산서라는 전제하에 위 세금계산서상의 공급대가를 부인하는 것은 잘못이라 할 것이고, 이에 기초하여 행하여진 이 사건 처분은 위법하다(사실과 다른 세금계산서이므로 부가가치세 매입세액 불공제는 정당하나 손금부인은 부당하다는 결정).

1. 사실관계

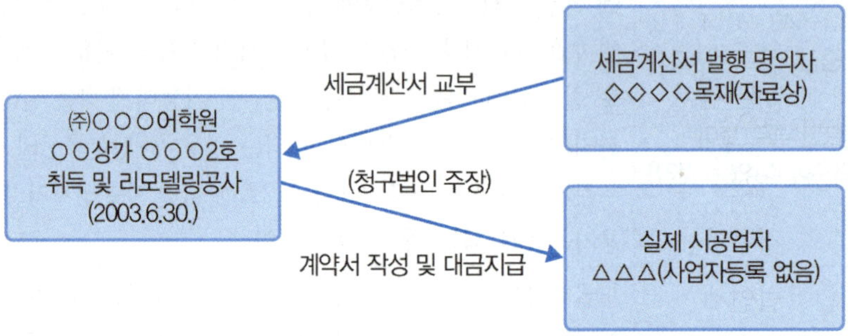

2. 쟁 점

쟁점금액을 가공거래로 보아 손금불산입한 처분의 당부

3. 국세심사위원회의 결정

과세처분이 적법하다는 점에 대한 입증책임은 과세관청에 있으나, 세금계산서의 기재사항이 사실과 다르게 밝혀진 경우에는 그 세금계산서에 상응하는 실물거래가 있었다는 점에 관하여 그에 관한 장부기장과 증빙 등 일체의 자료의 제시가 용이한 납세의무자가 입증할 책임 내지 필요가 있다고 할 것인바, 이 건의 경우 청구법인이 이 사건 세금계산서의 발행명의자인 ◇◇◇목재를 운영하는 안○○ 사이에 세금계산서상의 공급대가에 상당하는 거래를 하지 않은 사실에 대하여는 당사자 사이에 다툼이 없으므로, 세금계산서상의 공급대가에 상응하는 실물거래가 있었는지 여부는 청구법인에게 입증책임이 있다 할 것이다.

청구법인이 제시한 여러 증거를 종합하여 보면, 청구법인은 청구외 김□□에게 쟁점사업장의 리모델링 공사를 의뢰하고 공사비용을 지급하였으나, 김□□이 사업자등록을 하지 않은 이유로 경성종합목재 명의의 세금계산서를 교부받은 것으로 추정된다 할 것이다.

그렇다면 이 건 쟁점금액상 세금계산서가 비록 발행명의자와 거래상대방이 일치하지 않는다고 하더라도 실물거래 없이 발행된 가공세금계산서로는 볼 수 없는바, 처분청이 위 세금계산서가 실물거래 없이 작성된 가공의 세금계산서라는 전제하에 위 세금계산서상의 공급대가를 부인한 것은 잘못이라 할 것이고 이에 기초하여 행하여진 이 사건 처분은 위법하다.

4. 평 석

(1) 가공거래의 경우는 부가가치세 매입세액불공제는 물론이고 「법인세법」상 손금으로도 인정받을 수 없는 반면,

(2) 위장거래의 경우에는 사실과 다른 세금계산서로 보아 부가가치세 매입세액불공제는 정당하나, 「법인세법」상 손금으로 인정되어야 한다.

(3) 손금은 '사업관련성'과 '통상성'이 갖추어지면 인정된다 할 것인데 위장거래의 경우 실물거래는 있으나, 거래상대방을 달리 기재하여 세금계산서를 주고받은 것이므로 손금으로 계상하는 것은 당연한 것으로 보인다.

(4) 이 사건에서도 과세관청은 이 건 거래가 실물거래를 수반하였는지에 대한 검토 없이 사실과 다른 세금계산서라는 전제하에 부가가치세 매입세액 불공제와 「법인세법」상 손금불산입 결정을 한 것은 위법하다는 것이다.

5. 관련 판례

문서번호	내 용
대법원 1989. 7. 25. 선고 89누749 판결	사업자가 거래상대방의 사업자등록증을 제출받아 확인하고 거래 시마다 거래내용에 합당한 세금계산서를 교부받은 경우에 거래상대방이 관계기관의 조사로 인하여 명의위장사업자 등으로 판명되었다고 하더라도 그 사업자를 선의의 거래당사자로 볼 수 있는 때에는 부가가치세를 산정함에 있어서 그 **매입세액은 매출세액에서 공제**되어야 한다.
대법원 2002. 6. 28. 선고 2002두2277 판결	소외회사가 위장사업자로서 갑에게 건설업면허를 대여한 것이라는 사실을 원고가 알지 못하였다 하더라도, 갑, 을(실제 시공자이며 명의차용인)이 별도로 건설업체를 운영하고 있었던 사실을 원고도 알고 있는 점, 이 사건 도급계약을 체결한 장소가 갑, 을이 위 건설업체들을 경영하면서 공동으로 사용하는 사무실인 점, 원고에게 갑을 소개하여 이 사건 도급계약을 체결하도록 한 사람도 갑이 경영하는 건설업체의 이사인 점, 원고가 공주시의 토박이이고 수차례 건축경험이 있어 공주시에 있는 건설업체들의 운영현황에 대하여 어느 정도 알고 있거나 알 수 있으리라고 보이는 점 등에 비추어 보면, 원고로서는 이 사건 건물 신축공사의 실제 시공자가 누구인지, 소외회사가 건설업면허 대여를 주로 하는 위장사업자는 아닌지에 관하여 의심을 가질 만한 충분한 사정이 있었다고 보이므로 **소외회사가 위장사업자라는 사실을 알지 못한 데 과실이 있다.**
대법원 1997. 9. 30. 선고 97누7660 판결	원고에게 양말을 제조하여 납품해 오던 갑 회사의 대표이사가 갑 회사에게 설정된 납품물량의 제한을 회피하고 금융상의 편의를 얻기 위해 을 회사를 설립한 후 을 회사의 대표이사에게 업무지시를 하는 등 을 회사를 실질적으로 운영하면서 실제로는 갑 회사가 원고에게 납품하는 물량을 나누어 그 일부를 회사의 명의로 납품하여 온 경우, 원고가 형식적으로는 을 회사와 납품계약을 체결하고 을 회사 명의로 물품을 납품받았다고 하더라도 그 물품의 실제 공급자는 갑 회사라고 할 것이고, 따라서 공급자를 을 회사로 기재하여 받은 세금계산서는 공급자에 관한 사항이 사실과 다르게 기재된 세금계산서에 해당한다고 할 것이지만, **세금계산서의 공급자에 관한 사항이 사실과 다르다는 점을 알지 못한 데에 대하여 원고에게 과실이 인정되지 않는다.**

문서번호	내 용
대법원 2008. 12. 11. 선고 2008두16476 판결	세금계산서가 사실과 다른 허위의 것이라는 점에 대한 입증책임은 원칙적으로 과세처분청에 있고, **위장거래(사실과 다른 세금계산서)에 해당하는 점에 관한 증명책임은 과세관청이 부담**함이 원칙이다.
대법원 2002. 1. 8. 선고 2000두79 판결	중기대여업자들이 구입대금의 일부씩을 분담하여 기중기를 공동구입하면서 소유권이전등록은 자신들이 설립한 회사 명의로 마친 경우, 공급받는 자를 위 회사가 아닌 중기대여업자들 개인으로 하여 발행·교부받은 각 세금계산서가 공급받는 자를 **사실과 다르게 기재한 것으로 볼 수 없다.**
국심 2006중2524, 2007. 8. 10.	사실과 다른 계산서의 비용의 지출 사실이 있음은 이를 주장하는 자에게 입증책임이 있다.
국심 2005중894, 2005. 9. 15.	금융자료를 통해 실제 거래처에 지급한 것으로 확인되는 위장세금계산서의 매입금액은 법인의 손금으로 인정된다.

5-2 공급시기와 매입세액 공제

● 대상판결 : 대법원 2002두5771 (2004. 11. 18.) ➜ 국승

핵심 요지

과세기간이 경과한 후 세금계산서의 작성일자를 실제 공급시기로 소급 작성한 경우의 매입세액은 공제하지 않는다.

1. 사실관계

(1) 원고는

① 1998년 제1기 및 제2기에 세금계산서 수수 없이 거래하였다.

② 과세기간 경과 후 피고의 세무조사과정에서 같은 기간의 매출누락 사실을 발견하였다.

③ 원고는 작성일을 거래일자로 하여 소급 작성된 매입세금계산서를 교부 받아 매입세액 공제하여 경정청구를 하였다.

(2) 피고는 경정청구를 거부하고 매출누락분에 대한 매출세액에 가산세를 더해 부가가치세를 경정한 사건이다.

2. 쟁 점

과세기간 경과 후 세금계산서 작성일자를 실제 공급시기로 소급하여 작성한 경우 매입세액을 공제할 수 있는지 여부

3. 관련 법령

「부가가치세법」 제39조【공제하지 아니하는 매입세액】제1항 제1호

「부가가치세법」 제54조 제1항 및 제3항에 따라 매입처별 세금계산서합계표를 제출하지 아니

한 경우의 매입세액 또는 제출한 매입처별 세금계산서합계표의 기재사항 중 거래처별 등록번호 또는 공급가액의 전부 또는 일부가 적히지 아니하였거나 사실과 다르게 적힌 경우 그 기재사항이 적히지 아니한 부분 또는 사실과 다르게 적힌 부분의 매입세액

* 필요적 기재사항의 전부 또는 일부가 적히지 아니하였거나 사실과 다르게 적힌 경우의 매입세액

「부가가치세법」 제32조【세금계산서 등】 제1항

1. 공급하는 사업자의 등록번호와 성명 또는 명칭
2. 공급받는 자의 등록번호. 다만, 공급받는 자가 사업자가 아니거나 등록한 사업자가 아닌 경우에는 대통령령으로 정하는 고유번호 또는 공급받는 자의 주민등록번호
3. 공급가액과 부가가치세액
4. 작성 연월일
5. 그 밖에 대통령령으로 정하는 사항

「부가가치세법시행령」 제75조【세금계산서 등의 필요적 기재 사항이 사실과 다르게 적힌 경우 등에 대한 매입세액 공제】 제3호

재화 또는 용역의 공급시기 이후에 발급받은 세금계산서로서 해당 공급시기가 속하는 과세기간에 대한 확정신고기한까지 발급받은 경우

4. 대상판결

「부가가치세법」 제17조 제2항 제1호의 2 본문의 해석상 매입세액의 공제가 부인되는 "세금계산서의 필요적 기재사항의 일부인 '작성연월일'이 사실과 다르게 기재된 경우"라 함은 세금계산서의 실제작성일이 거래사실과 다른 경우를 의미하고, 그러한 경우에도 같은 법 시행령 제60조 제2항 제2호에 의하여 그 세금계산서의 나머지 기재대로 거래사실이 확인된다면 위 거래사실에 대한 매입세액은 공제되어야 하지만, 이는 어디까지나 세금계산서의 실제작성일이 속하는 과세기간과 사실상의 거래시기가 속하는 과세기간이 동일한 경우(이러한 경우이면 세금계산서상의 '작성연월일'이 실제작성일로 기재되든, 사실상의 거래시기 또는 어느 특정시기로 소급하여 기재되든 묻지 아니한다)에 한한다고 보아야 할 것인바,

그 이유는, 세금계산서가 부가가치세액을 정하기 위한 증빙서류로서 그것을 거래시기에 발행·교부하게 하는 것은 그 증빙서류의 진실을 담보하기 위한 것이기도 하지만, 나아가 전단계(前段階) 세액공제법을 채택하고 있는 현행 「부가가치세법」 체계에서 세금계산서 제도는 당사자 간의 거래를 노출시킴으로써 부가가치세뿐 아니라 소득세와 법인세의 세원포착을 용이하게 하는 납세자 간 상호검증의 기능을 갖고 있으며, 세액의 산정 및 상호검증이 과세기간별로 행하여지는 부가가치세의 특성상 위와 같은 상호검증 기능이 제대로 작동하기 위해서는 세금계산서의 작성 및 교부가 그 거래시기가 속하는 과세기간 내에 정상적으로 이루어지는 것이 필수적이기 때문이라 할 것이므로, 과세기간이 경과한 후에 작성한 세금계산서는 작성일자를 공급시기로 소급하여 작성하였다 하더라도 「부가가치세법」 제17조 제2항 제1호의 2 본문 소정의 '필요적 기재사항의 일부가 사실과 다르게 기재된' 세금계산서에 해당하므로 이 경우의 매입세액은 매출세액에서 공제되어서는 아니 된다.

5. 평 석

(1) 종전에는 공급시기가 과세기간이 경과한 후에 작성일자를 공급시기로 소급하여 작성·교부한 세금계산서도 그 기재사항에 의하여 그 거래사실이 확인되면 당해 부가가치세 매입세액은 공제되어야 한다는 판례와 이는 세금계산서 작성일이 속하는 과세기간과 사실상의 거래시기가 속하는 과세기간이 동일한 경우에 한한다는 상반된 판례가 있었는데, **대법원 2004. 11. 18. 선고 2002두 5771 전원합의체 판결에 의하여 후자로 통일되었다.**

(2) 작성일자와 실제 공급시기가 다른 세금계산서에 대한 원심과 대법원의 상반된 판결의 내용은 아래 사건에서도 확인된다.

① 원심판결(서울고등법원 2004. 8. 25. 선고 2003누15753 판결) : 국패
(서울행정법원 2003. 8. 13. 선고 2003구합10831 판결)
세금계산서의 기재사항에 의하여 거래사실이 확인되고 납세의무자가 실제 공급시기가 속한 과세기간 내에 공급자로부터 세금계산서를 교부받기 위하여 할 수 있는 노력을 다하였으나 공급시기에 관한 견해 차이 등으로 인하여 그 **과세기간이 경과한 이후에야 비로소 세금계산서를 교부 받게 된 경우 등 특별한 사정이 인정되는 경우에는 예외적으로 매입세액 공제를 인정할 수 있다.**

② 대상판결(대법원 2005. 6. 23. 선고 2004두10425 판결) : 국승
공급시기가 속하는 과세기간 내에 세금계산서를 교부받지 못한 데에 특별한 사정이 있다고 하더라도, 매출세액에서 공제되어서는 아니 된다고 할 것이다(원심 법리오해).

(3) 과세관청은 부가가치세법을 개정하여 확정신고 기한이 지난 후 세금계산서를 발급받았더라도 그 세금계산서의 발급일이 확정신고 기한 다음 날부터 1년 이내인 경우 매입세액 공제를 허용하도록 하였다.

(4) 부가가치세법 시행령 제75조 제7항

부가가치세법 시행령 제75조 제7항

7. 재화 또는 용역의 공급시기가 속하는 과세기간에 대한 **확정신고기한이 지난 후 세금계산서를 발급받았더라도 그 세금계산서의 발급일이 확정신고기한 다음 날부터 1년 이내**이고 다음 각 목의 어느 하나에 해당하는 경우 (2022. 2. 15. 개정)
가. 「국세기본법 시행령」 제25조 제1항에 따른 **과세표준수정신고서와 같은 영 제25조의3에 따른 경정 청구서를 세금계산서와 함께 제출하는 경우** (2019. 2. 12. 신설)
나. 해당 거래사실이 확인되어 법 제57조에 따라 납세지 관할 세무서장, 납세지 관할 지방국세청장 또는 국세청장(이하 이 조에서 "납세지 관할 세무서장등"이라 한다)이 **결정 또는 경정하는 경우** (2019. 2. 12. 신설)

6. 관련 판례

문서번호	내 용
헌재 2002. 8. 29. 선고 2000헌바50, 2002헌바56(병합); 전원 재판부 결정	세금계산서의 전부 또는 일부가 사실과 다르게 기재된 경우 매입세액을 공제하지 않도록 규정하고 있는 것은 과잉금지 원칙에 어긋나지 아니한다.
대법원 1985. 4. 9. 선고 84누767 판결; 대법원 1993. 12. 10. 선고 93누17355 판결; 대법원 2002. 1. 8. 선고 2000두79 판결; 대법원 2003. 5. 16. 선고 2001두8964 판결 등	**구체적 사정에 따라 매입세액 공제를 인정한다.**

5-3 당초 세금계산서 발행일과 수정세금계산서 발행일이 다른 경우 수정세금계산서 발행 가능 여부

● 대상판결 : 대법원 2010두12972 (2013. 10. 17.) ➜ 국패

핵심 요지

영세율 적용대상 여부에 착오가 있는 경우에도 필요적 기재사항인 공급가액과 부가가치세액에 관하여 착오가 있는 경우에 해당한다고 보아야 할 것이고, 세무서장이 경정하기 전까지는 비록 공급시기가 다르더라도 수정세금계산서를 발행할 수 있다.

1. 사실관계

(1) 원고는 2007. 5. 30. 갑회사로부터 영세율세금계산서(당초 세금계산서)를 수취하였다(원고 : 매입처, 갑 : 매출처).

(2) 갑회사는 세무조사를 받는 과정에서 위 거래가 영세율 적용대상에 해당하지 않는다는 지적을 받고 2007. 8. 16. 부가가치세 수정신고를 하였다.

(3) 갑회사는 2007. 8. 20. 원고에게 당초 발행일인 2007. 5. 30.을 거래일자로 하여 공급가액과 부가가치세액이 기재된 수정세금계산서를 교부하였다.

(4) 원고는 이 사건 당초 세금계산서를 기초로 2007년 제1기분 부가가치세를 신고하였다가, 2007. 8. 20. 갑회사로부터 이 사건 수정세금계산서를 교부받고, 2007. 12. 12. 위 부가가치세 매입세액 450백만 원의 환급을 구하는 경정청구를 하였으나, 피고는 이를 거부처분하였다.

(5) 피고의 경정청구 거부사유

① 당초 세금계산서 발행일이 속하는 과세기간과 수정세금계산서의 실제 발행일이 속하는 과세기간이 서로 다른 경우에는 **수정세금계산서의 발행이 허용되지 아니한다.**

② 영세율 적용대상 여부에 착오가 있는 경우에는 수정세금계산서 발급사유인 **"필요적 기재사항 등이 착오로 잘못 적힌 경우"에 해당되지 아니한다.**

2. 쟁 점

① 당초 세금계산서 발행일과 수정세금계산서 발행일이 다른 경우에도 수정세금계산서 발행이 허용될 수 있는지 여부

② 수정세금계산서 발급사유인 "필요적 기재사항이 잘못 적힌 경우"에 대한 의미

3. 관련 법령

구 「부가가치세법」(2007. 12. 31. 법률 제8826호로 개정되기 전의 것) 제16조 제1항 후문

세금계산서를 교부한 후 그 기재사항에 관하여 착오나 정정 등 대통령령이 정하는 사유가 발생한 경우에는 세금계산서를 수정하여 교부할 수 있다.
'공급가액과 부가가치세액'(제3호)

구 「부가가치세법시행령」(2010. 2. 18. 대통령령 제22043호로 개정되기 전의 것) 제59조 제5호

수정세금계산서 교부사유의 하나로 '필요적 기재사항 등이 착오로 잘못 기재된 경우'를 규정하고 있다.

구 「부가가치세법시행령」(2012. 2. 2. 대통령령 제23595호로 개정된 것) 제59조 제1항 제9호

수정세금계산서 발급사유의 하나로 '세율을 잘못 적용하여 발급한 경우'를 규정하였는데, 위 규정은 2012. 7. 1. 이후 최초로 수정세금계산서 발급사유가 생기는 분부터 적용한다(대통령령 제23595호 부칙 제7조).

4. 대상판결

구 「부가가치세법」(2007. 12. 31. 법률 제8826호로 개정되기 전의 것) 제16조 제1항은 납세의무자로 등록한 사업자가 재화 또는 용역을 공급하는 때에는 제9조의 시기에 다음 각 호의 사항을 기재한 세금계산서를 공급을 받은 자에게 교부하되, 세금계산서를 교부한 후 그 기재사항에 관하여 착오나 정정 등 대통령령이 정하는 사유가 발생한 경우에는 세

금계산서를 수정하여 교부할 수 있다고 규정하면서, 그 제3호에서 '공급가액과 부가가치세액'을 들고 있다. 그리고 그 위임에 따른 구 「부가가치세법시행령」(2010. 2. 18. 대통령령 제22043호로 개정되기 전의 것. 이하 같다) 제59조 제5호는 수정세금계산서 교부사유의 하나로 '필요적 기재사항 등이 착오로 잘못 기재된 경우'를 규정하고 있다.

원심은 (1) 판시사실들을 종합하면 갑과 원고 사이의 이 사건 거래가 실제로는 영세율 적용대상이 아님에도 갑 직원이 영세율 적용대상에 해당한다고 착오를 일으켜 이 사건 당초 세금계산서를 발행한 것으로 보이고, 갑의 경우에 과세전적부심사 결과 이 사건 당초 세금계산서가 착오로 잘못 작성되었다고 인정되어 세금계산서 불성실가산세 등이 부과되지 않은 채 단순한 부가가치세 부과결정만을 받은 사실 등을 알 수 있으며, 이 사건과 같이 **영세율 적용대상 여부에 착오가 있는 경우도 구 「부가가치세법」 제16조 제1항 제3호의 '공급가액과 부가가치세액'에 관하여 착오가 있는 경우에 해당한다**고 보아야 할 것이므로, 이 사건 당초 세금계산서는 수정세금계산서 교부사유인 필요적 기재사항 등이 착오로 잘못 기재된 경우에 해당한다고 판단하고, (2) 판시와 같은 이유를 들어 이 사건 당초 세금계산서가 '사실과 다른 세금계산서'에 해당하지 않는다고 판단하였다.

원심판결 이유를 앞서 본 규정과 적법하게 채택된 증거들에 비추어 살펴보면, 원심의 위와 같은 판단에 상고이유의 주장과 같이 수정세금계산서의 교부사유 및 사실과 다른 세금계산서에 관한 법리 등을 오해하여 판결에 영향을 미친 위법이 없다.

5. 평 석

(1) 부가가치세 경정청구 사안별 정리

① 부가가치세 매출세액이 과다하게 신고·납부된 경우

납세자가 실제로 재화 또는 용역을 공급하지 아니하였음에도 세금계산서를 교부하고 부가가치세를 신고·납부하였다면, 경정청구를 하여 구제받을 수 있고, 부가가치세 부과처분에 대한 불복과정에서 이를 감액하여 줄 것을 청구할 수 있다(대법원 2013. 4. 18. 선고 2010두11733 전원합의체 판결).

② 부가가치세 매입세액이 과소하게 신고된 경우

원칙적으로 "세금계산서에 필요적 기재사항의 전부 또는 일부가 사실과 다르게 적힌 경우"에는 매출세액에서 공제하지 아니한다(부가가치세법 제39조 제1항 제2호). 즉, 교부받은 세금계산서가 '사실과 다른 세금계산서'라면 납세자가 실제 부가가치세 과세거래를 하고 부가가치세를 부담하였다 하더라도 이와 관련된 매입세액을 경정청구를 통하여 공제받지 못한다. 그러나 단순히 착오 등으로 인하여 세금계산서 기재에 오류가 있는 경우에는 수정세금계산서를 발급하여 매입세액을 공제받을 수 있다(부가가치세법 제32조 제7항).

과세관청도 수정세금계산서를 발급받은 납세자가 경정청구를 통하여 매입세액을 공제받을 수 있다고 한다(서면3팀-91, 2007. 1. 10.).

(2) 당초 세금계산서 발행일과 수정세금계산서 발행일이 다른 경우에도 수정세금계산서 발행이 허용될 수 있는지 여부

① 피고는 종전 대법원 판결(대법원 2004. 11. 18. 선고 2002두5771 전원합의체 판결)에 근거하여 이 사건의 경우에도 과세기간이 경과한 후에 작성한 세금계산서는 작성일자를 공급시기로 소급하여 작성하였더라도 '사실과 다르게 기재된' 세금계산서에 해당하므로 매출세액에서 공제되어서는 아니 된다는 주장을 하였다. 그러나 대상판결의 원심이 설시한 바와 같이 **대법원 2002두5771 판결은 수정세금계산서를 발급한 사안이 아니라 거래 당시에는 세금계산서를 발급하지 아니하였으나 사후적으로 거래일자로 소급하여 발행한 세금계산서를 교부받은 경우도 매입세액 공제가 가능한지 여부에 대한 것**으로 위 대법원 판결은 소급 작성한 세금계산서는 매입세액이 공제되지 아니하는 '사실과 다른 세금계산서'에 해당한다고 결론지었다.

② 이 사건의 경우는 거래 당시 이미 세금계산서가 교부되었으나 일부 사실과 다른 내용이 기재되어 있는 경우에 수정세금계산서를 교부할 수 있는지가 쟁점이었다. 즉 **이 사건에서는 '수정세금계산서' 교부사유에 해당하는지 여부가 쟁점**으로 위 대법원 2002두5771 판결과는 사안이 전혀 다르다고 할 수 있다. 따라서 피고는 법령에 근거 없이 **당초 세금계산서 발행일이 속하는 과세기간과 수정세금계산서의 실제 발행일이 속하는 과세기간이 서로 다른 경우에는 수정세금계산서 발행이 허용되지 아니한다고 본 것**으로 위와 같은 점을 지적한 대상판결과 원심의 결론은 타당하다고 볼 수 있다.

(3) 수정세금계산서 발급사유인 "필요적 기재사항이 착오로 잘못 적힌 경우"에 대한 의미

① 과세관청은 일반세율이 적용되는 재화 또는 용역을 공급하면서 영세율 세금계산서를 교부한 경우에는 그 재화 또는 용역의 공급시기 이후에는 10%의 세율을 적용한 수정세금계산서를 교부할 수 없다는 입장이었다(재소비46015-380, 2000. 12. 26.).

② 더구나 2012. 2. 2. 개정된 「부가가치세법시행령」은 그 시행일 이후에 발급되는 수정세금계산서부터 적용되는 것이므로 그 이전에 발급된 수정세금계산서에는 위 개정규정이 적용되지 않는다고 하였다(부가가치세과-314, 2013. 4. 9.).

③ 수정세금계산서의 발급사유인 '필요적 기재사항이 착오로 잘못 적힌 경우'에 대하여 과세관청은 위 '착오'가 '사실에 대한 착오'만을 의미하는 것이고 법령의 의미에 대한 착오(이 사건의 경우와 같이 영세율대상인지 여부에 대한 착오)는 위 '착오'에 해당하지 않는다는 해석인 것으로 보인다.

④ 그러나 대법원은 "'**영세율 적용대상인지 여부에 대한 착오'도 「부가가치세법」에서 규정하고 있는 '공급가액과 부가가치세액'에 관하여 착오가 있는 경우에 해당**한다." 고 판단하였다. 대법원은 2002두318 사건에서도 「부가가치세법시행령」 제75조 제2항을 해석하면서 **'착오기재'를 일반적으로 그 기재내용이 그 원인 여하를 불문하고 사실과 다른 때 모두를 포함하는 것으로 넓게 해석**한 바 있다. 결국 대법원은 이 사건에서도 **'필요적 기재사항 등이 착오로 잘못 적힌 경우'에 대한 의미를 사실착오뿐 아니라 법령 해석의 착오에 의한 경우도 포함하는 것으로 폭넓게 해석**하였다.

6. 관련 판례

문서번호	내 용
대법원 2013. 4. 18. 선고 2010두211733 전원합의체 판결	납세의무자는 증액경정처분의 취소를 구하는 항고소송에서 과세관청의 증액경정사유뿐만 아니라 당초 신고에 관한 과다신고사유도 함께 주장하여 다툴 수 있다.
대법원 2004. 11. 18. 선고 2002두5771 전원합의체 판결	과세기간이 경과한 후에 작성한 세금계산서는 작성일자를 공급시기로 소급하여 작성하였다 하더라도 「부가가치세법」 제17조 제2항 제1호의 2 본문 소정의 '필요적 기재사항의 일부가 사실과 다르게 기재된' 세금계산서에 해당하므로 이 경우의 매입세액은 매출세액에서 공제되어서는 아니 된다.

5-4 타인 명의를 차용하여 세금계산서를 수취한 경우 매입세액 공제 및 가산세 부과 여부

● 대상판결 : 대법원 2015두50122 (2015. 12. 23.) ➜ 일부국패

핵심 요지

> 자신의 명의로 공장건물을 신축할 경우 부담해야 하는 개발부담금을 회피하기 위하여 타인 명의를 차용하여 신축허가를 받고 세금계산서를 수취하였다면 사실과 다른 세금계산서에 해당하여 매입세액 불공제 대상이나, 부정과소신고가산세 및 부정초과환급신고가산세 부과처분은 위법하다.

1. 사실관계

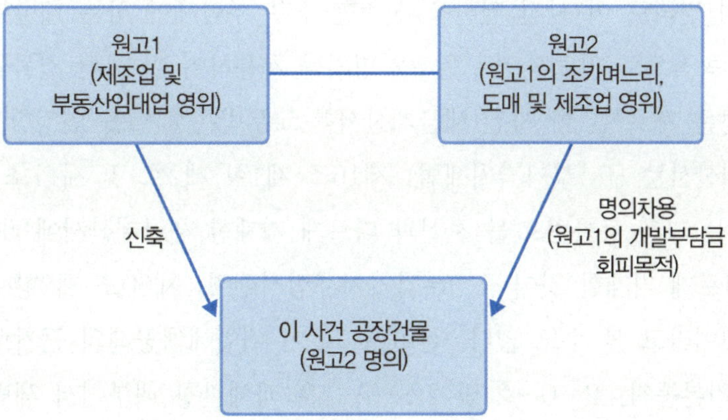

(1) 원고1은 철구조물 제조업과 부동산임대업을 운영하는 사업자이다.

(2) 원고2는 원고1의 조카며느리인데 산업용품도매와 철구조물 제조업을 운영하고 있다.

(3) 원고1은 이 사건 공장건물을 신축하면서 건물신축으로 부담하여야 할 개발부담금을 회피하기 위하여 원고2 명의를 차용하여 신축허가를 받고, 건설회사와 원고2 명의로 신축공사도급계약을 체결한 다음, 이 사건 공장건물 신축과 관련하여 공급받는 자로 316백만 원의 매입세금계산서를 교부받았다.

(4) 피고는 원고2가 수취한 매입세금계산서가 사실과 다르게 적힌 세금계산서에 해당한다고 보고 매입세액 불공제 및 부정과소신고 가산세 및 부정초과환급신고 가산세를 부과처분하였다.

2. 쟁 점

이 사건 매입세금계산서를 사실과 다른 세금계산서로 보아 매입세액 불공제 및 부당과소신고 가산세를 적용한 처분의 당부

3. 사건의 경과

(1) 1심판결(부산지방법원 2015. 4. 17. 선고 2014구합22428 판결) : 국승

원고1은 자신의 명의로 이 사건 건물을 신축할 경우 부담해야 하는 개발부담금 납부를 회피하기 위한 목적으로 의도적으로 원고2 명의를 차용하여 이 사건 건물을 신축하면서 원고2를 공급받는 자로 한 이 사건 세금계산서를 교부받은 사실을 인정할 수 있으므로, 이 사건 세금계산서는 구 「부가가치세법」 제16조 제1항 제2호 및 제17조 제2항 제2호 소정의 '공급받는 자의 등록번호'를 사실과 다르게 기재한 세금계산서에 해당하고, 그와 같이 사실과 다르게 기재한 것이 구 「부가가치세법시행령」 제60조 제2항 제2호 소정의 착오에 의한 것이라고 볼 수도 없다. 한편 원고1이 매입세액공제의 근거로서 주장하는 「부가가치세법기본통칙」 2－0－2 및 22－0－1은 과세관청 내부에서 세법의 해석기준 및 집행기준을 시달한 행정규칙에 불과하고 법원이나 국민을 기속하는 효력이 있는 법규가 아니라고 할 것이므로, **설령 위 기본통칙이 원고1의 주장과 같이 해석된다고 하더라도 이는 법규성이 인정되는 「부가가치세법」 제16조 제1항 제2호 및 제17조 제2항 제2호 규정의 해석에 반하는 것**이라고 할 것이다.

… 실제로는 원고1이 이 사건 건물을 신축하였음에도 원고1이 개발부담금을 부담하지 않도록 하기 위해서, 마치 자신이(원고2) 이 사건 건물을 신축한 것처럼 작성된 개발행위준공검사필증, 건축공사도급계약서 등과 공급받는 자에 자신의 명의를 기재한 이 사건 세금계산서를 교부받아 피고에게 2012년 제2기분 부가가치세 확정신고 및 환급신청을 하였던

바, 이는 구 「국세기본법」상 “거짓 증빙 또는 거짓 문서의 작성 및 수취” 내지 “고의적인 세금계산서 조작” 등의 행위에 의한 부당과소신고에 해당한다.

(2) 원심판결(부산고등법원 2015. 7. 24. 선고 2015누21162 판결) : 국승

「부가가치세법기본통칙」 22－0－1은 타인의 명의로 사업자등록을 하고 부가가치세 신고 납부를 한 명의위장사업자에 대하여 경정하는 경우 그 타인의 명의로 교부받은 세금계산서의 매입세액은 「국세기본법」 제14조의 규정에 의하여 명의위장사업자의 매출세액에서 공제하며 미등록가산세를 적용하지 아니한다고 규정하고 있으므로, 위 규정이 적용되기 위해서는 **타인의 명의로 사업자등록을 한 명의위장사업자여야 할 것이다.** 그런데 원고들이 이 사건 세금계산서를 교부받기 전부터 **자신들 명의로 독립된 사업자등록을 하여 각자의 사업을 영위**하여 왔던 사실, 원고1이 개발부담금 납부를 회피하기 위해 원고2 명의를 차용하여 이 사건 건물을 신축하면서 원고2를 공급받는 자로 한 이 사건 세금계산서를 교부받은 사실은 앞서 본 바와 같고, 이에 의하면 원고2는 이 사건 세금계산서에 한해 공급받는 자가 사실과 달리 작성된 세금계산서를 교부받은 것일 뿐, **원고2 명의로 사업자등록을 한 명의위장사업자라 할 수 없으므로, 원고1에게 위 기본통칙규정을 적용할 수 없다.**

4. 대상판결

(1) 이 사건 세금계산서가 사실과 다른 세금계산서인지에 대한 판단 : 국승

이 사건 세금계산서는 구 「부가가치세법」 제17조 제2항 제2호 후단 및 제16조 제1항 제2호에서 정한 ‘공급받는 자의 등록번호’가 사실과 다르게 적힌 세금계산서에 해당한다.

(2) 부당과소신고가산세 적용 부분에 대한 판단 : 국패

원고2에게 ‘○○건설이 이 사건 세금계산서 상의 매출세액을 제외하고 부가가치세의 과세표준 및 납부세액을 신고·납부하거나 또는 이 사건 세금계산서 상의 매출세액 전부를 신고·납부한 후 경정청구를 하여 이를 환급받는 등의 방법으로 이 사건 세금계산서 상의 부가가치세 납부의무를 면탈함으로써 원고2가 **이 사건 세금계산서에 의하여 매입세액의 공제 및 환급을 받는 것이 결과적으로 국가의 조세수입 감소를 가져오게 될 것이라는 점**

에 관한 인식이 있었는지 여부'를 심리한 후, 이 사건 부정과소신고가산세 및 부정초과환급신고가산세 부과처분이 적법한지를 판단하였어야 했다.

… 원심의 판단에는 구 「국세기본법」 제47조의 3 제2항 제2호가 규정한 부정과소신고가산세 및 부정초과환급신고가산세의 부과요건에 관한 법리를 오해하여 필요한 심리를 다하지 아니함으로써 판결에 영향을 미친 잘못이 있다.

5. 평 석

(1) 원고는 1심법원에서 이 사건과 같이 사업자등록을 한 타인의 명의를 차용하여 그 명의로 재화나 용역을 공급받아 매입세금계산서를 교부받은 경우에는 사실과 달리 허위로 기재된 세금계산서라고 볼 수 없고, 「**부가가치세법기본통칙**」 22-0-1 **'명의위장사업자에 대한 「부가가치세법」 적용' 등에 의하더라도 타인의 명의로 사업자등록을 하고 부가가치세 신고납부를 한 명의위장사업자에 대하여 경정하는 경우 그 타인의 명의로 교부받은 세금계산서의 매입세액은 「국세기본법」 제14조의 규정에 의하여 명의위장사업자의 매출세액에서 공제**하는 것으로 규정하고 있어 실제 사업자인 원고1이 이 사건 매입세금계산서 상의 매입세액을 공제받아야 한다고 주장하였다.

(2) 1심법원은 이에 대하여 원고가 주장하는 기본통칙은 과세관청 내부에서 세법의 해석기준 및 집행기준을 시달한 행정규칙에 불과하고 법원이나 국민을 기속하는 효력이 있는 법규가 아니라는 기본통칙에 대한 통상적인 대법원의 판단을 일반론으로 제시하면서 원고의 주장을 배척하였다.

(2) 어떤 경우가 명의를 차용한 것인지 혹은 명의위장에 해당하는 것인지 구분하기가 쉽지는 않다. 1심법원은 명의차용인지 명의위장인지에 대한 판단을 유보하면서 가사 명의위장에 해당하더라도 법규성이 인정되는 「부가가치세법」 관련규정에 반한다고 판단하였다(기본통칙의 법규성은 인정되지 않는다는 전제하에).

(3) 그러나 원심은 명의대여인 경우 매입세액 공제가 가능하다는 내용의 기본통칙(어쩌면 납세자에게 유리한 기본통칙이라고 할 수도 있다)을 행정청 내부를 규율하는 행정규칙으로 국민을 기속하는 법규적 효력이 없다고 하지는 않았다. 이 사건의 경우는 원고1, 2가 모두 사업자임을 감안할 때 명의대여로 볼 수 없다는 것이다.

(4) 사견임을 전제한다면, 납세자에게 유리한 기본통칙의 법규적 효력은 인정되지 않는다고 확정적으로 단언할 수 있는지 의문이다. 통상적인 경우 과세관청의 과세처분 근거를 이루는 기본통칙의 법규성을 부인한 경우가 일반적이지 납세자에게 유리한 기본통칙까지 법규적 효력이 인정되지 않는다고 판단한 경우는 보기 힘들다.

(5) 원론적으로 과세관청의 행정해석에 불과한 기본통칙의 규정은 법률이 아니므로 기본통칙이 갖고 있는 한계 및 기본통칙이 담고 있는 묵시적 또는 실질적 의미를 살펴 적용하여야 할 것으로 보인다.

(6) 대법원은 명의 차용의 경우에 사실과 다른 세금계산서에 해당하여 매입세액 불공제 처분을 하는 것은 당연하나 이 경우 사기 기타 부정행위에 해당하여 부당과소신고가산세를 적용하려면 원고가 국세를 포탈하거나 환급·공제받아야 할 터인데 그 행태가 납세의무자의 심한 배신행위(조세포탈)에 기인하여야 한다는 것이다. 이 사건 거래에 대하여 거래상대방(매출처)의 부가가치세 신고·납부가 이루어진 이상 **결과적으로 국가의 조세수입 감소를 가져오게 될 것이라는 점에 관한 인식이 없었다고 보아야 한다는 것이 대법원의 일관된 판단이다.**

6. 관련 판례

문서번호	내 용
대법원 2015. 1. 15. 선고 2014두11618 판결	납세자가 사실과 다른 세금계산서를 교부받아 매입세액의 공제 또는 환급을 받은 경우 그러한 행위가 구 「국세기본법」 제47조의 3 제2항 제2호에서 정한 '부정행위로 부가가치세 등의 납부세액을 과소신고하거나 환급세액을 초과신고한 경우'에 해당한다고 하기 위해서는, 납세자에게 **사실과 다른 세금계산서에 의하여 매입세액의 공제 또는 환급을 받는다는 인식 외에,** 사실과 다른 세금계산서를 발급한 자가 그 세금계산서 상의 매출세액을 제외하고 부가가치세의 과세표준 및 납부세액을 신고·납부하거나 또는 그 세금계산서 상의 매출세액 전부를 신고·납부한 후 경정청구를 하여 이를 환급받는 등의 방법으로 **그 세금계산서 상의 부가가치세 납부의무를 면탈함으로써 납세자가 그 매입세액의 공제를 받는 것이 결과적으로 국가의 조세수입 감소를 가져오게 될 것이라는 점에 대한 인식이 있어야** 한다.

문서번호	내 용
대법원 2016. 11. 10. 선고 2016두31920 판결	세금계산서 제도가 당사자 사이의 거래를 노출시킴으로써 부가가치세뿐만 아니라 소득세와 법인세의 세원 포착을 용이하게 하는 납세자 간 상호검증의 기능을 갖고 있음을 감안하여, 과세권의 적정한 행사와 조세채권의 용이한 실현을 위하여 부가가치세 납세의무를 지는 사업자로 하여금 재화나 용역의 공급 없이 세금계산서를 발행 또는 수취하지 않도록 할 의무를 부과하고, 사업자가 정당한 사유 없이 이에 위배하여 재화나 용역의 공급 없이 세금계산서를 수수할 경우에는 행정상 제재로 세금계산서불성실 가산세를 부과하도록 한 것이다. 이와 같은 규정 문언과 입법취지에 비추어 보면 세금계산서불성실 가산세는 사업자가 재화나 용역의 공급 없이 세금계산서를 수수한다는 점에 관한 인식이 있었을 것을 요건으로 하지 아니한다.
대법원 2014. 2. 27 선고 2013두19516 판결	납세자가 허위의 계약서에 따라 교부받은 허위의 세금계산서에 의하여 매입세액의 공제 또는 환급을 받은 경우 그러한 행위가 국세기본법에서 규정한 '사기 기타 부정한 행위로써 국세를 포탈하거나 환급·공제 받은 경우'에 해당하여 10년의 부과제척기간이 적용되기 위하여는, ① 납세자에게 허위의 세금계산서에 의하여 매입세액의 공제 또는 환급을 받는다는 인식 외에, ② **허위의 세금계산서를 발급한 자가 그 세금계산서상의 매출세액을 제외하고 부가가치세의 과세표준 및 납부세액을 신고·납부하거나 또는 그 세금계산서상의 매출세액 전부를 신고·납부한 후 경정청구를 하여 이를 환급 받는 등의 방법으로 그 세금계산서상의 부가가치세 납부의무를 면탈**함으로써 납세자가 그 매입세액의 공제를 받는 것이 결과적으로 국가의 조세수입 감소를 가져오게 될 것이라는 점에 대한 인식이 있어야 한다.

5-5 선의의 거래당사자로서 매입세액 공제가 타당한지 여부

● 대상판결 : 대전지방법원 2010구합5051 (2011. 5. 25.) ➜ 국패

핵심 요지

건축공사의 실제 시공자가 누구인지 의심할만한 충분한 사정이 있었다고 볼 수도 없는 점 등을 종합하면, 원고로서는 매입세금계산서의 공급자가 사실과 다르게 기재되어 있다는 점을 알지 못하였다고 봄이 상당하고, 알지 못한데 어떠한 과실이 있다고 볼 수도 없으므로 선의의 거래당사자로서 매입세액 공제함이 타당하다.

1. 사실관계

① 세금계산서 수수

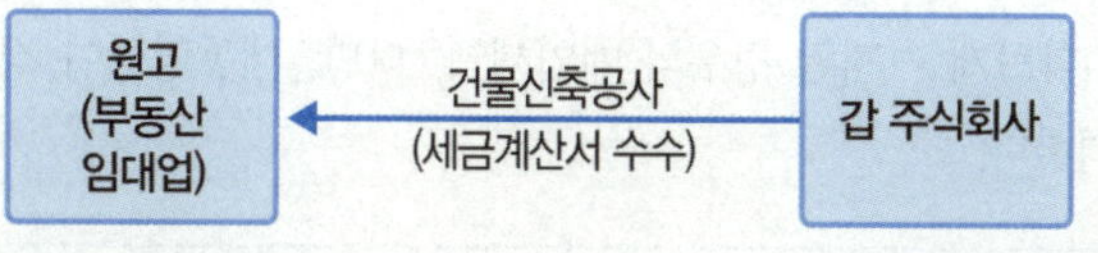

② 이 사건 공사용역 제공

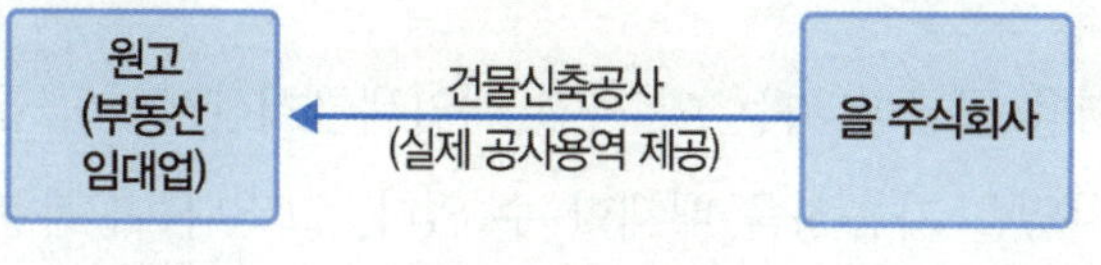

(1) 원고는 갑주식회사에게 이 사건 건물 신축공사를 도급하고 갑주식회사가 발행한 매입세금계산서를 받아 매입세액 51백만 원을 공제하여 2006년도 제2기분 부가가치세를 신고하였다.

(2) 피고는 조사결과 갑주식회사는 이 사건 공사에서 명의를 대여한 자에 불과하고 실제로는 을주식회사가 이 사건 공사를 도급받은 자라는 전제하에 이 사건 매입세금계산서 기재내용 중 '공급하는 사업자'가 사실과 다른 경우에 해당한다고 보아 매입세액

공제를 부인하고 원고에 대하여 2006년도 제2기분 부가가치세 82백만 원(가산세 포함)을 경정·고지하였다.

2. 쟁 점

원고를 선의의 거래당사자로 볼 수 있는지 여부

3. 관련 법령

구 「부가가치세법」 제17조 【납부세액】 (현행 부가가치세법 제39조)

② 다음 각호의 매입세액은 매출세액에서 공제하지 아니한다.

1의 2. 제16조 제1항 및 제3항의 규정에 의한 세금계산서를 교부받지 아니한 경우 또는 교부받은 세금계산서에 제16조 제1항 제1호부터 제4호까지의 규정에 의한 기재사항(이하 "필요적 기재사항"이라 한다)의 전부 또는 일부가 기재되지 아니하였거나 사실과 다르게 기재된 경우의 매입세액. 다만, 대통령령이 정하는 경우의 매입세액은 제외한다.

4. 대상판결

이 사건 공사의 용역을 공급한 자는 이 사건 매입세금계산서의 공급자란에 기재된 갑주식회사가 아니라 제3자였을 가능성을 배제할 수 없다. 그러나 이 부분 입증책임이 피고에게 있음은 앞서 본 법리와 같고, **설령 이 사건 매입세금계산서가 공급자가 사실과 다르게 기재된 매입세금계산서라고 하더라도 원고가 이를 알지 못하였고 알지 못한데 과실이 없다는 특별한 사정이 인정되는 경우에는 여전히 그 매입세금계산서에 기재된 매입세액은 공제의 대상**이 된다.

… 이 사건 공사는 실질적으로 하도급 형식으로 이루어졌으므로 원고로서는 원도급자의 사업자등록여부를 확인하고, 사무실을 방문하여 대표이사와 면담을 하는 등의 방법을 거친 후 실제로 공사가 완료된 다음 거래내용에 합당한 매입세금계산서를 교부받는 것 외에

별달리 원도급자가 누구인지 확인할 수 있는 방법이 없었을 것으로 보이고, 이러한 점에서 원고가 이 사건 공사의 실제 시공자(원도급자)가 누구인지 의심할만한 충분한 사정이 있었다고 볼 수도 없는 점 등을 종합하여 보면, **원고로서는 이 사건 매입세금계산서의 공급자가 사실과 다르게 기재되어 있다는 점을 알지 못하였다고 봄이 상당하고, 알지 못한데 어떠한 과실이 있다고 볼 수도 없다.**

따라서, 이 사건 매입세금계산서에 기재된 매입세액은 매출세액에서 공제되어야 하고, 그럼에도 앞서의 인정과 다른 전제 아래 한 이 사건 처분은 위법하다.

5. 평 석

(1) 원고는 전심단계(조심 2010전2860)에서부터 갑주식회사의 법인계좌로 공사대금을 지급하였고, 이 사건 건물공사용역도 갑주식회사로부터 공급받았다고 주장하였다.

(2) 이에 대하여 조세심판원장은 쟁점건물에 대한 일반건축물대장상 공사시공자가 세금계산서 상 공급자인 갑주식회사가 아닌 을주식회사로 기재되어 있는 점, 을주식회사와의 도급계약체결일자가 갑주식회사와의 도급계약체결일자보다 앞서는 바 도급계약의 당사자를 갑주식회사에서 을주식회사로 변경하였다고 보기는 어려운 점 등을 종합하였을 때, 을주식회사가 이 사건 공사 용역을 공급하고 갑주식회사로부터 이 사건 세금계산서를 수취하였다고 봄이 합리적이고, 원고를 선의의 거래당사자에 해당한다고 보기도 어렵다고 보아 원고의 청구를 기각하는 결정을 하였다.

(3) 1심 재판부는 판결 이유에서 이 사건 공사의 용역을 공급한 자는 이 사건 매입세금계산서의 공급자란에 기재된 갑주식회사가 아니라 제3자였을 가능성을 배제할 수 없다는 점은 인정하고 있다.

(4) 그러나 이 사건 건물 신축공사용역을 제공받은 원고로서는 실제 공사 용역을 제공한 자가 누구인지보다는 공사가 차질 없이 진행되는 것이 더 중요한 문제이고, 원고가 실제 공사용역 공급자를 판단하는 방법은 거래상대방이 국세통합전산망에서 사업자등록이 되어있는지에 대한 확인 외에는 달리 확인할 방법도 없다.

(5) 그러한 사유로 대법원도 "사업자가 거래상대방의 사업자등록증을 제출받아 확인하고 거래시마다 거래내용에 합당한 세금계산서를 교부받은 경우 거래상대방이 명의위장

사업자로 판명되었다고 하더라도 그 매입세액은 매출세액에서 공제되어야 한다."고 판시하였다(대법원 1989. 7. 25. 선고 89누 749 판결 참조).

(5) 재판부는 여러 정황상의 근거, 입증책임의 정도 등을 감안하여 원고에게 무리한 입증책임을 지우는 것이 옳지 않다고 판단하였고, 그러한 재판부의 판단은 정당한 것으로 수긍이 간다.

(6) 피고는 고등법원에 항소하였다가 소를 취하함으로써 이 사건은 종결되었다. 피고로서도 더 이상 다툼의 실익이 없는 것으로 본 것이다.

6. 관련 판례 및 심사례

문서번호	내 용
대법원 1992. 9. 22. 선고 92누2431 판결; 대법원 2006. 4. 14. 선고 2005두16406 판결; 대법원 2008. 12. 11. 선고 2008두9737 판결 등	구 「부가가치세법」 제17조 제2항 제1호의 2가 규정하고 있는 '사실과 다른 세금계산서'에 해당한다는 점에 관한 증명책임은 과세관청이 부담함이 원칙이다.
대법원 1997. 6. 27. 선고 97누4920 판결; 대법원 1998. 12. 8. 선고 98두3068 판결; 대법원 2002. 6. 28. 선고 2002두2277 판결 등	실제 공급하는 사업자와 세금계산서 상 공급자가 다른 세금계산서는 구 「부가가치세법」 제17조 제2항 제1호의 2 본문의 '그 내용이 사실과 다른 것'으로서 **공급받는 자가 세금계산서의 명의위장사실을 알지 못하였고 알지 못한 데에 과실이 없다는 특별한 사정이 없는 한** 그 매입세액은 공제 내지 환급받을 수 없으며, 공급받는 자가 위와 같은 명의위장 사실을 알지 못한 데에 과실이 없다는 점은 매입세액의 공제 내지 환급을 주장하는 자가 입증하여야 한다.
국세청 적부 2011-0225, 2011. 11. 11.	**임대사업장 명의가 아닌 법인 본점 명의가 기재된 세금계산서의 매입세액 불공제 여부**에 대하여 살펴보면 쟁점세금계산서 공급자란에 ㅇㅇ본점 명의를 기재한 것은 쟁점부동산의 등기부상 소유자 및 임대차 계약 당사자가 본점이어서 실무자가 착오로 발행한 것으로 보이며, 이외의 모든 기재사항은 사실과 부합되므로 "발급받은 세금계산서의 필요적 기재사항 중 일부가 착오로 적혔으나 해당 세금계산서의 그 밖의 필요적 기재사항 또는 임의적 기재사항으로 보아 거래사실이 확인되는 경우"에 해당하여 …청구법인이 쟁점세금계산서를

문서번호	내 용
	수취함에 있어 조세를 탈루하기 위하여 고의성이 있다거나 중대한 과실이 있다고 할 수 없으므로 **쟁점매입세액은 매출세액에서 공제되어야 할 것으로 판단**된다.
부가가치세과-405, 2013. 5. 9.	미등록지점에서 재화 등을 공급한데 대해 본점 명의로 신고한 경우로서 발급받은 세금계산서의 매입세액은 본점에서 공제할 수 있는 것이다.
대법원 2015. 2. 2. 선고 2014두420013 판결 ; 대법원 2002. 6. 28. 선고 2002두2277 판결	세금계산서상의 공급자와 실제 공급자가 다른 경우에는 공급받는 자가 세금계산서의 명의위장 사실을 알지 못하였고 알지 못한 데에 과실이 없다는 특별한 사정이 없는 한 그 세금계산서에 의한 매입세액을 공제 내지 환급 받을 수 없다. 그리고 **공급받는 자가 위와 같은 명의위장 사실을 알지 못한 데에 과실이 없다는 점은 매입세액의 공제 내지 환급을 주장하는 쪽에서 증명**하여야 한다.
대법원 2015. 4. 9. 선고 2014두12642 판결 ; 대법원 2009. 8. 20. 선고 2007두1439 판결	납세의무자가 신고한 비용 중의 일부 금액에 관한 세금계산서가 실물거래 없이 허위로 작성되었다는 점이 과세관청에 의해 상당한 정도로 증명되어 그것이 실지비용인지 여부가 다투어지고 납세의무자가 주장하는 비용의 용도와 그 지급의 상대방이 허위임이 상당한 정도로 증명된 경우에는 그러한 비용이 실제로 지출되었다는 점에 관하여 장부와 증빙 등 자료를 제시하기가 용이한 납세의무자가 이를 증명할 필요가 있다.

5-6 타인명의로 교부받은(명의위장) 세금계산서상 매입세액을 매출세액에서 공제함이 타당함

● 대상결정 : 조심2016전1026 (2016. 9. 30. 합동회의) ➜ 인용

핵심 요지

「부가가치세법」 제17조 제2호에서 매입세액이 공제되지 않는 경우로 세금계산서의 필요적 기재사항의 부실기재만을 한정하고 있어 그 밖에 임의적 기재사항의 부실기재는 세금계산서의 효력에 아무런 영향이 없을 뿐 아니라 매입세액의 불공제 사유도 되지 못한다고 봄이 타당하므로 타인 명의로 교부받은 세금계산서 상 매입세액을 청구인의 매출세액에서 공제함이 타당함

1. 사실관계

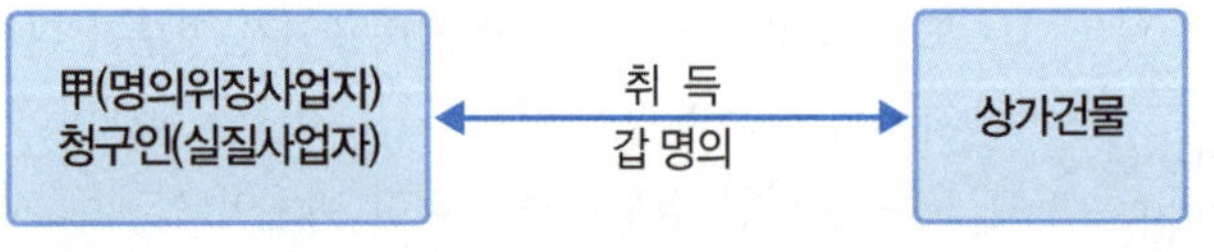

(1) 甲은 상가건물을 신축하여 분양받기 위하여 업종을 부동산신축판매업으로 하여 사업자 등록을 하였다.

(2) 중부지방국세청장은 세무조사실시결과 상가건물의 실질사업자는 甲이 아니라 청구인이라고 보아 처분청에 명의위장 사실을 통보하였고, 이에 처분청은 명의위장에 따른 매입세액을 불공제하고 가산세를 더하여 청구인에게 2016. 1. 12. 2010년 제1기 ~ 2012년 제2기 부가가치세를 경정·고지하였으며, 청구인은 이에 불복하여 심판청구를 제기하였다.

2. 쟁 점

타인명의로 교부받은 세금계산서상의 매입세액을 청구인의 매출세액에서 공제하는 것이 타당한지 여부

3. 관련법령

구「부가가치세법」(2010.12.27. 대통령령 제11608호로 개정된 것) 제16조【세금계산서】

① 납세의무자로 등록한 사업자가 재화 또는 용역을 공급하는 경우에는 제9조의 시기(대통령령에서 시기를 다르게 정하는 경우에는 그 시기를 말한다)에 다음 각 호의 사항을 적은 계산서(이하 "세금계산서"라 한다)를 대통령령으로 정하는 바에 따라 공급을 받은 자에게 발급하여야 한다. 이 경우 세금계산서를 발급한 후 그 기재사항에 관하여 착오나 정정(訂正) 등 대통령령으로 정하는 사유가 발생한 경우에는 대통령령으로 정하는 바에 따라 세금계산서를 수정하여 발급할 수 있다.

1. 공급하는 사업자의 등록번호와 성명 또는 명칭
2. 공급받는 자의 등록번호
3. 공급가액과 부가가치세액
4. 작성 연월일
5. 제1호부터 제4호까지의 사항 외에 대통령령으로 정하는 사항

(現行) 부가가치세법 제32조 **【세금계산서 등】**

구「부가가치세법」(2013.01.01. 대통령령 제11608호로 개정된 것) 제17조【납부세액】

② 다음 각 호의 매입세액은 매출세액에서 공제하지 아니한다.

2. 제16조제1항·제2항·제4항 및 제5항에 따른 세금계산서를 발급받지 아니한 경우 또는 발급받은 세금계산서에 제16조제1항 제1호부터 제4호까지의 규정에 따른 기재사항(이하 "필요적 기재사항"이라 한다)의 전부 또는 일부가 적히지 아니하였거나 사실과 다르게 적힌 경우의 매입세액. 다만, 대통령령으로 정하는 경우의 매입세액은 제외한다.

(現行) 부가가치세법 제39조 **【공제하지 아니하는 매입세액】**

4. 대상결정

구「부가가치세법」제17조 제2호에서 매입세액이 공제되지 않는 경우로 세금계산서의 필요적 기재사항(①공급하는 사업자의 등록번호와 성명 또는 명칭, ②공급 받는 자의 등록번호, ③공급가액과 부가가치세액, ④작성연월일의 부실기재만을 한정하고 있어 그 밖에 임의적 기재사항(특히 이 사건에서 문제되는 공급받는 자의 상호, 성명, 주소)의 부실기재

는 세금계산서의 효력에 아무런 영향이 없을 뿐 아니라 매입세액의 불공제 사유도 되지 못한다고 보는 것이 조세법 해석 시 확대해석이나 유추해석을 금하는 조세법률주의 파생 원칙인 엄격해석의 원칙상 당연한 점(대법원 1995. 12. 21. 선고 94누1449판결, 같은 뜻임)등에 비추어 **타인 명의로 교부받은 각 과세기간별 세금계산서상의 매입세액을 청구인의 매출세액에서 공제하는 것이 타당**한 것으로 판단된다.

… **타인명의의 명의위장 사업장으로 교부받은 세금계산서가 실제 거래가 있고 정상적으로 신고·납부가 이루어졌다면 세금계산서 상 공급 받는 자의 상호 및 성명은 임의적 기재사항이므로 공급받는 자(실질사업자)가 개인사업자인지 법인사업자인지 여부와 관계없이 사실과 다른 세금계산서가 아닌 것으로 해석**함이 합리적이다. 그리하여 우리 심판원의 종전입장(조심 2015전229, 2015. 8. 12.)을 변경한 점도 밝혀둔다.

… **명의위장으로 사업자등록을 하였다 하더라도 실제로 용역을 공급하고 이에 따라 세금계산서를 정상적으로 발급**한 점 등에 비추어「부가가치세법」제22조 제1항 제2호에 규정된 **"명의위장사업자에 대한 사업자허위등록가산세"를 적용하는 것은 별론**으로 하더라도, 처분청이 매출세금계산서 상 공급가액에 세금계산서불성실가산세를 부과한 처분은 잘못이 있는 것으로 판단된다.

5. 평 석

(1) 본 사건(조심2016전1026) 결정이 있기 전에는 명의위장사업자에 대한 매입세액 공제 여부에 대하여 매입세액 공제를 부정한 사례〔조심2015전229(합동회의), 조심2015서3416,조심2013부415〕와 인정한 사례〔조심2015부5465. 조심2014부668, 조심2012구2215〕등이 혼재되어 있었다.

(2) 이에 반해 대법원은 타인명의를 차용하여 세금계산서를 수취한 경우 **매입세액 불공제 대상**이나, 부정과소신고가산세 및 부정초과환급신고가산세 부과처분은 위법하다는 일관된 입장이었다(대법원 2015. 12. 23. 선고 2015두50122 판결 ; 대법원 2009. 1. 15.선고 2008두19642 판결).

(3)「부가가치세법」기본통칙 60-108-1【타인명의 등록사업자에 대한 부가가치세법적용】에서는 "사업자가 영 제108조 제1항에서 정하는 타인의 명의로 사업자등록을 하고

부가가치세를 신고·납부한 관할세무서장 등이 경정하는 경우 그 타인명의로 발급받은 세금계산서의 매입세액은 「국세기본법」 제14조에 따라 해당 사업자의 매출세액에서 공제하며, 이 경우 법 제60조 제1항 제2호에 따른 가산세는 적용한다"고 규정하고 있다. 다만, 기획재정부는 위 기본통칙의 의미에 대하여 명의위장사업자가 미등록상태에서 타인명의로 사업자등록을 하고 부가가치세 신고납부를 한 경우에만 적용하는 것으로 제한적으로 해석하고 있다. 하지만 사업자가 명의위장 시 사업자등록을 한 경우와 미등록의 경우를 구분하여 매입세액 공제를 달리 해야 할 이유가 있는지는 의문이 간다.

(4) 서울고등법원(서울고등법원 2008. 10. 10. 선고 2008누14328 판결)은 위 부가가치세법 기본통칙에 대하여 "과세관청 내부에서 세법의 해석기준 및 집행기준을 시달한 행정규칙에 불과하고 법인이나 국민을 기속하는 효력이 있는 법규가 아니라고 할 것이고, 위 기본통칙이 부가가치세법 규정의 해석에 반하는 것이라고 할 것이어서, 이 사건 세금계산서가 사실과 다른 세금계산서에 해당한다"고 판시하였고, 이 판결은 대법원에서 심리불속행(대법원 2009. 1. 15. 선고 2008두19642 판결)으로 확정되었다.

(5) 조세포탈의 목적이 아닌데도 단지 타인명의로 명의위장을 한 경우로서 실제 재화나 용역을 공급받고 부가가치세도 신고·납부하였는데도 매입세액을 공제하지 않는 것은 너무 가혹한 처분이 아닌가 하는 생각을 지울 수가 없다.

(6) 그러나 대법원은 일관되게 명의위장 사업자가 수수한 세금계산서는 사실과 다른 세금계산서로 매입세액 공제를 허용하지 않는다는 입장을 취하고 있다(납세자에게 유리한 기본통칙인 명의위장사업자가 받은 세금계산서는 매입세액 공제대상이라는 기본통칙을 배제하면서 까지도).

(7) 다행히 조세심판원에서는 공급받는 자의 명의위장 시 매입세액 공제여부와 관련하여 법원보다 납세자에게 유리하게 결정하여 매입세액을 공제하도록 결정하였다. **조세심판원의 결정에 대하여는 과세관청이 불복할 수 없으므로 명의위장 사업자들이 구제받을 수 있다**는 점에서 조세심판원의 결정은 의미가 있다.

(8) 명의를 위장하여 소득을 얻더라도 그것이 조세포탈과 관련이 없는 행위인 때에는 명의위장 사실만으로 '사기 그 밖의 부정한 행위'에 해당한다고 할 수 없으나, 명의위장 사업이 조세 회피의 목적에서 비롯되고, 허위 매매계약서 작성과 대금의 허위지급, 허위의 양도소득세 신고, 허위의 회계장부 작성·비치 등과 같은 적극적인 행위까지

부가된다면 이는 조세의 부과와 징수를 불가능하게 하거나 현저히 곤란하게 하는 '사기 기타 그 밖의 부정한 행위'에 해당하여 10년의 부과제척기간이 적용된다(대법원 2013. 12. 12. 선고2013두7667 판결 ; 대법원 2020. 8. 20. 선고 2019다301623 판결).

6. 관련 판례

문서번호	내 용
대법원 1984. 6. 26. 선고 84누68 판결 ; 의정부지방법원 2013. 12. 3. 선고 2012구합3984 판결 등 다수	과세관청은 특별한 사정이 없는 한 사업명의자를 실질사업자로 과세를 하면 되는 것이고, 이것이 실제관계와 다르다는 이유로 **사업명의자가 아닌 별개의 실질사업자에게 실질과세를 하는 점에 대한 주장·증명책임은 명의자 과세를 다투는 처분청에 있는** 것이다.
대법원 1995. 12. 21. 선고 94누1449 판결	**임의적 기재사항**(공급 받는 자의 상호, 성명, 주소)의 **부실기재**는 세금계산서의 효력에 아무런 영향이 없을 뿐 아니라 **매입세액의 불공제 대상도 되지 못한다.**
대법원 2011. 12. 24. 선고 2007두21587 판결	「부가가치세법」 제2조 제1항에 사업자를 납세의무자로 하면서 그 실질은 「국세기본법」 제14조에 의거 소득·수익·재산·행위 또는 거래가 사실상 귀속되는 자로서의 사업자를 납세의무자로 삼고 있으므로 「부가가치세법」상 **'공급받는 자'**를 누구로 확정할 것인가에 대해서는 위 실질과세원칙에 비추어 거래관계에서 **손익이 귀속되는 자를 계약의 당사자**로 보아 그를 공급 받는 자로 확정함이 타당하다.
대법원 1996. 12. 10. 선고 94누617 판결	매입세액공제가 부인되는 **'세금계산서 기재내용이 사실과 다른 경우'**란 세금계산서의 필요적 기재사항의 내용이 재화 또는 용역에 관한 당사자 사이에 작성된 거래계약서 등의 형식적인 기재내용에 불구하고 그 재화 또는 용역을 실제로 공급하거나 공급받는 주체와 가액 및 시기 등이 **서로 일치하지 아니하는 경우**를 가리키는 것이다.
대법원 2016. 11. 10. 선고 2016도10770 판결	법인의 사업자등록을 하면서 단지 **법인의 대표자 성명을 다른 사람의 것을 사용하거나 이를 허락한 경우**는 조세법 처벌법 제11조의 **구성요건에 해당하지 않는다**(위 구성요건은 사업자등록에서의 사업자의 성명 그 자체를 다른 사람의 것을 사용하거나 이를 허락한 경우를 말하는 것임)

5-7 직원명의의 사업자등록번호로 발급받은 세금계산서가 사실과 다른 세금계산서에 해당하는지 여부

● 대상판결 : 대법원 2016두62726 (2019. 8. 30.) ➜ 파기환송

핵심 요지

직원명의의 사업자는 원고의 지점이므로, 직원명의의 사업자등록번호로 발급받은 세금계산서는 매입세액공제 대상에 해당하고, 다만 명의위장등록가산세 부과처분은 정당함

1. 사실관계

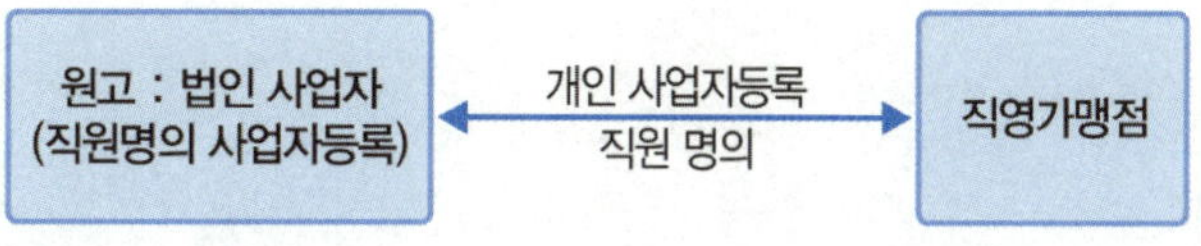

(1) 원고는 광고대행업을 영위하는 법인사업자로 직영가맹점을 두고 있었는데, 직영가맹점(이 사건 사업장)은 원고의 직원 명의로 개인 사업자등록을 하고 그 사업자등록에 따라 세금계산서를 수수하여 부가가치세를 신고·납부하였다.

(2) 피고는 원고에 대한 법인세 통합조사를 실시하여 이 사건 사업장의 실제 사업자가 원고임을 전제로 이 사건 사업장(직영가맹점)의 각 매출·매입을 원고의 거래로 인정한 후 이 사건 사업장의 매입거래에 대해서는 원고의 매입세액으로 공제를 인정하여 원고에게 각 법인세 및 부가가치세를 경정·고지(당초처분)하였다.

(3) 대전지방국세청장은 피고에 대한 업무감사를 실시한 후 피고에게 당초처분에 추가하여 ① 이 사건 사업장에 대하여 구 부가가치세법 제22조 제1항 제2호에 따른 명의위장등록가산세를 부과하고, ② 이 사건 사업장에서 재화나 용역을 공급받고 발급받은 세금계산서(이하 '이 사건 세금계산서'라 한다) 상 매입세액을 불공제하여 부가가치세를 부과하고, ③ 구 국세기본법 제47조의3 제2항에 따른 부당과소신고가산세와 같은 법 제47조의4 제1항에 따른 납부불성실가산세를 부과하도록 시정 요구하였다.

(4) 피고는 대전지방국세청장(감사과)의 시정요구에 따라 원고에게 명의위장등록가산세(411백만 원), 매입세액불공제, 부당과소신고가산세 및 납부불성실가산세(1,893백만 원)를 부과처분 하였다

2. 쟁 점

가. 구 부가가치세법 제22조 제1항 제2호에서 규정하는 명의위장등록가산세의 부과제척기간 도과 여부

나. 세금계산서에 기재된 '공급받는 자의 등록번호'를 실제 공급 받는 자의 등록번호로 볼 수 있다면 '공급받는 자의 성명 또는 명칭'이 실제 사업자의 것과 다르다는 사정만으로 이를 매입세액공제가 인정되지 않는 사실과 다른 세금계산서라고 단정할 수 있는지 여부

3. 관련법령

구「부가가치세법」(2010.12.27. 대통령령 제11608호로 개정된 것) 제16조【세금계산서】

① 납세의무자로 등록한 사업자가 재화 또는 용역을 공급하는 경우에는 제9조의 시기(대통령령에서 시기를 다르게 정하는 경우에는 그 시기를 말한다)에 다음 각 호의 사항을 적은 계산서(이하 "세금계산서"라 한다)를 대통령령으로 정하는 바에 따라 공급을 받은 자에게 발급하여야 한다. 이 경우 세금계산서를 발급한 후 그 기재사항에 관하여 착오나 정정(訂正) 등 대통령령으로 정하는 사유가 발생한 경우에는 대통령령으로 정하는 바에 따라 세금계산서를 수정하여 발급할 수 있다.

1. 공급하는 사업자의 등록번호와 성명 또는 명칭
2. 공급받는 자의 등록번호
3. 공급가액과 부가가치세액
4. 작성 연월일
5. 제1호부터 제4호까지의 사항 외에 대통령령으로 정하는 사항

(**現行**) 부가가치세법 제32조【**세금계산서 등**】

구「부가가치세법」(2013.01.01. 대통령령 제11608호로 개정된 것) 제17조【납부세액】

② 다음 각 호의 매입세액은 매출세액에서 공제하지 아니한다.
2. 제16조제1항·제2항·제4항 및 제5항에 따른 세금계산서를 발급받지 아니한 경우 또는 발급받은 세금계산서에 제16조제1항 제1호부터 제4호까지의 규정에 따른 기재사항(이하 "필요적 기재사항"이라 한다)의 전부 또는 일부가 적히지 아니하였거나 사실과 다르게 적힌 경우의 매입세액. 다만, 대통령령으로 정하는 경우의 매입세액은 제외한다.
(現行) 부가가치세법 제39조 **【공제하지 아니하는 매입세액】**

4. 사건의 경과

(1) 1심 판단(대전지방법원 2016. 8. 18. 선고 2015구합105222 판결)

가. 매입세액불공제에 따른 부가가치세 부과처분의 위법성 여부(국승)

… 실질적 사업자가 타인 명의로 사업자등록을 하고 재화 또는 용역을 공급받아 세금계산서상 공급받는 자의 등록번호를 그 등록명의자의 것으로 기재하여 세금계산서를 발급받는 것은 실제 거래의 주체가 거래단계를 증명하는 세금계산서에 드러나지 아니하여 객관적 거래질서를 해하고 전단계 세액공제방식을 취하여 과세자료를 양성화 시키려는 부가가치세법의 취지에 배치되는 점 등을 종합하면, 피고가 이 사건 매입세금계산서에 대하여 매입세액을 불공제하여 부가가치세 부과처분을 한 것을 위법하다고 보기 어렵다.

나. 명의위장등록가산세 부과처분의 위법여부(국승)

… 타인명의의 사업자등록을 이용하는 행위는 이미 등록되어 있는 타인명의의 사업자등록을 그대로 이용하여 사업을 하는 경우를 의미한다고 봄이 상당하고, 특히 원고가 본점에 대하여는 원고 명의로 사업자등록을 하였으면서도 이사건 사업장에 대하여는 직원들의 명의로 사업자등록을 하여 사업을 영위하는 경우, 실질적으로 원고가 자신 소유의 사업장에서 사업을 하면서 단지 사업자등록의 명의만을 직원들의 명의로 해 놓은 것에 불과하기 때문에 사업자등록의 주체는 원고이고, 이는 '타인의 명의로 사업자등록을 한 행위'에 해당함이 명백하므로, 피고의 원고에 대한 명의위장등록가산세 부과처분은 정당하다.

다. 부당가산과소신고가산세 부과처분의 위법성 여부(국승)

… 원고가 실제로는 스스로 이 사건 사업장을 운영하면서 수입금액을 분산시키고 직영점 수입금액의 일부를 누락하여 신고할 의도로 직원명의로 사업자등록을 하면서 이중장부를 작성하고 매출을 분산하여 소득, 수익, 거래 등을 조작하거나 은폐한 행위는 세금계산서상의 부가가치세 등 조세납부의무를 면탈함으로써 결과적으로 국가의 조세수입 감소를 가져오게 될 것이라는 점에 대한 인식 하에 이루어진 부당한 방법에 의한 과소신고 라고 봄이 상당하다.

라. 부과제척기간 도과 여부(국승)

… 원고가 이 사건 사업장에 대한 사업자등록을 지점장으로 발령한 직원들 명의로 한 것은 앞서 본바와 같이 조세를 회피하기 위한 목적에서 이루어진 것이고, 나아가 그 사실이 발각되지 않도록 허위 프랜차이즈사업 계약서 등 작성, 이중장부에 의한 부가가치세, 소득세, 법인세 신고와 같은 적극적인 행위를 하였던 점에 비추어 보면, 이는 구 국세기본법 제26조의2 제1항 제1호의 '사기 기타 부정한 행위'에 해당한다고 할 것이므로, 부가가치세의 부과제척기간은 10년이 된다.

(2) 대상판결

가. 매입세액불공제에 따른 부가가치세 부과처분의 위법성 여부(파기환송)

… 원고는 이 사건 사업장에 대하여 직원들 명의로 사업자등록을 하였을 뿐 이를 **자신의 계산과 책임으로 직접 운영하면서 부가가치세를 신고·납부**하였으므로, 이 사건 사업장의 매입과 관련하여 발급받은 이 사건 세금계산서에 기재된 '공급받는 자'의 등록번호는 원고의 등록번호로 보아야 할 것이고, 다른 필요적 기재사항이 사실과 다르다는 주장과 증명이 없는 이 사건에서 이 **사건 세금계산서는 사실과 다른 세금계산서에 해당하지 아니하여 그 매입세액은 매출세액에서 공제**될 수 있다고 보아야 하다. 따라서 이와 달리 이 사건 세금계산서의 매입세액이 매출세액에서 공제될 수 없음을 전제로 한 이사건 처분은 위법하다.

나. 명의위장등록가산세 부과처분의 위법여부(국승)

… 원심은 원고가 본점에 대하여는 원고 명의로 사업자등록을 하였으면서도 이 사건

사업장에 대하여는 직원들 명의로 사업자등록을 하여 사업을 영위해 왔다는 사실을 인정한 다음, 이러한 경우는 구 부가가치세법 제22조 제1항 본문 제2호의 **'타인 명의로 사업자등록을 한 행위'에 해당함이 명백하다는 이유로 피고의 원고에 대한 명의위장등록가산세 부과처분은 적법**하다고 판단하였다. 이러한 원심의 판단은 정당하고 명의위장등록가산세 과세요건에 관한 법리를 오해하여 판결에 영향을 미친 잘못이 없다.

다. 명의위장등록가산세의 부과제척기간(국패)

… 명의위장등록가산세는 부가가치세 본세 납세의무와 무관하게 타인명의로 사업자등록을 하고 실제 사업을 한 것에 대한 제재로서 부과되는 별도의 가산세이고, 구 국세기본법 제26조의2 제1항 제1의 2호에 따라 납세자의 부정행위로 부과대상이 되는 경우 10년의 부과제척기간이 적용되는 별도의 가산세에도 포함되어 있지 않으며, 이에 대한 신고의무에 대하여도 별도의 규정이 없으므로, **그 부과제척기간은 5년**으로 봄이 타당하다.

5. 평 석

(1) 본 사건 전(前)의 대법원은 타인명의를 차용하여 세금계산서를 수취한 경우 **매입세액 불공제 대상**이나, 부정과소신고가산세 및 부정초과환급신고가산세 부과처분은 위법하다는 일관된 입장이었다(대법원 2015. 12. 23. 선고 2015두50122 판결 ; 대법원 2009. 1. 15. 선고 2008두19642 판결).

(2) 「부가가치세법」 기본통칙 60-108-1【타인명의 등록사업자에 대한 부가가치세법적용】에서는 "사업자가 영 제108조 제1항에서 정하는 타인의 명의로 사업자등록을 하고 부가가치세를 신고·납부한 관할세무서장 등이 경정하는 경우 그 타인명의로 발급받은 세금계산서의 매입세액은 「국세기본법」 제14조에 따라 해당 사업자의 매출세액에서 공제하며, 이 경우 법 제60조 제1항 제2호에 따른 가산세는 적용한다"고 규정하고 있다.

(3) 이 사건의 제1심과 원심은 종전의 대법원 판단과 같이 타인명의로 사업자등록을 하여 세금계산서를 수취한 경우에는 매입세액공제 불공제 대상임은 당연한 것이고, 거기에 더하여 국세부과제척기간 10년 적용(원고의 행위를 사기기타 부정한 행위로 보았다) 및 부당과소신고가산세(40%)적용을 하여야 한다고 판시를 하였다.

(4) 대법원은 본 건을 '사기기타 부정한 행위'로 보지 아니하였다. 일반적으로 10년의 부과제척기간의 적용여부가 문제될 경우의 쟁점은 "조세의 부과·징수를 불가능하게 하거나 현저히 곤란케 하는 위계기타 부정한 적극적 행위('사기 기타 부정한 행위심한 배신행위')가 있느냐 여부이고 **사기 기타 부정한 행위가 인정될 경우에는 통상 국세를 포탈하거나 환급·공제받는 경우에 해당**할 것이다. 본 건에서도 조세 포탈이 없는 정상적인 신고·납부가 이루어진 행위에 대하여는 '사기기타 부정한 행위'로 보지 아니한다는 종전의 대법원 입장을 그대로 고수하였다. 대법원은 **부당과소신고가산세의 부당한 방법의 의미와 조세범처벌법에 규정된 '사기나 그 밖의 부정한 행위'의 의미를 거의 동일시** 하고 있다(대법원 2013. 11. 28. 선고 2013두12362판결 참조).

따라서 이 사건의 경우 5년의 부과제척기간을 적용하도록 한 판단은 지금까지의 대법원의 판례와 일치되는 것으로 보인다.

(5) 이에 더하여 대법원은 일관되게 명의위장 사업자가 수수한 세금계산서는 사실과 다른 세금계산서로 매입세액 공제를 허용하지 않는다는 입장을 취한 종전의 입장과는 달리 **타인명의로 사업자 등록을 하고 세금계산서를 수수하였다 하더라도 자기 계산과 책임으로 직접운영하면서 부가가치세를 신고·납부한 경우에는 매입세액 공제가 허용되어야 한다**는 새로운 판단을 하였다.

(6) 이러한 판단은 조세심판원의 결정(조심2016전1026, 2016. 9. 30. 합동회의)과 동일한 것이다. 유의할 점은 일반적인 위장·가공매입은 매입세액 불공제 대상이 되는 것은 당연하고 본 건과 같이 **자기 계산과 책임하에 이루어진 타인명의 또는 명의위장 사업자와의 세금계산서 수수의 경우**에만 매입세액 공제가 가능하다는 점이다. 물론 어디까지를 자기 계산과 책임 하에 이루어진 것으로 볼 것인지에 대해서는 여전히 명확하지 않아 논란의 여지가 있고, 추후 대법원의 판단을 예의 주시할 필요가 있어 보인다.

(7) 명의위장등록가산세는 해당 법률에 규정되어 있지 아니하므로 명의위장이 부정행위에 해당하는지에 관계없이 그 부과제척기간은 5년이 된다(대법원 2009. 12. 24. 선고 2007두16974판결 ; 국세기본법 제26의2 ②3).

6. 관련 판례

문서번호	내 용
대법원 2004. 11. 18. 선고 2002두5771 전원합의체 판결	과세기간이 경과한 후에 작성한 세금계산서는 작성일자를 공급시기로 소급하여 작성하였다고 하더라도 '필요적 기재사항의 일부가 사실과 다르게 기재된 세금계산서'에 해당하므로 이 경우의 매입세액은 매출세액에서 공제되어서는 아니 된다.
대법원 2011. 3. 24. 선고 2010도13345 판결	부가가치세를 포탈할 의도로 세금계산서를 교부하지 않은 다음 부가가치세 확정 신고를 하면서 고의로 매출액을 신고에서 누락하거나 다른 사람들의 명의를 빌려 위장 사업체를 설립하여 매출을 분산하는 것도 적극적 은닉의도가 나타나는 사정으로 볼 수 있다.
대법원 2016. 2. 18. 선고 2014두35706 판결	구 부가가치세법 제17조 제2항 제2호 본문에서 필요적 기재사항이 사실과 다르게 적힌 세금계산서에 의한 매입세액 공제를 제한하는 취지는 같은 조 제1항에서 채택한 전단계 세액공제법의 정상적인 운영을 위해서는 과세기간 별로 각 거래 단계에서 사업자가 공제받을 매입세액과 전단계 사업자가 거래징수 할 매출세액을 대조하여 상호 검증하는 것이 필수적인 점을 고려하여 세금계산서의 정확성과 진실성을 확보하기 위한 것이다.
대법원 1999. 7. 13. 선고 99두2222판결, 대법원 2012. 6. 14. 선고 2012두3279판결	국세기본법 제25조 제1항은 공유물, 공동사업 또는 그 공동사업에 속하는 재산에 관계되는 국세·가산금과 체납처분비는 공유자 또는 공동사업자가 연대하여 납부할 의무를 진다고 규정하고 있는 바, 이러한 규정들을 종합하여 보면 공동사업자는 **그 사업장에 관계되는 부가가치세에 관하여 자신의 지분비율과 상관없이 연대하여 그 전부를 납세할 의무를 부담**한다고 보아야 한다.

5-8 이 사건 세금계산서는 대부분 사실과 다른 세금계산서에 해당하지 않으며 일부 거래에 있어서 원고의 선의·무과실이 인정됨

● 대상판결 : 대전고등법원 2021누50421 (2022. 1. 26.) ➜ 국패

핵심 요지

피고가 제출한 이 사건 각 거래처에 관한 조사보고서들은 처분청 조사담당자의 의견을 기재한 내부문서에 불과하여 그 기재만으로 이 사건 각 거래처가 자료상이라고 단정하기 어렵다. 그 내용을 보더라도, 해당 업체의 거래형태를 근거로 자료상임을 추정하는 취지이고, 제3의 실질거래자를 특정하지 못하고 있으며, 나머지 거래처들이 실물거래를 전혀 하지 않았다는 것인지도 분명하지 않다. 특히 원고가 제3자와 이 사건 각 세금계산서 관련 거래를 하였다고 판단한 근거가 충분하지 않다.

1. 사실관계

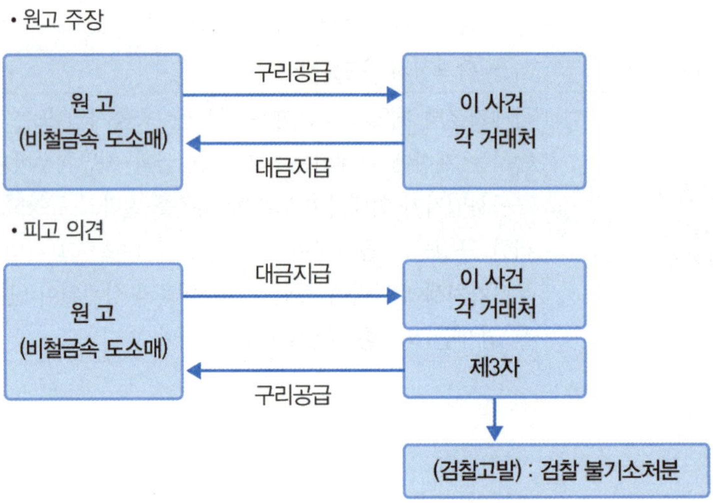

(1) 원고는 고철, 비철금속 도·소매업을 영위하는 업체이다.

(2) 대전지방국세청장은 2019. 7.경 원고에게 구리스크랩을 판매한 5개 업체(이 사건 각 거래처)를 거래질서관련 조사대상자로 선정하여 조사한 후 위 업체들이 실물 거래 없이 허위의 세금계산서만 발행한 것으로 판단하고, 원고 관할 세무서장에게 자료를 통

보하였다(위 이 사건 각 거래처는 검찰에 고발되었으나 검찰은 '혐의 없음'의 불기소 처분을 하였다).

(3) 대전지방국세청으로부터 자료를 통보받은 원고 관할 세무서장은 2019. 8. 26.부터 2019. 10. 18.까지 이 사건 각 거래처로부터 구리스크랩을 매입한 원고를 조사한 후, 원고가 이 사건 각 거래처로부터 실물 거래 없이 허위의 세금계산서를 발급받은 것으로 판단하였다. 그에 따라 2019. 12. 10. 원고에게 매입세액을 불공제하고, 부당과소신고 가산세를 적용하여 2018년 제2기 부가가치세 230백만 원, 2019년 제1기 부가가치세 386백만 원을 각 경정 · 고지하였다.

(4) 원고는 위 처분에 불복하여 2019. 12. 27. 조세심판원에 심판청구를 하였고, 조세심판원은 2020. 8. 21. 이 사건 각 거래처가 발행한 이 사건 각 세금계산서는 이 사건 각 거래처와 원고 사이에 실물 거래 없이 발행된 것이고 원고가 이 사건 각 세금계산서의 명의위장사실에 대하여 선의 · 무과실로 보기 어려우나, **'부당과소신고 가산세를 가산하여 처분을 한 것은 위법**하다는 이유로 원고에게 처분한 부과처분은 일반과소신고 가산세를 적용하여 그 세액을 경정하고 나머지 심판청구는 이를 기각한다'는 취지의 결정을 하였고 원고관할 세무서장은 조세심판원의 결정에 따른 부가가치세를 일부 감액하는 경정처분 하였다.

2. 쟁 점

• 이 사건 각 세금계산서가 허위의 세금계산서에 해당하는지 여부

• 원고가 선의 · 무과실의 거래당사자에 해당하는지 여부(원고와 A메탈 거래분)

3. 관련 법령

「조세법처벌법」 제10조 【세금계산서의 발급의무 위반】

① 「부가가치세법」에 따라 세금계산서(전자세금계산서를 포함한다. 이하 이 조에서 같다)를 작성하여 발급하여야 할 자와 매출처별세금계산서합계표를 정부에 제출하여야 할 자가 다음 각 호의 어느 하나에 해당하는 경우에는 1년 이하의 징역 또는 공급가액에 부가가치세의 세율을

적용하여 계산한 세액의 2배 이하에 상당하는 벌금에 처한다.
1. 세금계산서를 발급하지 아니하거나 거짓으로 기재하여 발급한 경우
2. 거짓으로 기재한 매출처별세금계산서합계표를 제출한 경우
② 「부가가치세법」에 따라 세금계산서를 발급받아야 할 자와 매입처별세금계산서합계표를 정부에 제출하여야 할 자가 통정하여 다음 각 호의 어느 하나에 해당하는 행위를 한 경우에는 1년 이하의 징역 또는 매입금액에 부가가치세의 세율을 적용하여 계산한 세액의 2배 이하에 상당하는 벌금에 처한다.
1. 세금계산서를 발급받지 아니하거나 거짓으로 기재한 세금계산서를 발급받은 경우
2. 거짓으로 기재한 매입처별세금계산서합계표를 제출한 경우
③ 재화 또는 용역을 공급하지 아니하거나 공급받지 아니하고 다음 각 호의 어느 하나에 해당하는 행위를 한 자는 3년 이하의 징역 또는 그 세금계산서 및 계산서에 기재된 공급가액이나 매출처별세금계산서합계표, 매입처별세금계산서합계표에 기재된 공급가액 또는 매출처별계산서합계표, 매입처별계산서합계표에 기재된 매출·매입금액에 부가가치세의 세율을 적용하여 계산한 세액의 3배 이하에 상당하는 벌금에 처한다.
1. 「부가가치세법」에 따른 세금계산서를 발급하거나 발급받은 행위
2. 「소득세법」 및 「법인세법」에 따른 계산서를 발급하거나 발급받은 행위
3. 「부가가치세법」에 따른 매출·매입처별 세금계산서합계표를 거짓으로 기재하여 정부에 제출한 행위

「조세범처벌법」 제3조 【조세포탈 등】

① 사기나 그 밖의 부정한 행위로써 조세를 포탈하거나 조세의 환급·공제를 받은 자는 2년 이하의 징역 또는 포탈세액, 환급·공제받은 세액(이하 "포탈세액 등"이라 한다)의 2배 이하에 상당하는 벌금에 처한다. 다만, 다음 각 호의 어느 하나에 해당하는 경우에는 3년 이하의 징역 또는 포탈세액 등의 3배 이하에 상당하는 벌금에 처한다.
1. 포탈세액 등이 3억 원 이상이고, 그 포탈세액 등이 신고·납부하여야 할 세액(납세의무자의 신고에 따라 정부가 부과·징수하는 조세의 경우에는 결정·고지하여야 할 세액을 말한다)의 100분의 30 이상인 경우
2. 포탈세액 등이 5억 원 이상인 경우
⑥ 제1항에서 "사기나 그 밖의 부정한 행위"란 다음 각 호의 어느 하나에 해당하는 행위로서 조세의 부과와 징수를 불가능하게 하거나 현저히 곤란하게 하는 적극적 행위를 말한다.
1. 이중장부의 작성 등 장부의 거짓 기장

2. 거짓 증빙 또는 거짓 문서의 작성 및 수취
3. 장부와 기록의 파기
4. 재산의 은닉, 소득 · 수익 · 행위 · 거래의 조작 또는 은폐
5. 고의적으로 장부를 작성하지 아니하거나 비치하지 아니하는 행위 또는 계산서, 세금계산서 또는 계산서합계표, 세금계산서합계표의 조작
6. 「조세특례제한법」 제5조의2 제1호에 따른 전사적 기업자원 관리 설비의 조작 또는 전자세금계산서의 조작
7. 그 밖에 위계(僞計)에 의한 행위 또는 부정한 행위

4. 원 · 피고 주장 요약

(1) 원 고

① 이 사건 각 매입처들은 명의위장사업자에 해당되지 않고, 설령 명의위장사업자에 해당된다고 하더라도 원고는 선의의 거래당사자로서 피고가 이 사건 세금계산서 관련 매입세액을 불공제하여 부가가치세를 과세한 처분은 부당하다.

② 원고는 이 사건 각 거래처들과 거래를 시작하기 전에 사업장을 직접 방문하여 실사업자 여부를 확인하였고, 대표자 신분증 · 사업자등록증 · 임대차계약서 · 부가가치세전용 납부통장 등을 검증하였으며, 실제 매입 과정에서 운송차량의 차량번호, 운송자명, 운송시간, 구리스크랩의 품목 및 수량 등을 확인하는 등 선량한 관리자로서의 주의의무를 다하였다.

(2) 피고(과세관청)

① 조사청 세무조사 결과 원고에게 구리스크랩을 판매한 이 사건 각 거래처의 대표자들은 고 · 비철 관련업종에 종사한 이력이 없고, 거래명세서상 거래일자와 운송내역, 계근내역 등이 불일치한 사례들이 다수 확인되었으며, 금융거래내역 확인 결과 매출대금 입금 즉시 현금 출금되는 등 전형적인 자료상 거래의 형태로 나타나 실물 공급 없이 거짓 세금계산서를 발행한 데 대해 기 고발된 업체로서 이 사건 각 거래처들이 실사업자라는 취지의 원고 주장은 타당하지 않다.

② 이 사건 각 거래처들은 실제 사업을 영위하지 아니한 전부 자료상으로 확정되어 조사청으로부터 기 고발된 업체들이고, 원고가 제시한 거래사실 입증자료는 실제 구리가 입고된 날짜와 달리 대금지급일에 맞춰 거래명세서 등을 사후에 팩스로 받아 첨부한 것으로 실물거래를 위장하기 위해 준비한 서류로 판단되며, 이 사건 각 거래처들의 대표자들은 고 · 비철 관련 분야 사업이력이 전혀 없는 자들로서 관련지식이 전무하고 사업운영 전반에 관해 전혀 알지 못하는 속칭 바지사업자에 불과한 사실이 나타나 원고가 이에 대해 조금만 주의의무를 기울였다면 이 사건 세금계산서에 기재된 공급하는 자가 사실과 다르다는 사실을 충분히 인지할 수 있었으므로 원고를 이사건 각 거래처들과의 거래에 있어 선의의 거래당사자로 볼 수 없다.

5. 대상판결(대전고등법원 2022. 01. 26. 선고 2021누50421 판결)

(1) 이 사건 각 세금계산서가 사실과 다른 세금계산서인지 여부

부과처분의 경위와 아래와 같은 사정들을 위와 같은 법리에 비추어 보면, 이 사건 각 세금계산서 중 1개 업체가(A메탈) 발급한 부분은 사실과 다른 세금계산서임이 인정되나, 나머지 부분은 사실과 다른 세금계산서라고 보기 어렵다. 따라서 원고의 이 부분 주장은 위 인정범위 내에서 이유 있고, 나머지 주장은 이유 없다.

즉, ① 원고는 이 사건 각 세금계산서의 내용에 부합하는 실물 거래가 있었음을 증빙하는 입고증, 운반확인증, 계량증명서 등을 제출하였고, 거래대금도 운영자 명의의 부가가치세 납부 전용 계좌에 입금하였다. 원고와 그 대표자는 이 사건 각 거래처로부터 물건을 공급받지 아니하였음에도 공급받은 것처럼 이 사건 각 세금계산서를 허위로 발급받았다는 혐의로 고발되었는데, 검사로부터 혐의 없음의 불기소처분을 받았다. 피고는 제3의 실제 사업자가 용동 · 용해 업체로 직접 물건을 공급하면서도 소득세나 법인세의 탈루를 목적으로 이 사건 각 거래처와 같은 일명 폭탄조 업체들과 원고와 같은 일명 간판조 업체들을 이용하여 이 사건 각 세금계산서와 같은 매입 자료를 만들어 낸 것으로 보고 있는데, 원고가 관련자들과 공모하였다고 볼 만한 직접적인 증거는 없다. 이 사건에 제출된 증거들에 의하면 원고는 이 사건 각 세금계산서와 관련된 실물 거래를 하였다고 봄이 타당하다.

… 위 피고의 조사보고서들은 처분청 조사담당자의 의견을 기재한 내부 문서에 불과하여

그 기재만으로 A메탈 외 나머지 이 사건 각 거래처(이하 '나머지 거래처들'이라 한다)가 자료상이라고 단정하기 어렵다. 그 내용을 보더라도, 해당 업체의 거래형태를 근거로 자료상임을 추정하는 취지이고, 제3의 실질거래자를 특정하지 못하고 있으며, 나머지 거래처들이 실물거래를 전혀 하지 않았다는 것인지도 분명하지 않다. 특히 원고가 제3자와 이 사건 각 세금계산서 관련 거래를 하였다고 판단한 근거가 충분하지 않다(원고의 거래와 관련하여 구체적인 판단근거가 기재되어 있지 않거나, 원고 대표자의 동종 업체 종사 이력과 원고가 자료상으로 판단되는 업체와 거래한 적이 있는 점을 근거로 이 사건 각 세금계산서 관련 거래 역시 제3자가 개입된 거래일 것이라고 추정하는 내용이다).

(2) 원고가 선의 · 무과실인지 여부(A메탈 관련)

아래와 같은 사정들을 위와 같은 법리에 비추어 보면, 원고는 A메탈과의 거래와 관련하여 상대방의 명의위장 사실을 과실 없이 알지 못하였다고 할 것이다. 따라서 원고의 A메탈과 관련한 이 부분 주장은 이유 있다.

원고는 2019. 1. 24. A메탈과 거래를 시작할 당시 A메탈의 사업장을 방문하여 사업자를 만났고, A메탈의 사업자등록증과 사업장 임대차계약서 등을 확인한 것으로 보인다. 이후 원고가 매입한 물건은 원고의 사업장에 운송되어 계근을 하여 그 수량이 정해졌고, 원고는 A메탈의 부가가치세 전용 납부 계좌에 대금을 입금하였다. 원고는 세무조사 과정에서 A메탈의 사업자에게 주문을 하였다고 밝혔고, 피고는 원고와의 거래를 실제 진행한 제3자가 누구인지를 특정하지 못하고 있다.

… **원고가 거래 상대방의 운영관계 등 내부적인 사정까지 조사하고 확인할 주의의무를 부담한다고 보기는 어렵다.**

6. 평 석

(1) 전심단계에서 조세심판원이 피고가 이 사건 부가가치세 부과처분을 함에 있어서 부당과소신고 가산세를 가산하여 처분을 한 것은 위법하다는 이유로 일반과소신고 가산세를 적용하여 그 세액을 경정하라는 결정을 한 것은 '납세자가 사기 기타 부정한 행위를 하였다고 하더라도 그로 인하여 국세를 포탈하거나 환급 · 공제 받지 아니하는 경

우에는 원칙으로 돌아가 그 부과제척기간은 5년이 되고 부당과세신고가산세가 아닌 일반과소신고 가산세를 적용하여야 한다'는 대법원의 일관된 판결을 따른 것이다.

(2) 대법원 판례를 모두어 보면, 사기 기타 부정행위가 조세법에 미치는 영향은 ① **조세포탈범의 구성요건**을 형성하고(조세법처벌법 제9조 제1항), ② **10년의 장기 부과제척기간이 적용**되며(국세기본법 제26조의2 제1항), ③ **부당무신고가산세 40%가 적용**된다(국세기본법 제47조의2 제1항).

(3) 그러므로 어떤 거래에 대하여 사기 기타 부정한 행위로 볼 수 없다면 5년의 부과제척기간과 일반과소신고 가산세가 적용되어야 한다.

(4) 이 사건 세금계산서가 사실과 다른 세금계산서에 해당하는지에 대해 대상판결은 "어느 특정 거래가 실질적인 용역의 제공이 없는 명목상의 거래라는 이유로 그 거래 과정에서 수취한 세금계산서가 매입세액의 공제가 부인되는 구 부가가치세법 제39조 제1항 제2호가 규정하는 **'사실과 다른 세금계산서'에 해당한다는 점에 관한 증명책임은 과세관청이 부담함이 원칙**이다(대법원 2008. 12. 11. 선고 2008두9737 판결 등 참조)라고 설시하고 있다.

(5) 그런데 여기서 세금계산서의 기재가 사실과 다르다는 의미는, "과세의 대상이 되는 소득 · 수익 · 계산 · 행위 또는 거래의 귀속이 명의일 뿐 사실상 귀속되는 자가 따로 있는 때에는 사실상 귀속되는 자를 납세의무자로 하여 세법을 적용한다."고 규정한 국세기본법 제14조 제1항의 취지에 비추어 볼 때, 세금계산서의 필요적 기재사항의 내용이 재화 또는 용역에 관한 당사자 사이에 작성된 거래계약서 등의 형식적인 기재내용에 불구하고 그 재화 또는 용역을 실제로 공급하거나 공급받는 주체, 가액, 시기 등과 서로 일치하지 아니하는 경우를 말한다(대법원 1996. 12. 10. 선고 96누617 판결 등 참조).

(6) 따라서 재화 등을 공급하는 거래가 실제로 존재하더라도 그 공급 주체가 세금계산서 발행 명의자와 다른 소위 '위장거래'로 발급된 세금계산서도 앞서 본 '사실과 다르게 기재된 세금계산서'에 해당한다(대법원 2012. 4. 26.자 2012두959 판결 등 참조).

(7) 한편 행정소송에 있어서 형사재판에서 인정된 사실에 구속받는 것은 아니라 할지라도 동일한 사실관계에 관하여 이미 확정된 형사판결이 유죄로 인정한 사실은 행정소송에서 유력한 증거자료가 되는 것이어서, 행정재판에서 제출된 다른 증거들에 비추어 형

사판결의 사실판단을 채용하기 어렵다고 볼 특별한 사정이 없는 한 이와 반대되는 사실을 인정할 수 없다(대법원 1999. 11. 26. 선고 98두10424 판결 등 참조).

(8) 피고는 "이 사건 각 거래처가 매출대금 입금 즉시 현금 출금되는 등 전형적인 자료상 거래의 형태로 나타나 실물 공급 없이 거짓 세금계산서를 발행한 것이다."라는 취지로 주장한다. 그러나 과세관청이 원고로서는 확인할 수도 없는 거래상대방의 금융거래 내역을 가지고 명확한 증거 없이 추정으로 과세한다면, 이는 원고의 관리 범위를 벗어난 것으로서 납세자의 법적안정성을 심각하게 침해할 뿐 아니라 원고에게 납세자의 거래처에 대한 관리감독책임을 무한히 확장시키는 결과를 가져오는 것으로 납득하기 어렵다.

(9) 대상판결의 요지는 **피고의 처분은 추정에 의한 것이 대부분이고 원고가 사실과 다른 세금계산서를 수수하였다는 명백한 증거를 제시하지 못하였다**는 것이다. 대법원의 판례에서와 같이 **'사실과 다른 세금계산서'에 해당한다는 점에 관한 증명책임은 과세관청이 부담**함이 원칙이다.

(10) 원고와 그 대표자는 이 사건 각 거래처로부터 물건을 공급받지 아니하였음에도 공급받은 것처럼 이 사건 각 세금계산서를 허위로 발급받았다는 혐의로 고발되었는데, 검사로부터 혐의 없음의 불기소처분을 받았고, 이 처분을 전제로 원심재판부는 원고가 이 사건 각 세금계산서와 관련된 실물거래를 하였다고 봄이 타당하다고 판시하였다(물론 대상판결 설시내용과 같이 피고의 명백한 입증책임의 부족도 중요한 판단의 근거로 작용한 것으로 보인다).

(11) 명백한 증거대신 이런저런 과세관청의 자의적인 추정(예를 들어 납세자가 동종업체 종사이력이 없다든지, 자료상으로 판단되는 업체와 거래한 적이 있다는 사유 등) 에 의하여 어느 업체를 자료상 또는 위장거래업체로 확정하는 경우 그 피해는 고스란히 납세자에게 전가될 수밖에 없고 추후 불복이나 소송을 통하여 정상거래로 인정받는다고 해도 조사시점부터 소송 확정시점까지 납세자가 받는 정신적 · 물질적 피해를 감안한다면 과세관청이 자료상과 거래한 업체를 조사하는 경우 선입견 없는 신중한 접근이 요구된다고 하겠다.

7. 관련판례

문서번호	내 용
대법원 2008. 12. 11. 선고 2008두9737 판결 등	어느 특정 거래가 실질적인 용역의 제공이 없는 명목상의 거래라는 이유로 그 거래 과정에서 수취한 세금계산서가 매입세액의 공제가 부인되는 구 부가가치세법 (2019. 12. 31. 법률 제16845호로 개정되기 전의 것) 제39조 제1항 제2호가 규정하는 '사실과 다른 세금계산서'에 해당한다는 점에 관한 증명책임은 과세관청이 부담함이 원칙이다.
대법원 1996. 12. 10. 선고 96누617 판결	세금계산서의 기재가 사실과 다르다는 의미는, "과세의 대상이 되는 소득 · 수익 · 계산 · 행위 또는 거래의 귀속이 명의일 뿐 사실상 귀속되는 자가 따로 있는 때에는 사실상 귀속되는 자를 납세의무자로 하여 세법을 적용한다."고 규정한 국세기본법 제14조 제1항의 취지에 비추어 볼 때, 세금계산서의 필요적 기재사항의 내용이 재화 또는 용역에 관한 당사자 사이에 작성된 거래계약서 등의 형식적인 기재 내용에 불구하고 그 재화 또는 용역을 실제로 공급하거나 공급받는 주체, 가액, 시기 등과 서로 일치하지 아니하는 경우를 말한다.
대법원 2012. 4. 26. 선고 2012두959 판결	재화 등을 공급하는 거래가 실제로 존재하더라도 그 공급 주체가 세금계산서 발행 명의자와 다른 소위 '위장거래'로 발급된 세금계산서도 앞서 본 '사실과 다르게 기재된 세금계산서'에 해당한다.
대법원 1999. 11. 26. 선고 98두10424 판결	행정소송에 있어서 형사재판에서 인정된 사실에 구속받는 것은 아니라 할지라도 동일한 사실관계에 관하여 이미 확정된 형사판결이 유죄로 인정한 사실은 행정소송에서 유력한 증거자료가 되는 것이어서, **행정재판에서 제출된 다른 증거들에 비추어 형사판결의 사실판단을 채용하기 어렵다고 볼 특별한 사정이 없는 한 이와 반대되는 사실을 인정할 수 없다.**
대법원 2013. 7. 25. 선고 2013두6527 판결	실제 공급자가 누구인지, 세금계산서상의 공급자는 명의상의 공급자에 불과한지에 관하여 **수급자가 의심을 할 만한 충분한 사정이 있었다고 단정할 수 없는 경우**라면, 수급자에게 실제 공급자의 **명의위장 사실을 알지 못한 데 과실이 있다고 보기는 어렵다**고 할 것이다.

문서번호	내 용
대법원 2002. 6. 28. 선고 2002두2277판 결	실제 공급자와 세금계산서상의 공급자가 다른 세금계산서는 공급받는 자가 세금계산서의 명의위장 사실을 알지 못하였고, 이를 알지 못한 데에 과실이 없다는 특별한 사정이 없는 한 그 매입세액을 공제 내지 환급 받을 수 없으며, **공급받는 자가 위와 같은 명의위장 사실을 알지 못한 데에 과실이 없다는 점은 매입세액의 공제 내지 환급을 주장하는 자**가 이를 **입증**하여야 한다.

5-9 원고가 법인으로서 실체를 갖추고 실제로 납품업체로부터 재화를 수수하고 세금계산서를 발행한 이상 이 사건 계약에 따른 거래를 부인할 수는 없음

● 대상판결 : 대법원 2022두45302 (2022. 9. 29.) ➜ 국패

핵심 요지

납세의무자는 경제활동을 할 때 특정 경제적 목적을 달성하기 위하여 어떤 법적 형식을 취할 것인지 임의로 선택할 수 있고, 과세관청으로서도 그것이 가장행위라거나 조세회피 목적이 있다는 등의 특별한 사정이 없는 한 납세의무자가 선택한 법적 형식에 따른 법률관계를 존중하여야 한다.
… 원고의 법인격 또는 이 사건 계약에 따른 거래를 부인할 수는 없다.

1. 사실관계

• 법인 보유주식 현황

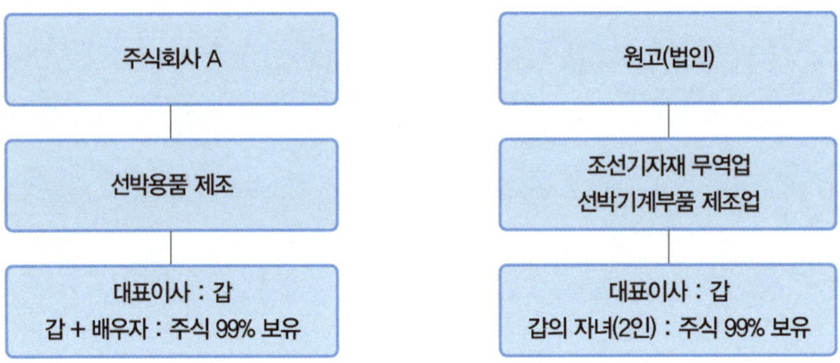

• 원고 등이 선택한 거래형식

(1) 원고는 조선기자재 무역업, 선박기계부품 제조업 등을 영위하는 회사이고, 주식회사 A는 선박용품 제조업 등을 영위하는 회사인데, 두 회사의 대표이사는 모두 갑이고, 갑과 그 배우자가 주식회사 A 주식 99%를 보유하고 있으며, 갑의 자녀들(2인)이 원고

(법인)의 주식 99.8%를 보유하고 있다.

(2) 원고는 주식회사 A와 6차례에 걸쳐 업무대행계약을 체결하여, A의 선박부품 제조에 필요한 각종 물품의 구매 및 출고, 재무회계, 고객관리 등 업무를 대행하기로 했고, 이에 따라 원고와 계약한 납품업체들이 A에 물품을 직접 또는 원고를 거쳐 납품하게 했다.

(3) 원고는 2014년 제1기부터 2017년 제2기까지의 과세기간에 이 사건 계약에 따라 A에 공급가액 합계 47,510 백만 원 상당의 세금계산서 6,292장을 발급했고, 납품업체들에서 공급가액 합계 34,816 백만 원 상당의 세금계산서 14,105장을 수취했다.

(4) 피고는 세무조사 결과 원고가 이 사건 계약에 따른 업무대행용역업을 실제로 영위하지 아니하여 납품업체 또는 A와 실물 거래가 없었음에도 이 사건 세금계산서를 허위로 수수한 것으로 보아 수사기관에 A와 원고 및 갑을 허위세금계산서 수수로 인한 조세범처벌법 위반으로 고발하였다.

(5) 또한, 피고는 ① 원고가 납품업체로부터 발급받은 매입세금계산서의 공급가액 상당액을 매입취소하고 A에게 발급한 매출세금계산서의 공급가액 상당액을 매출취소한 후 불성실가산세를 적용하여 2013년 제1기부터 2017년 제2기까지의 부가가치세 합계 383,110천 원을 부과하고, ② 위 매입세금계산서의 공급가액상당액을 손금에 산입하지 아니하고 위 매출세금계산서의 공급가액 상당액을 손금에 산입한 원고의 소득금액 계산을 부당행위계산으로 보아 부인하는 동시에 이를 자산수증이익으로 보아 익금에 산입한 후 중소기업에 대한 특별세액감면 적용 및 청년고용을 증대시킨 기업에 대한 세액공제 적용을 각 배제한 다음 납부불성실 가산세를 적용하여 2013 사업연도부터 2017 사업연도까지의 법인세 합계 125백만 원을 각 경정하였다.

(6) 피고가 A와 원고 등을 고발하였으나 검사는 '증거들에 비추어 원고가 A의 비핵심분야 업무 대행을 위해 설립되었다는 주장을 수긍할 만하고, **원고의 지속적이고 독립적인 금융거래, 급여지급, 세금납부, 거래처 관계** 등에 비추어 위장업체로 볼 수 없어 이 사건 세금계산서가 허위세금계산서라고 볼 수 없다'는 이유로 불기소결정을 하였다.

2. 쟁 점

원고가 법인으로서 실체를 갖추고 실제로 납품업체로부터 재화를 수수하고 세금계산서를 발행하였는데도 이 사건 계약이 가장행위에 해당하여 재화 또는 물품의 공급이 없고, 납품업체들로부터 재화 또는 용역을 공급받은 사실도 없었다는 전제하에 원고가 수수한 세금계산서를 가공 세금계산서로 본 처분의 당부

3. 관련 법령

「조세범처벌법」 제10조【세금계산서의 발급의무 위반】

① 「부가가치세법」에 따라 세금계산서(전자세금계산서를 포함한다. 이하 이 조에서 같다)를 작성하여 발급하여야 할 자와 매출처별세금계산서합계표를 정부에 제출하여야 할 자가 다음 각 호의 어느 하나에 해당하는 경우에는 1년 이하의 징역 또는 공급가액에 부가가치세의 세율을 적용하여 계산한 세액의 2배 이하에 상당하는 벌금에 처한다.
1. 세금계산서를 발급하지 아니하거나 거짓으로 기재하여 발급한 경우
2. 거짓으로 기재한 매출처별세금계산서합계표를 제출한 경우

② 「부가가치세법」에 따라 세금계산서를 발급받아야 할 자와 매입처별세금계산서합계표를 정부에 제출하여야 할 자가 통정하여 다음 각 호의 어느 하나에 해당하는 행위를 한 경우에는 1년 이하의 징역 또는 매입금액에 부가가치세의 세율을 적용하여 계산한 세액의 2배 이하에 상당하는 벌금에 처한다.
1. 세금계산서를 발급받지 아니하거나 거짓으로 기재한 세금계산서를 발급받은 경우
2. 거짓으로 기재한 매입처별세금계산서합계표를 제출한 경우

③ 재화 또는 용역을 공급하지 아니하거나 공급받지 아니하고 다음 각 호의 어느 하나에 해당하는 행위를 한 자는 3년 이하의 징역 또는 그 세금계산서 및 계산서에 기재된 공급가액이나 매출처별세금계산서합계표, 매입처별세금계산서합계표에 기재된 공급가액 또는 매출처별계산서합계표, 매입처별계산서합계표에 기재된 매출·매입금액에 부가가치세의 세율을 적용하여 계산한 세액의 3배 이하에 상당하는 벌금에 처한다.
1. 「부가가치세법」에 따른 세금계산서를 발급하거나 발급받은 행위
2. 「소득세법」 및 「법인세법」에 따른 계산서를 발급하거나 발급받은 행위
3. 「부가가치세법」에 따른 매출·매입처별 세금계산서합계표를 거짓으로 기재하여 정부에 제출한 행위

국시기본법 제14조 【실질과세】

> ① 과세의 대상이 되는 소득, 수익, 재산, 행위 또는 거래의 귀속이 명의(명의)일 뿐이고 사실상 귀속되는 자가 따로 있을 때에는 사실상 귀속되는 자를 납세의무자로 하여 세법을 적용한다.
> ② 세법 중 과세표준의 계산에 관한 규정은 소득, 수익, 재산, 행위 또는 거래의 명칭이나 형식에 관계없이 그 실질 내용에 따라 적용한다.
> ③ 제3자를 통한 간접적인 방법이나 둘 이상의 행위 또는 거래를 거치는 방법으로 이 법 또는 세법의 혜택을 부당하게 받기 위한 것으로 인정되는 경우에는 그 경제적 실질 내용에 따라 당사자가 직접 거래를 한 것으로 보거나 연속된 하나의 행위 또는 거래를 한 것으로 보아 이 법 또는 세법을 적용한다.

4. 원 · 피고 주장 요약

(1) 원 고

① 법원은 **독립된 경제주체로서 그 명의로 한 개별 거래행위의 효력은 그 행위자에게 귀속되므로, 거래행위를 한 행위자를 위장업체로 쉽게 단정 지을 수는 없다**는 취지로 판시(대법원 2018. 2. 13. 선고 2017도1890 판결)하고 있고, 최근에는 '끼워넣기 거래' 유형에서 중간에 개입된 업체가 실제로 영업활동을 하거나 거래과정에서 한 역할이 뚜렷하지 않다고 하더라도, ㉠ '물품대금지급 채무'를 부담하는 것이 이 사건 거래의 핵심적인 부분이므로, 당사자 지위를 부정하거나 거래를 허위로 보기 어렵다는 점을 전제로, **대금을 직접 지급하고 지급받은 이상 이를 가공거래로 보기 어렵다**고 보았고(서울고등법원 2019. 1. 23. 선고 2018누56369 판결), ㉡ 공급업체에 발주서나 견적의뢰서를 보내는 등 **별도의 사업용 금융계좌를 만들어 매매대금을 지급받았다는 점** 등을 고려할 때, 이는 독립된 경제주체가 수행한 것으로 볼 수 있다는 입장이며(대법원 2017. 11. 23. 선고 2017도13213 판결), ㉢ **별도의 사업용 금융계좌를 이용하여 대금을 수취하여 지급하였고, 자신의 명의로 물품인수증을 발행하여 주기도 하였다면 독립된 경제주체**로 보아야 한다는 취지(OOO지방법원 2017. 12. 14. 선고 2017고단2104 판결)로 판시하는 등 법원의 일관된 입장에 따라 이 건 **거래당사자들이 선택한 거래관계를 존중하고 중간에 개입된 원고(법인) 역시 독립된 경제주체로 인정하여야**

한다.

② 가업승계를 통해 합법적으로 증여세를 면제받을 수 있는 제도권의 길이 있음에도 실체 없는 원고(법인)를 설립하여 사실과 다른 세금계산서를 수수하는 방법으로 부당한 이익을 취하는 등 무모한 행위로 증여세를 탈루한다는 것은 일반적인 상식으로 납득할 수 없고 이치에도 맞지 않다.

③ 원고는 **독립적인 인적 · 물적시설을 보유**하고 있고, 이를 토대로 하여 관련 사업을 영위하고 있다.

④ 원고와 주식회사 A는 별도의 사업장이 존재하였고, 원고가 업무 협조 및 활발한 의사소통을 위하여 사무실 간의 거리를 줄일 필요가 있다고 판단하여 제3의 다른 업체보다는 주식회사 A의 사무실 일부를 임대차하는 계약을 체결하고 그 대가로 일정한 임차료를 지급하는 등 독립적인 물적 공간을 확보하였다.

⑤ 원고는 **사업용 계좌를 이용하여 직접 자금 거래**를 하였고, 설립일 이후 현재까지 자신의 명의로 사업 활동을 계속 수행하고 있으며, 관련 세금을 성실하게 신고 · 납부하였다.

⑥ 원고는 주주총회 및 이사회를 개최하였을 뿐 아니라, 두 법인의 대표이사가 같을 뿐이지 의사결정 등 모든 업무는 독립적으로 수행하였다.

⑦ 거래당사자가 독립된 법적 · 경제적 주체로 당사자 사이에 재화 또는 용역의 공급에 관한 계약이 체결되어 있고 그 계약이 모두 이행되었다면, 거래당사자 사이에 「부가가치세법」상 재화 또는 용역의 공급이 있었다는 것을 부인할 수 없고, 관련 세금계산서를 수수한 사실을 가공이라고 단정할 수 없는 것이다.

⑧ 피고는 이 사건 계약이 명목상에 불과하고 이 사건 세금계산서의 수수는 「조세범처벌법」 제10조 제3항 및 「특정범죄가중처벌 등에 관한 법률」 제8조의2를 위반하였다는 혐의로 고발하였으나, 검사는 '증거불충분 및 혐의없음'을 이유로 불기소결정을 하였다.

(2) 피고(과세관청)

① 주식회사 A의 대표이사 갑은 원고(법인)에게 부정한 방법을 이용한 이익(현금)의 분여 및 세금 부담 없는 부의 대물림을 하였다(원고의 주주는 갑의 자녀들임).

② 원고(법인)는 소속직원을 직접 채용한 사실이 없고, 조직 구조 및 전산설비 등의 운용

실태 등을 감안할 때, 사실상 독립된 회사라 하기는 어렵다.

③ 원고는 이 사건 계약상 업무대행용역을 제공할 수 있는 독립된 사업장을 갖추고 있지 아니하였으며, 원고가 주식회사 A 사무실 내 일부를 임대차하였다고 하나, 어디에도 원고의 사업장으로 인식할 수 있는 표식이나 구분이 되어 있지 않았고(조사기간 중 원고법인명 팻말 부착 및 책상 재배치), 회계팀 책상에는 법인세 신고서 등의 소규모 편철된 서류만이 비치되어 있었으며, 2014년 2월경부터 임대차 관련한 세금계산서 수수 및 대금 수수내역이 확인되지 아니하고, 3회에 거쳐 체결된 임대차계약서의 양식 및 임차목적물이 각 달라서 진정한 임대차계약을 약정하였다고 보기 어렵다.

5. **대상판결**(부산지법 2021. 11. 11. 선고 2021구합21881 판결)

납세의무자는 경제활동을 할 때 특정 경제적 목적을 달성하기 위하여 어떤 법적 형식을 취할 것인지 임의로 선택할 수 있고, 과세관청으로서도 그것이 가장행위라거나 조세회피 목적이 있다는 등의 특별한 사정이 없는 한 **납세의무자가 선택한 법적 형식에 따른 법률관계를 존중**하여야 하고(대법원 2017. 4. 7. 선고 2015두49320 판결 참조), 여러 단계의 거래를 거친 후의 결과에는 손실 등의 위험 부담에 대한 보상뿐 아니라 외부적인 요인이나 행위 등이 개입되어 있을 수 있으므로, **여러 단계의 거래를 거친 후의 결과만을 가지고 실질이 하나의 행위 또는 거래라고 쉽게 단정하여 과세대상으로 삼아서는 아니 된다**(대법원 2017. 12. 22. 선고 2017두57516 판결 참조).

… 각 기재에 변론 전체의 취지를 종합하여 알 수 있는 다음과 같은 사정들에 비추어 보면, 앞서 인정된 사실만으로는 **원고가 법인으로서의 실체를 갖추지 못하고 있다거나 이 사건 계약이 가장행위에 해당하여 이 사건 계약에 따른 재화 또는 물품의 공급이 없었다고 인정하기에 부족**하고, 달리 인정할 증거가 없다.

… 또한 피고의 주장과 같이 주식회사 A의 대표이사 갑이 증여세 등을 회피하여 자녀에게 부를 이전할 목적으로 원고를 설립하고 이 사건 계약을 체결했다고 하더라도, 이는 이 사건 계약에 따른 법률효과가 원고에게 귀속됨을 전제하는 것이므로, 과세관청으로서는 구 상속세 및 증여세법(2017. 12. 19. 법률 제15224호로 개정되기 전의 것) **제45조의3 등 관련 세법에 따라 갑의 자녀에게 증여세를 부과하는 것은 별론으로, 원고의 법인격 또는**

이 사건 계약에 따른 거래를 부인할 수는 없다.

(※ 상속세및증여세법 제45조의3【특수관계 법인과의 거래를 통한 이익의 증여의제】: 2011. 12. 31. 특수관계 법인과의 거래를 통한 이익의 증여의제 규정이 신설됨에 따라 2012. 1. 1. 이후 개시하는 사업연도의 특수관계 법인 간의 **일감몰아주기로 발생한 이익**을 주주에 대한 증여로 의제하여 증여세를 부과할 수 있게 되었다.

6. 평 석

(1) 과세관청은 이른바 '끼워넣기' 거래에 대해서는 특수관계자 간 조세회피행위 내지는 부당행위계산 부인 규정에 해당한다는 입장을 취해왔고, 그에 따라 관련 세금계산서 수수행위를 가공의 거래로 보아 조세범으로 검찰에 고발함과 동시에 관련 부가가치세 및 법인세 등을 부과처분 하였다.

(2) 과세처분의 적법성에 대한 증명책임은 과세관청에 있다. 법원은 대상판결에서 피고의 조사 및 증거서류만으로는 **원고가 법인으로서의 실체를 갖추지 못하고 있다거나 이 사건 계약이 가장행위에 해당하여 이 사건 계약에 따른 재화 또는 물품의 공급이 없었다고 인정하기에 부족**하다고 판시하였다.

(3) 부가가치세법은 '재화의 공급'을 부가가치세 과세대상으로 규정하면서 재화의 공급은 계약상 또는 법률상의 모든 원인에 따라 재화를 인도(引渡)하거나 양도(讓渡)하는 것으로 한다.'라고 규정하는바, 위 '인도 또는 양도'는 실질적으로 얻은 이익의 유무에 불구하고, 재화를 사용 · 소비할 수 있는 권한을 이전하는 일체의 원인행위를 모두 포함한다.

(4) 법원은 원고와 같이 **실제로 납품업체로부터 재화를 공급받고 이 사건 계약에 따라 재화를 공급하여 업무대행용역업을 영위한 경우**에는 원고와 거래처가 특수관계에 있다 하더라도 원고가 재화 또는 용역을 납품업체로부터 공급받거나 특수관계 있는 거래처(이 사건에서는 주식회사 A)에게 공급하지 아니하고 이 사건 세금계산서를 발급받거나 발급하여 부당행위계산을 하였다는 전제하에 원고에게 부가가치세법, 법인세법 등에 따라 가산세 등을 경정 · 고지한 처분은 위법하다고 판시하여 왔다.

(5) 원고의 법인 설립 목적과 이 사건 계약 및 납품업체와의 거래의 목적이 다르지 않고,

선박용품구매대행 거래의 일반적 사례 등에 비추어 이 사건 계약 및 납품업체와의 거래의 내용과 그 이행 과정에 있어 이례적이거나 납득할 수 없는 부분이 있다고 볼 수 없으며, 원고가 위 거래의 이익 귀속주체가 아니라고 볼 만한 사정도 없고, 오히려 **대가의 지급관계 등은 이 사건 계약 및 납품업체와의 거래 내용과 일치**한다.

(6) 이 사건은 2017두75415사건과 비교가 된다. 2017두75415사건에서도 이 사건과 유사한 거래(이른바 '끼워넣기' 거래)에 대하여 과세관청은 허위세금계산서교부 등 혐의로 검찰에 고발하였고, 이에 대하여 검찰이 '혐의 없음'(증거불충분)의 불기소 처분을 한 점은 이 사건과 동일하다. 그러나 2017두75415 사건재판부는 "**행정재판은 검찰의 불기소처분 사실에 의하여 구속받는 것이 아니고 증거에 의한 자유 심증으로 그와 반대되는 사실을 충분히 인정할 수 있다**(대법원 1987.10. 26. 선고 87누493 판결 등 참조)."라고 하면서 해당 거래에 대하여 **허위의 세금계산서로 보았다**는 점에서 대상사건과 차이가 있다.

(7) 그러나 2017두75415 사건의 경우는 누가 보더라도 원고와 원고 대표이사의 동생이 운영하는 업체 간 거래로서 특수관계자(형이 동생에게)에게 이익을 분여하기 위한 '끼어넣기 거래'로 볼 수밖에 없는 등 양자 간 거래형식에 문제가 많아 보인다.

(8) 이 점에 관하여 2017두75415 사건 재판부는 "**이 사건 거래는 세금계산서 등 증빙서류 발급과 대금 지급 외에 원고의 동생이 운영하는 업체가 실질적으로 수행하거나 관여한 부분이 있다고 인정할 만한 객관적인 자료가 부족하다.**"고 판시하고 있다. 이를 두고 원고와 원고 대표이사의 동생이 운영하는 업체 간에 이루어진 '끼어넣기 거래'에 대하여 납세자가 선택한 법률관계이므로 그 거래형태를 존중하여야 한다는 기존의 판례를 적용할 여지는 없다고 보인다.

(9) 2017두75415 사건에서도 세무조사과정에서 원고가 원고와 원고 대표이사의 동생이 운영하는 업체 간 대금과 거래물품의 거래내역을 확인할 수 있도록 하는 등의 증거자료를 치밀하게 갖추고 조사에 대응하였더라면 가공거래가 아닌 실거래로 인정받을 수 있지 않았을까 하는 아쉬움을 금할 수가 없다.

(10) 대상판결에서 법원은 "행정소송에 있어서 형사재판에서 인정된 사실에 구속받는 것은 아니라 할지라도 동일한 사실관계에 관하여 이미 확정된 형사판결이 유죄로 인정한 사실은 행정소송에서 유력한 증거자료가 되는 것이어서, 행정재판에서 제출된 다

른 증거들에 비추어 형사판결의 사실판단을 채용하기 어렵다고 볼 특별한 사정이 없는 한 이와 반대되는 사실을 인정할 수 없다."고 하면서 2017두75415 사건과는 다르게 이 사건에 대한 형사판결의 판단을 받아들이는 결정을 하였다(대법원 1999. 11. 26. 선고 98두10424 판결 등 참조).

(11) 별론으로 이 사건 **판결 판결이유에서 적시된 사항**에 근거하여 과세관청이 "구 상속세 및 증여세법 제45조의3 등 관련 세법에 따라 갑의 자녀에게 증여세를 부과"하는 것이 **불이익변경금지원칙에게 반하는 처분이 아닌지** 의문을 제기할 수도 있다. 그러나 대법원은 "국세기본법 제79조 제2항은 과세처분에 불복하는 심판청구에 대한 결정을 함에 있어서 심판청구를 한 처분보다 청구인에게 불이익이 되는 결정을 하지 못한다고 규정하고 있고, 위 조항은 국세기본법상 심사청구에 대한 결정에도 준용된다 할 것인바, 이러한 불이익변경금지는 심사결정의 주문 내용이 심사청구 대상인 과세처분보다 청구인에게 불이익한 경우에 적용되고, **과세관청이 심사결정의 이유에서 밝혀진 내용에 근거하여 탈루 또는 오류가 있는 과세표준이나 세액을 경정 결정하는 경우에는 적용되지 아니한다.**"(대법원 2007 11. 16. 선고 2005두10675 판결)라고 판시하였다.

7. 관련판례

문서번호	내 용
대법원 2008. 12. 11. 선고 2008두9737 판결 등	어느 특정 거래가 실질적인 용역의 제공이 없는 명목상의 거래라는 이유로 그 거래 과정에서 수취한 세금계산서가 매입세액의 공제가 부인되는 구 부가가치세법(2019. 12. 31. 법률 제16845호로 개정되기 전의 것) 제39조 제1항 제2호가 규정하는 **'사실과 다른 세금계산서'에 해당한다는 점에 관한 증명책임은 과세관청이 부담**함이 원칙이다.
서울고등법원 2019. 1. 23. 선고 2018누56369 판결	'물품대금지급 채무'를 부담하는 것이 이 사건 거래의 핵심적인 부분이므로, 당사자 지위를 부정하거나 거래를 허위로 보기 어렵다는 점을 전제로, 대금을 직접 지급하고 지급받은 이상 이를 가공거래로 보기 어렵다.

문서번호	내 용
대법원 2017. 11. 23. 선고 2017도13213 판결	공급업체에 발주서나 견적의뢰서를 보내는 등 그 명의를 본인명의 등으로 하였고 별도의 사업용 금융계좌를 만들어 매매대금을 지급받았다는 점 등을 고려할 때, 이는 독립된 경제주체가 수행한 것으로 볼 수 있다.
대법원 1999. 11. 26. 선고 98두10424 판결	행정소송에 있어서 형사재판에서 인정된 사실에 구속받는 것은 아니라 할지라도 동일한 사실관계에 관하여 이미 확정된 형사판결이 유죄로 인정한 사실은 행정소송에서 유력한 증거자료가 되는 것이어서, **행정재판에서 제출된 다른 증거들에 비추어 형사판결의 사실판단을 채용하기 어렵다고 볼 특별한 사정이 없는 한 이와 반대되는 사실을 인정할 수 없다.**
대법원 2017.2.15. 선고 2015두3270 판결	납세의무자는 경제활동을 할 때 동일한 경제적 목적을 달성하기 위하여 **여러 가지의 법률관계 중의 하나를 선택할 수 있고**, 과세관청은 당사자들이 선택한 법률관계를 존중하여야 하며, **조세회피를 목적으로 한 수단에 불과한 경우가 아닌 이상 실질과세의 원칙을 이유로 거래당사자가 선택한 법적 형식이나 법률관계를 재구성할 수 없다.**
대법원 2017. 12. 22. 선고 2017두57516 판결	여러 단계의 거래를 거친 후의 결과에는 손실 등의 위험 부담에 대한 보상뿐 아니라 외부적인 요인이나 행위 등이 개입되어 있을 수 있으므로, **여러 단계의 거래를 거친 후의 결과만을 가지고 실질이 하나의 행위 또는 거래라고 쉽게 단정하여 과세대상으로 삼아서는 아니된다.**
대법원2019. 7. 4. 선고 2018두66869 판결	행정소송의 수소법원이 관련 확정판결의 사실인정에 구속되는 것은 아니지만, 관련 확정판결에서 인정한 사실은 행정소송에서도 유력한 증거자료가 되므로, **행정소송에서 제출된 다른 증거들에 비추어 관련 확정판결의 사실 판단을 채용하기 어렵다고 인정되는 특별한 사정이 없는 한, 이와 반대되는 사실은 인정할 수 없다.**

5-10 당초 세금계산서를 발행하였다면, 그 후 허위(취소)의 세금계산서를 발행하더라도 세금계산서 미발급죄와 가공세금계산서 발급죄 등 수정세금계산서 발급 행위에 대한 별도의 범죄는 성립하지 아니함

● 대상판결 : 대법원 2019도18942판결 (2022. 9. 29.) ➜ 국패

핵심 요지

조세범처벌법 제10조 제1항 제1호는 '부가가치세법에 따라 세금계산서를 작성하여 발급하여야 할 자가 세금계산서를 발급하지 아니한 경우'에 처벌하도록 정하고 있다. 이 사건 조항의 문언과 입법취지, 수정세금계산서 발급과 관련된 부가가치세 법령의 내용 및 형벌 법규 해석의 원칙 등에 비추어 보면, '세금계산서 발급 의무자가 세금계산서를 발급하였다가 이후 수정세금계산서 발급 사유가 없음에도 그 공급가액에 음의 표시를 한 수정세금계산서를 발급한 경우'는 이 사건 조항에서 정한 처벌 대상에 해당한다고 볼 수 없다.

1. 사실관계

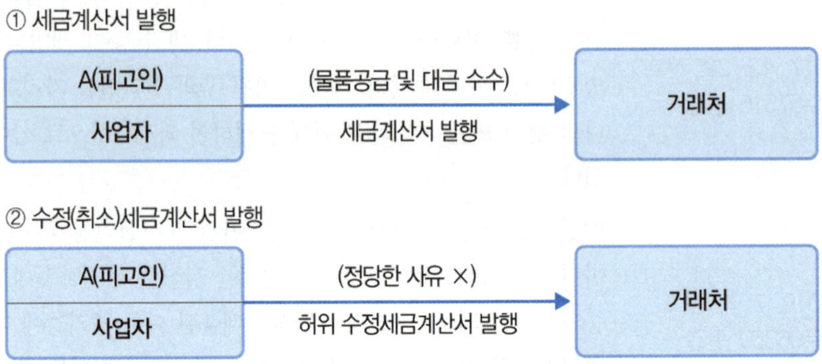

(1) A(피고인)는 거래처에 물품을 공급하고 물품 대금 135백만 원을 지급 받은 뒤 129백만 원, 193백만 원의 각 세금계산서를 발급하였다가 이를 취소하는 취지의 음(−)의 수정세금계산서를 다시 발급하였다.

(2) 검사는 A(피고인)가 위와 같은 방법으로 물품을 공급하였음에도 세금계산서를 발급하지 아니하여 조세범처벌법 제10조 제1항 제1호를 위반하였다는 혐의로 공소를 제기하였다(세금계산서를 발급하였다가 이를 취소하는 수정세금계산서를 발급하였으므로

결과적으로 이 사건 물품 공급에 대한 세금계산서를 발급하지 아니하였다고 본 것임).

2. 쟁 점

(1) 세금계산서 발급의무자가 세금계산서를 발급하였다가 이후 수정세금계산서 발급 사유가 없음에도 그 공급가액에 음의 표시를 한 수정세금계산서를 발급한 경우'세금계산서 미발급죄 처벌 대상에 해당한다고 볼 수 있는지 여부

(2) 세금계산서 발급의무자가 세금계산서를 발급하였다가 이후 수정세금계산서 발급 사유가 없음에도 그 공급가액에 음의 표시를 한 수정세금계산서를 발급한 경우' 가공세금계산서 발급죄 내지 사실과 다른 세금계산서 발급죄로 처벌되는지 여부

3. 관련 법령

조세범처벌법 제10조 제1항【세금계산서의 발급의무 위반】

① 다음 각 호의 어느 하나에 해당하는 행위를 한 자는 1년 이하의 징역 또는 공급가액에 부가가치세의 세율을 적용하여 계산한 세액의 2배 이하에 상당하는 벌금에 처한다.

1. 「부가가치세법」에 따라 세금계산서(전자세금계산서를 포함한다. 이하 이 조에서 같다)를 발급하여야 할 자가 세금계산서를 발급하지 아니하거나 거짓으로 기재하여 발급한 행위
2. 「소득세법」 또는 「법인세법」에 따라 계산서(전자계산서를 포함한다. 이하 이 조에서 같다)를 발급하여야 할 자가 계산서를 발급하지 아니하거나 거짓으로 기재하여 발급한 행위
3. 「부가가치세법」에 따라 매출처별 세금계산서합계표를 제출하여야 할 자가 매출처별 세금계산서합계표를 거짓으로 기재하여 제출한 행위
4. 「소득세법」 또는 「법인세법」에 따라 매출처별 계산서합계표를 제출하여야 할 자가 매출처별 계산서합계표를 거짓으로 기재하여 제출한 행위

조세범처벌법 제10조 제3항【세금계산서의 발급의무 위반】

③ 재화 또는 용역을 공급하지 아니하거나 공급받지 아니하고 다음 각 호의 어느 하나에 해당하는 행위를 한 자는 3년 이하의 징역 또는 공급가액에 부가가치세의 세율을 적용하여 계산한 세액의 3배 이하에 상당하는 벌금에 처한다.

1. 「부가가치세법」에 따른 세금계산서를 발급하거나 발급받은 행위
2. 「소득세법」 및 「법인세법」에 따른 계산서를 발급하거나 발급받은 행위
3. 「부가가치세법」에 따른 매출 · 매입처별 세금계산서합계표를 거짓으로 기재하여 제출한 행위
4. 「소득세법」 및 「법인세법」에 따른 매출 · 매입처별계산서합계표를 거짓으로 기재하여 제출한 행위

4. 사건의 경과

(1) 원심(의정부지방법원 2019. 11. 28. 선고 2018노2604 판결) : 국패

수정세금계산서는 부가가치세법 제32조 제7항, 같은 법 시행령 제70조 소정의 사유가 있어야만 발급할 수 있기 때문에 실제 발급 사유(계약해제) 없이 이에 해당하는 것처럼 허위의 수정세금계산서를 발급한 행위가 조세범처벌법 제3조 제1항 위반죄 또는 제10조 제3항 제1호 위반죄(가공세금계산서 발급죄 내지 사실과 다른 세금계산서 발급죄)가 성립하는 것은 별론으로 하더라도, 수정세금계산서 발급으로 인해 먼저 발급한 매출세금계산서를 무효로 보아 조세범처벌법 제10조 제1항 제1호 소정의 세금계산서 미발급죄가 성립하는 것은 아니다(요약하면 대상 사건의 경우 조세범처벌법 제10조 제1항 제1호에 해당하지는 않지만 조세범처벌법 제 10조 제3항 제1호 위반죄에는 해당한다는 것임).

(2) 대상판결

이 사건 조항(조세범처벌법 제10조 제1항 제1호)의 문언과 입법 취지, 수정세금계산서 발급과 관련된 부가가치세 법령의 내용 및 형벌 법규 해석의 원칙 등에 비추어 보면, '세금계산서 발급의무자가 **세금계산서를 발급하였다가 이후 수정세금계산서 발급 사유가 없음에도 그 공급가액에 음의 표시를 한 수정세금계산서를 발급한 경우**'는 이 사건 조항에서 정한 **처벌 대상에 해당한다고 볼 수 없다.**

형벌법규의 해석은 엄격하여야 하고, 문언의 가능한 의미를 벗어나 피고인에게 불리한 방향으로 해석하는 것은 죄형법정주의의 내용인 확장해석금지에 따라 허용되지 않는다(대법

원 2017. 12. 21. 선고 2015도8335 전원합의체 판결 등 참조). 이 사건 조항에서 정한 **'세금계산서를 발급하지 아니한 경우'에 '세금계산서를 발급한 후 그 공급가액에 음의 표시를 한 수정세금계산서를 발급한 경우'가 포함된다고 보는 것은 문언의 가능한 의미를 벗어나는 해석**이 된다.

… 세금계산서 발급의무자가 세금계산서를 발급한 후 이에 대한 음의 수정세금계산서를 그 발급 사유 없이 발급하였다고 하더라도, 그러한 경우가 세금계산서를 아예 발급하지 아니한 경우와 거래의 양성화나 조세의 부과와 징수 가능성 등의 측면에서 동일하다고 평가할 수 없다.

… **세금계산서 발급의무자가 세금계산서를 발급한 후 그 공급가액에 음의 표시를 한 수정세금계산서를 발급하더라도 당초의 세금계산서가 발급되었다는 기왕의 사실 자체가 없어진다고 볼 수 없다.**

원심의 판단에 상고이유 주장과 같이 이 사건 조항의 적용 범위에 관한 법리를 오해하여 판결에 영향을 미친 잘못이 없다.

5. 평 석

(1) 세금계산서 미발급죄의 주체인 '세금계산서를 발급하여야 할 자'와 관련하여, 구 부가가치세법(2013. 6. 7. 법률 제11873호로 전부 개정되기 전의 것)에서는 '납세의무자로 등록한 사업자'가 재화 또는 용역을 공급하는 경우에는 세금계산서를 발급하여야 한다고 규정하고 있다가(제16조 제1항), 위 법률 제11873호로 전부 개정되어 2013. 7. 1. 시행된 부가가치세법에서는 **'납세의무자로 등록한 사업자'가 '사업자'로 개정**되었다(제32조 제1항). 여기서 **'사업자'란 부가가치세법상 사업자등록 여부를 불문하고 사업 목적이 영리이든 비영리이든 관계없이 사업상 독립적으로 재화 또는 용역을 공급하는 자**를 말한다(개정된 부가가치세법 제2조 제3호). 이와 같은 관련 규정의 체계와 입법 취지 및 개정된 부가가치세법의 문언 내용 등에 비추어 보면, 개정된 부가가치세법이 시행된 2013. 7. 1. 이후에 **재화 또는 용역을 공급한 '사업자'는 부가가치세법에 따른 사업자등록을 하였는지와 상관없이 조세범처벌법 제10조 제1항 제1호의 '부가가치세법에 따라 세금계산서를 작성하여 발급하여야 할 자'에 해당**한다.

(2) 다만, 위에서 '사업자'는 일반과세자를 말하므로 **간이과세자 및 면세사업자는 이에 해당하지 않고**, 일반과세자도 세금계산서 발급 의무가 면제되는 경우(부가가치세법 제33조)와 **영수증 발급 대상**인 경우(같은 법 제36조)에는 조세범처벌법 제10조 제1항 제1호의 **'부가가치세법에 따라 세금계산서를 작성하여 발급하여야 할 자'에 해당하지 않는다**(대법원 2019. 6. 27. 선고 2018도14148 판결).

(3) 조세범처벌법 제10조 제3항은'재화 또는 용역을 공급하지 아니하거나 공급받지 아니하고 세금계산서를 발급하거나 발급받은 행위'를 처벌하고 있는바, 여기에는 재화 또는 용역을 아예 공급하지 아니하거나 공급받지 아니하고 세금계산서만을 발급하거나 발급받는 행위(가공세금계산서 授受 행위)뿐만 아니라, 재화 또는 용역을 공급받은 자가 그 재화 또는 용역을 실제로 공급한 자가 아닌 다른 사람이 작성한 세금계산서를 발급받은 경우도 포함되고(대법원 2010. 1. 28. 선고 2007도10502 판결 참조), 마찬가지로 재화 또는 용역을 공급한 자가 그 재화 또는 용역을 실제로 공급받은 자가 아닌 다른 사람에게 세금계산서를 발급한 경우(위장세금계산서 授受 행위)도 포함된다. 그리고 재화 또는 용역을 공급한 자가 **그 재화 또는 용역을 실제로 공급받은 자에게 세금계산서를 발급하지 아니한 행위에 대해서는 조세범처벌법 제10조 제1항 제1호에서 정한 세금계산서 미발급으로 인한 죄가 별개로 성립**한다(대법원 2014. 7. 10. 선고 2013도10554 판결).

(4) 원심은 "실제 발급 사유 없이 수정세금계산서를 발급한 행위가 조세범처벌법 제10조 제3항 제1호(거짓세금계산서 발급죄) 위반죄가 성립하는 것은 별론으로 한다"고 판시하여 대상 사건에서와 같이 피고인이 허위 수정세금계산서를 발급한 행위가 '세금계산서를 거짓으로 기재하여 발급한 행위'에 해당하므로 조세범처벌법 제10조 제1항 제1호 후단의 죄(세금계산서를 발급하여야 할 자가 거짓으로 기재하여 발급한 행위)로 처벌할 수 있다고 보았다.

(5) 검사도 상고심에서 피고인이 수정세금계산서를 발급한 행위가 세금계산서를 거짓으로 발급한 행위에 해당하므로 조세범처벌법 제10조 제1항 제1호 후단의 죄로 처벌할 수 있다고 주장하였다. 그러나 대법원은 이러한 검사의 주장이 불고불리의 원칙에 위배된다고 받아들이지 않았다. 따라서 허위의 수정세금계산서 발급 행위 자체가 가공세금계산서 발급죄 내지 사실과 다른 세금계산서 발급죄로 처벌되는지에 대한 판단은

이루어지지 아니하였다.

(6) 위와 같이 세금계산서를 발급한 자가 수정세금계산서 발급 사유 없이 기존 발급 세금계산서를 취소하는 음의 세금계산서를 발급하는 경우, 가공세금계산서 발급죄 내지 사실과 다른 세금계산서 발급죄로 처벌되는지 여부가 문제가 된다.

(7) 이와 관련하여 기존 하급심 판례들 간에 결론이 달라졌지만 대법원 2020. 10 .15. 선고 2020도118판결에서 "**재화나 용역을 공급하지 아니하거나 공급받지 아니하고 가공의 세금계산서를 발급 · 수취한 후 이를 취소하는 의미에서 같은 공급가액에 음의 표시를 하여 작성한 수정세금계산서를 발급 · 수취한 경우**, 뒤의 공급가액이 음수인 수정세금계산서를 발급 · 수취한 행위는 새로이 재화나 용역을 공급하거나 공급받은 것을 내용으로 하는 가공의 세금계산서를 발급 · 수취하기 위한 것이 아니라 앞선 실물거래 없이 가공의 세금계산서를 발급 · 수취한 행위를 바로잡기 위한 방편에 불과하므로, **구 조세범처벌법 제10조 제3항 제1호에서 정한 죄에 해당하지 아니한다**"고 판시하였다.

(8) 대상 판결의 사안에서 피고인이 거래처에 재화를 공급하고 세금계산서를 발급하였다가 이를 취소하는 음의 수정세금계산서를 발급하였다가 허위의 수정세금계산서 를 발급하였다고 하여 당초의 세금계산서 발급 사실 자체가 취소되는 것이 아니고, 당초에 발급된 세금계산서가 무효로 되는 것도 아니다.

(9) 음의 수정세금계산서 발급이 계약의 해제 등의 사유로 적법하게 발급하였다면 당초의 세금계산서 상 공급가액은 없는 것으로 되고, 수정세금계산서 발급이 적법한 발급 사유 없이 발급된 것이면 수정세금계산서로서의 효력이 없으므로 공급가액은 당초의 공급가액이 그대로 유지된다.

(10) 대상 판결에서 수정세금계산서의 발급으로 당초의 세금계산서는 무효가 되므로 세금계산서 미발급죄가 성립하지 아니한다는 원심의 무죄 이유는 잘못된 것이나(대상 판결은 원심판결의 이유 설시가 다소 적절하지 않다고 판시하였다), **수정세금계산서가 발급된 경우 그 발급이 유효한지 여부와 관계 없이 피고인이 당초 세금계산서를 발급한 사실은 여전히 존재하는 것이므로 세금계산서 미발급죄가 성립하지 아니한다**고 판시하였다.

(11) 요약해 보면, 허위의 수정세금계산서 발급 행위 자체는 세금계산서 미발급죄는 물론

가공세금산서 발급죄에 해당 되지 않는다(다만 위에서 살펴본 바와 같이 부가가치세 과세표준에 영향을 줄 뿐이다). 이 사건에서 피고인이 실제 발급 사유 없이 허위의 수정세금계산서를 발급한 점이 인정되었다 하더라도, 수정세금계산서 발급 행위에 대한 별도의 범죄가 성립하지는 않는다.

6. 관련판례

문서번호	내 용
대법원 1989. 2. 28. 선고 88도2337 판결, 대법원 1994. 6. 28. 선고 92도2417 판결, 대법원 1995. 4. 25. 선고 95도100 판결, 대법원 1995. 9. 29. 선고 94도3376 판결	'구 조세범처벌법 제11조의2 제1항(현행법 제10조 제1항 제1호, 세금계산서 미발급) 위반죄의 주체인 '부가가치세법의 규정에 의하여 세금계산서를 작성하여 교부하여야 할 자'란 부가가치세법상 사업자로 등록된 사람이 실제로 재화나 용역을 공급하여 구체적으로 세금계산서를 작성하여 교부하여야 할 의무를 부담하는 자만을 의미한다(從前 대법원의 판단).
대법원 1999. 7. 13. 선고 99도2168 판결	실제로 어떤 사람에게 재화를 공급하지 아니하여 부가가치세법상 세금계산서를 작성하여 교부하여야 할 의무가 없는 사업자까지 포함하는 것은 아니고, 부가가치세법상 사업자로 등록된 사람에는 해당하나 실제로 재화를 공급한 자에는 해당하지 아니하는 자와, 실제로 재화를 공급한 자에는 해당하나 부가가치세법상 사업자로 등록된 사람에는 해당하지 아니하는 자의 어느 쪽도 위 죄가 요구하는 신분의 요건을 충족시키지 못하고 있으므로 죄가 되지 아니한다.
대법원 2010. 1. 28. 선고 2007도10502 판결	조세범 처벌법 제10조 제3항은 '재화 또는 용역을 공급하지 아니하거나 공급받지 아니하고 세금계산서를 발급하거나 발급받은 행위'를 처벌하고 있는바, 여기에는 재화 또는 용역을 아예 공급하지 아니하거나 공급받지 아니하고 세금계산서만을 발급하거나 발급받는 행위뿐만 아니라, 재화 또는 용역을 공급받은 자가 그 재화 또는 용역을 실제로 공급한 자가 아닌 다른 사람이 작성한 세금계산서를 발급받은 경우도 포함된다.
대법원 2014. 7. 10. 선고 2013도10554 판결	재화 또는 용역을 공급한 자가 그 재화 또는 용역을 실제로 공급받은 자가 아닌 다른 사람에게 세금계산서를 발급한 경우도 포함된다. 그리고 재화 또는 용역을 공급한 자가 그 재화 또는 용역을 실제로 공급받

문서번호	내 용
	은 자에게 세금계산서를 발급하지 아니한 행위에 대해서는 조세범처벌법 제10조 제1항 제1호에서 정한 세금계산서 미발급으로 인한 죄가 별개로 성립한다.
대법원 2017. 12. 21. 선고 2015도8335 전원합의체 판결 등	이 사건 조항(조세범처벌법 제10조 제1항 제1호 전단)은 세금계산서 발급을 강제하여 거래를 양성화하고 세금계산서를 발급하지 않아 **조세의 부과와 징수를 불가능하게 하거나 현저히 곤란하게 하는 것을 막고자 하는 데에 그 취지**가 있다.
대법원 2017. 12. 21. 선고 2015도8335 전원합의체 판결 등	**형벌법규의 해석은 엄격**하여야 하고, 문언의 가능한 의미를 벗어나 피고인에게 불리한 방향으로 해석하는 것은 죄형법정주의의 내용인 **확장해석금지에 따라 허용되지 않는다.**

5-11 대금이 모두 지급되고, 이를 반환받은 것으로 볼 증빙이 없는 경우에는 허위의 거래라고 볼 수 없음

● 대상판결 : 서울고등법원 2008누29351 (2009. 5. 1.) ➜ 국패

핵심 요지

매입 대금이 은행송금 및 어음발행 등의 방법으로 모두 결제되었고, 위 대금이 다시 매입자에게 반환되는 등 실물거래를 가장하기 위하여 지급된 것이라는 점을 인정할 자료가 없으므로, 자료상 혐의로 고발된 사실 및 대금 지급 시기에 대한 의문점만으로 실물거래 없는 허위 세금계산서라고 볼 수는 없음

1. 사실관계

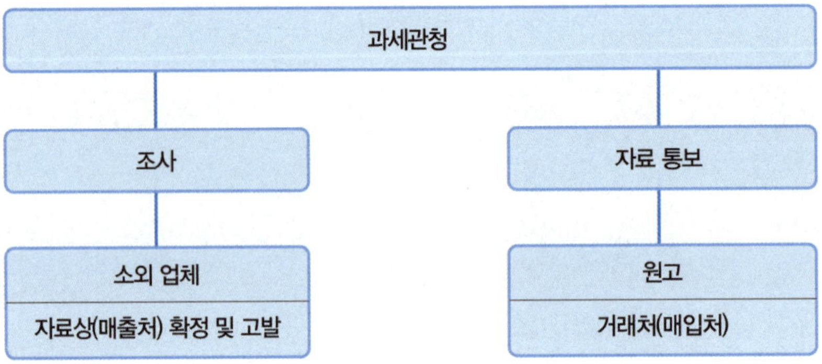

(1) 원고는 2002. 1. 23. 의류 제조 및 도·소매업 등을 영위할 목적으로 설립된 법인으로, 소외 업체로부터 89,020천 원의 매입 세금계산서를 수취하였다.

(2) 원고는 피고에게 2005. 7. 25. 매입세액 8,902천 원을 매출세액에서 공제하여 부가가치세를 신고하는 한편, 2006. 3. 31. 위 공급가액을 손금산입하여 법인세를 신고하였다.

(3) 서초세무서장은 2006. 7.경 소외 업체에 대하여 자료상 혐의자 조사를 실시하였는데, 그 결과 이 사건 세금계산서가 가공거래에 의한 것이라고 확정한 후 이를 피고에게 통보하였다.

(4) 이에 따라 피고는 2007. 3. 2. 이 사건 매입세액(8,902천 원)을 부가가치세 산정 시 매입세액을 불공제하고, 법인세 산정 시 위 공급가액을 손금불산입하여, 원고에게 2005년 제1기분 부가가치세 12,244천 원 및 2005사업연도 법인세 27,961천 원을 각 경정 · 고지하였다.

2. 쟁 점

이 사건 세금계산서를 가공세금계산서로 보아 이 사건 매입세액을 불공제하고, 이 사건 매입액을 손금불산입하여 과세한 처분의 당부

3. 관련 법령

부가가치세법 제39조【공제하지 아니하는 매입세액】

① 제38조에도 불구하고 다음 각 호의 매입세액은 매출세액에서 공제하지 아니한다.

1. 제54조 제1항 및 제3항에 따라 매입처별 세금계산서합계표를 제출하지 아니한 경우의 매입세액 또는 제출한 매입처별 세금계산서합계표의 기재사항 중 거래처별 등록번호 또는 공급가액의 전부 또는 일부가 적히지 아니하였거나 사실과 다르게 적힌 경우 그 기재사항이 적히지 아니한 부분 또는 사실과 다르게 적힌 부분의 매입세액. 다만, 대통령령으로 정하는 경우의 매입세액은 제외한다.
2. 세금계산서 또는 수입세금계산서를 발급받지 아니한 경우 또는 발급받은 세금계산서 또는 수입세금계산서에 제32조 제1항 제1호부터 제4호까지의 규정에 따른 기재사항(이하 "필요적 기재사항"이라 한다)의 전부 또는 일부가 적히지 아니하였거나 사실과 다르게 적힌 경우의 매입세액(공급가액이 사실과 다르게 적힌 경우에는 실제 공급가액과 사실과 다르게 적힌 금액의 차액에 해당하는 세액을 말한다). 다만, 대통령령으로 정하는 경우의 매입세액은 제외한다.

법인세법 제19조【손금의 범위】

① 손금은 자본 또는 출자의 환급, 잉여금의 처분 및 이 법에서 규정하는 것을 제외하고 당해 법인의 순자산을 감소시키는 거래로 인하여 발생하는 손비의 금액으로 한다.

② 제1항의 규정에 의한 손비는 이 법 및 다른 법률에 달리 정하고 있는 것을 제외하고는 그 법인의 사업과 관련하여 발생하거나 지출된 손실 또는 비용으로서 일반적으로 용인되는 통상적인 것이거나 수익과 직접 관련된 것으로 한다.

4. 원 · 피고 주장 요약

(1) 원 고

실제로 소외 업체로부터 원단을 매입하고 정당하게 수취한 것임에도 불구하고, 단지 소외 업체가 자료상으로 고발되었다는 이유만으로 실물거래 없이 이 사건 세금계산서를 수취하였음을 전제로 하여 한 부과 처분은 위법하다.

(2) 피 고

① 원고와 소외 업체와의 거래 사실 확인서 등은 이 사건 세금계산서에 기재된 거래 내역 및 공급가액과 서로 일치하지 않는다.

② 소외 업체의 사업주 등이 검찰에서 이 사건 가공세금계산서와 관련하여 '혐의없음'처분을 받은 것은 소외 업체의 사업주가 범죄사실을 부인하고 있고 참고인들이 증빙자료를 제출하고 있지 않아 조세범처벌법 위반 혐의를 입증할 정도의 증거가 부족하다는 것에 불과하다.

③ 원고는 소외 업체로부터 실제로 원단을 공급받았다는 사실을 입증할 만한 장부 등의 직접적인 증거를 제시하지 못하고 있으며, 소외 업체가 자료상으로 확정되었고, 원고는 소외 업체로부터 이 사건 매입액 상당의 물품을 구입한 사실과 물품 대금을 지급한 사실이 장부나 금융거래 자료 등 객관적인 증빙에 의해 구체적으로 입증되지 않는다.

4. 사건의 경과

(1) 1심(서울행정법원 2008. 9. 23. 선고 2008구합11310판결) : 국승

① 원고가 이 사건 거래가 실제 거래이고 이 사건 세금계산서가 가공의 것이 아니라는 취지

에서 제시하고 있는 거래 사실 확인서 및 거래사실 확인 자술서는 위 인정사실에 의할 때 이 사건 세금계산서에 기재된 거래 내역 및 공급가액과 서로 일치하지 않을 뿐만 아니라, 그 작성 경위 등에 비추어 이를 그대로 믿기는 어려운 점, ② 원고는 소외 업체와 사이에 2005년 제1기에만 이 사건 거래가 있었을 뿐임에도, 소외 업체로부터 이 사건 세금계산서를 작성 · 교부받은 이후에 약 3개월이 지난 시점에서 송금이 이루어졌던 것에 비추어 보더라도 이 사건 거래가 정상적인 거래라고 보기는 어려운 점, ③ 원고가 소외 업체로부터 이 사건 세금계산서의 기재 내역과 같이 실제로 원단을 공급받았다는 사실을 입증할 만한 원고의 장부 등의 직접적인 증거를 제시하지 못하고 있는 점, ④ 소외인들은 이 사건 세금계산서를 포함하여 허위 매출세금계산서를 발행한 혐의에 관하여 조세범처벌법 위반 혐의로 수사를 받았으나 각 증거불충분을 이유로 혐의없음의 불기소처분을 받았는바, 그 취지는 소외인이 범죄사실을 부인하고 있고 참고인들이 증빙자료를 제출하고 있지 않아 조세범처벌법 위반 혐의를 입증할 정도의 증거가 부족하다는 것일 뿐, 이 사건 세금계산서에 의한 거래가 정상거래였다는 것을 전제로 하는 것은 아닌 점 등의 사정을 고려하면, 이 사건 세금계산서는 사실과 다르게 기재된 것으로 볼 수 있는 합리적인 정황이 있는 반면, 원고가 제출한 증빙만으로는 이 사건 거래가 실제 거래이고 이 사건 세금계산서가 정상 거래에 의한 것임을 인정하기에 부족하고, 달리 이를 인정할 만한 증거가 없다.

(2) 대상판결

… 원고는 소외인의 은행 계좌로 2005. 9. 15. 3,600만 원, 2005. 10. 7. 850만 원을 각 송금하였고, 소외 업체에게 2005. 10. 27. 액면금 1,639만 원, 2005. 11. 14. 액면금 2,189만 원, 2005. 12. 15. 액면금 15만 원의 각 약속어음을 발행하여 2007. 1. 4. 이를 모두 결제하였는데, **위 대금이 다시 원고에게 반환되는 등 실물거래를 가장하기 위하여 지급된 것이라는 점을 인정할 자료가 전혀 없는 점,** 소외인들은 이 사건 세금계산서를 포함하여 허위 매출세금계산서를 발행한 혐의에 관하여 조세범처벌법 위반 혐의로 고발되어 수사를 받았는데, 위 수사 과정에서 허위 매출거래처로 지목된 업체의 관계자들은 자신들은 실제로 거래를 하고 소외 업체 명의의 세금계산서를 받은 것이라는 취지로 진술하였고, **소외인들은 모두 증거불충분을 이유로 '혐의없음' 처분을 받은 점** 등을 종합하여 보면, 위와 같은 **소외 업체 등이 자료상 혐의로 고발된 사실 및 대금 지급 시기와 방법에 관한**

의문점만으로 이 사건 세금계산서가 실물거래를 동반하지 아니한 허위의 세금계산서라고 인정하기에 부족하고, 달리 이를 인정할 증거가 없다.

5. 평 석

(1) 과세처분의 위법을 이유로 그 취소를 구하는 행정소송에 있어 처분의 적법성 및 과세요건 사실의 존재에 관하여는 **원칙적으로 과세관청인 피고가 그 입증책임을 부담**하나, 경험칙상 이례에 속하는 특별한 사정의 존재에 관하여는 납세의무자인 원고에게 입증책임 내지는 입증의 필요가 돌아가는 것이므로 법인세의 과세표준인 소득액 확정의 기초가 되는 **손금에 산입할 비용액에 대한 입증책임도 원칙적으로 과세관청에 있고**, 다만 구체적으로 비용항목에 관한 입증의 난이라든가 당사자의 형평 등을 고려하여 납세의무자 측에 그 입증책임을 돌리는 경우가 있는 것이다(대법원 1992. 3. 27. 선고 91누12912 판결 등 참조).

(2) 이 사건에 대하여 1심 재판부에서는 원고의 주장을 인정하지 아니하였으나, 2심 재판부에서는 원고의 주장과 근거를 받아들여 국가패소 판결하였다(2심 확정).

(3) 이 사건의 경우 매출처인 소외 업체가 허위세금계산서 발급 혐의에 대한 조사에 따라 자료상으로 고발되었고, 자료상인 소외 업체와 거래한 원고(매입처)가 수보한 세금계산서가 사실과 다른 세금계산서(가공세금계산서)라는 것이 피고의 의견이다.

(4) **매입처인 원고에 대한 고발내용에 포함되지 아니한 가공거래 혐의자료**에 의한 과세의 경우 또는 고발 내용에 포함되었더라도 **수사기관에서 혐의없음 처분을 받은 경우에는 입증 부족을 이유로 국가가 패소하는 사례가 반복**되고 있다.

(5) 따라서 과세관청은 당초 과세처분 시점에 조사 대상인 자료상은 물론 그와 거래한 매입처에 대한 현지 확인 또는 조사 등을 통하여 당해 세금계산서가 사실과 다른 세금계산서라는 점을 입증한 후 과세할 필요가 있다.

(6) 이 사건의 경우는 과세관청이 소외 업체를 자료상으로 확정하고 소외 업체의 거래처인 원고에 대한 조사는 이루어지지 아니한 채 과세자료를 피고에게 통보한 것으로 보인다.

(7) 통상적으로 자료상 조사의 경우 거래처에 대한 조사가 제대로 이루어지지 않고 과세자

료만 통보하는 경우가 있다. 이 경우 조사가 이루어지지 않은 거래처(대부분 매입처임)에 대한 부과 처분은 과세관청이 패소하는 경우가 많다는 점을 상기할 필요가 있다. 따라서 거래처(매입처)에 대한 조사도 심도 있게 이루어져야 하고 그에 따른 증빙자료 확보가 매우 중요하다.

(8) 조사 과정과 재판 과정에서 원고 및 관련인들의 진술 등이 달라질 수도 있으므로, 과세관청은 진술서 · 문답서 · 전말서 등을 받음에 있어서는 피조사자의 구두 진술에만 의존하지 말고 당해 진술을 입증할 수 있는 증거자료를 반드시 확보해야 한다.

(9) 법원에서는 비록 납세자가 작성한 확인서라 할지라도 그 속에 구체적인 내용(구체적인 거래시기, 거래금액, 거래방법 등)이 포함되어 있지 않다면 이를 장부를 갈음할 만한 신빙성이 없다고 보는 것이다. 즉, 확인서가 충분히 신빙할 만한 내용을 포함하고 있을 것을 요한다.

(10) 구체적이고 합리적인 다른 증빙을 확보하지 않은 채 납세자의 확인서에만 근거하여 과세하는 것은 인정할 수 없다는 것이 대법원의 일관된 입장이다.

6. 관련 판례

문서번호	내 용
대법원 1997. 9. 26. 선고 96누8192 판결 등	**세금계산서가 사실과 다른 허위의 것이라는 점에 대한 입증책임은 원칙적으로 과세관청인 피고에게 있는 것**이므로, 피고로서는 이에 관하여 직접증거 또는 제반 정황을 토대로 그 세금계산서가 실물거래를 동반하지 아니한 것이라는 등의 허위성에 관한 입증을 하여야 할 것인데, 피고가 합리적으로 수긍할 수 있을 정도로 이 점에 관한 상당한 정도의 입증을 할 경우라면, 그 세금계산서가 허위가 아니라고 주장하면서 피고 처분의 위법성을 다투는 납세의무자인 원고로서는 관련된 증빙과 자료를 제시하기가 용이한 지위에 있음을 감안하여 볼 때 자신의 주장에 부합하는 입증의 필요가 있다고 할 것이다.
대법원 1992.3.27. 선고 91누12912 판결 등	과세처분의 위법을 이유로 그 취소를 구하는 행정소송에 있어 **처분의 적법성 및 과세요건 사실의 존재에 관하여는 원칙적으로 과세관청인 피고가 그 입증책임을 부담**하나, 경험칙상 이례에 속하는 특별한 사정의 존재에 관하여는 납세의무자인 원고에게 입증책임 내지는 입증의

문서번호	내 용
	필요가 돌아가는 것이므로 법인세의 과세표준인 소득액 확정의 기초가 되는 손금에 산입할 비용액에 대한 입증책임도 원칙적으로 과세관청에 있고, 다만 구체적으로 비용항목에 관한 입증의 난이라든가 당사자의 형평 등을 고려하여 납세의무자 측에 그 입증책임을 돌리는 경우가 있는 것이다.
대법원 2009. 7. 9. 선고 2009두5022판결, 서울고법 2010. 12. 24.선고 2010누20418 판결	수사기관 또는 과세관청의 납세의무자가 아닌 자의 진술이 기재된 전말서 등은 그 진술 내용에 부합하는 **증빙자료가 있거나 납세의무자에 대한 사실확인 등의 보완 조사가 이루어지지 않았다면 납세의무자 아닌 자의 일방적 진술에 불과**하여 다른 특별한 사정이 없는 한 이를 납세의무자에 대한 **과세자료로 삼을 수 없다**(같은 뜻 : 대법원 2015. 6. 24. 선고 2015두39316 판결).
서울고등법원 2003. 7. 8. 선고 2002누10133 판결 : 국승	조사기간 중 **세무사를 동반하여 사전에 충분한 설명을 듣고 협의를 하는 등 조력을 받은 점**에 비추어 보면 … 문답서 및 확인서의 각 기재는 **신빙성이 있다고 판단**된다(같은 뜻 : 서울행정법원 2002. 5. 30. 선고 2002구합3423 판결; 원고 항소 포기).

5-12 사실과 다른 세금계산서라 하더라도 선의 · 무과실의 거래 당사자인 경우 매입세액 불공제는 부당함

● 대상판결 : 대법원 2014두14235 (2015. 2. 26.) ➜ 국패

핵심 요지

공급자가 허위로 기재되어 사실과 다른 세금계산서를 공급받았더라도 그 증빙자료로 운송 차량 사진, 계량 증명서, 세금계산서, 거래명세서 등을 함께 보관하였으며, 거래대금을 정확하게 송금하는 등 주의의무를 다한 것으로 실제 공급자가 아님을 알지 못하였고, 알지 못한 데 과실도 없으므로 매입세액 불공제는 부당하다.

1. 사실관계

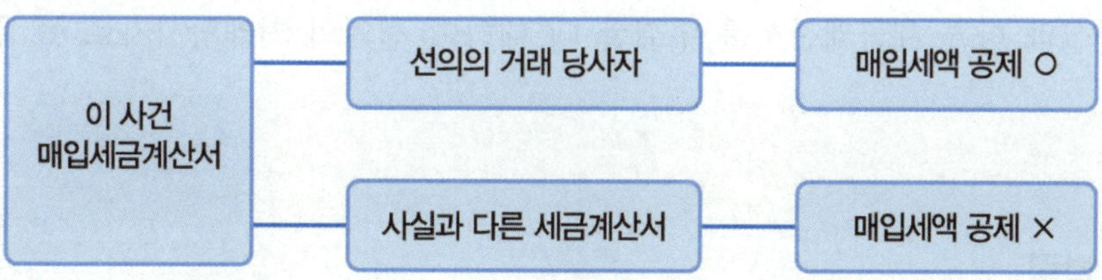

(1) 원고는 1987. 11. 13. 설립된 이후 어망 및 로프생산 판매업, 어구 자재 제작 및 판매업, 비철금속(동, 황동) 생산 및 판매업 등을 영위하여 왔다.

(2) 원고는 2009년 제2기부터 2010년 제1기까지 고동(古銅) 매입 과정에서 이 사건 거래처들로부터 매입세금계산서를 교부받은 후, 이 사건 각 세금계산서에 따른 매입세액을 매출세액에서 공제하여 2009년 제2기부터 2010년 제1기까지 각 부가가치세를 신고하였다.

(3) 피고는 피고 및 관할 지방국세청장의 원고에 대한 자료상 조사에서 소외 업체 등이 자료상임을 확인하고 이를 이유로, 원고가 자료상인 이 사건 각 거래처로부터 교부받은 이 사건 각 세금계산서는 모두 공급자가 허위로 기재되어 사실과 다른 세금계산서에 해당한다고 보아 그 매입세액 공제를 부인하여, 원고에게 부가가치세 확정신고에

대한 환급 거부를 통지하고, 2009년 제2기분 및 2010년 제1기분 부가가치세 및 2009년 사업연도 법인세(증빙불비가산세)를 각 경정 · 고지하였다.

(4) 이에 불복하여 원고는 조세심판원에 심판청구를 하였고, 조세심판원은 '소외 업체 중 A 금속 대표가 작성한 매출 정리서, 원고의 관리 항목별 보조원장 및 신규업체등록품의 자료 등에 대한 재조사를 실시하여 이 사건 각 세금계산서 공급가액에 상당하는 비철금속을 A 금속 등으로부터 실제 매입하였는지 여부 등을 확인하고 그 결과에 따라 과세표준 및 세액을 경정한다'라는 결정을 하였다.

(5) 피고는 이에 따라 재조사를 실시하여, 원고에게 당초 과세처분이 정당하다는 경정 거부 처분을 하였고, 원고는 이에 불복하여 조세심판원에 심판청구를 하였으나, 심판청구가 기각되었다.

2. 쟁 점

원고가 사실과 다른 세금계산서를 수취한 데 대하여 선의의 거래당사자로 볼 수 있는지 여부

3. 관련 법령

부가가치세법 제39조【공제하지 아니하는 매입세액】

① 제38조에도 불구하고 다음 각 호의 매입세액은 매출세액에서 공제하지 아니한다.

1. 제54조 제1항 및 제3항에 따라 매입처별 세금계산서합계표를 제출하지 아니한 경우의 매입세액 또는 제출한 매입처별 세금계산서합계표의 기재사항 중 거래처별 등록번호 또는 공급가액의 전부 또는 일부가 적히지 아니하였거나 사실과 다르게 적힌 경우 그 기재사항이 적히지 아니한 부분 또는 사실과 다르게 적힌 부분의 매입세액. 다만, 대통령령으로 정하는 경우의 매입세액은 제외한다.
2. 세금계산서 또는 수입세금계산서를 발급받지 아니한 경우 또는 발급받은 세금계산서 또는 수입세금계산서에 제32조 제1항 제1호부터 제4호까지의 규정에 따른 기재사항(이하 "필요적 기재사항"이라 한다)의 전부 또는 일부가 적히지 아니하였거나 사실과 다르게 적힌 경우

의 매입세액(공급가액이 사실과 다르게 적힌 경우에는 실제 공급가액과 사실과 다르게 적힌 금액의 차액에 해당하는 세액을 말한다). 다만, 대통령령으로 정하는 경우의 매입세액은 제외한다.

국세기본법 제14조【실질과세】

① 과세의 대상이 되는 소득, 수익, 재산, 행위 또는 거래의 귀속이 명의(名義)일 뿐이고 사실상 귀속되는 자가 따로 있을 때에는 사실상 귀속되는 자를 납세의무자로 하여 세법을 적용한다.

4. 원 · 피고 주장 요약

(1) 원 고

① 원고는 이 사건 각 세금계산서 기재와 같이 이 사건 각 거래처로부터 실제 고동(古銅)을 공급받았으므로, 이 사건 각 세금계산서는 사실과 다른 세금계산서에 해당하지 않는다.

② 설령 이 사건 각 거래처가 자료상으로서 실제 공급자가 아니기 때문에 이 사건 각 세금계산서가 사실과 다른 세금계산서에 해당한다고 하더라도, 원고는 이 사건 각 거래처와 거래를 개시하기 전에 **사업장 방문, 사업자등록증 확인** 등을 통하여 이 사건 각 거래처가 실제로 고동 매매업을 영위하고 있는지 확인하였고, 고동을 공급받는 과정에서도 엄격한 검수 절차를 통하여 해당 고동이 실제로 이 사건 각 거래처로부터 공급되고 있는 것인지 확인한 후 그 증빙자료로 운송 차량 사진, 계량 증명서, 세금계산서, 거래명세서 등을 함께 보관하였으며, 이 사건 각 거래처 명의로 개설된 계좌로 거래대금을 정확하게 송금하는 등 **거래당사자로서 주의의무를 다하였으므로**, 원고로서는 이 사건 각 거래처가 실제 공급자가 아님을 알지 못하였고, 알지 못한 데 과실도 없다.

(2) 피 고

① 원고와 2005년 이후 거래한 원재료(古銅) 매입처는 계속 · 반복적으로 3~6개월 단기간에 고액 거래 후 무납부하고 폐업한 부가가치세 포탈 행위 업체로, 한 거래처가 세무

조사 후 폐업하면 원고와 거래하는 업체 명의만 바뀔 뿐 거래형태는 모두 동일하며, 소외 이 사건 매입처들과의 거래 전에 거래하였던 원고의 매입처 역시 계속적 · 반복적으로 부가가치세 포탈 행위를 하는 등 유통업체가 아닌 소외 매입처들로부터 사실과 다른 세금계산서를 수취한 것이므로 매입 세액을 불공제한 당초 처분은 정당하다.

② 원고의 이 사건 매입처는 자료상으로 확정되거나 자료상 혐의가 짙은 업체들로, 자료상 확정자인 소외 업체는 거래대금에 대해 형식상 금융 증빙을 갖춘 직후 고액 자금을 즉시 현금화하여 은폐하였으며, 이 사건 매입처들로부터의 구매 현황, 구매 팀장의 통화 내역 등 여러 정황으로 볼 때, 원고는 이 사건 매입처들이 정상 사업자가 아니라는 점을 사전에 충분히 인지한 상태에서 거래를 한 것이므로 선의의 거래 당사자로 보기 어렵다.

4. 대상판결(부산고등법원 2014. 10. 8. 선고 2014누205 판결)

… 원고는 이 사건 각 거래처와 거래를 개시할 때마다 그 거래 개시일을 전후하여 해당 업체의 사업장을 일일이 방문하여 시설물 현황 등을 살피고, 해당 업체의 사업자등록증과 대표자의 거주 및 신분을 확인할 수 있는 서류, 거래대금을 입금할 해당 업체 명의의 통장 사본 등을 교부받는 등 이 사건 각 거래처가 정상적으로 고동 매매업을 영위하고 있는지 여부를 확인하기 위하여 **상당한 노력을 기울인 것**으로 보인다.

일부 서류가 거래개시일과 다르게 작성되었지만, … 일부 서류의 작성일자가 다르다고 하여 원고의 거래처에 대한 사전 확인 사실을 부정하기 어렵다.

원고는 이 사건 각 거래처로부터 고동을 인수할 때마다 입고 담당자가 구매 담당자에게 매입처를 확인하여 입고증을 준비하고 운전기사의 인적 사항(이름과 휴대전화 번호)을 확인한 후 고동(古銅)을 계근하여 그 계량 증명서를 이 사건 각 거래처에 교부하는 한편, 이 사건 각 거래처로부터 그에 상응하는 세금계산서와 거래명세서를 교부받아 관련 자료를 함께 보관하여 왔다.

원고는 이 사건 각 거래처 명의의 계좌로 정상적으로 거래대금을 송금하였고, 이처럼 송금한 거래대금 중 일부를 반환받았다거나 고동의 단가가 일반적인 시세보다 현저히 저렴하였다는 등 원고와 이 사건 각 거래처 사이의 거래가 비정상적인 거래였음을 추단할 만한 사정은 밝혀지지 아니하였다.
이와 같은 상황에서 원고로서는 이 사건 각 거래처의 명의 위장 사실을 알았거나 알 수 있었으면서도 향후 해당 매입세액 공제 부인으로 부가가치세를 이중으로 부담할 위험 등을 감수하면서까지 그 거래에 임할 만한 특별한 동기는 없는 것으로 보인다.
원고와 같은 **최종 소비업체로서는 고동을 직접 거래하는 중간상이 정상적인 업체인지를 확인하는 것에서 더 나아가 그 중간상의 고동 매입경로까지 확인하는 것은 현실적으로 어려워** 보일 뿐 아니라, 적시에 필요한 원료를 조달하여 동 제련 사업을 영위하여야 하는 원고에게 그와 같은 엄격한 주의의무까지 부담하도록 하는 것은 부당하다고 볼 여지가 있다.
… 원고는 그와 같은 명의 위장 사실을 알지 못하였고 알지 못한 데 과실이 없으므로, 이 사건 처분은 취소되어야 한다.

5. 평 석

(1) 부가가치세법상 세금계산서의 기재 내용이 사실과 다르다는 의미는, 과세의 대상이 되는 소득 · 수익 · 계산 · 행위 또는 거래의 귀속이 명의일 뿐 사실상 귀속되는 자가 따로 있는 때에는 사실상 귀속되는 자를 납세의무자로 하여 세법을 적용한다고 규정한 국세기본법 제14조 제1항의 취지에 비추어, 세금계산서의 필요적 기재 사항의 내용이 재화 또는 용역에 관한 당사자 사이에 작성된 거래계약서 등의 형식적인 기재 내용에 불구하고 그 재화 또는 용역을 실제로 공급하거나 공급받는 주체와 가액 및 시기 등과 서로 일치하지 아니하는 경우를 가리키는 것이므로 재화 등을 공급하는 거래가 실제로 존재하더라도 그 공급 주체가 세금계산서 발행 명의자와 다른 **소위 위장 거래로 발급된 세금계산서도 사실과 다른 세금계산서에 해당**한다(대법 1996. 12. 10. 선고 96누617 판결 등 참조).

(2) 실제 공급자와 세금계산서상의 공급자가 다른 세금계산서는 공급받는 자가 세금계산서의 명의 위장 사실을 알지 못하였고 알지 못하였음에 과실이 없다는 특별한 사정이 없는 한 그 매입세액을 공제 내지 환급받을 수 없고, **공급받는 자가 위와 같은 명의 위장 사실을 알지 못한 데에 과실이 없다는 점은 매입세액의 공제 내지 환급을 주장하는 자가 증명**하여야 한다(대법 2002. 6. 28. 선고 2002두2277 판결 등 참조).

(3) 원고와 거래한 거래처들은 계속 · 반복적으로 3~6개월 단기간에 고액 거래 후 무납부하고 폐업한 부가가치세 포탈 행위업체로, 한 거래처가 세무조사 후 폐업하면 원고와 거래하는 업체 명의만 바뀔 뿐 거래형태는 모두 동일하다는 사실이 과세관청의 조사과정에서 확인되었음에도 재판부가 원고를 선의의 거래 당사자로 판단한 사실에 유의할 필요가 있다.

(4) 과세관청은 조사 과정에서 확인한 자료를 바탕으로 원고가 거래한 소외 업체들이 모두 자료상이라는 전제하에 원고가 수보한 매입세금계산서가 사실과 다른 세금계산서에 해당한다는 사실에만 주의를 기울이고 원고가 이 사건 거래에 있어서 명의 위장 사실을 알지 못한 데에 과실이 없어 선의의 거래 당사자에 해당하는지 여부에 대하여는 명확한 조사가 이루어지지 않은 것으로 보인다. 통상 자료상 조사인 경우 조사 공무원이 원고와 같은 매입처를 선의의 거래 당사자라고 판단하기가 쉽지 않다(후에 이루어질 감사 등에서 문제가 될 여지가 있으므로 조사 공무원은 보수적으로 판단할 수밖에 없다).

(5) 따라서 원고와 같은 매입자로서는 자료상으로 의심되는 업체와 거래를 할 경우에는 최소한 거래상대방의 사업자등록증을 제출받아 확인하고 적극적으로 차량 또는 운전자의 인적 사항, 운송 차량 사진, 세금계산서, 거래명세서 및 거래대금을 송금한 계좌번호 등을 확인하는 노력이 필요하다(그러한 노력이 후에 불복이나 소송에 이르러 사업자가 선의의 거래 당사자 임을 입증하는 중요한 증빙이 되는 것이다).

(6) 사업자가 거래를 개시할 때마다 그 거래 개시일을 전후하여 거래처의 사업장을 일일이 방문하여 시설물 현황 등을 살피고, 해당 업체의 사업자등록증과 대표자의 거주 및 신분을 확인할 수 있는 서류, 거래대금을 입금할 해당 업체 명의의 통장 사본 등을 교부 받는다면 사업자(매입처)로서는 거래처가 정상적으로 사업을 영위하고 있는 여부를 확인하기 위하여 할 수 있는 모든 노력을 기울였다고 볼 수 있고, 이러한 사정들은 소송에 이르러 원고가 선의의 거래 당사자임을 입증하는데 유리하게 작용할 것이다(현실적으로 매 거래시 마다 그렇게까지 할 수 있을지는 의문이나 이 사건의 원고는 그렇게 하였다는 것이 판결문에 적시되어 있다).

(7) 대법원은 “사업자가 거래상대방의 사업자등록증을 제출받아 확인하고 거래 시 거래내용에 합당한 세금계산서를 교부받은 경우 거래상대방이 명의위장사업자로 판명되

었다고 하더라도 그 매입세액은 매출세액에서 공제되어야 한다."고 일관되게 판시하고 있다(대법원 1989. 7. 25. 선고 89누 749 판결 등).

6. 관련 판례

문서번호	내 용
부가가치세법 기본통칙 60-108-1	타인의 명의로 사업자등록을 하고 부가가치세 신고 납부를 한 명의 위장 사업자에 대하여 경정하는 경우 그 타인의 명의로 발급받은 세금계산서의 매입세액은 국세기본법 제14조에 따라 **명의 위장 사업자의 매출세액에서 공제**한다(2007. 1. 1.부터 타인 명의 등록 가산세가 부과됨).
법규과-969, 2009. 7. 16.	타인의 명의로 사업자등록을 하고 부가가치세 **신고·납부를 하지 아니한 명의위장사업자(실사업자)**에 대하여 경정하는 경우 그 타인의 명의로 발급받은 세금계산서의 매입세액은 부가가치세법 제17조 제2항 제1호의2에 따라 매출세액에서 **공제하지 아니하는 것**이다.
기획재정부 부가가치세과-519, 2017. 10. 12.	부가가치세법 제60조 제1항 제2호의 타인의 명의로 같은 법 제8조에 따른 사업자등록을 하여 사업을 하는 것으로 확인되는 경우로서 그 타인의 명의로 등록된 사업장에서 재화 또는 용역을 공급받고 해당 사업장의 사업자등록번호가 기재된 세금계산서를 발급받은 경우에는 부가가치세법 제39조 제1항 제2호의 발급받은 세금계산서의 **필요적 기재 사항이 사실과 다르게 적힌 경우로 보지 아니하는 것**이다(위 회신 내용은 회신일 이후 경정·결정하는 분부터 적용하는 것임).
부가치세법 기본통칙 57-103-1	사업자가 거래상대방의 사업자등록증을 확인하고 거래에 따른 세금계산서를 발급하거나 발급받은 경우 거래상대방이 관계기관의 조사로 인하여 명의 위장 사업자로 판정되었다 하더라도 해당 사업자를 **선의의 거래 당사자로 볼 수 있는 때에는 경정 또는 조세범처벌법에 의한 처벌 등의 불이익 처분을 받지 아니한다.**
대전지방법원 2011. 5. 25. 선고 2010구합5051 판결	설령 이 사건 매입세금계산서가 공급자가 **사실과 다르게 기재된 매입세금계산서라고 하더라도** 원고가 이를 알지 못하였고 알지 못한 데 과실이 없다는 특별한 사정이 인정되는 경우에는 여전히 그 매입세금계산서에 기재된 **매입세액은 공제의 대상이 된다.**

제6절 매입세액

6-1 등록 전 매입세액과 미등록가산세

● 대상판결 : 대법원 2002두318 (2003. 11. 27.) ➜ 국패

핵심 요지

구 「부가가치세법」(1998. 12. 28. 법률 제5585호로 개정되기 전의 것) 제17조 제2항 제5호에 의하면, 제5조 제1항의 규정에 의한 등록을 하기 전의 매입세액은 매출세액에서 공제하지 아니한다고 규정하고 있는바, 여기서 '제5조 제1항의 규정에 의하여 등록을 하기 전의 매입세액'이라 함은 '적법한 등록신청'을 하기 전의 매입세액이라고 보아야 할 것이고, 이와 같은 적법한 등록신청을 한 경우에는 같은 법 제22조 제1항 소정의 미등록가산세를 부과할 수 없다.

1. 사실관계

(1) 원고는 다음과 같이 사업자등록을 신청하였다.

> ① 업태 : 건축, ② 종목 : 재건축, '주택 및 상가의 신축판매업'을 내용으로 하는 공동사업계약서 제출

(2) 피고는 원고가 신청한 사업을 국민주택 규모의 재건축사업으로 판단하고 원고에게 면세사업자등록증을 교부하였다.

(3) 원고는 교부받은 면세사업자등록증상의 등록사항을 정정하지 아니하고 부가가치세 과세거래를 하였다.

(4) 피고는 위 거래에 대하여 등록 전 매입세액으로 보아 불공제하고 미등록가산세를 더하여 부가가치세를 과세처분한 사건이다.

2. 쟁 점

구 「부가가치세법」 제17조 제2항 제5호 소정의 '등록을 하기 전의 매입세액'의 의미(적법한 등록신청을 하기 전의 매입세액) 및 적법한 사업자등록신청이 있는 경우 같은 법 제22조 제1항 소정의 미등록가산세를 부과할 수 있는지 여부

3. 대상판결

「부가가치세법」상 '등록을 하기 전의 매입세액'의 의미는 '적법한 등록신청'을 하기 전의 매입세액을 뜻하며, 적법한 등록신청을 한 경우에는 미등록가산세를 부과하지 않는 것이다. 피고가 사무처리를 잘못하여 면세사업자등록증을 교부하였다 하더라도 등록 전 매입세액에 해당하거나 미등록가산세 부과대상이 된다고 볼 수는 없는 것이다.
원고가 주택 및 상가 신축판매업으로 기재한 공동계약서를 제출한 것은 적법한 과세사업자 등록으로 보아야 한다.

4. 평 석

(1) 사업자등록 신청의 내용(사업자 신청)과 사업자등록(과세관청의 판단)의 문언이 상이한 경우 판단기준

문서번호	내 용
대법원 1983. 6. 14. 선고 81누416 판결	사업자등록은 단순한 사업사실 신고로서 사업자가 관할 세무서장에게 사업자등록신청서를 제출하면 성립되는 것이고 **사업자등록증의 교부는 등록사실을 증명하는 교부행위에 불과하므로** 교부행위는 부차적인 사실행위에 불과하다.
대법원 2000. 12. 22. 선고 99두6903 판결	사업자등록증의 교부는 등록사실을 증명하는 증서의 교부 행위에 불과한 것이며 … **과세관청의 사업자등록 직권말소행위는 불복의 대상이 되는 행정처분으로 볼 수 없다.**

(2) 소 결

① 사업자등록 기준일은 등록증 발급일이 아니라 적법한 사업자등록 신청일이다.

② 납세자가 과세사업에 대한 사업자등록을 신청하였는데 과세관청의 실수로 면세사업자로 기재하여 등록증을 교부하였다 하더라도 실제로 사업자가 과세사업에 대하여 적법한 사업자등록을 신청했다고 볼 만한 사정이 있다면 당해 사업자는 신청일 당시에 이미 유효한 사업자등록을 한 것으로 보아야 한다는 판결이다.

5. 관련 판례

문서번호	내 용
대법원 2008. 4. 10. 선고 2008두433 판결	등록 전 매입세액 여부를 판단함에 있어서 계약시점이나 대금지급시점이 아닌 법에 정한 공급시기가 기준이 된다(사업자등록 신청일 이후에 공급시기가 도래하여 세금계산서를 발행한 경우 사업자등록 신청일 이전 및 이후 모두 매입세액 공제 가능).
조심 2009전3221, 2010. 8. 2.	쟁점상가의 실제 거래일은 동 공급계약서에 의하여 2005. 12. 30.로 나타나고, 사업자등록증의 발급신청은 2006. 1. 6.로 되어있어, 비록 청구인이 이때 발급받은 사업자등록번호를 기재하고 그 발행일자를 쟁점상가를 공급받은 2005. 12. 30.로 소급하여 세금계산서를 발급받았다고 하더라도 … 쟁점세금계산서를 매입세액이 공제되지 않는 **사실과 다른 세금계산서로 보기는 어려운 것**으로 판단된다.
대법원 2008. 8. 18. 선고 2000두2815 판결	이 사건 중간지급조건부 공급에 해당하고, 따라서 원고의 **사업자등록 이전에 지급된 계약금과 중도금에 대한 매입세액을 공제되지 아니하는 등록 전 매입세액에 해당**한다는 이유로 매출세액에서 공제하지 아니한 피고의 이 사건 부과처분은 정당하다(중간지급조건부 공급인 경우 사업자등록 이전에 지급된 계약금·중도금에 대한 매입세액은 불공제).
서삼-858, 2007. 3. 21.	사업자가 사업을 개시하면서 적법하게 세금계산서를 수취한 후 20일이 되는 날이 공휴일·토요일이어서 그 다음 날에 사업자등록을 신청한 경우 해당 매입세액은 「부가가치세법시행령」 제60조 제9항(현행 부가가치세법 §39 ① 8호)에 규정된 사업자등록 신청일로부터 역산하여 **20일 이내의 것에 해당한다.**

6-2 세금계산서의 필요적 기재사항 일부가 사실과 다른 경우 매입 세액 공제 여부

● 대상판결 : 대법원 2001두8964 (2003. 5. 16.) ➜ 국패

핵심 요지

> 주유소를 임차, 운영하는 자가 정유회사(공급자)로부터 유류를 공급받고 교부받은 세금계산서의 '공급받는자'란에 위 운영자가 아닌 임대인의 등록번호와 명칭이 기재되었지만 다른 기재사항에 의하여 위 운영자의 거래사실을 쉽게 확인할 수 있는 경우에는 사실과 다른 세금계산서로 보지 않고 매입세액을 공제할 수 있다.

1. 사실관계

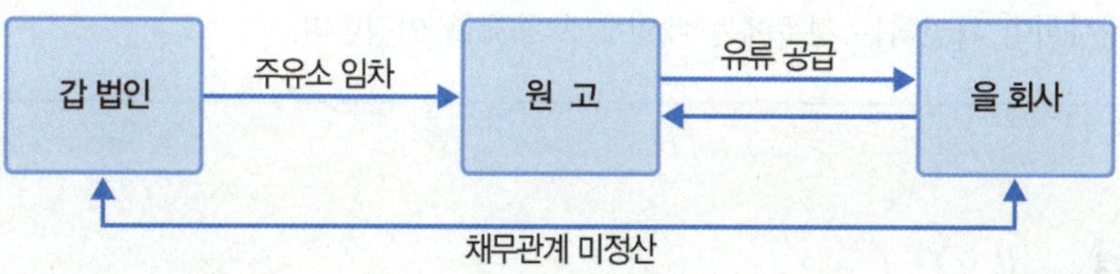

(1) 원고는 갑 법인과 을 회사 간 채무관계가 미정산되어 사업자등록을 하지 않고 영업을 하였다.

(2) 원고는 세금계산서 '공급받는자'란에 종전 주유소 운영자인 갑 법인의 등록번호와 명칭을 기재하였다.

(3) 그 외 사업장의 상호와 주소는 실제 운영자인 원고의 것으로 기재하였다.

(4) 피고는 위 거래에 대하여 매입세액 공제를 불인정하고 부가가치세를 부과처분한 사건이다.

2. 쟁 점

위 세금계산서가 '사실과 다른 세금계산서'에 해당되어 매입세액 공제를 인정할 수 없는지 여부

3. 관련 법령

「부가가치세법」 제39조 제2항

'필요적 기재사항'의 전부 또는 일부가 적히지 아니하였거나 사실과 다르게 적힌 경우 매입세액 불공제한다.

「부가가치세법시행령」 제75조 제2항

세금계산서의 필요적 기재사항 중 일부가 착오로 사실과 다르게 적혔으나 나머지 기재사항으로 보아 거래사실이 확인되는 경우에는 매입세액 공제를 인정한다.

4. 대상판결

「부가가치세법」 제17조 제1항에 의하면, 사업자가 납부하여야 할 부가가치세액(납부세액)은 매출세액에서 매입세액을 공제한 금액으로 정하는 것으로 규정되어 있고, 같은 조 제2항 제1의 2호 본문의 규정에 의하여 세금계산서의 필요적 기재사항의 전부 또는 일부가 기재되지 아니하였거나 사실과 다르게 기재된 경우의 매입세액은 매출세액에서 공제하지 아니하도록 되어 있으나, 그 단서의 규정과 같은 법 시행령 제60조 제2항 제2호에 의하면, 법 제16조 제1항의 규정에 의하여 교부받은 세금계산서의 필요적 기재사항 중 일부가 착오로 기재되었으나 당해 세금계산서의 그 밖의 필요적 기재사항 또는 임의적 기재사항으로 보아 거래사실이 확인되는 경우에는 그 매입세액을 매출세액에서 공제하는 것으로 규정되어 있다.

주유소를 임차, 운영하는 자가 정유회사(공급자)로부터 유류를 공급받고 교부받은 세금계산서의 '공급받는자'란에 위 운영자가 아닌 임대인의 등록번호와 명칭이 기재되었지만 다른 기재사항에 의하여 위 운영자의 거래사실을 쉽게 확인할 수 있는 경우에는 '사실과 다른 세금계산서'로 보지 않고 매입세액을 공제할 수 있다.

5. 평 석

(1) 대법원은 위 시행령 제75조 제2항을 해석하면서 '착오기재'를 지나치게 강조함이 없이 일반적으로 그 기재내용이 그 원인 여하를 불문하고 사실과 다른 때 모두를 포함하는 것으로 넓게 해석하고 있다.

(2) 세금계산서의 주요 기능 가운데 하나는 어떤 재화 또는 용역이 공급되고 공급받았는지 여부를 확인할 수 있는 거래증빙자료 또는 기장의 기초자료로서의 역할을 한다.

(3) 다른 기재사항에 의하여 위 운영자의 거래사실을 쉽게 확인할 수 있는 경우에는 사실과 다른 세금계산서로 보지 않고 매입세액을 공제할 수 있다고 한 사례이다.

(4) 판례는 구체적 타당성을 고려하여 실질적으로 동일한 주체로 인정할 수 있는 경우에 한하여 매입세액 공제를 허용하고 있다.

6. 관련 판례

문서번호	내 용
대법원 1983. 9. 27. 선고 83누97 판결	丙과 丁이 동업하면서 丁의 사업자등록 명의로 거래를 해오다가 丙이 그 사업을 단독경영하기로 하여 사업자등록 정정신고하고 사업자등록증을 교부받기 전에 공급받는 자와 등록번호 만을 丁의 것으로 기재하여 세금계산서를 교부받은 경우 매입세액 공제가 가능하다.
대법원 2002. 1. 8. 선고 2000두79 판결	중기대여업자들이 구입대금의 일부씩을 부담하여 기중기를 공동구입하고 소유권이전등록은 자신들이 설립한 회사 명의로 마친 후 공급받는 자를 위 회사가 아닌 중기대여업자들 개인으로 하여 세금계산서를 발행·교부한 경우 '사실과 다른 세금계산서'가 아니므로 매입세액 공제가 가능하다.

문서번호	내 용
대법원 1998. 9. 18. 선고 97누20625 판결	법인지점이 별도로 사업자등록, 부동산임대업에 제공하던 건물을 양도하고 본점 명의(본점의 등록번호와 주소 및 법인의 상호만을 기재)로 세금계산서를 교부한 경우 '지점'의 거래사실을 확인할 수 없고 필요적 기재사항의 일부가 사실과 다른 경우 매입세액 불공제대상이다.
대법원 2006. 9. 8. 선고 2003두9718 판결	세금계산서의 필요적 기재사항 중 '등록번호'는 특별한 사정이 없는 한 「부가가치세법」상 사업자등록에 의하여 발급받은 등록번호라고 해석하여야 할 것이고, 따라서 '사업자' 역시 부가가치세 과세사업자로 해석하여야 할 것이다. 그렇다면 재화나 용역을 공급받는 자가 부가가치세 면세사업자에 해당하여 「부가가치세법」상 사업자등록에 의한 등록번호를 부여받지 않은 경우, 그러한 면세사업자가 「소득세법」 또는 「법인세법」상 사업자등록에 의하여 부여받은 등록번호가 있다 하더라도, 이를 기재하지 아니하고 「부가가치세법」상의 고유번호 또는 공급받는 자의 주소·성명 및 주민등록번호를 기재하였다면, 세금계산서 중 '공급받는 자의 등록번호'에 관한 사항의 전부 또는 일부가 기재되지 아니하거나 사실과 다른 때에 해당한다고 볼 수 없으므로 「부가가치세법」 제22조 제2항 제1호 소정의 세금계산서 부실기재로 인한 가산세의 부과대상이 될 수 없다 할 것이다(면세사업자의 등록번호를 기재하지 않은 경우 부실기재로 인한 가산세 부과대상이 아니다).
대법원 2015. 4. 9. 선고 2014두37740 판결	조세범처벌법 위반 피의사실에 대하여 '혐의 없음'결정을 받았다고 하더라도, 그것은 조세포탈의 범위 등에 관한 증거가 부족하다는 수사기관의 판단에 따른 것일 뿐이어서 원고가 **매입세액 공제의 요건을 갖추었다거나 매출누락을 하지 아니하였다는 근거가 될 수는 없다.**

6-3 필요적 기재사항의 오류가 있는 경우 부가가치세 매입세액 공제 여부

● 대상판결 : 대법원 2014두35706 (2016. 2. 18.) ➔ 국패

핵심 요지

조기환급을 받을 목적으로 선발급 세금계산서의 필요적 기재사항 중 작성연월일을 잘못 기재하였지만, 실제로 대금이 오고간 내역이 있으며 용역의 제공이 있었으므로 매입세액공제가 가능하다.

1. 사실관계

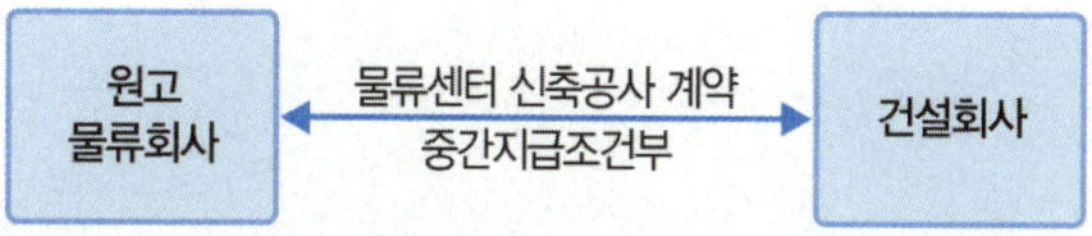

(1) 2011. 10. 31. 원고가 30억 원의 공사대금을 건설회사에 지급하기로 약정하였다.

(2) 2011. 10. 18. 원고는 건설회사로부터 위 30억 원에 대한 세금계산서를 수수하였고, 공사대금 지급 전(前)에 발급받은 세금계산서를 증빙자료로 하여 은행으로부터 대출을 받아 위 30억 원의 공사대금을 지급하였다.

(3) 피고는 이에 대하여 이 사건 세금계산서가 필요적 기재사항인 작성연월일이 사실과 다르게 기재된 세금계산서라는 이유로 원고가 이 사건 세금계산서에 터 잡은 부가가치세 매입세액 환급을 거부하고 이 사건 세금계산서와 관련된 부가가치세 부과처분을 하였다.

2. 쟁 점

'공급시기 전에 발급된 세금계산서'이더라도 구 「부가가치세법시행령」 제60조 제2항 제2호에 따라 매입세액을 공제받을 수 있는지 여부

3. 관련 법령

구 「부가가치세법」(2013. 6. 7. 법률 제11873호로 개정되기 전의 것) 제17조 제2항 제2호

세금계산서에 필요적 기재사항이 사실과 다르게 적힌 경우에는 매입세액 공제를 받을 수 없다(현행 부가가치세법 제39조 제1항 제2호).

구 「부가가치세법시행령」(2013. 2. 15. 대통령령 제24359호로 개정되기 전의 것) 제60조 제2항 제2호

'세금계산서의 필요적 기재사항 중 일부가 착오로 적혔으나 해당 세금계산서의 그 밖의 필요적 기재사항 또는 임의적 기재사항으로 보아 거래사실이 확인되는 경우' 예외적으로 매입세액 공제를 받을 수 있다(현행 부가가치세법 제39조 제1항 제2호 단서, 같은 법 시행령 제75조 제2호).

4. 대상판결

구 「부가가치세법」(2013. 6. 7. 법률 제11873호로 전부개정되기 전의 것) 제147조 제1항 및 제2항 제2호, 구 「부가가치세법시행령」(2013. 2. 15. 대통령령 제24359호로 개정되기 전의 것) 제60조 제2항 제2호의 문언 내용과 체계 및 취지 등에 비추어 보면, 사업자가 부가가치세를 부담하지 아니한 채 매입세액을 조기 환급받을 의도로 공급시기 전에 미리 세금계산서를 발급받는 등의 특별한 사정이 없는 한, **'공급시기 전에 발급된 세금계산서'이더라도 그 발급일이 속한 과세기간 내에 공급시기가 도래하고 그 세금계산서의 다른 기재사항으로 보아 거래사실도 진정한 것으로 확인되는 경우에는 「부가가치세법시행령」 제60조 제2항 제2호에 의하여 그 거래에 대한 매입세액은 공제되어야** 할 것이다(대법원 2004. 11. 18. 선고 2002두5771 전원합의체 판결 참조). 한편 법 제9조 제3항, 시행령 제54조 제2항·제3항 등은 '공급시기 전에 발급된 세금계산서'의 발급일을 공급시기로 의제하거나 법 제16조 제1항에 따라 세금계산서를 발급한 것으로 의제하는 경우에 관하여 규정하고 있는데, 이는 '필요적 기재사항이 사실과 같은 세금계산서'로 보는 경우에 관한 규정이므로, 이들 규정으로 인하여 '필요적 기재사항이 사실과 다른 세금계산서'에 관한 법 제17조 제2항 제2호 단서 등의 적용 대상이나 범위가 당연히 제한된다고 보기 어렵다.

5. 평 석

(1) 관련 규정 및 입법취지

① 구 「부가가치세법」 제17조 제2항 제2호 본문은 세금계산서에 필요적 기재사항의 전부 또는 일부가 적히지 아니하였거나 사실과 다르게 적힌 경우 그 매입세액을 공제받을 수 없다고 규정하고 있는데, 이는 전단계 세액공제제도를 취하고 있는 우리나라 부가가치세 체계에서는 과세기간별로 각 거래단계에서 사업자가 공제받을 매입세액과 전단계 사업자가 거래징수할 매출세액을 대조하여 상호 검증하는 것이 필수적이라는 점에서 당연한 규정이다.

② 그러나 같은 호 단서는 대통령령으로 정하는 경우에는 비록 세금계산서의 필요적 기재사항이 다르게 적혔더라도 매입세액을 공제하도록 규정하고 있는데, 이는 필요적 기재사항이 사실과 다르게 적힌 세금계산서이더라도 **전단계세액공제 제도의 정상적인 운영을 저해하거나 세금계산서의 본질적 기능을 해치지 않는 것으로 볼 수 있는 경우에는 매입세액의 공제를 허용하는 취지**로 이해된다. 이에 따라 구 「부가가치세법」 제60조 제2항 제2호는 '법 제16조에 따라 발급받은 **세금계산서의 필요적 기재사항 중 일부가 착오로 적혔으나 해당 세금계산서의 그 밖의 필요적 기재사항 또는 임의적 기재사항으로 보아 거래사실이 확인되는 경우' 매입세액의 공제를 허용**하고 있다.

(2) 공급시기 후에 발급된 세금계산서의 매입세액 공제여부

대법원은 매입세액 공제가 부인되는 "세금계산서의 필요적 기재사항의 일부인 '작성연월일'이 사실과 다르게 기재된 경우"라 함은 세금계산서의 실제 작성일이 거래사실과 다른 경우를 의미하고 그 세금계산서의 나머지 기재대로 거래사실이 확인된다면 매입세액은 공제되나, 납세자가 실제 공급시기가 속한 과세기간이 경과한 후에 세금계산서를 작성 및 교부한 경우라면 그 세금계산서의 기재사항에 의하여 그 거래사실이 확인되더라도 부가가치세 매입세액이 공제되지 않는다고 판단하였다(대법원 2004. 11. 18. 선고 2002두5771 전원합의체 판결).

(3) 「부가가치세법」상 '공급시기 전에 발급된 세금계산서'의 매입세액 공제 요건

「부가가치세법」은 '공급시기 전에 발급된 세금계산서'의 경우 법이 정한 요건을 충족한 경우에만 매입세액 공제를 허용하고 있다. 「부가가치세법」 제9조 제3항은 '(공급)시기가 되기 전에 재화 또는 용역에 대한 대가의 전부 또는 일부를 받고, 이와 동시에 그 받은 대가에 대하여 세금계산서를 발급하는 경우'에만 그 발급하는 때를 재화 또는 용역의 공급시기로 의제한다. 또한 구 「부가가치세법시행령」 제54조 제2항과 제3항은 '공급시기가 도래하기 전에 세금계산서를 발급하고 그 세금계산서 발급일부터 7일 이내에 대가를 지급받는 경우'나 '거래당사자들이 계약서 등에 대금청구시기와 지급시기를 별도로 기재한 경우로서 대금청구시기와 지급시기 사이의 기간이 30일 이내인 경우'에만 '공급시기 전에 발급된 세금계산서'를 적법한 것으로 인정하고 있다.

(4) 결 론

① **대법원은 필요적 기재사항이 사실과 다르게 적힌 세금계산서이더라도 전단계세액공제 제도의 정상적인 운영을 저해하거나 세금계산서의 본질적 기능을 해치지 않는 것으로 볼 수 있는 경우에는 매입세액공제를 허용해야 한다**는 입장이다.

② 따라서 실제 거래사실이 확인된 경우라면 세금계산서가 공급시기 전(前) 또는 공급시기 후(後)에 발급되었는지는 문제가 되지 않을 것으로 보인다. 구 「부가가치세법시행령」 제60조 제2항 제2호는 단지 '거래사실이 확인되는 경우' 매입세액을 공제받을 수 있다고 규정되어 있을 뿐이다. 납세자의 법적 안정성과 예측가능성 보장을 위한 조세법률주의 원칙상 특별한 사정 없이 세법의 문언을 확대 해석 또는 적용하는 것은 수용될 수 없다. 결국 거래사실이 확인되는 경우에 적용 요건으로 '공급시기 후에 세금계산서를 발급받을 것'을 요구할 수는 없는 것으로 해석함이 옳다.

③ 그렇다면 '공급시기 전에 발급받은 세금계산서'라고 하더라도 '공급시기 후에 발급받은 세금계산서'와 동일하게 구 「부가가치세법시행령」 제60조 제2항 제2호가 적용되어야 하는 것이다.

6. 관련 판례

문서번호	내 용
대법원 1990. 2. 27. 선고 89누7528 판결	세금계산서의 작성일자가 동일한 과세기간에 속하는 사실상의 거래시기가 다르게 되어 있을 뿐 그 거래사실은 각 그 세금계산서 기재내용대로 확인된다면 위 거래사실에 관한 매입세액은 공제되어야 한다.
서울고등법원 2009. 1. 20. 선고 2008누19316 판결(대법원 2009. 5. 14. 선고 2009두3200 심리불속행 판결로 그대로 확정됨) ※ 이 사건 이전 판결임	공급시기 이전에 교부받은 세금계산서에 대하여도 동일한 과세기간 내에 공급과 대금지급이 이루어진 사실이 확인된다는 사정만으로 매입세액 공제를 허용한다면, 공급시기 이후에 세금계산서를 교부받은 경우와 달리 매입자에게 대금을 지급하지도 않은 상태에서 환급이 발생하는 모순이 발생한다.

6-4 토지 임차인이 토지 조성 등을 위하여 지출한 자본적 지출액의 매입세액 공제 여부

● 대상판결 : 대법원 2007두20744 (2010. 1. 14.) ➜ 국패

핵심 요지

토지의 조성 등을 위한 자본적 지출은 토지 소유자인 사업자가 당해 토지의 조성 등을 위하여 한 자본적 지출을 의미하며, 당해 토지의 소유자가 아닌 임차사업자가 토지 조성 등을 위한 자본적 지출의 성격을 갖는 비용을 지출한 경우 매입세액 불공제대상인 토지관련 매입세액에 해당하지 않는다.

1. 사실관계

(1) 원고는 전주시 소유의 이 사건 토지를 연간 대부료 30억 원에 대부받아 골프장으로 조성한 후 2005. 4. 1.부터 2025. 3. 31.까지 20년간 사용하되, 원고가 조성한 골프장은 전주시에 기부채납한다는 내용의 공유재산 대부계약을 체결하였다.

(2) 원고는 이 사건 토지에 골프장을 조성하면서 토목공사와 토사매입 등의 토지 조성공사 비용으로 2003년 제2기부터 2004년 제1기까지 합계 17억 원을 지출하였다.

(3) 원고는 부가가치세를 신고하면서 이 사건 골프장 조성공사 관련한 각 부가가치세매입세액을 매출세액에서 공제되는 매입세액으로 신고하였다.

(4) 피고는 이 사건 골프장 조성관련 매입세액은 토지의 조성 등을 위한 자본적 지출에 관련된 매입세액에 해당한다고 보아 이를 매출세액에서 불공제하여 원고에게 가산세를 포함한 각 부가가치세(합계 197백만 원)를 경정·결정하였다.

2. 쟁 점

타인소유 토지를 임차하여 골프장 조성을 목적으로 지출한 토지조성비 관련 매입세액을 매출세액에서 공제할 수 있는지 여부

3. 관련 법령

구 「부가가치세법」 제17조 【납부세액】(현행 부가가치세법 제39조)

② 다음 각 호의 매입세액은 매출세액에서 공제하지 아니한다.

4. 부가가치세가 면제되는 재화 또는 용역을 공급하는 사업에 관련된 매입세액(투자에 관련된 매입세액을 포함한다)과 대통령령이 정하는 토지관련 매입세액

4. 대상판결

위 각 규정의 내용과 입법 연혁, 토지관련 매입세액을 불공제하는 취지는 토지가 「부가가치세법」상 면세재화여서 그 자체의 공급에 대해서는 매출세액이 발생하지 않으므로 그에 관련된 매입세액도 공제하지 않는 것이 타당하다는 데 있고, 일반적으로 토지의 조성 등을 위한 자본적 지출은 당해 토지의 양도시 양도차익을 산정함에 있어 그 취득가액에 가산하는 방법으로 회수되는 점 등에 비추어 보면, 시행령 제60조 제6항 소정의 '토지의 조성 등을 위한 자본적 지출'은 토지 소유자인 사업자가 당해 토지의 조성 등을 위하여 한 자본적 지출을 의미한다고 봄이 타당하므로, **당해 토지의 소유자 아닌 사업자가 토지의 조성 등을 위한 자본적 지출의 성격을 갖는 비용을 지출한 경우** 그에 관련된 매입세액은 특별한 사정이 없는 한 법 제17조 제2항 제4호, 시행령 제60조 제6항 소정의 **매입세액 불공제대상인 토지관련 매입세액에 해당하지 않는다**고 할 것이다.

… 앞서 본 법리와 관련 규정 및 원심이 인정한 사실관계에 비추어 살펴보면, **토지 소유자 아닌 원고가 지출한 이 사건 토지 조성비용과 관련된 매입세액은** 법 제17조 제2항 제4호, 시행령 제60조 제6항 소정의 **매입세액 불공제대상인 토지관련 매입세액에 해당하지 않으므로,** 원심으로서는 이 사건 토지의 조성에 관련된 매입세액이 원고의 사업을 위하여 사

용되었거나 사용될 재화 또는 용역의 공급에 대한 세액에 해당하는지 여부를 살펴 매출세액에서 공제될 수 있는지를 판단하였어야 함에도 불구하고, 이와 달리 이 사건 토지의 조성이 원고의 전주시에 대한 용역의 공급에 해당하지 않는다는 이유만으로 그에 관련된 매입세액이 매출세액에서 공제될 수 없다고 단정하고 말았으니, 이러한 원심판단에는 법 제17조 제2항 제4호, 시행령 제60조 제6항 소정의 토지관련 매입세액에 관한 법리를 오해하여 판결에 영향을 미친 위법이 있고, 이 점을 지적하는 상고이유의 주장은 이유 있다.

5. 평 석

(1) 1심 재판부(전주지법 2006구합696)는 판결이유에서 이 사건에서 문제되는 토지관련 매입세액, 즉 토지에 대한 자본적 지출에 관련된 매입세액을 매출세액에서 공제하지 아니하고 있는 입법취지는, 토지는 「부가가치세법」 제12조 제1항 제12호에 의하여 부가가치세가 면제되는 재화이고, 토지의 조성 등을 위한 자본적 지출은 세무회계상 토지의 취득원가에 산입되어야 하는 것으로 이는 당해 토지의 취득원가에 산입되었다가 당해 토지의 양도시 양도차익을 산정함에 있어서 취득가액에 산입하는 방법으로 회수되고 있으므로, 토지에 대한 면세제도의 기본원리상 토지의 조성 등을 위한 자본적 지출에 관련된 매입세액은 마땅히 이를 매입세액으로 공제하여서는 아니 되는 것이라는 토지관련 매입세액에 대한 원론적인 설시를 하였다.

(2) 그러면서 이와 같이 매입세액으로 공제하지 아니하는 토지관련 매입세액에 대한 규정은 토지의 양도차익을 수익하는 **당해 토지를 소유하고 있는 자에게만 적용되는 규정**이라 할 것이므로, 자기의 사업을 위하여 사용된 어떠한 재화 또는 용역의 공급이 타인 소유 토지의 가치를 현실적으로 증가시키게 된다 하더라도 그 토지의 소유자가 아닌 자에게는 이를 매입세액으로 공제하지 아니하는 토지관련 매입세액에 해당한다 할 수 없고 매입세액으로 공제되는 것이라고 하여 원고 승소판결을 하였다.

(3) 원심은 이에 대해 매입세액이 토지의 조성 등을 위한 자본적 지출에 관련된 매입세액에 해당할 경우에는 사업자가 토지소유자인지의 여부를 불문하고 면세제도의 기본원리상 이를 매출세액에서 공제하여서는 아니 된다고 보았다. 법문에서도 사업자가 토지소유자인지의 여부를 구별하지 아니한 채 토지관련 매입세액을 일률적으로 불공제대상 매입세액으로 규정하고 있고, 토지소유자인 사업자는 토지관련 매입세액을 매출

세액에서 공제받지 못하는 데 반하여 토지소유자가 아닌 사업자가 이를 공제받게 된다면 조세부담에 있어서 서로 불공평한 결과를 초래하게 되는 점 등에 비추어 보아도 위와 같은 해석이 타당하다는 입장을 밝히면서 원고 패소판결을 하였다.

(4) 대법원은 1심재판부와 마찬가지로 우선 토지관련 매입세액을 불공제하는 취지를 설시한 다음, '토지의 조성 등을 위한 자본적 지출'은 토지소유자인 사업자가 당해 토지의 조성 등을 위하여 한 자본적 지출을 의미한다고 봄이 타당하므로, **당해 토지의 소유자 아닌 사업자가 토지의 조성 등을 위한 자본적 지출의 성격을 갖는 비용을 지출한 경우 매입세액 불공제대상인 토지관련 매입세액에 해당하지 않는다**고 하여 1심재판부와 동일한 판단을 하였다.

(5) 골프장조성을 목적으로 지출한 토지조성비 관련 비용을 지출한 자가 토지의 소유자인지, 토지의 임차인인지에 따라 매입세액 공제여부가 달라지는 사례이다.

6. 관련 심판례·판례

문서번호	내 용
조심 2011중0568, 2011. 5. 6. 인용	쟁점세금계산서는 토지관련 매입세액이 아닌 건축·구축물 관련 세금계산서로 보이므로 청구인이 수취한 매입세금계산서 중 결국 처분청이 토지와 관련된 지출로 보아 관련 매입세액을 불공제한 금액 중에서 건축·구축물 등과 관련된 지출로 보아 관련 매입세액을 매출세액에서 추가로 공제하여 그 세액을 경정하여야 할 것이다.
조심 2009중3136, 2009. 11. 12. 인용	주유소의 지하 유류저장탱크가 노후화되어 이를 보수하기 위한 공사로서, 그 내역도 바닥 오염토 제거 및 오염토양의 정화반출공사, 바닥철거 및 시멘트 타설공사, 오염차단막공사, 주유탱크실 옹벽공사 등으로 토지의 가치 증대를 위한 공사가 아니라 토지에 정착된 구축물의 가치증대를 위한 공사임이 확인된다.
조심 2011중1269, 2013. 5. 21. 일부인용	골프장 조성을 위한 토지의 개량 등을 위하여 지출한 비용(홀 정비공사, 주차장공사, 조역·연못공사)으로, 그 지출로 인하여 토지의 가치가 현실적으로 증가되었다고 볼 수 있으므로, 이는 토지의 조성을 위한 자본적 지출에 해당하여 이와 관련된 매입세액은 매출세액에서 공제할 수 없다.

문서번호	내 용
국심 2005중4414, 2006. 9. 18. 기각	골프장 사업을 위한 환경, 재해, 교통영향평가 등에 대한 매입세액은 토지관련 매입세액으로 처분청이 매입세액 불공제하여 과세한 처분은 정당하다.
대법원 2006. 7. 28. 선고 2004두13844 판결	골프장 조성과정에서 잔디수목식재공사와 그린·티·벙커 조성공사에 소요된 공사비용은 토지의 조성을 위한 자본적 지출에 해당하여 이에 관련된 매입세액은 매출세액에서 공제할 수 없다.

6-5 정비사업구역 내 토지를 소유하고 있는 법인의 주식을 인수하기 위하여 지출한 컨설팅대금의 매입세액 공제 여부

● 대상판결 : 대법원 2010두12552 (2012. 7. 26.) ➜ 국패

핵심 요지

원고가 이 사건 시장정비사업을 추진하기 위해서는 이 사건 시장정비사업구역 내 토지면적의 대부분을 소유하고 있던 법인의 주식을 인수할 필요가 있었던 것으로 보이므로, 그 주식인수를 위한 이 사건 컨설팅대금의 지출은 이 사건 시장정비사업의 수행에 필요한 것으로서 사업 관련성이 있어 그에 대한 매입세액은 불공제대상 매입세액에 해당하지 않는다.

1. 사실관계

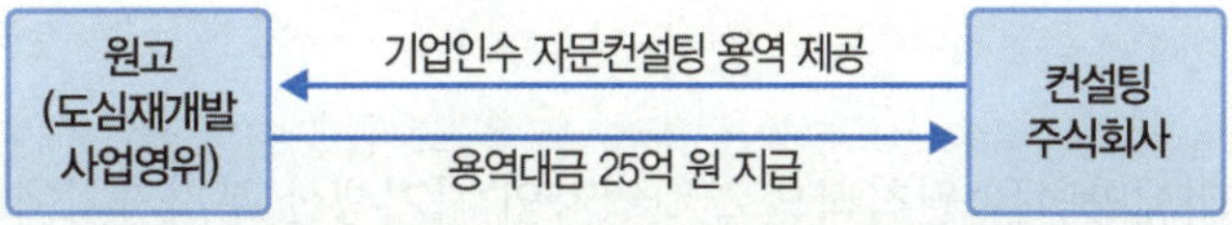

(1) 원고는 도심재개발사업(주상복합건물 신축 및 판매사업)을 위하여 이 사건 시장정비사업구역 내 토지면적의 75.6%를 차지하고 있는 주식회사의 주식인수에 필요한 자문을 제공받기 위하여 컨설팅주식회사와 이 사건 컨설팅계약을 체결하여 용역수수료를 지급(25억 원)하고 매입세금계산서를 교부받아 매입세액공제를 하고 부가가치세신고를 하였다.

(2) 피고는 원고의 환급신청에 대하여 조사한 결과, 주식인수와 관련한 컨설팅 비용(25억 원)은 컨설팅자문에 대한 수수료로 실제 지급한 사실은 인정(정상거래)되지만 「부가가치세법」 제17조 제2항 제2호의 규정에 의거 사업과 직접 관련 없는 매입에 해당되므로 동 매입세액을 불공제하여 이 건 부가가치세를 부과처분하였다.

2. 쟁 점

타 주상복합건물의 신축·판매와 관련하여 사업계획지역 내 토지소유주인 타법인의 주식 취득을 위하여 지급한 용역비가 사업과 직접 관련이 없는 지출이라 하여 관련 매입세액을 불공제한 처분의 당부

3. 관련 법령

비판 견해 구「부가가치세법」제17조【납부세액】(현행 부가가치세법 제39조)

② 다음 각호의 매입세액은 매출세액에서 공제하지 아니한다.
  2. 사업과 직접 관련이 없는 지출에 대한 매입세액

4. 대상판결

현행 부가가치세 과세방법은 원칙적으로 사업자의 자기생산 부가가치에 대해서만 과세가 이루어지도록 하기 위하여 납부세액 산출방식에 있어 자기생산 부가가치와 매입 부가가치를 합한 금액을 공급가액으로 하고, 이에 대하여 징수할 매출세액에서 매입 부가가치에 대하여 지출된 매입세액을 공제하도록 하는 기본적 구조를 채택하고 있다. 이러한 구조하에서 법 제17조는 매출세액에서 공제하는 매입세액에 관하여 제1항에서 '자기의 사업을 위하여 사용되었거나 사용될' 재화 또는 용역의 공급이나 수입에 대한 세액에 해당하는 이상 그 전부를 공제하도록 규정함으로써 **그 기준을 사업 관련성에 두고 있으며**, 같은 조 제2항 제2호에서 공제하지 아니하는 매입세액의 하나로 들고 있는 '사업과 직접 관련이 없는 지출에 대한 매입세액'은 부가가치세의 원리상 당연히 매출세액에서 공제될 수 없는 경우를 규정하고 있는 것으로 이해된다(대법원 1995. 12. 21. 선고 94누1449 전원합의체 판결 등 참조).

따라서 사업 관련성이 없는 지출에 대한 매입세액은 법 제17조 제1항, 제2항 제2호에 의하여 매출세액에서 공제될 수 없다고 할 것이고, 여기에서 **사업 관련성의 유무는 지출의**

목적과 경위, 사업의 내용 등에 비추어 그 지출이 사업의 수행에 필요한 것이었는지를 살펴 개별적으로 판단하여야 한다.

사실관계를 앞서 본 법리에 비추어 살펴보면, 원고가 이 사건 시장정비사업을 추진하기 위해서는 이 사건 시장정비사업구역 내 토지면적의 대부분을 소유하고 있던 주식회사의 주식을 인수할 필요가 있었던 것으로 보이므로, **그 주식인수를 위한 이 사건 컨설팅대금의 지출은 이 사건 시장정비사업의 수행에 필요한 것으로서 사업 관련성이 있어 그에 대한 매입세액은 법 제1 7조 제1항, 제2항 제2호에서 규정한 불공제대상 매입세액에 해당하지 않는다**고 봄이 상당하다.

5. 평 석

(1) 원심은 이 사건 컨설팅대금은 이 사건 시장정비사업 자체의 추진을 위하여 직접 필요한 것이라기보다는 원고가 이 사건 시장정비사업 추진과정에서 지배적 지위를 확보하고 아울러 사업수익의 증대방안을 모색하기 위한 사업기반의 조성을 위하여 투입한 비용에 지나지 아니하여 **이 사건 시장정비사업과 직접 관련이 있다고 볼 수 없으므로,** 그에 대한 매입세액은 법 제17조 제2항 제2호에서 규정한 불공제 대상 매입세액에 해당한다는 취지로 판단하였다.

(2) 원심의 판단은 '사업과 직접 관련이 없는 지출에 대한 매입세액'의 범위를 지나치게 확대해석한 것으로 보인다. 「법인세법」상 손금은 '사업 관련성'과 '통상성'이 갖추어지면 인정되는 것이고, 대상판결에서도 밝힌 바와 같이 매출세액에서 공제하는 **매입세액의 기준은 사업 관련성에 두고** 있는 이상 사업 관련성에 대해서는 지출의 목적과 경위, 사업의 내용 등에 비추어 그 지출이 사업의 수행에 필요한 것이었는지를 살펴 개별적으로 판단하여야 한다는 대상판결의 판단은 타당한 것으로 이해된다.

(3) 피고는 상고이유에서 이 사건 컨설팅용역제공 대금은 토지의 가치를 현실적으로 증가시키는 토지관련 매입세액이므로 공제할 수 없다는 주장을 하였으나 대법원은 이를 받아들이지 아니하였다. 대법원 2007두20744 판결에서도 **당해 토지의 소유자가 아닌 사업자가 토지의 조성 등을 위한 자본적 지출의 성격을 갖는 비용을 지출한 경우**는 그에 해당하지 않는다고 판단한 것과 동일하다.

6. 관련 판례

문서번호	내　용
대법원 2010. 1. 14. 선고 2007두20744 판결	'토지의 가치를 현실적으로 증가시켜 토지의 취득원가를 구성하는 비용에 관련된 매입세액'은 토지소유자인 사업자가 당해 토지의 조성 등을 위하여 한 자본적 지출을 의미한다고 봄이 타당하므로, 당해 토지의 소유자 아닌 사업자가 토지의 조성 등을 위한 자본적 지출의 성격을 갖는 비용을 지출한 경우는 그에 해당하지 않는다고 할 것이다.
대법원 1995. 12. 21. 선고 94누1449 전원합의체 판결	• 「부가가치세법」 제17조 제2항은 매입세액 공제 여부가 부가가치세 납부세액을 결정하는 가장 중요한 요소 중 하나이기 때문에 **그 공제 여부를 제한적·열거적으로 규정한 것으로 보아야 한다.** • **사업관련성이 인정되는 매입세액은 위 규정에서 열거하고 있는 것 외에는 조세법률주의 원칙상 같은 법 제17조 제1항에 따라 모두 공제되어야 한다.**
대법원 2006. 7. 28. 선고 2004두13844 판결	「부가가치세법」 제17조 제2항 제4호, 「부가가치세법시행령」 제60조 제6항이 규정하고 있는 '토지의 조성 등을 위한 자본적 지출'이란 토지의 가치를 현실적으로 증가시키는 데에 소요된 비용을 말한다.

6-6 구매확인서의 하자를 이유로 영세율 적용을 부인할 수 있는지 여부

● 대상판결 : 대법원 2007두13175 (2008. 9. 11.) ➜ 국패

핵심 요지

이 사건 구매확인서가 허위의 수출계약서에 근거하여 발급되었다고 하더라도 이 사건 구매확인서의 발급과정에 위와 같은 하자가 있다는 점만으로는 외국환은행의 장이 발행한 이 사건 구매확인서가 당연무효가 된다고는 볼 수 없다.

1. 사실관계

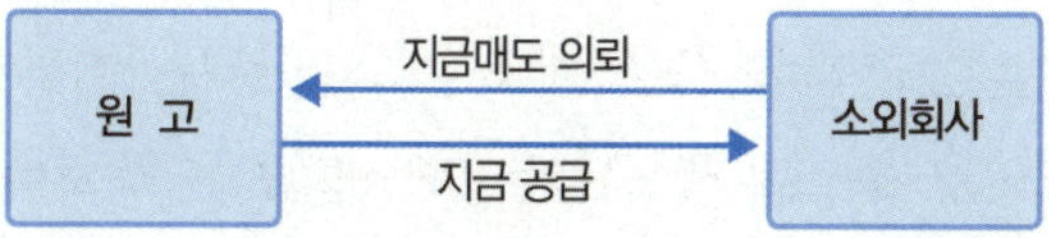

(1) 소외회사는 수출계약서를 근거로 외국환은행장으로부터 구매확인서를 발급받았다.
(2) 원고는 소외회사가 발급받은 구매확인서를 근거로 이 사건 물품을 공급하고 부가가치세 영세율을 적용하여 신고하였다.
(3) 피고는 소외회사에 대하여 세무조사를 실시한 결과,
  ① 소외회사가 구매확인서를 발급받기 위해 제출한 수출계약서는 허위이며,
  ② 원고가 소외회사에 공급한 물품은 수출되지 아니한 사실을 확인하였다.
  ③ 원고의 이 사건 물품의 공급은 하자 있는 구매확인서에 근거, 영세율 적용요건을 충족하지 못하므로 원고에게 부가가치세 221백만 원을 부과처분한 사건이다(영세율 적용 부인).

2. 쟁 점

원고가 구매확인서를 근거로 부가가치세 영세율을 적용받았는데 추후 그 구매확인서의 발급절차에 하자가 있고, 실제로 수출되지 않은 경우 영세율 적용을 부인할 수 있는지 여부

3. 관련 법령

구 「부가가치세법」 제11조 제1항 제1호(현행 §21 【재화의 수출】)

수출하는 재화는 영세율 적용

구 「부가가치세법시행령」 제24조 제2항 제1호(현행 §31 ② 1호)

수출하는 재화에는 사업자가 '기획재정부령이 정하는 구매확인서'에 의하여 공급하는 재화 포함

구 「부가가치세법시행규칙」 제9조의 2(현행 §21 【내국신용장 등의 범위】)

사업자의 신청에 의하여 '외국환은행장이 발급하는 확인서'

4. 대상판결

원고가 소외회사에 공급한 이 사건 물품이 실제로 수출되었는지의 여부는 원고에 대한 영세율의 적용 여부에 영향을 미칠 수 없고, 또한 이 사건 구매확인서가 허위의 수출계약서에 근거하여 발급되었다고 하더라도 이 사건 구매확인서의 발급과정에 위와 같은 하자가 있다는 점만으로는 외국환은행의 장이 발행한 이 사건 구매확인서가 당연무효가 된다고는 볼 수 없으므로, 재화의 공급자인 원고가 이 사건 구매확인서의 발급에 하자 있음을 알고 있었다는 등의 특별한 사정이 없는 한 위와 같은 발급과정의 하자만을 이유로 곧바로 이 사건 구매확인서에 의하여 이루어진 재화의 공급을 「부가가치세법」상의 영세율 적용대상에서 제외할 수는 없다 할 것이고, 이 경우 원고가 그와 같은 발급절차상의 하자를 알고 있었다는 등의 특별한 사정은 조세 부과처분의 적법성과 과세요건 사실의 존재에 관한 입증책임을 부담하는 피고가 입증하여야 한다.

5. 평 석

(1) 구매확인서에 의한 영세율 제도 취지

① 부가가치세는 거래세의 성격을 고려하여 거래의 안전과 원활을 도모하기 위한 것이다.
② **영세율 적용요건 심사는 전적으로 국가 또는 그 위임받은 기관에 일임되어 있다.**
③ 재화의 공급자는 오직 제시받은 구매확인서가 '**권한 있는 자**'에 의해 발급받은 것인지 확인만 하면 영세율 적용이 가능하다. 이는 거래당사자로 하여금 영세율 적용요건에 대한 조사의무로부터 해방시키자는 취지이다.

(2) 과세관청 입장

재화의 공급자가 구매확인서의 하자를 "알았을지도 모른다." 또는 "알 수 있었음에도 과실로 알지 못하였다."의 정황만으로도 영세율 적용을 부인할 수 있다.
이 사건의 경우 원고가 허위수출에 기하여 관세를 부당환급받아 형사처벌받은 전력, 자기자금 없이 소외회사로부터 대출대금을 받아 매입처에 바로 지급한 점 등 '특별한 사정'이 충분히 입증된다.

(3) 대법원 판단

① 구매확인서 하자를 이유로 영세율 적용을 부인하기 위한 '특별한 사정'은 매우 엄격한 입증이 요구된다(**입증책임 과세관청 부담**).
② 동일 사안에서도 국가 패소판결을 하였다(대법원 2008. 9. 11. 선고 2007두16554 판결).
③ "구매확인서의 하자가 있음을 알고도 재화공급자가 의도적으로 재화를 공급하고 영세율을 적용받았다는 사실"은 과세관청의 입증을 요한다.

(4) 소 결

외국환은행장이 발급하는 구매확인서에 의한 재화의 공급에 대하여는 부가가치세 영세율이 적용된다.

6. 관련 판례

문서번호	내 용
대법원 2004. 8. 30. 선고 2002두9100 판결	구매승인서들이 발급절차상 하자가 있었다는 점만으로 외국환은행장이 발급한 구매승인서들이 당연무효라고 볼 수 없다. 위와 같은 발급절차상의 하자가 있었더라도 원고가 위와 같은 하자를 알고 있었다는 등의 특별한 사정이 없는 한 이 사건 지금의 공급이 영세율의 적용대상에서 제외될 수 없고, 이러한 특별한 사정은 조세부과처분의 적법성과 과세요건 사실의 존재에 관한 입증책임을 부담하는 피고가 입증하여야 한다.
기준법령부가-22566, 2015. 2. 27.	사업자가 재화를 공급하고 세금계산서를 발급한 후 해당재화의 공급시기가 속하는 과세기간 내에 구매확인서가 발급되었음에도 수정세금계산서를 발급하지 아니하여 경정청구하는 경우, 해당 구매확인서에 의한 재화의 공급에 대하여는 영세율을 적용하는 것이다(영세율 적용요건을 모두 갖춘 경우 세금계산서 발급 여부와 관계 없이 영세율 적용).

제7절 「부가가치세법」상 '부당'의 개념

7-1 부당여부는 조세부담의 형평을 잃지 않는 정상거래를 기준으로 객관적으로 정하여야 함

● 대상판결 : 대법원 2002두1892 (2003. 9. 5.) ➜ 국패

핵심 요지

구 「부가가치세법시행령」(1998. 12. 31. 대통령령 제15973호로 개정되기 전의 것) 제52조 제1항, 제50조 제1항 각 규정에 의하면 구 「부가가치세법」(1999. 12. 28. 법률 제6049호로 개정되기 전의 것) 제13조 제1항 제3호가 정하는 부당하게 낮은 대가를 받는다는 것은 사업자가 그와 특수관계에 있는 자와의 거래에 있어서 조세의 부담을 부당하게 감소시킬 것으로 인정되는 시가보다 현저하게 낮은 대가를 받는 것을 말하며, 부당한지 또는 현저하게 낮은지의 여부는 결국 구체적인 사례에 따라 조세부담의 형평을 잃지 않는 정상거래를 기준으로 객관적으로 정하여야 한다.
특수관계가 있는 자에게 급유용역을 제공하면서 다른 거래업체에 비하여 10% 가량 할인된 요율을 적용한 행위가 부당하게 낮은 대가를 받은 경우에 해당하지 않는다.

1. 사실관계

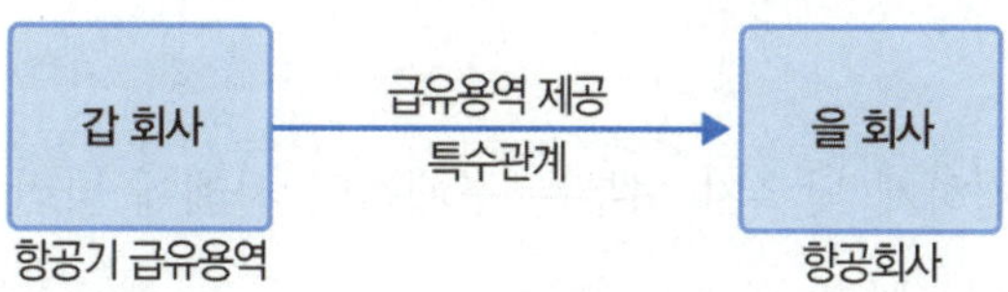

(1) 갑 회사는 급유용역을 을 회사에 제공함에 있어 타 항공회사 등과 비교하여 10~18% 낮은 수준으로 대가를 수령하였다.

(2) 피고(과세관청)는 갑 회사가 지급받은 용역대가가 부당하게 낮은 것으로 판단하여 시가와의 차액을 갑 회사의 부가가치세 과세표준에 가산 부과 처분한 사건이다.

2. 쟁 점

「부가가치세법」 제29조 제4항 제2호 “용역의 공급에 대하여 부당하게 낮은 대가를 받은 경우”의 의미

3. 사건의 경과

(1) 원심판결(서울고등법원 2002. 1. 18. 선고 2001누2692 판결) : 국패

① 을 회사가 갑 회사의 거래처 중에서 물량기준 50% 이상 점유하고 있는데,

② 원고가 최대 거래처에 제공된 할인율 10~18%는 과다한 것이 아니며,

③ 가격할인에도 불구하고 갑 회사는 상당한 수익을 올리고 있으므로 부당하게 거래한 것이 아니다.

(2) 대상판결

① 구 「부가가치세법」 제13조에서 정하는 부당하게 낮은 대가를 받는다는 것은 사업자가 그와 특수관계에 있는 자와의 거래에 있어서 조세의 부담을 부당하게 감소시킬 것으로 인정되는 시가보다 현저하게 낮은 대가를 받는 것을 말하며, **부당한지 또는 현저하게 낮은지의 여부는 결국 구체적인 사례에 따라 조세부담의 형평을 잃지 않는 정상거래를 기준**으로 객관적으로 정하여야 한다.

② 특수관계가 있는 자에게 급유용역을 제공하면서 다른 거래업체에 비하여 10% 가량 할인된 요율을 적용한 행위가 부당하게 낮은 대가를 받는 경우에 해당하지 아니한다.

4. 평 석

(1) 부당한지 또는 현저하게 낮은지 여부는 구체적인 사례에 따라 정상거래를 기준으로 판단하여야 한다.

(2) 단순하게 물량이나 제공된 할인율만을 가지고 ‘부당’ 또는 ‘현저하게 낮은 대가’로 거래가 이루어졌는지를 판단하지 말고, 거래상황, 그러한 거래가 이루어진 특별한 사정 등을 전반적으로 검토하여 경제적 합리성에 부합하는지 여부를 ‘부당’의 판단기준으로 삼아야 한다는 판결이다.

7-2 임대인이 종전에 받은 임대료가 곧바로 이 사건 건물에 관한 임대용역의 시가라고 단정할 수 없음

● 대상판결 : 대법원 2017두69977 (2021. 7. 8.) ➜ 일부국패

핵심 요지

임차인이 부담하게 된 비용과 책임 등에 대한 고려 없이 이 사건 회사가 원고 A가 종전에 받은 임대료와 같은 금액을 받았다는 사정만으로 그 전대료 상당액이 바로 원고A가 이 사건 회사에 제공한 이 사건 건물에 관한 임대용역의 시가라고 단정할 수 없다. … 원심의 판단에는 부동산 저가임대에 따른 부당행위계산 부인에서 임대료 시가 등에 관한 법리를 오해함으로써 판결에 영향을 미친 잘못이 있다.

1. 사실관계

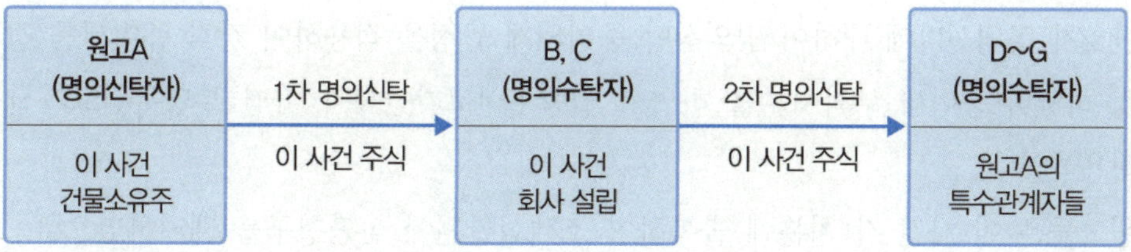

(1) 원고A는 서울시 서초구에 소재하는 5층 건물(이 사건 건물)의 소유자이고, 원고 B, C는 이 사건 건물의 전대·관리 및 숙박시설 운영을 목적으로 주식회사(이 사건 회사)를 설립하였으며, 원고 D는 원고 A의 동생, 원고 E, F, G는 원고 A의 자녀들이다.

(2) 원고 B, C는 이 사건 회사를 설립하면서 각 5,000만 원씩 합계 1억 원의 자본금을 납입하고, 이 사건 회사 주식(이 사건 주식)을 각 10,000주(액면가 5,000원)씩 그 명의로 취득하였다(조사결과 원고 B, C는 이 사건 주식의 명의수탁자이고 원고가 실제 이 사건 주식의 소유주임이 확인되었다).

(3) 원고 A는 이 사건 건물을 보증금 합계 59억 2,000만 원, 임대료 합계 월 7,719만 원에 임대하던 중, 2008. 8. 28. 주식회사를 원고 B, C 명의로 그 주식 10,000주씩

을 인수하는 방법으로 설립하고, 2008. 9. 1. 이사건 주식회사에 이 사건 건물 보증금 59억 2,000만 원, 임대료 월 5,000만 원에 임대하였다.

(4) 원고 A는 2012. 5. 3. 원고 B 명의의 이 사건 회사 주식 10,000주를 원고 D, E, F, G(원고 A의 특수관계자들)에게 일부씩 양도하는 형식으로 그 명의를 변경하였다.

(5) 서울지방국세청장은 이 사건 회사에 대한 주식변동조사 및 원고 A에 대한 개인사업자 통합조사를 실시한 후, 원고 A를 이 사건 회사 발행주식 전부의 실질적인 소유자로 보아, 원고 A가 2008. 8.경 원고 B, C에게 이 사건 주식을 각 10,000주씩 명의신탁 한 후(1차 명의신탁), 2012. 5. 3. 원고 B에게 명의신탁 하였던 이 사건 주식 10,000주 중 각 2,900주를 원고 E, F, G에게, 나머지 1,300주를 원고 D에게 다시 명의신탁 한 것으로 판단하여(2차 명의신탁) 명의수탁자들이 주식을 증여받은 것으로 의제하고, 원고 A와 이 사건 회사를 특수관계에 있는 것으로 보아, 원고 A가 이 사건 회사에 이 사건 건물을 저가로 임대하였다는 이유로 소득세법 제41조의 부당행위계산부인 규정을 적용하고, 부가가치세 과세표준을 증액하여 원고 A의 부가가치세 및 종합소득세를 경정결정하고, 원고 A가 B, C에게 한 1차 명의신탁 및 B, C를 통하여 D~F에게 한 2차 명의신탁에 대하여 명의신탁 증여의제 규정을 적용하여 각각 증여세를 경정결정 하였다(증여세 부과처분을 하면서 일반무신고가산세가 아닌 부당무신고가산세를 적용하였다).

(6) 원고들은 이 사건 각 처분에 불복하여 조세심판원에 심판청구를 제기하였으나, 조세심판원은 위 심판청구를 기각하였다.

2. 쟁 점

- 거주자인 사업자가 특수관계인에게 부당하게 낮은 대가를 받고 부동산을 임대한 경우 소득세법상 부당행위계산 부인의 기준이 되고 부가가치세법상 과세표준이 되는 부동산 임대용역의 시가
- 명의신탁 증여의제가 부당무신고가산세의 요건인 '사기나 그 밖의 부정한 행위' 또는 '부정행위'에 해당하는지 여부

3. 원고 주장 요약

(1) 소득세법에 의하여 준용되는 법인세법 시행령 제89조 제1항에 따르면 '시가'는 '해당 거래와 유사한 상황에서 특수관계인 외의 불특정다수인과 계속적으로 거래한 가격 또는 특수관계인 아닌 제3자 간에 일반적으로 거래한 가격'인바, 원고 A와 이 사건 회사 사이의 이 사건 건물 전체에 대한 임대거래와 이 사건 회사와 제3의 전차인들 사이의 각 전대거래가 유사한 상황에서 이루어진 거래라고 볼 수 없으므로, 이 사건 회사가 제3자들에게 전대하여 얻은 전대료 수입을 임대료 시가로 볼 수 없고, 따라서 이 사건 각 부가가치세 및 종합소득세 부과처분은 위법하다.

(2) 설령 1차 및 2차 명의신탁 사실이 인정된다 하더라도, 원고들이 부정행위로 증여세 신고를 하지 않았다고 볼 수는 없으므로, 피고가 이 사건 각 증여세부과처분을 하면서 부정행위로 증여세 신고를 하지 않았다고 보고 일반 무신고가산세가 아니라 부당무신고가산세를 부과한 것은 위법하다.

4. 관련 법령

소득세법 시행령 제98조【부당행위계산의 부인】

② 법 제41조에서 조세 부담을 부당하게 감소시킨 것으로 인정되는 경우는 다음 각 호의 어느 하나에 해당하는 경우로 한다. 다만, 제1호부터 제3호까지 및 제5호(제1호부터 제3호까지에 준하는 행위만 해당한다)는 시가와 거래가액의 차액이 3억 원 이상이거나 시가의 100분의 5에 상당하는 금액 이상인 경우만 해당한다.

2. 특수관계인에게 금전이나 그 밖의 자산 또는 용역을 무상 또는 낮은 이율 등으로 대부하거나 제공한 경우. 다만, 직계존비속에게 주택을 무상으로 사용하게 하고 직계존비속이 그 주택에 실제 거주하는 경우는 제외한다.

부가가치세법 시행령 제62조【시가의 기준】

1. 사업자가 특수관계인이 아닌 자와 해당 거래와 유사한 상황에서 계속적으로 거래한 가격 또는 제3자 간에 일반적으로 거래된 가격
2. 제1호의 가격이 없는 경우에는 사업자가 그 대가로 받은 재화 또는 용역의 가격(공급받은 사업자가 특수관계인이 아닌 자와 해당 거래와 유사한 상황에서 계속적으로 거래한 해당 재화 및 용역의 가격 또는 제3자 간에 일반적으로 거래된 가격을 말한다)
3. 제1호나 제2호에 따른 가격이 없거나 시가가 불분명한 경우에는 「소득세법 시행령」 제98조 제3항 및 제4항 또는 「법인세법 시행령」 제89조 제2항 및 제4항에 따른 가격

법인세법 시행령 제89조【시가의 범위 등】

② 법 제52조 제2항을 적용할 때 시가가 불분명한 경우에는 다음 각 호를 차례로 적용하여 계산한 금액에 따른다.

1. 「감정평가 및 감정평가사에 관한 법률」에 따른 감정평가법인 등이 감정한 가액이 있는 경우 그 가액(감정한 가액이 2 이상인 경우에는 그 감정한 가액의 평균액). 다만, 주식 등 및 가상자산은 제외한다.

④ 제88조 제1항 제6호 및 제7호에 따른 자산(금전은 제외한다) 또는 용역을 제공할 때 제1항 및 제2항을 적용할 수 없는 경우에는 다음 각 호에 따라 계산한 금액을 시가로 한다.

1. 유형 또는 무형의 자산을 제공하거나 제공받는 경우에는 당해 자산시가의 100분의 50에 상당하는 금액에서 그 자산의 제공과 관련하여 받은 전세금 또는 보증금을 차감한 금액에 정기예금이자율을 곱하여 산출한 금액

5. 대상판결

(1) 부가가치세, 종합소득세 부과처분에 관하여

거주자인 사업자가 특수관계인에게 부당하게 낮은 대가를 받고 부동산을 임대한 경우 소득세법상 부당행위계산 부인의 기준이 되고 부가가치세법상 과세표준이 되는 부동산임대용역의 시가는 거주자인 사업자가 **특수관계인 외의 자와 해당 거래와 유사한 상황에서 계속적으로 거래한 가격 또는 제3자 간에 일반적으로 거래된 가격**에 의하여야 하고, 그와 같은 가격이 없거나 시가가 불분명한 경우에는 「부동산가격공시 및 감정평가에 관한 법

률」에 따른 감정평가법인이 감정한 가액 등 법령이 정한 방법으로 계산한 금액에 의하여야 한다.

원고 A가 이 사건 회사와 약정한 임대료는 원고 A 대신 이 사건 회사가 부담하기로 한 각종 비용과 책임 등이 고려된 것으로 보인다. 그렇다면, 이 사건 회사가 부담하게 된 이러한 비용과 책임 등에 대한 고려 없이 이 사건회사가 전대료로 원고 A가 종전에 받은 임대료와 같은 금액을 받았다는 사정만으로 그 전대료 상당액이 바로 원고 A가 이 사건회사에 제공한 이 사건 건물에 관한 임대용역의 시가라고 단정할 수 없다.

그런데도 원심은 그 판시와 같은 이유만으로 원고 A가 이 사건회사에 제공한 이 사건 건물에 관한 임대용역의 시가를 이 사건회사가 받은 전대료 상당액으로 보고, 원고 A에 대한 각 부가가치세 및 종합소득세 부과처분이 적법하다고 판단하였다. 이러한 원심의 판단에는 부동산 저가임대에 따른 부당행위계산 부인에서 임대료 시가 등에 관한 법리를 오해함으로써 판결에 영향을 미친 잘못이 있다.

(2) 각 증여세 부당무신고가산세 부과처분에 관하여

명의신탁재산 증여의제의 경우 명의신탁자가 명의수탁자에게 주식을 명의신탁하면서 주식의 매매 등이 있었던 것과 같은 외관을 형성하여 **그 형식에 따른 계약서나 계좌거래내역 등을 토대로 과세관청에 신고하는 것은 주식의 명의신탁에 통상 뒤따르는 부수행위**에 불과하다고 볼 수 있다(대법원 2018. 12. 13. 선고 2018두36004 판결 참조). 따라서 이와 같은 경우에는 명의신탁의 결과 명의수탁자가 부담할 증여세의 부과와 징수를 불가능하게 하거나 현저히 곤란하게 하는 정도에 이르렀다는 등의 특별한 사정이 없는 한, **증여세 부당무신고가산세의 요건인 '사기나 그 밖의 부정한 행위' 또는 '부정행위'에 해당한다고 볼 수 없다.**

원고 B, C 내지 D~F가 이 사건회사 주식의 명의신탁과 관련하여 '사기나 그 밖의 부정한 행위' 또는 '부정행위'를 하였다고 보기 어려우므로, 위 원고들에 대한 각 증여세 부과처분 중 부당무신고가산세 부분은 위법하다.

6. 평 석

(1) 부당행위계산부인에서 시가의 입증책임

① 거주자인 사업자가 특수관계인에게 부당하게 낮은 대가를 받고 부동산을 임대한 경우 소득세법상 부당행위계산 부인의 기준이 되고 구 부가가치세법상 과세표준이 되는 부동산임대용역의 시가는 거주자인 사업자가 **특수관계인 외의 자와 해당 거래와 유사한 상황에서 계속적으로 거래한 가격 또는 제3자 간에 일반적으로 거래된 가격**에 의하여야 하고, 그와 같은 가격이 없거나 시가가 불분명한 경우에는 「부동산가격공시 및 감정평가에 관한 법률」에 따른 **감정평가법인이 감정한 가액** 등 법령이 정한 방법으로 계산한 금액에 의하여야 한다.

② 특수관계자 간 부동산 임대차 거래를 함에 있어 임대료의 시가는 법인세법 시행령 제89조 제1항, 제2항, 제4항을 순차적으로 적용하여 산출한 가액으로 하는 것이 원칙이다.

③ 대상 판결에서 과세관청은 원고 A가 이 사건 회사에 임대한 임대료의 시가를 이 사건 회사의 전대료와 동일한 금액으로 보아 저가 임대라는 이유로 부당행위계산부인을 하여 부과처분을 하였다. 그러나 대상 판결은 원고 A와 이 사건회사 사이의 임대차조건과 이 사건 회사와의 전대차 조건이 다르므로 전대료 상당액을 원고 A와 이 사건회사 사이의 임대료 시가라고 볼 수 없다고 판단하였다. 그렇다면, 이 사건의 경우 **시가가 불분명한 경우에 해당**하므로 과세관청은 **법인세법 시행령 제89조 제2항, 제4항에 따른 시가**를 입증하여 과세표준을 산정하여야 할 것이다.

④ 과세관청 입장에서 보면 부가가치세법상 과세표준이 되는 부동산임대용역의 시가는 거주자인 사업자가 **특수관계인 외의 자와 해당 거래와 유사한 상황에서 계속적으로 거래한 가격 또는 제3자 간에 일반적으로 거래된 가격**에 의하여야 한다는 관련법 규정과 이사건 1심재판부가 판시한 바와 같이 임차인의 입장에서 보면 임대계약이냐 전대계약이냐에 따라 매월 지급하여야 하는 임료가 달라진다고 보기는 어렵다는 점을 감안하여 보면 일견 대상판결을 수긍하기 어렵다고 볼 여지는 있어 보인다.

⑤ 소송실무상 필자의 경험에 의하면, 건물 소유주의 지하에서 목욕탕업을 하는 자녀에게 건물소유주가 인근부동산의 임대료보다 저렴한 가액으로 임대하였고, 이에 대하여 과

세관청이 인근부동산의 동일업종(목욕탕업)을 운영하는 임차인에게 적용되는 임대료를 시가로 보아 부당행위 계산부인 규정을 적용한 사안에서, 대법원은 두 건물의 완공시기가 다르고 목욕탕출입구 및 주차의 편의성 등을 종합적으로 검토하여 시가를 산정하여야 하는 점 등을 종합하여 보면 인근 부동산에 적용되는 임대료가 곧바로 당해 부동산에 적용되는 시가라고 볼 수 없으며, **시가에 대한 입증책임은 과세관청**에게 있는데도 과세관청이 시가에 대한 입증을 제대로 하지 않았다는 이유를 들어 국가 패소 판결하였다.

⑥ 감정평가법인 등이 감정한 임대료 가액이 있다면 임대료의 적정한 시가에 대한 논란이 없어지겠지만 감정평가 한 임대료가 존재하지 않은 경우 법인세법 시행령 제89조 제4항에서 규정하고 있는 "당해 자산시가의 100분의 50에 상당하는 금액에서 그 자산의 제공과 관련하여 받은 전세금 또는 보증금을 차감한 금액에 정기예금이자율을 곱하여 산출한 금액"으로 임대료를 산정하여야 할 터인데 그와 같이 산정한 임대료는 통상적인 임대료의 시가보다 현저히 낮다고 보는 과세관청의 의견도 상존한다.

(2) 명의신탁 증여의제에 따른 증여세 부과처분과 부당무신고가산세

① 대법원은 명의신탁 행위를 상속세나 일반 증여세, 양도소득세 등을 포탈하기 위한 부정행위로 보고 있으나, **주식 명의신탁 사안에서 명의수탁자의 명의로 배당소득과 양도소득에 대한 신고납부를 한 사실 이외에 조세회피를 위한 다른 적극적인 행위가 없는 경우에는 부정행위를 인정하지 않고 있다.**

② 명의신탁을 상증세법 제45조의2에 따른 명의신탁 증여의제에 따른 증여세를 포탈하기 위한 행위로 볼 수 있는지는 문제이다. 과세실무상 이를 부정행위로 보아 국세기본법 제47조의2 제1항 제1호에 따라 40%의 세율에 의한 부당무신고가산세를 부과해 왔다.

③ 대법원은 부당무신고가산세에 있어서의 부정행위의 의미를 조세포탈에서와 동일한 의미로 해석하고 있다. 즉 '부당무신고가산세'에 관한 구 국세기본법 제47조의2 제2항의 입법취지는 국세의 과세표준이나 세액 계산의 기초가 되는 사실의 발견을 곤란하게 하거나 허위의 사실을 작출하는 등의 부정한 행위가 있는 경우에 과세관청으로서는 과세요건사실을 발견하고 부과권을 행사하기 어려우므로 부정한 방법으로 과세표준 또는 세액의 신고의무를 위반한 납세자를 무겁게 제재하는 데 있다.

④ 따라서 구 국세기본법 시행령 제27조 제2항 제6호가 부정한 방법의 하나로 들고 있는 '사기 그 밖에 부정한 행위'라고 함은 조세의 부과와 징수를 불가능하게 하거나 현저히 곤란하게 하는 위계 기타 부정한 적극적인 행위를 말하고, 과세대상의 미신고와 아울러 수입이나 매출 등을 고의로 장부에 기재하지 아니한 행위 등 적극적 은닉의도가 나타나는 사정이 덧붙여지지 않은 채 단순히 세법상의 신고를 하지 아니하거나 허위의 신고를 함에 그치는 것은 여기에 해당하지 않는다.

⑤ 또한 납세자가 명의를 위장하여 소득을 얻더라도, 명의위장이 조세포탈의 목적에서 비롯되고 나아가 여기에 허위 계약서의 작성과 대금의 허위지급, 과세관청에 대한 허위의 조세 신고, 허위의 등기, 등록, 허위의 회계장부 작성 비치 등과 같은 적극적인 행위까지 부가되는 등의 특별한 사정이 없는 한, 명의위장 사실만으로 구 국세기본법 시행령 제27조 제2항 제6호에서 정한 '사기 그 밖의 부정한 행위'에 해당한다고 볼 수 없다.'고 판시하였다.

⑥ 대법원 2017. 4. 13. 선고 2015두44158 판결은 위와 같은 법리를 전제로 하여 망인이 주식 명의신탁을 하여 양도소득세와 종합소득세 누진세율에 따른 차액 상당의 누락이 있었다고 하더라도 망인의 명의신탁 행위와 이에 뒤따르는 부수행위를 조세포탈의 목적에서 비롯된 부정한 적극적인 행위로 볼 수 없다는 이유로, 양도소득세 부당무신고가산세 중 일반무신고가산세액을 초과하는 부분과 종합소득세 부당과소신고가산세 중 일반과소신고가산세액을 초과하는 부분은 위법하다고 판시하였다.

⑦ 대상 판결은 **특수관계인 사이의 저가 거래가 부당행위계산부인 대상이 되는지 여부의 판단기준이 되는 시가의 의미**와 **시가에 대한 입증책임은 과세관청**에게 있다는 점, 주식을 명의신탁 한 경우 명의신탁 증여의제에 따른 증여세 과세에 있어서는 **명의신탁 행위 자체를 부정행위로 보아 부당무신고가산세를 부과할 수 없다는 점을 명확히 한 점**에 의의를 둘 수 있다.

7. 관련판례

문서번호	내 용
대법원 1988. 2. 9. 선고 87누671 판결, 대법원 2005. 5. 12. 선고 2003두15287 판결, 대법원 2013. 9. 27. 선고 2013두10335 판결	부당행위계산 부인의 적용기준이 되는 **시가 또는 적정 임대료에 대한 주장·증명책임은 부당행위계산 부인을 주장하는 과세관청에게 있다.**
대법원 2017. 4. 13. 선고 2015두44158 판결	구 국세기본법 제47조의2 제2항 등에 규정된 사기나 그 밖의 부정한 행위 또는 부정행위란 조세의 부과와 징수를 불가능하게 하거나 현저히 곤란하게 하는 위계 기타 부정한 적극적인 행위를 말하고, 적극적 은닉 의도가 나타나는 사정이 덧붙여지지 않은 채 단순히 세법상의 신고를 하지 않거나 허위의 신고를 함에 그치는 것은 여기에 해당하지 않는다.
대법원 2018. 12. 13. 선고 2018두36004 판결385 판결	명의신탁재산 증여의제의 경우 명의신탁자가 명의수탁자에게 주식을 명의신탁하면서 주식의 매매 등이 있었던 것과 같은 외관을 형성하여 그 형식에 따른 계약서나 계좌거래내역 등을 토대로 과세관청에 신고하는 것은 **주식의 명의신탁에 통상 뒤따르는 부수행위에 불과**하다고 볼 수 있다(따라서 명의신탁의 결과 명의수탁자가 부담할 증여세의 부과와 징수를 불가능하게 하거나 현저히 곤란하게 하는 정도에 이르렀다는 등의 특별한 사정이 없는 한, **증여세 부당무신고가산세의 요건인 사기나 그 밖의 부정한 행위 또는 부정행위에 해당한다고 볼 수 없다**).

저자 약력

오병우(前 국세청)

오병우는 국세청에 33년 근무하다가 현재 세무법인 다솔에서 세무업무 1본부장 및 불복업무를 총괄하고 있다. 국세청 재직중 서울지방국세청 송무국에서 10년 동안 소송업무를 담당하였고, 서울지방국세청 납세자보호담당관실, 종로세무서, 성북세무서, 서초세무서, 을지로세무서 납세자보호담당관실에서 10여 년 동안 불복업무를 수행하였다. 한편 2005년부터 국민은행, 금호생명 등 외부기관에서 소송사례 강의를 하였고, 국세청 교육원에서 10년 이상 송무 및 불복과정과 기타 전문교육과정에 참여하여 소송사례 및 판례분석 강의를 하였다.
현재 세무사, 공인회계사를 대상으로 판례강의를 하고 있고, 핵심이슈별판례세법을 계속 집필 중이다.

안수남 세무사

안수남 세무사는 13년간 국세공무원으로 재직하고, 1991년 세무사 안수남사무소를 개업한 이래 30년 동안 실무와 이론으로 무장한 명실공히 대한민국 양도소득세 분야의 최고권위자이다. 제18대 한국세무사고시회회장, 한국세무사회 전문상담위원회 위원장, 국세청 국세심사위원회 위원, 세무법인협회 회장 등을 역임하였다. 2006년부터 매년 양도소득세 실무서를 출간하고 있으며 "국세공무원과 세무사를 교육하는 세무사"로 유명하다. 현재 세무법인다솔의 대표세무사로서 납세자의 권익을 보호하는 데 앞장서고 있다.

박정규 세무사

박정규 세무사는 한양대학교 경영대학을 졸업하고, 이현 회계법인, 이현 세무법인에서 재직 후 파인택스 등 세무사로서 활동을 하다가, 국세청 서장 과장 조사국 출신들과 함께 세무법인 자성택스를 설립하고 본사 대표로 재직 중이다. 대학과 기업에서 강의와 컨설팅 업무를 지속적으로 하고 있으며 납세자연맹에서 자문위원으로 활동하고 삼성세무서, 성동세무서 상담위원 등 납세자의 권리보호를 위해 다방면으로 활동하고 있다.

핵심이슈별 판례세법(개정5판)

저 자	오병우 · 안수남 · 박정규
발 행 인	서원진
편집 · 교정	류현수, 김영림
편집디자인	이은희, 황자애, 이미영
발 행 처	㈜조세통람
펴 낸 날	2017년 11월 20일 초판 발행 2025년 5월 16일 개정5판 발행

저자와의
협의하에
인지생략

주 소	서울특별시 중구 동호로 14길 5-6(신당동)
등 록	1976. 11. 5. 제9-81호
대 표 전 화	02) 2231-7027
F A X	02) 2234-1754
구 입 문 의	02) 2231-7027~9
I S B N	979-11-6064-348-0 13320
정 가	**95,000원**

(주)조세통람은 좋은 책을 만들기 위해 독자 여러분의 의견을 기다립니다.
E · mail(josetop@inaus.co.kr)과 홈페이지(www.taxnet.co.kr)의 고객지원센터 "고객의 소리" 코너